COMENTARIOS BÍBLICOS CON APLICACIÓN

MARCOS

del texto bíblico
a una aplicación
contemporánea

DARREL L. BOCK

NVI

La misión de Editorial Vida es ser la compañía líder en comunicación cristiana que satisfaga las necesidades de las personas, con recursos cuyo contenido glorifique al Señor Jesucristo y promueva principios bíblicos.

COMENTARIO BÍBLICO CON APLICACIÓN NVI: MARCOS
Editorial Vida – ©2014
Publicado en Nashville, Tennessee, Estados Unidos de América.

Este título también está disponible en formato electrónico

Originally published in the U.S.A. under the title:
The NIV Application Commentary: Mark
Copyright © 1996 by David E. Garland
Published by permission of Zondervan, Grand Rapids, Michigan.
All rights reserved.

Editor de la serie: *Dr. Matt Williams*
Traducción: *Pedro L. Gómez Flores y Dorcas González*
Edición: *Loida Viegas Fernández*
Diseño interior: *José Luis López González*

Reservados todos los derechos. A menos que se indique lo contrario, el texto bíblico se tomó de la Santa Biblia, Nueva Versión Internacional® NVI © 1999 por Bíblica, Inc.® Usado con permiso. Todos los derechos reservados mundialmente.

Esta publicación no podrá ser reproducida, grabada o transmitida de manera completa o parcial, en ningún formato o a través de ninguna forma electrónica, fotocopia u otro medio, excepto como citas breves, sin el consentimiento previo del publicador.

CATEGORÍA: Comentario bíblico / Nuevo Testamento

Contenido

4
Introducción a la serie

9
Prefacio del editor

11
Prefacio del autor

14
Abreviaturas

16
Introducción

34
Bosquejo de Marcos

40
Bibliografía

44
Texto y comentario

Introducción a la serie

Los comentarios bíblicos con aplicación, serie NVI son únicos. La mayoría de los comentarios bíblicos nos ayudan a recorrer el trecho que va desde el siglo XXI, al siglo I. Nos permiten cruzar las barreras temporales, culturales, idiomáticas, y geográficas que nos separan del mundo bíblico. Sin embargo, solo nos ofrecen un billete de ida al pasado y asumen que nosotros mismos podemos, de algún modo, hacer el viaje de regreso por nuestra cuenta. Una vez nos han explicado el *sentido original* de un libro o pasaje, estos comentarios nos brindan poca o ninguna ayuda para explorar su *significado contemporáneo*. La información que nos ofrecen es sin duda valiosa, pero la tarea ha quedado a medias.

Recientemente, algunos comentarios han incluido un poco de aplicación contemporánea como *una* de sus metas. No obstante, las aplicaciones son a menudo imprecisas o moralizadoras, y algunos volúmenes parecen más sermones escritos que comentarios.

La meta principal de los comentarios bíblicos con aplicación: serie NVI es ayudarte con la tarea, difícil pero vital, de trasladar un mensaje antiguo a un contexto moderno. La serie no se centra en la aplicación solamente como un producto acabado, sino que te ayuda también a pensar detenidamente en el *proceso* por el que se pasa del sentido original de un pasaje a su significado contemporáneo. Son verdaderos comentarios, no exposiciones populares. Se trata de obras de referencia, no de literatura devocional.

El formato de la serie ha sido concebido para conseguir la meta propuesta. El tratamiento de cada pasaje se lleva a cabo en tres secciones: *Sentido original*, *Construyendo puentes*, y *Significado contemporáneo*.

Esta sección te ayuda a entender el significado del texto bíblico en su contexto del siglo I. En este apartado se tratan de manera concisa todos los elementos de la exégesis tradicional, a saber, el contexto histórico, literario, y cultural del pasaje. Los autores analizan cuestiones relacionadas con la gramática, la sintaxis, y el significado de las palabras bíblicas. Se esfuerzan asimismo en explorar las principales ideas del pasaje y el modo en que el autor bíblico desarrolla tales ideas.[1]

Tras leer esta sección el lector entenderá los problemas, preguntas y preocupaciones de los *primeros receptores* y el modo en que el autor bíblico trató tales cuestiones. Esta comprensión es fundamental para cualquier aplicación legítima del texto en nuestros días.

Como indica el título, en esta sección se construye un puente entre el mundo de la Biblia y el de nuestros días, entre el contexto original y el moderno, analizando tanto los aspectos circunstanciales del texto como los intemporales.

La Palabra de Dios tiene un aspecto circunstancial. Los autores de la Escritura dirigieron sus palabras a situaciones, problemas, y cuestiones específicas. Pablo advirtió a los gálatas sobre las consecuencias de circuncidarse y los peligros de intentar justificarse por la ley (Gá 5:2-5). El autor de Hebreos se esforzó en convencer a sus lectores de que Cristo es superior a Moisés, a los sacerdotes aarónicos, y a los sacrificios veterotestamentarios. Juan instó a sus lectores a «probar los espíritus» de quienes enseñaban una forma de gnosticismo incipiente (1 Jn 4:1-6). En cada uno de estos casos, la naturaleza circunstancial de la Escritura nos capacita para escuchar la Palabra de Dios en situaciones que fueron *concretas* y no abstractas.

No obstante, esta misma naturaleza circunstancial de la Escritura también crea problemas. Nuestras situaciones, dificultades, y preguntas no siempre están relacionadas directamente con las que afrontaban los primeros receptores de la Biblia. Por tanto, la Palabra de Dios para ellos no siempre nos parece pertinente a nosotros. Por ejemplo, ¿cuándo fue la última vez que alguien te instó a circuncidarte, afirmando que era una parte necesaria de la justificación? ¿A cuántas personas de nuestros días les inquieta la cuestión de si Cristo es o no superior a los sacerdotes aarónicos? ¿Y hasta qué punto puede una «prueba» diseñada para detectar el gnosticismo incipiente, ser de algún valor en una cultura moderna?

---

1. Obsérvese que cuando los autores tratan el sentido de alguna palabra en las lenguas bíblicas originales, en esta serie se utiliza el método general de transliteración en lugar del más técnico (utilizando los alfabetos griego y hebreo).

Afortunadamente, las Escrituras no son únicamente documentos circunstanciales, sino también *intemporales*. Del mismo modo que Dios habló a los primeros receptores, sigue hablándonos a nosotros a través de las páginas de la Escritura. Puesto que compartimos la común condición de humanos con las gentes de la Biblia, descubrimos una *dimensión universal* en los problemas a los que tenían que hacer frente y en las soluciones que Dios les dio. La naturaleza intemporal de la Escritura hace posible que nos hable con poder en cualquier momento histórico y en cualquier cultura.

Quienes dejan de reconocer que la Escritura tiene una dimensión circunstancial y otra intemporal se acarrean muchos problemas. Por ejemplo, los que se sienten apabullados por la naturaleza circunstancial de libros como Hebreos o Gálatas pueden soslayar su lectura por su aparente falta de sentido para nuestros días. Por otra parte, quienes están convencidos de la naturaleza intemporal de la Escritura, pero no consiguen percibir su aspecto circunstancial, pueden «disertar elocuentemente» sobre el sacerdocio de Melquisedec ante una congregación muerta de aburrimiento.

El propósito de esta sección es, por tanto, ayudarte a discernir lo intemporal (y lo que no lo es) en las páginas del Nuevo Testamento dirigidas a situaciones temporales. Por ejemplo, si la principal preocupación de Pablo no es la circuncisión (como se nos dice en Gá 5:6), ¿cuál es entonces? Si las exposiciones sobre el sacerdocio aarónico o sobre Melquisedec nos parecen hoy irrelevantes, ¿cuáles son los elementos de valor permanente en estos pasajes? Si en nuestros días los creyentes intentan «probar los espíritus» con una prueba diseñada para una herejía específica del siglo I, ¿existe alguna otra comprobación bíblica más apropiada para que podamos cumplir hoy este propósito?

No obstante, esta sección no solo descubre lo intemporal de un pasaje concreto, sino que también nos ayuda a ver *cómo* lo hace. El autor del comentario se esfuerza en tornar explícito lo que en el texto está implícito; toma un proceso normalmente intuitivo y lo explica de un modo lógico y ordenado. ¿Cómo sabemos que la circuncisión no es la principal preocupación de Pablo? ¿Qué claves del texto o del contexto nos ayudan a darnos cuenta de que la verdadera preocupación de Pablo se halla a un nivel más profundo?

Lógicamente, aquellos pasajes en que la distancia histórica entre nosotros y los primeros lectores es mayor, requieren un tratamiento más extenso. Por el contrario, aquellos textos en que la distancia histórica es más reducida o casi inexistente demandan menos atención.

Una clarificación final. Puesto que esta sección prepara el camino para tratar el significado contemporáneo del pasaje, no siempre existe una distinción precisa o una clara división entre esta y la siguiente. No obstante, cuando ambos bloques se leen juntos, tendremos la fuerte sensación de haber pasado del mundo de la Biblia al de nuestros días.

Significado Contemporáneo

Esta sección permite que el mensaje bíblico nos hable hoy con el mismo poder que cuando fue escrito. ¿Cómo podemos aplicar lo que hemos aprendido sobre Jerusalén, Éfeso, o Corinto a nuestras necesidades contemporáneas en Los Ángeles, Lima o Barcelona? ¿Cómo podemos tomar un mensaje, que se expresó inicialmente en griego y arameo, y comunicarlo con claridad en nuestro idioma? ¿Cómo podemos tomar las eternas verdades que en su origen se plasmaron en un tiempo y una cultura distintos, y aplicarlos a las parecidas pero diferentes necesidades de nuestra cultura?

Para conseguir estas metas, la presente sección nos ayuda en varias cuestiones clave.

En primer lugar, nos permite identificar situaciones, problemas, o preguntas contemporáneas verdaderamente comparables a las que la audiencia original hubo de hacer frente. Puesto que las situaciones de hoy rara vez son idénticas a las que se dieron en el siglo primero, hemos de buscar escenarios semejantes para que nuestras aplicaciones sean relevantes.

En segundo lugar, esta sección explora toda una serie de contextos en los que el pasaje en cuestión puede aplicarse en nuestro tiempo. Buscaremos aplicaciones personales, pero también nos veremos estimulados a pensar más allá de nuestra situación personal, considerando cuestiones que afectan a la sociedad y la cultura en general.

En tercer lugar, en esta sección tomaremos conciencia de los problemas o dificultades que pueden surgir en nuestro deseo de aplicar el pasaje. En caso de que existan varias maneras legítimas de aplicar un pasaje (cuestiones en las que no exista acuerdo entre los cristianos), el autor llamará nuestra atención al respecto y nos ayudará a analizar a fondo las implicaciones.

En la consecución de estas metas, los colaboradores de esta serie intentan evitar dos extremos. El primero, plantear aplicaciones tan específicas que el comentario se convierta rápidamente en un texto arcaico. El segundo, evitar un tratamiento tan general del sentido del pasaje que deje de conectar con la vida y cultura contemporáneas.

Por encima de todo, los colaboradores de esta serie han realizado un diligente esfuerzo para que sus observaciones no suenen a perorata moralizadora. Los comentarios bíblicos con aplicación: serie NVI no pretenden ofrecerte materiales listos para ser utilizados en sermones, sino herramientas, ideas, y reflexiones que te ayuden a comunicar la Palabra de Dios con poder. Si conseguimos ayudarte en esta meta se habrá cumplido el propósito de esta serie.

Los editores

Prefacio del editor

Cuando se trata de vivir la vida cristiana, los comienzos son más importantes que los finales. Puede que esta sea una de las lecciones más significativas que, por su propia estructura, no enseña el Evangelio de Marcos.

Lamentablemente, vivimos en una sociedad más interesada en cómo acaban las cosas que en cómo comienzan. En las competiciones deportivas, en el mundo de los negocios y en los currículum vítae se exaltan los títulos, los beneficios y los logros personales. Al parecer, son más importantes los finales que los comienzos y, en un principio, esto parece correcto. Las victorias, el dinero y el éxito hacen que la vida sea mucho más fácil que las derrotas, las deudas y el fracaso. Cualquiera que se dedique a construir una familia y a sortear los difíciles obstáculos de la vida ha de prestar atención a los finales. De hecho, aunque razonable y atractivo (especialmente cuando nuestro equipo favorito está en racha y nuestra cuenta bancaria goza de buena salud, porque tenemos un buen trabajo), subrayar excesivamente los finales, los resultados, crea un clima en el que resulta imposible encontrar plena satisfacción o realización. Los "finales" acaban siendo ilusorios; bien pensado, no son realmente finales, sino solo penúltimos lugares de descanso que llevan a nuevas metas y más finales, etapas y niveles que siguen una y otra vez, y nunca nos llevan realmente a un final satisfactorio.

Por tanto, describir la vida en términos de finales puede no ser la mejor forma de hacerlo. Tal vez no nos lleve a la mejor filosofía, teología o concepción del mundo. En realidad, con mucha frecuencia conduce al descontento, la neurosis y la desesperación. Siempre queremos conquistar más, hacer más, tener más éxito. En este contexto, la palabra "más" es un insaciable tirano. ¿Existe otra forma de vivir?

Como nos muestra el profesor David Garland en este comentario sobre el Evangelio de Marcos, la mejor forma de vivir es centrarnos más en los comienzos que en los finales. Se trata de una forma mejor de describir la realidad. Este acercamiento nos da, o permite entrever, respuestas a algunos de los problemas más difíciles de la vida. Da sentido al sufrimiento: aunque ahora sufro, en la vida cristiana el mañana siempre es un nuevo comienzo. Convierte la perseverancia en una actitud sensata: ¿por qué aguantar hasta el final? Porque la vida en Jesucristo tiene la promesa de la vida eterna. Restablece la esperanza a su lugar legítimo como reina de las virtudes.

Una de las genialidades de este Evangelio es que nos hace ver que la venida de Jesucristo nos ayuda a centrarnos en los comienzos, dejándole los finales a Dios. Lo hace, principalmente, mostrando que Jesucristo es el nuevo comienzo para que no tenga que haber otros. En un sentido, toda la historia bíblica nos relata cómo Dios da una oportunidad tras otra —primero a su pueblo escogido y después a toda la creación— de iniciar y mantener una buena relación con él. Jesucristo representa la culminación de este proceso, no porque salve a todo el mundo de una vez y para siempre, sino porque otorga a todas las personas la perenne oportunidad de comenzar de nuevo, en cualquier momento. Nunca podemos perder la esperanza, porque la vida, la muerte y la resurrección de Jesucristo siempre nos ofrecen otra oportunidad.

Uno de los rasgos más destacados del Evangelio de Marcos es su comienzo abrupto y su final inacabado. Los eruditos especulan sobre la razón de esta singular característica. Por mi parte, me inclino a creer que se trata de algo que Marcos hace de manera intencionada: una forma más de mostrar que Jesús, el Nuevo Comienzo, no puso fin a nada, sino que hizo posible que la historia de Dios, obrando en la historia humana y en la iglesia, siguiera adelante. Esta historia no termina, no acaba nunca. En este momento estamos viviendo la salvación que se nos ofrece en Cristo, y cada vez más personas están comenzando a experimentar día a día esta realidad.

Naturalmente, el nuevo comienzo por excelencia es la Resurrección. La muerte, el final decisivo, ha sido derrotada por Jesucristo. La fe deja de serlo cuando se vincula a los finales. Es la Resurrección la que simboliza todos los nuevos comienzos del Evangelio de Marcos, y la que nos enseña que, después de Jesucristo, ya no hay final, sino solo la esperanzadora promesa de la vida eterna.

Terry C. Muck

Prefacio del autor

Hace treinta años, Paul Scherer esbozaba aquellas cuestiones con las que hemos de enfrentarnos al interpretar la Escritura (unos asuntos que esta serie de comentarios intenta tratar conscientemente). Scherer escribió que cuando se medita sobre el texto se intenta determinar:

(a) Tanto lo que sucedió en la ocasión narrada [...] como lo que Dios, que se comunica por medio de su palabra viva, os está diciendo en y a través de ello [...] a ti y a tu pueblo.

(b) Cuál es la idea fundamental del pasaje, lo que unifica todos sus intereses y les da dirección.

(c) El sentido teológico de lo que se dice o hace, el lugar que ocupa dentro del pensamiento sistemático que la iglesia ha elaborado sobre su fe.

(d) Su punto de inmediatez o relevancia, allí donde se sitúa más cercano y urgente a nuestra situación, no tanto como una "respuesta" a nuestras preguntas, sino más bien como interpelando nuestras respuestas.

(e) Los problemas de comunicación que han de afrontarse, los riesgos del pensamiento y la experiencia que se cruzan en nuestro camino cuando intentamos escuchar la Palabra que se nos dirige.[1]

Aunque enfrentarse a esta tarea no es nada fácil, es un esfuerzo, sin embargo, increíblemente gratificante. Tiene sus riesgos, no obstante, porque lo que se intenta es aplicar conscientemente un texto del siglo I a los intereses religiosos del presente. Albert Schweitzer recalcó los peligros de esta tarea en su famosa crítica de las vidas alemanas de Jesús. Schweitzer escribió:

> Como Jacob luchó en la antigüedad con el ángel, así la teología alemana pelea con Jesús de Nazaret y no dejará que se vaya hasta que la bendiga, es decir, hasta que consienta en ser su siervo y permita que el espíritu germánico lo atraiga y lo ponga en medio de nuestro tiempo y civilización. Pero cuando el día despunta, el luchador ha de dejarlo ir. No cruzará el vado con nosotros. Jesús de Nazaret no permitirá

---

1. Paul Scherer, "A Gauntlet with a Gift in It", *Int* 20 (1966): 388.

que lo modernicemos. Como personaje histórico que es, se niega a ser desvinculado de su propio tiempo. Jesús no tiene respuesta para la petición: "¡Dinos tu nombre en nuestras palabras y para nuestro tiempo!". Pero sí bendice a quienes han luchado con él, y aunque no puedan llevarlo consigo a capricho, sin embargo, como hombres que han visto a Dios cara a cara y han recibido fuerza en sus almas, siguen su camino con renovado valor, dispuestos a batallar contra el mundo y sus poderes.[2]

Es posible que Schweitzer haya exagerado los peligros, pero ha señalado claramente los escollos que hemos de salvar si queremos extraer el significado contemporáneo del texto. Muy a menudo, nos hacemos un Jesús a nuestra imagen. Por esta razón, he empleado literatura antigua, ajena a las Escrituras, para procurar entender en su contexto histórico al Jesús que encontramos en Marcos, antes de levantar el puente para traerlo a nuestro mundo de hoy. Estas tareas —que son como una lucha cuerpo a cuerpo— han de llevarse a cabo para que la historia de Jesús pueda hablar y desafiar a cada generación y cultura nuevamente.

Quiero dar las gracias a muchas personas por su ayuda para hacer posible este comentario. Valoro especialmente el ánimo y el asesoramiento de Jack Kuhatschek, Verlyn D. Verbrugge y Scot McKnight, que leyeron y comentaron todo el manuscrito. Al principio del proyecto, Klyne Snodgrass y Terry Muck me ofrecieron valiosas recomendaciones. También me gustaría dar las gracias a un sufrido grupo de estudiantes que leyeron todo el manuscrito durante el transcurso de un seminario adscrito al programa del Master en Teología: Bruce Allen, Vicky Belcher, Jeff Elieff, Michael Elliott, Terré Jasper, O. H. Nipper, Jr., Ronald L. Mercer, Guillermina Deneb de Montalvo Podgaisky, Thom Thornton, Sean White y Yin Xu. Nuestras diferencias culturales ayudaron a generar interesantes debates sobre el significado y la aplicación del texto. Mi colega Samuel Pelletier también contribuyó con útiles reflexiones y David Drinnon me ha ayudado inmensamente en las etapas finales. Por supuesto, ellos no son responsables de ningún error y me salvaron de muchos.

---

2. Albert Schweitzer, *The Quest for the Historical Jesus: A Critical Study of Its Progress from Reimarus to Wrede* (Nueva York: Macmillan, 1968), 312.

Deseo expresar también mi gratitud a las tres iglesias en las que ministré como pastor interino durante la redacción de este comentario: la *Crescent Hill Baptist Church* de Louisville, Kentucky; la *First Baptist Church* de Crothersville, Indiana; y la *Immanuel Baptist Church* de Lexington, Kentucky. ¡Gracias por su paciencia al escuchar más sermones sobre Marcos de lo que les correspondía! Por otra parte, la tarea de predicar cada semana me ayudó a sensibilizarme en cuanto a la necesidad de tender puentes y extraer el significado contemporáneo del texto. Las tres comunidades me hicieron sentir su cariño, su apoyo y su aliento.

Quiero darles también las gracias a mis hijos, Sarah y John, por traer tanta alegría, diversión y amor a mi vida. Dedico este libro a mi esposa, Diana, que leyó muchos borradores y me permitió incluir en este comentario una reflexión suya sobre el matrimonio. Gracias por ser un extraordinario modelo de integridad, valor y amor.

David E. Garland
Louisville, Kentucky,
abril de 1996

Abreviaturas

AB	Anchor Bible
ABD	*The Anchor Bible Dictionary*
ANRW	*Aufstieg und Niedergang der römischen Welt*
BETL	Bibliotheca ephemeridum theologicarum lovaniensium
Bib	*Biblica*
BibRev	*Bible Review*
BibTrans	*Biblical Translator*
BJRL	Bulletin of John Rylands Library
BR	Biblical Research
BTB	Biblical Theological Bulletin
CBQ	*Catholic Biblical Quarterly*
CD	*Church Dogmatics*
DHH	Dios Habla Hoy
ExpT	*Expository Times*
HTR	Harvard Theological Review
ICC	International Critical Commentary
Int	*Interpretation*
JAAR	*Journal of the American Academy of Religion*
JBL	Journal of Biblical Literature
JJS	Journal of Jewish Studies
JSNT	Journal for the Study of the New Testament
JSNTSup	Journal for the Study of the New Testament Supplement Series
JTS	*Journal of Theological Studies*
KJV	King James Version
MT	Masoretic Text
NASB	New American Standard Version
NICNT	New International Commentary on the New Testament
NIV	New International Version

NovT	*Novum Testamentum*
NovTSup	Novum Testamentum Supplements
NRSV	New Revised Standard Version
NTS	*New Testament Studies*
NVI	Nueva Versión Internacional
PGM	*Papyri graecae magicae*
REB	Revised English Bible
RevExp	The Review and Expositor
RSV	Revised Standard Version
RTR	*Reformed Theological Review*
SBT	Studies in Biblical Theology
SBLDS	Society of Biblical Literature Dissertation Series
SNTSMS	Society for New Testament Studies Monograph Series
TDNT	*Theological Dictionary of the New Testament*
TNTC	Tyndale New Testament Commentary
WUNT	Wissenschaftliche Untersuchungen zum Neuen Testament
ZNW	*Zeitschrift für die neutestamentliche Wissenschaft*
ZTK	*Zeitschrift für Theologie und Kirche*

Introducción

Bajo el sol de Jerusalén, judíos de todas las naciones se apretujan para ver de cerca y escuchar a doce hombres que hablan de la última demostración del poder de Dios. Uno de ellos, Pedro, levanta la voz para dirigirse a una multitud cincuenta días después de que su Señor hubiera sido crucificado en esta misma ciudad. El antiguo pescador afirma solemnemente que el Espíritu Santo ha venido sobre ellos, inaugurando la nueva era.

> "Pueblo de Israel, escuchen esto: Jesús de Nazaret fue un hombre acreditado por Dios ante ustedes con milagros, señales y prodigios, los cuales realizó Dios entre ustedes por medio de él, como bien lo saben. Éste fue entregado según el determinado propósito y el previo conocimiento de Dios; y por medio de gente malvada, ustedes lo mataron, clavándolo en la cruz. Sin embargo, Dios lo resucitó, librándolo de las angustias de la muerte, porque era imposible que la muerte lo mantuviera bajo su dominio. En efecto, David dijo de él: 'Veía yo al Señor siempre delante de mí, porque él está a mi derecha para que no caiga'". (Hch 2:22-24)

En este discurso tenemos el bosquejo esencial del Evangelio de Marcos que cuenta, de un modo más completo, el relato de lo sucedido. Lo que estuvo oculto durante el ministerio público de Jesús puede ahora divulgarse abiertamente para aclarar la base de la fe cristiana en Jesús.

El título del Evangelio

El comienzo del Evangelio de Marcos (1:1) es tan abrupto como su final (16:8). ¿Es acaso este primer versículo una especie de subtítulo que introduce el tema del pasaje? ¿Se trata del principio de una cláusula que termina en el versículo 3? ¿O es quizá el título de toda la obra? Si la primera opción es la correcta, estas palabras anuncian simplemente que, con lo que sigue en los versículos posteriores, se inicia la historia del ministerio, la muerte y la resurrección de Jesús. En este caso, el relato que cuenta este Evangelio da comienzo con la predicación de Juan Bautista y el bautismo y la tentación de Jesús en el desierto. No obstante, en el Evangelio no aparecen otros subtítulos que hagan menos probable esta interpretación. La segunda opción considera esta línea introductoria como el principio de una oración gramatical que concluye con la cita bíblica de los versículos 2-3: "Comienzo del evangelio de Jesucristo, el Hijo de Dios, tal como está escrito en el profeta Isaías..."; esta interpretación afirma que el principio del relato del Evangelio concuerda con la antigua promesa de Isaías, que encaja de este modo con la predicación apostólica del libro de los Hechos, y que rastrea el principio del relato hasta el bautismo de Juan (Hch 1:22; 10:37; 13:24-25).

La tercera opción interpretativa entiende esta línea como título de todo el Evangelio (1:2—16:8): "Comienzo de la proclamación de las buenas nuevas de Jesucristo, el Hijo de Dios" (punto y aparte). Los lectores modernos estamos habituados a libros con atractivas cubiertas que anuncian el título de la obra y el nombre del autor, todo ello realizado en un atrayente diseño gráfico para captar la atención de potenciales compradores y un conciso anuncio en la contraportada que resume el contenido de la obra y recomienda su compra. Los libros modernos dedican sus primeras páginas al título, un prólogo, un prefacio y una introducción que ofrece al lector cierta información sobre el trasfondo antes de que este inicie su lectura. Aunque los escritores de la antigüedad no contaban con tales lujos, sí intentaban, no obstante, indicar al lector el ámbito de la obra con un título o frase introductoria. La primera línea del libro, "Comienzo del evangelio de Jesucristo, el Hijo de Dios", nos anuncia el contenido de la obra.[1] Marcos informa inmediatamente al lector que la historia narrada en este libro no es normal.

Si esta interpretación es correcta, entonces todo el Evangelio de Marcos trata de un comienzo. Una ventaja de esta lectura es que arroja luz sobre el desconcertante final, en el que Marcos abandona abruptamente su relato: las mujeres huyen del sepulcro, tiemblan asustadas y no dicen nada a nadie (16:8). Marcos no termina la historia, porque el anuncio de la resurrección de Jesús y su marcha a Galilea delante de sus discípulos no es la última etapa. El lector no puede cerrar el libro tras la última línea y archivarlo como una buena lectura. La historia del evangelio de

---

1. La ausencia de un verbo hace más probable que esta línea introductoria sea un título más que una oración gramatical sin verbo explícito (véase también los comienzos de Pr 1:1; Cnt 1:1; Ecl 1:1 sin predicados, y Ap 1:1). El resultado es que el versículo 2 presenta una construcción un tanto extraña en griego: "como está escrito en el profeta Isaías", pero a Marcos no se le conoce por su especial destreza gramatical.

Jesucristo continúa. Por una parte, el lector sabe que el temeroso silencio de estas mujeres no podía ser el fin del asunto. Debió de haber sucedido algo más, o, de lo contrario, no estaríamos escuchando o leyendo este Evangelio. Por otra parte, el lector ha de hacerse ciertas preguntas: ¿Cómo van a vencer su temor estas mujeres? ¿Cómo se sentirán libres para hablar? ¿Cómo se propagarán las palabras de las buenas nuevas? Las respuestas a este tipo de preguntas solo pueden encontrarse volviendo al principio, donde se le recuerda al lector que todo es un comienzo". Marcos ha de leerse y escucharse ahora de nuevo "con una completa visión retrospectiva".[2] La conclusión de esta historia es solo el principio de la proclamación de las buenas nuevas de Jesucristo que sigue hasta el fin del tiempo y hasta lo último de la tierra (13:10; 14:9).[3] La palabra griega *arche* ("comienzo") puede también indicar la base o fundamento de algo, como en la frase: "El temor del Señor es el principio de la sabiduría" (Sal 111:10). Este Evangelio no es una mera crónica del génesis de las buenas nuevas de Dios, sino también el terreno de la proclamación de estas por parte de la iglesia.[4]

El Evangelio

El título contiene tres palabras clave, vitales para entender de qué trata esta obra: evangelio, Cristo e Hijo de Dios. La primera, evangelio, no aludía todavía a un género literario (obras que cuentan la historia de la vida y enseñanzas de Jesús) cuando Marcos escribió su obra. Esta palabra aparece en 1:14, 15; 8:35; 10:29; 13:10; 14:9 y se refiere a lo que se predica sobre Dios o sobre Jesús como el Cristo, el Hijo de Dios. Hace referencia a toda la historia de Jesús que no solo se narra en el texto, sino que se cuenta también en la tradición oral y debe complementar al texto: las palabras, las obras, la muerte y la resurrección de Jesús y lo que todo ello significa como acto de Dios para salvar a la humanidad.

---

2. Elizabeth Struthers Malbon, "Echoes and Foreshadowings in Mark 4-8: Reading and Rereading", *JBL* 112 (1993): 229.
3. C. H. Giblin, "The Beginning of the Ongoing Gospel, Mk 1:2—16:8", *The Four Gospels* 1992: *Festschrift Frans Neirynck*, ed. F. Van Segbroeck, et al. (BETL; Lovaina: Peeters, 1992), 2:975-85.
4. Pesch, *Das Markusevangelium*, 1:76. La predicación y la actividad de Juan el Bautista hasta la muerte y la resurrección de Jesús es el fundamento de la predicación de la Iglesia sobre Jesús.

Aunque para el lector moderno el término evangelio es muy familiar, en el siglo I tenía una serie de conexiones. Al llamar la historia de Jesucristo "el evangelio", Marcos le da al término un giro que habría sorprendido a los lectores del primer siglo, especialmente en Roma. En la traducción griega del Antiguo Testamento, el verbo del que se deriva este nombre (*euangelizo*) se utilizaba para aludir a la proclamación de las nuevas de victoria procedentes del campo de batalla. Cranfield observa, no obstante, que la mayoría de los habitantes del Imperio romano habrían relacionado este término con el culto al emperador, en el que anuncios de acontecimientos como el nacimiento de un heredero imperial, su mayoría de edad y su llegada al trono se representaban como buenas noticias o evangelios.[5] Estas buenas nuevas imperiales "representan las pretenciosas reivindicaciones de hombres con un alto concepto de sí mismos" y los serviles halagos de sus vasallos. Una inscripción hallada en la provincia romana de Asia, y que se cita frecuentemente, decreta que el cumpleaños del emperador Augusto (23 de septiembre) marcará a partir de aquel momento el inicio de los periodos de desempeño de los cargos oficiales. Estaba llena de una exagerada alabanza:

> [...] es un día que podemos considerar justamente como equivalente al comienzo de todo —si no intrínsecamente y por su propia naturaleza, en cualquier caso por los beneficios que trae— puesto que ha restaurado la forma de todo lo que estaba fracasando y convirtiéndolo en desgracia, y ha dado un nuevo aspecto al universo en un momento en que este habría dado la bienvenida a la destrucción si César no hubiera nacido para ser la común bendición de todos los hombres.

El decreto resuelve que:

> Mientras la providencia que ha dispuesto toda nuestra vida, mostrando preocupación y celo ha ordenado la más perfecta consumación de la vida humana dándonos a Augusto, llenándolo de virtud para que haga la obra de un benefactor entre los hombres, y enviando, por así decirlo, un salvador para nosotros y para aquellos que nos siguen, para que haga cesar la guerra y cree orden en todas partes [...] y mientras

---

5. C. E. B. Cranfield, *A Critical and Exegetical Commentary on the Epistle to the Romans* (ICC; Edimburgo: T. & T. Clark, 1975), 1:55.

> el cumpleaños del dios [Augusto] fue el comienzo para el mundo de las buenas noticias que han llegado a los hombres a través de él [...]. Paulus Fabius Maximus, el procónsul de la provincia [...] ha encontrado una manera de honrar a Augusto hasta entonces desconocida para los griegos, y es que el cómputo del tiempo para el curso de la vida humana comience con su nacimiento.[6]

Las buenas nuevas de este edicto son el cese de las guerras y la introducción de beneficios y del orden social. Los emperadores posteriores estaban incluso más enamorados de sí mismos y afirmaron aportar nuevos y mayores beneficios. Quienes se beneficiaron fueron los receptores habituales de favores, los privilegiados y los poderosos. Las buenas noticias sobre Jesús son, por el contrario, sustancialmente distintas. (1) Tienen sus orígenes en Dios (Ro 1:1; 15:16; 2Co 11:7; 1Ts 2:2, 8; 1P 4:17), principio y fin de todas las cosas y verdadera fuente de bendición para la humanidad. (2) Las buenas nuevas no pueden separarse de lo que Jesús dijo e hizo como aquel que vino a dar su vida en rescate por muchos (Mr 10:45). Los emperadores de Roma forman parte de un oscuro pasado, y, en modo alguno pensamos en ellos como una realidad presente. Es más probable que preguntemos "¿Quién fue Augusto?" que "¿Quién es Augusto?". En cambio, la obra de Jesús permanece en el presente, puesto que nos preguntamos: "¿Quién es Jesús que sigue reinando en el corazón de sus súbditos?".[7] (3) La paz y los beneficios que Jesús nos brinda no los ha conseguido aplastando a la oposición con terror militar, sino mediante su muerte en la cruz. Por consiguiente, el cristianismo no nos ofrece una serie de evangelios nuevos con cada nuevo gobernante, sino solo uno: el evangelio. (4) Los beneficios son universales y se otorgan a todos. Se ofrecen a marginados, pecadores y pobres, a judíos y gentiles por igual, no solo a unos pocos privilegiados. Esta historia es una buena noticia para el mundo entero.

---

6. Ernest Barker, *From Alexander to Constantine: Passages and Documents Illustrating the History of the Social and Political Ideas* 336 B.C.–A.D. 337 (Oxford: Clarendon, 1956), 211-12.
7. George W. MacRae, "Whom Heaven Must Receive Until the Time", *Int* 27 (1973): 151.

El Cristo

El evangelio es sobre "Jesucristo". El término *Cristo* significa "ungido" y habría sonado extraño a los oídos griegos.[8] Marcos no ofrece más explicaciones sobre el significado de esta palabra, lo cual sugiere que creía a sus oyentes ya informados de su sentido, así como de una buena parte del relato. Sin embargo, muchos personajes del Evangelio utilizarán el título sin saber lo que significa que Jesús de Nazaret sea el Cristo. A medida que se va desarrollando la historia, va quedando claro que hay que poner a un lado cualquier preconcepción sobre lo que significa Cristo. Solo tras su muerte y resurrección puede entenderse la trascendental naturaleza de la nueva de que Jesús es el Cristo de Dios.

El título *Cristo* adquiere rápidamente la fuerza de un nombre propio y pierde por completo su fuerza original para el lector moderno. Es incluso posible que, en nuestro tiempo, algunos asuman que "Cristo" es el apellido de Jesús como hijo de José y María. Otros pueden entender que se trata de un cierto título extranjero genérico de señorío: el santo Cristo (como Sha, Rajá, o Kaiser). Los cristianos pueden pensar que este título alude solo al Cristo único en quien nosotros creemos. Pero lo cierto es que para los judíos de habla griega del tiempo de Jesús, Cristo (= Mesías) era un título que hacía referencia a un ungido por Dios para llevar a cabo tareas específicas relacionadas con la liberación de Israel. Este término evocaba posiblemente una constelación de esperanzas para distintos sectores del pueblo judío.

Había diversas ideas sobre el papel del Cristo, acerca de cómo se le reconocería cuando viniera y de lo que haría exactamente.[9] Algunos judíos que gozaban de buena posición estaban bastante satisfechos con el *statu quo* y posiblemente eran menos dados a este tipo de especulaciones, excepto cuando se ponía en jaque su base de poder. Entre el resto había un acuerdo general en el sentido de que el Mesías sería una especie de Moisés que liberaría a la nación de Israel, establecería su trono en Jerusalén como David, aplastaría a quienes hacían sufrir al

---

8. Véase además L. W. Hurtado, "Christ", en *Dictionary of Jesus and the Gospels*, ed. Joel B. Green, Scot McKnight, I. Howard Marshall (Downers Grove, Ill.: InterVarsity, 1992), 106-17.
9. Véase además Jacob Neusner, William Scott Green y Ernest S. Frerichs, eds., *Judaisms and Their Messiahs at the Turn of the Christian Era* (Cambridge: Cambridge Univ. Press, 1987).

pueblo, como los salvadores de la antigüedad (Neh 9:27), y gobernaría con justicia restaurando las perdidas fortunas de la nación. Como Ciro, conocido también como ungido de Dios (Is 45:1), el Mesías sojuzgaría naciones y se serviría de reyes para regir un imperio. Israel no volvería a ser ya escabel de caciques paganos, sino que asumiría su legítimo lugar de supremacía en el mundo. El autor de los Salmos de Salomón expresó este sueño en el siglo I a.C.

> Míralo, Señor, y suscítales un rey,
> Un hijo de David, en el momento que tú elijas, oh Dios,
> Para que reine en Israel tu siervo.
> Rodéalo de fuerza, para quebrantar a los príncipes injustos,
> Para purificar a Jerusalén de los gentiles que la pisotean,
> Destruyéndola, para expulsar con tu justa sabiduría a los
>   pecadores de tu heredad,
> Para quebrar el orgullo del pecador como vaso de alfarero,
> Para machacar con vara de hierro todo su ser,
> Para aniquilar a las naciones impías con la palabra de su boca,
> Para que ante su amenaza huyan los gentiles de su presencia
> Y para condenar a los pecadores por los pensamientos de su
>   corazón (17:21-25).[10]

Esta esperanza errónea ayudó a extender la desastrosa sublevación contra Roma del año 66 d.C. Josefo, historiador judío del siglo I, afirma que a los judíos rebeldes los llevó a la guerra su comprensión errónea de un "ambiguo oráculo de sus sagradas escrituras, en el sentido de que en aquel tiempo uno de su país se convertiría en rey del mundo".[11]

Evidentemente, proclamar que alguien que había sido crucificado era el Cristo debió de crear una severa disonancia cognitiva tanto para los primeros cristianos como para los judíos de aquel tiempo a quienes intentaban convencer. Jesús no consiguió victorias decisivas dignas de mención histórica sino en los Evangelios, y eran espirituales. Juan el

---

10. Traducido de la traducción de R. B. Wright, "Psalms of Solomon", en *The Old Testament Pseudepigrapha*, ed. James H. Charlesworth (Garden City, NY: Doubleday, 1985), 2: 667.
11. Josefo sostiene que la correcta interpretación era que "significaba la soberanía de Vespasiano, quien se proclamó emperador en suelo judío" (J.W. 6.5.4 §§ 312-13; véase Tácito, *Historias* 5.13).

Bautista recibe más atención que Jesús en la historia del pueblo judío redactada por Josefo. Lo poco que escribió sobre Jesús ha sido muy editado por parte de posteriores copistas cristianos. Jesús no estableció ningún reino terrenal. Roma seguía gobernando el mundo con mano de hierro. Cuando Marcos escribió su Evangelio, la maquinaria romana de guerra estaba a punto de infligir un severo correctivo (o lo había hecho ya) a la rebeldía de Israel, saqueando Jerusalén y quemando el templo. Jesús el Mesías había venido y desaparecido, y la edad de oro no había llegado. Era, pues, fácil para muchos judíos rechazarlo como otro fracaso más.

Más absurdo incluso: Jesús había sido crucificado como un criminal. El propio Pablo cita el problema teológico que plantea un Mesías crucificado cuando afirma: "Maldito todo el que es colgado de un madero" (Gá 3:13; cf. Dt 21:23). Justino Mártir, en un diálogo con el Rabino Trifón sobre la fe cristiana, cita Daniel 7 intentando demostrar que Jesús era el Mesías. Trifón se muestra remiso a aceptar sus argumentos y responde: "Señor, estos pasajes de la Escritura y otros parecidos nos obligan a esperar a aquel que es grande y glorioso, y toma el reino eterno del Anciano de Días como Hijo del Hombre. Pero este que vos llamáis Cristo es sin honor ni gloria, hasta el punto de que ha caído en la suprema maldición prescrita por la ley de Dios, habiendo sido crucificado".[12] Desde una óptica judía, un Mesías crucificado era un oxímoron, equivalente a llamar "Sr. Presidente" a un prisionero que espera su sentencia en el corredor de la muerte.

Que Marcos afirmara que Jesús era el Cristo, el cumplimiento de las esperanzas de Israel, su liberador, quien introdujo el Reino de Dios y gobierna triunfante a la diestra de Dios, era y sigue siendo sorprendente si no increíble. El evangelio cristiano es, como dijo Pablo, tropiezo para los judíos y completamente absurdo para los gentiles (1Co 1:23). Desde un punto de vista pagano, puede entenderse como una prueba más de las falsas ilusiones judías. Años antes, Cicerón se había burlado de la fe y la esperanza de Israel, afirmando que había "quedado bien claro hasta qué punto gozaba la nación de la protección de Dios tras ser conquistada, dispersada y hecha esclava".[13] Al abordar la tarea de trasladar a nuestro contexto el sentido de estas cuestiones hemos de recuperar el escándalo

---

12. Justino Martir, *Diálogo con Trifón*, 31-32.
13. Cicerón, *Pro Flaccus* 28.67.

que supone ver a Jesús como el Cristo, el Hijo de Dios, lo cual pone en evidencia nuestras falsas esperanzas y expectativas egoístas.

El Hijo de Dios

La expresión "Hijo de Dios" no aparece en todos los manuscritos tempranos de Marcos; la filiación divina de Jesús es, no obstante, un importante tema de este Evangelio. La consignación de este título en la primera línea podría ser la lectura original que un escriba habría omitido de manera accidental.[14] Este título surge en coyunturas esenciales del relato como el bautismo (1:11), la transfiguración (9:7) y la crucifixión (15:39). Algunos alterados demonios también aluden, gritando, a este título (3:11; 5:7), y aparece en los labios del sumo sacerdote ultrajado cuando este pregunta sin rodeos si Jesús es "el Cristo, el Hijo del Bendito" (14:61). Jesús responde claramente: "Sí, yo soy". (14:62). Para Marcos, ser el Cristo y el Hijo de Dios es exactamente lo mismo.

El comienzo

Dios es un Dios de comienzos. Las buenas nuevas de Marcos son que Dios comienza de nuevo con el pueblo escogido, enviando a su Hijo. Al final del Evangelio, no obstante, las cosas parecen mucho más sombrías. Las mujeres se escabullen de la tumba vacía y se muestran mudas por el temor. Sin embargo, el fracaso, la negación y el temor no son el final de la historia. Cuando las cosas parecen terminar, hay un nuevo comienzo. El evangelio es Buenas Nuevas porque hace posible comenzar de nuevo. Puede que alguien se pregunte cómo pudieron estos desacreditados discípulos emerger como dirigentes de una iglesia creciente y cumplir su misión, pero sabemos que su fracaso no fue definitivo. Tampoco lo es el nuestro. Dios es aquel que constantemente hace algo de la nada. Lo que parece un final patético solo es un nuevo comienzo. Dios seguirá trabajando con su pueblo y reavivándolo. Marcos deja claro que "la iglesia existe por lo que Dios ha hecho en Cristo, no por al-

---

14. Los copistas se sentían tentados a extender los títulos de libros y también a poner títulos plenamente confesionales y, por tanto, el título "Hijo de Dios" podría haber sido añadido. Por otra parte, los copistas cristianos empleaban abreviaturas para consignar los nombres sagrados (*nomina sacra*) utilizando la primera y última letra de la palabra. La similitud de los finales, que habrían sido IYXYYYΘY, podría haberles jugado malas pasadas a los copistas y ser la causa de la omisión del título.

guna excepcional capacidad que tuvieran sus primeros miembros".[15] El evangelio proclama que aquel "que comenzó tan buena obra en ustedes la irá perfeccionando hasta el día de Cristo Jesús" (Fil 1:6).

Por lo que a Marcos se refiere, la narración no puede terminar cuando las mujeres dan las noticias o cuando los discípulos se encuentran con Jesús en Galilea. Esto explica por qué no consigna ninguno de estos sucesos, como sí hacen los otros Evangelistas. El cristianismo no es un libro cerrado y los lectores cristianos son el último capítulo de un constante relato de las buenas nuevas de Dios. La pregunta para nosotros es, pues, la misma que para aquellos primeros discípulos: "¿Adónde nos lleva todo esto?". La siguiente etapa es cosa nuestra. ¿Cómo continuaremos la historia? ¿Nos acobardaremos con temor o proclamaremos con audacia las buenas noticias de Jesús al mundo?

Significado contemporáneo

En la proclamación del evangelio hemos de analizar de nuevo lo que son las Buenas Nuevas de nuestro mensaje sobre Jesucristo. Los falsos evangelios siguen abundando. En el mundo secular, los políticos prometen, como los emperadores de la antigüedad, que los buenos tiempos volverán de nuevo con sus Nueva Reforma, Nueva Frontera, Gran Sociedad (*New Deal*, *New Frontier*, *Great Society* fueron títulos de los programas legislativos o electorales de los presidentes Franklin D. Roosevelt, John F. Kennedy y Lyndon B. Johnson respectivamente. N.T.), o con el Nuevo Orden Mundial. Los tiranos ponen en marcha programas como el Tercer Reich o el Gran Salto Adelante, pero la vida parece seguir siendo más o menos igual. Los pobres y oprimidos no dejan de serlo. El odio y los prejuicios siguen bien instalados en nuestras comunidades. En el mundo religioso, el evangelio de Jesucristo ha quedado reducido a buenos consejos. Se les dice a las personas que han de ser bondadosas, sonreír mucho, amar a todas las criaturas, pensar positivamente y procurar sentirse bien con uno mismo. Pero el verdadero evangelio de Jesucristo es algo mucho más radical y explosivo. Tiene que ver con la acción redentora de Dios en Jesús, que pone de relieve el

---

15. Leon Morris, "Disciples of Jesus", en *Jesus of Nazareth: Essays on the Historical Jesus and New Testament Christology*, ed. Joel B. Green y Max Turner (Grand Rapids: Eerdmans, 1994), 124.

amor de Dios para los seres humanos y el juicio sobre el pecado humano y la maldad satánica.

Albert Einstein dijo en una ocasión: "Creo en el Dios de Spinoza, quien se revela en la ordenada armonía de lo que existe, no en el que se interesa en el destino y acciones de los seres humanos".[16] Sin embargo, el evangelio proclama que Dios se implica profundamente en los problemas y las vergüenzas humanos y permite que su Hijo sea tratado de manera ignominiosa en la cruz para llevar a cabo nuestra redención. Revela que Dios llega a nosotros con el estruendo de enormes multitudes, soldados que juegan a los dados y sacerdotes que se enfurecen, y en una gran oscuridad cuando el Hijo de Dios bebe el cáliz de su dolor en una cruz. En la corona de espinas y la vergüenza de la muerte podemos ver la corona de majestad y la victoria de Dios. El evangelio nos ofrece también una nueva base para nuestra relación con Dios y entre nosotros. Nuestra relación con Dios se basa en un inmerecido perdón. Aun los desobedientes discípulos que abandonan a Jesús en Getsemaní, negándolo con maldiciones y amordazados por el temor, hallan el perdón y la oportunidad de comenzar de nuevo mediante el poder de Dios. La muerte de Jesús da a luz una nueva humanidad basada en la fe en él, no en las limitaciones biológicas de clanes y tribus. Crea una comunidad basada en la compasión y en un nuevo sentido integral de familia.

La estupefacción de que el Jesús crucificado sea el Mesías, el Hijo de Dios, deja claro que Dios no puede ser confinado por las finitas expectativas humanas y no lo será. Es el Dios que hizo del ornitorrinco un mamífero tan atípico que los expertos afirmaron que era un engaño cuando el Museo Británico recibió su primer ejemplar. Los expertos religiosos del tiempo de Jesús lo rechazaron porque no encajaba con ninguna idea preconcebida de lo que el Mesías judío iba a ser o hacer. Nosotros no somos muy distintos de los judíos y discípulos del siglo I al querer un Mesías que haga lo que le pedimos, gane nuestras guerras, destruya a nuestros enemigos y nos exalte. En las páginas del Evangelio de Marcos, los discípulos se complacen en el poder, los logros y la ambición personal; quieren un Mesías que no les haga sufrir y que les conceda los deseos de su corazón. También nosotros queremos un Mesías que adapte su voluntad a nuestros deseos y necesidades, y se dedique a servirnos

---

16. W. Russell Hindmarsh, "They Changed Our Thinking: IV Albert Einstein (1879–1955)", *ExpT* 84 (1973): 199, citando el *New York Times*.

a nosotros más que a toda la humanidad. El Mesías que encontramos en Marcos confronta rigurosamente a quienes se interesan más en sí mismos y en asegurarse su salvación personal y entrada a la vida eterna (10:17) que en Dios o en el destino del mundo. Michael Card recoge esta realidad en la letra de su canción "Scandalon".

> En el camino de la vida está este obstinado Scandalon
> y todos los que lo toman serán agraviados.
> Para algunos es una barrera; para otros es el camino,
> porque todos han de conocer el escándalo de creer.[17]

Como sucedió durante el ministerio de Jesús, también en nuestro tiempo muchos no creerán o intentarán acomodar a Cristo a sus imágenes personales diciéndole quién es y lo que tiene que hacer. Quieren soluciones rápidas ingeniosas y atractivas para sus problemas. Muchos intentan domesticar el escándalo, convierten la cruz en joyas, y al Cristo en un maestro de realización personal. El Evangelio de Marcos es el antídoto de esta distorsión, porque presenta el fundamento del evangelio de Jesucristo, que sufre y muere en una cruz.

Paternidad literaria

Por regla general, los autores modernos quieren ser plenamente reconocidos por su trabajo; sin embargo, el anónimo autor de este Evangelio solo quería presentar el evangelio de Jesús, el Cristo, el Hijo de Dios. No pretendía cosechar elogios de la iglesia por su trabajo. El poder y autoridad de este Evangelio no derivan del prestigio o credenciales de su autor humano. Sin embargo, sentimos curiosidad por conocer a quien tomó la pluma para entretejer las tradiciones orales sobre Jesús y convertirlas en una narración coherente. El testimonio más antiguo relaciona el nombre de Marcos con este Evangelio. La declaración procede de Papías, obispo de Hierápolis en Asia Menor, autor de *Explicación de los Dichos del Señor* (escrito entre los años 110 y 130 d.C.). Aunque su obra está perdida, Eusebio, historiador de la Iglesia Primitiva cita porciones de ella, como este curioso comentario sobre el Evangelio de Marcos:

---

17. Michael Card, *The Name of the Promise Is Jesus: Reflections on the Life of Christ* (Nashville: Thomas Nelson, 1993), 81.

"Y el Anciano dijo también esto: 'Habiéndose convertido en el intérprete de Pedro, Marcos consignó fielmente todo lo que recordaba de las cosas que el Señor dijo e hizo, aunque no lo hizo por orden'. Y es que Marcos no oyó directamente al Señor ni lo siguió a él, sino más tarde, como ya he dicho, a Pedro, quien adaptó sus enseñanzas a las necesidades de sus oyentes, pero no como si trazara un relato conexo de los oráculos del Señor. De modo que Marcos no cometió errores al consignar algunas cosas tal como las recordaba. Para él, lo primordial era no omitir ninguna de las cosas que había oído ni contarlas falsamente."[18]

La mayoría de los demás comentarios patrísticos sobre Marcos son variantes de esta afirmación. Hablaremos brevemente de Marcos como autor, de la relación de este Evangelio con Pedro y de la afirmación de que no escribió "en orden".

Aunque algunos eruditos modernos cuestionan que Papías tuviera fundamento para sus afirmaciones,[19] esta temprana atribución del Evangelio a Marcos es creíble. ¿Qué razón tendría la iglesia para adjudicar la autoría de esta obra a alguien fuera de los Doce de no ser cierto? Hengel argumenta convincentemente que el título "Evangelio según..." no es un añadido tardío, sino que se deriva del tiempo en que los Evangelios eran distribuidos a otras comunidades. Necesitaban un título que hiciera saber a los oyentes lo que iban a leer y lo que tenían en el anaquel.[20] Si los Evangelios hubieran sido enviados a las iglesias de manera anónima, cada comunidad le habría dado posiblemente un título distinto.

La erudición moderna cuestiona también la afirmación de Papías sobre la relación de Marcos con Pedro. Pero esta también puede aceptarse (véase 1P 5:13). Hengel sostiene que la redacción de este Evangelio no se habría encomendado a un don nadie, sino a un reconocido maestro de la iglesia que pudiera apelar a una autoridad aún mayor.[21] Pensar que

---

18. Eusebio, *Historia eclesiástica*, 3.39.15.
19. Véase un resumen de amplia erudición sobre Papías en Black, *Mark*, 82-94, 104-11. Los fragmentos existentes de Papías han sido aptamente recopilados y traducidos en William Schoedel, *The Apostolic Fathers*, Vol. 5: Policarpo, *Martirio de Policarpo, Fragmentos de Papías* (Londres: Thomas Nelson and Sons, 1967), 89-123.
20. Hengel, *Studies in the Gospel of Mark*, 74-81.
21. *Ibíd.*, 52. Véase además los argumentos de Martin, *Mark: Evangelist and Theologian*, 52-61, y la crítica Black, *Mark*, 201-9.

cualquiera podía escribir un evangelio, y que los primeros cristianos lo aceptaran como autoritativo, rebaja la credibilidad. Mateo y Lucas dan testimonio de la autoridad de Marcos dejándose dirigir por él en la redacción de sus propios Evangelios. Mateo confiere mayor notoriedad a Pedro en su Evangelio, lo cual pone de relieve la autoridad que otorga a este apóstol. No es, pues, absurdo asumir que el Evangelio de Marcos refleje la enseñanza del apóstol Pedro, tal como escribió Papías.

Esta relación con Pedro no implica que el autor de este Evangelio sea el mismo Juan Marcos que encontramos en el libro de los Hechos (12:12, 25; 13:4, 13) y colaborador de Pablo (Col 4:10; Flm 24; 2Ti 4:11). Puesto que Marcos era uno de los nombres más comunes en el mundo romano, tanto en griego (*Markos*) como en latín (*Marcus*), había posiblemente varios hermanos con este nombre en la Iglesia Primitiva. Hemos, por tanto, de abstenernos de cualquier recreación imaginaria sobre la trayectoria del evangelista, en virtud de las distintas alusiones del Nuevo Testamento a Marcos. Escribe para que Jesús sea el centro de atención y no él mismo.

El comentario de Papías en el sentido de que Marcos "consignó fielmente todo lo que recordaba de las cosas que el Señor dijo e hizo, aunque no lo hizo por orden", es un tanto difícil. ¿Qué quiere decir "por orden"? Es posible que Papías esté comparando desfavorablemente el plan de Marcos con la más ordenada disposición de Mateo o con el desarrollo cronológico de los tres años de ministerio de Jesús en el Cuarto Evangelio.[22] Papías no pretende criticar a Marcos, sino defender el Evangelio a pesar de sus presuntas imperfecciones.

Trasfondo

La idea tradicional de que Marcos se redactó en Roma hacia el final de la guerra de los judíos, o poco después de ella, sigue siendo el trasfondo más probable de este Evangelio.[23] Dejando a un lado el lugar concreto de su redacción, Marcos debería leerse como una respuesta pastoral a tiempos de tensión. La iglesia hubo de hacer frente a importantes crisis en la década de los años 60—70. Los cristianos tuvieron que sobrepo-

---

22. *Ibíd.*, 48-49.
23. La discusión técnica para fundamentar esta cuestión está disponible en, Hengel, *Studies en the Gospel of Mark*, 1-28; Black, *Mark*, 224-50; Joel Marcus, "The Jewish War and the *Sitz im Leben* of Mark", *JBL* 111 (1992): 441-62.

nerse a la muerte de algunos de los testigos presenciales, lo cual creó la necesidad de conservar y estabilizar las tradiciones sobre Jesús. Sabemos por Tácito (citado más adelante) que la iglesia de Roma se vio sometida a una perversa y hostil campaña de desprestigio (véase también, 1P 2:15; 3:13-16; 4:12) y hubo de rechazar ataques procedentes de varios sectores. Los cristianos tuvieron que desviar las sospechas del gobierno en el sentido de que eran un grupo potencialmente subversivo. También tuvieron que defenderse de rivales religiosos que pretendían frustrar el crecimiento de la iglesia. ¿Qué sabían los cristianos sobre el origen de su fe? ¿Cómo podrían responder confiadamente a las tergiversaciones de los hechos sin conocer o tener en cuenta la experiencia de su Fundador, que fue ejecutado por la sentencia de un magistrado romano?[24] Marcos recopiló un registro escrito de la predicación de Pedro y puede que de otros para edificar a la iglesia y para ayudarla en la tarea de proclamar el evangelio en el mundo grecorromano.

Marcos también compuso su Evangelio para animar a los cristianos que afrontaban condiciones cada vez más difíciles y para recordarles el fundamento de su fe. A excepción de ciertos enfrentamientos aislados de carácter local, los cristianos fueron relativamente ignorados hasta el año 64 d.C. No obstante, las cosas cambiaron de manera decisiva tras un desastroso incendio que arrasó Roma aquel año. Diez de los catorce barrios de la ciudad fueron destruidos. Tras la sorpresa inicial y con la ciudad todavía humeante, comenzaron a circular rumores de que el incendio había sido provocado por Nerón como parte de su estrategia de renovación urbana. El emperador intentó sofocar los rumores con un programa de desgravación fiscal, reparto de alimentos y reconstrucción. Pero los chismorreos persistían y, finalmente, encontró un cabeza de turco en los cristianos. Tácito informa:

> Ningún esfuerzo humano, generosidad imperial, o intentos de aplacar a los dioses, pudieron sofocar el escándalo o acabar con la creencia de que el [gran] incendio se había producido por una orden. De modo que, para poner fin a los rumores, Nerón señaló como culpables, y castigó con la más exquisita crueldad, a una clase detestada por sus abominaciones, a quienes la multitud llamaba cristianos.

---

24. F. F. Bruce, "The Date and Character of Mark", en *Jesus and the Politics of His Day*, ed. Ernst Bammel y C. F. D. Moule (Cambridge: Cambridge Univ. Press, 1984), 78.

El fundador de la secta, Cristo, había sido castigado con la muerte durante el reinado de Tiberio por el procurador Poncio Pilato, y la fatal superstición, momentáneamente reprimida, irrumpía de nuevo, no solo en Judea, origen del mal, sino también en Roma, donde confluye y se celebra todo lo horrible y vergonzoso, provenga de donde provenga. De modo que, primero, fueron detenidos quienes confesaban; luego, gracias a su denuncia, una gran multitud fue declarada, junto a los primeros, convicta y confesa, no tanto bajo la acusación de incendio como por odio al género humano. A la hora de su muerte se recurrió además a burlas, de tal manera que, cubiertos con pieles de alimañas, perecían desgarrados por los perros, o bien, clavados a una cruz y, tras prendérseles fuego, eran quemados para ser usados como antorchas de noche cuando se iba el día. Nerón había ofrecido su jardín para este espectáculo, y celebraba unos juegos de circo mezclado con la plebe en traje de auriga o montado en un carro. De ahí que, aunque contra culpables y merecedores de la pena capital, naciese la compasión, pues a todas luces no eran sacrificados en nombre de la utilidad pública sino por el sadismo de un solo hombre.[25]

El arresto masivo de cristianos cambió las cosas. Admitir que uno era cristiano llevaba a la muerte. Este sufrimiento sin precedente supuso la audaz aceptación del martirio para unos y un desmoronamiento lleno de pánico para otros. A fin de fortalecer a los cristianos en la fe, Marcos mostró la similitud entre la tensión y sufrimiento que afrontó Jesús y los que estaban padeciendo ellos. Escucharían, por ejemplo, que su Señor había sido llevado al desierto para enfrentarse a Satanás (1:12). Solo el Evangelio de Marcos consigna que en el desierto Jesús estuvo entre las fieras salvajes (1:13). Igual que a los cristianos se les presentó falsamente como ateos y aborrecedores de la humanidad, Jesús había sido falsamente acusado de estar del lado del diablo (3:21, 30). Como ellos, que estaban siendo procesados a base de falsas acusaciones, Jesús lo había sido también por las declaraciones de falsos testigos (14:56-59). O como ellos estaban siendo traicionados y vendidos por personas de confianza, Jesús lo había sido asimismo por un íntimo amigo, uno de los Doce (14:43-46).

---

25. Tácito, *Anales* 15.44.

Marcos recuerda también a sus lectores que Jesús había predicho persecuciones (13:1-13). Jesús habló abiertamente de su propio sufrimiento y muerte y advirtió a sus discípulos que no podrían escapar de la tribulación. La situación iría de mal en peor. Llevar la propia cruz era una parte integral del discipulado (8:34-39); y, para algunos, se había convertido en una realidad literal. Marcos deja constancia de que Jesús prometió recompensas a sus seguidores, pero solo "con persecuciones" (10:29-30). Advirtió que aquellos que no tienen raíz perseveran durante cierto tiempo y después desaparecen inmediatamente con las primeras señales de persecución por causa de la palabra (4:17). Advirtió también que estos serían salados con fuego y que la sal que pierde su sabor no podía recuperarlo (9:49). Marcos consigna vívidamente el sufrimiento de Jesús y su completo abandono en manos del Padre, en el momento de su prueba. Uno aprende, no obstante, de este Evangelio que Jesús nunca abandona a quienes lo siguen, aunque, a veces, pueda parecer ausente. En una barca sacudida por las olas, los discípulos pueden sentir pánico pensando que a Jesús no le importa que perezcan; sin embargo, él está con ellos. Cuando habla, los vientos cesan, los demonios huyen y los muertos se levantan vivos.

La presencia de Jesús no solo trae paz, sino que bajo la más severa persecución su conducta constituye un ejemplo para sus seguidores que han de conformarse a él. Jesús hizo su atrevida confesión ante las autoridades (14:62; 15:2). Soportó en silencio el látigo con terminaciones de hueso de los guardias. Al final, un soldado romano, viendo el modo en que murió, confiesa: "¡Verdaderamente este hombre era el Hijo de Dios!" (15:39).

No era solo que la iglesia de Roma estuviera sufriendo una virulenta persecución, sino que todo el mundo parecía estarse desmoronado con la conmoción de guerras civiles e internacionales. Las personas tenían que hacer frente al peligro desde dentro: falsos temores, falsas esperanzas y falsos profetas. Tácito describe la caótica situación a finales de la década 60-70 d.C.:

> Estoy entrando en la historia de un período rico en desastres, lúgubre por sus guerras, desgarrado por las sediciones, negativo, salvaje en sus pocas horas de paz. Cuatro emperadores perecieron a espada; hubo tres guerras civiles; hubo

más con extranjeros, y algunas civiles y externas a la vez [...]. Italia fue angustiada por desastres desconocidos hasta entonces o recurrentes tras el lapso de los tiempos [...].

Además de las múltiples desgracias que sobrevinieron a la humanidad, hubo prodigios en el firmamento y sobre la tierra, advertencias expresadas por relámpagos y truenos, y profecías del futuro, tanto gozosas como sombrías, inciertas y claras.[26]

No es solo que los cristianos tuvieran que batallar con los disturbios civiles en Roma; también había que explicar la desastrosa sublevación en Judea contra Roma. La revuelta judía contra Roma, en el año 66 d.C., obtuvo un éxito inicial, pero inevitablemente la suerte cambió. El colosal ejército romano atravesó Galilea con su política de tierra quemada y, para el tiempo en que escribió Marcos, ya había sitiado Jerusalén (69 d.C.) o recién saqueado la ciudad y arrasado el templo por completo (70 d.C.). La carta de Pablo a los Romanos sugiere que la comunidad cristiana romana tenía estrechos vínculos con la de Jerusalén, y la mayoría de los creyentes habría entendido la inminente o reciente destrucción de la ciudad como una señal del fin del mundo. En el capítulo 13, Marcos menciona rápidamente la advertencia de Jesús sobre guerras y rumores de ellas, y la destrucción del templo. Jesús predice tumultos y la destrucción del templo, y advierte que cuando todo esto suceda el fin no habrá llegado todavía (13:7, 20, 27). Los discípulos han de mantener una constante vigilancia espiritual y seguir proclamando el evangelio ante una hostilidad brutal. El regreso del Hijo del Hombre para reunir a sus elegidos aguarda un día y hora desconocidos. Mientras tanto, Jesús llama a los discípulos a vencer su temor y dar testimonio en medio de sus sufrimientos. Marcos no se queja de los inhumanos sufrimientos que padecen los cristianos, sino muestra más bien que la persecución ha de llevar a la confesión: la de los cristianos que alumbra la de otros (15:39).

---

26. Tácito, *Historias* 1.2.3.

Bosquejo de Marcos

I. Prólogo (1:1-13)
   A. Título del Evangelio: el comienzo de las buenas nuevas sobre Jesucristo, el Hijo de Dios (1:1)
   B. Ministerio de Juan el bautista (1:2-8)
   C. Bautismo de Jesús (1:9-11)
   D. Prueba en el desierto (1:12-13)

II. Ministerio de Jesús en Galilea (1:14—8:21)
   A. Ministerio de Jesús en Galilea (1:14—3:6)
      1. Comienzo del ministerio de Jesús en Galilea (1:14-45)
         a. Resumen de la predicación de Jesús (1:14-15)
         b. Llamamiento de los primeros discípulos (1:16-20)
         c. Una nueva enseñanza: expulsión de un espíritu maligno en la sinagoga (1:21-28)
         d. Curación de la suegra de Simón y muchos otros enfermos (1:29-34)
         e. Oración en un lugar solitario antes de recorrer toda Galilea (1:35-39)
         f. Curación de un leproso (1:40-45)
      2. Controversias zanjadas por los pronunciamientos de Jesús (2:1—3:6)
         a. Sobre el perdón de pecados: sanación de un paralítico (2:1-12)
         b. Sobre los pecadores: llamamiento de un recaudador de impuestos y comida con pecadores (2:13-17)
         c. Sobre el ayuno: Jesús defiende a sus discípulos (2:18-22)
         d. Sobre la observancia del sábado: arrancar espigas (2:23-28)
         e. Sobre la observancia del sábado: sanación y complot para destruir a Jesús (3:1-6)
   B. Ministerio de Jesús por los alrededores del Mar de Galilea y rechazo en Nazaret (3:7—6:6a)
      1. Concisa declaración del ministerio de Jesús (3:7-12)
      2. Elección de doce discípulos para estar con él (3:13-19)

3. Acusación de la familia de Jesús de que éste está fuera de sí (3:20-21)
4. Acusación de los escribas de que Jesús actúa por el poder de Belcebú (3:22-29)
5. Declaración de Jesús sobre su familia (3:30-35)
6. Enseñanza en parábolas a orillas del mar (4:1-34)
   a. Introducción narrativa (4:1-2)
   b. Parábola de la semilla (4:3-9)
   c. Declaración general sobre lo oculto (4:10-12)
   d. Interpretación de la Parábola de las semillas y los suelos (4:13-20)
   c´. Parábolas sobre lo oculto (4:21-25)
   b´. Parábolas de semillas (4:26-32)
   a´. Conclusión narrativa (4:33-34)
7. Demostraciones de poder a ambos lados del Mar de Galilea (4:35—6:6a)
   a. Jesús calma la tormenta (4:35-41)
   b. Sanación del endemoniado gadareno (5:1-20)
   c. Sanación de una mujer con una hemorragia y resurrección de la hija Jairo (5:21-43)
   d. Rechazo de Jesús en Nazaret (6:1-6a)

C. Ampliación del ministerio de Jesús fuera de Galilea (6:6b—8:21)
   1. Envío de los Doce (6:6b-13)
   2. Retrospectiva de la muerte de Juan Bautista (6:14-29)
   3. Regreso de los Doce (6:30)
   4. Retiro en un lugar desierto y alimentación de los cinco mil (6:31-44)
   5. Jesús anda sobre el agua (6:45-52)
   6. Resumen de la sanación de enfermos (6:53-56)
   7. Controversia sobre la tradición de los ancianos y declaración sobre la pureza (7:1-23)
   8. Sanación de la hija sirofenicia (7:24-30)
   9. Sanación de un sordomudo (7:31-37)
   10. Alimentación de los cuatro mil (8:1-10)

11. Los fariseos demandan una señal (8:11-13)
12. Advertencia contra la levadura de los fariseos y Herodes (8:14-21)

III. Camino de Jerusalén (8:22—10:52)
   A. Sanación de un hombre ciego en Betsaida (8:22-26)
   B. Primera predicción de su muerte y resurrección por parte de Jesús (8:27—9:1)
      1. Declaración de Pedro sobre Jesús (8:27-30)
      2. Predicción de su muerte y resurrección por parte de Jesús (8:31-33)
      3. Protesta de Pedro y enseñanza de Jesús sobre el discipulado (8:34—9:1)
   C. Transfiguración de Jesús (9:2-8)
   D. Instrucción sobre la venida de Elías (9:9-13)
   E. Sanación de un muchacho endemoniado (9:14-29)
   F. Segunda predicción de su muerte y resurrección por parte de Jesús (9:30-37)
      1. Predicción de Jesús (9:30-32)
      2. Disputa de los discípulos sobre la grandeza y enseñanza de Jesús sobre el discipulado (9:33-37)
   G. Colección de dichos relativos al discipulado (9:38-50)
      1. Aceptación de otros (9:38-41)
      2. Advertencia sobre los peligros de hacer tropezar a otros (9:42-48)
      3. Dichos sobre la sal (9:49-50)
   H. Enseñanza sobre el divorcio (10:1-12)
   I. Bendición de los niños (10:13-16)
   J. Invitación a un hombre rico a seguirle (10:17-31)
   K. Tercera predicción de su muerte y resurrección por parte de Jesús (10:32-45)
      1. Predicción de su muerte y resurrección por parte de Jesús (10:32-34)
      2. Petición de Jacobo y Juan y enseñanza de Jesús sobre el discipulado (10:35-45)

L. Sanación del ciego Bartimeo en Jericó (10:46-52)

IV. Confrontación y muerte en Jerusalén (11:1—15:41)

  A. Confrontación (11:1—13:37)

    1. Entrada en Jerusalén (11:1-11)

    2. Acción profética en el templo y maldición de la higuera (11:12-25)

    3. Controversias en el templo (11:27—12:44)

      a. Desafío a la autoridad de Jesús (11:27-33)

      b. Parábola de los perversos arrendatarios de la viña (12:1-12)

      c. Preguntas (12:13-37)

        i. Sobre el pago de impuestos a César (12:13-17)

        ii. Sobre la resurrección (12:18-27)

        iii. Sobre el supremo mandamiento (12:28-34)

        iv. Sobre el Hijo de David (12:35-37)

      d. Denuncia de los escribas (12:38-40)

      e. La ofrenda de la viuda (12:41-44)

    4. Discurso de despedida sobre la destrucción del templo y el tiempo del fin (13:1-37)

      a. Partida al monte de los Olivos y predicción de la destrucción del templo (13:1-4)

      b. Advertencias relacionadas con la destrucción del templo (13:5-23)

        i. Sobre los engañadores (13:5-6)

          ii. Sobre guerras internacionales, terremotos y hambrunas (13:7-8)

            iii. Sobre la persecución de los cristianos (13:9-13)

          ii´. Sobre la abominación desoladora y la guerra en Judea (13:14-20)

        i´. Sobre los engañadores (13:21-23)

      c. Advertencia sobre la venida del Hijo del Hombre (13:24-27)

      d. Advertencias de que nadie conoce el momento del fin (13:28-37)

        i. Parábola de la higuera (13:28-31)

        ii. Anuncio del desconocimiento del día y la hora (13:32)

iii. Parábola del portero vigilante y del indiferente (13:33-37)

B. Pasión de Jesús (14:1—15:41)

1. Conspiración de los sumos sacerdotes y los escribas para dar muerte a Jesús (14:1-2)
2. Una mujer anónima unge a Jesús para la sepultura (14:3-9)
3. Conspiración de Judas para entregar a Jesús (14:10-11)
4. La última cena (14:12-26)

   a. Preparación para la cena (14:12-16)

   b. Predicción de la traición de uno de los doce y respuesta de los discípulos (14:17-21)

   c. Interpretación de su muerte Por medio del pan y la copa (14:22-26)

5. Sobre el Monte de los Olivos (14:27-52)

   a. Predicción de la dispersión de los discípulos y su respuesta (14:27-31)

   b. Angustiosa oración de Jesús en Getsemaní mientras sus discípulos duermen (14:32-42)

   c. Traición de Judas, arresto de Jesús y huida de los discípulos (14:43-52)

6. Juicio de Jesús (14:53—15:15)

   a. Jesús ante el Sanedrín (14:53-72)

      i. Pedro sigue a Jesús, a distancia, hasta el patio del sumo sacerdote (14:53-54)

      ii. Jesús afirma su identidad ante el Sanedrín (14:55-65)

      iii. Pedro niega tres veces a Jesús en el patio (14:66-72)

   b. Jesús ante Pilato (15:1-15)

      i. Interrogatorio frustrado de Pilato a Jesús (15:1-5)

      ii. Intentos malogrados de Pilato de poner en libertad a Jesús (15:6-15)

7. La crucifixión (15:16-41)

   a. Los soldados se burlan de Jesús como Rey de los judíos (15:16-20)

   b. Simón es obligado a llevar la cruz de Jesús (15:21-22)

c. Reparto de la ropa de Jesús (15:23-24)
   d. Crucifixión de Jesús a la hora tercera y entre dos malhechores (15:25-27)
   e. Escarnio a Jesús (15:29-32)
      i. De los transeúntes: tú que destruyes el templo (15:29-30)
      ii. De los principales sacerdotes y los escribas: el rey de Israel que salvó a otros (15:31-32a)
      iii. De los que son crucificados con Jesús (15:32b)
   f. Muerte de Jesús (15:33-41)
      i. Oscuridad sobre la tierra a la hora sexta (15:33)
      ii. Grito de Jesús a Dios (15:34)
      iii. Último insulto sobre Elías (15:35-36)
      iv. Grito de muerte de Jesús a la hora novena (15:37)
      v. Rasgadura del velo del templo (15:38)
      vi. Confesión del centurión de que Jesús es el Hijo de Dios (15:39)
      vii. Testimonio de su muerte por parte de las mujeres que le seguían desde Galilea (15:40-41)
V. Sepultura y resurrección (15:42—16:8)
   A. Sepultura de Jesús por parte de José de Arimatea con las mujeres como testigos (15:42-47)
   B. Anuncio de la resurrección a las mujeres en el sepulcro (16:1-8)

Bibliografía

Comentarios

Anderson, Hugh. *The Gospel of Mark*. New Century Bible. Londres: Oliphants, 1976.

Cranfield, C. E. B. *The Gospel According to St. Mark*. Cambridge Greek Testament Commentary. Cambridge: Cambridge Univ. Press, 1966.

Derrett, J. Duncan M. *The Making of Mark: The Scriptural Bases of the Earliest Gospel*. Shipston on Stour: P. Drinkwater, 1984.

Gnilka, Joachim. *Das Evangelium nach Markus*. Evangelishkatholischer Kommentar zum Neuen Testament. Zurich: Benziger / Neukirchener, 1979.

Guelich, Robert A. *Mark 1-8:26*. Word Biblical Commentary. Dallas: Word, 1989.

Gundry, Robert. *Mark: A Commentary on His Apology for the Cross*. Grand Rapids: Eerdmans, 1993.

Heil, John Paul. *The Gospel of Mark as a Model for Action: A Reader Response Commentary*. Nueva York / Mahwah, N.J.: Paulist, 1992.

Hooker, Morna D. *The Gospel According to Saint Mark*. Black's New Testament Commentary. Peabody, Mass.: Hendrickson, 1991.

Iersel van, Bas. *Reading Mark*. Collegeville, Minn.: Liturgical Press 1988.

Juel, Donald H. *Mark*. Augsburg Commentary on the New Testament. Minneapolis: Augsburg, 1990.

Lane, William L. *Commentary on the Gospel of Mark*. New International Commentary on the New Testament. Grand Rapids: Eerdmans, 1974.

Lightfoot, R. H. *The Gospel Message of St. Mark*. Oxford: Clarendon, 1950.

Luccock, Halford E. "The Gospel According to Saint Mark: Exposition." *The Interpreter's Bible*, ed. George Arthur Buttrick, 7:629-917. Nueva York / Nashville: Abingdon, 1951.

Minear, Paul S. *Saint Mark*. Layman's Bible Commentary. Londres: SCM, 1962.

Mitton, C. Leslie. *The Gospel According to St. Mark*. Londres: Epworth, 1957.

Moule, C. F. D. *The Gospel According to Mark*. Cambridge Bible Commentary. Cambridge: Cambridge Univ. Press, 1965.

Myers, Ched. *Binding the Strong Man: A Political Reading of Mark's Story of Jesus*. Maryknoll, N.Y.: Orbis, 1988.

Pesch, Rudolf. *Das Markusevangelium*. Herders theologischer Kommentar zum Neuen Testament. Freiburg/Basel/Vienna: Herder, 1984.

Schweizer, Eduard. *The Good News According to Mark*. Richmond: John Knox, 1970.

Stock, Augustine. *The Method and Message of Mark*. Wilmington, Del.: Michael Glazier, 1989.

Swete, Henry Barclay. *The Gospel According to Mark*. Londres: Macmillan, 1913. Taylor, Vincent. *The Gospel According to St. Mark*. 2d ed. Londres: Macmillan, 1966.

Waetjen, H. C. *A Reordering of Power: A Sociopolitical Reading of Mark's Gospel*. Minneapolis: Fortress, 1989.

Estudios Especiales

Achtemeier, Paul J. *Mark*. 2ª ed. Proclamation Commentaries. Filadelfia: Fortress, 1986.

_____. "Mark, Gospel of." *The Anchor Bible Dictionary*, ed. David Noel Freedman, 4:541-57. Nueva York: Doubleday, 1992.

Beasley-Murray, George R. *Jesus and the Last Days: The Interpretation of the Olivet Discourse*. Peabody, Mass.: Hendrickson, 1993.

Best, Ernest. *Disciples and Discipleship*. Edimburgo: T. & T. Clark, 1986.

_____. *Following Jesus*. JSNTSup 4. Sheffield: JSOT, 1981.

_____. *Mark: The Gospel As Story*. Studies of the New Testament and Its World. Edimburgo: T. & T. Clark, 1983.

_____. *The Temptation and the Passion*. 2d ed. SNTSMS 2. Cambridge: Cambridge Univ. Press, 1990.

Bilezikian, Gilbert G. *The Liberated Gospel: A Comparison of the Gospel of Mark and Greek Tragedy*. Grand Rapids: Baker, 1977.

Black, C. Clifton. *The Disciples According to Mark*. JSNTSup 27. Sheffield: JSOT, 1989.

_____. *Mark: Images of an Apostolic Interpreter*. Columbia, S.C.: Univ. of South Carolina Press, 1994.

Brown, Raymond E. *The Death of the Messiah*. 2 vols. Nueva York: Doubleday, 1994.

Bryan, Christopher. *A Preface to Mark: Notes on the Gospel in Its Literary and Cultural Settings*. Nueva York / Oxford: Oxford Univ. Press, 1993.

Camery-Hoggatt, Jerry. *Irony in Mark's Gospel: Text and Subtext*. SNTSMS 72. Cambridge: Cambridge Univ. Press, 1991.

Chapman, D. W. *The Orphan Gospel: Mark's Perspective on Jesus*. The Biblical Seminar 16. Sheffield: JSOT, 1993.

Donahue, John R. *Are You the Christ?* SBLDS 10. Missoula, Mont.: Scholars, 1973.

Dowd, Sharon E. Prayer, *Power, and the Problem of Suffering*. SBLDS 105. Atlanta: Scholars, 1988.

France, R. T. *Divine Government: God's Kingship in the Gospel of Mark*. Londres: SPCK, 1990.

Geddert, Timothy J. Watchwords: *Mark 13 in Markan Eschatology*. JSNTSup 26. Sheffield: JSOT, 1989.

Hengel, Martin. *Studies in the Gospel of Mark*. Londres: SCM, 1985.

Juel, Donald. *A Master of Surprise*. Minneapolis: Fortress, 1994.

_____. *Messiah and Temple*. SBLDS 31. Missoula, Mont.: Scholars, 1977.

Kelber, Werner H. *Mark's Story of Jesus*. Filadelfia: Fortress, 1979.

Kingsbury, Jack Dean. *The Christology of Mark's Gospel*. Filadelfia: Fortress, 1983.

_____. *Conflict in Mark*. Minneapolis: Fortress, 1989.

Malbon, Elizabeth Struthers. *Narrative Space and Mythic Meaning in Mark*. San Francisco: Harper and Row, 1986.

Marcus, Joel. *The Mystery of the Kingdom of God*. SBLDS 90. Atlanta: Scholars, 1986.

_____. *The Way of the Lord: Christological Exegesis of the Old Testament in the Gospel of Mark*. Louisville: Westminster/John Knox, 1992.

Marshall, Christopher D. *Faith as a Theme in Mark's Narrative*. SNTSMS 64. Cambridge: Cambridge Univ. Press, 1989.

Martin, Ralph P. *Mark: Evangelist and Theologian*. Grand Rapids: Zondervan, 1972.

Matera, Frank J. *The Kingship of Jesus*. SBLDS 66. Chico, Calif.: Scholars, 1982.

Rhoads, David, and Donald Michie. *Mark As Story*. Filadelfia: Fortress, 1982.

Senior, Donald P. *The Passion of Jesus in the Gospel of Mark*. Wilmington, Del.: Michael Glazier, 1984.

Telford, William R. *The Barren Temple and the Withered Fig Tree*. JSNTSup 1. Sheffield: JSOT, 1980.

Tolbert, Mary Ann. *Sowing the Word: Mark's World in Literary-Historical Perspective*. Minneapolis: Fortress, 1989.

Twelftree, Graham. *Jesus the Exorcist: A Contribution to the Study of the Historical Jesus*. Peabody, Mass.: Hendrickson, 1993.

Via, Dan O. Jr. *The Ethics of Mark's Gospel—In the Middle of Time*. Filadelfia: Fortress, 1985.

Williams, Joel F. *Other Followers of Jesus: Minor Characters As Major Figures in Mark's Gospel*. JSNTSup 102. Sheffield: JSOT, 1994.

Marcos 1:1-13

Comienzo del evangelio de Jesucristo, el Hijo de Dios. ² Sucedió como está escrito en el profeta Isaías:

«Yo estoy por enviar a mi mensajero delante de ti,
el cual preparará tu camino».
³ «Voz de uno que grita en el desierto:
"Preparen el camino del Señor,
háganle sendas derechas"».

⁴ Así se presentó Juan, bautizando en el desierto y predicando el bautismo de arrepentimiento para el perdón de pecados. ⁵ Toda la gente de la región de Judea y de la ciudad de Jerusalén acudía a él. Cuando confesaban sus pecados, él los bautizaba en el río Jordán. ⁶ La ropa de Juan estaba hecha de pelo de camello. Llevaba puesto un cinturón de cuero, y comía langostas y miel silvestre. ⁷ Predicaba de esta manera: «Después de mí viene uno más poderoso que yo; ni siquiera merezco agacharme para desatar la correa de sus sandalias. ⁸ Yo los he bautizado a ustedes con agua, pero él los bautizará con el Espíritu Santo».

⁹ En esos días llegó Jesús desde Nazaret de Galilea y fue bautizado por Juan en el Jordán. ¹⁰ En seguida, al subir del agua, Jesús vio que el cielo se abría y que el Espíritu bajaba sobre él como una paloma. ¹¹ También se oyó una voz del cielo que decía: «Tú eres mi Hijo amado; estoy muy complacido contigo».

¹² En seguida el Espíritu lo impulsó a ir al desierto, ¹³ y allí fue tentado por Satanás durante cuarenta días. Estaba entre las fieras, y los ángeles le servían.

El primer versículo del Evangelio de Marcos, como se ha dicho ya en la introducción, funciona como título de toda la obra. Los doce versículos siguientes son una especie de prólogo y se dividen en tres partes: (1) la cita de la Escritura y la introducción de Juan el Bautista (1:2-8); (2) el bautismo de Jesús de Nazaret (1:9-11); y (3) la tentación de Jesús en el desierto (1:12-13).

La estructura del prólogo

Algunos eruditos extienden el prólogo para incluir la predicación de Jesús en Galilea (1:14-15). Los siguientes argumentos favorecen, no obstante, que tratemos 1:14-15 como el comienzo de una nueva sección. (1) Todos los incidentes de 1:2-13 se producen en las mismas localidades, el desierto y el río Jordán, mientras que lo que se consigna en 1:14-15 acontece en Galilea y en 1:16 se menciona el mar de Galilea. (2) En cada incidente relatado en 1:2-13 hay una referencia al Espíritu (1:8, 10, 12), que solo se menciona otras tres veces en todo el Evangelio (3:29; 12:36; 13:11). (3) Y, lo que es más importante, las tres escenas que se narran en 1:2-13 ofrecen al lector una privilegiada información inaccesible para cualquier personaje del relato, aparte de Jesús.[1] La primera escena (1:1-8) subraya que el ministerio de Juan el Bautista en el desierto era el cumplimiento de la profecía divina. Una trascendente voz en *off* recita la Escritura y sitúa lo que sigue bajo la perspectiva de la historia de la salvación. El lector sabe ahora quién es Juan desde la perspectiva divina. Es el que viene a dar testimonio de aquel que es más poderoso y que aparecerá después de él: Jesús el prometido en la Escritura. Una solemne voz procedente de los cielos identifica a Jesús como el hijo amado y portador del Espíritu en la segunda escena (1:9-11). La tercera escena (1:12-13) le da al lector un trascendental asiento de primera fila en la confrontación y derrota de Satanás por parte de Jesús, su pacífica estancia entre las fieras y el servicio que le rindieron los ángeles. En contraste, el anuncio de que Jesús predica el evangelio de Dios en Galilea (1:14-15) trae de nuevo a los lectores a la tierra. Su proclamación pública no está envuelta en un halo de misterio; es más bien un mensaje abierto que todos pueden escuchar.

El prólogo deja entrar brevemente a los lectores en lo que, para los personajes del relato que se desarrolla, serán secretos que permanecerán ocultos. Contiene lo que Marcos conoce y cree sobre Jesus[2] puesto que permite a sus lectores un fugaz destello de su identidad y misión desde una privilegiada "óptica celestial".[3] Incluso aquellos que están dedicados a Dios están a oscuras sobre la identidad de Jesús. Se nos dice también que Dios es quien dirige las cosas entre bastidores. Puesto que

---

1. Frank Matera, "The Prologue As the Interpretive Key to Mark's Gospel", *JSNT* 34 (1988): 5-6, sostiene, basándose en un acercamiento desde la crítica literaria, que en 1:14 se produce un cambio de punto de vista narrativo. Los versículos 2-13 ofrecen una privilegiada información solo para el lector; 1:14 comienza a relatar acontecimientos públicos en que los personajes del relato participan u observan.
2. Lightfoot, *The Gospel Message of St. Mark, 17*, afirma: "Descubrimos que, desde el mismo comienzo, el Evangelista pone en nuestra mano la clave que desea que tengamos, para poder entender la persona y el oficio que desempeña el principal protagonista del libro".
3. Hooker, *Mark*, 31-32.

el verbo "vio" (v. 10) está en singular y solo puede referirse a Jesús, ni siquiera Juan el Bautista presencia la apertura de los cielos y el descenso del Espíritu sobre él como paloma cuando salió de las aguas. ¿Supo siquiera Juan que se estaba cumpliendo Isaías 40:3? No hay duda de que las multitudes no distinguen a Jesús de los penitentes que se acercan para ser bautizados. Y, durante la tentación en el desierto, no hay nadie que observe su lucha con Satanás. Solo el lector tiene esta información, que es vital para evaluar la identidad de Jesús. El objetivo de estas escenas introductorias es, por tanto, dar a conocer al lector desde el principio la identidad de Jesús y acentuar que viene a cumplir las promesas divinas y la comisión que Dios le ha encomendado. Puesto que quienes hoy leemos el texto conocemos la identidad de Jesús, cuando no lo seguimos y obedecemos, somos más culpables que los personajes de la narración.

La promesa de la Escritura cumplida y el ministerio de Juan Bautista (1:2-8)

La promesa de la Escritura cumplida (1:2-3). La narración comienza con una voz que, desde fuera, lee la Escritura. Aunque Juan y Jesús parecen surgir de la nada, esta cita de la Escritura deja claro que irrumpen del plan de Dios. Esta historia es el comienzo del Evangelio, pero cada comienzo es una consecuencia. Al cruzar referencias de la Escritura, Marcos deja claro que el Evangelio está firmemente vinculado a la promesa de Dios en el Antiguo Testamento y es una continuación del relato de la actividad salvífica de Dios. Mucho antes de que Juan el Bautista proclamara las promesas divinas, Isaías también las había declarado, lo cual muestra que Dios había planeado las cosas mucho antes de que Juan apareciera en escena y que fue él quien inició la acción.[4] La esperanza de los profetas no eran utopías irrealizables; sus profecías siguen sonando y Dios las cumplirá.

Este es el único pasaje de Marcos en que el narrador nos dice que la Escritura se está cumpliendo (en los demás es Jesús quien lo afirma). Abarca una mezcla de textos como Éxodo 23:20, Malaquías 3:1 e Isaías 40:3. En Éxodo 23:20 encontramos la promesa de que Dios iba a mandar a su mensajero delante de los israelitas en su tránsito a través del desierto hasta Canaán. Isaías 40:3 habla de un segundo éxodo a través del desierto hasta la liberación final preparada para el pueblo de Dios.

---

4. Gundry, *Mark*, 34.

Malaquías 3:1 advierte que Dios enviará un mensajero para preparar el camino delante de él antes del día del juicio. Utilizando una técnica común del judaísmo postbíblico, Marcos combina estos textos que inicialmente no tenían nada que ver entre sí.[5] Según las modernas convenciones de edición, que Marcos no conocía, hoy pondríamos las alusiones a estos textos en notas marginales o a pie de página para que lector pudiera consultarlas y reflexionar al respecto. Citando estos versículos, Marcos certifica que la Toráh (Éxodo), los profetas mayores (Isaías) y los menores (Malaquías) confirman lo que él está a punto de decir.[6] Es probable que Marcos atribuya toda la cita a Isaías, no tanto para identificar su fuente como porque este profeta tenía una especial importancia para él. Es un indicio de que "todo su relato sobre 'el comienzo del Evangelio' ha de entenderse en el trasfondo de los temas de Isaías".[7]

En Marcos 1:2 se menciona a tres individuos: el que envía al mensajero, el propio mensajero que preparará el camino y aquel cuyo camino va a ser preparado ("tu camino"). También en 1:3 aparecen tres indi-

---

5. Joel Marcus (*The Way of the Lord*, 12-17) observa que un rasgo característico de la exégesis de Qumrán es la yuxtaposición de Escrituras; Éxodo 23:20 y Malaquías 3:1 se combinan en la literatura rabínica en Ex. Rab. 32:9 y Dt. Rab. 11:9. Marcus sostiene que si Marcos ha fusionado Éxodo 23:20/Malaquías 3:1 con Isaías 40:3, tiene entonces conocimiento del texto hebreo o arameo que encontramos en el TM y en el Tárgum. Marcos fusiona la Escritura en 1:11 (Is 42:1/Sal 2:7); 11:17 (Is 56:7/Jer 7:11); 13:24-26 (Is 13:10/34:4/Jl 2:10/Ez 32:7-8); y 14:62 (Dn 7:13/Sal 110:1). Véase también, Howard Clark Kee, "The Function of Quotations and Allusion in Mark 11-16", en *Jesus und Paulus: Festschrift für Werner Georg Kümmel zum 70. Geburtstag*, ed. E. E. Ellis y E. Grässer (Göttingen: Vandenhoeck & Ruprecht, 1975), 175-78.
6. Derrett, *Mark*, 46-47.
7. Marcus, *The Way of the Lord*, 20; véase también R. Guelich, "'The Beginning of the Gospel': Mark 1:1-15", *BR* 27 (1982): 8-10. Isaías representa un importante telón de fondo para entender el relato de Marcos. En Isaías 40:9-10, el contexto de Isaías 40:3 citado en Marcos 1:3, hay una referencia a la predicación del evangelio y al Señor Dios viniendo con poder. La rasgadura de los cielos (Mr 1:10) se menciona en Isaías 64:1. La voz celestial (Mr 1:11) se hace eco de Isaías 42:1. La vida pacífica con los animales (Mr 1:13b) puede encontrarse en Is 11:6-8 y 65:25. El perdón de los pecados es un rasgo destacado a lo largo de Isaías. El texto de Isaías se cita también como explicación de que las personas no comprenden el reino de Dios que hace acto de presencia con el ministerio de Jesús (Mr 4:12, citando Is 6:9-10) y aporta los detalles clave del tiempo del fin (Mr 13:24-25, citando Is 13:10; 34:4). Es posible que la principal razón para nombrar a Isaías como fuente de la cita sea que habla del desierto mientras que Malaquías alude a la venida al templo. Marcos no venera el templo. No va a ser el lugar de preparación del pueblo, sino solo aquel en que los dirigentes traidores preparan la muerte de Jesús. El camino es el del sufrimiento preparado por Juan en el desierto. La obra de purificación contemplada en Malaquías 3:3 nos prepara para la presencia de Dios en un templo completamente distinto (véase Geddert, *Watchwords*, 156).

viduos: el que clama en el desierto, el Señor cuyo camino se allana y aquel o aquellos a quienes se interpela. La narración que sigue clarifica la identidad de los referentes. "Yo [Dios] estoy por enviar a mi mensajero [Juan/Elías] delante de ti [Jesús], el cual preparará tu camino". Lo novedoso es que el mensajero no prepara ya el camino para Dios como en Malaquías, sino para otro poderoso, Jesús, que debe ser ahora reconocido como Señor. Esto significa que la venida de Dios para salvación y juicio, prometida en la Escritura, "tiene lugar en Jesús".[8] Pero Marcos es un tanto ambiguo y la cita deja margen para otro significado. No afirma explícitamente que el mensajero del texto citado sea Juan el Bautista; uno solo puede inferirlo de lo que sigue. La cita podría también interpretarse con el sentido, "Yo [Dios] estoy por enviar mi mensajero [Jesús] delante de ustedes [discípulos/oyentes], el cual preparará su camino". A medida que se desarrolla la narración, Jesús lleva a los discípulos a Jerusalén y la muerte (10:32) y va delante de ellos a Galilea (14:28; 16:7). Hemos de leer el texto una segunda y tercera vez para comenzar a darnos cuenta de que Jesús ha venido a prepararnos el camino de nuestro seguimiento.

Marcus sostiene que mencionar el camino conlleva expectativas apocalípticas; arguye que, en Isaías, la expresión "el camino del Señor" alude a la "marcha triunfal" de Dios y es una poderosa demostración de su poder. En todo el relato de Marcos el camino se refiere al triunfal camino por el que Jesús conducirá a su pueblo.

El ministerio de Juan el Bautista (1:4-8). Marcos no tiene interés en Juan sino como precursor de Jesús. No consigna ninguna información sobre su origen, padres, excepcional nacimiento, o acerca del contenido de su enseñanza ética (detalles que el lector puede encontrar en Lucas). En Marcos, es simplemente Juan el Bautista,[9] quien aparece predicando y cuyo bautismo alude al perdón de pecados.[10] Su predicación presenta la promesa de aquel que es más poderoso y que pronto les sumergirá en

---

8. Hooker, *Mark*, 36.
9. Marcos utiliza el título Juan el Bautista (*baptizon*, un participio) en 6:14, 24, 25.
10. No es necesario interpretar 1:4 con el sentido de que el bautismo produce el perdón de pecados. Puede traducirse, "un bautismo de arrepentimiento basado en el perdón de pecados". La acción divina del perdón de pecados precedería cualquier acción humana (véase Is 40:2; Jer 31:34; Mi 7:18). Swete (Marcos, 4) comenta que el bautismo es "la expresión y garantía del arrepentimiento", que responde a este perdón. El bautismo purificaba a los fieles (Is 4:4; Zac 13:1) y los marcó como miembros del Israel fiel. También los preparó para recibir el Espíritu Santo (Ez 36:25-27; véase también, 1QS 1:21-25; 4:20-21).

el Espíritu Santo. Juan solo puede anunciar su venida e intenta preparar el corazón de las gentes para que respondan cuando él, finalmente, llegue. Juan sabe que para crear en ellos un nuevo corazón y espíritu va a ser necesario algo más que sumergir su cuerpo en las turbias aguas del Jordán. Reconoce que su bautismo en agua es preparatorio; el del Espíritu será definitivo.

(1) *La multitud de quienes acuden para ser bautizados*. Juan parece requerir que todo el pueblo se someta a su bautismo. Nadie va a ser inmune en el juicio. Es una demanda asombrosa puesto que los judíos creían que solo los prosélitos gentiles y aquellos que estaban contaminados tenían que sumergirse para limpiarse de su impureza (véase 2R 5:13, donde Eliseo le dice a Naamán, el leproso que se sumerja en el Jordán, "que se zambulla, y así quedará limpio"). Llamar a *todo Israel* al bautismo implica que, en cierto modo, todo Israel está corrompido. Marcos nos dice que por alguna razón el pueblo va a Juan en masa —"toda la gente de la región de Judea y de la ciudad de Jerusalén"— para ser purificados en el desierto. Están, en efecto, regresando al lugar en que Israel tuvo tantos comienzos.

(2) *Vestimenta y dieta de Juan*. Marcos describe completamente el ropero de Juan (pelo de camello y cinturón de piel) y su dieta (langostas y miel silvestre). ¿Por qué nos da estos detalles aparentemente menores y no consigna, en cambio, información de trasfondo más relevante? ¿Pretende, acaso, decirnos que Juan no es nada "convencional" (¡no precisamente bien recibido en el Hilton de Jerusalén!)? Estas descripciones sugieren dos cosas. (a) Visitar a una persona de este tipo en el desierto requiere una ruptura con las instituciones y la cultura de Jerusalén.[11] El camino que se prepara no será cómodo; recorrerlo hará necesario renunciar a placeres largamente disfrutados. (b) Juan es un profeta del perfil de Elías (2R 1:8; ver Zac 13:4). La imagen literaria de la vestimenta surge de la Escritura. Obsérvese que Elías interceptó a los mensajeros del rey Ocozías enviados a consultarle al dios de Ecrón si se recuperaría de una mala caída, y el profeta les dijo que informaran al rey de que moriría. Cuando los mensajeros notificaron obedientemente al rey esta terrible predicción, quiso saber quién era aquel provocador. Solo pudieron describírselo como un hombre vestido con un manto de piel y un cinturón de cuero atado a la cintura. El rey exclamó: "¡Ah! ¡Era Elías el tisbita!".

---

11. Minear, *Mark*, 48.

Los primeros receptores del Evangelio de Marcos tenían suficiente bagaje como para reconocer los simbolismos. En nuestra cultura, sería fácil darnos cuenta de que alguien pretende imitar a Daniel Boone si llevara puesto su característico gorro de piel de racún, o a Abraham Lincoln si se caracterizara con su famosa barba y chistera. Esta descripción de Juan nos recuerda a Elías, y puede explicar su enorme éxito. Probablemente, las multitudes creían que era Elías que había reaparecido para un segundo ministerio, a fin de preparar al pueblo para la inminente venida de Dios (Mal 4:5-6; véase Mr 9:11-13). Había aparecido un profeta acreditado como había sucedido con regularidad en los días antiguos, y esto solo podía significar que el principio del fin iba a desarrollarse. Las personas se dirigían a él para prepararse. Se dice que un rabino de un periodo posterior afirmó: "Si Israel se arrepiente durante un solo día, el hijo de David vendrá inmediatamente" (*y. Ta'an.* 1:1, 64a). Las preguntas en Marcos son, ¿se arrepentirán verdaderamente? y, ¿cuándo venga el Hijo de David, lo reconocerán y recibirán con los brazos abiertos o con los puños cerrados?

(3) *El mensaje de Juan. Juan solo habla brevemente en dos episodios del Evangelio (1:7-8; 6:13).* Lo único que interesa a Marcos de la predicación de Juan es su anuncio de que viene alguien más poderoso que él, que bautizará con el Espíritu. Lo asombroso de esta declaración es que Juan no parece ponerse a la misma altura de quienes normalmente se consideran fuertes o poderosos. El Bautista acabará prisionero en las mazmorras de Herodes y será ejecutado sumariamente por el infatuado monarca, que mandará traer su cabeza en una bandeja (6:14-29). Para considerarlo poderoso, la concepción convencional de poder ha de reformularse por completo. En el caso de Juan, su calidad de poderoso radica en su intensa proclamación de la voluntad y propósitos inmediatos de Dios. El más poderoso que va a venir, lo es por cuanto va a ejecutar la voluntad de Dios. Juan viene como una voz que clama, un siervo humilde. Jesús lo hace como Hijo amado, que también viene para servir. El más poderoso no es un guerrero invencible que derrota a sus enemigos por medio de la espada; de hecho va a morir, inerme en una cruz. El bautismo en el Espíritu Santo tiene lugar después de esta muerte (lo que presupone un cierto conocimiento de Pentecostés) o durante su ministerio, cuando más que impartir el Espíritu a otros, se sirve de

él para sanar a los enfermos, enseñar con autoridad y echar fuera a los demonios (véase 3:22-30).[12]

El bautismo de Jesús (1:9-11)

De la multitud que va a Juan desde Judea y Jerusalén, el foco cambia en el versículo 9 a aquel que procede de Galilea. Marcos no nos dice nada sobre cuándo ocurre esto, nada sobre el trasfondo de Jesús, su ascendencia o nacimiento (milagroso o no), nada sobre portentos celestiales, visitas de extranjeros, o incidentes de la infancia que dejan claro que no es un niño prodigio corriente. No es que Marcos no esté informado de las circunstancias del nacimiento y trasfondo de Jesús, sino que su propósito no es ofrecer una crónica de estas cosas. Por consiguiente, solo cuenta que Jesús procede de Nazaret, la única persona mencionada que va a Juan desde Galilea. Este detalle crea un marcado contraste. A diferencia de los sofisticados urbanitas que vienen de la ciudad de Sión, Jesús procede de un pueblo que ni siquiera merece una mención en el Antiguo Testamento. La narración desarrollará otro contraste: son muchos los que acuden a Juan, pero solo uno entiende el sentido de todo aquello.

La llegada de Jesús es un evento decepcionante teniendo en cuenta que se ha presentado de un modo tan apasionado. Aunque la introducción, "sucedió en aquellos días" (NVI, "en esos días"), es una expresión con sabor bíblico (Jue 19:1; 1S 28:1), uno esperaría que el más ilustre sucesor de Juan tuviera un aspecto más atractivo. El aspecto de Jesús es tan poco poderoso como puede serlo el de un poderoso. También podría darse por sentado que el Mesías, el Hijo de Dios, sería alguien con un porte más imponente, un hombre que llamaría inmediatamente la atención de las multitudes. Sin embargo, este Mesías, un hombre que procede del último rincón de la rústica Galilea, parece indistinguible del resto de la multitud. No tiene ningún aura o halo especial.

Marcos tampoco nos dice la razón por la que Jesús fue a bautizarse ni menciona protesta alguna de Juan por sentirse indigno de bautizarlo (véase Mt 3:14). Aparentemente, no ve ningún problema teológico en que Jesús se someta a un bautismo de arrepentimiento. Su único interés es decirnos lo que sucede en el bautismo.

(1) *La rasgadura de los cielos*. Este fenómeno se produce en el llamamiento de Ezequiel en el exilio: "Los cielos se abrieron y recibí vi-

---

12. Gundry, *Mark*, 38-39, 45.

siones de Dios" (Ez 1:1).[13] Por regla general, es una señal de que Dios se dispone a hablar o a actuar, y que va a producirse un rápido atisbo de los propósitos de Dios. Pero Marcos no usa el término "abrir" (*anoigo*), como vierten algunas traducciones. Lo que dice es que los cielos se rasgan (*schizo*),[14] como si un rayo o un relámpago desgarrara su tejido. Es una diferencia significativa. Lo que se abre puede también cerrarse; sin embargo, lo que se desgarra no puede volver fácilmente a su primer estado. Cuando Jesús sale del agua Marcos dice que todo el cielo se desata.[15] También es significativo que tanto Josué (Jos 3:7-17; 4:14-17) como Elías (2R 2:8) y Eliseo (2:14) partieran el río Jordán como señal de su poder, y que Teudas, el insurrecto falso mesías (Hch 5:36) prometiera hacerlo.[16] Jesús, sin embargo, no divide el Jordán, sino algo mucho mayor, a saber, la bóveda del cielo. Puede que sea una señal de nuestro acceso a Dios, pero Juel comenta: "Sería más acertado hablar del acceso de Dios a nosotros que de nuestro acceso a él. Dios viene lo queramos o no".[17] Las barreras son derribadas y Dios se expresa ahora libremente entre nosotros. Se ha cumplido la esperanza expresada por Isaías, "¡Ojalá rasgaras los cielos, y descendieras! ¡Las montañas temblarían ante ti!" (Is 64:1).

(2) *El descenso del Espíritu.* Se decía que el Mesías poseía el Espíritu de Dios (Is 11:1-2; Tg. Is. 42:1-4; Sal. de Sal. 17:37; 18:7), y el Espíritu viene revoloteando sobre Jesús "*como* una paloma" (no significa que sea la forma que adopta habitualmente). La idea no es que el Espíritu sea como una paloma, sino su forma de descender sobre Jesús.[18] El poder del cielo que inaugura el reino de Dios no desciende en picado como lo haría un águila o un halcón, sino callada y suavemente como una paloma suspendida en el aire. El mismo Espíritu que en otro tiempo se cernía sobre las aguas primigenias en el principio de los tiempos (Gn 1:2) desciende ahora sobre Jesús "para liberar a la tierra del dominio del caos, y

---

13. Véase Jn 1:51; Hch 7:56; Ap 4:1; 11:19; 19:11; *Job. As.* 14:2; 2 *Ap. Bar.* 22:1; *T. Leví* 2:6; 5:1; 18:6; *T. Judá* 24:2.
14. Este verbo se utiliza de nuevo en 15:38 para describir el velo del templo rasgado de arriba a abajo con la muerte de Jesús.
15. Minear, *Mark*, 50.
16. Josefo *Ant.* 20.5.1 §§ 97-99.
17. Juel, *Mark*, 34. Juel escribe (*A Master of Surprise*, 34-35): "Considerada desde otra perspectiva, esta imagen puede sugerir que las barreras protectoras han desaparecido y que Dios, que no quiere ser confinado a espacios sagrados, actúa libremente en nuestra propia esfera".
18. Leander Keck, "Spirit and Dove", *NTS* 17 (1970-71): 63.

una voz nunca oída en las lejanas edades resuena ahora, anunciando una decisión tomada mucho tiempo atrás, en el eterno concilio".[19] Muchos pensaban que el tiempo del fin sería como el del principio. Entendían que la creación sería renovada y el Paraíso restaurado. Que el Espíritu de Dios se cirniera sobre Jesús como una paloma era señal de que esta nueva creación había comenzado. El comienzo del evangelio es, pues, también el principio de una nueva creación. En esta ocasión, no obstante, el Espíritu se cierne sobre un ser humano, no sobre un vacío amorfo, lo cual sugiere que Dios pretende transformar a la humanidad.

(3) *La declaración de la voz del cielo*. De los cielos abiertos resuena una voz: "Tú eres mi Hijo amado; estoy muy complacido contigo". Marcos relata que solo Jesús vio los cielos rasgados, y es probable que la voz solo fuera audible para Jesús ya que habla en segunda persona, "eres," no en tercera, "este es" (contrástese Marcos 9:7). La voz se dirige, pues, a Jesús (y a los lectores de Marcos, que tienen el privilegio de escucharla en el relato), no a sus contemporáneos. Aunque el velo de los cielos se haya rasgado, la revelación sigue, no obstante, velada para aquellos que no tienen ojos para ver u oídos para oír.

A un lector familiarizado con el Antiguo Testamento este anuncio le transmite varias cosas:

(a) En el Antiguo Testamento, Dios se deleita en Israel cuando es obediente. Lo que las Escrituras le atribuyen a Israel, Marcos lo transfiere a Jesús. El beneplácito divino no significa que Jesús sea objeto del orgulloso amor de Dios, sino que este se deleita en él como "agente de una misión especial".[20]

(b) Algunos proponen que esta expresión puede ser una alusión a otro "hijo amado" bíblico, Isaac, a quien Abraham ofreció (Gn 22:3, 18). El hijo amado reaparece en la parábola de la viña (12:6) y en esta ocasión es asesinado.

(c) El lenguaje de Marcos rememora las palabras de Salmos 2:7 e Isaías 42:1. El segundo es un salmo de entronización que celebra la ascensión al trono del rey para gobernar sobre el pueblo de Dios. La expresión "mi hijo" es un título para aludir a los reyes davídicos de Israel (véase 2S 7:12-16). Uno puede interpretar la voz que resonó en el bautismo de Jesús como el anuncio de Dios en el sentido de que Jesús

---

19. Marcus, *The Way of the Lord*, 74.
20. Gustav Dalman, *The Words of Jesus* (Edimburgo: T. & T. Clark, 1902), 280.

ha sido escogido para gobernar sobre su pueblo y que, como rey que es, asume el regio poder que le corresponde. Esta entronización es, no obstante, privada y puede que el lector se pregunte cuándo será reconocido y aceptado como rey. Los gentiles lo juzgarán, se burlarán de él y lo crucificarán como rey de los judíos (15:2, 9, 18). Los dirigentes judíos lo vituperarán como Rey de Israel". (15:32). Jesús asciende, pues, a su trono cuando lo cuelgan en la cruz, pero su realeza solo se reconoce de un modo irónico. Cuando la voz habla nuevamente desde una nube anunciando, "éste es mi Hijo amado" (9:7), Jesús pide a sus discípulos que no hablen de ello hasta después de la resurrección (9:9). Jesús no es, pues, un victorioso rey davídico, sino uno que sufrirá. Solo puede sondearse su realeza después de su muerte y resurrección.

(d) El texto no nos dice de qué modo es Jesús el Hijo de Dios o por qué, exactamente, se complace Dios en él. ¿Qué es lo que ha hecho, excepto acercarse obedientemente junto con otras muchas personas, para descender a las aguas del bautismo de Juan? Sin embargo, cuando se dice que Dios se "agrada" de Jesús o expresa su "complacencia" se alude a su "inescrutable decreto", aquello que de otro modo es "inexplicable" la soberanía y misterio de la elección de Dios.[21] El anuncio refleja la divina elección de Jesús "para llevar a cabo una tarea escatológica".[22]

Prueba en el desierto (1:12-13)

El descenso del Espíritu sobre Jesús no lo lleva a un estado de tranquilidad interior, sino que lo introduce más hondamente en el desolado desierto y en el terreno de Satanás y las fieras salvajes durante cuarenta días, un número bíblico redondo. Marcos no presenta la prueba como una sucesión de tentaciones con un contenido específico, como hacen Mateo y Lucas, sino como un importante encontronazo. Solo podemos asumir que Satanás ha preparado otro camino para él y que intentará engatusarlo para que siga una dirección distinta.

La mención de las fieras con Jesús en el desierto podría transmitir un par de ideas. Puede evocar la imagen de Adán, que comenzó con las bestias cuando el Señor formó todos los animales del campo y los pájaros del aire y se los llevó al hombre para que les pusiera nombre (Gn 2:19). Pronto, no obstante, Adán es expulsado del Paraíso y obli-

---

21. B. W. Bacon, "Notes on New Testament Passages", *JBL* 16 (1897): 136-39; "Supplementary Note on the Aorist εὐδόκησα, Mark i.11", *JBL* 20 (1901): 28-30 (Véase Lc 12:32; 1Co 1:21; Gá 1:15; Ef 1:4-9; Col 1:19; 2P 1:17; *cf.* Mt 17:5).
22. Marcus, *The Way of the Lord*, 74.

gado a trabajar en una tierra que ha sido maldecida. La prueba en el desierto con las fieras en paz con Jesús puede aludir a la restauración del Paraíso (Is 11:6-9).²³ El desierto sigue siendo, no obstante, un lugar estéril y no se convierte en un huerto.²⁴ Es, pues, mejor interpretar la referencia a las fieras como algo que transmite la idea de destrucción y peligro (véase Lv 26:21-23; Sal 22:12-21; Is 13:21-22; Ez 34:5, 8; Dn 7:1-8). Las fieras son malévolas y representan las aliadas naturales de los poderes malignos (Sal 91:11-13).²⁵ El desierto es el lugar maldito y no cultivado, el Paraíso perdido, y la esfera de Satanás. Ahora este debe contender con un nuevo Adán que tiene de su lado el poder del cielo y a los ángeles como a sus asistentes. Marcos no escribe el resultado de esta angustiante experiencia, pero sí dice que los ángeles lo servían.²⁶

En su libro sobre la interpretación bíblica, Robert Stein consigna un hipotético diálogo que tiene lugar durante un estudio bíblico en un hogar. Los miembros del grupo leen los primeros versículos de Marcos y, a continuación, comparten sus pensamientos sobre su sentido.

El primero afirma, "lo que este pasaje significa para mí es que todos han de ser bautizados, y creo además que debería ser por inmersión".

---

23. Richard J. Bauckham, "Jesus and the Wild Animals (Mark 1:13): A Christological Image for an Ecological Age", en *Jesus of Nazareth: Essays on the Historical Jesus and New Testament Christology*, ed. Joel B. Green and Max Turner (Grand Rapids: Eerdmans, 1994), 3-21.
24. Gundry, *Mark*, 58.
25. En una antigua obra judía, *Libros de Adán y Eva* 37:1-3, se dice que Set y Eva fueron a las puertas del Paraíso, y "una serpiente, una bestia, atacó y mordió a Set". Eva la reprendió en voz alta: "¡Maldita bestia! ¿Cómo no has tenido temor de arrojarte sobre la imagen de Dios y has osado atacarla? ¿Y cómo se hicieron fuertes tus dientes?". Jeffrey B. Gibson (en "Jesus' Wilderness Temptation According to Mark", *JSNT* 53 [1994]: 21-23) sostiene que estar con las bestias no indica que tuviera comunión con ellas, sino la subordinación de estas a Jesús. En *T. Ben.* 5:2; *T. Iss.* 7:7; *T. Nef.* 8:4, 6, la imaginería de la vigilancia y protección de Dios en Salmos 91 se utiliza para argumentar que quienes son fieles serán protegidos por los ángeles y las bestias se les sujetarán. Según *T. Iss.* 7:3, las fieras solo tienen poder sobre los que pecan.
26. Este mismo verbo (*diakoneo*) significa "servir comida" en Marcos 1:31. En 1R 19:5-8 Elías huyó al desierto, dispuesto a abandonar su minnisterio y dejarse morir, y un ángel se le acercó en sueños y le dijo dos veces: "Levántate y come". Tras comer y beber, se marchó a Horeb con la energía de aquella comida cuarenta días y cuarenta noches. Según Éxodo 14:19, un ángel de Dios iba delante y detrás de Israel en el desierto (véase también, 23:20, 23; 32:34; 33:2).

Un segundo respondió: "Para mí significa que todos deben ser bautizados por el Espíritu Santo". Un tercero reaccionó sinceramente: "No estoy seguro de lo que deberían hacer exactamente". Un cuarto sugirió que el sentido del pasaje es que, para encontrarnos con Dios, hemos de apartarnos del mundanal ruido y tener comunión con la naturaleza en el desierto.[27] Todos estos estudiantes compartieron lo que el pasaje significaba para ellos, pero Marcos no está hablando de nosotros (qué nos puede suceder, o qué hemos de hacer). Para el evangelista, el centro de atención es aquel que viene, más poderoso que Juan, y que bautizará con el Espíritu Santo, a quien el cielo anuncia y Satanás pone a prueba en el desierto. Jesús es el Mesías largamente prometido, el Hijo de Dios, el portador del Espíritu y vencedor sobre Satanás. El pasaje *no* trata de Juan, de la naturaleza o del modo del bautismo, el encuentro con Dios o la lucha contra Satanás. En este pasaje Marcos nos introduce a Jesús, el personaje central en todo lo que sigue. Nuestra interpretación debe centrarse en él y en el sentido de su venida.

Puesto que Marcos se centra en Jesús, deja fuera de su prólogo todos los detalles de trasfondo que tanto interesan a la mayoría de los intérpretes modernos. Queremos saber todo lo que ha sucedido en su vida hasta este momento, lo que estudió en secundaria, cuál era su aspecto, qué edad tenía; pero todo ello nos alejaría de la verdadera cuestión. Hemos de esperar hasta el capítulo 6 para que Marcos nos ofrezca alguna información de trasfondo sobre la familia y la ciudad natal de Jesús. Sí salpica, sin embargo, el texto de alusiones bíblicas para darnos el trasfondo que considera esencial para evaluar a Jesús. Estas advierten al lector que hay fuerzas invisibles actuando en la historia para cumplir el propósito redentor de Dios.

El problema es que podemos pasar por alto estas alusiones por nuestra ignorancia de la Escritura. A veces podemos preguntarnos cómo podían unos oyentes del siglo primero conocer tan a fondo el Antiguo Testamento como para retomar sutiles indicios, porque proyectamos sobre ellos nuestra ignorancia de la Escritura. Generalmente, los lectores actuales de Marcos pasan por alto las alusiones de tipo literario. Las encuestas ponen de relieve que muchos no saben cuál es el primer libro de la Biblia, son incapaces de nombrar más de tres de los Diez Mandamientos o de identificar a más de dos discípulos de Jesús. Hay

---

27. Robert H. Stein, *Playing by the Rules: A Basic Guide to Interpreting the Bible* (Grand Rapids: Baker, 1994), 11-12.

que recordar, no obstante, que la Escritura era el único libro de texto para la educación de un judío devoto y que era objeto de intenso estudio para los cristianos, también para los de origen gentil. Si alguien silbara aunque fuera un solo compás de la sintonía de un popular programa de televisión tras muchos años de emisión en diversos canales, como por ejemplo el *Show de Andy Griffith*, una audiencia estadounidense de nuestro tiempo lo reconocería inmediatamente. Es probable que también comprendieran cualquier alusión a personajes o incidentes del programa en cuestión. La explicación de estos fenómenos es la profunda influencia de los medios de comunicación visuales en nuestra cultura. ¿Por qué debe sorprendernos que las Escrituras, que tanto impregnaban la cultura judía, fueran conocidas con igual profundidad? Se leían sábado tras sábado (Hch 14:27). La vida giraba alrededor de ellas y era ordenada por ellas.

Por otra parte, normalmente, los escritores no escriben pensando solo en sus receptores menos formados y a menudo consignan sutiles alusiones aun siendo conscientes de que no todos sus oyentes las captarán. Saben, no obstante, que algunos adquirirán un mayor deleite y comprensión de su conocimiento superior. Es, pues, importante ayudar a los oyentes modernos para que vean estas alusiones bíblicas. Les recuerda que esta historia tiene un trasfondo mucho más amplio dentro de los propósitos de Dios para la redención de Israel y de toda la creación.

Por ejemplo, la narración se inicia en el desierto, no en el santo templo de la santa ciudad (como en Lucas) o con el consejo celestial de Dios anterior a la creación (como en Juan). La imagen del desierto evocaría toda clase de recuerdos para los conocedores del Antiguo Testamento. Para los judíos de aquel tiempo, el desierto evocaba una gran cantidad y variedad de imágenes, muy distintas de las que suscitan en las audiencias del mundo occidental en nuestros días. Para los primeros no solo era el lugar donde terminaba la civilización, sino que evocaba una serie de poderosos recuerdos y expectativas bíblicas. En primer lugar, el desierto había sido un lugar de comienzos. Fue la región por la que Dios guió a su pueblo y desde la que cruzaron el Jordán y tomaron posesión de la tierra prometida. Fue el lugar en el que Dios sedujo a su pueblo para llevarlo de vuelta a él (Os 2:14). Era también el lugar al que se iba para huir de la iniquidad. Según 2 Macabeos 5:27, Judas Macabeo huyó al desierto con otros nueve y solo comían hierbas "para mantenerse ritualmente puros". Según *Martirio de Isaías* 2:7- 11, los profetas Isaías,

Miqueas, Ananías, Joel, Habacuc y Josab, su hijo, abandonaron la corrupción de Judá y habitaron en la zona montañosa del desierto, donde se vestían de cilicio, se lamentaban amargamente de la descarriada nación de Israel, y se alimentaban de hierbas.

El desierto se consideraba también "el escenario de la futura victoria de Yahvéh sobre el poder del mal".[28] Era el lugar en el que, para algunos, se libraría y ganaría la última guerra santa (1QM 1:2-3). Se creía que el Cristo aparecería en el desierto (Mt 26:24) y era un lugar frecuentado por los agoreros mesiánicos, como el falso profeta egipcio (Hch 21:38). El desierto no solo era el divino escenario de la victoria escatológica, sino también su terreno de pruebas para las personas. Por consiguiente, era recordado como un lugar de desobediencia, juicio y gracia.

El río Jordán también era evocador. Para los judíos era mucho más que un río; representaba la frontera entre el desierto y la tierra prometida. Cuando Juan alude a la venida de uno más poderoso, sus oyentes entenderían naturalmente que se refería a Dios, puesto que, en el Antiguo Testamento, él es el Poderoso por antonomasia, que viene para ejecutar juicio y derramar el Espíritu. Esta imaginería bíblica evoca la expectativa de que Dios se dispone a liberar de nuevo a Israel. Pero Marcos subraya que Dios actúa ahora a través de su Hijo amado.

El que Jesús haya venido a bautizarse junto con la multitud ha dejado perplejos a muchos por la posible implicación de que fuera un pecador que estaba ahora reformándose o que, de algún modo, estuviera subordinado a Juan. Pero no debemos entender el sentido del arrepentimiento solo como un alejamiento del mal; puede también indicar, de manera positiva, un cambio de dirección hacia Dios. El "arrepentimiento" de Jesús aquí representa una actitud abierta hacia Dios. Marcos no relaciona el bautismo de Jesús por parte de Juan con la praxis posterior del bautismo cristiano. Juan estaba llamando a Israel a que reconociera el juicio de Dios sobre Israel. Pasando una vez más por las aguas de la promesa, surgiría un nuevo y perdonado Israel. Cuando Jesús se dirige, pues, a Juan para ser bautizado está aprobando este llamamiento de Israel. Evidentemente, no lo hace buscando su propia salvación o huyen-

---

28. Marcus, *The Way of the Lord*, 22. Era el desierto donde se esperaba un segundo éxodo (Is 40:3; Ez 20:35-38) que sobrepasaría al primero; no habría prisa ni huida por temor (Is 52:1-12) y el desierto se convertiría en un Paraíso (51:3). Véase Ulrich W. Mauser, *Christ in the Wilderness: The Wilderness Theme in the Second Gospel and Its Basis in the Biblical Tradition* (SBT 39; Naperville, Ill.: Alec R. Allenson, 1963), 51.

do de la ira venidera; sino uniéndose más bien a la renovación de Israel y a la marcha del propósito de Dios para el mundo. Como Moisés, que abandonó su regia posición para identificarse con su pueblo y librarlo de la esclavitud, Jesús se humilla uniéndose a las filas de los pecadores y poniéndose a su lado, del mismo modo que más adelante morirá por ellos, aislado y solo. Con su bautismo inicia, pues, el camino de su obediencia como siervo, que finalmente lo conducirá a la muerte (10:38).

En el bautismo de Jesús vemos un destello del misterioso equilibrio entre los humanos y aquel que es más que humano. La atronadora aprobación del cielo revela la identidad divina de Jesús, pero está ligada a su humilde sometimiento a las condiciones humanas.[29] Jesús no se presenta como un Mesías poderoso y triunfante, una fuerza irresistible, sino sumiso, rindiéndose en obediencia al bautismo de Juan. A los lectores del siglo I d.C., esta llegada nada excepcional les proporciona una clave de que este Mesías, Hijo de Dios, no es como los hombres divinos de las religiones helenistas de los que, probablemente, habían oído hablar. No deben esperarse sensacionales demostraciones públicas durante el ministerio de Jesús. El reino de Dios no aparece con sonidos de sirenas y bombas que estallan en el aire, sino de manera callada y discreta.

Es también posible que Marcos nos deje un tanto frustrados al no decirnos nada acerca de la victoria de Jesús sobre Satanás en el desierto. Se limita a informar que Jesús está entre las bestias y que los ángeles lo sirven. Jesús no manda a Satanás que se marche, y el diablo no huye aterrorizado y humillado. Esto podría expresar que su paso por el desierto es solo el primer asalto en la lucha de Jesús contra el mal. La batalla no ha terminado; la victoria decisiva está todavía en el futuro. La confrontación con las principales fuerzas diabólicas se extenderá a lo largo de todo su ministerio. Al mismo tiempo, no obstante, Satanás nunca reaparece en la historia y Marcos pretende posiblemente representar una decisiva derrota del mal. Jesús derrota totalmente a Satanás en un solo combate. Lo que se produce en este relato es una acción de limpieza, la liberación de los rehenes de Satanás.

Cualquiera que sea la opción correcta, es evidente que la aparición del Hijo de Dios es una arremetida directa contra el reino de Satanás. Todos los espíritus inmundos lo reconocen y se acobardan delante de él. Los exorcismos son prueba de que el hombre fuerte, Satanás, ha sido atado por uno

---

29. Bilezikian, *The Liberated Gospel*, 58.

más fuerte que él (Mr 3:22-7), y que su casa puede ahora limpiarse. Cuando Jesús se enfrenta a los demonios, el desenlace nunca plantea dudas.

La escena de la tentación refuerza también la distinción de Jesús como Hijo de Dios. Gundry comenta:

> Que sea tentado nada menos que por Satanás, el archidemonio, conlleva un reconocimiento de la talla de Jesús como el mismísimo Hijo de Dios. El carácter salvaje de las bestias con las que Jesús convive sin problemas da testimonio de que es el Hijo de Dios, aquel más poderoso del que hablaba Juan el Bautista. Que aun los ángeles sirvan a Jesús añade un último toque a la descripción que Marcos hace de él nada menos que como el Hijo de Dios investido por el Espíritu.[30]

Tanto el diablo como las bestias y los ángeles reconocen a su manera que Jesús es quien trae la victoria de Dios.

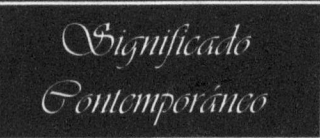

Significado Contemporáneo

Marcos no muestra interés alguno en las credenciales humanas de Jesús (a diferencia de Mateo y Lucas), porque estas cosas pueden hacer que el lector pierda de vista la dimensión divina de su identidad. El rango de Jesús no se deriva del abolengo de su familia terrenal sino de Dios. El narrador nos da acceso a esta dimensión divina del prólogo para que sepamos de antemano la respuesta a las preguntas planteadas por toda una serie de personajes desconcertados dentro del relato. Una atónita sinagoga pregunta: "¿Qué es esto? ¡Una enseñanza nueva, pues lo hace con autoridad!" (Mr 1:27). Y los expertos en Teología se interrogan: "¿Por qué habla éste así? ¡Está blasfemando! ¿Quién puede perdonar pecados sino sólo Dios?" (2:7). Más adelante, unos atemorizados discípulos se preguntan también, "¿Quién es éste, que hasta el viento y el mar le obedecen?" (4:41). En su propia ciudad, una resentida multitud se interpela en estos términos: "¿De dónde sacó éste tales cosas? [...]. ¿Qué sabiduría es ésta que se le ha dado? ¿Cómo se explican estos milagros que vienen de sus manos?" (6:2). Unos desconcertados sacerdotes le interrogan: "¿Con qué autoridad haces esto? [...]. ¿Quién te dio autoridad para actuar así?" (11:28).

La luz se le hace de repente al centurión que dirige el pelotón de ejecución cuando ve cómo muere Jesús; sus palabras son: "¡Verdaderamente

---

30. Gundry, *Mark*, 59.

este hombre era el Hijo de Dios!" (15:39). Los fariseos piensan que actúa en connivencia con Satanás. La principal conjetura de Herodes es que se trata de Juan el Bautista que regresa a la vida para perseguirlo por sus pecados. Algunos piensan que es Elías; otros, uno de los profetas (6:14-16; 8:27-28). Los discípulos están cautivados por sus poderes, pero desconcertados por lo que hace a su identidad durante una buena parte de los primeros capítulos. Solo a Pedro, Jacobo y Juan se les da luz sobre este misterio en la Transfiguración. Oyen la voz que les habla desde las nubes proclamando que Jesús es el Hijo amado de Dios y descubren durante el descenso del monte que Elías ya ha venido y partido (9:2-13). Aun así, esta experiencia no los exime posteriormente del fracaso.

Los lectores y oyentes actuales de este Evangelio sabemos mucho más que los personajes de la narración. Sabemos que Juan el Bautista, el mensajero enviado delante del que es más poderoso, debe estar haciendo referencia a Jesús cuando confiesa que es indigno de desatar la correa de sus sandalias. Vemos que los cielos se rasgan durante su bautismo y el Espíritu desciende sobre él, y oímos la voz que proclama que es el amado Hijo Dios. Por ello podemos exasperarnos con los discípulos, quienes a lo largo de la narración se muestran a veces poco lúcidos. Nosotros tenemos más información que ellos. La venida del Hijo de Dios, que reivindica su derecho sobre la vida de todas las personas, ha producido una irreparable hendedura en el tejido de la realidad. Es posible que para los ojos de los primeros discípulos, aquella luz fuera excesivamente refulgente. El problema no era, quizá, que hubiera en todo aquello un exceso de misterio, sino de significado precisamente, para que su mente pudiera procesarlo. La cuestión es, no obstante, si saber lo que sabemos sobre Jesús, nos hace más fieles, juiciosos o dispuestos a dar nuestra vida por el evangelio.

En los leccionarios, la primera sección de Marcos se utiliza frecuentemente como un texto de Adviento. Por consiguiente, la mayoría de los cristianos lo relacionan con la preparación del camino para un bebé en un pesebre y asumen que tiene algo que ver con prepararse para la venida del Cristo, capturando el espíritu de la Navidad. Es, no obstante, cuestionable que este texto nos demande algún tipo de acción para preparar el camino de Cristo. Es evidente que este camino no nos lleva a un pesebre flanqueado por ángeles que cantan, pastores que se inclinan y un joven tamborilero que marca el ritmo con sus redobles. Ciertamente, Juan el Bautista prepara el camino allanando el terreno, por así decirlo, cuando llama al arrepentimiento a todo Israel. Juan confiesa humildemente que los dones de la salvación y del Espíritu no puede impartirlos él, sino otro (un buen ejemplo para los predicadores de nuestro tiempo). Su arresto, no obstante, deja claro que el camino preparado para Jesús no va a ser fácil.

El "camino" (*hodos*; 1:2) aparece de nuevo como tema en 8:27; 9:33-34; 10:32, 52. En estas secciones, Jesús habla franca y abiertamente (8:32): para él, el camino va a terminar en Jerusalén y con una muerte solitaria. Los discípulos ayudan en cierto modo en los preparativos para su muerte. Arrojan sus mantos a su paso cuando hace su entrada en Jerusalén (11:8-10). Preparan la Pascua (14:15-16). Una mujer lo unge para su sepultura (14:8-9). En el día de preparación, José de Arimatea da sepultura a su cuerpo en una tumba (15:42-47). Pero la mayoría hace su parte sin entender lo que realmente está sucediendo. Esto arroja dudas de que los seguidores de Cristo sean capaces de preparar o construir el camino si se muestran tantas veces ciegos a los propósitos de Dios. A lo largo del relato, los discípulos aparecen muchas veces obstaculizando el camino o pretendiendo marcarlo, pero siempre de manera errónea. Lo mismo sucede con los discípulos modernos.

Cuando leemos de nuevo el Evangelio de Marcos, se hace más claro quién es el que ha de preparar el camino: Jesús es el que ha de estar delante, iluminando el sendero (10:32, 52) y guiando (14:28; 16:7). Los discípulos son los que lo siguen (8:34—10:52). Cuando los discípulos de Jesús intentan navegar solos hasta el otro lado del mar de Galilea (6:45), no consiguen llegar. Se ven impotentes hasta que él viene a su rescate. Jesús ha de ir delante de ellos (6:48). Schweizer utiliza la ilustración de un niño que, tras una intensa nevada, se encuentra aislado en casa de un amigo. No puede llegar a su casa hasta que viene a recogerle su padre que se abre camino a través de un metro y medio de nieve. El niño "sigue" sus pasos y, sin embargo, anda por un camino completamente distinto. El padre no es simplemente su maestro o ejemplo —o el niño tendría que abrir su propio camino, aunque copiara la acción del padre— ni tampoco es una acción estrictamente vicaria del padre, o el niño seguiría en la cálida habitación de su amigo y pensaría que su padre iría a casa en lugar de él.[31]

---

31. Eduard Schweizer, "The Portrayal of the Life of Faith in the Gospel of Mark", *Interpreting the Gospels,* ed. James Luther Mays (Filadelfia: Fortress, 1981), 175.

El problema es que el camino que Jesús nos prepara para llegar a casa no es el que queremos tomar. Es arduo y está plagado de sufrimiento, pero es el que hemos de recorrer para llegar a casa. Si la iglesia prepara el camino de algo, es el de su regreso siguiendo el recorrido que él ha establecido y proclamando el evangelio por todo el mundo (13:10).

En el camino que Jesús ha preparado, los discípulos encontrarán muchos enemigos, como los encontró él. Marcos no nos dice cuál fue el contenido concreto de la tentación que Jesús afrontó en el desierto. Tampoco nos cuenta si ayunó o cómo eludió las argucias de Satanás. No nos informa de ningún conflicto interno. En nuestro tiempo, estamos mucho más interesados en el drama psicológico: la lucha de Jesús con la duda, con su sentido de propósito y su compromiso con la tarea encomendada por Dios[32] (todas ellas cosas con que podemos identificarnos en nuestro propio peregrinaje). Marcos subraya, no obstante, que Jesús batalla contra Satanás. La tentación, como el bautismo, tiene un sentido cósmico. Más que una escena de tentación en el sentido moral es una titánica lucha de poder entre el más poderoso y el príncipe de las fuerzas del mal. La batalla para encerrar de nuevo en su botella al perverso genio que aplasta las esperanzas de la humanidad ha comenzado. No basta con que Dios conquiste los corazones humanos ni con que ellos se arrepientan y confiesen sus pecados. Las fuerzas del mal, comandadas por el príncipe de la potestad del aire (véase Fil 2:9-10) han de ser derrotadas antes de que el reino de Dios pueda establecerse. El poder de Dios, largamente prometido, irrumpe en el mundo para conquistar a los poderes del mal que aprisionan, mutilan y distorsionan la vida humana.

Si la batalla se produce en el escenario cósmico, se muestra también que Dios tiene un plan cósmico discernible en las Escrituras. Son pocos los que hoy se molestan en leer o estudiar el guión y, sin embargo, es vital hacerlo por cuanto el reino de Dios se manifiesta de maneras irresistibles. El poder de Dios hace acto de presencia en el desierto, en debilidad, en personas que surgen de la nada y serán finalmente detenidas por las autoridades. La actividad de Dios ha permanecido oculta de los seres humanos, y aun cuando sea revelada por medio de Jesús, muchos no podrán verla. Los que ven se sentirán, sin embargo, reconfortados cuando pasen por el desierto. Sabrán que Jesús ya ha estado allí y conoce el camino. Solo tienen que seguirlo.

---

32. Juel, *Mark*, 37.

Marcos 1:14-15

Después de que encarcelaron a Juan, Jesús se fue a Galilea a anunciar las buenas nuevas de Dios. ¹⁵ «Se ha cumplido el tiempo —decía—. El reino de Dios está cerca. ¡Arrepiéntanse y crean las buenas nuevas!».

Sentido Original

El arresto de Juan. La tarea del precursor termina con su arresto y el ministerio de Jesús debe ahora comenzar. La detención de Juan no contribuye precisamente a que este sea un comienzo muy prometedor y augura que a Jesús, como sucesor del bautista, tampoco le irá bien con los poderes de este mundo. La traducción de la NVI, "después de que encarcelaron a Juan", puede hacer que los lectores pierdan de vista la sutil conexión de este acontecimiento con el propio destino de Jesús. El texto dice literalmente: "Después de que Juan fuera entregado" (*paradidomi*). Jesús también será "entregado" (3:19 [la expresión "el que le traicionó" dice lit., "el que lo entregó"], 9:31; 10:33; 14:10, 11, 21, 41, 42, 44; 15:1, 15). Si uno ya conoce la historia cuando lee de nuevo el Evangelio, la conexión entre ambos acontecimientos se hace más clara. Uno reconoce que Juan es más que un pregonero que precede a Jesús. Es, en realidad, el precursor en su ministerio a Israel, en su funesto conflicto con las autoridades terrenales y en su muerte brutal (6:7-13; 9:13).

La ambigüedad del verbo "entregar" sin el complemento "a la cárcel" también incita al lector a preguntarse: "¿Qué mano está realmente tras esto?". ¿Es esta entrega el resultado de perversas artimañas humanas o forma parte de algún plan divino?[1] Una segunda lectura nos permite ver que, sin saberlo los poderes terrenales —ciegos a lo que sucede en el plano espiritual—, el arresto de Juan prepara el terreno para la proclamación del evangelio. Es posible que Herodes Antipas pensara que con este arresto quitaba de en medio a su némesis profética; pero, en realidad, todo ello forma parte de la preparación para la venida del reino de Dios.

El mensaje de Jesús. Jesús regresa triunfal a Galilea de su combate en el desierto y anuncia gozosamente las buenas nuevas de Dios. De Juan

---
1. Véase Cranfield, *Mark*, 62.

se dice sencillamente que "predicaba" (1:7), pero en el caso de Jesús se añade que el contenido de su proclamación era "las buenas nuevas de Dios".[2] No se trataba de una rutinaria predicación de avivamiento. Marcus comenta que la palabra del evangelio no es la proclamación de "realidades espirituales intemporales". "Sino una palabra que anuncia un acontecimiento, la venida del Nuevo Mundo de Dios, que en este mismo momento irrumpe en el presente".[3] La venida del reino de Dios es un tema fundamental del evangelio (4:11, 26, 30; 9:1, 47; 10:14-15, 23-24; 12:34; 14:25; 15:43).

Jesús hace su aparición cuando el tiempo (*kairos*) se cumple (véase Gál 4:4). Lucas fija cronológicamente este tiempo en "el año quince del reinado de Tiberio César, [cuando] Poncio Pilato gobernaba la provincia de Judea, Herodes era tetrarca en Galilea [...] y el sumo sacerdocio lo ejercían Anás y Caifás" (Lc 3:1-2). Marcos no está interesado en decirnos cuándo sucedió esto exactamente según el calendario humano. La única cosa que cuenta para él es "el tiempo visto desde la óptica divina".[4] Jesús anuncia que ha concluido el tiempo de esperar la intervención de Dios, lo cual significa que todo lo que Dios había dicho y hecho en la historia está llegando a su desenlace. Si Jesús es el Cristo, el Hijo de Dios, entonces el reino de Dios se ha acercado. Pero cuando Dios entra en el escenario de la historia humana, viene siempre por sorpresa y como un escándalo para aquellos cuyo campo de visión se limita solo a finitas posibilidades humanas y cuyo tiempo se mide únicamente según fugaces reinados de hombres. Situados en el presente, es fácil olvidar que Dios cabalga sobre el tiempo y la historia y que actúa según un reloj distinto.

Cuando Jesús proclama el reino de Dios, está anunciando que está por producirse la decisiva demostración de su poder ejecutivo sobre el mun-

---

2. La palabra "evangelio" solo la utilizan el narrador (1:1, 14) y Jesús (1:15; 8:35; 10:29; 13:10; 14:9). La cláusula "de Dios" en la frase "el evangelio de Dios" (véase Ro 1:1; 15:16; 2Co 11:7; 1Ts 2:2, 8-9) podría entenderse como un genitivo subjetivo que significa "el evangelio que procede de Dios", o como un genitivo objetivo que significaría "el evangelio sobre Dios" que le ha sido encomendado a Jesús para su proclamación. En 8:35 y 10:29, Jesús y el evangelio son sinónimos.

"El evangelio de Dios" no forma una inclusión con la primera frase de 1:1, "el evangelio de Jesucristo, Hijo de Dios", para delimitar 1:1-15 como una sección. Estas dos expresiones aluden a cosas diferentes. La primera es el evangelio sobre Jesús; la segunda es lo que Jesús predica sobre Dios.

3. Marcus, *The Mystery of the Kingdom of God*, 152.
4. Con esta frase define Anderson la palabra *kairos* (en *Marcos*, 84).

do. El reino de Dios no es una categoría espacial, sino un acontecimiento dinámico en el que Dios interviene poderosamente en los asuntos humanos para llevar a cabo sus propósitos inmutables.[5] Los oyentes de Jesús habrían estado familiarizados con la idea del reino de Dios, y su anuncio habría despertado en su mente toda suerte de imágenes, temas y esperanzas. Muchos habrían entendido que la venida del reino de Dios significaba que Dios visitaba al pueblo para impartir gracia y juicio, solucionar los problemas mundanales y derrotar al mal y a sus poderes maléficos, desbancar a los gobernantes de este mundo, establecer el reino de Israel, vencer el pecado, erradicar la enfermedad y vindicar a los justos.[6] Que Jesús invierta tanto tiempo explicando al pueblo cómo es el reino sugiere que su idea es distinta de la corriente, y que ha de corregir su concepción. Ahora, no obstante, se limita a proclamar su llegada.

El dominio de Dios se ha acercado tanto que Marcos cree que puede tocarse en Jesús. El futuro creado por Dios no es ya una titilante esperanza situada a años luz; se ha hecho accesible en el presente. Ningún ministro de un soberano terrenal anunciaría: "¡Fulano de tal ha sido coronado rey! ¡Si les place, acéptenlo como tal!". No cabe duda de que las nuevas de la ascensión al trono de un emperador romano no se expresarían de este modo despreocupado y esquivo. El propio anuncio de que alguien es rey contiene una implícita demanda de sumisión. El anuncio por parte de Jesús, en el sentido de que Dios es rey, contiene esta misma demanda absoluta. El divino reino proclamado abiertamente por Jesús requiere, pues, una inmediata decisión y compromiso humanos: arrepentimiento, sumisión al reino de Dios y confianza de que se está produciendo lo increíble.

---

5. George Eldon Ladd, *The Presence of the Future: The Eschatology of Biblical Realism* (Nueva York: Harper & Row, 1974), 218, define el reino de Dios como "el gobierno redentor de Dios dinámicamente activo para instaurar su reinado entre los hombres, y [afirma] que este reino, que aparecerá como un acto apocalíptico al final de los tiempos, ha entrado ya en la historia humana en la persona y misión de Jesús para vencer el mal, liberar a los hombres de su poder y llevarlos a las bendiciones del reino de Dios. Este comporta dos grandes momentos: su cumplimiento dentro de la historia y su consumación al final". Véase además, C. C. Caragounis, "Kingdom of God/Kingdom of Heaven", en *Dictionary of Jesus and the Gospels*, ed. Joel B. Green, Scot McKnight, I. Howard Marshall (Downers Grove, Ill.: InterVarsity, 1992), 416-30; y Bruce Chilton, ed., *The Kingdom of God in the Teaching of Jesus* (Filadelfia: Fortress, 1984).
6. Marshall, *Faith As a Theme*, 34. Véase las confesiones veterotestamentarias de Dios como rey: 1S 12:12; 1Cr 29:11; Sal 47; 93; 96; 97; 99; 103:19; 145:10-13; Is 43:15; Jer 10:7; Mal 1:14.

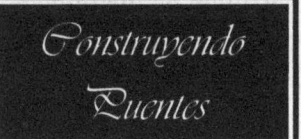

Construyendo Puentes

Israel confesaba que solo Dios es rey. Sin embargo, esta creencia suscitaba una dolorosa pregunta: si Dios es rey, ¿por qué está su pueblo en un estado tan lamentable? En nuestro tiempo y tras dos mil años de pedir, "venga tu reino", los cristianos pueden hoy preguntarse: "Si el reino de Dios se ha acercado, ¿por qué siguen pareciendo eclipsados los propósitos de Dios? ¿Por qué sigue gimiendo nuestro mundo bajo la tiranía satánica (Ro 8:22; Ap 6:10) y el poder de los malvados oprime sin tregua a los justos?". Son preguntas acuciantes para los cristianos perseguidos. No obstante, muchos otros se han acomodado e instalado hasta tal punto en este mundo que han perdido todo sentido de la inmediatez del reino de Dios.

Durante el periodo del segundo templo los escritos apocalípticos intentaron responder a preguntas parecidas, ofreciendo una nueva interpretación de la historia que parecía tener sentido en vista de lo que sucedía en un mundo en que los enemigos de Dios profanaban su templo, y en que muchos judíos se daban por vencidos ante la dominación y el atractivo de una cultura extranjera y una apostasía obligada. Estos escritos y la perspectiva que representaban se esforzaban en animar y consolar a los fieles en lo que parecía una situación desesperada (2 Mac. 6:4). Estos proporcionaban respuestas a preguntas como: ¿Por qué el mal domina el mundo? ¿Por qué son perseguidos los fieles de Dios? La solución era mirar las cosas desde la perspectiva más amplia de la historia, pasada y futura, para verlas desde la óptica del invisible reino divino. La perspectiva apocalíptica afirmaba que aunque las naciones y hasta una parte del pueblo de Dios pudieran negarse a reconocer su reino, su negativa a rendirle pleitesía no disminuía su poder.

(1) Los autores de este tipo de obras afirmaban que Dios no era un espectador indiferente de los asuntos humanos, sino que estaba sobre todas las cosas, dirigiéndolas a un final específico que pronto se cumpliría. Zacarías proclamó: "El Señor reinará sobre toda la tierra. En aquel día el Señor será el único Dios, y su nombre será el único nombre" (Zac 14:9). Dios tenía un plan, oculto de los seres humanos, que se estaba desarrollando a pesar del aparente triunfo de los poderes del mal. Dios estaba en el cielo, y, aunque en el mundo las cosas no iban bien, esto pronto cambiaría. Dios había decidido ya el destino del mundo.

(2) Distintos elementos del plan divino se desarrollan en distintos periodos de la historia que, por tanto, puede organizarse en categorías distintas en las que se manifiesta el plan de Dios. Es reconfortante saber que el tiempo ha sido calculado y está bajo el control de Dios. Solo él sabe verdaderamente qué hora es y a aquellos que viven cerca de él se les permite acceder a esta sabiduría.

(3) El mundo vive acosado por una forma de entropía espiritual. Los imperios humanos ascienden y parecen inconmovibles; sin embargo, todos acaban cayendo y dando paso a otro. Nada humano tiene ninguna permanencia. Todo depende de Dios, y cuando todos los recursos humanos han fracasado y los fieles parecen estar en peligro de extinción, Dios irrumpirá y traerá salvación. El nuevo mundo no procede de alguna forma de actividad humana positiva o negativa ni es una evolución del tiempo presente. Llega por medio de una intervención directa de Dios. Las acciones humanas determinan el destino específico de las personas; sin embargo, no afectan al desenlace del mundo. Este destino está del todo en manos de Dios. H. H. Rowley distingue entre los profetas y los autores de textos apocalípticos: "Los profetas predecían el futuro que surgiría *del* presente, mientras que los autores de textos apocalípticos anticipaban el que irrumpiría *en* el presente".[7]

Los Evangelios muestran que Jesús compartía algo de esta perspectiva apocalíptica cuando anunciaba las buenas nuevas de Dios, a saber, que el reino de los cielos se había acercado. El Evangelio de Marcos afirma que, con la venida de Jesús, el tiempo secular y el sagrado se entrecruzan; pero el poder del reino de Dios que ha irrumpido en la historia sigue oculto y no se percibe fácilmente. El anuncio de que el reino de Dios está cerca, pronunciado justo después de la noticia del encarcelamiento de Juan, el mensajero de Dios, deja claro que hemos de seguir viviendo con la ambigüedad. Juan es una víctima de la violencia de estado y, sin embargo, Jesús anuncia buenas nuevas. También va a ser entregado y, sin embargo, con ello vendrá la derrota de los poderes del mal, el perdón de pecados y el arranque de un nuevo poder en las vidas de sus seguidores que pueden correr la misma suerte (13:9, 11, 12). Las personas tendrán que reevaluar sus expectativas sobre el reino de Dios y el modo en que este se manifiesta, porque Marcos presenta su venida velada en misterio. El símbolo de la soberanía de Dios no es un cetro o un bastón de mando que su portador utiliza para romper los

---

7. H. H. Rowley, *The Relevance of Apocalyptic,* 2d ed. (Londres: Lutterworth, 1944), 36.

huesos de sus oponentes, sino la cruz, sobre la cual se derrama la sangre del Hijo de Dios. La victoria se oculta en ella. El poder se encuentra en la impotencia. Solo se vivirá entregando la propia vida. Muchos serán incapaces de cambiar su forma de pensar habitual para aceptar estas paradojas. No podrán, por tanto, entender quién es Jesús ni sujetarse al reino de Dios. Cuando este sea plenamente revelado en su gloria, no obstante, será demasiado tarde.

Sentido Original

Predicar el evangelio en nuestro tiempo no consiste simplemente en dar testimonio de ciertas verdades intemporales, dar consejos de la psicología pop sobre cómo vivir sabiamente, o agasajar a las congregaciones con entretenidos relatos para que se sientan bien y admiren al predicador. Walter Brueggemann sostiene que predicar el evangelio es una obra en tres actos. Consta de: (1) la proclamación de la decisiva victoria de Dios en la lucha contra las fuerzas del caos y la muerte; (2) el anuncio de la victoria por parte de un testigo del combate y (3) la apropiada respuesta de quienes escuchan.[8]

(1) *La proclamación de la victoria.* Es evidente que el encontronazo de Jesús con Satanás en el desierto no terminó en empate porque la predicación de las Buenas Nuevas de Dios, que sigue inmediatamente a este acontecimiento, es una proclamación de victoria. Dios ha tomado parte en el asunto; el mundo está bajo un nuevo gobierno.[9] Y Jesús llegó a Galilea, donde Herodes Antipas reinaba y amenazaba a los mensajeros de Dios, para proclamar la nueva realidad de que el Dios trascendente, que habla desde el cielo, está impartiendo libremente su Espíritu, la autoridad de perdonar pecados y poder para librar de la servidumbre de los demonios y para sanar toda dolencia. La victoria resuena constantemente en el ministerio de Jesús, de muchas maneras, en sus órdenes y declaraciones. "¡Cállate!". "¡Sal de él!". "¡Sé limpio!". "¡Tus pecados son perdonados!". "¡Tu fe te ha sanado!". "¡Ábrete!". "¡No está aquí; ha resucitado!". Los cristianos no deben ser derrotistas, sino confiados en su proclamación de que la victoria ya se ha conseguido.

---

8. Walter Brueggemann, *Biblical Perspectives on Evangelism: Living in a Three-Storied Universe* (Louisville: Westminster, 1993), 16-19.
9. Véase R. T. France, *Divine Government: God's Kingship in the Gospel of Mark* (Londres: SPCK, 1990).

(2) *El anuncio de victoria*. Jesús confía en que Dios ha dispuesto el fin del tiempo de este mundo. El reino de Dios se ha acercado y se dispone a ejecutar su juicio sobre los insolventes reinos de este mundo. Los cristianos deben dar evidencia de las victorias que se están logrando. Peter Wagner afirma, por ejemplo, en correspondencia con Walter Wink que la pequeña ciudad guatemalteca de Almolonga fue transformada por el evangelio y pasó de ser un "centro de sufrimiento humano lleno de enfermedad, pobreza, conflictos, alcoholismo, infidelidad matrimonial y violencia" a una "próspera comunidad, saludable, bien articulada y pacífica donde más del noventa por ciento de sus habitantes habían nacido de nuevo y donde en cada calle había iglesias en lugar de bares".[10]

(3) *Respuesta de los que escuchan*. Muchas oraciones de gratitud han dedicado ofrendas para la edificación del reino. La verdad es que no somos nosotros quienes construimos el reino con nuestras insignificantes ofrendas ni tampoco podemos hacerlo avanzar con nuestros programas. No somos nosotros, sino Dios quien ha coronado a Jesús como Cristo y Señor, y su reino en la tierra no depende de la débil obediencia de su pueblo. No son los seres humanos, sino Dios quien introduce su reino; ni las acciones humanas crean las de Dios, sino que son más bien las segundas las que crean y transforman las primeras (o al menos las de aquellas personas que esperan las acciones de Dios con sincera y entusiasta expectación.[11] Lo único que podemos decidir es la posición que adoptaremos, sea a favor de Dios o de Satanás y si nos arrepentiremos o no en respuesta a la iniciativa divina hacia nosotros. Formada como está por personas que distan mucho de ser perfectas, la comunidad vive por el arrepentimiento y la fe, como pone de relieve la narración. La iglesia ha de seguir voceando la llamada al arrepentimiento de Jesús, dentro y fuera de ella.

No obstante, la predicación del arrepentimiento encuentra hoy al menos cuatro obstáculos: (a) Las personas tienden a sobresaltarse cuando oyen hablar de arrepentimiento, pues este clamor ha servido a menudo para arengar a los demás. Algunos sombríos defensores de ciertas formas de espiritualidad y ética —que resulta ser el que ellos practican— han tendido a culpabilizar y reconvenir a los demás. Este tipo de ataque

---

10. Walter Wink, "Demons and DMINs: The Church's Response to the Demonic", *RevExp* 89 (1992): 508.
11. John Bowker, *Jesus and the Pharisees* (Cambridge: Cambridge Univ. Press, 1973), 44.

tiende a repeler a las personas del evangelio más que a acercarlas. La situación se parece mucho a la que se habría producido si el hermano mayor de la parábola de Jesús, que trabajaba fiel pero amargamente en la hacienda de su padre, se hubiera encontrado con su hermano por el camino cuando regresaba a casa. El pródigo habría recibido tal reprimenda de este hermano, supuestamente justo, que lo más probable es que se hubiera apresurado a volver sobre sus pasos, a su lejano país y a su pocilga en lugar de dar un solo paso más hacia su padre que anhelaba estrecharlo entre sus brazos. El llamamiento de Jesús al arrepentimiento no es, sin embargo, una cáustica reprimenda, sino una invitación a un cambio de lealtades. Jesús invita a las gentes a responder a la iniciativa de Dios. Él ofrece un nuevo poder que hace posible el arrepentimiento.[12]

(b) Otro problema que surge al predicar el arrepentimiento a nuestra generación lo suscita la tendencia humana a indignarse con cualquiera que se atreva a decirnos que hemos de cambiar. Esto se complica con la obstinada negativa tan humana a tomar en serio nuestro estado pecaminoso. Nos gusta responsabilizar de nuestros problemas a otras personas o a cualquier contingencia, y parece que todos hoy tengamos buenas razones para formar parte de algún grupo de víctimas.

A menudo somos como Aarón cuando intentó eludir cualquier responsabilidad en el incidente del becerro de oro. Al preguntarle Moisés por qué había hecho aquello, Aarón no confesó: "¡Lo siento; he pecado y hecho pecar al pueblo! Que Dios borre mi nombre del libro de la vida, pero que no les achaque a ellos este pecado". Lo que hizo fue más bien ingeniárselas para eludir cualquier responsabilidad personal con un pretexto ridículo: "Ellos me dieron el oro, yo lo eché al fuego, ¡y lo que salió fue este becerro!" (*cf.* Éx 32:21-24). En otras palabras, la culpa la tuvo el horno. Aarón no dijo nada de su papel al recoger el oro, darle forma con un cincel, hornearlo, ponerlo sobre el pedestal, y convocar un día de fiesta para que todo el pueblo adorara a Dios (32:1-6). Es posible

---

12. Una tradición rabínica tardía (*y. Mak.* 2:6, 31d) establece el contraste entre un acercamiento severo y censurador a los pecadores y la excelencia de un Dios que "muestra a los pecadores el camino" (Sal 25:8) y "les enseña la senda del arrepentimiento". "Preguntaron a la sabiduría, 'Cuál es el castigo del pecador?' y ella les dijo, 'Al pecador lo persigue el mal' [Pr 13:21]. Preguntaron a la profecía, '¿Cuál es el castigo del pecador?' Ella les dijo, 'el alma que peque morirá' [Ez 18:4]. Le preguntaron al Santo, bendito sea: '¿Cuál es el castigo del pecador?' Él respondió: 'Que se arrepienta y su pecado le será perdonado'".

que sea nuestro innato orgullo humano el que nos lleva a intentar eludir la culpa y escurrir el bulto.

La primera vez que vemos manifestarse este inquietante orgullo es cuando Adán culpó a Eva y a Dios de su pecado: "La mujer que me diste por compañera me dio de ese fruto, y yo lo comí" (Gn 3:12). Y ella, por su parte, echó la culpa a la serpiente: "La serpiente me engañó, y comí" (3:13). El problema es que cuando perdemos la percepción de nuestro pecado y la responsabilidad, malogramos también el ardiente deseo de ser perdonados. Si no reconocemos que tenemos un problema, no vemos la necesidad de arrodillarnos y buscar la solución en Dios.

(c) Nuestra cultura tiene una superficial idea del pecado. Muchos no se dan cuenta de que se han rebelado contra Dios. Algunos sostienen incluso que el pecado no existe, y se sienten perplejos y consternados por el hecho de que, a lo largo de la historia, muchos cristianos se hayan sentido atormentados por su pecado. Esta superficial actitud es objeto de sátira en una reelaboración de la "Oración de confesión general" consignada en el *Antiguo Libro de la Oración Común*:

> "Padre benevolente y tolerante: hemos cometido ocasionalmente errores de juicio. Hemos vivido bajo las privaciones de la herencia y las desventajas del ambiente. A veces no hemos actuado con sentido común. Dadas las circunstancias, hemos obrado como mejor hemos sabido; hemos procurado no ignorar las comunes normas de la decencia, y nos gusta pensar que somos bastante normales. Oh Señor, sé condescendiente con nuestros infrecuentes errores, tierno y afectuoso con quienes reconocen no ser perfectos, según la ilimitada tolerancia que tenemos derecho a esperar de ti. Y concédenos en tu paternal indulgencia que en el futuro podamos seguir viviendo una vida inocua y feliz rica en autoestima".[13]

(d) Por último, nuestra cultura tiene una idea superficial del arrepentimiento. El llamamiento al arrepentimiento ha resonado tantas veces que muchos han quedado vacunados, por así decirlo, contra la verdadera experiencia del arrepentimiento. Muchos han lavado, desodorizado y

---

13. David Head, *He Sent Leanness* (Nueva York: Macmillan, 1959), 19, citado por William H. Willimon, *Remember Who You Are: Baptism, A Model for Christian Life* (Nashville: The Upper Room, 1980), 53.

perfumado su vida espiritual por medio de una serie de ritos religiosos y creen que han cumplido con su deber ante Dios, aunque en su interior se esconden secretamente incontables pecados no confesados. Son como el rey Claudio de *Hamlet* que pregunta: "¿Puede acaso alguien ser perdonado y retener la ofensa?" (la sanguinaria ambición, la corona, la reina; Acto 3, Escena 3); o como el rey Herodes en el poema de Auden, *For the Time Being*, que se jacta: "A mí me gusta cometer crímenes; a Dios le gusta perdonarlos. Realmente, el mundo está admirablemente dispuesto". O puede que hayamos llegado a ser un poco cínicos sobre toda esta cuestión. Hemos visto a personas con lágrimas en los ojos profesar un arrepentimiento que luego ha resultado ser espurio, como el padre alcohólico de Huck Finn:

> El viejo alcohólico lloraba y lloraba cuando el Juez Thatcher le hablaba de moderación y estas cosas. Decía que había sido un idiota y que a partir de aquel momento iba a empezar una nueva vida para él. Todos lo abrazaron y lloraron, y coincidieron que era el momento más solemne y sacrosanto que recordaban. Aquella noche se puso como una cuba.

Schweizer comenta que el arrepentimiento no consiste en cambiar las características o acciones de la persona sino la dirección total de la propia vida.[14] El arrepentido da media vuelta y gira sobre sus talones, lo cual requiere algo más que una mera catarsis de lágrimas y un poco de aparatosidad. Ha de producirse algo interno que puede ser infinitamente costoso para la autoestima. Significa estar dispuesto a humillarse y convertirse en un esclavo (Mr 9:35-36; 10:42-44) o en un niño (10:15-16), y a dejar de confiar en uno mismo para permitir que Dios asuma realmente el control. En el caso de algunos, solo requiere que abran un "puño cerrado y lo vuelvan, vacío, hacia Dios",[15] pero exige a todos un cambio de perspectivas, expectativas y compromisos.

También el llamamiento "a creer en el evangelio" indica que el arrepentimiento no es un fin en sí mismo, sino el primer paso de la fe. Donde los personajes del relato carecen de fe, es porque no hay arrepentimiento. Solo aquellos que han vuelto su vida a Dios serán capaces de ver y creer lo que no es obvio para los demás, porque la evidencia no

---

14. Schweizer, *Mark*, 32.
15. William Peatman, *The Beginning of the Gospel: Mark's Story of Jesus* (Collegeville: Liturgical Press, 1992), 15.

es persuasiva, sino velada y paradójica. Marshall observa la diferencia entre creencia racional y confianza:

> La creencia racional es esencialmente involuntaria; una persona no puede decidir arbitrariamente creer en un momento determinado; es algo que experimenta en vista de las pruebas. La confianza, no obstante, es algo voluntario, un acto de la voluntad. O, también, la creencia puede existir sin afectar inmediatamente a la conducta, mientras que la confianza requiere que se lleven a cabo ciertas acciones consecuentes.[16]

La creencia racional es estéril e impotente si no conduce a la confianza que afecta al modo en que vivimos. Esta confiada creencia la vemos en el siguiente episodio, a saber, el llamamiento de los discípulos.

---

16. Marshall, *Faith As a Theme*, 56 (véase exposición al respecto en 51-56).

Marcos 1:16-45

Pasando por la orilla del mar de Galilea, Jesús vio a Simón y a su hermano Andrés que echaban la red al lago, pues eran pescadores. ¹⁷ «Vengan, síganme —les dijo Jesús—, y los haré pescadores de hombres». ¹⁸ Al momento dejaron las redes y lo siguieron.

¹⁹ Un poco más adelante vio a Jacobo y a su hermano Juan, hijos de Zebedeo, que estaban en su barca remendando las redes. ²⁰ En seguida los llamó, y ellos, dejando a su padre Zebedeo en la barca con los jornaleros, se fueron con Jesús.

²¹ Entraron en Capernaúm, y tan pronto como llegó el sábado, Jesús fue a la sinagoga y se puso a enseñar. ²² La gente se asombraba de su enseñanza, porque la impartía como quien tiene autoridad y no como los maestros de la ley. ²³ De repente, en la sinagoga, un hombre que estaba poseído por un espíritu maligno gritó:

²⁴ —¿Por qué te entrometes, Jesús de Nazaret? ¿Has venido a destruirnos? Yo sé quién eres tú: ¡el Santo de Dios!

²⁵ —¡Cállate! —lo reprendió Jesús—. ¡Sal de ese hombre!

²⁶ Entonces el espíritu maligno sacudió al hombre violentamente y salió de él dando un alarido. ²⁷ Todos se quedaron tan asustados que se preguntaban unos a otros: «¿Qué es esto? ¡Una enseñanza nueva, pues lo hace con autoridad! Les da órdenes incluso a los espíritus malignos, y le obedecen». ²⁸ Como resultado, su fama se extendió rápidamente por toda la región de Galilea.

²⁹ Tan pronto como salieron de la sinagoga, Jesús fue con Jacobo y Juan a casa de Simón y Andrés. ³⁰ La suegra de Simón estaba en cama con fiebre, y en seguida se lo dijeron a Jesús. ³¹ Él se le acercó, la tomó de la mano y la ayudó a levantarse. Entonces se le quitó la fiebre y se puso a servirles.

³² Al atardecer, cuando ya se ponía el sol, la gente le llevó a Jesús todos los enfermos y endemoniados, ³³ de manera que la población entera se estaba congregando a la puerta. ³⁴ Jesús sanó a muchos que padecían de diversas enfermedades. También expulsó a muchos demonios, pero no los dejaba hablar porque sabían quién era él.

³⁵ Muy de madrugada, cuando todavía estaba oscuro, Jesús se levantó, salió de la casa y se fue a un lugar solitario, donde se puso a orar. ³⁶ Simón y sus compañeros salieron a buscarlo. ³⁷ Por fin lo encontraron y le dijeron:

—Todo el mundo te busca.

³⁸ Jesús respondió:

—Vámonos de aquí a otras aldeas cercanas donde también pueda predicar; para esto he venido.

³⁹ Así que recorrió toda Galilea, predicando en las sinagogas y expulsando demonios.
⁴⁰ Un hombre que tenía lepra se le acercó, y de rodillas le suplicó:
—Si quieres, puedes limpiarme.
⁴¹ Movido a compasión, Jesús extendió la mano y tocó al hombre, diciéndole:
—Sí quiero. ¡Queda limpio!
⁴² Al instante se le quitó la lepra y quedó sano. ⁴³ Jesús lo despidió en seguida con una fuerte advertencia:
⁴⁴ —Mira, no se lo digas a nadie; sólo ve, preséntate al sacerdote y lleva por tu purificación lo que ordenó Moisés, para que sirva de testimonio.
⁴⁵ Pero él salió y comenzó a hablar sin reserva, divulgando lo sucedido. Como resultado, Jesús ya no podía entrar en ningún pueblo abiertamente, sino que se quedaba afuera, en lugares solitarios. Aun así, gente de todas partes seguía acudiendo a él.

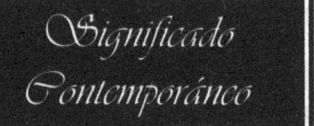

Significado Contemporáneo

Esta sección consiste en cinco escenas. Con la autoridad de Dios, Jesús llama a cuatro pescadores (1:16-20). A continuación, enseña con autoridad en la sinagoga y obra milagros en su condición de Santo de Dios que ha venido a destruir al diabólico reino de terror (1:21-28). Jesús sana luego a la suegra de Simón y a muchas otras personas que acuden a él para ser sanadas aquella noche (1:29-34). Las curaciones causan sensación y a la mañana siguiente, el Señor se retira a orar. Cuando los discípulos lo localizan, les informa que han de recorrer el resto de Galilea para proclamar las buenas nuevas del reino de Dios (1:35-39). En la siguiente escena aparece sanando a un leproso que, al no guardar silencio, hace que la fama de Jesús se extienda por todas partes.

Tras el llamamiento de los primeros discípulos, las escenas siguientes forman una sección delimitada por el exorcismo de un espíritu impuro en la sinagoga mientras enseña (1:21-28) y la sanación de un paralítico en una casa durante su predicación (2:1-12).[1] Ambas cosas tienen lugar en Capernaúm (1:21; 2:2). En ambos pasajes, un grupo de personas cuestionan lo que Jesús dice o hace (1:27; 2:6), y se destaca el asunto de la autoridad. Los escribas aparecen en ambas escenas. La multitud aplaude a Jesús como alguien que enseña con autoridad y no como los

---

1. La sección siguiente comienza con la vuelta de Jesús al mar y el llamamiento de otro discípulo para que lo siga (2:13-14).

escribas (1:22); él responde a su cuestionamiento anunciando (2:10) que el Hijo del Hombre tiene autoridad para perdonar pecados. Ambos pasajes concluyen con el asombro de la multitud (1:22, 27; 2:12), que pone de relieve el sentido de la novedad de su autorizada enseñanza, puesto que "les da órdenes incluso a los espíritus malignos, y le obedecen" (1:27). En 2:12, el asombro lleva a la multitud a glorificar a Dios, puesto que nunca han visto nada igual. Esta sección no se limita a hablar de los rasgos más destacados del ministerio inicial de Jesús, sino que revela la nueva realidad que posibilitada por el Espíritu y que irrumpe desde el cielo.

Llamamiento de Jesús al discipulado (1:16-20)

Jesús aparece repentinamente por el mar de Galilea y, sin previo aviso, llama a algunos pescadores a ser sus discípulos. No va a ser un profeta solitario que vaga por el desierto, sino un dirigente, cuya tarea como Mesías es crear una comunidad de seguidores. Que Pedro y Andrés echen sus redes desde la orilla significa posiblemente que son demasiado pobres para tener una barca, mientras que los hijos de Zebedeo están un poco por encima en el escalafón social, como propietarios de una embarcación que les permite pescar por todo el lago y trabajadores asalariados que los ayudan en su labor.[2] Independientemente de sus circunstancias, estos hombres muestran su arrepentimiento, su deseo de "volverse" dejándolo todo a un lado para responder al llamamiento de Jesús. Su arrepentimiento no incide únicamente en una mera transformación interna, sino que los convierte en lo que ahora no son: dejan de pescar peces para dedicarse a la pesca de personas.

Jesús no los llama a ser pastores con la tarea de reunir a las ovejas perdidas de la casa de Israel, o segadores que recojan las gavillas (Mt 9:36-38), sino pescadores. Los profetas del Antiguo Testamento se sirvieron de esta metáfora para aludir a la reunión de personas para juicio (Jer 16:14-16; Ez 29:4; 47:10; Am 4:2; Hab 1:14-17), y no debemos asumir que Jesús utilice la pesca como una benigna referencia a la misión. Cuando el pescador captura un pez, las consecuencias son fatales para éste; la vida no puede seguir como hasta aquel momento. Esta imagen es apropiada para aludir al poder transformador del gobierno de Dios que trae juicio y muerte a lo antiguo, pero promete una nueva creación (véase Ro 6:1-11). Los discípulos son llamados a ser instrumentos para comunicar a

---

2. Así lo entiende Waetjen, *A Reordering of Power,* 78.

otros un mensaje urgente que cambiará sus vidas hasta hacerlas irreconocibles. El llamamiento de Jesús tiene el mismo efecto sobre ellos.

Lo sorprendente es que Jesús los llama a "seguirlo" a él. Los profetas no pidieron al pueblo que los siguieran a ellos, sino a Dios (véase también 1R 19:19-21). Tampoco los sabios del tiempo de Jesús pretendían que los siguieran a ellos, sino solo que se aprendieran sus enseñanzas de la Toráh. El llamamiento de Jesús a sus discípulos es, pues, dramáticamente perentorio y se corresponde con el patrón bíblico del mandato que Dios dirige a los seres humanos: una orden con una promesa que se ha de cumplir en obediencia (véase Gn 12:1-4).[3] Este llamamiento supera de manera tan arrolladora a los discípulos que sus vidas nunca serán ya las mismas.

Enseñanza con autoridad (1:21-28)

Quien llama con un poder espiritual tan sorprendente enseña también con un poder parecido. La siguiente escena, que describe la enseñanza de Jesús en una sinagoga, concluye con una atónita multitud que lo ensalza como a alguien que enseña con autoridad y con las noticias de sus hazañas dispersándose a gran velocidad por las zonas rurales de Galilea. Marcos subraya el poder de la enseñanza de Jesús, no su contenido. En el Evangelio de Marcos, Jesús rara vez pronuncia extensos discursos como los rabinos; sus afirmaciones son más bien sucintas y van acompañadas de dramáticas acciones. En esta escena, la enseñanza de Jesús es "una abrumadora palabra de exorcismo".[4]

Los lectores saben ya que la autoridad de Jesús se debe al Espíritu de Dios, que vino sobre él en el bautismo; pero las multitudes detectan también que entre ellos hay alguien que habla en el nombre de Dios y no solo acerca de él, como los escribas. El judaísmo se había convertido en una religión de libro, y los escribas tenían autoridad por su erudición en la Sagrada Escritura y la tradición. No pretendían tener una revelación directa de parte Dios; solo eran intérpretes y su influencia era la de los eruditos. Marcos no nos dice exactamente cuál es el rasgo de la enseñanza de Jesús que expresa autoridad en contraste con la de los

---

3. Gundry, *Mark*, 70.
4. Así es como Gundry titula acertadamente este incidente (*Mark*, 73). Sobre la presentación que Marcos hace de Jesús como maestro, véase R. T. France, "Mark and the Teaching of Jesus", en *Gospel Perspectives Volume I*, ed. R. T. France and David Wenham (Sheffield: JSOT, 1980), 101-36.

escribas. No obstante, la narración pone de relieve que Jesús acompaña su enseñanza con hechos portentosos que, ciertamente, es una diferencia clave. Los escribas hacen solo pronunciamientos teológicos (2:6-7; 9:11; 12:35); Jesús viene con la autoridad de Dios a desmantelar la tiranía de Satanás. Confronta a los demonios con destrucción y al judaísmo con una nueva enseñanza.[5] Por consiguiente, tanto los demonios como las autoridades religiosas se sentirán amenazados por él.

La enseñanza de Jesús se ve interrumpida por la explosión de un hombre poseído por un espíritu inmundo. La mayoría habría hecho lo posible por sacar de allí al alborotador, pero Jesús se esfuerza por liberarlo. El Evangelio de Marcos presenta a quienes sufren por el influjo de espíritus inmundos/demonios como víctimas completamente impotentes. A diferencia de los enfermos, no tienen ni siquiera la capacidad para pedir ayuda. El demonio que controla a este hombre ("sabían quién era él [Jesús]", 1:34) ve a Jesús como una amenaza y habla. Solo los demonios y los ángeles entienden los misterios del mundo invisible en este punto de la narración. Reconocen que Jesús no es simplemente otro exorcista, sino aquel que Dios ha ungido para acabar con el reino de Satanás.

El escandaloso reconocimiento de Jesús por parte del espíritu inmundo puede considerarse como una aterrorizada estrategia defensiva o como un reverente reconocimiento de su poder. El conocimiento es poder, y es posible que este espíritu inmundo estuviera intentando eludir su inminente derrota con el clásico truco practicado por los exorcistas de pronunciar el nombre de su oponente.[6] Este espíritu vocifera tanto un nombre terrenal, "Jesús de Nazaret", como uno divino, "Santo de Dios" y da a entender que no está solo en su campamento: "¿Has venido a destruirnos?". Gundry sostiene que los oyentes helenistas que escucharan al espíritu inmundo pensarían que había conseguido una ventajosa

---

5. Geddert, *Watchwords*, 266 n. 55. William Manson *(Jesus the Messiah* [Londres: Hodder and Stoughton, 1961], 35) afirma: "Los rabinos enseñaban y no sucedía nada, Jesús enseñaba y ocurrían toda clase de cosas".
6. El grito: "¿Por qué te entrometes?" (lit., "¿Qué hay entre tú y yo?" 1:24) es el mismo de la viuda de Sarepta en 1 Reyes 17:18 y del rey de los amonitas en Jueces 11:12 como maniobra defensiva. De manera similar, en los *Libros de Adán y Eva* 11:2, Eva le dice al diablo, "¿Qué tienes tú que hacer con nosotros? ¿Qué te hemos hecho para que nos persigas con engaño? ¿Por qué cae sobre nosotros tu malicia?". Los nombres aparecen frecuentemente como encantamientos en los antiguos papiros mágicos, porque se creía que conocer el nombre de un poder o enemigo proporcionaba al conocedor una ventaja táctica que le permitía derrotarlo.

posición al identificar a Jesús, pero él responde con agresividad y contundencia para silenciarlo.[7] Por otra parte, el espíritu inmundo podría estar concediendo sumisamente que Jesús es todo lo contrario a él: un ser santo, puro y cercano a Dios, la horma de su zapato.[8]

Cualquiera que sea el caso, Jesús ordena al Espíritu que se calle. Podría pensarse que a Jesús le gustaría esta publicidad gratuita ante la multitud de la sinagoga. El espíritu inmundo está en lo cierto, pero Jesús no quiere ningún testimonio de procedencia diabólica y no aceptará las vacías confesiones de unos espíritus que no son limpios ni han sido transformados. Por otra parte, este reconocimiento demoniaco de Jesús solo puede conducir a conclusiones erradas. Los milagros de sanidad que lleva a cabo no solo remedian dolencias físicas, sino que constituyen también una guerra contra las fuerzas diabólicas. Jesús desactiva el poder de Satanás que ha estado secuestrando almas humanas y libera a sus víctimas una por una. Los demonios lo conocen, pues, como el victorioso Hijo de Dios, no como a aquel que ha de experimentar sufrimiento y muerte.[9] Por ello, Jesús les manda callar, pero los demonios rara vez lo hacen. Este sale "dando un alarido", un aullido de muerte parecido al de Jesús cuando muere en la cruz (15:37).

Los testigos están aturdidos. No se asombran de lo que el espíritu inmundo proclama sobre Jesús. ¿Llegan siquiera a escucharlo? ¿O están acaso estupefactos, porque lo sucedido es demasiado abrumador y no lo comprenden? Siguen a oscuras con respecto a la fuente del poder de Jesús o a su misión y ningún demonio escandaloso se lo revela. La plena verdad solo puede ser revelada por aquel sufriente que clama en la cruz.

Curación de la fiebre (1:29-31)

Jesús sale inmediatamente de la sinagoga y entra en casa de Simón y Andrés, y, también enseguida, estos discípulos le hablan de la suegra de Simón que está en la cama con fiebre. En el tiempo de Jesús, muchos consideraban que la fiebre era una enfermedad en sí misma y no solo un síntoma.[10] Esta tenía también más significado teológico puesto que, según Levítico 26:16 y Deuteronomio 28:22, era un castigo que Dios

---

7. Gundry, *Mark*, 76.
8. Guelich, *Mark*, 56-57.
9. Achtemeier, "Mark", 4:553.
10. Julius Preuss, *Biblical and Talmudic Medicine*, trad. por F. Rosner (Nueva York: Sanhedrin, 1978), 160. Véase Juan 4:52 y Hechos 28:7-10 (fiebre y disentería) donde se mencionan otros casos de fiebre en el Nuevo Testamento.

enviaba a quienes violaban el pacto.[11] Basándose en este texto, algunos consideraban que, siendo una disciplina divina, solo Dios podía curar la fiebre. En una tradición rabínica posterior un maestro judío declara:

> Mayor es el milagro que se realiza en un enfermo que el que Dios hizo con Ananías, Misael y Azarías. [Puesto que] el de Ananías, Misael y Azarías [tuvo que ver con] un fuego encendido por el hombre, que cualquiera puede extinguir; mientras que el de una persona enferma tiene [relación con] un fuego celestial, ¿y quién puede extinguir esto?[12]

La respuesta implícita es que solo Dios puede hacer tal cosa.

En este incidente, Jesús se dirige a la suegra de Pedro, la levanta de su postración tomándola de la mano y la fiebre se aparta de ella. La traducción "se le quitó la fiebre" es demasiado suave. Una traducción literal, "la fiebre la abandonó", sugiere, como en las otras dos alusiones a la fiebre en el Nuevo Testamento, que la causa era sobrenatural (bien inducida por demonios o como disciplina divina). Lo significativo es la milagrosa capacidad de extinguir un fuego celestial, algo que solo puede hacer Dios o alguno de sus agentes.

La suegra de Pedro demuestra su plena recuperación sirviéndolos, una señal de su sanidad física y receptividad espiritual a Jesús. Esta clase de humilde servicio no sugiere su insignificancia; al contrario, los ángeles le brindaron esta misma clase de servicio en el desierto (1:13). El servicio es también un elemento característico del discipulado que Jesús tiene dificultades para inculcar a sus discípulos (9:35; 10:41-45). Las mujeres que siguen a Jesús parecen entender más rápido que los hombres la necesidad de servir a los demás. Marcos describe a las mujeres que estuvieron presentes durante su muerte como aquellas que le "habían seguido y servido cuando estaba en Galilea" (15:41; "atendido" NVI). Este milagro pone de relieve que Dios sana para que podamos servir mejor.

---

11. Filón amplió esta lista de de los castigos de Dios en su obra sobre recompensas y castigos, 143. La fiebre encabeza la enumeración, y Filón la consideraba, junto con otras enfermedades, la paga de la impiedad y la desobediencia. Los rabinos tenían reputadas curas para la fiebre (*b. Git.* 67b; *b. Shabb.* 66b); sin embargo, por la influencia de los textos bíblicos, consideraban que era algo diabólico (producido, por ejemplo, por bailar a la luz de la luna, *b. Ned.* 41a; *b. Git.* 70a) y como un castigo divino (*b. Ber.* 34b).
12. *b. Ned.* 41a.

Resumen de la sanación y declaración de su ministerio por parte de Jesús (1:32-39)

La celebración del sabbat termina por la noche, y la escena siguiente describe a toda la ciudad congregada a sus puertas. Sus habitantes llevan a todos los enfermos y poseídos por los demonios a Jesús que sana a "muchos".[13] La frase "expulsó a muchos demonios, pero no los dejaba hablar, porque sabían quién era él" hace referencia a 1:24, donde el espíritu malo lo había llamado por su nombre, pero la multitud divulga la sanación de modo que su fama se extiende por toda Galilea (1:28).

La mañana siguiente encuentra a Jesús en "un lugar solitario" orando. El sustantivo que emplea Marcos es la misma palabra (*eremos*) consignada en 1:3-4, la voz que clama "en el desierto" y en 1:12-13, el escenario de la tentación de Satanás. "Desierto" es una palabra inapropiada para describir las zonas adyacentes a Capernaúm, pero en el Evangelio de Marcos connota el lugar en que lo divino y lo satánico compiten por la vida. No obstante, tras la victoria de Jesús en el desierto, se ha convertido en un lugar donde puede encontrarse soledad y quietud para la oración,[14] donde los ángeles ofrecen su socorro y se recibe renovación divina. El deseo de orar en la intimidad de la soledad deja claro que Jesús no es un hechicero que actúa a través de la magia, independientemente de la ayuda de Dios. Su autoridad, su fuerza y su poder proceden solo de Dios (véase 9:29).

Jesús se enfrenta de nuevo con la tentación en este lugar solitario al que Simón y quienes están con él llegaron "persiguiéndolo" (*katadioko*, no "salieron a buscarle" como traduce la NIV). El verbo sugiere que se ha organizado una intensa búsqueda masiva de Jesús. Interrumpen sus momentos de meditación privada para informarlo de que todo Capernaúm lo está "buscando"[15] e instarle a regresar a la escena de tantos

---

13. La expresión "muchos" es un semitismo que significa "todos" (véase 10:45; *cf.* Mt 8:16; Lc 4:40).
14. Jesús ora tres veces en Marcos —aquí al comienzo de su ministerio, hacia la mitad de él (6:46), y antes del fin (14:35-36)— siempre solo, por la noche y en momentos de tensión.
15. Marcos utiliza siempre el verbo "buscar" (*zeteo*) en un sentido negativo. La familia de Jesús lo está "buscando" para llevarlo de nuevo a casa, porque piensan que está fuera de sí (3:32). Los fariseos le "piden" una señal, que es lo que solo haría una generación perversa (8:11-12). Los sumos sacerdotes y ancianos "comenzaron a buscar la manera de matarlo" (11:18; cf. 12:12; 14:1) y, más adelante, "buscarían" falsos testigos contra él (14:55). Judas buscaba un buen momento para traicionarlo (14:11). Las mujeres "buscaban" un cadáver en el sepulcro (16:6).

triunfos personales y donde se ha suscitado un número tan grande de seguidores. Cuando Jesús llamó a estos hombres para que lo siguieran, no era esto lo que tenía en mente. Este episodio es el primer indicio de que, a menudo, los discípulos (a quienes aquí no se les llama discípulos, sino "Simón y sus compañeros") representarán más un problema que un apoyo para Jesús. En Capernaúm lo buscan por los milagros, no por sus palabras y a los discípulos les gustaría dar cabida a este arranque de popularidad: podrían organizar otro encuentro por la noche con más sanaciones y un concierto, quizá podrían incluso desarrollar un parque temático de sanidad en Capernaúm. Jesús no está interesado en la fugaz adulación de las multitudes y se niega a regresar a Capernaúm, porque su misión es predicar en todo Israel. Cuando buscó un lugar desierto por las afueras del pueblo lo hizo para prepararse mediante la oración para salir en su misión de predicar el reino.

Las buenas nuevas no pueden ser estáticas. Por todo el Evangelio, vemos a Jesús con su equipaje listo, viajando por todas partes. No se dejará distraer del propósito al que Dios lo ha llamado, ni siquiera por el éxito y no se instalará como gurú o sanador en un lugar determinado. Por consiguiente, Marcos nos dice en el versículo 39 que ahora ya no son los rumores sobre la actividad de Jesús los que recorren Galilea sino él mismo (1:28).

Sanación de un leproso (1:39-42)

Marcos nos dice que Jesús recorre las áreas rurales de Galilea predicando en las sinagogas y echando fuera demonios (1:39), pero se centra en un milagro al que confiere un particular significación. Un leproso se le acerca, e hincando la rodilla le suplica: "Si quieres, puedes limpiarme". No deberíamos identificar automáticamente esta lepra con la enfermedad de Hansen, puesto que este término se aplicaba a varias enfermedades de la piel[16] y a objetos como prendas y casas (Lv 14:33-57). Cualquiera que tuviera presuntos síntomas de lepra debía ser examina-

---

16. Jacob Milgrom (Leviticus 1-16 [AB; Nueva York: Doubleday, 1991], 816-20) traduce el hebreo como "psoriasis" (escamas en la piel). Véase también J. Baumgarten, "The 4Q Zadokite Fragments on Skin Disease", *JJS* 41 (1990): 159, 162; Kenneth V. Mull y Carolyn Sandquist Mull, "Biblical Leprosy: Is It Really?" *BibRev* 8 (abril, 1992): 32-39, 62. Todos los que buscan están siempre en un error. Kelber (*Mark's Story*, 22) observa el sutil desacuerdo. Los discípulos quieren repetir la gloria del día anterior, mientras que Jesús mira hacia nuevos lugares y hacia el futuro, y hace planes para dirigirse a otras zonas.

do por un sacerdote, que era el único que podía declarar que tal persona tenía la enfermedad o había sido limpiada de ella. Mientras que los sacerdotes de otras religiones conocían supuestamente secretos curativos, los de Israel no se arrogaban poder alguno para sanar la enfermedad ni prescribían ritos a este efecto. Israel creía que la sanación estaba por completo en manos de Dios. Los sacerdotes se limitaban, por tanto, a declarar lo que era limpio y lo que era inmundo. (13:59; 14:57). Por esta razón, Levítico 13-14 describe con tanto detalle los casos en que el sacerdote podía identificar la presencia o ausencia de específicas señales físicas, como cambios en el color de la piel o del pelo, y la infiltración, extensión o ulceración dérmicas.

Si el sacerdote declaraba que una determinada alteración de la piel era lepra, quien la sufría era excluido de la comunidad por decreto divino (Lv 13:45-52; Nm 5:2-4). Esta expulsión no se basaba en algún temor de que la enfermedad se extendiera, sino en la propagación de la impureza ritual. La lepra era considerada una fuente esencial de inmundicia. Como si de un cadáver se tratara, el leproso transmitía su impureza a los objetos que se encontraban dentro del mismo recinto que él. Por ello, a estas personas se las consideraba un cadáver viviente y su curación se comparaba con una resurrección.[17] El leproso vivía confinado por una estricta serie de reglas que gobernaban el contacto y relaciones personales que tenía con los demás.[18] Sin embargo, en Marcos 1:40 el leproso no guarda la distancia de seguridad, sino que se salta la barricada religiosa y confronta a Jesús. Está dispuesto a asumir que tiene tanto el poder como la gracia para sanarlo.

Una curiosa variante textual de 1:41 dice que, ante la actitud de este hombre, Jesús "se indigna" en lugar de sentir "compasión". Esta podría ser la lectura original ya que se dice también que Jesús se indignó con él (*embrimesamenos*, cf. 14:5) y lo expulsó inmediatamente (*exebalen*, 1:43). Si es así y la respuesta inicial de Jesús es la indignación, su disgusto con este hombre no estaría motivado por que se saltara las barreras rituales que le vedaban cualquier contacto con la sociedad,[19] sino que, posiblemente, estaría expresando la indignación de Dios por

---

17. *b. Sanh.* 47ab.
18. Una tradición rabínica posterior sentencia a los leprosos a cuarenta latigazos por traspasar los límites que les son prohibidos (*b. Pesah.* 67a; *t. B. Qam.* 1:8).
19. Según una tradición consignada en *Lv. Rab.* 16:3, cuando un rabino veía, "a un leproso, tenía que arrojarle piedras y gritarle: 'vete y no contamines a otras personas'".

los estragos de la enfermedad (*cf.* Jn 11:33-38).[20] Su compasión por este hombre se expresa en su contacto físico con él, posiblemente la primera vez en mucho tiempo que otro humano "limpio" tocaba a este marginado. Jesús también ordena, "queda limpio" y, a su palabra, la lepra abandona inmediatamente a este hombre. Rápidamente Jesús le manda marcharse.[21]

Esta sanación es la única que requiere alguna forma de testimonio de otras personas, porque el leproso no puede ser reinsertado en la sociedad judía hasta que un sacerdote lo examine y lo declare limpio (véase Lc 17:14).[22] Las palabras de Jesús: "¡Queda limpio!" no están en modo indicativo, lo cual sería una mera afirmación de que el leproso está limpio, sino en imperativo. Es Jesús quien produce la purificación de la enfermedad, del mismo modo que cuando ordenaba a los demonios que salieran de las personas se producía un exorcismo. Es, no obstante, posible que el leproso no siguiera alegremente su camino, aunque hubiera sido sanado. Cada curación tenía que ser consagrada por una ceremonia religiosa, y la de los leprosos era larga y compleja (véase Lv 14:1-32). Hasta que se completaba con éxito, el leproso permanecía en un limbo social. Por ello, la expresión "para que sirva de testimonio" no debe entenderse en un sentido negativo. Lane comenta que si los sacerdotes constatan que el hombre está limpio y "no reconocen como legítimos a la persona y el poder por el que se ha producido la sanación, será condenado por las mismas evidencias que aporta".[23] ¿Pero cómo podrán los sacerdotes saber quién hay tras esta sanación si Jesús manda al leproso que guarde silencio sobre ello? Hay que interpretar esta orden de manera positiva (Os 2:14, LXX), como un testimonio al pueblo de que ha sido curado y que puede ya relacionarse con él, una vez que los procedimientos prescritos por la ley se han cumplido.

---

20. La indignada respuesta podría relacionarse con la guerra de Jesús con Satanás y reflejar la tensión de dicha lucha. Los halagos de este hombre implicaban, posiblemente, que si Jesús no lo ayudaba, era menos poderoso de lo que otros consideraban.
21. Literalmente, lo "arrojó", pero este verbo no tiene por qué implicar fuerza o desagrado. En Santiago 2:25, esta palabra tiene el sentido de "habilitar en el propio camino" (véase también Mt 7:4-5; 12:35; 13:52).
22. Según *m. Meg.* 3:1; 4:7-10, solo los sacerdotes podían declarar limpios o impuros a los leprosos (véase Lv. 13:3; *t. Meg.* 1:1). Aunque el sacerdote ignore lo que ha de decir, es él quien debe decirlo y ha de ser, por tanto, instruido en este asunto (CD 13:5-6).
23. Lane, *Mark*, 88.

Los mandamientos de guardar silencio
(1:43- 45; *cf.* 1:25, 34)

El primer capítulo de Marcos consigna el primero de los frecuentes mandamientos de Jesús a los demonios y a aquellos a quienes sanaba para que guardaran silencio (vv. 25, 34, 44). Jesús ordena al leproso que no hable con nadie sobre el milagro y lo despide con celeridad. Estas órdenes no tienen nada que ver con ningún supuesto secreto mesiánico, como sugiere Wrede.[24] Las razones de este mandamiento son de otra naturaleza.

(1) Este mandamiento muestra claramente el deseo de Jesús de que su faceta de obrador de milagros permanezca oculta; esto es lo que le distingue de los milagreros del mundo antiguo.[25] A diferencia de los falsos profetas, Jesús no lleva a cabo sus milagros para impresionar a las personas. Muchos de sus contemporáneos asumían que los maestros religiosos y filósofos itinerantes pretendían ganarse una buena reputación y buscaban la fama por la prosperidad económica que ello llevaba aparejada. Jesús no tiene interés en que se le considere un sanador famoso.

(2) Jesús no confía en una fe basada en espectáculos y sabe que la emoción del momento no durará. Sabe también que el poder de Dios no se revela únicamente por medio de los milagros. Es algo que se hace más claro en la crucifixión, pero aquellos que solo quieren milagros no verán ninguna otra cosa.

(3) Jesús prefiere mantener en silencio las noticias de sus milagros a fin de aplazar su inevitable arresto y ejecución por parte de los poderes humanos y sembrar la palabra. A algunos no puede confiárseles la infor-

---

24. William Wrede, *The Messianic Secret* (Londres: James Clarke, 1971) defendió que el "secreto mesiánico" fue una invención teológica del evangelista que lo introdujo a posteriori en el relato de Jesús para encubrir que el Jesús histórico nunca hizo ninguna reivindicación mesiánica y no fue reconocido como Mesías por sus discípulos, sino hasta después de su resurrección. Esto explicaba por qué Jesús no fue aclamado ni reconocido como Mesías durante su ministerio terrenal. Véase, además, la introducción y los ensayos de C. M. Tuckett (ed.), *The Messianic Secret* (Filadelfia: Fortress, 1983), y James L. Blevins, *The Messianic Secret in Markan Research 1901-1976* (Washington, D.C.: Univ. Press of America, 1981).
25. Hengel, *Mark*, 43. Tolbert (Sowing, 227-28) sostiene que "la intención del autor al redactar los pasajes que aluden al secreto mesiánico no es proponer que Jesús siguió siendo un desconocido y que no atrajo a las multitudes, sino más bien confirmar que no buscó para sí renombre o gloria, aunque la propagación de su fama y el aumento del número de quienes le buscaban era algo inevitable, teniendo en cuenta quién era y lo que hacía. No era su deseo, sino su destino".

mación porque la utilizarán únicamente para intentar destruirle. Otros no le darán tregua, se entrometerán en su vida, limitarán su libertad de movimientos y el tiempo para instruir a sus discípulos en privado. No obstante, y a pesar de sus esfuerzos por sofocar el fervor suscitado por sus poderes sanadores, las noticias se extienden como un reguero de pólvora. Esta publicidad no deseada que se divulga cuando se hace caso omiso de su mandamiento de silencio obstaculiza importantes facetas de su tarea con sus discípulos. Siempre que alguien desobedece este mandamiento, la escena siguiente comienza con una nociva presión de las multitudes. El barullo limita el libre movimiento de Jesús que se ve acosado por crecientes números de suplicantes y cazadores de autógrafos (3:9). Jesús no puede ya entrar abiertamente a los pueblos y lo buscan gentes de todas partes (1:45). La desobediencia del leproso fuerza a Jesús a evitar las ciudades y alejarse a lugares desiertos que ahora dejan de serlo, y él se ve acosado por multitudes que proceden de todas partes (véase también 6:32-33; 7:24).[26] Cuando regresa a Capernaúm, la multitud está tan apretujada que algunos tienen que acceder a él desde el tejado (2:2, 4). Irónicamente, el intento de ocultarse por parte de Jesús solo sirve para engrandecer su reputación.

(4) Por lo que a Marcos se refiere, el mandamiento de confidencialidad deja claro que cualquier acusación de insurrección contra Jesús es falso. Él no se arroga títulos, a diferencia de los falsos cristos que se alaban a sí mismos (13:6); intenta repetidamente escapar y contener a las multitudes que se reúnen a su alrededor. Roma no tiene, por tanto, razones para temerle como rey de los judíos (15:2-5) que se ha propuesto fomentar un alzamiento del pueblo.

(5) La imposibilidad de silenciar a aquellos que son sanados muestra que las noticias de su poder para sanar no son algo que pueda mantenerse oculto. Uno no puede guardar silencio y las buenas nuevas van a extenderse hasta lo último de la tierra. Sin embargo, en última instancia, Dios revela los secretos y misterios y, a su debido tiempo, lo hará también en este caso (4:21-23).

---

26. Williams (*Other Followers of Jesus*, 134-35) observa que tras la desobediencia del hombre sordo (7:36-37) la siguiente escena comienza también con una numerosa y hambrienta multitud en el desierto (8:1). John J. Pilch ("Secrecy in the Mediterranean World: An Anthropological Perspective", *BTB* 24 [1994]: 155) señala que "una existencia con poca o ninguna privacidad es muy agotadora".

El poder del llamamiento de Jesús. Jesús predica a las multitudes, pero su llamada al seguimiento se dirige a los individuos. Marcos no nos dice por qué eligió Jesús a Simón y Andrés, y a Jacobo y Juan como discípulos o por qué decidieron ellos responder instantáneamente. Los relatos del llamamiento de los primeros discípulos que consignan los textos de Juan y Lucas tienen más sentido para el lector moderno, que, generalmente, desea encontrar alguna explicación racional para su conducta. En el Cuarto Evangelio, Juan el Bautista informa a los primeros discípulos (Jn 1:35-37). En Lucas, Jesús los hace testigos de un asombroso milagro antes de llamarles (Lc 5:1-11). Sin embargo, la narración de Marcos no prepara al lector para esperar que estos pescadores pongan a un lado sus redes y lo dejen todo para seguir a Jesús. ¿Cómo pueden siquiera saber quién es?

Los lectores modernos pueden sentirse tentados a buscar ciertas razones psicológicas para su rápida respuesta. Puede que les fuera mal en la pesca y ello los predispusiera a un cambio profesional. O quizá llevaban tiempo anhelando la venida del Mesías para que los librara de la opresión extranjera y diera entrada a la Nueva Jerusalén o a cualquier otra restauración que pudieran haber imaginado. O tal vez tenían ganas de acción y aprovecharon la oportunidad de dejarse llevar y seguirlo. Acaso habían tomado la decisión de rededicar sus vidas durante uno de sus sermones. Pero Marcos no proporciona este tipo de explicaciones y no podemos permitirnos este tipo de especulaciones psicológicas cuando predicamos sobre este Evangelio. Estos hombres no han presenciado nada de los poderes de Jesús y no tienen idea de cuál pueda ser su plan de acción. Los llamados no se toman unos días para madurar su decisión, pedir permiso a su familia, o consejo a un panel de expertos religiosos. Puede que a nosotros nos parezca una decisión increíblemente apresurada teniendo en cuenta que se trata de alguien que pasa por allí y llama abruptamente a las personas a que lo sigan. Sabemos que algo más debió de suceder (y estos detalles nos los dan Lucas y Juan). Tenían que haber oído y creído su predicación sobre la llegada del reino de Dios. Pero el texto de Marcos nos presenta un súbito llamamiento y una respuesta igual de repentina.

La única explicación de esta respuesta inmediata de los discípulos es que Marcos quiera resaltar la fuerza del llamamiento de Jesús, que, por sí solo, los impulsa a seguirlo.[27] Jesús escoge a quien quiere, y su llamada llega como "una incisiva orden militar" que produce obediencia. Su llamado es, no obstante, mucho más que una dramática apelación. Lohmeyer concluye que Jesús "ordena como lo hace Dios [...]. Convierte al pescador en algo nuevo, lo que él desea".[28] Las palabras de Salmos 33:9 ("porque él habló, y todo fue creado; dio una orden, y todo quedó firme") exaltan la poderosa y creativa Palabra de Dios y son el trasfondo que permite entender la respuesta de estos discípulos. Como Dios, Jesús habla y lo que dice se hace realidad.

Jesús dice: "¡Ven, sígueme!" y crea una obediencia que impulsa a las personas a seguirlo y a unirse a su grupo. Quienes oyen estas palabras están dispuestos a que, en el futuro, su identidad y apoyo procedan de ser sus discípulos, no de pertenecer a una determinada familia, profesión o aldea. Jesús dice: "¡Cállate! ¡Sal de ese hombre!", y los espíritus inmundos huyen despavoridos (1:25). Jesús dice: "¡Silencio! ¡Cálmate!" y el viento se detiene y se produce una gran calma (4:39). Jesús dice: "*Talita cum* (que significa: Niña, a ti te digo, ¡levántate!)" y los muertos resucitan (5:41). Jesús dice: "'¡Efatá!' (que significa: ¡Ábrete!)", y los oídos de un sordo se abren (7:34). Jesús manda: "'¡Nadie vuelva jamás a comer fruto de ti!'", y una higuera se seca de raíz (11:14, 20). Jesús clama a gran voz y el velo del templo se rasga de arriba a abajo (15:38-39).

El poder de aquel que ve a las personas mucho antes de que ellas lo vean a él y las llama como Dios llama es la única explicación por la que estos discípulos responden inmediatamente como lo hacen y es algo que a los lectores de hoy puede escapársenos. Esta sección tiene una dimensión cristológica, y este primer incidente plantea de inmediato la pregunta: ¿Quién es este que puede crear una obediencia tan repentina? Los milagros que Marcos consigna en esta sección suscitan una pregunta parecida: ¿Quién es este que puede hacer estas cosas? Cuando las interpretamos desde una óptica bíblica, revelan que Jesús, portador del reino, tiene un poder singular como Hijo de Dios y puede subyugar demonios, perdonar pecados y sanar enfermedades. Su poderoso llamamiento puede seguir transformando vidas en nuestro tiempo.

---

27. Hooker (*Mark*, 59) comenta que esta escena "transmite vívidamente el poder y autoridad que ejerce". Gundry (*Mark*, 67) observa también "cuán grande ha de ser el poder de Jesús para inducir este tipo de conducta".
28. Ernst Lohmeyer, *Das Evangelium des Markus* (MeyerK; 2 Aufl.; Göttingen: Vandenhoeck & Ruprecht, 1963), 32.

Expulsión de espíritus inmundos: Jesús el exorcista. El Nuevo Testamento asume con naturalidad la existencia de los demonios, pero no ofrece ninguna explicación de su origen ni descripciones de su aspecto. En nuestro tiempo, muchas personas no se sienten cómodas con la idea de los demonios, aunque seguimos utilizando expresiones como, "gritaba como un poseso" o, "es un verdadero demonio". El mundo de los demonios es exótico y estrambótico para la mayoría de las personas de nuestro tiempo. O bien los reducimos a la categoría de una especie de duendecillos o negamos completamente su existencia. Estamos muy influenciados por las modernas actitudes científicas y, puesto que no hay ningún radar capaz de detectar demonios en su pantalla, muchos desestiman estos casos como primitivos errores de diagnóstico que los modernos adelantos de la ciencia médica han declarado ahora obsoletos. Muchos estarían más contentos si Marcos hubiera puesto nombres médicos a las dolencias de estos sufrientes. Si nos hubiera dicho, por ejemplo, que este hombre padecía el síndrome de Tourette, algún tipo de psicosis, o que su organismo había respondido mal a algún fármaco, no nos resultaría extraño puesto que estos términos forman más parte de nuestra concepción del mundo. En el polo contrario, sin embargo, están aquellos que señalan como diabólico todo aquello que no comprenden. Ambos puntos de vista trivializan el problema de un mal que libra un mortal combate contra Dios.

Para tender puentes entre contextos hemos de comenzar entendiendo que Marcos no está haciendo un diagnóstico médico cuando identifica a una persona como demonizada o poseída por un espíritu impuro. En 1:32, Marcos establece una distinción entre los que están enfermos y aquellos que tienen demonios.[29] De los afligidos por demonios nunca se dice que sean "sanados", sino que los demonios salen de ellos. La expresión "espíritu inmundo" (la NVI traduce "espíritu maligno". N.T.), preferida de Marcos, es una frase de trasfondo religioso y representa un diagnóstico espiritual. En el Antiguo Testamento, lo que es inmundo ha "evadido el control de la santidad divina"[30] y excluye a los humanos de

---

29. A diferencia de los que están enfermos, los que están controlados por demonios tienen en Marcos una fuerza extraordinaria (5:4) y sufren de manera violenta (5:5; 9:22). Están agitados por la presencia de Jesús, normalmente expresan su alarma con alaridos (1:24; 5:7), y cuando salen de las personas a las que poseen lo hacen causándoles dolor o haciendo ruido. Véase Graham Twelftree, *Christ Triumphant: Exorcism Then and Now* (Londres: Hodder and Stoughton, 1985), 71.
30. G. B. Caird y L. D. Hurst, *New Testament Theology* (Oxford: Clarendon, 1994), 109. Pablo identifica su aguijón en la carne como algo que procede de Satanás (2Co 12:4).

la presencia de Dios. Al atribuir esta dolencia a un espíritu inmundo (o demonio), Marcos está diciéndonos que hay que imputársela a un enemigo que desea alejarnos de Dios, indisponernos contra él. Una fuerza espiritual ha tomado el control de un ser humano e intenta frustrar los propósitos de Dios torciendo y mutilando la vida humana y alienando a la persona de Dios y de los demás.

En segundo lugar, Best observa que la posesión se trata como algo maléfico, pero no pecaminoso. A la víctima de una posesión no se le ofrece perdón.[31] Los espíritus inmundos han de ser expulsados, y esto solo puede suceder con la intervención de Dios. Aquello que en otro tiempo podía invadir las personalidades humanas y eludir el control de Dios ahora no puede ya hacerlo, ha de sujetarse al poder superior de Jesús.

Esto plantea un tercer punto. Igual que el espíritu inmundo controla al hombre de la sinagoga, el Espíritu Santo ha tomado control de Jesús (1:10, 12). Quien predica el Evangelio de Dios es el Santo de Dios, y cuando el Santo y el inmundo se encuentran, no hay punto de comparación. Aquel de quien Juan dijo que liberaría el Espíritu de Dios desarma inmediatamente al espíritu inmundo. La expulsión de los espíritus inmundos nos dice que no estamos solos en la batalla contra el mal ni tenemos que ser víctimas impotentes de sus envites. El relato que hace Marcos de un exorcismo corriente muestra que está sucediendo algo extraordinario: Satanás está siendo refrenado hasta su derrota final. La venida del reino de Dios es el comienzo de la subyugación final de Satanás, y no hemos de temer a los molestos espíritus inmundos cuando Dios obra a nuestro favor. Este es un punto que debe subrayarse. En el Nuevo Testamento se consigna un impresionante descenso del temor a los demonios cuando se compara con otra literatura del mismo periodo. Este descenso surge de la confianza en que Dios ha ganado una decisiva victoria sobre Satanás en la cruz y que aquel que es más poderoso que Juan y bautiza con el Espíritu Santo protege a sus seguidores.

Twelftree sostiene que la iglesia de nuestro tiempo "haría bien en seguir el ejemplo de la Iglesia Primitiva en el sentido de no ignorar a los

---

Hay una explicación de Génesis 6:1-4; 15:9-11 en 1 Enoc 7:3-4: "Los espíritus de los gigantes afligen, oprimen, destruyen, atacan, batallan, destruyen la tierra y crean problemas".

31. Ernest Best, "Exorcism in the New Testament and Today", Biblical Theology 27 (1977): 3. Distinguimos entre lo que llamamos un desastre natural, un terremoto, el monzón, un tornado y el mal que subyace en el pecado personal.

poderes diabólicos, pero concentrar la atención en Jesús, el sanador que derrota a tales poderes". Este autor cita la advertencia de Karl Barth:

> el teólogo [...] no debe detenerse o enfrascarse demasiado [en los poderes diabólicos, puesto que][...] existe el inminente peligro de que al hacer esto nosotros mismos podamos convertirnos en un poco, o más de un poco, diabólicos.[32]

En Marcos, que Jesús expulse demonios es una señal innegable de que el reino de Dios ha llegado y el dominio de Satanás está siendo aniquilado. No se trata de milagros rutinarios; representan la inevitable sumisión de este mundo y sus poderes al reino de Dios. Theissen señala que antes de Jesús había habido obradores de milagros en el mundo antiguo y en Israel. Pero solo Jesús combinó "la expectativa apocalíptica de salvación universal en el futuro y la episódica realización de la salvación en el presente por medio de los milagros". Theissen afirma: "En ninguna parte encontramos milagros realizados por algún personaje terrenal que pretendiera ser el fin del mundo antiguo y el comienzo de uno nuevo".[33] Marcos muestra que Jesús no se limita a anunciar el futuro reino de Dios y el fin del dominio de Satanás, sino que con sus milagros lo hace real en las vidas de las personas.

Debe observarse un último punto. Marcos deja claro que el primer acto poderoso de Jesús está íntimamente relacionado con su enseñanza. Esto significa que aunque no tengamos el mismo acceso que aquellos que vieron a Jesús desplegando este gran poder en los pueblos y sinagogas de Galilea, sí podemos acceder a dicho poder por medio de su enseñanza. Esta no desapareció con su muerte. La enseñanza de Jesús sigue generando hechos portentosos.[34]

Curación de la enfermedad: Jesús como el Gran Médico. Tanto en el Antiguo Testamento como en la literatura rabínica posterior se considera a Dios como el autor, controlador y sanador de la enfermedad.[35] En general se atribuía el comienzo de una enfermedad a la retribución divina por algún pecado grave o al ataque de algún poder diabólico. Esta perspectiva de la enfermedad la encontramos también en el Nuevo Tes-

---

32. Twelftree, *Christ Triumphant*, 175, citando *CD* III/3. 519.
33. Gerd Theissen, *The Miracle Stories of the Early Christian Tradition* (Filadelfia: Fortress, 1983), 278-79.
34. Achtemeier, "Mark", 5:555.
35. David E. Garland, "'I Am the Lord Your Healer': Mark 1:21-2:12", *RevExp* 85 (1985): 327-43.

tamento. Pablo dice a los corintios que algunos de ellos están enfermos y han muerto por su pecaminoso abuso de la Cena del Señor (1Co 11:30; véase Hch 5:1-11; 12:20-23; 2Co 12:7). Santiago aconseja: "Por eso, confiésense unos a otros sus pecados, y oren unos por otros, para que sean sanados" (Stg 5:16), porque entendía que la enfermedad y el pecado estaban relacionados. En el tiempo de Jesús, la lepra era considerada como el clásico castigo por el pecado.[36] Esta enfermedad era el indicio de que quien la padecía era culpable de haber cometido pecados ocultos que los demás desconocían. Este sufrimiento indicaba que, aunque el pecado pudiera encubrirse de los demás, no podía esconderse de Dios, y ello servía también de advertencia sobre el destino final del pecador.

Casi todo el mundo habría clasificado al leproso como un pecador que debía apelar a la misericordia para ser sanado. Si queremos entender el pleno significado de este milagro en un contexto del siglo primero, hemos de tener presente la extensa creencia dentro del judaísmo en el sentido de que solo Dios podía sanar la lepra. Recordemos la desesperada respuesta del rey de Israel a la petición de que sanara de su lepra al general sirio Naamán: "¿Y acaso soy Dios, capaz de dar vida o muerte, para que ese tipo me pida sanar a un leproso?" (2R 5:7).

El leproso de Marcos 1 es atrevido, porque todos creían que su enfermedad se debía a algún pecado. Este es aún más atrevido al creer que Jesús tenía el poder de limpiarlo de la enfermedad. La petición de este hombre: "Si quieres" (*no* "si puedes"), asume que Jesús es como Dios, que puede hacer lo que desee (Sab. Sal. 12:18). Jesús podría haber respondido de muchas maneras a esta petición. Podría haber dicho como el rey de Israel: "¿Soy acaso Dios, para perdonarte tu pecado y curarte de tu lepra?". O podría haber intercedido a su favor como cuando Moisés pidió al Señor que Miriam fuera sanada de su lepra (Nm 12:13). O, podría haberle dicho que se lavara siete veces en el Jordán, con la esperanza de que Dios le perdonara su pecado y lo sanara de su lepra. Sin embargo, Jesús extiende la mano como Dios,[37] lo toca, le dice, "sí quiero" y ordena: "¡Queda limpio!". Los lectores modernos pueden pasar por

---

36. Véase Lv 14:34; 26:21; Nm 12:1-15; Dt 24:8-9; 28:27; 2R 5:20-27; 15:5; 2Cr 26:20; en un fragmento de CD 4Q270, a los leprosos se les enumera en una categoría de transgresores; véase también, la tradición posterior en *b. 'Arak.* 15b-16a; *Lv. Rab.* 17:3. En Tárgum Onkelos se interpreta que las ropas harapientas prescritas para los leprosos en Levítico 13:45 son una señal de luto, supuestamente por su vida impía por la que ahora sufría el castigo.
37. Dios obraba extendiendo su mano (Éx 4:4; 7:19; 8:1; 9:22; 14:16, 21, 26).

alto el impacto cristológico de esta sanación que conduce al siguiente incidente (2:1-12), acaecido en una abarrotada casa de Capernaúm y que subraya la autoridad de Jesús para perdonar pecados. Jesús puede sanar a este hombre de la lepra, entendida como un castigo de Dios por el pecado, porque tiene autorización para perdonar pecados.

La preocupación de Jesús por evitar la publicidad ha de hacernos pensar. A diferencia de los políticos modernos y las estrellas del pop cuya supervivencia depende de permanecer en la palestra pública, Jesús no se afana por darse a conocer. En nuestros días, puede que los milagros nos den los titulares de unas semanas, pero después el interés posiblemente decaerá puesto que las gentes quieren siempre algo nuevo y más sensacional. La misión de Jesús no es ofrecer sensacionales noticias y nuevas emociones para el informativo de la noche. No persigue ninguna gloria personal que desvíe la de Dios (véase 2:12; 5:19; 10:18). Quiere evitar la adoración de una multitud sin entendimiento ni compromiso personal. Los milagros tienen un "valor informativo" y son una buena noticia para quienes los reciben. Pero no son todo *el* evangelio que también comporta sufrimiento y muerte.[38] En esta etapa, las multitudes solo se asombran. Son como los que presenciaron la explosión de la primera bomba atómica. El gran estallido del poder divino los llena de sobrecogimiento, pero no se dan cuenta de que va a cambiar completamente el mundo, en este caso, para bien. A diferencia de la lluvia radiactiva, esta trae vida, no muerte.

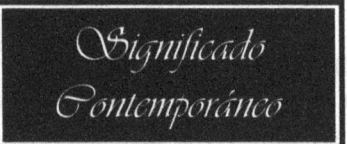

Discipulado. El reino de Dios es algo que no se construye por el valiente esfuerzo humano, sino solo por la acción creadora de Dios. Pero esto no significa que tengamos que sentarnos pasivamente a esperar que Dios actúe, porque ya lo ha hecho. El reino de Dios que invade la historia en el ministerio de Jesús requiere la sumisión en el discipulado a él y demanda todo el corazón, alma, mente y fuerzas (12:33): todo el ser. El llamamiento de los primeros discípulos muestra que no debemos tan solo arrepentirnos y creer en el evangelio (1:15), sino también estar dispuestos a abandonar y seguir.

---

38. Véase Anderson, *Mark*, 204.

A diferencia de Juan el Bautista, Jesús no espera que las personas acudan a él en un lugar determinado. Es él quien toma la iniciativa buscando seguidores con la orden: "¡Vengan, síganme!". No se limita a colgar un aviso con una leyenda del estilo: "Mesías busca hombres y mujeres buenos. Interesados anotar nombre y número de teléfono" (como hacemos a veces en la iglesia para reclutar voluntarios) ni nos deja saber un horario de oficina en que estará disponible para hablar del reino de Dios con quien sienta curiosidad. Tampoco es como el pupilo que se decide por un rabino determinado para aprender la ley con él[39] y absorber su sabiduría religiosa. Es Jesús quien selecciona a sus discípulos, no viceversa (1:16-20; 2:14; 3:13-14, "Llamó a los que quiso"). Puede concluirse de esto que llegar a ser discípulo de Jesús es más un don que un logro.[40] Jesús describe aquello que los llama a hacer con la metáfora de pescar hombres. Ellos han sido atrapados en las redes de la gracia de Dios y esta transformará sus vidas.

Un segundo elemento digno de mención en el llamamiento de los discípulos es que los seleccionados no tienen al parecer ninguna preparación especial. Jesús no escoge a los más destacados socialmente, a quienes tienen una mejor formación; ni siquiera a los más devotos desde un punto de vista religioso. No les busca en un contexto peculiarmente religioso como la sinagoga, sino que simplemente va andando (1:16; véase también, 2:13; 3:7; 4:1) y los encuentra en plena vida cotidiana, desarrollando sus rutinas diarias.[41] Su orden, no obstante, sacude este cómodo mundo diario.

El llamamiento y la respuesta instantánea de estos pescadores revelan algo de lo que supone para Jesús el discipulado y pondrá patas arriba el cómodo mundo de nuestros "discipulados" de clase media. Ser discípulo no es meramente sentarse en los bancos para la adoración, rellenar tarjetas de compromisos, asistir ocasionalmente a un estudio bíblico y ofrecerse de vez en cuando para ayudar en la obra de la iglesia. No son simples fisgones y espectadores. Cuando alguien se entusiasma con Jesús, toda su vida, con sus propósitos, es transformada.

(1) Ser un discípulo significa aceptar las demandas de Jesús de manera incondicional. Él requiere una obediencia y un sacrificio absolutos. En Marcos, el discipulado no es una labor de voluntariado a tiempo par-

---

39. Véase *m. 'Abot* 1:6, que nos aconseja escoger un maestro.
40. Marshall, *Faith As a Theme*, 136.
41. Schweizer, *Mark*, 48.

cial según nuestros propios términos y conveniencia. Uno ha de estar dispuesto a dejarlo todo para seguirle. Simón y Andrés abandonan sus redes; Jacobo y Juan dejan a su padre y renuncian a su barca (no solo a sus redes). El suyo fue un sacrificio que, al parecer, Pedro creía tener que recordarle de vez en cuando al Señor: "¿Qué de nosotros, que lo hemos dejado todo y te hemos seguido?" (10:28). Hubieron de dejar las seguridades, incluso sus medios de vida, fueran exiguos o abundantes, por algo nuevo e impredecible. El llamamiento al discipulado llega como una demanda poco razonable y escandalosa. Parece demasiado arriesgado, y para aquellos que responden, demasiado temerario. A estos primeros discípulos no se les concede tiempo ni siquiera para liquidar o delegar en otros el cuidado de lo que poseyeran. Pocos contraerían el radical compromiso de estos primeros discípulos, y la mayoría esperarían que Jesús les ofreciera una forma menos rigurosa de discipulado auxiliar, que prometiera las mismas recompensas y les permitiera seguir en su búsqueda de dinero y éxito.

Mis abuelos maternos sintieron un llamamiento para servir al Señor en la India a comienzos del siglo XX. Mi abuelo no cumplía los requisitos para recibir apoyo financiero de la Sociedad Misionera Metodista pero decidió que, a pesar de ello, viajaría por fe como misionero independiente. Fueron reclutados por un hombre que afirmó que si recaudaban una cierta suma de dinero, podrían administrar un maravilloso internado mientras aprendían el idioma. Con la ayuda de sus amigos reunieron suficiente dinero para comprar el pasaje a la India y para su sostenimiento durante un año; pero cuando llegaron a su destino descubrieron que el internado no existía y que aquel hombre se había fugado con todo el dinero. Estaban en apuros en la India, sin dinero, sin un lugar donde vivir y sin trabajo. Pidieron limosna para viajar en tren a Calcuta, donde otros misioneros los atendieron. Por alguna razón, no se desesperaron y comenzaron una obra independiente en la ciudad de Bihar que creció tanto que el Consejo de la Misión Metodista les pidió que trabajaran bajo sus auspicios. ¡Y lo hicieron durante treinta y seis años! Hicieron formidables sacrificios —tres de sus seis hijos murieron de enfermedad— pero también cosecharon enormes recompensas espirituales. Puede que otros expliquen de manera distinta las razones de estos sacrificios, pero ellos los atribuyeron al poder del llamamiento de Jesús para salir y servir en el campo misionero.

El problema de intentar compatibilizar la amistad con el mundo y el servicio a Dios es que uno se convierte en una personalidad dividida, buscando sus normas y certezas en Dios y en el mundo al mismo tiempo. En la imaginería de la Biblia, uno acaba con dos corazones (dos voluntades) e intenta en vano andar por dos caminos distintos. Cuando uno intenta compaginar las lealtades a Dios y a Mammón no puede ser fiel a su compromiso con Dios. Mammón desplaza a Dios. La ventaja de dejar todas las fuentes de seguridad humanas es que los discípulos dependen ahora completamente de Jesús. Las personas dan un gran paso de fe al poner completamente su vida en manos de Dios. Es la clase de riesgo que el joven rico se negó a asumir, y esto lo descalificó para el discipulado y la vida eterna que tanto ambicionaba (10:17-22). La mayoría de los humanos se pasan la vida llenos de ansiedad por labrarse un destino terrenal; sin embargo, los discípulos ponen su mirada más allá de este mundo, en su destino eterno, que están convencidos es mejor dejar en manos de Dios.

Lo que nos aleja de este compromiso total es una fatal ilusión de que nuestras verdaderas necesidades son físicas, algo que se convierte en una egocéntrica preocupación por la seguridad material. Pero Jesús no solo es capaz de liberar a las personas de la servidumbre de los espíritus inmundos y la enfermedad, sino también de la esclavitud a los intereses materiales (como el deseo de preservar a toda costa nuestro nivel de vida). Nos hace ver que la vida es algo más que ganar dinero. El centro de ella ha de girar alrededor de Dios. La autoridad de su llamamiento disipa nuestra indecisión y despierta una total confianza en Dios. Los discípulos son aquellos que actúan con una cierta temeridad. Como el hombre que encuentra un tesoro escondido en un campo y el mercader de perlas que descubre una de enorme valor, los discípulos se topan con la oportunidad de su vida. Son afortunados de encontrarse con esta oportunidad, pero sacarle partido requiere resolución. No puede poseerse el tesoro o la perla sin asumir un compromiso. El precio es alto: ha de venderse todo para adquirirlo. No se consigue algo a cambio de nada; conseguimos algo a cambio de todo. Sin embargo, lo que en otro tiempo tenía un valor supremo palidece ahora junto al supremo valor del reino.

(2) Jesús se dirige a algún lugar y les pide a sus discípulos que lo acompañen (1:18; 2:14; 10:21). No les pide que asistan a interminables seminarios de formación para el discipulado con animadas exposiciones sobre los pormenores teológicos de la ley. En Marcos, el discipulado no

consiste en dominar ciertas ideas teóricas; tiene que ver con participar en la misión, una misión común con Jesús (6:7, 30). En este Evangelio, los discípulos aprenden en su camino con Jesús lo que implica el discipulado. Es en el camino donde ven el poder de sus milagros y aprenden sobre el sufrimiento (8:27; 9:33-34; 10:32). Van a ser pescadores de personas con una misión que desarrollar (6:7-13). Como en sus antiguas labores de pesca, no podían esperar mucho éxito poniendo un letrero en el lago anunciando: "¡Se buscan peces! ¡Interesados, entrar en la red!"; tampoco en esta faceta de pescar personas. No pueden recluirse en la seguridad del puerto, han de emprender un viaje navegando por aguas profundas y turbulentas, y echar las redes en zonas extensas.

Estas observaciones no significan que el estudio, la oración y la formación no sean importantes. Los discípulos reciben más de una represión por su falta de entendimiento, y los oponentes de Jesús por no conocer la Escritura (12:24). En nuestros días, el problema de los cristianos es doble. Algunos se sienten tentados a encerrarse en el estudio sin aplicar nunca a la vida el conocimiento teológico y bíblico que adquieren. En un estudio que se llevó a cabo en el Seminario de Princeton se reunió a un grupo de estudiantes y se les leyó la parábola del Buen Samaritano. A continuación se les pidió que fueran, de uno en uno, a otro edificio para dar una breve charla sobre la parábola. Se les instó a ser puntuales y a no hacer esperar a sus audiencias. En un lugar del trayecto que tenían que recorrer pusieron a un hombre vestido de andrajos desplomado junto al camino. Solo un cuarenta por ciento de los estudiantes respondieron de algún modo a esta situación.[42]

Por otra parte, algunos cristianos se apresuran a la acción sin llevar a cabo ninguna reflexión bíblica o teológica. En 1:35-37, los discípulos parecen más interesados en la acción que en la oración. En este pasaje se muestra a Jesús orando *antes* de entrar en acción. Es probable que los atareados ministros se identifiquen fácilmente con Jesús en este asunto. Las demandas del ministerio y los miembros de la iglesia interrumpen frecuentemente el estudio y la oración, y los pastores son tentados a pasar a la acción antes de preparar sus corazones y mente ante Dios. Lo peor que puede suceder es que las cosas funcionen bien durante un tiempo, porque, en tal caso, pueden llegar a la errónea conclusión de que la oración y el estudio son cuestiones suplementarias y prescindi-

---

42. Walter Wink, "The Parable of the Compassionate Samaritan: A Communal Exegesis Approach", *RevExp* 76 (1979): 203.

bles en el ministerio. Esto mismo puede decirse de los atareados padres intentando desesperadamente mantener un frenético programa familiar.

(3) Un último punto sobre el significado del discipulado: más adelante la propia narración pondrá claramente de relieve que los discípulos no son llamados a un programa de desarrollo personal, sino a servir. Jesús les pedirá que se nieguen a sí mismos, que sufran situaciones difíciles y que tomen su cruz.

La autoridad de Jesús y la nuestra. En la primera escena donde Jesús demuestra su poder milagroso, los presentes quedan asombrados por la autoridad de su enseñanza. La autoridad de Jesús es un tema clave de Marcos: no solo tiene autoridad como maestro (1:21-22), tiene también autoridad sobre el sábado (2:27-28), sobre el perdón de pecados (2:5-12), los espíritus inmundos (3:19-27), la naturaleza (4:35-41; 6:45-52), la ley (7:1-13, 14-20), el templo (11:12-33; 12:1-12), y sobre el misterio del reino de Dios, que él otorga a otros (4:10-11). Las escenas siguientes —la sanación de la suegra de Pedro, del leproso y del paralítico— dejan claro que Jesús no es una inaccesible figura de autoridad, sino un compasivo sanador.

En nuestro tiempo muchos líderes cristianos desean que pueda decirse de ellos lo mismo que se decía de Jesús, a saber, tal o cual persona habla con autoridad. Aspiran a tener una dócil multitud de dedicados seguidores que se sometan a todas sus palabras. La historia reciente nos recuerda que algunos líderes religiosos pueden hacer una reivindicación de autoridad y embaucar a personas crédulas, angustiadas y discriminadas. Es fácil para casi todos reconocer a los chiflados que, por desgracia, consiguen lavar el cerebro de sus seguidores con sus autoritarios discursos, armarlos hasta los dientes y lanzarlos a una vida de promiscuidad sexual. ¿Pero, qué podemos decir de aquellos que pretenden hablar con autoridad dentro de las iglesias y denominaciones más tradicionales? Tales personas suelen decir cosas como: "Esta es mi unánime decisión. Sé que es la voluntad de Dios. ¿Alguien lo pone en duda?".

Para evaluar a los líderes religiosos, hemos de juzgarlos según el modelo de Jesús. ¿Comparten su misma aversión a la publicidad y a los aplausos? ¿Quieren que se les reconozca todo lo que hacen? ¿Están principalmente interesados en ejercer el poder, construir imperios para sí mismos y suplir sus propias necesidades? ¿Hablan verdaderamente en el nombre del Señor y por motivos sinceros? ¿Son personas accesibles a los necesitados, no solo para los ricos e influyentes, sino también para los marginados de la sociedad?

La sanación y nuestro ministerio. Los humanos son seres psicosomáticos y la sanación implica la mente, el cuerpo, las emociones y el espíritu. Estos primeros milagros ponen de relieve que Jesús encarna la misericordia de Dios y que su propósito es quitar las enfermedades, achaques y pecados de las personas. Suplicante, el leproso le dice: "Si quieres, puedes limpiarme" (1:40). Que Jesús extendiera su mano y tocara a aquel hombre, marcado como intocable por la religión y la sociedad, disipa cualquier duda sobre su voluntad de sanarle. El leproso no tiene que convencerlo ni siquiera de que es digno del esfuerzo. Este hombre con su terrible enfermedad no horroriza a Jesús. Su "poder para limpiar es, pues, demostrablemente mayor que el de lepra para contaminar".[43]

Pero tocar a las personas, tener un contacto físico con ellas, nos hace vulnerables. En el tiempo de Jesús, la preocupación era la impureza; en nuestros días se trata del contagio. Pocos estarán dispuestos a hacer el sacrificio del Padre Damián, que, en 1870, fue a servir a los leprosos desterrados en la isla de Molokai. Vivió con los cuerpos purulentos, el hedor, las ratas y las moscas, y sin agua corriente para llevar a cabo lo que para él era su deber sacerdotal: hacerles saber que Dios no les había abandonado. Él mismo acabó muriendo leproso tras contraer la enfermedad de aquellos a quienes servía.

Los milagros de esta sección ponen también de relieve que Jesús no es alguien distante, inaccesible o despegado. En nuestra cultura, las personas no tienen contacto físico, y muchos viven aislados de los demás. Nos cerramos el paso unos a otros con nuestras vallas de privacidad y nos retiramos al sanctasanctórum de nuestra intimidad hogareña. La iglesia corre a veces el peligro de hacer lo mismo, encerrándose en sus centros familiares de recreo solo para miembros, que se convierten en una especie de coraza protectora contra el contacto con las crueles realidades de un mundo enfermo y atormentado por el pecado. Queremos poner distancia de por medio para que no nos infecten. Pero quienes llevan el nombre de Cristo han de ministrar en el nombre de su Señor a los intocables de nuestra sociedad.

---

43. Hooker, *Mark*, 79.

La iglesia debe ministrar sin juzgar a aquellos que sirve. La actitud de los tiempos bíblicos hacia la lepra no es muy distinta de la nuestra hacia ciertas enfermedades. Algunas personas padecen enfermedades que, según suponemos, han contraído por la práctica de ciertos pecados. Muchos los declaran culpables de haber cometido pecados peores que los suyos y consideran su enfermedad como una maldición que los desconecta de la comunidad y de la gracia de Dios. ¿De qué sirve declarar hipócritamente que estas personas, ya desesperadas, están recibiendo en su cuerpo la justa sentencia de su pecado (Ro 1:27) estigmatizándolas y excluyéndolas? Tal actitud solo puede llevar a las personas a un mayor grado de desesperación.

Evidentemente, nuestra conducta tiene consecuencias para nuestra salud. No podemos desafiar las leyes de la ciencia y de la salud ni las de Dios sin que ello tenga repercusiones. Abusar de las bebidas alcohólicas puede producir cirrosis hepática, y fumar, enfisema pulmonar. Las mismas personas que difícilmente verán en estas enfermedades ningún juicio divino por el pecado, se apresurarán, no obstante, a declarar que quienes contraen el virus del SIDA por su promiscuidad sexual están sufriendo el castigo de Dios. Hay más de un relato de personas con SIDA que, independientemente de cómo hayan contraído la enfermedad, se han visto apartadas repetidamente de las iglesias donde han buscado apoyo.[44] No queremos que quienes tienen espíritus inmundos perturben nuestra adoración, o que el leproso con su pecado oculto y enfermedad pública contamine nuestra comunidad. Pero incluso cuando sí ministramos a los que sufren, una actitud petulante puede erosionar nuestra compasión. Un médico que trataba a pacientes de SIDA confesó que cuando comenzaba su tratamiento de un paciente, tenía la actitud de que esta enfermedad era distinta de las demás; como el fariseo de la parábola de Jesús (Lc 18:9-14), daba gracias a Dios por no ser como él. Éste escribe:

> No tenía en cuenta que aquel hombre estigmatizado se había arrepentido y había sido perdonado, mientras que yo

---

44. Jimmy Allen, pastor y antiguo presidente de la convención de su denominación, cuenta que cuatro miembros de su familia contrajeron el SIDA en trágicas circunstancias (*Burden of a Secret: A Story of Truth and Mercy* [Nashville: Moorings, 1995]). Su nuera fue contagiada por una transfusión, y ella se lo pasó a dos de sus hijos. Cuando su hijo, que también era pastor, buscó el apoyo de su iglesia se le pidió que dimitiera del cargo. La familia se encontró con una actitud similar en otras iglesias a las que posteriormente intentaron asistir.

seguía todavía en mis pecados. En mi corazón aprobaba su padecimiento e inevitable muerte.[45]

Si Jesús es el modelo para el ministerio de la iglesia, vemos que él nunca condena al afligido. Nunca les dice a las personas que sean pecadoras o que estén poseídas por espíritus inmundos. Vemos más bien a alguien confiado en el poder de Dios, que toca al impuro y restaura al segregado de la comunidad y al enfermo a un significativo papel de servicio. El toque físico es una señal de aceptación. Jesús no trata a las personas como a parias o algún tipo de agentes contaminantes. Puede sanar cualquier fiebre, especialmente la del alma: las abrasiones interiores de la indignación, el resentimiento, la envidia y la vida desasosegada.

¿Qué hay de la sanación en nuestro tiempo? Muchos no creen que las curaciones milagrosas sean hoy posibles. Morton T. Kelsey ha esbozado las raíces históricas de la presente actitud negativa de la iglesia hacia la sanación.[46] En primer lugar están los que creen que solo la ciencia médica puede llevar a cabo una sanación significativa. Se asume que la medicina es para el cuerpo, mientras que la religión es para el alma. Mezclar estos dos elementos solo produce superstición y engaño.

Existe una actitud que predomina entre las demás y es que Dios controla toda enfermedad y la envía como castigo por el pecado. Según este punto de vista, las personas enfermas deben aprender de su desgracia. El ministro no tiene ningún papel como sanador y solo puede exhortar a la confesión o ayudar al individuo a crecer en la fe a través del sufrimiento.

Un tercer punto de vista tiene en alta estima el valor histórico del Nuevo Testamento, pero cree que las curaciones milagrosas no se producen ya en nuestro tiempo. Los dos reformadores más influyentes, Lutero y Calvino, adoptaron un acercamiento cesacionista a los milagros y su influencia persiste en nuestro tiempo. Deere afirma que los reformadores plantearon argumentos cesacionistas, porque sus enemigos católicos señalaban los milagros como prueba de que Dios aprobaba sus doctrinas y sus prácticas, mientras que estos no podían apelar a ellos. No consideraban que la escasez de milagros en su experiencia fuera atribuible a algún error teológico o deficiencia espiritual; por consiguiente, concluyeron que el don de sanidad, evidente en el Nuevo Testamento tuvo

---

45. David L. Schiedemayer, "Choices in Plague Time", *Christianity Today* 31 (7 agosto 1987): 22.
46. Morton T. Kelsey, *Psychology, Medicine & Christian Healing: A Revised and Expanded Edition of Healing & Christianity* (San Francisco: Harper & Row, 1988).

solo un propósito temporal.⁴⁷ Hoy, muchos creen que Dios concedió a la Iglesia Primitiva una especial capacidad para demostrar su poder a quienes se mofaban, ayudar al establecimiento de la iglesia y autenticar a los apóstoles. No cabe duda de que una buena parte de los Evangelios y el libro de los Hechos describen una serie de milagros realizados por Jesús y sus apóstoles. En nuestro tiempo, los milagros no solo son menos sobresalientes, sino que en muchas iglesias casi han desaparecido. En los seminarios hay pocos planes de estudios (o ninguno) que traten este tema. La explicación cesacionista de esta escasez de milagros es que Dios ha retirado este don.⁴⁸

Existe una cuarta perspectiva que rechaza del todo la cosmovisión bíblica y que asume que los seres sobrenaturales pueden intervenir en el orden del mundo natural como algo completamente ajeno a una sociedad moderna y cultivada, que ha llegado ahora a su "mayoría de edad". Considera imposibles los milagros de sanación puesto que violan las leyes de la naturaleza y descarta, por tanto, los relatos milagrosos del Nuevo Testamento tachándolos de leyendas que pretenden magnificar la persona de Jesús. Kelsey resume la influencia de estos cuatro puntos de vista:

> No hay duda de que la mayor parte del pensamiento cristiano, tanto católico como protestante, ha sido barrido de cualquier idea de sanación cristiana. Por una parte, los éxitos de la medicina la han hecho innecesaria, y, por otra, la moderna teología ha hecho insostenible cualquier creencia en ella. En primer lugar, la iglesia había aceptado la necesidad de tratar con el mundo natural en sus propios términos naturales y materiales. Por otra parte, se ha aceptado la enfermedad como algo puesto por Dios y que forma parte del mundo. El dispensacionalismo [cita textual] ha encontrado el modo de dividir este mundo para que la sanidad, otrora considerada como uno de los mayores dones divinos, ya no parezca necesaria ni siquiera saludable. Por último, la mayor parte de la teología moderna ha expuesto con abun-

---

47. Jack Deere, *Surprised by the Power of the Spirit* (Grand Rapids: Zondervan, 1993), 99-100.
48. Para aquellos que deseen considerar un debate concienzudo e interactivo acerca de este asunto, véase *Are Miraculous Gifts for Today? Four Views*, ed. Wayne A. Grudem (Grand Rapids: Zondervan, 1996). Este libro considera cuatro perspectivas distintas sobre este tema, defendidas por cristianos de nuestro tiempo, cada una de las cuales ha sido escrita por un convencido defensor de su postura.

dantes razonamientos sus razones por las que nunca hubo dones de sanidad.[49]

El problema del acercamiento cesacionista es que puede interpretarse de un modo negativo como una forma de táctica engañosa por parte de Dios. La iglesia se inició mediante el poder de los milagros, pero, más adelante, fueron retirados. Si uno cree que Dios desea nuestra plenitud física y espiritual, que su poder sigue estando a nuestra disposición y que puede intervenir directamente en nuestras vidas, debe entonces aceptar la vigencia actual de la sanación cristiana. Los cristianos y las iglesias pueden ser instrumentos de este poder y amor. Que muchas personas de nuestro tiempo no hayan experimentado milagros como los del Nuevo Testamento no significa necesariamente que no sean ya posibles. Los seres humanos no entendemos el enorme mundo de los microorganismos, por no hablar del modo en que Dios obra en nuestro mundo. Es mejor, pues, no imponerle límites con respecto a la sanación.

Por otra parte, se nos pide que discernamos los espíritus y nos guardemos del chamanismo y del curanderismo religioso. Deberíamos sospechar automáticamente de cualquier promesa de sanación instantánea de alguien que se autoproclama obrador de milagros y que además pide dinero.[50] También deberíamos desconfiar de cualquiera que realice milagros en una atmósfera de espectáculo, exalte su poder para sanar a cualquiera, en cualquier lugar y momento, o reivindique cosas escandalosas. Asimismo, deberíamos rechazar a cualquiera que atribuya la falta de sanidad a la ausencia de fe en el enfermo. Deberíamos recelar de quienes pretenden que ignoremos por completo los tratamientos médicos o los remedios de larga duración (véase 1Ti 5:23). Y deberíamos ser igualmente prudentes al manejar estas cuestiones, ya que las iglesias pueden dividirse por desacuerdos sobre el ejercicio del don de sanidad. La mayoría no posee este don y, por tanto, deberíamos tomarnos la oración intercesora más en serio de lo que quizá lo hacemos.

---

49. Kelsey, *Psychology, Medicine & Christian Healing*, 24.
50. Véase Ted Schwarz, *Faith or Fraud? Healing in the Name of God* (Grand Rapids: Zondervan, 1993).

Marcos 2:1-12

Unos días después, cuando Jesús entró de nuevo en Capernaúm, corrió la voz de que estaba en casa. ² Se aglomeraron tantos que ya no quedaba sitio ni siquiera frente a la puerta mientras él les predicaba la palabra. ³ Entonces llegaron cuatro hombres que le llevaban un paralítico. ⁴ Como no podían acercarlo a Jesús por causa de la multitud, quitaron parte del techo encima de donde estaba Jesús y, luego de hacer una abertura, bajaron la camilla en la que estaba acostado el paralítico. ⁵ Al ver Jesús la fe de ellos, le dijo al paralítico:

—Hijo, tus pecados quedan perdonados.

⁶ Estaban sentados allí algunos maestros de la ley, que pensaban: ⁷ «¿Por qué habla éste así? ¡Está blasfemando! ¿Quién puede perdonar pecados sino sólo Dios?».

⁸ En ese mismo instante supo Jesús en su espíritu que esto era lo que estaban pensando.

—¿Por qué razonan así? —les dijo—. ⁹ ¿Qué es más fácil, decirle al paralítico: "Tus pecados son perdonados", o decirle: "Levántate, toma tu camilla y anda"? ¹⁰ Pues para que sepan que el Hijo del hombre tiene autoridad en la tierra para perdonar pecados —se dirigió entonces al paralítico—: ¹¹ A ti te digo, levántate, toma tu camilla y vete a tu casa.

¹² Él se levantó, tomó su camilla enseguida y salió caminando a la vista de todos. Ellos se quedaron asombrados y comenzaron a alabar a Dios.

—Jamás habíamos visto cosa igual —decían.

Con la escena siguiente encontramos a Jesús en "casa" en Capernaúm (2:1). No queda claro a qué casa se refiere, pero, en cualquier caso, ahora que el leproso ha desoído el mandamiento de Jesús y ha divulgado por todas partes su sanación, a Jesús se le hace imposible apartarse del acoso de las multitudes. Esta escena recuerda el exorcismo de un espíritu inmundo en la sinagoga (1:21-28), que también se produjo en Capernaúm (1:21; 2:2). En ambos pasajes, Jesús sufre una interrupción mientras enseña (1:21; 2:2). Un grupo cuestiona lo que Jesús dice o hace entre ellos (1:27; 2:6), destacando especialmente el asunto de la autoridad. Los maestros de la ley aparecen en ambas escenas. La multitud aplaude a Jesús como a alguien que, a diferencia de sus maestros judíos, enseña con autoridad (1:22), y en 2:10 responde a las preguntas de estos maestros anunciando que el Hijo del Hombre tiene autoridad para perdonar pecados. Ambos pasajes concluyen con una asombrada respuesta de la multitud (1:22, 27; 2:12). En el primero reconocen la novedad y autoridad de su enseñanza: "Les da órdenes incluso a los espíritus malignos, y le obedecen". En 2:12 el asombro lleva a la multitud a glorificar a Dios, porque nunca han visto nada igual. Los paralelismos le recuerdan al lector que ha irrumpido desde el cielo una nueva realidad energizada por el Espíritu y que Jesús actúa con la autoridad de Dios.

Sanación y perdón

El impenetrable bosque de personas que rodea la casa desde la que Jesús está hablando representa un obstáculo infranqueable para los amigos de un paralítico que quieren llevarlo a Jesús para que también pueda ser sanado. No se desalientan por la barrera humana que se levanta ante ellos, y, con mucho ingenio, abren una abertura en el tejado y descuelgan por ella a su amigo, dejándolo en medio de la multitud.

Este apasionante detalle en tecnicolor, tan característico de los relatos de milagros de Marcos, puede sobresaltar a quienes se preocupan por los daños a la propiedad. Cabe pensar que el propietario de la casa pudiera sentirse tan horrorizado por la destructiva invasión de su propiedad por parte de estos hombres como se sentirían más adelante los maestros de la ley por la invasión de las prerrogativas de Dios por parte de Jesús. Los hallazgos arqueológicos en Capernaúm muestran, no obstante, que las casas se construían con bloques de basalto sin mortero y no podían sostener más que una liviana techumbre de paja. La disposición del tejado era inclinada y su estructura de vigas transversales de madera con un revestimiento de cañas y ramas entretejidas y cubiertas de barro seco. Cada otoño, antes del comienzo de las lluvias invernales los tejados tenían que reacondicionarse. Abrir una abertura en el tejado no era una operación difícil ni trabajosa, como tampoco lo sería su posterior reparación.[1]

Pero la multitud es solo uno de los obstáculos a superar para que el paralítico sea sanado. A medida que se desarrolla la narración, el lector descubre otros dos impedimentos: el suspicaz escepticismo de los

---

1. G. H. Dalman, *Sacred Sites and Ways* (Nueva York: Macmillan, 1935), 69.

maestros de la ley y la potencial indecisión del propio paralítico para seguir el mandamiento de Jesús.

Abrir una abertura en el tejado para descolgar a su amigo y ponerlo delante de Jesús es una silenciosa pero dramática petición de sanación y Jesús entiende que solo una fe tenaz podía haber llevado a aquellos hombres a superar tantos problemas.[2] La misericordiosa concesión de su petición se produce cuando Jesús anuncia al paralítico, "Hijo, tus pecados quedan perdonados". Marcos no consigna la reacción del propio paralítico o de sus amigos ante estas palabras, sino solo los silenciosos recelos de los maestros de la ley, cuya actitud (están "sentados") contrasta con la activa demostración de fe de aquellos que ven la escena desde el tejado. La pregunta que hay en su corazón es: "¿Por qué habla éste así? ¡Está blasfemando! ¿Quién puede perdonar pecados sino sólo Dios?" (2:6-7). Se plantean: "¿Qué posible autoridad redentora puede tener este hombre?".

Anteriormente, las multitudes han contrastado la autoridad de Jesús con la de estos maestros (1:22), pero esta es la primera vez que aparecen en el relato.[3] Como expertos en la ley y custodios de la sagrada tradición, entienden que su tarea consiste en establecer directrices y límites bien definidos. Deciden lo que es o no aceptable para Dios en todas las esferas de la vida para que las personas puedan vivir de acuerdo con la voluntad de Dios. Aunque en este relato aparecen como despectivos observadores, son, sin embargo, autoridades que hacen observaciones acertadas: solo Dios puede perdonar pecados.[4] Arrogarse la facultad de perdonar pecados representa una arrogante afrenta a la majestad de Dios, que sería correcto calificar de blasfemia.

Los sacerdotes podían declarar el perdón de pecados en virtud del arrepentimiento, restitución y sacrificio (Lv 4; 5; 16; 17:11); pero Jesús

---

2. Jesús ve fe en acción. Los amigos debían creer que tenía poder para sanarlo, si podían llevarlo hasta él. En Marcos, la fe es más que simple creencia; se expresa en acciones. No la frustran la obstrucción de la multitud (véase también 10:46-52), las prohibiciones rituales (1:40-45; 5:25-34), o el rechazo social (7:24-30).
3. P. von der Osten-Saken, "Streitgespräch und Parabel als Formen markinischer Christologie", en *Jesus Christus in Historie und Geschichte*, ed. G. Strecker (Tubinga: J. C. B. Mohr [Paul Siebeck], 1975), 376-81. Los escribas solo aparecen como oponentes en 1:22; 2:6; 3:22; 9:11, 14; 12:28, 38. Aparecen con los fariseos en 2:16 y 7:15, y con los ancianos y principales sacerdotes en 8:31; 11:27; 14:43, 53; 15:1.
4. Véase Éx 34:7; 2S 12:13; Sal 32:1-5; 51:1-4; 103:2-3; 130:4; Is 6:7; 43:25; 44:22; Dn 9:9; Zac 3:4.

parece estar reivindicando la facultad de condonar pecados como si fuera Dios. Para quienes han sido ejercitados en la teología solo hay dos inferencias posibles. La primera es que la presencia del reino de Dios, del que Jesús ha estado hablando (2:2; cf. 1:14-15), va a dar entrada al perdón de pecados. Es el cumplimiento de Isaías 33:22, 24: "Porque el Señor es nuestro guía; el Señor es nuestro gobernante. El Señor es nuestro rey: ¡Él nos salvará! [...]. Ningún habitante dirá: «Estoy enfermo»; y se perdonará la iniquidad del pueblo que allí habita". (Véase también Jer 31:34; Mi 7:18). La segunda inferencia es que lo que Jesús acaba de decir es "un presuntuoso acto de blasfemia", algo digno de muerte (Lv 24:16).[5] El comentario de los escribas sirve para notificar al lector que las palabras de Jesús son increíblemente ultrajantes o increíblemente maravillosas.

La prueba de que Jesús habla en nombre de Dios llega con su respuesta a la inexpresada censura de estos maestros. Jesús sabe en su espíritu que están pensando esto en sus corazones y este conocimiento no significa que les lea la preocupación en el rostro. Dios es quien conoce los corazones,[6] y Jesús también (véase 8:16; 12:15). Soslaya el asunto de la blasfemia con una misteriosa pregunta: "¿Qué es más fácil, hacer una declaración teológica sobre el perdón de pecados u ofrecer pruebas empíricas de que los pecados de este hombre han sido perdonados en virtud de su competencia para levantarse y andar?". Esta respuesta concuerda con la directriz bíblica para corroborar a un profeta verdadero e identificar a uno falso que pretende decir en el nombre de Dios algo que él no le ha ordenado. "Si lo que el profeta proclama en nombre del Señor no se cumple ni se realiza, será señal de que su mensaje no proviene del Señor. Ese profeta habrá hablado con presunción. No le temas" (Dt 18:22). Para mostrar a los maestros de la ley que su facultad de perdonar pecados no es mera charla teológica, Jesús le ordena al paralítico que se levante y ande para que sepan que el Hijo del Hombre tiene autoridad para perdonar pecados en la tierra (2:10-11). Estas palabras les confirman que su alarma estaba justificada. Ciertamente, Jesús pretende perdonar pecados por gracia, algo que un sacerdote en el templo no podía hacer y que ni siquiera estaba contemplado en la ley. ¿Cómo puede Jesús apropiarse de las prerrogativas de Dios y proclamar abier-

---

5. Marshall, *Faith As a Theme*, 185. La cuestión de la blasfemia no se menciona en este punto, pero reaparecerá públicamente en el interrogatorio de Jesús ante el sumo sacerdote y acelerará su sentencia de muerte.
6. 1S 16:7; 1Cr 28:9; Sal 139:1-2; Jer 17:9-10; Sir. 42:18-20; Lc 16:15; Hch 1:24; 15:8; Ro 8:27; 1Ts 2:4; Ap 2:23.

tamente el perdón de pecados? ¿Cómo puede hablar en nombre de Dios de un modo tan sorprendente y poco tradicional? ¿Puede despacharse el pecado de una manera tan fácil y sin esfuerzo? ¡No! La crucifixión clarificará este asunto.

El tercer obstáculo para la sanación de este hombre es su propio escepticismo. ¿Creerá quien ha de ser llevado en una camilla por otros la palabra de Jesús sobre el perdón de sus pecados y seguirá su mandamiento de tomar su lecho y andar? ¿O acaso aceptará el juicio de los maestros de la ley y se dirá a sí mismo: "Este hombre no puede perdonarme los pecados?". ¿Se convencerá de que es una orden imposible: "No puedo levantarme y tomar nada, porque soy paralítico?". El último obstáculo para la sanación se supera cuando este hombre demuestra la misma fe que sus amigos, obedeciendo el mandamiento de Jesús y se marcha delante de todos, con su lecho bajo el brazo. Probablemente la multitud se hace ahora a un lado para que pase este hombre, y los ojos se elevan nuevamente hacia el tejado en una explosión de gloria a Dios.[7] Su alabanza confirma que lo que Jesús ha hecho no es un acto de excepcional impiedad, sino una razón para glorificar a Dios.

El Hijo del Hombre

En su culminante anuncio Jesús se refiere a sí mismo como "el Hijo del Hombre". No hay consenso sobre lo que este título, si es que puede considerarse así, pretendía suscitar en la mente de los judíos del siglo I (véase Dn 7:13; 1 Enoc 46-53).[8] En Marcos, nadie más llama de este modo a Jesús. Cuando Jesús preguntó a sus discípulos, "¿Quién dice la gente que soy yo?", "el Hijo del Hombre" no fue una de las respuestas (8:27-30). A Jesús tampoco se le acusa de pretender ser el Hijo del Hombre durante su juicio. La oscuridad de esta expresión la libraba casi por completo de cualquier noción preconcebida que pudieran haber

---

7. Aquellos que glorifican a Dios no se identifican como "la multitud", sino como "todos". ¿Incluye este "todos" a los escépticos maestros de la ley? De ser así, este incidente sería el relato de una controversia de un tipo bastante distinto. Quienes han cuestionado secretamente a Jesús en su interior están convencidos de que sus hechos validan lo que ha dicho. Para muestra un botón. Más adelante, y tras una serie de controversias, "los maestros de la ley" llegarán a una conclusión bastante distinta sobre la fuente del éxito (3:22).
8. Véase el trabajo más reciente de Delbert Burkett, "The Nontitular Son of Man: A History and Critique", *NTS* 40 (1994): 514-21. Véase también I. Howard Marshall, "Son of Man", en *Dictionary of Jesus and the Gospels*, eds. Joel B. Green, Scot McKnight, and I. Howard Marshall (Downers Grove, Ill.: InterVarsity, 1992), 775-81.

tenido sus contemporáneos. Por consiguiente, es un título al que Jesús puede darle su propio significado.

Está claro, no obstante, que en Marcos este expresa de forma muy apropiada quién es Jesús. Aunque el término Hijo del Hombre es un tanto indeterminado, en Marcos se nos dice con qué se relaciona. El Hijo del Hombre tiene autoridad para perdonar pecados (2:10); es señor del sábado (2:28); será traicionado (14:21, 41), sufrirá ignominia y muerte, y resucitará al tercer día (8:31, 38; 9:9, 12; 10:33); no viene para ser servido, sino para dar su vida en rescate por muchos (10:45); se sentará a la diestra del poder, regresará en las nubes y reunirá a sus elegidos (13:26-27; 14:62).

Lo que puede sobresaltar al lector moderno en esta escena es la respuesta inicial de Jesús a la súbita interrupción de su enseñanza. Cuando este paralítico es descolgado hasta su presencia desde el tejado, sus primeras palabras son: "Hijo,[9] tus pecados quedan perdonados". Un comentarista expresa nuestra moderna perplejidad observando que los cuatro amigos de este hombre no lo habían llevado hasta Jesús para que perdonara sus pecados, sino para que lo sanara.[10] La mayoría de nosotros nos sentiríamos desconcertados si un médico nos dijera algo así cuando fuéramos a su consulta en busca de un tratamiento médico. Estamos habituados a la idea de que la enfermedad es algo producido por un virus, bacteria u otros agentes patógenos y que la mejor forma de hacerle frente es la medicina, no el perdón de pecados. Estamos convencidos de que la salud es el resultado de comer de un modo adecuado —mucha fibra, poco colesterol—, ejercicio apropiado, tomar los medicamentos adecuados recomendados por tres de cada cuatro médicos, y tener genes resistentes a las enfermedades.

El acercamiento científico a la medicina que busca una sola causa para la enfermedad pasa por alto los factores medioambientales, socia-

---

9. La palabra "hijo" podría ser un término cargado de connotaciones afectivas como sucede con "hija" en 5:34, 41. Él se dirige a los discípulos con este término (10:24), y es una palabra utilizada para aludir a recibir el reino como un niño (9:36-37, 42; 10:13-16).
10. Ernst Haenchen, *Der Weg Jesu* (Berlin: Töpelmann, 1966), 101. Pesch (*Das Markusevangelium*, 1:156) sugiere que los amigos están respondiendo a la predicación de Jesús de un Dios misericordioso que perdona los pecados y, por ello, llevan a su amigo.

les y espirituales. Asumimos que existen fronteras fijas entre la mente, el cuerpo y el alma. Así, Dios o nuestra relación con él tienen muy poco o nada que ver con nuestra salud o enfermedad. Preferimos explicaciones racionales, es decir, médicas, como lo demuestran los intentos de varios comentaristas por diagnosticar el problema del paralítico. Proponen desde un estado de histeria hasta un desproporcionado sentido de culpabilidad que producía una parálisis psicosomática. Otros proponen que Jesús está simplemente tratando de estimularlo o de ganarse su confianza diciéndole algo alegre. A muchos, cualquier otra idea les resulta algo irracional o lo califican de primitiva superstición. Nos sentimos, pues, incómodos con la cosmovisión de la Biblia que presupone una conexión directa entre el pecado y la enfermedad.[11]

Sin embargo, en este relato, la parálisis se trata como una consecuencia del pecado. Perdonar el pecado es eliminar sus consecuencias: la parálisis. La sanación se produce, pues, como resultado del perdón de pecados. Ya no nos escandalizamos por el anuncio de perdón por parte de Jesús, que asumimos como una indicación de que nuestro pecado trae consecuencias físicas que nos llevan a tropezar. Relacionar de algún modo la enfermedad con el pecado es, pues, un peligro moderno que nos gustaría evitar. No debemos ser como los amigos de Job que culpaban a la víctima y explicaban toda enfermedad y sufrimiento como una consecuencia penal del pecado cometido, equiparando salud con santidad.

Hemos de recordar, no obstante, que Marcos no está interesado en explicar por qué sufren las personas, buenas o malas. Los milagros de sanidad de Jesús nos ofrecen tres ideas que deberían subrayarse. (1) La primera es, nuevamente, el aspecto cristológico. Si solo Dios puede perdonar pecados y solo él sana la enfermedad, como creía la mayoría de los judíos, Jesús es entonces la encarnación de las palabras de Éxodo 15:26: "Yo soy el Señor, que les devuelve la salud". Los milagros de sanidad confirman el origen y el poder divino de Jesús. Preparan también al lector para entender la crucifixión desde su propia perspectiva. Jesús utili-

---

11. La Escritura trata la enfermedad como algo que Dios produce como castigo por el pecado o que lleva a cabo algún poder perverso (véase Éx 15:26; Dt 7:15; 28:22-28; 32:39; Job 2:5-6; Sal 41:3-4; 103:3; 107:17; Is 19:22; 38:16-17; 57:17-19; Jn 5:14; 9:2-3; Hch 5:1-11; 12:20-23; 1Co 11:30; Stg 5:16). La suposición es que Dios tiene completo control de la enfermedad. Según una tradición rabínica posterior (b. Ned. 41a), "R. Alexandri dijo en nombre de R. Chiyya b. Abba: Un enfermo no se recupera de su enfermedad hasta que todos sus pecados le son perdonados, como está escrito: 'Él es quien perdona todas tus iniquidades, el que sana todas tus dolencias' (Sal 103:3)".

za siempre su poder milagroso a favor de otras personas, nunca para sí mismo. Puede verse, por tanto, que la crucifixión no representa un fallo de ese poder, sino un acto de voluntaria humillación en amor por otros.

(2) Jesús ha sido enviado para llevar perdón a un mundo pecaminoso. Juel comenta: "Hay algo misteriosamente malo en la enfermedad que la vincula con el poder del pecado. La venida del reino significa el final de ambas cosas".[12] Si se ve la enfermedad como un instrumento del castigo divino, como sucedía en el tiempo de Jesús, entonces Dios ofrece el perdón por medio de él. Jesús triunfa sobre todo aquello que en el Antiguo Testamento nos impedía llegar a la presencia de Dios —sean espíritus inmundos que controlan la propia vida, una enfermedad impura (Lv 13:45-46), una parálisis (21:17-23), o el pecado— y abre así el camino para que el reino de Dios entre en todas las esferas de la vida.

La sociedad moderna tiende a acercarse al problema de la enfermedad de un modo mecanicista. Cuando una máquina no funciona bien, el mecánico hace un diagnóstico y cambia o repara la pieza estropeada. Cuando nuestro cuerpo físico falla, esperamos que el médico haga un diagnóstico del problema y extraiga o corrija el órgano afectado. Hecho esto, se supone que el cuerpo volverá a funcionar con normalidad. Sin embargo, los seres humanos no son máquinas y son varios los factores que contribuyen a su salud. Young escribe: "El evangelio declara que la sanidad tiene que ver con la restauración de las relaciones con Dios, con otras personas, con nosotros mismos y con nuestro medio ambiente".[13] Una de las cosas que puede destruir nuestra salud es el peso paralizador del pecado. No aparece en ningún análisis de sangre o radiografía, pero es tan virulento como cualquier enfermedad física. En esta escena, Jesús muestra su poder para restaurar la salud de las personas liberándolas de la carga del pecado que las deja incapacitadas y las paraliza.

Las primeras escenas de Marcos revelan que Jesús ha sido enviado para traer sanidad a un mundo imperfecto. Marcos selecciona estos milagros para expresar lo que promete a este mundo caído la llegada del dominio de Dios, y lo que supone el poder de quien actúa en su nombre a favor de la humanidad. No es que Jesús viera al paralítico, por ejemplo, como un hombre particularmente pecaminoso ni que apoyara la ortodoxia deuteronómica en el sentido de que el sufrimiento que experimen-

---

12. Juel, *Mark*, 46.
13. John Young, "Health, Healing and Modern Medicine", en *The Gospel in Contemporary Culture*, ed. Hugh Montefiore (Londres: Mowbray, 1992), 157.

tamos sea proporcional al propio pecado. Anderson comenta oportunamente: "La idea es que existe sin duda una estrecha y antigua conexión entre el estado caído del hombre y todo cuanto lo aflige, con la posterior implicación de que la voluntad de Dios es la integridad o la plenitud del ser humano en todos los aspectos de su ser".[14] La enfermedad forma parte del antiguo eón, cuyo príncipe está siendo desalojado del poder.

La sanación que Jesús lleva a cabo cambia las preguntas que normalmente se plantean cuando nos golpea el sufrimiento o la desgracia. En lugar de preguntar: "¿Quién me ha hecho esto?" o "¿Por qué ha sucedido?", hemos de planteanos: "¿Quién es éste que ofrece perdón, sanación y salvación?" y "¿qué significa su presencia en nuestra vida?". Entonces podremos ver que estos milagros "anuncian e inauguran lo que ofrecerá el futuro; son la *presencia* en la historia de lo que será la *promesa* de esta, un mundo restaurado a la plena salubridad y abierto a la presencia de Dios".[15] El universo no tiene ya que considerarse un lugar hostil, bajo el sitio de fuerzas invasoras y malévolas. El amor y la gracia de Dios reinan.

(3) Cabe señalar, por último, que podemos sacar provecho de la avanzada ciencia médica, pero hemos de recordar que las soluciones científicas no resuelven todos los problemas de la enfermedad, el sufrimiento y la muerte. No puede producirse ninguna sanación significativa sin reconciliación con Dios. Deberíamos recordar también que el bienestar físico no es la esencia de la fe cristiana. El aguijón en la carne de Pablo deja esto claro. Cabría esperar que alguien que tuviera una relación tan intensa con Dios fuera sanado cuando lo pidiera en oración. Sin embargo, la petición de Pablo no produjo ningún milagro de sanación, sino la respuesta de que tenía que aceptar el aguijón porque le enseñaba que la gracia de Dios es suficiente y todo cuanto necesitamos para la vida. Este aguijón mostraba también cómo se perfecciona el poder de Dios en la debilidad humana (2Co 12:7-9).

Otra forma en que podemos tender puentes hasta nuestro contexto y extraer aplicaciones de esta sección es poniéndonos en el lugar de los personajes de este relato y haciéndonos ciertas preguntas. Walter Wink nos ofrece un útil esbozo de este método para estudiar la Biblia.[16] Po-

---

14. Anderson, *Mark*, 100.
15. John R. Donahue, "Miracles, Mystery and Parable", *Way* 18 (1978): 253.
16. Walter Wink, *The Bible in Human Transformation: Toward a New Paradigm for Biblical Study* (Filadelfia: Fortress, 1973), 49-65.

demos, pues, preguntarnos: ¿Qué es lo que nos hace ver a otros como leprosos? ¿Qué es lo que tememos de ellos? ¿Qué hay en nosotros que nos hace sentir como leprosos, intocables? ¿Qué es lo que nos lleva a convertirnos en personas capaces de subir con esfuerzo a un tejado y abrir una abertura para llevar a otro hasta la fuente de sanidad? ¿Qué es lo que nos lleva a tirar la toalla ante una multitud? ¿En qué nos parecemos al maestro de la ley, al frío intelectual, al observador escéptico, al crítico especialista? Ciertamente, el escriba que llevamos dentro no quiere Jesús nos recuerde que también tenemos pecados que requieren perdón. ¿En qué nos parecemos al paralítico que necesita oír la palabra de perdón? ¿Qué es lo que nos hace sentir impotentes y esclavizados por un poder externo, como el hombre del espíritu inmundo? Es posible que las respuestas a estas preguntas nos permitan entender a otros de un modo más claro, y también a nosotros mismos.

Significado Contemporáneo

Si Jesús es el modelo para nuestro ministerio a otras personas, vemos a alguien que anuncia el perdón del pecado y la oportunidad de reconciliación con Dios, que trae consigo la sanidad. La iglesia ha de proclamar con sus palabras y obras esta oferta de perdón que puede limpiar todo pecado. Muchas personas sienten en su alma el ahogo producido por una maraña de opresiva culpa. La palabra de Jesús puede arrancar toda esta maleza e impartir nuevas fuerzas de renovación y energía a las vidas de las personas. El historiador francés Jules Michelet afirma que en la Edad Media, cuando los enfermos iban a la iglesia en busca de ayuda, se les culpabilizaba de sus dolencias. "Los domingos, después de la misa, grandes multitudes de enfermos suplicaban ayuda, y lo único que recibían eran palabras: 'Has pecado y Dios te está afligiendo. Dale gracias porque en la vida venidera sufrirás, por ello, menos tormento".[17] Cuando los enfermos se acercaban a Jesús, él no los desdeñaba, sino que les anunciaba el perdón de Dios y les manifestaba su amor. Jesús expulsaba a las acólitas de la enfermedad: la falta de esperanza, la culpa y la desesperación.

En nuestro tiempo muchos, no creen en sanaciones milagrosas que no se sirvan de medios médicos. En su libro, *The Life and Morals of*

---

17. Citado por Kat Duff, *The Alchemy of Illness* (Nueva York: Bell Tower, 1993), 50.

Jesus of Nazareth (La vida y moralidad de Jesús de Nazaret), Thomas Jefferson recortó todos los elementos milagrosos de los Evangelios para hacerlos más apetitosos a la mente "ilustrada". En su estudio sobre medicina y salud dentro de la tradición evangélica Leonard Sweet sostiene que, en nuestro tiempo, la ciencia médica se ha desvinculado de la religión y sus preocupaciones morales en la sanidad, y que la iglesia ha accedido a mantener una "distancia segura y respetuosa con todo lo relativo a la medicina y la sanación". Nuestra consideración por los milagros de la ciencia moderna hace muchas veces que la iglesia y los ministros parezcan superfluos. Muchos médicos no quieren, pues, que los clérigos anden por la enfermería, especialmente preocupando a los pacientes con lo relativo al pecado, hasta que la batalla médica haya terminado. Sweet escribe: "Cuando la medicina ha hecho todo lo que puede, es decir, todo lo humanamente posible, es cuando se supone que debe intervenir la religión".[18]

Las sanaciones de Jesús revelan que Dios está a favor de la sanidad y que, por tanto, puede obrar a través de la medicina y la cirugía tanto como por medio de la fe y la oración, pero estas dos no deben descuidarse. Igual que la mente y el espíritu pueden producir el inicio de una enfermedad, también pueden efectuar la sanación. Esta comporta mucho más que la dimensión física; implica también la dimensión mental, la social y la espiritual. La fe, la oración y un profundo sentido del perdón de los pecados no son, pues, meros "placebos religiosos". Sweet sostiene:

> Las fuerzas sanadoras de la fe, la esperanza y el amor no son incidentales para la salud y la medicina. Como los antibióticos, la fe, la esperanza y el amor entran en el sistema rápidamente y hacen su obra con lentitud. La curación, o la eliminación de una enfermedad, pueden producirse solo mediante medios médicos. Sin embargo, la sanación o reingreso triunfal a la totalidad de la propia atmósfera, solo se produce en colaboración con la fe. La sanación médica es el conocimiento de Dios manifestado a través de la ciencia, mientras que la espiritual es este conocimiento manifestado por medio de la fe. Es el mismo conocimiento. El mismo Dios.[19]

---

18. Leonard I. Sweet, *Health and Medicine in the Evangelical Tradition* (Valley Forge, Pa.: Trinity Press International, 1994), 142.
19. *Ibíd.*, 142.

Marcos 2:13—3:6

De nuevo salió Jesús a la orilla del lago. Toda la gente acudía a él, y él les enseñaba. ¹⁴ Al pasar vio a Leví hijo de Alfeo, donde éste cobraba impuestos.

—Sígueme —le dijo Jesús.

Y Leví se levantó y lo siguió.

¹⁵ Sucedió que, estando Jesús a la mesa en casa de Leví, muchos recaudadores de impuestos y pecadores se sentaron con él y sus discípulos, pues ya eran muchos los que lo seguían. ¹⁶ Cuando los maestros de la ley, que eran fariseos, vieron con quién comía, les preguntaron a sus discípulos:

—¿Y éste come con recaudadores de impuestos y con pecadores?

¹⁷ Al oírlos, Jesús les contestó:

—No son los sanos los que necesitan médico sino los enfermos. Y yo no he venido a llamar a justos sino a pecadores.

¹⁸ Al ver que los discípulos de Juan y los fariseos ayunaban, algunos se acercaron a Jesús y le preguntaron:

—¿Cómo es que los discípulos de Juan y de los fariseos ayunan, pero los tuyos no?

¹⁹ Jesús les contestó:

—¿Acaso pueden ayunar los invitados del novio mientras él está con ellos? No pueden hacerlo mientras lo tienen con ellos. ²⁰ Pero llegará el día en que se les quitará el novio, y ese día sí ayunarán. ²¹ Nadie remienda un vestido viejo con un retazo de tela nueva. De hacerlo así, el remiendo fruncirá el vestido y la rotura se hará peor. ²² Ni echa nadie vino nuevo en odres viejos. De hacerlo así, el vino hará reventar los odres y se arruinarán tanto el vino como los odres. Más bien, el vino nuevo se echa en odres nuevos.

²³ Un sábado, al cruzar Jesús los sembrados, sus discípulos comenzaron a arrancar a su paso unas espigas de trigo.

²⁴ —Mira —le preguntaron los fariseos—, ¿por qué hacen ellos lo que está prohibido hacer en sábado?

²⁵ Él les contestó:

—¿Nunca han leído lo que hizo David en aquella ocasión, cuando él y sus compañeros tuvieron hambre y pasaron necesidad? ²⁶ Entró en la casa de Dios cuando Abiatar era el sumo sacerdote, y comió los panes consagrados a Dios, que sólo a los sacerdotes les es permitido comer. Y dio también a sus compañeros.

²⁷ »El sábado se hizo para el hombre, y no el hombre para el sábado —añadió—. ²⁸ Así que el Hijo del hombre es Señor incluso del sábado.

En otra ocasión entró en la sinagoga, y había allí un hombre que tenía la mano paralizada. ² Algunos que buscaban un motivo para acusar a Jesús no le quitaban la vista de encima para ver si sanaba al enfermo en sábado. ³ Entonces Jesús le dijo al hombre de la mano paralizada:

—Ponte de pie frente a todos.

⁴ Luego dijo a los otros:

—¿Qué está permitido en sábado: hacer el bien o hacer el mal, salvar una vida o matar?

Pero ellos permanecieron callados. ⁵ Jesús se les quedó mirando, enojado y entristecido por la dureza de su corazón, y le dijo al hombre:

—Extiende la mano.

La extendió, y la mano le quedó restablecida. ⁶ Tan pronto como salieron los fariseos, comenzaron a tramar con los herodianos cómo matar a Jesús.

En la sección anterior, salpicada con la expresión "e inmediatamente" (1:21, 23, 28, 29, 31, 42, *cf.* NASB), Marcos ha mostrado la fama y popularidad de Jesús extendiéndose como un reguero de pólvora. En esta siguiente unidad (2:13—3:6), nos muestra el aumento igual de rápido de la oposición contra él por parte de sus competidores religiosos. Esta sección constituye un ciclo de cuatro disputas sobre leyes y costumbres rituales. Todas estas controversias, excepto la última, contienen una pregunta planteada por los objetores, que Jesús responde con una declaración o un dicho proverbial. (1) Jesús responde con un truismo la pregunta: "¿Y éste come con recaudadores de impuestos y con pecadores?" (2:16): "No son los sanos los que necesitan médico sino los enfermos. Y yo no he venido a llamar a justos sino a pecadores" (2:17).

(2) La pregunta: "¿Cómo es que los discípulos de Juan y de los fariseos ayunan, pero los tuyos no?" (2:18), Jesús la responde con dichos proverbiales que señalan la inconveniencia de poner remiendos de tejido nuevo en vestidos viejos o verter vino nuevo en odres viejos (2:19, 21-22). (3) Cuando los fariseos preguntan por qué los discípulos hacen lo que no es lícito en sábado (2:24) Jesús responde: "El sábado se hizo

para el hombre, y no el hombre para el sábado" y, "El Hijo del Hombre es Señor incluso del sábado" (2:27-28).[1] (4) En la última controversia, Jesús devuelve la pelota a sus inquisidores y provoca un enfrentamiento entre ellos. Ahora es él quien plantea una pregunta sobre el sábado a quienes se han reunido para vigilar lo que hace:

"¿Qué está permitido en sábado: hacer el bien o hacer el mal, salvar una vida o matar?" (3:4). Los fariseos no saben qué responder. Cuando Jesús sana la mano de un hombre, su única respuesta es conspirar con los herodianos para matarlo (3:6).

Llamamiento del recaudador de impuestos Leví y cena en su casa (2:13-17)

Jesús regresa al mar de Galilea. Al pasar junto a la orilla (véase 1:16), escoge de nuevo a una persona y la desafía a seguirlo. En esta ocasión, se trata de un recaudador de impuestos, Leví hijo de Alfeo, ocupado en su tarea recaudatoria, como antes lo estuvieran los pescadores con sus redes. Leví no es un jefe de los publicanos, sino uno de los oficiales que se apostaban en una intersección de rutas comerciales para recaudar tributos, tarifas, impuestos y aranceles, posiblemente para Herodes Antipas. Los recaudadores de tributos eran conocidos por su falta de honradez y prácticas extorsionistas. Era normal que recaudaran más de lo debido, no siempre enviaban las tasas y hacían falsas valoraciones y acusaciones (véase Lc 3:12-13).[2] Los recaudadores de impuestos no eran los mejores candidatos para el discipulado puesto que la mayoría de los judíos del tiempo de Jesús los veían como personas movidas por el afán de lucro más que por un deseo de ser respetables o justos.[3]

Aunque Jesús llama a Leví, como antes a los cuatro pescadores, su nombre no aparece en la lista de discípulos que se consigna en 3:17-18. En Mateo 9:9, Jesús llama a un tal Mateo que está en el banco de los tributos, y este nombre sí aparece en las cuatro listas de los Doce (Mt 10:2-4; Mr 3:18; Lc 6:13-16; Hch 1:13), que también consignan a un Jacobo al que se identifica como el hijo de Alfeo, para distinguirle probablemente del hijo de Zebedeo (3:18). ¿Hemos de contar a Leví hijo de

---

1. En 2:18-22 y 2:23-28, encontramos patrones paralelos de pregunta (2:18, 24), argumentación (2:19-20, 25-26) y doble respuesta: primera respuesta (2:21, 27), segunda respuesta (2:22, 28).
2. Véase, además, John R. Donahue, "Tax Collectors and Sinners: An Attempt at Identification", *CBQ* 33 (1971): 39-61.
3. Minear, *Mark*, 60.

Alfeo como a uno de los Doce? Este problema no tiene fácil solución. Una posible explicación es que a este recaudador de impuestos se le conociera con dos nombres, Leví y Mateo, igual que a Simón Pedro se le llamaba Simón o Pedro (Cefas). El Evangelio de Marcos utiliza el nombre de Leví mientras que Mateo recoge el de Mateo. Otra posible solución es que Jacobo y Leví fueran hermanos o dos nombres de una misma persona. Algunos textos antiguos resuelven la discrepancia consignando aquí el nombre de Jacobo en lugar de Leví.[4]

Sin embargo, el interés de clarificar la relación de Leví con la lista de discípulos, puede hacernos perder de vista algo que nos revela el texto de Marcos. Si a Leví no debe relacionársele con los Doce, como sucede en Marcos, el llamamiento a seguir a Jesús no se limita entonces a los apóstoles. Que Jesús llame a un recaudador de impuestos igual que a Pedro, Andrés, Jacobo y Juan recuerda al lector que seguir a Jesús es algo abierto a todas las personas.[5] Cuando se trata de recibir y responder al llamamiento de Jesús, la propia posición o casta no cuentan, ni siquiera una reputación dudosa. La afirmación de 2:15 ("pues ya eran muchos los que lo seguían") reafirma esta interpretación.

Leví responde al llamamiento de Jesús tan prontamente como lo hicieran los pescadores; se levanta y sigue a Jesús, pero su obediencia señala una ruptura aun más radical con su pasado. Los otros discípulos siempre podían volver a la pesca (Jn 21:3); sin embargo, esto es algo que nunca habría podido hacer un recaudador de impuestos que abandonaba su puesto. En la escena siguiente encontramos a Leví junto a otros muchos recaudadores de impuestos y pecadores que seguían a Jesús, comiendo en "su casa" (2:15, lit.). Esta "casa" en Marcos se relaciona con Jesús (Leví *lo* sigue y se sienta a la mesa en *su* casa; véase 2:1; 3:19; 7:17, 24; 9:33; 10:10). Jesús es, pues, el anfitrión de un grupo de indeseables sociales.

En otras palabras, Jesús no solo predica el arrepentimiento a los pecadores, sino que se relaciona amigablemente con ellos. Por una parte, la escena sugiere que Jesús posee cierto magnetismo para atraer a "personas que normalmente no habrían querido tener nada que ver con la religión".[6] Por otro lado, las personas que tienen algo que ver con la religión no tienen normalmente interés en atraer a esta clase de perso-

---

4. D, Θ, 565, f^{13} (excepto 346), Tatiano.
5. Anderson, *Mark*, 103.
6. Gundry, *Mark*, 125.

nas. Este despliegue de aceptación de los pecadores escandaliza a los fariseos. Su consternación provoca el comentario de Jesús en el sentido de que los enfermos necesitan un médico. Ningún médico espera que el enfermo se recupere completamente antes de atenderlo. Como médico, Jesús ofrece el remedio que servirá para que estos, a quienes se llama pecadores, superen su enfermedad.

No debemos imaginarnos a Jesús participando, sin más, en fiestas con notorios pecadores. En primer lugar, es posible que el calificativo de "pecadores" fuera cortesía de ciertos grupos puritanos, como los fariseos, que expresaban con ello su desdén por haberlos rechazado como guías de la verdadera santidad, por su relación con los gentiles, o por trabajar en profesiones proscritas como la de curtidor o recaudador de impuestos. Por otra parte, seguir a Jesús en el sentido pleno de la palabra requiere arrepentimiento y obediencia. Su razón para alcanzar a los enfermos era sanarlos y transformar sus vidas, no pasar el rato y divertirse con ellos. En lugar de clasificar a las personas en categorías de santos y profanos, limpios e inmundos, justos y pecadores, Jesús quiere reunirlas bajo las alas del Dios de gracia y amor.

La cuestión del ayuno (2:18-22)

Jesús no solo se relaciona amigablemente con los recaudadores de impuestos y los pecadores, sino que come y bebe con ellos (Mt 11:19). Los discípulos de Juan y los fariseos no cuestionan, sin embargo, la conducta de Jesús, sino que preguntan por qué *sus discípulos* no ayunan.

Estos dos grupos, con sus prácticas ascéticas, se han apartado de los demás. El fariseo de la parábola de Jesús, por ejemplo, da gracias por no ser como los demás y se jacta ante Dios de que ayuna dos veces a la semana (Lc 18:12).

La pregunta sobre el ayuno suscita tres respuestas expresadas en términos parabólicos. La primera respuesta asume que el reino de Dios, que se ha acercado con la predicación y misericordiosa actividad de Jesús, no es un velatorio, sino una fiesta de bodas. Nadie quiere ver demacrados y lúgubres ayunadores agriando la gozosa celebración nupcial. En presencia de este tipo de alegría, el ayuno no solo está fuera de lugar, sino que es imposible. Jesús alude, no obstante, a un tiempo en que el luto será más oportuno, porque el novio "se les quitará", una referencia indirecta a su pasión y muerte. Pero ni siquiera este será un estado permanente. La alegría de la resurrección transformará toda la aflicción y pena.

La segunda y tercera respuestas recurren a metáforas de la vida cotidiana para ilustrar la trascendencia del ministerio de Jesús. Con las imágenes del remiendo de un vestido y el derramamiento de vino nuevo en odres viejos no pretende darse consejos a las amas de casa. No se dice nada sobre cómo preparar el remiendo lavándolo antes de coserlo en el vestido o los odres poniéndolo previamente en remojo. El vestido se rasgará cuando se lave y encoja el remiendo, hecho de un tejido nuevo y más fuerte. Los odres viejos, que han dado ya de sí hasta el límite, han perdido toda su flexibilidad y se reventarán cuando el vino nuevo los expanda. La cuestión está clara. Lo nuevo que trae Jesús es incompatible con lo antiguo.[7] Él no ha venido a poner remiendos a un antiguo sistema que no se corresponde con el revolucionario reino de Dios. No es un mero reformador de lo antiguo, sino alguien que va a transformarlo. No puede haber concesiones, adaptaciones ni componendas con lo antiguo, no solo representado por el judaísmo de los fariseos puesto que los discípulos de Juan y su judaísmo también se mencionan. Lo antiguo —ejemplificado por la condenación y exclusión de los pecadores en la anterior controversia y la práctica del ayuno en la presente— no puede contener lo nuevo. Si pretenden combinarse ambos se destruirán.

En el incidente que sigue, Jesús sostiene que cosas como las leyes del sábado están hechas para el beneficio de los humanos y no viceversa (2:27). Las leyes alimentarias son superfluas; lo único que de verdad importa es la pureza del corazón (7:19-23). El amor al prójimo es más importante que los sacrificios (12:23). El templo será destruido, y en su lugar se erigirá otro nuevo no hecho con manos. Si se escucha con atención, a lo largo del Evangelio se oye el sonido de lienzos desgarrados. Los cielos se rasgan en el bautismo (1:10). Caifás, el sumo sacerdote, se rasga las vestiduras cuando Jesús afirma ser el Cristo, el Hijo del Bendito (14:63). El velo del templo se rasga de arriba abajo cuando Jesús muere en la cruz (15:38). Estas rasgaduras expresan "el final de lo antiguo y el nacimiento de lo nuevo".[8]

---

7. Gundry (*Mark*, 134) sostiene que lo que produce la división es la irresistible fuerza de la nueva enseñanza de Jesús con autoridad. "La cuestión está únicamente en el poder de lo nuevo. Marcos utiliza los dichos para indicar de nuevo que los pronunciamientos autorizados de Jesús ponen fin a cualquier discusión. No se prestan a equívocos. No dejan lugar a dudas. El relato termina sin debates".
8. Hooker, *Mark*, 101.

Dos controversias sobre el sábado (2:23—3:6)

Esta sección concluye con dos controversias sobre la cuestión del sábado. La primera (2:23-28) se suscita cuando los fariseos, que parecen actuar aquí como una especie de policía religiosa, ven a los discípulos arrancar espigas al pasar por un campo.[9] La ley permitía que cualquier persona (en especial los necesitados) arrancaran espigas en los campos de cereales siempre que no se usara una hoz (Dt 23:25); sin embargo, los fariseos habrían clasificado este acto como cosechar, y lo habrían considerado por tanto una violación del sábado (*m. Sabb.* 7:2). La negligencia de los discípulos en este tipo de cuestiones, sea por ignorancia o por laxitud, proyecta una sombra negativa sobre Jesús como maestro. Por consiguiente, los fariseos le interpelan al respecto.

La primera respuesta de Jesús recuerda un precedente de David en el que asumió la responsabilidad por contravenir la ley comiendo de los panes de la proposición,[10] la porción más santa de la ofrenda de la que solo participaban los sacerdotes en un lugar santo (Lv 24:5-9; véase *Lv. Rab.* 32:3). Al no condenarlo, la Escritura aprueba implícitamente sus acciones. Sin embargo, David no solo era solo un hombre hambriento sino que iba a convertirse en rey de Israel, predecesor del Mesías y tipo del Mesías Rey. Su autoridad personal legitimaba sus acciones. Si las

---

9. Atravesar el sembrado de alguien era ilegal para todos menos para el rey. Si esta acción es una abierta proclamación de realeza, queda en un segundo plano para centrarse en la interpretación de las leyes sabáticas y la autoridad de Jesús.
10. La respuesta de Jesús alude a Abiatar y no a Ahimelec, el sacerdote que participó en este incidente (según 1S 21:1-6). Abiatar era el hijo de Ahimelec, que escapó a la masacre de los sacerdotes ordenada por el rey Saúl cuando supo lo sucedido. Aunque puede señalarse que el Antiguo Testamento presenta una confusión entre estos dos sacerdotes (1S 22:20; 30:7; 2S 8:17; 1Cr 18:16; 24:6) o sugerir un error de los escribas, la explicación de la mención de Abiatar está en otro pasaje. El texto no dice que David tratara con Abiatar, sino que este suceso acontecióo siendo este sumo sacerdote. Jesús afirma que Abiatar era el sumo sacerdote y más que un mero sacerdote, como Ahimelec. Este término refleja la convención de la datación epónima (véase Lc 3:2), y Abiatar era sumo sacerdote durante el reinado de David y estuvo especialmente ligado a él. Otra alternativa es interpretar la frase griega *epi Abiatar* en forma de referencia a la sección general del libro de Samuel, como la expresión de 12:26, *epi tou batou*, "en la zarza", alude al pasaje de Éxodo (así lo entiende J. W. Wenham, "Mark 2, 26", *JTS* 1 [1950]: 156). Hay otra explicación que atribuye esta discrepancia a una doble tradición integrada en los relatos del Antiguo Testamento en 1-2 Samuel, 1 Reyes y 1 Crónicas. La tradición menor habría invertido los papeles de Abiatar y Ahimelec y Jesús o Marcos (o ambos) se habrían basado en ella (M. K. Mulholland, "Abiathar", en *Dictionary of Jesus and the Gospels*, eds. Joel B. Green, Scot McKnight, y I. Howard Marshall [Downers Grove, Ill.: InterVarsity, 1992], 1.)

estrictas reglamentaciones sobre los panes de la proposición admitieron excepciones en el caso de David, cuando huía para salvar su vida, cuánto más en el caso de Jesús (y sus compañeros), a quien Marcos presenta como Señor de David (Mr 1:2-3; 12:35-37) y que se encuentra en una situación de urgencia mucho mayor en la proclamación de la venida del reino de Dios.[11]

La segunda parte del argumento toma una dirección distinta, con la premisa de que Dios creó el sábado para el bienestar de los seres humanos, no al revés. Dios quería que fuera un "don de su gracia, una liberación de la necesidad de trabajar también el séptimo día, de manera que cualquier interpretación de la ley que convierta el sábado en una carga, o inhiba el libre curso de la misericordia de Dios, revela simplemente su ignorancia sobre él mismo y sus propósitos".[12] La prioridad de la necesidad humana está siempre por encima de la obligación a que se adapten a las formalidades rituales. Los fariseos argumentarían que si los discípulos no habían preparado comida para el sábado, tenían que pasarse sin ella.[13] Jesús sostiene que no se transgrede la voluntad de Dios para el sábado cuando unas personas que tienen hambre toman algo para comer en este día, aunque ello infrinja la estrecha interpretación de los fariseos sobre lo que está o no permitido.

La tercera parte del argumento consiste en el culminante anuncio de que el Hijo del Hombre es Señor del sábado. Este segmento comienza con la afirmación: "Le preguntaron los fariseos..." (2:24). Está claro que, en el último análisis, lo que dicen no cambia nada. Hasta este momento la narración ha demostrado que la autoridad de Jesús supera con mucho la de los maestros de la ley. Mediante esta declaración, Jesús afirma con audacia que, como Señor, el Hijo del Hombre es quien determina lo que es o no lícito o permisible, y, con ello, cualquier costumbre prescrita por los fariseos o sus tradiciones queda sin efecto. Es Jesús quien deja claro el propósito humanitario del sábado y su palabra es de-

---

11. En el incidente se asume que los oyentes aceptan ya a Jesús como intérprete autorizado de la ley y están interesados en su argumentación y directrices. Es improbable que este argumento convenza a los no creyentes, pero refuerza, sin duda, las convicciones y prácticas de los cristianos. Los legalistas se sienten más cómodos con las reglas y las proposiciones y siempre parecen tener problemas con las narraciones. ¿Qué pueden hacer con un caso como el de David?
12. G. B. Caird y L. D. Hurst, *New Testament Theology* (Oxford: Clarendon, 1994), 47.
13. Los discípulos deciden no pasar hambre, pero el sábado no era un día apto para el ayuno (véase Judith 8:6; *Jub.* 50:12; *m. Sabb.* 16:2; *m.Ta'an.* 1:6; *b. Sabb.* 118-19).

finitiva.[14] Con sus normas y reglamentaciones, sutilezas y aspavientos, los fariseos tergiversan la voluntad de Dios.

La segunda controversia sobre el sábado (3:1-6) intensifica el propósito humanitario de la ley revelando con cuánta facilidad pueden las reglas constituir obstáculos para la restauración de las personas.[15] También evidencia la verdadera naturaleza de los oponentes de Jesús. El relato comienza con la observación de que "buscaban un motivo para acusar a Jesús", inspeccionando todos sus movimientos con ánimo hostil y acusatorio (3:2). No cuestionan su poder para sanar (algo que a estas alturas ya se asume); lo que quieren es ver si Jesús realizará alguna sanación *en sábado* violando con ello su interpretación de la ley. Al igual que la blasfemia, se castigaba con la muerte (Éx 31:14). Este pasaje finaliza con los planes conjuntos de fariseos y herodianos para matar a Jesús. ¿Su delito? ¡Sanar en sábado! Esto revela más sobre los oponentes de Jesús que sobre él mismo o sobre lo que es permisible en sábado.

Jesús no se sorprende ni se echa atrás ante el escrutinio de sus acciones, sino que más bien se indigna justamente por la dureza de corazón de sus antagonistas. No indica frialdad, como connota la expresión en nuestro idioma. El corazón era el lugar donde se tomaban las decisiones. La dureza de corazón tenía, pues, un sentido moral y religioso, y aludía a una falta de comprensión —una dureza de mente que hacía a la persona impermeable a cualquier verdad espiritual— y a una despectiva desobediencia a la voluntad de Dios.[16] Parece que nada de lo que Jesús pueda decir o hacer conseguirá atravesar la armadura de insensibilidad moral que reviste la mente de los fariseos. La mano seca de este hombre no es nada en comparación con la sequedad del alma de estos inspectores religiosos. Pero Jesús los provoca de manera deliberada en un último intento por terminar, y lleva a cabo el único milagro de sanación que realiza por su propia iniciativa.

Llama a un hombre que tiene una mano seca y le pide que se ponga en pie ante todos los presentes.[17] En este caso no se preocupa por el se-

---

14. Gundry, *Mark*, 142.
15. Jesús había expulsado un demonio el sábado anterior (1:21-28, 29-31), y nadie planteó objeciones.
16. En el ámbito de los modismos bíblicos es sinónimo de corazón engrosado, cerviz dura, ojos ciegos y oídos sordos.
17. J. D. M. Derrett, "Christ and the Power of Choice (Mark 3.1-6)", *Bib* 65 (1984): 172, sostiene que este hombre se habría puesto en pie durante el tiempo de la oración congregacional y habría levantado ambas manos a la altura del hombro con las palmas

creto de lo que va a hacer. Cuando le ordena que extienda su miembro inmóvil, podría también haberle dicho como al paralítico: "Tus pecados te son perdonados"; sin embargo, esto es algo que se asume cuando este hombre tiene suficiente fe para hacer lo que Jesús le pide. El implícito perdón de los pecados y el poder de Jesús para sanar subyacen tras lo que Jesús hace, pero no se subraya especialmente en este episodio. Lo que se acentúa es lo que la presencia de Jesús significa para la observancia de los días santos. Es evidente que el Mesías no ha venido para conmemorar el sábado, sino para salvar la vida.[18]

Con su desafiante pregunta de 3:4, Jesús plantea este asunto en términos de hacer bien o mal, de salvar la vida o destruirla. La pregunta contiene en sí la respuesta: hacer bien no puede limitarse a ciertos días. El modo en que Jesús expresa su pregunta recuerda las palabras de Deuteronomio 30:15-19: "Hoy te doy a elegir entre la vida y la muerte, entre el bien y el mal [...]; te he dado a elegir entre la vida y la muerte, entre la bendición y la maldición. Elige, pues, la vida, para que vivan tú y tus descendientes". Incluso el sábado hemos de tomar decisiones correctas. El sufrimiento puede atenuarse en cualquier momento y abstenerse de hacer el bien significa secundar al mal y decidirse por la muerte en lugar de la vida.

La tajante reacción a lo que hace Jesús en este incidente es totalmente injustificada. Sanar por medio de la palabra no incumple ninguna normativa sabática. Jesús no prepara ningún ungüento o poción ni tampoco levanta nada. Jesús solo viola la alambicada interpretación de la ley formulada por los fariseos, una interpretación que promueve la muerte, puesto que estos autoproclamados custodios del sábado insistirían en que aquel hombre tenía que volver al día siguiente si quería ser sanado, para evitar cualquier forma de profanación del día sagrado.[19] ¿Qué importa si sufría un día más? Los fariseos son hostiles a Jesús y al hombre minusválido. En su obstinada oposición, no se les ocurre pensar que si

---

hacia fuera, en una postura de oración. Una mano seca es el frecuente castigo por extenderla para llevar a cabo algo pecaminoso (véase Sal 137:5; Zac 11:17). La mano de Jeroboam "se secó" cuando intentó actuar contra los profetas rebeldes (1R 13:4-6). Su condición se habría considerado como prueba del pecado no confesado que no había pasado desapercibido por Dios (véase Sal 32:1-5).

18. Minear, *Mark*, 63.
19. Puesto que este hombre no corre peligro de muerte, sino que sufre una enfermedad crónica, su aflicción puede esperar. Todos los rabinos estaban de acuerdo en que salvar una vida estaba por encima del sábado (véase *m. Yoma* 8:6), aunque no sobre la base bíblica para esta conclusión (véase *Mekilta Shabbata* 1 sobre Éx 31:12).

las palabras de Jesús no se corresponden con la voluntad de Dios este hombre no habría sanado, puesto que es Dios quien perdona los pecados y lleva a cabo la sanación. Estos críticos son tan cínicos y ciegos que se enfurecen cuando Jesús hace bien y salva una vida en un día santo; sin embargo no tienen reparos en hacer mal y tramar una muerte ese mismo día ("inmediatamente" en 3:6, NASB) junto con los poderes civiles. Igual que la luz crea sombras, la presencia de Jesús saca a veces lo peor de las personas.

Los herodianos eran los partidarios de Herodes Antipas,[20] que había arrestado a Juan y finalmente le había hecho decapitar. Deseaban mantener el *statu quo* sociopolítico, que recibía un sólido apoyo de la religión. El enemigo común lleva a los secularizados herodianos a coludir con los puritanos extremistas religiosos en su búsqueda, no de la verdad, sino del propio interés. A diferencia de Jesús, que actúa abiertamente, ellos conspiran en secreto. Su pacto para destruirlo culminará en 15:1, cuando otro grupo de influencia haga planes para su destrucción y tengan éxito (o al menos así lo crean).[21] El comentario de Jesús en el sentido de que el novio se les quitará (2:20) adquiere ahora una forma más inquietante.

Esta sección del Evangelio pone de relieve el modo en que Jesús desafió las expectativas tradicionales de los expertos religiosos sobre la conducta que Dios espera de sus seguidores. Jesús suscita controversias al relacionarse con conocidas personas de mala fama, por el hecho de que sus discípulos no ayunan ni observan la reglamentación farisaica sobre el sábado y por realizar sanaciones en el sábado. En nuestros días, muchos dan por sentado que Jesús se rebeló contra lo que nosotros consideramos la remilgada devoción de los fariseos; sin embargo, para entender este pasaje, hemos de examinar las cuestiones subyacentes. ¿Qué había tras la crítica dirigida a Jesús? ¿Cuál era la motivación de Jesús? ¿Estaba simplemente mostrando su desaprobación por convenciones religiosas, como lavar el coche o cortar la hierba del jardín en domingo? ¿O había algo más? Sin duda lo segundo. Jesús no despide la ley con una actitud arrogante. Estos inci-

---

20. Josefo, *Guerras* 1.16.6 § 319; *Antigüedades* 14.15.10 § 450.
21. Véase Sal 37:31-33; Is 29:20-21; Jer 20:10-11.

dentes presentan al lector dos perspectivas religiosas incompatibles, dos formas de hacer religión que están en inexorable conflicto. Una lleva a la muerte; la otra a la vida.

En cada incidente se desarrolla este contraste. El llamamiento de Leví y las comidas de Jesús con los pecadores revelan el contraste entre una actitud religiosa que se distancia de los pecadores y profanos y otra, que encarna las buenas nuevas de Dios y que abre el corazón a todas las personas. La pregunta sobre el ayuno descubre la diferencia entre unos ejercicios religiosos que caen sobre el alma como una losa y una experiencia espiritual que le permite ascender con alegría. Las controversias sobre el sábado revelan el choque frontal entre una perspectiva religiosa que aplasta la misericordia con reglas despiadadas y otra que sitúa la necesidad humana por encima de los estatutos.

Relación con los pecadores. Que Jesús se codeara con los pecadores y recaudadores de impuestos suscitó las vehementes quejas de los fariseos. Ocasionalmente, Marcos explica a los lectores las razones que subyacen tras las protestas de los fariseos, como cuando se quejan de que los discípulos no se laven las manos (7:3-4). En este caso no nos da una explicación de sus protestas por la camaradería de Jesús con los pecadores, porque era de dominio público que relacionarse con los inicuos era, en el mejor de los casos, arriesgado. Muchos temían que su iniquidad fuera contagiosa. El compañerismo con los pecadores mancillaría también la propia reputación, porque los pueblos han creído siempre que las personas se asocian con aquellos que son semejantes a ellos y, ya saben "Dime con quién andas y te diré quién eres" (véase, sin embargo, 9:4). Pero es útil analizar las razones por las que los fariseos se escandalizaron por la acción de Jesús para discernir paralelismos actuales de la misma situación.

En español, uno de los sentidos del término "farisaico" es el de "hipócrita" y alude a personas que fingen una moralidad que no tienen o que son legalistas y murmuradoras. Este término es sinónimo de "gazmoño", "sermoneador", "santurrón" y "mojigato". Esta suposición es una caricatura inexacta del fariseísmo y puede perpetuar la idea de que Dios extiende su gracia a todos los pecadores, excepto a los del tipo farisaico. No puede descartarse a los fariseos como un puñado de hipócritas. En el Evangelio de Marcos, se presentan como hipercríticos.

Los fariseos (término que significa "separados") eran un grupo de facciones formadas principalmente por laicos preocupados por la Toráh que se esforzaban sinceramente por llevar a las vidas de los judíos corrientes un interés por la pureza ritual que en la ley solo se relacionaba normalmente con los sacerdotes y el templo.[22] La motivación que los impulsaba era cumplir el mandamiento de Dios: "Sean santos, porque yo, el Señor su Dios, soy santo" (Lv 19:2). Se aferraban especialmente a las reglas de pureza que clasificaban las cosas, tiempos y personas según distintos grados de santidad e impureza. Era esencial para su sentido de identidad como judíos (un pueblo santo y separado), saber lo que era o no permisible, o limpio y determinarlo. En su preocupación por la pureza exageraban las reglas alimentarias y no solo especificaban lo que podía o no comerse, sino también en qué tipo de utensilios debía comerse y con quién.

Los fariseos daban también mucho valor a la práctica del diezmo de alimentos, puesto que ello indicaba qué comidas podían llevarse a cabo en pureza ritual. Rehuían a quienes no observaban estas prácticas y a los impíos, porque temían, con cierta justificación, que no hubieran preparado la comida de manera adecuada o no hubieran apartado el diezmo. La consecuencia última de su preocupación por la santidad era su convicción de que tenían que mantenerse a distancia de los pecadores hasta que estos se desinfectaran mediante un arrepentimiento concreto y la realización de los ritos ceremoniales pertinentes.

El atrevido acercamiento de Jesús a los pecadores era algo nuevo y diferente. Para los piadosos era fácil entender esta conducta como una violación de las instrucciones establecidas por la Escritura de no relacionarse con malhechores. ¿Acaso no había dicho el salmista: "Dichoso el hombre que no sigue el consejo de los malvados, ni se detiene en la senda de los pecadores ni cultiva la amistad de los blasfemos" (Sal 1:1)? Una tradición rabínica posterior lleva esta actitud a un extremo; el

---

22. Sobre distintos puntos de vista acerca de los fariseos en el debate contemporáneo, comparar Jacob Neusner, *From Politics to Piety* (Englewood Cliffs, N.J.: Prentice-Hall, 1973); Elias Rivkin, *The Hidden Revolution: The Pharisees' Search for the Kingdom Within* (Nashville: Abingdon, 1978); Anthony J. Saldarini, *Pharisees, Scribes and Sadducees in Palestinian Society* (Wilmington, Del.: Michael Glazier, 1988); E. P. Sanders, *Jewish Law From Jerusalem to the Mishnah* (Filadelfia: Trinity Press International, 1990); idem, *Judaism: Practice and Belief* 63 BCE-66 CE (Filadelfia: Trinity Press International, 1992); y Günter Stemberger, *Jewish Contemporaries of Jesus* (Minneapolis: Fortress, 1995).

sabio dice: "Que nadie se relacione con los pecadores ni siquiera para acercarlos a la Toráh" (*Mekilta Amalek* 3 a Éx 18:1).

En otras palabras, los fariseos representaban una actitud que se acercaba al pecado desde una óptica preventiva. Establecían e imponían reglas para salvaguardar a las personas impidiendo que se contaminaran y fueran inmorales. Jesús representaba una actitud que se acercaba al pecado desde su lado creativo, esforzándose en recuperar a los impuros e inmorales. Podría decirse que la actitud de los fariseos hacia las personas se definía en base a Ezequiel 44, que establece reglas sobre quién puede o no entrar en el santuario y servicio sacerdotal, mediante puertas cerradas y señales que prohíben el paso. La actitud de Jesús se definía en cambio, basándose en Ezequiel 34, que describe al pastor que busca a las ovejas débiles, enfermas y perdidas y las alimenta en buenos pastos (34:4, 12, 16). La devoción farisaica requería evidencias concretas de arrepentimiento, antes de autorizar el contacto con quienes vivían abiertamente en pecado; para Jesús no era así. Mientras que los fariseos miraban a los pecadores con arrogancia (Lc 18:18), Jesús se preocupaba por ellos (19:10). Las comidas definían las fronteras sociales en términos de quién podía o no ser considerado de manera favorable. Comiendo con los pecadores Jesús les daba una señal concreta de la amorosa aceptación de Dios y les hacía entender que el arrepentimiento se produce por medio de la gracia.

Este episodio revela cuatro cosas aplicables en nuestro tiempo. (1) Los pecadores no tienen que hacer nada para poder ser dignos receptores del amor de Dios. No tienen que esforzarse por llegar a ser dignos y solicitar después, adjuntando un currículo intachable, el seguimiento a Jesús. Uno se hace digno respondiendo al llamamiento.

(2) Al comer con los pecadores, Jesús no está aprobando su estilo de vida pecaminoso, sino que da fe de que tales personas y su forma de vivir pueden ser transformados. Celso, un enérgico crítico pagano del cristianismo de finales del siglo II, estaba atónito de que los cristianos se interesaran deliberadamente por los pecadores, porque creía que era imposible que las personas experimentaran una radical transformación moral.[23] Estos cristianos estaban, sin embargo, siguiendo el patrón de su Señor, que transmitía la gracia de Dios a los pecadores, de tal manera que esta cambiaba su vida. No debían ser despreciados o ignorados por

---

23. Véase Orígenes, *Contra Celso*, 3.59-65.

viles o irredimibles que pudieran parecer. Menospreciar con aires de superioridad moral a los "pecadores" no les ayuda a nada y solo complica su alienación y el desprecio que sienten por sí mismos.

(3) Jesús no hace distinción entre las personas y rechaza todo el sistema que las cataloga y clasifica para desventaja de los fariseos, que tanto trabajaban para alcanzar su posición de santidad (véase Fil 3:5-6). Jesús no solo invita a comer a los miembros de su círculo (como en la comunidad de Qumrán), sino a todos los posibles invitados, dondequiera que se reúnan, sea en su casa (o en la de un recaudador de impuestos), en el desierto a ambas riberas del lago, en casa de un leproso o en un aposento alto.

(4) Jesús no tiene miedo de contaminarse con los leprosos o los pecadores sino que es más bien él quien les contagia a ellos la gracia y el poder de Dios. Los pecadores no lo corrompen, sino que es él quien les transmite bendición a ellos. Cuando se cree que el objeto de la vida religiosa es preservar la pureza, sea ritual o doctrinal, se tiende a ver a los demás como potenciales contaminadores que lo hacen a uno impuro. Jesús rechaza esta perspectiva. No considera su santidad como algo que salvaguardar, sino como "el numinoso poder transformador de Dios",[24] capaz de convertir a recaudadores de impuestos en discípulos.

El primer incidente describe, por tanto, dos puntos de vista religiosos contrarios: uno que traza límites estrictos, encasilla a las personas y las excluye de la gracia y del poder de Dios, que ha de ser rechazado; el otro que abre las puertas de par en par a todas las personas sin excepción. Lamentablemente, es la perspectiva religiosa de los fariseos y no la de Jesús la que, con mucha frecuencia, ha regido las actitudes de las iglesias y sus miembros a lo largo de los tiempos. Las personas siguen escandalizándose porque Jesús acoge a todos los pecadores. Para pasar a nuestro contexto hemos de hacer ver a las personas que las actitudes quejosas y censuradoras de los enemigos de Jesús hacia los demás son mucho más comunes en nosotros que su espíritu amoroso y acogedor.

Ayunar. La pregunta sobre el ayuno no contiene ni un mandamiento para que se practique ni una prohibición. Lo que Jesús enseñó sobre el ayuno se malentendió por completo en la *Didajé*, donde se cambian los días de su práctica obligatoria, pero se mantiene una perspectiva

---

24. Walter Wink, *Engaging the Powers: Discernment and Resistance in a World of Domination* (Minneapolis: Fortress, 1992), 117.

legalista sobre el asunto: "No ayunen con los hipócritas, que lo hacen el lunes y el jueves, pero ustedes ayunen el miércoles y el viernes" (*Did.* 8:1). La pregunta sobre el ayuno de esta escena de Marcos le permite a Jesús confirmar indirectamente que la nueva era ya había despuntado con su llegada. Él es el novio que ha venido en cumplimiento de las esperanzas de Israel. Si esto es así, queda entonces claro que Jesús no vino meramente para enseñar o reforzar las reglas normales de la conducta religiosa. El libro de reglas estaba siendo reacondicionado.

En el judaísmo, la práctica del ayuno voluntario se relacionaba con varias ideas,[25] que, desde la perspectiva de Jesús, eran incompatibles con la venida del reino de Dios. El ayuno estaba relacionado con el temor a los demonios y algunos pensaban que podían protegerse de ellos por medio de esta práctica. La atadura de Satanás por parte de Jesús y su poder para echar fuera demonios con una sola palabra hacían que el ayuno fuera innecesario. Algunos lo practicaban como acto meritorio de renuncia voluntaria, algo que, en última instancia, pretendía impresionar o controlar de algún modo a Dios. Es decir, se ayunaba con la intención de conseguir que Dios concediera un cierto bien que de otro modo podía retener. ¿Pero cómo se puede ayunar en presencia del don más sublime de Dios para la humanidad? El ministerio de Jesús deja claro que no es necesario realizar actos de mortificación para conseguir el favor de Dios y que no podemos manipularlo para que cumpla nuestras órdenes.[26]

Algunos ayunaban para expiar los pecados o evitar que la nación experimentara más calamidades.[27] Si el ayuno se utilizaba como medio para suscitar la misericordia de Dios (2S 12:22-23) o alcanzar el perdón de pecados, era, pues, innecesario. Jesús había liberado a personas del pecado, sanado enfermedades y expulsado demonios sin requerir ningún acto previo de devoción. El ayuno que se practicaba para humillarse ante Dios podía también pervertirse fácilmente, y acabar siendo una forma de exaltación ante las personas. Jesús rechaza cualquier conducta religiosa que se convierta en espectáculo para conseguir el aplauso y la admiración de los demás (Mt 6:1-6, 16-18). Si el ayuno se utiliza como

---

25. Véase Johannes Behm, "νῆστις κτλ.," *TDNT* 4:929-31.
26. Véase exposición de 9:29 en este comentario.
27. Según los *Salmos de Salomón* 3:6-8, el justo puede expiar "[los pecados de] ignorancia ayunando y humillando su alma y el Señor limpiará a toda persona piadosa y a su casa". En el *Apocalipsis de Elías* 1:21-22, se dice que el ayuno libera del pecado, sana las enfermedades, echa fuera los demonios y es efectivo aun hasta el trono de Dios.

insignia de la propia devoción (Lc 18:11-12), está fuera de lugar en una fiesta llena de pecadores.

Jesús no excluye por completo el ayuno. También se relacionaba con el dolor por la pérdida de un ser querido,[28] y la llegada del reino de Dios no pone fin al luto. La propia muerte de Jesús será causa de dolor, sin embargo, unida a su resurrección, cambian el significado de la muerte. No hemos de lamentarnos como los que no tienen esperanza (1Ts 4:13). Por consiguiente, los discípulos de Jesús no deben caracterizarse por el lamento, sino por la alegría, no solo en el tiempo de su ministerio terrenal, sino también en el nuestro.

Los cristianos no han de sentirse agobiados por la tristeza, la carga del pecado o el temor de la muerte. No han de ser aguafiestas que desaprueban la comunión con los recaudadores de impuestos y los pecadores y que no pueden levantar los brazos en alabanza. La espiritualidad cristiana no es una pesada cadena que sujeta al propio espíritu e impide que este se eleve. El júbilo por la venida de aquel que perdona los pecados y festeja con los pecadores, y la alegre expectativa de la gloria futura ha de afectar nuestro talante y perspectiva de la vida. Solo hemos de consultar las referencias a la alegría en el Nuevo Testamento para ver que impregna la experiencia de los cristianos, aun en las circunstancias más terribles.

Guardar el sábado. Las controversias sobre el sábado muestran que los propósitos de Dios para la humanidad se frustran cuando estos se limitan a un puñado de reglas de remirados fanáticos. Dios ordena que el sábado se guarde como un día apartado, ¿qué, pues, hemos hacer? Responder esta pregunta de un modo negativo diciendo por ejemplo: "No trabajar", suscita de inmediato otra pregunta: ¿Qué exactamente hemos de considerar como trabajo? Los fariseos representaban a quienes tendían a exagerar las formas en que este mandamiento podía violarse.

La *Mishná* contiene dos tratados que explican las intrincadas reglamentaciones sabáticas: el *Shabbat*, que se esfuerza por definir lo que constituye una carga y el *Erubin*, que hace lo mismo con lo que constituye un lugar de descanso sabático y cómo extenderlo. En la *Mishná Hagiga* 1:8, se admite: "Las reglas sobre el sabbat, las ofrendas festivas y los sacrilegios son como montes que cuelgan de un pelo, porque las explicaciones de la Escritura son escasas y las reglas muchas". Un *mi-*

---

28. Véase 1S 31:13; 2S 1:12; 3:35; 12:21; 1R 21:27; Est 4:3; Sal 35:13-14, 69:10; Is 58:5.

drash al Salmo 50:3 asume que cuánto más cerca estamos de Dios, más exigentes hemos de ser en la observancia de las restricciones. La afición a los planteamientos negativos y a la casuística (por ejemplo, solo podría ayudarse a alguien necesitado si estuviera en peligro de muerte o hacer un nudo si la acción podía llevarse a cabo con una sola mano) es fácil de caricaturizar. Hemos de ser asimismo conscientes de que la literatura rabínica está salpicada de hermosas homilías sobre las alegrías y el esplendor del sábado, en sintonía con lo que dice Jesús.[29] La historia de la iglesia revela que los fariseos no tenían su rincón en el mercado del legalismo duro.

Para los judíos del tiempo de Jesús, el sábado era más que un mero asunto de obediencia a ciertas reglas. La observancia del sábado se consideraba como una forma de honrar la santidad de Yahvéh (Éx 20:8-11; Dt 5:12-15). Ésta observancia marcaba también la gozosa entrada en tiempo sagrado, el tiempo del principio antes del trabajo humano. El sábado "era un santuario en el tiempo".[30] Se consideraba también una señal de la santificación de Israel entre las naciones. Su observancia hacía de Israel una nación distinta, reafirmaba la identidad judía frente a otras y servía de baluarte contra la asimilación por parte de la cultura pagana.[31] Para los judíos de la Diáspora, guardar el sábado era una profesión de fe,[32] un marcador de identidad nacional. En la obra de Justino Mártir *Diálogo con el judío Trifón* (sec. 10), un rabino se asombra por la forma de vida de los cristianos en el mundo y dice:

> Sin embargo, esto es lo que más nos confunde: que profesando ser un pueblo piadoso y creyéndose mejor que otros, no se separa en nada de los gentiles y no altera su modo de vivir entre las naciones, puesto que no observa festividades o sabbats y no practica el rito de la circuncisión.

---

29. *Mekilta Shabbata* 1 a Éx 31:13.
30. Abraham Joshua Heschel, *The Sabbath: Its Meaning for Modern Man* (Nueva York: Farrar, Straus and Giroux, 1951), 29.
31. George B. Caird y L. D. Hurst (*New Testament Theology* [Oxford: Clarendon, 1994], 386-87) comentan: "El sábado era por tanto la principal salvaguarda, casi la única, contra la caída de los judíos en convicciones y prácticas de sus vecinos paganos, y quitarla significaba el fin del judaísmo. Los fariseos creían estar luchando por la existencia misma de Israel".
32. La estricta observancia del sábado por parte de los judíos era tan proverbial que el emperador Augusto dijo en una ocasión que ni un solo judío ayunaba el sábado con tanta diligencia como él mismo lo había hecho aquel día (Suetonio, *Augusto* 76.2).

Mientras que los fariseos están airados, porque los discípulos violan las reglamentaciones del sábado, Jesús se siente afligido por la dureza de sus corazones. Para explicar lo que quiere decir a sus críticos religiosos, se muestra deliberadamente provocativo en el segundo episodio. Hubiera sido sumamente fácil sanar al hombre de la mano seca en privado, una vez concluido el servicio de la sinagoga. No pretende espolear más a sus oponentes, sino enfrentarlos con dos puntos de vista en conflicto sobre la verdadera religiosidad. Jesús los fuerza a afrontar lo que está realmente en juego: ¿está Dios por la salud o por la muerte? Si está interesado en la salud de las personas, ¿cómo puede deplorar que se obre para el bien de ellas aunque sea en un día santo? ¿Qué es más importante, las reglas o las personas? Jesús subraya el aspecto universal del sábado ("el sabbat se ha hecho para la humanidad", 2:27 NRSV) y pasa por alto cualquier otro significado que pueda tener.

El acercamiento de los fariseos trata el rito y la institución como cosas clave. Si la ley contiene ambigüedades han de aclararse y expresarse en mandamientos específicos, para que todos puedan saber exactamente lo que debe hacerse en todo momento y quién es culpable de infringirlos. Este acercamiento lleva fácilmente a una forma de esclavitud (Gá 4:10; Co 2:16), un tipo de religión que es un fin en sí mismo. Y el devoto puede actuar como el estudiante de piano que toca correctamente las notas de una pieza, pero lo hace de un modo mecánico, falto de cualquier musicalidad, o como el actor que recita maquinalmente un guión memorizado sin ninguna convicción, o el bailarín que cuenta cuidadosamente sus pasos, pero no se suelta para bailar realmente. La afición a las reglas negativas y a las largas listas de control, especialmente para los demás,[33] pueden hacer de la vida religiosa una experiencia onerosa y terrible que nunca canta ni alaba, y de los deberes religiosos un obstáculo que acaba con los débiles.

El verdadero peligro de este rígido legalismo es que puede llevarnos a creer, erróneamente, que Dios está satisfecho cuando persistimos con rigor y meticulosidad en la observancia de los detalles, aunque nuestra actitud hacia los demás sea inmisericorde. Puede convertir al devoto en un reverendo Thwackum, el predicador de la novela *Tom Jones* de Hen-

---

33. En su "Diccionario del diablo", Ambrose Bierce define al cristiano como "alguien que cree que el Nuevo Testamento es un libro divinamente inspirado, admirablemente apropiado para la necesidad espiritual de su prójimo" y la versión cristiana del cuarto mandamiento es: "Recuerda el séptimo día para hacer que tu prójimo lo guarde plenamente".

ry Fielding cuyo nombre revela su carácter (*to thwack* significa "golpear". N.T.). La devoción a los principios puede ponerse por encima de la preocupación por las personas y el devenir letal de muchas maneras, como revela el consiguiente complot que los fariseos orquestan contra Jesús. Pascal dijo: "Nunca se hace el mal de manera tan plena y tan alegre como cuando se hace por convicciones religiosas" (*Pensamientos*, 894). A los cristianos se les ha conocido tanto por su fervor por lo que consideran la verdad como por estar dispuestos a aporrear a cualquiera que la viole.

El acercamiento de Jesús da prioridad al aspecto personal. Su primera pregunta no es: "¿Cuáles son las reglas y qué cree la gente que debería hacer primero?", sino: "¿Quién necesita ayuda?". Jesús asume que la religión y sus instituciones no son fines en sí mismas. Dios dio la ley para el beneficio de la humanidad. El propósito de esta se resume en amar al prójimo, que vale más que la suma de todos los holocaustos (véase 12:32-33). No podemos interpretar correctamente la ley sin referirnos al propósito de Dios al impartir la ley. La enseñanza de Jesús deja claro que la observancia del sábado no requiere que seamos personas faltas de amor o inmisericordes para cumplir sus cláusulas ceremoniales. No es que esté desdeñando la ley. En palabras de Willimon: "El choque con la autoridad no tiene que ver con las reglas sino con *quién* pretende hacerlas cumplir".[34] Por el contrario, Jesús cumple sistemáticamente la ley cuando esta se ajusta al propósito de Dios (1:44; 3:4; 7:8-13; 10:3-9; 12:29-31). Afirma que sus seguidores no tienen que preocuparse por dar una apariencia irreligiosa o temer por el incumplimiento de algún pequeño detalle cuando están cumpliendo los principales propósitos de Dios y hacen su voluntad.

Deberíamos ser cautelosos en utilizar este pasaje para definir lo que es o no permisible para los cristianos en domingo. Este no es su propósito. Hemos de considerar otros pasajes para entender estas cosas. El propósito de las controversias sobre el sábado es afirmar que Jesús es el Señor de la ley, y exponer la siniestra maldad de sus oponentes. Posiblemente algunos cristianos del primer siglo utilizaban esta enseñanza para mostrar que Jesús nos libera de la tiranía de la observancia de "los días de fiesta, meses, estaciones y años" (Gá 4:10), y muchos no sentían ninguna obligación de guardar el sábado.

---

34. William H. Willimon, "Lord of the Sabbath", *Christian Century* 108 (1991): 515.

Del mismo modo que los judíos ampliaron el significado del sábado partiendo de su relación con el misterio de la creación y relacionándolo con la divina liberación de Israel de la esclavitud egipcia (un acontecimiento histórico), los cristianos cambiaron este día para celebrar la resurrección de Cristo (Ap 1:10).[35] Éstos veneraban un acontecimiento[36] y no lo observaban mediante el descanso sino con adoración. Pablo reconoce, no obstante, que entre los cristianos existían diferencias de opinión. "Hay quien considera que un día tiene más importancia que otro, pero hay quien considera iguales todos los días" (Ro 14:5). El apóstol insiste en que no nos juzguemos unos a otros por el modo en que vivimos nuestro compromiso con Dios. Él ama y bendice a todos. Cuando alguien ha meditado detenidamente en lo que hace ("cada uno debe estar firme en sus propias opiniones", 14:5), no se está conformando meramente a presiones externas y pretende honrar o dar gracias al Señor en ello, está libre de culpa.

No es de extrañar que la actitud de Jesús hacia los pecadores, el ayuno y el sábado hiciera que los legalistas se sintieran amenazados. Parece dejar poco espacio para la actuación religiosa, su especialidad. Al trasladar estos pasajes a nuestro marco contemporáneo, descubriremos que la oposición no ha cambiado. Muchas personas de nuestro tiempo se sentirán igual de molestas cuando se cuestionen sus santificados prejuicios e intocables costumbres.

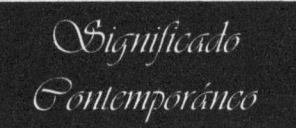

Cuando recorremos de nuevo las escenas de esta sección, podemos hacernos la pregunta, ¿qué es lo que está de más en esta imagen? La respuesta está clara: categorizar y excluir a los pecadores, el ayuno y la tristeza, y las costumbres religiosas que impiden bendecir a otras personas. Lo propio de ella es la pasión por alcanzar a los pecadores, la alegría y la ayuda a otras personas.

---

35. Sobre el debate entre sábado y domingo, véase Donald A. Carson, ed., *From Sabbath to Lord's Day: A Biblical, Historical, and Theological Investigation* (Grand Rapids: Zondervan, 1982); y Tamara C. Eskenazi, Daniel J. Harrington y William H. Shea, eds., *The Sabbath in Jewish and Christian Traditions* (Nueva York: Crossroad, 1991).
36. Comparar Éxodo 20:11, que recuerda el descanso de Dios durante el séptimo día de la creación, y Deuteronomio 5:15, que conecta el sábado con el éxodo de Egipto.

Alcanzar a los pecadores. Mientras que otras religiones surgen de una búsqueda humana de Dios, el cristianismo aparece porque es él quien busca a las personas, aun a aquellas que el mundo considera más indignas. Los recaudadores de impuestos y los pecadores necesitan la sanación y el perdón tanto como el leproso y el paralítico. La sorpresa que produce el súbito llamamiento de Jesús a Leví para que le siga se agranda por el hecho de que llame a alguien como él.

Este incidente pone de relieve una persistente tendencia entre el pueblo de Dios a lo largo de la historia a excluir y descartar a ciertas personas a quienes categorizamos como irredimibles. Estamos predispuestos a creer que Dios escoge a aquellos que se parecen más a nosotros y tendemos a olvidar que Jesús se dirigió a los despreciados e impuros para llevarlos al reino de Dios. William Carey hubo de hacer frente a una oposición parecida cuando en 1787 planteó en la Fraternidad de Ministros de la Asociación de Northampton si la comisión dada a los doce de ir y hacer discípulos a todas las naciones seguía vigente. La infame respuesta de John Ryland Sr. fue que no: "Siéntese por favor —dijo Ryland—. ¡Es usted un joven entusiasta! Cuando a Dios le plazca convertir a los paganos, lo hará sin consultarnos a usted o a mí". He conocido a muchos ministros jóvenes deseosos de alcanzar a su comunidad y que fueron aplastados por el muro de resistencia a "esta clase de personas" levantado por los miembros de su iglesia.

Hoy, muchos cristianos no se dan cuenta de que tienen exactamente la misma actitud que estos fariseos del siglo primero. Cantamos "Sublime Gracia que salvó a un miserable como yo", pero solo tenemos en mente nuestro tipo de miseria. Nos parece demasiado sublime que esta misma gracia se ofrezca a quienes creemos que, de hecho, merecen ser castigados. Los marginados, no obstante, se dan cuenta en seguida. Ambrose Bierce, en su *Devil's Dictionary* (Diccionario del diablo), definía a un "evangelista" como "un portador de buenas nuevas, que nos asegura especialmente (en un sentido religioso) nuestra propia salvación y la condenación de nuestro prójimo". Muchos siguen creyendo que todas las personas tienen su lugar y esperan que se mantengan dentro de ciertas fronteras aceptadas.

Recuerdo a un estudiante del seminario que desarrollaba un ministerio misionero en un camping. Cuando llevó a más de treinta de los niños que participaban en la escuela dominical a un acto que se llevaba a cabo en las instalaciones de la iglesia patrocinadora, se encontró con el prejuicio y con un rápido plan para que fueran segregados de los hijos de los miembros de la iglesia. En otro caso, el programa evangelístico de una iglesia consistía en un picnic en la playa por el que se cobraba treinta dólares a cada participante. Este perfil de reunión pretendía, quizá de manera inconsciente, que solo aquellas personas que pudieran permitirse pagar una entrada tan cara, asistieran y pudieran unirse a la congregación. La iglesia quería alcanzar a otras personas, pero solo a "buenos" miembros potenciales.

Los feligreses de nuestro tiempo no se sentirían posiblemente menos agitados que los fariseos si su pastor violara sus convenciones sociales no escritas. Podrían tolerar que su pastor se mezclara con quienes asisten a los antros nocturnos si estuvieran seguros de que se trataba de un encuentro fugaz para poder darles testimonio. Otro gallo cantaría, no obstante, si el pastor realizara esta actividad de manera habitual, y peor aún, si invitara a la madame del burdel local o a los tipos que se reúnen cada noche en la taberna a una cena dominical en la casa pastoral. Una cosa es ir a su terreno para darles testimonio, pero otra muy distinta tratarlos como si fueran, de algún modo, personas respetables y aceptables a las que Dios ama tanto como a los justos (sanos) que no necesitan arrepentimiento. Esto crea confusión religiosa, de modo que no se puede distinguir a los justos de los impíos. Es algo que asusta a quienes están convencidos de que la sociedad se desmoronará si estas barreras no se mantienen.

Sin embargo, esto es exactamente lo que hacía Jesús, y, con ello deja claro que no se puede ganar a aquellos con los que no se está dispuesto a comer. La predicación de Jesús crea un nuevo terreno de juego. Las antiguas categorías que clasifican a los pecadores están desmoronándose con la llegada del reino de Dios en el ministerio de Jesús. Los justos no son ya aquellos que obedecen escrupulosamente las tradiciones derivadas de su interpretación de la ley. Ellos mismos se han puesto el examen, que después también han corregido y puntuado con un excelente; a continuación han suspendido a todos los demás. Para Dios, este examen no es válido y lo rechaza. El asunto es ahora si se reciben o declinan las Buenas Nuevas, si se sigue o rechaza a Jesús, que afirma que "no ha venido a llamar a justos sino a pecadores" (2:17). A medida que el Evangelio va llegando a su fin queda claro que no hay justos que llamar. Todas las personas, incluidas las que forman el círculo íntimo de los discípulos, han caído y no alcanzan la gloria de Dios.

La religiosidad de los fariseos es, por tanto, algo contra lo que hemos de guardarnos. Se dirige hacia dentro del grupo, es ascendente y produce una especie de egoísmo narcisista que considera que Dios solo se interesa en nosotros y no en tipos como ellos. La cancioncilla del deán Jonathan Swift capta bien esta pomposa actitud:

> Somos los pocos escogidos de Dios
> Todos los demás se condenarán
> En el infierno hay espacio para ti
> El cielo no puede estar atestado.

La dirección del ministerio de Jesús es descendente, mira hacia fuera e implica que la iglesia ha de llevar a Jesús a las personas y no solo a la inversa. Este espíritu quedó bien expresado en la consigna de John Wesley, que dijo: "Todo el mundo es mi parroquia". Leonard observa que Wesley

> salió, o fue expulsado, de la tranquila y aristocrática iglesia anglicana de su tiempo, y "estuvo dispuesto a hacerse más vil" proclamando el evangelio por los campos y caminos. A su ministerio se le llamó "predicación rural", una predicación que llevaba el evangelio por las praderas y mercados, laderas y plazas públicas de Inglaterra hasta los discriminados a quienes las "personas decentes" habían descartado como incapaces de cualquier transformación moral o experiencia espiritual. Muchos de entre las clases pobres y trabajadoras creyeron y fueron transformados y Wesley escandalizó a los anglicanos al reclutar a sus primeros predicadores laicos de entre las clases más bajas.[37]

Es el espíritu que se expresa en un relato contado por Tony Campolo. Había volado a Honolulu y no pudiendo conciliar el sueño por el *jet-lag*, salió a comer algo a un establecimiento permanentemente abierto, donde oyó casualmente una conversación entre un grupo de prostitutas: una de ellas decía a sus compañeras que al día siguiente iba a cumplir treinta y nueve años. "¿Y qué quiere la niña, una fiesta de cumpleaños?" —respondió otra con sorna—. La primera se puso a la defensiva: "No he celebrado una fiesta en toda mi vida y tampoco la espero mañana". A Campolo se le ocurrió que sería una buena idea ponerse de acuerdo con

---

37. Bill. J. Leonard, *Way of God Across the Ages: Using Christian History in Preaching* (Greenville, N.C.: Smith and Helwys, 1991), 51-53.

el propietario del establecimiento y prepararle una sencilla fiesta sorpresa la noche siguiente. Se hicieron los preparativos con pastel incluido. Escuchar a su pequeño grupo de amigos y a aquel extranjero cantándole "¡cumpleaños feliz!" la dejó atónita. Quedó estupefacta de que alguien se hubiera tomado todas aquellas molestias por ella. Preguntó si podía llevarse el pastel a su casa y acto seguido se marchó. Cuando se marchó, Campolo oró pidiéndole a Dios por su salvación, para que su vida cambiara y para que él la bendijera.

La oración sobresaltó al propietario, que le preguntó con cierta hostilidad: "Usted nunca me dijo que fuera predicador. ¿A qué clase de iglesia pertenece?". Él respondió que formaba parte de una iglesia que preparaba fiestas de cumpleaños a las prostitutas a las 3:30 de la madrugada.[38] Es posible que esta respuesta se encuentre con el escepticismo de los que no son creyentes: "No hay iglesias así". Es también posible que se encuentre con el desdén de algunos creyentes: "Nosotros nunca haríamos este tipo de cosas". Pero es lo mismo que hizo Jesús para alcanzar a los perdidos y despreciados. "Lo buscamos entre sacerdotes y está con los pecadores. Lo buscamos entre los libres, pero está prisionero. Lo buscamos en gloria, y, sin embargo, está sangrando en la cruz".[39]

Thomas Long cuenta que en una ocasión, alojándose en el hotel de una gran ciudad, vio una nota en la puerta del ascensor que decía: "¡Esta noche fiesta! Habitación 210. 8:00 p. m. ¡Todos invitados!". Se imaginó el extraño surtido de personas que podían responder a la invitación: comerciales cansados, veraneantes aburridos, viajeros fatigados y curiosos; todos ellos buscando un receso de su tedio, un poco de festividad, la experiencia de algo apasionante. Pero aquel letrero era un engaño, solo una broma. Long pensó que era una lástima.

> Por un momento, quienes nos alojábamos en aquel establecimiento fuimos sorprendidos por la posibilidad de que en aquel lugar pudiera haber una fiesta a la que todos estábamos invitados: una celebración donde no importaba demasiado quienes fuéramos cuando entráramos por la puerta, o qué nos motivaba a entrar en ella; una fiesta a la que pudiéramos asistir por aburrimiento, soledad, curiosidad, responsabilidad, deseo de comunión o simplemente por el deseo

---

38. Tony Campolo, *The Kingdom of God Is a Party* (Dallas: Word, 1990), 3-9.
39. Gerald O'Collins, *Interpreting Jesus* (Londres: Geoffrey Chapman, 1983), 74, citando Carlos Alberto Libanto Christo.

de ver qué era aquello; una fiesta en la que casi importara tan poco lo que nos había llevado a llamar a la puerta como lo que nos sucediera después de llegar.[40]

Este texto anuncia que Jesús está dispuesto a dar esta clase de fiesta, y que no es un engaño. Aquellos que forman parte de su iglesia han de estar dispuestos a hacer lo mismo. Muy a menudo, no obstante, es la propia iglesia la que retira el letrero que invita a todos sin excepción.

Alegría frente a tristeza. El ministerio de Jesús tiene más que ver con la comunión de mesa, e incluso con alimentar a grandes multitudes en el desierto, que con el ayuno ascético. La pregunta sobre el ayuno nos fuerza a cuestionar los propósitos de nuestros ritos y observancias religiosos. La gracia de Dios, el perdón de pecados o la aceptación no se suscitan por el ayuno o por cualquier otra disciplina religiosa. Cualquier renuncia a los placeres de la vida terrenal como intento de conseguir el favor de Dios o la vida eterna ha de ser rechazado (véase Col 2:16-23), así como cualquier observancia de una mera regla externa impuesta (como ayunar, porque es un día determinado). El calendario no ha de gobernar nuestra devoción. El ayuno solo tiene sentido cuando surge de preocupaciones tan profundas que nos llevan a poner a un lado la comida, no cuando se nos dicta por un cierto reglamento. Todo esfuerzo espiritual que pretende únicamente separarnos de otras personas y ponernos por encima de ellas ha de rechazarse.

Sin embargo, no hay problema si ayunamos para suplir las necesidades de otras personas (como por ejemplo, para poner dinero en fondos para alimentos) o si lo hacemos para liberarnos de nuestro egocentrismo. De hecho, ayunar puede ayudarnos a purificar nuestra alma del permanente deseo de gratificación que a veces nos consume. Hemos de recordar, no obstante, que ayunar u ofrendar más que otros o cualquier otra actividad relacionada con la forma de vida cristiana no nos convierte en santos. Solo cuando estas cosas se hacen con un corazón lleno de gratitud a la bondad de Dios podemos ofrecerle una verdadera alabanza.

Hemos de tener presente que el incidente consignado en Marcos se produce en el contexto de una gozosa celebración y festejo colectivos. ¡Mientras que el ayuno puede practicarse en soledad, no sucede lo mismo con la celebración! Una de las metas de nuestras prácticas religiosas

---

40. Thomas G. Long, *Shepherd and Bathrobes* (Lima, Ohio: C. S. S. Publishing, 1987), 68-69.

debería ser la de conseguir que el compromiso con Dios resulte atractivo para los demás.

Guardar el día del Señor. A lo largo de la historia de la iglesia, el criterio de compasión expresado por Jesús ha ejercido menos influencia en la observancia del día del Señor que el adusto y rígido código que caracterizaba la práctica de los fariseos. El poema de Robert Graves "The Boy Out of Church", plasma vívidamente la hosca religiosidad que caracterizaba la observancia del día del Señor en tiempos pasados:

> No me gusta el sabbat,
> el jabón y el almidón,
> las solemnes tropas
> que marchan a la salvación.

El Sr. Arthur Clennam, un personaje de la novela *Little Dorrit* (la pequeña Dorrit) de Charles Dickens, recuerda amargamente que en su infancia odiaba el domingo por ser el día en que se le amenazaba con la perdición. "Un pelotón de maestros lo conducía a la capilla tres veces al día esposado moralmente a otro muchacho, ¡y cuán gustosamente hubiera cambiado dos raciones de indigesto sermón por una onza o dos de carne de cordero, aunque fuera peor alimento, para aumentar el exiguo sustento que recibía su cuerpo físico! [...]. Una legión de domingos, días todos de inútil amargura y mortificación desfilaron despacio ante sus ojos...".

Esta clase de austeridad es poco conocida en nuestro tiempo, cuando por todo el país se van abrogando las leyes sobre el comercio dominical. Los publicistas nos dicen que los fines de semana están hechos para el consumo de distintas marcas de cerveza o para seguir los acontecimientos deportivos y, de hecho, muchos aprovechan el fin de semana para participar de una amplia variedad de actividades lúdicas. Lo que se pierden es un tiempo de renovación espiritual. Vivimos en un mundo que solo se conoce a sí mismo y las numerosas formas de entretenimiento moderno, pero que no conoce a Dios. Aunque algunos han relacionado la inobservancia del sábado, o día del Señor, con el colapso de un cristianismo vibrante en algunas naciones, la iglesia experimentó un notable crecimiento en los primeros siglos cuando no había ningún día de descanso obligatorio por ley; los cristianos tenían que acudir a sus reuniones de adoración antes o después del trabajo. No es necesario restablecer una rigurosa observancia como Nehemías, que puso soldados en las puertas de la ciudad para imponer la obediencia (Neh 13:15-22).

No es necesario imponer una obediencia servil a las leyes sabáticas a un mundo que no honra a Dios, aunque ello tendría sus efectos positivos en la reducción de la contaminación, la restauración a la vida de un sentido de ritmo y como una oportunidad para que las personas cobraran aliento. Sí hemos de recuperar, no obstante, la liberadora visión que nos imparte Jesús del sábado (el día del Señor) como un don (2:27) y como un tiempo para hacer el bien (3:4).

El domingo cristiano comenzó como un día de adoración en que se celebraba el acontecimiento histórico de la resurrección de Jesús, fundamento de nuestra fe (1Co 15:17). Llegó a ser como el sábado, un día de descanso. Y esto es un regalo. Filón, un destacado y culto miembro de la comunidad judía alejandrina del siglo I, defendía la costumbre de su pueblo de no trabajar en sábado. Filón argumentaba que dicho descanso no se debía a ninguna indolencia de su parte. Su objeto era

> darle al hombre un desahogo de sus constantes e interminables esfuerzos y renovarlo físicamente con un calculado sistema de descanso que le permita acometer nuevamente sus actividades con nueva energía. Porque un breve receso no solo permite que la gente corriente, sino los propios atletas, recobren sus fuerzas para emprender luego prontamente y con paciencia todas las tareas que tienen por delante.[41]

En este siglo, Abraham Heschel expresa profundamente este valor del sábado para nuestra era tecnológica. Es un día en que podemos celebrar "tiempo en lugar de espacio". Nuestra moderna sociedad tecnológica se jacta de nuestra conquista del espacio; sin embargo, no hemos conquistado el "ingrediente esencial de la existencia": el tiempo. Es la esfera de la existencia en la que "la meta no es tener, sino ser; no poseer, sino dar; no controlar, sino compartir; no subyugar, sino estar de acuerdo".[42] Muchos se pasan toda la vida adquiriendo posesiones materiales pero evitan los momentos sagrados. Todos necesitamos un tiempo para poder poner a un lado la febril búsqueda del éxito, intentando "exprimir los recursos de la tierra" o conseguir más bienes de consumo. Heschel concluye:

> Seis días a la semana vivimos bajo la tiranía de las cosas del espacio; el sábado intentamos sintonizarnos con la santidad

---

41. Filón, *Sobre las leyes especiales* 2.60.
42. Heschel, *The Sabbath*, 1.

en el tiempo. Es un día en que se nos llama a participar de lo eterno dentro del tiempo, a volvernos de los resultados de la creación al misterio que esta supone; del mundo de la creación a la creación del mundo.[43]

En nuestra cultura hemos perdido este don de un día para conectar de nuevo con lo santo y recargar las baterías del espíritu. Es posible que nuestras luchas diarias produzcan victorias económicas pero pueden hacer de nuestras vidas un yermo espiritual. Lily Tomlin dijo que el problema de las carreras de ratas es que aunque, las ganes, sigues siendo una rata. Necesitamos tiempo para ennoblecer nuestras almas y hemos de disfrutar de este regalo. No obstante, hemos de ser cautelosos. El incidente consignado en Marcos revela que los dones pueden ser anulados por reglas que incrementan las cargas de las personas en lugar de librarlas de las que ya llevan sobre sí.

La estricta observancia del sábado servía para distinguir a los judíos de los gentiles en su mundo. Tampoco los cristianos deben conformarse al mundo que los rodea; guardar un día de adoración y descanso es una manera de distinguirse de los demás y dar testimonio de su fe. En lugar de atender al llamamiento de doblegarse ante los dioses del materialismo o jugar con su montón de juguetes, los cristianos apartan un cierto tiempo para adorar a Dios y celebrar su fe.[44]

La observancia de días y tiempos no ha de ser el único elemento que distinga a los cristianos de los demás. Lo que Jesús afirma es que el sábado es para hacer el bien. Jesús nunca critica la ley que requiere que el sábado se considere un día santo. Él afirma simplemente que el sábado puede convertirse en una ocasión de hacer el bien y no solo en un tiempo para abstenerse de trabajar. El criterio es la misericordia, no el ritual. La pregunta no es entonces, si una determinada actividad está o no permitida, sino si lo que hacemos ayuda u obstaculiza a los necesitados. Hacer el mal está siempre prohibido, sea cuál sea el día de la semana, mientras que hacer el bien es siempre necesario.[45] Los cristianos deberían distinguirse por sus buenas obras. Como observó sobre la Iglesia Primitiva un no creyente: "¡Ved cómo se aman estos cristianos!".

---

43. *Ibíd.*, 10.
44. David T. Williams, "The Sabbath: Mark of Distinction", *Themelios* 14 (1989): 98.
45. Lohmeyer, *Markusevangelium*, 68.

Marcos 3:7-35

Jesús se retiró al lago con sus discípulos, y mucha gente de Galilea lo siguió. 8 Cuando se enteraron de todo lo que hacía, acudieron también a él muchos de Judea y Jerusalén, de Idumea, del otro lado del Jordán y de las regiones de Tiro y Sidón. 9 Entonces, para evitar que la gente lo atropellara, encargó a sus discípulos que le tuvieran preparada una pequeña barca; 10 pues como había sanado a muchos, todos los que sufrían dolencias se abalanzaban sobre él para tocarlo. 11 Además, los espíritus malignos, al verlo, se postraban ante él, gritando: «¡Tú eres el Hijo de Dios!». 12 Pero él les ordenó terminantemente que no dijeran quién era él.

13 Subió Jesús a una montaña y llamó a los que quiso, los cuales se reunieron con él. 14 Designó a doce, a quienes nombró apóstoles, para que lo acompañaran y para enviarlos a predicar 15 y ejercer autoridad para expulsar demonios. 16 Éstos son los doce que él nombró: Simón (a quien llamó Pedro); 17 Jacobo y su hermano Juan, hijos de Zebedeo (a quienes llamó Boanerges, que significa: Hijos del trueno); 18 Andrés, Felipe, Bartolomé, Mateo, Tomás, Jacobo, hijo de Alfeo; Tadeo, Simón el Zelote 19 y Judas Iscariote, el que lo traicionó.

20 Luego entró en una casa, y de nuevo se aglomeró tanta gente que ni siquiera podían comer él y sus discípulos. 21 Cuando se enteraron sus parientes, salieron a hacerse cargo de él, porque decían: «Está fuera de sí».

22 Los maestros de la ley que habían llegado de Jerusalén decían: «¡Está poseído por Beelzebú! Expulsa a los demonios por medio del príncipe de los demonios».

23 Entonces Jesús los llamó y les habló en parábolas: «¿Cómo puede Satanás expulsar a Satanás? 24 Si un reino está dividido contra sí mismo, ese reino no puede mantenerse en pie. 25 Y si una familia está dividida contra sí misma, esa familia no puede mantenerse en pie. 26 Igualmente, si Satanás se levanta contra sí mismo y se divide, no puede mantenerse en pie, sino que ha llegado su fin. 27 Ahora bien, nadie puede entrar en la casa de alguien fuerte y arrebatarle sus bienes a menos que primero lo ate. Sólo entonces podrá robar su casa. 28 Les aseguro que todos los pecados y blasfemias se les perdonarán a todos por igual, 29 excepto a quien blasfeme contra el Espíritu Santo. Éste no tendrá perdón jamás; es culpable de un pecado eterno».

30 Es que ellos habían dicho: «Tiene un espíritu maligno».

La madre y los hermanos de Jesús

³¹ En eso llegaron la madre y los hermanos de Jesús. Se quedaron afuera y enviaron a alguien a llamarlo, ³² pues había mucha gente sentada alrededor de él.

—Mira, tu madre y tus hermanos están afuera y te buscan —le dijeron.

³³ —¿Quiénes son mi madre y mis hermanos? —replicó Jesús.

³⁴ Luego echó una mirada a los que estaban sentados alrededor de él y añadió:

—Aquí tienen a mi madre y a mis hermanos. ³⁵ Cualquiera que hace la voluntad de Dios es mi hermano, mi hermana y mi madre.

Sentido Original

En esta sección, Jesús sigue el exigente ritmo de su ministerio con unas multitudes que continúan acercándose masivamente a él para ser sanados y demonios que huyen despavoridos (3:7-12). Jesús crea el grupo de los Doce, que le ayudará a extender su ministerio de predicación y exorcismos y será preparado para sustituir a los actuales dirigentes de Israel (3:13-19). Los miembros de la familia de Jesús intentan restringir su ministerio y los maestros de la ley de Jerusalén se enzarzan en una campaña de calumnias que pretende poner freno a su creciente popularidad. La respuesta que les da Jesús insinúa que son culpables del pecado imperdonable de blasfemar contra el Espíritu de Dios, que está obrando en y a través de él (3:20-35). Aquellos que asumen la responsabilidad de la enseñanza y la sabiduría en Israel demuestran no estar espiritualmente preparados.

El cuestionamiento oficial de Jesús por parte de los maestros de la ley lleva al lector a decidir quiénes son los verdaderos dirigentes de Israel. El anuncio que hace Jesús en 3:35 también suscita la pregunta de quiénes forman el verdadero pueblo de Dios, los miembros de la familia del Mesías.

Resumen del ministerio de Jesús (3:7-12)

Jesús se retrae de la amenaza planteada por los fariseos y los herodianos (3:6) y regresa al mar con sus discípulos (3:7, 9).[1] El breve resumen que hace Marcos sobre la misión de Jesús reitera temas de las secciones anteriores: su extraordinario magnetismo, su sorprendente poder sana-

---

1. Swete (*Mark*, 54) sostiene que las playas abiertas eran más seguras que las estrechas calles de los pueblos.

dor y el tenso reconocimiento de su persona por parte de los demonios. Aunque Jesús se retire para eludir a los conspiradores, no puede escapar de su inmensa popularidad.[2] Las multitudes acudían a Juan el Bautista procedentes de toda Judea y Jerusalén (1:5), pero ahora buscaban a Jesús desde regiones incluso más remotas: Galilea, Judea, Jerusalén, Idumea, el otro lado del Jordán, y Tiro y Sidón (3:8), una zona geográfica que coincide con el territorio ocupado por el Israel de la antigüedad (véase Is 43:5-6). Los enfermos y abatidos ya no esperan que Jesús los toque, sino que ahora se arrojan directamente sobre él. Estas exaltadas multitudes contrastan marcadamente con el sombrío veredicto de los maestros de la ley de Jerusalén y explica también por qué están tan preocupados por el ministerio de Jesús. Su creciente popularidad amenaza con debilitar su influencia sobre las multitudes.

Las grandes multitudes (que se subrayan dos veces, 3:7, 8) lo buscan por lo que han oído, pero sería justo sugerir que, para Marcos, están más interesados en lo que "hace" (3:8) que en lo que dice. Por su propia naturaleza, las multitudes son rara vez capaces de captar la verdad. Solo los demonios y el lector tienen acceso a la información secreta sobre quién es realmente Jesús y cuál el poder que actúa en él. No obstante, las multitudes lo escuchan (3:8). El pueblo responde escuchando, y esto hace que el envío de discípulos con un ministerio de predicación sea tan crucial (3:14). El mensaje acerca de Jesús será proclamado por sus representantes autorizados y seguirá alcanzando a audiencias más amplias. La pregunta sobre cómo escuchan se tratará en 4:1-34.

Los espíritus inmundos siguen reconociéndolo inmediatamente, caen rendidos ante él,[3] y revelan bruscamente su identidad. A diferencia del demonio que lo aclama como "Santo de Dios" (1:24), sus gritos lo reconocen como "el Hijo de Dios" y recuerdan más de cerca la voz celestial que se oyó en el bautismo (1:11). Las voces de los demonios son siempre discordantes; el contenido de lo que confiesan es ortodoxo pero no están en modo alguno "contentos" con la presencia del Hijo de Dios. Marcos no narra qué efecto tienen sus lamentos sobre las multitudes o los discípulos a lo largo de la narración. Le interesa más en el tema

---

2. Jesús ha de tomar ciertas precauciones para escapar en una barca en caso de que la multitud lo acosara (3:9). Las multitudes merodean alrededor de su casa hasta el punto de que no puede comer (3:20) ni casi salir de ella.
3. Las multitudes "caen sobre él" (*epipipto*) y los demonios "caen delante de él" (*prospipto*).

de la confidencialidad, ya que Jesús sigue oponiéndose a que le den a conocer.

Hay más en juego que el mero intento de evitar una prematura divulgación de su identidad.[4] Los desvaríos de los demonios no pueden ser nunca instrumentos de revelación, y la reprensión que Jesús les dirige muestra su poder sobre ellos. En el contexto del primer siglo d.C., se habría considerado siniestro que los demonios proclamaran un nombre dándole su reconocimiento. Los primeros lectores no asumirían necesariamente que los demonios le estuvieran rindiendo homenaje, sino más bien que intentaban controlarlo al pronunciar su nombre divino, procurando con ello impedir la liberación de aquellos a quienes tenían bajo su poder. La traducción, "les ordenó terminantemente que no dijeran quién era él", es demasiado suave. Jesús no está imponiéndoles una mera prohibición. El verbo *epitimao* se traduce frecuentemente como "reprender", pero ni siquiera esta acepción expresa adecuadamente su significado.[5] Jesús "reprende" también al viento y al mar ordenándoles: "¡Silencio! ¡Cálmate!" (4:39) y, como el apaciguamiento de la tormenta, este amordazamiento de los demonios es una señal de que Jesús los ha dominado. Él, pues, expulsa y silencia a los demonios con una palabra.

Designación de los Doce (3:13-19)

El escenario pasa del mar a una montaña. La enorme multitud se reduce cuando Jesús invita "a los que quiere" a ir con él. Este llamamiento crea una distinción entre los que lo siguen desesperadamente en busca de sanación, aquellos que solo han quedado atrapados en el espectáculo de estos extraños acontecimientos y los que están convocados a seguirlo como discípulos, con una tarea específica. De este grupo, Jesús "designó a doce" para que fueran a él. El verbo *poieo* significa "hacer" o "crear" y evoca ciertos temas bíblicos. El Señor "designó a" Moisés y Aarón para que guiaran a Israel (1S 12:6), y Moisés "designó a" hom-

---

4. Véase, por ejemplo, Swete, *Mark*, 57.
5. Véase Howard Clark Kee, "The Terminology of Mark's Exorcism Stories", *NTS* 14 (1968): 232-46; J. Kilgallen, "The Messianic Secret and Mark's Purposes", *BTB* 7 (1977): 60. Guelich cuestiona este punto de vista (*Mark*, 148-49), y sostiene que los demonios no están enfrentados con Jesús en una lucha de poder. Afirma asimismo que, para Marcos, el problema es que los demonios sabían que Jesús era el Hijo de Dios (1:34; 3:11) y él no quería que lo publicaran. Lo dramático de la revelación de los demonios, por correcta que pueda ser desde un punto de vista doctrinal, no divulga la identidad de Jesús. Su abnegada y sacrificada muerte en una cruz lo revela como Hijo de Dios (15:39).

bres capaces para que estuvieran al frente del pueblo (Éx 18:25). Es Jesús quien toma la iniciativa de crear este grupo y darle el nombre de los Doce, como es Dios quien crea, da nombre y escoge a las personas (Is 43:1, el Señor "crea" y "llama por nombre").[6] El grupo de los Doce tiene un sentido simbólico, que apunta a la restauración de las doce tribus de Israel y Jesús está sobre ellos como líder.[7] Su elección lleva implícita una renuncia de los poderes que gobiernan en Jerusalén.

La lista de los doce nombres no nos da muchas claves sobre su posición, trasfondo o formación religiosa; no obstante, Jesús pone sobrenombres muy sorprendentes a los tres primeros. A Simón le llama Pedro (*petros*, que significa "roca") y a Jacobo y Juan, presentados antes como hijos de Zebedeo, los llama "hijos del trueno". Solo puede especularse sobre lo que dio origen a estos nombres o lo que revelan sobre sus portadores (¿su carácter, su fe o sus roles futuros?[8] Judas es el último de la lista y se le identifica como el traidor, un nombre que le puso la iglesia, no Jesús.

La misión de los Doce es doble. El Evangelio de Mateo termina con la promesa de Jesús de estar con sus discípulos todos los días, hasta el fin del mundo (Mt 28:20). Marcos subraya, en cambio, la tarea de los discípulos de estar "con [Jesús]" (Mr 3:14; véase Hch 1:21-22). ¿Qué significa esto? Lo más importante es que señala a los Doce como testigos de su ministerio, que han aprendido de él y están capacitados para transmitir y autenticar las tradiciones acerca de él (véase Lc 1:2). Pedro, Jacobo y Juan, que forman un círculo íntimo, están con Jesús en momentos trascendentales del Evangelio: cuando resucita a la hija de Jairo (5:37), cuando se transfigura en la montaña (9:2-13) y cuando ora en Getsemaní (14:33). La tarea de estar con Jesús es más dura de lo que puede parecer a primera vista. Los Doce tendrán que aprender que hay

---

6. Véase Jn 15:16; *cf.* Is 49:1; Jer 1:5; Am 7:15; Gá 1:15.
7. Véase Nm 1:1-19, 44, donde Dios ordena a Moisés que tome a un hombre de cada tribu para que colaboren con él (1:4) como "jefes de las tribus patriarcales" (1:16). Estos hombres fueron registrados según sus clanes (1:18) para representar a sus casas ancestrales (1:44) en el servicio militar. La importancia del sentido simbólico de doce puede observarse en la necesidad que sintió la iglesia de sustituir a Judas (Hch 1:15-26). Sobre el simbolismo de los Doce, véase E. P. Sanders, *Jesus and Judaism* (Filadelfia: Fortress, 1985), 106.
8. En esta cultura se asumía que "las personas son según su nombre" (Hans Bietenhard, "ὄνομα," *TDNT* 5:254). Boanerges no significa nada en griego y es posiblemente una transliteración del arameo. Podría significar "hijos del sentimiento", lo cual implica que son excitables, o "hijos de ira", y esto da a entender un carácter apasionado e impulsivo (véase Lc 9:54).

una diferencia entre pasar el tiempo alrededor de Jesús y estar verdaderamente con él. Lo último significa seguirle dondequiera que vaya y compartir los esfuerzos del ministerio, el acoso de las multitudes (3:20; 6:31-33) y el mismo trago amargo de sufrimiento (10:39).

Jesús crea también el grupo de los Doce, porque Dios requiere cooperación humana para tocar, iluminar y sanar a otras personas. Su segunda tarea es cumplir la comisión de extender la obra de Jesús mediante la predicación y la expulsión de demonios. Su compañerismo con él ha de llevar a un tipo de servicio que beneficie a otras personas. No son meros receptores del poder que ha irrumpido con Jesús, sino que han de convertirse en canales por medio de los cuales este toque a otras personas. Cabe notar, sin embargo, que en Marcos la tarea de predicar y expulsar demonios no se limita a los Doce. Al endemoniado gadareno se le pide, una vez liberado, que predique a sus familiares de Decápolis lo que el Señor ha hecho por él (5:19-20; véase 7:36). De otros —a uno se le identifica solo como "un hombre" que no sigue a los discípulos— se dice que arrojaban fuera demonios en el nombre de Jesús (9:38-39). La singular función de los doce que no se concede a los demás (véase 5:18-19) es la de estar con Jesús.

Reacción de la familia de Jesús y los fariseos (3:20-35)

Marcos menciona a otros dos grupos, además de las atemorizadas multitudes que han oído hablar de los hechos de Jesús y van a él (3:8, 21); sin embargo, estos van con propósitos bastante distintos. La familia de Jesús se entromete más para controlarlo que para ofrecerle su apoyo. Están decididos a silenciarlo, probablemente para sofocar cualquier posterior atención no deseada del pueblo o de las autoridades. Puede que les mueva el noble, pero mal encaminado deseo de protegerlo del peligro, o el menos noble de salvar la reputación familiar. Los escribas de Jerusalén vienen con la vil intención de difamar a Jesús y sabotear su movimiento. Ambos grupos reciben una sorprendente reprobación.

Este segmento es el primer ejemplo de la técnica de paréntesis (intercalación o "meter algo entre dos bloques"), que utiliza Marcos y en la que la narración comienza con un relato, pero se interrumpe con otro antes de concluir. En 3:20-21, los parientes de Jesús pretenden hacerse cargo de él, porque dicen: "Está fuera de sí". El relato de esta acción queda inacabado y el texto pasa a ocuparse en 3:22-30 de los maestros de la ley que descienden de Jerusalén, afirmando que Jesús está poseído por Belcebú,⁹ y de la refutación que Jesús hace de esta acusación. En 3:31-35, la cámara regresa a la madre y hermanos de Jesús, que llegan donde él está y le mandan llamar, ocasión en que Jesús reinterpreta el sentido de la familia. En esta narración, el paréntesis rellena el tiempo que media entre el momento en que la familia sale a buscarlo y su llegada donde él está; pero lo más importante es que esta técnica permite que los dos distintos relatos sirvan para afirmar algo parecido.¹⁰ Tanto los parientes más cercanos de Jesús como los especialistas teológicos de Jerusalén especulan erróneamente sobre Jesús (*cf.* "decían" 3:21-22); irónicamente, ninguno de ellos entiende la verdad. La inserción de la acusación de estar poseído por Belcebú entre la propuesta de frenar el ministerio de Jesús deja claro que cualquier intento de sabotear o redirigir su misión es un pecado tan serio como pueda serlo afirmar que actúa movido por Satanás. "Desviar a Jesús de su misión es algo satánico", como más adelante descubrirá repentinamente Pedro (8:33).¹¹

La madre y hermanos de Jesús no van a verlo con ánimo amigable sino para "hacerse cargo de él". El mismo verbo (*krateo*) significa "asir firmemente" en otros pasajes de Marcos (6:17; 12:12; 14:1, 44, 46, 49, 51). Jesús los hace esperar fuera mientras se desvincula de su autoridad. El círculo íntimo de Jesús está formado por aquellos cuya prioridad es hacer la voluntad de Dios y a los considera sus hermanos, hermanas y madres. Sus parientes biológicos, que lo mandan "llamar" y lo "buscan", se oponen a la voluntad de Dios sin entenderlo, y se quedan, por ello, fuera del círculo íntimo de Jesús.

La respuesta de Jesús a la visita de su familia habría sido una sorpresa puesto que es contraria a la sabiduría de esta era. La familia era la base de la vida social y económica, y la fuente de la propia identidad. En el mundo mediterráneo del siglo I d.C., la identidad de las personas se configuraba básicamente como miembros de un grupo (identidad diádi-

---

9. Aunque el origen del término Belcebú es impreciso, Marcos entiende claramente que es "el príncipe de los demonios".
10. Hay otros ejemplos en 5:21-43; 6:7-31; 11:12-25; 14:1-11; 14:53-72. Paul J. Achtemeier ("Mark As Interpreter of the Jesus Tradition", *Int* 32 [1978]: 346) afirma: al agrupar una tradición dentro de otra, nos comunica su idea de que éstas comparten un aspecto, que suele estar más claro, por regla general, en una de ellas que en la otra". Esto clarifica su mensaje más agudamente o tiene un efecto retórico, como elevar la tensión dramática, crear una cierta ironía o añadir empaque. Véase también, James R. Edwards, "Markan Sandwiches: The Significance of Interpolations in Markan Narratives", *NovT* 31 (1989): 193-216.
11. Edwards, "Markan Sandwiches", 210.

ca personal). Las genealogías y las leyes relativas a la vida familiar en las Escrituras muestran la importancia de formar parte de una familia o clan (y pueblo) determinados. En el Antiguo Testamento, la palabra "vida" se utiliza casi como un sinónimo de "familia". La familia era la vida, y rechazarla o ser expulsado de ella era perder la propia vida (véase Lc 14:26).

Pero Jesús afirma que la vida según los propósitos de Dios no viene definida por las relaciones personales dentro de una familia biológica, orientada principalmente hacia la preservación de la línea familiar, la prosperidad material y el honor (véase Sir. 26:19-21). La devoción final se debe a Dios, que es cabeza de una nueva familia divina, y hacerse miembro de esta familia es algo abierto para todas las personas independientemente de cuál sea su raza, clase o género. El único requisito es que compartan el compromiso de Jesús con Dios. Cuando él pregunta "¿quiénes son mi madre y mis hermanos?", sus palabras nos suenan a ruda despreocupación por los sentimientos de su familia (véase también, Lc 11:27-28), sin embargo, habrían sido un gran consuelo para aquellos primeros cristianos que habían perdido a sus familias por su lealtad a Cristo (véase Mt 10:35-39; Lc 12:51-53). Pueden animarse con la idea de que no están sin familia sino que ahora forman parte de una mayor, la familia de la fe (véase Mr 10:28-30). Sin embargo, las graves acusaciones que se presentan contra Jesús indican que hacerse miembro de esta nueva familia tiene sus costes. La devoción a él conllevará posiblemente abusos y persecución.

El foco ilumina ahora a los airados maestros religiosos de Jerusalén. Quienes ejercen el poder en la ciudad santa han pensado que los rumores sobre este popular maestro, predicador y sanador justifican el envío de comisionados para investigar y desacreditar cualquier aura de santidad que pueda relacionarse con el ministerio de Jesús. El maestro de Nazaret es ajeno al sistema y esto solo puede crear alarma y resentimiento entre los que forman parte de él, que no conspiran con discreción y secretismo sino que le atacan ya públicamente. Dan por sentado que Jesús echa fuera demonios,[12] pero insisten en que su autoridad para hacerlo procede de su especial relación con Satanás, no con Dios. ¡Está poseído por Beelzebú! (3:22); Tiene un espíritu maligno (3:30).

---

12. Marcos da a entender que son incapaces de expulsar a los espíritus inmundos (1:27).

Por una parte, las personas atribuyen frecuentemente a Satanás aquello que temen o no entienden. Es posible que los maestros de la ley concluyeran que quienes desacatan las sagradas tradiciones y no rinden pleitesía a su autoridad solo podían ser encubiertos agentes de Satanás. Por otra parte, es posible que estén intentando enconadamente debilitar a Jesús calificándole de instrumento del diablo.[13] Esto último parece lo más probable ya que Jesús les advierte sobre las consecuencias de blasfemar contra el Espíritu. Los expertos religiosos no contemplan como posibilidad lo que los demonios confiesan y experimentan, a saber, que Jesús es el Hijo de Dios, actuando por el poder del Espíritu. Tienen razón, en parte, cuando afirman que el ministerio de Jesús tiene que ver con el reino de Satanás, pero se muestran reacios a admitir lo evidente, y es que este fomenta su colapso, no su avance.

Jesús no responde ya a sus oponentes con afirmaciones directas (2:10, 28) sino con parábolas (3:28), que expresan lo absurdo de sus acusaciones y abren el camino para la verdad. Puesto que los exorcismos producen la sanación de los poseídos y no su perjuicio, Jesús les pregunta si creen realmente que un poder maligno se prestaría a cooperar extensamente en obras de misericordia y le concedería autoridad a otro para diezmar a sus propios agentes. Si su acusación es correcta, entonces los poderes diabólicos se están desmoronando en un conflicto entre facciones conjuradas en una conspiración por el poder, o Satanás está irracionalmente dividido contra sí mismo. No obstante, si Jesús no actúa por el poder de Satanás, hay entonces otra explicación: que uno más fuerte que él ha atado al hombre fuerte y está saqueando su casa.[14] Lo que está sucediendo no es el resultado de una guerra civil dentro de las propias filas de Satanás sino un asalto directo desde fuera.

Esta parábola es una alegoría. El fuerte es Satanás. Su casa es su dominio, el mundo presente, que él pretende guardar con seguridad. Sus bienes son aquellas desdichadas víctimas a las que ha hecho prisioneras. El más fuerte es Jesús que, procedente de Dios, ha invadido el bastión

---

13. Lo mismo se dijo de Juan el Bautista (Mt 11:18; Lc 7:33). La acusación es siniestra. Según una tradición rabínica posterior, Jesús fue condenado a muerte por practicar la brujería y descarriar al pueblo (*b. Sanh.* 43a; 107b; *b. Sota* 47a; *t. Sabb.* 11:15; véase también, Justino, *Dial.* 69:7).
14. Lo que se subraya no es la capacidad del hombre fuerte para saquear, sino la certeza de que lo hará.

de Satanás y lo ha atado.[15] Esta alegoría nos lleva a recordar el prólogo, donde Juan anunciaba la venida de uno más poderoso que él. Resulta que también es más fuerte que Satanás. Marcos no describe en detalle la tentación en el desierto, pero es evidente que Jesús ató al hombre fuerte para poder ahora saquear su casa. A quien se ha formado en la Escritura esta parábola lo lleva a recordar la promesa de Isaías 49:24-25, en el sentido de que Dios mismo vencerá al poderoso:

> "¿Se le puede quitar el botín a los guerreros? ¿Puede el cautivo ser rescatado del tirano? Pero así dice el Señor:
>
> «Sí, al guerrero se le arrebatará el cautivo, y del tirano se rescatará el botín; contenderé con los que contiendan contigo, y yo mismo salvaré a tus hijos»".

Con la llegada del reino de Dios, la batalla ha de ser librada no solo contra los mezquinos tiranos y sus dominios sino contra el reino de Satanás, que ha esclavizado a toda la humanidad.

Este encuentro con los maestros de la ley de la capital marca un cambio en el acercamiento de Jesús hacia sus antagonistas religiosos. La sección anterior pone de relieve "que las demostraciones objetivas de lo milagroso y las explicaciones públicas no consiguieron persuadir a los dirigentes religiosos y políticos judíos a ponerse de parte de Jesús".[16] Las demostraciones de poder y autoridad solo los han convencido de que han de quitarlo de en medio. Por consiguiente, Jesús ya no les ofrece pruebas para demostrar sus afirmaciones ni intenta persuadirlos con argumentos de la Escritura. Se distancia de la esfera de influencia de los fariseos y no entra de nuevo en una sinagoga hasta 6:2, cuando regresa a Nazaret, su pueblo.[17]

Aunque se distancia de sus oponentes, de aquí en adelante no les dará tregua siempre que lo confronten. Geddert compara la respuesta de Jesús con las preguntas planteadas por los fariseos en 2:23-28 y 7:5-13 sobre la conducta de sus discípulos para señalar el contraste de sus tácticas. Las averiguaciones son parecidas: "¿Por qué hacen ellos [tus discípulos] lo que está prohibido hacer en sábado?" (2:24); "¿Por qué no siguen tus discípulos la tradición de los ancianos, en vez de co-

---

15. El verbo "atar" aparece de nuevo en 5:3, donde Marcos habla de la incapacidad de los lugareños para "atar" al endemoniado gadareno incluso con cadenas.
16. Geddert, *Watchwords*, 42.
17. *Ibíd.*, 44.

mer con manos impuras?" (7:5). En el primer incidente, Jesús da una explicación procedente de la Escritura (2:25-26). En la segunda, ignora su pregunta y utiliza la Escritura para acusarlos de hipocresía y ridiculizar toda su tradición como una perversión de los mandamientos de Dios (7:6-13). Solo da una explicación a las multitudes y a los discípulos, que acuden a él cuando los llama (7:14-23).

Por su parte, los fariseos se han aliado con los herodianos urdiendo una conspiración contra Jesús y renunciando a cualquier "derecho a ser tratados como buscadores sinceros".[18] Sus endurecidos corazones los llevan también a ponerse del lado de Satanás. Jesús no intentará ya persuadir a estos dirigentes para que abracen la fe, sino que invertirá su energía en aquellos que han demostrado una disposición a seguirle. Pero su acercamiento a aquellos que no son abiertamente hostiles también se modifica. Jesús cambia su acercamiento de ofrecer "pruebas objetivas" y comienza a plantar "semillas en corazones receptivos que germinarán y, si el suelo es bueno, darán finalmente fruto".[19]

Esta sección, que describe la entusiasta respuesta de enormes multitudes, el temor de los demonios, la aterradora actitud de los dirigentes de Jerusalén y la preocupación de su propia familia, destaca una vez más la pregunta sobre la verdadera identidad de Jesús. ¿Qué es lo que le mueve, el Espíritu de Dios o la astucia de Satanás? ¿Y qué es lo que marca la diferencia? Plantea también solemnes preguntas sobre aquellos que se oponen a él y le resisten. El modo en que respondemos a aquel en quien el Espíritu de Dios obra de manera tan poderosa no es una cuestión sin importancia. Se suscita también el asunto de quién puede y quiere seguir a Jesús y qué espera él de ellos.

La sección comienza con una numerosa multitud, que se reduce a un limitado grupo de doce hombres llamados a estar con él, y termina con la designación por parte de Jesús de todos los que se han reunido a su alrededor y que se sujetan a la voluntad de Dios como su familia más cercana. Para salvar los contextos hay que prestar atención a tres asun-

---

18. *Ibíd.*, 43. En 11:27—12:44, Jesús ya ni siquiera se defiende contra las acusaciones de sus oponentes, sino que prosigue la ofensiva contra ellos.
19. *Ibíd.*, 43-44.

tos fundamentales: la oposición al Espíritu (calificada de pecado imperdonable), la tarea de los discípulos y el modo en que se relaciona con la nuestra y la redefinición de la familia.

Oposición a Jesús. El lector de Marcos se ve constantemente confrontado con la pregunta cristológica, "¿Quién es Jesús?". En la primera mitad de esta sección (3:7-19), grandes multitudes se congregan alrededor de Jesús procedentes de todas las zonas de Israel, los demonios lo reconocen como Hijo de Dios y se postran delante de él; Jesús sana a muchos poseídos por ellos. En la segunda mitad (3:20-35), la resistencia a Jesús crece en proporción a su popularidad con las multitudes. La familia de Jesús viene de su hogar y los maestros de la ley de Jerusalén. Éstos últimos aducen que Jesús es un agente del diablo (3:22), y su familia piensa que está "fuera de sí", algo que frecuentemente se atribuye a la posesión diabólica. Los maestros de la ley declaran que, efectivamente, Jesús tiene un espíritu inmundo (3:30). El contraste entre las reacciones ante Jesús fuerza al lector a tomar partido por alguna de las posiciones.[20] O bien Jesús es el Hijo de Dios que libera a los poseídos, o él mismo lo está y es un agente de Satanás. ¿Qué, pues, hemos de entender? O Jesús es culpable de blasfemia (2:7), o lo son las autoridades religiosas de Jerusalén.

Al trasladar este pasaje a nuestra cultura, haríamos bien en preguntarnos qué hay que hacer para convencer a las personas de que Jesús es el Hijo de Dios. ¿Cuáles son las mejores tácticas? Puede que, ante un antagonismo peligroso, haya ocasiones en que lo más sensato sea alejarse (3:7; véase 13:14), tener la barca preparada para huir de los perseguidores y de las multitudes que nos consumirían (véase 4:36). En otras ocasiones, tal vez lo eficaz sea un asalto frontal. Es casi siempre más efectivo refutar las afirmaciones de endurecidos enemigos con enigmáticas parábolas que estimulan la mente para descubrir la verdad por uno mismo que con argumentos abstractos o enfrentamientos verbales más diseñados para quedar por encima de los oponentes que para ganarlos a ellos. La utilización que Jesús hace de las parábolas ante sus oponentes es el camino del verdadero amor. Su deseo no es meramente derrotarlos en el debate, sino motivarlos a pensar junto a él. Su utilización de fascinantes imágenes literarias proporciona un terreno común que estos

---

20. Lane, *Mark*, 28.

pueden entender y que puede iluminarlos con la verdad si están dispuestos a abrir su mente a Dios.[21]

Muchos de los leen este pasaje se desvían, no obstante, del tema del pecado imperdonable. Jesús sugiere (obsérvese el indefinido, "quienquiera" 3:29) que sus oponentes son culpables de blasfemar contra el Espíritu, algo que él califica como imperdonable.[22] A lo largo de los años, una afirmación tan severa ha llamado la atención de muchos y requiere una atención especial, puesto que numerosos miembros desesperados de la iglesia se han torturado con el temor de haberlo cometido. En primer lugar, no se dan cuenta de que lo que se condena es la maliciosa negación de la actividad del Espíritu de Dios en el ministerio de Jesús, es decir, denominarlo espíritu inmundo y negar que obra directamente en nuestro mundo caído, por medio de seres humanos, para sojuzgar a los poderes del mal y liberar a personas e instituciones de la servidumbre de Satanás. Jesús hace la terrible aseveración de que este pecado es imperdonable. En segundo lugar, no tienen en consideración la utilización que Jesús hace de la hipérbole para resaltar que el rechazo o la obstrucción a la obra del Espíritu Santo es un pecado terrible. Entienden estas palabras de un modo literal y asumen que algunas acciones son imperdonables. McNeile explica que, en el Antiguo Testamento, los pecados graves (o desafiantes) se describen muchas veces como "imperdonables" (Nm 15:30-31; 1S 3:14; Is 22:14) y comenta:

> Si el Señor habló como judío a los judíos y utilizó una expresión corriente en su día y derivada del Antiguo Testamento, lo que quería decir, y todo el mundo lo hubiera entendido así, no es sino que esta blasfemia contra el Espíritu Santo, por medio de cuyo poder obraba, era un pecado terrible, más aún que blasfemar contra los hombres.[23]

El problema es que los cristianos se aferran frecuentemente al aspecto negativo de este dicho —uno es "culpable de un pecado eterno"— y descuidan la afirmación positiva que dice, "todos los pecados y blasfe-

---

21. Ernst Fuchs, *Studies of the Historical Jesus* (Londres: SCM), 129.
22. Contrástese Jubileos 15:34, donde el pecado imperdonable consiste en no circuncidar a los propios hijos.
23. Alan Hugh McNeile, *The Gospel According to St. Matthew* (Londres: Macmillan, 1915), 179. Matthew Black (en *An Aramaic Approach to the Gospels and Acts* [3d ed.; Oxford: Clarendon, 1967], 140 n. 3) sostiene que la palabra "pecado" procede de una traducción errónea de la palabra aramea subyacente, que significa "condenación". Véase la crítica de este punto de vista en Gundry, *Mark*, 183.

mias se les perdonarán a todos". La traducción de la King James Version, "está en peligro de condenación eterna" (3:29), llama sin duda la atención. Puesto que este pasaje ha producido tanta angustia innecesaria, otro texto subraya sabiamente que nuestra gran pecaminosidad nunca agota el amor, gracia y paciencia de Dios: "Y al que a mí viene, no lo rechazo" (Jn 6:37).[24] El evangelio proclama que Dios perdona lo que a nosotros puede parecernos imperdonable.

Clarificar a partir del contexto en que aparece este dicho lo que hace que la blasfemia contra el Espíritu Santo sea imperdonable debería ser de ayuda. Las personas han de entender que una cosa es rechazar a Jesús por ignorancia, pero atacar el poder por él que actúa es algo mucho más grave. Cuando alguien es débil, puede animársele, y si es ignorante se le puede informar. ¿Pero qué puede hacerse con aquellos que son deliberadamente ciegos y sordos, y rechazan cualquier ayuda? Quienes desarrollan esta actitud se han cortado a sí mismos de lo que puede llevarlos al arrepentimiento. Los enemigos declarados de Jesús han cerrado los ojos a la verdad. Dicen que lo bueno es malo para alejar a otras personas de Jesús, para mantener su autoridad y para no hacerse sus discípulos. Dios está dispuesto a perdonar incluso este pecado, pero estas personas se han cerrado deliberadamente a su perdón. No es una sola acción concreta, sino un constante estado de desprecio hacia la obra del Espíritu.

Si se entiende el llamado pecado imperdonable como un deliberado desprecio del poder y perdón de Dios, quizá podamos ayudar a aquellos de nuestras iglesias que viven preocupados, o hasta aterrorizados, pensando que han cometido algún pecado imperdonable. Su preocupación por ello es una prueba de que no lo han cometido. Jesús afirma que la blasfemia es perdonable (3:28), y el testimonio de Pablo lo confirma. El apóstol afirma haber sido un blasfemo en otro tiempo (1Ti 1:13), no muy distinto de estos maestros de la ley que rechazan a Jesús y calumnian a los cristianos como un cáncer satánico que destruye el tejido del judaísmo (Gá 1:13-14). Pablo cambió su concepción a partir de una intervención directa de Dios. Habría sido imperdonable haber seguido rechazando al Señor, no porque hubiera desperdiciado su única oportunidad de responder, sino porque su corazón se habría endurecido más y más y su vida se habría instalado más sólidamente en la maldad.

---

24. E. M. Blaiklock, *The Young Man Mark: Studies in Some Aspects of Mark and His Gospel* (Exeter: Paternoster, 1965), 31.

Los Evangelios muestran que, de equivocarnos en esta cuestión, es preferible hacerlo subrayando de más el perdón de Dios; sin embargo puede que haya ocasiones en que la siniestra naturaleza de este pecado deba recalcarse como una advertencia. Las frases paralelas: "Cualquiera que blasfeme contra el Espíritu Santo" (3:29, LBLA) y "Cualquiera que hace la voluntad de Dios" (3:35), sugieren que uno puede pasar de una conducta a la otra. Es significativo que los maestros de la ley de Jerusalén sean culpables de blasfemia contra el Espíritu y de que Pablo, un antiguo fariseo, que se destacó como fiel seguidor de la tradición de sus padres (Gá 1:13-14; Fil 3:5-6), confiese haberlo sido en el pasado. En este relato, aquellos que conocen mejor a Jesús y los que deberían saber más sobre Dios son precisamente quienes se le oponen.[25] Aquellos que posiblemente corren más peligro de cometer este pecado en nuestro tiempo son los teólogos, expertos bíblicos y dirigentes de las iglesias. Son también los que más probablemente eleven acusaciones de blasfemia contra otras personas.

El uso que hace Marcos de la técnica parentética vincula la acusación de blasfemia con el intento de parte de la familia íntima de Jesús de detener su misión. Blasfemar contra el Espíritu no solo consiste en difamarlo, lo cual es fácil de reconocer; esta blasfemia radica también en subvertir la obra del Espíritu de Dios, algo no tan fácil de reconocer. Lo que la hace más difícil de ser detectada es que quienes podrían ser culpables de ello son los más cercanos a Jesús y están convencidos de actuar con las mejores intenciones. Pocos de quienes han leído este texto han visto la conexión que plantea la técnica parentética de Marcos entre la calumnia de los escribas y el intento de la familia de Jesús de detener su misión. Este último pecado no es menos blasfemia contra el Espíritu y no es menos grave. Aquellos que se consideran íntimos de Jesús, que lo buscan e invocan, han de guardarse de menoscabar aquella obra del Espíritu que va en contra de sus deseos o expectativas. Aun los miembros de la familia de Jesús pueden aliarse inconscientemente con sus enemigos y una casa dividida no puede mantenerse en pie.[26]

---

25. Achtemeier, "Mark", 4:549.
26. Es evidente que a la familia de Jesús se le hizo la luz después de la Resurrección (véase Hch 1:14), y que sus hermanos llegaron a ser dirigentes en el movimiento de Jesús (véase Hch 15; 21:17-26; 1Co 9:5; y las cartas de Santiago y Judas). No deberíamos, por tanto, utilizar este texto para censurar a la familia inmediata de Jesús, sino vernos a nosotros mismos como los últimos en añadirse a su familia en el relato. Si aquellos que tan cerca estaban de Jesús lo malinterpretaron e intentaron impedir su

Siguiendo la tarea de los discípulos. Jesús escogió a los primeros discípulos para que fueran testigos de sus obras y palabras. Estar con él significa aprender a ser como nuestro Señor para así extender su ministerio de poder. En este punto, nuestra tarea y la suya se cruzan. Marcos cree que sus lectores pueden aprender de sus errores. A los Doce no se les llama a ocupar un cargo distinguido o a sentarse en tronos ni tampoco se los presenta como discípulos ideales que sirven de modelo para los lectores. El funcionamiento de estos doce hombres en Marcos deja claro que los humanos, siendo lo que son, tienen libertad para tomar sus decisiones y se equivocan frecuentemente en su relación con Dios. Jesús escogió a Judas, por ejemplo, para que fuera uno de los Doce, no un traidor; pero él tomó la decisión de abandonarlo y entregarlo a sus enemigos. La historia de Pedro en este Evangelio descubre a alguien que es cualquier cosa menos una roca. Es más duro de mollera cuando discute con Jesús sobre su papel mesiánico (8:32-33) y se parece más al suelo pedregoso donde la semilla que ha brotado se seca bajo el débil foco del escrutinio hostil (4:5-6, 16-18) cuando negó tres veces a su Señor (14:66-72). A los hijos del trueno se les muestra buscando gloria y riquezas que, a su entender, serán abundantes cuando Jesús ascienda al trono. Quieren ocupar las mejores posiciones y sentarse a la izquierda y a la derecha del rey.

A pesar de sus fracasos, los propósitos de Dios al llamar a estos doce hombres no serán frustrados y el poder de Dios puede obrar a través de ellos para multiplicar el ministerio de Jesús. Los discípulos acuden a Jesús con toda su ignorancia, debilidad y flaqueza y deben aprender a seguir el patrón de su Señor para que Dios obre a través de ellos en la extensión de su ministerio. Solo Jesús es nuestro modelo. Estar con él significa aprender de su ejemplo positivo.

Estar con Jesús es, pues, mucho más difícil de lo que parece, y, al abordar esta tarea de contextualizar el texto, deberíamos tener cuidado de no minimizar el coste de la tarea del discipulado. El gran número de himnos que cantan las alabanzas de estar con Jesús pueden llevarnos a pensar solo en términos de las alegrías que compartimos al disfrutar una sosegada comunión con él en algún marco idílico. En el Evangelio de Marcos se nos muestra que los Doce tuvieron poco tiempo para este tipo de pausa, mientras se apresuraban yendo de acá para allá con Jesús.

---

misión, nosotros no somos menos vulnerables a este mismo error, ni siquiera después de la Cruz y la Resurrección. Deberíamos, pues, cuidarnos de este peligro.

No todo era radiante alegría, prestigiosa autoridad y triunfantes exorcismos. Estar con Jesús en Getsemaní (14:33) no fue nada fácil.

Puesto que estar con él requiere que compartamos sus penalidades, los discípulos, como nosotros, nos sentiremos tentados a apartarnos de él. Judas abandona a Jesús y viene a Getsemaní con "una multitud," blandiendo espadas y palos (14:43). Prefiere estar con los que gobiernan por la fuerza bruta que sufrir con alguien que parece tan impotente y gobierna por amor. Cuando el destacamento viene para arrestar a Jesús, todos los discípulos lo abandonan a su destino. En el patio del sumo sacerdote, un Pedro repentinamente apocado es reconocido como uno de los que estaban "con ese nazareno" (14:67), pero él lo niega con vehemencia. Prefiere perderse entre la multitud y sentarse con quienes acaban de prender a Jesús, calentándose junto a un fuego acogedor (14:54). Debería dejarse claro a quienes pueden sentirse tan solo atraídos por la apasionante perspectiva de tener autoridad sobre los demonios que estar con Jesús significa compartir sus esfuerzos y adversidad. Pablo entendió plenamente lo que significaba estar con él y que él estuviera con nosotros cuando escribió a los corintios: "Dondequiera que vamos, siempre llevamos en nuestro cuerpo la muerte de Jesús, para que también su vida se manifieste en nuestro cuerpo. Pues a nosotros, los que vivimos, siempre se nos entrega a la muerte por causa de Jesús, para que también su vida se manifieste en nuestro cuerpo mortal" (2Co 4:10-11).

La tarea de los discípulos consiste también en proclamar la victoria de Dios sobre el mal y liberar a otros. La lucha contra Satanás continúa. La imagen que presenta Jesús del hombre fuerte atado y de su casa saqueada puede llevarnos a concluir que este ha sido completamente derrotado. Pero los cuerpos y las mentes retorcidas y la vileza moral e institucional que vemos a nuestro alrededor y hasta en nosotros mismos desmiente esta conclusión. Lo que la imagen sí deja entrever es que el establecimiento del reino de Dios no se llevará a cabo sin esfuerzo, sino que requiere lucha y conflicto.

Existe pues una tensión entre el presunto encadenamiento de Satanás y su poder ininterrumpido. Satanás es derrotado una y otra vez en todas las escaramuzas que se producen en el Evangelio (la tentación, los exorcismos) pero sigue presentando batalla con un vigor capaz de infligir daños y resistir. El infame ataque sobre Jesús por parte de los maestros de la ley de Jerusalén es prueba viva de ello. Puede compararse con lo sucedido en la Batalla de las Ardenas, donde Hitler hizo una última y desesperada apuesta y arrojó a todas sus fuerzas a la batalla en un intento de detener el avance de los Aliados tras la triunfante invasión de Europa. La llegada del reino de Dios en el ministerio de Jesús es solo el comienzo del fin para los poderes malignos. Satanás puede consumir la semilla que cae sobre el endurecido camino (4:15), pero ello es más culpa del que oye que mérito del maligno. La casa saqueada es como un edificio en el que se han colocado las cargas de dinamita para su demolición. Cuando estalla, el edificio sigue en pie durante un instante antes de desmoronarse en un conglomerado de escombros y polvo. A los discípulos se les promete poder espiritual para luchar contra el enemigo y derrotarlo; necesitan discernimiento espiritual para reconocer quién es verdaderamente el enemigo.

Redefinición de la familia. Jesús no enseñó mucho sobre la familia ni nos dio un modelo para la vida doméstica y muchos consideran perturbador lo que afirma sobre las relaciones familiares. La mayoría de nosotros no consideraríamos que este sea el texto ideal para el Día de la Madre o para elaborar un tema de enriquecimiento familiar. En una era en que el tejido que une a las familias nucleares está tan deshilachado, desearíamos que Jesús nos hubiera dejado diez consejos sobre cómo relacionarnos con los miembros de la familia en lugar de este abrupto rechazo de los suyos. Jesús está alienado de su familia, que le considera un lunático que está tirando su vida por la borda. ¿Cómo podemos usar la excepcional idea de la familia que Jesús propugna en este pasaje para fortalecer a las familias de nuestro tiempo?

Ernest Renan concluyó en su vida de Cristo, escrita en el siglo XIX, que Jesús "se preocupaba poco por las relaciones de parentesco". Renan describía la actitud de Jesús como una "atrevida sublevación contra la naturaleza", que pisoteaba "todo lo que es humano, sangre, amor y país".[27] La brusca respuesta de Jesús a su madre y hermanos y su contestación aparentemente cruel a un hombre que le pidió permiso para enterrar a su padre antes de seguirle ("deja que los muertos entierren a sus muertos" Mt 8:22) dan cierta credibilidad a la opinión de que Jesús pretendía minar los vínculos familiares más que fortalecerlos.

Sin embargo, la enérgica condena por parte de Jesús de quienes eludían sus responsabilidades para con sus padres apelando a la casuística legal (Mr 7:6-13), su envío del ahora liberado gadareno a su familia

---

27. Ernest Renan, *The Life of Jesus* (A. L. Burt, 1897), 97-98.

(5:18-19), y su condenación del divorcio (10:1-12) revelan que la conclusión de Renan es exagerada. La radical imagen de Jesús no carece de precedentes. Esta puede encontrarse en las estrictas tradiciones religiosas del judaísmo, que requerían que los prosélitos abandonaran las antiguas relaciones, y en las diversas tradiciones filosóficas del mundo grecorromano. Los seguidores podían entender las demandas de subordinar los vínculos familiares a un bien más elevado. Todas las otras lealtades han de considerarse de importancia menor.[28]

Para salvar los contextos hemos de afrontar sin ambages la nueva evaluación que Jesús hace del significado de los vínculos familiares biológicos. Si lo que pretendemos es buscar egoístamente cómo hacer que nuestras familias sean más felices y seguras, no vamos a encontrar gran cosa en este versículo. Pero si lo que buscamos es el propósito más sublime de Dios para la familia, entonces encontraremos buenas nuevas, especialmente para aquellos que, por una u otra razón, se encuentran solos y carecen de familia. Jesús demuestra una absoluta lealtad a los propósitos de Dios y requiere lo mismo de sus discípulos. Jesús rechaza la exclusividad y egoísmo que a menudo suscita el parentesco biológico y afirma que las multitudes anónimas pueden convertirse en una familia para él y los unos para los otros.[29] Forman parte de una familia aún mayor, cuyos vínculos, creados por su común compromiso con Dios, son más fuertes que los de sangre (véase 10:28-30; Ro 16:13; Fil 2:19-22; Flm 10).

Al comienzo de la sección Jesús invitó a los que quiso (3:13). Esto puede interpretarse erróneamente en el sentido de que algunos que deseaban seguir a Jesús habrían sido apartados, porque él no los quería. El final de la sección, no obstante, deja las puertas completamente abiertas. Todo el que hace la voluntad de Dios se convierte en miembro de su familia, una familia que se redefine como algo que trasciende el parentesco biológico de la institución nuclear y el clan. Las relaciones

---

28. Stephen G. Barton, *Discipleship and Family Ties in Mark and Matthew* (SNTSMS 80; Cambridge: Cambridge Univ. Press, 1994), 23-56, 220-21.
29. Louis Feldman (*Jew and Gentile in the Ancient World* [Princeton: Princeton Univ. Press, 1993], 196-99) observa que el cristianismo difiere del judaísmo "en su misma esencia". "Los judíos se han definido a lo largo de la historia como un pueblo, una nación, una familia, y por ello podemos entender la formulación talmúdica [*b. Qidd.* 68b] que define al judío de nacimiento como alguien cuya madre es judía (una definición más biológica que teológica); la religión es un accesorio de la nación". El cristianismo fue, por otra parte, la "primera religión carente de conexión nacionalista" y ello le hizo objeto del ataque de sus antiguos críticos.

familiares biológicas no se basan en una elección, pero ser miembro de la familia de Dios sí. El único requisito para ser miembro de esta nueva familia mesiánica es obedecer a Dios, cuyas órdenes se definen por lo que Jesús hizo y enseñó.

Blasfemia contra el Espíritu. La acusación que los enemigos presentan contra Jesús pone en tela de juicio los esfuerzos de quienes intentan hacer de él un fracasado revolucionario judío, un sencillo maestro que pronunció intemporales verdades éticas, o un errante predicador cínico. La única explicación razonable de la profunda hostilidad de quienes se oponían a Jesús es que había afirmado que sus hechos eran la manifestación del Espíritu de Dios obrando en y a través de él. C. S. Lewis entendió que cuando nos enfrentamos con las afirmaciones de Jesús solo tenemos dos opciones:

> Un hombre que fuera meramente un hombre y dijera las cosas que dijo Jesús no sería un gran maestro de moral. O bien sería un lunático —al mismo nivel que alguien que dijera ser un huevo frito— o sería el mismo diablo. La elección es tuya. O bien era y es el Hijo de Dios, o era un perturbado mental, o algo peor. Puedes encerrarlo como a un loco, o escupirle como a un demonio; o puedes caer a sus pies y llamarlo Señor y Dios. Pero no vengamos con la sandez de que fue un gran maestro humano. Jesús no nos ha dejado abierta esa posibilidad ni nunca fue su intención hacerlo.[30]

La iglesia no injuria tan abiertamente al Espíritu como estos amargados oponentes de Jesús, pero su blasfemia contra el Espíritu puede adoptar formas más sutiles. Jesús lanza esta seria acusación cuando los miembros de su familia intentan desviarlo de sus propósitos. La iglesia ha sido culpable de esto mismo más de una vez a lo largo de su historia. Un ejemplo clásico es el del Gran Inquisidor que aparece en *Los hermanos Karamazov* de Dostoevsky. Este hombre considera abiertamente a Jesús como un fracaso y se jacta y pone las palabras siguientes en su boca y en la de su iglesia: "Hemos corregido tu obra; la hemos basado en el milagro, el misterio y la autoridad [...]. Tomamos de él lo que tú

---

30. C. S. Lewis, *Mere Christianity* (Londres: Fontana: 1960), 52-53.

rechazaste con burla, el último don que te ofreció al mostrarte todos los reinos de la tierra".[31]

El peligro radica en que solo veamos este grave pecado en otros —nuestros letales oponentes— y no en nosotros mismos. Calumniar a quienes pertenecen a Jesús es tan peligroso como confundirle a él con Satanás. La historia de la iglesia está plagada de personas que calificaron de blasfemos a sus oponentes teológicos y procedieron a denunciarlos, excomulgarlos o ejecutarlos. Cuando alguien describe a sus enemigos como inherentemente malos o menos que humanos, se le hace más fácil justificar su eliminación. Cuando se describe a un enemigo como diabólico, puede racionalizarse cualquiera cosa que uno haga para eliminar a dicho diablo, por diabólica que pueda ser la acción.

Las calumnias de los maestros de la ley sobre Jesús revelan el extremo peligro de calificarle. Puede que fueran sinceros al denunciarlo a él y el poder por el que obraba. Puede que se asustaran del vino nuevo que reventaba sus ajados odres. Alguien ha dicho que el infierno no conoce furia como la del correligionario que se siente traicionado. En los círculos religiosos, la crítica negativa de otros surge de una serie de motivos: una sincera preocupación por algo radicalmente nuevo, una genuina alarma por lo que se percibe como herejía, el deseo de asegurarnos de formar parte de los buenos calificando a otros de malos, o el cobarde temor de perder poder. Los escribas pretendían proteger la ley, su tradición y su participación en ella. Puede que creyeran firmemente que Dios y la Escritura estaban de su parte. Sin embargo, estaban completamente equivocados y su convicción era letal para sí mismos y para otros.

Este tipo de personas están todavía con nosotros y siguen siendo tan letales como entonces. ¿Se darán cuenta finalmente que han sido un obstáculo para la obra del Espíritu de Dios? Cualquiera que considere este texto debería tener cuidado de no señalar a otras personas con un dedo acusador y preguntarse si puede estar siendo un obstáculo para el Espíritu que actúa a través de personas de maneras que les pueden resultar extrañas y hasta aterradoras. Hemos de pedir el discernimiento del Espíritu para que nuestro orgullo, interés personal y rigidez no nos oscurezcan el juicio de lo que el Espíritu puede hacer.

---

31. Fyodor Dostoevsky, *The Brothers Karamazov*, trad. de Constance Garrett (Nueva York: Random House, 1929), 305.

Autoridad sobre el mal. A los apóstoles no se les ha dado una autoridad en general, sino una para hacer el bien, para expulsar demonios. Esto no significa que tengamos que tener reuniones especiales de exorcismos en nuestras iglesias o formar ministros para esta tarea (aunque muchos misioneros me han dicho que les habría gustado recibir una mejor preparación para enfrentar este fenómeno en el campo de misión). Lo que significa es que la iglesia debe hacer algo más que limitarse a hablar sobre el poder de Dios, y mostrar ciertas evidencias de tenerlo.

En otras palabras, las iglesias deberían ser comunidades que no se limiten a confesar su nombre, que no es más de lo que hacen los demonios. La iglesia no debe quedarse al margen, mirando pasar al mundo sin hacer otra cosa que ofrecer a las personas una opción religiosa distinta para la salvación. Su tarea es ponerse en pie y confrontar al mal en la arena de la vida. Jesús envía a sus discípulos a abordar un mal que es mayor que el mal personal y a liberar a las personas de cualquier cosa que las esclavice. Puede que alguien pregunte: ¿Dónde están las pruebas de este poder para cambiar vidas en la iglesia? Se dice que Tomás de Aquino tuvo una audiencia con el Papa Inocencio II y lo encontró contando una gran suma de dinero. El Papa dijo con jactancia: "Ves, Tomás, la iglesia ya no puede decir: 'No tengo plata ni oro'" (Hch 3:1-10). Aquino respondió: "Cierto, santo padre, pero tampoco puede decir, '¡levántate y anda!'".[32] Cabe preguntarse si la iglesia confronta hoy a los poderes del mal.

Sin embargo, algunos han puesto un acento indebido en los milagros, magnificando la importancia de las sanaciones y los exorcismos. Estas cosas hacen, ciertamente, que las reuniones de adoración sean excitantes y emocionantes, pero abren también la puerta a los engaños y explotación de los empresarios de la estimulación emocional. Los tejemanejes de los estafadores han dado a los medios de comunicación abundante carnaza para sus parodias. La iglesia debe siempre recelar de los buhoneros que manipulan a las multitudes para su provecho y que, generalmente, convierten su ministerio en acrobacias, que más pretenden la entrada de dólares que la expulsión del mal. Lo que frecuentemente se ignora en este tipo de espectáculo es el mal interno que atenaza a individuos, instituciones y sociedades. La iglesia suele identificar a los charlatanes que se especializan en sanar a personas con problemas

---

32. F. F. Bruce, *The Book of Acts* (NICNT, ed. rev.; Grand Rapids: Eerdmans, 1988), 77-78.

físicos menores, pero que guardan silencio y son impotentes ante los males que corroen las almas de las personas.

Muchos prefieren protegerse bajo un caparazón de cristianismo cómodo. El aleccionador relato de David Gushee sobre los pocos gentiles que arriesgaron su vida para salvar a judíos durante el holocausto es perturbador porque documenta el número tan bajo de cristianos que se opusieron al mal que barrió Europa. Hitler no hubiera podido hacer lo que hizo sin la complicidad de una nación predominantemente cristiana. Gushee documenta que de los trescientos millones de personas que estuvieron bajo la dominación nazi, el noventa por ciento eran cristianos y un sesenta por ciento se habrían descrito a sí mismos como "muy" o "un poco" religiosos antes de la guerra. Pero los que actuaron para salvar a los judíos eran menos del uno por ciento. Una de sus conclusiones es especialmente inquietante: "La irrelevancia de la fe cristiana para muchos de quienes se definían como rescatadores cristianos de la llamada Europa cristiana es un hallazgo extraordinario". Algunos de los rescatadores actuaron "a pesar de la enseñanza que recibieron en la iglesia". Lech Sarna, un devoto católico polaco, se sintió atormentado tras asistir a la iglesia. Este hombre se lamentaba, "estoy convencido de perderme en ambos mundos. Aquí me matarán por proteger a los judíos y después perderé el cielo por la misma razón".[33] La iglesia es responsable de formar moralmente a sus miembros para que estos puedan reconocer el mal y estén dispuestos a oponerse a él al margen del coste que suponga para ellos.

En la película *La lista de Schindler* se muestra la violencia y el horror diarios del campo de concentración de Kraków-Płaszów, dirigido por el *Untersturmführer* Amon Göth. Los supervivientes afirman que una película dirigida al gran público no podía expresar toda la obscenidad de aquella violencia. Muchos de los que sobrevivieron a aquello no encontraron fuerzas para hablar con Thomas Keneally, autor del libro en que se basó la película. Esta consiguió animar a algunos a contar su historia a Elinor J. Brecher, encargada del seguimiento de las vidas de los *Schindlerjüden*. En su relato, Brecher menciona a Helena Sternlicht Rosenzweig, que había sido criada de Amon Göth y cuenta que, en una ocasión, preparó unos ramos de flores para decorar la casa. El comandante le comentó a su amante lo hermosas que eran. Señalando a la

---

33. David P. Gushee, *The Righteous Gentiles of the Holocaust: A Christian Interpretation* (Minneapolis: Fortress, 1994), 165.

criada, la amante le dijo que había sido ella quien las había puesto allí. Él se volvió y mirando a Helena dijo: "Aunque haga algunas cosas bien, he de odiarla porque es judía".[34] No sé cuál de ellos estaba en una cárcel peor, la hostigada judía que todavía era capaz de preparar flores para su torturador o este último. La iglesia ha de expulsar a los demonios del fanatismo, la intolerancia, el provincianismo, el chovinismo, el racismo y el sexismo; todos los *ismos* que atenazan a la humanidad y la azuzan para que inflija dolor a otros.

Nuestra tentación es alejarnos del mundo o pasar por alto el mal que hay entre nosotros. La última opción es la que ejemplifica el reverendo Tooker, pastor de la iglesia de San Pablo en la isla de Granada, uno de los personajes de la obra de Tennessee Williams, *Cat on a Hot Tin Roof* (La gata sobre el tejado de zinc). Este hombre se relaciona con una familia de su iglesia que está llena de odio, desconfianza, lujuria, codicia y abusos. Tooker es ajeno a todo ello, y solo habla de edificar la iglesia, que para él significa restaurar el aspecto del edificio parroquial. La primera opción está representada por los ácidos comentarios de Lutero sobre los monjes:

> Porque cuando uno huye y se convierte en monje, suena como si estuviera diciendo, "¡Uf! ¡Qué mal huelen las personas! ¡Cuán condenable es su estado! ¡Yo me salvaré y que ellos se vayan con el diablo!". Si Cristo hubiera huido de esta manera y se hubiera hecho un monje tan santo, ¿quién habría muerto por pobres pecadores como nosotros o presentado compensación por nuestras faltas? ¿Lo habrían hecho acaso los monjes, con sus estrictas vidas de evasión?[35]

Hemos sido enviados por Cristo a un mundo de maldad para encarar frontalmente el mal con el poder de Dios.

Jesús y la familia. La afirmación de Jesús sobre la familia tiene enormes repercusiones sobre la forma en que vivimos nuestros compromisos familiares y en que debemos ministrar a las familias. En el relato de Forrest Carter sobre la vida durante la Gran Depresión que se vivió en la década de 1930, el abuelo explica a su nieto lo que quiere decir cuando

---

34. Elinor J. Brecher, "Schindler's Legacy: True Stories of the List Survivors" (Nueva York: Plume/Penguin, 1994), 64.
35. Martin Luther, "On the Councils and the Churches", *Works of Martin Luther* (Filadelfia: Muhlenberg, 1931), 5:161.

afirma. "Te considero parte de mi familia". Pertenecer a la familia significaba amar y entender.

> El abuelo decía que, antes de su tiempo, un "pariente" era cualquier persona a la que comprendieras y con la que te entendieras, y esta palabra significaba, por tanto, "personas amadas". Pero la gente se hizo egoísta y devaluó su sentido hasta que llegó a significar únicamente parientes de sangre; pero en realidad nunca pretendió significar esto.[36]

La enseñanza de Jesús refleja una idea parecida. Su postura es radicalmente distinta de la que posiblemente queramos escuchar. En una entrevista hecha a dos miembros de una banda radicada en una gran ciudad norteamericana se refleja una idea parecida, aunque pervertida, de los vínculos de familia. Eran primos hermanos que habían crecido juntos en un mismo hogar y que habían sido criados por su abuela pero que, por alguna razón, habían acabado siendo miembros de dos bandas rivales. Ambos confesaban que no dudarían en enfrentarse al otro si la situación o una orden de la banda lo requiriera. La dedicación a los intensos vínculos con la banda supera los compromisos con los parientes consanguíneos. Para estos jóvenes la familia se definía por sus propósitos en común más que por las relaciones consanguíneas. Jesús define a la familia de un modo parecido: los compromisos que compartimos con Dios nos vinculan más estrechamente que nuestro parentesco biológico. La diferencia clave entre la familia de la banda y la familia de Dios es el compromiso de vivir de un modo práctico la voluntad del Padre, de hacer bien y no mal a los demás.

En un tiempo en que las comunicaciones instantáneas y los viajes supersónicos unen las distancias de nuestro mundo, parecemos alejarnos cada vez más unos de otros. La definición de familia que hace Jesús abraza a quienes están más allá del círculo de nuestros parientes y amigos, como hermanos y hermanas. Su idea antagoniza con el ruinoso tribalismo y las tensiones étnicas que muestran su siniestro rostro en nuestras ciudades y naciones por todo el mundo. Si los cristianos se toman en serio las palabras de Jesús sobre la familia, las trágicas matanzas de cristianos a manos de otros cristianos no se producirían con tanta frecuencia. El general Colin Powell cuenta la historia de un joven soldado afroamericano a quien la noche antes de entrar en combate se

---

36. Forrest Carter, *The Education of Little Tree* (Albuquerque: Univ. of New Mexico Press, 1976), 38.

le preguntó si tenía miedo. El joven dijo: "No tengo miedo. Y la razón de ello es que estoy con mi familia". Señaló con la cabeza al resto de su unidad, formada por otros jóvenes de origen caucásico, africano y asiático. "Esta es mi familia. Nos cuidamos unos a otros". Los miembros de la iglesia de Cristo deberían poder decir lo mismo cuando llevan el evangelio a un mundo hostil y afrontan las luchas de la vida cotidiana.

Por otra parte, para muchos, la definición que Jesús hace de la familia plantea más problemas que respuestas. El compromiso de obedecer a la voluntad de Dios puede forzar a algunos a tomar dolorosas decisiones entre su familia biológica y Dios. Las memorias de Perpetua que encontramos en *Las actas del martirio de Perpetua y Felicitas*, que según el autor de la compilación fueron escritas de su puño y letra, presentan vívidamente las tremendas tensiones entre lealtades que experimentaban los primeros cristianos. Ella fue encarcelada por negarse a ofrecer sacrificios por "el bienestar de los emperadores" durante la persecución africana. Su padre le suplicó que se retractara, pero ella le respondió que no podía ser otra cosa que lo que era, una cristiana. Él entonces, "irritado por esta palabra, se abalanzó sobre mí con ademán de arrancarme los ojos" (3.3). Más adelante, le suplicó:

> Compadécete, hija mía, de mis canas; compadécete de tu padre, si es que merezco ser llamado por ti con el nombre de padre. Si con estas manos te he llevado hasta esa flor de tu edad, si te he preferido a todos tus hermanos, no me entregues al oprobio de los hombres. Mira a tus hermanos; mira a tu madre y a tu tía materna; mira a tu hijito, que no ha de poder sobrevivir. Depón tus ánimos, no nos aniquiles a todos, pues ninguno de nosotros podrá hablar libremente, si a ti te pasa algo (5.2-4).

Ella rechazó su petición, y su respuesta final fue que había encontrado una nueva familia, en la que se había convertido en hermana de la que antes era su esclava, Felicitas (18.2).[37] Ambas murieron por su fe, abrazadas la una a la otra. Bonhoeffer sabía que la fe puede llevarnos a situaciones que nos obligan a tomar dolorosas decisiones cuando escribió: "Ni padre ni madre, esposa, hijo, nacionalidad o tradición, pueden

---

37. Herbert Musurillo, *The Acts of the Christian Martyrs* (Oxford: Clarendon, 1972), 106-31.

proteger a un hombre en el momento de su llamamiento. Es voluntad de Cristo que este quede así aislado y que solo sobre él fije sus ojos".[38]

Aunque algunos puedan verse forzados a soltarse de las estrechas relaciones de la familia que acabarían ahogando su compromiso con Dios, como cristianos seguimos necesitando personas especiales en nuestras vidas, una familia de compañeros que nos apoyen, que estén comprometidos con nosotros y nosotros con ellos. No fuimos creados para vivir solos, sino en familias. Agustín creía que el amor especial que experimentamos con determinadas personas nos instruye para poder amar a todas las demás como a nuestro prójimo.[39] Cuando Lyndon Johnson abandonó Washington para retirarse a su rancho de Texas se le preguntó por qué quería dejar la ciudad. Johnson respondió: "Donde voy preguntan por ti cuando estás enfermo y lloran cuando te mueres". Las personas necesitan una comunidad y quieren que alguien se preocupe por ellas.

Las ciencias sociales corroboran lo que Dios dice en Génesis 2:18: "No es bueno que el hombre esté solo". Ciertos estudios han mostrado que el aislamiento de las personas e incluso de la familia nuclear, tiene relación con toda una serie de problemas como la enfermedad física, el suicidio, la hospitalización psiquiátrica, el alcoholismo, los embarazos difíciles, la depresión, la ansiedad, el abuso infantil, la violencia doméstica y la propensión a los accidentes.[40] A veces uno puede estar rodeado de otras personas y aun así sentirse solo, porque no siente pertenecer a nadie o que nadie le pertenezca a él. Los investigadores han descubier-

---

38. Dietrich Bonhoeffer, *The Cost of Discipleship* (Nueva York: Macmillan, 1963), 105.
39. Según lo cita Gilbert Meilaender, *Friendship: A Study in Theological Ethics* (Londres: Univ. of Notre Dame Press, 1981), 16-24.
40. Véase por ejemplo, Sidney Cobb, "Social Support As a Moderator of Life Stress", *Psychosomatic Medicine* 38 (1976): 300-14; N. D. Colletta y C. H. Gregg, "Adolescent Mothers' Vulnerability to Stress", *Journal of Nervous and Mental Disease* 169 (1981): 50-54; James Garbarino, "Using Natural-Helping Networks to Meet the Problem of Child Maltreatment", en *Schools and the Problem of Child Abuse*, eds. R. Volpe, M. Breton y J. Mitton (Toronto: Univ. of Toronto Press, 1979); B. H. Gottlieb, "Social Networks and Social Support in Community Mental Health", en *Social Networks and Social Support*, ed. B. H. Gottlieb (Beverly Hills, Calif.: Sage, 1981); Marc Pilisuk, "Delivery of Social Support: The Social Inoculation", *American Journal of Orthopsychiatry* 52 (1982): 20-31; Marc Pilisuk y Susan Parks, "Social Support and Family Stress", *Marriage and Family Review* 6 (1983): 137-56; D. Scheinfeld, D. Bowles, S. Tuck y R. Gold, "Parents' Values, Family Networks and Family Development: Working with Disadvantaged Families", *American Journal of Orthopsychiatry* 40 (1970): 413-25.

to, por ejemplo, que si se saca a un ratón de su grupo habitual y se le pone en un nuevo grupo, del mismo tamaño, en una situación en que han de compartir una escasa cantidad de comida, el intruso desarrolla una elevada presión arterial. Sin embargo, si a este mismo ratón se le devuelve a su grupo original con sus hermanos y hermanas compartiendo la misma cantidad insuficiente de comida, su presión arterial no se ve alterada.[41] Los ratones pueden soportar el estrés cuando están con su familia, pero no cuando se encuentran solos entre otros congéneres desconocidos. Otra investigación muestra que los humanos no somos distintos. Las personas necesitamos formar parte de una familia que nos ayude a soportar las tensiones que genera la vida, y cuando esto no es así, la iglesia ha de entrar en acción y convertirse en ella o aliviar los sentimientos de aislamiento de las familias que se han avinagrado.

En nuestra cultura, donde son tantos los que se sienten solos, alienados de la familia por diversas razones y rodeados de extraños, hemos de subrayar los aspectos positivos de este pasaje. En su obra, *Les nouvelles nourritures*, el novelista francés André Gide, expresó amargamente una desolada actitud compartida por muchos: "¡Familias! ¡Cuánto las detesto! Casas exclusivas, puertas cerradas, celosas poseedoras de felicidad". Para aquellos que se sienten excluidos, la palabra de Jesús puede ser una buena noticia. Jesús une a sus seguidores en una familia que trasciende las fronteras de parentesco.[42]

Necesitamos crear relaciones familiares especiales dentro de la comunidad de Dios que trascienden las fronteras de sangre y matrimonio. Una congregación de mil personas, o aunque solo sean doscientas, no puede ser realmente familia de nadie, sino en un sentido muy amplio. Dentro de esta gran familia ha de haber relaciones familiares íntimas. En 1612 Thomas Helwys reconocía esta necesidad, cuando publicó su *Declaración de la fe del pueblo de Inglaterra*. El Artículo 16 sostiene que las iglesias deberían ser pequeñas, "para que puedan llevar a cabo todos los deberes del amor de los unos hacia los otros, tanto para con el alma como con el cuerpo". Pero aun en las iglesias numerosas puede haber pequeñas células que funcionan como familias para sus miembros. La iglesia ha de buscar a los solitarios y no solo ayudarlos a sanar

---

41. J. Henry y J. Cassel, "Psychosocial Factors in Essential Hypertension: Recent Epidemiological and Animal Experimental Evidence", *American Journal of Epidemiology* 104 (1976): 1-8.
42. Como lo hizo en la cruz con el discípulo amado y su madre (Jn 19:26-27).

sus familias sino a crear nuevas relaciones familiares en los vínculos de la fe. Los programas de ministerios a la familia no han de orientarse solo hacia las necesidades de la familia nuclear, sino también en utilizar a esta para ministrar a quienes están sin ella. Las familias de nuestras iglesias pueden convertirse en medios de ministrar a quienes están fuera de nuestras familias nucleares.

Las palabras de Jesús sobre la familia pueden ser, por tanto, buenas nuevas para todos. Estas fortalecen a la familia nuclear, ayudándola a establecer vínculos fuera de los muros de la sala de estar, dándole un sentido de propósito y ministerio. Aquellos que no tienen familia pueden encontrar consuelo en estas palabras: el niño con necesidades especiales que espera la adopción, el joven sin techo y con una enfermedad mental, la madre adolescente que vive por su cuenta a los dieciséis años, el anciano que ha perdido a sus hijos, la empresaria que intenta sobrevivir emocionalmente a un divorcio difícil y doloroso, la madre soltera que necesita un hogar temporal de adopción para su hijo. La meta de los cristianos para el matrimonio no es hacer de su casa una isla de intimidad, cerrada a otras personas del mundo, sino convertirla en un hogar para la humanidad. A través de las familias, la iglesia ha de extender la clase de amor y aceptación que transforma a un esclavo evadido como Onésimo en alguien a quien Pablo describe como hijo suyo y hermano de su antiguo dueño (Flm 10, 16), la clase de amor inclusivo que transforma a los evadidos y desechables de nuestra cultura en "nuestros hijos".

David Gyertson, presidente de Asbury College, da testimonio de que esta clase de gracia transformó su vida. Su padre abandonó a su familia cuando él tenía diez años, y su madre le obligó a marcharse tres años más tarde. Su vida dio un vuelco cuando un humilde pastor y su esposa compartieron con él las buenas nuevas que se expresan en Salmos 27:10: "Aunque mi padre y mi madre me abandonen, el Señor me recibirá en sus brazos". Esta familia no se limitó a leerle la Escritura sino que le adoptaron como a un hijo y compartieron con él su vida como modelos del amor de Dios para él. Si la iglesia se toma en serio el ideal de Jesús sobre lo que es la familia, una de sus tareas será crear familias que hagan lugar para todos aquellos que desean tener una relación con Dios como Padre y alimentarlas. Esto no se consigue con solo compartir un banco el domingo por la mañana y un café y un pedazo de tarta al finalizar la reunión. Hemos de permitir que estas personas se conviertan en nuestros padres, hijos y hermanos. Hemos de adoptarnos los unos a los otros, aceptando la responsabilidad y el compromiso que ello supone.[43] La iglesia debe recibir a aquellos que experimentan el dolor del mundo y ministrarles la sanación que produce la aceptación de la comunidad.

---

43. Quienes deseen considerar otra obra sobre las implicaciones de este pasaje, pueden ver David E. Garland y Diana R. Garland, "The Family: Biblical and Theological Perspectives", en *Incarnational Ministry: The Presence of Christ in Church, Society, and Family: Essays in Honor of Ray Anderson*, ed. Christian D. Kettler and Todd H. Speidell (Colorado Springs: Helmers and Howard, 1990), 226-40.; Diana S. Richmond Garland, "An Ecosystemic Perspective for Family Ministry", *RevExp* 86 (1989): 195-207; idem, *Church Agencies: Caring for Children and Families in Crisis* (Washington, D.C.: Child Welfare League of America, 1994); Rodney Clapp, *Families at the Crossroads: Beyond Traditional and Modern Options* (Downers Grove, Ill.: InterVarsity, 1993).

Marcos 4:1-20

De nuevo comenzó Jesús a enseñar a la orilla del lago. La multitud que se reunió para verlo era tan grande que él subió y se sentó en una barca que estaba en el lago, mientras toda la gente se quedaba en la playa. ² Entonces se puso a enseñarles muchas cosas por medio de parábolas y, como parte de su instrucción, les dijo: ³ «¡Pongan atención! Un sembrador salió a sembrar. ⁴ Sucedió que al esparcir él la semilla, una parte cayó junto al camino, y llegaron los pájaros y se la comieron. ⁵ Otra parte cayó en terreno pedregoso, sin mucha tierra. Esa semilla brotó pronto porque la tierra no era profunda; ⁶ pero cuando salió el sol, las plantas se marchitaron y, por no tener raíz, se secaron. ⁷ Otra parte de la semilla cayó entre espinos que, al crecer, la ahogaron, de modo que no dio fruto. ⁸ Pero las otras semillas cayeron en buen terreno. Brotaron, crecieron y produjeron una cosecha que rindió el treinta, el sesenta y hasta el ciento por uno.

⁹ »El que tenga oídos para oír, que oiga», añadió Jesús.

¹⁰ Cuando se quedó solo, los doce y los que estaban alrededor de él le hicieron preguntas sobre las parábolas. ¹¹ «A ustedes se les ha revelado el secreto del reino de Dios —les contestó—; pero a los de afuera todo les llega por medio de parábolas, ¹² para que

»"por mucho que vean, no perciban;
y por mucho que oigan, no entiendan;
no sea que se conviertan y sean perdonados".

¹³ »¿No entienden esta parábola? —continuó Jesús—. ¿Cómo podrán, entonces, entender las demás? ¹⁴ El sembrador siembra la palabra. ¹⁵ Algunos son como lo sembrado junto al camino, donde se siembra la palabra. Tan pronto como la oyen, viene Satanás y les quita la palabra sembrada en ellos. ¹⁶ Otros son como lo sembrado en terreno pedregoso: cuando oyen la palabra, en seguida la reciben con alegría, ¹⁷ pero como no tienen raíz, duran poco tiempo. Cuando surgen problemas o persecución a causa de la palabra, en seguida se apartan de ella. ¹⁸ Otros son como lo sembrado entre espinos: oyen la palabra, ¹⁹ pero las preocupaciones de esta vida, el engaño de las riquezas y muchos otros malos deseos entran hasta ahogar la palabra, de modo que ésta no llega a dar fruto. ²⁰ Pero otros son como lo sembrado en buen terreno: oyen la palabra, la aceptan y producen una cosecha que rinde el treinta, el sesenta y hasta el ciento por uno».

Sentido Original

Las parábolas que Jesús pronunció junto al mar forman una extensa sección (4:1-34) cuya unidad se subraya mediante la expresión "muchas parábolas": "Entonces se puso a enseñarles muchas cosas por medio de parábolas" (4:2); "Y con muchas parábolas semejantes les enseñaba Jesús la palabra" (4:33). A lo largo de esta sección aparecen varias palabras clave,[1] pero la más importante es el verbo "escuchar" (*akouo*), que aparece trece veces (vv. 3, 9 [2x], 12 [2x], 15, 16, 18, 20, 23 [2x], 24, 33). Este verbo encuadra la parábola del sembrador: "¡Pongan atención! (lit. ¡escuchen!)" (v. 3); "El que tenga oídos para oír, que oiga" (v. 9). El mandamiento a "escuchar" constituye la primera palabra de la *Shemá* (Dt 6:4; véase Mr 12:29), la confesión de fe que los fieles judíos recitaban a diario. Que este mismo mandamiento preceda las parábolas de Jesús puede sugerir que sus palabras tengan "continuidad con las que Dios dirigió a Israel en el pasado".[2] El verbo "escuchar" aparece dos veces en la cita de Isaías 6:9, explicando por qué habla por medio de parábolas: (lit.) "para que... oyendo no puedan oír y no entiendan" (4:12).

La palabra escuchar es la clave en la interpretación de la parábola del sembrador (o de los terrenos). Cada tipo de terreno oye la palabra pero responde de manera distinta (4:15, 16, 18, 20). En el caso de la buena tierra, el participio "oyen" está en presente (v. 20), sugiriendo que la acción que se describe ha de continuar. La parábola de la lámpara concluye con el mandamiento de escuchar, "El que tenga oídos para oír, que oiga" (v. 23), y este precede a la parábola de la medida: "Pongan mucha atención [a lo que escuchan]" (v. 24). Este *leitmotiv* que resuena por todo el discurso es un llamamiento a "mirar por debajo de la superficie" para "discernir el significado interior de lo que se oye y ve".[3] Cualquiera puede escuchar, pero no todos podrán captar lo que dice Jesús.

A muchos, las palabras de Jesús les entran por un oído y les salen por el otro. En la primera escena, Jesús enseña a toda la multitud (4:1-

---

1. El verbo "sembrar" aparece en 4:3, 4, 14, 15 [2x], 16, 18, 20, 31, 32 y se define como "sembrar la palabra" (v. 14). El sustantivo "semilla" aparece en vv. 26, 27 y se alude a él en los vv. 4, 5, 7, 8, 15, 16, 18, 20, 31. "Palabra" aparece en vv. 14, 15 [2x], 16, 17, 18, 19, 20, 33 (véase 2:2; 5:36), y "suelo" ("tierra/terreno") en 4:2, 5, 8, 20, 26, 31.
2. Hooker, *Mark*, 125, siguiendo los argumentos de Birger Gerhardsson, "The Parable of the Sower and Its Interpretation", *NTS* 14 (1968): 165-93.
3. Geddert, *Watchwords*, 82. Este verbo aparece de nuevo en 6:11, 14, 20, 29; 7:25, 37; 8:18; 9:7; 12:29; 13:7.

2), pero en la última se ha producido una división entre los oyentes (4:33-34). Les "hablaba la palabra" con muchas parábolas "hasta donde podían entender [oír]", y en privado les explicaba todas las cosas a sus discípulos. Este discurso explica cómo y por qué se produjo esta división y sirve de advertencia a los lectores. La preocupación de Marcos es que sus lectores tengan una actitud atenta y reflexiva para que la naturaleza del reino de Dios y sus principios de progreso en este mundo no se les escapen, dejándolos estupefactos como a los que no seguían a Jesús. Esta sección forma un quiasmo.[4]

   A. Introducción narrativa (4:1-2)
      B. Parábola de la semilla (4:3-9)
         C. Declaración general sobre las cosas secretas (4:10-12)
            D. Interpretación de la primera parábola (4:13-20)
         C'. Parábolas sobre las cosas secretas (4:21-25)
      B'. Parábolas sobre semillas (4:26-32)
   A'. Conclusión narrativa (4:33-34)[5]

Dividiremos el tratamiento de las parábolas en dos unidades: la parábola del sembrador (4:1-20), y el carácter oculto del reino (4:21-34).

La parábola del sembrador (4:1-9)

La escena se inicia con otra nota sobre la magnética atracción que Jesús ejerce sobre las multitudes. Quienes lo buscan son ahora tantos que Jesús se ve obligado a hacer uso de la barca, anteriormente un mero recurso de emergencia (3:9), para dirigirse a todos los que se han reunido en la playa (4:1). La palabra que se traduce "playa" (*ge*) significa literalmente "tierra" (o "Tierra") y es la misma que sirvió para describir el terreno que no tenía mucha profundidad (4:5) y la "buena tierra" donde se siembra la semilla (4:8, 20; véase también, 4:26, 28, 31). Puede, pues, entenderse que la multitud que está sobre la "tierra" son los receptores de la siembra de la palabra por parte de Jesús.

Marcos nos ha dicho que Jesús ha enseñado (1:21, 27; 2:13), pero esta es la primera vez en el Evangelio que nos ofrece un extenso informe de

---

4. Un paralelismo invertido o cruce de ideas paralelas que se repiten en orden inverso.
5. Véase Greg Fay, "Introduction to Incomprehension: The Literary Structure of Mark 4:1-34", *CBQ* 51 (1989): 65-81.

esta enseñanza. Jesús les enseña "por medio de parábolas" (4:2),[6] y la primera de ellas resulta ser una parábola sobre su enseñanza. Su pregunta en 4:13 implica que entender esta parábola ayuda, de algún modo, a desentrañar el significado de toda la enseñanza de Jesús. Su comentario en 4:10-12 sobre por qué enseña mediante parábolas sugiere, sin embargo, que sembrar la palabra pone de relieve las distintas capacidades de los oyentes para responder. En el relato anterior (3:31-35), la persona y la misión de Jesús creó una distinción entre aquellos que se comprometían a estar con él y a hacer la voluntad de Dios y los que lo malinterpretaban y pretendían menoscabar u obstaculizar su obra. En esta sección, la enseñanza de Jesús crea una división entre un círculo cercano a Jesús y otro ajeno a él (4:11), los que se reúnen a su alrededor para aprender los misterios del reino (4:10, 34) y los que no.

La parábola del sembrador y la de los arrendatarios de la viña son las dos principales parábolas de Marcos. Ambas se pronuncian después de que las autoridades religiosas de Jerusalén cuestionen a Jesús (3:20-35; 11:27-33). Son alegorías que ofrecen claves vitales para interpretar lo que está sucediendo en el ministerio de Jesús. La parábola de los arrendatarios de la viña es una alegoría sobre el rechazo de Jesús, el hijo que ha venido a recoger los frutos de la cosecha y presagia su muerte. La parábola del sembrador evalúa las diferentes respuestas a su siembra de la palabra y pronostica los malentendidos que acompañan a sus palabras y proceder así como la cosecha que se producirá entre los que no entienden y responden.

En una primera lectura de la parábola del sembrador nos sentimos tentados a preguntar: ¿Cómo puede un labrador ser tan negligente como para sembrar buena semilla en un camino, un pedregal y entre espinos? Una influyente interpretación representa la escena como la realista descripción de un campesino que se siente frustrado en su intento de cultivar cereales en Palestina.[7] La siembra, se argumenta, precede al labrado

---

6. De las "muchas parábolas semejantes" (4:33) solo se nos dan cinco y solo una interpretación. El término parábola (*parabole*) se relaciona con la palabra hebrea *mashal* del Antiguo Testamento, que se usaba para aludir a breves dichos populares, máximas éticas, oráculos, discursos de sabiduría o cortos mensajes, dichos burlescos y satíricos, alegorías, enigmas y fábulas. Véase además, K. R. Snodgrass, "Parable", en *Dictionary of Jesus and the Gospels*, eds. Joel B. Green, Scot McKnight, and I. Howard Marshall (Downers Grove, Ill.: InterVarsity, 1992), 591-601.
7. Joachim Jeremias, *The Parables of Jesus* (Ed. Rev.; Nueva York: Charles Scribner's Sons, 1963), 11-12.

del campo. Las semillas caen en el camino, terreno pedregoso y entre espinos por el método que se sigue para sembrar; el campo se labraría después de la siembra. Se dice que la parábola representa un contraste entre un comienzo desalentador y un final triunfante. Los muchos obstáculos que frustran las labores del sembrador solo se consignan para contrastar los impedimentos con la espectacular cosecha (dando por sentado que esta será de un treinta, un sesenta y un ciento por uno, es decir, la proporción entre la semilla sembrada y la cosecha recogida) que al final se recolectará. Jeremias concluye:

> Desde un punto de vista humano, una buena parte de la labor parece inútil, estéril y, aparentemente, resulta en un repetido fracaso; sin embargo, Jesús está lleno de gozosa confianza: sabe que Dios ha dado comienzo a algo que producirá una serie de recompensas que van más allá de lo que pedimos o entendemos. A pesar de todos los fracasos y de la oposición, partiendo de comienzos desesperados, Dios producirá el final triunfal que había prometido.[8]

La información que Jeremias utiliza para reconstruir el realista trasfondo palestino y el objetivo de la parábola no se derivan de la propia parábola, sino de ambiguos textos rabínicos procedentes de un periodo muy posterior. Su reconstrucción es un innecesario intento de hacer que las parábolas sean realistas, basándose en el falso criterio de que han de serlo. Si no fuera así serían alegorías y muchos eruditos asumen que Jesús no utilizó este recurso literario.[9] En respuesta a Jeremias, (1) obsérvese que la siembra no precede necesariamente al arado del campo. En una práctica agraria normal, el campo habría sido preparado antes de que la semilla se sembrara y se habría trabajado constantemente en él. (2) Difícilmente puede considerarse que la productividad mencionada de treinta, sesenta y ciento por uno represente la producción de un campo. La productividad de la parábola representa los frutos producidos por

---

8. *Ibíd.*, 150.
9. Sobre la historia de la interpretación parabólica que pone en tela de juicio estas suposiciones, véase Craig L. Blomberg, *Interpreting the Parables* (Downers Grove, Ill.: InterVarsity, 1990). La parábola es realista en su relato de los métodos de siembra palestinos, pero adquiere un carácter menos realista al no mencionar alguna forma de labranza del campo, que aun el mal suelo da una cierta medida de fruto, o que también el buen suelo se ve amenazado por los pájaros o los espinos.

cada planta.¹⁰ (3) Estos números no manifiestan una cosecha espectacular. La recolecta de cien por uno que recoge Isaac en Génesis 26:12 es la bendición normal que reciben los justos.¹¹

Si no alude a una cosecha sensacional, ¿qué es, entonces, lo que quiere decirnos esta parábola? Un paralelismo que encontramos en 4 Esdras 8:41 puede arrojar cierta luz sobre este asunto cuando lo comparamos con la parábola de Jesús:

> Porque así como el campesino siembra muchas semillas sobre la tierra y planta multitud de plántulas, y no todas ellas saldrán adelante ni echarán raíces, así tampoco todos los que han sido sembrados en el mundo serán salvos.

Lo que pretende expresar la parábola del campesino de 4 Esdras es que no toda la semilla sembrada prosperará; no todos serán salvos. Esto se declara con claridad y concisión (véase 4 Esd 3:20; 8:6; 9:17, 31, 34). En contraste, la parábola de Jesús se esfuerza notablemente por describir y explicar la falta de fructificación de la semilla (sesenta y ocho de las noventa y siete palabras del texto griego se dedican a ello). La cosecha no es, por tanto, el único foco de interés de la parábola, ya que esta pone un acento mayor en el desperdicio de la semilla que cae en la mayor parte de los suelos que en el abundante rendimiento que esta produce en uno de ellos.¹²

El elemento constante a lo largo de la parábola es la referencia a la semilla y al suelo que la recibe. Sus detalles indican que una buena co-

---

10. En 4:8, 20 hay una variante textual. La mejor lectura es *hen* (una), que alude a cada planta: una da treinta granos, otra sesenta y otra cien. Plinio mencionó que el trigo con espigas bifurcadas producía cien granos (*Historia Natural* 18.21.94-95; véase también, 18.40.162; Teofrasto, *Historia de las Plantas* 8.7.4; Varrón, *Tópicos de Agricultura* 1.44.1-3; Estrabón, *Geografía* 10.3.11; Columella, *Sobre agricultura* 2.9.5-6). John H. Martin, Warren H. Leonard, y David L. Stamp (*Principles of Field Crop Production* [Nueva York: Macmillan, 1976], 436) escriben que el trigo "produce normalmente dos o tres brotes bajo condiciones normales en campos llenos de plantas, pero una sola planta sembrada en un suelo fértil y con mucho espacio puede llegar a producir entre 30 y 100 brotes. Una espiga normal de trigo común contiene entre 25 y 30 granos alojados en unas 14 a 17 espiguillas. Las espigas grandes pueden contener de 50 a 75 granos".
11. *Oráculos sibilinos* 3:261-64: "Porque el Señor del cielo entregó la tierra en común para todos ellos y ha puesto fidelidad en el corazón de todos y una excelente convicción. Solo para estos el suelo fértil multiplica el fruto a ciento por uno, la medida asignada por Dios" (citado por Marco, *Misterio*, 42-43).
12. Algunos pueden sostener que las pérdidas sirven para crear una cierta tensión antes de mencionar la cosecha que representa el clímax.

secha depende completamente del suelo, y esta configuración sugiere que la parábola no se limita a describir la milagrosa cosecha del reino, algo que los judíos piadosos daban por sentado, sino la clase de recepción que recibe el reino.[13] La siembra de la semilla pone de relieve la naturaleza del suelo, produzca o no una cosecha. Esta no es tampoco milagrosa, sino entre normal y buena. De ser así, la parábola estaría comparando la recepción del ministerio de Jesús con lo que sucede en una siembra normal.

En resumidas cuentas, la parábola describe a un agricultor que siembra de manera descuidada (echando su semilla sobre el camino, pedregales, espinos y también en buena tierra). Está cultivando un terreno poco productivo y lucha contra colosales probabilidades, no es pues extraño que haya un elevado índice de improductividad ni lo que la semilla que cae en buena tierra arroje una cosecha entre normal y buena. Dada la naturaleza del campo, los campesinos suelen experimentar una cierta medida de frustración y fracaso, pero también reciben una recompensa por sus esfuerzos (una cosecha en que la semilla ha crecido en buena tierra y ha dado su fruto). Jesús da a entender en esta parábola que espera experimentar tanto fracaso como éxito, pero concede más atención a las razones del primero que a las del último.

Del mismo modo que el campo ofrece distintos grados de productividad, la parábola ofrece varias ideas.[14] Sider sostiene que las parábolas relato de Jesús y muchas de sus semejanzas eran demasiado complejas para limitarse a una simple idea. Jesús no desarrolló elaboradas analogías para transmitir una sola idea, sino que las utilizó porque podían explicar "varios aspectos al mismo tiempo".[15] Hemos de tener cuidado de no asignar a cada detalle absurdos significados alegóricos ajenos a un trasfondo palestino del siglo I y al contexto del Evangelio de Marcos. No debemos, sin embargo, descartar que las parábolas fueran concebidas para evocar una constelación de imágenes que habrían dado lugar

---

13. Matthew Black, "The Parables as Allegory", *BJRL* 42 (1959-60): 278.
14. Blomberg (*Interpreting the Parables* 68-69) comenta: "Las parábolas de Jesús se parecen lo suficiente a otras obras evidentemente alegóricas como para que muchas de ellas deban también reconocerse posiblemente como alegorías. Las parábolas del Evangelio [...] son alegorías, y posiblemente enseñan varias lecciones cada una. Esto no significa que cada detalle deba representar algo".
15. John W. Sider, "Proportional Analogy in the Gospel Parables", *NTS* 31 (1985): 18-19; véase también su libro publicado recientemente, *Interpreting the Parables: A Literary Analysis of Their Meaning* (Grand Rapids: Zondervan, 1995).

a varias líneas de pensamiento. Las siguientes ideas pueden colegirse legítimamente a partir de esta parábola.

(1) La persona que cuenta esta parábola y nuestra idea de su identidad, son factores decisivos para nuestra comprensión de ella. Por sí misma, esta parábola no tiene ningún significado: ¿Qué tiene de particular que un campesino salga a sembrar y experimente una cierta medida de fracaso y productividad? Podría representar el efecto que cualquier maestro pueda tener sobre una audiencia. Pero en el Antiguo Testamento la siembra es una metáfora que alude a la obra de Dios. Dios promete sembrar a Israel para iniciar su renovación (Jer 31:27-28; Ez 36:9; Os 2:21-23; 4 Esd 8:6; 9:31).[16] Si alguien tiene un compromiso de fe con quien cuenta la parábola, puede establecer la conexión entre la promesa de Dios de replantar a Israel y el ministerio de Jesús. La sorprendente implicación, que solo algunos entenderán, es que Jesús viene como el sembrador escatológico de Dios. Marcos ha enmarcado su misión como alguien que sale a sembrar la palabra: "Vámonos de aquí a otras aldeas cercanas donde también pueda predicar; para esto he venido" (1:38). "No he venido a llamar a justos sino a pecadores" (2:17). La metáfora de la siembra adquiere una gran trascendencia, porque implica que Jesús viene a renovar a Israel y el modo en que uno responde a su enseñanza decide si tendrá o no cabida en dicha renovación.

(2) El sembrador siembra generosamente aun en terreno infructuoso con la esperanza de recoger una cosecha. Alguien podría preguntar: "¿Qué sentido tiene sembrar en este tipo de terreno? ¿Por qué no reducir el índice de pérdida siendo más selectivos en cuánto a los lugares donde sembrar la preciosa semilla?". Sin embargo, ningún campesino rehúsa sembrar su semilla por el hecho de que una parte de ella pueda perderse. El sembrador no tiene miedo de arriesgarse a echar su semilla dondequiera que pueda caer. Aunque hablarles a algunas personas es como intentar cultivar trigo sobre el asfalto de una autopista, a otras, como hacerlo en una diminuta maceta e intentarlo con otras es como sembrar en el zarzal de Brer Rabbit, la semilla será, aun así, esparcida y lo será con generosidad. Solo si se siembra habrá una cosecha. Igual que Dios envía lluvia sobre justos e injustos, Jesús siembra su palabra en tierra buena y mala. La parábola describe, pues, a un sembrador pródigo que no excluye a nadie por principio. Lo que se nos dice de los fariseos en el Evangelio de Marcos, nos lleva a pensar que si ellos controlaran el

---

16. Véase también, 2 Ap. Bar. 70:2; 1 Enoc 62:8; Ignacio, *A los Efesios* 9.1.

proceso de la siembra, intentarían reducir las pérdidas limitando drásticamente la tierra en que se siembra la semilla. No cabe duda de que excluirían a los leprosos, a los pecadores y a los recaudadores de impuestos como terrenos estériles en los que no merece la pena malgastar simiente. Sin embargo, resulta que el suelo menos receptivo a la semilla son precisamente ellos, los fariseos; aun así, Jesús siembra abundantemente en terreno farisaico.

(3) La parábola afirma que a pesar de la adversidad que suponen las voraces aves, el sol abrasador sobre un suelo pedregoso, y un gran número de zarzas, el campesino conseguirá una cosecha en la buena tierra. El propósito del labrador no es malgastar su semilla, sino conseguir una cosecha. La Palabra de Dios no fallará (Is 55:10-11) y, por tanto, no debemos desesperarnos por los aparentes fracasos, la ceguera de la incredulidad, las deserciones o la perniciosa oposición. Podemos estar seguros de que la buena tierra dará su cosecha.

(4) La parábola pone de relieve que la aparición del reino de Dios en el ministerio de Jesús no se produce en una sola y dramática ocasión que pone instantáneamente patas arriba el antiguo orden. El mal no desaparece ipso facto con la venida de Cristo y las personas no responden de manera universal a su llamamiento. La posibilidad del fracaso es algo que se contempla puesto que la semilla es susceptible de ser devorada por los pájaros, ahogada por los espinos, o de secarse por el calor del sol. Este es un asunto prominente para explicar por qué Jesús enseña mediante parábolas, una sección insertada entre esta parábola y su interpretación (4:10-12). Algunos rechazarán la verdad sin importar cómo se presente. Mirarán y no verán; oirán y no entenderán.

(5) La parábola deja claro que dar fruto (que en 4:8 se traduce como, "produjeron una cosecha") es una marca esencial del reino de Dios. El texto menciona dar fruto antes del crecimiento. La enseñanza de Jesús nos emplaza a obedecer los mandamientos de Dios, y aquellos que dan fruto responden a su llamada y hacen su voluntad (3:35). Dios espera recoger este fruto (véase 12:2).[17]

---

17. Dar fruto es una imagen rica en la Escritura; Véase Is 27:6; Ez 17:23; Jn 15:8, 16; Ro 7:4; Fil 1:11, 22; Col 1:6, 10; Tit 3:14; Heb 6:7; 12:11; 2P 1:8.

Razones para la enseñanza por medio de parábolas (4:10-12)

Cuando quienes rodean a Jesús y a los doce le preguntan la razón para el uso de parábolas, su respuesta traza una línea entre ellos y los que están fuera de este círculo: a los primeros se les ha concedido entender el misterio del reino, mientras que a los segundos todo les llega por medio de enigmas (véase también, 3:31-32, 34). A continuación, se cita Isaías 6:9-10 para justificar su enigmática enseñanza. Examinaremos en primer lugar el significado de la expresión *misterio del reino* y a continuación volveremos a la difícil palabra que parece sugerir que Jesús enturbia deliberadamente la verdad para que los que no creen no entiendan. Finalmente, identificaremos lo que hace que una persona esté dentro del círculo de Jesús.

El misterio del reino. El término *misterio* puede hacernos pensar en algo que no puede explicarse o entenderse; sin embargo, esta palabra tiene en sus raíces bíblicas un sentido distinto. No alude a algo incognoscible o esotérico sino a una verdad que solo puede comunicarse por medio de revelación divina.[18] En Marcos, este término alude a una verdad celestial oculta de la comprensión humana pero dada a conocer por Dios. "No es un misterio en el sentido de que sea incomprensible, pero sí un 'secreto' por cuanto no todos lo conocen todavía".[19]

Marcos no nos dice concretamente cuál es la naturaleza de este misterio del reino. Una lectura cuidadosa del contexto sugiere que alude al reino de Dios que se acerca veladamente en la persona, las palabras y las obras de Jesús.[20] Hay una distinción entre el secreto de la identidad de Jesús y el misterio del reino. El secreto de la identidad de Jesús como Mesías e Hijo de Dios le ha sido revelado al lector en el prólogo. Lo secreto del reino consiste en que las personas no ven que su siembra de la palabra, que llevará a su crucifixión y resurrección, es la decisiva acción escatológica de Dios. Aquellos que "piensan en las cosas de los hombres" no perciben que las derrotas se convierten en victorias, que el

---

18. Marco, *Misterio*, 46. Tras este concepto (y también aquí) está la idea veterotestamentaria del secreto de Dios (Job 15:8; Sal 25:14; Pr 3:32; Am 3:7). Cranfield (*Mark*, 152) afirma: "La idea de que los pensamientos y caminos de Dios no son los de los hombres, que son un secreto no accesible a la sabiduría humana que él puede revelar a quienes escoge, era familiar para cualquier persona que escuchara con atención en la sinagoga".
19. R. T. France, *Divine Government*, 36-37.
20. Cranfield, *Mark*, 153.

rechazado es ciertamente la piedra angular, que el resucitado es Jesús, "el que fue crucificado" (16:6).²¹ Aquellos que poseen el secreto del reino, no obstante, acabarán viendo finalmente lo que otros no consiguen entender, y es que el reino de Dios no solo avanza por medio de los milagros, sino también a través del sufrimiento y la persecución. Únicamente en su última etapa se manifestará públicamente y todos lo verán (4:22).

Puesto que Jesús se refiere a las parábolas como misterios, todos necesitan su interpretación para entenderlas.²² Sin embargo, Jesús afirma que, "a los de afuera todo les *llega* por medio de parábolas" (4:11). Las parábolas no son lo único opaco y que requiere un discernimiento especial; de hecho, todo, hasta los propios milagros, requiere una interpretación (véase 3:22-30; 6:51-52; 8:14-21). Geddert observa que "prácticamente todos los acontecimientos que se relatan en 4:35—8:26 tienen un carácter parabólico, que apuntan más allá de sí mismos hacia el reino que se acerca".²³

La expresión de 4:11 "por medio de parábolas" adquiere un significado distinto a partir de su uso en 4:2. Ahora significa desconcertantes rompecabezas. La revelación se convierte en un enigma y genera preguntas difíciles para la mente endurecida, poco profunda e indiferente; y el resultado final es la estupefacción. La misteriosa revelación de Dios revela, por consiguiente, la ceguera del mundo y esta se manifiesta en grupos sorprendentes: las autoridades religiosas, los fariseos y los maestros de la ley (2:1-3:6; 3:22-30), los parientes más cercanos de Jesús (3:31-35) y hasta sus propios discípulos (8:14-21). Estos se aferran a antiguas formas de percibir y evaluar las cosas únicamente desde las perspectivas y posibilidades humanas. Mirarán pero no verán nada especial. Su problema no es que sean duros de mollera, sino la dureza de su corazón. Las parábolas son, por tanto, una "espada de dos filos" que revela el misterio del reino a los discípulos que entienden, pero que en otros crean ceguera.²⁴ Edwards comenta que son

---

21. Geddert, *Watchwords*, 154.
22. La voz pasiva alude al hecho de que es Dios quien imparte el secreto. "No es algo que los hombres descubran por su propio discernimiento: solo puede conocerse mediante la revelación de Dios" (Cranfield, *Mark*, 154).
23. Geddert, *Watchwords*, 76; véase también, Marshall, *Faith As a Theme*, 62.
24. Joel Marcus, "Mark 4:10-12 and Marcan Epistemology", *JBL* 103 (1984): 566.

como la nube que separaba a los israelitas que huían de los egipcios que los perseguían. Esta "nube fue oscuridad para unos y luz para otros" (Éx 14:20). La misma nube que condenaba a los egipcios a su dureza de corazón también protegía a Israel y le preparaba un camino a través del mar. Lo que era ceguera para Egipto era revelación para Israel.[25]

Quienes estaban fuera del círculo de Jesús no veían la revelación del reino de Dios en sus milagros, enseñanza o muerte. Solo aquellos que lo reciben, aunque se sientan a veces confundidos por su enigmática ocultación, pueden ver la verdad.

El secreto les es, por tanto, revelado a aquellos que responden a Jesús escuchándolo y siguiéndolo. Jesús solo pronunció su desafío a escuchar cuando exponía las parábolas públicamente, pero no en sus explicaciones privadas por cuanto los discípulos que lo escuchaban habían ya oído y respondido acudiendo a él para escuchar más. Los discípulos no son más rápidos que los demás ni capaces de desentrañar los misterios por sí mismos. El misterio es algo que les es "dado"; su comprensión se produce por gracia, cuando la interpretación de Jesús les revela el misterio.

La cita de Isaías 6:9-10. Desde hace mucho tiempo, la cita de Isaías ha inquietado a los comentaristas por su sugerencia de que Jesús excluye deliberadamente a ciertas personas, haciendo las cosas difíciles de entender con dichos oscuros que encubren la verdad. El contexto de Isaías es útil para entender a lo que se refiere. Dios le pide al profeta que predique, aunque le advierte de antemano que ello solo conseguirá endurecer el corazón de los oyentes hasta que Dios cumpla el castigo predicho.[26] Este mandamiento rezuma ironía y burla. Dios llama a un profeta fiel a predicar a un pueblo infiel. La explicación que Jesús hace de las parábolas tiene este mismo tono irónico y podría traducirse:

---

25. James R. Edwards, "Markan Sandwiches: The Significance of Interpolations in Markan Narratives", NovT 31 (1989): 215.
26. C. F. D. Moule ("Mark 4:1-20 Yet Once More", *Neotestamentica et Semitica*, eds. E. E. Ellis and M. Wilcox [Edimburgo: T. & T. Clark, 1969], 99-100) sostiene que Is 6:9-10, a pesar de la cláusula de propósito, Dios no le manda al profeta que transmita un mensaje incomprensible. "Solo es razonable considerar las cláusulas finales como una vigorosa manera de declarar lo inevitable, en el mejor de los casos, como las que lo hacen mediante una cláusula indicativa muy contundente". Hooker (Mark, 128) comenta: "El pensamiento judío tendía a desdibujar la distinción entre propósito y resultado; si Dios era soberano, entonces, por extraño que pareciese, lo que sucedía tenía que ser su voluntad".

"Para que puedan ver sin percibir y oír sin entender; porque lo último que quieren es arrepentirse y que sus pecados les sean perdonados".[27] En el tiempo de Isaías el pueblo no entendería el mensaje hasta que la tierra y Jerusalén hubieran sido diezmados (Is 6:11-13). Lo que era cierto en los días de Isaías sigue siéndolo en el tiempo de Jesús. El presente es un periodo de ocultación y sufrimiento, y puede que la destrucción (la muerte del Hijo de Dios y la destrucción de Jerusalén) tenga que preceder a la comprensión.[28]

Dentro y fuera del círculo de Jesús. ¿Qué es lo que hace que una persona esté dentro o fuera del círculo de Jesús? Kermode objeta que "los que están fuera parecen sentirse desalentados y frustrados, y ser retenidos de manera arbitraria".[29] Pero esta interpretación entiende mal el texto, porque el elemento clave que distingue a unos de otros es que quienes se *congregan alrededor* de Jesús lo hacen como buscadores sinceros (Mr 4:10). La diferencia entre los discípulos y los demás no está en que estos no necesiten explicaciones para entender las parábolas, sino en que ellos acuden a Jesús para encontrarlas. Los discípulos también tienen que descifrar las parábolas, pero sus preguntas son sinceras.[30] La diferencia decisiva es que no son indiferentes. En la conclusión de esta sección, Marcos nos dice que Jesús explica en privado las parábolas a sus discípulos porque ellos se lo piden (4:34). Que lo haga en privado no significa que Jesús pretenda excluir a los demás. Quienes están fuera de este círculo no consideran que Jesús tenga nada lo suficientemente importante que decir para que ellos se unan a su grupo.

Sin embargo, formar parte de este círculo no significa que uno lo sepa todo. Los discípulos son una élite solo en el sentido de que poseen un conocimiento que salvará sus vidas. Estos pueden, sin embargo, ser

---

27. B. Hollenbach, "Lest They Should Turn Again and Be Forgiven: Irony", *BibTrans* 34 (1983): 320.
28. El profeta Ezequiel también tuvo que soportar a un pueblo que tenía ojos para ver pero no veía, y oídos para oír pero no oía (Ez 12:2-3). No escuchan su anuncio de juicio porque creían que solo se aplicaba a periodos distantes (12:27). El profeta lamenta que el pueblo piense que su predicación es oscura, únicamente enigmas y alegorías (17:2; 20:49).
29. Frank Kermode, *The Genesis of Secrecy* (Cambridge: Harvard Univ. Press, 1979), 27-29.
30. En Qumrán se expresa una idea similar. Según 1QS 5:11-12, los impíos que están fuera del pacto son aquellos que no han "investigado ni examinado sus decretos para conocer las cosas ocultas en las que yerran por su propia culpa y porque trataron las cuestiones reveladas con irreverencia".

engañados o confundidos, y deben, por tanto, tener cuidado de cómo escuchan. Malbon observa, "El sonoro patrón es este: Escuchar. ¿Entender? ¡Escuchar de nuevo! Ver. ¿Entender? ¡Mirar otra vez!"[31] Los que están dentro y fuera del círculo de Jesús no están separados por una sima infranqueable, como la que apartaba a Lázaro del rico. Cualquiera puede entrar en el grupo de quienes siguen a Jesús, de otro modo "toda la misión de predicar las buenas nuevas del Reino de Dios sería un cruel engaño."[32] "Los doce y el resto de los discípulos" (4:10) no deben considerarse un grupo cerrado. También quienes están dentro del círculo de los discípulos pueden salir de él; de no ser así no habría ninguna razón para advertirles sobre la necesidad de prestar atención a cómo escuchan para entender lo que subyace bajo la superficie.

A medida que avanza la narración, la estupefacta incomprensión de los discípulos (7:17-18; 8:14-21, 27-33; 9:9-13, 30-32; 10:23-31, 32-45; 11:20-25) y su ceguera (4:35-41; 6:45-52; 9:2-8; 14:17-25, 32-43) ponen de relieve que aun ellos corren el riesgo de salir del círculo de discípulos. Concretamente no consiguen entender plenamente el secreto de la cruz y la Resurrección. Al final, uno de ellos le traiciona y otro le niega. Todos los demás huyen y lo abandonan en el momento de su muerte. Por otra parte, vemos a menudo a personas que, estando fuera del círculo de Jesús, muestran la fe de los discípulos: la mujer con flujo de sangre (5:34), la mujer sirofenicia (7:29), el padre del joven epiléptico (9:24), los exorcistas que no siguen a los discípulos (9:38-41), las madres que lleva a sus pequeños a Jesús (10:13-16), el ciego Bartimeo (10:46-52), la mujer que ungió a Jesús (14:3-9) y el centurión romano (15:39).

En su encuentro con Jesús, el ciego Bartimeo aparece apostado "junto al camino" (10:46), el lugar en que, supuestamente, Satanás arrebata las semillas sin darles siquiera la oportunidad de echar raíces (4:4, 15). Podemos pensar que no es el lugar ideal para un futuro discípulo, pero Bartimeo ensalza a Jesús y lo sigue (véase 8:27; 9:33-34; 10:32). Hay buenas nuevas en el error de los discípulos. Pensemos que aunque no comprendamos perfectamente todos los aspectos de este misterio, tampoco lo comprendieron estos primeros discípulos,[33] y Jesús no los descarta para que más adelante desarrollen un mayor discernimiento. Pero

---

31. Elizabeth Struthers Malbon, "Echoes and Foreshadowings en Mark 4-8: Reading and Rereading", *JBL* 112 (1993): 225.
32. France, *Divine Government*, 40.
33. James G. Williams, *Gospel Against Parable: Mark's Language of Mystery* (Sheffield: Almond, 1985), 63.

hay también una severa amonestación para que seamos serios oyentes y podamos dar fruto.

Interpretación de la parábola del sembrador (4:13-20)

En el contexto de Marcos se da por sentado que no puede haber comprensión sin interpretación,[34] y que Jesús se la proporciona a quienes se la piden. En la literatura helenista, la del sembrador es una imagen genérica para aludir a un maestro, la de la siembra, para la enseñanza y la de los diferentes terrenos para hacer referencia a los estudiantes. Los lectores habrían captado fácilmente las conexiones, pero existen diferencias cruciales. Puesto que en la tradición judía la siembra de la semilla era una metáfora bien establecida para referirse a algo que Dios iba a hacer, la parábola de Jesús no consiste en el cultivo de la mente

---

34. En el ámbito académico se ha defendido durante algún tiempo que Jesús no usó alegorías y que, en general, las parábolas no requieren interpretación. Han asumido, por tanto, que cuando alguna parábola la requería, la Iglesia Primitiva la consignaba. Pueden presentarse buenos argumentos para indicar que la interpretación de la parábola del sembrador se remonta a Jesús.

(1) En la versión de la parábola que encontramos en el *Evangelio de Tomás* no se consigna interpretación, y algunos eruditos asumen que se trata de un testimonio independiente de la temprana tradición cristiana. Esta es una suposición dudosa, y la ausencia de la interpretación podría deberse a que esta obra borra deliberadamente las explicaciones para que la enseñanza de Jesús resulte misteriosa. (2) Algunos sostienen que la interpretación alegórica de esta parábola pierde de vista el supuesto sentido escatológico, que alude a la milagrosa cosecha del tiempo del fin. Si esta no es la idea clave de la parábola, entonces este argumento elude la cuestión fundamental. Esta interpretación guarda un cierto equilibrio con la parábola. Si lo que se pretende subrayar es la abundancia de la cosecha, la interpretación le otorga, entonces, el mismo grado de atención que recibe en la parábola. También le concede la misma cantidad de atención a las pérdidas que la que recibe en la parábola. (3) Esta interpretación contiene supuestamente el vocabulario de la Iglesia Primitiva, que la parábola ha aplicado a su propio marco para describir lo que generalmente sucede en situaciones misioneras. Este juicio se basa en una limitada base estadística y asume que Jesús no reflexionaba sobre la respuesta de las personas a su misión; esto fue algo que solo haría la iglesia posterior. Es concebible que esta parábola de Jesús afectara al lenguaje de la iglesia o que el de esta interpretación se viera influenciado por términos que estaban en uso cuando se tradujo del arameo al griego. (4) Por último, la interpretación del destino de la semilla no es incoherente con la enseñanza de Jesús en otros pasajes de los Evangelios, y un texto paralelo en *m. 'Abot* 5:10-15 contiene seis párrafos que analizan cuatro tipos distintos de personas, y cuatro tipos de oyentes (5:12). W. D. Davies y Dale C. Allison, Jr. (*The Gospel According to Saint Matthew* [ICC; Edimburgo: T. & T. Clark, 1991], 2:376) concluye a partir de este paralelismo: "No es inconcebible que ya en el tiempo de Jesús fuera usual explicar algo haciendo referencia a cuatro tipos distintos de personas (véase *'Abot R. Nat.* A 40), y este puede ser parte del trasfondo de la parábola del sembrador".

por medio de la educación sino en la renovación de Israel. La interpretación de la parábola muestra que el fracaso de la semilla no lo produce la limitada capacidad mental del estudiante (la razón que se aduce en las comparaciones helenistas), sino la lucha cósmica que enfrenta a Dios y Satanás, por medio de la persecución y el empobrecimiento ético (no intelectual).

En Marcos, la parábola comienza y termina con el desafío a "escuchar" u "oír" (4:3, 9). La interpretación subraya que todos los suelos han oído la palabra (4:15, 16, 18, 20). El sembrador ha conseguido sembrar efectivamente la semilla; lo que sucede a continuación depende del suelo. El verbo "sembrar" se utiliza de dos maneras: con el sentido de esparcir la semilla y con el de implantarla en la tierra. La interpretación suscita la pregunta de si el que escucha va o no a producir algún fruto, convirtiendo de este modo la parábola del sembrador en la parábola de los suelos. La parábola muestra que la productividad de la semilla depende completamente de si cae en buena o mala tierra. Pasando del mundo de la agricultura al de las realidades espirituales, la parábola sugiere que la recepción de la palabra (la semilla) está directamente relacionada con el preexistente estado espiritual de los corazones de los oyentes y la interpretación pone de relieve las diferencias que hay entre ellos.

El suelo de junto al camino (*hodos*) constituye una advertencia de que Satanás, aunque atado, sigue siendo un peligro para quienes escuchan con indiferencia. Dos reinos están trabados en mortal combate por las almas de los seres humanos, y Satanás se ceba con los tipos representados en el relato por los maestros de la ley de Jerusalén, los herodianos y los principales sacerdotes.[35] Estos oyen a Jesús e inmediatamente quieren destruirlo (3:22; 11:18). Para algunos oyentes no servirá de nada lo que Jesús pueda decir o hacer. Observan sus obras, como la sanación de enfermos y la expulsión de demonios y concluyen que las lleva a cabo mediante el poder de la magia negra, de Beelzebú, o consideran que está loco. Su negativa a escuchar se debe a que Satanás les ha llevado a oponerse al reino; es este quien les controla, no Jesús (3:22). Es significativo que Marcos nos diga que los discípulos estaban en el camino (*hodos*) cuando demostraron no haber entendido el misterio que Jesús les había revelado sobre su muerte y resurrección al discutir entre sí

---

35. En la literatura judía también se identifica a Satanás con uno o varios pájaros; véase *Jub*. 11:5-24; 1 Enoc 29:5; *T. Ben*. 3:4; *Ap. Abr*. 13; *b. Sanh*. 107a.

quién era el más importante (9:33-34) y quién se sentaría a su derecha y a su izquierda en su gloria (10:32-41).

La semilla que cae en el terreno pedregoso brota de inmediato y recibe la palabra con gozo. Pero el impenetrable pedregal no permite que la raíz de la planta se hunda profundamente en el suelo y absorba los nutrientes. Cuando terminan los buenos tiempos de la alegría y llega la tribulación y la persecución, la planta se marchita. La fe de tales personas es "como nube matutina, como rocío que temprano se evapora" (Os 6:4). Estos oyentes desaparecen (lit., "se escandalizan") cuando se ven amenazados por el más leve desafío de su fe.

En la narración, encontramos a multitudes que son como llamaradas que resplandecen estupefactas ante la enseñanza y milagros de Jesús y que se alegran con su llegada a Jerusalén (12:37); sin embargo no tienen una fe hondamente arraigada, y cuando el sufrimiento surge amenazadoramente en el horizonte, desaparecen rápidamente. Hasta los discípulos, que han respondido con tanta rapidez, desaparecerán del mismo modo cuando la presión llegue a un cierto límite. Jesús les advierte sobre este peligro durante la Última Cena (14:27, 29), y su predicción se cumple cuando estos huyen despavoridos tras su arresto. Están obsesionados con su seguridad y con salvar la vida. Pedro (roca) va aún más allá. Sigue a Jesús a distancia hasta el patio del sumo sacerdote pero ante la amable acusación de una joven esclava se viene abajo. No puede soportar el calor de la oposición y niega tres veces a su Señor. El terreno pedregoso sirve de advertencia en el sentido de que nuestra fe ha de echar hondas raíces para poder soportar las pruebas y tribulaciones venideras.

El tercer tipo de suelo no es estéril pero está tan infestado de malas hierbas que la buena semilla queda finalmente asfixiada. En su enseñanza Jesús advierte frecuentemente contra las cosas que identifica como las malas hierbas que ahogan el crecimiento: las preocupaciones de esta vida, el engaño de las riquezas y el deseo de otras cosas. El relato sobre Herodes proporciona un ejemplo de alguien que oye la palabra de buen grado (6:20), pero su mayor preocupación por preservar el propio honor y poder sofoca cualquier oportunidad de que lo oído pueda dar fruto para Dios (6:21-29). El joven rico es el ejemplo más evidente de cómo la preocupación por la prosperidad material nos bloquea para responder al llamamiento de Jesús al discipulado (10:17-22). La historia de Judas nos ofrece otra advertencia de cómo el dinero, ya ni siquiera las riquezas, puede seducir incluso a uno de los doce y llevarlo a tomar una decisión errónea. Judas vende a su maestro por la promesa de un poco de plata (14:10-11).

La predicación de Jesús revela tanto la buena tierra como la mala. Solo se sabe que una tierra es buena porque da fruto. A diferencia de quienes encarnan el suelo malo, aquellos que representan el bueno escuchan correctamente. Gundry extrae las diferencias vitales. El buen oidor acoge inmediatamente la palabra para que no pueda serle arrebatada por Satanás. La recibe en lo profundo de su ser para que la persecución no la seque. El buen oidor la recibe exclusivamente para que no la ahoguen otros intereses.[36] Igual que en los terrenos desfavorables la semilla se hace infructuosa de tres formas distintas, en la buena tierra fructifica también en tres grados distintos; sin embargo ni la parábola ni la interpretación explican las razones de los distintos niveles de fructificación.

Para trasladar el mensaje de esta parábola a nuestro tiempo, nos centraremos primero en el método parabólico de dar a conocer el reino para pasar después al escándalo que suscita la explicación de las parábolas. Tanto los discípulos como quienes rodeaban a Jesús preguntaron sobre las parábolas; nos interesa saber por qué se expresó mediante enigmas que parecen diseñados para encubrir su mensaje a los no creyentes. ¿Cómo podría Jesús concebir deliberadamente barreras para excluir a las personas de una relación salvífica con Dios? Finalmente, hablaremos de los múltiples significados que puede tener esta parábola.

Dar a conocer el reino. Al abordar esta tarea de contextualización no puede eludirse el propósito de las parábolas de esconder la verdad de quienes se han endurecido espiritualmente. Las parábolas no son relatos caseros para mentes poco activas o ayudas visuales diseñadas para ilustrar una cuestión. Como método didáctico, son "lo contrario de la enseñanza prosaica proposicional". Se trata de una enseñanza indirecta y requiere una inversión de imaginación y pensamiento para buscar su significado para nosotros.[37] Si uno se niega a hacer esta inversión, no encontrará el significado de las parábolas de Jesús.

---

36. Gundry, *Mark*, 206.
37. France, *Divine Government*, 30.

Pero las parábolas son más que un mero método didáctico. Jesús no vino meramente para descubrir nuevas ideas sobre Dios o para confirmar lo que todos creían ya, sino para llamar a las personas a arrepentirse y a revolucionar toda su perspectiva sobre Dios y la vida. En Marcos, las parábolas son la forma de revelación de Dios que revelan y esconden a un tiempo el misterio. El misterio es tan grande que las proposiciones prosaicas no pueden expresarlo por completo. En su obra *De l'Esprit*, Claud-Adrian Helvétius escribió: "Casi todos los filósofos concuerdan en que, una vez reducidas a sus términos más simples, las verdades más sublimes pueden convertirse en hechos, y en este caso no presentan nada más a la mente que esta proposición, lo *blanco es blanco y lo negro, negro*". Las parábolas son el medio de dar a conocer verdaderamente el reino. Requieren una mente flexible y un corazón abierto para extender un concepto tan enorme como el reino de Dios, que se acerca sin pruebas objetivas.

La única forma de entender las parábolas en su nivel más profundo es atreviéndonos primero a implicarnos en su mundo, estando dispuestos a ver a Dios con nuevos ojos y permitiendo que esta visión transforme nuestro ser. Las parábolas no aclaran siempre lo oscuro utilizando vívido lenguaje figurativo, sino que pueden, de hecho, dejarnos más confusos. Si nos despreocupamos de lo que estas pueden significar, de quién es el que las pronuncia, o si nos negamos a tomar decisiones hasta no tener todos los hechos, nos quedaremos en una neblina.

No obstante, si no somos indiferentes sino que deseamos entender, entonces las meditamos y buscamos una interpretación. Solo entonces la parábola lleva a cabo su tarea de transformar nuestra visión de Dios y del mundo y de darnos discernimiento espiritual. Solo podemos conocer lo que significa el enigma "manteniendo una respetuosa lealtad al que lo plantea"[38] y "aprendiendo a 'ver' y a 'oír' aquello que va más allá de los datos de que disponen los sentidos."[39] En última instancia, el misterio no se entiende por medio de las capacidades intelectuales. Dios ilumina a quienes están abiertos a la verdad.

Este medio indirecto de revelar la verdad de Dios puede hacernos sentir incómodos. Como maestros o predicadores no queremos que se nos acuse de no ser claros. Preparamos cuidadosos bosquejos y exten-

---

38. F. C. Synge, "A Plea for the Outsiders: Commentary on Mark 4:10-12", *Journal of Theology of South Africa* 30 (1980): 55.
39. Geddert, *Watchwords*, 255.

sas explicaciones para que todos puedan entender. Podemos sentir que hemos fracasado de algún modo si nuestros oyentes siguen confusos. ¿Cuántos tendrían el valor de pronunciar un mensaje deliberadamente oscuro, como hizo Jesús, y esperar en el salón de la iglesia las sinceras preguntas de quienes tienen un verdadero interés? Este texto sugiere, no obstante, que podemos no entender la verdad del evangelio y restarle una parte de su poder si pensamos que todo ha de presentarse de manera simple y clara. Puede llevarnos a reexaminar lo que pretendemos llevar a cabo y cómo podemos conseguir discípulos comprometidos. Jesús no se esforzó para que su mensaje fuera más fácil de comprender para las multitudes o para que éstas se sintiesen más cómodas. Su enigmática enseñanza sirvió para separar a los meramente curiosos de los serios, a quienes solo iban en busca de un puesto de feria religioso de aquellos que buscaban verdaderamente a Dios. Jesús estaba decidido a suscitar fe genuina, y el Evangelio de Marcos insiste en que la fe nace de la tensión entre la revelación y el encubrimiento de la verdad.

Geddert ofrece la estimulante tesis de que Marcos adoptó este enigmático método al redactar su Evangelio. Este autor sostiene que el sutil misterio, deliberada ambigüedad y veladas claves que tanto han intrigado a los eruditos sobre este Evangelio fueron los medios que el evangelista escogió para comunicar su profunda teología y desafiar a los candidatos a discípulos. Se "presenta a sí mismo según el Jesús de Marcos quien también habla de manera ambigua, demanda a los oyentes que entiendan cosas que no se han afirmado explícitamente, y cree firmemente que la iluminación divina llevará a los oyentes a la comprensión que necesitan".[40]

Este pasaje nos fuerza a reflexionar sobre las metas y métodos que adoptamos en la proclamación del reino de Dios. ¿Estamos intentando llevar a las personas a un entendimiento más profundo de la verdad de Dios y a profundizar en su compromiso, o pretendemos acaso incrementar nuestras estadísticas? Muchas iglesias que han utilizado estrategias de mercadotecnia masiva y han adaptado las reuniones de adoración para atraer a nuevos asistentes han conseguido al menos impedir que Satanás devore la semilla antes de que tenga siquiera la oportunidad de germinar. Entran a escuchar ciertas personas que de otro modo nunca pondrían los pies en una iglesia. Pero posiblemente estas iglesias descubran, como las que siguen patrones más tradicionales, que han reunido

---

40. *Ibíd.*, 256.

a personas que salen corriendo la primera vez que tienen que pagar lo más mínimo por su fe. Su deseo de que Dios bendiga su búsqueda de seguridades y comodidades materiales más que su vida espiritual hará que su crecimiento en el discipulado sea raquítico.

Algunas investigaciones sugieren que el auge de asistencia a la iglesia que hubo durante la explosión demográfica posterior a la segunda guerra mundial se ha estabilizado. Informes recientes muestran que las personas no asisten ahora a la iglesia cada semana sino una vez cada mes o cada seis semanas, y que participan menos en las actividades y ofrendan menos. ¡Los que llegan a las iglesias en busca de respuestas han de ir más allá de esta etapa! ¿Cómo hacemos discípulos que puedan convertir lo que ven en claras imágenes de Dios? ¿Cómo podemos hacer discípulos capaces de traducir lo que escuchan en claros mandamientos de Dios, que después obedecen? Esta es la crucial tarea de la iglesia, y el Evangelio de Marcos pretende hablar de ella.

El escándalo del evangelio. Hemos de permitir que el escándalo del evangelio se exprese en toda su fuerza. McCracken sostiene que las parábolas "no son formas de instrucción, sino más bien formas de ofensa" diseñadas para obstruir la verdad.[41] Esto es de por sí un escándalo para nosotros. Los elementos extraños, fantásticos, extravagantes y ofensivos son cruciales para las parábolas que pretenden hacer trizas el cómodo mundo en el que todo está en su sitio. McCracken sostiene que las parábolas no fueron inventadas para transmitir ideas o expresar proposiciones, sino para precipitar la acción interna, produciendo en quien escucha o lee una crisis o colisión que requiere movimiento. En términos del Nuevo Testamento, esta crisis es una proposición disyuntiva: tropezar o cambiar y convertirse en; representar la mentira de que estamos dispuestos o ser transformados. El peligro es que intentemos minimizar y domesticar la ofensa, haciéndola prácticamente irreconocible y esquivando cualquier engorrosa colisión con la verdad.[42]

El escándalo es una parte necesaria del encuentro con lo divino y de tener fe, aunque presenta un obstáculo que puede bloquear el camino hacia la verdad y alienarnos de Dios. Crea una crisis que descubre los deseos ocultos del corazón. La ofensa descubre el propio pecado,

---
41. David McCracken, *The Scandal of the Gospels: Jesus, Story and Offense* (Nueva York/ Oxford: Oxford Univ. Press, 1994).
42. Puede verse un ejemplo de esto en todos los intentos de dar razones para el *hina*, "para que", de 4:12.

y puede alejarnos más de Dios o llevarnos de vuelta a aquel que siempre resiste las aspiraciones humanas. Si tenemos sed de Dios, podemos analizar la ofensa y acercarnos a él, pero si nos gobiernan los deseos de nuestro corazón, nos alejaremos. Podemos preguntarnos qué encontramos de ofensivo en estas parábolas y en la explicación de Jesús y luego intentar analizar lo que nos ofende. ¿Nos molesta acaso descubrir que los caminos de Dios no son los nuestros?

Sembrador y terrenos. Considero que las parábolas de Jesús están abiertas a una serie de significados, y que no es necesario limitarlas a un solo punto. El dogma de un solo punto coloca al intérprete en una camisa de fuerza y puede limitar la efectividad de las parábolas.[43] La parábola del sembrador puede explorarse desde varias perspectivas. Puede reflexionarse en la parábola desde la perspectiva de la tarea de la siembra, a saber, la proclamación de la palabra. No se da una interpretación alegórica del sembrador. Jesús no dice, "yo soy el sembrador"; y esta indefinición permite que la parábola se aplique a aquellos que siembran la palabra además de Jesús (véase 3:14). Para la iglesia de Marcos y para la nuestra, la tarea de sembrar continúa, y los tipos de respuesta y las razones que las motivan han cambiado poco.

Puede también aplicarse la parábola para ayudar a clarificar la misión de la iglesia en tiempos de desaliento. Ayuda a los abatidos sembradores a entender que lo único que pueden hacer es sembrar y que son impotentes por lo que a la naturaleza del suelo se refiere. La parábola no dice nada de arar, fertilizar, arrancar la mala hierba, ni siquiera de poner un espantapájaros para asustar a las aves. En esta parábola, el sembrador no es responsable de la tierra en la que siembra.

Esta parábola puede también entenderse desde la perspectiva de la tierra y la responsabilidad de escuchar correctamente. Cada uno puede asumir su propia responsabilidad de ser un suelo fructífero o estéril. Ha sido imposible encubrir los milagros que ha hecho Jesús. La palabra ha llegado a todas partes, también a Jerusalén, y los dirigentes han comi-

---

43. J. Dominic Crossan (en "Parable", *ABD*, 5:152) llega al extremo de decir, "el destino de las parábolas es ser interpretadas y tales interpretaciones serán necesariamente diversas. Cuando la diversidad cesa, la parábola está muerta y quien la pronuncia queda en silencio". Walter Wink (*Transforming Bible Study* [Nashville: Abingdon, 1980], 161) dice: "La falacia de la teoría que propone un solo punto en las parábolas debería haberse puesto de relieve cuando quedó claro que los propios eruditos no conseguían ponerse de acuerdo sobre cuál era este único punto (¡aunque cada uno de ellos estaba seguro de saberlo!"

sionado a un grupo de expertos para que analicen en detalle la situación. Jesús ha enseñado públicamente. Pero no todos pueden relacionar lo que él dice y hace con la llegada del reino de Dios. La oscuridad de las parábolas no produce tanto la incredulidad de los oyentes como su renuencia a arrepentirse. Esta terquedad los hace incapaces de entender el misterio del reino. Lo difícil de ver es que Jesús de Nazaret, el crucificado (16:6) sea Señor del mundo. Devenimos ciegos, porque preferimos otorgar nuestra lealtad a otros señores que complacen nuestros deseos egoístas.

Podemos aplicar la parábola a nuestro papel como sembradores de la Palabra de Dios. Muchas iglesias están haciendo cambios en las reuniones de adoración para que estos encuentros sean más comprensibles para los "buscadores". Sin embargo, el método de Jesús para proclamar el reino de Dios ha de llevarnos a preguntar, ¿con qué propósito estamos haciendo esto? En relación con el crecimiento de la iglesia pueden hacerse tres observaciones.

(1) El sembrador de la parábola no prejuzga la naturaleza del suelo. Esparce las semillas con liberalidad y no decide de antemano si el suelo tiene o no potencial, si es o no una pérdida de tiempo. El mensaje no ha sido sometido a un análisis desde la mercadotecnia para ver, en primer lugar, cuál va a ser la probable respuesta y ajustar su contenido para asegurar la mejor recepción del producto. No se pretende alcanzar solo a determinados grupos, visitar únicamente a ciertas clases de personas que son como nosotros. No hay temor de sembrar fuera de los límites.

En sus propuestas para el crecimiento de la iglesia, Wagner ha sostenido que los recursos de tiempo, personal y dinero deberían aplicarse allí donde la receptividad al evangelio es mayor.[44] Aunque Wagner insiste en que no pasemos por alto a los que son reacios, sino que establezcamos una amigable presencia y callada siembra de la semilla,[45] esta parábola ha de hacernos cuidadosos de no ocupar el papel de la soberanía de Dios o del Espíritu Santo. Cualquier labrador sabe que sembrar es arriesgado, pero esto no impide que lo haga. El peligro es que poda-

---

44. C. Peter Wagner, *Church Growth and the Whole Gospel: A Biblical Mandate* (San Francisco: Harper and Row, 1981), 77-78.
45. C. Peter Wagner, *Strategies for Church Growth* (Ventura, Calif.: Regal 1987), 88-89.

mos escondernos tras los principios del crecimiento de la iglesia para justificar nuestro descuido de aquellos que, según consideramos, van a ser reacios y que aplaquemos nuestra conciencia cuando decidimos abandonar ciertos ministerios en el ingrato suelo de los barrios pobres y huimos a las "más fructíferas" zonas residenciales.

La parábola deja claro que una parte de la semilla esparcida en una buena tierra da fruto. Pero no debemos inferir de este hecho que Jesús aconseje sembrar solo en buena tierra, donde las condiciones prometen una buena cosecha.

Cuando se trata de sembrar la palabra en los corazones de las personas, ¿cómo se puede saber que las condiciones son las correctas hasta que se lleva a cabo la siembra? En nuestro trato con corazones humanos, ¿hasta cuándo hemos de esperar antes de abandonar la esperanza de ver fruto? Adoniram Judson hubo de aguardar siete años antes de ver el primer convertido. Esta parábola nos invita a convertirnos en sembradores pródigos, que esparcen la semilla por todas partes.

(2) La explicación de la parábola indica que el éxito procede de Dios. Jesús afirma que la comprensión del misterio del reino es algo que imparte Dios. Como sembradores no podemos atribuirnos el mérito de ningún éxito que proceda de nuestra siembra ni desanimarnos por la falta de fruto. El argumento de Pablo a los corintios sobre la unidad de la obra es oportuno (1Co 3:5-9):

> Después de todo, ¿qué es Apolos? ¿Y qué es Pablo? Nada más que servidores por medio de los cuales ustedes llegaron a creer, según lo que el Señor le asignó a cada uno. Yo sembré, Apolos regó, pero Dios ha dado el crecimiento. Así que no cuenta ni el que siembra ni el que riega, sino solo Dios, quien es el que hace crecer. El que siembra y el que riega están al mismo nivel, aunque cada uno será recompensado según su propio trabajo. En efecto, nosotros somos colaboradores al servicio de Dios; y ustedes son el campo de cultivo de Dios, son el edificio de Dios.

Algunos ministrarán donde puede predominar un tipo de suelo, pero nadie puede jactarse de éxito cuando trabaja en un campo particularmente productivo. La tradición dice que el labrador palestino comenzaba su tarea con una oración:

Señor, nuestro es lo rojo [haciendo referencia al suelo rojizo], lo verde, tuyo.

Nosotros aramos, pero eres tú quien da la cosecha.[46]

(3) Lo que se les pide a los sembradores no es que tengan éxito sino que sean fieles. Es normal que al sembrar queramos ver fruto. Pero el peligro es que lleguemos a estar tan obsesionados con las señales externas del éxito que nuestros convertidos carezcan de un profundo sistema de raíces que les sostenga a largo plazo. Se exalta a ministros que han visto crecer su ministerio de manera fenomenal en número de personas y poder económico. Con frecuencia se juzga el éxito de un ministerio por los números. Los estadounidenses en particular asumen que todo es "mejor cuánto más grande" y que la presencia de grandes multitudes es una segura señal de la presencia del Espíritu. La consecuencia natural es que el fracaso se mide también según el mismo criterio, y una respuesta reducida se interpreta como una señal de la ausencia del Espíritu. El peligro de estas presuposiciones para el desarrollo espiritual de los discípulos es que se les ofrezca una espiritualidad del mínimo denominador común, que responde a las expectativas de las personas pero que no cuestiona los pecados y cosmovisiones de los oyentes.

En una reciente entrevista se decía que el creador de un irreverente programa de televisión que llevaba mucho tiempo en cartelera era un cristiano "nacido de nuevo". No obstante, este hombre afirmaba que su conversión no había afectado a su trabajo en lo que a nuevos valores morales se refiere: "Solo me da paz mental en mi vida personal; por otra parte me encanta escuchar los entretenidos sermones de mi pastor, siempre llenos de buen humor, bromas y anécdotas". Me recuerda la represión que dirige Dante en *La Divina Comedia* a los predicadores cobardes.

Y ahora con bufonadas y con trampas
se predica, y con tal que cause risa,
la capucha se hincha y más no pide.[47]

Marsha Witten comenta una hábil carta de presentación de una nueva iglesia del barrio. Se presentaba a bombo y platillo como una "nueva

---

46. Henri Daniel-Rops, *Daily Life in the Time of Jesus* (Ann Arbor: Servant, 1980), 233. (Princeton: Princeton Univ. Press, 1994), 3-4.
47. The Divine Comedy, "Paradise" 29.115-17, trad. por H. R. Hulse (Nueva York: Holt, Rinehart and Winston, 1954), 462.

iglesia concebida para satisfacer tus necesidades" con "prácticos y positivos mensajes que te edificarán cada semana". Los temas tenían que ver con sentirte bien contigo mismo, vencer la depresión, tener una vida plena y exitosa, administrar el dinero, manejar el estrés, etcétera. Witten observaba que la carta ofrecía una "lista práctica y alegre de los placeres sociales y psicológicos que uno puede experimentar haciéndose miembro de dicha iglesia, sin decir una palabra de la fe o de Dios, por no hablar del sufrimiento o de la lucha espiritual".[48] Para ser fieles sembradores de la palabra, hemos de predicar el evangelio completo —también las incómodas partes que ponen en jaque nuestros egoístas intereses de sentirnos bien y edificados— y que pase lo que tenga que pasar.

El reino rival opone resistencia, y el mundo no es uniformemente productivo. La palabra tropezará con la adversidad y la oposición. No todos recibirán la Palabra de Dios con los brazos abiertos; muchos la desdeñarán. El mismo sol que derrite el hielo también cuece el barro y lo convierte en duro ladrillo. Esta fue la experiencia de Pablo que en 2 Corintios 2:15-16 dice: "Porque para Dios nosotros somos el aroma de Cristo entre los que se salvan y entre los que se pierden. Para estos somos olor de muerte que los lleva a la muerte; para aquellos, olor de vida que los lleva a la vida". Necesitamos un profundo sentido del llamamiento divino para no ser vencidos por el desaliento cuando nuestro fiel trabajo produzca una respuesta escasa. A Isaías no se le permitió que utilizara la falta de respuesta del pueblo a su mensaje como una excusa para dejar de predicar.

A veces las personas responden a la palabra del evangelio como los pasajeros de un avión a las instrucciones de seguridad que imparte la azafata antes del despegue, para saber lo que hay que hacer en casos de emergencia. Esta invita a que los pasajeros presten atención y sigan las instrucciones impresas en el asiento que tienen enfrente; sin embargo, la mayoría ignoran alegremente las instrucciones. Están absortos en sus conversaciones o lecturas, mirando por la ventana, o simplemente amodorrados. La propia azafata parece aburrida mientras realiza los mismos movimientos por enésima vez, pero está tratando con asuntos de vida o muerte, y ninguna aerolínea permitiría que sus azafatas dejaran de impartir estas instrucciones previas al vuelo por el mero hecho de que nadie parece molestarse en escuchar. Puesto que el sembrador no controla el poder de la semilla para dar fruto en buena tierra, no debemos

---

48. Marsha G. Witten, *All Is Forgiven: The Secular Message in American Protestantism.*

desesperarnos por los aparentes fracasos, la ceguera de la incredulidad o la perniciosa oposición que genera el mensaje. Minear observa con perspicacia: "Si resulta que algunos están ciegos, es cosa de Dios, no tuya. Si no tienen oídos para oír, nunca lo sabrás si no les hablas".[49]

Aunque la predicación de la palabra de Dios no se reciba, sigue siendo poderosa. A veces nos resulta difícil creer que la Palabra de Dios no fracasa cuando estamos en medio del declive. Podemos ser víctimas de la desesperación cuando no podemos señalar grandes éxitos para confirmar que nuestra fe no es algo meramente utópico, sino que tiene sustancia. Sin embargo, la verdad de lo que creemos no está determinada por el resultado de las encuestas de opinión o por que haya o no una respuesta positiva.

Podemos también aplicar la parábola a nuestra responsabilidad de recibir la palabra como buena tierra. La tierra no puede cambiar su carácter, pero los seres humanos sí. Esta parábola advierte a los oyentes que deben hacerse una prueba de suelo. Aquellos que están dentro del círculo de Jesús pueden pasar fácilmente a estar fuera y convertirse en un suelo improductivo. Ha de prestarse constante atención a aquellos elementos que hacen que un suelo sea malo y tener presente que en la parábola el fracaso se produce en distintas etapas. Una parte de la semilla se pierde inmediatamente y no llega ni siquiera a penetrar en la tierra. Otra parte acaba perdiéndose, porque, aunque penetra en la tierra, se seca de raíz. Mientras que otra llega también a penetrar y a crecer hasta cierto punto, pero es finalmente ahogada por los espinos.[50]

A veces podemos ser como el duro suelo del camino. Nada consigue penetrar. La palabra no nos alcanza en el centro de gravedad de nuestras vidas. No entendemos y no nos preocupamos de invertir lo necesario para conseguir entender. Una vez se le pidió a Louis Armstrong que definiera el jazz. Armstrong respondió, "Hombre, si tienes que preguntarlo, ¡nunca lo sabrás!". A muchos no les gusta el jazz y por ello no se molestan en descubrir qué es. Lo mismo sucede con las buenas nuevas de Dios, pero la diferencia es que las palabras de Jesús afectan a todos los aspectos de la vida y a nuestra eterna relación con Dios.

---

49. Minear, *Mark*, 70.
50. J. Dominic Crossan, *Cliffs of Fall: Paradox and Polyvalence in the Parables of Jesus* (Nueva York: Seabury, 1980), 47.

A veces estamos en peligro de ser como el suelo pedregoso. El menor indicio de persecución o tribulación seca la fe que podamos tener. ¿Cuántos se sentarían en los bancos de la iglesia si supieran que agentes de una unidad como la Gestapo están anotando la matrícula de su vehículo, y que sus vidas, propiedades e hijos están amenazados por su fe? Alguien ha dicho que se necesita valor para dar la cara por las propias convicciones, pero aun más para mantenerse firme una vez que lo has hecho. El discurso de Jesús en Marcos 13 revela que la tribulación no es un tedioso desvío, sino la carretera principal para los discípulos cristianos (véase también, 9:49, "La sal con que todos serán sazonados es el fuego"; 10:30, "con persecuciones"; 1Ts 3:1-3). Jesús no promete ausencia de opresión, sino abundancia de ella. El Evangelio de Marcos sostiene que el valor para resistir la opresión surge de una fe profundamente arraigada. Si es necesario pasar por muchas dificultades para entrar en el reino de Dios (Hch 14:22), hemos de estar entonces preparados cuando estas vengan. Muchos están exultantes durante los días de milagros, pero los días de sufrimiento ponen a prueba su fe (véase Stg 1:2-3, 12; 1P 1:6-7; 4:12). Nuestro caminar más profundo con Dios se produce cuando, estando bajo presión, conseguimos mirar más allá del sufrimiento inmediato. Esto transforma el dolor en privilegio (véase Hch 5:41-42; Fil 1:6, 29).

El tercer peligro es el materialismo, que ahoga la fe. A muchos cristianos profesantes les gustaría nadar y guardar la ropa —ser ricos (o al menos tener unos ahorrillos que les den seguridad) y ser fieles a Dios— y se esfuerzan por conseguirlo. Jesús lo comparó con querer servir a dos señores (Mt 6:24), algo tan inútil como intentar seguir un camino que se bifurca. Jesús sabía que estas cosas siempre entran y estrangulan cualquier compromiso con Dios.

En su novela *The Mackeral Plaza,* Peter de Vries, describe a las personas que viven "una especie de lujo de subsistencia, que nunca saben cómo van a hacer frente al siguiente plazo de los impuestos o a la letra del tercer coche". La mayoría de ellos conocen bien el axioma de que nuestras aspiraciones siempre sobrepasan a nuestros ingresos, y en nuestra sociedad de consumo, una fe que pide sacrificio y servicio pronto desempeñará un papel secundario. Aquellos que están satisfechos con su nivel de devoción a Dios pero no con las cosas materiales que tienen no tendrán nunca una cosecha que merezca la pena. La superabundancia de libros de autoayuda que inundan el mercado, con la promesa de guiar a sus compradores en un cómodo camino hacia el éxito, a ser guapos y enérgicos, a ganar mucho dinero, tener un poder ilimitado y controlar a los demás, pone de relieve que vivimos en una era de narcisismo. Muchos cristianos van tan cargados con este tipo de preocupaciones en su caminar con Dios que pronto se quedan rezagados y acaban tirando la toalla. No están dispuestos a asumir los riesgos de un compromiso serio con Dios por temor a tener que sacrificar su nivel de vida.

Los ministros no son inmunes a estas tentaciones. Un pastor retirado aconsejaba a un joven estudiante de seminario un tanto desorientado por lo que debería hacer cuando se graduara: "Hijo, tú ve donde está el dinero. Dios está en todas partes". Esta actitud solo prepara al suelo para el surgimiento de espinos y crea un tipo de "seguidor" que no busca primero el reino de Dios. Creen que primero tienen que conseguir una buena formación académica, un buen trabajo, casarse, encontrar una casa bonita, en una buena zona, rodeada de gente maja, tener bonitos niños y llenar su casa de cosas hermosas [...] y suma y sigue.[51] Después de todas estas cosas que van primero, Dios queda en un distante último lugar.

La parábola señala aquellas cosas que hacen que el mal suelo sea malo: la tierra dura del camino representa a aquellos que no quieren arrepentirse; el suelo pedregoso, a los que solo quieren una vida sin tribulación; la tierra llena de espinos, representa a aquellos cuya pasión es ganar dinero y conseguir las mejores cosas materiales que ofrece la vida. Sin embargo, esta parábola no identifica las cosas que hacen que la buena tierra lo sea y produzca una buena cosecha. ¿Qué significa el treinta, sesenta y ciento por uno? Jesús nos dice las razones de los fracasos pero no las formas exactas para el éxito. La parábola no nos dice cómo podemos convertirnos en buena tierra, solo que tengamos cuidado de cómo oímos.[52] Esto solo podemos saberlo tras leer todo el Evangelio de Marcos y aprender del ejemplo de Jesús.

---

51. Comparar Søren Kierkegaard, "The Instant, No. 7", *Kierkegaard's Attack Upon "Christendom"* 1854-1855, ed. W. Lowrie (Princeton: Princeton Univ. Press, 1944), 208-11.
52. Obsérvese Dt 11:13-17, que ordena una obediencia decidida a Dios para que la tierra produzca una cosecha física. Lo mismo se requiere para que haya una cosecha espiritual.

Marcos 4:21-34

También les dijo: «¿Acaso se trae una lámpara para ponerla debajo de un cajón o debajo de la cama? ¿No es, por el contrario, para ponerla en una repisa? ²² No hay nada escondido que no esté destinado a descubrirse; tampoco hay nada oculto que no esté destinado a ser revelado. ²³ El que tenga oídos para oír, que oiga.

²⁴ »Pongan mucha atención —añadió—. Con la medida que midan a otros, se les medirá a ustedes, y aún más se les añadirá. ²⁵ Al que tiene, se le dará más; al que no tiene, hasta lo poco que tiene se le quitará».

²⁶ Jesús continuó: «El reino de Dios se parece a quien esparce semilla en la tierra. ²⁷ Sin que éste sepa cómo, y ya sea que duerma o esté despierto, día y noche brota y crece la semilla. ²⁸ La tierra da fruto por sí sola; primero el tallo, luego la espiga, y después el grano lleno en la espiga. ²⁹ Tan pronto como el grano está maduro, se le mete la hoz, pues ha llegado el tiempo de la cosecha».

³⁰ También dijo: «¿Con qué vamos a comparar el reino de Dios? ¿Qué parábola podemos usar para describirlo? ³¹ Es como un grano de mostaza: cuando se siembra en la tierra, es la semilla más pequeña que hay, ³² pero una vez sembrada crece hasta convertirse en la más grande de las hortalizas, y echa ramas tan grandes que las aves pueden anidar bajo su sombra».

³³ Y con muchas parábolas semejantes les enseñaba Jesús la palabra hasta donde podían entender. ³⁴ No les decía nada sin emplear parábolas. Pero cuando estaba a solas con sus discípulos, les explicaba todo.

El patrón concéntrico de este discurso[1] nos ayuda a ver que las dos primeras parábolas sobre la lámpara y la medida en 4:21-25 complementan la explicación de Jesús sobre las parábolas que Marcos consigna en 4:10-12. Estas expresan en parábola lo que Jesús les dijo directamente a los Doce y a otros discípulos cuando estos le preguntaron en privado por el sentido de las parábolas. El segundo par, la de la semilla esparcida (4:26-29) y la de la semilla de mostaza (4:30-32), es equivalente a la parábola del sembrador (4:3-9) y complementario en el desarrollo del carácter oculto del reino.

---

1. Ver exposición anterior al respecto.

Parábola de la lámpara (4:21-23)

El medio que Dios utiliza para dar a conocer el reino escondiéndolo puede dejar perplejos a quienes preferirían que Dios hiciera las cosas según los métodos y las expectativas humanos. La parábola de la lámpara afirma que el propósito de Dios no consiste en cubrir la luz en la oscuridad, sino en hacerla visible a todos. El texto griego dice literalmente: "¿Acaso viene una lámpara?"; y podría aludir a Jesús como la lámpara que "viene" (cp. Juan 9:5).[2] En el presente, abunda el secretismo, no porque haya algún problema en la lámpara, sino porque este es el propósito de Dios (la partícula *hina*, "para que", aparece cuatro veces en 4:21-22). Paradójicamente, lo que está oculto se hace evidente en el propio proceso de la ocultación.[3]

En otras palabras, la gloria de Dios se manifiesta de manera indirecta disipando toda desconfianza por medio de enigmáticas parábolas, debilidad, sufrimiento y muerte. El misterio de la relación de Jesús con el reino de Dios se hará más claro tras su muerte y resurrección —después de su ministerio terrenal—, pero aun entonces seguirá siendo un enigma para aquellos que buscan a tientas dentro de su propia oscuridad. Muchos permanecerán sin entender hasta el fin, deslumbrados por el falso resplandor de este mundo con sus esperanzas, y ensordecidos por su estruendo.

La parábola de la medida (4:24-25)

La parábola de la medida alude a las formas en que las personas responden a la luz.[4] El axioma económico de que los pobres son cada vez más pobres y los ricos más ricos se aplica también a la vida espiritual. Aquellos que no escuchan con atención se convertirán en los desposeídos que pierden lo que podrían poseer, atascados en una ciénaga de indiferencia e ignorancia. Quienes escuchan con atención recibirán más explicaciones sobre los propósitos de Dios y acabarán comprendién-

---

2. Lane, *Mark*, 165; Hooker, *Mark*, 133. Ver las afirmaciones sobre la venida de Jesús en 1:7, 24, 38; 2:17; 10:45.
3. Ver Job 12:22, "Pone al descubierto los más oscuros abismos y saca a la luz las sombras más profundas".
4. En el tiempo de Jesús, los alimentos no se compraban en cantidades predeterminadas sino que se cuantificaban con medidas de volumen. Los mercaderes podían ser generosos con sus clientes o intentar darles menos de lo debido. Este dicho refleja el deseo del consumidor de que Dios (utilizando una pasiva divina) recompense a los generosos y castigue a los aprovechados.

dolos muy bien. La parábola contiene una advertencia y una promesa, y exhorta a los lectores a poner mucho cuidado en cómo escuchan y responden a la palabra y a la luz.

Tenemos acceso a la verdad y hemos de tener cuidado de no hacer oídos sordos. Quien la desprecia tiene mucho que perder, y el que se arriesga por fe en lo que ahora permanece oculto, mucho que ganar

La parábola de la semilla esparcida (4:26-29)

En la parábola de la semilla esparcida en la tierra, Jesús compara de nuevo las cosas de Dios con los quehaceres del mundo rural.[5] El labrador esparce su semilla y después sigue con su rutina: duerme y se levanta, una y otra vez.[6] Entretanto, la semilla brota y crece ("Sin que éste sepa cómo" (lit., "mientras él no lo sabe", 4:27b). Que el labrador no tenga idea de cómo se obra este crecimiento da a entender que él no es la causa del mismo y que ignora la dinámica del proceso.[7] La semilla tiene dentro de sí el secreto de su propio crecimiento, y se dice que la tierra "da fruto por sí sola" (*automate*, 4:28a). El sentido de esta palabra se expresaría mejor con expresiones como "sin causa visible", "incomprensiblemente", o hasta "llevado a cabo por Dios", puesto que los judíos piadosos consideraban que el crecimiento de las plantas no era el mero resultado de las leyes de la naturaleza, sino un sorprendente proceso que Dios mismo llevaba a cabo.[8]

El crecimiento de la semilla hasta convertirse en tallo, espiga y grano completo (4:28b) sugiere un determinado orden de desarrollo que no puede acelerarse o saltarse ni retrasarse. Esta secuencia asume también que lo que ha sucedido bajo la tierra se hará visible. Cuando el trigo ha madurado, el labrador actúa de inmediato segando el grano, porque

---

5. Esta es la única parábola distintiva de Marcos, pero hay paralelismos en 1 Clem. 23:4; *Ev. de Tom.* 21; *Ap. Stg.* 12:22-31.
6. Esta orden refleja una perspectiva palestina del tiempo según la cual el día comienza por la noche y no por la mañana. En 14:30, Marcos reconoce que sus oyentes no cuentan el tiempo de este modo. El evangelista clarifica el anuncio de Jesús en el sentido de que Pedro le negaría tres veces "hoy", añadiendo, "sí, esta noche".
7. Difícilmente puede ser causa de algo que no conoce, y este detalle hace difícil cualquier interpretación que identifique alegóricamente al labrador para que represente a Cristo o a Dios. Por consiguiente, estas opciones quedarán eliminadas en el debate.
8. Beasley-Murray, *Jesus and the Last Days*, 439. Nils Dahl ("The Parables of Growth", en *Jesus in the Memory of the Early Church* [Minneapolis: Augsburg, 1976], 147) escribe: "Tanto para los judíos como para los cristianos el crecimiento orgánico no era sino la otra cara de la obra creativa de Dios, el único que da crecimiento".

ha llegado el tiempo de la cosecha. Curiosamente, Marcos no usa la palabra griega habitual para aludir al grano maduro;[9] lo que dice es que el fruto literalmente "se entrega a sí mismo" (*paradidomi*). La conclusión puede ser una cita de Joel 3:13: "Mano a la hoz, que la mies está madura. Vengan a pisar las uvas, que está lleno el lagar. Sus cubas se desbordan: ¡tan grande es su maldad!" (ver Jer 51:33; Ap 14:15). El versículo de Joel se halla en un contexto de juicio sobre la desmedida maldad de los gentiles a punto de ser juzgados. Se encuentran en el valle de la decisión, y el día del Señor está cerca.

Lo que esta parábola ilustra sobre el reino de Dios está abierto a varias interpretaciones. La variedad de títulos que se le han dado es un elocuente testimonio de su ambigüedad: el crecimiento de la semilla, la semilla que crece en secreto, la semilla que crece por sí misma, la semilla que crece de forma gradual, los agricultores pacientes, el sembrador confiado, el labrador incrédulo, el grano está maduro, y, la acción automática del suelo.[10] Esta parábola es un ejemplo de lo que Sider llama analogía proporcional: los humanos son a la llegada del reino de Dios lo que un agricultor es a la cosecha. El oyente ha de inferir, no obstante, en qué sentido.[11] ¿Debemos acaso centrarnos en lo que le sucede a la semilla? Y, si es así, ¿hemos de fijarnos en el crecimiento de la semilla o en la cosecha, al final del proceso? ¿Es importante analizar lo que hace el labrador? ¿Cuál sería el punto más importante, su inactividad mientras la semilla crece por sí sola o su súbita actividad en el momento de la cosecha?

Se han planteado varias interpretaciones, dependiendo de cuál se considere el elemento clave de la parábola. Una interpretación subraya la aparente confianza del labrador en lo inevitable del crecimiento de la semilla mientras espera la cosecha. La parábola comienza con la siembra y termina con la cosecha. Este contraste puede transmitir la idea de que el reino de Dios seguirá a la siembra de la palabra tan ciertamente como en las labores agrícolas la cosecha sigue a la siembra. Los labradores confían en que habrá una cosecha simplemente porque la semilla ha sido sembrada y germinará en la tierra y el sol la hará crecer. J. Jeremias aplica esta confianza a Jesús en el contexto de su ministerio:

---

9. Las dos principales palabras griegas son *akmazo* (Ap 14:8) o *pepeiros* (Gn 40:10).
10. Ver Claude N. Pavur, "The Grain Is Ripe: Parabolic Meaning in Mark 4:26-29", *BTB* 18 (1987): 21.
11. John W. Sider, "Proportional Analogy in the Gospel Parables", *NTS* 31 (1985): 18-19.

Esta inquebrantable certeza de que se acerca la hora de Dios es un elemento esencial de la predicación de Jesús. La hora de Dios se acerca: no solo eso, sino que ya ha empezado. En su comienzo, el final ya está implícito. No hay duda en lo tocante a su misión ni burla, ni falta de fe o de paciencia que haga desfallecer a Jesús desfallezca en su certeza en cuanto a que, de la nada e ignorando cualquier fracaso, Dios está llevando a su fin aquello que ha comenzado. Solo hay que tomar a Dios en serio, tenerlo muy en cuenta a pesar de las apariencias externas.[12]

La semilla sembrada en la tierra lleva su propio futuro en su seno, y su crecimiento hasta la madurez es una realidad irresistible y segura. Esta certeza sería una fuente de ánimo para los discípulos cuando se sintieran abatidos por el rechazo y los fracasos.

Una segunda interpretación entiende el detalle del labrador que duerme y se levanta como una prueba de su paciencia mientras la semilla germina y rompe la tierra, forma un tallo y después la espiga llena de grano. La parábola alienta a quienes esperan el reino de Dios con expectación a que tengan la misma paciencia sosegada que el labrador. La cosecha es algo que Dios lleva a cabo —la tierra produce de por sí y el labrador no sabe cómo— y lo mismo sucede con el reino de Dios. El crecimiento de las plantas es algo que no puede forzarse. Lo único que puede hacer el labrador es dejarlo todo en manos de Dios, mientras sigue llevando a cabo su rutina diaria, esperando con paciencia hasta que el grano esté preparado para su cosecha. La semilla ha sido sembrada por el agente de Dios, y ahora lo único que pueden hacer los oyentes es esperar que Dios haga lo que hará con toda certeza (ver Lam 3:26). En Santiago 5:7-8 se expresa una idea similar en prosa:

> Por tanto, hermanos, tengan paciencia hasta la venida del Señor. Miren cómo espera el agricultor a que la tierra dé su precioso fruto y con qué paciencia aguarda las temporadas de lluvia. Así también ustedes, manténganse firmes y aguarden con paciencia la venida del Señor, que ya se acerca.

---

12. Joachim Jeremias, *The Parables of Jesus* (ed. rev.; Nueva York: Charles Scribner's Sons, 1963), 153. El problema de esta interpretación es que, en el Evangelio de Marcos, Jesús ha tenido un sorprendente éxito con las multitudes. Las cosas parecen bastante prometedoras.

Una tercera interpretación entiende de manera distinta el significado de la inactividad del labrador mientras la semilla germina. Probablemente sugiera que el labrador no puede influir en el proceso. La parábola subraya que la tierra da fruto por sí sola, y que la germinación de la semilla y su desarrollo transformador no tienen relación con la capacidad, la actividad ni la sabiduría del agricultor. El crecimiento que culmina en la cosecha viene de Dios y se produce por el inherente poder de la semilla e independientemente de cualquier recurso, ayuda, o fuerza humanos. Esto puede significar que el reino de Dios no se detiene "por la incredulidad de los hombres ni requiere su esfuerzo".[13] Los seres humanos solo pueden responder cuando este invade su vida.

Una cuarta interpretación subraya lo oculto de este proceso. La parábola puede enseñar que no importa que el reino esté escondido para muchos; de manera soterrada está sucediendo algo que se hará completamente visible a su debido tiempo. El reino ha iniciado su actividad aunque su importancia no se aprecia todavía de manera universal, porque el crecimiento es imperceptible. Bajo tierra, la semilla está experimentando una transformación que puede pasar por alto. Cuando está en las primeras etapas, solo el ojo avezado es capaz de ver en qué se convertirá. Sin embargo, cuando todo el campo está en sazón, no puede pasar inadvertido.

Existe aún otra interpretación que se basa en la repentina conclusión del proceso. La inactividad del labrador mientras el trigo crecía contrasta con la repentina premura cuando la mies alcanza su punto. Algunos sugieren que Jesús quiso anunciar con sus palabras que la cosecha escatológica ha comenzado: "Se ha cumplido el tiempo" (1:15). La larga historia de la relación de Dios con Israel ha alcanzado su clímax. La rutina de la vida ha de alterarse por la urgencia de la hora, que no esperará. Otros lo interpretan como una llamada a la acción en tiempo de cosecha. El labrador no sabe cómo crece la semilla, pero sabe perfectamente cómo recoger la cosecha y ha de pasar rápida y decididamente a la acción cuando llega el momento. Si los discípulos pretenden participar en la tarea de la cosecha, deben reconocer primero que el reino se está haciendo realidad en el ministerio de Jesús.

Cuando se trata de decidir el significado de la parábola, hemos de permitir que el contexto de Marcos sea un factor clave. Esta parábola se

---

13. Geddert, *Watchwords*, 76.

relaciona estrechamente con la de la semilla de mostaza y, al igual que las anteriores de la lámpara y la medida, se ayudan mutuamente en la interpretación. En ambas parábolas hay una siembra. La semilla se esparce "en la tierra" (4:26); la mostaza, la más pequeña de las semillas, se siembra "en la tierra" (4:31). El resultado del crecimiento de la semilla tiene, en ambos casos, connotaciones escatológicas: la hoz que se mete para recoger la cosecha (4:29; Jl 3:13), y las aves del cielo que hacen su nido en la mayor de las hortalizas (Mr 4:32).[14] Ambas parábolas indican que la semilla va a producir el fruto que lleva consigo, aunque el labrador no entienda cómo se produce el cambio y aunque la más pequeña de las semillas parezca tan poco prometedora.

La parábola de la semilla de mostaza no menciona el proceso de crecimiento ni alude a ninguna conclusión repentina del proceso o intensa actividad al final. No profiere una llamada a unirse para la cosecha. Tampoco alude a la paciencia que requiere la espera hasta que la pequeña semilla se convierta en un arbusto. La parábola hace más bien referencia a una pequeñez que nos disuade de anticipar la drástica transformación que tendrá lugar cuando la semilla se siembre. Las ideas de ocultación y confianza en el carácter inevitable de la cosecha que vemos en la parábola de la semilla encajan mejor en la complementaria de la semilla de mostaza.

Ambas parábolas hablan de la engañosa insignificancia de la venida del reino antes de su manifestación final. Los propósitos divinos se cumplirán a su manera y solo Dios encomienda los secretos de tales propósitos a quienes están dispuestos a confiar en él a pesar de las apariencias poco prometedoras. ¿Creemos que el reino de Dios avanza en medio de la ignominia, la derrota y la crucifixión de su Mesías? ¿Creemos que "Jesús de Nazaret", que fue colgado de un madero, es ciertamente juez de vivos y muertos (ver Hch 10:38-43)?

Parábola de la semilla de mostaza (4:30-32)

La siguiente parábola utiliza el simbolismo de la planta anual de la mostaza que se cultivaba tanto por sus hojas como por sus granos. La

---

14. El anidado de las aves en sus ramas es una imagen escatológica que simboliza la incorporación de los gentiles al pueblo de Dios en *José y Asenat* 15:6: "Y ya no te llamarán Asenat, sino que tu nombre será 'Ciudad de refugio', porque en ti se refugiarán muchas naciones y se alojarán [mismo verbo que en Marcos 4:32, que significa "anidar"] bajo tus alas, y muchas naciones hallarán refugio a través de ti". Ver también, Sal 104:12, 16-17; Ez 31:3, 6; Dn 4:9-12, 21-22.

pequeñez de sus semillas era proverbial (ver Mt 17:20); pero Jesús no compara el reino de Dios con una semilla de mostaza, sino con *lo que le sucede* a esta.[15] Igual que él transforma una insignificante semilla de mostaza en un arbusto de dos a tres metros de altura (Mr 4:32; en Mateo y Lucas se convierte en un árbol), lo que va a conseguir por medio de la muerte y de la resurrección de Jesús también será extraordinario. La más pequeña de las semillas se convierte en la mayor de las hortalizas, y el modo en que esto sucede queda envuelto en el misterio.[16] Ni siquiera el moderno conocimiento científico de la estructura del ADN de la semilla de mostaza consigue disipar el misterio de su crecimiento. La semilla encierra dentro de sí el poder de transformarse en algo decisivamente distinto. Cuando se encuentra en su etapa de semilla, no se puede hacer un juicio acertado sobre su potencial basándose meramente en datos empíricos. Podría descartarse esta microscópica semilla por parecer intrascendente; sin embargo, tiene en sí misma el poder de convertirse en algo que no se puede ignorar y que, finalmente, atrae a las aves del cielo.[17]

Lo mismo sucede también —según da a entender Jesús—, con el reino de Dios. Durante la etapa de la siembra, el comienzo del evangelio (1:1), hemos de dar un salto de fe para creer firmemente que lo que Jesús dice con respecto a sí mismo y al reino de Dios es cierto. Este ya está presente en la obra de Jesús y, sin embargo, sigue oculto y modesto. Nadie diría que esta discreta presencia manifiesta el poder y el dominio de Dios que llegará a todas las naciones. Los profesionales de la religión malinterpretaron a Jesús, y su propia familia no lo comprendió. En su última etapa, el reino revelará un impresionante cambio en relación

---

15. Lane, *Mark*, 171.
16. Plinio habla maravillas de la mostaza como hortaliza "extraordinariamente beneficiosa para la salud", pero observa que crece de un modo completamente desenfrenado. "Aunque la planta mejora cuando se la trasplanta; pero, por otra parte, una vez se ha sembrado es casi imposible evitar que se extienda por todas partes, porque la semilla germina inmediatamente después de caer" (*Historia Natural* 19:170-71).
    Cabe también la pregunta de si Jesús puede estar comparando el reino con una cizaña que tiende a invadir espacios donde no se la quiere. ¿Está acaso diciendo que es como el kudzu? No obstante, esta imagen no ha de interpretarse de un modo negativo. Marcos entiende que alude al gran éxito de la misión de la Iglesia por todo el mundo.
17. Teniendo en cuenta que el tronco del arbusto de la mostaza es casi hueco, no proporciona un lugar adecuado para que las aves aniden, y muchas traducciones deciden traducir el verbo *kataskenoo* como "posarse" o "pasar la noche". Sin embargo, este verbo significa "hacer el nido", "morar", "alojarse", o "vivir". En Mt 8:30 y Lc 9:58 se utiliza la forma sustantivada, *kataskenosis* para aludir a los nidos.

con la primera, pero entonces será demasiado tarde para quienes no hayan sabido ver lo que Dios estaba haciendo desde el comienzo.

Conclusión (4:33-34)

El resumen narrativo concluye la sección de parábolas como la comenzó —con Jesús enseñándoles la palabra mediante muchas parábolas (4:2)—, pero Marcos añade ahora la expresión "hasta donde podían entender [lit., oír]". ¿Cómo puede uno oír? El comentario de que Jesús explicaba todas las cosas en privado a sus discípulos clarifica que hemos de acercarnos a él como tales y escucharle con atención para entender sus explicaciones y adquirir una comprensión más profunda de su enseñanza. Las parábolas no son alegorías zen que desafían la comprensión racional, sino la única forma de lenguaje que puede captar, de manera apropiada, el sorprendente misterio de que el reino de Dios se desarrolla en y a través de Jesús, a quien la mayoría no reconocerá como Hijo de Dios y morirá rechazado en una cruz.

La descripción de la Palabra de Dios en Hebreos 4:12 se aplica también a las parábolas; estas disciernen los pensamientos e intenciones del corazón de los oyentes. Entenderlas requiere algo más que una cierta capacidad intelectual, a saber, una sumisión de corazón a la palabra. Jesús utiliza las parábolas para sondear la percepción espiritual de los oyentes, porque sabe que un Mesías que muere, solo puede ser percibido por medio de un extraño discernimiento espiritual. El mensaje de que el Cristo crucificado conquista el mundo sigue siendo un enigma escandaloso y absurdo para quienes escuchan la palabra sin entender y se niegan a seguir a Jesús como discípulos.

En los Evangelios, Jesús pasa mucho tiempo explicando por medio de parábolas cómo es el reino de Dios y ello invita a deducir su convencimiento de que su visión del reino de Dios era bastante distinta de la habitual. Utilizaba una imaginería vívida y estimulante para despertar esta visión en sus oyentes. Cuando Jesús comienza con la afirmación "el reino de Dios es como", está dando por sentada la autoridad de Dios para explicar lo que es su reino. Jesús desea disipar los mitos sobre cómo se manifiesta y opera el reino de Dios en el mundo, unos mitos que la mayoría acepta sin apenas cuestionarlos. Wright observa que el anuncio del reino de Dios por parte de Jesús era doblemente revolucionario. Decir que Dios estaba haciéndose rey era como enarbolar la bandera de la sublevación. Menoscabar las instituciones, las esperanzas y los proyectos nacionales significaba, por otra parte, granjearse la hostilidad de aquellos judíos que apreciaban estas cosas. Este autor explica que Jesús se las arreglaba para afirmar que

> estaba cumpliendo las antiguas profecías y las esperanzas de Israel, *y para hacerlo de un modo que les incitaba radicalmente a la rebelión. El reino de Dios está aquí*, parecía decir, *pero no es como ustedes pensaban que sería*.[18]

Al abordar esta tarea de contextualización hemos de reflexionar sobre nuestras propias tradiciones acerca del supuesto proceder de Dios en nuestro mundo que la enseñanza de Jesús ha de corregir. ¿Tiene algo de revolucionario nuestra enseñanza? ¿Forzamos acaso las parábolas para que encajen en nuestras categorías teológicas preconcebidas y no les permitimos que desbaraten nuestros mitos e ilusiones sobre Dios?

Al interpretar estas parábolas hemos también de tener presentes dos peligros. En primer lugar, hemos de guardarnos de interpretarlos desde una óptica triunfalista. Algunos entienden que, en la parábola de la semilla de mostaza, Jesús compara la pequeñez de esta con los comienzos de su propio ministerio que se convertirá, finalmente, en algo espectacular. Cuando miramos atrás, la Iglesia puede sentirse tentada a pensar que ahora estamos viviendo esta grandiosa etapa de la que Jesús hablaba. Es fácil pensar: "¡Qué sorprendidos se quedarían aquellos primeros discípulos si supieran lo que sabemos ahora!", que el movimiento de "Jesús de Nazaret" ha barrido el mundo y ahora se manifiesta gloriosamente en este o aquel movimiento o ministerio. Aquel grupo de hombres y mujeres del vulgo, que comenzó vagando por la zona de Galilea,[19] se ha convertido rápidamente en una grandiosa organización que maneja presupuestos multimillonarios, posee imponentes edificios, y ha formado grandes denominaciones que envían misioneros por todo el planeta.

---

18. N.T. Wright, *Who Was Jesus?* (Londres: SPCK, 1992), 98-99. Este autor sigue diciendo que no es extraño que Jesús empleara parábolas para transmitir sus ideas sobre el reino: "Si demasiadas personas se hubieran dado cuenta de las implicaciones doblemente revolucionarias, no habría durado ni cinco minutos".
19. Marcos no ha representado el movimiento de Jesús como algo pequeño. Dondequiera que va Jesús se ve rodeado por enormes multitudes procedentes de todas partes y son tan numerosas que Jesús no puede comer y corre peligro de ser aplastado.

También nosotros identificamos rápidamente el reino de Dios con nuestras aspiraciones e instituciones humanas para "llegar hasta el cielo" y "hacernos un nombre". Tendemos a impresionarnos excesivamente con los movimientos de masas y las organizaciones de altos vuelos, y estas parábolas que subrayan la ambigüedad de la presencia del reino de Dios en medio de esta presente era de maldad ha de prevenirnos en contra de este error. En el siglo XIX, la parábola de la semilla se había interpretado en términos de la constante evolución del reino, que transformaría la sociedad humana hasta que, finalmente, esta se rendiría por completo a la voluntad de Dios. A. B. Bruce interpretó esta parábola como un indicador del "progreso según la ley natural y por etapas que deben experimentarse en sucesión".[20] La Primera Guerra Mundial acabó rápidamente con este mito sobre el inevitable progreso de la humanidad hasta su plena conformidad con la voluntad de Dios.

La imaginería de esta parábola de la semilla de mostaza ha de servir para la revisión de cualquier interpretación triunfalista. La imagen de Jesús sugiere que el reino de Dios puede seguir pareciendo un fracaso. Aunque es cierto que la más pequeña de las semillas se convierte en la mayor de todas las hortalizas, sigue siendo una hortaliza. Esta parábola podría ser una represión de aquellos que esperan algo grandioso de Dios, como los poderosos cedros del Líbano (Ez 17:22-24; ver Sal 104:12, 16-17; Sir. 24:13; 1QH 6:14-17; 8:4-8). En los Estados Unidos nosotros escogeríamos probablemente una secuoya gigante que, con tres mil años, cien metros de altura y diez de diámetro, sigue creciendo aún, como la mejor expresión de nuestra imagen de lo que es el reino. Pero este no encajará con nuestros parámetros ni con nuestras expectativas. Para quienes quieren ser el cedro más alto del mundo y desean algo más sensacional y mesiánico, el reino de Dios, tal como se manifiesta en nuestro mundo será, casi siempre, algo decepcionante. Viene de incógnito y, hasta el final, solo podemos confiar en que el movimiento de Jesús es la obra de Dios cuando todas las cosas se revelen finalmente. El reino de Dios se hizo presente con la venida de Jesús. Estaba oculto, pero no era invisible. La mayoría no lo veían. Buscaban cosas erróneas en lugares equivocados. La situación no ha cambiado, porque, en su búsqueda de Dios y del sentido de la vida, las personas siguen fijando la atención en toda clase de cosas erradas.

---

20. A. B. Bruce, *The Parabolic Teaching of Christ* (Londres: Hodder & Stoughton, 1882), 120.

Existe una segunda advertencia para interpretar estas parábolas y tiene que ver con el tema que abordan. Jesús está hablando del reino de Dios. Algunos han combinado la declaración de Jesús sobre tener una fe tan pequeña como un grano de mostaza (Mt 17:20; Lc 17:6) con la parábola de la semilla de mostaza para convertirlo en una alusión a la fe espiritual de las personas.[21] La fe, pequeña en un comienzo, crecerá hasta convertirse en algo grande. La parábola de Jesús alude, no obstante, a cuestiones más amplias. Tiene que ver con el reino de Dios, y no deberíamos confinar su sentido al crecimiento espiritual personal.

Puede que no nos sintamos inclinados a ver estas parábolas como una descripción de lo que le sucede al reino de Dios, puesto que su imaginería es muy desconcertante. Normalmente relacionamos el reino de Dios con el Espíritu y con el fuego, con una poderosa fortaleza, y no con semillas que crecen calladamente y se transforman en hortalizas. Las imágenes literarias que se utilizan en las parábolas son muy corrientes: una lámpara que alumbra, un recipiente medidor, un conjunto de semillas que van a ser esparcidas. Es posible que algunos se emocionen con lo ordinario y vean algo extraordinario en ellas. Es posible que otros las desestimen como cosas meramente ordinarias. Sin embargo, la corriente imaginería de las parábolas de Marcos 4 es significativa. Bilezikian observa que las imágenes literarias que utiliza Jesús

> no representan ejércitos en combate, heroicas hazañas ni valerosas gestas, sino el humilde y hogareño simbolismo de la siembra, la labranza y la cosecha. La semilla se esparce, cae, echa raíces en el suelo y se encuentra con toda una serie de variados desenlaces. En lugar de mostrar una actividad desafiante y agresiva, el reino de Dios aparece humilde y vulnerable. La semilla está sujeta a la adversidad, al rechazo, a los retrasos y a la pérdida. Las parábolas no contienen ninguna promesa de victoria instantánea y universal.[22]

El espectacular ejercicio de poder no es siempre una señal de verdadera fuerza. El reino de Dios, tal como lo presenta Jesús, no es una enorme fuerza destructiva que arrasa todo lo que encuentra en su camino. Las señales que apuntan a él parecen increíblemente humildes aun cuando crece hasta convertirse en un arbusto y atrae a las aves del cielo. Esta es la razón por la que muchos van a pasar por alto su presencia, subes-

---

21. Esta es una popular interpretación derivada de Bruce, *Parabolic Teaching*, 125-43.
22. Bilezikian, *The Liberated Gospel*, 74.

timarán su poder y restarán importancia al derecho que reclama sobre sus vidas.

Para que estas parábolas puedan hablarnos en nuestro contexto, hemos de subrayar dos temas que surgen de ellas: el carácter oculto del reino de Dios y la confianza de que, a pesar de dicho carácter, el reino está activo para producir la cosecha que Dios quiere. El comienzo predetermina el final. Vivimos en el periodo intermedio, entre el comienzo que es cuando se siembra la semilla y el tiempo del fin, cuando se hace manifiesta la última etapa y se cumplen todos los propósitos de Dios. Durante este periodo se puede sucumbir al desaliento, sentir la tentación de buscar algo aparentemente más seguro, o seguir otro proyecto que nos parezca más prometedor (Mt 11:3; Lc 7:19). Aquellos que permanecen confiados y fieles hasta el final serán salvos (Mr 13:13). Verán el sentido de la semilla que crece y la higuera llena de hojas (13:28-29).

Podemos aplicar estas parábolas a aquellas ocasiones en que sentimos la ausencia del Espíritu en nuestro ministerio. Transmiten la verdad de que el reino de Dios actúa poderosamente, al margen de las capacidades o poder de su heraldo y, a veces, de manera invisible. Hemos de considerar nuestro mundo de la manera como Jesús lo ve: un campo en el que las semillas se siembran por todas partes en preparación para la cosecha.

Significado Contemporáneo

La actividad del reino de Dios en el mundo rara vez proporciona titulares en los medios de comunicación. Dicha actividad les parecerá intrascendente a quienes se mueven fuera de sus círculos y hasta puede que también a quienes están dentro de ellos, porque a menudo Dios actúa en silencio y de formas que los ojos humanos son proclives a pasar por alto. Las parábolas de esta sección subrayan el carácter oculto del reino. Tan solo el discernimiento espiritual que imparte Dios nos permite reconocer que los propósitos divinos se cumplen aun cuando hay pocas pruebas que permitan certificarlo o cuantificarlo. Como afirmó H. L. Mencken, el problema es que "el público, con sus turbas que suspiran por que se las instruya, edifique y manipule, demanda certezas; hay que decir claramente, y con cierta aspereza, que esto es cierto y falso".[23]

Mencken sigue diciendo que no existen certezas, pero las parábolas de Jesús cuestionan esta conclusión. Podemos estar seguros de que el reino de Dios está obrando en el mundo de formas que no conocemos y que no están sujetas a la verificación empírica o la formulación matemática. Desde nuestra perspectiva finita, ignoramos los grandiosos planes de Dios aun cuando estamos viviendo en medio de ellos. Para tranquilizar a los cristianos de Filipos, Pablo les explicó que su reciente encarcelamiento no era el contratiempo para el Evangelio que ellos habían pensado, sino, en realidad, un avance: Toda la guardia del palacio había oído las Buenas Nuevas, y los hermanos habían cobrado ánimo para proclamarlas aun con mayor audacia (Fil 1:12-14). Una prueba más de que Dios escribe recto con lo que nos parecen renglones torcidos.

El misterio de cómo Dios lleva a cabo sus propósitos en el mundo —tan a menudo en silencio y misteriosamente— también se aplica a nuestra situación. Uno encuentra la vida entregándola, el poder cuando se humilla y la victoria sujetándose a la derrota (ver Is 52:13—53:12). El mundo funciona con normas distintas: se aferra a la propia vida, ejerce poder sobre los demás y sale como vencedor y para seguir venciendo (Ap 6:2); no es de extrañar que esté ciego a la presencia de Dios y de su reino.

El carácter oculto del ministerio de Jesús se aplica también a la situación de la primera Iglesia, rodeada como estaba de las burlas y la letal hostilidad del mundo. ¿Qué podían señalar que revelara convincentemente la verdad de Dios a los demás? Solo la cruz y la nueva de que Dios había resucitado de los muertos a Jesús. Muchos se burlaban, como aquel personaje del siglo II que dejó un grafito representando a un hombre ante una figura con cabeza de asno, sobre una cruz, con la leyenda al pie: "Alexámenos adora a su dios". La comunidad de Marcos había sido llevada "al supremo estado de impotencia, sufrimiento y muerte", pero descubrió "que en medio de su debilidad se manifestaba la gloria de Dios".[24]

---

23. H. L. Mencken, "Arnold Bennett", en *Prejudices: First Series* (Nueva York: Alfred A. Knopf, 1919), 46.
24. Marcus, *The Mystery of the Kingdom*, 151.

Nuestra situación no es distinta. Los propósitos de Dios se revelan en la cruz y en la resurrección de Jesús, pero muchos siguen estando ciegos. Aquellos que valoran la sabiduría mundana y buscan pruebas categóricas siguen considerando la cruz como algo completamente absurdo. Sin embargo, para los que ven, la necedad y debilidad de Dios acrecientan su poder que, inevitablemente, conseguirá el triunfo futuro y la culminación del reino de Dios. Se necesita una fe especial para arriesgarse a confiar la propia vida a algo que está oculto, especialmente cuando se encuentra en la fase de la semilla o en las primeras etapas de su desarrollo. Grant nos ayuda a entender cómo es esta fe:

> Tener fe significa creer más allá del ámbito de las pruebas —no a pesar de ellas pruebas— sino más allá de estas. La fe nos lleva a descubrir otras pruebas de una naturaleza más elevada y de una validez más sutil que la mera evidencia externa. La virtud se recompensa a sí misma y la fe aporta también su propia verificación. Esto no significa que facilite pruebas externas y visibles; la evidencia sigue siendo de carácter espiritual y se entiende espiritualmente. Como dijo el poeta, una fe que descansa en una demostración tangible es una contradicción de términos, no es sino "incredulidad reclamando que se la considere fe por medio de la prueba". Fe significa confianza, aventuras, entrega; y sus pruebas siguen siendo las "cosas que no se ven".[25]

Hace falta fe para ver que Dios exalta el humilde madero de la cruz para que personas de todas las naciones puedan encontrar protección y un hogar eterno bajo los brazos abiertos de aquel que cuelga de ella.

(1) Estas parábolas han de infundir la clase de confianza que vence la desesperación. Antes de que la semilla brote, cuando está bajo la tierra y no vemos lo que sucede, podemos desanimarnos. Los observadores pueden fácilmente descartar este movimiento, sobre todo en nuestro tiempo precipitado y pragmático que quiere gratificación y resultados inmediatos. El más ligero fracaso puede llevarnos a la desesperación. Prácticamente todos los misioneros pueden hablar de un "punto oscuro" en el que se sintieron descorazonados por obstáculos que parecían insalvables, vencidos por un sentimiento de incompetencia y completa derrota. En el siglo XIX, por ejemplo, Robert y Mary Moffat trabaja-

---

25. F. C. Grant, *The Earliest Gospel* (Nashville: Abingdon, 1943), 85-86.

ron muchos años como misioneros en Kuruman (Sudáfrica) entre los bechuanas sin mucho éxito. Robert comparaba su tarea con la de "un labrador que se esforzaba en transformar una superficie de granito en tierra cultivable...". Su esposa se lamentaba: "Si viéramos un poco de fruto, por poco que fuera, podríamos alegrarnos en medio de las privaciones y esfuerzos que soportamos; pero tal como son las cosas, nuestras manos se cansan a menudo".[26]

Clarence W. Jones experimentó esta misma desesperación. A finales de la década de 1920, Jones sintió el llamamiento de Dios para comenzar una obra pionera en la evangelización radiofónica en Sudamérica. Le pedía a Dios que hiciera grandes cosas y confiaba en que así sería. Cuando inició su ministerio parecía que todas las puertas se cerraban y su celo decayó. Jones se sentía descorazonado, destrozado, "era incapaz de sacudirse un sentimiento de total inadecuación y fracaso; se mortificaba con la idea de que su obsesión con Sudamérica le había convertido en un estúpido". Decidió abandonar su ministerio y alistarse en la Marina, pero, irónicamente, lo rechazaron por problemas de visión.[27]

Muchos ministros descorazonados sufren de miopía espiritual, una dolencia que los hace incapaces de ver lo que Dios está haciendo en la tierra y de vislumbrar triunfo en lo que parece un fracaso absoluto. Puesto que no podemos saber lo que sucederá la próxima semana, y mucho menos en la eternidad, nos impacientamos aguardando el pleno cumplimiento de los propósitos de Dios. Al proverbio, "cada uno cosecha lo que siembra" (Gá 6:7) le damos, por regla general, un sentido negativo. No se puede vivir a lo loco durante la semana y esperar que todo cambie el domingo. La conducta tiene consecuencias. Pero el principio de cosechar lo que se siembra también es cierto en un sentido positivo. Las parábolas nos aseguran que cuando sembramos la semilla de Dios, ésta cumplirá su propósito. Puede que no seamos nosotros quienes recojamos la abundancia de fruto, pero es que la cosecha no es nuestra, sino de Dios (1Co 3:6-9).

(2) Estas parábolas enseñan que el éxito de la semilla no depende de nuestros débiles esfuerzos. A pesar de la certeza de la cosecha —y no se dice nada de su tamaño— queda por resolver el misterio del modo en que se produce. El éxito no depende del que predica, sino de Dios. Ni si-

---

26. Ruth A. Tucker, *From Jerusalem to Irian Jaya: A Biography of Christian Missions* (Grand Rapids: Zondervan, 1983), 144-45.
27. *Ibíd.*, 373-74.

quiera Jesús tuvo un control completo de la cosecha (quién participaría de ella o cuál sería su extensión). Por tanto, nuestra tarea se limita a dar testimonio sin preocuparnos de crear una respuesta. Esto no significa que tengamos que ser indiferentes a la respuesta de las personas, sino que no tenemos que intentar fabricarla.

La semilla crece sin nuestra ayuda; no obstante, Jesús no pretende fomentar la inercia o la pereza. Entender este principio tampoco nos libra de las noches en vela que Pablo, por ejemplo, afirmó haber pasado preocupándose por las iglesias que había fundado (2Co 11:27-28). La parábola de Jesús nos previene para que no pensemos que el reino se desarrolla por medio de nuestros grandiosos planes o nuestros últimos programas. Los expertos en *iglecrecimiento* intentan comprender las dinámicas que influyen en el crecimiento para ayudarnos a proyectar estrategias. Aunque su trabajo es valioso, la cosecha sigue, no obstante, bajo la soberanía de Dios. Nosotros no hacemos que la semilla crezca; no sabemos cómo lo hace ni siquiera en nuestra propia vida. Puede que, a veces, nuestra frenética actividad no sea sino una pantalla de humo que esconde nuestra falta de confianza en Dios. Sentimos que hemos de tomar el control de la situación para que la voluntad de Dios pueda llevarse a cabo. Esta parábola nos permite dejar de concentrarnos en lo que hemos de conseguir o hemos conseguido y reflexionar en lo que Dios está llevando a cabo. Nos anima a confiar en que la semilla hará lo que las semillas suelen hacer cuando se plantan.

(3) Estas parábolas estimulan una fe paciente. En un tiempo en que la comunicación es instantánea y los niños preguntan a sus padres: "¿Por qué tardan tanto los hornos microondas?", esperar puede ser algo intolerable. Siempre vamos con prisas. Tal vez algunos esperan arar el campo, plantar la semilla, recoger la cosecha, moler el grano y hornear el pastel en la misma reunión de adoración. Las parábolas no prometen un crecimiento instantáneo. Dios da el crecimiento, y de ello se deduce un determinado orden que no puede apresurarse ni evitarse. Hemos de aprender a dejar que la semilla actúe, permitiendo que la palabra persuada y convierta. Toda ansiedad es, por tanto, superflua, puesto que los acontecimientos están fuera del control humano. Hemos de cultivar la paciencia para ser capaces de esperar hasta que Dios lleve el proceso a su culminación en el tiempo señalado.

En un momento de frenéticas especulaciones sobre el tiempo del fin, la paciencia se convierte en algo esencial. Dahl afirma:

La serie de acontecimientos por los que Dios conduce la historia hacia el final de este mundo y hacia el comienzo del nuevo eón, según su plan de salvación, se corresponde con el crecimiento que Dios da en la esfera de la vida orgánica, de acuerdo con su orden establecido.[28]

Elías ha de venir primero; el Hijo del Hombre ha de sufrir, el evangelio debe ser predicado a todas las naciones, los discípulos han de sufrir persecución, el juicio caerá sobre Jerusalén. Después esperamos la venida de nuestro Señor que se producirá en el momento que Dios tiene señalado.

---

28. Dahl, "The Parables of Growth", 154.

Marcos 4:35-41

Ese día al anochecer, les dijo a sus discípulos:

—Crucemos al otro lado.

³⁶ Dejaron a la multitud y se fueron con él en la barca donde estaba. También lo acompañaban otras barcas. ³⁷ Se desató entonces una fuerte tormenta, y las olas azotaban la barca, tanto que ya comenzaba a inundarse. ³⁸ Jesús, mientras tanto, estaba en la popa, durmiendo sobre un cabezal, así que los discípulos lo despertaron.

—¡Maestro! —gritaron—, ¿no te importa que nos ahoguemos?

³⁹ Él se levantó, reprendió al viento y ordenó al mar:

—¡Silencio! ¡Cálmate!

El viento se calmó y todo quedó completamente tranquilo.

⁴⁰ —¿Por qué tienen tanto miedo? —dijo a sus discípulos—. ¿Todavía no tienen fe?

⁴¹ Ellos estaban espantados y se decían unos a otros:

—¿Quién es éste, que hasta el viento y el mar le obedecen?

Sentido Original

En una extensa sección que comienza en 4:35 y termina en 6:6a, Jesús sigue invirtiendo una buena parte de su tiempo por la zona del mar de Galilea, aventurándose incluso al otro lado del lago. En el primer episodio, unos discípulos llenos de pánico despiertan a Jesús que está durmiendo en la popa de la barca; en el penúltimo, es él quien despierta a una muchacha del sueño de la muerte (5:39). Se presenta a un Jesús con poder para calmar las tormentas que amenazan la vida física y las tempestades internas del tormento y la aflicción que inquietan nuestras almas. En estas escenas aprendemos que Jesús no solo es soberano sobre los poderes diabólicos y las enfermedades que nos debilitan y contaminan, sino también sobre las potentes fuerzas de la naturaleza y la muerte. A pesar de las poderosas obras que Jesús realiza, esta segunda sección (3:7-6:6a) concluye con el informe de su rechazo en su ciudad natal (6:1-6a), igual que la primera (1:14-3:6) terminaba con su rechazo por parte de fariseos y herodianos (3:6). Como ha dejado claro la parábola del sembrador, muchos no escuchan ni dan fruto.

Visión general de 4:35—6:6a

El tema de la muerte está implícito en la mayoría de los incidentes. La tormenta que Jesús calma no es una ventisca normal, sino una "violenta tempestad" (NIV; LBLA) que amenaza con anegar la barca (4:37). Jesús libra a los discípulos del peligro de la muerte en el mar, el lugar donde los judíos creían que el mal y Dios se enfrentaban. En territorio gadareno, al otro lado del lago, Jesús no exorciza a alguien que está ligeramente poseído, sino a un hombre agobiado por una legión de demonios (5:1-20). Nadie ha sido capaz de controlar a este desagradable vecino, de modo que lo han tenido que expulsar de la sociedad y se ha visto forzado a vivir entre los sepulcros, el dominio de la muerte. De vuelta al otro lado del mar, en territorio más acogedor, Jesús "salva" a una mujer que sufre una debilitadora dolencia que ha venido frustrando a los médicos durante doce años (5:24-34). Es una muerta andante. A continuación, no se limita a curar a una niña de una enfermedad, sino que la resucita de la muerte (5:35-43). El mensaje es claro: Jesús está a la altura de cualquier amenaza que pueda destruir la vida humana.

En comparación con los milagros anteriores, Marcos nos ofrece ahora mucha más información sobre las personas a las que Jesús sana. A todos los personajes los mueve un sentido de *desesperación*. Los discípulos se ven en una situación desesperada, a merced de una súbita tempestad mientras Jesús duerme. El poseso gadareno ha sido golpeado y encadenado por otros, y ahora se autolesiona con piedras en un desesperado intento de librarse de su agitación interna. La legión de espíritus inmundos impulsa al endemoniado a correr hacia Jesús y a postrarse ante él (5:6) en una desesperada tentativa de impedir un exorcismo. Los lugareños de la región gadarena están desesperados por conseguir que Jesús abandone su territorio antes de que su ministerio genere más pérdidas económicas. El padre de la niña que está a las puertas de la muerte desea desesperadamente que sea sanada y cae a los pies de Jesús con una apasionada petición de ayuda (5:22). No está menos desesperado que la mujer que ha gastado todos sus recursos en estériles remedios para aliviar una dolencia que le impide llevar una vida social normal. Esta mujer toca el manto de Jesús con la desesperada esperanza de que se produzca un milagro. Quienes están más abiertos a recibir el poder de Jesús en sus vidas son los que reconocen su desesperada necesidad. Aquellos que no la reconocen no están menos desesperados, pero se han convencido de que no necesitan la intervención de Jesús.

Un tercer rasgo común que observamos en estos relatos es el contraste entre el temor y la fe. Cabría esperar que una persona que tuviera este tipo de poder suscitara una enorme alegría; vemos, sin embargo, que muchos responden con temor. Los discípulos no tienen fe y son presa del pánico cuando se ven amenazados por la tormenta. Jesús los censura por su falta de fe, que, aquí, significa confianza en el poder de Jesús; no obstante, están atónitos por su poder para calmar el mar y se sienten "espantados" (4:41). Los habitantes de Gadara tienen miedo cuando ven al endemoniado que ellos no han podido controlar en su sano juicio y sentado a los pies de Jesús (5:15). La mujer con flujo de sangre queda petrificada cuando Jesús mira a su alrededor para ver quién lo ha tocado demostrando así que se ha dado cuenta de lo que le ha sucedido. Hace acopio de valor para confesar lo sucedido a Jesús (5:33), y él elogia su fe que la ha salvado (5:34). Cuando el jefe de la sinagoga recibe la noticia de la muerte de su hija, Jesús le pide que no tema, sino que siga confiando (5:36). Finalmente, el agravio que Jesús recibe en Nazaret lo lleva a asombrarse de la falta de fe de sus habitantes (6:6a). La fe abre de par en par las puertas para recibir su poder, y esto arroja cualquier temor.

La tormenta en el mar (4:35-41)

La sección se inicia con la petición de Jesús a sus discípulos para que se dirijan por mar al otro lado del lago. La obediencia a esta orden requiere que dejen a la multitud y se unan a Jesús en la embarcación (4:36a). La mención de las "otras barcas" sugiere que el grupo no se limita solo a los doce (4:36b). En esta sección, la barca se convierte en una "imagen de los que viajan en íntima comunión con Jesús, separados de otros seguidores y de las masas que se quedan en la seguridad de la costa".[1] Los discípulos lo llevan con ellos en la barca, porque los pescadores del grupo son probablemente los expertos navegantes. Irónicamente, son ellos quienes se aterrorizan por la inesperada tormenta, mientras Jesús, el carpintero (6:3), duerme serenamente en la cubierta de popa sobre un saco de arena que se utilizaba de lastre (se traduce "cabezal"). Es fácil imaginar que al final de todo un día de predicar a corazones endurecidos, Jesús esté físicamente exhausto. No obstante, los que conocen la Escritura captan un sentido más profundo tras su apacible descanso. Que Jesús pueda dormir en medio de una furiosa tormenta que agita el mar a su alrededor y llena la barca de agua es

---

1. James G. Williams, *Gospel Against Parable: Mark's Language of Mystery* (Sheffield: Almond, 1985), 100.

una señal de su confianza en Dios (Job 11:18-19; Sal 3:5; 4:8; 121:3-4; Pr 3:23-26) y contrasta con el terror de los discípulos.

No obstante, ellos no interpretan su sereno descanso como una evidencia de su confianza en Dios que también asegurará su propio bienestar, y lo consideran más bien una muestra de indiferencia hacia su seguridad en un momento de peligro.[2] Despiertan a Jesús con una indignada queja, como si él fuera en cierto modo responsable de su difícil situación. La pregunta que le plantean requiere un sí por respuesta: "¿No te importa que nos ahoguemos, verdad?" (4:38, NIV), pero sugiere que están resentidos con su aparente falta de preocupación. Existe una amarga ironía en que estos mismos discípulos se dormirán cuando Jesús haya de hacer frente a sus temores en Getsemaní, insensibles a sus súplicas para que velen y oren con él (14:37, 40-41). En aquella ocasión, ellos no se duermen aquietados por su confianza en Dios, sino que, como nos dice Marcos, se les cierran los ojos, porque están rendidos (14:40). Jesús les reprocha: "¿Siguen durmiendo y descansando?", en un momento mucho más trascendental. Su sueño muestra que no les preocupa su muerte inminente. Los primeros síntomas de falta de visión aparecen en esta escena cuando, ante la tormenta, el temor les abruma. Ello muestra que son como aquellos que describe el salmista en Salmos 107:23-32 como testigos de las obras del Señor que, sin embargo, se amedrentan y tambalean como borrachos cuando no saben qué hacer:

> En su angustia clamaron al Señor, y él los sacó de su aflicción. Cambió la tempestad en suave brisa: se sosegaron las olas del mar. Ante esa calma se alegraron, y Dios los llevó al puerto anhelado. ¡Que den gracias al Señor por su gran amor, por sus maravillas en favor de los hombres! ¡Que lo exalten en la asamblea del pueblo! ¡Que lo alaben en el consejo de los ancianos! (vv. 28-32).[3]

Tener que despertar a Jesús de su sueño evoca otro tema bíblico del sueño como prerrogativa divina y símbolo del gobierno de Dios.[4] Quizá Isaías 51:9-10 arroje más luz sobre el sueño de Jesús.

---

2. Marshall, *Faith As a Theme*, 216-17.
3. Ver también Sal 69:1-2.
4. B. F. Batto, "The Sleeping God: An Ancient Near Eastern Motif of Divine Sovereignty", *Bib* 68 (1987): 153-77.

¡Despierta, brazo del Señor! ¡Despierta y vístete de fuerza! Despierta, como en los días pasados, como en las generaciones de antaño. ¿No fuiste tú el que despedazó a Rahab, el que traspasó a ese monstruo marino? ¿No fuiste tú el que secó el mar, esas aguas del gran abismo? ¿El que en las profundidades del mar hizo un camino para que por él pasaran los redimidos?[5]

El descanso de Jesús es otra muestra de su soberanía que los discípulos no reconocen todavía, y el colosal poder de la tormenta queda prontamente subyugado cuando él se levanta y habla. Jesús responde a sus impacientes lamentos reprendiendo al viento con una palabra.[6] Que sea capaz de transformar una gran tormenta (4:37) en una gran calma (4:39), con una mera palabra, revela que tiene poder para hacer lo que solo el Dios que creó el mar (ver Gn 8:1; Job 26:12; Sal 65:7; 74:13-14; 89:9; 93:3-4; 104:5-9; 106:9; 114:3; Is 50:2; Nah 1:4; 2 Mac. 9:8) es capaz de realizar. Jesús tiene, igual que Dios, dominio sobre el mar, el lugar del caos y la maldad. Si los discípulos hubieran entendido que navegaban con aquel que tiene un poder así, confesarían que todos sus temores carecían de fundamento. La fe de los discípulos ha de seguir creciendo y templarse como el acero por medio de las difíciles circunstancias de la vida.

Tras calmar el mar, Jesús reprende a los discípulos por su histeria: "¿Por qué tienen tanto miedo? ¿Todavía no tienen fe?". Fe es aquí confianza en el poder divino presente en la persona de Jesús. Este incidente pone de relieve su absoluta dependencia de Jesús; él es su refugio y fortaleza, una ayuda omnipresente en sus problemas, su consolador, aquel que puede calmar la furia de los opresores aunque rujan como las olas del mar. Por consiguiente, no deben temer (Sal 46:1-3; Is 51:12-16). Es evidente que la fe no es algo innato en las personas; puede fluctuar dependiendo de las circunstancias, y es muy probable que flaquee en situaciones de peligro. A pesar del temor y de la falta de fe de los discípulos, Jesús subyuga la tormenta y preserva sus vidas. ¿Qué es, pues, capaz de hacer cuando las personas muestran fe?

---

5. Ver también Sal 44:23-24.
6. La traducción de la versión King James: "Paz a vosotros, guardad silencio", no consigue captar la energía de la palabra de Jesús. Jesús utiliza esta misma reprensión cuando les dice a los demonios que se callen (Mr 1:25; 3:12; 9:25). Ver 2 Enoc 40:9; 43:1-3; 69:22; 4 Esd 6:41-42; Jub. 2:2.

El temor de los discípulos, sin embargo, no amaina cuando lo hace la tormenta, sino que se intensifica al dirigirse hacia aquel que está con ellos en la barca, el que acaba de mostrar su control divino sobre el mar. La explicación que Jesús hace de sus parábolas no los había preparado para un acto tan portentoso como este milagro. En el relato de Jonás, que guarda algunos paralelismos con este incidente, los marineros se asustan porque este profeta sirve al Dios que hizo el mar y la tierra seca (Jon 1:5-6). El temor de los discípulos surge del divino control que Jesús ejerce sobre el mar (ver Sal 89:9).[7] Aunque han tenido una grandiosa oportunidad de ver y oír a Jesús y se les han dado los misterios del reino, siguen obsesionados por la duda y el temor. Ahora son testigos presenciales de su poder divino capaz de calmar el viento y el mar.

El sobrecogimiento que experimentan los discípulos ante lo espiritual es coherente con la ocasión; sin embargo, siguen sin entender casi nada de la identidad del hombre que está entre ellos y que muestra tal poder. Tal vez la luz sea demasiado resplandeciente para que sus ojos puedan absorberla por completo. Podemos comparar a los discípulos que han sido liberados en el mar con los israelitas que fueron rescatados de Egipto. Cuando Dios salvó a Israel de sus opresores, mostrando su gran poder, "temieron al Señor y creyeron en él y en su siervo Moisés" (Éx 14:31). La pregunta que se suscita en el Evangelio de Marcos es si el temor de los discípulos se convertirá o no en confianza absoluta en este nuevo y mayor libertador.

Construyendo Puentes

El aquietamiento de la tormenta es el primer milagro de la naturaleza en el Evangelio de Marcos. Anderson observa que el moderno escepticismo científico hace que el hombre de hoy "sea menos receloso de las sanaciones y los exorcismos", para los

---

7. Hooker, *Mark*, 140. Gundry (*Mark*, 245-46) sostiene que "Marcos utiliza el Antiguo Testamento como una analogía" y señala significativas diferencias entre los relatos de este y el de Jonás. Jesús no está huyendo de la presencia del Señor, y no hay indicios de que este envíe la tormenta como forma de advertencia (Jon 1:3-4, 10). Jesús duerme en la popa de la embarcación, no en la bodega (1:5).
Los discípulos no luchan contra la tormenta como los marineros de Jonás ni echan suertes para ver quién es el responsable de aquella calamidad (1:5, 7). La calma se hace cuando Jonás es arrojado por la borda, no cuando habla (1:15). Jesús no ora a Dios, sino que se dirige directamente al mar, y su palabra crea la gran bonanza. Cuando ambos relatos se leen juntos, sus diferencias dejan clara la superioridad de Jesús sobre Jonás (ver Mt 12:41; Lc 11:32).

cuales pueden presentarse "ciertas analogías científicas" o explicaciones psicológicas, que de los milagros de la naturaleza que se rechazan probablemente como imposibles.[8] No faltan entre los eruditos modernos quienes tratan estos relatos como acreciones legendarias o exagerados engrandecimientos de acontecimientos normales. El acercamiento característico del siglo XIX sigue todavía vivo en nuestro tiempo. Los eruditos de aquel tiempo asumían que Dios creó leyes naturales inmutables y, tras ponerlas en movimiento, las dejó para que funcionaran de un modo mecánico como el movimiento de un reloj. David Hume, en su *Enquiry Concerning Human Understanding* (Investigación sobre el entendimiento humano), definía un milagro como una violación de las leyes naturales y asumía que era algo imposible.

Esta doctrina de las leyes naturales que gobiernan el universo forzó a los comentaristas a buscar explicaciones más racionales de lo que sucedió en los milagros ya que la suspensión de las leyes físicas naturales no podía haberse producido. Por ejemplo, H. E. G. Paulus explicó este milagro afirmando que Jesús no le habló al mar sino que únicamente gritó algo como: "¡Vaya tormenta! No tardará mucho en escampar". Los discípulos interpretaron erróneamente sus palabras como la causa del repentino aquietamiento. No se es menos crédulo si se cree esta clase de explicación natural que si se asume que Jesús calmó el mar con su palabra, como informa Marcos. Uno debería también ponderar con cuidado los terminantes pronunciamientos de eruditos que dicen que el hombre de hoy no puede ya creer en la idea de los milagros y lo sobrenatural. Hay tantas excepciones a esta imaginaria "persona moderna" que no cree en los milagros que se trata de una afirmación inútil. Esto podría aplicarse a un perfil concreto que podríamos llamar "personas ilustradas que desprecian la religión", pero no a la gente corriente, muchas de las cuales no son menos cultivadas e inteligentes.

La mayoría admitiría que al analizar los milagros de Jesús no podemos decidir de antemano lo que es o no posible. Nunca deberíamos considerar con antelación que algo no puede suceder. Nos equivocamos si cambiamos los elementos milagrosos por una cierta explicación natural que, supuestamente, tendrá más lógica para la mente moderna y bien educada. Pero la moderna concepción científica del mundo, que insiste en la necesidad de verificación por medio de repetidas mediciones, ciega a muchos que dejan de ver las dimensiones milagrosas y espirituales

---

8. Anderson, *Mark*, 142.

de la vida. Pongamos, por ejemplo, que, sobre el asunto de los espíritus inmundos, un erudito afirmara: "Para dar una respuesta concluyente hemos de esperar más avances científicos, a que los investigadores lleguen a verdaderas conclusiones en este campo".[9] La ciencia es útil para desacreditar afirmaciones fraudulentas, pero no como recurso de apelación final sobre la verdad de los milagros puesto que su suposición esencial es que algo que no se puede repetir ni mesurar no es real.

Bonhoeffer ofrece una interesante reflexión sobre aquellos que se quejan de que les es difícil creer. Argumenta que, posiblemente, no solo luchan con cuestiones intelectuales, sino que dicha dificultad podría ser una señal de "desobediencia deliberada o inconsciente". Bonhoeffer imagina a un pastor que responde adecuadamente a esta crisis de fe del siguiente modo:

"Eres desobediente, estás intentando mantener una parte de tu vida bajo tu control. Esto es lo que te impide escuchar a Cristo y creer en su gracia. No puedes oírle, porque eres deliberadamente desobediente. En algún lugar de tu corazón te estás negando a atender su llamada. Tu dificultad son tus pecados [...]. Solo aquellos que obedecen pueden creer y solo quienes creen pueden obedecer".[10]

La moderna incomodidad frente a los milagros, porque son contrarios a lo que conocemos sobre la naturaleza, asume que conocemos todos los aspectos de la naturaleza aun cuando sabemos tan poco sobre Dios.

Al mismo tiempo, también podemos equivocarnos intentando agrupar pruebas concluyentes para demostrar que los milagros se produjeron tal como se consignan en los Evangelios. Una interminable elaboración de pruebas científicas puede también matar al milagro. Un milagro lo es solo si Dios nos habla a través de él. Buechner define un milagro como "un suceso que fortalece la fe".[11] Es posible que los milagros hablen más alto que las palabras, pero no lo hacen siempre con tanta claridad y, en Marcos, son frecuentemente ambiguos. A los ojos de la fe, algo se

---

9. Raoul Syx, "Jesus and the Unclean Spirits: The Literary Relation Between Mark and Q in the Beelzebul Controversy (Mark 3:20-30 par)", *Louvain Studies* 17 (1992): 180.
10. Dietrich Bonhoeffer, *The Cost of Discipleship* (Nueva York: Macmillan, 1963), 76.
11. Frederick Buechner, *Listening to Your Life* (San Francisco: Harper & Row, 1992), 304.

hace evidente; para los que están ciegos, la sanación o el exorcismo solo demuestran que Jesús actúa como hechicero del diablo (3:22, 28-29).[12]

En el Evangelio de Marcos, los milagros de la naturaleza ofrecen claves más profundas para que los discípulos conozcan plenamente la identidad de Jesús como Hijo de Dios. Su disposición de estar al servicio de Jesús, a unirse a la pequeña flotilla de embarcaciones y cruzar al otro lado cuando él lo determina, muestra una actitud abierta a recibir nueva revelación.

Las parábolas y sus explicaciones no lo clarifican todo. El milagro en el mar conduce a los discípulos un paso más allá en el camino de la verdad. En Jesús está actuando un poder divino. Una vez más, Buechner da en el blanco cuando escribe: "Es menos probable que la fe en Dios proceda de los milagros que viceversa".[13]

Aun cuando los discípulos se enfrentan a un milagro de esta magnitud, siguen moviéndose en terreno neblinoso y no consiguen atar cabos de manera inmediata. El rescate en el mar revela la identidad de Jesús y lo que es capaz de hacer por quienes ven sus vidas amenazadas. Tiene poder sobre las fuerzas del caos y puede rescatar a los suyos de cualquier tormenta que ponga en jaque sus vidas, entre ellas las tormentas de la persecución. No es tanto un milagro contra la naturaleza como contra Satanás, que pretende destruir a los seguidores de Jesús y su fe. El dominio de Jesús sobre el viento y el mar señala cómo serán las cosas cuando "el reino de Satanás desaparezca".[14] En la visión de Juan del nuevo cielo y de la nueva tierra, el mar ya no existe (Ap 21:1; ver 4:6; 15:2; 20:13).

Al abordar la tarea de contextualizar las narraciones de los Evangelios, podemos hacernos tres preguntas: ¿Qué revela este relato sobre Jesús? ¿Qué revela sobre el dilema humano? ¿Qué solución nos presenta para dicho dilema? Los atemorizados discípulos plantean el asunto clave de este relato cuando preguntan, "¿Quién es éste, que hasta el viento y el mar le obedecen?" (4:41). Achtemeier llega al meollo en su comentario: "La dominación del mar y del viento no fue una simple muestra

---

12. Para los judíos, el Éxodo era un gran milagro de liberación, pero Josefo describe una explicación egipcia de este acontecimiento como "la expulsión de leprosos y criminales rebeldes que fueron expulsados y perseguidos hasta las fronteras de Siria", (*Ad. Ap.* 1:26:27).
13. Buechner, *Listening to Your Life*, 305.
14. James Kallas, *The Significance of the Synoptic Miracles* (Londres : SPCK, 1961), 78.

de poder, sino una epifanía por medio de la cual Jesús se reveló a sus discípulos como Salvador en medio de un grave peligro". La respuesta a la primera pregunta es que Jesús tiene el poder de Dios para "conquistar a los poderes de la oscuridad formados en orden de batalla contra él".[15]

Una comparación entre Isaías 43:1-10 con el relato de Marcos ilumina la elevada cristología de Marcos. En el pasaje del Evangelista, Jesús lleva a cabo lo que Dios promete hacer en Isaías.

Isaías 43:	Marcos
[1]Pero ahora, así dice el Señor, el que te creó, Jacob, el que te formó, Israel: «No temas, que yo te he redimido; te he llamado por tu nombre; tú eres mío.	Jesús ha creado a los doce (3:12) y ha convocado a un grupo de discípulos por nombre (1:16, 20; 2:14; 3:16-18).
[2]Cuando cruces las aguas, yo estaré contigo; cuando cruces los ríos, no te cubrirán sus aguas; cuando camines por el fuego, no te quemarás ni te abrasarán las llamas.	Jesús está con ellos cuando pasan por las aguas (4:36) y los salva del peligro en el mar. La certeza de que no sufrirán daño del fuego resuena en 9:49: "La sal con que todos serán sazonados es el fuego".
[3]Yo soy el Señor, tu Dios, el Santo de Israel, tu salvador; yo he entregado a Egipto como precio por tu rescate, a Cus y a Seba en tu lugar.	
[4]A cambio de ti entregaré hombres; ¡a cambio de tu vida entregaré pueblos! Porque te amo y eres ante mis ojos precioso y digno de honra.	Jesús anuncia a los discípulos que él dará su vida en rescate por muchos (10:45).
[5]No temas, porque yo estoy contigo; desde el oriente traeré a tu descendencia, desde el occidente te reuniré.	Jesús reprende la cobardía de los discípulos y les dice a un jefe de la sinagoga (5:36) y a ellos que no tengan miedo (6:50).
[6]Al norte le diré: "¡Entrégalos!" y al sur: "¡No los retengas! Trae a mis hijos desde lejos y a mis hijas desde los confines de la tierra.	
[7]Trae a todo el que sea llamado por mi nombre, al que yo he creado para mi gloria, al que yo hice y formé"».	

---

15. Paul J. Achtemeier, "Person and Deed: Jesus and the Storm-Tossed Sea", *Int* 16 (1962): 176.

⁸Saquen al pueblo ciego, aunque tiene ojos, al pueblo sordo, aunque tiene oídos.

⁹Que se reúnan todas las naciones y se congreguen los pueblos. ¿Quién de entre ellos profetizó estas cosas y nos anunció lo ocurrido en el pasado? Que presenten a sus testigos y demuestren tener razón, para que otros oigan y digan: «Es verdad».

¹⁰«Ustedes son mis testigos —afirma el Señor—, son mis siervos escogidos, para que me conozcan y crean en mí, y entiendan que yo soy. Antes de mí no hubo ningún otro dios, ni habrá ninguno después de mí».

Ver 4:12; 8:18; Jesús sana a dos ciegos (8:22-26; 10:46-52) y a un sordo (7:31-37).

Cuando Jesús se acerca a los discípulos andando sobre las olas, anuncia: "Soy yo [o, yo soy él]!" (6:50).

Como conclusión, Isaías 43:11-12 proclama,

> "Yo, yo soy el Señor, fuera de mí no hay ningún otro salvador. Yo he anunciado, salvado y proclamado; yo entre ustedes, y no un dios extraño. Ustedes son mis testigos —afirma el Señor—, y yo soy Dios".

Marcos quiere que los lectores saquen esta misma conclusión sobre Jesús. Jesús es aquel que libera a su pueblo y, en sus manos, los suyos están seguros.

El texto descubre también algo sobre el dilema humano. Vivimos en un mundo caído, acosado por los poderes del caos que pretenden destruirnos. Nuestra fe es débil, y no sabemos en qué o en quién podemos confiar. El poder de Jesús para calmar la tormenta presenta la solución a este dilema humano. Confiar en que él tiene el poder de Dios y se preocupa por la comunidad de fe es especialmente reconfortante en tiempos en que los poderes de las tinieblas parecen estar ganando la batalla. La primera aparición de Cristo en Apocalipsis 1:9-20 presenta una imagen parecida. Juan describe al exaltado Hijo del Hombre con la imaginería que la Escritura caracteriza al Anciano de Días. El Hijo del Hombre anuncia que también él comparte el título divino, "el Primero y el Último", y tiene en sus manos las llaves de la muerte y el Hades. Con el impresionante poder de Dios, Jesús vive en medio de sus iglesias.

Es fácil pretender ser valiente cuando todo está en calma, tener fe en la liberación de Dios cuando no sentimos una urgente necesidad de ser liberados. Pero cuando experimentamos una presión extrema, el valor y la certeza de que Jesús se preocupa por los suyos, más aún, de que los preserva del peligro, puede desvanecerse rápidamente. Marcos dirigió su Evangelio a comunidades que afrontaban una intensa tensión y una furiosa persecución. Marcus sostiene correctamente que el Evangelista pretendía elevar "los ojos [de la comunidad] del emergente caos que parece aprisionarla y fijarlos en la visión de aquel que está entronizado en el cielo, el monarca omnipotente en cualquier tormenta". Marcus sigue diciendo:

> A tenor de esta visión, la salvaje oposición de demonios y seres humanos no se ve con tanta seriedad como en un primer momento, sino más bien como un fenómeno que solo merece una escéptica sacudida de cabeza. ¿Cómo pueden atreverse los "gobernantes" a situarse en contra del Dios vivo? ¿No saben acaso a quién se oponen...? La descripción que hace Marcos del invencible poder de Jesús cuando se sitúa a la vanguardia de la batalla contra el mundo demonizado permite que su comunidad no solo venza el temor a sus enemigos, sino, incluso, que se una a la risa de Dios que resuena en este salmo [Sal 2]. Que las fuerzas del enemigo muestren todo su vigor y recursos, que asesten su golpe mortal (como ellos creen). Las burlas serán para ellos...[16]

A lo largo de la historia, los creyentes han tomado esta imagen de los discípulos asaltados por las olas en la barca y la han aplicado a la Iglesia. Tertuliano comentó en el siglo II que "esta pequeña embarcación se presenta como una figura de la Iglesia, en el sentido de que se siente inquieta en el mar, es decir, el mundo, por las olas, o sea, las persecuciones y tentaciones" (*Sobre el bautismo* 12). Para aplicar estas verdades a nuestra situación contemporánea solo hemos de determinar las tormen-

---

16. Marcus, *The Way of the Lord*, 76.

tas que amenazan a la comunidad de la fe y la paralizan por medio del temor. A continuación hemos de elevar nuestros ojos por encima del tumulto y fijarlos en aquel que gobierna todas las cosas para que podamos tener la misma certeza que Pablo, quien, tras soportar varias tormentas literales, experimentó al menos cuatro naufragios (2Co 11:25; también Hch 27:39-44). Enfrentado al letal peligro de la persecución, Pablo supo lo que era sentirse insoportablemente aplastado y desesperar de conservar la vida (2Co 1:8-10). El apóstol confiesa: "Nos vemos atribulados en todo, pero no abatidos; perplejos, pero no desesperados; perseguidos, pero no abandonados; derribados, pero no destruidos" (4:8-9).

Este relato de Marcos aborda el dilema de la difícil situación humana en un mundo que sigue bajo el dominio de Satanás. Muchas veces parecerá que los enemigos van ganándole la partida a la Iglesia. E. E. Cummings expresó así esta ansiedad: "Cristo Rey, este mundo hace agua por todas partes; y salvavidas no hay". Pero Jesús ya nos ha salvado, no de los peligros de esta vida mortal, sino de la destrucción final. La confianza en este hecho nos permite afrontar todas las amenazas con valor y confianza. ¿Cómo vamos a reaccionar cuando las olas de la oposición zarandeen e inunden nuestra embarcación? ¿Necesitaremos una represión como los discípulos por perder el valor y la fe? ¿Qué tendrá que suceder para que sepamos que Jesús es Dios y que nos protegerá incluso en la muerte y más allá de ella?

El aquietamiento de la tormenta tiene que ver con el anuncio de Jesús en el sentido de que Dios reina, "que las hostiles fuerzas de Satanás, dondequiera que estén, dentro o fuera del hombre, están siendo derrotadas por Jesús, el Santo de Dios".[17] Jesús restaura el dominio de Dios sobre un mundo caótico, invadido por las fuerzas que siembran la destrucción. La mayoría de las personas, sin embargo, se preocupan por sus pequeños mundos y por las tormentas que amenazan con destruirlos. En estas situaciones personales muchos se sienten inundados por unas olas muy distintas. Como los discípulos, es posible que sientan que el cielo responde a sus gritos de socorro con un frío silencio. La vida está llena de peligros, y no proceden solo del mar.

La desesperación de los discípulos mientras Jesús duerme serenamente puede parecernos paralela a la percepción que tienen la Iglesia o los creyentes de que Jesús está ausente en tiempos de prueba. Hay oca-

---

17. Kallas, *The Significance of the Synoptic Miracles*, 91.

siones en que sentimos con más intensidad que el novio nos ha sido quitado (2:20) o que no está con nosotros (16:7). Cuando los huracanes barren nuestras vidas, puede parecernos que Jesús es indiferente a nuestra dolorosa situación, dormido junto al timón, o incluso ausente. Es posible que muchos de los que pierden el trabajo, la salud y los amigos sientan que Jesús ignora deliberadamente su situación y que no muestra ninguna preocupación por ellos. El temor lleva a la desesperación de pensar que Dios no se preocupa por lo que sucede. Adoniram Judson, el primer misionero estadounidense a tierras extranjeras, cayó en un profundo desaliento tras la muerte de su hijita María, seguida por la de su esposa solo unos meses más tarde. Su dolor fue doble, porque no pudo estar con su esposa durante su enfermedad. Anegado en olas de desesperación espiritual, Judson se lamentó: "Dios es para mí el gran desconocido. Creo en él pero no lo encuentro".[18]

El milagro de la tormenta no nos enseña a soportar con paciencia la adversidad, porque Jesús elimina inmediatamente el problema. El acento de este relato está en la identidad de Jesús, no en cómo rescata del peligro a sus malhumorados discípulos siempre que estos se lo piden. No podemos esperar una milagrosa intervención que calme todas las tormentas de la vida. Forman parte de ella y nadie puede eludirlas. No existen mares sin tormentas, y todos los marineros han de aprender a esperar lo inesperado. El caos golpea nuestras vidas y puede cambiarlas para siempre en un suspiro. En un momento, todo está bien y, de repente, todo se convierte en un infierno. Los discípulos que habían sido pescadores sabían que, en aquel lago, los repentinos aguaceros y ventiscas eran una amenaza constante, pero esto no hacía que fuera más fácil hacerles frente cuando se producían. C. S. Lewis había dado conferencias sobre el sufrimiento, pero esto no hizo que fuera más fácil de soportar cuando llegó a su propia vida. La muerte de alguien a quien amamos, la pérdida de un trabajo, la traición de un amigo, la arremetida de quienes quieren destruir todo lo que nos es querido son cosas que sacuden nuestras vidas como si fuéramos una insignificante barquichuela en un océano agitado por un huracán.

Eurípides escribió: "Feliz aquel que ha escapado de una tormenta en el mar y ha llegado a buen puerto. Feliz el que ha vencido sus problemas" (*Las Bacantes* 2.901-2). Eurípides no conocía al Dios misericordioso

---

18. Courtney Anderson, *To the Golden Shore: The Life of Adoniram Judson* (Grand Rapids: Zondervan, 1972), 391.

que salva a las personas de las tormentas que rugen en sus vidas. No sabía que la verdadera felicidad (bienaventuranza) consiste en seguir a aquel que puede calmar cualquier tormenta que azote nuestra vida. Leer el Evangelio de Marcos nos enseña a confiar en un Salvador que no nos libra *de* las tormentas, sino *a través* de ellas. El cristianismo no es un refugio de las incertidumbres y de las inseguridades del mundo. Es posible que algunos sean demasiado cobardes para atreverse, siquiera, a subir a la barca. Otros desearían no haberse embarcado nunca y quieren acogerse a la seguridad de la tierra firme. Sin embargo, cuando lo consiguen, se encuentran con furiosos demonios (5:2). No existen lugares seguros en la vida y solo en Jesús podemos encontrar seguridad y una serenidad que este mundo no conoce ni puede darnos. Los cristianos saben que Jesús ha librado su batalla con el hombre fuerte y ha vencido. Él ha subyugado a las feroces tormentas, y no tenemos ninguna razón para temer nada de la naturaleza o de lo sobrenatural, de la vida o de la muerte (ver Ro 8:31-39).

Marcos 5:1-20

Cruzaron el lago hasta llegar a la región de los gerasenos. ² Tan pronto como desembarcó Jesús, un hombre poseído por un espíritu maligno le salió al encuentro de entre los sepulcros. ³ Este hombre vivía en los sepulcros, y ya nadie podía sujetarlo, ni siquiera con cadenas. ⁴ Muchas veces lo habían atado con cadenas y grilletes, pero él los destrozaba, y nadie tenía fuerza para dominarlo. ⁵ Noche y día andaba por los sepulcros y por las colinas, gritando y golpeándose con piedras.

⁶ Cuando vio a Jesús desde lejos, corrió y se postró delante de él.

⁷ —¿Por qué te entrometes, Jesús, Hijo del Dios Altísimo? —gritó con fuerza—. ¡Te ruego por Dios que no me atormentes!

⁸ Es que Jesús le había dicho: «¡Sal de este hombre, espíritu maligno!».

⁹ —¿Cómo te llamas? —le preguntó Jesús.

—Me llamo Legión —respondió—, porque somos muchos.

¹⁰ Y con insistencia le suplicaba a Jesús que no los expulsara de aquella región.

¹¹ Como en una colina estaba paciendo una manada de muchos cerdos, los demonios le rogaron a Jesús:

¹² —Mándanos a los cerdos; déjanos entrar en ellos.

¹³ Así que él les dio permiso. Cuando los espíritus malignos salieron del hombre, entraron en los cerdos, que eran unos dos mil, y la manada se precipitó al lago por el despeñadero y allí se ahogó.

¹⁴ Los que cuidaban los cerdos salieron huyendo y dieron la noticia en el pueblo y por los campos, y la gente fue a ver lo que había pasado. ¹⁵ Llegaron a donde estaba Jesús, y cuando vieron al que había estado poseído por la legión de demonios, sentado, vestido y en su sano juicio, tuvieron miedo. ¹⁶ Los que habían presenciado estos hechos le contaron a la gente lo que había sucedido con el endemoniado y con los cerdos. ¹⁷ Entonces la gente comenzó a suplicarle a Jesús que se fuera de la región.

¹⁸ Mientras subía Jesús a la barca, el que había estado endemoniado le rogaba que le permitiera acompañarlo. ¹⁹ Jesús no se lo permitió, sino que le dijo:

—Vete a tu casa, a los de tu familia, y diles todo lo que el Señor ha hecho por ti y cómo te ha tenido compasión.

²⁰ Así que el hombre se fue y se puso a proclamar en Decápolis lo mucho que Jesús había hecho por él. Y toda la gente se quedó asombrada.

 Jesús no limita sus milagros a una de las zonas del mar de Galilea, sino que proclama por todas partes el reino y la gracia de Dios, algo que lo lleva a la región de los gadarenos.[1] Cruzar el lago y dirigirse a una zona en la que se crían cerdos no es precisamente una salida lúdica. Jesús se embarca en una atrevida invasión para conquistar un territorio extranjero, que está bajo la ocupación enemiga y revela con ello que no hay lugar del mundo al que el reino de Dios no pretende llegar. El enfrentamiento que se produce pone de relieve que Satanás disputará encarnizadamente la posesión de cada centímetro cuadrado, por mar y por tierra.

Encuentro con un endemoniado (5:1-5)

Jesús no ha hecho más que poner los pies en tierra, cuando tiene un encontronazo con otra persona atrapada por los demonios. Como si de un catalizador se tratase, su santa presencia provoca una inmediata reacción de las huestes de maldad por dondequiera que va. Estos demonios no se hacen atrás atemorizados, sino que lanzan al hombre al encuentro de Jesús. Solo Marcos nos da una vívida descripción del estado de este hombre y de cómo había sido tratado. El relato revela que el poseído está "tan agitado por los demonios como la barca de los discípulos lo había sido por el mar".[2] Vive en el inmundo lugar de los muertos,[3] y él mismo está habitado por espíritus impuros (malignos).[4] Es posible que subsistiera entre los sepulcros alimentándose de la comida que se dejaba para los muertos. Sus harapos simbolizaban la ruina de su vida. Al parecer, su temeraria conducta había atemorizado a la comunidad en que vivía. Sus conciudadanos habían intentado sujetarlo, pero su fuerza era tal que rompía cadenas y grilletes como si fueran finos bramantes (5:3).

---

1. Gerasa, la moderna ciudad de Jerash, estaba a unos 55 kilómetros del lago. El texto permite que sea una referencia a un territorio controlado por Gerasa. Posiblemente la referencia original era a un pueblo de la costa oriental que ahora se llama Kersa o Koursi, que más adelante se confundió con la más conocida Gerasa, una de las diez ciudades que formaban la Decápolis. Puede que la distancia de Gerasa hasta el mar sea la causa de las variantes textuales, que sitúan este incidente en Gadara o Gergesa.
2. Minear, *Mark*, 73.
3. Las tumbas se situaban frecuentemente en cuevas y eran conocidas como morada de los demonios, y los montes se consideraban lugares peligrosos.
4. Waetjen, *Reordering of Power*, 114.

En 5:5 se reitera la fuerza y ferocidad de este poseso: Nadie tenía fuerza para "dominarlo". La palabra griega *damazo* se utiliza para hacer referencia a la doma de un animal salvaje y una mejor traducción sería, "nadie había podido domarlo". Es evidente que este endemoniado campa a sus anchas, porque todos los intentos de neutralizarlo han fallado. Es un tipo duro, y solo un poder más fuerte que los barrotes y las cadenas podrá frenarlo. Traducir el verbo "domar" abre también otra dimensión del texto. Nos hace pensar inmediatamente que algo va mal. Normalmente no se "doma" a las personas; este verbo se aplica a los animales salvajes (o a la lengua, Stg 3:8). A este hombre se le trata como a un animal salvaje, y él actúa como tal.

Se le destierra de todo trato social y se le obliga a vivir con aquellos cuyo sueño no será perturbado por los chillidos que resuenan en la noche cuando lacera su cuerpo con piedras.[5] Es un microcosmos de toda la creación, que gime incoherentemente esperando la redención (Ro 8:22). Se le condena a vivir sus días solo entre los corruptos huesos de los muertos, sin nadie que lo ame y sin nadie a quien amar. Los espíritus malignos siempre desfiguran la humanidad de las personas y destruyen la vida.

Encuentro con espíritus inmundos (5:6-13)

Marcos presenta una intrigante confrontación entre Jesús y el/los espíritu(s) maligno/os que controlan a este hombre devastado. Los enigmáticos cambios del singular (5:7, 9, 10) al plural (5:9, 12, 13) sugieren que los espíritus malignos están utilizando a uno de ellos como portavoz y que este es un pandemónium en miniatura, la morada de todos los demonios. Aparentemente, Jesús estaba diciéndole al espíritu maligno que saliera del hombre (5:8), y el demonio respondía con tácticas evasivas. A diferencia de los seres humanos que no acaban de entender la realidad de la irrupción de Dios en la historia humana (4:41), los espíritus malignos siempre reconocen el origen divino de Jesús (1:24; 3:11; ver Stg 2:19) y tiemblan en su presencia. Saben que se enfrentan a un poder enormemente superior al que ellos manejan.

---

5. Es alguien a quien claramente se habría considerado como un demente que gritaba en su atormentado aislamiento. Los imbéciles eran personas que salían solos por la noche, dormían en los sepulcros, se rompían la ropa y perdían lo que se les daba (*t. Ter.* 1:3; *y. Ter.* 1:1, 40b; *b. Hag* 3b); pero si estas cosas se hacían de un modo insano, se les consideraba entonces perturbados.

No obstante, estos demonios son batalladores. En su desesperado intento de resistirse a cualquier exorcismo, consiguen jugar bien sus cartas y crear un momentáneo impasse. No se trata de un demonio corriente al que puede hacerse callar y expulsarse con una mera orden. Estos intentan trapichear como iguales, y esta lucha no solo permite desarrollar un entretenido relato, sino que convierte la victoria final de Jesús en un logro todavía más significativo.[6] No obstante, el exorcismo requiere una lucha.

Las tácticas evasivas consisten en la postración del hombre demonizado delante de Jesús. Sea este un acto de falsa adoración o de fingida sumisión, es evidente que los espíritus malignos utilizan subterfugios para persuadir a Jesús de que no actúe contra ellos. El hombre que tienen bajo su control grita con voz fuerte: "¿Por qué te entrometes...?" (cf. 1:24), e intenta controlar a Jesús pronunciando su nombre: "Jesús, Hijo del Dios Altísimo". Como se ha observado antes, en aquel tiempo y cultura se asumía que cuando se conocía el nombre de una persona, se tenía poder sobre ella. Al declarar el nombre de Jesús, los espíritus están diciéndole básicamente: "Tenemos tu número". A continuación, también conjuran a Jesús en el nombre de Dios para que no los atormente (probablemente para que no los destruya, 1:24), aunque ellos habían estado atormentando a este pobre hombre más allá de lo soportable. Invocan el nombre de Dios para mantener al Hijo a distancia y protegerse de él.

Jesús parece eludir estas tácticas de distracción preguntándole al demonio su nombre. Sin embargo, también los espíritus esquivan la pregunta dándole un número en lugar de un nombre: "Me llamo Legión" (5:9), un regimiento romano que constaba de seis mil soldados de infantería y ciento veinte jinetes. Este hombre es cautivo de una legión de demonios (cf. 5:15, donde se habla del "que había estado poseído por la legión de demonios"), que es al menos suficiente "para enloquecer a dos mil cerdos".[7] Esto explica el cambio a los verbos en tercera persona del plural que encontramos en 5:12-13 y al plural "espíritus malignos" (5:13). Los espíritus malignos no quieren abandonar su familiar entorno y ello suscita una apasionante batalla de ingenios entre Jesús y los demonios. Desde una óptica judía, tendría lógica que los demonios se encontraran cómodos en este trasfondo pagano. Lo perciben como su territorio, pero el reino de Dios que se manifiesta en el ministerio de

---

6. Gundry, *Mark*, 251.
7. Minear, *Mark*, 74.

Jesús reclama para sí toda la tierra. No hay protectorado de Satanás que sea seguro.

Una creencia general del siglo I afirmaba que a los espíritus malignos no les gustaba vagar sin rumbo. Detestaban vivir en un vacío y buscaban siempre algo que pudieran habitar. Lo mejor era conseguir un anfitrión humano, pero a falta de ello, una piara de cerdos también serviría. Cualquier cosa antes que vagar por lugares secos (Mt 12:43; Lc 11:24) o ser consignado al mar si eres un demonio de tierra.[8] Los espíritus malignos piden, pues, ser enviados a un enorme hato de cerdos que pace en la ladera.

Jesús parece excesivamente benévolo al concederles su petición, pero ello conduce al final inesperado. A los cristianos se les insta a velar por cuanto "su enemigo el diablo ronda como león rugiente, buscando a quién devorar" (1P 5:8). Está incluso dispuesto a devorar un hato de cerdos. Estos demonios producen arrebatos de locura en todos los seres que habitan, y en este caso provocan precisamente aquello que quieren evitar. La fuerza unida de la legión se rompe cuando los cerdos, animales sin instinto gregario, se lanzan cuesta abajo como ratas en estampida, y se arrojan a las aguas, donde tanto ellos como los espíritus malignos son destruidos.[9] El poder destructivo del mar que casi hundió la barca de los discípulos engulle ahora a los cerdos.[10] Jesús, que acaba

---

8. *T. Sal.* 5:11 suplica: "No me condenes al agua".
9. Algunos comentaristas proponen una explicación racionalista de la estampida, afirmando que se produjo cuando el endemoniado comenzó a gritar y a correr desaforadamente entre los cerdos, produciendo la desbandada. Pero en Marcos, los demonios nunca abandonan a sus poseídos en silencio (1:26); y siempre llevan a la autodestrucción a las personas o habitantes que habitan. Lane comenta (*Mark*, 186): "Su propósito es destruir la creación de Dios, y detenidos en su destrucción de un hombre, cumplen su propósito con los cerdos". Otros comentaristas sostienen también que los demonios destruyeron a los cerdos en un vengativo intento de poner al pueblo contra Jesús. De ser así, lo habrían conseguido.
10. Algunos han intentado convertir este pasaje en un relato moral revolucionario sobre los romanos. Paul Winter (*On the Trial of Jesus* [Berlin/ Nueva York: Walter de Gruyter, 1974], 180-81) señaló que los estandartes de la décima legión romana, que destruyó Jerusalén en el año 70 d.C., llevaban la imagen de un jabalí. Winter sugirió que este relato surgió de ciertos legionarios romanos que fueron a bañarse al lago y se ahogaron. J. Dominic Crossan (*Jesus: A Revolutionary Biography* [San Francisco: Harper, 1994], 89-91) amplía esta teoría arguyendo que la narración procede de la opresión colonial de los romanos, que se encarnaba de manera individual como posesión diabólica. No cabe duda de que muchos sentían intensamente la opresión del ejército romano y nada les habría gustado más que ver a las legiones romanas hundiéndose en el mar. No obstante, es improbable que esta historia se inventara

de demostrar su dominio sobre el mar (4:39, 41; comparar Sal 65:7; 88:9; 106:9; 107:23-32), no necesita saber los nombres de los espíritus malignos para expulsarlos. Los demonios kamikaze "son víctima de sus propios propósitos y se precipitan vertiginosamente al caos".[11] "Les salió el tiro por la culata".[12] Desde una óptica judía, la escena es un chiste: de un plumazo se liquida a un montón de espíritus y animales inmundos, y se limpia a un ser humano.

El encuentro con los lugareños (5:14-17)

La respuesta de los lugareños a la restauración de este hombre (5:15-17) es sorprendente. Cuando la gente llega al lugar de los hechos, lo que les asusta no es lo sucedido a los cerdos, sino ¡ver al hombre vestido y en su sano juicio! Su recuperación no les produce alegría, sino miedo. ¿Pero qué hay de inquietante en una persona sentada a los pies de Jesús? Los lugareños habían intentado desesperadamente controlar y amansar a ese hombre con cadenas y grilletes, sin ningún resultado. Ahora, Jesús lo libera de las cadenas de los demonios con una palabra. Los discípulos también han expresado temor ante la poderosa manifestación de poder por parte de Jesús (4:41) y se preguntan quién es este que está con ellos.

A estos lugareños no parece importarles que Jesús tenga este poder; tan solo quieren que se vaya. En lugar de darle las llaves de la ciudad, lo tratan con indiferencia. Los demonios le habían suplicado a Jesús que les permitiera quedarse en aquella región (5:10), mientras que los lugareños le suplican ahora que la abandone. Se sienten más cómodos con las fuerzas del mal que cautivan a las personas y destruyen a los animales que con aquel que puede expulsarlos. Pueden arreglárselas con el extraño poseso que aterroriza la zona con imprevisibles actos de violencia. Pero quieren mantener a distancia —al otro lado del mar— a

---

para transmitir esto. Si el sorprendente paralelismo de este relato en el *Testamento de Salomón* 11:1-6 está influenciado por el relato de los Evangelios, entonces su autor pasó por alto el mensaje político codificado. Si dicho paralelismo es independiente de los Evangelios, proporciona entonces una prueba contundente para apoyar que se trata de una legión de demonios sin referencia alguna a Roma. Para Marcos, el mal que afronta el pueblo de Dios es mucho más serio que la opresión de las legiones romanas.

11. Robert G. Hamerton-Kelly, *The Gospel and the Sacred: Poetics of Violence in Mark* (Minneapolis: Fortress, 1994), 93.
12. Minear, *Mark*, 74.

alguien con el poder de Jesús. Lo consideran más peligroso e inquietante que los demonios.

Los demonios tienden a defender su territorio, ¿pero quién puede controlar a alguien con el poder que posee Jesús? Había concedido la petición de los demonios, y ahora hace lo propio con la súplica de estos gadarenos en cuanto a que abandone su territorio. Estos ignorantes lugareños son otro ejemplo de personas que no creen, y que ven sin ver, y oyen sin oír (4:10-12). No reconocen la ayuda que Jesús les ofrece, y no lo invitan a quedarse ni lo llevan a los enfermos y demonizados para que los cure y libere (8:16; 9:32). Rechazan la fuente de su liberación y salvación. Muchas personas pueden tolerar la religión siempre que esta no afecte a sus ganancias comerciales (Hch 16:19; 19:24-27).

Instrucciones de Jesús al hombre restaurado (5:18-20)

El foco se dirige de nuevo al hombre cuyo temor de Jesús ha sido vencido con la expulsión de los demonios. Está sentado, la posición del discípulo (Lc 10:39; Hch 22:3), y pide que se le permita "acompañarlo", el rol del discípulo (3:14). Mientras que los lugareños le han suplicado a Jesús que se marche (5:17), este hombre pide que se le permita acompañarlo (5:18). El relato da otro giro sorprendente cuando Jesús declina su petición, la única que no concede en esta historia. Marcos no nos da ninguna explicación de esta negativa.[13] Aunque el rechazo de este hombre por parte de Jesús puede parecernos una mala noticia, es en realidad una bendición para alguien que anhelaba el calor de la familia y un sentido de lugar, identidad y propósito.[14] Jesús lo envía a su casa para que pueda reincorporarse a su familia, y hace una excepción a su habitual demanda de silencio pidiéndole que cuente la misericordia que Dios le ha manifestado. ¿Por qué? ¿Acaso porque no teme un renovado interés mesiánico entre los gentiles? ¿O es quizá porque aquel lugar necesita un cierto testimonio para comenzar la siembra de la palabra? Jesús les concede a aquellas gentes su petición y se marcha de entre ellos, pero les deja una perturbadora prueba de su presencia. Aquel infame, otrora poseído por una legión, sigue allí para proclamar que ha sido liberado por la misericordia de Dios. El resultado final es que la predicación del

---

13. Es posible que Marcos quiera que asumamos que este hombre es un gentil, que vive en las tumbas y está rodeado de cerdos. Como gentil, todavía no encaja en los planes de Jesús en su misión a Israel, igual que Jesús, el judío, no encaja bien en territorio gentil y se le pide que lo abandone.
14. En Marcos, Jesús nunca les pide a quienes ha sanado que le sigan como discípulos.

Evangelio de Jesús se extiende por Decápolis.[15] La sensación creada por el testimonio de aquel hombre es más efectiva para divulgar la identidad de Jesús que la suscitada por los demonios en los cerdos.

No debemos pasar por alto una sutileza cristológica que encontramos en 5:19-20. Jesús le pide a aquel hombre: "Vete a tu casa, a los de tu familia, y diles todo lo que el Señor ha hecho por ti y cómo te ha tenido compasión". (5:19). El gadareno no solo tiene que proclamar el milagro en sí, sino también lo que este significa: el Señor ha obrado. Sin embargo, Jesús es el que lo sanó, y aquel hombre anuncia las cosas que Jesús le ha hecho (5:20). Para Jesús, todo lo que hace ha de servir para dar gloria a Dios. Para Marcos, Jesús es sinónimo del Señor (1:3; 12:36-7). Allí donde Jesús actúa, Dios actúa.[16]

Este relato plantea dos interesantes cuestiones para trasladar el sentido de esta historia a nuestro tiempo. (1) Es un ejemplo de gracia preveniente. (2) Este enfrentamiento con la esclavitud diabólica requiere un análisis cuidadoso antes de poder comunicar su mensaje con éxito a nuestra cultura contemporánea. Este encuentro tiene varias dimensiones, cada una de las cuales puede hablar a diferentes situaciones modernas.

Un ejemplo de la gracia preveniente

Isaías 65:1-5a constituye un interesante trasfondo para este relato:

> "Me di a conocer a los que no preguntaban por mí; dejé que me hallaran los que no me buscaban. A una nación que no invocaba mi nombre, le dije: "¡Aquí estoy!". Todo el día extendí mis manos hacia un pueblo rebelde, que va por mal camino, siguiendo sus propias ideas. Es un pueblo que

---

15. Las listas de ciudades que formaban la Decápolis no coinciden completamente, pero en la mayoría de ellas aparecen Damasco, Rafana, Dión, Canatá, Escitópolis, Gadara, Hipo, Pella, Gerasa, y Filadelfia. Estas ciudades estaban bajo el control administrativo del gobernador romano de Siria y se distinguían de las que no formaban parte de este grupo por su forma de vida griega, en su cultura y religión. Algunos pasajes de Josefo sugieren que sus relaciones personales con judíos era de hostilidad (*Vida* 65 §§ 341-42; 74 § 410).
16. Marcus, *The Way of the Lord*, 40.

en mi propia cara constantemente me provoca; que ofrece sacrificios en los jardines y quema incienso en los altares; que se sienta entre los sepulcros y pasa la noche en vigilias secretas; que come carne de cerdo, y en sus ollas cocina caldo impuro; que dice: '¡Manténganse alejados! ¡No se me acerquen! ¡Soy demasiado sagrado para ustedes!'".[17]

Es fácil trazar los paralelismos con el relato de Marcos: la mención de los demonios (5:2; Is 65:3), la morada en las tumbas (5:3, 5; Is 65:4a), la advertencia de no entrometerse (5:7; Is 65:5a), y la referencia a los cerdos (5:11; Is 65:4b). Este telón de fondo de Isaías ayuda a clarificar que Jesús aterriza en un lugar inundado de prácticas paganas y que no ha invocado el nombre de Dios (Is 65:1). Para la comunidad cristiana primitiva, esta historia podría haber sido una prueba de que el evangelio debía extenderse más allá de los santos límites de Israel a un mundo pagano.

Este hecho rara vez tiene que demostrarse a las iglesias de nuestro tiempo, pero cuando leemos este incidente junto a la narración de Isaías se pone de relieve el principio teológico de la gracia previniente que rige la propagación del reino de Dios. Él toma la iniciativa para acercarse a los seres humanos (aun a aquellos que están al otro lado del lago en una tierra perversa llena de cerdos y demonios). Dios busca a quienes nunca lo han buscado ni han pensado en recurrir a él. El salmista dice: "En mi angustia invoqué al Señor, y él me respondió" (Sal 120:1). Los incoherentes gritos del endemoniado se dirigen al aire, a ningún dios en particular. No es de extrañar que no reciban respuesta alguna. Este hombre no está buscando a Dios ni tampoco sanación. Atrapado en la telaraña de los poderes diabólicos, se resiste incluso a ser sanado cuando se le ofrece esta posibilidad. También la región en la que vive se resiste. Vemos, sin embargo, el poder de la misericordia y el amor de Dios que capturan y transforman a quienes ni siquiera saben que existe y pueden oponerse en un principio cuando esta invade sus vidas.

Un relato multifacético

Para construir un puente que traiga el sentido del texto a nuestro mundo, es de ayuda reconocer que el contenido de este relato tiene muchas facetas. Jesús trata con tres personajes o grupos distintos: los espíritus malignos a los que les gana la partida; el endemoniado a quien sana; y

---

17. Ver Franz Annen, *Heil für die Heiden* (Frankfurt: Joseph Knecht, 1976), 182-84.

los lugareños a quienes asusta. Cada uno de estos personajes o colectivos le hace una petición. Los demonios le suplican que les permita quedarse en aquella región y que les mande al hato de cerdos que pace por los alrededores. Los lugareños le piden que abandone la región. Ya liberado, el hombre le suplica que le permita acompañarlo. Jesús concede las dos primeras y niega la segunda.

Combatir contra los poderes diabólicos. La victoria de Jesús sobre los astutos y brutales espíritus nos devuelve a uno de los temas de Marcos: el poder de Jesús sobre los poderes diabólicos, el lado oscuro de la realidad que esclaviza y deshumaniza a los seres humanos. Jesús cruza al otro lado del lago y muestra un poder capaz de demoler aun los casos más severos de posesión diabólica con resultados sensacionales. La narración subraya la drástica naturaleza de la posesión, y el gran número de demonios que intenta resistir su expulsión pone de relieve la dificultad del exorcismo. Este hombre está bajo el control de una fuerza diabólica que parece utilizarlo como si de un gimnasio se tratara. Cuando se comparan los relatos de los exorcismos de Jesús con los que se llevaban a cabo en el mundo grecorromano de aquel tiempo, una cosa se destaca de manera especial: Jesús no recurre a ninguna técnica especial que emplearan otros exorcistas para expulsar a los demonios (como extrañas recetas, oraciones secretas, fórmulas estrafalarias, o el conocimiento del nombre de los demonios o de sus ángeles opositores). El poder de su persona es suficiente por sí solo para expulsar a los demonios.

Sin embargo, a muchas personas de nuestro tiempo, incluidos algunos cristianos conservadores, los relatos de demonios les suscitan una cierta aversión, en especial cuando se consigna lo que parece ser la destrucción sin sentido de dos mil animales inocentes. Es también probable que esta historia moleste a quienes sintonizan con las metas de las sociedades protectoras de animales. Algunos preguntan: ¿Por qué tenían que morir estos cerdos inocentes? Por todo ello, los predicadores somos tentados a rehuir la exposición de este pasaje.

Ciertamente cabe la pregunta: Si Dios conoce a cada gorrión que cae al suelo, ¿sucede lo mismo con los cerdos que se ahogan? Pero lo que Jesús está diciendo sobre los gorriones es más bien que, si Dios se preocupa por las aves que, para los humanos, carecen de valor, ¿cuánto más lo hará por las personas que son mucho más valiosas que estos pájaros (Mt 10:29-31)? Desde la perspectiva de Jesús, el hombre perturbado que aparece en este incidente tiene más valor que dos mil cerdos. Los oyentes modernos pasan frecuentemente por alto esta cuestión, porque son más sensibles al problema de la muerte de animales inocentes y a las pérdidas materiales de sus propietarios. Hemos, por tanto, de aclarar que Jesús no fue el responsable de la destrucción en el mar de estos animales. Fueron, más bien, los espíritus diabólicos los que los enloquecieron y provocaron su destrucción.

Personajes como Piglet, Porky, la señorita Piggy y Babe, el cerdito valiente, nos han llegado al corazón, y no sentimos ninguna aversión hacia los cerdos. Por consiguiente, un poco de trasfondo sobre la aversión que tenían los judíos por los cerdos nos ayuda a explicar por qué su violenta precipitación al mar habría provocado más aplausos que lágrimas. La profunda antipatía que sentían los judíos por estos animales no tiene nada que ver con el mandamiento bíblico de no comer carne de cerdo (Lv 11:7-8). En la Palestina del siglo I, la carne de cerdo se relacionaba con la brutal persecución de los judíos por parte de los paganos, que querían erradicar las prácticas judías más características. Un relato de 1 Macabeos 6:18-31 y 7:1-42 describe con patetismo la hombría de quienes soportaron una tortura extrema y se negaron a comprometer su fe cuando se les forzaba a comer carne cerdo, un rechazo simbólico de la religión de sus padres. Los cerdos eran, por tanto, indelebles recordatorios del paganismo y la persecución. Al escuchar este relato, los judíos habrían vitoreado la destrucción de los cerdos como una muestra del supremo plan de vindicación sobre los poderes opresivos. En nuestra cultura no hay ningún fenómeno parecido relacionado con los animales, aunque, probablemente, el lector moderno no sentiría la misma compasión si los animales destruidos por los demonios fueran una camada de ratas portadoras de la peste bubónica, o un nido de serpientes venenosas.

Aunque pueda explicarse satisfactoriamente la destrucción de estos animales, persiste, no obstante, una cierta incomodidad con los demonios en este incidente. A juzgar por lo que se observa en los medios de comunicación, el hombre moderno se interesa por los ángeles, quizá por su carácter benigno y por no estar confinados a una denominación religiosa específica. Pero no sabe muy bien qué hacer con los demonios, y muchos deciden ignorar completamente este tema bíblico. Así, algunos oyentes modernos pasan por alto el objetivo de este relato, porque la idea de los exorcismos les resulta repulsiva. No obstante, C. Peter Wagner relata con naturalidad verdaderas batallas en diferentes lugares del mundo con poderes malignos experimentados como seres personales.[18] Wagner refleja el punto de vista de muchos cristianos contemporáneos, que no cuestionan que los demonios sean verdaderos seres personales y creados. Ya que la Biblia asume que este tipo de seres existe, también ellos lo hacen, considerando también que la confrontación de Jesús con los demonios refleja una realidad que nuestro moderno acercamiento científico no puede medir ni entender. Comprenden que el responsable del mal es Satanás, quien con violencia resiste los buenos propósitos de Dios para la creación.

¿Pero cómo se comunica uno con los muchos que desestiman cualquier idea de que seres sobrenaturales y malignos puedan tomar el control de una vida humana por considerarla un vestigio de antiguas supersticiones? Es probable que tales personas se sientan más cómodas utilizando un término médico polisílabo para describir la patología de este hombre y, en esto, los psiquiatras pueden ayudar sugiriendo varias posibles variedades de psicosis. Puede que otros atribuyan el estado de este hombre a un desequilibrio químico, a abusos sufridos en su infancia o a una cierta tendencia genética a la violencia. Designar esta condición con un nombre científico puede hacernos pensar que la entendemos y que tenemos cierto control sobre ella. Estos diagnósticos pueden hacer que el relato sea más atractivo para quienes no están abiertos a los fenómenos sobrenaturales, pero no resuelve el problema del mal. Podemos cambiar los nombres de los demonios, pero con ello no los vencemos ni los despojamos de su maldad. Como observa con perspicacia Leenhardt: "Hemos dado nuevos nombres a los demonios del pasado, pero no los hemos expulsado".[19]

No es necesario que intentemos recrear en nuestras congregaciones una cosmovisión del siglo I sobre los poderes diabólicos. Esta no es nuestra tarea. Pero sí nos toca concienciar a las personas de que nos enfrentamos a poderes sobrenaturales que se oponen a Dios y destruyen la vida, la desfiguran, la derrotan y la deforman. Daniel Day Williams afirmó que la creencia de que el mal emana de un "poder ajeno al propio ser puede ser más realista que el humanismo, que espera su victoria a través del mero esfuerzo humano". Esta creencia no solo es más realista, sino

---

18. C. Peter Wagner, *Warfare Prayer: Strategies for Combatting the Rulers of Darkness* (Ventura, Calif.: Regal, 1992).
19. F. Leenhardt, "An Exegetical Essay: Mark 5:1-20", en *Structural Analysis and Biblical Exegesis* (Pittsburgh: Pickwick, 1974), 91.

esencial, desde la perspectiva del Nuevo Testamento. Nos guardará de poner ingenuamente nuestra confianza en el inevitable progreso de la humanidad y de engañarnos con la idea de que podemos salir adelante sin Dios. A veces, algún acontecimiento trágico nos fuerza a reconocer que existe un mal más allá del que acecha en el corazón de las personas. Williams cita la descripción que hace Alfred Weber de su experiencia en Europa entre las dos guerras mundiales:

> Era como si ciertas fuerzas brotaran de la tierra; gigantes de la acción, astutos, sedientos de poder, que nadie había observado antes, parecían surgir del suelo, como dientes de dragón.[20]

En respuesta a un atentado terrorista que se produjo en las inmediaciones de una guardería y dejó muchas víctimas inocentes, un columnista escribió en su página: "¿De qué otro universo, más allá del que habitamos la mayoría de nosotros, surge esta clase de maldad?". Creer en la realidad de los poderes malignos sobrenaturales nos impide reducir la fuente del mal hasta nuestro nivel y auto engañarnos con la idea de que podemos derrotarlos por nuestros medios. Hemos de reconocer que la creación ha caído y necesita redención, puesto que entonces miraremos a aquel que tiene el poder de redimirla. El incidente con el endemoniado gadareno tiene, por tanto, relevancia aun para los escépticos. Muestra que, por medio de Cristo, Dios está erradicando lo que, en la novela ¡Absalón, Absalón! de William Faulkner, Rosa Coldfield llama "la enfermedad que está en el corazón de las cosas".

Hay que hacer también una cuidadosa distinción entre la persona demonizada y la persona satánica. En el Nuevo Testamento, el individuo poseído es una víctima que debe ser compadecida y librada de la opresión. A tales personas nunca se las reprende ni se les pide que se arrepientan, y nunca se les dice que sus pecados hayan sido perdonados. Los endemoniados nunca son agresivos, a menos que se interfiera con ellos o se les hostigue yendo al lugar al que se han retirado.

No obstante, la persona satánica es otro asunto. Existe una diferencia entre estar poseído por espíritus diabólicos y desempeñar el papel de Satanás. La persona satánica es agresiva, responsable y culpable. Abusa de otras personas y las maltrata. No necesita ser liberada, sino juzgada.

---

20. Daniel Day Williams, *The Demonic and the Divine*, ed. Stacy A. Evans (Minneapolis: Fortress, 1990), 9.

Existe una relación directa entre el pecado y el conflicto. La persona satánica tiene que arrepentirse para someterse a la voluntad de Dios. Por ejemplo, todos reconocemos que hay una diferencia entre el drogadicto que ha recurrido a las drogas, porque no ve ninguna esperanza en una vida monótona y desesperada, y el capo de la droga que vende estupefacientes simplemente para ganar dinero y vivir bien a costa del sufrimiento de los demás. Sin embargo, esta analogía se viene abajo porque en el Nuevo Testamento no hay una conexión causal directa entre la situación del endemoniado y cualquier pecado que pueda haber cometido. No hay indicios de que el endemoniado hubiera invitado a los demonios a tomar el control de su vida. Por tanto, a los poseídos no se les dice que tengan que arrepentirse. Lo que necesitan desesperadamente es que un nuevo poder benevolente intervenga en sus vidas y asuma el control. Esto es lo que Cristo le ofrece al infortunado hombre de esta historia.

Enfrentamiento con un humano trastornado. El poder destructivo de los demonios que pueden hacerse con el control de una vida humana es un importante elemento del relato. Podemos también acercarnos a la historia desde la perspectiva del compromiso de Jesús con un ser humano a quien todo el mundo considera un demente. Este hombre ha sido dado de baja por los demás como un caso perdido, un personaje aterrador, solitario y peligroso. Se le ha tratado de un modo tan brutal que, cuando este hombre ve a Jesús, solo ve a otro que viene a atormentarlo, como un perro que ha sido golpeado despiadadamente o un niño que ha sido sometido a horribles abusos. El mal ha poseído de tal forma su vida que asume una personalidad propia. Deforma su percepción de la realidad. Este hombre no tiene un sentido de identidad; no sabe quién es.

Pero cuando se encuentra con la poderosa misericordia de Jesús, este hombre es completamente restaurado. Su encuentro con él le hace de nuevo completamente humano, con una familia, un hogar y una misión en la vida. Ya no es una bestia que según la opinión general debe ser domada, sino un ser humano llamado a proclamar la explosión de la misericordia de Dios en su vida. ¿Cómo es que Jesús puede transformar a este loco sin rumbo en un hombre sensato y equilibrado con una sola palabra? Este incidente es una perfecta ilustración de lo que sucede en la conversión. C. S. Lewis rememora la imaginería de este relato al describir su vida antes de su conversión como "un zoo de pasiones, una algarabía de ambiciones, una guardería de temores y un harén de acariciados resentimientos. Mi nombre era legión".[21]

Enfrentamiento con una comunidad poseída. Marcos explica en detalle los esfuerzos que se habían hecho para controlar a este hombre (5:3-4) y después menciona que quienes se dieron cita en el lugar de la liberación suplicaron a Jesús que abandonará la región. Estos detalles no son meros embellecedores de la narración, sino indicadores de que este incidente alude también al encuentro de Jesús con la comunidad. Es una comunidad que golpea, encadena y deshumaniza a otros seres humanos; se rige por el uso de la fuerza, las medidas enérgicas contra los dementes y la protección de su interés material. Pero esta comunidad teme a alguien como Jesús, que ejerce una clase distinta de poder. Expresa una indiferencia total ante la restauración de un ser humano, especialmente si considera que el coste es demasiado elevado. Prefiere los cerdos que la sanación de las personas poseídas.

Este pasaje también revela algo sobre la naturaleza social de la maldad. Las sociedades no están menos poseídas cuando castigan indignadas a los pobres miserables, arrojándolos como desecho al estercolero de la humanidad por interferir con la sociedad normal. Esta comunidad opta por soluciones violentas a ciertos problemas, unas soluciones que, en realidad, no resuelven nada y sí agravan la agonía de las personas. Ignoran el camino de compasión y misericordia que vemos en Jesús. Esta faceta del relato, que muestra a una sociedad poseída por la violencia y el dinero, no debe ser ignorada. Wink plantea de este modo el asunto:

> Lo que me preocupa [...] es que al luchar contra los demonios "en el aire", evangélicos y carismáticos seguirán ignorando en gran medida las fuentes institucionales de los poderes diabólicos. No llevarán, pues, a cabo el necesario y difícil análisis político y económico de nombrar, desenmascarar y enfrentarse a estos poderes de un modo que transforme la realidad.[22]

---

21. C. S. Lewis, *Surprised by Joy* (Nueva York/Londres: Harcourt Brace Jovanovich, 1955), 226.
22. Walter Wink, *Engaging the Powers: Discernment and Resistance in a World of Domination* (Minneapolis: Fortress, 1992), 314.

Para trasladar a nuestra vida el sentido de estos textos, podemos trabajar con los tres puntos de vista distintos desde los que hemos analizado este relato, o podemos hacerlo centrándonos en uno o en dos de ellos. No obstante, lo que no podemos hacer es descuidar el poder de Jesús para expulsar el mal, que trasciende a cualquier poder humano de control.

Significado Contemporáneo

En las sociedades occidentales de nuestro tiempo, la mayoría de las personas no temen la influencia de los demonios. Aunque si el cine y las novelas de nuestro tiempo indican algo, la gente sí tiene hoy el presentimiento de que hay una especie de maldad sobrenatural que persigue y ataca a las personas de un modo aparentemente arbitrario.

Los productores cinematográficos y los novelistas sacan partido de este moderno malestar en sus thrillers de ciencia ficción y sus relatos de terror. En la trama de estas obras, irrumpe en escena un insidioso poder sobrenatural. Por regla general toma la forma de un ser prácticamente indestructible que puede adoptar distintas apariencias y está empeñado en destruir a las personas y, finalmente, a todo el mundo. En otras películas se presenta la irrupción de cierta enfermedad mortal e incurable que siembra el temor por toda una región y amenaza con aniquilarla. Otras muestran a un sanguinario monstruo humano que siempre consigue escapar y acaba regresando una y otra vez para atacar salvajemente a sus víctimas. Los villanos suelen ser eliminados de manera violenta o mediante alguna genialidad científica que pone fin a la película, pero nunca resuelve totalmente el problema. Estas batallas cinematográficas que enfrentan a las fuerzas de la luz (así las llaman) contra las de las tinieblas no muestran ningún conocimiento de los propósitos ni del poder de Dios para vencer el mal, ni sobre el modo en que actúa para derrotarlo. Asumen que los seres humanos tenemos poder e ingenio para expulsar el mal de entre nosotros.

Marcos presenta una imagen completamente distinta de la fuente del mal y del modo de vencerlo. El mal procede de un poder diabólico que se apodera de los seres humanos. No podemos derrotarlo en nuestras propias fuerzas; es necesario un poder sobrenatural mayor, a saber, el poder de Dios. Las palabras de Martín Lutero son especialmente apropiadas:

> Luchar aquí sin el Señor,
> ¡cuán vano hubiera sido!

Solo en Cristo podemos hallar "refugio contra la tormenta" y poder para vencer a las fuerzas diabólicas, que pueden anegar no solo a personas, sino a naciones completas y continentes. Solo en Cristo somos liberados del dominio de los poderes malignos. En el relato de Marcos vemos también que este mal queda eliminado cuando Jesús pronuncia serenamente una palabra. Toda la violencia de estos enfrentamientos es obra de los espíritus malignos, no de Jesús. Marcos subraya su misericordia (5:19), no el demoledor poder con que Jesús vence al mal. En Cristo vemos a Dios destruyendo el mal por medio del amor.

Los exorcismos son aspectos visibles del gobierno de Dios. Jesús derrota sin paliativos a las fuerzas diabólicas; aquellos que están en Cristo pueden tomar en serio su poder, pero no han de tenerles ningún miedo.[23] Tampoco tienen que lamentar quejumbrosamente el triste estado de nuestro mundo caído. Uno puede unirse confiadamente a la batalla contra estos poderes que hacen cautivos a otros, sabiendo que Dios está de nuestro lado.

Sydney H. T. Page sostiene que tenemos mucho que ganar revitalizando la creencia en el mundo sobrenatural y renovando el acento bíblico en el conflicto y la victoria. Page ofrece, sin embargo, varias advertencias importantes.[24]

(1) Estas creencias, si llegan a exagerarse, generan temores y paranoias. No deberíamos ver demonios emboscados detrás de cada roca y árbol, listos para atacar a desprevenidos e inocentes transeúntes. Los exorcismos consignados en Marcos transmiten exactamente la actitud contraria. Jesús siempre es victorioso. Derrota normalmente a los poderes enemigos con una sola palabra. (2) Cabe la tentación de culpar a los demonios de todo lo malo que sucede y eludir así cualquier responsabilidad personal. A veces, lo que no es sino una mera expresión de vicios humanos pasa por actividad diabólica. (3) Algunas ideas de

---

23. Ver Everett Ferguson, *Demonology of the Early Christian World* (Nueva York/Toronto: Edwin Mellen, 1984), 170-71.
24. Los cinco puntos siguientes son un extracto de su libro *Powers of Evil: A Biblical Study of Satan and Demons* (Grand Rapids: Baker, 1995), 269-70.

nuestros días sobre los demonios rayan en lo supersticioso y subcristiano. Hay que ejercer discernimiento y no aceptar como verdaderas todas las afirmaciones sobre los poderes diabólicos. (4) La Escritura rehúye cualquier denominación y clasificación de los demonios en jerarquías y nosotros hemos de eludir cualquier especulación de este tipo. No vencemos a los demonios mediante el conocimiento de sus nombres. (5) La posesión diabólica es un fenómeno fuera de lo común. No deberíamos explicar cualquier comportamiento extraño como diabólico o calificar a nuestros oponentes humanos de personas satánicas. Aquellos que dirigen sus esfuerzos hacia una sensacional guerra con los demonios y el rescate de sus víctimas pueden descuidar la lucha espiritual más prosaica que cada cristiano ha de librar en su propio corazón. Probablemente, las personas de nuestro tiempo están más controladas por una legión de pasiones desordenadas, fascinaciones e impulsos destructivos que por una legión de demonios.

Este relato también puede enfocarse desde la óptica del endemoniado, que se encuentra con Jesús y experimenta una completa restauración. Aquellos que se sienten incómodos con la mención de los demonios no deben pasar por alto el relato con incomodidad. El texto también nos permite verlo como el conflicto con una persona perturbada. Este hombre es un ser desgarrado, tosco y lleno de temor y de rabia. Se autolesiona en un vano intento de mitigar su terrible sufrimiento interior. Este hombre solo ve en Jesús a un nuevo atormentador, porque en su ser ha penetrado algo que se opone a su liberación. Las cadenas de Satanás son mucho más fuertes que las humanas. Es como Benjy, el hombre castrado, con la capacidad mental de un niño de dos años, de la novela de Faulkner *El ruido y la furia*, un relato contado por un idiota. Benjy aullaba durante largos periodos y su hermano Jason lo golpeaba para que se callara. "Después Ben gimió de nuevo, larga y desesperadamente. No era nada. Solo ruido. Podía haberlo sido todo el tiempo; la injusticia y la pena se vocalizan por un momento mediante una conjunción de planetas".[25] Al igual que Benjy, el hombre de Marcos 5 experimenta una desdicha que no sabe cómo expresar, sino por medio de sonoros gemidos. El dolor es profundo, sea el de su terrible padecimiento interior, el de las veces que lo han querido callar a golpes, o el de las heridas que él mismo se ha infligido cortándose con piedras.

---

25. Se trata de una observación de Gail R. O'Day en, "Hope Beyond Brokenness: A Markan Reflection on the Gift of Life", *Currents in Theology and Mission* 15 (1988): 250. Esta cita procede de la p. 359 de Faulkner.

En este hombre perturbado podemos ver un reflejo de nosotros mismos: golpeados por otros, divididos en una furiosa guerra civil interior, viviendo entre las sombrías tumbas de la vida, y con un hondo sentimiento de soledad. Lowry ha parafraseado la respuesta que este hombre da a Jesús:

> Me siento como si hubiera seis mil soldados dentro de mí [...]; a veces todos marchan hacia la izquierda, otras a la derecha [...] y otras van por todas partes. Me tironean por un lado, y luego por otro. Hay un ejército dentro de mí, y creo que estoy perdiendo la guerra.[26]

Si nos reconocemos de algún modo en este hombre torturado, podemos ver también que la liberación no es algo que solo necesiten los rabiosos y abandonados lunáticos. El poder del evangelio es también para nosotros. Estamos igual de maltrechos, aunque consigamos escondernos detrás de palabras coherentes, casas bien cuidadas y ropa elegante. Pero también podemos ser liberados cuando Jesús desembarca en las playas de nuestra vida. La gran calma que se hizo en el mar (4:39) se corresponde con la extraordinaria serenidad que ahora gobierna a este hombre, que se sienta completamente vestido y callado a los pies de Jesús (5:15).

El problema es que, en ocasiones, quienes más necesitan la liberación son los que oponen mayor resistencia. Este hombre atormentado le suplicó a Jesús que no mandara a sus demonios demasiado lejos, lo cual pone de relieve que no quiere ser liberado. Quiere que "Legión" se quede cerca de él. Sigmund Freud afirmó que hay algo dentro del paciente, "una fuerza que se defiende con todos los medios a su alcance de la sanación y que sin duda quiere aferrarse a la enfermedad y al sufrimiento".[27] Muchos consejeros han experimentado esta misma oposición en sus pacientes. Algunas personas solicitan terapia, dicen que quieren cambiar, y luego luchan con todas sus fuerzas contra cualquier cambio. Algunos encuentran seguridad en los demonios que conocen y tienen miedo de ser librados de ellos. La persistencia de Jesús en este relato puede servirnos de consuelo. Las tácticas evasivas no lo hacen

---

26. Eugene L. Lowry, "Cries From the Graveyard: A Sermon", en *The Daemonic Imagination: Biblical Text and Secular Story*, eds. Robert Detweiller and William G. Doty (Atlanta: Scholars: 1990), 30-31.
27. Citado por Leenhardt, "An Exegetical Essay: Mark 5:1-20", 95.

desistir, Jesús no tira la toalla y sigue obrando para liberar a este hombre de sus demonios personales.

Este incidente también habla de una comunidad que se resiste a recibir poder sobrenatural. Los gadarenos son insensibles e indiferentes a la restauración de un hombre. Una cosa es encontrar a las fuerzas impersonales del mal agitándose frenéticamente en un individuo, y otra muy distinta verlas en toda una comunidad. Todas las sociedades e instituciones pueden caer en manos del mal y no reconocerlo

Podemos preguntarnos si nuestra sociedad trata del mismo modo a personas como este hombre demonizado. ¿Acaso nosotros también golpeamos y encadenamos a personas y las apartamos de nuestro entorno de modo que tienen que apañárselas solos, viviendo en el equivalente contemporáneo de las tumbas? Estaríamos hablando del tipo de personas quebrantadas que normalmente calificamos de peligrosas. Con frecuencia, nos negamos a aceptar cualquier responsabilidad por su estado y les atribuimos a ellos toda la culpa de sus problemas. Nos exculpamos a nosotros mismos convirtiendo a estas personas en chivos expiatorios de nuestros males sociales. Los responsables de su situación son ellos, no nosotros. Les permitimos recluirse dentro de sí mismos, con su furiosa angustia en los cementerios de sus vidas. Podemos depositar una confianza ciega en el uso de la fuerza, los muros de hormigón, los barrotes de hierro y las enérgicas medidas de la policía para tenerlos controlados.

Pero las soluciones a este tipo de problemas no son más programas gubernamentales, mejores viviendas, o reformas penitenciarias, aunque estas cosas pueden mitigar cierto dolor. Las personas que viven en esta solitaria desesperación necesitan conocer a Jesucristo y permitir que este encuentro transforme sus vidas. Las iglesias, sin embargo, han venido abandonando los lugares en que viven estas almas angustiadas para instalarse en ubicaciones más cómodas. ¿Quién las llevará a Cristo? Y cuando conocen a Jesucristo y no tienen trabajo ni una vivienda o escuela decentes y siguen siendo objeto de una discriminación encubierta, sigue habiendo importantes problemas que resolver. La evangelización debe ir de la mano con una preocupación social.

La solución está en un poder externo, pero puede que algunos tengan miedo de permitir que este poder se derrame en sus vidas, no digamos que se libere en la sociedad. La sanación, la compasión y la evangelización tienen sus costes, y muchos no quieren pagarlos. Puede que algunos teman que para sanarlos haya que perder más cerdos. Puede que la preocupación por las pérdidas y las ganancias comerciales sobrepase a la que sentimos por aquellos que han quedado atrapados por el sufrimiento. El profesor de estudios bíblicos Calvin Stowe, por ejemplo, vivió a la sombra de su esposa Harriet Beecher Stowe —autora de la incisiva denuncia de la esclavitud, *La cabaña del tío Tom*— que era más conocida que él a nivel internacional. En una gira de su esposa por Inglaterra, él predicó ante una numerosa multitud reunida para celebrar el Día contra la esclavitud. Stowe dijo sin titubeos a los oyentes que eran hipócritas. Estaban orgullosos de que en Inglaterra se hubiera abolido la esclavitud, pero su país compraba el ochenta por ciento del algodón que recogían los esclavos en los estados del sur de los Estados Unidos. Stowe afirmó que si Inglaterra boicoteara la producción estadounidense de algodón la esclavitud acabaría desapareciendo y a continuación les preguntó: "Están dispuestos a sacrificar un penique de sus beneficios para acabar con la esclavitud?". La multitud le abucheó.[28]

---

28. C. Douglas Weaver, *A Cloud of Witnesses* (Macon, Ga.: Smyth & Helwys, 1993), 139-40.

Marcos 5:21-43

Después de que Jesús regresó en la barca al otro lado del lago, se reunió alrededor de él una gran multitud, por lo que él se quedó en la orilla. ²² Llegó entonces uno de los jefes de la sinagoga, llamado Jairo. Al ver a Jesús, se arrojó a sus pies, ²³ suplicándole con insistencia:

—Mi hijita se está muriendo. Ven y pon tus manos sobre ella para que se sane y viva.

²⁴ Jesús se fue con él, y lo seguía una gran multitud, la cual lo apretujaba. ²⁵ Había entre la gente una mujer que hacía doce años padecía de hemorragias. ²⁶ Había sufrido mucho a manos de varios médicos, y se había gastado todo lo que tenía sin que le hubiera servido de nada, pues en vez de mejorar, iba de mal en peor. ²⁷ Cuando oyó hablar de Jesús, se le acercó por detrás entre la gente y le tocó el manto. ²⁸ Pensaba: «Si logro tocar siquiera su ropa, quedaré sana». ²⁹ Al instante cesó su hemorragia, y se dio cuenta de que su cuerpo había quedado libre de esa aflicción.

³⁰ Al momento también Jesús se dio cuenta de que de él había salido poder, así que se volvió hacia la gente y preguntó:

—¿Quién me ha tocado la ropa?

³¹ —Ves que te apretuja la gente —le contestaron sus discípulos—, y aun así preguntas: "¿Quién me ha tocado?".

³² Pero Jesús seguía mirando a su alrededor para ver quién lo había hecho. ³³ La mujer, sabiendo lo que le había sucedido, se acercó temblando de miedo y, arrojándose a sus pies, le confesó toda la verdad.

³⁴ —¡Hija, tu fe te ha sanado! —le dijo Jesús—. Vete en paz y queda sana de tu aflicción.

³⁵ Todavía estaba hablando Jesús, cuando llegaron unos hombres de la casa de Jairo, jefe de la sinagoga, para decirle:

—Tu hija ha muerto. ¿Para qué sigues molestando al Maestro?

³⁶ Sin hacer caso de la noticia, Jesús le dijo al jefe de la sinagoga:

—No tengas miedo; cree nada más.

³⁷ No dejó que nadie lo acompañara, excepto Pedro, Jacobo y Juan, el hermano de Jacobo. ³⁸ Cuando llegaron a la casa del jefe de la sinagoga, Jesús notó el alboroto, y que la gente lloraba y daba grandes alaridos. ³⁹ Entró y les dijo:

—¿Por qué tanto alboroto y llanto? La niña no está muerta sino dormida.

⁴⁰ Entonces empezaron a burlarse de él, pero él los sacó a todos, tomó consigo al padre y a la madre de la niña y a los discípulos que estaban con él, y entró a donde estaba la niña. **⁴¹** La tomó de la mano y le dijo:

—*Talita cum* (que significa: Niña, a ti te digo, ¡levántate!).

⁴² La niña, que tenía doce años, se levantó en seguida y comenzó a andar. Ante este hecho todos se llenaron de asombro. **⁴³** Él dio órdenes estrictas de que nadie se enterara de lo ocurrido, y les mandó que le dieran de comer a la niña.

Cuando Jesús regresa del otro lado del lago, Jairo, el oficial de una sinagoga lo aborda de inmediato. A excepción de los discípulos, es uno de los pocos personajes de este Evangelio que se menciona por nombre.

Jairo cae a los pies de Jesús y le suplica desesperadamente que vaya a su casa para que sane a su hija de una grave enfermedad (5:22-23), igual que los gadarenos le habían suplicado que abandonara su región. Jesús accede; sin embargo, su apresurada marcha se ve interrumpida por una mujer anónima. Está tan desesperada por ser sanada de sus hemorragias que se acerca con sigilo a Jesús para tocar su manto con la esperanza de recuperar su salud.

El sufrimiento de esta mujer durante doce años subraya su gran necesidad y la razón por la que busca la ayuda de Jesús con tanta resolución (ver 9:21; Lc 13:11; Hch 3:2; 9:33; 14:8). El texto no especifica la naturaleza de su patología, pero cabe suponer que era alguna forma de sangrado uterino, lo cual la convertiría, además, en una mujer ritualmente impura (ver Lv 15:25-33).[1] No deberíamos confundir su problema con el ciclo periódico de la menstruación, que es una parte normal de la vida. Su sangrado permanente es anormal, y se convierte en algo mucho más serio para ella. Hasta que el problema se resuelva, la impureza de esta mujer es algo que puede transmitir a otras personas. Cualquiera

---

1. La sangre era el único detergente para el altar del templo y limpiaba de pecado, pero era también el principal agente contaminante para las personas (Lv 12:7; 15:19-24; 20:18). Ezequiel 36:17 describe la pecaminosidad del pueblo, "Su conducta ante mí era semejante a la impureza de una mujer en sus días de menstruación". En el mundo grecorromano, tocar a una mujer con la menstruación se consideraba algo nocivo (ver Plinio, *Historia Natural* 7.64). Sobre los temas de pureza en el judaísmo, ver Hannah Harrington, *The Impurity Systems of Qumran and the Rabbis: Biblical Foundations* (SBLDS 143; Atlanta: Scholars, 1993).

que tenga contacto con ella, acostándose en su lecho, sentándose en su silla o tocándola, se convierte en impuro y tendrá que someterse a un baño ritual y lavar su ropa.[2] Su pérdida de sangre la margina de la sociedad, porque hace de ella una portadora de impureza.[3] Su impureza ritual hace, pues, que esta mujer tenga mucho en común con el leproso: ambos marginados de las relaciones sociales normales.[4]

Esta mujer sufre físicamente, y vive cada día con los signos de nuestra decadente mortalidad, con constantes pérdidas de sangre, un fluido esencial para la vida.[5] Pero sufre también en una dimensión social y psicológica, sabiendo que es un elemento contaminante. Su ya difícil situación se complica aún más con su empobrecimiento económico tras invertir sus recursos en los infructuosos tratamientos de los médicos.[6] Este fracaso de la medicina pone de relieve que Jesús puede triunfar allí donde otras fuentes de sanación no han sido efectivas y el único requisito para acceder a él es una fe atrevida. Jesús acaba de expulsar a un demonio de un hombre que nadie podía controlar; ahora sana a una mujer que ningún médico puede curar y resucita a una niña cuando toda esperanza se desvanece.

La mujer se niega a aceptar esta enfermedad como algo inevitable y da un audaz paso hacia adelante tocando el manto de Jesús (algo que se menciona cuatro veces en 5:27, 28, 30, 31). No es la primera en hacerlo. Marcos nos dice antes (3:10) que muchos de los que padecían enfermedades se le echaban encima para tocarlo; y en 6:56, nos dice que la gente le rogaba que les permitiera tocar siquiera el borde de su

---

2. Con frecuencia se plantea la pregunta de cómo sabían los demás que esta mujer padecía hemorragias. En una pequeña aldea, la filtración sobre la condición de esta mujer se habría podido producir por el comentario de algún amigo, miembro de la familia, médico o hasta el de un funcionario que gestionara el proceso de su divorcio.
3. Ver Jacob Milgrom, *Leviticus 1-16* (AB; Nueva York: Doubleday, 1991), 745.
4. El tratado mishnaico sobre la mujer menstruante se titula *Nidda*, que significa "proscrita". Josefo, *Guerras* 5:5.6 § 227, informa de que el templo estaba cerrado para las mujeres durante su menstruación (ver también *Contra Apión* 2:103-4; *Antigüedades* 3.11.1 § 261).
5. Milgrom (en *Leviticus 1-16*, 1002) señala que las leyes sobre las impurezas corporales se centran en cuatro fenómenos: muerte, sangre, semen y enfermedades escamosas. "Su denominador común es la muerte. La sangre vaginal y el semen representan las fuerzas de la vida; y su pérdida, por tanto, la muerte". "El desgaste del cuerpo, la característica común de todas las enfermedades de la piel que en la Biblia se presentan como objeto de impureza, simboliza el proceso de la muerte tanto como la pérdida de sangre y semen".
6. Pueden verse un listado de remedios médicos para esta dolencia femenina en *b. Sabb.* 110a.

manto y todos los que lo hacían eran sanados.⁷ La diferencia es que esta mujer se acerca con sigilo por atrás para que nadie note su presencia y espera poder volver a perderse en el anonimato de la numerosa multitud sin que nadie sepa lo que ha hecho. Cuando toca a Jesús, su hemorragia se detiene inmediatamente. Pero de manera igualmente inmediata Jesús sabe que de él ha salido poder y desconcierta a los discípulos preguntando quién, de entre todos los que se apretujan a su alrededor, lo ha tocado.⁸ Los discípulos responden con un deje de irritación, diciendo de hecho: "¿Cómo vamos a saberlo? Todos te están tocando". Pero solo una ha sido sanada y ahora está asustada.

Su azoramiento puede deberse a varias cosas. Es posible que se sienta culpable por haber violado la reglamentación ritual judía, atreviéndose a tocar a Jesús a pesar de su impureza ceremonial. Los lectores saben, sin embargo, que Jesús nunca ha tenido problemas con la contaminación ceremonial y que su poder puede superarla y revertirla. Puede ser también que esta mujer estuviera preocupada por haber tomado ilegítimamente del poder de Jesús y teme haberle transmitido, de algún modo, su dolencia. Es posible que esperara una reprimenda en lugar de una bendición. Pero Marcos relaciona su temor con el conocimiento de lo que le ha sucedido (5:33). Puesto que ha experimentado sanación por el sorprendente poder de Jesús, esta mujer es consciente de su autoridad y siente temor; algo parecido a lo que les sucedió a los discípulos en el lago, cuando presenciaron su poder sobre la tormenta (4:41). Como el jefe de la sinagoga, esta mujer se postra ahora delante de él.

Podemos preguntarnos por qué subraya Jesús lo que esta ha hecho. ¿Acaso no ha experimentado suficiente vergüenza pública? ¿No podría haberla ignorado y dejar que se fuera en paz con un guiño de complicidad? La vergüenza de verse señalada públicamente supone, al tiempo, una expresión de su cuidado personal. Jesús no le permitirá marcharse inadvertidamente y seguir en el anonimato. Fuerza las cosas para que cuando vuelva a su casa sanada, lo haga sabiendo que el que la sanó la

---

7. La creencia de que el poder de una persona se transfiere a lo que esta se pone o toca puede observarse también en Hch 5:15 y 19:12. M. Hutter ("Ein altorientalischer Bittgestus in Mt 9:20-22", *ZNW* 75 [1984]: 133-35) afirma que el gesto de esta mujer no refleja una creencia en la magia sino una actitud ferviente en oración (1S 15:24-27).
8. Este detalle sugiere que este poder es algo que trasciende a su control; Dios lo controla. Los comentarios de Cranfield al respecto (*Mark*, 185) son útiles: El poder que reside en Jesús y procede de él es el poder del Dios personal. Aunque en esto Jesús no toma ninguna decisión (al menos eso parece).

conoce y se preocupa por ella. Es una persona digna de recibir ayuda y en la que merece la pena invertir tiempo.

Resulta que la sanación no es del todo gratis. Jesús la obliga a dar un paso de fe e identificarse. Esto no va a arruinarla como los médicos habían hecho; sin embargo, ha de reconocer públicamente su deuda con Jesús, dejando claro que él es la fuente de su sanación. Cuando lo hace, Jesús la bendice y anuncia que su fe la ha sanado. Es pues la fe —no alguna propiedad mágica del manto de Jesús— lo que la sana y la salva.[9] Él la restaura como hija de Israel y le dice que se vaya en paz (Jue 18:6; 1S 1:17; 2S 15:9; Hch 16:36).[10] No es una mera palabra de despedida. La palabra hebrea que se traduce como paz, y que forma el trasfondo del concepto neotestamentario de este concepto es *shalom*. El sentido de este término abarca los conceptos de salud, bienestar, prosperidad, seguridad, amistad y salvación.[11] Jesús le otorga esta paz (ver Mt 10:13; Hch 10:36).

Entretanto, el angustiado padre ha estado esperando. Solo podemos conjeturar lo que debe de pensar sobre este retraso. Por regla general nos es difícil gozarnos con quienes reciben buenas noticias (salvación y salud) cuando estamos muy preocupados por nuestra propia situación. Es posible que cuando Jesús se ocupó de esta mujer, Jairo se preguntara irritado: "¿Por qué pierde el tiempo con ella? Yo estaba antes; preocúpate primero de mi problema". Jairo no está más necesitado que esta

---

9. Robert G. Hamerton-Kelly (*The Gospel and the Sacred: Poetics of Violence in Mark* [Minneapolis: Fortress, 1994], 94) lo expresa con acierto: "El acto de fe consistió en extender la mano desde la multitud y tocar a Jesús, y después, cuando él lo pidió, dar un paso al frente y darse a conocer".
10. Las mujeres que padecían su dolencia tenían que presentar un sacrificio en el templo cuando eran sanadas (Lv 15:29-30), pero Jesús no lo menciona como sí lo hizo en el caso del leproso (Mr 1:44). Quienes padecían hemorragias no tenían que pasar por el mismo procedimiento público antes de poder reintegrarse a la sociedad. (Viene de nota 8) Aunque en este caso Jesús no toma una decisión (al menos esto parece), Dios sí lo hace. Él controla su poder. Conoce la situación de la mujer y quiere honrar su fe en la eficacia de su poder activo en Jesús, aunque no hay duda de que su fe es muy imperfecta y peligrosamente cercana a las ideas de la magia. La sanación no se produce automáticamente, sino por una decisión libre y personal de Dios. Ver también Gundry, *Mark*, 270.
11. Ver T. J. Geddert, "Peace", en *Dictionary of Jesus and the Gospels*, eds. Joel B. Green, Scot McKnight, and I. Howard Marshall (Downers Grove, Ill.: InterVarsity, 1992), 604; P. B. Yoder, *Shalom: The Bible's Word for Salvation, Justice and Peace* (Newton, Kans.: Faith and Life, 1982).

mujer anónima, y su fe puede enseñarle algo que lo preparará mejor para la resurrección de su hija.[12]

También él debe demostrar públicamente su confianza en Jesús cuando llegan las peores noticias. Los mensajeros no se andan por las ramas: "Tu hija ha muerto, ¿para qué molestas aún al Maestro [...]?". Meier comenta: "El mensaje subliminal de este versículo es que Jesús es solo un maestro, y la muerte marca el límite del poder que pueda tener".[13] La mujer venció al temor con fe y ahora, del mismo modo, Jesús le dice a Jairo: "No temas, cree solamente [es decir, sigue creyendo]". Este hombre había mostrado fe al ir en busca de Jesús, ahora tiene que seguir confiando. ¿Pero, cómo puede la fe persistir ante la muerte, especialmente cuando esta se cierne sobre nuestra hijita? Tanto la mujer como Jairo revelan que la fe es confianza en medio de la desesperación.

Jairo obedece llevando a Jesús hasta su casa, pero se vuelve a poner su fe a prueba por los amargos lamentos de quienes han acudido ya a llorar la muerte de la niña. No tienen la fe de la mujer y menoscabarán la confianza del padre. Las palabras de Jesús en el sentido de que la niña no está muerta, sino solo durmiendo, se encuentran con la risa y las burlas de los concurrentes. No están locos; saben perfectamente cuando alguien ha muerto y, naturalmente, la niña lo está. Jesús puede, sin embargo, transformar una letal tormenta en una gran calma, un feroz energúmeno en un hombre pacífico y amable, la muerte en un sueño apacible, y las risitas burlonas en algazara de alegría. Su escepticismo los deja fuera. No habrá milagros para la multitud burlona.

En privado, solo con los padres, Pedro, Jacobo y Juan, Jesús toma la mano de la niña y la levanta con las palabras "talita cum". La traducción de esta expresión aramea, "¡niña [...] levántate!" deja claro al oyente que Jesús no pronuncia una frase en misteriosa jerigonza religiosa, sino palabras muy corrientes.[14] Es posible que la tradición la retuviera como la palabra de Jesús que levantó de los muertos a la niña. El ofrecimiento de comida muestra que la niña está realmente viva y que no es un espíritu incorpóreo (Lc 24:39-43). El mandamiento de confidencialidad revela que Jesús no está interesado en hacer que las burlas se conviertan en

---

12. Camery-Hoggatt, *Irony*, 138-39.
13. John P. Meier, *A Marginal Jew: Rethinking the Historical Jesus Volume Two: Mentor, Message, and Miracles* (Nueva York: Doubleday, 1991), 2:786.
14. Posiblemente Jesús se dirige a ella por su nombre, "Talitha, ¡levántate!". Ver Max Wilcox, "Talitha Cumi", *ABD* 6:309-10.

aclamación. Ha evitado sistemáticamente la publicidad y ahora responde solo a aquellos que tienen fe. No se puede entender completamente el poder vivificador de Dios hasta que se produce la resurrección de Jesús.

Hooker observa una cierta ironía en la orden de Jesús. Mientras que a los padres les dice que no cuenten a nadie lo sucedido, en el caso de la mujer con flujo de sangre Jesús le pidió que se identificara en medio de la multitud. Ella se había esforzado en que su sanación fuera algo completamente secreto, pero Jesús no permitió que su recuperación quedara oculta. La diferencia es que la curación de esta mujer "no podía demostrarse abiertamente ni suscitar asombro". La multitud no conocía el historial de la mujer y solo tenía su palabra de que había sido sanada. La resurrección de la niña es otro asunto. Un funeral interrumpido por la súbita aparición del difunto que se pasea entre los presentes sano y salvo sería noticia, pero a los testigos de la curación se les dice que mantengan las noticias en secreto.[15] Este incidente contrasta marcadamente con la resurrección de Lázaro consignada en el Evangelio de Juan. Jesús se retrasa deliberadamente cuando le llega la noticia de que su amigo está enfermo y deja pasar el tiempo para muera, sea sepultado y el cuerpo comience a descomponerse (Jn 11:1-46). Este retraso hace que el milagro sea aun más maravilloso.[16]

Es improbable que "Jesús quiera que se demore el descubrimiento para alejarse de la numerosa multitud que ha estado agobiándolo (5:24, 31)", como algunos sostienen.[17] Lo que dijo a los dolientes no fue que iba a resucitar a la niña, sino que esta no estaba muerta: tan solo dormida. No quiere que se difunda que la ha resucitado. La razón es doble.

(1) No es el momento oportuno para que se crea en el milagro de la resurrección. Habrá que esperar hasta que el resucitado de los muertos sea el propio Jesús (9:9). Hemos de ver la imagen completa del ministerio y muerte de Jesús. Ahora se limita a mantener la muerte a raya, y tanto los padres como su hija reciben un mero alivio temporal, pero más adelante Jesús conseguirá una completa y definitiva liberación de esta mediante su propia muerte y resurrección. (2) Cabe el peligro de que se le conozca únicamente como un obrador de milagros, una especie de mago-sanador capaz de obrar prodigios. En este caso, la gente perderá

---

15. Hooker, *Mark*, 151.
16. F. Watson, "Ambiguity in the Marcan Narrative", *Kings Theological Review* 10 (1987): 11.
17. Gundry, *Mark*, 277.

de vista el cuadro general y que todo lo que hace está relacionado con la proclamación del reino de Dios.

Construyendo Puentes

En la tarea de la contextualización hay que tomar cuidadosa nota de tres cuestiones. (1) Marcos utiliza por segunda vez su técnica de insertar una historia dentro de otra,[18] y es importante que veamos el mensaje que comunican estos dos relatos cuando se consideran en estéreo. (2) Deberíamos tomar nota de los asuntos de pureza que afloran en cada sanación. (3) En estos dos casos, Jesús da una respuesta positiva, pero sabemos que la enfermedad y la muerte son una parte normal de la vida. El poder de Jesús no nos hace inmunes a ellas. El intérprete ha de subrayar que la resurrección de la niña apunta hacia adelante, al momento en que Dios obligará finalmente a la muerte a soltar de sus letales garras a todos los que están en Cristo.

(1) El episodio de la resurrección de la hija del dirigente de una sinagoga de doce años envuelve la sanación de la mujer que había padecido hemorragias durante doce años. Aunque el segundo episodio permite que pase tiempo para que se produzca la muerte de la niña, ambos relatos guardan un paralelismo temático. Lo que quieren transmitir se hace más claro y fascinante cuando ambos episodios se interpretan juntos, como pretendía Marcos. Hemos de resistir, por tanto, la tentación de desvincular estos dos relatos leyéndolos por separado.

Los dos principales personajes que interactúan con Jesús ocupan extremos opuestos de la escala económica, social y religiosa. Jairo es un hombre, un dirigente de la sinagoga. Su distinción lo hace conocido por su nombre. Jairo es un hombre respetado y puede acercarse abiertamente a Jesús con una petición directa, aunque le muestra una gran deferencia. La mujer es, en cambio, una persona anónima y su dolencia la hace ritualmente impura. Su enfermedad la convierte, además, en una fuente de contaminación, la separa de la sociedad y le impide entrar en la sinagoga y mucho más al templo. A diferencia de Jairo, no es conocida y honrada, y tiene que moverse de manera furtiva y acercarse a Jesús por detrás, con la idea de "robar" su sanación.

---

18. Ver comentarios sobre 3:20-35, donde este rasgo estilístico de Marcos se observa por primera vez.

Además, Jairo tiene una casa grande y es, por tanto, un hombre acomodado. Sus elevados gastos en médicos han dejado en la ruina a esta mujer. Su dolencia le impide tener hijos y convierte el matrimonio en algo casi imposible.[19] Lo único que tienen en común estas dos personas es que ambos han oído hablar de Jesús, desean desesperadamente el don de su sanación y han agotado todas sus opciones.

Jairo capta la atención de Jesús postrándose delante de él y suplicándole que le acompañe e imponga las manos a su "hijita". Aunque es un respetado dirigente religioso, no es distinto del leproso que se acercó a Jesús arrodillándose y rogándole (1:40). Por otra parte, la mujer, que tiene mucho en común con el leproso como fuente de inmundicia, se acerca a hurtadillas y toca el manto de Jesús desde atrás, sin pedirle permiso. Tanto Jairo como la mujer creen que el contacto con Jesús es suficiente para que se produzca la curación (5:23, "te ruego que vengas y pongas las manos sobre ella"; 5:28; "Si tan sólo toco sus ropas, sanaré").

Al ensamblar los relatos de dos personas tan distintas, se pone de relieve que ser varón, ritualmente puro, rico o desempeñar un importante oficio religioso, no supone ninguna ventaja para acercarse a Jesús, y que ser mujer, impura, sin honra y pobre no constituye ninguna barrera para recibir su ayuda. Dios se pone siempre de parte de aquellos a quienes se les han negado sus derechos y privilegios, los oprimidos y los pobres. En el reino de Dios los don nadie se convierten en alguien. En otras palabras, la única cosa que cuenta con Dios y con Jesús es la fe. La salud y la salvación no solo se ofrecen a los pocos afortunados que ya tienen mucho de todo lo demás. Pero Jesús tampoco pone al humilde por encima del acomodado. La fe permite que todos, reputados o no, limpios o inmundos, sean objeto del misericordioso poder de Jesús que produce sanación y salvación. Todos son iguales delante de él. Hemos de observar también que Jairo es miembro de la clase dirigente judía que, en líneas generales, parece hostil a Jesús. Su rango como dirigente de una institución hostil no le cierra las puertas como objeto de la atención de Jesús, ya que está dispuesto a poner a un lado su posición social, humillándose delante de él en una desesperada petición de ayuda.

(2) En ambos relatos, Jesús tiene poder para vencer la contaminación ceremonial (el sangrado y la muerte) y revertirla. Las leyes judías sobre la impureza pretendían impedir que esta entrara a la esfera de la santi-

---

19. Marshall, *Faith As a Theme*, 104.

dad de Dios. El ministerio de Jesús muestra que la impureza humana no afecta a la santidad de Dios cuando entran en contacto. En el Evangelio de Marcos, la relación de Jesús con lo impuro no lo convierte a él en inmundo. Todo lo contrario, Jesús purifica la impureza. Toca a un leproso y lo limpia. Irrumpe en un cementerio y expulsa a una legión de demonios que toman posesión de un hato de cerdos. Lo toca una mujer que padece hemorragias, y es sanada. Toca a una niña muerta y la trae de nuevo a la vida. Jesús no tiene necesidad de purificarse de la contaminación de una persona con flujo de sangre ni del contacto con un cadáver (Hag 2:13); sino que vence estas condiciones.

Es cierto que nos va a ser difícil transmitir esta importante idea a nuestra cultura, que no hace este tipo de distinciones entre limpios e inmundos. Sin embargo, también nosotros tratamos ciertas enfermedades como respetables y otras como no respetables. Por ejemplo, no culpamos a alguien que sufre un ataque de corazón. Pero podemos considerar de manera muy distinta a quien contrae una enfermedad venérea. Quizá conseguiremos recuperar el impacto original de este relato si encontramos personajes equivalentes de nuestro tiempo que nos resulten más familiares. El jefe de la sinagoga sería alguien refinado, bien vestido, respetado y adinerado. La mujer sería precisamente lo contrario, el tipo de persona que hace que la gente arrugue la nariz y haga muecas de repulsa. Es alguien que vive al arbitrio de quienes ponen las reglas y ganan el dinero. Sufre una enfermedad que otros consideran deshonrosa y que hacen de su vida una desgracia. Intentar trasladar estos personajes a nuestro tiempo nos permite plantear preguntas contundentes. ¿Debería Jesús detenerse por una mujer como ésta cuando ello puede poner en peligro la vida de alguien más digno? ¿Pueden el amor y el poder de Jesús vencer cualquier cosa, por despreciable que sea?

(3) Estos relatos plantean un tercer asunto: el triunfo de Jesús sobre la muerte. Las buenas nuevas que se proclaman en esta sección son que, ante Jesús, las tormentas remiten, los demonios se baten en retirada, las dolencias sanan y la muerte pierde su tiránico dominio. En 5:39, Jesús declara que la niña no está muerta sino solo dormida. No se trata de un diplomático diagnóstico médico, un reconfortante eufemismo o una esperanza escatológica de carácter general. Lo llama sueño porque "en este caso particular quiere hacer de la muerte algo tan efímero como el sueño, resucitando a la niña".[20] Al mismo tiempo, no obstante, hemos

---

20. Meier, *A Marginal Jew*, 2:844, n. 26.

de ser también sensibles a la realidad de que, por auténtica o desesperada que sea la fe, no todos van a ser sanados o salvos de la muerte. Hemos de mirar más allá del momento de sufrimiento y centrarnos en la trascendencia eterna del poder de Jesús. Este poder se relaciona con el reino de Dios, que está ya presente, pero todavía tiene que manifestarse plenamente. Mientras tanto, las enfermedades y la muerte seguirán afectándonos. Nuestra fe está en el poder de Dios para vencer a la muerte, no solo para restablecer las cosas a su estado anterior. Podemos afrontar las tragedias de la existencia diaria con confiada fe de que Dios no ha terminado todavía con nosotros.

Significado Contemporáneo

Vanstone describe de manera acertada los resultados del ministerio de Jesús:

A medida que avanza deja tras sí un rastro de escenas transformadas y situaciones cambiadas: pescadores que ya no pescan, enfermos que ya no lo están, críticos confundidos, una tormenta calmada, hambre mitigada, una niña muerta devuelta a la vida. La presencia de Jesús es una realidad activa e instantáneamente transformadora: Jesús no es nunca un mero observador o agente pasivo que espera que las cosas sucedan sino que, invariablemente, transforma las escenas e inicia el desarrollo de los acontecimientos.[21]

Las sanaciones de estas dos escenas muestran que nos apropiamos del poder de Jesús a través de la fe. Un acto de fe puede hacer bien a una persona. El oficial de la sinagoga y la mujer no vienen a la fe *tras* ser sanados; ya tenían una fe *previa* que condujo a su sanación.[22] Al examinar estos dos modelos de fe entendemos mejor lo que ella supone.

(1) La fe abre la puerta al poder de Dios. La confianza en Dios transfiere poder divino a quienes son absolutamente impotentes. La fe salva: "Tu fe te ha sanado [lit., te salvó]" (5:34). La fe puede ser imperfecta, atrevida, titubeante, audaz; puede mezclarse con temor e inquietud. Lo importante para que sea efectiva es que esté correctamente dirigida a

---

21. W. H. Vanstone, *The Stature of Waiting* (Nueva York: Seabury, 1983), 17-18.
22. Como bien dice Tolbert (*Sowing*, 169): "Uno no tiene fe *porque* haya sido sanado, *sino* para poder serlo. En Marcos, los milagros no pretenden ser señales para inducir a la fe, sino los frutos visibles y tangibles de ella".

Jesús y a Dios (11:22). Lo que salvó al padre de la niña y a la mujer con hemorragias fue que su fe iba dirigida a Jesús.

(2) La fe muestra persistencia para vencer cualquier obstáculo. La mujer, por ejemplo, se abre camino entre la multitud y vence cualquier sensación de vergüenza que pudiera tener o el temor a contaminar de algún modo a Jesús o a otros en su intento de tocarlo. El oficial de la sinagoga tiene que ignorar el triste anuncio de la muerte de su hija y la burla de los presentes en el incipiente funeral. Ha de confiar en el veredicto de Jesús de que solo está durmiendo, a pesar de que todos los hechos parecen indicar lo contrario. La fe da, pues, un paso adelante en medio de una amenazadora multitud, a pesar del temor, y reconoce el poder de Jesús para sanar. La fe persiste ante las burlas y la risa, y se niega a ceder ante el temor y las burlas.

(3) La fe se expresa en acción. La fe es algo que se puede ver, como en el caso de los hombres que abrieron una abertura en el tejado para descolgar a su amigo hasta donde estaba Jesús. Se arrodilla, suplica y se extiende para tocar. Creer intelectualmente en los hechos sobre Jesús no produce sanidad, pero sí lo hace la fe en él que pasa a la acción. Ni el hombre ni la mujer identifican a Jesús como el Mesías, ni siquiera como un profeta. Su identidad es precisamente lo que no tienen claro, pero sí creen que tiene poder para sanar y están dispuestos a poner a prueba su fe. Una tradición rabínica interpreta Éxodo 14:22 en el sentido de que las aguas del mar Rojo no se abrieron hasta que los israelitas habían entrado en él y el agua les llegaba a la nariz (*Éx. Rab.* 21:10). Esta interpretación recoge correctamente la verdadera naturaleza de la fe. No espera hasta ver si las aguas se dividen para dar después un paso adelante. Se pone a un lado, confiando que Dios hará lo necesario.

Deberíamos observar un problema fundamental al aplicar este texto en nuestro tiempo. La fe de la mujer en el sentido de que si conseguía tocar el manto de Jesús sería sanada suena a magia. Aune afirma: "Las ideas que se expresan en el relato de la sanación de esta mujer no están en los límites de la magia, sino que son las esencia misma de los conceptos mágicos grecorromanos".[23] Esta fe imperfecta puede hacernos sentir un tanto incómodos. Puede recordarnos a los vendedores de milagros de nuestro tiempo que invitan a quienes los escuchan a poner las manos sobre las pantallas de sus televisores, o a que les manden dinero

---

23. David Aune, "Magic in Early Christianity", en *ANRW*, vol. 2, pt. 23 (Berlin: Walter de Gruyter, 1980), 1536.

a cambio de pedazos de ropa con poder sanador o botellitas de aceite santo. Sin embargo, lo que a nosotros nos suena a superstición, Jesús lo llama fe, interpretando su proceder como algo que se basa en la confianza. Esto significa que no necesitamos poseer una sofisticada claridad intelectual y teológica para acceder al poder transformador de Jesús.

No obstante, el encuentro personal es vital para que se produzca algo realmente significativo, a saber, que la fe se convierta en fe verdadera. En el mundo helenista, se consideraba que el poder para sanar era de carácter impersonal, y la magia se atrevía a manipular estas fuerzas para usarlas a su favor. Cuando Jesús fuerza a la mujer a salir de su anonimato ante la multitud, reconociendo públicamente su sanación, aquello se convierte en un encuentro personal transformador y rompe el esquema de un rápido acto de sanidad. No se puede tener fe secretamente; esta requiere una prueba pública. La fe de la mujer se dirige hacia Dios quien se manifiesta en una persona, Jesús, alguien que le habla con amabilidad y se preocupa personalmente por ella. Hemos de ser tolerantes con la fe que puede parecernos primitiva, pero también hemos de llevarla a un encuentro directo con Jesús y a un nivel más profundo.

(4) La fe se mueve por desesperación y se dirige a Jesús con la convicción de que él es suficiente para satisfacer cualquier necesidad que tengamos. Ni el oficial de la sinagoga ni la mujer enfrentaban su difícil situación con frío estoicismo, sino acercándose desesperadamente a Jesús para pedirle su ayuda. La mujer se negó a poner buena cara al mal tiempo. Una comentarista de este texto saca una extraña conclusión: celebra que Jesús haya derribado las barreras ceremoniales y sociales, pero comenta que Jesús debería haber aceptado a "la mujer como era, aunque sangrara. Si esto es lo que hubiera sucedido, yo lo llamaría un verdadero milagro".[24] Uno se pregunta cómo habría respondido a este comentario la mujer del relato. Para ella el problema no era solo un sistema patriarcal que trataba como impuros a quienes tenían hemorragias.[25] Esta mujer estaba físicamente enferma y necesitaba sanación. Ella fuerza un acercamiento a Jesús, confiada de que él la sanará de su enfermedad. Es un modelo para aquellos cuya timidez, vergüenza o

---

24. Hisako Kinukawa, "The Story of the Hemorrhaging Woman (Mark 5:25-34) Read From a Japanese Feminist Context", *Biblical Interpretation* 2 (1994): 292.

25. Tal Ilan (*Jewish Women in Greco-Roman Palestine: An Inquiry into Image and Status* [Texte und Studien zum antiken Judentum 44; Tubinga : J. C. B. Mohr (Paul Siebeck), 1995], 102) observa que los rabinos veían la menstruación como un castigo impuesto a Eva por su pecado en el Huerto de Edén.

temor les impide acercarse confiadamente a Jesús para ser sanados. La desesperación nos lleva hacia él. Martín Lutero observó una vez que su entendimiento de la gracia de Dios le llegó mientras estaba "en el retrete" (*auff diser cloaca*). George señala que esta expresión era una metáfora común para aludir a un estado de absoluta impotencia y dependencia de Dios.

> ¿Dónde si no somos más vulnerables, y nos sentimos más fácilmente incomodados [...]? No obstante, es precisamente en este estado de vulnerabilidad —cuando solo nos queda la humildad, cuando, como mendigos, solo podemos confiarnos a la misericordia de otro— que Dios responde a nuestro anhelo de la gracia con la certeza de su ineludible cercanía.[26]

El mal, la enfermedad y la muerte de niños siguen siendo una realidad en nuestro mundo. No todos los toques sanan, y aun los que tienen fe oyen la temida palabra del médico: "Tu hijita ha muerto". Este pasaje no nos ofrece ninguna explicación de por qué permite un Dios de amor que el mal siga existiendo o sucediendo lo inexplicable. Sí afirma que Dios está al lado de los que sufren y han sido golpeados por el dolor y la aflicción. Es cierto que no siempre se producen milagros, pero esto no reduce el poder de Dios para salvar. El milagro de la sanación del dolor emocional no es menos milagroso. Si Dios interviniera en cada situación, nosotros nunca tendríamos que ejercitar la fe. Sadrac, Mesac y Abednego expresaron la única clase de fe capaz de sostenernos a través de cualquier tragedia cuando le dijeron a su verdugo (Dn 3:17-18):

> Si se nos arroja al horno en llamas, el Dios al que servimos puede librarnos del horno y de las manos de Su Majestad. Pero aun si nuestro Dios no lo hace así, sepa usted que no honraremos a sus dioses ni adoraremos a su estatua.

Por ahora la niña ha eludido la muerte, pero no ha recibido un indulto completo. También la mujer ha sido sanada por ahora, pero tendrá que sufrir nuevas dolencias a medida que envejezca. La fe, no obstante, es capaz de sostenerse ante la muerte, sabiendo que, en la resurrección de Cristo, Dios la ha vencido. George recuerda uno de los momentos más difíciles de la vida de Lutero: su querida hija Magdalena, que apenas había cumplido los catorce años, contrajo la peste.

---

26. Timothy George, *Theology of the Reformers* (Nashville: Broadman, 1988), 105.

Con el corazón roto, Lutero se arrodilló junto a su lecho y le suplicó a Dios que la librara del dolor. La niña murió, y cuando los carpinteros sujetaban con clavos la tapa del féretro, Lutero gritó: "¡Daos prisa! En el Día del Juicio, resucitará".[27]

---

27. *Ibid.*

Marcos 6:1-6a

Salió Jesús de allí y fue a su tierra, en compañía de sus discípulos. ² Cuando llegó el sábado, comenzó a enseñar en la sinagoga.

—¿De dónde sacó éste tales cosas? —decían maravillados muchos de los que le oían—. ¿Qué sabiduría es ésta que se le ha dado? ¿Cómo se explican estos milagros que vienen de sus manos? ³ ¿No es acaso el carpintero, el hijo de María y hermano de Jacobo, de José, de Judas y de Simón? ¿No están sus hermanas aquí con nosotros?

Y se escandalizaban a causa de él. Por tanto, Jesús les dijo:

⁴ —En todas partes se honra a un profeta, menos en su tierra, entre sus familiares y en su propia casa.

⁵ En efecto, no pudo hacer allí ningún milagro, excepto sanar a unos pocos enfermos al imponerles las manos. ⁶ Y él se quedó asombrado por la incredulidad de ellos.

Jesús sale de la zona en que sus extraordinarias obras parecerían garantizar un éxito sorprendente y se traslada a su tierra. Marcos nunca explica las razones que motivan las idas y venidas de Jesús. Únicamente sabemos que su propósito es proclamar el mensaje por toda Galilea (1:38-39), que no se recluirá en ningún pueblo en particular, y que frecuentemente desea alejarse de la presión de las multitudes (3:9; 4:36; 6:31, 45-46). Parecería que la región donde creció Jesús ofrecía un buen potencial para el éxito si no supiéramos que su familia intentó detener su ministerio y llevárselo de vuelta a Nazaret, convencidos como estaban de que estaba desequilibrado o completamente loco (3:21, 31). Una vez más, el sábado Jesús enseña en la sinagoga (6:2a; ver 1:21, 39; 3:1), y de nuevo "muchos de los que le oían" estaban "maravillados". No debe sorprendernos que Jesús suscitara profunda admiración en quienes lo oían (1:22; 2:12; 5:20), pero en esta ciudad esta se convierte rápidamente en recelo.

La ceguera espiritual adopta muchas formas, y a aquellos que están más cerca de Jesús no les es más fácil entender su identidad. La procedencia de la sabiduría y las obras de Jesús les suscita perplejidad y se preguntan (6:2b), "¿Qué sabiduría es ésta que se le ha dado?". Marcos no nos dice cuál era el contenido de la enseñanza de Jesús o cuáles las poderosas obras que estimularon la curiosidad de sus paisanos, pero los milagros se relacionan íntegramente con su enseñanza y sabiduría (1:27). La pregunta asume que a Jesús se le ha concedido una sabiduría especial y que sus manos han llevado a cabo milagros. Lo que no pueden determinar, aun conociéndolo tanto, es de dónde procede su poder. Su preocupación con este asunto significa que nunca encuentran el tiempo para hacerle la pregunta crucial: ¿Qué significa todo esto? La respuesta a esta pregunta resolverá, en última instancia, el asunto de su fuente (ver 3:27). A estos no les mueve tanto el deseo de saber qué hay tras los milagros de Jesús como el ansia de confirmar su prejuicio de que Jesús no puede ser alguien tan sobresaliente.

Su pregunta sobre Jesús es la tercera de una serie que han venido planteando los que han quedado impresionados por su enseñanza y sus obras. En primer lugar, los asistentes a una sinagoga preguntaron, "¿Qué es esto?" (1:27); a continuación, algunos maestros de la ley primero y los discípulos después se preguntaron, "¿Quién es éste?" (2:7; 4:41). Ahora, la pregunta tiene que ver con el origen o fuente de sus obras y enseñanza, "¿De dónde sacó éste tales cosas?". La multitud de la ciudad que le ha visto crecer no llega tan lejos como los maestros de la ley de Jerusalén que atribuyeron a Belcebú el poder de Jesús (3:22), un pecado imperdonable. Estos únicamente consideran improbable que Dios pueda obrar de un modo tan impresionante en un tipo que ha vivido entre ellos. No pueden salir de la medida infinitesimal de la semilla de mostaza y no pueden ver ninguna otra cosa.

Jesús está en su tierra, y sus paisanos creen saberlo todo acerca de él y su trasfondo familiar, pero nada de ello les permite sospechar que pueda haber en él algo tan portentoso. Las circunstancias del nacimiento de Jesús y su vida anterior a su bautismo y ministerio no tenían especial relevancia para Marcos. Solo nos ha dicho que Jesús llegó desde Nazaret de Galilea (1:9). Más adelante, el lector se entera de algo más sobre el trasfondo de Jesús mediante la casual pregunta: "¿No es acaso el carpintero, el hijo de María y hermano de Jacobo, de José, de Judas y de Simón?". Aunque no se trata de cuestiones cruciales para el evangelio de Jesús, sí despiertan, no obstante, nuestra curiosidad.

Un *tekton* (término que se ha traducido tradicionalmente como "carpintero") es alguien que trabajaba la madera, el metal o la piedra. Podría ser un constructor, un albañil o un carpintero. En el contexto palestino de Jesús, denotaba posiblemente a un artesano que llevaba a cabo toda clase de trabajos de carpintería. Probablemente, Jesús tenía oficio para realizar casi cualquier cosa (desde arados y yugos, hasta muebles de todo tipo, armarios, taburetes y bancos, pequeños edificios, especialmente las vigas, ventanas de celosía, puertas y pernos). Jesús era, probablemente, un hombre hábil técnicamente y físicamente fuerte. Meier afirma: "El joven debilucho que muchas veces se representa en las pinturas y en las películas de Hollywood difícilmente podría haber sobrevivido a los rigores de ser un *tekton* en Nazaret desde su juventud hasta los treinta años".[1] Sus hermanos —Jacobo (lit., Jacob), José, Judá, y Simón— llevan los nombres de patriarcas y de dos de los famosos hermanos macabeos, y este rasgo sugiere que su familia observaba estrictamente la ley y esperaba la redención de Israel. No se nos dice cuántas hermanas tenía ni se nos dan sus nombres, lo cual refleja el antiguo prejuicio que da por sentado que también hay mujeres cuando se menciona a los hombres y que estas no merecen mucha atención.

Las gentes de Nazaret identifican a Jesús como "hijo de María". Normalmente, a los hombres se les identificaba como hijos de su padre.[2] Algunos han sugerido que al referirse a él únicamente como hijo de su madre lo están maldiciendo (ver Jue 11:1-2) y quizá están rememorando los rumores sobre las sospechosas circunstancias del nacimiento de Jesús.[3] Otros han argumentado que aluden a él como hijo de María para distinguirlo de los hijos que José había tenido con su primera esposa.[4] Otro grupo sugiere que la mención de María responde al hecho de que su padre ya no está vivo y, de este modo, se expresa su familiaridad con su madre, que reside allí. La primera opción tiene poco apoyo. La

---

1. John P. Meier, *A Marginal Jew: Rethinking the Historical Jesus* (Nueva York: Doubleday, 1991), 1:281.
2. Otros textos consignan "hijo del carpintero y de María" o "hijo del carpintero". Es probable que estas lecturas surgieran de una asimilación de Mt 13:55 (ver también la obra de Lc 4:22; Jn 6:42).
3. Meier (*A Marginal Jew*, 1:222-27) aporta fuertes argumentos contra cualquier interpretación en el sentido de que este "impertinente comentario" sugiere algún escándalo moral relacionado con el nacimiento de Jesús. Solo transmite un sentido de familiaridad.
4. Richard Bauckham ("The Brothers and Sisters of Jesus: An Epiphanian Response to John P. Meier, *CBQ* 56 [1994]: 698-700) sostiene que los hermanos y hermanas que se mencionan eran los hijos que tuvo José con su primera esposa. Los vecinos habrían hecho una distinción entre los hijos que un hombre habría tenido con dos esposas distintas. Fuera de Nazaret, donde no se conocía a su familia, a Jesús se le habría identificado simplemente como el hijo de José.

segunda es posible, pero la última parece la más probable por cuanto las alusiones a sus hermanos y hermanas subrayan que Jesús es simplemente "alguien de la ciudad". Es bien conocido como carpintero. Todos conocen a sus hermanos y hermanas, que viven allí, entre ellos. Piensan que tienen a Jesús controlado. Se trata tan solo del chico de María, uno de nosotros.

Sus reflexiones sobre Jesús implican una cierta molestia: ¿Quién se cree que es, yendo por todas partes con su predicación y sanaciones? ¿No es acaso éste el hermano de aquellos que tan bien conocemos? ¿No viven sus hermanas aquí, en la ciudad, con nosotros? En el texto original sus preguntas están construidas de tal manera que requieren un "sí" por respuesta. El lector atento sabe, no obstante, que en otro sentido la respuesta a sus preguntas es más complicada: "No, no lo son". Para Marcos, Jesús es el Hijo de Dios (1:1, 11; 9:7; 15:39), lo cual responde a la pregunta sobre la fuente de su sabiduría y sus poderosas obras; y Jesús ya ha dejado claro que solo aquellos que hacen la voluntad de su Padre son su madre, hermanos y hermanas (3:34-35).

El resultado final de su análisis sobre los orígenes de Jesús es que las gentes se escandalizaban de él. No parecen disgustados por su enseñanza. Sus preguntas tienen que ver con su origen, y creen saber quién es y de dónde procede.[5] El escándalo del evangelio aparece de nuevo. No hay nada extraordinario o raro en la familia de Jesús o en su oficio, y su origen humilde le descarta como un gran personaje de sabiduría. ¿Cómo puede alguien tan corriente hacer milagros y hablar sabiduría? ¿Cómo puede ser el ungido de Dios alguien a quien conocemos tanto? Es casi como si ellos mismos reconocieran que de Nazaret no puede proceder alguien tan ilustre (Jn 1:46).

Es posible que el hecho mismo de conocerle genere un sentido de desdén. Por regla general, en las conferencias se aclama como experto al que viene de muy lejos. La gente en Nazaret conoce a Jesús "según criterios meramente humanos" (2Co 5:16), y su propia "familiaridad con él es un obstáculo para conocerlo verdaderamente, ya que esta aca-

---

5. Marshall (*Faith*, 192) afirma: "Su incredulidad no está en que no percibieran la calidad de las palabras de Jesús o la realidad de sus milagros, sino más bien en que se negaban a reconocer la verdadera *fuente* de esta sabiduría y poder (v 2) y a aceptar la singular *identidad* de quien la manifiesta (v 3)".

ba siendo un velo que les impide ver su carácter extraordinario".⁶ Solo lo ven como un provinciano más, como ellos mismos.

Puede que otros vean un obstáculo en que sea un artesano. Aunque los judíos tenían un elevado concepto de las labores manuales, algunos trazaban una importante distinción entre el escriba, que se dedica al estudio y el trabajador que debe trabajar con las manos. Según Sirac 38:24-34, la sabiduría de los escribas se debe al tiempo que pueden dedicar al estudio, mientras que el artesano está demasiado inmerso en su negocio para poder ser sabio. Los trabajadores están ocupados noche y día, y solo hablan de su trabajo. Por consiguiente, "no se sientan en la silla del juez ni entienden las decisiones de los tribunales; no pueden explicar los entresijos de la disciplina o el juicio, y no están entre los gobernantes" (Sir. 38:33, NRSV). Este pasaje concluye subrayando cuán distinto es aquel que se dedica por completo al estudio de la ley, y en 39:1-11 sigue glorificando al escriba.

Jesús responde al escepticismo de sus paisanos recordando el antiguo cliché de que nadie es profeta en su tierra (6:4), lo cual ofrece una explicación para su incredulidad, pero no es una excusa. Su respuesta representa la primera vez que en este Evangelio se aplica a Jesús el término *profeta* y evoca imágenes bíblicas relacionadas con los profetas. Jesús ha venido como profeta y ha sido rechazado como tal. Este dicho da a entender que sufrirá el inevitable desenlace de los profetas, y pronto se consignará el martirio del profeta Juan el Bautista (6:17-29). El rechazo de Jesús en su ciudad natal prefigura el rechazo de su pueblo al que vino a liberar, un rechazo que culminará en Jerusalén.

Marcos concluye este incidente con una nota en el sentido de que, en Nazaret, Jesús no puede sanar más que a unas pocas personas y que se sorprende de la incredulidad que encuentra en la ciudad (6:5-6a). Sus conciudadanos no piensan que llegue al nivel de profeta; ¿cómo pueden comprender la plena verdad sobre Jesús? Los paisanos de Jesús están tan perplejos con él como él lo está con ellos. Es posible que el lector se asombre también de que estos no crean. La reacción negativa que Jesús encuentra en Nazaret, hace de esta ciudad un lugar no muy distinto de la tierra habitada por cerdos y paganos, y esto nos permite apreciar mejor las dificultades que hubo de afrontar aquel a quien en otro tiempo se conocía como el endemoniado gadareno y que ahora ha de dar testimonio en su ciudad natal. Jesús no entrará de nuevo en la sinagoga,

---

6. Cranfield, *Mark*, 193.

y se desplazará ahora a lugares abiertos, donde se reunirán multitudes procedentes de todas partes (*cf.* 6:6b).[7]

 En el relato de Marcos se desarrolla un patrón de punto y contrapunto que contrasta la confesión de la identidad de Jesús por parte de los demonios con las preguntas de los hombres.[8] Los asistentes a la sinagoga de Nazaret son los últimos de una serie de personas que plantean el asunto de la identidad de Jesús.

Declaración de los demonios	**Pregunta humana**
1:24: "Yo sé quién eres tú: ¡el Santo de Dios!".	1:27: "¿Qué es esto? ¡Una enseñanza nueva, pues lo hace con autoridad!".
1:34: "Pero no los dejaba hablar, porque sabían quién era él".	2:7: "¿Por qué habla éste así? ¡Está blasfemando! ¿Quién puede perdonar pecados sino sólo Dios?".
3:11: "¡Tú eres el Hijo de Dios!".	4:41: "¿Quién es éste, que hasta el viento y el mar le obedecen?".
5:7: "¿Por qué te entrometes, Jesús, Hijo del Dios Altísimo?".	6:3: "¿No es acaso el carpintero, el hijo de María y hermano de Jacobo, de José, de Judas y de Simón? ¿No están sus hermanas aquí con nosotros?".

Este patrón que alterna declaraciones y preguntas obliga al lector a preguntarse por qué los personajes humanos no ven la realidad y si lo harán en algún momento. ¿Qué tendrá que suceder para que los hombres reconozcan, como hacen inmediatamente los demonios, que este es el Hijo de Dios? Puesto que Jesús sigue sin ser reconocido, hemos de hacernos la misma pregunta sobre nuestros contemporáneos.

---

7. La palabra "sinagoga" solo se menciona de nuevo en Marcos como el lugar donde los escribas desean ocupar los primeros asientos (12:39) y donde sus discípulos serán azotados (13:9).
8. Kingsbury, *Christology*, 86-87.

En su magistral comentario, Gundry afirma que Marcos escribió su Evangelio "para rescatar a sus oyentes" de la trampa de chocar con Jesús y equivocarse con él, y lo hace "identificando el verdadero origen de su sabiduría y poder [de Jesús], lo cual puede contrarrestar el escándalo de la crucifixión (*cf.* Mt 11:6 par. Lc 7:23)".[9] La verdad es que hemos de pasar por el escándalo antes de poder ver con los ojos de la fe. Las gentes de Nazaret tenían muchas pruebas de la autoridad de Jesús, sin embargo lo rechazaron, incapaces de superar lo que ellos consideraban unas credenciales demasiado modestas. Al abordar esta tarea de contextualización hemos de señalar y mantener el escándalo.

Por una particular inclinación cultural, los estadounidenses esperamos oír que tal empresario, político o personaje famoso procede de un trasfondo humilde, se ha hecho a sí mismo y ha conseguido eludir la telaraña de la pobreza y ascender por la escalera del éxito. Muchos llevan su origen humilde como un honorable distintivo. En el tiempo de Jesús, el mundo estaba ordenado por un sistema de clases rígidamente definido por líneas bien delimitadas. La movilidad social era muy limitada y las personas esperaban permanecer dentro de los límites de la clase en que habían nacido. Para que alguien pudiera considerarse importante era esencial tener una ascendencia noble.[10]

Veamos, por ejemplo, la forma en que Josefo introduce sus cualificaciones a los lectores de su *Vida*. Comienza con un breve resumen de su genealogía para identificarse como descendente de una familia noble (*Vida* 2 § 7; *Guerras de los Judíos* 5.9.4 § 419). Flavio Josefo procede de una familia sacerdotal del rango más elevado (*Vida* 1 § 1; ver *Guerras de los Judíos*1.1.1 § 3; 3.8.3 § 352; 5.9.4 § 419; *Contra Apión* 1 § 54). Reivindica también una línea regia que le conecta con los asmoneos, por parte de su madre (*Vida* 1 §§ 2-4). Josefo se jacta de aventajar a todos sus compatriotas en su exacto conocimiento de la ley, y de ser el único capaz de interpretar las Escrituras para una audiencia griega (*Antigüedades* 20.12.1 § § 262-65). Volviendo a Jesús, habría sido, pues, una sorpresa en el mundo antiguo que el Dios supremo viniera a nosotros procedente de un pueblo, familia y oficio tan humildes. También nosotros preguntaríamos lo mismo que los habitantes de Nazaret: ¿Cómo se atreve este Jesús a ponerse por encima de sus raíces?

---

9. Gundry, *Mark*, 292.
10. Steve Mason, *Josephus and the New Testament* (Peabody, Mass.: Hendrickson, 1992), 36.

Marcos no suaviza el problema de los humildes orígenes de Jesús, sino que más bien lo acentúa. No nos dice nada de la noble genealogía de Jesús que anunciaría anticipadamente su ascenso al estrellato, solo que sus conciudadanos no ven nada notorio en su trasfondo. Nadie, al parecer, se da cuenta de que Jesús es un prodigio o le dice: "Siempre supe que llegarías a ser el Mesías". Nadie parece tomar nota del halo que adorna la mayoría de nuestros retratos del joven Jesús. Según Marcos, ni siquiera los miembros de su familia reconocen su vocación divina. Sus conciudadanos se consideran sus iguales y lo ven como un vecino más, un artesano local.

Los griegos y los romanos consideraban degradante el trabajo manual. A Segundo, un orador ateniense, se le llamó "clavo de madera" y fue objeto de burla por ser hijo de un carpintero. A finales del siglo II, Celso ridiculizaba a Jesús por haber sido un simple carpintero y relacionaba sarcásticamente su trabajo con su crucifixión. Orígenes argumentaba que los Evangelios nunca describen a Jesús trabajando con las manos (*Contra Celso*, 6.36). La élite del mundo grecorromano asumía que alguien que trabajara en este oficio era necesariamente inculto y tosco, y los lectores del tiempo de Marcos tenían que superar sus prejuicios al respecto para creer que un humilde carpintero podía ser el poderoso Hijo de Dios.[11] Muchos no entendían que Dios pudiera hablar y actuar por medio de alguien que parecía tan común.

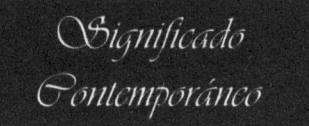

Significado Contemporáneo

Con el paso de los años hemos tendido a suprimir el escándalo que supuso el trasfondo de Jesús para sus contemporáneos, considerando su oficio de carpintero desde una óptica romántica. En nuestro tiempo, algunos lo imaginan como contratista de grandiosos edificios en las ciudades circundantes más que como un oficial de carpintería que fabricaba simples yugos y vigas, o como un recio albañil que trabajaba la piedra. Los Evangelios apócrifos de la infancia consignan toda clase de fantásticos relatos sobre Jesús, que pretenden glorificar su juventud como niño prodigio. Los predicadores modernos han propuesto que, en el instituto, Jesús habría sido una estrella del deporte y un estudiante de matrícula de honor. Estos intentos

---

11. Ver los comentarios de Cicerón en el sentido de que no hay nada distinguido en el vulgar trabajo de un artesano (*Sobre los deberes* 1.42; 2.225).

de inyectar más grandiosidad al trasfondo de Jesús revelan que seguimos influenciados por los criterios del mundo y su preocupación por el prestigio. Este estándar nunca consigue apreciar correctamente a los mensajeros y los caminos de Dios.[12] Como lo expresa Anderson, las gentes de Nazaret quieren "un Jesús completamente glorioso y sobrenatural cuyas credenciales serán evidentes para todos, y se niegan a creer que Dios se revela a sí mismo en la humanidad de aquel que es miembro de una humilde familia y cuyo camino, según el testimonio de Marcos, es el que lleva a la cruz".[13]

Puede que nosotros no seamos distintos. En el documento de identidad de Jesús, si lo hubiera tenido, constaría como carpintero, no como Mesías. Es un obrero. Parafraseando una antigua canción popular, Jesús podría preguntarnos hoy, "¿Creerías en mí aunque fuera un carpintero?". Su forma de vestir, estilo, y trasfondo pueden ser poco atractivos para quienes quieren a un Salvador más adaptado en la alta sociedad. Un predicador describe cómo solían mirarlo cuando lo invitaban a ministrar en las iglesias de las zonas ricas de una gran ciudad norteamericana. Escribe:

> ...los ujieres y otros miembros ni siquiera se esforzaban en disimular mientras me dirigían una minuciosa mirada de arriba a abajo: corte de pelo, afeitado, corbata, camisa, traje y zapatos. No estoy hablando de una ojeada normal, informal. Era un verdadero reconocimiento visual. Todo en dos segundos, ¡pero, madre mía, qué dos segundos![14]

Es fácil imaginar la recepción que podría recibir Jesús si se presentara vestido con ropa de trabajo.

También podemos comparar el anuncio publicitario que hace de sí mismo un equipo evangelístico de mucho éxito con la descripción que Pablo hace de cómo se le consideraba a él (1Co 4:9-12). Este equipo, *The Power Team* se anuncia como "la más grande exhibición mundial de poder, fuerza, velocidad, inspiración y motivación", señalando, asimismo, que habían recibido cobertura en la prensa y televisión de ámbito nacional. A Pablo, por su parte, se le consideraba "un espectáculo" (un sentenciado a morir en la arena de un circo romano). Se le veía

---

12. Juel, *Mark*, 91.
13. Anderson, *Mark*, 161.
14. Joel Gregory, *Too Great A Temptation: The Seductive Power of America's Super Church* (Fort Worth: The Summit Group, 1994), 38.

como a un necio, débil, sin ningún honor, azotado, sin techo, exhausto: la escoria de la tierra.

Las cosas no son lo que parecen, sin embargo. Pablo dice que nos equivocaremos si evaluamos a las personas según criterios humanos (ver 2Co 5:16). Cuando uno mira a los mensajeros del evangelio desde la perspectiva de Dios, podemos ver un tesoro en vasos de barro. Estas personas pueden parecer vasijas resquebrajadas, pero las hendiduras permiten que la luz de Dios, que mora en su interior, resplandezca a través de ellos y que, por tanto, se trata del poder de Dios (2Co 4:6-12). Se cumple la moraleja del Patito feo. Cuando juzgamos según las apariencias, solemos equivocarnos por completo. Quienes evalúan a Jesús según las apariencias externas no verán la verdad acerca de él. Es probable que tales personas juzguen también erróneamente a sus mensajeros.

Deberíamos notar también que la enseñanza y milagros de Jesús no producen fe automáticamente. Los milagros no son señales inequívocas que no dejan margen para la incertidumbre. "Éstos no transmiten una idea clara e incontestable sobre la misión y la autoridad de Jesús".[15] En este caso concreto, solo conducen a la incredulidad y a la duda. La falta de fe entre los paisanos de Jesús forma un marcado contraste con la fe exhibida por las personas que aparecen en las anteriores escenas (5:23, 28, 34, 36). La fe precedió a los milagros tanto en el caso de Jairo, el dirigente de la sinagoga, como en el de la mujer con hemorragias, aunque la fe no es siempre un prerrequisito necesario para los milagros, ya que algunos de ellos se producen a pesar de la incredulidad (3:1-6; 4:35-41; 6:35-44).

Jesús no demanda honor y reconocimiento. Él ha venido a sembrar la palabra, no a cosechar elogios. Sin embargo, la inquietud suscitada por las credenciales de Jesús es un obstáculo para que las gentes de Nazaret reciban las bendiciones de Dios por medio de él. El texto muestra que la duda y el recelo pueden afectar a toda una comunidad. Estas cosas pueden cortar el poder de Dios para otras personas. En Nazaret muchos ciegos, cojos y sordos no pudieron ser liberados de su aflicción, porque se mantuvieron en su incredulidad.

Sus reservas sobre Jesús y el hecho de que no hiciera ningún milagro "excepto sanar a unos pocos enfermos al imponerles las manos" sugie-

---

15. L. W. Countryman, "How Many Baskets Full? Mark 8:14-21 and the Value of Miracles in Mark", *CBQ* 47 (1985): 652.

ren que Jesús no puede realizar milagros si las personas no tienen fe. Este texto nos lleva a preguntarnos por qué. Los habitantes de Nazaret sabían que Jesús había hecho milagros (6:2), pero se negaron a creer. Su cinismo impidió que la mayoría de ellos llevaran a sus enfermos para que fueran sanados. Solo unos pocos lo hicieron, y los sanó. La persona con dudas tiene problemas para creer, mientras que la incrédula se niega obstinadamente a hacerlo. Marcos describe la ciudad natal de Jesús como una sociedad atascada en una obstinada incredulidad que la privaba de los generosos beneficios del reino de Dios. Quienes han trabajado alguna vez con personas suspicaces y cínicas saben que conseguir que crean constituye un milagro aún más maravilloso que la sanación de quienes están físicamente enfermos.

Marcos nos dice que sus discípulos acompañaron a Jesús a Nazaret (6:1). Una parte de su tarea era estar con él, y esto proporciona también oportunidades de aprender. Por ejemplo, de esta indiferente respuesta a la enseñanza y milagros de Jesús pueden aprender que el rechazo llega a veces en el momento y lugar que menos se espera. El rechazo no es, sin embargo, el fin del mundo. El fracaso es una experiencia común de cualquiera que siembre las semillas del evangelio. Jesús está perplejo, pero no paralizado por la actitud de las gentes y sigue avanzando a otras aldeas y pueblos. Esta lección les será muy útil a los discípulos cuando sean enviados con una misión y se encuentren con oposición, burlas y dudas (6:7-13). Los misioneros cristianos pueden quizá cobrar ánimo pensando en este episodio de la vida de Jesús cuando también ellos se encuentren con escepticismo.

Este pasaje puede también aplicarse al fenómeno contemporáneo de personas que han crecido en ambientes cristianos y que buscan en otras religiones las respuestas vitales. Es inevitable preguntarnos por qué muchos cristianos no recurren a la fe de su juventud en busca de ayuda o de sentido para sus vidas. ¿Acaso la familiaridad con los relatos sobre Jesús nos lleva a menospreciarlos? ¿Se ha convertido su historia en algo monótono? ¿Hemos perdido quizá el sentido de asombro y sobrecogimiento? ¿O es que la fascinación que ejerce lo desconocido y lo exótico nos lleva a buscar la verdad en lo que es nuevo o distinto? Hemos de tener cuidado con la actitud que aquejaba a la sinagoga de Nazaret: "Ya lo conozco de los relatos bíblicos de mi juventud. ¿Qué puede enseñarme ahora?"

Marcos 6:6b-30

Jesús recorría los alrededores, enseñando de pueblo en pueblo. [7] Reunió a los doce, y comenzó a enviarlos de dos en dos, dándoles autoridad sobre los espíritus malignos.

[8] Les ordenó que no llevaran nada para el camino, ni pan, ni bolsa, ni dinero en el cinturón, sino sólo un bastón. [9] «Lleven sandalias —dijo—, pero no dos mudas de ropa». [10] Y añadió: «Cuando entren en una casa, quédense allí hasta que salgan del pueblo. [11] Y si en algún lugar no los reciben bien o no los escuchan, al salir de allí sacúdanse el polvo de los pies, como un testimonio contra ellos».

[12] Los doce salieron y exhortaban a la gente a que se arrepintiera. [13] También expulsaban a muchos demonios y sanaban a muchos enfermos, ungiéndolos con aceite.

[14] El rey Herodes se enteró de esto, pues el nombre de Jesús se había hecho famoso. Algunos decían: «Juan el Bautista ha resucitado, y por eso tiene poder para realizar milagros». [15] Otros decían: «Es Elías». Otros, en fin, afirmaban: «Es un profeta, como los de antes». [16] Pero cuando Herodes oyó esto, exclamó: «¡Juan, al que yo mandé que le cortaran la cabeza, ha resucitado!».

[17] En efecto, Herodes mismo había mandado que arrestaran a Juan y que lo encadenaran en la cárcel. Herodes se había casado con Herodías, esposa de Felipe su hermano, [18] y Juan le había estado diciendo a Herodes: «La ley te prohíbe tener a la esposa de tu hermano». [19] Por eso Herodías le guardaba rencor a Juan y deseaba matarlo. Pero no había logrado hacerlo, [20] ya que Herodes temía a Juan y lo protegía, pues sabía que era un hombre justo y santo. Cuando Herodes oía a Juan, se quedaba muy desconcertado, pero lo escuchaba con gusto.

[21] Por fin se presentó la oportunidad. En su cumpleaños Herodes dio un banquete a sus altos oficiales, a los comandantes militares y a los notables de Galilea. [22] La hija de Herodías entró en el banquete y bailó, y esto agradó a Herodes y a los invitados.

—Pídeme lo que quieras y te lo daré —le dijo el rey a la muchacha.

[23] Y le prometió bajo juramento:

—Te daré cualquier cosa que me pidas, aun cuando sea la mitad de mi reino.

[24] Ella salió a preguntarle a su madre:

—¿Qué debo pedir?

—La cabeza de Juan el Bautista —contestó.

²⁵ **Enseguida se fue corriendo la muchacha a presentarle al rey su petición:**
—Quiero que ahora mismo me des en una bandeja la cabeza de Juan el Bautista.
²⁶ **El rey se quedó angustiado, pero a causa de sus juramentos y en atención a los invitados, no quiso desairarla.** ²⁷ **Así que en seguida envió a un verdugo con la orden de llevarle la cabeza de Juan. El hombre fue, decapitó a Juan en la cárcel** ²⁸ **y volvió con la cabeza en una bandeja. Se la entregó a la muchacha, y ella se la dio a su madre.** ²⁹ **Al enterarse de esto, los discípulos de Juan fueron a recoger el cuerpo y le dieron sepultura.**
³⁰ **Los apóstoles se reunieron con Jesús y le contaron lo que habían hecho y enseñado.**

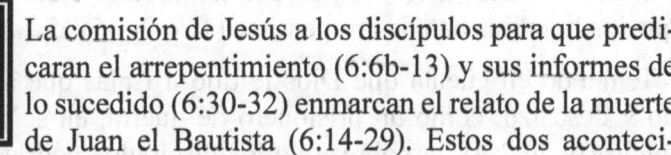

La comisión de Jesús a los discípulos para que predicaran el arrepentimiento (6:6b-13) y sus informes de lo sucedido (6:30-32) enmarcan el relato de la muerte de Juan el Bautista (6:14-29). Estos dos acontecimientos parecen completamente inconexos, pero Marcos los relaciona deliberadamente entre sí.

La misión de los discípulos

Jesús inició su ministerio público llamando al arrepentimiento a Israel (1:14-15); ahora extiende esta misión enviando a los doce a sus escépticos compatriotas para que les prediquen el arrepentimiento, echar fuera demonios y ungir a los enfermos. Jesús les confiere su autoridad sobre los espíritus inmundos (ver 3:15) y los envía de dos en dos, cumpliendo el requisito de dos o tres testigos (Nm 35:30; Dt 17:6; 19:15; 2Co 13:1; 1Ti 5:19) y dotándolos con ello de cierta protección. Cabría esperar que en sus instrucciones para la misión Jesús les diera consejos detallados sobre lo que tenían que hacer, por ejemplo, cuando se encontraran con espíritus inmundos; sin embargo les habla sobre las cosas que no han de llevar para el viaje. Les permite tomar un bastón y unas sandalias, pero no pueden llevar consigo provisiones, bolsa, dinero en el cinturón ni una túnica de repuesto.

¿Por qué deben viajar con tan poco equipaje, sin los efectos personales normales, y por qué solo pueden llevar un bastón y unas sandalias? Algunos relacionan este mandamiento con la urgencia por la inminente catástrofe que vendrá sobre Jerusalén y el templo. Caird sostiene, por ejemplo, que Jesús creía que Israel "estaba en una encrucijada; tenía que escoger entre dos concepciones de su destino nacional, y el tiempo para tomar la decisión era terriblemente corto".[1] Es cierto que el ministerio de Jesús estaba imbuido de un sentido de urgencia, ¿pero de qué modo iba a facilitar la rapidez del viaje que los discípulos no llevaran provisiones? La lista refleja algo del carácter de la misión. Llevar a cabo una misión itinerante dependiendo por completo de la generosidad de otras personas para comer y alojarse es una expresión de extrema pobreza.[2] No viajan en primera clase. No actúan como un ejército invasor que vive de los recursos de la tierra que están tomando. Los doce proceden más humildemente y han de depender por completo del apoyo de Dios.[3] Han de presentarse como pobres a quienes también lo son. Como dice Minear: "La debilidad y la pobreza son medios efectivos de proclamar que los hombres han de arrepentirse (1Co 2:3-5)".[4]

Teniendo en cuenta que Dios le dijo a Isaías que anduviera desnudo y descalzo, como un prisionero de guerra, en señal del inminente juicio (Is 20:2-4), la pobreza de los discípulos podría representar una advertencia profética del juicio que se cernía sobre Israel.[5] Puede que el bastón que Jesús les permite llevar sea simplemente para ayudarlos en el viaje, pero este elemento tiene una rica imaginería en la historia del trato de Dios con Israel, comenzando con la vara de Moisés (Éx 4:2-5, 20). Podría tener relación con las varas de las doce tribus (Nm 17) y ser símbolo de autoridad tribal o profética (2R 4:29). Podría tener una conexión simbólica con la renovación del pacto de Israel (ver también, Ez 20:37; 37:15-28). La tarea de los doce consiste en llamar a Israel de vuelta a Dios.

Jesús les dice que deben aceptar el primer alojamiento que se les brinde y no cambiarse de lugar si resulta que encuentran algo mejor. Esta

---

1. G. B. Caird y L. D. Hurst, *New Testament Theology* (Oxford: Clarendon, 1994), 361.
2. Lc 15:22; *b. Besa* 32b; *b. Shabb.* 152a.
3. Este mandamiento es paralelo al dado a Israel antes de partir hacia el desierto (Éx 12:11). A los israelitas se les ordenó comer la Pascua "con el manto ceñido a la cintura, con las sandalias puestas, con la vara en la mano, y de prisa. Se trata de la Pascua del Señor". Del mismo modo que Israel fue sustentado en el desierto por la provisión de Dios, así lo serán los discípulos.
4. Minear, *Mark*, 80.
5. Ulrich Luz, *Das Evangelium nach Matthäus* (Mt 8-17) (Evangelischkatholischer Kommentar zum Neuen Testament; Zurich: Benziger/Neukirchener, 1990), 2:97.

demostración de compromiso es un testimonio de su devoción a su misión y no a ellos mismos. Esto también reduce la ocasión para los celos si se cambiaban a un alojamiento mejor, algo que interferiría con su misión. Jesús parece esperar recepciones o rechazos masivos y les pide que hagan lo que hizo él cuando los gadarenos lo rechazaron. Si un pueblo no los recibe ni los escucha, deben sacudirse el polvo del calzado y marcharse. No deben perder el tiempo discutiendo.[6] En el territorio de Israel, este gesto sirve de advertencia profética, aunque enigmática de que aquel es un lugar pagano y que, si no responden, serán cortados del reino de Dios.

La misión de los doce comunica de un modo impresionante y angustiante la solemne necesidad de que Israel se arrepienta *de manera inmediata*. El mensaje de arrepentimiento comunica que Dios reina. Los mensajeros no invitan a Israel a aceptar el reino de Dios si a ellos les parece bien; enfrentan a las personas con una decisión de sí o no, dejando claro que no hay terreno intermedio. Si rechazan el mensaje, renunciarán a la oportunidad de recibir sanación y liberación. Si continúan en su terca rebeldía, tendrán que afrontar el juicio de Dios.[7]

Marcos nos dice que los discípulos obedecen la comisión de Jesús. Predican el arrepentimiento, echan fuera demonios, y ungen con aceite a los enfermos.[8] Pero Marcos no nos dice nada más, ni bueno ni malo, sobre los resultados de su misión. ¿Por qué? La mejor respuesta es que Marcos lo ve como una preparación para la posterior misión de los discípulos tras la muerte y resurrección de Jesús. Esta los introduce al requisito de una total abnegación en el compromiso con su misión. También los familiariza con la realidad del rechazo: sembrar la palabra significa que tienen que esperar que una parte de la tierra sea improductiva. Esto los prepara, por tanto, para la enseñanza de Jesús sobre su destino, que viene a continuación.

La muerte de Juan el Bautista (6:14-29)

Marcos interrumpe su informe sobre la misión de los discípulos con una escena retrospectiva, que relata la ejecución de Juan el Bautista. La

---

6. Los judíos se sacudían el polvo de los pies cuando regresaban a Israel tras haber pasado por territorio gentil (ver *m. Ohol.* 2:3; *m. Tohar.* 4:5).
7. Así lo entienden Pesch, *Das Markusevangelium*, 1:329; Gnilka, *Das Evangelium nach Markus*, 1:240.
8. El aceite tenía un valor medicinal (ver Is 1:6; Lc 10:34; Stg 5:14-15).

escena comienza con la inquietante noticia de que la creciente reputación de Jesús ha producido ondas de preocupación en los círculos más elevados.[9] El resumen de los detalles que culminaron con el horripilante asesinato de Juan el Bautista explica por qué Herodes supone que Jesús puede ser Juan que ha resucitado de entre los muertos. El relato se divide en dos partes: la razón del arresto y del encarcelamiento de Juan (6:17-20), y el sórdido relato de su decapitación (6:21-29).

La pregunta: "¿Quién es éste?", planteada por los discípulos de Jesús (4:41), está suscitando ahora el interés de la élite política, y la corte de Herodes hierve con las noticias sobre él. Es posible que la misión de los doce haya servido para extender la reputación de Jesús, puesto que Herodes ha oído hablar de su "nombre" (6:14; ver 9:37-41; 13:6, 13). Casi tenemos la impresión de que un preocupado Herodes está escuchando distintas teorías sobre este nuevo y amenazador profeta en reuniones de emergencia del gabinete. Se hacen la misma pregunta básica que en la ciudad natal de Jesús : "¿De dónde saca éste el poder para hacer lo que está haciendo?"; Herodes se acerca más a la verdad que los asistentes a la sinagoga de Nazaret. La opinión de que Jesús es "Juan el Bautista [...] resucitado de los muertos" (6:14), y la de Herodes en el sentido de que "¡Juan, al que yo mandé que le cortaran la cabeza, ha resucitado!" (6:16), enmarcan las suposiciones de otros que piensan que puede ser Elías o un profeta como los de la antigüedad. Herodes cree que el poder de Jesús tiene que proceder de algún acto divino: la resurrección. Si en Israel hay profetas como los de antes, o si uno de ellos ha resucitado de los muertos después de ser recientemente ejecutado, entonces se ha inaugurado una nueva era en el trato de Dios con la humanidad; pero Herodes no da ningún paso para conocer más acerca de él. Como los escépticos de Nazaret, el tetrarca no tiene ningún deseo de hacerse seguidor de Jesús a pesar de los sorprendentes informes de sus obras.[10] El temor de Herodes no es temor de Dios. Lo que ha oído puede producirle una cierta consternación y dejarlo alguna noche sin dormir, pero nada

---

9. Herodes Antipas, a quien Marcos solo menciona como Herodes a secas, era hijo de Herodes el Grande y la samaritana Maltace, y fue tetrarca de Galilea y Perea entre el 4 a.C. y el 39 d.C. El término "tetrarca" significa literalmente "gobernante de una cuarta parte del país".

10. Es posible que Herodes estuviera manifestando sus intensos problemas de conciencia, combinados con una supersticiosa naturaleza (Cranfield, *Mark*, 207; *cf.* Macbeth, "Out, damned spot!"). Esta conclusión refuerza el hecho de que Herodes Antipas había visto la cabeza de Juan en una bandeja, y aunque pudiera aterrorizarle la idea de que estuviera vivo, no hace nada.

más. Puede que esté pensando: "Estos predicadores del arrepentimiento crecen como los hongos, acabas de ajusticiar a uno y falta tiempo para que salga otro a alborotar a las masas".

Una de las cosas que debe de haber atribulado a alguien como el *"rey Herodes"* (6:14) es que Jesús y sus discípulos estuvieran proclamando el reino de Dios. Una predicación que concluye con un simple mensaje: Dios es rey y Herodes (y cualquier otro) no lo es. En Mateo 14:1 y Lucas 3:19; 9:7 se alude correctamente al título de Herodes como tetrarca. El hecho de que Marcos lo designe como rey puede reflejar un uso popular, menos técnico, o puede ser una forma de hablar deliberadamente irónica. El emperador Augusto negó a Herodes Antipas este título real cuando, a la muerte de su padre, Herodes el Grande, el reino de este último fue dividido y parcelado entre sus hijos.[11] Según se dice, su esposa, Herodías, estaba tan celosa de su sobrino, Herodes Agripa, cuando recibió el título de rey de manos del emperador Gayo Calígula, en el año 37 d.C., que incitó a su marido a que pidiera el título para sí. Su petición condujo finalmente a su destitución y al exilio cuando sus oponentes informaron al emperador que Herodes había escondido un arsenal.[12] Es posible que Marcos se esté burlando despectivamente de las pretensiones reales de Herodes, dándole el título que tanto ambicionaba y que produjo su destrucción.[13]

La forma en que Herodes trató a Juan el Bautista, su némesis profética, nos aporta un clásico ejemplo de cómo el Israel oficial trata a sus profetas. Herodes, un pomposo pavo real tiene enfrente a un humilde y santo profeta (6:20) y es demasiado medroso para hacer nada contra él. Este episodio rememora el conflicto entre reyes y profetas que discurre a lo largo del Antiguo Testamento. Como los verdaderos profetas, Juan no tiene miedo de los grandes y poderosos y los confronta audazmente con su pecado. Aunque parezca extraño, Herodes quiere proteger a Juan de la ira de su esposa, Herodías, un personaje que recuerda a la Jezabel de antaño, y lo pone bajo custodia.[14]

---

11. Josefo, *Ant.* 17.18.1 § 188; 17.9.4 §§ 224-271; 17.11.4 § 318; *Guerras* 2.2.3 §§ 20-22; 2.6.3 §§ 93-95.
12. Josefo, *Ant.* 18.7.1-2 §§ 240-56; *Guerras* 2.9.6 §§ 181-83.
13. Lane, *Mark*, 211.
14. Marcos no nos dice dónde fue encarcelado y decapitado Juan. Josefo afirma que fue en Maqueronte, la fortaleza-palacio que le servía de cuartel general de las fuerzas armadas en Perea sudoriental, al este del mar Muerto, más de veinte kilómetros al sudeste de Herodium. Josefo describió la ciudadela como un lugar lujoso (*Guerras*

El relato del encarcelamiento y la ejecución de Juan ponen de relieve la gran impiedad de Herodes.[15] Primero, Juan lo amonesta públicamente por casarse con Herodías, su sobrina, que en aquel momento está ya casada con su hermanastro.[16] Según Josefo, cuando Herodes Antipas se hospedó en casa de su medio hermano camino de Roma, se enamoró de Herodías, su mujer, y le propuso descaradamente el matrimonio. Es posible que Herodías entendiera que este matrimonio la ayudaría a subir en el escalafón social y accedió a su petición con la condición de que Antipas se divorciara de la que en aquel momento era su esposa, la hija de Aretas IV, gobernador de la vecina Nabatea. Es posible que, años más tarde, este divorcio fuera causa de una guerra fronteriza con el ultrajado Aretas, que ocasionó graves pérdidas militares a Herodes.[17] Su nuevo matrimonio suscitó también airadas protestas religiosas en su territorio, por considerarla una unión incestuosa (Lv 18:16; 20:21).

Irónicamente, la joven hijastra de Herodes lo cautiva con un baile probablemente erótico, lo cual deja también entrever la presencia de una pasión incestuosa. Juan condena a Herodes por la lujuria que lo llevó al primer incesto; su inflamada pasión por su hijastra llevó a la ejecución de Juan. A Herodes se le presenta, pues, como a alguien que no conoce tabúes. La conducta lasciva de la corte de Herodes habría sido también considerada como deshonrosa por los judíos piadosos que veían las fiestas de cumpleaños como celebraciones paganas.[18] La fiesta está

7.6.2 §§ 171-77). Los arqueólogos han descubierto un gran triclinio (salón comedor) que habría sido adecuado para la celebración de banquetes y otro pequeño para que las mujeres comieran al mismo tiempo (Gundry, *Mark*, 313-14).

15. Chapman (*The Orphan Gospel*, 186) resume bien la impopularidad de Herodes Antipas como monarca:
    Los judíos odiaban a su padre. Antipas tenía estrechos vínculos con Roma, y los judíos la aborrecían. Su madre era samaritana, y los judíos odiaban a los samaritanos. Antipas construyó y reconstruyó pueblos y ciudades dándoles nombres de la realeza romana. Para poblar Tiberíades, trasladó por la fuerza a sus súbditos a otros territorios (el conflicto palestino de nuestro tiempo arroja luz sobre lo popular que debió haber sido esta medida). También en Tiberíades, Herodes construyó un palacio real y lo adornó con un friso de figuras de animales, violando el segundo mandamiento.
16. Herodias era hija de Herodes Aristóbulo, uno de los hijos de Herodes el Grande (medio hermano de Antipas), y de Mariamne, y era por tanto medio sobrina de Herodes Antipas. Sobre el asunto de la confusión con Herodes Filipo, ver Harold W. Hoehner, *Herod Antipas* (SNTSMS 17; Cambridge: Cambridge Univ. Press, 1972), 131-36.
17. Josefo *Ant*. 18.5.1 §§ 109-15.
18. *m. 'Abod. Zar*. 1:3.

plagada de paganismo: la presencia de bailarinas en una fiesta solo para hombres (Herodías no está presente), un rey ebrio ofreciendo un premio a una mujer y la decapitación de un profeta por un antojo.

Es comprensible que Herodías guarde rencor a alguien que ha pedido su destitución como reina. O bien Herodías aprovecha la oportunidad y sacrifica la dignidad de su hija pidiéndole que baile para ganarse el favor de Herodes o capitaliza la ocasión para acabar con su némesis profética, cuando su hija le consulta lo que debe pedirle a Herodes. Impulsivamente o movido por su ebriedad, el rey, complacido con el baile de la muchacha le ofrece hasta la mitad de su reino, una expresión proverbial para hacer referencia a un regalo generoso (1R 13:8; Est 5:3, 6; 7:2). Como marioneta de Roma, Herodes no tiene derecho disponer de la mitad de su reino.[19] En contraste, Jesús otorga a sus discípulos el poder del reino de Dios que trae sanación a otras personas. Herodes Antipas ofrece la mitad de su lamentable feudo y, con ello, provoca la muerte a uno de los profetas de Dios.[20] Herodías, avezada en intrigas palaciegas, le gana la partida a su marido Herodes, a quien Jesús llama "caña sacudida por el viento" (Mt 11:7) y zorra (Lc 13:32). El tetrarca concede más valor a su honor que a la vida de Juan y cumple su precipitado juramento, asesinando a aquel al que teme y a quien ha escuchado de buen grado. No será la última vez que un mandatario se sujete a las presiones de otras personas y ejecute a un inocente.

El espeluznante detalle de la cabeza de Juan presentada a Herodes y sus invitados en una bandeja de plata culmina un banquete ensuciado ya por los excesos. Juan muere por el capricho de una mujer perversa y la debilidad de su impotente y depravado marido. Aun decapitado, Juan es más poderoso que este "rey". El espantoso crimen de Herodes pervivirá en la infamia, mientras que la denuncia que Juan hace de sus desmanes y su llamado al arrepentimiento sigue resonando en las altas esferas.

El regreso de los "apóstoles" (6:30)

En 6:30 se llama "apóstoles" a los doce: la única vez que se les denomina así en este Evangelio. Este título alude más a su función como enviados que a un oficio o estatus permanente. Han cumplido la particular tarea que Jesús les encomendó y ahora le informan de su desarrollo. El

---

19. Cualquiera que sepa que Herodes Antipas perdió todo su reino cuando fue enviado al exilio y que este se le dio a Agripa verá la ironía de esta precipitada promesa.
20. Minear, *Mark*, 80.

relato de la muerte de Juan constituye, pues, un paréntesis dentro de la misión de los apóstoles. Como ya hemos visto antes (3:20-35; 5:21-43), reconocer esta técnica parentética es crucial para el desarrollo del propósito teológico de Marcos. La inserción es más que un interludio entre el envío y el regreso de los discípulos, y aporta una clave para interpretar las dos mitades que la flanquean.[21] Esta prefigura el sufrimiento que experimentan los mensajeros de Dios. Lo mismo que le sucede a Juan le sucederá a Jesús en su misión y a los discípulos en la suya.

Al identificarse como profeta en Nazaret (6:4), Jesús se vincula con el destino de los profetas. A continuación llega el relato de la ejecución de Juan. Marcos solo se ha referido a Juan como un precursor que predicó un bautismo de arrepentimiento, a fin de preparar el camino de aquel que bautizará en el Espíritu Santo. No menciona las circunstancias de su nacimiento (*cf.* Lc 1:5-25) o sus persistentes dudas sobre lo que Jesús estaba haciendo (*cf.* Mt 11:2-6). En Marcos, Juan tampoco es un destacado testigo de Jesús, como sucede en el Evangelio de Juan (1:15, 19-35; 3:22-30; 5:33; 10:41).

Lo fundamental sobre el papel de Juan en este Evangelio es lo que le sucede cuando sale a predicar (Marcos 1:4), que prefigura lo que le sucederá a Jesús cuando lo haga él (1:14). Igual que Juan fue "entregado" (1:14; "encarcelado" NVI), Jesús lo será también (3:19; 9:31; 10:33; "traicionado" NVI). Igual que Juan es ejecutado por un gobernante político maldispuesto e instigado por una mujer taimada que planeó su muerte entre bastidores (6:14-29), Jesús será sentenciado a muerte por un gobernador sin voluntad, instigado por hostiles dirigentes que planearon su muerte de manera oculta (14:1-2; 15:1-2, 11). Igual que Herodías aprovechó un "momento oportuno" para llevar a cabo sus malvados propósitos (6:21), Judas buscará una "oportunidad" para entregar a Jesús a los sumos sacerdotes (14:11). Del mismo modo que Herodes fue tomado por sorpresa por la respuesta que dio su hijastra a su temeraria oferta (6:23-26), también Pilato se sorprenderá por la respuesta a su propuesta de liberar a un prisionero (15:6-15). La violenta y vergonzosa muerte de Juan augura cómo será la de Jesús: igualmente violenta y vergonzosa.

Cuando Jesús está agonizando en la cruz, quienes lo insultan en sus últimos momentos de vida piensan que llama a Elías y esperan a ver

---

21. James R. Edwards, "Markan Sandwiches: The Significance of Interpolations in Markan Narratives", *NovT* 31 (1989): 196.

si el profeta viene a rescatarlo de un modo espectacular. Jesús ya ha identificado a Juan el Bautista como Elías que ha venido: "Pues bien, les digo que Elías ya ha venido, y le hicieron todo lo que quisieron, tal como está escrito de él" (9:13). El mensaje es claro. Si al mensajero del Señor que predicaba arrepentimiento (1:4) le hicieron esto, le harán lo mismo al Señor que proclama también el mismo mensaje (1:15).

La muerte de Juan prefigura el sufrimiento del Hijo del Hombre, pero el envío de los doce y su regreso enmarcan el relato de su muerte. La decapitación de Juan arroja pues la sombra de la muerte sobre la misión de los discípulos. Que un relato esté enmarcado por el otro sugiere que la experiencia de Juan el Bautista presagia lo que le sucederá a cualquiera que predique este mismo mensaje de arrepentimiento en un mundo hostil (6:12). También ellos serán entregados (13:9, 11-12), y comparecerán delante de reyes (13:9). Aunque el ministerio de Jesús comenzó después del encarcelamiento de Juan (1:14), la predicación de los discípulos comienza tras su muerte.

Construyendo Puentes

A pesar del éxito de los discípulos expulsando demonios y sanando enfermos, la muerte y el mal aparecen en el horizonte por la perversión de la humanidad y su resistencia al mensaje de que Dios es rey. Todos los que aspiran a reinar consideran subversivo este mensaje y harán lo posible para sofocarlo. El poder de los discípulos para hacer milagros no los hace inmunes al sufrimiento y a la muerte. El mundo, en todas sus esferas, está lleno de personas malvadas que intentarán quitar de en medio a los mensajeros de Dios y su perturbador mensaje. Pero no tendrán éxito. Cuando los príncipes de este mundo hayan hecho lo que puedan para eliminar a los siervos de Dios, este sigue disponiendo de recursos. El mundo no se librará con facilidad de profetas como Juan, porque Dios resucita a los muertos y capacita a los discípulos para que sigan fieles. El reino sigue adelante a pesar de la sanguinaria maldad del mundo.

La inserción de las circunstancias de la ejecución de Juan en el relato de la misión de los discípulos informa el significado de dicha misión. El espantoso relato del asesinato de Juan a manos de una reina perversa y un rey débil y sin carácter no debe interpretarse tan solo como una atractiva digresión. La utilización que hace Marcos de la técnica parentética en otros pasajes sugiere que ha envuelto el relato de la muerte de Juan con el del envío misionero de los discípulos para que ambos sirvan de ayuda interpretativa. El relato de la debilidad de Herodes, la conspiración de Herodías y la muerte de Juan tiene algo que ver con la misión de los discípulos. Reconocer esto nos ayuda a traer este pasaje a nuestra sociedad contemporánea. Este texto no trata sobre cómo llevar a cabo la misión sino del carácter de esta.

(1) Las extrañas instrucciones de Jesús revelan que la misión ha de llevarse a cabo con suma urgencia. Todo lo que los discípulos hacen en su misión —proclamación, sanación, avituallamiento y hospedaje— muestran a los demás que actúan con la autoridad de Jesús y que su llamada al arrepentimiento no es un mensaje rutinario que pueda ignorarse de manera superficial y despreocupada. Burlarse de su mensaje tiene terribles consecuencias.

(2) El relato de la muerte de Juan revela que la misión a un mundo que está bajo la dominación de los poderes está lleno de peligros. No solo es posible que los discípulos sufran el rechazo y sean forzados a abandonar una zona, sino que en realidad pueden ser ejecutados. Los gobernantes seculares no quieren oír hablar de otro rey, aunque este sea Dios. No quieren ser confrontados con sus pecados y no temen el poder de quienes realizan milagros, ni siquiera el de quienes pueden resucitar a los muertos. La perspectiva de la muerte, cuando uno se atreve a responder al llamamiento a la misión de Cristo en un mundo gobernado por este tipo de reyes, no es una remota posibilidad, sino algo muy real.

Significado Contemporáneo

Aunque siempre hemos de confiar en que Dios proveerá todo lo que necesitamos, la comisión de Jesús al enviar a sus discípulos sin preparativos ni provisiones prácticamente no se aplica a nuestro tiempo. Pocas iglesias o agencias misioneras envían misioneros sin apoyo alguno. A algunos misioneros se les pide que consigan apoyo económico antes de salir al campo misionero; otros reciben un generoso apoyo de las ofrendas de su denominación o iglesia local. Casi ningún misionero de los países ricos sale a la obra con la idea de depender únicamente de la buena voluntad de aquellos a quienes les predican. Aparte del juicioso consejo de viajar de dos en dos, que proporciona una cierta protección del doble peligro de ser atacado y tentado, este pasaje nos informa más sobre el carácter de la misión de Cristo que de sus pormenores. Una detenida lectura del texto nos permite extraer los siguientes principios sobre su misión de vigente aplicación en nuestro tiempo.

(1) La misión de los discípulos es una extensión de la obra de Cristo en el mundo. Estos salen a su tarea como voz y acción de Cristo. Jesús no lo hará todo. Él envía discípulos para que el ministerio se produzca. Ellos salen en su nombre, predican lo que él enseñó y actúan con su poder. Jesús no les manda que adopten una actitud servil, suplicando una respuesta positiva de sus oyentes, sino que prediquen con la autoridad que Dios les otorga para llamarlos al arrepentimiento.

(2) Han de estar tan dedicados a la tarea de su misión que las comodidades personales han de ser intrascendentes. Cuando Jesús envía a sus discípulos, espera que se concentren más en que el mensaje corra que en conseguir un buen alojamiento. No se los envía de vacaciones, sino como portadores de un asunto de vida o muerte que han de proclamar a los demás. No solo tienen que captar su atención, sino también su confianza. Nadie tomará en serio a unos mensajeros que dicen ser depositarios de un mensaje urgente de vida o muerte cuando se hace evidente que su primera preocupación es procurar su propia comodidad. La búsqueda de una vida de lujo solo conseguirá menoscabar la solemnidad del mensaje. Si los discípulos tienen que sacudirse el polvo del calzado de vez en cuando, han de ser libres de los enredos de este mundo. Cuanto más se atrincheren en las estructuras sociales de poder con sus valores y placeres, más difícil les será apartarse de estas cosas y señalar el juicio de Dios.

La devoción a la tarea encomendada y no a uno mismo es, pues, un requisito absoluto para aquellos que sirven a Dios. Algunos estudiantes salen del seminario con la determinación de conseguir ser contratados por una gran iglesia que les proporcione un buen salario y el aplauso de sus miembros por sus grandes éxitos; las iglesias menos ricas tienen que suplicar que alguien les ministre. Pocos graduados están dispuestos a ir a lugares donde no hay iglesias establecidas y comenzar de cero. ¿Cómo podemos orar por la evangelización del mundo cuando no estamos dispuestos a sacrificarnos para ayudar en esta tarea? ¿Cómo podemos esperar alcanzar a otras personas si nos refugiamos tras una cortina de abstracta religiosidad? Cuando Jesús nos llama, nos envía. No nos promete una fructífera carrera ni protección de la enfermedad, el sufrimiento o los tiranos. No siempre podemos decidir el lugar donde servir. Es posible que Dios nos mande servirle en nuestro entorno o puede que nos envíe a un lugar sumamente peligroso. Para poder servir a Cristo y a los demás hemos de morir a nosotros mismos, algo de lo que Jesús hablará con mayor detalle más adelante en el Evangelio (8:34-37). Responder al llamamiento de servir a los demás es un asunto arriesgado, pero ignorarlo o despreciarlo lo es todavía más.

(3) La misión de los discípulos no solo consiste en predicar las buenas nuevas sino en hacerlas operativas en las vidas de las personas mediante la sanación y la liberación. No ofrecen a la gente algo nuevo en lo que creer, sino algo que cambia sus vidas de manera tangible. Las buenas nuevas no tienen que ver solamente con la salvación de las almas, sino que también están relacionadas con la sanidad física. Si las personas preguntan, como lo hacen frecuentemente: "¿Qué me ofrece el Evangelio?" La respuesta es clara: sanación y restauración.

(4) Jesús no comisiona a sus discípulos para que otorguen sus bendiciones a aquellos que primero creen y están dispuestos a sostener económicamente su ministerio, sino a cualquiera que las necesite, sin condición alguna. No los envía a los lugares que prometen ser más lucrativos, sino a aquellos en que hay mayor necesidad.

(5) Cabe observar la indicación de triunfo en medio del sufrimiento. Geddert sostiene que, en 1:14 y 6:14-29, Marcos no pretende impartir únicamente "inquietantes advertencias de fatalidad", sino que intenta ayudar al lector juicioso a "ver el lado bueno" de la realidad. Con el arresto y muerte de Juan, los poderes del mal parecen asestar una sombría derrota, pero la decapitación del profeta no silencia el mensaje de Dios. Ahora toman su lugar doce mensajeros, quienes, como Jesús, van por todas partes predicando, sanando y expulsando demonios. Geddert comenta: "Uno es rechazado, pero la obra prosigue y se extiende. La oposición humana no puede detener el reino".[22] Irónicamente, incluso el verdugo de Juan sospechaba que este podía acabar triunfando (6:16); y estaba en lo cierto. La muerte de sus mensajeros no derrotará la causa de Dios. Este es el sentido de la famosa máxima de Tertuliano, a saber: "La sangre de los mártires es la semilla de la Iglesia", lo mismo que la de Søren Kierkegaard: "Cuando muere el tirano termina su gobierno,

---

22. Geddert, *Watchwords*, 157.

cuando muere el mártir, este comienza". Dios resucita a los muertos y levanta a nuevos testigos para que tomen su lugar en esta vida.

Dos notas finales: Sobre el encargo de Jesús de sacudirse el polvo de los pies y el tema de "oír". Las instrucciones de sacudirse el polvo de los pies indican que la misión de los discípulos ha de tener un tono dramático. No condena eternamente a quienes rechazan el reino de Dios, pero sí transmite lo serio que es hacerlo. También libera al mensajero para que siga adelante. No se puede forzar, convencer o amenazar a las personas para que entren en el reino de Dios. Cada ser humano ha de tomar su propia decisión. Jesús reconoce que las personas pueden rechazar el evangelio y lo harán, pero el gesto de sacudirse el polvo transmite con eficacia la gravedad de este rechazo.

En nuestros días, esta instrucción puede crear un dilema. ¿Cuándo puede decirse que ha llegado el momento de "sacudirse el polvo de los pies" en una zona improductiva, y cuándo hemos de seguir en la brecha intentando llegar a los perdidos? Durante su ministerio terrenal, Jesús y sus discípulos solo dispusieron de un breve periodo para llamar a Israel al arrepentimiento. La particular urgencia de su ministerio hace, pues, que esta orden sea menos aplicable para nosotros hoy. Podemos permitirnos el lujo de seguir más tiempo en un lugar determinado, aunque los resultados no se hagan de inmediato evidentes o las personas se muestren abiertamente hostiles. No deberíamos utilizar esta expresión como excusa para marcharnos a otro lugar cuando las cosas se ponen difíciles, aunque hay veces en las que se hace necesario pasar página y marchar a otro lugar. ¿Pero cómo expresamos el grave peligro de rechazar el mensaje del reino sin permitir que en nuestro corazón se cuele un espíritu vengativo? ¿Cuántas veces hemos oído a alguien decir, "...y entonces me sacudí el polvo de los zapatos delante de ellos"? La obra misionera es una tarea que no termina nunca, y hemos de pensarlo muy bien antes de descartar un lugar como un fracaso o de anotar otro como un éxito.

El relato de la muerte de Juan echa un cubo de agua fría sobre el entusiasmo que puede generar la expulsión de demonios y la sanación de enfermedades. Deja claro que Jesús envía a sus discípulos a un mundo peligroso. Pueden encontrarse con algo mucho más peligroso que la indiferencia. Se dice de Herodes que escuchó con fascinación a Juan el Bautista. Juan suscitó tanto alegría como perplejidad en el gobernante (ver el relato de Pablo y Félix en el libro de los Hechos). ¡Con cuánta frecuencia el mensaje de Dios ejerce un extraño poder que hace que las personas quieran escuchar cosas que les molestan en gran manera! Al parecer, a Herodes le gustaba mucho escuchar sermones; pero, como tantos otros, se resistía con tenacidad al arrepentimiento y era demasiado débil para obedecer. Para él, el coste habría sido enorme. Habría tenido que dejar a su esposa, sus fiestas y su abusiva forma de ejercer el poder.

Pero escuchar el mensaje de Juan y reconocer que era un hombre justo, solo le sirvió para agravar la enormidad de su culpa. El tema de escuchar aparece de nuevo en 6:14 y 20, que pone entre paréntesis la primera sección 6:14-20. Según los criterios de la parábola del sembrador, Herodes encaja en el perfil de la mala tierra. Oye de buen grado, pero no actúa en consecuencia. Reverencia a Juan como profeta pero no tiene el coraje de admitir que su juramento fue precipitado y negarse a conceder la perversa petición de su esposa. Un valiente profeta es abatido por un rey cobarde, que salvó la cara pero perdió su alma.

Por su parte, Herodías se niega incluso a escuchar a Juan y está posiblemente preocupada por la fascinación de su marido por este problemático profeta. Es una mujer ambiciosa, que está dispuesta a sacrificar incluso a su hija para controlar a su marido y el poder. No es precisamente un buen ejemplo de cuidado maternal. ¿Qué aprende su hija cuando ella la anima a bailar lascivamente delante de su padrastro y sus invitados? ¿Qué aprende de la alegría de su madre cuando ella le presenta la cabeza de Juan en una bandeja? Es cierto que, posiblemente, Herodías no enseñaba abiertamente a su hija a maquinar intrigas y a ser despiadada, y cruel. Pero sí lo hacía por medio de sus acciones. Aunque no quizás con sus palabras, muchos padres les han dicho a sus hijos con sus actos: estoy dispuesto a sacrificarte a ti, tu integridad y tu autoestima, para conseguir lo que yo quiero. Los niños son resistentes y pueden superar la influencia de una mala paternidad; sin embargo, muchas veces el resultado es una vida destrozada.

Marcos 6:31-44

Y como no tenían tiempo ni para comer, pues era tanta la gente que iba y venía, Jesús les dijo:

—Vengan conmigo ustedes solos a un lugar tranquilo y descansen un poco.

³² Así que se fueron solos en la barca a un lugar solitario. ³³ Pero muchos que los vieron salir los reconocieron y, desde todos los poblados, corrieron por tierra hasta allá y llegaron antes que ellos. ³⁴ Cuando Jesús desembarcó y vio tanta gente, tuvo compasión de ellos, porque eran como ovejas sin pastor. Así que comenzó a enseñarles muchas cosas.

³⁵ Cuando ya se hizo tarde, se le acercaron sus discípulos y le dijeron:

—Éste es un lugar apartado y ya es muy tarde. ³⁶ Despide a la gente, para que vayan a los campos y pueblos cercanos y se compren algo de comer.

³⁷ —Denles ustedes mismos de comer —contestó Jesús.

—¡Eso costaría casi un año de trabajo! —objetaron—. ¿Quieres que vayamos y gastemos todo ese dinero en pan para darles de comer?

³⁸ —¿Cuántos panes tienen ustedes? —preguntó—. Vayan a ver.

Después de averiguarlo, le dijeron:

—Cinco, y dos pescados.

³⁹ Entonces les mandó que hicieran que la gente se sentara por grupos sobre la hierba verde. ⁴⁰ Así que ellos se acomodaron en grupos de cien y de cincuenta. ⁴¹ Jesús tomó los cinco panes y los dos pescados y, mirando al cielo, los bendijo. Luego partió los panes y se los dio a los discípulos para que se los repartieran a la gente. También repartió los dos pescados entre todos. ⁴² Comieron todos hasta quedar satisfechos, ⁴³ y los discípulos recogieron doce canastas llenas de pedazos de pan y de pescado. ⁴⁴ Los que comieron fueron cinco mil.

Sentido Original

Un enjambre de agitados seguidores continúa asediando a Jesús, hasta el punto de que ni él ni sus discípulos tienen siquiera tiempo para comer. Con la idea de dar un respiro a sus discípulos, Jesús se retira con ellos en una barca (ver 3:9) a un lugar desierto. La multitud frustra este intento dando un rodeo por el lago a toda velocidad y llegando a su destino antes que la barca. Este implacable acoso de Jesús es una prueba más de su inmensa popularidad. Jesús no muestra ninguna irritación con las multitudes por apremiarlo de este modo, sino al contrario, se compadece de ellos porque son "como ovejas sin pastor". Su primera respuesta a su necesidad es enseñarles.[1] Fiel a su costumbre en todo el Evangelio, Marcos no nos ofrece un completo relato de la enseñanza de Jesús, sino que describe una milagrosa alimentación de la multitud en el desierto. Tras largas horas de enseñanza, los discípulos expresan su preocupación de que es tarde y han quedado aislados en un lugar solitario donde es difícil conseguir comida. Instan a Jesús a despedir a la multitud para que vayan a comprar comida. No está claro si los discípulos están motivados por la preocupación altruista de que la multitud coma algo o por un deseo egoísta de privacidad, de poder por fin comer en paz (3:20; 6:31). Jesús los asombra pidiéndoles que alimenten a la multitud con la poca comida que tienen. Antes les había dicho que cuando salieran de dos en dos a predicar no llevaran pan, sino que vivieran de la hospitalidad de los demás (6:8); ahora tienen que devolverle el favor a esta multitud.

Los discípulos se expresan de nuevo de manera franca y su alarma acentúa la magnitud del milagro (ver 4:41; 5:31). Recalcan que se encuentran en un lugar desierto (*cf.* 1:3-4, 12-13), y preguntan con incredulidad cómo van alimentar a un número tan ingente de personas. Para ello harían falta al menos doscientos denarios, el equivalente a la paga de doscientos días de un jornalero (Mt 20:2). Teniendo en cuenta que Jesús también les había pedido que no llevaran dinero consigo (6:8), ¿dónde pueden ahora conseguir el que necesitan para alimentar a todas aquellas personas? De hecho, ni siquiera tienen dinero ni comida para ellos mismos ya que solo disponen de una exigua ración de cinco panes y dos peces. Su queja muestra también que todavía no entienden que Jesús tiene el poder para suministrarles todo lo que necesitan.

Se trata de una protesta ya conocida en la Escritura. Moisés objetó cuando Dios le pidió que alimentara a un "ejército de seiscientos mil soldados" durante todo un mes: "Aunque se les degollaran rebaños y manadas completas, ¿les alcanzaría? Y aunque se les pescaran todos los

---

1. Hooker (*Mark*, 165) comenta: "Jesús tiene compasión de la multitud y se preocupa por un pueblo de Israel sin liderazgo impartiéndoles primero una abundancia de enseñanza y después una abundancia de comida". Las palabras de 6:34 pueden traducirse en el sentido de que Jesús les enseñó "a fondo" en lugar de "muchas cosas" (ver el uso del término *polla* en 5:23, 43; 6:20; 9:26).

peces del mar, ¿eso les bastaría?" (Nm 11:22). Cuando Eliseo le pidió a su siervo que alimentara a la compañía de los profetas, él se negó, "¿Cómo voy a alimentar a cien personas con esto?" (2R 4:43a).

La alimentación en el desierto evoca varios temas bíblicos. (1) Recuerda la milagrosa provisión de comida de Dios. Los discípulos comienzan con casi nada y acaban con suficiente comida para alimentar a cinco mil. Los pedazos recogidos en doce canastos revelan la gran abundancia y la magnitud de este milagro; al terminar tienen mucho más de lo que tenían al comenzar. El milagro recuerda la respuesta de Dios a Moisés: "¿Acaso el poder del Señor es limitado? ¡Pues ahora verás si te cumplo o no mi palabra!" (Nm 11:23), y la de Eliseo a su siervo: "Dale de comer a la gente, pues así dice el Señor: 'Comerán y habrá de sobra'" (2R 4:43b). La alimentación recuerda también el llamamiento de Isaías a Israel para que asista ahora al banquete de Dios, celebrando la salvación que va a manifestarse:

"¡Vengan a las aguas todos los que tengan sed!
¡Vengan a comprar y a comer los que no tengan dinero!
Vengan, compren vino y leche sin pago alguno.
¿Por qué gastan dinero en lo que no es pan, y su salario en
lo que no satisface? Escúchenme bien, y comerán lo que es
bueno, y se deleitarán con manjares deliciosos" (Is 55:1-2).

El banquete de Jesús para el populacho de Galilea prefigura el banquete mesiánico y contrasta con el libertinaje de la fiesta de Herodes para los altos funcionarios, capitanes y liderazgo de Galilea (6:22).[2] La fiesta de Herodes, con sus exóticas fanfarrias y sus bailarinas, no puede satisfacer, en última instancia, el hambre humana. Herodes solo aporta muerte, mandando que se le traiga la cabeza de Juan el Bautista en una bandeja (6:28). Sus lacayos se dedican a encarcelar (6:17) y decapitar (6:27) a otras personas. Solo el banquete que ofrece Jesús en el desierto puede satisfacer las necesidades humanas. Jesús trae un pan que vivifica y lo hace con sobreabundancia. Sus discípulos alimentan y sirven a otros.

(2) La alimentación recuerda al éxodo de los israelitas de Egipto y su manutención en el desierto. Los temas del desierto sugieren que Jesús es un nuevo y mayor Moisés, que dirige hacia un nuevo y mayor éxo-

---
2. John Bowman, *The Gospel of Mark: The New Jewish Christian Passover Haggadah* (Studia postbiblica 8; Leiden: Brill, 1965), 155.

do.³ Como Moisés, Jesús alimenta al pueblo con enseñanza y con alimento milagroso. La imagen de ovejas sin pastor recuerda la súplica de Moisés a Dios para que nombrara un sucesor cuando llega a saber que él no podrá introducir al pueblo en la Tierra Prometida:

> Moisés le respondió al Señor:
>
> —Dígnate, Señor, Dios de toda la humanidad, nombrar un jefe sobre esta comunidad, uno que los dirija en sus campañas, que los lleve a la guerra y los traiga de vuelta a casa. Así el pueblo del Señor no se quedará como rebaño sin pastor (Nm 27:15-17).

Jesús organiza rápidamente a la multitud sin pastor y la hace sentar en grupos (6:39) en secciones rectangulares (6:40), lo cual hace que sea más fácil alimentarlos de un modo ordenado. Esta multitud hace pensar sugerentemente en el campamento de Israel (ver Éx 18:21, 25; *cf.* 1QS 2:21-22; 1QSa 1:14-15, 27— 2:1; CD 13:1-2). El pan y el pescado son paralelos al maná y las codornices (Éx 16; Nm 11:6; Sabiduría 19:12). Es posible que los pocos pececillos se relacionen con la amarga murmuración del pueblo en Números 11:4-6:

> El populacho de Israel comenzó a suspirar por otra comida y pronto el pueblo lloraba de nuevo diciendo, "¡Quién nos diera carne! ¡Cómo echamos de menos el pescado que comíamos gratis en Egipto! ¡También comíamos pepinos y melones, y puerros, cebollas y ajos! Pero ahora, tenemos reseca la garganta; ¡y no vemos nada que no sea este maná".

Jesús es, pues, capaz de ofrecer a las personas en el desierto lo que Moisés no pudo. Moisés hubo de tratar con personas malhumoradas que estaban al borde de la inanición. Los que se juntaban alrededor de Jesús estaban, sin embargo, todos satisfechos. A diferencia del maná que no podía guardarse hasta el día siguiente, el pan de Jesús sí puede recogerse.

(3) Cruzando el mar, Jesús ha llevado a los discípulos a este lugar desierto para darles descanso (6:31), algo que Dios ha hecho de ma-

---

3. Una tradición rabínica posterior describe una creencia común en el tiempo de Jesús: "Del mismo modo en que el primer redentor [Moisés] hizo descender maná, como se dice, les haré llover pan del cielo [Éx 16:4], así el último redentor hará descender maná..." (*Ecl. Rab.* 1:9).

nera recurrente en la Escritura (Sal 95:7-11; Is 63:14; Jer 31:2; Heb 3:7—4:13).

(4) El Salmo 23 también resuena en el relato de la alimentación de los cinco mil. Jesús tiene compasión de las personas, porque eran como ovejas sin pastor, y sus acciones reflejan la primera línea del salmo, "El Señor es mi pastor" (ver Is 40:10-11). La principal tarea de un pastor es la de llevar a las ovejas a lugares donde puedan comer y beber. Jesús no es como los pastores inútiles que no se preocupan de que las personas se pierdan (Jer 23:1-2; Ez 34:1-10; Zac 11:15-17). Él es el verdadero pastor (Sal 95:7; Is 40:10-1; Jer 23:3-4; Ez 34:11-31; Sal. Sal. 17:40), que alimenta a sus ovejas para que "no tengan necesidad". No se les da unas migajas, sino una comida completa que sacia plenamente el hambre.[4] Jesús los hace descansar en verdes pastos (Mr 6:39; cf. Sal 23:2). Puede que a los lectores les sorprenda leer que la multitud se reclina sobre una alfombra de hierba verde cuando Marcos nos dice en dos ocasiones que se encuentran en un desierto (6:31-32, 35). De repente, el árido desierto se convierte en una zona verde cuando el pastor encuentra buenos pastos para su rebaño junto a las aguas del mar (Mr 6:32-33, 45; cf. Sal 23:2). Lo más importante, no obstante, es que Jesús restaura su alma y los guía por el buen camino mediante su enseñanza (Mr 6:34; cf. Sal 23:3).

(5) Hay un quinto eco bíblico procedente del ciclo de Elías/Eliseo. Algunos observadores ya han adivinado que Jesús puede ser Elías (6:15) o uno de los profetas por la autoridad con que habla y los prodigios que realiza. Como Elías y Eliseo, Jesús ministra en la zona norte de Israel, habla más que escribe y reúne un grupo de discípulos. Elías suministró alimentos de manera milagrosa a una viuda de Sarepta (1R 17:8-16) y Dios lo utilizó como instrumento de su poder para resucitar a su hijo (17:24). Eliseo alimentó a unos cien profetas con veinte panes de cebada, a pesar de las objeciones de su siervo (2R 4:42-44); Jesús alimenta a cinco mil personas con cinco panes. Si Marcos pretende hacernos recordar las obras de estos santos profetas de la antigüedad, vemos en Jesús a uno mayor que Elías y Eliseo.

(6) Por último, en Marcos, el relato de la alimentación es un anuncio de la Santa Cena. La acción de tomar el pan, dar gracias,[5] partirlo y dárselo a los discípulos (6:41) se corresponde con la secuencia de la Santa

---

4. Jesús no ofrece el elaborado festejo que se anticipa en Is 25:6, sino simple alimento.
5. Los judíos no bendecían la comida, sino que daban gracias a Dios como su generoso proveedor.

Cena (14:22). Aunque no es un gesto fuera de lo común, el lector familiarizado con la acción de Jesús en su última noche (ver 1Co 11:23-24) no puede evitar la conexión. La abundancia de alimentos sobrantes tras dar de comer a cinco mil significa que, en aquel mismo momento, hubiera podido alimentarse a más personas y que la fuente de donde estos proceden puede abastecer a muchas más. Quienes vienen a escuchar la enseñanza de Jesús y a compartir el pan partido recibirán la misma bendición abundante.[6]

Marcos no alude a la estupefacción de la multitud que suele acompañar a sus milagros. ¿Se han dado cuenta siquiera que se ha producido un milagro? ¿Podría ser que hubieran participado en aquel ágape milagroso como si fuera una comida normal, sin darse cuenta de su carácter sobrenatural (ver Jn 2:9-10; *cf.* 2R 4:42-44)? ¿Aceptan acaso esta abundancia de comida sin reflexionar sobre el generoso don que se les ofrece? ¿Son acaso como torpes ovejas que comen hierba sin plantearse siquiera quién la hizo? Los discípulos, que distribuyen la ingente cantidad de pan procedente de sus pobres recursos, han de saber que se está produciendo un milagro, pero el siguiente episodio en la barca deja claro que no comprenden su significado y lo que dice sobre aquel que lo ha realizado.

Muchos eruditos modernos han intentado racionalizar estas alimentaciones milagrosas. Algunos recurren a medidas desesperadas y afirman que Jesús tenía un almacén secreto de comida oculto en el desierto. Según ellos, el Señor se habría puesto en pie ante la secreta entrada de una cueva donde había escondido el pan, y la multitud creyó erróneamente que lo que sucedía era sobrenatural. Esta absurda explicación ignora el texto, que no menciona la reacción de la multitud ante la alimentación. Otra sostiene que "ciertas mujeres ricas y piadosas solían preguntarle dónde pensaba predicar al pueblo tal día, y luego enviaban cestos de pan y pescado en salazón al lugar que les indicaba, para que la multitud no pasara hambre".[7]

---

6. En la alimentación en el desierto, el pueblo no hizo nada para ganarse el derecho a la clemente y abundante provisión de Dios.
7. Albert Schweitzer, *The Quest for the Historical Jesus: A Critical Study of Its Progress from Reimarus to Wrede* (Nueva York: Macmillan, 1968), 328-29, citando a Pierre Nahor (Emilie Lerou), *Jesus*.

Otros han argumentado, más razonablemente, que Jesús inspiró a sus discípulos para que compartieran su comida que antes habían ocultado egoístamente. Viendo su generosidad, la propia multitud siguió su ejemplo y compartió lo que tenía con los demás. Barclay afirmaba: "Es el milagro del nacimiento del amor y el despertar de la comunión en el alma de los hombres; es el eterno milagro del cristianismo, por el que una heterogénea multitud de hombres y mujeres se convierte en una familia en Cristo".[8] Otro grupo ha minimizado la importancia de este milagro argumentando que la tradición oral ha exagerado mucho las cifras de la multitud. Schweitzer afirmó que esta había sido una comida sacramental en la que se repartió a cada persona un pedacito diminuto como símbolo de la futura fiesta escatológica.[9]

Todas estas racionalizaciones se acercan al texto con un rechazo previo de lo milagroso. Aunque es posible que tales explicaciones reconcilien nuestro escepticismo científico que se pregunta: ¿Puede realmente suceder algo así?, nos lleva a perder de vista la idea cristológica que Marcos quiere poner de relieve: tenemos aquí a alguien que es como Moisés, Elías y Eliseo, pero mayor que estos profetas. Cuando los israelitas se quejaron a Moisés y Aarón de las pésimas provisiones que tenían en el desierto, estos les respondieron: "¿Quiénes somos nosotros? ¡Ustedes no están murmurando contra nosotros, sino contra el Señor!" (Éx 16:8). Esta afirmación es una confesión de que solo Dios puede dar comida en el desierto. Al alimentar a los cinco mil, Marcos muestra que Jesús ejerce el poder de Dios y lo utiliza para el bien de su rebaño (Sal 78:52-55). Él es el verdadero pastor de su pueblo, el que suple las necesidades de su vida espiritual y física.

Este incidente subraya también la necesidad de combinar la enseñanza con la preocupación social. Dios no descuidó las necesidades físicas y espirituales del pueblo de Israel en el desierto y, por tanto, tampoco debe hacerlo la Iglesia. Jesús ofrece el pan de vida, es decir, el pan que alimenta el alma y el que satisface las necesidades del cuerpo. Por una parte, conseguimos muy poco impartiendo lecciones bíblicas a grandes multitudes y despidiéndolas luego con hambre. Las personas que tienen hambre no suelen dedicarse mucho a las cuestiones religiosas, porque

---

8. William Barclay, *And He Had Compassion on Them* (Edimburgo: The Church of Scotland, 1955), 163.
9. Albert Schweitzer, *The Mystery of the Kingdom of God* (Nueva York: Macmillan, 1950), 103-6.

su vida gira en torno a la supervivencia física. Por otra parte, limitarnos a darles comida sin alimentar también sus corazones con un desafío espiritual es también muy limitado. Ambas cosas van de la mano.

Significado Contemporáneo

La imagen de Jesús como buen pastor del rebaño es sobresaliente en este episodio de la alimentación. Bonhoeffer describe con gran elocuencia la difícil condición de las gentes sin un pastor. "Tenían preguntas pero no respuestas, preocupaciones pero no alivio, angustia de conciencia pero no liberación, lágrimas pero no consuelo, pecado pero no perdón". Esperaban buenas noticias y solo recibían buenos consejos. Bonhoeffer pregunta: "De qué sirven los escribas, las personas devotas de la ley, los predicadores y los demás, cuando no hay pastores para el rebaño?".[10]

Decir que las multitudes eran como ovejas sin pastor cuestionaba seriamente el ministerio de los dirigentes religiosos de Israel (ver Zac 11:5, 15-17). No es que no hubiera suficientes sacerdotes para recorrer Israel. De hecho, había tantos que tuvieron que organizar un sistema de suertes para que todos pudieran participar (ver Lc 1:8-9). El problema era que los líderes religiosos no estaban desempeñando su función. Jesús no parece estar muy interesado en las dimensiones de las piedras del templo, las cifras de sus presupuestos, o el número de los que asistían a las oraciones y sacrificios. Lo único que le preocupaba era el fruto de toda esta religiosidad. Lo que veía eran personas hambrientas tanto espiritual como físicamente, perdidas en toda suerte de burocracia religiosa. Estaban espiritualmente famélicas y materialmente necesitadas, y a nadie parecía importarle. En nuestros días, Jesús vería la misma situación. Él reconoce ambas necesidades y actúa para corregirlas.

La mayoría de los oyentes contemporáneos desconocen la descripción de tarea de los pastores. Lena Woltering ha señalado que los pastores solo son "necesarios allí donde no hay cercados. Es alguien que está con sus ovejas pase lo que pase, guiándolas, protegiéndolas y caminando con ellas por los campos. No es un mero criador de ovejas". Estos conducen a las ovejas allí donde hay comida y agua y son siempre conscientes del estado de las ovejas (Gn 33:13). Llevan en sus brazos a los corderos que no pueden seguir el paso (Is 40:11). Van en busca

---

10. Dietrich Bonhoeffer, *The Cost of Discipleship* (Nueva York: Macmillan, 1963), 224.

de las ovejas perdidas; y cuando las encuentran, las llevan de vuelta sobre sus hombros al redil (Lc 15:5). Las protegen de los depredadores y los ladrones. Es una tarea sucia y difícil. Woltering reprende a aquellos obispos que se consideran "cuidadores del rebaño" y los califica de poco más que "productores de carne de cordero". "Ponen cercas por todas partes, para no perder de vista al rebaño y no tener que ensuciarse los pies andando con dificultad por los campos abiertos".[11] Convierten el difícil papel del pastor en una posición que les da rango y superioridad y se aíslan de las ovejas. La represión que hace Ezequiel de los despreocupados e irresponsables pastores de su tiempo (Ez 34) no es menos aplicable en el nuestro a aquellos que quieren dominar y aplastar a otros en lugar de alimentarlos.

Este incidente revela también que Jesús reconoce la necesidad de descanso de sus discípulos. No se puede servir a los demás veinticuatro horas al día. Los ministros tienen que tomarse tiempo de descanso, y es importante que los obreros cansados consideren las palabras de Jesús: "vengan conmigo ustedes solos a un lugar tranquilo y descansen un poco". Pero este incidente pone también de relieve que cuando intentamos apartarnos para descansar, nos encontramos muchas veces con más gente hambrienta, tanto espiritual como físicamente. La necesidad puede ser abrumadora y nos sentimos tentados a despedir con las manos vacías a los sufrientes y necesitados. Puede que hayamos oído o hasta pronunciado la misma protesta que hicieron los discípulos: nos costará demasiado hacer algo para paliar su necesidad. Que se apañen como puedan. No son nuestra responsabilidad. Puede que lo que realmente estemos diciendo es que no tendremos suficiente dinero para nosotros mismos si hemos de cuidar también de "ellos".

Los discípulos de Jesús tienen que hacer algo más que lamentarse del hambre de la multitud y la falta de comida mientras los despiden con las manos vacías. No habremos cumplido con nuestro deber si nos limitamos a señalar los problemas de la sociedad y a lamentarnos. Algunos son expertos en pormenorizar los males del mundo. Pero la Iglesia ha sido llamada al mundo para hacer algo y resolver o paliar estos problemas. Hemos de acometer las necesidades espirituales que subyacen tras muchos problemas sociales y extender ayuda material a los necesitados. Dondequiera que miramos descubrimos la necesidad de una multitud

---

11. Citado en *Salt of the Earth* 15 (julio/agosto de 1995): 34.

hambrienta y poca o ninguna comida. Jesús nos pide que los alimentemos.

Santiago deja claro este asunto: "Supongamos que un hermano o una hermana no tienen con qué vestirse y carecen del alimento diario, y uno de ustedes les dice: "Que les vaya bien; abríguense y coman hasta saciarse', pero no les da lo necesario para el cuerpo. ¿De qué servirá eso?" (Stg 2:15-16).Y Juan el anciano explica en 1 Juan 3:17-19:

> Si alguien que posee bienes materiales ve que su hermano está pasando necesidad, y no tiene compasión de él, ¿cómo se puede decir que el amor de Dios habita en él? Queridos hijos, no amemos de palabra ni de labios para afuera, sino con hechos y de verdad. En esto sabremos que somos de la verdad, y nos sentiremos seguros delante de él.

Dejar a los hambrientos y necesitados a merced de sus necesidades no resuelve el problema. Jesús obra el milagro cuando sus discípulos comparten con los demás lo que tienen. La Iglesia no puede desentenderse ni del hambre física ni de la espiritual. En este relato, los discípulos se quedan bloqueados cuando piensan que la tarea es imposible o el coste demasiado elevado. Solo cuando tienen fe para hacer uso de la provisión divina cumplen con la tarea y proveen lo suficiente a todos. Jesús insiste en que los discípulos participen en su ministerio al mundo y se hagan responsables de la multitud. Es posible que estemos exhaustos y necesitemos un merecido descanso cuando Jesús nos dice, "denles algo". Los discípulos son siempre siervos de otros, llamados a alimentar a las ovejas y a no encerrarse en sí mismos. La lección de este relato está clara: los discípulos tendrán siempre lo suficiente para alimentar a la Iglesia.[12]

Sin embargo, los discípulos de nuestro tiempo no son distintos de los que seguían a Jesús durante su ministerio terrenal y frecuentemente no ven que, aun cuando se encuentren agotados física y económicamente, cuentan con los recursos para ayudar a los demás. Se les desafía a abordar problemas imposibles con recursos limitados y a descubrir las posibilidades de Dios. Antes de decir: "No podemos hacer nada; despídelos", deberíamos "ir y ver" cuántas hogazas de pan tenemos:

---

12. Bruce Chilton, *Feast of Meanings: Eucharistic Theologies from Jesus Through Johannine Circles* (NovTSup 72; Leiden: Brill, 1994), 128.

¿Cuántos panes tienes?
Jesús tu Salvador sigue preguntando,
pues las multitudes hambrean en sombríos desiertos,
Y el clamor de su necesidad ha llegado a su oído.[13]

Antes de decir: "Hemos hecho cuentas, y no tenemos suficiente", tenemos que aventurarnos en fe para ayudar a los demás. Cuando los cristianos ofrendan un promedio del tres por ciento de sus ingresos a la Iglesia y un porcentaje todavía menor de su tiempo en ministerio directo, sabemos que contamos con lo suficiente, pero nos lo guardamos para nosotros. Puede que se produzca un milagro que, según entiende Barclay, consiste en que los corazones humanos y sus carteras correspondientes se abrirán cuando comencemos a servir a otras personas. Este pasaje confirma que la compasión combinada con el poder y la generosidad de Dios pueden satisfacer las necesidades físicas y espirituales de las personas.

---

13. Marian E. Doyle, "Loaves and Fishes", citado por Hillyer Hawthorne Straton, *Preaching the Miracles* (Nueva York/Nashville: Abingdon, 1950), 53.

Marcos 6:45-56

En seguida Jesús hizo que sus discípulos subieran a la barca y se le adelantaran al otro lado, a Betsaida, mientras él despedía a la multitud. ⁴⁶ Cuando se despidió, fue a la montaña para orar.

⁴⁷ Al anochecer, la barca se hallaba en medio del lago, y Jesús estaba en tierra solo. ⁴⁸ En la madrugada, vio que los discípulos hacían grandes esfuerzos para remar, pues tenían el viento en contra. Se acercó a ellos caminando sobre el lago, e iba a pasarlos de largo. ⁴⁹ Los discípulos, al verlo caminar sobre el agua, creyeron que era un fantasma y se pusieron a gritar, ⁵⁰ llenos de miedo por lo que veían. Pero él habló en seguida con ellos y les dijo: «¡Cálmense! Soy yo. No tengan miedo».

⁵¹ Subió entonces a la barca con ellos, y el viento se calmó. Estaban sumamente asombrados, ⁵² porque tenían la mente embotada y no habían comprendido lo de los panes.

⁵³ Después de cruzar el lago, llegaron a tierra en Genesaret y atracaron allí. ⁵⁴ Al bajar ellos de la barca, la gente en seguida reconoció a Jesús. ⁵⁵ Lo siguieron por toda aquella región y, adonde oían que él estaba, le llevaban en camillas a los que tenían enfermedades. ⁵⁶ Y dondequiera que iba, en pueblos, ciudades o caseríos, colocaban a los enfermos en las plazas. Le suplicaban que les permitiera tocar siquiera el borde de su manto, y quienes lo tocaban quedaban sanos.

Sentido Original

Jesús hace que sus discípulos suban a la barca y zarpen hacia Betsaida, mientras él despide a la multitud que ha comido hasta saciarse. Marcos no nos da ninguna explicación de esta partida anticipada de los discípulos (contrástese Jn 6:15), pero el hecho es que los despide junto con la multitud y sube al monte para orar solo (ver 1:35).

Separados de su Maestro, los discípulos viven una terrible experiencia, luchando contra el oleaje. Lo que sucede ahora no es que una tormenta haga peligrar sus vidas como la vez anterior (4:35-41), sino que, tras horas de esforzado remo, el fuerte viento contrario los retiene en medio del lago. Jesús ve su lucha (se entiende que de manera sobrenatural, a pesar de la oscuridad) y se une de nuevo a ellos durante la cuarta vigilia de la noche (entre las tres y las seis de la madrugada) caminando sobre el mar. Jesús sigue el mismo principio que cuando enseñó a la multitud hambrienta antes de darles alimentos (6:34) y, ahora, antes de sacar a los discípulos del aprieto en que se encuentran, intenta enseñarles algo pasando de largo de la barca donde se encuentran. Sin embargo, sus ojos y sus oídos no lo perciben claramente; solo consiguen ver un fantasma, un espíritu. Las olas y el viento no les han causado pánico, pero la visión de Jesús andando sobre el agua sí lo hace.

El viento no es ningún obstáculo para Jesús y las olas le son como pavimento por el que se desplaza hacia el otro lado el mar. Andar sobre las olas es, no obstante, algo que solo Dios es capaz de hacer (Job 9:8; Is 43:16; 51:10; Sir. 24:5-6). El Jesús que cruza el mar andando sobre las agitadas aguas, participa del ilimitado poder del Creador. En Habacuc 3:15, la imagen de Dios pisoteando el mar habla de su poder para controlar el caos de los mares para salvar a su pueblo Israel (ver Sal 77:19-20; Is 51:9-10).

La explicación de Marcos en el sentido de que Jesús "quería pasarlos de largo [a sus discípulos]" (6:48, trad. lit.) ha producido confusión y suscitado numerosas interpretaciones:

- Jesús pretende adelantar a los discípulos y sorprenderlos, como en un juego, llegando antes que ellos a la otra orilla. Pero parece un poco despiadado por su parte pasar rápidamente por su lado y dejarlos forcejeando con el viento y asustados, todo por el mero interés de divertirse.

- Jesús quiere pasar de largo, pero no lo hace porque ve la angustia de los discípulos. El problema de este punto de vista es que ya los ha visto angustiados antes de comenzar a cruzar el mar. ¿Por qué podría querer pasar de largo?

- Jesús está intentando probar su fe. ¿Pero en qué consiste esta prueba?

- La NVI adopta el punto de vista de que el verbo *thelo* ("desear, querer") funciona como un auxiliar, lo mismo que *mello* ("estar próximo a"): "iba a pasarlos de largo". La evidencia para este uso del verbo es demasiado exigua como para hacer probable esta interpretación.

- Esta expresión alude a una errónea impresión que los discípulos tienen de las intenciones de Jesús (piensan que pretende pasarlos de largo). Pero lo que dice el texto no es esto.

- Algunos intentan mitigar el problema sugiriendo que Jesús solo pretende ponerse junto a ellos.

- Jesús quiere que lo vean caminando sobre el mar sin que le reconozcan (algo que supuestamente encaja con la teología del autor sobre el secreto mesiánico). No hay ninguna buena razón para que Jesús quiera asustar a un grupo de desdichados discípulos para después desaparecer en la niebla.

- Otro punto de vista se inspira en Amós 7:1-8:3 e interpreta la expresión de un modo metafórico: Jesús quería ayudar a los discípulos en sus dificultades.[1]

Ninguna de estas soluciones explica adecuadamente o aclara la frase, pero esta última tiene la virtud de interpretar la acción de Jesús desde el trasfondo del Antiguo Testamento. Este relato no trata del rescate de los discípulos en el mar. Ellos se sienten frustrados, pero no están en peligro. Teniendo en cuenta que andar sobre el mar es algo que los mortales normales no pueden hacer, la intención de Jesús al querer pasar de largo ante los discípulos no tiene un propósito mundano. Cuando se relaciona con una divinidad, el verbo *parerchomai* ("pasar de largo") alude a una epifanía. El Antiguo Testamento deja constancia de que Dios "se apareció de manera sorprendente y temporal en la esfera terrenal a determinadas personas o grupos con el objetivo de comunicar un mensaje".[2]

Este verbo aparece en dos pasajes clave del Antiguo Testamento. En Éxodo 33:19-34:7, Moisés le pide a Dios que le muestre su gloria y Dios le responde pasando delante de él y proclamando su identidad.

> Y el Señor le respondió:
>
> —Voy a darte pruebas de mi bondad, y te daré a conocer mi nombre. Y verás que tengo clemencia de quien quiero tenerla, y soy compasivo con quien quiero serlo. Pero debo aclararte que no podrás ver mi rostro, porque nadie puede verme y seguir con vida.

---

1. Harry Fleddermann, "'And He Wanted to Pass by Them" (Mark 6:48c)", *CBQ* 45 (1983): 389-95. Fledderman interpreta el verbo "pasar de largo" (NVI, "perdonar") en Am 7:8 y 8:2 como una expresión del propósito de Dios de evitar una catástrofe y argumenta aquí a favor de Marcos: "Una traducción libre, pero rigurosa, sería: 'Y quiso salvarlos'".
2. John P. Meier, *A Marginal Jew: Rethinking the Historical Jesus;* vol. 2: *Mentor, Message, and Miracle* (Nueva York: Doubleday, 1994), 2:996, n. 118.

»Cerca de mí hay un lugar sobre una roca —añadió el Señor—. Puedes quedarte allí. Cuando yo pase en todo mi esplendor, te pondré en una hendidura de la roca y te cubriré con mi mano, hasta que haya pasado. Luego, retiraré la mano y podrás verme la espalda. Pero mi rostro no lo verás.

...El Señor descendió en la nube y se puso junto a Moisés. Luego le dio a conocer su nombre: pasando delante de él, proclamó:

—El Señor, el Señor, Dios clemente y compasivo, lento para la ira y grande en amor y fidelidad, que mantiene su amor hasta mil generaciones después, y que perdona la iniquidad, la rebelión y el pecado; pero que no deja sin castigo al culpable, sino que castiga la maldad de los padres en los hijos y en los nietos, hasta la tercera y la cuarta generación.

Y en 1 Reyes 19:11-12, el Señor le dice a Elías: "Sal y preséntate ante mí en la montaña, porque estoy a punto de pasar por allí".[3] A partir de estos pasajes podemos concluir que cuando Jesús quiere pasar de largo ante sus discípulos, lo que desea es que ellos vean su trascendente majestad como ser divino y reconfortarlos mediante esta visión.[4]

A Dios no podemos verle completamente, pero sí a Jesús. El que viene a ellos sobre el mar no es un mero sucesor de Moisés que llena canastos de panes y peces en el desierto. Solo Dios puede andar sobre el mar y el saludo de Jesús no es un desenfadado "hola" para aplacar el temor de los discípulos, sino el uso de la divina fórmula "Yo soy" con que Dios se revela.[5] Isaías 43:1-13 es especialmente significativo como telón de

---

3. En la Septuaginta, el verbo *parerchomai* se utiliza para aludir a una epifanía. En Gn 32:31-33, el rostro de Dios "se mostró a" Jacob cuando luchó cuerpo a cuerpo con el ángel (ver 2S 23:3-4). Job 9:8, 11 dice: "Él [...] somete a su dominio las olas del mar. Si pasara junto a mí, no podría verlo; si se alejara, no alcanzaría a percibirlo...". Ver también Dn 12:1, que alude a la gloria del Señor pasando de largo; Am 7:8; 8:2.
4. La cuarta vigilia cobra sentido cuando recordamos que Dios libera a su pueblo por la mañana temprano. Barry Blackburn (*Theios Aner and the Markan Miracle Traditions* [WUNT 2/40: Tubinga: J. C. B. Mohr (Paul Siebeck) 1991], 146) afirma: "Por ello Jesús, como Yahvéh en el Antiguo Testamento (y en el Nuevo), manifiesta su poder salvífico *proi* [temprano]" (ver también Éx 14:24; Sal 46:5; Is 17:14).
5. Ver Éx 3:14; Dt 32:39; Sal 115:9; 128:5-6; Is 41:2-14; 43:1-13 [v. 2: "Cuando cruces las aguas, yo estaré contigo"]; 44:1-5; 46:4; 48:12; 51:9-16; 52:6; Jn 8:58.

fondo para interpretar este pasaje. Jesús ha convocado a los discípulos para que pasen por las aguas y Jesús está con ellos (Is 43:2).

> "«Ustedes son mis testigos —afirma el Señor—, son mis siervos escogidos, para que me conozcan y crean en mí, y entiendan que yo soy. Antes de mí no hubo ningún otro dios, ni habrá ninguno después de mí. Yo, yo soy el Señor, fuera de mí no hay ningún otro salvador" (43:10-11).

Aquí tenemos la respuesta a la pregunta de los discípulos en 4:41, "¿Quién es éste, que hasta el viento y el mar le obedecen?". Esta persona es el Dios que solo tiene que decir, "yo soy". Pero esta respuesta los bordea.

Jesús demuestra aún más su poder divino cuando sube a la barca. Su sola presencia hace que el viento deje de ulular y permite que los discípulos sigan su viaje. No calma, sin embargo, sus recelos. Marcos ofrece una sorprendente explicación sobre el terror y asombro de los discípulos: "Porque tenían la mente embotada y no habían comprendido lo de los panes" (6:52). Los dos incidentes están de algún modo relacionados. ¿Qué es lo que no entienden sobre los panes? ¿Qué tiene esto que ver con andar sobre el agua? Minear va por buen camino cuando comenta que los discípulos están "ciegos a la presencia de Dios y a su cuidado de los hombres [...] para la gloria de la revelación de Dios 'en la faz de Jesucristo'".[6] No reconocen que la bendición pronunciada en la comida, "Bendito seas, Señor, nuestro Dios, Rey del universo, quien hace salir el pan de la tierra", se aplica también a Jesús. La condición a que se refiere la frase "corazones endurecidos" alude a la desobediencia, la pesadez y la obstinación y es el conflicto de los oponentes de Jesús (3:5; ver Ef 4:18). Marcos repite esta descripción en Marcos 8:17. Los discípulos se acercan más a los oponentes de Jesús que a él mismo en su actitud de vida. La diferencia entre ellos y sus oponentes es, sin embargo, significativa. Los discípulos pueden estar confusos y ciegos, pero no son hostiles a Jesús.

---

6. Minear, *Mark*, 84. Lane (*Mark*, 238) comenta que no han "entendido que este acontecimiento apuntaba más allá de él mismo, al secreto de la persona de Jesús. Puesto que no estaban verdaderamente abiertos a la intervención de Dios en Jesús habían pasado por alto la trascendencia que para ellos tenía el milagro de los panes, y solo vieron 'un portento'".

Jesús envía a los discípulos a Betsaida (6:45), pero acaban desembarcando en Genesaret.[7] Es posible que el viento los haya apartado de su rumbo, aunque se calmara cuando Jesús entró en la barca.[8] Puede que Marcos quiera que el lector vea cierta importancia en este alejamiento del rumbo. No consiguen ir a Betsaida, como tampoco han podido entender el asunto de los panes (6:52), y no llegarán a este destino hasta más adelante (8:22). Entretanto, Jesús lleva a cabo una segunda serie de obras poderosas, que pretenden ayudar a que los discípulos entiendan.[9] Jesús nunca los abandona a pesar de sus fallos, sino que los lleva de nuevo por todo el proceso para que puedan entender. No requiere que los discípulos entiendan las cosas inmediatamente. No los condena por su humana tendencia a la dureza de corazón, o por su incapacidad de entender la abrumadora realidad de que Dios está entre ellos en su persona. Jesús se revela a sí mismo, pero lo hace encubiertamente, de manera que hasta después de su muerte y resurrección no comprenderán plenamente su identidad.

Al reconocer a Jesús, las gentes se apresuran de un lado al otro, llevando a sus enfermos en camillas y suplicándole que les permita tocar siquiera el borde de su manto para ser sanados. Algunos afirman que esta persecución de Jesús solo es una indicación de "la ceguera de quienes solo se interesan en lo milagroso".[10] Si esto fuera cierto, al sanarlos, Jesús solo estaría respondiendo a su error de comprensión con gracia. Es más probable que esta búsqueda ponga de relieve la inmensa popularidad de Jesús. Los discípulos no conocen su identidad, pero las gentes de Genesaret están convencidas de que tiene poder para sanar. Puede que ellos tampoco comprendan por completo quién es aquel que los sana; sin embargo, su gran fe en el poder de Jesús contrasta con la poca fe de los discípulos.

---

7. Betsaida era un pueblo situado en la ribera nororiental del mar de Galilea; Genesaret era una llanura densamente poblada situada al noroeste del mar, entre Tiberíades y Capernaúm.
8. Gundry (*Mark*, 346) sostiene que antes de que Jesús se una a los discípulos, ellos se han desviado demasiado como para que desembarcar en Betsaida sea factible o deseable.
9. Ver Elizabeth Struthers Malbon, "The Jesus of Mark and the Sea of Galilee", *JBL* 103 (1984): 363-77; "Echoes and Foreshadowings in Mark 4-8: Reading and Rereading", *JBL* 112 (1993): 226-37.
10. Así lo entiende Schweizer, *Mark*, 143.

Construyendo Puentes

Para entender el pleno significado de este episodio en que Jesús camina sobre el agua, hemos de valorar la red de temas del Antiguo Testamento que subyacen tras el texto.

Este trasfondo veterotestamentario hace más difícil construir puentes para conectar ambos contextos. Nuestro desconocimiento de estas tradiciones, combinado con una tendencia a interpretar literalmente los detalles, nos hace perder de vista su sentido simbólico. Con este acercamiento trivializamos este incidente. Jesús no cruzó el mar andando sobre el agua como un divertido truco para asombrar a sus amigos. Tanto para los discípulos como para el lector avezado en la Escritura esta acción pone de relieve su identidad. Jesús se presenta como un personaje divino que acude a rescatar a sus discípulos atrapados por la fuerza del viento.

Las interpretaciones alternativas que intentan explicar las razones por las que Jesús quería pasar de largo ante sus discípulos requieren mucho menos esfuerzo para expresar su significado. Puede, por tanto, que tales alternativas sean más atractivas, ya que no requieren la explicación de las imágenes literarias del Antiguo Testamento tan ajenas a muchos oyentes modernos. Sin embargo, estas interpretaciones trazan una escena más bien prosaica que pierde de vista la enorme trascendencia de lo que Marcos describe. Se trata de una epifanía, una revelación sorpresa de la deidad de Jesús a unos discípulos desconcertados.

Esta epifanía no se produce en una montaña, escenario tradicional de los encuentros con Dios, donde la propia visión parece ilimitada, sino en aguas profundas, que en Israel se consideraban tradicionalmente un lugar de peligrosas tormentas y poder siniestro, donde el temor nubla la visión. El mar fue, sin embargo, el escenario de la más sublime liberación de Israel, cuando Dios partió las aguas del mar Rojo y reveló su poder divino sobre las devastadoras fuerzas de la naturaleza y sobre los seres humanos. Los temas veterotestamentarios de este relato de Marcos en que Jesús camina sobre las aguas recuerdan el domino de Dios sobre las aguas del caos como Creador y Salvador. Jesús anda sobre las olas y habla como el único Dios verdadero: "Soy yo. No tengan miedo". Quiere mostrar a sus discípulos un destello de su divinidad para ayudarlos a esclarecer su identidad. No siguen a un gran profeta o superhéroe, sino al mismo Hijo de Dios. Él hace y hará lo que ningún ser humano puede hacer: redimir a la humanidad de la servidumbre de Satanás y del pecado.

Sin embargo, los milagros no siempre suscitan fe ni comunican su verdadero sentido. Es posible presentar este milagro concreto como algo trivial, algo que sucede, por ejemplo, en el drama musical *Jesucristo Superstar*, donde Herodes le pide a Jesús en tono de burla que ande sobre las aguas de su piscina. Puede que muchos no consigan apreciar las implicaciones cristológicas de este milagro y, en este sentido, sean como los discípulos que no entienden lo de los panes. Jesús no está desplegando una asombrosa experiencia visual para sorprender a sus amigos. El milagro da más bien fe de que Dios mismo nos ha visitado en carne. Inmerso en el cinismo, Hollywood es incapaz de captar esta realidad estremecedora que también los cristianos de nuestro tiempo, faltos de temor reverencial ante lo santo, pueden pasar por alto. Incluso para algunos que están dispuestos a creer que Dios viene a nosotros en Jesucristo puede resultar difícil de creer que anduviera sobre el agua y descartan el episodio como una piadosa leyenda o buscan alguna explicación racional. Este tipo de interpretaciones arrancan de este texto su poder y su imaginería. Los cristianos creemos que conocemos a Dios por medio de Jesucristo. En este relato, Marcos presenta la revelación que Jesús hace de sí a sus discípulos como Dios encarnado. Sin embargo, él viene como "una elusiva presencia que ellos no pueden controlar".[11]

En Jesucristo no solo encontramos a Dios, sino que a través de él también aprendemos sobre nosotros mismos. El temor de los discípulos y su falta de comprensión en respuesta a este milagro dice algo sobre la condición humana cuando esta entra en contacto con lo divino. Los discípulos creían estar viendo un espíritu. No entendían el sentido de la multiplicación de los panes, y sus corazones estaban endurecidos. Rara vez vemos a Dios pasando junto a nosotros o reconocemos su bendición, generosidad o presencia en nuestras vidas. Al abordar esta tarea de contextualización hemos de reflexionar sobre experiencias parecidas de nuestro pasado en que Dios se encontró con nosotros, pero estábamos demasiado espesos para verlo. Como los discípulos en el camino de Emaús, solo somos capaces de reconocer retrospectivamente quién era aquel que se nos apareció en nuestras vidas (Lc 24:13-35).

Una cosa que nadie puede pasar por alto en este milagro: Jesús se preocupa claramente por sus discípulos. Ve sus inquietudes y se acerca a ellos en el momento más oscuro de la noche, cuando tienen problemas en la zona más profunda del lago. Jesús muestra paciencia cuando no

---

11. Fleddermann, "'And He Wanted to Pass by Them'", 395.

entienden el sentido de todo aquello y retroceden con temor. No hay reprensión, solo tranquila confianza. Después los lleva sanos y salvos hasta la playa. A diferencia de Moisés, los discípulos no ven la espalda de Dios, sino su rostro en la faz de su Hijo. Él es el Salvador, que nos trae calma y liberación. Es fácil imaginar a los primeros cristianos, conocedores de este relato, consolándose con él y aplicándolo a su angustiosa situación. Rawlinson se lo imagina de este modo:

> ...puede que algunos corazones cansados hubieran comenzado a preguntarse si acaso el Señor no los había abandonado a su destino, o a dudar de la realidad de Cristo. De este relato han de aprender que no están "desamparados", que el Señor los observa, invisible, y que él mismo —no ningún espectro, sino el Dios vivo, Señor del viento y de las olas— vendrá sin duda y con presteza a salvarlos, aunque sea en la "cuarta vigilia de la noche".[12]

Significado Contemporáneo

El receso que toma Jesús alejándose de las multitudes y de sus propios discípulos muestra que todos los seres humanos necesitan soledad, descanso y oración (1:35; 6:31). En momentos así podemos encontrarnos cara a cara con nosotros mismos y escuchar la voz de Dios con mucha claridad. Lamentablemente, muchos feligreses no valoran lo suficiente esta experiencia como para procurar que quienes les ministran la tengan, y muchos ministros intentan vivir sin ella. Al estudio del pastor se le conoce más a menudo como la oficina de la iglesia. Le damos mucho valor a la laboriosidad, y por ella medimos nuestra efectividad. Pocos apartan tiempo para la soledad y la meditación en el calendario de la iglesia que, por regla general, está lleno de actividades. Muchos se sienten acosados por personas que, sin cesar, demandan atención y empatía, pero nunca se toman tiempo para recargar las baterías con estudio, oración y descanso. El torbellino de la actividad los hace girar como peonzas y acaban agotados físicamente y experimentando una gran aridez espiritual. Puede que se sientan como los discípulos: remando furiosamente contra el viento,

---

12. A. E. J. Rawlinson, *St. Mark* (Westminster Commentaries; Londres: Methuen, 1925), 88.

pero sin moverse del sitio y ciegos al Dios que los llama y les dice: "soy yo".

También podemos mirar este pasaje desde la perspectiva de los discípulos, que afrontan una situación adversa, se sienten separados de Jesús y angustiados mientras reman furiosamente. Muchos pueden sentirse de este modo mientras sirven en la iglesia. Reman sin parar, pero no parecen avanzar. Nos desalentamos cuando parece que siempre nos dirigimos hacia un temporal. Podemos sentir que vamos a la deriva y preguntarnos por qué se nos ocurrió zarpar; anhelamos regresar. Los remeros acaban cansándose y dejando de esforzarse. O se implican tanto en la tarea que dejan de ver la revelación del poder de Jesús y el cuidado que tiene también de sus vidas.

Podemos hallar consuelo en que, aun cuando no vemos a Jesús, él sí nos ve y llegará en la hora de la necesidad. Jesús es como Aslan, el león (figura de Cristo) de las *Crónicas de Narnia* de C. S. Lewis, que llega sin previo aviso, desde el mar, pero exactamente cuando se le necesita: "'Aslan estaba entre ellos aunque nadie lo había visto venir".[13]

Jesús no rescata a sus discípulos del mar pero los capacita para seguir el viaje.[14] Su llegada es como en las cartas a las iglesias de Apocalipsis. El Señor les asegura que sabe lo que han soportado y los anima a seguir adelante. El Señor conoce las obras, esfuerzos y perseverancia de Éfeso (Ap 2:2), la aflicción y pobreza de Esmirna (2:9), el fiel testimonio de Pérgamo donde mora el trono de Satanás (2:13), la paciente tenacidad de Tiatira (2:18), y el poco poder de Filadelfia (3:8). No los libra de la lucha pero les promete victoria si son fieles. Han de seguir remando, pero el poder para cruzar el mar de la vida y llegar al destino final no es suyo, sino de Dios. En la congregación de la que soy miembro cantamos un himno compuesto por dos talentosos amigos. La última estrofa recoge el significado de este pasaje de Marcos:

> No nos toca escoger el sentido del viento; calma o temporal es imprevisible.
> Se extiende ante nosotros el gran océano, y nuestra barca parece pequeña y frágil.

---

13. C. S. Lewis, *The Horse and His Boy* (Londres: Penguin, 1965), 182; citado por Richard A. Burridge, *Four Gospels: One Jesus?* (Grand Rapids: Eerdmans, 1994), 35.
14. Ver Best, *Following Jesus*, 232.

> Fiera y radiante tu misteriosa atracción a desconocidas playas:
> llévanos con esperanza y valor hasta que tu puerto sea nuestro hogar.[15]

Un perturbador elemento de este milagro es la respuesta de los discípulos a la súbita aparición de Jesús. No lo reconocen y se asustan más con su presencia del que estaban en su ausencia. Jesús llega con todo el poder de Dios que controla las poderosas fuerzas del viento y el mar; quiere tranquilizarlos dándose a conocer en su gloria y poder. Sin embargo no consigue calmar sus corazones, que se muestran estupefactos, asustados y confusos. Con frecuencia, Cristo puede pasar por nuestras vidas de formas que no vemos y pueden asustarnos. ¿Cómo lo vemos hoy, mientras luchamos en las oscuras horas de la noche, agobiados por los vientos de la oposición? Su imagen solo se nos aclara cuando miramos atrás, como sucedió con aquellos primeros discípulos. Nos damos cuenta de que en aquellos momentos horribles estábamos en la presencia misma de Dios y que Cristo nos reveló su gloria. Estábamos demasiado ciegos, demasiado petrificados para ver. Hemos de estar atentos, porque en los periodos de desaliento y mayores temores, Cristo pasa por nuestras vidas mostrándonos su amor y poder, y conduciéndonos por aguas turbulentas.

Hemos de reconocer que no vivimos en un tiempo de teofanías. Hoy algunos afirman haber sido abducidos por los extraterrestres y llevados a su nave espacial como en una exhalación, pero pocos profesan haber sido arrebatados al tercer cielo y haber visto visiones. En nuestras sociedades, la mayoría de las personas no creería ninguna de las dos afirmaciones y las rechazaría como ilusorias. Es posible que Dios ya no nos visite de esta manera puesto que la cruz y la resurrección son la más clara revelación de Dios. Es también posible que nuestra visión sea débil y oscura, y que no estemos en sintonía con la presencia de Dios. Puede que en las diferentes etapas de la historia, la visión de Dios que han experimentado las personas haya tenido distintas intensidades.

---

15. De "We, O God, Unite Our Voices" (*The Crescent Hill Hymn*), por Grady Nutt y Paul Duke, usado con permiso.

Marcos 7:1-23

Los fariseos y algunos de los maestros de la ley que habían llegado de Jerusalén se reunieron alrededor de Jesús, ²y vieron a algunos de sus discípulos que comían con manos impuras, es decir, sin habérselas lavado. ³(En efecto, los fariseos y los demás judíos no comen nada sin primero cumplir con el rito de lavarse las manos, ya que están aferrados a la tradición de los ancianos. ⁴Al regresar del mercado, no comen nada antes de lavarse. Y siguen otras muchas tradiciones, tales como el rito de lavar copas, jarras y bandejas de cobre.) ⁵Así que los fariseos y los maestros de la ley le preguntaron a Jesús:

—¿Por qué no siguen tus discípulos la tradición de los ancianos, en vez de comer con manos impuras?

⁶Él les contestó:

—Tenía razón Isaías cuando profetizó acerca de ustedes, hipócritas, según está escrito:

"Este pueblo me honra con los labios,
   pero su corazón está lejos de mí.
⁷En vano me adoran;
   sus enseñanzas no son más que reglas humanas".

⁸Ustedes han desechado los mandamientos divinos y se aferran a las tradiciones humanas.

⁹Y añadió:

—¡Qué buena manera tienen ustedes de dejar a un lado los mandamientos de Dios para mantener sus propias tradiciones! ¹⁰Por ejemplo, Moisés dijo: "Honra a tu padre y a tu madre", y: "El que maldiga a su padre o a su madre será condenado a muerte". ¹¹Ustedes, en cambio, enseñan que un hijo puede decirle a su padre o a su madre: "Cualquier ayuda que pudiera haberte dado es corbán" (es decir, ofrenda dedicada a Dios). ¹²En ese caso, el tal hijo ya no está obligado a hacer nada por su padre ni por su madre. ¹³Así, por la tradición que se transmiten entre ustedes, anulan la palabra de Dios. Y hacen muchas cosas parecidas.

¹⁴De nuevo Jesús llamó a la multitud.

—Escúchenme todos —dijo— y entiendan esto: ¹⁵Nada de lo que viene de afuera puede contaminar a una persona. Más bien, lo que sale de la persona es lo que la contamina.

¹⁷Después de que dejó a la gente y entró en la casa, sus discípulos le preguntaron sobre la comparación que había hecho.

¹⁸ —¿Tampoco ustedes pueden entenderlo? —les dijo—. ¿No se dan cuenta de que nada de lo que entra en una persona puede contaminarla? ¹⁹ Porque no entra en su corazón sino en su estómago, y después va a dar a la letrina.

Con esto Jesús declaraba limpios todos los alimentos. ²⁰ Luego añadió:

—Lo que sale de la persona es lo que la contamina. ²¹ Porque de adentro, del corazón humano, salen los malos pensamientos, la inmoralidad sexual, los robos, los homicidios, los adulterios, ²² la avaricia, la maldad, el engaño, el libertinaje, la envidia, la calumnia, la arrogancia y la necedad. ²³ Todos estos males vienen de adentro y contaminan a la persona.

Sentido Original

Las polémicas sobre el lavamiento de las manos y las leyes alimentarias se dividen en dos partes. La primera (7:1-13), la confrontación de Jesús con los fariseos y maestros de la ley sobre el asunto de comer con las manos sin lavar. Estos dirigentes religiosos hacen caso omiso de los milagros que Dios está llevando a cabo por medio de Jesús y se fijan solo en cuestiones intrascendentes. Jesús acaba de alimentar milagrosamente a la multitud en el desierto con abundancia de pan, pero ellos ponen el grito en el cielo, porque algunos de sus discípulos comen sin haberse lavado las manos. Jesús convierte esta queja sobre algo tan baladí en una cáustica condenación de toda su tradición. La segunda parte (7:14-23) consiste en el sorprendente anuncio de Jesús a la multitud en el sentido de que la contaminación procede solo de dentro del corazón humano, y no del contacto con algo externo. El Señor sigue esta radical declaración con una explicación privada a sus discípulos sobre la naturaleza de la pureza y la impureza.

Confrontación con la tradición de los ancianos (7:1-13)

Unos fariseos y maestros de la ley irritados, que se consideran guardianes de la tradición, chocan con Jesús quejándose públicamente del flagrante desacato de sus discípulos de la regla que prescribe el lavamiento de las manos antes de comer. Esta es la segunda vez que algunos maestros de la ley vienen desde Jerusalén, exasperados por la mala influencia que Jesús ejerce sobre sus reglas (ver 3:22), y prefigura la hostilidad de Jerusalén para con Jesús que conducirá finalmente a su muerte. En esta confrontación aparecen con algunos fariseos (ver 2:16).[1]

Para entender esta controversia hemos de hacer una digresión y analizar brevemente el programa de los fariseos. No eran estos los poderosos de la sociedad judía, como muchos se imaginan, pero se esforzaban en imponer su visión sobre la moralidad y la obediencia a la ley en Israel. Mantener la pureza ritual era un elemento clave en su programa. Este desacuerdo sobre el lavamiento de las manos no tenía nada que ver con la higiene; era enteramente una cuestión de pureza ceremonial.[2] Es evidente que estos fariseos esperaban que Jesús y sus seguidores se ajustaran a sus normas de espiritualidad. Intentaban promocionar la obediencia entre el pueblo y seguramente los exasperaba que alguien tan popular como Jesús pareciera insubordinarse. Para ellos, Jesús estaba equivocado en sus ideas religiosas, y su actitud hacia estas cosas amenazaba su visión de una comunidad santa que funciona sin problemas.[3] Su inmensa popularidad también amenazaba con reducir la esfera de su influencia puesto que Jesús cuestionaba la autoridad y validez de sus tradiciones. "La tradición de los ancianos" era una normativa extra bíblica y puede que los líderes religiosos estuvieran muy a la defensiva con la cuestión del lavamiento de las manos ya que no tenían una explícita base bíblica para esta ordenanza.[4]

En Marcos 7, el conflicto gira en torno al asunto de la contaminación. Los fariseos acusan a los discípulos de comer con manos "impuras" ("comunes", en contraposición a "santas", "dedicadas a Dios"). Marcos explica que, al hablar de "manos impuras", alude a que no se las habían lavado (7:2) y añade una explicación parentética sobre los lavamientos rituales judíos para aquellos lectores que no conocían estas costumbres

---

1. Estos malhumorados inspectores "de Jerusalén" probablemente inspiraban el mismo desprecio que generan en algunos círculos de nuestro país los burócratas que vienen de Washington, D. C.
2. Se plantea una queja parecida sobre el hecho de que Jesús no cumpliera con el rito de lavarse las manos antes de comer en casa de un fariseo (Lc 11:37).
3. Los sentimientos sobre este asunto podían ser muy apasionados. Según una tradición posterior reflejada en *b. Sota* 4b, un rabino se expresa en los siguientes términos: "Quien come pan sin haberse lavado las manos es como si hubiera yacido con una prostituta".
4. Las tradiciones rabínicas posteriores insistían en que sí tenían una base bíblica. Según *b. Ber.* 60b, "Cuando uno se lava las manos, debería decir, 'Bendito el que nos ha santificado con sus mandamientos y nos ordenó lavarnos las manos'".

(7:3-4).⁵ El sistema levítico consideraba que la impureza era algo transferible a las personas, vasijas, ropa y hasta a las casas cuando alguien impuro las tocaba, yacía o se sentaba sobre ellas. Las capas de impureza podían limpiarse mediante las abluciones.

La breve explicación sobre los lavamientos judíos clarifica la seriedad de estas acusaciones.⁶ La declaración "los fariseos y *los demás* judíos" implica que ser judío requiere el lavamiento de manos, copas y jarras. Al cuestionar esta tradición, Jesús está redefiniendo lo que significa ser judío. Por otra parte, pasar por alto los asuntos de pureza es algo serio, porque se asumía que la impureza pertenece a la esfera de la muerte y los demonios, y rompe la comunión con Dios.⁷ No tener en cuenta estos asuntos significa que Jesús redefine lo que inhibe la comunión con Dios.

Jesús no intenta justificar o explicar la conducta de sus discípulos, sino que más bien vilipendia a aquellos que cuestionan su conducta. En

---

5. La explicación, "los fariseos y todos los judíos...", nos deja entrever quiénes son los receptores del evangelio. La referencia a ellos como "todos los judíos" sugiere que Marcos tiene en mente a unos receptores gentiles que solo tienen una vaga idea de las tradiciones judías. No se les explica a los judíos algo que es una práctica común entre ellos.

6. Las tradiciones rabínicas, codificadas en la *Mishná* durante los siglos II y III, y ampliadas en los Talmudes palestino y babilónico en las dos siguientes centurias, cubren reglamentaciones sobre formas válidas e inválidas de realizar los lavamientos de las manos, la cantidad de agua, la posición de las manos, y el tipo de vasija que hay que utilizar.

    La explicación de 7:3 en el sentido de que los fariseos y todos los judíos no comen si no se lavan, literalmente, "con un puño" (*pugme*) es una expresión difícil de traducir. Su oscuridad ha hecho que algunos textos la omitan, y algunas versiones modernas (como la NIV) la dejen sin traducir. En un evidente intento de interpretar su sentido han surgido variantes textuales como, "a menudo", "concienzudamente", "en un momento", "primero". Algunos intérpretes entienden que aluden a la forma de lavar "la muñeca", "con un puño" (frotando el puño con la otra mano), o "ahuecando la mano" (en un puño, como dándole forma con los dedos ligeramente separados). Otros lo interpretan como una referencia a la cantidad de agua y al medio: "con la cantidad de agua que cabe en el hueco de la mano". las tradiciones rabínicas posteriores que definen la cantidad válida de agua (*m. Yad.* 1:1-2, 2:3; *b. Hull.* 106ab) y el método de derramarla (*m. Yad.* 2:1; *b. Sabb.* 62b) parecen sugerir que esta palabra hace referencia a ambas cosas: la cantidad de agua y el medio del lavamiento.

7. Este asunto se expresa con claridad en Barnabas Lindars ("All Foods Clean: Thoughts on Jesus and the Law", *Law and Religion*, ed. B. Lindars [Cambridge: James Clarke & Co., 1988], 65): "La transgresión del tabú no solo constituye una descalificación formal para la adoración, lo cual requiere el correcto procedimiento para restaurar la situación, sino que también contamina la conciencia interior, creando una barrera en la relación personal con Dios".

tono mordaz, Jesús declara la precisión de Isaías al profetizar la hipocresía y sagacidad con que reemplazan los mandamientos de Dios con sus propias palabras. Desde la óptica de los fariseos, el lavamiento de las manos era una señal de piedad que permitía a las personas acercarse a Dios. Jesús insiste, no obstante, en que se han apartado de Dios, y que a él le traen sin cuidado sus abluciones y su palabrería. Les explicará en privado a sus discípulos que a Dios solo le interesa aquella moralidad que procede de un corazón puro.

La acusación de hipocresía causa sorpresa.[8] Los fariseos han planteado un asunto que les preocupa de manera especial y no les parece que haya nada inherentemente falso o hipócrita en prestar cuidadosa atención a las cuestiones de pureza y a las tradiciones de los ancianos. Sin embargo, han cuestionado a Jesús en público y con ello han pretendido avergonzarlo acusándolo de ser un maestro incompetente. Si sus discípulos han violado las reglas de la pureza ritual, él ha de asumir entonces la responsabilidad de ello en tanto que maestro suyo. Es como si un grupo del consejo denominacional interrumpiera una reunión de adoración de la iglesia en la que están invitados y le preguntara al pastor: "¿Por qué los miembros de su congregación no cierran los ojos, inclinan la cabeza y dejan de hablar durante las oraciones? ¿Será que, por su pésima formación ministerial, usted no les ha enseñado que esto no debe hacerse?". Entender que los fariseos pretenden avergonzarlo públicamente en una cultura en la que una buena reputación es la autoridad más elevada nos ayuda a ver que Jesús no se limita a eludir el asunto, sino que recupera el control de la situación. Denuncia su religiosidad rígida y superficial como algo que nos permite transgredir los directos mandamientos de Dios.

En su contraataque, Jesús cita un ejemplo extremo para mostrar que la tradición de los ancianos aprueba, de hecho, la sutil subversión de la voluntad de Dios. Él ordena que los hijos honren a sus padres y, en la tradición judía, esto no solo implica mostrarles respeto y deferencia, sino también suplir sus necesidades físicas y materiales.[9] En el supuesto que presenta Jesús, los fariseos permitirían que un hijo eludiera esta responsabilidad informando a sus padres que el sostenimiento que pu-

---

8. En los Rollos del mar Muerto aparecen parecidas acusaciones contra los fariseos. En un himno, su autor denuncia a los maestros de mentiras y videntes de falsedades, que han cambiado la ley por refinamientos (1QH 4:14-15).
9. *b. Qidd.* 31b.

dieran esperar de él es "corbán", algo dedicado a Dios, y no puede, por tanto, utilizarse para ayudarles a ellos.

"Corbán" era una fórmula dedicatoria que se utilizaba para apartar ciertas posesiones para Dios e impedía obtener ningún beneficio de ellas. Solo expresaba la intención de entregar determinadas posesiones y no su efectiva disponibilidad. Desde el punto de vista de Jesús, el mandamiento de honrar a los padres consignado en el Decálogo está por encima del de cumplir los votos. La tradición de los fariseos le dio la vuelta a la ley, insistiendo en que la santidad de los votos estaba por encima del derecho de los padres a ser sustentados por sus hijos.[10] Un hijo podía decirles a sus padres que no podía brindarles ninguna ayuda económica, porque había dedicado a Dios todo aquello con que podía ayudarlos. Hacerlo, podía afirmar, sería un pecado contra Dios.

Jesús asume que un voto así, hecho o no por despecho, es automáticamente inválido por cuanto viola el mandamiento de Dios de honrar a los padres. No se pueden eludir los mandamientos de Dios recurriendo a astutas disquisiciones legales. Jesús denuncia a estos rigoristas de la ley como personas más interesadas en las sutilezas legales que en la necesidad del amor, más fieles a las tradiciones humanas que a la ley escrita, y más preocupados por sus posesiones que por el cuidado de sus padres. Puesto que su tradición sirve para poner de lado la voluntad de Dios (7:8, 13), Jesús anula dicha tradición. En esta controversia, Jesús surge como defensor de la ley de Dios por encima de las interpretaciones y reglas de los escribas.

Una explicación pública y privada de la pureza (7:14-23)

Jesús no responde a la pregunta planteada por los fariseos sobre por qué sus discípulos comen sin antes lavarse ritualmente las manos. No obstante, Jesús sí hace una declaración general al respecto ante una

---

10. Desde el momento en que se hace el voto, la propiedad se aparta como algo sagrado. Ver la explicación en Josefo, *Ant.* 4.4.4 §§ 72-73; *Contra Apión* 1.166-167. Se asume que los fariseos defendían la posición de que, el cumplimiento del voto, por precipitado o indigno que fuera, acarreaba una mayor obligación que cumplir el deber para con los padres. A favor de algunos rabinos posteriores hay que decir que aplicaban una gran indulgencia para anular este tipo de votos (Ver *m. Ned.* 8:1—9:1). Sin embargo, Z. W. Falk (en "On Talmudic Vows", *HTR* 59 [1966]: 311) observó: "Mientras Jesús consideraba este voto como ilegal y vacío, los rabinos lo calificaban solo de rescindible".

multitud (7:14-15) y en una instrucción privada en casa, a petición de los perplejos discípulos.

La declaración general trasciende lo planteado por los fariseos, puesto que su pregunta se limitaba al lavamiento de las manos y Jesús habla también de los alimentos inmundos.

A partir de la enérgica respuesta de Jesús es inevitable deducir su rechazo de la opinión de los fariseos en el sentido de que comer sin lavarse ritualmente las manos contamina la comida que se toca con ellas. Ahora va mucho más lejos al rechazar explícitamente la proposición de que tocar cualquier cosa profana contamine a las personas. No solo cuestiona la validez de las tradiciones de los ancianos, sino que Jesús resta legitimidad a las propias leyes alimentarias.[11] Su desacuerdo con los fariseos no tiene que ver únicamente con detalles como los lavamientos de las manos, sino que afecta a la totalidad de su acercamiento a la ley de Dios. Ellos relacionan la impureza externa con la piedad; lo que preocupa a Jesús es, sin embargo, la impureza interna que el lavamiento ritual de las manos no puede limpiar. No entienden que la verdadera santidad que imita a Dios y se abre a él es algo interno.

La sencilla declaración de Jesús a las multitudes deja perplejos a los discípulos que, ya en privado, le preguntan sobre "la parábola" (traducción literal) que acaba de pronunciar (7:17). Esta palabra evoca el comentario de Jesús en 4:11 en el sentido de que "a los de afuera todo les llega por medio de parábolas". ¿Están los discípulos acercándose más a "los de afuera"? Jesús expresa su consternación cuando responde: "¿Tampoco ustedes pueden entenderlo?". Su respuesta da por sentado que la multitud no ha entendido la implicación de su declaración, pero asume también que los discípulos dan muestras de un cierto conocimiento. "¿No se dan cuenta de que nada de lo que entra en una persona puede contaminarla?". Esta pregunta espera un "sí" por respuesta. Los discípulos saben ciertas cosas, pero no consiguen llevar este conocimiento a su conclusión lógica, lo cual requiere un radical cambio de todo su enfoque como judíos.

Jesús no repudia a sus discípulos por su ignorancia, sino que, siguiendo su patrón, les da más explicaciones cuando no le entienden. El Señor ilustra su argumento recordándoles lo que sucede con la comida tras ser ingerida. Pasa por el tracto gastrointestinal y acaba en la letrina.

---

11. Ver Lv 11; Dt 14:3-20.

Muchos consideran 7:19b como una digresión del narrador que corona el argumento. La NVI refleja esta interpretación: "Con esto Jesús declaraba limpios todos los alimentos". Sin embargo, la expresión: "Con esto Jesús declaraba" no aparece en el texto. Lo que dice literalmente en este versículo es, "limpiando todos los alimentos". El participio nominativo masculino, "limpiando" (*katharizon*, con omega), modificaría el verbo "dijo" de 7:18. No obstante, una variante de la lectura bien atestiguada consigna un participio nominativo neutro (*katharizon*, con ómicron).[12] Es la lectura más difícil y podría ser la mejor.[13] En este caso estaría afirmando que la comida ha sido de algún modo purificada durante el proceso de eliminación. Esta lectura tiene dos cosas a su favor. Ayudaría a explicar por qué una declaración tan impresionante de Jesús al declarar limpios todos los alimentos no se citó para resolver el posterior debate sobre este asunto que se suscitó en las iglesias.[14] La explicación de Jesús no declara explícitamente que todos los alimentos sean limpios, sino que, de algún modo, salen limpios del organismo humano.

Por otra parte, esta afirmación encaja con la idea rabínica sobre la comida defecada. Según la *Mishná*, los excrementos no son ritualmente impuros aunque puedan resultar desagradables.[15] Este sorprendente juicio podría ser clave para entender el argumento de Jesús. Con un

---

12. En el griego moderno ha desaparecido la distinción en la pronunciación de la o larga y corta, y es probable que en el periodo en que se copiaban los textos de la Biblia ambas palabras se pronunciaran igual. Los escribas podían fácilmente haber cometido un error fortuito si copiaban los textos al dictado de alguien que leía en voz alta la copia maestra.

13. Así lo entiende Bruce J. Malina, "A Conflict Approach to Mark 7", *Forum* 4 (1988): 22-24.

14. Apelar a la autorizada palabra de Jesús habría sido un argumento demoledor en Hch 15; Gá 2:11-14 y Ro 14-15. Heikki Räisänen, "Jesus and the Food Laws: Reflections on Mark 7:15", *JSNT* 16 (1982): 79-100, sostiene a partir de la ausencia de la "historia efectiva" de los comentarios de Jesús sobre la comida que nunca los pronunció. Él afirma que estas palabras se añadieron a la tradición para ofrecer "una justificación teológica de la práctica adoptada tiempo atrás en la misión a los gentiles" (89). Este presunto silencio, no obstante, podría haberse atribuido a la ambigüedad y misteriosa naturaleza del argumento de Jesús.

15. *m. Maksh.* 6:7; *t. Miqw.* 7:8. Se atribuye a R. Jose la pregunta: "¿Es acaso impuro el excremento? ¿Es que su propósito no es la limpieza?" (*y. Pesah.* 7:11). Aun el excremento del *zab* (una persona que sufre hemorragias) no es impuro según *Sifra Mes. Zab.* § 1:12-13. En cambio, los sectarios de Qumrán, influenciados por Dt 23:12-14 y Ez 4:12-15, lo consideraban impuro (ver Josefo, *Guerras* 2.8.9 §§ 148-49; 1QM 7:3-7; 11QT 46:15-16). Ver además, la exposición en Hannah K. Harrington, *The Impurity Systems of Qumran and the Rabbis: Biblical Foundations* (SBLDS 143; Atlanta: Scholars, 1993), 100-103.

gracioso giro, Jesús argumenta que si la comida contamina a las personas, ¿por qué no sigue considerándose impura cuando llega a la letrina (al menos según la tradición de los fariseos)? La contaminación ha de proceder de alguna otra fuente que la comida. La lógica de Jesús se deriva de las reglas de los fariseos sobre lo que es limpio e inmundo, que establece sus palabras finales sobre la verdadera fuente de la contaminación. La única contaminación de la que tienen que preocuparse los discípulos es la que tiene que ver con el corazón, no con las manos; con los malos pensamientos que salen de dentro de las personas, no de la comida que acaba en la letrina. Lo que no entra en el corazón no hace impuras a las personas. El corazón es el núcleo de la motivación, de la deliberación y de la intención. El modo en que manipulamos la comida no hace que nuestro corazón sea limpio o impuro. No tiene nada que ver con la pureza interna (lo que está "dentro" 7:21, 23) que es de valor para Dios.

La lista de vicios que proceden del corazón tiene que ver con conductas que perjudican a otras personas. Después de la expresión general "malos pensamientos", la lista en griego contiene seis sustantivos en plural que aluden a actos y otros seis en singular que aluden a características. Los primeros seis se dividen en tres acciones paralelas:

inmoralidades sexuales,	adulterios
robos,	avaricias
homicidios,	maldades

Los seis segundos —engaño (traición), libertinaje, envidia (tacañería), calumnia (blasfemia), insolencia, necedad (insensibilidad moral)— reflejan la clase de contaminación espiritual que es más difícil de detectar y remediar. Hace falta algo más que el derramamiento de un poco de agua sobre las manos para limpiar esta clase de impurezas.[16]

Cada comunidad tiene que aplicar la Palabra de Dios a situaciones de la vida real y de esta tarea surgen, inevitablemente, ciertas tradiciones. Cabe observar que Jesús no rechaza la

---

16. Lane (*Mark*, 254, n. 40) cita Jer 17:9-10: "Nada hay tan engañoso como el corazón. No tiene remedio. ¿Quién puede comprenderlo? 'Yo, el Señor, sondeo el corazón y examino los pensamientos, para darle a cada uno según sus acciones y según el fruto de sus obras'".

tradición como tal. Las sociedades necesitan tradiciones para funcionar. Stern señala un hecho significativo:

> Los estados no pueden gobernarse con una constitución sin legislación. Por la misma razón, la nación judía no podía regirse solo por la Toráh escrita, sin una ordenada aplicación de sus preceptos y, además de ella, el concepto de tradición estaba implícito. Sin embargo, como la legislación de un país no puede contradecir o suplantar su constitución, tampoco puede la tradición [...] violar o alterar la Palabra de Dios.[17]

Jesús reconoció que necesitamos odres —formas y tradiciones— que den cabida al vino; de lo contario nos moveríamos sobre un charco de mosto. Lo único que hizo fue advertirnos sobre unos odres que, cuando envejecen y se cuartean, ya no pueden cumplir con el propósito para el que fueron creados. Las tradiciones llegan a ser negativas cuando van contra los propósitos de Dios expresados en los mandamientos éticos que han de configurar nuestra relación con los demás. Las tradiciones se hacen peligrosas cuando las personas no ven que rebajan los mandamientos de Dios; se corrompen cuando las personas llegan a estar más preocupadas en mantenerlas que en obedecer los claros mandamientos de Dios. Pelikan expresa esta cuestión con sagacidad: "La tradición es la fe viva de los muertos, el tradicionalismo es la fe muerta de los vivos".[18] La tradición puede compararse con el caparazón del cangrejo azul. Para poder vivir y crecer, ha de mudar su caparazón de manera periódica. Hasta que consigue crear un nuevo caparazón, este cangrejo es sumamente vulnerable. No obstante, si este caparazón se hace tan duro y rígido que el cangrejo no puede deshacerse de él, se convertirá en su tumba. Deshacernos de las tradiciones que nos hacen sentir seguros y cómodos puede producirnos una gran ansiedad. Pero aferrarnos obsesivamente a las tradiciones hasta "endurecernos" en ellas resulta fatal.

Mirando en retrospectiva es fácil ver que la tradición de los fariseos se oponía a la voluntad de Dios y ahogaba la fe. Por nuestra parte, descartamos rápidamente las tradiciones sobre el lavamiento de las manos, jarras y bandejas como un absurdo empecinamiento en cuestiones

---

17. David H. Stern, *Jewish New Testament Commentary* (Clarksville, Md.: Jewish New Testament Publications, 1992), 92.
18. Jaroslav Pelikan, *The Vindication of Tradition* (New Haven: Yale Univ. Press, 1984), 65.

sin importancia. Sin embargo, para trasladar el sentido de este texto a nuestra situación, hemos de entender las legítimas preocupaciones que subyacen tras estas tradiciones. No deberíamos rechazar estos asuntos sin preguntarnos por qué eran importantes para poder relacionarlos con nuestra propia religiosidad. Analizaremos, por tanto, en primer lugar, la costumbre de los lavamientos de manos que precipitaron esta controversia, para considerar después los propósitos que subyacen tras la tradición de los ancianos. Hecho esto podremos ver los paralelismos que estos guardan con nuestras tradiciones y podremos detectar peligros semejantes.

La legislación de Éxodo 30:19-21 (ver 40:12) solo requería que se lavaran las manos los sacerdotes que participaban del servicio del tabernáculo. La ley requería también que los sacerdotes consideraran santa la parte de los sacrificios que se les permitía comer. Tanto ellos como los miembros de su familia tenían que estar ceremonialmente limpios para participar de esta comida (Nm 18:8-13). La tradición de los fariseos hacía extensivas estas leyes a todo el mundo, no solo a los sacerdotes que prestaban su servicio en el templo, y a todas las comidas, no solo a las ofrendas santas. Los fariseos se esforzaban por una santidad que iba mucho más allá de lo que prescribía la ley. En una variación del aforismo que afirma que el hogar de un hombre es su castillo, los fariseos creían que el hogar de un hombre era su templo.[19] Esta afirmación es un poco exagerada, pero nos hace ver lo importantes que eran para ellos estos asuntos relacionados con la pureza. Dios demandaba: "Sean santos, porque yo, el Señor su Dios, soy santo" (Lv 19:2). Para los fariseos, la santidad no se limitaba a la zona sagrada del templo, sino que se extendía a todo el territorio en una gradación descendentes que se iniciaba en el templo (ver *m. Kelim* 1:6-9).[20]

---

19. Stern, *Jewish New Testament Commentary*, 92.
20. La discusión actual sobre los fariseos ha girado en torno al debate entre Jacob Neusner y E. P. Sanders, dos influyentes eruditos sobre el judaísmo. Neusner sostiene que los fariseos afirmaban que la comida debía tratarse como si fuera ofrecida en el templo (en *From Politics to Piety: The Emergence of Pharisaic Judaism* [Englewood Cliffs, 1973]). Sanders rebate su definición de los fariseos como un "club para una alimentación pura". Este erudito sostiene que "ni por un momento creyeron que su comida podía ser tan pura como la de los sacerdotes en el templo, y ni siquiera como la que comían los sacerdotes y sus familias fuera del templo (la ofrenda mecida)" (en *Judaism: Practice & Belief 63* BCE-66 CE [Filadelfia: Trinity Press International, 1992], 437). Sanders sostiene que estos solo hacían "gestos menores que imitaban parcialmente la pureza sacerdotal" (438; ver además, su obra *Jewish Law From Jesus to the Mishnah: Five Studies* [Filadelfia: Trinity Press International, 1990], 184-236).

Los fariseos identificaban el lavamiento de las manos como algo que formaba parte de la "tradición de los ancianos" (Mr 7:5; ver Gá 1:14); sin embargo, Jesús lo califica de manera peyorativa como "tradiciones humanas" (7:8). No obstante, los fariseos y sus herederos espirituales, creían que Dios había entregado su tradición a Moisés (*m. 'Abot* 1:1-2). Estas tradiciones eran leyes no escritas que pretendían llenar los espacios vacíos y los silencios de las leyes rituales consignadas en Levítico y Números. Puesto que fundamentaban sus decisiones en el análisis lógico de los datos explícitos e implícitos de la Escritura, los fariseos consideraban que estas tradiciones estaban arraigadas en la Escritura y eran iguales a ella en autoridad.

Tras el desarrollo de esta tradición podemos identificar tres propósitos que tienen puntos en común con el progreso de las tradiciones en los círculos cristianos.

(1) La tradición de los ancianos pretendía cumplir el requisito esencial de que Israel fuera santo al Señor (Lv 19:2) algo asequible en la vida cotidiana. Los fariseos fueron bastante liberales al reducir el requisito bíblico de bañar todo el cuerpo (Lv 15; 16:26, 28; 17:15-16; 22:1-7) al simple acto del lavamiento de las manos. No pretendían eludir las demandas de la ley. Estos piadosos intérpretes tenían el auténtico deseo de ayudar a los judíos de a pie a precisar las cosas que tenían que hacer para ser santos. No creían estar invalidando los mandamientos de Dios, sino haciéndolos aplicables. La tradición estaba diseñada para que los judíos de a pie tuvieran un mapa que trazara lo permisible y lo proscrito, lo limpio o lo impuro, para que pudieran vivir la vida de piedad.

(2) La tradición de los ancianos pretendía impedir que las influencias paganas que rodeaban a la nación invadieran al judaísmo (ver Lv 20:1-7). Esta actitud se expresa en *Carta de Aristeas*, 139, que se regocija en la ley que "nos rodea con un vallado constante y muros de hierro, para evitar que

---

Martin Hengel y Roland Deines (en "E. P. Sanders' 'Common Judaism,' Jesus, and the Pharisees", *JTS* 46 [1995]: 1-70) plantea un camino intermedio. Estos concuerdan en que "los fariseos no querían 'imitar' los diferentes estados de pureza que se requerían del personal cúltico dentro o fuera del templo en el sentido de ponerse en el *mismo nivel* que los sacerdotes". No obstante, argumentan: "...puesto que *la obligación esencial de ser santo* se aplicaba a *todo el pueblo*, los fariseos querían deducir lo que esto implicaba a partir de la Escritura y la tradición, para luego practicarlo como ejemplo para el resto" (47). Ver también la crítica de Sanders en Bruce Chilton, *Feast of Meanings: Eucharistic Theologies From Jesus Through Johannine Circles* (NovTSup 72; Leiden: Brill, 1994), 159-68.

nos mezclemos en lo más mínimo con los otros pueblos, manteniéndonos así puros en cuerpo y alma, preservados de falsas creencias y adorando al único Dios omnipotente sobre toda la creación". Animaba al pueblo a hacer un esfuerzo consciente para separarse de las impuras hordas destinadas a la destrucción. Cosas como la inmersión ritual y el lavamiento de las manos eran actos tangibles y positivos que mostraban quiénes eran los escogidos de Dios que serían vindicados al final de los tiempos.

Los fariseos actuaban como Daniel, intentando preservar y proclamar su distintiva santidad, no como Mardoqueo que aconsejaba a Esther que mantuviera en secreto su identidad nacional (Est 2:10, 20). La preocupación por la limpieza ritual estaba motivada por un deseo de aislar a Israel de los asaltos del helenismo (el humanismo secular de aquel tiempo). Harrington afirma: "Se subrayaban las leyes rituales sobre la pureza porque distinguían a Israel de los demás pueblos y lo definían como un ente físico y dependiente de la historia y la genealogía, no de una idea universal y espiritual".[21] Las leyes creaban la ilusión de un cosmos ordenado, con límites cuidadosamente delimitados que mantenían a todas las personas y cosas en su lugar correcto. Todas estas distinciones llegaron a ser muy importantes para la conservación de la naturaleza distintiva del judaísmo e impedir que se mezclara con otros pueblos.[22] Al otorgar un valor crucial a estas cosas, se reforzaba la identidad de grupo y crecía la devoción a la ley.

(3) La tradición asume que Dios ha ordenado los detalles y hemos de estudiarlos y darles valor normativo para poder agradar a Dios. La ley oral posterior especifica, por ejemplo, no solo cómo debe uno lavarse las manos, sino dónde poner la servilleta durante la comida para no contaminarla, cuándo recitar las oraciones, cómo y cuándo barrer y recoger. Pueden parecernos cuestiones demasiado nimias para interesar a una religión. No obstante, Neusner propone lo contrario afirmando que las reivindicaciones de la ley eran importantes precisamente porque podían extenderse a las cosas humildes que uno puede controlar en la vida. Si alguien preguntara: "¿Cómo puedo yo acercarme al Dios todopoderoso?", el salmista dice que con "manos limpias y corazón puro" (Sal 24:4). ¿Pero qué se supone que deben hacer exactamente las personas? Los rabinos dirían que, cuando comemos, nos acercamos al trono del

---

21. Harrington, *Impurity Systems*, 164.
22. Ver Jub. 22:16: "Sepárense de las naciones..." y Hch 10:28: "Ustedes saben muy bien que nuestra ley prohíbe que un judío se junte con un extranjero o lo visite".

Dios todopoderoso y hemos de lavarnos las manos y tomar el vino con la mano derecha y el aceite con la izquierda. ¡Se trata de cosas que podemos hacer! "Y al hacerlas —afirma Neusner— uno sabrá que hay reglas para la guía y que tales reglas representan la reverencia, el asombro, la prudencia y la solemnidad en la presencia de Dios".[23]

Esta tradición imparte una santa trascendencia a los actos cotidianos y nos lleva a pensar en Dios y en cómo podemos demostrarle concretamente nuestra devoción. Los fariseos afirmaban que Dios creó el orden y que los asuntos humanos solo prosperan cuando las cosas se hacen ordenadamente. Por ello, se inclinaban por las reglas estrictas, los programas ordenados y los debates concienzudos sobre la aplicación de los textos, para no perder el control. Desde su perspectiva, Jesús estaba totalmente fuera de control por cuanto no tenía en cuenta sus reglas y se saltaba sus límites.

¿Cuáles son las afinidades cristianas con las tradiciones farisaicas de los ancianos? (1) Las comunidades cristianas también tienen una tradición oral que rellena los espacios vacíos y las dirige a lo que deben o no hacer. Por ejemplo, puede que alguien pregunte: ¿Cuál debe ser la base para el diezmo, nuestros ingresos brutos o los netos? ¿Hemos de diezmar de los productos que nos rinde el huerto? ¿Debería aceptarse el diezmo de dinero procedente de la lotería? Por regla general, las respuestas a estas preguntas no proceden de pasajes concretos de la Escritura, sino de una tradición que pretende aplicar las normas de Dios de un modo específico que nos permita saber qué hemos de hacer y cuándo lo hemos hecho. Pero jugamos con fuego cuando tratamos las decisiones sobre estas cuestiones como cosas sacrosantas y las aplicamos rígidamente.

(2) Algunas comunidades cristianas también subrayan ciertos aspectos concretos para reforzar su identidad frente a otras. A veces lo que se subraya es una determinada práctica, otras, una doctrina específica. Al identificarse con tal tradición, quieren dejar claro que forman parte de un determinado colectivo en contraposición con otro (sea el que sea). El peligro es que podamos convertir nuestra singularidad y pureza en un ídolo que sustituye la Palabra de Dios. Hace muchos años, estando en el seminario, un alumno expresó su desacuerdo con un profesor sobre un determinado aspecto de su enseñanza. El profesor explicó su convicción

---

23. Jacob Neusner, *Invitation to the Talmud* (San Francisco: Harper & Row, 1984), 81.

citando un pasaje de la Escritura tras otro y dejando a su crítico sin argumentos. No obstante, el alumno se negaba a ceder y, finalmente exclamó frustrado: "¡Puede que lo que dice sea bíblico, pero no es bautista!".

Mantener nuestra herencia puede ser valioso cuando procuramos ser fieles a nuestra visión de la verdad. Insistir sobre la pureza doctrinal para rechazar la corrupción que viene de fuera no es innoble. Hemos de tener cuidado, sin embargo, de no caer en el peligro de los fariseos que trazaban el círculo de manera tan estrecha que excluían al noventa y nueve por ciento de la raza humana. En ocasiones, las comunidades cristianas levantan muros tan altos y tan macizos para preservar su virtud teológica que no pueden alcanzar a los demás. En el tiempo de Jesús, las señales externas de la obediencia —la observancia del sábado, las leyes alimentarias, la circuncisión y el lavamiento de las manos— se convirtieron en insignias que señalaban a los escogidos como aquellos que estaban "dentro". Estas mismas insignias se utilizaban para impedir que otros pudieran entrar en el círculo de la gracia y la aceptación de Dios.

Marcos nos muestra el ministerio de Jesús como una constante oposición a la categorización de personas y cosas en puras e impuras. Las leyes de la pureza ritual trazan determinadas fronteras y los fariseos se autoproclaman guardas fronterizos. Dejan fuera a los leprosos, los pecadores y a los que tienen flujo de sangre; siguen las reglas sabáticas y se lavan las manos antes de comer comida limpia. Defienden un cierto tipo de comunidad y orden. Jesús rebasó las fronteras al atacar sus reglamentaciones sobre pureza y afirmar que la verdadera impureza es de carácter moral, no ritual. No tenemos que proteger la santidad con una alambrada de reglas. Al contrario, la santidad de Dios rebasa todos los límites. No sufre contaminación, sino que transforma todo lo que toca. Como dijo San Agustín: "Aunque la luz atraviesa la contaminación, esta no le afecta". Jesús demuestra este poder cuando toca a un leproso y a un cadáver, y es tocado por una mujer con hemorragias. Este contacto físico no lo hace impuro, sino que es él quien limpia y restaura a la vida. El conflicto de Jesús con los fariseos revela que la observancia religiosa no tiene que chocar con el sentido común y la educación.

(3) Las tradiciones cristianas guardan también paralelismos con el interés de los ancianos por los detalles. Las cosas deben hacerse de una forma determinada. A lo largo de la historia de la Iglesia y en las iglesias locales de nuestro tiempo han surgido toda clase de disputas sobre lo que se perciben como violaciones de estas formas de hacer las cosas. El bau-

tismo debe llevarse a cabo de una cierta manera. La celebración de la Eucaristía ha de seguir ciertos patrones. Hemos de tener cuidado de no centrarnos tanto en los detalles que pasemos por alto el plan general. Es fácil perdernos en una maraña de tecnicismos y minucias e ignorar los mandamientos más importantes de la ley (los principios amplios e inagotables, como el ejercicio de la justicia, la misericordia y la fe [Mt 23:23-28]).

Muchos predicadores vienen ridiculizando los mezquinos intereses de la tradición farisaica sin preocuparse de entender lo que la suscitó. Muchos no se dan cuenta de que también sus tradiciones serán fácilmente ridiculizadas por quienes vivan siglos más tarde en una cultura distinta. Al abordar la tarea de contextualizar este pasaje hemos de reflexionar en intereses piadosos que puedan contravenir la voluntad de Dios que se expresa en el amor a los padres y al prójimo. Este tipo de reflexión plantea ciertos peligros. Quienes se enfrentan a las vacas sagradas se encuentran, normalmente, con las mismas reacciones que Jesús.

El sistema de pureza ritual de los fariseos se basaba en la doble suposición de que Dios moraba en el templo y las leyes bíblicas aportaban directrices sobre cómo debían los sacerdotes acercarse al Dios santo y llevar a cabo sus deberes. La aplicación de estas leyes a la vida en general hacía posible que incluso los que no eran sacerdotes tuvieran acceso a Dios fuera de los límites del sagrado templo. Aunque obedecer sus requisitos no era tarea fácil, resultaba, sin embargo, posible. Pero Jesús hacía asequible a Dios para todas las personas, aun para aquellas que no practicaban la pureza farisaica. No hacía falta ser sacerdote ni pretenderlo. El acceso a Dios no tiene nada que ver con estar dentro del templo. Lo que importa es lo que sale de nuestro interior.

Significado Contemporáneo

Al interpretar este pasaje hemos de procurar no menospreciar el judaísmo del siglo I juzgándolo como una religiosidad de letra muerta, llena de legalismo, cuando nuestro propio cristianismo puede ser precisamente igual de muerto y legalista.[24]

---

24. Deberíamos reconocer que lo que nosotros llamamos despectivamente legalismo era para el fariseo un sincero esfuerzo por aplicar la voluntad de Dios a la vida cotidiana. Toda ley requiere interpretación.

Los cristianos también añadimos tradiciones a los puntos esenciales de la fe, las aplicamos de manera legalista y las tratamos como si Dios nos las hubiera dado para su perpetuo cumplimiento. No nos sentimos menos inquietos o indignados que los fariseos del tiempo de Jesús cuando alguien cuestiona o menoscaba tales tradiciones. Consideraremos el significado contemporáneo de la preocupación por la pureza, el problema de establecer límites y el peligro de la hipocresía.

(1) La mayoría de los cristianos de hoy no creen que la comida sea susceptible de contaminación religiosa. Muchos comen salchichas de cerdo y hamburguesas con queso (una mezcla prohibida de carne y productos lácteos) sin sentir ninguna inquietud moral y, probablemente, preocupándose solo del alto índice de colesterol, de los conservantes químicos de estos productos y de la destrucción de las selvas tropicales que se realiza para criar el ganado que abastece a los restaurantes de comida rápida. No obstante, el asunto de la impureza, tan vital para los fariseos, no es irrelevante para la vida contemporánea. La pureza tiene que ver con el modo en que ordenamos y clasificamos a las personas, las cosas y los tiempos. Las reglamentaciones sobre la pureza clasifican a las personas, los objetos y los lugares como puros o impuros, adecuados o no, susceptibles de impureza o causa de ella.[25]

Aunque en nuestro tiempo muchos pueden pensar que estas cosas no les preocupan, la idea esencial que subyace tras las leyes de la pureza ritual es familiar para todos: "Un sitio para cada cosa y cada cosa en su sitio".[26] Consideramos que algo es "impuro" cuando parece fuera de lugar. La impureza se produce cuando "*algo* erróneo se lleva a cabo en un *momento* o *lugar* inadecuados".[27] Por ejemplo, a muchos les encanta tirar petardos el Cuatro de Julio, en Año Nuevo o para San Juan, dependiendo de cuál sea su país y su cultura. Sin embargo, estas mismas personas considerarían que tirar petardos es inadecuado durante la Cena del Señor, al tiempo que reprensible. Seamos o no conscientes de ello, tenemos las ideas bastante claras sobre lo que es o no puro. La aversión universal a la suciedad, la enfermedad y la muerte gobierna estas cuestiones. Lo que se considera "suciedad" puede adoptar muchas formas. Corremos el peligro de desarrollar una postura religiosa defen-

---

25. Jerome H. Neyrey, "The Idea of Purity in Mark's Gospel", *Semeia* 35 (1986): 92.
26. *Ibíd.*, 93.
27. *Ibíd.*, 92.

siva, como hacían los fariseos del tiempo de Jesús, y obsesionarnos con mantener fuera la impureza.

Muchos discuten acaloradamente por lo que consideran cuestiones de vida o muerte y que, para el mundo exterior y el cristiano de a pie, no son sino ruido vacío. La cuestión esencial es lo que se considera correcto o puro (y que se convierte en la propia tradición) e impropio o impuro. Jonathan Swift satirizó esta mezquindad en la guerra que mantenían los liliputienses por el importante asunto de si los huevos tenían que romperse por su extremo más redondeado o por el más picudo.[28] Garrison Keillor hace lo mismo al describir su herencia religiosa. En su obra *Lake Wobegon Days,* Keillor habla de su procedencia de un grupo "exclusivo" que creía su deber guardarse de las falsas doctrinas evitando relacionarse con los impuros: "Nos asegurábamos de que aquellos con quienes manteníamos comunión fueran rectos en todos los detalles de la fe". Lamentablemente, escribe, los fundadores del grupo "acabaron peleándose entre ellos".

> 'Meticulosos hasta la médula y perfectos literalistas, discutían apasionadamente por cuestiones que a cualquiera que viniera de afuera le habrían parecido, sin duda, triviales, pero que para ellos eran cruciales para la fe. Una de las preguntas era esta: Si el creyente A se relaciona con el creyente B, y este tiene una cierta relación con C, que profesa una falsa doctrina, ¿debe D romper su relación con A, aunque este no profese dicha doctrina, para no contaminarse?
>
> La respuesta correcta es: Sí. No obstante, algunos... sentían que D solo tenía que hablar con A e instarle a romper su relación con B. Quienes opinaban de otro modo rompieron rápidamente su relación con ellos.[29]

Es posible que muchos reconozcan esta caricatura en sus propias tradiciones religiosas. Esta actitud produce una iglesia dedicada a convertir el cristianismo en una inexpugnable fortaleza con colosales muros que mantienen a los puros dentro y a los impuros fuera. La preocupación por la pureza afecta directamente a la evangelización. Normalmente, este sistema cerrado separa de su prójimo a quienes viven en él y les impide también desarrollar una verdadera comunión con Dios. Roy

---

28. Citado por Luccock, "The Gospel According to St. Mark: Exposition", 7:750.
29. Garrison Keillor, *Lake Wobegon Days* (Nueva York: Viking, 1985), 105.

Pearson comenta que lo que Dios quería para la Iglesia es que estuviera en el ojo del huracán y se mezclara con aquellos que habían puesto su vida patas arriba.

> Es un hecho largamente ignorado que la Iglesia tiene en común con el deshollinador que no puede hacer su trabajo en un entorno cómodo ni con manos limpias. En este sentido, no es la limpieza la que acompaña a la piedad, sino la suciedad. Suciedad, dolor, aflicción, prejuicio, injusticia y traición.[30]

Jesús es como aquellos que quieren dirigir la iglesia para quienes todavía no asisten a ella. ¿Cómo les ayudamos a formar parte de la familia en lugar de excluirlos? Su enseñanza tuvo un impacto directo sobre la práctica misionera cuando Pablo aconsejó a los corintios que comieran de todo lo que les pusieran delante (1Co 10:27) y les dijo a los romanos que "no hay nada impuro en sí mismo" (Ro 14:14); les mandó que no juzgaran a los demás (14:4, 10, 13) ni pusieran tropiezos en su camino (14:13) y les pidió que aprendieran a vivir en armonía (15:5) y a edificarse unos a otros (14:19) más que a levantar muros de separación. Pensemos en cómo responderíamos si nuestros invitados hicieran ascos a la comida que les ofrecemos, porque, de algún modo, no cumple sus normas religiosas. ¿Cómo nos sentiríamos si su rechazo de nuestra comida llevara también implícita la idea de que somos en cierto modo impuros, intocables? Difícilmente conseguirían que estuviéramos dispuestos a escuchar su mensaje. Al aplicar este pasaje, hemos de preguntarnos: "¿Comunicamos de algún modo a otras personas que son 'sucias' y no pueden relacionarse con nosotros? ¿De qué modo es esto un obstáculo para que podamos llevarles el evangelio?"

Los asuntos que se dirimen en este pasaje tienen también que ver con nuestra identidad religiosa. Plantea la cuestión: ¿Qué cosas hacen que otros nos vean como pueblo de Dios y qué cosas lo impiden? No trazar ningún límite frente a la cultura pagana que nos rodea constituye un peligro puesto que nos impide asentar nuestra identidad. Los intereses por la pureza son indicadores de estos límites. En su amonestación de la tradición farisaica Jesús nos permite ver, sin embargo, que trazar unos límites excesivamente ajustados ahoga el amor. Es cierto que el amor al mundo (como sistema) excluye a Dios de nuestra vida, pero hemos de

---

30. Roy Pearson, "The Unangelic Mission of the Church", *Congregations* 21 (julio/agosto 1995): 25.

tener cuidado de no excluir al mundo (las personas que lo forman) del amor de Dios. Un escritor confiesa:

> Dios no siempre respeta los límites que creamos y protegemos tan cuidadosamente. Trazar líneas en la arena teológica puede servir a nuestros propósitos; separar a los buenos de los malos puede ser útil, puesto que es difícil saber que estás dentro si no sabes quién está fuera. Pero Dios muestra un estudiado desinterés por las preocupaciones de este tipo. Su generosa gracia sigue derramándose sobre territorio extranjero.[31]

Jesús sigue cruzando fronteras en el siguiente episodio de Marcos, donde extiende su gracia a una mujer pagana sirofenicia.

Los fariseos creían que los demás los reconocerían como pueblo de Dios por su pureza, que para ellos consistía en el lavamiento ritual de manos, vasos, vasijas, el uso de alimentos *kosher* y la observancia del sábado. Pablo muestra su comprensión del espíritu de esta enseñanza de Jesús cuando afirma: "Porque el reino de Dios no es cuestión de comidas o bebidas sino de justicia, paz y alegría en el Espíritu Santo" (Ro 14:17). En nuestro tiempo cantamos: "Y que somos cristianos se verá en nuestro amor". No siempre vivimos de este modo, pero la pureza interior de corazón que irradia amor e integridad ha de hacernos sobresalir en medio de una generación maligna y perversa.

En este pasaje Jesús acusó a los fariseos de ser hipócritas. Los fariseos no tenían el monopolio de la hipocresía, y los hipócritas siguen afligiendo a la Iglesia. Jesús no estaba en contra del manifiesto cumplimiento de la voluntad de Dios, pero no quiso considerar como moral y agradable a Dios nada que no fuera una expresión de carácter: "Si tienen un buen árbol, su fruto es bueno; si tienen un mal árbol, su fruto es malo. Al árbol se le reconoce por su fruto" (Mt 12:33).

Los más infames de entre los hipócritas son aquellos que pretenden ocultar el mal que hay dentro de ellos con una exhibición de devoción externa. Judas es el que mejor encaja en esta categoría de hipócrita en el evangelio. Llega a Getsemaní dando muestras de cariño y honor para con Jesús, pero no es sino un sórdido ardid para capturar a su Maestro. Otros hipócritas se engañan a sí mismos tanto como los demás. Los

---

31. Donald W. McCullough, "Serving a Wild Free God", *Christianity Today* 39 (3 de abril, 1995): 17.

escrupulosos fariseos encajan en esta categoría. Cuando Jesús los llama hipócritas, está poniendo de relieve lo fácilmente que puede pervertirse la sinceridad y el deseo de hacer exactamente lo que Dios manda, ignorando lo que él desea realmente. La palabrería de los fariseos y sus gestos religiosos los llevan a pensar y a hacer pensar a otros que son piadosos.

Para las personas religiosas es muy fácil obedecer todas las normas y creer todas las doctrinas correctas de un modo superficial, mientras su corazón está en otra parte. Pueden también concentrarse en la ejecución de ritos religiosos que certifican su pureza externa y al mismo tiempo olvidarse por completo de la pureza interior. Los hipócritas pueden autoengañarse observando determinados ritos con el mayor rigor, y creyendo que, con ello, han hecho todo lo que Dios requiere de ellos. Se sujetan a las reglas pero permiten que estas atropellen sin miramientos a los demás. ¡Qué frecuente es ver a los cristianos ignorar los vicios de la lista y concentrarse en la práctica de cosas completamente secundarias? Acaban practicando una religión que solo afecta a las manos pero que nunca toca el corazón. La Iglesia necesita nuevos recordatorios de que puede ser correcta en su aspecto externo y su teología, pero carecer del Espíritu de Cristo. El bien procede de la pureza interior, una vida transformada desde dentro y no de la mera observancia de reglas y doctrina.

Marcos 7:24-30

Jesús partió de allí y fue a la región de Tiro. Entró en una casa y no quería que nadie lo supiera, pero no pudo pasar inadvertido. ²⁵ De hecho, muy pronto se enteró de su llegada una mujer que tenía una niña poseída por un espíritu maligno, así que fue y se arrojó a sus pies. ²⁶ Esta mujer era extranjera, sirofenicia de nacimiento, y le rogaba que expulsara al demonio que tenía su hija.

²⁷ —Deja que primero se sacien los hijos —replicó Jesús—, porque no está bien quitarles el pan a los hijos y echárselo a los perros.

²⁸ —Sí, Señor —respondió la mujer—, pero hasta los perros comen debajo de la mesa las migajas que dejan los hijos.

²⁹ Jesús le dijo:

—Por haberme respondido así, puedes irte tranquila; el demonio ha salido de tu hija.

³⁰ Cuando ella llegó a su casa, encontró a la niña acostada en la cama. El demonio ya había salido de ella.

Sentido Original

Jesús viaja a las regiones de Tiro que se extienden por la zona norte de Galilea y se encierra en una casa. Marcos no nos dice por qué decide aventurarse por esta zona o por qué desea permanecer de incógnito. Puede que quiera enseñar a sus discípulos en privado (ver 9:30-31), aunque estos no aparecen en la escena. Es posible que quiera retirarse de sus airados oponentes, o simplemente desea alejarse un poco para descansar (6:31). Una cosa es segura. La presencia de Jesús no pasa nunca desapercibida por mucho tiempo puesto que su fama le ha precedido por todas partes, incluso en esta región predominantemente gentil. Antes, el pueblo había acudido masivamente a él desde esta zona cuando comenzó su ministerio en Galilea (3:8). Ahora, cuando se filtra la noticia de que Jesús está en las inmediaciones, una mujer cuya hija es víctima de un espíritu inmundo comienza inmediatamente a buscarlo para pedirle ayuda. En esta búsqueda vemos una señal de su fe y su ingeniosa determinación cuando descubre su paradero.

Marcos describe a esta mujer como griega y sirofenicia (7:26). Esta repetición es una progresión en dos pasos que Marcos utiliza para hacer que el lector tome nota de algo. El primero expresa una generalidad, mientras que el segundo ofrece detalles más específicos y contiene normalmente un elemento crucial.[1] Se trata de una mujer pagana y gentil, lo cual introduce un nuevo pliegue al relato. Es natural de una ciudad considerada en el Antiguo Testamento como una rica e impía opresora de Israel (ver Is 23; Jer 47:4; Ez 26-28; Jl 3:4; Am 1:9; Zac 9:2). No cabe duda de que la mayoría de los judíos del primer siglo (Jn 18:28; Hch 10:28) compartían el prejuicio de que, al tocar a un gentil uno se contaminaba, como en el caso de una persona con flujo de sangre. Consideraban que su depravación e impureza era algo innato, no producido por la lista de impurezas que se menciona en Levítico 11-15.[2] Los gentiles eran impuros por el mero hecho de ser gentiles. La humilde petición de esta mujer gentil crea, por tanto, una impresionante tensión. ¿Será Jesús tan generoso con esta mujer de Tiro como lo ha sido con los inmundos parias de Israel?

El diálogo que se produce entre Jesús y su postulante gentil ofrece muchas sorpresas. En primer lugar, Jesús no es, en este caso, el hombre afable que siempre suponemos. Rechaza de plano la petición de la mujer con un incisivo insulto: "Deja que primero se sacien los hijos [...], porque no está bien quitarles el pan a los hijos y echárselo a los perros" (7:27).[3] La palabra "primero" da a entender que los gentiles tienen un resquicio de esperanza, pero por lo pronto esta mujer debe esperar su turno con paciencia. Jesús afirma la misma primacía de Israel que Pablo: "De los judíos primeramente, pero también de los gentiles" (Ro 1:16; 2:9-10). Jesús viene como Mesías de Israel, y como gentil ella no tiene derecho a saltarse el turno y adelantarse a recibir un beneficio que todavía no le corresponde.

La segunda sorpresa la encontramos en que la mujer no se apoca ante una respuesta tan poco amable a su petición. Acepta la premisa de Jesús en el sentido de que los hijos han de comer antes de que pueda darse algún alimento a los perros. Su respuesta es rápida e ingeniosa, y sigue el hilo de su parábola: "Sí, Señor [...], pero hasta los perros comen debajo de la mesa las migajas que dejan los hijos" (7:28). Esta avispada mujer capta

---

1. David Rhoads, "Jesus and the Syrophoenician Woman in Mark: A Narrative-Critical Study", *JAAR* 62 (1994): 352-53.
2. *t. Zab.* 2:1; *m. Pesah.* 8:8: "La escuela de Hillel dice: El que se separa de la circuncisión es como el que se separa del sepulcro". Ver *b. 'Abod. Zar.* 36b.
3. El verbo "todo cuanto quisieron" (NVI "hasta quedar satisfecho") describe los resultados de la alimentación de los cinco mil (6:42) y los cuatro mil (8:8).

inmediatamente el significado del acertijo de Jesús, lo cual es una tercera sorpresa. La mayoría de los oyentes de Jesús en el Evangelio de Marcos no comprenden sus enigmas sin una cierta explicación. El enigma sobre lo que realmente contamina a las personas, por ejemplo, deja a los discípulos in albis (7:14-18). En cambio, esta mujer reconoce, sin ninguna indicación que, en esta parábola, "los hijos" representan a Israel y "los perros", a los gentiles. Los judíos se veían a sí mismos como los hijos de Dios.[4] Algunos expresaban su desdén por los inmundos e idólatras gentiles denigrándolos como "perros".[5] Esta mujer entiende y acepta las implicaciones de las palabras de Jesús, a saber, que Israel tiene precedencia sobre los gentiles y que todavía no ha llegado el tiempo de estos.

Pero el insulto implícito no la irrita ni le crea amargura, y esta mujer sirofenicia se convierte en la primera persona de esta narración que establece un constructivo diálogo con Jesús sobre su misión. No se molesta egoístamente, porque otros tengan más privilegios que ella, y su alegre reconocimiento de la preeminencia de Israel nos lleva a una cuarta sorpresa. Esta mujer se niega a aceptar el rechazo inicial de Jesús y no admite un "no" por respuesta.

Es posible que haya cobrado ánimo porque el Señor haya aludido a los perros domésticos que corretean por la casa, no a los chuchos callejeros que merodean por los alrededores. No podemos estar seguros. No cabe duda de que esta mujer acepta el papel de perro y se acerca a Jesús mendigando comida. Sin embargo, presenta su argumento apelando a la palabra "primero" que usó Jesús. La mujer razona lógicamente que, porque se les arroje algunas migajas, no puede decirse que los perrillos del dueño les quiten la comida a los hijos. Las "migajillas" (un diminutivo que concuerda con "perrillos" [Esta es la traducción literal de ambos términos. N.T.]) caen de la mesa mientras los niños comen con sus movimientos torpes. Bajo la mesa, los perros comen cuando a los niños se les caen pedacitos de comida. No está pidiendo una elaborada comida de tres platos y postre, sino solo unas migajas del poder de Jesús para un perrillo.

---

4. Dt 32:6; Is 1:2; Jer 31:9; Os 11:1; Ro 9:4; Jub. 1:28; *m. 'Abot.* 3:15: "Amados son los hijos de Israel, porque fueron llamados hijos de Dios; y mayor fue aun el amor por cuanto se les hizo saber que se les llamaba hijos de Dios, como está escrito: Eres hijo del Señor tu Dios [Dt 14:1]".
5. *Pirqe R. El.* 29: "Cualquiera que come con alguien que adora ídolos es como el que come con un perro; como el perro es incircunciso, lo es también el incircunciso que adora ídolos".

La respuesta de la mujer pone de relieve que comprende más incluso que sus discípulos sobre el pan que ofrece Jesús. Han sido testigos de la alimentación de los cinco mil (6:31-44, 52) y lo serán de la de otros cuatro mil (8:1-10) pero no entienden todavía la naturaleza del pan que ofrece Jesús (8:14-21). Esta mujer, que no ha presenciado ninguno de estos episodios, suplica que se le den únicamente las migajas de pan que caen del regazo de los comensales. Sabe que no puede insistir en la misericordia de Dios y no se ofende cuando Jesús se lo dice. Aceptará de buen grado el rango de perro doméstico si ello le aporta la comida que suplica.

Jesús se ablanda y le otorga su petición: "Por haberme respondido así, puedes irte tranquila; el demonio ha salido de tu hija" (7:29). El perrillo es ahora aceptado como una niña. Muchos comentaristas sugieren que Jesús se ablanda por la sagacidad de la mujer. Pero esta no tiene interés alguno en jugar a ver quién es más ingenioso, mientras su hija está poseída por un demonio. Como cualquier padre, desea desesperadamente la liberación de su hija y hará lo que sea para conseguirla. Su ingeniosa réplica expresa una sincera humildad. Reconoce las diferencias entre los hijos y los perros. Acepta la prioridad de los judíos (el pan es justamente de los hijos, Israel). Está dispuesta a humillarse, a aceptar el papel de perro, para salvar a su pequeña con una sola migaja.

Esta disposición a humillarse es un requisito clave para el discipulado y algo que para los discípulos de Jesús es difícil aprender (9:35-37; 10:44). Tienen problemas para recibir el reino como "niños" (10:15); ella no tiene problemas en recibir el reino como un perrillo. Como tal, engullirá lo que se le dé. Pero lo que se le da no es una migaja, sino precisamente lo que le ha suplicado a Jesús. Cuando Jesús le dice que el demonio ha salido de su hija, ella no le pide que la acompañe a su casa para estar doblemente segura. Se va confiando, con la misma fe que había venido. Marcos concluye la escena explicando que, cuando esta mujer llega a su casa, encuentra a su hija en la cama y ve que el demonio ha desaparecido (7:30).

El capítulo 7 comenzaba con la represión de los fariseos a los discípulos de Jesús por comer sin lavarse las manos (estos impíos discípulos eran por lo visto demasiado impuros para comer a la mesa de un fariseo. Concluye con las migajas de pan que se conceden a perrillos, situados en el último escalafón de la tabla de la pureza/impureza ritual. El lector ha de captar la implicación de que Dios va a sanar a los gentiles, por impuros o lejos de Dios que puedan estar o parecer. Aunque otros puedan rechazar a alguien por pertenecer a una determinada raza, nacionalidad, clase social o trasfondo religioso, nada de esto impide que alguien reciba la misericordiosa sanación de Dios. Aquellos que ejercen una fe humilde recibirán pan.

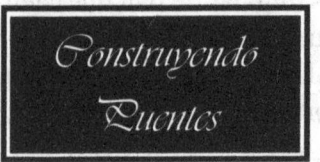

La brusca reacción de Jesús ante esta desesperada madre ha confundido a los lectores desde hace muchos años. ¿Por qué parece tan hosco cuando esta mujer le suplica ayuda para su hija poseída por un demonio? A fin de cuentas, la sirofenicia se acerca pidiendo, buscando y llamando, ¿Por qué habla de echar pan a los perros? Ella no está pidiendo pan sino ayuda para su hijita. ¿Cómo puede Jesús comparar con un perro a una niña enferma? Parece estar diciendo que los únicos comensales legítimos son los miembros del pueblo de Israel. Los demás, por mucho que lo merezcan o lo necesiten, no pueden esperar nada de él. Jesús no va a dar lo santo a los perros (Mt 7:6).

Esta escena perturba nuestro sentido de la justicia. Tampoco entendemos por qué Jesús no responde con mayor sensibilidad a esta súplica de ayuda por parte de una mujer gentil. ¿Qué culpa tiene de haber nacido gentil, vivir en la región de Tiro y estar inmersa en un contexto cultural griego? No nos molesta que Jesús sea rudo con los fariseos y los saduceos, ya que creemos que lo merecen; sin embargo, no nos parece normal que lo sea con una madre desesperada. Parece estar actuando como los filósofos cínicos que se distinguían por su forma de hablar insolente. De modo que quienes se sienten incómodos con la áspera respuesta de Jesús han propuesto muchas explicaciones para endulzar el uso del epíteto "perros".

Algunos sostienen que Jesús pronunció sus palabras en un tono de voz amable. McNeile comenta: "Pero si las palabras fueron audibles para ella, podemos estar seguros de que un tono tierno y un tanto gracioso las habría despojado de su carácter hiriente".[6] France afirma: "La palabra escrita no puede transmitir el efecto de un guiño y es posible que Jesús estuviera hablándole jocosamente con la clase de lenguaje

---

6. Alan Hugh McNeile, *The Gospel According to Matthew* (Londres: Macmillan, 1915), 231.

que ella esperaría de un judío para ver cuál sería su reacción".[7] Otros argumentan que el uso del diminutivo "perrillo" despoja al término de su carácter ofensivo. Con el diminutivo Jesús estaría aludiendo a los animales domésticos de los niños que retozan alrededor de la mesa, no a las fieras jaurías que merodeaban por los aledaños de los pueblos (Lc 16:21). Pero un perro es un perro, sea un mimoso animal de compañía o un chucho callejero. La mayoría de los oyentes no habrían entendido este epíteto como un término con connotaciones afectivas ya sea que Jesús hablara o no de manera amigable.

Otros han especulado con la idea de que este incidente refleja la propia tensión de Jesús con el ámbito de su misión que, según creía él, se limitaba a Israel. Los gentiles solo entrarían al redil cuando los propósitos de Dios con Israel llegaran a su consumación (ver Is 19:19-25; 66:19-20; Mi 4:1-2; Zac 8:20-22). Otros asumen que Jesús está aquí luchando con la pregunta: ¿Cuál es la voluntad de Dios en esta situación? ¿Acaso debería desviarse de su decidida atención a su misión a Israel? Taylor imagina que hay "una tensión en la mente de Jesús con respecto al ámbito de su ministerio, y [...] en un sentido está hablando consigo mismo además de con la mujer. Su respuesta muestra que ella ha captado rápidamente estas cosas".[8] La contestación de la mujer habría apaciguado sus dudas y le habría abierto los ojos a un radio más amplio de su misión que incluiría a los gentiles. Supuestamente, Marcos habría incorporado este relato para que los primeros lectores, que podían compartir estas mismas dudas sobre los gentiles, llegaran a esta misma conclusión. El problema de esta interpretación, que se aventura a leer la mente de Jesús, es que no tiene ninguna base en el texto. Jesús había estado ya en el territorio gentil de Gerasa y no parece que tuviera ninguna inquietud o inseguridad acerca de ministrar a los gentiles. Él no los rechazó; fueron más bien ellos quienes lo rechazaron y le pidieron que abandonara la región (5:1-20).

Otra interpretación sostiene que Jesús se muestra temporalmente reacio a prestarle ayuda a la mujer para poner a prueba su fe. Jesús no se niega terminantemente a cumplir su petición ni cierra por completo la puerta. Cranfield cita los comentarios de Calvino sobre este pasaje. Jesús quería "despertar su celo e inflamar su ardor". La mujer intuye "que la puerta está cerrada para ella, no para excluirla por completo,

---

7. Richard T. France, *Matthew* (TNTC; Grand Rapids: Eerdmans, 1985), 247.
8. Taylor, *Mark*, 350; ver también Cranfield, *Mark*, 247.

sino para que, mediante un esfuerzo de fe más enérgico, pueda encontrar, por así decirlo, un resquicio por el que entrar".[9] Si esto hubiera sido una prueba de fe, Jesús no elogia en ningún momento a la mujer por haberla superado con éxito. Podemos asumir que actúa con fe; sin embargo, a diferencia de lo que sucede en la sanación de la mujer con flujo de sangre (5:34), Marcos no lo menciona concretamente.[10] ¿Qué habría sucedido de no haber pasado la prueba, o de haber tenido una fe débil, como la del padre del muchacho epiléptico (9:24)? ¿Por qué no estimuló Jesús su fe como lo hizo con el dirigente de la sinagoga (5:36)? Esta interpretación plantea tantas preguntas como soluciones.

Otros intentan exonerar a Jesús de cualquier falta de cortesía alegando que todo este relato es una invención de la Iglesia, que después lo leyó de nuevo en la vida de Jesús. Quienes proponen esta idea afirman que este incidente lleva el sello de la lucha de la Iglesia con respecto a la misión a los gentiles, y la hostilidad hacia estos refleja la actitud del desacreditado sector derechista de la misma.[11] Sin duda, el abandono de las distinciones legalistas entre lo limpio y lo inmundo abrió la puerta para la misión a los gentiles, y es un hecho que este relato tiene implicaciones para su inclusión. Sin embargo, rechazar lo que nos parece problemático como un vestigio de la tosca comprensión de la Iglesia Primitiva es una arrogante lectura del texto.

No obstante, podemos aprender muchas cosas de este punto de vista cuando estudiamos este texto junto a aquellos otros que reflejan la tensión de la Iglesia Primitiva en relación con la aceptación de los gentiles (ver Hechos 10:1—11:18). Este incidente se produce después de que Jesús haya alimentado a cinco mil judíos en el desierto de Judea y tras la controversia con los fariseos por comer sin lavarse las manos y su explicación en el sentido de que solo nos contamina aquello que procede de nuestro interior.[12] La preocupación de los fariseos por lo que es limpio o inmundo es fingida. A continuación, Jesús se retira a territorio

---

9. Cranfield, *Mark*, 248-49.
10. Lane (*Mark*, 262) sostiene que Jesús no respondió porque, como gentil que era, esta mujer se le acercó con creencias supersticiosas y mágicas, lo cual no es un contexto apropiado para manifestar el poder de Dios. ¿Significa esto acaso que la mujer con flujo de sangre, que creía que si tocaba el manto de Jesús sería sanada, no manifiesta una creencia mágica?
11. Anderson, *Mark*, 191.
12. Hooker (*Mark*, 182) comenta con sagacidad, "Si la 'limpieza' depende solo de las actitudes humanas, entonces la distinción entre judío y gentil también desaparecerá: los judíos pueden tener malos pensamientos y los gentiles buenos (*cf.* Ro 2:13ss.)".

gentil, donde esta mujer lo localiza. Después de este encuentro, Jesús se adentra en territorio gentil por la zona de Decápolis, donde sana a un sordo y tartamudo, y alimenta a cuatro mil en un desierto gentil. Como reconoce Rhoads: "Este episodio trata esencialmente sobre el cruce de fronteras".[13] Desafía al lector a "no poner límites a la universalidad de las buenas nuevas del reino de Dios".[14] El poder del reino no puede restringirse a los reducidos límites de Israel, sino que llegará a todos los pueblos. En nuestros días, este texto puede tener implicaciones para aquellos que consideran a las mujeres como los judíos veían a los gentiles en el siglo I d.C.

Esta mujer entiende a Jesús (algo muy raro en el relato de Marcos) y entabla un creativo debate con él.

Otra explicación de la áspera reacción de Jesús atribuye la tensión a la relación socioeconómica entre Tiro y Galilea. La ciudad de Tiro estaba bien abastecida de productos del interior de Galilea (ver Hch 12:20), mientras que los propios productores de los productos frecuentemente pasaban hambre. Desde un punto de vista económico, Tiro le quitaba el pan a Galilea. Los galileos veían a Tiro como una permanente amenaza por sus políticas expansionistas puesto que no había fronteras naturales para delimitar claramente los límites de las dos regiones. La hostilidad entre tirios y judíos se refleja en las palabras de Josefo cuando dijo que las gentes de Tiro son "nuestros peores enemigos" (Contra Apión 1 § 70). Al principio de la sublevación judía contra Roma, Josefo afirma que los tirios asesinaron y encarcelaron a muchos judíos (Guerras 2.18.5 § 478). Esta mujer no es, por tanto, una simple gentil, sino que pertenece a un grupo de enemigos resentidos y privilegiados.[15] Actúa con una gran *jutzpá* (osadía, descaro) gentil al pedirle ayuda a un sanador judío de Galilea. Sería lo mismo que si un rico brahmín llegara en una lujosa limusina a una de las casas de acogida de la Madre Teresa pidiéndole insistentemente que pusiera a un lado el cuidado de sus intocables y se pusiera a orar por su hijo enfermo. ¿Nos sorprendería acaso que se le tratara con una cierta descortesía? Si esta mujer procediera de la alta sociedad dominante, su aceptación de un término como perrillo dirigido a ella misma y a su hija sería "todavía más asombrosa".[16]

---

13. Rhoads, "The Syrophoenician Woman", 363.
14. *Ibíd.*, 370.
15. Ver Gerd Theissen, *The Gospels in Context: Social and Political History in the Synoptic Tradition* (Minneapolis: Fortress 1991), 72-80.
16. Gundry, *Mark*, 378.

Al parecer, a Marcos no le preocupan los mismos aspectos de la narración que tanto sacuden nuestra sensibilidad. Por nuestra parte, asumimos que Jesús está obligado a responder a cada petición y sanar a todos los que acuden a él. Nuestro prejuicio consiste en pensar que los gentiles son tan importantes como los judíos, si no más, porque sabemos que la mayoría de estos últimos rechazarán al Mesías mientras que muchos gentiles responderán de buen grado al evangelio. Somos proclives a despojar a Jesús de su carácter judío y nos sentimos ofendidos por la particularidad de la elección de Dios. Podemos descubrir nuestros prejuicios planteándonos esta escena con un despreciado enemigo de nuestro contexto como postulante.

Al abordar la tarea de contextualizar este pasaje no hemos de intentar suavizar la supuesta falta de caballerosidad de Jesús. Es deliberadamente escandaloso y pone tropiezos en el camino de las personas. Agravia a los fariseos llamándolos hipócritas en su cara y burlándose de su entrañable tradición e insulta a esta mujer gentil, comparándola con un perrillo. Hemos de permitir la presencia del escándalo y subrayar que hemos de superarlo antes de poder abrir la puerta a la ayuda de Jesús.

Podemos preguntarnos: ¿Qué hay en el relato que nos habría ofendido a nosotros y cómo habríamos respondido? Nuestras respuestas revelarán mucho sobre nosotros. Puede que hubiéramos dicho: "Si es así como piensa, nunca le pediré ayuda".

A nadie le gusta que le llamen hipócrita, generación perversa, raza de víboras, sepulcros blanqueados, zorra, o perro. Nuestro orgullo entra en acción y nos impide volver a pedir ayuda. Nos hacemos dioses a nuestra medida que no nos ofenden y recurrimos a ellos, porque nos hemos auto convencido de que somos especiales y dignos de la gracia y ayuda de Dios. Solo cuando estamos verdaderamente desesperados estamos dispuestos a hacer cualquier cosa, incluso humillarnos, para conseguir la ayuda de Dios.

La actitud de la mujer ante el rechazo es la clave para entender este pasaje. Se acerca a Jesús con las manos vacías y no puede apelar a ningún derecho. No tiene ningún mérito, posición de prioridad, o algo que la haga especial. Su talante es el contrario de la impertinente actitud perdonavidas que predomina entre tantas personas de nuestro tiempo. Esta mujer no argumenta que su caso sea una excepción ni insta a Jesús para que le brinde un trato especial; no le contesta que ¿cómo va ella a privar de pan a los judíos si ni siquiera se encuentran en el territorio de Israel? Por otra parte, tampoco se aleja del milagroso poder de Jesús pensando que es demasiado indigna para recibir algo del Señor. Esta sirofenicia acepta su decisión y se postra como una mendiga implorando su gracia.

Al abordar la tarea de contextualizar este pasaje, hemos de ser conscientes de que este texto ofende a los lectores modernos, pero no deberíamos despojarlo de su elemento provocativo. Imaginemos a Jesús diciéndonos estas palabras a nosotros, y visualicemos nuestra respuesta. ¿Qué es lo que nos hace responder como lo hacemos? ¿Podemos imaginarnos, pues, a Jesús diciendo estas palabras a un enemigo amargado o a un privilegiado rival? ¿Cuál sería nuestra respuesta ante los desaires de otros? Contestar honestamente a estas preguntas nos ayudará a entender lo que nos impide recibir la ayuda de Dios y alcanzar a otras personas.

Como sucede con otras muchas personas en Marcos, esta mujer se acerca a Jesús atraída por su enorme magnetismo que trasciende nacionalidades, fronteras y clases sociales. Se le acerca, porque quiere algo de él. Esta mujer sabe que Jesús ofrece pan, una vida libre de la angustia que trae la opresión de los espíritus inmundos. No sabe todavía que, como Salvador, Jesús ofrece un pan de trascendencia incluso mayor, a saber, vida eterna y permanente libertad de los poderes del mal. Recibir este pan requiere que estemos dispuestos a entregarle totalmente nuestra vida. Esta mujer es un ejemplo de lo que significa ser el último de todos (9:35) y humillarse profundamente (10:43), algo que se requiere de todos los discípulos, tanto judíos como griegos.

Significado Contemporáneo

En su respuesta a la súplica de esta madre, Jesús asume la especial elección de Israel. Ocupa un lugar fundamental en la historia de la salvación. No obstante, este incidente da en el corazón del antiguo prejuicio de los judíos hacia los gentiles y sirve también para atenuar el resentimiento gentil por la preeminencia judía. En la anterior controversia (7:1-23), Jesús había eliminado la tradicional distinción entre limpios e inmundos; ahora, en este encuentro con una madre desesperada, abandona las distinciones entre judíos y gentiles. Del mismo modo que muchos de los discípulos más cercanos de Jesús no podían pasar fácilmente por alto la arraigada reverencia por las leyes alimentarias (Hch 10:1-33), muchos otros no conseguían librarse del antiguo prejuicio contra los gentiles.

Una cancioncilla dice:

Qué extraño
que Dios
escoja
a los judíos.[17]

A lo que Leo Rosten respondió:

No es
extraño.
Los gentiles
le fastidian (En el original se trata de una graciosa rima: "Not odd of God. Goyim annoy'im". N.T.).[18]

Los prejuicios hacia otras personas, alimentados por determinadas enseñanzas religiosas y estimulados por las divisiones sociales, no se apartan fácilmente del corazón humano. El mundo antiguo estaba plagado de prejuicios y, aunque hoy han cambiado el contenido y los grupos a los que se dirigen, la misma tendencia a la parcialidad sigue afligiendo al mundo moderno. Ello sofoca las esperanzas de paz y hasta el interés entre los cristianos por alcanzar con el evangelio a los que están llenos de odio y resentimiento. Morgan Godwyn, un licenciado de la Universidad de Oxford, llegó a Virginia alrededor del año 1665 y sirvió en varias parroquias de este estado y en la isla de Barbados. Cuando comenzó a predicarles el evangelio a los esclavos se encontró con la oposición de sus propietarios. Godwyn escribió que, normalmente, su queja era: "¿Qué? ¿A gentuza como ésta? ¿Perros negros convertidos en cristianos? ¿Cómo van a ser igual que nosotros?".[19]

Los prejuicios se derivan de la desconfianza hacia un grupo ajeno a nosotros y nos lleva a la aceptación de mentiras sobre sus creencias y

---

17. Refrán popular atribuido a William Norman Ewer (1885–1976), de *The Week-End Book* (1924), p. 117.
18. Refrán atribuido a Leo Rosten (1908–1997), *The Penguin Dictionary of Modern Humorous Quotations*, ed. Fred Metcalf (Londres: Penguin, 1986), p. 139.
19. H. Shelton Smith, *In His Image, But...: Racism in Southern Religion, 1780—1910* (Durham, N.C.: Duke Univ. Press, 1972), 11, citando *The Negro's and Indian's Advocate, Suing for their Admission into the Church: Or a Persuasive to the Instructing and Baptizing of the Negro's and Indians in our Plantations... To which is added*, A *Brief Account of Religion in Virginia* (Londres, 1680), 61.

conducta. Estos se deben al resentimiento por su éxito social y económico, al temor de sus competidores en estas esferas, o al mero hecho de que deciden ser distintos. Los demagogos utilizan este temor para culpabilizar a un cabeza de turco de los males de su pueblo. Puede utilizarse este pasaje como un asalto indirecto contra los prejuicios, sustituyendo a la mujer sirofenicia por alguien de un colectivo contemporáneo objeto de prejuicios. El oyente puede sentirse ultrajado por el tono que utiliza Jesús al hablar con tal persona y porque considere siquiera la posibilidad de negarle la ayuda que tan desesperadamente necesita. A continuación, el oyente puede caer en la cuenta de que la persona en cuestión pertenece a un grupo que excita nuestro desdén o aborrecimiento. Ello puede ayudar al oyente a ver los prejuicios desde una nueva perspectiva. Este pasaje puede hacernos ver que todos los humanos comparten la misma desesperación cuando los poderes demoníacos y la enfermedad nos golpean con fuerza. Todos anhelan ayuda: en todas partes, en las ciudades y los pueblos, ricos y pobres, judíos y gentiles. Jesús no despide con las manos vacías a nadie que se acerque a él con humilde fe.

Los prejuicios son una forma de egoísmo. Esta mujer muestra la mayor humildad, capaz de expulsar su prejuicio, cuando suplica unas migajas del pan destinado a los judíos. Que otros tengan privilegios no la hace actuar con amargura o acritud. No se toma a mal que disfruten de la bendición de Dios. Acepta su lugar y se acerca correctamente a Jesús, como una pecadora, pobre y necesitada. Se dice que Dwight Moody afirmó que Jesús no despidió a nadie con las manos vacías, sino a aquellos que estaban llenos de sí mismos. Aunque era una idólatra gentil, no padecía de idolatría. No esperaba alabanza por su fe; quería la sanación de su hija enferma. Admite que es inaceptable. El ministerio de Jesús revela que Dios no le ha enviado a recompensar a los dignos, sino a servir a los necesitados, quienesquiera que sean y dondequiera que se encuentren. Dios ayuda a quienes confiesan su necesidad y no merecen nada. Bernard de Clairvaux afirmó:

> Solo cuando la humildad lo permite pueden obtenerse las grandes gracias [...]. Por ello, cuando veas que estás siendo humillado, considéralo señal segura de que la gracia está en camino. Del mismo modo que el corazón se hincha con

orgullo antes de su destrucción, también es humillado antes de ser honrado.[20]

Bernardo concluyó: "Lo único que nos capacita para recibir la gracia es la posesión de una gozosa y genuina humildad".[21] La humilde mujer de este relato no se degrada hasta permitir que la pisoteen. Pide ayuda con determinación y no se desanima. En este sentido es como los hombres que hicieron una abertura en el tejado para descolgar a su amigo paralítico ante Jesús. O como la otra mujer que persistió, abriéndose camino entre la multitud para tocar su manto. Y como la viuda que, con gran audacia, suplicaba cada día a voz en cuello ante el juez injusto que se le hiciera justicia. La mujer sirofenicia no se desanima, sino que muestra una tenaz determinación para conseguir ayuda para su hija. Sabe que es indigna, pero ello no le impide creer que Jesús está dispuesto a sanar a su hija.

Muchos se sentirían tentados a desistir, alejándose con tristeza, o a despreciar a cualquiera que les trate desconsideradamente. ¿Quién quiere que se le compare con un perro? ¿A quién le gusta que los demás lo vean como el súmmum de la debilidad? Cuando no nos sentimos muy desesperados por nuestro estado o por el de nuestros hijos abandonamos este tipo de situaciones con viento fresco. Nos convencemos de poder resolver el problema por nosotros mismos o de encontrar otro medio. Según San Agustín, el orgullo convirtió a los ángeles en demonios, y Satanás utiliza la soberbia como uno de sus recursos preferidos para apartarnos de Dios y de su ayuda. El orgullo nos agarrota las rodillas y nos impide postrarnos, amordazándonos para que no elevemos un clamor en humilde súplica.

---

20. Sermon 34:1, en *The Works of Bernard of Clairvaux Volume Three On the Song of Songs II*, trad. por Kilian Walsh (Cistercian Fathers 7; Kalamazoo, Mich.: Cistercian Publications, 1976), 160-61.
21. *Ibíd.*, 34:3 (p. 162).

Marcos 7:31-37

Luego regresó Jesús de la región de Tiro y se dirigió por Sidón al mar de Galilea, internándose en la región de Decápolis. ³² Allí le llevaron un sordo tartamudo, y le suplicaban que pusiera la mano sobre él.

³³ Jesús lo apartó de la multitud para estar a solas con él, le puso los dedos en los oídos y le tocó la lengua con saliva. ³⁴ Luego, mirando al cielo, suspiró profundamente y le dijo: *«¡Efatá!»* (que significa: ¡Ábrete!). ³⁵ Con esto, se le abrieron los oídos al hombre, se le destrabó la lengua y comenzó a hablar normalmente.

³⁶ Jesús les mandó que no se lo dijeran a nadie, pero cuanto más se lo prohibía, tanto más lo seguían propagando. ³⁷ La gente estaba sumamente asombrada, y decía: «Todo lo hace bien. Hasta hace oír a los sordos y hablar a los mudos».

Sentido Original

El itinerario de Jesús lo lleva hasta el mar de Galilea por un sinuosa ruta que atraviesa Sidón y regresa después por la zona de Decápolis. Puede que la razón de este curioso desvío sea el deseo de Jesús de mantener en secreto sus movimientos (7:24), o que su encuentro con la mujer sirofenicia lo obligara a trazar un zigzag en su camino hasta la mitad del territorio de Decápolis.

La mención de Tiro, Sidón y Decápolis subraya que Jesús se introduce en territorio gentil.[1] Del mismo modo que las multitudes judías de Galilea llevaban a sus enfermos a Jesús (1:22; 8:22; 9:20), una multitud gentil pone ante él a un hombre sordo y tartamudo y le suplican que le imponga las manos (ver 5:23; 6:5; 8:22, 25). Jesús no pretende que sus sanaciones se conviertan en un espectáculo y se lleva a este hombre a un lugar apartado de la multitud.[2] Rehúye cualquier forma de autopromoción y no tiene ningún interés en convertir su ministerio en un circo de tres pistas.

---

1. Chapman (*Orphan*, 171-72) observa que Marcos vivía en una cultura "anterior a los mapas" y podría estar intentando ubicar a Jesús "desde una óptica cultural más que coordinada". Desde un punto de vista cultural, Jesús está "en medio de valores y actitudes extranjeros, aunque esté situado en la ribera" del mar de Galilea.
2. En privado, Jesús resucita a una niña (5:37, 40) y sana a otro ciego (8:23).

Para sanar a este hombre, Jesús no se limita a pronunciar palabras y realiza una serie de acciones. El vívido relato crea una dramática atmósfera de misterio. Jesús comienza tocando sus oídos con los dedos, lo cual simboliza su apertura y, a continuación, le toca la lengua con saliva, como símbolo de su liberación. Después mira al cielo, la fuente de su poder (como cuando pronunció una bendición antes de la alimentación de los cinco mil, 6:41), y suspira profundamente, un gesto de oración. Cranfield comenta que el suspiro "indica la fuerte emoción de Jesús cuando, en su guerra contra el poder de Satanás, ha de pedir ayuda a Dios en urgente oración".[3] Marcos consigna las sanadoras palabras de Jesús: "¡Efatá!", que traduce como: "¡Ábrete!" para que el lector no lo confunda con un conjuro abracadábrico. Inmediatamente, los oídos de este hombre se abren y su lengua se suelta. Ahora habla con normalidad, pero Jesús "les" pide (Marcos no identifica a los espectadores) que no digan nada a nadie. Pedirle a un hombre que acaba de recibir la capacidad de hablar con normalidad que guarde silencio puede resultarnos extraño (ver 1:44; 5:43; 8:26; 9:9).

Jesús puede hacer que le obedezcan tormentas, demonios y enfermedades, pero sus mandamientos a los humanos para que guarden silencio encuentran oídos sordos. La falta de obediencia a sus mandatos de silencio revela que sus milagros son tan sensacionales que es inútil pretender acallar a quienes los presencian. Pero el mandamiento de guardar silencio llama también la atención del lector sobre aquellos aspectos que requieren especial atención. Como afirma Hooker,

> estos milagros simbolizan la fe cristiana —visión, audición, resurrección— que solo se convierten en realidades tras la muerte y resurrección de Jesús; en esta etapa no puede realmente hablarse con conocimiento de causa de estas curas físicas, puesto que tales sanaciones miran hacia adelante, a acontecimientos y cambios espirituales todavía futuros.[4]

Aunque los espectadores puedan hablar con entusiasmo sobre lo que Jesús ha hecho, la magnitud de lo que estas cosas significan se les escapa. No tienen todas las piezas del puzle y no pueden ver la imagen completa. Hooker sigue diciendo: "El tema del secretismo subraya que solo los que creen en el Señor resucitado son capaces de captar el pleno

---

3. Cranfield, *Mark*, 252.
4. Hooker, *Mark*, 185.

sentido de lo que sucedía en el ministerio de Jesús".⁵ El mandamiento de ir y hablar llega después de la resurrección (16:7).

El coro de admiradores de Jesús proclama, no obstante, la verdad aunque no lo entiendan completamente. Cuando se interpretan los milagros de Jesús desde la óptica de los pasajes bíblicos, se ve de nuevo que solo Dios puede hacer lo que hace Jesús. El Señor había respondido a las excusas de Moisés, por ejemplo, con estas palabras: "¿Y quién le puso la boca al hombre? —le respondió el Señor—. ¿Acaso no soy yo, el Señor, quien lo hace sordo o mudo, quien le da la vista o se la quita?" (Éx 4:11). Estas acciones de Jesús muestran que él tiene el mismo poder divino.

Cuando, sumamente asombrada y entusiasmada con Jesús, la gente (ver Is 29:14) dice, "Todo lo hace bien" y "Hasta hace oír a los sordos y hablar a los mudos" (Mr 7:37), sus palabras se hacen eco de la Escritura. La primera frase recuerda a Génesis 1:31: "Dios miró todo lo que había hecho, y consideró que era muy bueno". La segunda procede del profeta Isaías, quien promete que Dios sanará las discapacidades físicas y espirituales: "Se abrirán entonces los ojos de los ciegos y se destaparán los oídos de los sordos; saltará el cojo como un ciervo, y gritará de alegría la lengua del mudo" (Is 35:5-6a).⁶ Estos ecos de la Escritura recuerdan la promesa de Dios de restaurar la creación y sugieren que la prometida renovación comienza con Jesús. La sorpresa es que esta restauración se produce en territorio gentil. Los gentiles forman parte del divino plan de renovación.

Es posible que los lectores modernos consideren un tanto estrambóticos y difíciles de explicar algunos detalles del relato, como que Jesús ponga los dedos en los oídos de este hombre o le toque la lengua con saliva. Sin embargo, en el mundo antiguo la sanación era una actividad que se realizaba con las manos. La multitud le había pedido a Jesús que le impusiera las manos a aquel

---

5. *Ibíd.*
6. La palabra griega *mogilalos*, que se traduce "tartamudo" en 7:32, es un término fuera de lo común que aparece solo en este versículo del Nuevo Testamento y en la versión de Isaías de la Septuaginta. 35:6. Marcos la escogió deliberadamente para hacerse eco de este pasaje.

hombre (7:32), y él cumplió sus expectativas. En nuestra cultura sabemos que los médicos seguirán ciertos procedimientos y usaran determinados recursos. Cuando hacen cosas que no esperamos, desconfiamos y nos preguntamos si no nos habrán tomado el pelo, y si nuestra visita habrá sido realmente útil. En el mundo antiguo, la gente esperaba que los sanadores realizaran determinadas acciones para llevar a cabo la recuperación. Malina observa que esta "misma actividad externa, en la cultura occidental se ve predominantemente desde una óptica tecnológica ...".[7] No nos extrañaríamos tanto si Jesús hubiera utilizado un otoscopio y un depresor lingual, porque son cosas que estamos habituados a ver en las consultas de los médicos. Lane sugiere que Jesús quiso mostrarle a este hombre que podía esperar sanación de su sordera.[8] Puesto que no puede dirigirse verbalmente a este hombre, porque no puede oírle, representa mediante estas acciones lo que pretende llevar a cabo. Es también posible que estos gestos indiquen las dificultades de la sanación; el suyo es un caso complicado.

La sanación de este hombre de su sordera y tartamudez es análoga a la del ciego en 8:22-26. En ambos casos, son otros quienes llevan al individuo en cuestión hasta Jesús, y quieren que les imponga las manos o les toque (7:32; 8:22). Jesús realiza ambos milagros aparte de las multitudes y utiliza su saliva (7:33; 8:23). Ambos milagros se producen en etapas: primero los oídos, después la lengua (7:33); primero el ciego recupera parcialmente la visión y después lo hace plenamente (8:23, 25). En ambas ocasiones Jesús pide que no se haga publicidad (7:36; 8:26). Isaías 35:5-6 (ver también, 29:18; Sabiduría 10:21) resuena claramente en ambas sanaciones. La alusión sugiere que Jesús libera el poder creativo de Dios.

La multitud expresa su entusiasmo ante la sanidad física, pero la curación espiritual es más importante y difícil. Isaías utiliza la ceguera y la sordera como metáforas para ilustrar las discapacidades espirituales de las personas (Is 6:9-10; 29:18; 32:3; 35:5-6; 42:18-20; 43:18; 50:5).[9] Ambos milagros sirven de paradigma para ilustrar que los discípulos, espiritualmente sordos, mudos y ciegos (8:17-18), oirán, hablarán y verán.

---

7. B. J. Malina, *Biblical and Social Values and Their Meanings: A Handbook* (Peabody, Mass.: Hendrickson, 1993), 95.
8. Lane, *Mark*, 266.
9. Ver también Jer 5:21; 6:10; Ez 12:2; Zac 7:11; Hch 7:51; Ro 11:8.

Como el tartamudo de este pasaje, los discípulos tienen también la lengua trabada por el temor (16:8), o cuando abren la boca lo hacen de manera impulsiva y yerran (9:5-6; 14:66-72). Jesús ha enseñado "muchas cosas" a las multitudes (6:34) y las exhorta constantemente a "oír" (7:14). Los discípulos, no obstante, no entienden lo que oyen (6:52; 7:18), ni siquiera cuando Jesús los ha llevado aparte para instruirlos en privado. En 8:18, Jesús lamenta que los discípulos tengan ojos pero no vean y oídos pero no oigan. Para que sus ojos y oídos se abran y se desate su lengua será necesario un milagro. Esto se producirá en privado, aparte del clamor de la multitud. Jesús sana al hombre sordo y tartamudo abriéndole primero el oído y soltando luego su lengua. Esto es lo que hará también con sus discípulos. En primer lugar les abrirá el oído para que puedan oír lo que Dios está diciendo. A continuación, les desatará la lengua para que puedan decir lo que Dios les pide que digan.

Si los ecos bíblicos son deliberados y nos ayudan a interpretar este milagro, y si Marcos ha entretejido este episodio en el paño de su estrategia narrativa como paradigma de lo que ha de sucederles a los discípulos desde un punto de vista espiritual, entonces este milagro tiene tanta significación física como espiritual. Este milagro puede, por tanto, aplicarse a la situación espiritual de muchos cristianos de nuestro tiempo, al permanente dilema humano de la sordera espiritual. La transformación de una persona sorda y muda, desde un punto de vista espiritual en alguien capaz de oír la voz de Dios y de comunicar su Palabra a otras personas, es difícil. Para algunos, puede ser algo que sucede de un modo rápido y dramático; para otros muchos, es un proceso que lleva su tiempo. Pero, ciertamente, Jesús imparte una nueva facultad auditiva que permite oír lo que nunca antes se había oído y una nueva vista que pone ante nosotros imágenes que nunca antes se habían visto. Cuando alguien permite que el Señor le abra los oídos, tal persona cobra valor para seguir al siervo sufriente ante la persecución (ver Is 50:4-11).

Antes he explicado que esta narración puede aplicarse al dilema humano de la sordera espiritual. Aunque la facultad de audición física de este hombre está mermada, el trasfondo bíblico que relaciona la sordera con la discapacidad espiritual, y la referencia de Marcos al hecho de que los discípulos tienen oídos pero no oyen (8:18) nos ha permitido hacer esta aplicación.

San Ambrosio dijo: "Todo lo que creemos nos llega, bien a través de la vista o del oído. A la vista se la engaña con frecuencia, el oído sirve de garantía".[10] La apertura de los oídos de una persona es vital, puesto que Jesús hace mucho hincapié en la importancia de escuchar con atención sus palabras (4:3, 9, 12, 15, 18, 20, 23, 24, 33; 7:14; 8:18; 9:7). Las últimas palabras de Beethoven fueron: "En el cielo oiré". El gran músico esperaba la restauración de su oído físico. A no ser que escuchemos espiritualmente las palabras de Dios en la tierra, nunca las oiremos en el cielo.

La sordera espiritual en las Escrituras se aplica al pueblo de Dios. En nuestro tiempo, el pueblo de Dios no siempre abre sus oídos para escucharlo. Solo perciben amortiguadas vibraciones y hablan en gruñidos inconexos. Es posible que en nuestra cultura hayamos perdido la capacidad de oír la voz de Dios por el incesante zumbido de los televisores y los receptores de radio. Puede que la precipitación y el ajetreo con que vivimos la vida moderna ahoguen nuestra percepción de la voz de Dios. Los cristianos han de escuchar con más claridad y remediar su imprecisa forma de hablar. La narración de Marcos muestra que Jesús desea curar la ceguera y sordera de sus discípulos apartándolos de la enloquecida multitud y enseñándoles. Los cristianos de nuestro tiempo necesitamos apartar periodos para retirarnos del ajetreo diario y permitir que el milagro del poder de Jesús penetre en nuestros oídos, a fin de poder oír la Palabra de Dios de un modo fresco y transmitírsela a otras personas con mayor claridad.

También el mundo está en un estado de sordera espiritual. ¿Cómo podemos abrir brecha para proclamar el evangelio? El relato de Marcos —que describe a Jesús mirando al cielo, gimiendo y clamando en arameo— subraya la dificultad de este milagro. En una ocasión que estaba de guardia como miembro de la facultad en un seminario, fui requerido en el box del servicio de urgencias al que había ingresado un estudiante nuevo con un severo dolor de estómago. Era japonés y sordo, y acababa de llegar a nuestro país para participar en un programa ministerial para sordos. Tenía dolor y parecía asustado, porque no oía ni entendía lo que le preguntaban y decían los médicos que le rodeaban. Era doloroso no poder hablar con él. Suspiré con gran alivio cuando llegó alguien que conocía el lenguaje de signos. Pero nuestro estudiante todavía no había aprendido el lenguaje de señas americano. Tuvimos que recurrir

---

10. *Commentary on St. Luke*, 4.5.

a una forma primitiva de lenguaje de signos para explicarle lo que le pasaba y lo que los médicos pensaban hacer. La situación no era ideal, pero finalmente pudimos comunicarnos con él. Es posible que la Iglesia tenga que representar el mensaje de las Buenas Nuevas para quienes no entienden en un lenguaje universal: obras de tierna misericordia. La Iglesia ha de amar como lo hizo Cristo, tocando a quienes necesitan certeza, orar de un modo visible pidiendo sanación.

El modo en que Jesús sanó a este hombre puede también ofrecer un valioso criterio para comparar esta sanación con lo que sucede en nuestro tiempo en ambientes absortos en los milagros. Jesús apartó deliberadamente a este hombre de la multitud. Aunque la razón de esta acción solo podemos conjeturarla —¿acaso necesitaba privacidad para efectuar un milagro particularmente difícil?—, el efecto está claro. En privado, Jesús podría concentrarse completamente en las necesidades y deseos del sufriente. El centro de atención era el hombre y sus necesidades, no Jesús. Probablemente Jesús no quería que la sanación de aquel hombre se convirtiera en un espectáculo y, personalmente, no tenía ningún deseo de promover su gloria o incrementar sus ingresos. Lo que quería es que un hombre que sufría por sus discapacidades oyera y hablara. El contraste con los modernos sanadores de fe que congregan deliberadamente a una multitud para que los vean sanar a otras personas es notorio. Nos lleva a preguntarnos si tales personas quieren ser el foco de atención a expensas de las necesidades de las personas que sufren. Siempre hemos de preguntarnos si ministramos para publicitarnos a nosotros mismos o para hacer el bien a los demás.

Marcos 8:1-26

En aquellos días se reunió de nuevo mucha gente. Como no tenían nada que comer, Jesús llamó a sus discípulos y les dijo:

² —Siento compasión de esta gente porque ya llevan tres días conmigo y no tienen nada que comer. ³ Si los despido a sus casas sin haber comido, se van a desmayar por el camino, porque algunos de ellos han venido de lejos.

⁴ Los discípulos objetaron:

—¿Dónde se va a conseguir suficiente pan en este lugar despoblado para darles de comer?

⁵ —¿Cuántos panes tienen? —les preguntó Jesús.

—Siete —respondieron.

⁶ Entonces mandó que la gente se sentara en el suelo. Tomando los siete panes, dio gracias, los partió y se los fue dando a sus discípulos para que los repartieran a la gente, y así lo hicieron. ⁷ Tenían además unos cuantos pescaditos. Dio gracias por ellos también y les dijo a los discípulos que los repartieran. ⁸ La gente comió hasta quedar satisfecha. Después los discípulos recogieron siete cestas llenas de pedazos que sobraron. ⁹ Los que comieron eran unos cuatro mil. Tan pronto como los despidió, ¹⁰ Jesús se embarcó con sus discípulos y se fue a la región de Dalmanuta.

¹¹ Llegaron los fariseos y comenzaron a discutir con Jesús. Para ponerlo a prueba, le pidieron una señal del cielo. ¹² Él lanzó un profundo suspiro y dijo: «¿Por qué pide esta generación una señal milagrosa? Les aseguro que no se le dará ninguna señal». ¹³ Entonces los dejó, volvió a embarcarse y cruzó al otro lado.

¹⁴ A los discípulos se les había olvidado llevar comida, y sólo tenían un pan en la barca.

¹⁵ Tengan cuidado —les advirtió Jesús—; ¡ojo con la levadura de los fariseos y con la de Herodes!

¹⁶ Ellos comentaban entre sí: «Lo dice porque no tenemos pan». ¹⁷ Al darse cuenta de esto, Jesús les dijo:

—¿Por qué están hablando de que no tienen pan? ¿Todavía no ven ni entienden? ¿Tienen la mente embotada? ¹⁸ ¿Es que tienen ojos, pero no ven, y oídos, pero no oyen? ¿Acaso no recuerdan? ¹⁹ Cuando partí los cinco panes para los cinco mil, ¿cuántas canastas llenas de pedazos recogieron?

—Doce —respondieron.

²⁰ —Y cuando partí los siete panes para los cuatro mil, ¿cuántas cestas llenas de pedazos recogieron?

—Siete.

²¹ Entonces concluyó:

—¿Y todavía no entienden?

²² Cuando llegaron a Betsaida, algunas personas le llevaron un ciego a Jesús y le rogaron que lo tocara. ²³ Él tomó de la mano al ciego y lo sacó fuera del pueblo. Después de escupirle en los ojos y de poner las manos sobre él, le preguntó:

—¿Puedes ver ahora?

²⁴ El hombre alzó los ojos y dijo:

—Veo gente; parecen árboles que caminan.

²⁵ Entonces le puso de nuevo las manos sobre los ojos, y el ciego fue curado: recobró la vista y comenzó a ver todo con claridad. ²⁶ Jesús lo mandó a su casa con esta advertencia:

—No vayas a entrar en el pueblo.

La expresión "en aquellos días" conecta de manera general el milagro de la alimentación de las cuatro mil con los acontecimientos anteriores (7:24-37) y lo sitúa en el mismo marco gentil (7:31). Jesús está de nuevo enseñando, aunque, como es habitual, Marcos no consigna el contenido de las palabras de Jesús.

La alimentación de cuatro mil (8:1-10)

La compasión de Jesús por la multitud lo lleva por segunda vez a alimentar a una numerosa multitud (8:2; ver 6:34), que ha estado con él durante tres días sin comer nada. La expresión "tres días" subraya su gran necesidad, que se hace más aguda por la larga distancia que han recorrido algunos para escuchar Jesús. Se encuentran en una zona despoblada y alejada de sus casas, y Jesús teme que se desmayen si los despide sin comer un poco. Este detalle pone de relieve la gran atracción que genera Jesús. Las personas van a escucharlo a un lugar desierto y están dispuestas a quedarse sin comer durante tres días sin una sola queja.[1]

---

1. Leyendo este Evangelio después de la cruz y la resurrección, podemos conectar estos tres días con otra espera de tres días, para mitigar el hambre de la humanidad después de la crucifixión de Jesús.

Esta segunda alimentación milagrosa invita a compararla con la primera. Ambas ocurren en un lugar desierto (6:35; 8:4), y Marcos observa que la penosa situación de cada multitud suscita la compasión de Jesús. En ambos casos se produce un diálogo entre Jesús y los discípulos sobre la logística de alimentar a una multitud tan numerosa. En el primer incidente, los discípulos se preocupan por el gran gasto que supondría comprar pan para tan enorme multitud (6:37); en el segundo, se preocupan de que no exista ningún lugar cercano para que la multitud compre pan (8:4). Estos comentarios subrayan tanto la extensión del milagro que Jesús lleva a cabo como los recelos de los discípulos de que pueda hacer nada para resolver el problema. Jesús pregunta a los discípulos cuántos panes tienen (6:38; 8:5), y sus exiguas provisiones solo los convencen de que la tarea es imposible. En ambos incidentes, Jesús bendice lo que ellos consiguen reunir y hace que lo distribuyan a las multitudes (6:41; 8:6). Milagrosamente, la multitud come todo cuanto quiere, y los discípulos recogen una gran abundancia de sobras (6:42; 8:8). En la segunda alimentación, el número de beneficiarios baja de cinco mil a cuatro mil, mientras que el número de panes y peces aumenta de cinco panes y dos peces (6:41) a siete panes y unos pocos pececillos (8:5, 7). El número de canastos de pedazos sobrantes se reduce de doce (6:43) a siete (8:8).

Muchos han visto un cierto significado alegórico en los números de las dos alimentaciones[2] o fuerzan el sentido de las distintas palabras que se utilizan para aludir a las cestas en que se recogen las sobras para apoyar así el argumento de que Jesús se ofrece a los judíos en la primera alimentación y a los gentiles en la segunda.[3] Las explicaciones alegóricas sobre los números no son muy convincentes, pero, al situar la segunda alimentación en territorio gentil, Marcos parece sugerir que los recepto-

---

2. Algunos sostienen que los cinco panes de la primera alimentación son los cinco libros de la ley y los doce canastos, las doce tribus de Israel. Los siete panes de la segunda alimentación aluden a los siete diáconos helenistas (Hch 6:1-6) o pueden representar los siete mandamientos dados a Noé sobre (la justicia, la idolatría, la blasfemia, la inmoralidad, el asesinato, el robo, alimentarse con animales vivos) impuestos sobre toda la humanidad. Estos números pueden relacionarse con 1S 21:1-7 (ver Mr 2:25-26), que relata el ofrecimiento de Ajimélec a David de doce panes, de los cuales él se llevó cinco para alimentar a sus hombres en el desierto y dejó siete (ver Tolbert, *Sowing*, 183). Algunos también interpretan el número 4.000 como un múltiplo de los cuatro puntos cardinales.
3. Juvenal relaciona el término *kophinoi* ("canastos" 6:43; 8:19) con los judíos (3.14; 6.542), pero esto no convierte la palabra común *spurides* ("cestos", 8:8, 20) en un cesto gentil.

res de este milagro son gentiles.⁴ Obsérvese que esta alimentación tiene lugar inmediatamente después de que Marcos consigne que Jesús ha cruzado la frontera donde se reconoce la ley ceremonial de Israel y las barreras sociales. Los usos purificatorios judíos eran el principal obstáculo para la relación entre judíos y gentiles, y Jesús ha rechazado estas preocupaciones como cosas periféricas (7:1-23). La sanación de la hija de una mujer sirofenicia abría la puerta para que también los gentiles pudieran ser alimentados sin que ello implicara quitarles el pan a los hijos (7:24-30).

El contexto sugiere, por tanto, que Jesús está ahora ofreciéndole a una multitud predominantemente gentil la misma oportunidad de ser alimentada por su enseñanza y por el mismo poder milagroso que brindó a la multitud judía. Aunque para nosotros es normal pensar que es justo que los gentiles participen de los beneficios de Cristo, desde la óptica judía de Marcos la inclusión de los gentiles es una indicación del reino escatológico de Dios. Este milagro significa que Jesús no es simplemente "*un* redentor, un mesías como Moisés y David",⁵ sino *el* Redentor, cuya obra liberadora va más allá del pueblo de Israel.

En 6:34, Jesús describe a la multitud como ovejas sin pastor, una clásica descripción de un deplorable Israel (Nm 21:17; 1R 22:17; Ez 34:5). Son los discípulos quienes plantean una preocupación sobre las necesidades de la multitud cuando le preguntan a Jesús qué deben hacer con ellos (6:35). En la segunda alimentación, es Jesús quien se preocupa por el hambre de la multitud, observando que muchos proceden de zonas muy distantes (8:2-3). Si Marcos pretende que los lectores gentiles se vean representados en esta alimentación, estos pueden cobrar ánimo con el hecho de que Jesús reconoce su gran necesidad y anima a los discípulos a alimentarlos.

Este relato pone claramente de relieve el estancamiento espiritual de los discípulos. Ya habían estado en un lugar desierto durante la primera alimentación; sin embargo, esto no impide que le pregunten a Jesús: "¿Dónde se va a conseguir suficiente pan en este lugar despoblado para

---

4. Las palabras que Marcos usa para referirse a la zona del desierto son distintas. Mientras que en 6:35, utiliza la expresión *eremos... topos*, común en la Septuaginta, en 8:4, consigna *eremia*, que aparece solo cinco veces en la Septuaginta. Chapman (*Orphan*, 62-65) sostiene que esta se refiere al territorio gentil, un lugar que se ha convertido en desolación (Is 60:12; Ez 35:4, 9; Sab. 17:17; Bar. 4:33).
5. Chapman, *Orphan*, 66.

darles de comer?" (8:4). La respuesta a su pregunta es obvia: Jesús. Los discípulos son duros de mollera y andan a tientas en la oscuridad, sin esperar nada milagroso de Jesús. Una vez más, Jesús hace que los discípulos hagan inventario de las provisiones disponibles. Todavía no se dan cuenta de que incluso con sus escasas provisiones, tienen en Jesús lo suficiente para alimentar a todo el mundo.

En busca de una señal (8:10-12)

Tras la alimentación, Jesús se dirige por mar con sus discípulos a la región de Dalmanuta, un destino que nadie menciona en la literatura antigua existente. La mejor hipótesis es la que alude al muelle del distrito de Magdala.[6] Inmediatamente después de su desembarco, un comité de fariseos designado, al parecer, para la ocasión se le acerca para requerirle una señal del cielo. La expresión, "él lanzó un profundo suspiro" (ver 7:34) refleja la consternación de Jesús por una nueva tentación. Los fariseos cuestionan su fidelidad y provocan su ira.[7]

En la segunda parte de la respuesta de Jesús, nuestras versiones españolas no recogen del todo el incisivo carácter de la negación. El texto dice literalmente: "Si una señal se le da a esta generación". Este comentario es parte de una fórmula de juramento, aunque omite la amenaza de maldición sobre uno mismo que normalmente acompaña a este comentario: "Que Dios me fulmine", o, "Que Dios me maldiga" si se le da alguna señal a esta generación. Al usar este fragmento de juramento está haciendo algo más que notificar simplemente que esta generación no recibirá señal alguna; está diciendo con una cierta vehemencia que él mismo impedirá por todos los medios que esto suceda.

¿Por qué se opone Jesús a dar a los fariseos una señal del cielo? En el Antiguo Testamento, las señales eran acontecimientos públicos que certificaban o confirmaban una profecía o una afirmación controvertida. Se solicitaba una señal cuando un demandante hacía o decía algo extraño, sorprendente, poco convencional o contrario a la ley mosaica.[8] La señal no podía cumplirse por casualidad, sino que había sido predicha con antelación y su cumplimiento demostraba la legitimidad de una declaración o afirmación sospechosa. No tenía que ser necesariamente algo

---

6. James F. Strange "Dalmanutha", *ABD* 2:4.
7. Jeffrey B. Gibson, "Mark 8:12a: Why Does Jesus 'Sigh Deeply'?" *BibTrans* 38 (1987): 122-25.
8. Ver 2R 20:1-10; Is 7:10-11, 18-25; 38:1-20; Jn 2:13-18; 6:26-31.

espectacular o milagroso, pero sí corresponderse con la predicción de lo que iba a suceder.[9] Algunos se equivocan cuando afirman que en el Evangelio de Marcos Jesús se niega resueltamente a dar ninguna señal. Por ejemplo, cuando los maestros de la ley murmuraban entre dientes que Jesús blasfemaba al anunciar que los pecados del paralítico habían sido perdonados, demostró su afirmación haciendo que algo sucediera (2:1-10). La razón por la que Jesús se niega en redondo a dar una señal aquí en 8:11-12 tiene que ver con dos cuestiones: el significado de la expresión "una señal del cielo" y la desafiante disposición de estos oponentes.

(1) La expresión, "una señal del cielo" no alude al autor de la señal, es decir, una señal de Dios. Por su propia naturaleza, las señales procedían de Dios, de modo que la expresión "una señal de Dios" sería redundante. Los fariseos piden específicamente una señal "*del cielo*". Tienen en mente un tipo peculiar de señal distinto de cualquier otra señal que hubieran podido pedir. Gibson afirma que la frase "una señal del cielo" alude a "un fenómeno apocalíptico que encarna o señala el comienzo de la ayuda y consuelo de los escogidos de Dios y/o la ira que se esperaba que Dios derramara contra sus enemigos y contra quienes amenazaban a su pueblo".[10] Esta generación, representada por los fariseos, le pide a Jesús que haga algo que señale la liberación de Israel de sus enemigos y su aplastante derrota. Una señal del cielo es algo "de tono apocalíptico, de carácter triunfalista y que personifica alguno de los 'hechos portentosos de liberación' que Dios había llevado a cabo a favor de Israel al rescatarlo de la esclavitud".[11]

Irónicamente, esta petición se produce después de la alimentación milagrosa, un milagro que señalaba, no la destrucción, sino la bendición de los gentiles. Jesús se niega a darles a los fariseos una señal del cielo, porque Dios lo ha enviado a dar su vida en la cruz por toda la humanidad y no a aplastar a los enemigos de Israel o a darle a la nación el dominio político del mundo. No cederá a la presión de adoptar un curso de acción distinto de los propósitos de Dios.

(2) En Marcos 1—2 Los fariseos habían ya recibido claras pruebas de la fuente del poder de Jesús y ahora solo se le acercan para desacre-

---

9. Jeffrey B. Gibson, "Jesus' Refusal to Produce a 'Sign' (Mark 8.11-13)", *JSNT* 38 (1990): 38-40.
10. *Ibíd.*, 45-47.
11. *Ibíd.*, 53.

ditarlo y tentarlo. Cuando Jesús se dirige a ellos con la expresión "esta generación", está recordando a la obstinada y desobediente generación del desierto (Dt 32:5, 20; Sal 95:10-11). Aquellos que afirman conocer a Dios y enseñar su ley a los demás no reconocen las señales que él ha mostrado ya a través de Jesús, porque están ciegos espiritualmente.

¿Qué es lo que los ciega? ¿Acaso la conducta poco convencional de Jesús? ¿O es su propia preocupación por preservar su poder y posición? ¿Tiene que ver quizá con su fe estrecha de miras? ¿Su escepticismo de que Dios pudiera obrar de un modo tan enigmático? ¿O puede ser su deseo de que Dios destruya a los gentiles en lugar de alimentarlos? ¿O acaso el de avergonzar a Jesús cuando no consiga realizar tal señal? Muchos otros procurarán satisfacer los deseos del pueblo de ver señales concretas del triunfo militar de la nación. Jesús afirma que vendrán falsos profetas y cristos, que harán señales y prodigios para engañar (13:6, 22). Pero Jesús no le ofrecerá a esta generación ninguna ruidosa señal del cielo, sino solo el silbo apacible de una tumba vacía después de su crucifixión.

La incomprensión de los discípulos (8:13-21)

Los discípulos tampoco han sido capaces de discernir las señales que Jesús les ha mostrado. Marcos consigna un tercer incidente en el mar, donde la incapacidad de los discípulos para entender el significado de lo que Jesús ha hecho en medio de ellos se hace perturbadoramente evidente. Su falta de visión muestra cuánto tienen todavía que aprender sobre su Señor.

En la primera escena de la barca (4:35-41), Jesús calmó el mar y reprendió a sus discípulos por su falta de fe. Su terror por la tormenta se convirtió en asombro hacia Jesús: ¿Quién es este que puede calmar tormentas? En la segunda escena los encontramos de nuevo aterrorizados; en esta ocasión, cuando Jesús viene a ellos andando sobre las olas. Marcos explica la razón de su temor: "Porque tenían la mente embotada y no habían comprendido lo de los panes" (6:52). Ahora, en esta tercera escena en una barca, Jesús los reprende por su discusión entre ellos sobre no haberse aprovisionado de pan y los acusa de dureza de corazón, ceguera y sordera (8:17-18). Las alimentaciones de las multitudes y las aventuras en el mar han dado a los discípulos una oportunidad única "de aprender quién es Jesús, de entender la naturaleza y la fuente del poder que él administra".[12] Pero los discípulos no han avanzado en su comprensión y siguen desconcertados por todo ello.

Esta última escena en la barca comienza con una nota de redacción un tanto extraña en el sentido de que los discípulos habían olvidado aprovisionarse de pan, "...y sólo tenían un pan en la barca" (8:14). ¿Por qué la contradicción entre "olvidaron llevar panes consigo" y "solo tenían un pan". ¿Han olvidado que tienen un pan (porque inmediatamente comienzan a argumentar que no tienen panes, 8:16)? ¿Es que ni siquiera saben que tienen una hogaza de pan? ¿O piensan acaso que una hogaza de pan es insuficiente para sus necesidades? Muy probablemente, Marcos provoca al lector con una velada alusión a Jesús como aquella hogaza. Sin ningún antecedente claro, el versículo siguiente continúa diciendo: "Tengan cuidado —les advirtió Jesús—; ¡ojo con la levadura de los fariseos y con la de Herodes! Marcos quiere que el lector reconozca a Jesús como el pan que puede multiplicarse y producir un gran número de hogazas para alimentar a miles de personas (ver Jn 6:48-51; 1Co 10:16-17).

La repentina advertencia de Jesús sobre la "levadura de los fariseos y la de Herodes" parece ajena al contexto. Algunos sostienen que 8:16 es más fácil de entender si lo leemos después de 8:14. Pero la advertencia de 8:15 clarifica cuál es el peligro de la preocupación de los discípulos por la falta de pan. En el Antiguo Testamento, la levadura simboliza la corrupción y el contagioso poder del mal. En el mundo antiguo no disponían de nuestras elaboradas y seguras levaduras, y las que se utilizaban no carecían de peligros. Se obtenía mediante un pedazo de la masa que se había usado para elaborar pan; a esta se le añadía algún tipo de zumo para facilitar el proceso de fermentación y se almacenaba en condiciones adecuadas. Pero este agente fermentador presentaba muchos peligros para la salud, porque podía contaminarse fácilmente; una contaminación que, una vez incorporada a la masa, acababa en el pan. La masa con gérmenes patógenos que se guardaba para la elaboración de levadura contaminaba también la siguiente hornada de pan.[13] Esta es la idea que Jesús utiliza para aludir a sus enemigos.

---

12. Elizabeth Struthers Malbon, "The Jesus of Mark and the Sea of Galilee", *JBL* 103 (1984): 364.
13. Plutarco (*Preguntas Romanas* 289F) escribió que la levadura "es también en sí misma producto de la corrupción y produce corrupción en la masa con que se mezcla [...] y todo el leudado parece ser un proceso de putrefacción; en cualquier caso, si se

Los fariseos y Herodes no parecen tener mucho en común: los primeros inmersos en deberes religiosos, el otro hundido en la maldad. Pero ambos comparten un nocivo germen capaz de contaminar a otros. Jesús no identifica explícitamente la naturaleza de esta nociva deficiencia, pero el contexto señala su obstinada incredulidad a pesar de las pruebas en sentido contrario. Ninguno de ellos está dispuesto a reconocer la verdad, y mucho menos a aceptarla, ni siquiera cuando la tienen delante de sus narices. Herodes y su círculo no creyeron cuando oyeron hablar de las poderosas obras de Jesús (6:14-16). Los fariseos insisten en que Jesús realice una señal que se ajuste a sus propias metas y aspiraciones antes de comprometerse a creer.

Jesús advierte, pues, a los discípulos que no caigan presa de esta insidiosa incredulidad. Su preocupación por lo que van a comer los hace sordos a la advertencia de no oír y ciegos en cuanto a los peligros de la ceguera. Las preocupaciones terrenales los distraen demasiado y no captan la sutil conexión. Se inquietan sistemáticamente por la falta de recursos: alimentar a la multitud requerirá más dinero del que tienen; no cabe la menor posibilidad de que la multitud consiga pan en un lugar desierto; no tienen pan. Su ansiedad por estas cosas les impide buscar y ver lo que Jesús ha hecho entre ellos. Es como si hubieran sintonizado con Jesús mediante una primitiva radio a galena, y solo escucharan una voz cansada y chirriante con un intenso ruido de fondo.

Jesús les pregunta a sus discípulos por qué discuten sobre el pan, y a continuación hace un rápido resumen de los recientes acontecimientos para refrescarles la memoria (también al lector). Los lleva a recordar lo que sobró tras alimentar a los grupos de cinco mil y cuatro mil hombres. Aunque las cifras las tienen frescas en la mente, no ven más allá; son incapaces de reconocer que, en la barca, con ellos tienen a aquel que es capaz de crear pan. La escena es casi cómica. Jesús ha dado de comer a nueve mil personas con casi nada. Los propios discípulos le ayudaron a distribuir la comida y a recoger las sobras: doce canastas de pan y siete de peces. Aunque han presenciado ambos acontecimientos, no parecen haber captado gran cosa, y se preocupan como necios por no tener lo suficiente para preparar una comida para trece personas. Ni siquiera cuando Jesús les refresca la memoria comprenden plenamente, porque sus corazones están endurecidos.

---

prolonga demasiado, agria totalmente la masa y la echa a perder"; ver también, Plinio, *Historia Natural* 18.26.

Jesús parece creer que las alimentaciones en el desierto son acontecimientos clave para la comprensión de los discípulos. Sin embargo, estos milagros no generaron el mismo entusiasmo que los demás. Marcos no dice que nadie se maravillara. El único asombro lo mostraron los discípulos, antes del milagro, por el hecho de de que Jesús se planteara siquiera alimentar a una cantidad tan enorme de personas. Cuando recogieron las sobras, parecen aceptarlo con naturalidad y no se preguntan: "¿Quién es este capaz de alimentar a miles de personas con una cantidad tan pequeña de comida?". Es evidente que el significado de este acontecimiento se les escapa, pero Jesús da a entender que les señala el camino para identificar a Jesús como Mesías, que obra por el poder de Dios. Están atascados en su pequeño mundo, con sus mezquinas alarmas, y no pueden ver que el reino de Dios ha irrumpido entre ellos.

Jesús nunca tira la toalla con los discípulos y, aún en su exasperación, sigue manteniendo su esperanza en cuanto a ellos: "¿Todavía no entienden?". En 4:12 Jesús define a los no creyentes como personas que ven, pero no perciben y oyen, pero no entienden. Los discípulos reaccionan a sus milagros como personas que no creen (8:17-18). Sin embargo, como afirman algunos intérpretes, no perderán su posición de creyentes. La expresión "todavía" implica que, con el tiempo, acabarán viendo y entendiendo, aunque no será un proceso fácil. A diferencia de los fariseos, su problema no consiste en que se nieguen a ver, sino que no pueden hasta que se produzca la muerte y la resurrección de Jesús. Geddert describe correctamente la situación de los discípulos en Marcos:

> Aunque duros de mollera e infieles, Jesús instruye con paciencia a sus seguidores. Si siguen a Jesús a lo largo de todo el camino, serán finalmente transformados, dejarán de ser personas que simplemente recogen datos y serán capaces de discernir el sentido de los acontecimientos. Todo depende de la decisión que tomen sobre Jesús, a su favor o en su contra".[14]

No obstante, si sucumben a la levadura que representa el escepticismo de los fariseos y Herodes, nunca verán. Si continúan siguiéndolo, Jesús multiplicará los exiguos recursos de su entendimiento.

---

14. Geddert, *Watchwords*, 69.

Sanación de un hombre ciego (8:22-26)

En el siguiente incidente, Marcos consigna a un grupo de personas de Betsaida no identificadas que llevan a un hombre ciego a Jesús para que lo toque. Con vívido detalle, Marcos relata que Jesús saca al ciego del pueblo, escupe en sus ojos para sanarlos y consigue solo un éxito parcial. Por primera vez, Jesús le pregunta a una persona afectada por una dolencia por el éxito de su intento de sanación, como lo haría un médico.

Marcos describe el momento inicial de la recuperación de este ciego que ahora ve pero de manera borrosa.[15] Ve a personas, pero le parecen árboles que caminan. A continuación, Jesús repite el procedimiento poniéndole las manos en los ojos, y esto produce una sanación completa. La progresiva restauración de la vista de este hombre se describe mediante tres verbos. Abre los ojos (*diablepo*), se le restaura la vista (*apokathistemi*) y ve todas las cosas con claridad (*emblepo*). A continuación Jesús lo envía a casa y le manda que no vaya a la aldea. Sigue rechazando cualquier publicidad innecesaria de su sanación y se mantiene alejado de pueblos y aldeas hasta que entra en Jerusalén. Su contacto con las multitudes va disminuyendo a medida que Jesús va centrándose en la instrucción de sus discípulos.

Puesto que este hombre no recupera la vista de manera inmediata, el lector tiene la impresión de que su ceguera es obstinada y difícil de curar. Este milagro muestra el poder de Jesús para sanar aun los casos más difíciles. El contexto marcano, que describe la lucha de Jesús para conseguir que sus discípulos vean bien, confiere a esta poco común sanación en dos etapas una trascendencia añadida. La sanación de este ciego se produce entre dos ejemplos de ceguera de los discípulos (8:14-21; 8:31-33). Esta sanación de una ceguera física sirve de paradigma para la sanación espiritual de los discípulos, que también se produce de forma gradual y con dificultades.[16]

---

15. El verbo griego *anablepo* (8:24) puede significar "mirar hacia arriba" (ver 6:41; 7:34; 16:4), como se traduce en la NVI; sin embargo, cuando se utiliza para aludir a la ceguera significa "recobrar la vista" (ver 10:51, 52). Ver E. S. Johnson, "Mark viii.22-26: The Blind Man from Bethsaida", *NTS* 25 (1979): 376-77.

16. *Ibíd.*, 370-83; Frank J. Matera, "The Incomprehension of the Disciples and Peter's Confession", *Bib* 70 (1989): 153-72. Elizabeth Struthers Malbon sostiene que alude "a la sección de 4:1-8:21, donde Jesús obra repetidamente en dos etapas para que los discípulos puedan ver y hacerlo con claridad" ("Echoes and Foreshadowings in Mark 4-8: Reading and Rereading", *JBL* 112 [1993]: 225-26).

A medida que nos acercamos al punto central de este Evangelio, la primera mitad ha llamado la atención sobre la incapacidad de los discípulos para entender que Jesús es el Mesías que viene con el poder de Dios. Cuando finalmente Pedro, el portavoz del grupo, cae en la cuenta de que Jesús es el Cristo, los discípulos encuentran un nuevo obstáculo para su comprensión. La segunda mitad de este libro pone de relieve su incapacidad para entender que este Mesías ha de sufrir, morir y ser vindicado en su resurrección.

Del mismo modo que Jesús le preguntó al ciego: "¿Puedes ver ahora?" les preguntará a los discípulos: "¿Quién dicen que soy yo?". Pedro ve, ciertamente, algo. Tras todos los poderosos hechos y obras de Jesús que ha presenciado, tiene un destello de discernimiento: "Tú eres el Cristo" (8:29). La primera etapa de la sanación ha terminado. Pero solo ve borrosamente, como deja claro la severa represión de Jesús en la siguiente frase (8:33). Pedro ve, pero su visión equivale a la del ciego que veía a las personas como árboles andantes. Tanto Pedro como los discípulos necesitan un segundo toque para poder ver claramente todas las cosas, a saber, que el Mesías tiene que sufrir y morir.[17]

La siguiente sección, 8:27—10:52, muestra a Jesús concentrando sus esfuerzos en curar la sordera y ceguera de los discípulos, las cuales requieren más de un tipo de tratamiento.[18] Solo después de la crucifixión y la resurrección comenzarán a desenredar el desconcertante misterio de que el reino de Dios se acerca en la persona de Jesús, quien sufre y muere una muerte humillante. La resurrección revelará el poder de Dios para restaurar la vista y la vida.

Examinar las razones por las que Jesús se negó a dar una señal del cielo a los fariseos nos ayudará a tender un puente hacia nuestra situación presente. Consideremos algunos aspectos de la valiosa exposición que hace Geddert de este pasaje.[19] Este autor señala, en primer lugar, que quienes reclamaban la señal del cielo

---

17. Durante sus negaciones, Pedro sufre una seria recaída en la ceguera (14:66-71). En dos ocasiones dice que no conoce a Jesús y una vez que no entiende. El apóstol muestra persistentes síntomas de visión espiritual borrosa, pero esto es algo que también Jesús puede remediar.
18. Guelich, *Mark*, 420.
19. Geddert, *Watchwords*, 32.

no eran las personas más indicadas para tal reivindicación. Representan a "esta generación" incrédula (8:12; 9:19), que desafía constantemente a Jesús y tienta a los discípulos a avergonzarse de él (8:38). Se trata de personas que solo quieren discutir y poner a prueba a otros para afrentarlos. Piensan que pueden imponer a Dios las condiciones bajo las que van o no a creer. No están dispuestas a aceptar ninguna ambigüedad o paradoja. Estos oponentes quieren una prueba irrefutable, inequívoca y visible que despoje de cualquier duda a la decisión de fe. Lo que quieren de Jesús elimina, por tanto, la necesidad de fe. En palabras de Geddert: "Se creían con derecho a pedir la clase de señales que querían para, a continuación, distanciarse en una actitud crítica y sacar sus propias conclusiones de aquellos datos que estuvieran de acuerdo con sus inclinaciones".[20] Jesús entiende que, haga lo que haga, no tiene muchas opciones de convencer a estos empedernidos oponentes.

En segundo lugar, la petición de una señal llega demasiado tarde. Jesús había tratado pacientemente con sus escépticos oponentes hasta que comenzaron a tramar su muerte (3:6). Antes de esto, Jesús "defiende cuidadosamente sus acciones cuando lo acusan y demuestra su autoridad cuando la cuestionan".[21] Les mandó al leproso sanado como testimonio (1:44). Confirmó su autoridad para anunciar el perdón de pecados ordenando al paralítico que anduviera, algo que presenciaron todos los presentes (2:10). Cuando se cuestionó su proceder, Jesús explicó por qué comía con los pecadores (2:17) y por qué sus discípulos no ayunaban (2:19-22). Justificó el supuesto quebrantamiento del sábado apelando a un precedente veterotestamentario (2:25-28). Pero ellos rechazaron estas pruebas y explicaciones, tramaron su muerte e intentaron desacreditarlo. Esta es la razón por la que Jesús cambia ahora su forma de acercarse a ellos. Puesto que diga lo que diga o haga lo que haga no van a creer, se niega a darles más pruebas. Esta es la razón de la brusquedad de su respuesta cuando tienen la temeridad de pedir una señal del cielo.

Tercera, Jesús rechaza su demanda por cuanto pretenden tentarle, como lo había hecho Satanás. La tentación nos pone ante la elección de obedecer o desobedecer a Dios. Ellos intentan reemplazar al Espíritu reclamando una señal que se ajuste a sus anhelos y aspiraciones, no a los de Dios. Según Gibson: "La señal del cielo" tiene que ver con la

---

20. *Ibíd.*, 68.
21. *Ibíd.*, 41.

liberación de Israel unida a la destrucción de sus enemigos. Quieren que Jesús "dé comienzo y desarrolle una actividad triunfalista, algo que según Marcos, le estaba prohibido a Jesús si deseaba permanecer fiel a las exigencias de su divina comisión".[22]

Bilezikian señala claramente el problema: "El mesías que quieren ellos no vendrá nunca. Están decididos a encontrar un sumiso superman, investido de poderes celestiales, y que cumpla su particular programa terrenal. El Mesías de sus sueños...".[23] El suyo es un mesías de ensueños que derrocará a los tiranos del mundo y los pondrá a ellos en el lugar que merecen. Quieren que Jesús les dé pruebas de lo que ellos quieren que sea cierto. Jesús se niega a ceder a sus falsas expectativas sabiendo que lo rechazarán como a un farsante. Tanto los no creyentes como los propios creyentes pueden ejercer una enorme presión sobre los ministros y las iglesias para que se adapten a sus falsas expectativas y consientan sus indulgentes fantasías. Resistir a esta presión y seguir siendo obedientes a Dios requiere una clara visión de su voluntad, una inquebrantable dedicación y una oración constante.

Una cuarta razón por la que Jesús se niega a darles a los fariseos una señal a la carta tiene que ver con la naturaleza del reino de Dios y la fe. El reino de Dios requiere que los individuos ejerzan fe y discernimiento. La señal que piden los fariseos elimina cualquier necesidad de arriesgarse en fe o de discernir lo que Dios está haciendo en el presente, cuando los datos son ambiguos. La advertencia de Jesús en Marcos 13 sobre los falsos profetas apunta a personas que presentan señales convincentes (capaces de seducir aun a los escogidos) para engañar (13:21-22).

Esto es lo que las personas quieren: señales convincentes (ver 1Co 1:22). Sus absurdas esperanzas los hacen más fáciles de engañar por los gritos que anuncian, "'¡Miren, aquí está el Cristo!' o '¡Miren, allí está!'". Los mirones reunidos ante la cruz le piden a Jesús que descienda en una dramática demostración de fuerza para que crean que él es el Cristo (15:28-32). Jesús se niega a mover un dedo para que los escarnecedores crean. Han de discernir la verdad en el modo en que entrega su vida en la cruz y en los informes de su resurrección. Ningún ejército angélico descenderá del cielo con sonido de trompetas para proclamar que Jesús es el Rey hasta que sea ya demasiado tarde, cuando venga al

---

22. Gibson, "Jesus' Refusal", 55.
23. Bilezikian, *The Liberated Gospel*, 66.

final de los tiempos para reunir a los escogidos que se han atrevido a confiar en Jesús (13:27).

Los buscadores de señales y los escarnecedores están presentes en cada generación. Siguen presentando sus exigencias, pidiendo pruebas y ridiculizando una fe que confía en la fidelidad de Dios a pesar de cualquier apariencia en sentido contrario. William Blake escribió contra este tipo de personas:

> Búrlense, búrlense, Voltaire, Rousseau.
> ¡Búrlense, búrlense!¡De nada les va a servir!
> Están echando arena contra el viento,
> y el viento la trae de nuevo con fuerza.
> Cada granito es ahora una gema
> que se refleja en los divinos rayos de luz.
> Gemas que ciegan al ojo escarnecedor,
> pero siguen brillando en los caminos de Israel.[24]

Cada tiempo tiene a sus propios Voltaires y Rousseaus, y cada generación de cristianos ha de resistir la tentación de satisfacer sus demandas. El mundo quiere realidades visibles, temporales y triunfantes. Según el Evangelio de Marcos, la verdad espiritual no se presta a este tipo de demandas. Debemos aprender del ejemplo de Jesús, quien rechazó todas las demandas de sus adversarios para que presentara señales. En lugar de enzarzarnos en estériles debates con los agnósticos, cuyas burlas reflejan por regla general su resentimiento personal con Dios, hemos de seguir el ejemplo de Jesús y apartarnos. Jesús demostró su fe mediante su compromiso de obedecer a Dios y la entrega de su vida como sacrificio por los demás.

En esta escena, los discípulos no actúan bien y más adelante las cosas empeorarán aun. En el Evangelio de Marcos, parecen tener tapones en los oídos. No captan las insinuaciones de Jesús ni sus advertencias, ni siquiera sus obras milagrosas. Es como hacer guiños a un ciego o susurrar a un sordo. Son como los obtusos ayudantes de los brillantes detectives de las novelas de suspense (el Watson de Holmes o el Hastings de Poirot). Nunca comprenden inmediatamente lo que está pasando y se pierden constantemente tras pistas falsas.

---

24. *The Complete Poetry and Prose of William Blake*, ed. David V. Erdman; rev. ed. (Berkeley/Los Angeles: Univ. of California Press, 1982), 477.

No obstante, esta pesadez e ignorancia de los discípulos no es incorregible. Estos no representan las heréticas posiciones de los oponentes de Marcos (como algunos eruditos han insistido en señalar). Marcos presenta a los discípulos como personas que a veces entienden (4:11-12) y otras no (6:51-52; 7:19; 8:17-21). Su incapacidad de entenderlo todo refleja la condición de quienes están gobernados por el espíritu de sabiduría humana antes de la resurrección, y que no han recibido el Espíritu Santo para que les revele los caminos de Dios. Como escribe Pablo: "Ningún ojo ha visto, ningún oído ha escuchado, ninguna mente humana ha concebido lo que Dios ha preparado para quienes lo aman" (1Co 2:9). "Nadie conoce los pensamientos de Dios, sino el Espíritu de Dios" (2:11). Sin embargo, como pone de relieve la situación de los corintios, aun aquellos que han recibido el Espíritu pueden estar seriamente equivocados y ser presa de una grave obstinación. Los discípulos son, por tanto, el reflejo de los discípulos de la iglesia de Marcos y de los de nuestro tiempo, que no son menos obtusos que ellos ni están libres de confusión, pero reciben un discernimiento ocasional. El principal problema de los discípulos no es que no vean, sino que no reconozcan su ceguera.

Este texto cumple su función cuando los lectores ven su propia ceguera en la de los discípulos. Si nos preguntamos: "¿Cómo podían estar tan espesos los discípulos?", hemos de hacernos inmediatamente la misma pregunta sobre nosotros mismos. Los discípulos veían con imprecisión a través de un cristal cubierto con el polvo de la lógica tradicional y distorsionado por la curvatura de sus propios sueños y ambiciones personales. El cristal por el que miramos nosotros no es muy distinto. También tenemos necesidad de sanación antes de poder ver lo que Dios está haciendo y es posible que no lo consigamos en el primer intento. Muchos se frustran dentro de sus iglesias o denominaciones con personas que parecen sufrir una insensibilidad espiritual en fase terminal. Podemos aprender de la paciencia de Jesús con sus discípulos duros de mollera. Jesús no tira la toalla con ellos, ni siquiera tras su estrepitoso fracaso durante su juicio y muerte. Aquel que fue capaz de transformar unos cuantos panes en un banquete para miles de personas puede cambiar los corazones de piedra y las mentes endurecidas de unos discípulos paralizados, que, a continuación, irán al mundo a predicar el evangelio.

Jesús admite que los discípulos están expuestos a la decadencia de la incredulidad. Marcos 8:14-21 pone de relieve que la incredulidad comienza a subir como la levadura cuando uno se deja absorber y se preocupa por las cosas de este mundo. Cuando los discípulos son presa de la inquietud en el sentido de que no tienen suficiente pan, el lector se pregunta acertadamente: ¿Por qué han de sentirse tan inseguros? Viajan con alguien que ya ha mostrado su preocupación por ellos y su poder para satisfacer todas sus necesidades y las de otros. No tiene lógica que se preocupen por estas cuestiones. Al abordar la tarea de contextualizar este pasaje, hemos de mostrar que las insignificantes preocupaciones de los discípulos de hoy parecen igual de absurdas e innecesarias.

Varios peligros surgen cuando, como los discípulos, nos abrumamos con preocupaciones por el bienestar material. (1) Comenzamos a dudar del poder de Jesús para suplir lo que necesitamos y podemos sentirnos tentados a buscar en otras fuentes. (2) Comenzamos a dar expresión a nuestra ansiedad altercando con otras personas, lo cual destruye la comunidad. (3) La perpetua preocupación por el pan de cada día nos distrae de la obediencia a la voluntad de Dios. Si los discípulos dejan de preocuparse afanosamente por encontrar pan, descubrirán que Dios les proporciona, en Jesús, toda la comida que necesitan.

Jesús analiza la condición de los discípulos y la diagnostica como dureza de corazón, ceguera y obstrucción auditiva. No son muy diferentes de los no creyentes que no entienden nada (4:11-12) ni de los acérrimos oponentes de Jesús (3:5). En este sentido Hengel comenta: "Es esta desobediencia *universal* la que requiere el camino de Jesús hacia una muerte expiatoria y sustitutiva".[25] Este fracaso de los discípulos ilustra la afirmación de Pablo: "De hecho, no hay distinción, pues todos han pecado y están privados de la gloria de Dios" (Ro 3:22b-23).

Significado Contemporáneo

Estos incidentes presentan a oponentes y discípulos por igual como personas ciegas a lo que Dios está haciendo por medio de Jesús. La ceguera se produce por muchas razones. Poder ver lo que Dios está haciendo y adónde conducirá es como ser capaz de visualizar el edificio de una iglesia. El arquitecto analiza el paisaje y tiene una visión del aspecto del edificio. Aquí estará el santuario; allí se ubicará el púlpito; el coro se situará en aquel punto,

---

25. Hengel, *Studies in the Gospel of Mark*, 35.

etcétera. Posiblemente, el ayudante del arquitecto no vea sino matorrales, oteros y rocas.

Jesús tiene una visión del aspecto del reino de Dios. Por más que fuerzan la vista, los discípulos no consiguen ver nada. Todo les parece un paisaje árido y desolador. Pueden seguir sin ver nada, pero Jesús los llama a confiar en su visión. Puede que duden, porque los recursos parecen muy escasos y no recuerdan la abundante provisión de Dios que disfrutaron en el pasado, aun cuando puedan dar gracias por lo que tienen. Quizá frenan su compromiso hasta tener más pruebas. Es posible que desfallezcan por el camino, se detengan y desmayen porque piensan que no tienen pan. Puede que intenten llenar la iglesia con sorprendentes programas inspirados en la última moda cultural. Acaban distribuyendo comida basura espiritual que no satisface a nadie.

Marshall traza las diferencias entre creencia racional y confianza. Este autor señala que la creencia racional es "involuntaria", porque las evidencias generan la creencia. La confianza, por otra parte, es un acto voluntario de la voluntad. Se confía aun cuando no haya pruebas objetivas. Schweitzer lo compara con la confianza que tiene uno de los cónyuges en cuanto a que el otro le es fiel. Uno puede contratar a un investigador privado para que reúna pruebas fehacientes de que su cónyuge le es fiel. Pero, haciéndolo, destruirá una relación que supuestamente se basa en el amor y la confianza.[26]

La creencia puede estar presente sin afectar a la propia conducta. Uno puede creer los datos estadísticos en el sentido de que volar en un avión es mucho más seguro que viajar en coche por la autopista, y aun así ser incapaz de reservar siquiera un billete de avión por el miedo a volar. La confianza, por otra parte, produce ciertas acciones. La creencia y la confianza se entrelazan. Como afirma Marshall:

> Toda creencia comporta, al menos, un mínimo grado de confianza (p. ej., en la propia capacidad cognitiva), y los actos de confianza serían absurdos sin ciertas creencias en el carácter de la persona en que se confía o en los beneficios inherentes del propio acto de confianza. En otras palabras, los juicios humanos son complejos y comportan elementos tanto racionales como no racionales, en distintas proporciones dependiendo de las circunstancias.[27]

---

26. Schweizer, *Mark*, 159.
27. Marshall, *Faith As a Theme*, 55.

Es tanto "creer que" como "creer en". Los cristianos creen que Jesús es el Cristo, el Hijo de Dios, que es suficiente para suplir todas sus necesidades, y después viven su convicción. Schoonhoven ofrece la siguiente ilustración.

> Cierto funambulista anunció que iba a cruzar las Cataratas del Niágara. Una numerosa multitud se reunió en el punto indicado. El acróbata se empolvó las manos y los pies con yeso, tomó una larga pértiga con las dos manos y procedió confiadamente hasta el otro lado de la cuerda que se había tendido. No solo cruzó hasta el otro lado sino que regresó, raudo, al punto de partida. La multitud estaba asombrada y respondió con vítores. El funambulista anunció que iba a cruzar de nuevo sin la pértiga. De nuevo consiguió cruzar y regresar, ahora sin la pértiga. Al bajar de la cuerda, se dirigió a la multitud y preguntó cuántos creían que era capaz de realizar un tercer viaje, esta vez con una carretilla de mano. Algunos respondieron con confianza, mientras que otros se mostraron escépticos. Enseguida se puso en marcha, cruzando y regresando con la mayor facilidad. A continuación, preguntó a los presentes si creían que podía hacer lo mismo con la carretilla llena de cemento. Esta vez, la multitud respondió con gran confianza y, de nuevo, realizó su gesta con increíble facilidad. Tras completar con éxito estos cuatro recorridos, el funambulista preguntó a los espectadores si creían que podía cruzar la peligrosa distancia con una persona sobre la carretilla. La respuesta fue unánime. ¡Claro que podía! Tras lo cual se volvió a un caballero y le dijo: "De acuerdo, amigo, pongámonos en marcha".[28]

---

28. Calvin R. Schoonhoven, "The 'Analogy of Faith' and the Intent of Hebrews", en *Scripture, Tradition, and Interpretation*, ed. W. Ward Gasque and William Sanford LaSor (Grand Rapids: Eerdmans, 1978), 110, n.14.

Marcos 8:27—9:1

Jesús y sus discípulos salieron hacia las aldeas de Cesarea de Filipo. En el camino les preguntó:

—¿Quién dice la gente que soy yo?

[28] —Unos dicen que Juan el Bautista, otros que Elías, y otros que uno de los profetas —contestaron.

[29] —Y ustedes, ¿quién dicen que soy yo?

—Tú eres el Cristo —afirmó Pedro.

[30] Jesús les ordenó que no hablaran a nadie acerca de él.

[31] Luego comenzó a enseñarles:

—El Hijo del hombre tiene que sufrir muchas cosas y ser rechazado por los ancianos, por los jefes de los sacerdotes y por los maestros de la ley. Es necesario que lo maten y que a los tres días resucite.

[32] Habló de esto con toda claridad. Pedro lo llevó aparte y comenzó a reprenderlo. [33] Pero Jesús se dio la vuelta, miró a sus discípulos, y reprendió a Pedro.

—¡Aléjate de mí, Satanás! —le dijo—. Tú no piensas en las cosas de Dios, sino en las de los hombres.

[34] Entonces llamó a la multitud y a sus discípulos.

—Si alguien quiere ser mi discípulo —les dijo—, que se niegue a sí mismo, lleve su cruz y me siga. [35] Porque el que quiera salvar su vida, la perderá; pero el que pierda su vida por mi causa y por el evangelio, la salvará. [36] ¿De qué sirve ganar el mundo entero si se pierde la vida? [37] ¿O qué se puede dar a cambio de la vida? [38] Si alguien se avergüenza de mí y de mis palabras en medio de esta generación adúltera y pecadora, también el Hijo del hombre se avergonzará de él cuando venga en la gloria de su Padre con los santos ángeles.

Y añadió:

—Les aseguro que algunos de los aquí presentes no sufrirán la muerte sin antes haber visto el reino de Dios llegar con poder.

 El rápido ritmo del Evangelio se ralentiza deliberadamente en esta extensa sección (8:22—10:52).[1] Jesús no está ya en constante movimiento, recorriendo la zona del lago, de un pueblo a otro, una y otra vez.

Ahora conduce a sus discípulos "en el camino". El viaje a pie sustituye a la barca como aula donde se imparten las lecciones a los discípulos. En esta sección surgen varios temas.

(1) Jesús desvela el secreto de su vocación como Mesías, dando a sus discípulos explícitas enseñanzas sobre su inminente sufrimiento, muerte y resurrección. A medida que comienzan a reconocerlo como Mesías, comienza a caérseles la venda de los ojos. Al comienzo de esta sección, Pedro proclama a Jesús como el Cristo (8:29); al final, Bartimeo lo aclama como Hijo de David (10:47). Están en lo cierto, pero solo en parte. La pregunta deja de ser: "¿Quién es Jesús?" y se convierte en: "¿Cuál es la misión que Dios le ha encomendado?". Jesús intenta tres veces llevar a sus discípulos a una nueva definición de lo que significa ser el Mesías, explicándoles la necesidad de su sufrimiento (8:31-38; 9:30-37; 10:32-45). Es significativo que Jesús hable del sufrimiento "*con toda claridad*" (8:32), no en parábolas (4:33). Lo esencial de su enseñanza es que el rey mesiánico reinará desde una tosca cruz. Tradicionalmente, los eruditos han llamado a estos pasajes predicciones de la pasión, pero esta expresión olvida que Jesús profetiza también su vindicación y resurrección.

(2) Jesús explica la letra pequeña de los requisitos del discipulado. No es el único que tiene que llevar la cruz. Esta es necesaria, no solo como medio de redención, sino como forma de vida que los discípulos han de asumir para serlo. También ellos tendrán que afrontar el sufrimiento y se sentirán tentados a transitar un camino más fácil que eluda cualquier llamada al sacrificio. Cualquiera que siga fielmente al dirigente de una causa impopular se convertirá en presa fácil y blanco de delitos discriminatorios.

(3) El "camino" (*hodos*) desempeña un papel esencial a lo largo de esta sección. Jesús no se limita a señalarles el camino a los discípulos;

---

[1]. La palabra "inmediatamente" ha aparecido treinta y dos veces en 1:1—8:26 pero solo cuatro en esta sección (8:27—10:52), tres de ellas en la sanación del muchacho poseído (9:15, 20, 24).

él mismo anda y los conduce por él. Marcos registra los hitos a lo largo de la ruta (8:27; 9:33-34; 10:17, 32, 46, 52):

- Jesús va camino de Cesarea de Filipos cuando les pregunta a los discípulos quién creen que es él y anuncia por primera vez su inminente destino (8:27).

- En 9:33-34, les pregunta a sus discípulos cuál era el tema de discusión "por el camino".

- Cuando Jesús va saliendo "al camino" (10:17, trad. lit.), un hombre llega corriendo y lo interrumpe preguntándole qué debe hacer para heredar la vida eterna. La respuesta es: Vende todo lo que tienes, dáselo a los pobres y únete a la procesión.

- Marcos no nos dice dónde lleva Jesús a sus discípulos hasta 10:32, inmediatamente antes del tercer y último anuncio de su sufrimiento y resurrección: los está llevando "camino" de Jerusalén. Quienes lo siguen tienen un vago presentimiento, porque están atónitos y tienen miedo. El "festivo recorrido por Galilea" se convierte ahora en un "sombrío cortejo" hacia Jerusalén.[2]

- En la última escena de la sección, Jesús sana al ciego Bartimeo, que estaba sentado "junto al camino" (10:46) y, acto seguido, lo sigue "por el camino" (10:52).

Retrospectivamente, el lector entiende que la sombra de la cruz se cierne sobre todo el viaje y entiende que Jesús conduce a sus discípulos por un camino en el que todas las señales apuntan al Gólgota.

(4) Esta sección pone de relieve que el poder de Jesús se mezcla con la debilidad. No es que ahora haya una falta de poder en los acontecimientos que consigna Marcos. Un selecto grupo de discípulos presencia la transfigurada gloria de Jesús (9:2-8), y él sigue expulsando demonios (9:14-29) y sanando enfermedades (10:46-52). Aun aquellos que no siguen a los discípulos experimentan el poder de su nombre en la expulsión de demonios (9:38-41). Pero Jesús renuncia a cualquier reivindicación de poder terrenal y expresa su disposición a aceptar los abusos de sus adversarios. El Hijo del hombre será entregado, se burlarán de él y lo matarán. Jesús se sujetará al plan de Dios. El poder de Dios se revelará en la debilidad. Marcos subraya que las autoridades terrenales que

---

2. Bilezikian, *The Liberated Gospel*, 102.

utilizan las tácticas de poder de la bestia serán finalmente conquistadas por un cordero que renuncia a cualquier ostentación de poder.

(5) Las deficiencias de los discípulos se hacen aun más destacadas en esta sección. Escena tras escena, su ceguera se hace angustiosamente evidente. Cada vez que Jesús instruye a los discípulos sobre su próximo sufrimiento y resurrección, estos manifiestan, de algún modo, su completa falta de comprensión. En primer lugar, Pedro reprende abiertamente a Jesús por pensar que va a sufrir (8:32-33). Más adelante, todos los discípulos comienzan a discutir en privado sobre quién de ellos es el mayor (9:33-34). Por último, Jacobo y Juan solicitan ocupar lugares de poder y gloria en el reino, lo cual indigna a los otros discípulos. La razón por la que los discípulos encajan mal las pretensiones de los dos hermanos es que todos quieren llevar la batuta (10:35-41). La persistente cortedad de entendederas de los discípulos le da la oportunidad a Jesús, en cada caso, de hacer una afirmación sobre la verdadera naturaleza del discipulado (8:34-38; 9:35-37; 10:42-45). Muchos han observado que la sanación de dos ciegos constituye una especie de sujetalibros que delimitan esta sección (8:22-26; 10:46-52). A lo largo de este camino a Jerusalén, Jesús aplica un segundo y tercer toque para que los discípulos puedan ver que su identidad como verdadero Mesías de Dios, está precisamente marcada por su muerte, no a pesar de ella.

Jesús como Mesías (8:27-33)

El primer ciclo de instrucción se produce inopinadamente en la ciudad de Cesarea de Filipos, situada en el límite entre la Tierra Santa y el territorio gentil y conocida por su relación cúltica con Pan, el dios de la naturaleza. En esta localidad, Herodes el Grande construyó un grandioso templo de mármol para venerar al emperador romano; y su hijo Herodes Felipe amplió la ciudad y la renombró en honor a César. Un gobernador romano que ejerce el poder de César ejecutará a este Cristo, pero su resurrección comenzará a destruir los fundamentos del imperio y a revelar el poder de Dios. El reconocimiento por parte de Pedro de Jesús como el Cristo se produce en un destacamento pagano (lo más lejos de Jerusalén que puede estarse dentro del territorio de Israel). Desde este punto, Jesús enfila hacia Jerusalén, la ciudad santa, donde solo va a encontrar la burla de quienes lo escarnecen como Cristo, mientras sufre en una cruz (15:32).

Jesús enseña a sus discípulos por medio de preguntas. La primera es (8:27): "¿Quién dice la gente que soy yo?". Los discípulos consignan su buena puntuación en las encuestas. El hombre de la calle tiene una buena opinión de Jesús. Sus puntos de vista contrarrestan un poco las calumnias de sus amargos oponentes, que lo consideran un juguete en manos de Belcebú; las preocupaciones de sus parientes, que lo consideran perturbado; y los prejuicios de sus conciudadanos de Nazaret, que lo rechazan como solo uno de ellos. La mayoría encasillan a Jesús como una figura profética, creen incluso que puede ser Juan el Bautista o Elías. Estas opiniones recuerdan al lector las exaltadas especulaciones de Herodes sobre Jesús, en el sentido de que era Juan el Bautista, Elías, o uno de los profetas (6:14-15). Entre el pueblo, algunos creían que Dios lo enviaba como un mensajero de catástrofes y otros pensaban que su mensaje era más esperanzador, pero, en cualquier caso, todos lo veían como enviado por Dios.

Sin embargo, ninguno de estos grupos había dado con la verdad. Jesús no es otro más de una larga línea de mensajeros que Dios ha enviado al pueblo. Jesús sigue, pues, sondeando: "Y ustedes, ¿quién dicen que soy yo?". Hasta ahora, los discípulos solo le han llamado "Maestro" (4:38), pero se han hecho la misma pregunta —"¿Quién es éste?" (4:41)— que ahora les hace Jesús. Pedro se pone como primero de la clase con su respuesta que explica todo lo que han presenciado: "Tú eres el Cristo" (8:29). Su confesión tiene lugar en el centro mismo del Evangelio. Este pasaje sirve de bisagra entre la primera mitad del Evangelio, donde el poder de Jesús es muy prominente, y la segunda en que destaca su debilidad.

Esta confesión representa un significativo salto de fe, teniendo en cuenta las expectativas de aquel momento sobre el Mesías. No era en modo alguno evidente que Jesús fuera el Mesías. Algunos habían sido sanados, muchos alimentados, pero Israel no era todavía libre de la dominación pagana. En el primer siglo, la mayoría de los judíos creía que el Mesías sería una figura de la realeza, el descendiente de David que Dios utilizaría para liberar a Israel de sus enemigos. Este personaje real sería triunfador como David y sabio como Salomón. Esta esperanza se expresa en Salmos de Salomón 17:21-25:

> Míralo, Señor, y suscítales un rey, un hijo de David,
> en el momento que tú elijas, oh Dios,
> para que reine en Israel tu siervo.
> Rodéalo de fuerza, para quebrantar a los príncipes injustos,

para purificar a Jerusalén de los gentiles que la pisotean, destruyéndola;
para expulsar con tu justa sabiduría a los pecadores de tu heredad,
para quebrar el orgullo del pecador como vaso de alfarero,
para machacar con vara de hierro todo su ser,
para aniquilar a las naciones impías con la palabra de su boca,
para que ante su amenaza huyan los gentiles de su presencia
y para dejar convictos a los pecadores con el testimonio de sus corazones.[3]

Por otra parte, el autor de 4 Esdras describe al Mesías como un león de la posteridad de David, que triunfará sobre el águila (12:34). Él juzgará al mundo y luego liberará al remanente de Israel. Jesús todavía no ha cumplido ninguna de estas esperanzas, pero, aun así, Pedro rebosa confianza. Jesús ha estado predicando el reino de Dios, y Pedro está ahora seguro de saber el nombre del rey. No obstante, ni él ni el resto de los discípulos tienen la más ligera idea de cómo será entronizado o prevalecerá sobre sus enemigos. Jesús se esfuerza por abrirles los ojos para que vean que Dios va a conseguir estos propósitos de un modo insospechado. Matera lo expresa con estas palabras: "Jesús es el Mesías esperado que viene de la forma más inesperada".[4]

El lector sabe que la respuesta de Pedro es correcta por el título del Evangelio (1:1). Sus palabras parecen un avance decisivo. Finalmente ha comprendido, y el lector espera que los discípulos hayan comenzado finalmente a sacudirse su persistente letargo. El secreto dejará pronto de serlo. Pero Jesús no confirma la confesión de Pedro ni lo alaba por su discernimiento, sino que más bien le pide en tono de represión que no lo diga a nadie (8:30). El verbo (*epitimao*) debería traducirse "reprender" más que "advertir" u "ordenar". Marcos utiliza este mismo verbo para referirse a la reprensión que Jesús dirige a los demonios para que guarden silencio (1:24-25; 3:11-12), y aparece en 8:32-33, donde la NVI lo traduce "reprender". Una de dos, o bien Jesús quiere que Pedro guarde silencio durante algo más de tiempo para poder seguir de incógnito, o se lo pide porque su comprensión de lo que significa "Cristo" es erró-

---
3. Trad. por R. B. Wright, "Psalms of Solomon", en *The Old Testament Pseudepigrapha*, ed. James H. Charlesworth (Garden City, N.Y.: Doubleday, 1985), 667.
4. Matera, *The Kingship of Jesus*, 145.

nea y requiere corrección. Jesús no quiere que las incorrectas opiniones de Pedro se extiendan entre las multitudes, cuya capacidad para entender la identidad de Jesús es aun más limitada que la de los discípulos.

Lo que sigue a continuación parece apoyar esta última opción. Tras reprender a Pedro, Jesús explica que es necesario que el Hijo del Hombre sufra (8:31); y este anuncio, expresado "con toda claridad" (8:32), los sumerge de nuevo en el estupor y la perplejidad. Jesús debilita la nueva fe de Pedro para conducirlo a un nivel más elevado. El sufrimiento, rechazo y muerte del Hijo del Hombre, forman parte del oculto camino de salvación de Dios. El secreto no es que Jesús sea el Cristo, sino más bien lo que va a hacer como tal (o más bien, lo que se le va a hacer por serlo). Solo cuando los poderosos de la nación judía —ancianos, sumos sacerdotes y maestros de la ley— ejecuten a Jesús comenzará su vindicación.[5]

Jesús no les explica su misión a los discípulos como una mera predicción de los próximos acontecimientos, sino para confirmarles que lo que está a punto de suceder forma parte del plan de Dios.[6] Los discípulos solo pueden entenderlo cuando se haya producido puesto que este plan es contrario a todo lo que estaban condicionados a esperar. Majestuosas visiones de gloria llenan sus ojos y el sonido de alborozadas multitudes les tapa los oídos de modo que la enseñanza de Jesús sobre sufrimiento y muerte les entra por un oído y les sale por el otro. Están hechos un lío.

Pedro demuestra un extraordinario atrevimiento al pretender aclararle a Jesús lo que le es o no necesario. Se lleva a Jesús aparte y lo "reprende" por estar tan equivocado como para pensar que el Mesías vaya a tener que sufrir alguna vez. Esta reprensión pone de relieve su ignorancia sobre la naturaleza del mesianismo de Jesús y su profundo ofuscamiento con su enseñanza. Pablo dijo que la palabra de la cruz era algo absolutamente absurdo para los griegos y un tropiezo para los judíos (1Co 1:23), y Pedro es el primero en tropezar con el agravio que supone la idea de un Mesías sufriente. Como al ciego de Betsaida, su visión es ahora parcial, solo parcial. Sus nociones preconcebidas sobre el Mesías nublan la vista de Pedro, que solo consigue hacerse un juicio de las

---

5. La expresión, "tres días después" es una frase que se repite cuando Dios interviene (ver Gn 22:4; 42:17; 15:22; 6:2;

6. Lane, *Mark*, 296. El verbo "es necesario" (*dei*) expresa que Dios se propone instaurar el reino por medio del sufrimiento, muerte y resurrección de Jesús (ver también, 9:12; 14:21).

cosas desde una perspectiva humana. Ha comenzado a entender que la gran manifestación de poder de Jesús lo señala como Mesías, pero no tiene idea de cómo encaja su pasión en su identidad.

El concepto que Pedro tiene del "Cristo" es demasiado estrecho de miras, demasiado cargado de egoístas fantasías humanas. Piensa que el Cristo instaurará un reino de paz y justicia derrocando a los poderes que tienen al pueblo de Dios bajo el yugo de la opresión. El Cristo es, por definición, un vencedor, destinado al honor y a la gloria. La lógica de Pedro es que cualquiera que tenga los sorprendentes poderes de Jesús para calmar el mar y silenciar a los espíritus inmundos, sanar a los enfermos con una sola palabra o un toque, y alimentar a miles de personas con unas migajas está destinado a la gloria y a la veneración universal. Cualquiera que tenga la autoridad celestial para perdonar pecados en la tierra (2:10) y determinar lo que puede o no hacerse en sábado (2:28) no tiene que sufrir en la tierra. ¿Cómo puede un Mesías así ser rechazado y convertirse en una víctima de la violencia? Para Pedro, un Mesías sufriente es algo imposible. El Mesías se presentará como un héroe victorioso que ejecuta el castigo de sus oponentes.[7] Es posible que el apóstol compartiera las esperanzas expresadas en el *Tárgum Yerushalmi* sobre Génesis 49:11:

> ¡Cuán hermoso es el Rey, el Mesías, que se levantará de la casa de Judá! Ciñe sus lomos y dispone sus huestes para la batalla contra sus enemigos; destruye a reyes y comandantes juntamente, y ninguno de ellos puede sostenerse delante de él. Tiñe de rojo los montes con la sangre de sus víctimas y sus vestidos, ensangrentados, gotean...[8]

Pedro muestra, por tanto, que no ve las cosas como Jesús y, junto con los otros discípulos, quiere imponer su propia idea de cómo debe vivir este su vocación de Mesías, haciéndolo de un modo que beneficie a sus

---

7. Francis Watson ("Ambiguity in the Marcan Narrative", *Kings Theological Review* 10 [1987]: 13) lo expresa bien:

> Lo que Pedro dice no es simplemente una conclusión de lo que ha precedido, sino una esperanza para el futuro: que Jesús comenzará ahora a ejercer su poder para inaugurar la gloriosa nueva era en toda su plenitud. Su tarea no solo consiste en liberar a individuos del poder de Satanás, sino en extirpar el dominio de Satanás de sobre la faz de la tierra. De este modo, el secretismo, los malentendidos y el rechazo que hasta ahora han caracterizado el ministerio de Jesús serán erradicados. Para el portador de la nueva era no hay ningún lugar para la ambigüedad.

8. Citado por Martin Hengel, *The Zealots* (Edimburgo: T. & T. Clark, 1989), 277.

seguidores. Mientras Jesús intenta prepararlos para el reino de Dios, él busca un reino humano. Mientras que Jesús va en pos de la voluntad de Dios, Pedro piensa en términos estrictamente humanos. Este conflicto lleva al lector a preguntarse cómo puede vencerse el escándalo de la cruz y ver una transformada visión del poder de Dios. Pone asimismo de relieve que la búsqueda de la verdadera identidad de Jesús no termina con la confesión de que él es el Cristo. Sus seguidores no pueden saber quién es realmente Jesús sin aceptar la necesidad de su sufrimiento y muerte, y no pueden ser verdaderamente sus discípulos sin aceptar para sí este mismo destino.

El segundo toque de Jesús para sanar esta ceguera comienza con una segunda "represión" (8:33). El Señor se da la vuelta, mira a sus discípulos, y llama "Satanás" a Pedro. El archienemigo de Jesús se ha mostrado en su discípulo más destacado. Pedro se ha posicionado en contra del plan de Dios y, sin saberlo, se ha alineado con Satanás, que antes ya había intentado usurpar al Espíritu dirigiendo a Jesús por otro camino (1:13).[9] Astutamente, Satanás se sirve de Pedro, un discípulo, para tratar de desviar a Jesús de la muerte, y de otro, Judas, para llevarlo a ella.

¿Por qué nos dice Marcos que Jesús se da la vuelta (8:33)? ¿Debe acaso detener su avance "en el camino" para tratar con el error de Pedro (ver 5:30)? Que Jesús mire a los discípulos cuando reprende a Pedro puede sugerir que este no está solo en su opinión sobre el sufrimiento de Jesús, solo que él se atreve a expresarla abiertamente.[10] Por otra parte, es posible que mientras los demás discípulos habían estado, literalmente, detrás de su Maestro, Pedro se había situado frente a Jesús o junto a él.[11] Comoquiera que sea, Jesús lo censura públicamente por intentar bloquear el camino. Esta no será la última vez que se confronta abiertamente a Pedro por algo que hace mal (ver Gá 2:11-14). Aunque en teoría Pedro está siguiendo a Jesús, sus aspiraciones humanas lo llevan, no obstante, a cruzarse en su camino en su deseo de que este haga las cosas a su manera. Jesús no eligió a Pedro para que llevara la batuta, y no puede seguirlo si se pone al frente. Ha de situarse detrás de su Maestro y seguirlo, que es a lo que Jesús lo llamó (1:17). El mensaje de Marcos es

---

9. Más adelante veremos que, igual que Satanás habla aquí por medio de Pedro, Jesús lo hará después. Les dice a los discípulos que cuando sean llevados delante de los jueces, no deben preocuparse por lo que han de decir, porque el Espíritu Santo hablará por medio de ellos (13:11).
10. Best, *Following Jesus*, 24-25.
11. Gundry, *Mark*, 451.

claro: los discípulos han de hacer algo más que acertar el título de Jesús. Solo es el primer paso para seguir a Jesús en el camino. Los siguientes dichos exponen claramente lo que requiere seguir a Jesús (8:34-38).

Las demandas del discipulado (8:34-9:1)

Antes de exponer las demandas y las expectativas del discipulado, Jesús llama a la multitud y a los doce, y con ello abre su llamamiento a cualquiera que esté dispuesto a aceptar sus condiciones. El Señor les plantea tres demandas (8:34), un argumento para aceptar tales demandas (8:35-37), una solemne advertencia (8:38) y una confiada promesa (9:1).

Tres demandas. (1) Jesús insiste en que aquellos que quieren seguirlo, han de negarse a sí mismos. Lo que les pide no es que se nieguen algo a sí mismos, sino que nieguen el yo y cualquier ambición personal de promoción. El discipulado no es un voluntariado de media jornada que uno desarrolla como una actividad extracurricular. Dios se niega a aceptar un papel secundario en nuestra vida y requiere un lugar de control. Quienes se niegan a sí mismos han aprendido a decir: "No se haga mi voluntad sino la tuya".

(2) Jesús demanda que sus discípulos tomen una cruz. Esta vívida imagen debió de haber sonado extraña antes de la crucifixión y resurrección de Jesús, pero habría trasmitido un sentido de peligro y sacrificio. Las ejecuciones públicas eran una importante característica de la vida en aquel tiempo. Cicerón describe la crucifixión como una sentencia cruel y detestable, la peor de las torturas a que se sometía a los esclavos y algo que debía temerse.[12] Los romanos obligaban a los condenados a cargar el madero transversal de la cruz hasta el lugar de la ejecución, donde lo fijaban al poste de la crucifixión. Al pedir a los discípulos que lleven su cruz, Jesús espera que estén dispuestos a unirse a las filas de los despreciados y condenados. Han de estar dispuestos a negarse a sí mismos hasta el punto de dar sus vidas.

(3) Jesús pide a sus discípulos que sigan el camino que *él* ha escogido, no el que escogerían ellos. Jesús no quiere un convoy de seguidores que se maravillen de sus milagros, pero sin seguir su ejemplo. La procesión que tiene en mente es una extraña imagen: discípulos que siguen a su Señor, llevando cada uno una cruz. El sentido de esta imaginería es que

---

12. Cicerón, *Contra Verres* 2.5.64, 165; 5.66, 169; *Pro Rabiro* 5.16. Tácito (*Historias* 4.11) la describe como "el castigo de un esclavo" y Josefo (*Guerras* 7.6.4 § 203) la llamó "la más lastimosa de las muertes".

los discípulos deben obedecer su enseñanza, incluido lo que dice sobre dar sus vidas.

La lógica. Jesús apela al deseo esencial de los hombres de proteger la propia vida como lógica para tal sacrificio. Los humanos intentan preservar la vida pero normalmente deciden hacerlo de formas destinadas a fracasar. Jesús ofrece un paradójico principio para salvar nuestra alma: Para salvar la propia vida, hemos de perderla. Los seres humanos intentan inútilmente salvaguardar sus vidas almacenando bienes en graneros más grandes, pero nada de lo que uno pueda adquirir en esta vida puede pagar el rescate de la propia alma. Si entregamos nuestra vida por su causa y por el evangelio, se nos dará la única vida que cuenta, la vida de Dios.

Una solemne advertencia. A continuación Jesús advierte a sus discípulos sobre el juicio, cuando cada uno tendrá que rendir cuentas delante del Juez. Esta advertencia implica que cuando el Hijo del Hombre venga en la gloria de su Padre, lo hará como Juez (ver Mt 25:31-32). Jesús advierte a los discípulos que no eludan la vergüenza que, como Mesías crucificado, él sufre a ojos de este mundo. Han de ponerse de su lado ahora en su sufrimiento y su humillación, o no lo estarán cuando llegue la gloriosa era venidera. La postura personal de cada cual hacia Jesús determinará el veredicto final.

Jesús utiliza la amenaza del juicio para inducir a sus seguidores a ser fieles. Ser avergonzado es lo contrario de la vindicación divina (Sal 25:3; 119:6; Is 41:10-11; Jer 17:18). Aquellos que pueden estar asustados por los edictos de tribunales terrenales (representados en este Evangelio por Herodes Antipas, el Sanedrín del sumo sacerdote y el gobernador romano, Pilato) han de temer aun más la decisión del tribunal celestial, que determinará su destino eterno. Los mezquinos tiranos que por un fugaz momento ostentan el poder, pueden infligir un temible castigo. Pero no podemos apaciguarlos ni nadar entre dos aguas. Ganar el favor del mundo y sus déspotas significa perder el favor del cielo. Ganar su favor significa perder el del mundo.

En el juicio se hará manifiesta la absoluta impotencia de los hostiles adversarios de Dios cuando tengan que responder ante su tribunal. Aquellos que han unido su suerte a la de ellos descubrirán que han tomado una decisión fatal. Han canjeado algunos años más de vida en la tierra con esta perversa y adúltera generación por una eternidad con ellos en el infierno. Entregar la propia vida en servicio a Dios puede significar la pérdida de algunos años en la tierra, pero la ganancia de la eternidad con el glorificado Hijo del Hombre. Jesús no dice que confesarle vaya a hacernos más felices, sino que nos salvará del juicio de Dios. La esencia de la sabiduría es seguir el camino de Jesús, aunque ello conduzca a una humillación terrenal; la otra única elección lleva a la condenación de Dios. Esta advertencia se hace especialmente relevante cuando Pedro no puede hacer la misma atrevida confesión en un patio donde se respira odio hacia Jesús (14:66-72; ver también, 13:9).

Una promesa confiada. Jesús concluye esta primera lección sobre los requisitos del discipulado con una solemne promesa de que algunos de ellos no gustarán la muerte antes de ver la llegada del reino de Dios con poder (9:1). El sufrimiento no durará siempre. La resurrección del Hijo del Hombre (8:31) y su venida en gloria con los santos ángeles (8:38) elimina el aguijón de la humillación de una cruz.

Puede aludir al tiempo del fin, puesto que el versículo anterior menciona la venida del Hijo del Hombre en la gloria de su Padre con los santos ángeles (8:38; ver 13:26-27).[13] Puede también aludir a la Transfiguración, que Marcos narra en los siguientes versículos (9:2-8). Hay una relación temporal entre ambos pasajes, ("Seis días después" 9:2); y tres discípulos escogidos "ven" la resplandeciente apariencia de Jesús junto a Elías y Moisés, lo cual prefigura su inminente venida en gloria con los "santos ángeles".

¿Pero cuál es la razón de una predicción tan dramática, "algunos de los aquí presentes no sufrirán la muerte", cuando la Transfiguración se produce tan solo una semana más tarde? ¿Por qué no decir "dentro de una semana"? La Transfiguración tiene más sentido a modo de indicación del cumplimiento de esta promesa que como su cumplimiento específico. Esta expresión puede aludir al resultado final del sufrimiento y muerte de Jesús, a saber, su resurrección.[14] La sección que comenzó en 8:31 en la que Jesús anuncia por primera vez su sufrimiento, muerte y resurrección, concluye con este versículo. Promete una inversión de la situación. Algunos podrán ver su impotente muerte transformada en gloriosa vindicación y dar evidencias del poderoso reino de Dios en Jesús. France sostiene que es posible que Jesús no haga referencia a un solo acontecimiento, sino a una serie (la transfiguración, muerte, resu-

---

13. Así lo entiende E. Nardoni, "A Redactional Interpretation of Mark 9:1", *CBQ* 43 (1981): 373-74.
14. J. J. Kilgallen, "Mark 9:1—The Conclusion of a Pericope", *Bib* 63 (1982): 81-83.

rrección y ascensión de Jesús, Pentecostés y la destrucción del templo. Como se ve a la semilla formar un tallo y después la espiga llena de grano, algunos de los discípulos de Jesús verán el cumplimiento de su predicción en diferentes etapas. El poder del reino será indiscutiblemente visible.[15]

Este asunto sigue desconcertando a los intérpretes. Si Jesús se refiere a la Parusía entonces está expresando una errónea confianza de que su profecía se cumplirá en el lapso de la vida de los discípulos (una creencia que Marcos, que escribe en el primer siglo, podría haber compartido). No obstante, como veremos en el comentario sobre el capítulo 13, Marcos pone de relieve que nadie conoce con exactitud el momento en que vendrá el día del Señor. Jesús no da certeza alguna de que será pronto. La mejor opción asume que la promesa de 9:1 se cumple, de algún modo, dentro del propio relato y en los acontecimientos que se producen después de la resurrección.

Esta conclusión plantea otras cuestiones. ¿Qué significa "ver"? Este verbo puede referirse a una percepción física o intelectual, o a ambas cosas a la vez. Los espectadores de la crucifixión de Jesús lo retaron a descender de la cruz para poder "ver y creer" (15:32). Quieren "ver" a Jesús rescatado milagrosamente por Elías (15:36). El centurión, no obstante, "ve" su manera de morir y proclama que es el Hijo de Dios (15:39). Tras su resurrección, a los discípulos se les promete que cuando vayan a Galilea, lo "verán". Ver la venida del reino de Dios con poder alude a la muerte y resurrección de Jesús. El participio griego que aparece en 9:1, "habiendo venido" (*elelythuian*), está en tiempo perfecto e indica una venida que tiene lugar antes de la acción del verbo "ver". La manifestación visible del poderoso reino de Dios no se produce de un modo previsible para la gente. El reino viene como un misterio oculto. La cruz y la resurrección transforman el significado del poder y de la gloria, y el modo en que Dios establecerá su reino en la tierra.

No podemos, pues, seguir pensando en poder y gloria en los mismos términos que normalmente los conciben los humanos. Muchos aprisionados y cegados por los poderes no verán nada de lo que Dios está haciendo en el mundo y serán juzgados. Otros verán el reino de Dios viniendo con poder en la oscuridad a mediodía, en la rasgadura del velo del templo, la tumba vacía y la reunión con el Señor resucitado.

---

15. France, *Divine Government*, 66-76.

Esta escena muestra que podemos tener mucha razón y, al mismo tiempo, estar muy equivocados. Pedro hace una asombrosa confesión y Jesús, de manera igualmente sorprendente, lo reprende pidiéndole que guarde silencio al respecto. Pedro no entiende todavía que este Mesías está destinado a morir a manos de los enemigos de Dios. Cuando Jesús se lo dice, Pedro queda confundido. Es difícil culparlo por pensar que Jesús se está equivocando. Nada de su trasfondo religioso lo había preparado para ninguna de las cosas que Jesús predice. El mensaje de un Mesías sufriente era absurdo para él. Justino Mártir explica cómo consideraban la fe cristiana la mayoría de sus contemporáneos del siglo II: "Dicen que nuestra locura consiste en que ponemos a un hombre crucificado en segundo lugar después del Dios inmutable y eterno, el Creador del mundo" (*Primera Apología* 13.4).

Jesús no tiene que vérselas únicamente con las falsas expectativas de sus amargados rivales que lo cuestionan abiertamente, sino también con las fantasías de sus seguidores que pretenden dar un nuevo rumbo a su misión. Satanás adopta muchas apariencias. Está ahí cuando los fariseos tientan a Jesús para que confirme la verdad de su implícita afirmación de ser el Mesías, haciendo algo que sea claramente mesiánico. Quieren que presente señales inequívocas de que derrocará a los enemigos de Israel. En caso contrario, lo considerarán otra falsa figura mesiánica (ver Hch 5:36-37), un impostor. Jesús resiste su presión. A continuación, Satanás incita la abrupta interferencia de Pedro. Este se desploma rápidamente desde la posición de alumno aplicado, con su respuesta de matrícula de honor: "Tú eres el Cristo", a la del tonto de la clase cuando insiste en que Jesús tiene que adaptarse a sus expectativas de lo que el Mesías debe o no hacer.

Jesús ha de responder, por tanto, a la ciega oposición de los fariseos y al ciego entusiasmo de sus discípulos. De momento, los primeros son una causa perdida. Para convencer a uno de ellos de que es el Mesías de Dios, Jesús tiene que recurrir nada menos que a un cegador destello de luz en el camino de Damasco. Jesús concentra sus energías en instruir con paciencia a sus discípulos para que desaprendan todo lo que se les ha enseñado o han creído sobre el papel del Mesías. Les va a costar aprender estas lecciones. Nada sucede como ellos esperan o desean.

Todos ellos tienen problemas para aprender que la victoria se consigue entregando la propia vida, no quitándosela a otros.

Wink relaciona la ceguera de los discípulos con una forma de ver, oír y reaccionar condicionada por el interés y la experiencia". Este autor traza una comparación con ciertos experimentos realizados con estereopticones, (instrumentos que permiten a las personas ver dos imágenes distintas al mismo tiempo, una con cada ojo) en que las personas solo veían la imagen que les era familiar por sus condicionamientos culturales. Wink cuenta:

> Cuando en un ojo se les proyectaba la imagen de un jugador de béisbol y en el otro la de un torero, los mejicanos decían haber visto al torero y los estadounidenses al jugador de béisbol. A quienes se les muestra un anómalo seis de picas rojo experimentarán una vaga incomodidad física pero lo identificarán como un seis de picas (El color de las picas es el negro. N.T.). Tendemos a ver aquello para lo que hemos sido condicionados, no lo que hay realmente.[16]

Lo mismo le sucede a Pedro. La palabra "Cristo" y las palabras de Jesús sobre su sufrimiento y muerte se proyectan en la pantalla. Lo que Pedro siente, más que una vaga sensación de incomodidad, es una profunda aversión. Esto no puede ser. Nuestras predisposiciones nos hacen ver lo que queremos ver y oír lo que queremos oír. Puede que los predicadores experimenten este tipo de respuesta de sus congregaciones cada semana. Uno puede, por ejemplo, predicar un sermón sobre la generosa gracia de Dios e, inevitablemente, al terminar, alguien lo felicita por hablarles clarito a los pecadores e insistir en la necesidad de obedecer los Diez Mandamientos.

En la contextualización de este pasaje hemos de ser conscientes de lo mucho que, como Pedro, proyectamos nuestras aspiraciones sobre Jesús. No conseguimos ver lo que, de hecho, se proyecta en la pantalla. Este texto, por tanto, ha de forzarnos a examinar honestamente las muchas formas en que queremos corregir la enseñanza de Jesús para que esté de acuerdo con nuestros prejuicios, especialmente cuando se trata del sufrimiento y el sacrificio. Si la reacción de Jesús es indicativa de

---

16. Walter Wink, "The Education of the Apostles: Mark's View of Human Transformation", *Religious Education* 83 (1988): 287.

algo, la adulteración de su cruda demanda se encontrará con una severa represión.

Es posible que la incisiva represión de Jesús produzca un sobresalto en el oyente. Aunque algunas iglesias pueden inscribir con orgullo las halagadoras palabras del Evangelio de Mateo: "Sobre esta roca edificaré mi iglesia", pocas estarían dispuestas a grabar en un lugar prominente la frase que Jesús pronuncia en este pasaje: "Apártate de mí, Satanás". Posiblemente la Iglesia necesita escuchar esta represión más que cualquier alabanza. El problema es que no nos gusta escuchar críticas, especialmente en público. Muchos toman la represión como si fuera rechazo. Sin embargo, la represión que Jesús dirige a Pedro no significa que lo rechace. La represión era un importante método pedagógico. En la literatura de Qumrán, la corrección de Dios se consideraba como algo casi preceptivo para formar parte de la comunidad y para crecer espiritualmente. Era algo que se le agradecía a Dios. La represión pretende desafiarnos a entender y llevarnos al arrepentimiento. No es popular decirlo, pero las tranquilizadoras palabras de certeza no sirven de ayuda a quienes ponen en peligro sus almas y las de los demás, centrando la mente en las cosas humanas.

Este pasaje ayudará a las personas a familiarizarse con los rigores del discipulado. Jesús demanda a sus discípulos que se nieguen a sí mismos, tomen su cruz, pierdan sus vidas para salvarlas y sean audaces para dar testimonio. No se puede vivir como discípulo del modo en que muchas personas ven la televisión: sentados en un sofá con el mando a distancia en la mano, y cambiando de canal cada vez que aparece en pantalla algo desagradable, tedioso o exigente. En su exposición de la influencia de la televisión en nuestra cultura, Postman afirma:

> Creo no equivocarme si digo que el cristianismo es una religión exigente y seria. Cuando se presenta como algo fácil y divertido, estamos hablando de una clase de religión completamente distinta".[17]

Insistiendo en la popularidad de su programa de ciencia-ficción, un actor afirmó que este explotaba el interés por la espiritualidad que existe en nuestro tiempo: "Las personas tienen hambre de trascendencia y buscan este sentimiento de misterio, el hormigueo que experimentas cuando sientes a Dios". Jesús ha dado a los discípulos muchas oportunidades

---

17. Neil Postman, *Amusing Ourselves to Death* (Nueva York: Viking, 1985), 121.

de sentir hormigueos, pero el discipulado y la verdadera espiritualidad implican mucho más que esto. Hemos de guardarnos de no convertir a Dios en un artículo de consumo para nuestra propia gratificación.

(1) *Negarse a uno mismo*. Hemos de tener cuidado de no confundir el llamamiento a negarnos a nosotros mismos con alguna forma de ascetismo —negarnos aquellas cosas que nos gustan— o con la autodisciplina. El ascetismo y la autodisciplina no son necesariamente cristianos. Best comenta acertadamente:

> No se trata de la negación de algo al ser, sino de la negación del propio ser. Es lo contrario de la autoafirmación, de atribuir valor al propio ser, vida o posición delante de los hombres o de Dios, de reivindicar derechos y privilegios peculiares a la propia posición especial en la vida o incluso a aquellos que normalmente se consideran intrínsecos al ser humano como tal.[18]

No se puede, por tanto, limitar la propia negación a una época del año, como la Cuaresma, porque es una actitud que genera la diaria sumisión de la propia voluntad a la de otro. Quienes se niegan a sí mismos le dicen "no" al "yo" que los esclavizaría y "sí" a Dios, que los lleva a la vida. Bonhoeffer define la propia negación de esta manera:

> Negarse a uno mismo es ser consciente solo de Cristo y no serlo ya del yo, verlo solo a él que va por delante y no del camino que es demasiado difícil para nosotros. Una vez más, lo único que puede decir la persona que se niega a sí misma es: "Él guía el camino, mantente cerca de él".[19]

Cada día hemos de abrirnos a las iniciativas y al control de Dios. La negación de uno mismo toma muchas formas. Para algunos puede significar dejar el trabajo y la familia como en el caso de los discípulos. Para el orgulloso significa renunciar al deseo de prestigio y honor. Para el avaricioso, a su apetito de prosperidad. El complaciente tendrá que abandonar su amor a la comodidad. El medroso, desistir de sus ansias de seguridad. El violento, de su deseo de venganza. Y así sucesivamente. Cada persona sabe cuál es su mayor obstáculo para entregar su vida a Dios. También puede ser necesario que congregaciones enteras aprendan a negarse a sí mismas: a diezmar, a ayudar a otras congregaciones

---

18. Best, *Following Jesus*, 37.
19. Dietrich Bonhoeffer, *The Cost of Discipleship* (Nueva York: Macmillan, 1963), 97.

en dificultades en lugar de construir un nuevo centro recreativo con bolera y cancha de baloncesto, a pasar sin unas nuevas túnicas para el coro para que el dinero pueda dedicarse a las misiones.

(2) *Llevar una cruz*. La cruz es el meollo del evangelio, y llevar la cruz es un requisito fundamental del discipulado cristiano. No basta con confesar que Jesús es el Cristo. Si lo es, entonces espera que se le siga y obedezca. Lo que nos pide no son modestas correcciones en nuestras vidas, sino una completa revisión de nuestra conducta. Jesús nos llama a llevar una cruz, lo cual alude a la abnegación y al sacrificio, hasta el punto de dar la propia vida. En nuestro tiempo, este llamamiento al sacrificio se minimiza, no obstante, en demasiadas congregaciones y ministerios televisivos. A diferencia de ciertos buhoneros del evangelio de nuestros días, Jesús no ofrece a sus discípulos actividades de realización personal, embriagadoras experiencias espirituales, o estímulos intelectuales. Les presenta una cruz. No los invita a probarse la cruz para ver si les gusta como les queda. No pide voluntarios que quieran llevarla con la promesa de subirles la nota. Esta demanda específica separa a los discípulos de los admiradores. Los discípulos deben hacer algo más que contemplar la maravillosa cruz, gloriarse en la cruz de Cristo y amar la antigua y tosca cruz, como expresan nuestros queridos himnos. Han de hacerse obedientes como Jesús y vivir la cruz.

Tomar tu cruz significa que tienes que matricularte en la escuela del sufrimiento. Como comenta Gundry, significa "someterte a la vergüenza, a la 'hostil y aullante multitud'".[20] Los discípulos afianzan su vida en su confesión de que Jesús es el Mesías y lo siguen en el camino del sufrimiento. Es posible que los admiradores lo reconozcan como Mesías, como Hijo de Dios incluso; sin embargo, se mantienen inamovibles cuando los llama a seguirlo por el camino que lleva al martirio. En su novela *El Extranjero*, Albert Camus habla de un sacerdote que intenta convencer a un no creyente sobre la fe. Abre un cajón, saca de él un crucifijo de plata y acto seguido, lo esgrime ante él para reforzar su argumento. Pero Jesús no nos llama a blandir una cruz, sino a llevarla.

Al contextualizar este pasaje hemos de rebatir algunas falsas nociones de lo que significa la cruz. Para muchos, se ha convertido en un accesorio de moda, una pieza de bisutería que forma parte de su atuendo externo, pero que rara vez conocen como principio de vida. Para otros,

---

20. Gundry, *Mark*, 436.

es un emblema para reconocer el heroísmo militar: la Cruz de la Victoria, la Cruz de Hierro. Otros consideran que la cruz que ellos llevan es una cierta aflicción física, problema familiar o catástrofe que los golpea. Teniendo en cuenta que Jesús libera a las personas de la posesión diabólica, la enfermedad y las destructivas fuerzas de la naturaleza, la cruz no puede ser algo que procede de una "opresión no humana".[21] La cruz representa la opresión producida por la oposición humana a la fe y al testimonio de los cristianos. Llevar la cruz no significa sobrellevar pacientemente las molestias y los dolores de la vida.[22] Solo habremos encontrado a Cristo cuando estemos más preocupados por el sufrimiento de los demás que por el nuestro.

También hemos también de asumir el triste hecho de que, para una importante parte de la humanidad, la cruz evoca la retorcida ideología del nazismo representado por la esvástica (*Hakenkreuz*). David H. Stern habla de las dolorosas connotaciones que la cruz tiene para él.

> Para muchos cristianos la cruz representa todo aquello que aman; no me opongo a que la usen como símbolo de su fe. Pero durante muchos siglos los judíos han sido oprimidos hasta la saciedad bajo el signo de la cruz por quienes pretendían ser seguidores del Mesías judío. Por tanto, para mí simboliza la persecución de los judíos. Como judío mesiánico que sigo sufriendo por mi pueblo no me siento cómodo representando mi fe neotestamentaria mediante una cruz.[23]

Stern prefiere traducir la palabra griega para cruz como "poste de ejecución". Cuando se la vierte de este modo, se eliminan las aplicaciones triviales de este dicho. Dietrich Bonhoeffer, que fue finalmente ahorcado por los nazis, escribió: "La cruz se pone sobre cada cristiano [...]. Cuando Cristo llama a un hombre le pide que se acerque a él y muera".[24] Seguir a Jesús al Gólgota no es un tedioso desvío, sino el camino principal. Ojalá estemos dispuestos a seguirlo cuando nos dirija por caminos que nosotros nunca hubiéramos escogido por propia iniciativa.

---

21. David Rhoads, "Losing Life for Others in the Face of Death: Mark's Standards of Judgment", Int 47 (1993): 363.
22. Eduard Schweizer, "The Portrayal of the Life of Faith in the Gospel of Mark", en *Interpreting the Gospels*, ed. James Luther Mays (Filadelfia: Fortress, 1981), 173.
23. David H. Stern, *Jewish New Testament Commentary* (Clarksville, Md.: Jewish New Testament Publications, 1992), 41.
24. Bonhoeffer, *The Cost of Discipleship*, 99.

(3) *La cruz como piedra de tropiezo*. Este episodio pone al descubierto que la cruz se convierte en un tropiezo, especialmente para quienes creen saber lo que debe hacer un Mesías. La sabiduría mundana siempre la desechará. El amor que sirve a otros sin importar el coste colisiona frontalmente con la sabiduría mundana que nos propone velar por nuestros propios intereses por mucho que ello perjudique a los demás. Jesús le da la vuelta a la sabiduría convencional. Su abnegado amor sigue siendo un misterio, aun para sus más devotos seguidores.

Jesús presenta un paradójico consejo sobre cómo salvar la propia alma: hemos de perder la vida para salvarla. Los discípulos han de aferrarse a la cruz, el instrumento mismo de su ejecución. Esta verdad pone en jaque el modo en que la mayoría de las personas viven su vida. Un dicho atribuido al entrenador de fútbol americano Knute Rockne —"Muéstrame a alguien que sepa perder y te mostraré a un perdedor"— refleja una actitud muy extendida: hemos de ganar a toda costa. Un conocido deportista afirmó:

> La gente piensa que si eres cristiano, eres un debilucho y no te importa perder. Si conoces a Dios, sabes que esto no es así; ni mucho menos. Dios es un ganador. Dios nunca pierde. Por eso es Dios.

¿Pero cómo vence Dios? Para aplicar este pasaje a nuestro tiempo, nos será útil reflexionar sobre lo a menudo que nuestra forma de pensar refleja los caminos humanos en lugar de los de Dios.

Significado Contemporáneo

Jesús era "demasiado nuevo y singular, demasiado grande y extraño" para encajar en las tradicionales categorías de sus contemporáneos.[25] Lo mismo sucede en nuestro tiempo. Los eruditos modernos tienden a remodelar a Jesús según su propia imagen y, con ello, eliminan cualquier reivindicación eterna que pueda ejercer sobre sus vidas. Algunos lo presentan como a un revolucionario social que reunió a una banda de desesperados para llevar a cabo una liberación de los campesinos oprimidos. Otros lo presentan como a un itinerante maestro pacifista, que se dedica a declamar aforismos; están también los que lo ven como un sanador carismático que

---

25. Luccock, "The Gospel According to St. Mark: Exposition", 7:733.

pretende reformar el judaísmo. Todas estas especulaciones, vestidas con el ropaje de la especialización académica, no están más cerca de la verdad que las suposiciones de los contemporáneos de Jesús; sin embargo, los medios de comunicación se hacen eco a menudo de estas opiniones. Brown señala sabiamente que esta clase de sensacionalismo mediático "puede presentarse con entusiasmo y no requiere que los locutores de radio, columnistas o presentadores de televisión adopten posturas sobre las pretensiones religiosas de Jesús que puedan ofender a las audiencias".[26]

Muchos respetan a Jesús como un maestro de ética, aunque poco práctico, cuyas memorables locuciones sobre volver la otra mejilla, no arrojar la primera piedra, y amar al prójimo hacen que leerle sea fascinante. Sin embargo, el Jesús que presenta Marcos y que confiesa la Iglesia no es un mero santón galileo, un maestro simpático, un ferviente profeta, un dirigente campesino, un cínico errante que nos llama a vivir con sentido común y según la ley natural (todas ellas opciones propuestas por eruditos contemporáneos sobre los perfiles del Jesús histórico), sino el *Hijo de Dios*. No podemos ponerlo en categorías no religiosas que nos permitan eludir el derecho que Dios reclama sobre nuestra vida. Es el Mesías enviado por Dios para sufrir y salvar a su pueblo por medio de su muerte y resurrección.

Jesús ha de resistir la presión de conformarse a las expectativas de sus oponentes, que lo desafían a demostrar sus afirmaciones con una señal mesiánica decisiva. Tiene también que rechazar las ilusiones de sus seguidores más cercanos, influenciados por las expectativas populares sobre lo que iba a hacer el Mesías. Esperaban a alguien como Salomón en la realización de exorcismos, como Moisés en la provisión de pan en el desierto, como Josué en la reconquista de la tierra prometida de manos de los paganos, y como David en el establecimiento de un reino triunfante que pondría a todos los enemigos de Israel por estrado de sus pies. Para Jesús, la tentación de cumplir las expectativas de su pequeño grupo de seguidores para evitar que lo abandonaran desilusionados debió de haber sido enorme. Pero el único compromiso de Jesús está en el cumplimiento de la voluntad de Dios, aunque ello lo llevaba a morir solo. Su compromiso de obedecer a Dios y no esforzarse por complacer a todo el mundo, sirve de modelo para los ministros de nuestros días que han de hacer frente a este mismo tipo de presiones para adaptarse a lo que otros consideran que los ministros deben ser y hacer.

---

26. Brown, *The Death of the Messiah*, 1:677-78.

Muchos miembros de las iglesias tratan a sus pastores como culíes a quienes han contratado para que los lleven a la cima de un Everest espiritual, y para que les paren los golpes. Actúan como accionistas que mantienen a un ejecutivo para que asegure buenos dividendos a sus inversiones. Las expectativas son diversas. Algunos esperan que el ministro produzca un éxito instantáneo en la iglesia, entendido como un rápido crecimiento numérico. Como declara con agudeza Buttrick, muchos esperan que sus ministros sean "consejeros sabios, sabios como Freud [...], capaces de liberar las mentes atribuladas", y también activistas en sintonía con los prejuicios políticamente correctos o no de sus feligreses, sobre cualquier asunto, desde delicadas cuestiones de tipo social a los complejos asuntos de la política exterior. Buttrick observa asimismo que los ministros se ven fácilmente atrapados por las expectativas sociales ya que la mayoría de los humanos "anhela algún tipo de aprobación social". Los ministros pueden, pues, encontrar difícil "ignorar todas las expectativas sociales y permitir que Dios defina nuestro ministerio en cada nueva situación". Puede serles mucho más fácil "sucumbir a la falta de autenticidad". "Si hay un número suficiente de personas que nos tratan de manera favorable, podremos disfrutar quizás de nuestra propia congregación y puede que hasta desarrollar un cierto grado de autoestima". "La justificación social" es más fácil de alcanzar que la justificación por la fe ya que esto último es "un duro asunto de inexorable y confiada fe en Dios". Cuando Dios nos manda dejar el grupo y tomar una dirección determinada, frecuentemente nos toca transitar un camino solitario.[27]

Predicar a Cristo crucificado y vivir en consecuencia significa buscarse rechazo y afrentas. Pablo demostró entenderlo bien cuando afirmó (1Co 4:9-11):

> Por lo que veo, a nosotros, los apóstoles, Dios nos ha hecho desfilar en el último lugar, como a los sentenciados a muerte. Hemos llegado a ser un espectáculo para todo el universo, tanto para los ángeles como para los hombres. ¡Por causa de Cristo, nosotros somos los ignorantes; ustedes, en Cristo, son los inteligentes! ¡Los débiles somos nosotros; los fuertes son ustedes! ¡A ustedes se les estima; a nosotros se nos desprecia! Hasta el momento pasamos hambre, tene-

---

27. David Buttrick, *The Mystery and the Passion: A Homiletic Reading of the Gospel Traditions* (Minneapolis: Fortress, 1992), 115-16.

mos sed, nos falta ropa, se nos maltrata, no tenemos dónde vivir.

Quienes siguen este solitario camino experimentarán, aunque solo sea un poco, el mismo dolor que sufrió Jesús en su trato con unos discípulos obstinados y duros de mollera y con una insensible oposición empeñada en destruirlo. Los cristianos de nuestro tiempo pueden aprender del ejemplo de su Señor, que conoce sus penalidades y los llama a ser fieles.

Tomás de Kempis escribió:

> Jesucristo tiene ahora muchos amadores de su reino celestial, mas muy pocos que lleven su cruz. Tiene muchos que desean la consolación, y muy pocos que quieran la tribulación. Muchos compañeros halla para la mesa, y pocos para la abstinencia. Todos quieren gozar con él, mas pocos quieren sufrir algo por él. Muchos siguen a un Jesús hasta el partimiento del pan, mas pocos hasta beber el cáliz de la pasión. Muchos honran sus milagros, mas pocos siguen el vituperio de la cruz. Muchos aman a Jesús cuando no hay adversidades. Muchos lo alaban y bendicen en el tiempo que reciben de él algunas consolaciones; mas si Jesús se escondiese y los dejase un poco, luego se quejarían o desesperarían mucho.
>
> Los que aman a Jesús, por él mismo y no por su propia consolación, lo bendicen en toda la tribulación y angustia del corazón y también cuando están llenos de consuelo.[28]

Jesús no tenía la intención de llenar las vacantes de su ejército con voluntarios que le profesaban lealtad y hablaban pomposamente de victoria, sin estar dispuestos a hacer sacrificios.

Los primeros lectores tuvieron que hacer frente, literalmente, a la perspectiva de la muerte por ser cristianos, y el evangelista quería estimularlos a encararla con valor y a resistir la tentación de retirarse. La mayoría de los cristianos de hoy no viven con este tipo de peligro físico. No obstante, muchos de nosotros somos tentados a alejarnos para rehuir la vergüenza que experimentamos cuando defendemos nuestra fe. Stephen L. Carter ha explicado que, para evitar que la religión domine

---

28. Thomas à Kempis, *The Imitation of Christ*, trad. por Ronald Knox y Michael Oakley (Nueva York: Sheed and Ward, 1959), 2.9 (pp. 76-77).

a la política en los Estados Unidos, hemos "creado una cultura política y legal que insta a las personas con convicciones religiosas a no ser auténticos, a actuar en público, y a veces también en privado, como si su fe no tuviera importancia para ellos".[29] Para muchos es difícil ir contra la multitud y defender a Cristo. Jesús no ofrece la opción de un discipulado secreto; requiere una atrevida confesión. Minear dice lo siguiente sobre quienes confiesan valientemente a Cristo: "Su siguiente confesión de fe, como fue la de él, no tendrá lugar en una iglesia, sino ante un tribunal".[30] Si no somos fieles en dar testimonio cuando la presión es suave, difícilmente lo seremos si nuestra vida está en juego.

Sentimos la tentación de buscar la seguridad de este mundo en lugar de arriesgar nuestra vida por Cristo. Aquellos cuyo objetivo es tan solo el bienestar material pierden la única vida que merece la pena, mientras que quienes se sacrifican por los demás, la ganan. Muchos se dedican a buscar la seguridad que este mundo proporciona, pero hay una diferencia entre sentirse seguro y estarlo. Puede que quienes se rodean de cosas materiales, contratan toda clase de seguros y acumulan una abultada cuenta de ahorros se sientan seguros. Son como el necio rico que se dice a sí mismo: "Ya tienes bastantes cosas buenas guardadas para muchos años. Descansa, come, bebe y goza de la vida" (Lc 12:19). Para Dios, son como niños que durante una tormenta eléctrica cierran los ojos y se tapan la cabeza con las sábanas. Aquellos que arriesgan su vida descansan en la completa seguridad de Dios. Quienes se dedican a ganar todo el mundo —esforzándose afanosamente por ascender a codazos por la escalera del éxito, consiguiendo prestigio, adquiriendo lujos— no encuentran satisfacción. Pueden acabar preguntándose: "He llegado arriba, soy el número uno. ¿Y ahora qué?".

Ayer y hoy, las personas siempre han experimentado este sentimiento de vacío. Lucio Séptimo Severo (146-211) murió con estas palabras: "Lo he sido todo, y todo es nada. Una pequeña urna contendrá los restos de aquel para quien el mundo entero era demasiado pequeño". En la novela *Terapia*, de David Lodge, el terapeuta del personaje principal le pide que haga una lista de todas las buenas cosas de su vida en una columna y todas las malas en otra. Bajo la columna de las buenas escribió: "Éxito profesional, bien situado, buena salud, matrimonio estable, hijos

---

29. Stephen L. Carter, *The Culture of Disbelief: How American Law and Politics Trivializes Religious Devotion* (Nueva York: Basic Books, 1993), 3.
30. Minear, *Mark*, 95.

bien establecidos en la vida adulta, casa bonita, coche estupendo, todo los días libres que quiero". En la columna de las malas solo puso una cosa: "Me siento infeliz casi siempre".[31]

Nuestros esfuerzos por asegurarnos la prosperidad en esta vida solo nos llevan a la irreparable pérdida de algo mucho más valioso para uno mismo. ¿Quién quiere que en su funeral se diga: "Fue el hombre más rico que he conocido, un luchador"? A poco que piensen en su vida, muchas personas de nuestro tiempo, se verán con las manos vacías. Han vendido el alma por algo que demostrará ser absolutamente inútil y carente de valor. Los cristianos que entregan su vida a Dios encuentran su realización personal no buscándola. En, *Requiem por una Monja*, de William Faulkner, Nancy Mannigoe dice con su sencillez habitual que Jesús "no te dice que no puedes pecar, solo te pide que no lo hagas. Y no te dice que sufras. Pero te da la oportunidad de hacerlo. Él te da lo mejor que piensa que puedes hacer. Y te salvará".[32]

Nosotros también nos sentimos tentados a eludir las severas demandas de Jesús sustituyéndolas, por una variante del cristianismo menos rigurosa y más amable. En nuestro tiempo muchos parecen querer elecciones, no imperativos eternos. Vivimos en una sociedad consumista y muchos se acercan a la vida religiosa con la misma actitud que a cualquier otro aspecto de su vida. Van a las iglesias como consumidores, y quieren saber: "¿Qué voy a sacar de esto?". Quieren una iglesia multiservicios con una adoración agradable, un buen programa de jóvenes, excelente atención a los niños, buenas instalaciones, cuidado pastoral cuando lo necesitan y una predicación que sea, cuando menos, aceptable. Quieren lo mejor, pero no siempre están dispuestos a pagar su precio. Prefieren una religión a la carta y optan por las ensaladas y los postres, pero no quieren el plato principal, con sus duras demandas de obediencia. Rehúyen cualquier cosa que demande heroísmo o sacrificio. Roof nos ofrece, sin embargo, cierta esperanza y escribe que muchos "desean encontrar el modo de comprometerse, si con ello pueden conseguir enriquecimiento o crecimiento personal, en lo que hagan o en la forma de entregar su vida".[33] La iglesia debería aprovechar esta hambre presentando las claras demandas del evangelio en lugar de in-

---

31. David Lodge, *Therapy* (Nueva York: Viking, 1995), 23.
32. William Faulkner, *Requiem For a Nun* (Nueva York: Random House, 1951), 278.
33. Wade Clark Roof, *A Generation of Seekers* (San Francisco: Harper, 1992), 247.

tentar atraer a quienes buscan respuestas espirituales ofreciéndoles un escapismo comodón.

Jesús promete que el Hijo del Hombre será vindicado por Dios siendo levantado de la muerte y que volverá de nuevo con la gloria del Padre. Aunque Pablo proclama: "Hoy es el día de salvación" (2Co 6:2), hemos de guardarnos de adoptar una enardecida ilusión espiritualista como si estuviéramos ya viviendo en el reino, como si el día del Señor hubiera ya venido (2Ts 2:2). Todavía no estamos en el cielo ni es el tiempo de nuestra gloria. Pablo rebatió a los "sabios" corintios que se consideraban ya llenos, ricos y reinando como reyes. En su catálogo de sufrimientos, el apóstol explicó que ahora no es el momento de estar llenos o de ser ricos, no es el momento de la fuerza o el honor, sino del hambre, de la ausencia de un hogar, de la persecución y de ser objeto de burla (1Co 4:8-13). La transformación del cristiano conforme a la gloria de Cristo no se producirá sino con la resurrección y la nueva creación. El Espíritu que recibimos en esta vida es solo el primer plazo de esta transformación futura, no la transformación en sí (2Co 1:22; 5:5; Ef 1:14). En su sufrimiento Pablo sostiene que él da testimonio tanto de la muerte de Cristo como de su resurrección (2Co 4:10-11).

Marcos 9:2-13

Seis días después Jesús tomó consigo a Pedro, a Jacobo y a Juan, y los llevó a una montaña alta, donde estaban solos. Allí se transfiguró en presencia de ellos. ³ Su ropa se volvió de un blanco resplandeciente como nadie en el mundo podría blanquearla. ⁴ Y se les aparecieron Elías y Moisés, los cuales conversaban con Jesús. Tomando la palabra, ⁵ Pedro le dijo a Jesús:

—Rabí, ¡qué bien que estemos aquí! Podemos levantar tres albergues: uno para ti, otro para Moisés y otro para Elías.

⁶ No sabía qué decir, porque todos estaban asustados. ⁷ Entonces apareció una nube que los envolvió, de la cual salió una voz que dijo: «Éste es mi Hijo amado. ¡Escúchenlo!».

⁸ De repente, cuando miraron a su alrededor, ya no vieron a nadie más que a Jesús.

⁹ Mientras bajaban de la montaña, Jesús les ordenó que no contaran a nadie lo que habían visto hasta que el Hijo del hombre se levantara de entre los muertos. ¹⁰ Guardaron el secreto, pero discutían entre ellos qué significaría eso de «levantarse de entre los muertos».

¹¹ —¿Por qué dicen los maestros de la ley que Elías tiene que venir primero? —le preguntaron.

¹² —Sin duda Elías ha de venir primero para restaurar todas las cosas —respondió Jesús—. Pero entonces, ¿cómo es que está escrito que el Hijo del hombre tiene que sufrir mucho y ser rechazado? ¹³ Pues bien, les digo que Elías ya ha venido, y le hicieron todo lo que quisieron, tal como está escrito de él.

Jesús toma a Pedro, Jacobo y Juan y se dirige a un monte alto, un lugar que en la Escritura constituye el escenario tradicional de las revelaciones especiales. En el Evangelio de Marcos, cuanto mayor es la revelación, menor es el número de personas que la presencian: tres discípulos varones contemplan la transfiguración de Jesús y tres de las mujeres que lo seguían descubren la tumba vacía y son las primeras en conocer la resurrección de Jesús (16:1-8).

Los tres discípulos que se mencionan en este pasaje desempeñan un importante papel en este Evangelio. Fueron los primeros en ser llamados (1:16-20) y sus nombres encabezan la lista de los Doce (3:16-17).

Jesús también los escogió para que lo acompañaran cuando levantó de la muerte a la hija de Jairo (5:37-43). Pedro es el primero en confesar a Jesús como el Cristo (8:27-30); y Jacobo y Juan lo serán en intentar explotar su estrecho vínculo con Jesús para conseguir posiciones de poder en su reino (10:35-45). Durante las horas oscuras de Getsemaní, Jesús tomará consigo a estos tres y se separará de los demás discípulos para orar (14:33). Entonces serán testigos de su gran preocupación y agitación; ahora lo serán de su gloria, presenciando su "transmutación a una esencia más pura y resplandeciente".[1] Oyen también la misma voz de Dios que habló en el bautismo de Jesús y lo identificó como el unigénito Hijo de Dios. Estos discípulos son, por tanto, las primeras personas del Evangelio en recibir una información sobre Jesús que solo conocen los lectores del prólogo y los malévolos demonios.

La transfiguración (9:2-8)

En su narración, Marcos no ha intentado fijar tiempos o fechas para situar cronológicamente al lector. La mayoría de los acontecimientos que narra los introduce con conectores como "inmediatamente" o "y"; sin embargo, el relato de la transfiguración comienza con una nota cronológica que sitúa este evento, "seis días después". Esta anotación temporal recuerda la preparación de seis días por parte de Moisés antes de que Dios se le apareciera en el monte (Éx 24:15-16). La transfiguración presenta otros paralelismos con el ascenso de Moisés al monte Sinaí y su descenso de él (Éx 24; 34:29-35).

Jesús	Moisés
Jesús toma consigo tres discípulos para subir al monte (Marcos 9:2).	Moisés asciende al monte con tres personas que se mencionan por nombre y con setenta ancianos (Éx 24:1, 9).
Jesús se transfigura y su ropa se vuelve blanca (Marcos 9:2-3).	La piel de Moisés resplandece cuando desciende del monte tras hablar con Dios (Éx 34:29).
Dios se aparece veladamente en una nube que los envuelve (Marcos 9:7).	Dios se aparece veladamente en una nube envolvente (Éx 24:15-16, 18).
Una voz les habla desde la nube (Marcos 9:7).	Una voz les habla desde la nube (Éx 24:16).
La gente se asombra cuando ve a Jesús tras descender del monte (Marcos 9:15).	El pueblo teme acercarse a Moisés cuando desciende del monte (Éx 35:30).

---

1. Tolbert, *Sowing*, 204.

Estos ecos de Éxodo 24 y 34 sugieren que tras el relato marcano de la transfiguración subyace una tipología mosaica.[2] Esta asume que los anteriores actos redentores de Dios que se consignan en la Escritura prefiguran acontecimientos posteriores. Estos sucesos previos se convierten entonces en el paradigma para describir y comprender lo que ocurrirá después, y Marcos espera que el lector que conoce la Escritura vea el vínculo entre ambos eventos. La experiencia de Moisés en Sinaí arroja luz sobre el significado de la transfiguración de Jesús. Teniendo en cuenta que las tradiciones judías interpretaban el ascenso de Moisés al Sinaí como una entronización, los paralelismos con la transfiguración presentarían a Jesús como un rey. Marcus concluye: "Como el Moisés de la leyenda judía, Jesús es un rey, un rey que, ciertamente, participa del propio gobierno de Dios".[3]

La nota cronológica, "seis días después", también conecta expresamente la transfiguración con el incidente anterior. Pedro confiesa que Jesús es el Cristo, y Jesús divulga su futuro sufrimiento, advierte sobre el juicio que se producirá cuando el Hijo del Hombre venga en la gloria de su Padre con los santos ángeles y promete que algunos de los presentes verán el reino llegar con poder antes de su muerte (8:27—9:1). La transfiguración se produce el séptimo día después de este incidente y conecta el anuncio del sufrimiento de Jesús con el anticipo de su prometida gloria de resurrección, que tiene lugar al final de la semana de la Pasión.[4] El blanco resplandor sobrenatural que emana de la ropa de Jesús alude a la resurrección ya que las vestiduras blancas caracterizan a los justos resucitados.[5] Jesús menciona específicamente la resurrección del Hijo del Hombre cuando desciende del monte con sus discípulos (9:9).

---

2. Marcus, *The Way of the Lord*, 82, citando a Joachim Jeremias, "Μωϋσῆς", *TDNT* 4:867-73, n. 228. En *Bib. Ant.* 11:15-12:1, el relato bíblico se reescribe de modo que el descenso del monte por parte de Moisés con una apariencia transfigurada (Éx 34:29-35) se produce inmediatamente después de su ascensión. Ver también, Dale C. Allison Jr., *The New Moses: A Matthean Typology* (Minneapolis: Fortress, 1993), 243-48.
3. Marcus, *The Way of the Lord*, 92. La referencia a la Transfiguración en 2 Pedro 1:16-18 la describe en términos de una entronización.
4. La otra única referencia exacta al tiempo en la narración de Marcos aparece en 14:1. Cuando sus enemigos traman su muerte, los sumos sacerdotes observan que la celebración de la Pascua sería "dos días después", es decir, al tercer día. Ver E. L. Schnellbächer, "*KAI META HEMERAS HEX* (Markus 9:2)", *ZNW* 71 (1980): 252-57.
5. Hch 1:10; Ap 3:4; 4:4; 7:9, 13-14; ver también, 1 Enoc, 62:15-16; 2 Enoc 22:8. Compárese la visión de un "hombre vestido de lino" en Dan 10:4-11:1 y el Anciano de Días, cuya túnica era "blanca como la nieve" (7:9). En 16:5, el joven que está junto al

La transfiguración sirve, por tanto, para confirmar que el sufrimiento que Jesús va a soportar no es incompatible con su gloria. Esta escena funciona como un holograma. Por un breve momento, los discípulos contemplan el resplandor de la verdad en la gloria divina que brilla a través del velo del sufrimiento. La transfiguración prefigura el tiempo en que Dios entronizará gloriosamente a Jesús tras su humillación en la cruz. Este blanco destello del futuro esplendor ilumina la oscura nube de la tribulación que, en aquel momento, se cierne sobre los primeros lectores de Marcos y confirma la promesa de Jesús, en el sentido de que quienes le siguen y sufren por su causa no lo harán en vano.

Un tercer tema tiene que ver con la presencia de Elías y Moisés que conversan con Jesús. Puesto que Marcos no dice nada de esta conversación, el elemento significativo es su aparición junto con Jesús. No obstante, el papel exacto que desempeñan en esta escena, es un tanto enigmático.[6] Es posible que Moisés represente a la ley y Elías a los profetas. Si esto fuera así, esta "cumbre de la historia de la salvación" añadiría autoridad a la enseñanza de Jesús. Su profetizado sufrimiento concuerda con la ley y los profetas, y ellos lo han anticipado.[7] Puesto que ninguno de ellos habla y ambos desaparecen cuando la voz de la nube ordena obediencia al Hijo, puede también interpretarse esta escena entendiendo que Jesús completa la obra de ellos y los sobrepasa. Como lo expresa Lane, "su palabra y sus hechos trascienden cualquier revelación pasada".[8]

Esta interpretación plantea dos problemas: Elías está fuera del grupo de profetas que escribieron sus profecías, por lo cual parece un tanto extraño que se le elija como representante de los profetas, y Marcos consigna a Elías antes que a Moisés. Teniendo en cuenta que a Moisés se le consideraba el primero y mayor de los profetas, ¿por qué, entonces,

---

sepulcro está vestido con una túnica blanca. Ver también, Dn 12:3; 4 Esd 7:97; 2 Ap Bar. 51:3, 5, 10, 12; 1 Enoc 38:4; 39:7; 104:2; Mt 13:43.

6. Tanto Elías como Moisés presenciaron teofanías sobre montes. Ambos fueron fieles siervos que padecieron por su obediencia, fueron rechazados por el pueblo de Dios y fueron vindicados por él. La tradición judía afirmaba que ninguno de ellos murió: Elías fue arrebatado al cielo en un carro de fuego (2R 2:11), y algunos intérpretes judíos posteriores combinaron las palabras de Dt 34:6, "nadie sabe dónde está su sepultura", con las de Éx 34:28, "Y Moisés se quedó en el monte, con el Señor" para concluir que Moisés no experimentó la muerte (así lo entiende Filón, *Preguntas y Respuestas sobre Génesis* 1.86).

7. Myers, *Binding*, 250.
8. Lane, *Mark*, 321.

se le consigna en segundo lugar? La discusión durante el descenso del monte (9:11-13) nos proporciona la respuesta. Los discípulos recitan las expectativas de los escribas sobre el tiempo del fin, y sostienen que Elías debe desempeñar un papel clave antes de la restauración de todas las cosas. Tanto Elías como Moisés son figuras escatológicas. Moisés fue el primer libertador de Israel, y el pueblo esperaba la aparición de un profeta como Moisés (Dt 18:15) que liberaría a Israel. A Elías se le esperaba al comienzo del tiempo del fin y de la redención final de Israel.[9] A ambos se les menciona en Malaquías 4:4-6:

> Acuérdense de la ley de mi siervo Moisés. Recuerden los preceptos y las leyes que le di en Horeb para todo Israel. Estoy por enviarles al profeta Elías antes que llegue el día del Señor, día grande y terrible. Él hará que los padres se reconcilien con sus hijos y los hijos con sus padres, y así no vendré a herir la tierra con destrucción total.

Su presencia con Jesús en el monte aviva, por tanto, las esperanzas judías sobre la redención final de Israel y sugiere que el tiempo se ha cumplido. El reino de Dios se ha acercado (1:15).

De la irreflexiva respuesta de Pedro a lo que está viendo surge un cuarto tema. El apóstol habla de construir tres refugios: "Rabí, ¡qué bien que estemos aquí! Podemos levantar tres albergues: uno para ti, otro para Moisés y otro para Elías". Sorprendentemente, Pedro llama "rabí" a Jesús cuando acaba de confesarlo como Cristo y de ser testigo de su transfiguración.[10] Su idea de construir albergues (enramadas, refugios o tabernáculos) es también un rasgo desconcertante. Como en el caso de las costumbres judías (7:3-4), el lector precisa una cierta explicación para poder entender este aspecto y, por tanto, solo podemos conjeturar lo que Pedro tiene en mente con esta propuesta. ¿Quiere acaso recordar el Éxodo y aludir de manera imprecisa a la Fiesta de los Tabernáculos (Lv 23:39-43)? ¿Pretende, quizá, recordar el antiguo grito de guerra, "¡Pueblo de Israel, todos a sus casas (tiendas)", en anticipación de un alzamiento militar (2S 20:1; 1R 12:16; 2Cr 10:16)? ¿Está Pedro pensando en establecer el cuartel general mesiánico aquí en el monte? Es posible

---

9. En *Dt. Rab.* 3:17 (sobre 10:1), Dios le dice a Moisés: "Cuando envíe a Elías, el profeta, irán ambos juntos". 4 Esdras pone en la lista de las señales del fin de la edad ver a "los hombres que fueron llevados, quienes desde su nacimiento no han gustado la muerte" (4 Esd 6:25-26).
10. Ver 11:21; 14:45.

que solo quiera prolongar aquel excelso momento y que esté ofreciendo hospitalidad a los tres personajes puesto que las tiendas se consideraban la morada de seres divinos (Éx 25:1-9; Hch 7:43; Ap 21:3). ¿Cree acaso, erróneamente, "que ha comenzado aquel descanso escatológico en el que Dios y su séquito celestial morarán sobre la tierra"?[11] De ser así no se estaría dando cuenta de que antes de que se haga realidad este descanso definitivo, Jesús ha de pasar por el sufrimiento.

Marcos solo clarifica una cosa: Pedro no sabe qué decir, porque tiene miedo (9:6). Este comentario deja claro que, independientemente de lo que Pedro tenga en mente, sus comentarios son inoportunos. Sigue viendo las cosas y reaccionando desde una perspectiva humana, y el temor le sigue enturbiando la mente. Si su ofrecimiento para construir tres refugios sugiere un cierto deseo de venerar a los tres personajes, entonces Pedro estaría situando erróneamente a Jesús al mismo nivel que Elías y Moisés, y no reconocería el verdadero rango de este. Aunque Elías y Moisés eran figuras de gran relevancia, no comparten la gloria de Dios con Jesús. Moisés no tenía facultades para corregir la dureza de corazón (10:5), y Elías sucumbió a una actitud vengativa (2R 1:9-12; ver Lc 9:51-56). Solo el Hijo ofrece la solución del dilema humano, y solo él cumplirá los propósitos de Dios para Israel y para la humanidad. Elías y Moisés desaparecen, pues, y solo Jesús queda ante los discípulos. Entonces Dios interviene y aclara la situación para las mentes confusas y temerosas.

Jesús ha hablado sin rodeos de su sufrimiento y su muerte (8:31); ahora es Dios quien lo hace sobre el Hijo: "Este es mi Hijo amado. ¡Escúchenlo!" (ver Sal 2:7; 2S 7:14).[12] La voz de la nube representa una autoridad más elevada que la de Elías o Moisés, que no hablan y confirma que la anterior confesión de Pedro iba bien encaminada. Tolbert observa la ironía de que esta escena hace mucho hincapié en el aspecto visual —Jesús con vestiduras de un blanco resplandeciente, Elías y Moisés junto a él, la nube envolvente— y que, sin embargo, la voz no les manda "mirarlo" sino escucharlo.[13]

---

11. Schweizer, *Mark*, 182.
12. La nube que oscurece el ambiente representa la presencia del Señor. Ver Éx 16:10; 19:9; 24:15-18; 33:7-11; 34:5; 40:34-35; Dt 31:15; 1R 8:10-11; 2Cr 5:13-14; Sal 97:2; Ez 1:28; 10:3-4; 2 Mac. 2:8.
13. Tolbert, *Sowing*, 206.

Pero Jesús no dice nada. ¿Qué es entonces lo que deben escuchar? Pedro y el resto de los discípulos deben guardar silencio y concentrarse en lo que Jesús dice acerca de su sufrimiento (siete días antes de este acontecimiento e inmediatamente después de él mientras descienden del monte). En el primer ejemplo, Jesús anuncia que el Hijo del Hombre "tiene que" sufrir mucho (8:31). En segundo lugar, el Señor declara que "está escrito" que el Hijo del Hombre tendrá que sufrir mucho y ser vituperado (9:12). Elías ya ha venido y le trataron de manera violenta; el Hijo del Hombre debe esperar el mismo trato (9:12-13). Los anuncios en cuanto a que el reino de Dios sigue avanzando por medio de la muerte del Mesías rodean, por tanto, la transfiguración. El aspecto de Jesús, bañado en gloria divina, asistido por los grandes santos de la antigüedad y proclamado por la voz de Dios, puede suavizar lo espinoso de estos anuncios sobre el sufrimiento, ofreciendo la certeza de la vindicación final; sin embargo, no excluye la necesidad de penalidades ni para él ni para quienes lo siguen.

La pregunta sobre Elías (9:9-13)

Durante el descenso, Jesús manda a los tres discípulos que no digan nada de lo que han visto y oído hasta que se produzca la resurrección del Hijo del Hombre (9:9). Dios les ha dado otra pieza del rompecabezas, y el cuadro toma forma rápidamente; sin embargo, el secreto no debe ser proclamado públicamente hasta que todas las piezas estén en su lugar. Aún no han llegado al final del camino, y Jesús tiene por delante su tarea como Mesías.

Por una vez, alguien obedece el mandato de Jesús de guardar silencio. Marcos informa de que los discípulos se aferran a la palabra pero los confunde la referencia a la resurrección de entre los muertos. Algunos intérpretes afirman que los discípulos no entendían lo que significaba la resurrección. Sin embargo, estos no son como los molestos atenienses que ignoraban las principales creencias judías (Hch 17:19, 32). La mayoría de los judíos del siglo I creían en la resurrección (Mr 12:18-27); incluso Herodes conoce este aspecto de las creencias judías (6:14, 16). La expresión "la resurrección de entre los muertos", por consiguiente, no alude a la resurrección en general, sino concretamente a la resurrección del Hijo del Hombre de entre los muertos (9:9).

Los discípulos están perplejos, porque la enseñanza de Jesús sobre la necesidad de su sufrimiento todavía no ha calado en ellos, lo cual explicaría por qué les pide que guarden silencio. Estos siguen escuchando las opiniones de los maestros de la ley, no a Jesús. Los discípulos apelan a la autoridad de la opinión de los escribas (basada en Mal 4:5-6) en el sentido de que Elías tenía que aparecer antes del día del Señor, grande y terrible, que, según ellos esperan, dará comienzo a un reino terrenal de esplendor mesiánico. No entienden cómo encaja en este calendario la resurrección del Hijo del Hombre de entre los muertos. Si Elías viene antes del día del Señor, cuando el Mesías ha de manifestarse, ¿cómo puede el Mesías morir y tener que resucitar? Su desconcierto pone de relieve que Jesús ha de seguir insistiendo en que el plan de Dios supone que el Hijo del Hombre ha de sufrir y morir.

Puede parecer que Jesús está de acuerdo con la doctrina de los escribas sobre la venida de Elías (9:12), pero lo cierto es que le da un giro anunciando que Elías ya ha venido. No cabe duda de que tiene en mente a Juan el Bautista, a quien Marcos ha descrito con la misma indumentaria de Elías (1:6). Mateo 17:13 establece esta conexión explícitamente; sin embargo, Marcos lo deja un poco en el aire, permitiendo que los lectores lo piensen por sí mismos. La afirmación de Jesús significa que, contrariamente a la opinión aceptada, el regreso de Elías no anuncia la proximidad de felices días mesiánicos. Si Elías ha venido realmente, los discípulos han de plantearse de nuevo lo que significa que él "restaurará todas las cosas". No pueden pensar ya en términos de triunfalismo escatológico.

La misión de Elías, según Malaquías 4:6, era restaurar los corazones de los padres hacia sus hijos (ver también Sir. 48:10). ¿Acaso había cumplido Juan el Bautista/Elías plenamente este propósito cuando todo el pueblo de Judea y Jerusalén había acudido a él para bautizarse confesando sus pecados (Mr 1:5)? ¿O había fracasado porque muchos de ellos no quisieron arrepentirse (ver 11:31)? Si había fracasado, no auguraba nada bueno para la tierra, porque la profecía de Malaquías también amenaza destrucción: Dios envía a Elías a transformar corazones para no "herir la tierra con destrucción total" (Mal 4:6). Según Marcos 13:12, esta transformación no se ha producido. Jesús predice que, "el hermano entregará a la muerte al hermano, y el padre al hijo. Los hijos se rebelarán contra sus padres y les darán muerte" y advierte que el lugar más santo de la tierra, el templo, pronto estará en ruinas (13:2).

La respuesta de Jesús en 9:12 puede plantearse como una pregunta, en cuyo caso el enfoque sería completamente distinto. Jesús replicaría: "¿Es cierto que, cuando Elías venga delante del Mesías, restaurará todas las cosas? ¿Cómo, entonces, está escrito que el Hijo del hombre tiene que sufrir mucho y ser rechazado?".[14] Esta respuesta implica que el corazón de esta generación está demasiado endurecido; los poderes existentes, demasiado arraigados; las armas de Satanás, demasiado agudizadas. Por otra parte, el plan de Dios, oculto en las Escrituras, demanda la humillación primero, y después la vindicación. Juan, como Elías, ha sido encarcelado por animadversión y decapitado por un antojo; ahora está muerto y sepultado. Las expectativas escatológicas se han cumplido de maneras completamente imprevistas. Ciertamente Elías viene primero y ha venido ya, pero le hicieron todo lo que quisieron. Los discípulos siguen, no obstante, cuestionando que Jesús tenga razón. ¿Cómo puede el Mesías ser rechazado y sufrir? Jesús responde que sus expectativas son erróneas. Elías precede al Mesías en el camino del sufrimiento y de la muerte.

Construyendo Puentes

Los primeros lectores de Marcos solo conocían el dolor y la inseguridad. La transfiguración, enmarcada por anuncios de sufrimiento, consigue tres cosas. (1) Sirve para desacreditar cualquier falsa esperanza de triunfalismo escatológico. Sus lectores no han de esperar reinar como reyes en algún momento (ver 1Co 4:8). (2) Ofrece el consuelo y la esperanza de la vindicación final. A pesar del terrible sufrimiento, serán glorificados con Jesús (Ro 8:17-18). (3) Revela la divinidad de Jesús como Hijo de Dios. El Mesías sobrepasa aun a los santos más célebres de la antigüedad.

La enseñanza de Jesús sobre el Hijo del Hombre en Marcos pone de relieve que no se trata simplemente de un personaje poderoso y glorioso como seguramente imaginaban muchas personas de su tiempo. El Hijo del Hombre tiene autoridad para perdonar pecados (2:10), es Señor del sábado (2:28), será entronizado a la diestra del poder (14:62) y vendrá en las nubes con gran poder y gloria (13:26). Pero el Hijo del Hombre también sufrirá la traición, la ignominia, la humillación y la muerte (8:31, 38; 9:9, 12; 10:33; 14:21, 41), porque vino a dar su vida en rescate por muchos (10:45). Para ver a Jesús en toda su gloria hemos de entender que su poder se funde con su sufrimiento.

---

14. Ver Gnilka, *Markus*, 2:41-42; Marcus, *The Way of the Lord*, 99.

Comparar la transfiguración con la crucifixión clarifica esta verdad. Entre ambos acontecimientos existen paralelismos que muestran que la gloria y la muerte se entretejen, y se ve a Jesús "humillado y exaltado, rodeado por santos y flanqueado por pecadores, vestido con luz y, sin embargo, envuelto en un vestido de tinieblas".[15] Davies y Allison observan los paralelismos y los contrastes:[16]

- La gloria revelada en el monte es una epifanía privada, mientras que el sufrimiento en la cruz es un espectáculo público.

- En el monte, Jesús está rodeado por dos profetas de la antigüedad, Moisés y Elías, mientras que en el Gólgota lo está por dos ladrones.

- En el monte, sus ropas resplandecen de gloria; en el Gólgota, se las quitan, añadiendo un elemento más a su humillación.

- En el monte, tres discípulos varones ven su gloria de cerca; durante su crucifixión tres de sus discípulas contemplan su sufrimiento desde la distancia.

- Una voz divina desde la nube anuncia que Jesús es el Hijo de Dios; tras su muerte, uno de sus verdugos, un centurión romano, lo aclama como tal.

- En ambas escenas alguien plantea la cuestión de Elías. Durante su descenso del monte, Jesús informa a sus discípulos que Elías ya ha venido, y le hicieron todo lo que quisieron. Durante los sufrimientos de su crucifixión, los presentes lo insultan con una última pulla: "Déjenlo, a ver si viene Elías a bajarlo" (15:36). El lector perspicaz sabe que no han entendido nada. No va a haber liberación hasta el fin de la era y solo unos pocos percibirán la gloria de Dios que se manifiesta en el Gólgota.

Lo que los discípulos ven en el monte de la transfiguración es la promesa de la gloria en las relucientes ropas de Jesús. Lo que precisan escuchar cuando bajan del monte y entran de nuevo en la esfera del día a día es que el sufrimiento es inevitable: el camino de la cruz y de la muerte. Los héroes bíblicos desaparecen y el esplendor se desvanece. Dios guarda silencio excepto cuando habla por medio del Hijo. Las visiones

---

15. W. D. Davies y D. C. Allison, Jr., *The Gospel According to Saint Matthew* (ICC; Edimburgo: T. & T. Clark, 1991), 2:706.
16. *Ibíd.*, 2:706-7.

van y vienen, pero su palabra permanece. Aunque en el monte reciben un breve destello de la refulgente gloria de Jesús, los discípulos están demasiado aturdidos por lo que ven para comprender por completo.

Un peligro para los comentaristas es la tentación de dejarse cautivar hasta tal punto por la gloriosa visión que olviden el sufrimiento. Con sus palabras fuera de lugar, Pedro puede ilustrar esta tentación. Crisóstomo comentó que Pedro "quería establecerse en la seguridad de esta dicha temporal e impedir así el desplazamiento a Jerusalén, a la cruz".[17] Marcos quiere que sus primeros lectores entiendan que el sufrimiento de Jesús no es incompatible con su gloria. Según la tradición judía, es posible que Moisés y Elías hubieran escapado de la muerte; pero esto no sucederá con el Mesías. Jesús no ofrece otra explicación para el sufrimiento del Hijo del Hombre que el hecho de que está escrito y es necesario. Podemos conjeturar que el propósito de Dios era que el Hijo del Hombre sufriera y resucitara en gloria para que los seres humanos pudieran ver, de un modo más claro, el amor y el poder del Padre, y el ejemplo de la perfecta obediencia del Hijo.

Para transmitir fielmente el mensaje de Marcos hemos de presentar la gloria y el sufrimiento de Jesús en sonido estereofónico, y no subrayar excesivamente uno de los elementos a expensas del otro. Ambos van de la mano. El sufrimiento del Mesías será mucho mayor de lo imaginado, pero también lo será su gloria. El texto invita al intérprete a reflexionar en que la debilidad y la humillación van de la mano con el poder y la gloria. Como escribe Pablo: "Es cierto que fue crucificado en debilidad, pero ahora vive por el poder de Dios" (2Co 13:4). También debería llevarnos a ponderar que podemos dejar de escuchar a Jesús, y que las tradiciones que hemos recibido de nuestros maestros pueden llevarnos a confundir los caminos de Dios en nuestro mundo.

Los cristianos del siglo I vivían en un mundo en el que los dirigentes como Herodes podían hacer lo que quisieran con los mensajeros de Dios. La transfiguración nos permite atisbar el futuro, pero se trata solo de eso, un atisbo. Seguimos viviendo en un mundo en el que los poderes terrenales pueden vengarse de aquellos que se les oponen con la Palabra de Dios. Muchos cristianos sufrirán por su fe; puede que otros escapen. Todos debemos estar preparados para presenciar guerras, hambrunas, arrestos y el seductor atractivo de los falsos profetas, que

---

17. *Homilies in Matthew*, PG 59, 552, citado por Leopold Sabourin, *The Gospel According to St. Matthew* (Bombay: St. Paul, 1983), 2:704, n. 33.

apartan a los escogidos del buen camino cuando estos llevan el evangelio a todas las naciones. La gloria les espera, pero no deben comenzar la celebración demasiado pronto. Los cristianos no vivimos en la cima del monte, sino en el valle, donde reinan la confusión y el caos, y donde tienen que seguir viéndoselas con Satanás. No obstante, aún en medio del sufrimiento, la presencia de Dios resplandece.

Significado Contemporáneo

La mayoría de los lectores preferirían estar deleitándose con los discípulos en la gloria de la cumbre a estar luchando junto a ellos en sus infructuosos esfuerzos por ayudar a un muchacho epiléptico y acabar rodeados de amenazadores oponentes y de una contrariada multitud. Sin embargo, nos pasamos la mayor parte de la vida, en la zona del valle, donde la sombra de muerte se cierne sobre nosotros. En su obra, *El Progreso del Peregrino*, John Bunyan afirmó que Cristo, en la carne, tenía su casa solariega en el valle de la humillación. En los momentos de fracaso y oposición podemos sucumbir fácilmente a la desesperación. Recordar los momentos en que hemos experimentado la verdad como una luz resplandeciente puede ayudarnos a atravesar periodos de oscuridad en que la fe enfrenta desafíos internos y externos.

Los momentos en los que Dios irrumpe en nuestras vidas y resplandece en nuestros corazones adoptan formas distintas para cada persona, pero nos ayudan a atravesar las dificultades que hay por delante y nos sustentan ante la oposición. Podemos ver un ejemplo de esto en 2 Pedro 1:16-18:

> Cuando les dimos a conocer la venida de nuestro Señor Jesucristo en todo su poder, no estábamos siguiendo sutiles cuentos supersticiosos, sino dando testimonio de su grandeza, que vimos con nuestros propios ojos. Él recibió honor y gloria de parte de Dios el Padre, cuando desde la majestuosa gloria se le dirigió aquella voz que dijo: «Éste es mi Hijo amado; estoy muy complacido con él». Nosotros mismos oímos esa voz que vino del cielo cuando estábamos con él en el monte santo

Tenemos otro ejemplo de este asunto cuando los compañeros de viaje del peregrino de John Bunyan comienzan a dudar si la Ciudad Celestial existe en realidad. Él los anima apasionadamente: "¿Acaso no la vimos desde la cima del monte Claro?".[18]

El problema es que no podemos retener estas visiones, de igual modo que María Magdalena no pudo asirse del Señor en el huerto (Jn 20:17) ni los hijos de Israel podían almacenar el maná de un día para otro, ni Pedro pudo solemnizar este bendito momento construyendo unas enramadas. La vida terrenal no puede consistir únicamente en visiones celestiales. A veces, la memoria se ofusca y podemos dudar si nuestro recuerdo fue o no real. ¿Acaso fue todo un espejismo o una alucinación? Sin embargo, las palabras de nuestro Señor siguen vigentes. Hemos de seguir escuchando a Jesús, cuyas palabras pueden sustentarnos cuando los emotivos momentos de las visiones se han oscurecido.

Hay que advertir a los cristianos sobre el peligro de celebrar con excesiva anticipación la gloria que les espera, como hizo un jugador de fútbol americano que recuperó un balón en los últimos momentos de la Super Bowl. Cuando se acercaba a la zona de anotación, comenzó a realizar un festivo baile de celebración, sujetando el balón en un gesto provocador. De la nada apareció un jugador del otro equipo que, acercándose vertiginosamente, le quitó el balón cuando se encontraba prácticamente en la línea de gol. En lugar de cruzar la línea y anotar, algo muy especial que rara vez consiguen los defensas, desaprovechó su oportunidad con su prematura celebración. Marcos deja claro que el momento de la gloria llegará; entretanto, vivimos y servimos en un mundo hostil empeñado en destruir a los mensajeros y a los siervos de Dios.

Ciertos científicos han predicho el futuro éxito de un niño en la vida, mediante un interesante experimento que se lleva a cabo con niños de cuatro años. Se invita a un niño a entrar en una habitación y se le da una atractiva golosina. El investigador le dice que puede comérsela inmediatamente, pero que él ha de salir un momento para hacer un recado; le informa de que, si espera hasta su regreso para comerse la golosina, le dará otra. Algunos niños engullen el dulce inmediatamente; otros aguardan unos minutos. Un tercer grupo espera hasta el regreso del investigador para obtener una segunda golosina. Hacen todo lo que pueden

---

18. Luccock, "The Gospel According to St. Mark: Exposition", 7:775.

para evitar la tentación mientras el investigador está fuera de la habitación. Cuando crecen, los niños que resisten sin comer la golosina son más maduros, populares, audaces, confiados y dignos de confianza.[19] Aquellos que ceden a la tentación de comerse la golosina serán, con mayor probabilidad, adultos solitarios, que se hunden bajo la presión y rehúyen los desafíos. Los cristianos han de desarrollar esta capacidad de aplazar la gratificación para poder adaptarse a cada situación, ser personas optimistas ante los problemas, confiados y con capacidad de adaptación y de asumir desafíos.

En la Iglesia de nuestro tiempo, muchos sufren una forma de amnesia bíblica. Solo recuerdan las partes que prometen prosperidad, felicidad y gloria, y olvidan, o no atienden, a las demandas de sacrificio, sufrimiento y la necesidad de llevar la cruz. Quieren pasar por alto las lecciones básicas acerca del sufrimiento y progresar a las avanzadas posiciones de gloria. Marcos subraya que el Mesías ha de echarse una cruz al hombro, abrazar la humildad y renunciar a la fuerza bruta, y sus discípulos han de hacer lo mismo si llevan el nombre de Cristo. En este Evangelio, no obstante, los discípulos se muestran reacios a hacerlo. Lo quieren todo ahora. Quieren compartir su poder sobre los espíritus inmundos (9:28), ser importantes (9:34), controlar a otras personas (9:38; 10:13), ser recompensados por seguirle (10:28), y sentarse a su izquierda y a su derecha en su gloria (10:37). Antes tienen que aprender que, para compartir estas cosas con él, han de compartir su sufrimiento en la tierra. Como dice Pablo, somos "herederos de Dios y coherederos con Cristo, pues si ahora sufrimos con él, también tendremos parte con él en su gloria" (Ro 8:17).

---

19. Daniel Goleman, *Emotional Intelligence* (Nueva York: Bantam, 1995), 80-83.

Marcos 9:14-29

Cuando llegaron adonde estaban los otros discípulos, vieron que a su alrededor había mucha gente y que los maestros de la ley discutían con ellos. ¹⁵ Tan pronto como la gente vio a Jesús, todos se sorprendieron y corrieron a saludarlo.

¹⁶ —¿Qué están discutiendo con ellos? —les preguntó.

¹⁷ —Maestro —respondió un hombre de entre la multitud—, te he traído a mi hijo, pues está poseído por un espíritu que le ha quitado el habla. ¹⁸ Cada vez que se apodera de él, lo derriba. Echa espumarajos, cruje los dientes y se queda rígido. Les pedí a tus discípulos que expulsaran al espíritu, pero no lo lograron.

¹⁹ —¡Ah, generación incrédula! —respondió Jesús—. ¿Hasta cuándo tendré que estar con ustedes? ¿Hasta cuándo tendré que soportarlos? Tráiganme al muchacho.

²⁰ Así que se lo llevaron. Tan pronto como vio a Jesús, el espíritu sacudió de tal modo al muchacho que éste cayó al suelo y comenzó a revolcarse echando espumarajos.

²¹ —¿Cuánto tiempo hace que le pasa esto? —le preguntó Jesús al padre.

—Desde que era niño —contestó—. ²² Muchas veces lo ha echado al fuego y al agua para matarlo. Si puedes hacer algo, ten compasión de nosotros y ayúdanos.

²³ —¿Cómo que si puedo? Para el que cree, todo es posible.

²⁴ —¡Sí creo! —exclamó de inmediato el padre del muchacho—. ¡Ayúdame en mi poca fe!

²⁵ Al ver Jesús que se agolpaba mucha gente, reprendió al espíritu maligno.

—Espíritu sordo y mudo —dijo—, te mando que salgas y que jamás vuelvas a entrar en él.

²⁶ El espíritu, dando un alarido y sacudiendo violentamente al muchacho, salió de él. Éste quedó como muerto, tanto que muchos decían: «Ya se murió». ²⁷ Pero Jesús lo tomó de la mano y lo levantó, y el muchacho se puso de pie.

²⁸ Cuando Jesús entró en casa, sus discípulos le preguntaron en privado:

—¿Por qué nosotros no pudimos expulsarlo?

29 —Esta clase de demonios sólo puede ser expulsada a fuerza de oración —respondió Jesús.

Sentido Original

Este cuarto y último exorcismo de Jesús presenta el lado decadente de la transfiguración. Comprende cuatro escenas. La primera (9:14-19) comienza con la multitud que se agrupa alrededor de los impotentes discípulos, enzarzados en una discusión y llega a su clímax con el lamento de Jesús sobre esta generación incrédula. En la segunda escena (9:20-24) vemos a Jesús cara a cara con un padre desesperado, y llega a su culminación con la conmovedora confesión que hace este hombre sobre la debilidad de su fe. La tercera escena (9:25-27) muestra la fe en acción con la expulsión por parte de Jesús del espíritu que ha atormentado al muchacho y le ha dejado como muerto. La escena final (9:28-29) regresa al fracaso de los discípulos con el exorcismo y lo relaciona con una falta de oración.

Cuando Jesús abandona la sublime gloria de la cima ha de entrar de nuevo en la cotidianidad del enfrentamiento entre los humanos y los demonios. Encuentra a sus discípulos enzarzados en una discusión con los maestros de la ley y rodeados por una gran multitud que presencia el combate. La contienda arranca con el fallido intento por parte de los discípulos de liberar a un muchacho endemoniado. Jesús les había dado autoridad para echar fuera demonios (3:15; 6:7), y lo habían hecho con éxito (6:13-14), pero este caso era distinto. Marcos describe de manera gráfica el terrible sufrimiento de este muchacho. Es mudo y el espíritu que lo posee lo sacude y lo arroja al suelo con violencia. El muchacho echa espumarajos por la boca, cruje los dientes y se pone rígido. Los intentos de categorizar esta dolencia según la nomenclatura de la medicina moderna no alivian el mal que subyace tras el sufrimiento de este chico. El padre del muchacho se lamenta con dolor: "Les pedí a tus discípulos que expulsaran al espíritu, pero no lo lograron [no eran lo bastante fuertes para hacerlo]" (9:18; *cf.* 5:4; 14:37). Los discípulos de Jesús no dan la talla, y el barullo resultante manifiesta su incompetencia y los pone en evidencia públicamente. Los maestros de teología que discuten con ellos no son menos impotentes cuando se ven confrontados por los espíritus malignos.

Cuando Jesús llega a la escena, procedente del monte, la gente se muestra asustada y sorprendida, y todos se apresuran a saludarlo. ¿Qué es lo que produce esta sorpresa? ¿Es acaso su súbita llegada? ¿Se trata de su aire de autoridad? ¿O es quizá que ven algo extraño en su rostro, algún efecto residual de la transfiguración (ver Éx 34:29-30)? El hecho es que Marcos no nos lo dice. El evangelista se centra más bien en el espectáculo que ha supuesto el notorio fracaso de los discípulos.

La acalorada disputa hace que Jesús declare: "¡Ah, generación incrédula! [...] ¿Hasta cuándo tendré que estar con ustedes? ¿Hasta cuándo tendré que soportarlos?" (9:19).

Este lamento expresa su exasperación ante una multitud incrédula y pendenciera (ver Dt 32:5; 20; Is 65:2; Jer 5:21-23; Fil 2:15). Jesús no pudo realizar milagros en Nazaret por la incredulidad de sus ciudadanos (Mr 6:6), y ahora es la falta de fe de la multitud y de sus discípulos lo que lo impide. Jesús manifiesta con una queja "la soledad y la angustia del auténtico creyente en un mundo que solo expresa incredulidad".[1] Su lamento es también una expresión de urgencia. La frase "¿hasta cuándo?" no transmite el deseo de librarse de sus ineptos discípulos, sino que alude al poco tiempo que le queda para suavizar la dureza de su corazón y familiarizarlos más completamente con el poder que puede expulsar al mal. El tiempo es corto. ¿Conseguirán entender y asumir estas cosas? Ante el fracaso de sus discípulos y la incredulidad de la multitud, Jesús no tira la toalla hastiado, sino que actúa inmediatamente para rectificar la situación.

En la segunda escena (9:20-24), la gente lleva al atormentado muchacho ante Jesús, cuya conversación con el padre pasa ahora a un primer plano. Jesús no habla con el espíritu que posee al muchacho, sino que hace algunas preguntas al angustiado padre. Por primera vez, Jesús demanda fe como condición para realizar un exorcismo, aunque la hemos visto expresada en la desesperada madre sirofenicia. La lucha subyacente en este exorcismo es con la fe, no con un demonio (cf. 5:1-13). Las inquisitivas preguntas de Jesús ponen de relieve la gravedad del problema y suscitan la patética petición de ayuda del padre (9:22). Hace ya demasiado tiempo que el muchacho ha sido esclavo de un espíritu maligno que quiere matarlo arrojándole al fuego o al agua. También es mudo y esto le corta cualquier comunicación humana. Cuando llega a

---

1. Lane, *Mark*, 332.

la presencia de Jesús, el espíritu maligno ejerce su poder sacudiendo al muchacho con aterradores espasmos de manera que cae al suelo echando espumarajos por la boca.

Presenciar de nuevo el terrible padecimiento de su hijo, además del miserable fracaso de los discípulos, es un golpe más que cae sobre el dolorido corazón del padre y que socava su fe de que Jesús pueda hacer algo más que sus discípulos. Sin embargo, este hombre no ha perdido aún toda la esperanza y le suplica con tristeza: "Si puedes hacer algo". Su petición pone de relieve que no duda que a Jesús le gustaría hacer algo si pudiera, pero no está seguro de que sea capaz de resolver un caso tan difícil como el suyo. Su cautelosa esperanza contrasta de forma muy significativa con las palabras del leproso que afirmó con audacia: "Si quieres, puedes limpiarme" (1:40). El escepticismo implícito en su petición, "si puedes", encuentra una incisiva réplica de Jesús.[2] El asunto no es si él puede obrar: "Para el que cree, todo es posible" (9:23). Esta afirmación no significa que la fe pueda conseguir cualquier cosa, sino que aquellos que tienen fe "no pondrán límites al poder de Dios".[3]

¿A quién tiene en mente Jesús cuando especifica "el que cree"? ¿Alude acaso a la fe de la persona que realiza el milagro o a la de quien lo solicita? La respuesta es a la de ambos. A diferencia de los discípulos, la potente fe de Jesús le confiere un ilimitado poder para realizar milagros. Por ello censura al padre por poner límites a lo que él puede hacer para ayudarlo. Pero quienes solicitan su intervención también tienen que tener fe en él, y en el Evangelio de Marcos todos aquellos que le han pedido que realice una sanación han mostrado una agresiva fe como rasgo característico (1:40-45; 2:1-10; 5:21-43; 7:24-30; 10:46-52).

La fe de quien realiza el milagro y de quien lo solicita conducen a su realización. El padre forma parte de la generación incrédula, pero lo vemos esforzándose para tener esta fe. A diferencia de los habitantes de Nazaret, que se niegan a creer, este hombre se arrepiente de su incre-

---

2. El texto griego dice literalmente, "El si puedes" (9:23a). Jesús repite la duda expresada por el padre y la cuestiona. Marshall (*Faith As a Theme*, 116-17) ofrece una buena paráfrasis: "Por lo que respecta a tu 'si puedes', te digo que todas las cosas le son posibles al que cree". Lane (*Mark*, 333) también parafrasea la respuesta de Jesús: "En cuanto a tu comentario sobre mi capacidad para ayudar a tu hijo, te digo que todo depende de tu capacidad para creer, no de la mía para actuar". Los discípulos no son, pues, los únicos de esta generación que carecen de fe.
3. A. E. J. Rawlinson, *St. Mark* (Westminster Commentaries; Londres: Methuen & Co. 1931), 124.

dulidad. Aunque no cree, está tan desesperado que pide un milagro y una fe que espera lo imposible. No ha tenido conocimiento de ninguna visión en el monte, y su incisivo clamor, "¡Sí creo! [...] ¡Ayúdame en mi poca fe!" se ha hecho eco en aquellos que pelean la misma batalla a lo largo de los siglos. Su petición de ayuda la hace como la persona que es: alguien que duda.

La tercera escena (9:25-27) presenta a Jesús enfrentándose al espíritu diabólico ordenándole que salga del muchacho y nunca más entre en él. La presencia de Jesús hace salir a los demonios, a veces de manera sumisa y otras con gran furia, y este lo hace de manera desafiante, sacudiendo violentamente a su joven víctima con un último alarido de malicia.[4] Después de rodar por el suelo con convulsiones, el muchacho queda como muerto, de tal modo que muchos piensan que lo está. Por un momento, parece que las cosas han ido de mal en peor y que se ha cumplido el viejo dicho, "la operación ha sido un éxito, pero el paciente ha muerto".[5] El muchacho está "rígido" (9:18), pero Jesús sabe lo que tiene que hacer (3:1, 3, 5). El espíritu chilla enloquecido, pero tampoco esto es nuevo para Jesús (1:23-24; 3:11; 5:7-8). Las convulsiones dejan al muchacho como muerto, pero Jesús ya sabe lo que es tratar con la muerte. Lo toma de la mano como hiciera con la hija muerta de Jairo (5:41; ver 1:31) y lo levanta. No debemos pasar por alto que Marcos utiliza lenguaje de resurrección: "lo levantó" (*egeiren*), y "él fue levantado" (*aneste*; "se puso en pie"). Jesús expulsa al espíritu maligno e imparte nueva vida al muchacho.

En la escena final (9:28-29), los discípulos quieren hablar de su fracaso en la privacidad de la casa. Marcos no nos dice nada sobre la reacción del padre o de la multitud ante la liberación del muchacho. Todo gira en torno a la lección para los seguidores de Jesús.[6] Aunque el diálogo con el padre subraya la importancia de la fe, la conversación con los discípulos pone de relieve la necesidad de oración (9:29). La respuesta de Jesús, "Esta clase de demonios sólo puede ser expulsada a fuerza de oración" da a entender que su fracaso se debía a que no habían orado. Los discípulos estaban demasiado atareados discutiendo entre ellos y con sus oponentes para orar.

---

4. Muchos han observado que la resistencia a Jesús por parte de los poderes diabólicos va en aumento a medida que avanza la narración de Marcos.
5. Chapman, *Orphan*, 111.
6. Los dos milagros que se producen durante el viaje a Jerusalén transmiten lecciones para el discipulado.

Puesto que Jesús no lleva a cabo una oración especial para expulsar al espíritu inmundo, la que tiene aquí en mente no es una especie de invocación mágica, sino una estrecha y permanente relación con Dios. Marcos da a entender que Jesús practicaba una intensa oración de manera habitual. Se apartaba para orar en soledad (1:35; 6:45-46), pero los discípulos lo interrumpían, porque estaban preocupados por sus propios planes. La única ocasión en que Jesús les pide específicamente que oren con él se acaban durmiendo (14:37-40). Los lectores pueden, por tanto, aprender a partir del negativo ejemplo de los discípulos lo que les sucede a aquellos que descuidan la oración e intentan obrar con su propia energía.[7] El positivo ejemplo de Jesús pone de relieve que solo una vida gobernada por la fe y la oración puede repeler la amenaza de los espíritus malignos.

Una variante textual añade la frase "y ayuno" al requisito de la oración consignado en 9:29.[8] Esta lectura no encaja en el contexto por dos razones. (1) Jesús acaba de rechazar el ayuno como algo fuera de lugar hasta que el novio les sea quitado (2:18-20). ¿Cómo puede ahora echarles la culpa a los discípulos —como sus oponentes habían hecho antes— por no ayunar? (2) Esta lectura convierte el ayuno en una obra por la que, quien la practica, consigue adquirir poder de Dios. Este incidente subraya la necesidad de la fe y la oración, lo cual implica una completa dependencia de Dios. El poder surge de la propia relación con Dios en oración y lo recibimos como un don de su gracia, no como un premio por nuestra mortificación.[9]

El caos que encuentran Jesús y los tres discípulos al descender del monte puede ser un nuevo incentivo para que Pedro regrese al lugar de la gloria a construir las enramadas, lejos de la confusión, el estruendo y la discordia del valle. Pero los discí-

---

7. Irónicamente, estos mismos discípulos tienen la desfachatez de decirle a Jesús que impidieron los exorcismos de un intruso "que expulsaba demonios en tu nombre". La razón por la que lo hicieron: "no es de los nuestros" (9:38).
8. Tiene poco apoyo textual y se añadió porque el ayuno era una práctica que interesaba mucho en la Iglesia Primitiva (Hechos 13:2; 14:23). En algunos manuscritos de Hechos 10:30 y 1 Corintios 7:5 el término "ayuno" se añadió a "oración".
9. Hooker, *Mark*, 225.

pulos no pueden inhibirse de las luchas de la vida o de la incrédula generación en la que viven.

Este episodio difiere de los demás exorcismos consignados en Marcos, y aprendemos a ver lo esencial en todos ellos considerando las diferencias. No se concentra tanto en el poder de Jesús sobre los poderes diabólicos, sino que dirige nuestra atención al fracaso de sus discípulos (al comienzo y al final de la perícopa) y a la necesidad de fe que tiene el padre (hacia la mitad). Los momentos clave son los pronunciamientos de Jesús: "Para el que cree, todo es posible" (9:23) y, "esta clase de demonios sólo puede ser expulsada a fuerza de oración" (9:29). Nuestra interpretación debería, pues, centrarse en los paralelismos que podemos establecer con los errados discípulos y con el ruego de ayuda y fe de este hombre, unos aspectos fáciles de trasladar a nuestro mundo de hoy.

Este vívido relato muestra que los discípulos son como todos nosotros: personas acuciadas por sus fracasos, ávidos de discusiones, faltos de disciplina en la oración, y más dispuestos a aprender técnicas que a invertir tiempo en vivir cerca de Dios. Este incidente pone también de relieve lo débiles que son los discípulos cuando actúan por su cuenta. Podemos sacar lecciones de todos estos fallos.

A su favor hay que decir que los discípulos quieren aprender de sus errores. La pregunta que hacen a Jesús —"¿Por qué *nosotros* no pudimos expulsarlo?"— revela un error esencial derivado de ciertas suposiciones sobre los exorcismos que eran muy corrientes en su mundo del siglo I. El acento de la pregunta recae en "*nosotros*" y delata un deseo de depender de su propio poder y competencia "profesional". Es posible que se preguntaran si su fracaso se debía a algún error cometido desde un punto de vista técnico. En el mundo antiguo, los magos, los hechiceros y los exorcistas intentaban acertar la correcta combinación de palabras y acciones que invocarían el poder divino necesario para conseguir lo que se deseaba. Combinaban distintos conjuros esotéricos que empleaban potentes nombres divinos, realizaban misteriosas acciones y utilizaban instrumentos especiales. Todo era una cuestión de técnica. No era necesario mantener ninguna relación de amor o devoción con la deidad para conseguir lo que uno quería, como el poseedor de la lámpara de Aladino, que solo tenía que frotarla para que le fueran concedidos los tres deseos.

Josefo representa este punto de vista de los exorcismos cuando exalta las proezas de Salomón en ellos:

> Dios también permitió que Salomón aprendiera la habilidad de expulsar demonios, que es una ciencia útil y que devuelve la salud a las personas. Salomón también componía encantamientos para aliviar la destemplanza y dejó técnicas para realizar exorcismos y expulsar demonios de forma que no vuelvan.[10]

A continuación, Josefo describe un exorcismo realizado por un tal Eleazar ante el general romano Vespasiano:

> En las fosas nasales del poseso ponía un anillo que contenía una raíz de las que mencionaba Salomón, tras lo cual sacaba al demonio por la nariz del paciente; y cuando este caía al suelo, conjuraba inmediatamente al demonio para que no volviera, mencionando a Salomón y recitando los encantamientos que él compuso. Y cuando Eleazar quería convencer y persuadir a la audiencia de que tenía tal poder, colocaba a cierta distancia una palangana o un cacharro de agua, y le ordenaba al demonio que lo volcara, para que el público supiera que había salido de la persona.[11]

La respuesta de Jesús a sus discípulos deja claro que sus exorcismos no tienen nada que ver con tradiciones, técnicas o ensalmos secretos. Los discípulos no pueden realizar cursos para aprender los pormenores de los exorcismos o perfeccionar sus capacidades en alguna forma de laboratorio para este tipo de tareas. Lane comenta, "La tentación para los discípulos era creer que el don que habían recibido de Jesús (6:7) estaba bajo su control y podían ejercerlo a su antojo". Esta actitud brota de una sutil forma de incredulidad. Cuando alguien tiene éxito, es proclive a confiar en sí mismo y en sus propias técnicas más que en Dios.[12] Marshall señala que los discípulos son, por tanto, culpables de una "egoísta preocupación por ellos mismos" y una "errónea confianza en sí mismos", y prosigue comentando:

> Probablemente habían llegado a considerar su poder para sanar y exorcizar como una posesión autónoma más que

---

10. *Antigüedades* 8.2.5. § 45.
11. *Antigüedades* 8.2.5. § § 47-48.
12. Lane, *Mark*, 335; ver también Cranfield, Mark, 305.

como una comisión de Jesús a ejercer, en cada ocasión, su autoridad delegada por medio de una oración dependiente. Marcos está, pues, sugiriendo que uno puede confundir con fe lo que no es sino una confianza optimista en uno mismo, y, de hecho, incredulidad por cuanto no tiene en cuenta el prerrequisito de la impotencia humana y la necesidad de vivir en una devota dependencia de Dios.[13]

Solo cuando experimenten su impotencia aprenderán los discípulos que, en sí mismos, no poseen nada. Quienes pertenecen a la generación incrédula no echan fuera el mal, pero Dios sí lo hace. Él es quien posee todo el poder y nosotros hemos de recibirlo constantemente de él, a través de una vida de oración. La devota y dependiente actitud que dice: "¡Creo! ¡Ayúdame en mi poca fe!", es, pues, necesaria tanto para el que va a realizar la sanación como para el que sufre la enfermedad.

La segunda idea importante de este pasaje gira alrededor del diálogo de Jesús con el hombre que llevó a su hijo a sus discípulos para que lo sanaran. La lucha que afronta este padre desesperado nos ayuda a clarificar la naturaleza de la fe y es especialmente reveladora por lo que a nuestro dilema humano se refiere.

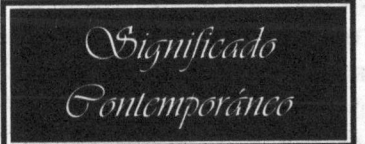

En nuestra tarea de extraer el significado contemporáneo de este pasaje vamos a trazar paralelismos entre el fracaso de los discípulos en una situación ministerial y los nuestros, a fin de poder avistar las causas de tales fracasos. Analizaremos también la desesperada necesidad de este padre y su conmovedora petición de ayuda. También consideraremos lo que el diálogo entre este hombre y Jesús nos dice sobre la fe.

El fracaso de los discípulos y la necesidad de oración

Es posible que nos sintamos más atraídos por la experiencia de los discípulos ante la inspiradora transfiguración de Jesús que por su descorazonador fracaso cuando pretenden sanar a un muchacho poseído por un demonio. Pero Jesús nos llama a descender donde los lamentos de ayuda son más sonoros, porque es ahí donde podemos poner la fe en práctica. Asistir a una serie de conferencias bíblicas, donde escuchamos

---

13. Marshall, *Faith As a Theme*, 223.

inspiradoras charlas y cantamos exaltados himnos rodeados y arropados por otros cristianos devotos, nos es más atractivo que avanzar con dificultad por las trincheras de la vida donde la sensación de fracaso puede convertirse en nuestra compañera diaria.

El fracaso puede parecernos algo nefasto que hemos de temer; no obstante, dependiendo de cómo reaccionemos, puede convertirse en una positiva oportunidad de aprender, una experiencia que nos hace más profundamente conscientes de hasta qué punto hemos de depender de Dios. Esta actitud receptiva hacia Dios puede también ayudarnos a sobrellevar mejor los naufragios, las crisis y los desastres que inevitablemente llegan a nuestras vidas. Los ministros jóvenes que solo oyen alabanzas por sus brillantes sermones y aplausos por las asombrosas estadísticas de crecimiento pueden llegar a pensar que su éxito se debe a sus capacidades, y que son la atracción estelar. El fracaso puede enseñarnos humildad, aunque el posterior intento por parte de los discípulos de desautorizar a unos exorcistas (9:38) sugiere que, en este punto, sus progresos no eran demasiado rápidos.

Pero el fracaso también puede tener efectos negativos. Puede, por ejemplo, generar discusiones. Podemos dedicarnos a culpar a otros en lugar de esforzarnos por resolver el problema. Podemos entrar en largas contiendas con enemigos que se recrean en nuestros fallos. Los discípulos cayeron en esta trampa. Mientras ellos altercaban acaloradamente con sus oponentes, tenían junto a ellos a un padre angustiado por el sufrimiento de su hijo. Los cínicos afirmarían que esta situación refleja el estado normal de la Iglesia: los creyentes pasan más tiempo discutiendo que ayudando a las personas u orando. Los seres humanos se acercan a los seguidores de Cristo en busca de ayuda, y se encuentran con discusiones triviales.

La mayoría de las personas que se encuentran en situaciones desesperadas no tienen ningún interés en los debates académicos sobre los pormenores interpretativos o en las controversias teológicas por supuestas herejías; lo que quieren es ayuda. Muchísimas personas se han apartado de Dios y de la Iglesia ahuyentadas por las infantiles disputas de quienes están más interesados en ganar un debate dentro de la esta o en el ámbito secular que en ganar al mundo para Cristo. Mientras debatimos quién está o no en lo cierto, y quién tiene la culpa, el mundo espera impotente, atenazado por el mal. Es posible que una de las partes gane en una disputa con la otra, pero pierde la batalla con Satanás. Es probable que inmediatamente nos vengan a la mente ejemplos de esta importante deficiencia en nuestra propia iglesia local y puedas aplicar este relato a dicha situación. En este periodo secularizado, muchos ya no ven a la Iglesia como el lugar al que recurrir en busca de ayuda. ¿Por qué? ¿Es acaso porque les parece demasiado absorta en sus preocupaciones celestiales o en debates terrenales como para ofrecer alguna ayuda real en las emergencias, aparte de ciertas afectadas trivialidades?

Tampoco hemos de olvidar nunca que las personas vienen en busca de la ayuda de Jesús, no de la nuestra. El padre le dice a Jesús: "te he traído a mi hijo" (9:17); no lo había llevado a los discípulos. Jesús le responde diciendo: "tráiganme al muchacho" (9:19). El evangelio atrae a personas que están sufriendo y que ponen su esperanza en Jesús, no en nosotros. Estas vienen con un profundo sentido de desesperación. Lewis B. Smedes confiesa que tardó lo suyo en darse cuenta de esto.

> Venían a mi iglesia el domingo, era gente corriente, pero en aquellos primeros días no los reconocía. Ahora sé por qué; no quería que fueran gente corriente [...]. Quería que fueran atletas espirituales, personas con hombros fuertes para llevar las cargas de la justicia mundial que mis palabras proféticas ponían sobre ellas. Pero mientras yo les estaba ofreciendo preciosas promesas y golpeándolos con los heroicos mandatos de la Palabra de Dios, muchos de ellos estaban pidiéndole secretamente a Dios, "Creo que no podré superar esta semana. Por favor, ¡AYÚDAME!"[...]. Lo que tienen en común es una sensación de que todo va mal en aquellos asuntos que más les preocupan. Lo que necesitan desesperadamente es un milagro de fe para ver que, en la parte central, la vida va bien.[14]

La causa de la falta de poder de los discípulos se hace clara en la escena final: su fe era deficiente y su oración insuficiente. Sus oraciones eran mudas. Nouwen sostiene que esto se ha convertido en un importante problema en la Iglesia.

> Hemos caído en la tentación de separar el ministerio de la espiritualidad, el servicio de la oración. Nuestros demonios dicen: "Estamos demasiado atareados para orar, tenemos

---

14. Lewis B. Smedes, *How Can It Be All Right When Everything Is All Wrong?* (Nueva York: Harper & Row, 1982), 80-81.

demasiadas necesidades que atender, demasiadas personas a las que responder, demasiadas heridas que curar". La oración es un lujo, algo que solo podemos permitirnos en el tiempo libre, en un día de fiesta o en un retiro espiritual.[15]

La oración que Jesús tiene en mente "no es un mero ejercicio piadoso", sino "el sentido de completa dependencia de Dios del que brota la oración sincera".[16] Una vida de oración va de la mano de un ministerio efectivo. Nos hace receptivos a la acción de Dios. No podemos prepararnos para el momento de necesidad pronunciando rápidamente una oración especial; hemos de vivir preparados por medio de una vida de oración para responder cuando surja la ocasión. No podemos separar el ministerio profesional a los demás de nuestro propio estado espiritual. "El ministerio no es un trabajo de ocho a cinco, sino principalmente una forma de vida".[17] Esta ha de estar impregnada de un espíritu de oración.

Aun después de orar, habrá ocasiones en que nos sintamos absolutamente impotentes ante la enfermedad grave o terminal de alguno de los miembros de nuestra iglesia. Con demasiada frecuencia perdemos el tiempo preguntándonos por qué e intentando encontrar respuestas. Lo aprovecharemos mucho mejor orando y poniendo la oración en acción asegurándoles a estos hermanos que los ayudaremos con los gastos médicos, las comidas y los niños. Es posible que Dios pueda hablarnos de un modo más claro y usarnos mejor en momentos en que sentimos intensamente nuestra incapacidad e incompetencia para hacer frente a una determinada situación. Nouwen afirma que la oración "es una forma de vernos vacíos e inútiles en la presencia de Dios y, por ello, de proclamar nuestra convicción esencial de que todo es por gracia y nada es únicamente el fruto del trabajo duro".[18]

Seguramente los discípulos se sintieron completamente vacíos e inútiles cuando no consiguieron expulsar al demonio que controlaba a aquel muchacho. Fueron a Jesús con la idea de aprender a llenarse para no volver a hacer el ridículo en el futuro. Lo que Jesús les enseña se aplica también a nosotros: su vaciedad y sus fracasos han de llevarlos a

---

15. Henri J. M. Nouwen, *The Living Reminder: Service and Prayer in Memory of Jesus Christ* (Nueva York: Seabury, 1977), 12.
16. Cranfield, *Mark*, 305.
17. Henri J. M. Nouwen, *Creative Ministry* (Garden City: Doubleday, 1978), xxiii.
18. Nouwen, *The Living Reminder*, 52.

aprender que toda curación procede de Dios, y que ellos han de depender completamente de él.

La desesperación del padre y la necesidad de la fe

El dolor del padre es fácil de trasladar a nuestra situación. Este hombre es como tantos padres de nuestro tiempo que ven con impotencia el sufrimiento de su hijo, enfermo de gravedad, atrapado en alguna adicción o viviendo a merced de alguna pandilla violenta. Experimentan indignación, frustración y angustia, sin saber adónde dirigirse en busca de ayuda. En lo más hondo de su ser temen que algo haya tomado el control de la vida de sus hijos y que va a acabar con sus vidas a menos que sean liberados.

También vemos cada vez a más jóvenes en nuestra sociedad agitados por valores que los llevan a revolcarse en la basura. La falta de esperanza los arroja al fuego de las drogas y el alcohol y los ahoga en la desesperación. Algunos adolescentes caen presa de la anorexia, y los padres se esfuerzan por encontrar respuestas, sintiéndose impotentes y preocupadísimos. Sus mejores esfuerzos no sirven de nada.

Y lo que es peor, algunos de ellos no muestran ninguna preocupación por sus hijos o creen que no pueden hacer nada por ayudarlos. La respuesta comienza cuando, con fervor, llevamos a estos jóvenes a la presencia de Cristo.

El desafío más serio para la fe viene cuando los seres queridos sufren o mueren, especialmente cuando son muy jóvenes. Cuando se generan expectativas que después no se cumplen, se nos hace difícil atrevernos a esperar de nuevo la benevolente intervención de Dios. El padre de Marcos 9 ha llegado casi al punto de abandonar toda esperanza, cuando Jesús le anima a tener fe. La fe libera un nuevo poder en la vida de las personas; sin embargo, hay que hacer varias advertencias.

(1) Algunos son proclives a decir con ligereza a otros: "Simplemente tienes que tener fe", y se les llena la boca de tópicos sobre el gran poder de la fe. Vivir la fe nunca es fácil, y se hace todavía más difícil cuando las tragedias golpean la propia vida. La agitación psicológica del padre refleja la facilidad con que la desesperación de la duda se mezcla con las fibras de la fe y las debilita. Puede que a partir de Marcos 4:40 y 6:6 tengamos la impresión de que la duda y la fe se excluyen mutuamente: una de dos, o se tiene fe o se está atascado en la ciénaga de la incre-

dulidad. La petición del padre, "¡Sí creo! [...]. ¡Ayúdame a vencer mi incredulidad!", y los mandamientos de Jesús a tener fe (5:36) revelan una paradoja sobre la fe que experimentan la mayoría de los creyentes. Como afirma Marshall: "Dentro de cada creyente existe una tensión entre la fe y la incredulidad, y esta fe solo puede seguir existiendo por medio de la ayuda de Dios"[19]. Chesterton escribió:

> Hay algo en el hombre que parece estar siempre a punto de desaparecer, pero nunca desaparece, una certeza que siempre parece decir adiós y que, sin embargo, se prolonga ilimitadamente, una cuerda que siempre parece estar a punto de romperse pero que nunca se rompe.[20]

La fe está siempre en desventaja y parece muy frágil; sin embargo, puede sobrevivir a todo aquello que pretende acabar con ella. Este padre lleva a Cristo la poca fe que tiene y, en el estado en que se encuentra, le pide ayuda. Jesús no espera que este hombre reúna una poderosa fe antes de poder intervenir; solo le pide la confianza de que Dios puede actuar decisivamente por medio de él.

(2) Según Dwight L. Moody hay tres clases de fe. La fe que lucha, que es como un hombre que nada desesperadamente en aguas profundas; la fe que se aferra, es como otro que cuelga de uno de los costados de una embarcación; y la fe que descansa, que es como un hombre instalado con seguridad dentro de la barca y capaz de tender la mano y ayudar a otros a subir a bordo. Muchos, como este padre, tienen una fe que lucha. La fe se convierte en una lucha, porque estas personas han de creer en lo sobrenatural contra todo pronóstico. Muchos experimentan las tres clases de fe y van pasando de una a otra en diferentes situaciones. Puede que alguien tenga la clase de fe que descansa hasta que las tormentas de la vida amenazan con anegar su barca y siente que está a punto de ahogarse. El Evangelio de Marcos pretende llevar al lector a una fe que descansa, pero revela que solo podemos acceder a ella con la ayuda de Dios.

(3) La fe requiere una humilde confianza. Este padre se acerca a Jesús con dudas, y no presenta su petición con atrevida presunción, sino con timidez y humildad. No intenta maquillar su pobreza espiritual ni fingir una confianza que no tiene. No demanda una señal del cielo que le ayude a acelerar el crecimiento de su fe, sino que muestra a Dios sus manos

---

19. Marshall, *Faith As a Theme*, 121.
20. G. K. Chesterton, *G. F. Watts* (Londres: Duckworth, 1904), 98.

vacías y le pide que las llene. Como el hombre que nada sin avanzar en un profundo océano, le pide desesperadamente a Jesús que le eche un salvavidas. Este padre muestra fe por cuanto "lo espera todo de Dios y nada de [su] propia devoción o poder".[21] Jesús no se desanima por la humilde honestidad de quien le dice: "Creo, pero no estoy seguro", y le concede su petición.

(4) La fe es un don y se sustenta con el poder de Jesús, el mismo poder que puede echar fuera al mal que atenazaba al muchacho. Por tanto, no se puede considerar la fe como "una segura posesión que se consigue una vez y dura por siempre". Igual que el padre no confiaba en su capacidad de creer y le pidió ayuda a Jesús, así los discípulos han de depender siempre de su ayuda para darles fe.[22] Dios ofrece ayuda para la fe y sanación.

(5) La fe y la oración son una poderosa combinación. La fe no es solo un consuelo interior, sino algo que cambia la realidad humana. Pero hemos de tener cuidado de no interpretar la afirmación de Jesús como un "principio general en el sentido de que el ilimitado poder divino se desata con la fe humana".[23] En nuestra cultura, la expresión "cree solamente" puede aplicarse a la fe en casi cualquier cosa y asume que esta fe es un principio que otorga poder supremo a las personas. En 10:27 y 14:36, Jesús atribuye este poder solo a Dios. Marshall nos ofrece un valioso análisis:

> Marcos entiende que todas las cosas son posibles para el creyente puesto que, de manera activa o pasiva, no pone límites a que el poder de Dios irrumpa en su situación concreta, ya que la propia existencia de la fe dentro del creyente es la base que permite que Dios actúe en su contexto. Puesto que la fe es Dios que pasa a la acción, es legítimo atribuirle a la fe lo que en realidad es un asunto de Dios.[24]

---

21. Eduard Schweizer, "The Portrayal of the Life of Faith in the Gospel of Mark", en *Interpreting the Gospels*, ed. James Luther Mays (Filadelfia: Fortress, 1981), 178.
22. Marshall, *Faith As a Theme*, 121-22.
23. *Ibíd.*, 119.
24. *Ibíd.*, 120.

Marcos 9:30-50

Dejaron aquel lugar y pasaron por Galilea. Pero Jesús no quería que nadie lo supiera, ³¹ porque estaba instruyendo a sus discípulos. Les decía: «El Hijo del hombre va a ser entregado en manos de los hombres. Lo matarán, y a los tres días de muerto resucitará».

³² Pero ellos no entendían lo que quería decir con esto, y no se atrevían a preguntárselo.

³³ Llegaron a Capernaúm. Cuando ya estaba en casa, Jesús les preguntó:

—¿Qué venían discutiendo por el camino?

³⁴ Pero ellos se quedaron callados, porque en el camino habían discutido entre sí quién era el más importante.

³⁵ Entonces Jesús se sentó, llamó a los doce y les dijo:

—Si alguno quiere ser el primero, que sea el último de todos y el servidor de todos.

³⁶ Luego tomó a un niño y lo puso en medio de ellos. Abrazándolo, les dijo:

³⁷ —El que recibe en mi nombre a uno de estos niños, me recibe a mí; y el que me recibe a mí, no me recibe a mí sino al que me envió.

³⁸ —Maestro —dijo Juan—, vimos a uno que expulsaba demonios en tu nombre y se lo impedimos porque no es de los nuestros.

³⁹ —No se lo impidan —replicó Jesús—. Nadie que haga un milagro en mi nombre puede a la vez hablar mal de mí. ⁴⁰ El que no está contra nosotros está a favor de nosotros. ⁴¹ Les aseguro que cualquiera que les dé un vaso de agua en mi nombre por ser ustedes de Cristo no perderá su recompensa.

⁴² »Pero si alguien hace pecar a uno de estos pequeños que creen en mí, más le valdría que le ataran al cuello una piedra de molino y lo arrojaran al mar. ⁴³ Si tu mano te hace pecar, córtatela. Más te vale entrar en la vida manco, que ir con las dos manos al infierno, donde el fuego nunca se apaga. ⁴⁵ Y si tu pie te hace pecar, córtatelo. Más te vale entrar en la vida cojo, que ser arrojado con los dos pies al infierno. ⁴⁷ Y si tu ojo te hace pecar, sácatelo. Más te vale entrar tuerto en el reino de Dios, que ser arrojado con los dos ojos al infierno, ⁴⁸ donde

»"su gusano no muere,
 y el fuego no se apaga".

⁴⁹ La sal con que todos serán sazonados es el fuego.

⁵⁰ »La sal es buena, pero si deja de ser salada, ¿cómo le pueden volver a dar sabor? Que no falte la sal entre ustedes, para que puedan vivir en paz unos con otros.

Sentido Original

Esta sección comienza con el segundo anuncio por parte de Jesús de su próximo sufrimiento y resurrección. Una vez más, las implicaciones de lo que dice Jesús superan la comprensión de los discípulos, y tan pronto como continúan su viaje, "por el camino" (9:33), comienzan a discutir entre ellos sobre quién es el mayor. La variada estupidez de los discípulos permite a Jesús (o más bien lo impulsa) a impartirles más enseñanza sobre los requisitos del discipulado. Algunas palabras clave unen los dichos: "en [el] nombre" (9:37, 38, 39, 41), "hace pecar [tropezar]" (9:42, 43, 45, 47), "fuego" (9:43, 48, 49) y "sal" (9:49, 50).

Segunda predicción del sufrimiento y resurrección de Jesús (9:30-37)

Jesús pasa una vez más por Galilea, pero no quiere que nadie lo sepa, porque su ministerio público se acerca a su fin. Jesús necesita privacidad para seguir enseñando a su pequeño grupo de discípulos sobre el sufrimiento y la muerte que Dios le pide a él y sobre lo que él les pide a ellos. El éxito depende del entrenamiento de estos discípulos que llevarán el evangelio al mundo, no de las ovaciones de las atónitas multitudes. Cuando hace la segunda predicción de su muerte y resurrección, los discípulos guardan silencio. No entienden lo que está diciendo, pero tienen miedo de preguntarle al respecto (9:32). Una de dos, o temen ser reprendidos si dicen algo inapropiado, como en el caso de Pedro (8:33), o prefieren vivir en un estado de negación. Puede que no hayan querido entender la desagradable realidad que aguarda a Jesús.

El temor va a estar, sin embargo, controlando cada vez más sus reacciones ante los acontecimientos que predice Jesús (14:50-52, 66-72; 16:8). Jesús añade aquí un nuevo detalle al anterior anuncio de su sufrimiento (8:31): Va a "ser entregado en las manos de los hombres" ("traicionado y entregado" (NTV). Lo normal sería que los discípulos se preocuparan sobre quién podía ser el traidor, pero en lugar de ello discuten acerca de quién va a ser el mayor de ellos (9:33-34).

Cuando llegaron a Capernaúm, Jesús alude a su riña y pone de relieve su error preguntándoles sobre qué discutían en el camino. La pregunta produce un embarazoso silencio; Jesús los ha sorprendido en otra disputa. Antes habían discutido sobre quién había olvidado traer el pan (8:16). Habían disputado con los maestros de la ley cuando no pudieron expulsar un espíritu inmundo (9:14). Discutirán con ciertos exorcistas que no les siguen (9:38). Mostrarán su desagrado ante la extravagante devoción de una mujer hacia Jesús y la denunciarán como un desperdicio (14:4-5). Este espíritu competitivo empañará incluso su última cena con Jesús cuando Pedro se jacte de que él superará a todos los demás discípulos en su fidelidad a Jesús (14:29). En este pasaje, los discípulos se disputan una posición de honra junto a su poderoso Mesías y Libertador. El cuadro que nos presenta Marcos tiene dimensiones tragicómicas. Jesús se dirige en silencio hacia su muerte expiatoria mientras sus rezagados discípulos se esfuerzan por establecer a empujones el orden de la procesión que le sigue.

Esta disputa abre la puerta a la enseñanza de Jesús sobre el servicio desinteresado, y Marcos observa su importancia explicando que Jesús se sienta para enseñar y llama a los Doce. Cuando habló por primera vez de su sufrimiento, les dijo que el que quiera salvar su vida la perderá, pero el que la pierda por su causa la salvará (8:35). Ahora les presenta otra paradoja: el que quiera ser primero ha de hacerse último y siervo de todos. Los discípulos siguen teniendo delirios de grandeza y su sueño no es precisamente convertirse en siervos a la entera disposición de todos. Padecen una arrogante ambición que nunca estará dispuesta a tomar una cruz y seguir a un Mesías que sirve a los demás y sufre por ellos.

Para reforzar la lección, Jesús pone a un niño ante ellos y anuncia: "El que recibe en mi nombre a uno de estos niños, me recibe a mí". Jesús no pone al niño como un modelo a imitar, puesto que su cultura no tenía idealizadas nociones sobre los niños. No se les consideraba especialmente obedientes, confiados, sencillos, inocentes, puros, espontáneos o humildes. El punto de la comparación es la insignificancia del niño en la escala de honor y relevancia. Los niños no tenían poder, prestigio ni muchos derechos; eran dependientes, vulnerables y estaban completamente sujetos a la autoridad del padre; Jesús lo escoge, sin embargo, para representar a los necesitados y humildes. El que quiera ser importante, ha de colmar de atención a aquellos que eran considerados insignificantes, como él mismo había hecho. Jesús requiere que sus "grandes" discípulos muestren un humilde servicio hacia los humildes.

Jesús completa el cuadro con otra paradoja: cuando sus seguidores sirven a aquellos que carecen de cualquier prestigio, reciben a Jesús y a aquel que lo envió. Lo más grande que pueden hacer es servir a los olvidados y considerados insignificantes, aquellos que no tienen influencia, títulos, prioridad y que no le importan a nadie, sino a Dios. Marcos traza los perfiles de una comunidad en la que nadie ha de ser tratado como un héroe ni como una nulidad (ver 1Co 12:12-26). Entender que ante Dios somos tan pequeños e insignificantes como un niño suscita arrepentimiento.

El exorcista desconocido (9:38-41)

Juan anuncia arrogantemente a Jesús que habían visto a un hombre que expulsaba demonios en su nombre y se lo habían impedido.[1] ¿La razón? "No es de los nuestros". Esta queja rezuma ironía. Los discípulos acaban de fracasar en la realización de un exorcismo; sin embargo, no dudan en impedir que siga llevando a cabo este ministerio alguien que lo lleva a cabo con éxito, solo porque no forma parte de su equipo. Jesús los toma por sorpresa cuando no los elogia por su vigilancia, sino que más bien los reprende: "No se lo impidan" (9:39).

Esta respuesta recuerda la de Moisés a Josué. Este le había suplicado que desautorizara a ciertos profetas, "¡Moisés, señor mío, detenlos!". A lo cual Moisés respondió: "¿Estás celoso por mí? ¡Cómo quisiera que todo el pueblo del Señor profetizara, y que el Señor pusiera su Espíritu en todos ellos!" (Nm 11:26-29).[2] ¿Por quién están celosos los discípulos, por Jesús o por ellos mismos? ¿O es que quieren monopolizar el mercado de los exorcismos, para ser así imprescindibles y venerados, mientras que Jesús desea que todos sean exorcistas que expulsen a Satanás en su nombre?

---

1. Harry Fledderman, "The Discipleship Discourse (Mark 9:33-50)", *CBQ* 43 (1981): 66, observa que Marcos no está interesado en los detalles sobre el extraño exorcista, y lo identifica simplemente como "uno". Lo único que le importa a Marcos es la reacción de los discípulos y que Jesús corrija su actitud. Stewart comenta: "Como en la disputa sobre la grandeza, el episodio del extraño exorcista refleja una actitud de los discípulos que lleva al conflicto, y, en ambos casos, Jesús interviene. Se rechaza el exclusivismo de los discípulos, como ocurrió con su egocentrismo".
2. Citado por Myers, *Binding*, 261.

En el mundo antiguo, los exorcistas utilizaban el nombre de cualquier deidad si creían que ello les ayudaría en su propósito. La explicación de Jesús para condonar el éxito del exorcista en el relato de Marcos es de orden práctico, no teológico. Su argumento es que tales exorcistas no pueden usar su nombre para llevar a cabo obras portentosas y hablar luego mal de él. Cualquiera que reconozca el poder del nombre de Jesús no lo acusará de operar con el poder de Belcebú, como habían hecho los maestros de la ley de Jerusalén (3:22).

Acto seguido, Jesús abre las puertas de par en par y cuenta entre sus filas a todos aquellos que no están contra él. Sabe que tanto él como sus discípulos están trabados en un combate contra el maligno a vida o muerte, y está dispuesto a aceptar a cualquier aliado dispuesto a unírsele en la batalla. Jesús concede la posibilidad de que el bien pueda proceder de círculos ajenos al suyo. Las fuerzas que invocan el nombre de Jesús en la batalla contra el mal (Hechos 3:6, 16; 4:7, 10, 30) solo pueden debilitarse por esta feroz competitividad interna. Esta actitud abierta y tolerante hacia los demás incomodará a cualquiera que esté más decidido a determinar quién está dentro y fuera del círculo que en ganar la guerra contra el enemigo. El enemigo se convierte en cualquiera que no sea "de los nuestros" en lugar de Satanás.

Mientras que Juan se preocupa por los milagros de la competencia, Jesús pasa a hablar de las más humildes obras de compasión, y afirma que quienes den a sus seguidores un simple vaso de agua fría en su nombre serán recompensados (9:41). La recompensa en cuestión es más que la satisfacción de hacerle un favor a alguien; se trata de una recompensa escatológica. La imagen del vaso de agua fría sugiere que quienes llevan el nombre de Cristo se verán en penosas circunstancias en las que ansiarán desesperadamente un vaso de agua. Más adelante, Jesús les advertirá que serán perseguidos y odiados por todo el mundo (13:13). Será difícil conseguir un simple vaso de agua y entonces apreciarán más la neutralidad de aquellos que no se unen a la persecución y les brindan este tipo de atención básica.

Advertencia sobre hacer tropezar a otros (9:42-48)

Jesús promete una recompensa a quienes muestren un mínimo de buena voluntad hacia los cristianos (9:41), pero los amenaza con un terrible juicio si hacen tropezar a alguno de los pequeños que creen en él. Para explicar lo que quiere decir utiliza una hipérbole: les sería mejor ahogarse en el fondo del mar con una piedra de molino atada al cuello.³ ¿Pero mejor que qué? Aunque Jesús omite las conclusiones, es fácil rellenar los espacios vacíos. Es mejor ahogarse en el mar sin oportunidad de escapar que sufrir el juicio que Dios infligirá a quienes hacen que otros pequen. De todo ello podemos deducir que Dios muestra más preocupación por la frágil fe de los pequeños que por los frágiles egos de los grandes, que los lleva a enseñorearse de otras personas o a ignorarlas.

Una serie de máximas advierte a los discípulos que deben preocuparse más del mal que puede haber en su interior que de quienes están fuera de sus círculos. Una vez más, Jesús utiliza una hipérbole. Si tu mano, ojo o pie te hacen pecar, deshazte de ellos.⁴ El judaísmo prohibía la automutilación (Dt 14:1; 1R 18:28; Zac 13:6) y, evidentemente, Jesús no pretendía que sus seguidores entendieran literalmente este consejo, como tampoco Pablo hablaba de un modo literal cuando alude a la disposición de los gálatas a arrancarse los ojos para dárselos a él (Gá 5:15). A veces la pena capital era sustituida por una mutilación y se consideraba que era más misericordioso que ejecutar la sentencia de muerte. Quedar deforme o tullido era mejor que morir. Jesús aplica este principio a la vida espiritual de los discípulos. Es mejor ser ahora cuidadosos y precavidos y cortar cualquier cosa de nuestra vida que nos lleve pecar que ser castigado más adelante en el ardiente Gehena.⁵

La sal (9:49-50)

Jesús concluye su enseñanza en esta sección con dos enigmáticos dichos sobre la sal. El primero: "Todos serán sazonados con fuego (la sal con que todos serán sazonados es el fuego)", aparece únicamente en Marcos. Tenemos una temprana interpretación de este dicho en una

---

3. En el mundo antiguo, la piedra de molino era un objeto familiar. La frase que se traduce, "piedra de molino" literalmente dice, "piedra de molino de un asno". El molino rotatorio requiere la fuerza de una fuerte bestia de carga para pivotar la pesada piedra superior.
4. El ojo es la causa de la codicia, la tacañería, los celos, etc. Ver *B. Nid.* 13b, que habla de adulterio con la mano (masturbación) y con el pie (eufemismo para aludir al pene).
5. El término "Gehena" significa el valle de Hinom, y hace referencia al valle del sur de Jerusalén que, en la antigüedad, se utilizaba como crematorio para el sacrificio de niños a las deidades cananeas (2R 23:10; Jer 32:35). Este profundo barranco se convirtió después en un vertedero, donde siempre ardía el fuego, y su nombre pasó a vincularse con el lugar del llameante castigo. En *b. 'Erub.* 19a, al Gehena se le dan siete nombres: el Inframundo (Seol; Jon 2:3); Destrucción (Sal 88:12); Foso (de la destrucción; Sal 16:10); Foso tumultuoso (Sal 16:10); Lodo cenagoso (Sal 40:3); Sombra de muerte (Sal 17:10); y Averno.

variante textual: "Porque todo sacrificio será salado con sal" (Lv 2:13). La sal se utilizaba para efectuar purificación (Ez 16:4; 43:24), y la persona que sustituyó esta glosa relacionaba el fuego con la persecución, "que purificaría a la comunidad cristiana igual que la sal purificaba los sacrificios".[6] Esta interpretación encaja con otros dichos de Jesús en el Evangelio. Jesús ha pedido a los discípulos que tomen una cruz (8:34), les promete a Jacobo y Juan que beberán de su copa y serán bautizados con su bautismo (10:39), y a todos los discípulos que recibirán recompensas "con [...] persecuciones" (10:30). Si perseveran hasta el fin (13:13), el sufrimiento que experimentarán no los destruirá, sino que los purificará para Dios.

El segundo dicho sobre la sal se divide en dos mitades. La primera, "la sal es buena, pero si deja de ser salada, ¿cómo le pueden volver a dar sabor?" (9:50a), asume que a la sal se la reconoce por su fuerte sabor característico. Si la sal deja de sazonar los alimentos, ya no es sal y carece de valor.[7] Lo mismo se aplica a los discípulos. Si no manifiestan las especiales características que requiere Jesús, no son verdaderos discípulos y carecen de valor para él.

La segunda mitad del dicho: "Que no falte la sal entre ustedes [no 'en ustedes'], para que puedan vivir en paz unos con otros" (9:50b), es en paralelismo sinónimo. Tener sal entre ustedes significa compartir la sal, una referencia a comer juntos en un contexto de comunión y paz (Esd 4:14; Hch 1:4). Cuando las personas comen juntas, están en paz unas con otras.[8] El discurso comenzó, no obstante, con las disputas internas de los discípulos sobre su posición (9:33-37) y con la objeción a conceder a un extranjero el derecho de utilizar el nombre de Jesús. A continuación, este advertía sobre el peligro de hacer tropezar a otros creyentes. Estos últimos dichos presentan la apacible comunión como modelo para las relaciones personales entre los discípulos.[9]

Los discípulos no pueden esconder nada de su Maestro ni siquiera cuando se esfuerzan en ocultar sus riñas y ambiciones secretas guar-

---

6. Hooker, *Mark*, 233; ver 1P 1:6–7; 4:12–19.
7. Según Plinio, *Historia Natural* 31.44.95, la sal podía echarse a perder.
8. Fledderman, "Discipleship", 73.
9. *Ibíd.*

dando silencio. Jesús sabe que todos ellos quieren tener el mando y que han estado discutiendo sobre cuestiones de jerarquía. Su discusión sobre quién es el mayor le permite redefinir cómo se mide la grandeza y formular las normas que rigen las relaciones personales dentro de la comunidad. Esta sección enseña que la comunidad cristiana debe encarnar un espíritu de humildad, no de envanecido engreimiento, de aceptación de los demás más que de exclusión, de humilde servicio, no de arrogante insolencia y de relaciones personales armónicas más que de disputas y división. La conducta de los discípulos sirve una vez más de ejemplo negativo para que los lectores aprendan lo que no deben hacer.

Sobre la grandeza. Los discípulos tienen una percepción equivocada de su importancia. Quieren ser grandes para que los demás los sirvan. Una iglesia llena de divos y divas que quieren controlarlo todo rara vez ministra de manera efectiva a quienes están dentro o fuera de la comunión. Todos están tan atareados dirigiendo a los demás que no se dedican a cumplir con su tarea. Esta irritable soberbia suscita riñas con aquellos que están fuera de sus círculos.

La escena de este texto es irónica. Marcos acaba de relatar la inquietante incapacidad de los discípulos para expulsar a un espíritu inmundo, pero no les da vergüenza importunar a alguien que expulsa demonios con éxito utilizando el nombre de Jesús. La razón que aducen para ello es elocuente: "No es de los nuestros".[10] Su argumento delata un deseo egoísta de que los consideren especiales. Quieren preservar su posición dentro de un círculo selecto y no se prestan a compartir su poder, porque ello podría rebajar su posición. Quieren manejar un derecho exclusivo al nombre de Jesús, una especie de copyright del que pretenden apropiarse. Los demás han de pedirles permiso para poder utilizarlo. Hoy, esta misma actitud emerge en algunas iglesias: si nosotros no podemos hacer tal cosa, tampoco queremos que otros lo hagan.

Los discípulos quieren establecer una jerarquía y retener para sí todo el poder del reino, como si les perteneciera por poder divino. Este punto de vista elitista puede infectar a muchos cristianos y lleva a la mezquindad y al politiqueo. Censurar este espíritu engreído, presumido, yególatra dentro de una iglesia se hace algo delicado, porque quienes lo padecen ejercen el poder con determinación. Solo aquellos que están gobernados por un espíritu amoroso y humilde, y dispuestos a aceptar

---

10. Teniendo en cuenta que solo Juan habla a Jesús, ¿se trata acaso de un "nosotros" regio (*cf.* Myers, *Binding*, 261)?

las consecuencias serán capaces de desafiar y ayudar a quienes imperiosamente pretenden imponerse y manipular a los demás. Todos los seguidores de Cristo deben aprender los criterios con que Dios valora las cosas. Él evalúa a las personas de manera muy distinta a como lo hacemos los humanos. Nosotros tendemos a fijarnos en aspectos como herencia, rango, riquezas y posición; Dios busca un servicio abnegado. Cualquiera que quiera ser primero a sus ojos debe hacerse esclavo de todos. Todo el que se ponga primero será último, y ser el último para él es poner en peligro la propia alma.

La armonía con los demás. Este incidente con el exorcista desconocido plantea otras cuestiones. No cabe duda de que los discípulos no pueden limitar la expresión del poder de Dios a sí mismos, aunque lo intenten. Pueden asumir que su forma de hacer las cosas es la única que Dios va bendecir. Pensamos que los demás no hacen las cosas correctamente, y esto puede significar simplemente que no las hacen a nuestra manera, o que no nos rinden pleitesía. Esta intolerancia insiste en que Dios solo puede obrar por medio de aquellos a quienes nosotros aprobamos y que antes han cumplido nuestras normas. Queremos ser los que cambian las cosas —los influyentes y poderosos— y que se nos reconozca como tales.

Cuando, en humildad, nos damos cuenta de nuestra condición, entendemos que Dios puede usar a cualquiera y que él elogia a otros que dan fruto para él, aunque no estén en nuestro equipo. La reacción de Jesús implica que los discípulos que lo acompañan a él han de llevarse bien con otras personas que lo invocan. Jesús no solo abre a todos la entrada al reino de Dios y acepta a cualquiera que viene en su nombre, sino que aprueba que se utilice el poder de su nombre. En este episodio, la barrera entre los de dentro y los de fuera se hace un tanto nebulosa. San Agustín dijo: "Dios reconoce a muchos que la Iglesia no reconoce; y muchos de los que la Iglesia reconoce, no son reconocidos por Dios".

Sin embargo, esta ambigüedad crea problemas en la aplicación de este texto en nuestros días. ¿Cuál es la diferencia cualitativa entre la sanación realizada por un discípulo en el nombre de Jesús y la que lleva a cabo alguien que no es un discípulo, invocando también el mismo nombre? Hemos de reconocer que fuera de nuestros círculos puede haber bendición, ¿pero a qué distancia de ellos? ¿Significa esto acaso que no podemos trazar límites? Y si es posible establecerlos, entonces, ¿dónde y cómo? Esta actitud abierta hacia otros que actúan al margen de nuestro grupo puede hacer que muchos se sientan incómodos. Parece un proceder demasiado abierto y tolerante. ¿Es que la Iglesia debe aprobar a cualquiera que actúe en el nombre del Señor? ¿No acabará esta aceptación conduciéndonos a una indiferencia doctrinal? El relato de los hijos de Esceva, que utilizaron sin éxito el nombre de Jesús para expulsar espíritus malignos, pone de relieve una actitud menos tolerante hacia quienes pretenden apropiarse indebidamente del poder de Jesús (Hch 19:13-16). ¿Será que hemos de aceptar a quienes utilizan con éxito el nombre de Jesús y rechazar a los que lo hacen de manera infructuosa? ¿No puede ser diabólico el propio éxito?

Podemos estar abiertos a otros, pero esto no nos exime de la responsabilidad de discernir los espíritus. En esta tarea hay dos aspectos clave que pueden sernos de ayuda. (1) Hemos de examinar nuestras motivaciones personales. ¿Nos oponemos a tales personas, porque nos sentimos celosos, porque queremos proteger nuestro territorio, o porque insistimos en que los demás nos sigan? (2) Hemos de reconocer quién es el verdadero enemigo. Nuestro enemigo común es el maligno que está aviesamente abocado a la destrucción de vidas humanas. Los misioneros que luchan cuerpo a cuerpo contra este enemigo entienden con frecuencia que es más lógico cooperar con soldados que, aunque de otros ejércitos, combaten contra su mismo enemigo, que enfrentarse a ellos. ¿No deberíamos acaso alegrarnos de contar con la amistad de personas fuera de nuestros círculos, en un mundo en el que necesitamos todos los amigos posibles? Tal vez quienes se enzarzan en mezquinas disputas con otros hayan olvidado quién es realmente el enemigo y su enorme capacidad para infiltrarse y desviar la atención del verdadero conflicto con inteligentes distracciones. Cuando nos enmarañamos en disputas humanas fuera y dentro de nuestras filas, no podemos ganar la batalla que libramos con el verdadero enemigo.

Una última advertencia. La expresión, "el que no está contra nosotros está a favor de nosotros" (9:40) se presta a fáciles malentendidos. No significa que Dios requiera únicamente que no se muestre hostilidad hacia Jesús y sus seguidores para considerar a alguien cristiano. Agarrándose a un clavo ardiendo para aliviar el dolor de la familia, algunos ministros han leído este pasaje en un funeral para elogiar a personas que no tenían una clara relación con Cristo. Al menos, el difunto no estaba notoriamente contra Cristo, y dan a entender que Dios recompensará esta neutralidad con dicha eterna. Marcos estaba, no obstante, escribiendo en un contexto de amarga persecución, donde todo el mundo odiaba a los cristianos (13:13) y era, por tanto, excepcional que alguien les ofreciera un vaso de agua fría (9:41). Así, esta afirmación es solo aplicable en un entorno claramente hostil.

Quienes han vivido bajo una violenta persecución por su fe entienden mejor lo que esto significa. Podemos reflexionar sobre los pocos que arriesgaron la vida por proteger y esconder a los judíos de los nazis. Hubo también otras personas que no corrieron riesgos tan altos, pero que sí hicieron pequeñas cosas, como no denunciar a quienes daban abrigo a familias judías. Cuando se está siendo perseguido y la gente está dispuesta a delatar a cualquiera que brinde algún tipo de ayuda al colectivo perseguido, se aprecian especialmente las pequeñas muestras de benevolencia y hasta la benigna neutralidad. Esta era la situación de los primeros cristianos y explica las palabras de Jesús. Esta afirmación no debe, pues, convertirse en un principio para la salvación.

Cirugía radical. Las violentas imágenes de la amputación de manos y pies y la extracción de los ojos son chocantes. Aunque Jesús no está alentando ninguna forma de masoquismo, algunos cristianos han entendido las palabras de Jesús de manera literal y se han mutilado en obediencia a ellas (como Orígenes, que se castró). En nuestro tiempo, sin embargo, pocos lectores modernos necesitan que se les explique que las palabras de Jesús no pretenden promover la automutilación. La mayoría tendrá dos reacciones bastante distintas al dicho de Jesús. Algunos se sentirán ofendidos por el hecho de que Jesús utilice esta macabra imaginería y lo rechazarán como otro dirigente cruel y controlador que demanda una fanática lealtad de parte de sus seguidores. Puede que interpreten sus palabras como monstruosas amenazas para mantener a raya a sus seguidores. Otros reconocerán que Jesús está utilizando una hipérbole, y buscarán sustitutos menos ofensivos para la mano, el pie y el ojo. Y tienen razón, porque Jesús no pretende que entendamos literalmente lo que dice.

No obstante, esta última interpretación, transmite que Jesús requiere mucho menos. Es el intérprete quien, acto seguido, debe decidir cuánto menos requiere Jesús. En lugar de la mano, el pie o un ojo, ¿qué es lo que hemos de cercenar o arrancar? Para algunos creyentes de nuestro tiempo, apagar la televisión sería tan costoso como arrancarse un ojo. Hemos de tener cuidado sobre la respuesta a esta cuestión. Podemos mellar tanto el cortante filo de este dicho que nadie tome nota de él, lo cual sería irnos al otro extremo y entender el texto de un modo literal. Nuestra cultura prefiere que sea así. Preferimos suavizar la severidad de la culpa, aplacar el temor del infierno, y vivir en una actitud de apacible transigencia con el mundo. No obstante, Jesús escogió de manera intencionada imágenes literarias severas y escandalosas para alertar a los discípulos de que sus vidas tiemblan en la balanza. La indiferencia hacia otras personas, induciéndolas a pecar, y una apática despreocupación por el pecado en la propia vida hace peligrar la salvación personal. Deberíamos tener cuidado de no silenciar la imaginería y atenuar la intensidad de la alarma de Jesús.

Significado Contemporáneo

Jesús ha evitado constantemente autopromocionarse; sin embargo, sus discípulos están demasiado dispuestos a ponerse por encima de los demás. Si Jesús dirigiera la misma pregunta —"¿Qué venían discutiendo por el camino?"— a sus seguidores de hoy la respuesta no sería menos embarazosa. Entre los cristianos sigue habiendo deseo de prominencia. Tanto en las iglesias locales como en la política denominacional continúa manifestándose una desenfrenada pasión por el poder que destruye la comunión y el amor cristiano. Poco han cambiado las cosas. Algunos seminaristas que comienzan sus estudios con altos ideales se desilusionan frecuentemente por las intrigas políticas que infestan iglesias y denominaciones. Algunos ministros se sienten tan desilusionados por este tipo de maquinaciones que abandonan el ministerio; otros aprenden rápidamente a participar en el juego; un tercer grupo reconoce acertadamente que Jesús no rechaza la ambición, pero la subliman aspirando a convertirse, no en un jefe, sino en el mayor de los siervos de la iglesia.

Lamentablemente, demasiados dirigentes utilizan su posición en la Iglesia para realzarse a sí mismos. En ocasiones, las vallas publicitarias y los anuncios televisivos de las iglesias dan más protagonismo al pastor que a Dios o a Jesús, a quienes a veces ni siquiera se menciona. Asimismo, los miembros de las iglesias están a veces ávidos de que se reconozca plenamente su servicio. Si al redactor del boletín de la iglesia o de una carta circular se le olvida mencionar el nombre de alguien, por lo general siempre habrá quien se lo hará saber. Por otra parte, muchos sirven de manera abnegada en la iglesia. Están dispuestos a hacer cualquier cosa que se les pida y no se ofenderán si no se cuenta con ellos. Los predicadores tienen que tomar a pecho las palabras de Jesús y servir de inspiración a los demás para que "compitan" en entrega desinteresada y sacrificada. La manera más efectiva de hacerlo es el propio ejemplo.

Cuando se busca algún dirigente para la iglesia, los comités y miembros del consejo suelen consultar sus referencias, a menudo escritas por compañeros o superiores. Sería sabio consultar también a aquellos que han trabajado bajo su liderazgo, como los secretarios y los conserjes. Puede descubrirse el verdadero espíritu de una persona indagando cómo ha tratado a quienes han estado bajo su autoridad. Si supiéramos que es así como seremos evaluados, probablemente trataríamos de manera distinta a estas personas. Jesús parece implicar que Dios tiene en cuenta este tipo de cosas cuando nos evalúa a nosotros.

En esta sección se presenta a los discípulos mostrándose autoritarios y amenazadores hacia otros. Le prohíben al desconocido exorcista que ministre sin su permiso; pronto prohibirán a los padres que traigan a sus hijos a Jesús. El ejemplo del niño pretende poner freno a la altivez dentro de la comunidad cristiana. La verdadera grandeza está en preocuparse por las personas, pero no por aquellos a quienes se considera "importantes", sino por las personas sencillas, como aquel (insignificante) niño.[11]

Jesús se sirve del niño como un símbolo de las personas poco apreciadas, los necesitados, socialmente invisibles y fácilmente ignorados, personas a las que puede hacerse daño y dominarse sin que nadie lo sepa o proteste por ello. Son personas sin estudios, aquellos a quien nadie echa de menos cuando se ausentan de la reunión del domingo, personas a las que se tolera pero que no se abraza dentro de la comunión. Es posible que los dirigentes se digan secretamente a sí mismos y a otros: "No vale la pena ocuparse de ellos, nos lleva mucho tiempo atenderles, consumen mucho del presupuesto, hemos de concentrar nuestras energías en personas o cosas más importantes", etcétera. Es fácil que quienes se dedican al servicio de los altos y poderosos (que, por su parte, recompensan su especial atención con generosos apoyos), descarten a estos miembros humildes como carentes de valor. Sin embargo, para su Señor, estos pequeños no son insignificantes. Así como en una familia

---

11. Moule, *Mark*, 75.

no hay miembros insignificantes, tampoco los hay en una iglesia. Ellos son aquellos a quienes Jesús ministró y a través de los que Dios obra.

Se puede usar el texto del exorcista desconocido como un útil correctivo para cualquier comunidad que pudiera presumir de que Dios solo actúa a través de ella. El mundo cristiano está cada vez más dividido. Por temor, aquellos a quienes se conoce como liberales denigran a los llamados evangélicos, y viceversa. Ambos miran al otro grupo con profundo recelo y considerándolos como una "casta" inferior. Hemos de guardarnos de la actitud de superioridad que dice: "Eres distinto a mí y te menosprecio por ello". Puedes descubrir este espíritu preguntándote a ti mismo cómo percibes a las otras iglesias de la zona y trasladando la misma pregunta a los miembros de tu iglesia. ¿Estamos dispuestos a orar por el éxito de otra iglesia del barrio aunque ello implique que algunos miembros de la nuestra se hagan miembros de ella? ¿Oraríamos por dicho éxito si la iglesia en cuestión fuera de otra denominación?

El título del libro de Bill Leonard, *God's Last and Only Hope* (La última y única esperanza de Dios) procede de un sermón pronunciado en una convención denominacional en 1948. El predicador no tenía duda de que Dios solo podía obrar a través de su denominación: "Estoy más convencido que nunca de que la última esperanza para evangelizar el mundo conforme a los principios del Nuevo Testamento, la más razonable, la única, está en los bautistas del sur representados en esta convención".[12] Es probable que los que no son bautistas del sur disientan de este juicio. El texto de Marcos ha de hacernos reflexionar con mayor humildad sobre nuestro papel y el de otros dentro del plan de Dios. Hemos de reconocer que la misión de Dios en este mundo es mucho mayor que nosotros. Tenemos que entender quién es el verdadero enemigo que ha de ser expulsado de entre nosotros y de la vida de otras personas. En 1265-66 el imperio mongol se extendió por toda Asia, desde el Mar Negro hasta la Costa del Pacífico, y Kublai Kan le pidió a Marco Polo que convenciera a la Iglesia de Roma para que les mandara cien hombres que pudieran enseñar el cristianismo a su corte. En aquel momento, los cristianos tenían tal desbarajuste luchando entre ellos que hubieron de pasar veintiocho años para que, no ya cien, sino un solo

---

12. Bill J. Leonard, *God's Last and Only Hope: The Fragmentation of the Southern Baptist Convention* (Grand Rapids: Eerdmans, 1990).

hombre, llegara a la gran corte mongola. Ya retirado, el emperador dijo, "es demasiado tarde, he envejecido en mi idolatría".[13]

En nuestra batalla contra el maligno hemos de reconocer que, sea cual sea el grupo específico al que pertenezcamos, este no es el único del mundo. Podemos, pues, aprender de otros que adoran al mismo Cristo como Señor y Salvador aunque puedan utilizar una terminología distinta y subrayar distintas partes de la Escritura que nosotros. Es posible que cuando pongamos a un lado nuestras etiquetas, podamos reconocer que todos somos siervos de Cristo y acabemos encontrando caminos para cooperar más que para competir en nuestro servicio a él. Sin transigir en nuestras convicciones podemos tener comunión (tener sal) los unos con los otros. Puede que no tengamos los mismos pensamientos, pero tendremos la misma mente en Cristo Jesús (Fil 2:1-4). Nuestra unidad será una señal de lo que el poder de Dios puede hacer para expulsar el mal y el caos que infestan nuestro mundo.

---

13. C. Douglas Weaver, *A Cloud of Witnesses* (Macon: Smyth & Helwys, 1993), 52-53.

Marcos 10:1-16

Jesús partió de aquel lugar y se fue a la región de Judea y al otro lado del Jordán.[1] Otra vez se le reunieron las multitudes, y como era su costumbre, les enseñaba.

² En eso, unos fariseos se le acercaron y, para ponerlo a prueba, le preguntaron:

—¿Está permitido que un hombre se divorcie de su esposa?

³ —¿Qué les mandó Moisés? —replicó Jesús.

⁴ —Moisés permitió que un hombre le escribiera un certificado de divorcio y la despidiera —contestaron ellos.

⁵ —Esa ley la escribió Moisés para ustedes por lo obstinados que son —aclaró Jesús—. ⁶ Pero al principio de la creación Dios "los hizo hombre y mujer".⁷ "Por eso dejará el hombre a su padre y a su madre, y se unirá a su esposa,⁸ y los dos llegarán a ser un solo cuerpo." Así que ya no son dos, sino uno solo. ⁹ Por tanto, lo que Dios ha unido, que no lo separe el hombre.

¹⁰ Vueltos a casa, los discípulos le preguntaron a Jesús sobre este asunto.

¹¹ —El que se divorcia de su esposa y se casa con otra, comete adulterio contra la primera —respondió—. ¹² Y si la mujer se divorcia de su esposo y se casa con otro, comete adulterio.

---

1. La frase "se fue a la región de Judea y al otro lado del Jordán" invierte el orden geográfico natural, como señalan muchos comentaristas. La mayoría de los textos representan una preocupación por corregirlo cambiando el "y" por "hasta el lado opuesto del Jordán". Algunos intérpretes atribuyen la lectura original y más difícil a un impreciso conocimiento geográfico por parte de Marcos. Otros sugieren que esta referencia refleja el conocimiento de una estancia más extensa en Judea de la que narra Marcos. Un tercer grupo sostiene que Marcos utiliza una torpe expresión para indicar que Judea era la meta final del viaje (ver 7:31; 11:1; así lo entiende Gundry, *Mark*, 529). Schweizer le da un giro teológico, sugiriendo que Judea se menciona en primer lugar "para mostrar que Jesús se dirige deliberadamente a su sufrimiento" (Schweizer, *Mark*, 202). La mejor solución considera esta frase como una referencia imprecisa a una zona. Chapman advierte sobre el peligro de leer el texto como "siguiendo las indicaciones de un mapa". Este autor observa que aunque los mapas modernos contienen específicas líneas fronterizas que delimitan una región, la tierra carece de tales líneas. Tampoco había carteles de carretera que dieran la bienvenida a los viajeros cuando entraban en una región distinta, de modo que no se sabía exactamente cuándo se entraba en una nueva zona política. Chapman sostiene que una mejor traducción de la palabra *orion* (que se vierte como "región") sería "zona" o "barrio" y habla de "Judea y más allá del Jordán" como una zona unida desde un punto de vista cultural (Chapman, *Orphan*, 171).

¹³ Empezaron a llevarle niños a Jesús para que los tocara, pero los discípulos reprendían a quienes los llevaban. ¹⁴ Cuando Jesús se dio cuenta, se indignó y les dijo: «Dejen que los niños vengan a mí, y no se lo impidan, porque el reino de Dios es de quienes son como ellos. ¹⁵ Les aseguro que el que no reciba el reino de Dios como un niño, de ninguna manera entrará en él». ¹⁶ Y después de abrazarlos, los bendecía poniendo las manos sobre ellos.

A pesar de los intentos de Jesús por pasar desapercibido (9:30), las multitudes siguen juntándose a su alrededor cuando se dirige de Capernaúm a Judea. También los fariseos persisten en su inútil oposición a él poniéndolo a prueba, lo cual recuerda su conspiración para destruirlo (3:6). Con ello tienen la esperanza de conseguir detenerle.

La pregunta sobre el divorcio (10:1-12)

La pregunta que los fariseos plantean a Jesús tiene que ver con el divorcio, aunque lo que realmente les interesa no es la opinión legal de Jesús sobre este asunto. La mayoría de los judíos daban por sentado que los hombres tenían un derecho inalienable a divorciarse. Los rabinos de periodos posteriores solo debatieron las causas legítimas para el divorcio, no si este era o no lícito. El *Tárgum de Jonatán* le da la vuelta a la solitaria protesta de Malaquías contra el divorcio ("'Yo aborrezco el divorcio —dice el Señor, Dios de Israel'". [Mal 2:16]) y declara en su traducción aramea, "Si la aborreces, divórciate de ella".

No está claro por qué lo prueban los fariseos concretamente en este asunto. No puede decirse que necesiten más pruebas de su distinto acercamiento a la Escritura. Puede que su pregunta sea una táctica para hacerle parecer un extraño maestro que va contra la Escritura y el sentido común. Es también posible que estén intentando incitarlo a que diga algo sobre el divorcio que suscite la antipatía de la familia de Herodes. El divorcio era un tema sensible para ellos, y cualquier comentario reprobatorio por parte de Jesús podía poner en peligro su vida como en el caso de Juan el Bautista, cuya denuncia del divorcio de Herodes Antipas y su nuevo matrimonio con Herodias, esposa de su hermano, llevó a su arresto y muerte violenta (6:17-29). Los fariseos se habían aliado con los herodianos (3:6; 12:13) y es posible que intentaran poner en un compromiso a Jesús mientras se encontraba en Perea, dentro de la jurisdicción de Herodes.² En el contexto marcano, sin embargo, las declaraciones de Jesús sobre el divorcio continúan un tema que comenzó en 9:33. Jesús plantea las rigurosas demandas para los discípulos, y su enseñanza sobre el divorcio acentúa más las radicales exigencias que el reino de Dios hace a las personas.

Como de costumbre, Jesús elude a sus oponentes con un contraataque. Cuando los fariseos demandan si el divorcio es o no lícito, él les pregunta: "¿Qué *les mandó* Moisés?". Con esta respuesta, Jesús reformula el asunto, que deja de ser un hipotético debate sobre un marido indeterminado y se convierte en una orden dirigida *a ellos*. También pone en evidencia una importante deficiencia en el acercamiento de los fariseos a la ley. Ellos van a la ley preguntándose: "¿Qué me permite hacer?" o, más francamente: "¿Hasta dónde puedo llegar sin ser penalizado?". En última instancia, este interés en las sutilezas legales descuida la voluntad de Dios, que se preocupa principalmente del amor al prójimo (12:31). Los fariseos están interesados en sus derechos, no en sus responsabilidades, y pretenden hallar una disculpa legal para una conducta, sin importarles cómo pueda afectar a otra persona. Su pregunta alude únicamente al derecho del marido a divorciarse y no presta ninguna atención a las necesidades de la esposa (cómo le afectará a ella o a los niños, o si tiene algún derecho a objetar algo). La pregunta de Jesús descubre sus pecaminosos corazones ocultos tras la máscara de la rectitud legal.

Los fariseos responden a Jesús citando las reglamentaciones mosaicas sobre el proceso de divorcio: Moisés *lo permitió* siempre que el marido proporcionara a la esposa un certificado o carta de divorcio.³ Las instrucciones de Deuteronomio 24:1-4 dejan este asunto a discreción del marido. Este pasaje no enumera los motivos que lo hacen lícito ni lo respalda. Se limita a establecer ciertas restricciones para el marido en el caso de que tuviera que divorciarse de su mujer. La ley dicta impasiblemente que si la esposa no halla favor a ojos de su marido, porque sea culpable de cierta indecencia, o si simplemente no le gusta, debe darle una carta de divorcio. pero ya no podrá volver a casarse con ella una vez que se convierta en esposa de otro hombre.

Jesús ha preparado a los fariseos para su contragolpe. Sostiene que Moisés se limitó a hacer una concesión que pretendía reducir el im-

---

2. Lane, *Mark*, 354.
3. La palabra *apostasion* es un término legal de los papiros que connota "la idea de renunciar al derecho a algo" (Cranfield, *Mark*, 319).

pacto de la dureza de corazón de los hombres. La legislación sobre los certificados de divorcio protegía a las esposas de abandonos injustos y crueles. Liberaba a las esposas de la acusación de adulterio cuando, por una cuestión de necesidad, se volvía a casar, e impedía que su primer marido pudiera destruir su nuevo matrimonio reclamándola a su antojo. Disuadía de la práctica de algo que pudiera parecer un intercambio de esposas. La ley pretendía, pues, reducir al mínimo la agitación social relacionada con el divorcio.

La línea de razonamiento de Jesús se hace clara. Si la legislación mosaica sobre este asunto tenía sus raíces en la dureza de corazón de los hombres —su deliberada rebeldía contra Dios— no puede, entonces, reflejar la voluntad de Dios. Es posible que Moisés haya dado leyes para regular el divorcio, pero este no entra en la voluntad de Dios para el matrimonio. No deben, por tanto, interpretarse las estipulaciones de Deuteronomio 24:1-4 en el sentido de que Dios excuse el rechazo de la propia esposa o que tal acción esté libre del juicio de Dios si se siguen al pie de la letra las directrices estipuladas. El divorcio es pecado ante él, porque se origina en la dureza de corazón de los hombres.

Los fariseos deben descubrir lo que Dios ordenó, no lo que Moisés ha permitido. Su acercamiento a la ley es erróneo, como también lo es su aproximación al matrimonio. Comienzan por el final de la relación matrimonial y analizan en detalle los procedimientos correctos para ponerle fin. El *Gittin* (*Certificados de divorcio*), un tratado mishnáico posterior, por ejemplo, se dedica a esbozar los procedimientos para dar la carta de despido matrimonial. Jesús, en cambio, se acerca al matrimonio desde la perspectiva del propósito de Dios al comienzo de la creación y también a la intención de la pareja al comienzo de la relación matrimonial. Las verdaderas intenciones de Dios para el matrimonio no se encuentran en Deuteronomio 24:1-4, sino en un pasaje anterior, a saber, Génesis 1-2, que también es un "libro de Moisés".

Por tanto, los oponentes de Jesús han entendido mal tanto la Escritura como la voluntad de Dios para el matrimonio. Dios creó al hombre y a la mujer y los une en una relación que los convierte en una sola carne. Puesto que es Dios quien los une, él es el Señor de dicha unión. ¿Quiénes son los hombres para erigirse en señores del matrimonio, expulsando a una esposa no deseada como si se tratara de un objeto usado? Dios no abandona a nadie; el marido no debe abandonar a su esposa aunque tenga un precedente legal. La respuesta a los fariseos es, por tanto:

"¡No! No es lícito que un marido despida a su esposa", si entendemos la palabra "lícito" en términos de la voluntad de Dios y no pretendemos encontrar cláusulas legales favorables en la letra pequeña de las leyes. Jesús se opone directamente a la idea que se expresa en Sirac 25:26: "Si no hace lo que le pides, apártala de ti". Su argumento da dignidad y valor a la mujer; no es un apéndice del que el marido puede deshacerse a voluntad.

Como de costumbre, Jesús da a sus discípulos más instrucciones cuando estos le piden una explicación en privado (ver 4:34; 7:17; 9:28, 33). Lo que dice sobre el divorcio y el nuevo matrimonio lleva las cosas más lejos y no es menos revolucionario que su explicación privada de las leyes alimentarias cuando los fariseos plantearon la cuestión del lavamiento de las manos (7:17-23). Uno descubre que Jesús permite lo que los fariseos prohibían, comer con las manos sucias, y prohíbe lo que estos permiten, el divorcio. No solo sostiene que el divorcio es erróneo, sino que el nuevo matrimonio lo es aún más y lo califica de adulterio. En Deuteronomio 24:3-4 se le prohíbe a un marido casarse de nuevo con su esposa divorciada, que se ha vuelto a casar y a divorciar, y califica de abominación tal opción. Jesús califica cualquier nuevo matrimonio después de un divorcio de adulterio.[4] El divorcio surge de la dureza de corazón, y puede producir un mayor endurecimiento.

A diferencia de Mateo (19:10), Marcos no consigna la estupefacta reacción de los discípulos a estas palabras; sin embargo, la afirmación de Jesús solo podía haber suscitado perplejidad. El certificado de divorcio llevaba consigo el derecho de volver a casarse —("He aquí puedes casarte con cualquier hombre" (*m. Git.* 9:3)— de modo que nadie podía ser acusado de adulterio tras el divorcio. Jesús rechaza esta provisión

---

4. Las afirmaciones de Jesús sobre el divorcio contienen la prohibición de que las esposas se divorcien y contraigan nuevas nupcias. En el judaísmo, las mujeres no podían divorciarse de sus maridos, sino en circunstancias especiales. Sí podían, no obstante, dar pasos que llevaran a sus maridos a divorciarse de ellas. Es posible que los cristianos hubieran adaptado la enseñanza de Jesús a un marco helenista donde las mujeres sí tenían el derecho de divorciarse. Séneca traza una sombría imagen de las matronas romanas de clase alta: "Sin duda, ninguna mujer se sonrojará por divorciarse ahora que algunas distinguidas y nobles señoras cuentan los años, no por el mandato de los cónsules sino por el número de sus matrimonios, y se divorcian para casarse, y se casan para divorciarse" (*Tratado de los beneficios* 3.16.2).

e insiste en que el vínculo matrimonial no debe romperse nunca, por mucho que se siga el proceso legal a pie juntillas.[5]

Jesús bendice a los niños (10:13-16)

La preocupación de Jesús por los niños sigue inmediatamente a sus declaraciones sobre el divorcio. Tanto las mujeres como los niños podían ser maltratados y sometidos a abusos por su falta de poder. Las siguientes palabras y acciones de Jesús dan valor a los niños ya que regresa al asunto de los pequeños (9:42). Tanto las esposas como los niños deben ser objeto de respeto y ternura.

Otros han llevado a Jesús a paralíticos y ciegos; ahora, algunos padres llevan a sus niños a Jesús para que él los toque (10:13). Los discípulos se comportan como feroces guardaespaldas. Reprenden a estos padres e intentan impedir que sus hijos lleguen hasta Jesús. Una vez más, quieren fiscalizar y controlar la situación manteniendo a raya a quienes no son de su círculo. Estos ambiciosos dirigentes quieren ser guardianes y no solo determinar quiénes pueden usar el nombre de Jesús (9:38), sino también los que pueden ser admitidos por él. Indignado, Jesús tiene que interceder por los niños e informar a sus discípulos de que el reino de Dios pertenece a los que son como ellos.

El verdadero discípulo ha de hacerse como un niño para recibir el reino en lugar de actuar como un supervisor que aleja a otras personas. Esta semejanza con los niños no alude a ninguna virtud que supuestamente sea inherente a los niños, como la humildad, la confianza, la transparencia, el optimismo, la modestia o una disposición a creer (ver comentarios sobre 9:36-37). Los niños también pueden ser exigentes, irascibles, malhumorados, obstinados, ingratos y egoístas. A veces hablamos en sentido negativo de conductas que calificamos de pueriles (ver la parábola de Jesús sobre los niños de la plaza, Mt 11:16-19; Lc 7:31-35).

En el mundo antiguo, los niños no tenían derechos. Con frecuencia se les ignoraba y se les cerraba el paso, porque nadie se tomaba la molestia de quejarse ni de luchar por ellos. Estos niños, que han de ser llevados a Jesús por otros, no tienen nada que les permita pedir una audiencia

---

5. Ver además, Craig S. Keener, *"And Marries Another": Divorce and Remarriage in the Teaching of the New Testament* (Peabody, Mass.: Hendrickson, 1991); Andrew Cornes, *Divorce and Remarriage: Biblical Principles and Pastoral Practices* (Grand Rapids: Eerdmans, 1993).

con él y no pueden defenderse de los matones. Jesús los pone de nuevo como un ejemplo. Su pequeñez contrasta marcadamente con los autoritarios discípulos, que quieren afirmar su poder e influencia. Los discípulos tienen que aprender no solo a ministrar a los pequeños, sino también a adoptar la actitud de pequeñez. Es fácil ignorar a los pequeños, porque son débiles, pero Dios obra más poderosamente en la debilidad. Cuando se es pequeño, como un niño, o pobre de espíritu (Mt 5:3), se está más abierto a recibir el reino de Dios. Los niños están también más abiertos a recibir regalos que las personas adultas. Los adultos quieren ganarse lo que reciben, como pone de relieve la siguiente escena con el rico.

En nuestro contexto, pensamos en el divorcio en términos de una sentencia decidida por un tribunal de justicia que disuelve legalmente un matrimonio. Sin embargo, en los tiempos bíblicos, el divorcio era la decisión unilateral del marido de expulsar a su esposa (a la que consideraba como una posesión, Éx 20:17; Nm 30:10-14; Sir. 23:22-27). Esta práctica del divorcio era tan acepta como una parte normal de la vida que Isaías utiliza esta imagen para referirse a la relación rota entre Israel y Dios. Incluso Dios se divorcia: "Así dice el Señor: A la madre de ustedes, yo la repudié; ¿dónde está el acta de divorcio?" (Is 50:1; ver Jer 3:8).

Las estipulaciones legales de Deuteronomio 24:1-4 asumían la antigua práctica de despedir a las esposas y simplemente pretendían regularla. Más adelante, los maestros de la ley discutían sobre los motivos para el divorcio y disentían sobre cómo interpretar la expresión "alguna cuestión de indecencia" (Dt 24:1; "algo indecoroso", NVI). Algunos hacían hincapié en el término "cuestión", para hacer de cualquier asunto un motivo legítimo para el divorcio; otros subrayaban el término "indecencia", la esposa tenía que ser culpable de alguna conducta indebida (Ver *m.Git.* 9:10). En el tiempo de Jesús, las esposas tenían pocas o ninguna posibilidad de recurrir a un juez cuando sus maridos las echaban. Lo único que podían esperar era que se les diera la suma de dinero (*ketuba*) que el novio había comprometido antes de la boda para el caso de su muerte o del divorcio de la pareja.

En el mundo grecorromano en el que Marcos escribe su Evangelio, el divorcio era incluso más fácil e informal. Cualquiera de los cónyuges podía divorciarse del otro, simplemente abandonando el hogar con esta intención; no era necesaria ninguna justificación. La esposa podía quedarse con su dote, pero los hijos permanecían bajo la autoridad y la tutela del padre. El resultado era que la mayoría de las familias eran una mezcla de hijos de distintas madres.

Al aplicar a nuestro contexto lo que Jesús declara sobre el divorcio, hemos de reconocer varias cosas. (1) Jesús está respondiendo aquí a las preguntas de hombres que le eran hostiles, empeñados en atraparlo (10:2). Por tanto, no deberíamos esperar encontrar en este pasaje instrucciones para el cuidado pastoral de personas divorciadas. Jesús no habla con personas que están planteándose el divorcio y le piden consejo o con quienes viven problemas en relaciones personales y necesitan ánimo. Su respuesta va dirigida a amargados oponentes, a quienes antes ha acusado de una mala utilización de la Escritura y de distorsionar la voluntad de Dios (7:6-13). Su respuesta presenta la voluntad de Dios para el matrimonio, que desafía a quienes quieren imponer sus criterios y deseos a la relación matrimonial.

(2) Jesús proclama a lo largo de este Evangelio que el reino de Dios está irrumpiendo en nuestro mundo y en nuestras vidas. Esto tiene implicaciones directas para el modo en que hemos de vivir. Ya no podemos tratar a Dios basándonos en lo que Moisés pueda haber "permitido" y donde los leguleyos puedan encontrar un vacío legal para poder hacer aquello que desean. Como revela Jesús, la voluntad de Dios invade todas las esferas de la vida, y se pronuncia sobre cosas que son culturalmente aceptadas y legalmente permitidas. El divorcio es una realidad, pero Jesús lo atribuye a una esclerosis del corazón, a saber, una deliberada desobediencia de Dios. En esta sección de Marcos, Jesús hace radicales demandas a sus discípulos. Les ha pedido que se pongan en el último lugar sirviendo a los demás y que estén dispuestos a sacrificarse por ellos. Estos mandamientos se aplican también a la relación matrimonial aun cuando pueda pensarse existen diferencias irreconciliables. Si los discípulos obedecen el gran mandamiento de amar al prójimo como a uno mismo (12:31), este prójimo incluye también al cónyuge. Amar al cónyuge como a uno mismo descarta la posibilidad del divorcio.

(3) La reacción de Jesús ante la apelación de los fariseos a lo que Moisés permitió en Deuteronomio significa que no se puede leer la Escritura buscando cláusulas descontextualizadas que nos permitan eludir la voluntad de Dios. Incluso en la Escritura, hemos de discernir la voluntad

de Dios.⁶ Jesús siempre interpreta la Escritura en términos de demandas más elevadas y de una obediencia más completa. En su interpretación entran en juego al menos tres principios: (a) argumenta que Moisés hizo una concesión en la ley sobre los certificados de divorcio para frenar la pecaminosidad humana e impedir males mayores. (b) Jesús encuentra la voluntad de Dios en sus propósitos en la creación, un ideal que la mayoría de las parejas que se embarcan en el matrimonio por primera vez avalarían. (c) El matrimonio debe ser una unión de toda la vida, no un romántico coqueteo temporal que el marido (o la esposa) puedan anular si se convierte en algo molesto o incómodo.

(4) En este pasaje no se trata los que podrían ser motivos legítimos para el divorcio. Los fariseos preguntan: "¿Está permitido que un hombre se divorcie de su esposa?" (10:2), y no: "¿Está permitido que un hombre se divorcie de su esposa *por cualquier motivo*?", como en Mateo 19:3. En esencia, la respuesta de Jesús a su pregunta es: "No, no es lícito", y el relato de Marcos no contiene cláusulas de excepción (ver Mt 5:32; 19:9).⁷ Deberíamos, por tanto, evitar cualquier casuística que pretenda argumentar que lo que Jesús dice sobre el divorcio en este pasaje de Marcos no se aplica en ciertos casos. Jesús no dice que el divorcio sea permisible si se cumple tal o cual situación. Lo que hace es presentar el ideal de Dios para el matrimonio, algo que no es discutible.

(5) Los oponentes de Jesús tratan el matrimonio como un contrato que los maridos podían cancelar a su antojo. Jesús considera que la unión de una sola carne hace del matrimonio un vínculo indisoluble. Su argumento implica que un pedazo de papel no afecta la permanencia de esta unión. Este pasaje trata más de la permanencia del matrimonio que del divorcio. La unión sexual marca a las personas como ninguna otra cosa y lo hace de un modo indeleble (1Co 6:16-18).⁸ Jesús refuerza su argumento de que el matrimonio es una unión permanente, afirmando que el nuevo matrimonio es adulterio.

Esta última afirmación ha afligido y movido a la introspección a muchas personas que se han divorciado y vuelto a casar. Puede que tales personas se pregunten si están viviendo en adulterio o que otros las

---

6. Dan O. Via Jr., *The Ethics of Mark's Gospel—In the Middle of Time* (Filadelfia: Fortress, 1985), 101.
7. Sobre este asunto ver David E. Garland, *Reading Matthew: A Literary and Theological Commentary* (Nueva York: Crossroad, 1993), 67-70.
8. Via, *Ethics*, 102.

acusen de ello. Necesitamos una sensibilidad especial para comunicar el argumento de Jesús. Como se ha dicho anteriormente, las palabras esenciales de las cartas de divorcio eran: "He aquí puedes casarte con cualquier hombre" (*m. Git.* 9:3). El objetivo fundamental de este documento era eludir la acusación de adulterio si la mujer en cuestión volvía a casarse. La palabra que se consigna en el texto griego para aludir a la carta de divorcio (*apostasion*) se utilizaba en la terminología legal para renunciar a alguna posesión. Al redactar este certificado el marido renunciaba a sus derechos sobre la esposa, y habría sido una sorpresa que se le declarara culpable simplemente por deshacerse de una posesión y sustituirla por otra cosa. Malina sostiene que los oyentes de Jesús debieron de haberse sentido tan perplejos como si a nosotros nos dijera: "Cualquiera que vende su coche y se compra otro es culpable de robo".[9] Por su parte, Jesús hace esta declaración para defender la permanencia del matrimonio, no para acusar a las personas de adulterio. Aunque las acciones legales definen los límites de las relaciones personales, las definiciones legales humanas no siempre reflejan la perspectiva de Dios. Mi cónyuge no es un artículo personal de consumo, sino, "hueso de mis huesos y carne de mi carne" (*cf.* Gn 2:23).

Los modernos científicos sociales han acabado reconociendo esta verdad por un conducto completamente distinto de la enseñanza de Jesús. Los matrimonios se disuelven fácilmente en los tribunales, pero no es tan fácil acabar con ellos en la vida. Es posible que el divorcio ponga punto final al pacto entre dos cónyuges, pero no finaliza su relación. Whitaker escribe:

> Lo más demencial del matrimonio es que uno no consigue divorciarse del todo. No parece que consigamos salir de las relaciones íntimas. Obviamente, es posible repartirse las posesiones y dejar de vivir juntos, pero es imposible volver a ser soltero. El matrimonio es como un estofado que tiene algunas características reversibles y otras que no lo son, de las cuales las partes no pueden librarse. El divorcio es dejar atrás una parte del propio ser, como el conejo que escapa del cepo royendo la pata que le une a él.[10]

---

9. Bruce J. Malina, *The New Testament World* (Atlanta: John Knox, 1981), 120.
10. C. A. Whitaker y D. V. Keith, "Counseling the Divorcing Marriage", *Klemer's Counseling in Marital and Sexual Problems*, eds. R. F. Stahmanny W. J. Hiebert, 2d ed. (Baltimore: Williams and Wilkins, 1977), 71.

Quienes están unidos en matrimonio son como dos plantas que han crecido juntas en la misma maceta durante tantos años que sus raíces se han entretejido. Se hace muy difícil separarlas de manera exacta o completa. Y aunque se consiga en buena medida, la planta ha adaptado su forma a la presencia de la otra con la que ha vivido. Una persona divorciada puede preguntarse, "¿Y ahora que hago con los álbumes de fotos de los últimos veinte años? ¿Puedo acaso eliminar todos estos años?". Es posible que los cónyuges dejen de ser cónyuges, pero siguen siendo familia, porque no dejan de ser los padres de sus hijos. Tannehill, comenta: "Puede que sea más en el sufrimiento que en la felicidad cuando un hombre y una mujer descubran lo profundamente implicados que están. En el envenenamiento de su matrimonio está muriendo una parte de ellos".[11]

Una de las preguntas que se plantean frecuentemente en los casos de divorcio es: "¿Qué hacemos con los niños?". La preocupación de Jesús por el cuidado y aceptación de los niños sigue inmediatamente a sus declaraciones sobre el matrimonio y el divorcio. Los indefensos niños son los más afectados por el divorcio, y ciertos estudios han puesto de relieve que, aunque son increíblemente adaptables y capaces de ajustarse a las adversidades, el divorcio puede tener un efecto devastador en los niños. Se pierden fácilmente en el desorden que se genera cuando los padres luchan entre ellos para defender sus intereses.

Cuando procuramos contextualizar la bendición de los niños que hace Jesús, Barton advierte que no hemos de ver en los Evangelios nuestra moderna fascinación y sentimentalización de la infancia. El descubrimiento de la infancia como una importante etapa del desarrollo humano es un fenómeno moderno, como lo es la escuela dominical para la instrucción de los niños.[12] El mundo antiguo no tenía una noción romántica de los niños. No añadían nada a la economía ni al honor familiar y, por tanto, no contaban. En el mundo grecorromano, se abandonaba literalmente a los niños no deseados cuando nacían.[13] Algunas personas

---

11. Robert C. Tannehill, *The Sword of His Mouth* (Filadelfia: Fortress, 1975), 97; citado por Myers, *Binding*, 266.
12. Stephen C. Barton, "Child, Childhood", en *Dictionary of Jesus and the Gospels*, eds. Joel B. Green, Scot McKnight y I. Howard Marshall (Downers Grove, Ill.: InterVarsity, 1992), 100.
13. Ver la infame carta escrita en el año 1 a.C. por un jornalero pobre a su esposa embarazada en Alejandría, aconsejándole que se quedara con la criatura si era un varón y la abandonara si era una niña (*POxy* 744).

sin escrúpulos los recogían y los criaban para que fueran gladiadores o prostitutas y hasta los desfiguraban para que tuvieran más valor como mendigos. En el judaísmo rabínico, un rabino expresa un sentimiento compartido por otros muchos: los sabios no deben preocuparse de los niños: "Dormir por la mañana, tomar vino a mediodía y la charla de los niños sentados en las reuniones de las gentes ignorantes ponen a los hombres fuera del mundo" (*m. 'Abot* 3:11).

Jesús va contracorriente y se identifica con los impotentes, los que no tienen derechos y aquellos a quienes la mayoría considera insignificantes. La nueva comunidad que Jesús establece abraza a los pequeños indefensos y no los desecha ni los descarta. Puesto que él tiene una consideración especial por ellos, han de tenerla también sus discípulos. Aquellos que adoptan la actitud de infantil dependencia de Dios que expresa el himno de Charles Wesley serán los que cumplirán con mejor disposición este encargo:

> Tierno Jesús, manso y benigno,
> mira a este niño,
> compadécete de mi simplicidad.
> Permíteme acercarme a ti.

Algunos intérpretes han citado Marcos 10:13-16 como texto probatorio para justificar el bautismo de infantes. El verbo "impedir" (*koluo*, 10:14) aparece en el relato del eunuco etíope: "¿Qué impide que yo sea bautizado?" (Hch 8:36). Sin embargo, el uso de este verbo en contextos bautismales (ver también Mt 3:14; Hch 10:47; 11:17) no hace que el contexto sea bautismal siempre que aparece. No hay duda de que Marcos no lo utiliza de este modo (*cf.* Mr 9:38-39). En esta sección, las gentes llevan a sus hijos a Jesús para que los toque y los bendiga. Marcos no relaciona nada de lo que Jesús hace con el bautismo. El texto no enseña que a los padres se les permita llevar a sus hijos para que se les bautice, sino que los discípulos no deben impedir que los pequeños se acerquen a Jesús ni refrenarlos de que lo hagan.

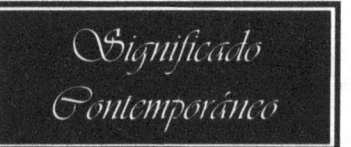

Los casados descubren pronto que el matrimonio no es un cuento de hadas que se vive siempre felizmente en un castillo. La emoción romántica, que ha sido quizá lo que básicamente ha unido a la pareja, se va desgastando rápidamente a los dos años de matrimonio. La dureza del corazón humano no ha desaparecido desde el tiempo de Moisés. Teniendo en cuenta las crecientes estadísticas de divorcio en nuestro país, este tema del divorcio es de gran vigencia. También los cristianos comprometidos se divorcian. Muchos experimentan indignación, angustia y culpa. Otros afrontan con buen ánimo la destrucción del vínculo con su cónyuge y el deterioro de las relaciones con sus hijos. Los elevadísimos índices de divorcio de nuestra sociedad indican que la mayoría de las personas creen que el matrimonio se puede disolver a voluntad. Por ello, en el año 1973—74, el número de matrimonios que terminaron en divorcio superó por primera vez al de matrimonios que se extinguieron por la muerte de uno de los cónyuges.[14]

Muchos factores contribuyeron a la creciente ola de divorcios. Es más fácil que aquellas parejas que viven en islas de intimidad, aislados de otros, se sientan abrumados cuando tienen que afrontar los vientos de la adversidad y la desgracia. Puede que los miembros de la familia se encuentren demasiado lejos para poder apoyarlos y los amigos sean pocos. El matrimonio ha pasado de ser una institución de carácter predominantemente socioeconómico a entenderse como una relación orientada a suplir las necesidades personales y emocionales de los cónyuges. Hoy esperamos más del matrimonio de lo que se esperaba en el pasado. El voto de tomar al cónyuge para amarlo y sostenerlo, a pesar de cualquier contingencia "hasta que la muerte nos separe" ha pasado a ser, "mientras mi cónyuge supla mis necesidades y yo me sienta realizado/a". Además de seguridad económica, compañerismo y descendencia, esperamos amor incondicional, apoyo emocional, realización personal y un apasionado idilio.

Tenemos estas altas expectativas en un momento en que existen menos fuerzas externas para mantener unidos a los matrimonios. En el pasado, la vida hogareña y el trabajo no eran cosas aparte. Ahora, maridos y mujeres transitan a menudo caminos distintos en la vida cotidiana, coinciden de vez en cuando para comer en familia, y salen juntos una vez al año en unas vacaciones de dos semanas. Los padres crían a sus hijos en el automóvil llevándolos de una actividad a otra. En estas circunstancias, no es extraño que los cónyuges se distancien el uno del otro. El estigma social que en otro tiempo se relacionaba con el divorcio

---

14. Constance R. Ahrons, "21st-Century Century Families: Meeting the Challenges of Change", *Family Therapy News 3* (octubre, 1992): 16.

ya no mantiene unidas a las parejas. La llegada de las leyes de divorcio sin determinación de culpabilidad, o divorcio rápido, no solo concede permiso legal para el divorcio, sino que hace más fácil que los cónyuges rompan su relación y tomen distintos caminos.

Muchos consideran que la idea de un compromiso incondicional con una persona para toda la vida es poco razonable ya que, con el paso de los años, pueden cambiar muchas cosas. Es fácil hacer reír a la gente con chistes como: "Te propongo un largo matrimonio: ¿Quieres ser mi esposa durante los próximos dos años?". Medio en serio hay quien dice: "Entre un matrimonio y otro me dedico a ver deportes por televisión". El problema de nuestro tiempo es que muchos entran en el matrimonio sin pensar ni remotamente que estén contrayendo un compromiso de por vida. En ciertos círculos, el divorcio es algo que casi se espera. Una invitada a un programa de televisión le dice al presentador: "Si alguna vez te divorcias, llámame".

En nuestra sociedad secular hay muchas otras fuerzas que contribuyen al naufragio de los matrimonios. Bruner escribe: "La seducción, la promiscuidad y el adulterio constituyen los motores eróticos esenciales de la industria del ocio y la publicidad".[15] Estas industrias animan también a la gente a no contentarse con nada que no sea lo mejor y a ir actualizando todo lo que tenemos a versiones nuevas y mejoradas. Nuestra cultura nos anima a aceptar lo mejor y olvidar lo peor (o incluso lo normal). Cuando una relación matrimonial atraviesa un mal momento, muchos deciden que merecen algo mejor y se van a buscarlo.

A pesar de los cambios de nuestra cultura, la Iglesia tiene que adoptar una postura firme contra la ola de divorcio fácil que barre nuestra sociedad. Los cristianos no deben conformarse a este mundo, y uno de los aspectos de este inconformismo es el de la indiferencia hacia los votos matrimoniales. Pero con el pecado del divorcio hemos de conducir nuestra nave entre la indulgencia de Escila y la excesiva severidad de Caribdis. Por una parte, hemos de proclamar el propósito de Dios para el matrimonio como una relación contractual permanente. El matrimonio no es algo temporal, una alianza romántica que puede terminar cuando uno de los cónyuges o ambos lo deseen. Jesús hizo demandas

---

15. Frederick Dale Bruner, *Matthew 13-28* (Dallas: Word, 1990), 674. Aquellos que deseen considerar un crítica de la denigración que los medios de comunicación hacen del matrimonio, pueden ver Michael Medved, *Hollywood Vs. America* (San Francisco: HarperCollins, 1992), 122-38.

radicales a sus discípulos y creía que Dios estaba obrando en el mundo para que estos pudieran vivir de acuerdo con tales demandas. Sin embargo, muchos jóvenes de nuestro tiempo no han escuchado nunca, en un contexto religioso, que el divorcio sea algo erróneo. Hay tantas personas divorciadas en las congregaciones que quizá los pastores quieren soslayar este asunto por miedo a ofender a algunos miembros y reabrir antiguas heridas. La Iglesia tiene que infundir en sus jóvenes un profundo sentido de la santidad del compromiso matrimonial para contrarrestar todos los mensajes que reciben de nuestra cultura.

Por otra parte, también hemos de ser sensibles y no utilizar la Biblia para golpear a personas que están ya magulladas y quebrantadas. Aunque la Iglesia ha de proclamar la voluntad de Dios para el matrimonio y anunciar el juicio de Dios sobre el pecado, también debemos anunciar su perdón del pecado y su aceptación de los pecadores. El divorcio es como una bomba atómica que deja profundos cráteres emocionales y golpea a muchos inocentes con su lluvia radiactiva. Añade más elementos a la bomba de caos y de aislamiento que el Hijo de Dios vino a desactivar. Por esta razón, Dios aborrece el divorcio y, normalmente, los divorciados también lo detestan. La Iglesia debe tener siempre presente que, aunque Dios aborrece el divorcio, no detesta a la persona divorciada. Él aborrece el pecado, pero no al pecador. La Iglesia ha de dirigir a los pecadores a la divina oferta de perdón y ofrecerles un espacio para que experimenten la sanación de Dios. Los grupos de recuperación para divorciados pueden ser una excelente oportunidad de ministrar a personas cuando estas necesitan más ayuda.

Es quizá más importante preguntarnos qué deberían estar haciendo las iglesias para fortalecer los matrimonios e impedir los divorcios que preguntarnos lo que hemos de hacer después de un divorcio. La Iglesia debería ser sensible a las presiones que hoy sufre el matrimonio y hacer algo más que meros pronunciamientos sobre el divorcio, sea para condenarlo o para justificarlo. Ha de actuar para poner freno a la ola de violencia doméstica, el abuso infantil, el adulterio y el divorcio de nuestra sociedad. Con demasiada frecuencia, la Iglesia entra en acción cuando las cosas han alcanzado proporciones de crisis, y, entonces, suele ser demasiado tarde para que se produzca algún cambio. La iglesia debe, por tanto, comprometerse en acciones preventivas que ayuden a los jóvenes a prepararse para el matrimonio y ayudar a los ya casados a fortalecer su compromiso conyugal.

John Gottman ha aislado ciertas señales de advertencia en los matrimonios que, de no atenderse, llevarán inevitablemente a una ruptura matrimonial: críticas, desprecio, actitudes defensivas y responder con evasivas.[16] Estos asuntos deberían tratarse abiertamente en el programa educativo de la iglesia y desde el púlpito. Las personas buscan ayuda para sobrellevar las tensiones que conlleva la vida moderna, no solo para evitar el divorcio, sino para tener una relación feliz y satisfactoria con sus cónyuges. En lugar de lamentar la situación, hemos de analizar las muchas causas del divorcio y hacer todo lo posible por ayudar a las parejas a remediar los problemas y eludir los peligros.

Mi esposa ha comparado el matrimonio con la confección de un tapiz de retazos. Hace algún tiempo, se le ocurrió que sería divertido realizar uno de esos tapices, y que con él podría llenar un espacio de la pared de la cocina que pedía algo a gritos. Aunque nunca había trabajado con retazos, imaginó un hermoso tapiz, muy distinto de los que habían hecho sus antepasadas. ¿Qué dificultad podía haber en recortar formas sencillas de tejido y coserlas entre sí? Se puso manos a la obra con unos lápices de colores de los niños y trazó un croquis basado en el diseño de la alfombra que teníamos bajo la mesa. A medida que se iba adentrando en la tarea, se dio cuenta de que el tapiz se alejaría del plan original. Había tomado mal las medidas de algunas piezas intermedias, y los pequeños errores cometidos en esta parte se multiplicaban a medida que añadía las distintas capas hacia los bordes. Tuvo que añadir algunas piezas y cambiar el diseño para conseguir arreglar los errores. Estos junto a las correcciones intermedias llegaron a formar parte del diseño. Después de ocho meses y de mucho más trabajo del que inicialmente esperaba, mi esposa terminó el tapiz de retazos y lo colgó en la pared. Su parecido con el esbozo original era muy remoto. Una vez colgado de la pared mostraba algunas arrugas rebeldes, y uno de los lados era más largo que el otro. Una cosa era segura: ¡nadie pensaría que lo habíamos comprado! Sin embargo, a nosotros nos gustaba.

Mientras mi esposa añadía algunas puntadas en zonas estratégicas para tensar un poco la superficie, se le ocurrió que aquel tapiz de retazos era como un buen matrimonio. Comenzamos con el sueño de que podemos construir un mejor matrimonio del que tuvieron nuestros padres. Esbozamos nuestros planes para el futuro, subestimando muchísimo el

---

16. John Gottman, *Why Marriages Succeed or Fail... And How You Can Make Yours Last* (Nueva York: Simon & Schuster, 1994).

trabajo que cuesta coser dos vidas para que encajen en un patrón. A medida que vamos dando forma a nuestras vidas y cosiéndolas día tras día, cometemos errores y le hacemos daño a nuestro cónyuge. El tapiz matrimonial es defectuoso, porque lo confeccionan dos personas pecaminosas. Puede que nos desanimemos al ver que no todas las piezas encajan como nosotros pensábamos. Hay que transigir en algunas cosas y poner remiendos. O modificamos el diseño original, o tendremos que echarlo todo por la borda. Sin embargo, cuando perseveramos, permitimos que el amor de Dios actúe en y a través de nosotros. El matrimonio adquiere una belleza singular cuando el amor y la gracia convierten los defectos en redención. Es posible que no haya belleza en el dolor ni en los errores, pero el amor que les da nueva forma dentro del diseño más amplio de la obra de Dios los convierte en imágenes en las que el mundo puede ver el poder sanador del amor de Dios.[17]

Hemos de comunicar que el pecado del divorcio puede aparecer en cualquier matrimonio, se trate o no de un divorcio legal. Puede que muchos matrimonios nunca acaben ante un tribunal, pero son igual de fríos y faltos de amor y están igual de llenos de odio e ira. Un cónyuge infeliz observó: "No estoy casado, tan solo no me he divorciado". Mi esposa y yo ya habíamos llegado a la conclusión de que "aquellos cónyuges que viven alienados el uno al otro, furiosos, dolidos y convencidos de que el otro es el responsable del dolor que existe en la relación, están tan equivocados como la pareja que se divorcia legalmente".[18] Unos periodistas le preguntaron a un marido que celebraba sus bodas de oro si alguna vez se había planteado el divorcio. El hombre respondió francamente: "Pues no, nunca he pensado en el divorcio. En el asesinato muchas veces, pero nunca en el divorcio".[19]

Dios está más preocupado por el daño que nuestros pecados producen en los demás que en las sutilezas legales que se desprenden de ellos. La resolución de divorcio que pone punto final a la ruptura de un matrimonio es como el certificado de defunción; certifica que se ha producido una muerte, pero no es la muerte en sí. Puede compararse también con el informe del accidente que se redacta mucho después de la colisión

---

17. Adaptado de Diana R. Garland, "Quilting and Marriage Making", *The Western Recorder* (septiembre, 1993), 4.
18. Diana S. Richmond Garland y David E. Garland, *Beyond Companionship: Christians in Marriage* (Filadelfia: Westminster, 1986), 165.
19. Howard J. Clinebell y Charlotte H. Clinebell, *The Intimate Marriage* (Nueva York: Harper & Row, 1970), 154.

múltiple de vehículos que dejó la autopista llena de cadáveres. Por consiguiente, los casados tienen que confesarse con regularidad los errores que puedan producirse dentro del matrimonio y tomar medidas para corregirlos, antes de que el aislamiento se convierta en un obstáculo insuperable.

Aunque proclamo la voluntad de Dios para el matrimonio, reconozco que no se puede restaurar un matrimonio fracasado con la prohibición del divorcio.[20] Jesús enseña que Dios no quiere el divorcio, pero que esto no resuelve el asunto de la dureza de corazón. En el pasado, la Iglesia ha aplicado la enseñanza de Jesús sobre el divorcio y el nuevo matrimonio con un rigor legalista que suspende cuando llegamos a sus otros dichos.

Jesús establece aquí el propósito de Dios para el matrimonio, pero siempre surgen casos específicos que requieren respuesta, como escribe Pablo en 1 Corintios 7:10-16. Es cierto que los cónyuges están bajo un yugo, ¿pero qué hay que hacer cuando el matrimonio se convierte en un yugo de esclavitud? Si Pablo permite el divorcio en una situación en que una persona no creyente se niega a seguir viviendo con su cónyuge cristiano, ¿podemos acaso insistir, por ejemplo, en que una mujer que sufre un maltrato físico debe seguir unida a un matrimonio en un vano intento de cumplir cierto ideal que ya ha sido violado? Se ha demostrado que animar a un cónyuge que sufre abusos a que continúe en la relación no sirve para confrontar el pecado ni corregirlo, sino que promueve más abusos. A veces, el divorcio es la mejor medicina para confrontar a ciertos individuos con la realidad de su pecado. ¿Qué puede hacerse cuando el matrimonio se convierte en un caparazón legal, sin ningún compromiso personal? ¿Debería tenerse en cuenta la calidad de la relación matrimonial para tomar tal decisión? Al tratar estas cuestiones hemos de ayudar a las personas a decidir lo que es menos malo, pero hemos de hacerlo sin pretender que lo malo sea bueno.[21]

Cuando hablamos del divorcio, hemos de reconocer que un matrimonio roto no es distinto de cualquier otro pecado que no se corresponde con la voluntad de Dios, solo que este en particular tiene un carácter público y afecta a muchas personas: hijos, resto de la familia y la sociedad en general. ¿Qué puede hacerse tras la experiencia de un matrimonio roto? ¿Qué dice la Palabra de Dios a aquellos que han naufragado en

---

20. Wolfgang Schrage, *The Ethics of the New Testament* (Filadelfia: Fortress, 1987), 97.
21. Cranfield, *Mark*, 320.

cuanto al propósito divino para el matrimonio? Es un hecho que el pasado no se puede cambiar, ¿pero puede la persona divorciada tener una segunda oportunidad? ¿Significa acaso la insistencia de Jesús sobre el carácter indisoluble del matrimonio que una vez que la persona se ha divorciado, no puede ya volver a casarse? Para algunos, la respuesta es un rotundo sí. Heth y Wenham argumentan que un segundo matrimonio rechaza la autoridad de Cristo y aprueban las palabras de Archer en este sentido:

> Dios no nos ha llamado a ser felices, sino a seguirle, con toda integridad y devoción [...]. No cabe duda de que esto se aplica a vivir con la deprimente desilusión y frustración de un matrimonio infeliz.[22]

En respuesta a esta pregunta, no obstante, hay que reconocer que Jesús no está hablando aquí a quienes habían experimentado el dolor de un fracaso matrimonial, sino respondiendo a una pregunta "trampa" de los fariseos. Lo que podría haberles dicho a personas en medio de un divorcio solo podemos suponerlo a partir de lo que le dijo a la mujer adúltera (Jn 7:53—8:11) y a la mujer samaritana que tenía cinco maridos y estaba viviendo con un hombre que no era su marido (4:4-29).

¿Cómo debe la Iglesia ayudar a recomponer sus vidas a quienes han pasado por un divorcio? El principio del salvamento y la redención gobernaba el ministerio de Jesús a las personas. Pedro tuvo más de una oportunidad de comenzar de nuevo después de negar a su Señor con maldiciones. Podemos deducir que aquellos que cometen otro tipo de pecados tienen también segundas oportunidades. El principio que Jesús utilizó con respecto al sábado puede también aplicarse a esta cuestión. Si el matrimonio se hizo para bendición de la humanidad, y no la humanidad para el matrimonio, entonces da la impresión de que quienes hayan fracasado en el matrimonio deberían tener otra oportunidad de volver a casarse.[23] Esto no significa que vayan a comenzar de cero, especialmente si hay niños. No se puede ignorar el fracaso del pasado,

---

22. W. A. Hethy G. J. Wenham, *Jesus and Divorce* (Nashville: Nelson, 1984), 96. Quienes deseen considerar una respuesta distinta, pueden ver Myrna y Robert Kysar, *The Asundered: Biblical Teachings on Divorce and Remarriage* (Atlanta: John Knox, 1978).
23. Cualquier superioridad moral que el no divorciado pueda sentir hacia el divorciado que se casa de nuevo se ve menoscabada por la afirmación de Jesús en el sentido de que cualquiera que mira con lujuria a otra persona es culpable de adulterio (Mt 5:28).

pero este tampoco tiene que gobernarnos o impedirnos comenzar de nuevo en la gracia de Dios.

¿Qué debe hacer la Iglesia con sus miembros divorciados? ¿Hay vida cristiana después del divorcio y del nuevo matrimonio? ¿Deben permitir las iglesias que las personas divorciadas sirvan en algún ministerio? ¿Debe permitírseles asistir al seminario? ¿Pueden tales personas ser ordenadas? ¿Cómo podemos ser fieles a la Escritura y, al tiempo, benévolos y no legalistas? Todas estas preguntas se hacen importantes para aplicar la Escritura a las situaciones de la vida real.

No obstante, este pasaje debería llevarnos a hacernos una pregunta más importante. Jesús encomienda a los niños a sus discípulos. Estos han de prestarles un tierno cuidado y no ignorarlos considerándolos insignificantes. Nuestra actitud hacia el valor de los niños se ve en cómo cuidamos las instalaciones para los niños en la iglesia, en el porcentaje del presupuesto que se dedica a su cuidado y formación, y en lo que hacemos para integrarlos en nuestra adoración. ¿Aparecen solo en la adoración para cantar su canción y a continuación los llevamos fuera de nuestro radio de visión y audición, para que nos permitan concentrarnos en nuestra "importante" adoración en silencio? Para los dirigentes de la adoración es todo un desafío procurar que los niños participen en esta actividad comunitaria de la iglesia y que, de este modo, sientan que son una parte importante de la misión y obra de Cristo.

El desafío más desesperado, la falta de atención a los niños, sigue afligiendo a las sociedades. Los niños siguen siendo los grandes ignorados, excluidos y sometidos a toda clase de abusos. Muchos niños trabajan como esclavos en la economía mundial o se les fuerza a la prostitución y tienen menos protección internacional que los animales o plantas en peligro de extinción. En nuestro tiempo, los cristianos no deben comprar productos producidos mediante la explotación laboral de niños, deben de pronunciarse en contra de esta forma de abuso y utilizar toda su influencia política para acabar con ella. En nuestra cultura, permitimos que los publicistas expongan a niños en anuncios de moda, sexualmente sugerentes, tras una página que relata una historia de abuso infantil. Permitimos que los medios de comunicación adornen la violencia, las relaciones sexuales y las drogas en programas dirigidos a niños y adolescentes. Permitimos que desde el ámbito comercial se realicen estudios psicológicos de conducta sobre cómo incitar a los niños a que compren productos que han demostrado ser adictivos y nocivos para la salud. Al parecer, proteger los márgenes de beneficio es más importante que proteger a los niños. Permitimos que algunos padres incumplan su responsabilidad de proveer para las necesidades de unos niños que ellos han traído al mundo, abocándolos a una vida de pobreza y sin el tutelaje de unos padres. Hemos guardado silencio sobre los abusos sexuales y físicos de niños que se producen en hogares pobres, de clase media, ricos y hasta cristianos. Recortamos programas diseñados para dar una oportunidad a los niños necesitados en un mundo cada vez más competitivo para ahorrar en impuestos.

Pocas iglesias ofrecen ministerios para alcanzar a niños cuyos padres no son miembros de la iglesia. Estas criaturas están en una situación de riesgo, y muchos de ellos nunca han conocido un amor y una aceptación incondicionales de parte de personas adultas que se preocupen por ellos. Se deja a los adolescentes sin atención ni supervisión, con el resultante incremento de embarazos adolescentes que perpetúa el ciclo. Si, como sostiene Garbarino, los niños son como los canarios en las galerías mineras, su difícil situación nos advierte que vivimos en una atmósfera tóxica que necesita desesperadamente una limpieza.[24] Jesús nos encomienda a los niños para que los protejamos tiernamente, y la Iglesia ha de estar en primera línea de la ayuda a la infancia desprotegida y del apoyo a los padres en el cuidado de sus hijos. Puede que algunos consideren a los niños como obstáculos, pero la Iglesia reconoce que Cristo se nos manifiesta a través del niño entre nosotros.

---

24. James Garbarino, *Raising Children in a Socially Toxic Environment* (San Francisco: Jossey Bass, 1995).

Marcos 10:17-31

Cuando Jesús estaba ya para irse, un hombre llegó corriendo y se postró delante de él.

—Maestro bueno —le preguntó—, ¿qué debo hacer para heredar la vida eterna?

[18] —¿Por qué me llamas bueno? —respondió Jesús—. Nadie es bueno sino sólo Dios. [19] Ya sabes los mandamientos: "No mates, no cometas adulterio, no robes, no presentes falso testimonio, no defraudes, honra a tu padre y a tu madre".

[20] —Maestro —dijo el hombre—, todo eso lo he cumplido desde que era joven.

[21] Jesús lo miró con amor y añadió:

—Una sola cosa te falta: anda, vende todo lo que tienes y dáselo a los pobres, y tendrás tesoro en el cielo. Luego ven y sígueme.

[22] Al oír esto, el hombre se desanimó y se fue triste porque tenía muchas riquezas.

[23] Jesús miró alrededor y les comentó a sus discípulos:

—¡Qué difícil es para los ricos entrar en el reino de Dios!

[24] Los discípulos se asombraron de sus palabras.

—Hijos, ¡qué difícil es entrar en el reino de Dios! —repitió Jesús—. [25] Le resulta más fácil a un camello pasar por el ojo de una aguja, que a un rico entrar en el reino de Dios.

[26] Los discípulos se asombraron aún más, y decían entre sí: «Entonces, ¿quién podrá salvarse?».

[27] —Para los hombres es imposible —aclaró Jesús, mirándolos fijamente—, pero no para Dios; de hecho, para Dios todo es posible.

[28] —¿Qué de nosotros, que lo hemos dejado todo y te hemos seguido? —comenzó a reclamarle Pedro.

[29] —Les aseguro —respondió Jesús— que todo el que por mi causa y la del evangelio haya dejado casa, hermanos, hermanas, madre, padre, hijos o terrenos, [30] recibirá cien veces más ahora en este tiempo (casas, hermanos, hermanas, madres, hijos y terrenos, aunque con persecuciones); y en la edad venidera, la vida eterna. [31] Pero muchos de los primeros serán últimos, y los últimos, primeros.

> **Sentido Original**

Mientras que los fariseos pretenden poner a Jesús a prueba, otros solicitan su experta opinión sobre el mejor camino para heredar la vida eterna. Un hombre llega corriendo, y con afectada deferencia se postra delante de él interpelándolo con el título de "Maestro bueno".[1] La respuesta inicial de Jesús debió tomar por sorpresa a este fiel judío que creía en la vida venidera.[2] Según las costumbres orientales, lo previsible habría sido que Jesús respondiera con el mismo lenguaje exaltado algo como, "distinguidísimo y buen señor". Sin embargo, se dirige a él sin usar ningún título y desvía sus frívolos halagos reprobándolo por atreverse a pensar que alguien pueda ser bueno aparte de Dios.[3]

Esta brusca respuesta toca el asunto fundamental que se plantea en este encuentro. La salutación de este hombre asume que se puede encontrar excelencia en los recursos y logros humanos. Probablemente, él mismo cree ser "bueno" y plantea su pregunta de un hombre bueno a otro. Quiere saber cómo conseguir que su bondad se transforme en vida eterna. Tiene la esperanza de que Jesús mitigue cualquier duda sobre sus posibilidades y le informe de si hay algo en la letra pequeña que tiene que tomar en consideración. A medida que se desarrolla la escena, las demandas de Dios acaban siendo mucho más costosas de lo que él tenía previsto, y la enseñanza de Jesús pone de relieve otra paradoja: la bondad y la salvación no proceden de nuestros valientes esfuerzos, sino que solo pueden recibirse como un don de Dios.

Tras rechazar el saludo de este hombre, Jesús lo dirige a los Diez Mandamientos, que él ya conoce. En orden aleatorio, Jesús menciona aquellos mandamientos relativos a las relaciones entre seres humanos: "No mates, no cometas adulterio, no robes, no presentes falso testimo-

---

1. En la tradición rabínica se consigna un incidente comparable. "Cuando R. Eliezer cayó enfermo, sus discípulos fueron a visitarlo. Le dijeron: 'Rabino, enséñenos los caminos que nos hagan merecedores de la vida del mundo venidero'. Él les dijo: 'Procuren el honor de sus colegas; impidan que sus hijos estudien sabiduría griega y pónganlos entre las rodillas de los sabios, y cuando oren sepan a quién se están dirigiendo, y con ello serán dignos de la vida del mundo venidero'". Es probable que este hombre esperara una respuesta parecida de Jesús.
2. Solo en Mateo 19:20 se dice que sea "joven" y únicamente en Lucas 18:18 se le describe como un "dirigente".
3. Schweizer (*Mark*, 211) comenta: "La Iglesia encuentra a Dios en el Hijo, porque este no busca nada para sí mismo. Su deseo es que ninguna faceta de su vida llame la atención sobre sí mismo, sino que todo apunte hacia Aquel que es mayor".

nio, no defraudes, honra a tu padre y a tu madre".[4] Estos mandamientos tienen una validez eterna y no forman parte de la pomposa pedantería que Jesús ha denunciado previamente en sus desencuentros con los fariseos. Él no rebaja los mandamientos que proceden de un "buen" Dios (ver 1Co 7:19).

Puede que este hombre esté un tanto desilusionado por no haber aprendido nada nuevo de Jesús o contento de que sus buenas perspectivas para la era venidera le hayan sido confirmadas por un especialista religioso. Su respuesta, "Maestro [...] todo eso lo he cumplido desde que era joven", puede ser, por tanto, una reacción defensiva o una triunfante exclamación.[5] Ha sido bueno, y no hemos de dudar más de su sinceridad que de la del apóstol Pablo, quien afirmó que, como celoso fariseo, era irreprensible según la justicia que viene de obedecer la ley (Fil 3:6).[6]

Marcos consigna un detalle conmovedor, y nos dice que Jesús miró a este hombre y le amó (Mr 10:21).[7] Jesús no se burla de su afirmación de haber obedecido la ley, sino que cree lo que dice sobre su obediencia; pero puesto que lo ama, le lanza un desafío directo. No se esfuerza por no herir sus sentimientos ni por no ofenderle, sino que le dice la verdad con franqueza. Este hombre cree tener el derecho de considerarse bueno, pero esto no es suficiente. Le falta una cosa. Esta declaración da a entender que conocer los mandamientos y guardarlos fielmente no asegura la vida eterna. Jesús no le dice concretamente a este hombre cuál es la cosa que le falta, pero le da cuatro directrices: "Anda, vende todo lo que tienes y dáselo a los pobres [...]. Luego ven y sígueme". Estos mandamientos subrayan que si alguien quiere la vida eterna, todo depende de su respuesta a Jesús.

---

4. Jesús dice "no defraudes" en lugar de "no codicies" (Éx 21:10; Dt 24:14). Que este hombre fuera rico puede haber afectado a la redacción. En el mundo antiguo, muchos creían que las riquezas solo podían conseguirse defraudando a otras personas. Ver Bruce Malina, *The New Testament World: Insights from Cultural Anthropology* (Atlanta: John Knox, 1981), 75-85; "Wealth and Poverty in the New Testament", *Int* 41 (1987): 354-67; G. W. E. Nickelsburg, "Riches in 1 Enoch 92-95", *NTS* 25 (1979): 327.
5. No vuelve a dirigirse a Jesús como "bueno" una segunda vez.
6. Este hombre recuerda al fariseo de la parábola de Jesús, que da gracias a Dios por no haber descendido a las profundidades de pecado a la que han llegado otros, los ladrones, granujas, adúlteros y recaudadores de impuestos. Por su parte, ayuna y diezma y va regularmente al templo para orar (Lc 19:10-12). Como conclusión, esta parábola declara sorprendentemente que la extraordinaria excelencia de este fariseo no lo hacía justo.
7. Ver también, 3:34; 6:34; 8:33; 9:25; 10:23, 27.

El mandamiento de venderlo todo nos suena muy poco razonable, pero en el mundo antiguo la mayoría lo habría entendido como un consejo radical, pero sano para aquellos que se tomaban en serio su devoción. En los Rollos del Mar Muerto se requería que los adherentes a la secta contribuyeran con sus posesiones al erario común. En el libro de los Hechos leemos que los miembros de la primera comunidad cristiana de Jerusalén hicieron lo mismo para ayudar con las necesidades de los cristianos desfavorecidos (ver Hch 4:32-37; 5:1-11). Incluso los paganos han entendido la importancia, en principio, de renunciar a las riquezas.

El mandamiento de honrar al padre y a la madre queda fuera de la secuencia y se enumera en último lugar para subrayarlo especialmente. La enseñanza de Jesús no rebaja la unidad básica de la sociedad, la familia, que era muy importante en el contexto de la sociedad romana. Jesús condena el divorcio (Mr 10:1-12) y el adulterio e insiste en que los padres han de ser honrados (7:8-13).

Séneca escribió: "Nadie es digno de Dios a menos que desprecie las riquezas". (*Cartas* 14.18). También concluyó:

> Nuestra alma sabe, te digo, que las riquezas no están allí donde pueden amontonarse. Es el alma la que deberíamos llenar, no nuestras arcas; la que podemos establecer por encima de todas las demás cosas, y poner como un dios en posesión del universo (*Cartas* 92.32-33).

Pocos llevaron este ideal hasta sus últimas consecuencias, y los rabinos de periodos posteriores prohibieron específicamente deshacerse completamente de los propios recursos. Limitaron lo que uno podía dar a un máximo del 20 por ciento de sus posesiones para que tales personas no quedaran en la completa miseria y fueran una carga para los demás.[8]

Jesús insiste, no obstante, en que las inversiones más inteligentes generan intereses en los tesoros del cielo. En el caso de este hombre, significa dar todo lo que tiene para apoyar a los pobres. Según Deuteronomio 32:34, las personas acumulamos malas obras de las que Dios toma nota y que un día vengará. Santiago 5:3 contiene una advertencia para los ricos que acumulan tesoros para los últimos días, algo que solo acarreará juicio. Jesús piensa positivamente en un depósito de buenas obras que Dios guarda y que un día recompensará (ver Lc 11:33-34). Esta idea se

---

8. *m. 'Arak.* 8:4; *b. Ketub.* 50a; ver*b. Ta'an.* 24a.

arraigó profundamente en la devoción judía. Sirac 29:8-13, por ejemplo, exhorta a las personas a ser generosas de esta manera:

> Sé, sin embargo, paciente con quien se encuentra en circunstancias humildes, y que tu limosna no se haga esperar. Ayuda a los pobres, porque es un mandamiento, y en su necesidad no los despidas con las manos vacías. Pierde tu plata por causa de un hermano o amigo, y no permitas que se oxide bajo una piedra y se pierda [una referencia a la práctica de enterrar el dinero]. Hazte tesoro según los mandamientos del Altísimo, y te aprovechará más que el oro. Almacena limosnas en tu tesoro, y ello te rescatará de cualquier desastre; mejor que un recio escudo y una fuerte lanza, luchará por ti contra el enemigo [NRSV].[9]

Marcos no nos dice inicialmente que este hombre fuera rico. De hecho, no lo identifica de ninguna forma. El lector descubre que es rico cuando Marcos le informa de su desilusión tras las palabras de Jesús: "Se fue triste, porque tenía muchas riquezas" (10:22). Su triste marcha pone de relieve que no quiere entrar en la vida bajo la guía de Jesús. Probablemente se va en busca de una segunda, y más conveniente, opinión. Pero Jesús no renegociará las condiciones con él. Es fácil imaginar a los discípulos boquiabiertos presenciando este diálogo. Jesús deja que se le escape este buen hombre cuya solvencia económica podría ser de gran ayuda para el avance del reino (o al menos para alegrar sus exiguos recursos). Jesús les deja todavía más perplejos con su observación de lo difícil que les será a los ricos entrar en el reino de Dios.

El judaísmo mostraba una cierta ambivalencia hacia las riquezas. Algunas tradiciones equiparaban la prosperidad con la bendición de Dios (ver Dt 28:1-14; Job 1:10; 42:10; Sal 128; Pr 10:22). El asombro de los discípulos por las palabras de Jesús surge probablemente de esta idea. Por otra parte, los autores judíos también advertían sobre los peligros de la prosperidad económica. Por ejemplo, Sirac 31:5-7 afirma:

---

9. Esta idea se recoge en la literatura cristiana posterior. En *Pastor de Hermas*, *Semejanzas* 1:8-9, se consigna este consejo: "Por tanto, en lugar de tierras, compra almas afligidas, según tus posibilidades, y ocúpate de las viudas y los huérfanos y no los menosprecies, y gasta tus riquezas y negocios en este tipo de campos y casas puesto que lo que tienes lo has recibido de Dios. Por esta razón te hizo rico el Señor, para que llevaras a cabo estos ministerios para él".

El que ama el oro no será justificado; el que ambiciona dinero será arrastrado por él. Muchos se han arruinado por el oro, y su destrucción los ha encontrado cara a cara. Es un tropiezo para aquellos que lo desean con avidez, y todos los necios serán hechos cautivos por él [NRSV].[10]

Jesús compartía esta actitud negativa hacia las riquezas y no dice nada bueno sobre el dinero (Mr 4:19; *cf.* Mt 6:19-34; Lc 12:13-32; 16:1-15, 19-31; 19:1-10). Considera las posesiones como un obstáculo casi insalvable que nos impide entregarnos totalmente a Dios. El dinero no es algo neutral, sino tóxico para el alma. Lo mejor que podemos hacer con él es invertirlo en futuros celestiales alimentando a los desposeídos. Encontramos una perspectiva parecida en Tobías 4:7-11:

> Así sucederá también a todos los que viven honradamente. "Da limosna de lo que tengas. Y cuando des limosna, no seas tacaño. Cuando veas a un pobre, no le niegues tu ayuda. Así Dios tampoco te negará la suya. Da limosna según tus posibilidades. Si tienes mucho, da mucho; si tienes poco, no te dé miedo dar limosna de ese poco. Haciéndolo así, estarás ahorrando un tesoro precioso que te servirá cuando pases necesidad. Porque la limosna libra de la muerte e impide que el hombre caiga en las tinieblas. Dar limosna es hacer una ofrenda agradable al Altísimo (ver también Sal 151:1).

Fijémonos, sin embargo, en la diferencia. Jesús no dice que dé "según sus posibilidades", sino que venda *todo* lo que tiene.

La reacción de los discípulos ante las explosivas palabras de Jesús sobre los ricos es como la que tienen muchas personas: sorpresa y consternación. Aun aquellos que saben en su mente que el dinero no da la felicidad ni compra el cielo siguen deseando poseer más. Jesús vuelve, pues, a repetir lo mismo para hacerles entender lo que quiere decir. Es la primera y única vez del Evangelio en la que se dirige a los discípulos como "hijos (lit. 'niños')" (10:24), como para recordarles que han de

---

10. La actitud que encontramos en 1 Enoc 97:8-10 es aún más severa:

    Ay de vosotros que adquirís plata y oro, pero no con justicia, y decís: "Nos hemos hecho muy ricos y tenemos posesiones, y hemos adquirido todo lo que hemos deseado. Hagamos ahora lo que hemos planeado, porque hemos juntado plata y llenado nuestros graneros, y nuestros jornaleros son como el agua". Como el agua se les escapará la vida, porque no conservarán las riquezas; rápidamente se escurrirán de sus manos, porque las adquirieron en maldad, y serán entregados a una gran maldición.

hacerse como niños si quieren entrar en el reino de Dios (10:15). Los niños no tienen un alto concepto del dinero, a diferencia de las personas adultas que saben lo difícil que es ganarlo y todas las cosas que pueden conseguirse con él. Los adultos sucumben fácilmente a Mammón y se engañan con la idea de que pueden encontrar vida en las riquezas y en las posesiones. A muchos les es difícil dar incluso una pequeña cantidad de algo tan apreciado, no digamos entregar todo lo que tienen, aunque sea por la esperanza de la vida eterna.

Jesús recurre a una colorida hipérbole para reforzar la idea de que quienes son gobernados por el dinero no pueden serlo por Dios. Los ricos encontrarán que entrar en el reino de Dios (ponerse bajo su gobierno) es más difícil que intentar hacer que un camello entre por el ojo de una aguja. Para los oyentes de Jesús, el ojo de una aguja era la abertura más pequeña imaginable, y el camello, el animal más grande de la región donde vivían.[11] Estupefactos por esta afirmación y dando por sentado que entrar en el reino de Dios es, entonces, una meta imposible para aquellos que normalmente consiguen todo lo que quieren en esta vida, los discípulos preguntan: "Entonces, ¿quién podrá salvarse?".

El episodio en el que el ciego Bartimeo es "salvo [sanado]" por su fe (10:52) responde a esta pregunta de un modo más completo. Jesús solo afirma aquí que la salvación procede de una posibilidad divina, no humana. Corrige la implícita suposición derivada de la pregunta inicial del rico, que preguntó: "¿Qué *debo hacer* para heredar la vida eterna?" (10:17) y después afirmó, "todo eso lo *he cumplido* desde que era joven" (10:20). Daba por sentado que uno podía alcanzar la vida eterna haciendo algo. Puesto que aquel hombre esperaba que Jesús le pidiera algo que estuviera a su alcance, este lo complace: vende todo lo que tienes y dáselo a los pobres. Los discípulos han de aprender a partir de este encuentro que Dios requiere algo más que reverencia por Jesús como un maestro bueno y esforzados intentos de obedecer los mandamientos de Dios (ver Ro 10:2-3). Este hombre ha conseguido una respetabilidad convencional mediante un elegante acercamiento a la obediencia. Pero la demanda de Jesús pone en evidencia su reticencia a entregarse por completo a Dios con todo lo que tiene, a negarse a sí mismo y renunciar a todas sus seguridades, obras y posesiones terrenales. No da la talla en

---

11. Comparar Mt 23:24, donde se contrastan camellos y mosquitos, y *b. Ber.* 55b y *b. B. Mes.* 38b, que aluden a un elefante que pasa por el ojo de una aguja. El elefante era el animal más grande de Mesopotamia, donde se compiló el Talmud Babilónico.

la única cosa que requiere el reino divino. Para entrar en él, uno ha de sujetarse al gobierno de Dios para que él reine sobre todos los aspectos de la vida.

Los discípulos han de estar dispuestos a abandonarlo todo. Pedro le recuerda rápidamente a Jesús que ellos han hecho precisamente esto. Jesús les promete que su sacrificio no será en vano. Aquellos que han dejado vínculos terrenales por causa del evangelio recibirán cien veces más, pero *"con persecuciones"* (10:30). En esta era, aquellos que se queden sin casa la encontrarán entre quienes los reciben (ver 6:10).[12] Aquellos que entregan a sus familias formarán parte de una familia mayor que no se basa en el parentesco biológico (3:33-35).[13] A quienes dejan atrás campos de labranza por el reino de Dios les serán asignados otros campos mayores de misión (ver Mt 9:37-38).

En este punto muchos se apartan de Jesús, y esto pone de relieve la decisión de los Doce y otros seguidores de permanecer junto a él. Estos otros desaparecen, porque no están todavía dispuestos a aceptar la persecución que acompaña al seguimiento de Cristo y a tomar la propia cruz. Al final, los primeros serán los últimos y los últimos los primeros. Los discípulos han de aprender a hacerse últimos.

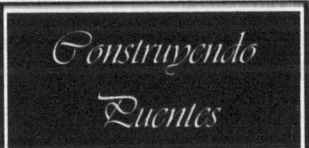

Las radicales demandas de Jesús en este pasaje solo pueden perturbar en una cultura tan materialista como la nuestra. Muchos encontrarán que su radical mensaje es difícil de comunicar a quienes proceden de los estratos socioeconómicos superiores, y a cualquiera que comparta los valores materialistas de nuestra cultura. La mayoría de los congregantes no quieren escuchar sermones

---

12. Stephen G. Barton (*Discipleship and Family Ties in Mark and Matthew* [SNTSMS 80; Cambridge: Cambridge Univ. Press, 1994], 220-21) muestra que los llamamientos de Jesús a un discipulado capaz de cortar vínculos familiares, no eran sin precedente, irracionales ni arbitrarios. Podía encontrarse en la estricta tradición religiosa monoteísta del judaísmo que requería que los prosélitos abandonaran las antiguas relaciones, así como en las diversas tradiciones filosóficas del mundo grecorromano. Los seguidores podían, pues, entender la demanda de subordinar los vínculos familiares a un bien más elevado.
13. Walter Wink, *Engaging the Powers: Discernment and Resistance in the World of Domination* (Minneapolis: Fortress, 1992), 119, señala que el padre no está en esta lista. El padre es alguien que reivindica y ejerce autoridad sobre otros. Este papel se reserva solo a Dios.

que los hacen sentir incómodos por tener posesiones materiales. También es posible que los pastores quieran eludir pasajes que sacan este tema a colación, porque sus congregaciones pueden esperar que ellos sean los primeros en dar ejemplo. La tentación natural es intentar encontrar algún indicio que nos permita pensar que, a nosotros, Jesús no nos hace la misma demanda de vender todo lo que tenemos. Por consiguiente, hemos de guardarnos de dos peligros al aplicar este pasaje: el deseo de reducir la radicalidad de la demanda para hacerla más razonable, y la inclinación a aplicarlo a otras personas.

Maniobras de distracción. Se han hecho algunos intentos de eludir el impacto de estas palabras, algunos de los cuales son muy conocidos. Los hay que procuran sosegar conciencias dando por sentado que lo que dice Jesús solo se aplica a los ricos. A continuación, también se asume que los ricos son aquellos que ganan más o tienen más que nosotros. Siempre nos las apañamos para situarnos por debajo de una imaginaria "línea de peligro" y nos animamos con la idea de que Jesús quiso impartir esta lección a otros. Los intentos de suavizar sus demandas comenzaron bastante temprano, con una variante textual de 10:24 que dice: "Que difícil es *para aquellos que confían en las riquezas*". Con qué facilidad nos convencemos de que nosotros no confiamos en las riquezas y, acto seguido, nos consideramos libres de este peligro.

Este pasaje ha sido también sometido a inteligentes arreglos que pretenden reducir el tamaño del camello o agrandar el ojo de la aguja. Muchas personas que apenas conocen la Escritura sí han oído hablar de una tradición en la que "el ojo de la aguja" era supuestamente el nombre de una puerta de pequeño tamaño situada en la muralla de Jerusalén. En su obra, *Ricardo III*, Shakespeare muestra que conoce este punto de vista cuando alude a la "poterna del ojo de una aguja". En tal caso, la radical metáfora de Jesús se convierte en algo muy común y un tanto anémico. El camello puede pasar por el ojo de una aguja si se le descarga de sus fardos y se arrastra de rodillas. La lección pasa a ser algo práctico: los ricos no tienen que preocuparse si son humildes. Esta tradición no tiene ninguna base histórica y parece la invención de una iglesia rica en busca de alguna salida airosa.[14] Una interpretación más erudita afirma que

---

14. Teofilacto fue el primero en sugerir esta interpretación en el siglo XI; Ver Paul Minear, "The Needle's Eye. A Study in Form Criticism", *JBL* 61 (1942): 157-69. En Marcos 10:25 se consigna la palabra *raphis*, que se utiliza especialmente para las agujas de coser, mientras que Lucas 18:25 se sirve de del término *belone*. Si alguna vez existió

"camello" es una traducción errónea de una palabra aramea parecida que significa "cuerda" o "cabo de una embarcación". Pero esto no haría más fácil enhebrar la aguja.

Siempre hemos de sospechar de las exégesis que pretendan suavizar las radicales demandas de Jesús. Si tras escuchar su enseñanza alguien puede decir, "todo eso lo he cumplido desde que era joven", significa probablemente que lo que ha guardado es una versión light. C. S. Lewis recoge vívidamente la radical metáfora de Jesús en un poema:

> Es cierto, todas las cosas (como el paso de un camello
> por el ojo de una aguja) son posibles;
> pero imagínate cómo se siente el camello, estrujado
> y convertido en hilo ensangrentado, desde la cola hasta el hocico.[15]

Esta hipérbole de Jesús puede asimismo expresarse en imaginería moderna: es más fácil que un Mercedes (obsérvese que normalmente se escoge un coche más caro que el propio) pueda entrar por la ranura para tarjetas de un cajero automático.[16]

Al abordar la tarea de contextualizar este pasaje hemos de ser honestos en la interpretación, aunque nuestras conclusiones nos sean de tropiezo y puedan ofender a quienes no nos gusta ofender, o sea, a los ricos que apoyan fielmente el programa de la iglesia. Como dijo Mark Twain: "Las que me molestan no son las partes de la Biblia que no entiendo sino las que entiendo muy bien". Es mejor confesar que somos demasiado débiles para seguir a Jesús según sus propias condiciones que intentar encontrar algún vacío que nos permita seguir en nuestra autocomplacencia. Sería también mejor confrontar a las congregaciones con la verdad de que vivir una vida encomiable y movernos dentro de las normas establecidas no nos hace merecedores de la vida eterna, como si la salvación fuera algún tipo de pago.

La manera en que Jesús confronta a este hombre rico es una expresión de verdadero amor. Muchos de nosotros necesitamos escuchar su inquietante demanda, porque Jesús ilumina los valores cotidianos desde la óptica de la eternidad. Desde esta perspectiva, nuestra codicia parece

---

una puerta como el "ojo de la aguja", habría sido probablemente identificada por la misma palabra griega.
15. C. S. Lewis, *Poems* (Nueva York/Londres: Harcourt Brace Jovanovich, 1964), 134.
16. Adaptado de Frederick Buechner, *Wishful Thinking: A Theological ABC* (Nueva York: Harper & Row, 1973), 81.

más bien absurda. Aquellos que solo invierten en sí mismos, en su seguridad, comodidad y placer han de saber que están haciendo una mala inversión. La observancia legalista, por radical que sea, no conseguirá que nuestros corazones dejen de desear las cosas materiales y pasen a desear a Dios. Si Jesús aconsejaba una radical cirugía de manos, pies y ojos para poder, aunque mutilado, entrar en la vida, (9:43-48), ¿cuánto más deberíamos deshacernos de unas posesiones que anclan el alma a este mundo y solo servirán para avivar las llamas del juicio?

Qué difícil es que el rico entre en el reino. Muchos descartan el mandamiento de Jesús de venderlo todo y donarlo a alguna causa como algo completamente desatinado y fuera de cualquier consideración. Su instinto es correcto; Jesús no está en contra de que tengamos posesiones. Muchos de sus primeros seguidores tenían posesiones. Alguien era el propietario de las casas en las que Jesús se hospedaba con sus discípulos. El asunto central tiene que ver con nuestra verdadera y definitiva lealtad. El objetivo de esta historia no es hacernos ver a todos los seguidores de Jesús que tenemos que vender nuestras posesiones. Jesús no insistió en que Zaqueo vendiera todos sus bienes y donara el importe a los pobres antes de condescender a comer con él. Zaqueo se ofrece voluntariamente a dar la mitad de sus posesiones y a devolver cuadruplicadas las ganancias obtenidas por medio de operaciones fraudulentas (ver Éx 22:1; 5:16; 5:7). Esta disposición a enmendar lo que se ha hecho mal evoca la respuesta de Jesús: "Hoy ha llegado la salvación a esta casa" (Lc 19:8-9). El encuentro de Jesús con este hombre rico en Marcos sirve para ilustrar lo difícil que es para los ricos (o para cualquiera, de hecho) hacer esto. Pocos están dispuestos a desprenderse de aquello que les proporciona seguridad en este mundo para entrar en una nueva calidad de vida dentro del reino de Dios.

El texto plantea, pues, la pregunta: ¿Es Dios o Mammón quien debe gobernar nuestra vida? ¿Hemos acaso de servir a las posesiones materiales o son ellas las que deben servirnos a nosotros?[17] Pablo aconseja a los corintios que "los que disfrutan de las cosas de este mundo, [sean] como si no disfrutaran de ellas; porque este mundo, en su forma actual, está por desaparecer" (1Co 7:31). Jesús está llamando a este hombre a seguirle. Está invitándolo a unirse a una comunidad de creyentes donde todos se preocuparán de las necesidades materiales de los demás. En ella no quedará desamparado ni se verá forzado a arreglárselas solo.

---

17. Robert Guelich, *The Sermon on the Mount* (Waco, Tex.: Word, 1982), 334.

La confrontación de Jesús con este hombre advierte, no obstante, a nuestra era materialista que las posesiones generan peligros aun cuando no estemos absorbidos por ellas. Dondequiera que hay dinero en juego, hay peligro para la vida porque no es un elemento neutral o inocuo. Las riquezas llevan consigo una explosiva energía puesto que muchas personas las anhelan y generan una gran reverencia en el corazón humano. Ningún cristiano es inmune al peligro de Mammón. La codicia es como un virus que reside en el alma y comienza lentamente a destruirla. El deseo de adquirir cosas y de gratificarnos insensibiliza nuestro instinto de sacrificio.

Por otra parte, la abundancia de posesiones puede fácilmente llevarnos a creer que estas cosas ofrecen seguridad y una vida abundante (ver Lc 12:15). Tener dinero puede hacernos creer que todo puede conseguirse pagando su precio, incluso la salvación. Tanto el rico necio (12:16-21) como el que se vestía de lino fino y banqueteaba con opulencia mientras Lázaro pedía limosna y hambreaba a su puerta (16:19-31) son ejemplos de personajes de las parábolas de Jesús engañados por Mammón. Los predicadores han de hacer sonar la alarma sobre el peligro que supone entregarnos a las posesiones. Salvarán su vida quienes estén dispuestos a perderla por causa de Jesús y el evangelio (Mr 8:35).

Una amorosa confrontación. ¿Cómo podemos comunicar este mensaje sin suavizar las demandas de Jesús? La mención del amor de Jesús hacia este hombre es un detalle que debería gobernar la interpretación de este pasaje. A los ricos podemos envidiarlos por su prosperidad, detestarlos por sus privilegios o menospreciarlos por su petulancia. Puede que les recriminemos el que, a diferencia de nosotros, no estén dispuestos a dejarlo todo por seguir a Jesús. Por el contrario, él, que procede de los sectores pobres y oprimidos, ama a este hombre cuya prosperidad le ha dado oportunidades que les han sido negadas a otros. Aunque este rico le volvió la espalda a Jesús, él actuó del mismo modo con él, sino que lo amó lo suficiente como para ayudarle a ver la verdad.

Es fácil olvidar que Jesús amó tanto al justo como al pecador, al adinerado como al indigente. No ama a este hombre por las ventajas que su prosperidad pueda reportarle a él y a su movimiento, sino por quién es esencialmente, y por ello le dice exactamente lo que necesita oír, aunque no quiera escucharlo. El amor desafía a los demás por su propio bien. Un buen médico prescribe lo mejor para la salud de su paciente, aunque se trate de un medicamento desagradable o de una radical intervención quirúrgica. Este hombre debe someterse a una cirugía radical para salvar la vida, y para seguir a Jesús tendrá que renunciar a todo. Nuestro amor más sensiblero por una persona así le habría demandado mucho menos, quizá solo el diez por ciento. Nosotros le habríamos ofrecido alguna lista de sugerencias: escribe al Congreso, boicotea esto o aquello, únete a tal o cual organización, contribuye a esta causa. Al final, nuestro planteamiento le habría dejado con una enfermedad fatal, pero nosotros nos habríamos sentido más cómodos y lo llamaríamos amor.

Obediencia a la ley y salvación. Este encuentro también tiene implicaciones para entender el papel de la ley en la salvación. La voluntad de Dios demanda algo más que una rutinaria obediencia a las reglas, como pone de relieve la enseñanza de Jesús sobre el divorcio en la sección anterior. Hemos de seguir a Jesús y su interpretación de los mandamientos. Via comenta: "Leyes y reglas revelan la clase de cuestiones específicas a las que alude la voluntad de Dios y de manera provisional nos muestran cómo debemos acercarnos a estas cuestiones".[18] Este hombre creía que su obediencia era completa y quería la confirmación de un respetado maestro, famoso por su predicación del reino de Dios, para estar seguro. Los discípulos aprenden que la consecución de la salvación es algo que trasciende al poder humano.

Esta escena prepara al lector para el anuncio de Jesús a sus discípulos en el sentido de que él dará su vida en rescate por muchos (10:45). Lo que Jesús ofrece no depende de lo que las personas sean capaces de hacer por sí mismas, sino de lo que se hace por ellas. Este encuentro también ayuda a explicar el persistente fracaso de los discípulos en la historia. Nadie entra al reino por su propia fuerza.[19] ¿Quién puede negarse completamente a sí mismo? ¿Quién puede vender todo lo que tiene? Entregarse totalmente a Dios parece algo imposible, pero precisamente porque no es fácil Jesús hubo de morir en la cruz. Seguir a Jesús, que lleva a la salvación, no depende de la capacidad humana, sino de aquel que hace posible todas las cosas. Lo imposible se hace posible cuando el poder divino llena, por la fe, la vida del discípulo (ver 11:22-24).

---

18. Via, *Ethics*, 135.
19. Por esta razón, todos los intentos de ver el fracaso de los discípulos como un polémico ataque de Marcos contra ellos es una incorrecta interpretación de su evangelio. Es inevitable que fracasen hasta que se produzca la muerte y resurrección de Cristo, que impartirán un nuevo poder a sus vidas.

Es posible que quienes tienen posesiones encuentren tan difícil ponerse bajo el reino de Dios, porque piensan que tienen mucho que perder. Pero Dios requiere esto mismo de todos: ricos y pobres, pescadores y recaudadores de impuestos, prósperos terratenientes y desposeídos jornaleros que ofrecen sus servicios a cambio de comida. Todos deben abandonar cualquier cosa que "estorbe al compromiso total de seguir a Jesús y de amar a la comunidad".[20] El predicador no debe eludir la tarea de nombrar uno por uno estos obstáculos, porque está en juego la vida de las personas. Una recompensa inimaginable aguarda a quienes abandonan todo aquello que les es querido por seguir Jesús, pero Marcos es muy sincero al presentar lo que le cabe esperar al discípulo en este mundo caído. Esta recompensa irá acompañada de "persecuciones". ¿Están dispuestos los discípulos a abandonar incluso su vida por obedecer el llamamiento de Jesús?

Significado Contemporáneo

En nuestra próspera cultura, tendemos a estar más interesados en el éxito económico que en dar lo mejor de nosotros en el ámbito espiritual. La mayoría de los cristianos no creen que deban vender todo lo que tienen para ser discípulos; muchos ni siquiera dan el diezmo a sus iglesias. Muchos creen que cuando solo te falta una cosa ya está suficientemente bien, especialmente si Dios puntúa.

Si Jesús viviera en nuestro tiempo, la gente le preguntaría, probablemente, cómo obtener la mayor rentabilidad por su dinero más que cómo servir a Dios. Esta actitud sabotea el compromiso serio y lleva a muchos cristianos a una peligrosa autocomplacencia con respecto a su fe. Más de un ministro ha hecho la vista gorda a la enseñanza de Jesús sobre las posesiones, y algunos incluso utilizan la religión para lucrarse. Se publicitan fórmulas bíblicas recién descubiertas por las que el donante puede recibir cien veces más, y se piden grandes aportaciones para conseguir el secreto. Creen que Dios solo les pide que sean ciudadanos honrados y decentes. Luccock señala que, en una de sus ediciones, el diccionario Webster definía del modo siguiente la palabra "cristiano": "Persona decente, civilizada o decorosa".[21] El *Diccionario de Random*

---

20. Via, *Ethics*, 137.
21. Luccock, "The Gospel According to St. Mark: Exposition", 802.

House se acerca más a una definición avalada por el Nuevo Testamento: "Persona que muestra un espíritu propio de un seguidor de Jesucristo, en el sentido de tener una amorosa consideración por los demás".

Los valores de nuestra cultura materialista pueden encontrar un espacio y menoscabar el espíritu propio de los seguidores de Jesús. Juvenal, el autor satírico romano (60-140 A.D) hizo una sardónica observación que hoy sigue vigente: "Majestuosa, poderosa riqueza: el más santo de nuestros dioses". Muchos preguntan: "¿Por qué he de dar a otras personas lo que tanto me ha costado ganar?". En lo profundo de su ser creen, aunque puede que nunca lo digan en voz alta, que el rico hizo lo más sensato cuando se marchó. El compromiso religioso debe costar algo, pero no tanto.

Hemos de confrontar el materialismo de nuestra cultura que se ha infiltrado en la Iglesia. James Stewart escribió:

> La gente siempre encontrará formas y medios de eludir las severas demandas de una religión sin dejar de llamarse sus seguidores, suscribir sus credos y seguir llevando su nombre; siempre se convencerán a sí mismos de que, aun comprometiendo sus convicciones, tienen el derecho de llevar su nombre, y de indignarse con cualquiera que se atreva a cuestionarlo; siempre valorarán la limitada lealtad que están dispuestos a conceder con una increíble autocomplacencia y satisfacción, pensando que cualquiera —aun el propio Dios— puede estar contento por el interés que muestran y el mecenazgo que brindan; no se dan cuenta de que con esta actitud, tan aparentemente razonable y respetable, están asestando un golpe de tal magnitud a la religión que, en comparación, los ataques directos y frontales de sus enemigos declarados no son nada.[22]

Jesús dijo que a este hombre le faltaba una cosa, aunque no especificó lo que era. Al aplicar este pasaje a nuestra situación contemporánea podemos imaginar que le faltaban las mismas cosas que a nosotros. En primer lugar, a este hombre no le faltaba de nada. Tenía que dejar demasiadas cosas. El dinero aporta muchas cosas a las personas (honor, respeto, admiración, poder, belleza, sexo), y esto lo hace muy seductor.

---

22. James S. Stewart, *A Man in Christ: The Vital Elements of Paul's Religion* (Londres: Holder and Stoughton, 1963), 95-96.

La prosperidad material no puede hacernos santos, darnos la vida eterna ni ninguna felicidad profunda, ni siquiera cuando esta se multiplica.

David G. Myers cita la estadística de que entre 1957 y 1990, la renta per cápita de los estadounidenses se duplicó en dinero real. Sin embargo, el número de estadounidenses que afirmaron ser "muy felices" siguió siendo el mismo: una tercera parte.[23] ¿La explicación? En nuestra cultura, las personas tienen mucho para vivir, pero poco por lo que vivir. Duplicar los ingresos y tener más cosas no contribuye a hacernos más felices. Tanto en nuestras congregaciones como en nuestro mundo, muchas personas sienten que a sus vidas les falta algo vital. El éxito material les permite vivir cómodamente, pero no satisface sus necesidades espirituales básicas. Su vaciedad espiritual se convierte en hambre angustiosa cuando tienen que afrontar la realidad de la muerte y la pérdida, las ansiedades y el estrés de las relaciones personales, o la tenaz resistencia del mal en sus almas. Se preguntan si la vida tiene algún otro sentido y hay algo que la trascienda. No obstante, cuando Jesús confronta al mundo con su invitación a venderlo todo y seguirle, este suele valorar más sus posesiones que la esperanza de la vida eterna y de una vida terrenal con sentido. No les falta de nada y, por ello, carecen de todo.

La segunda cosa que este hombre no tenía era confianza. Dios requiere algo más que mera reverencia a Jesús y celosos intentos de obedecerle; este demanda una confianza radical. Como tantas personas de nuestro tiempo, este hombre quería servir a Dios a su manera. Obedecía los mandamientos que le convenían, pero se resistió a entregarle toda su vida a Dios. Tenía "miedo de exponerse a la incertidumbre e inseguridades del futuro" o a hacerse vulnerable como un niño.[24] Acumulaba posesiones para asegurar su vida en este mundo, y obediencia a los mandamientos para asegurar su vida en el venidero.[25] En una cultura que recela de los compromisos y del riesgo, pocos quieren apostar toda su vida por Jesús. También quieren mantener una red de seguridad material y se niegan a separarse de aquello que les aporta prestigio, influencia y privilegios. Pocos están dispuestos a confiar que habrá otros hermanos y hermanas en la fe que velarán por ellos, en parte, porque

---

23. David G. Myers, *Pursuit of Happiness: Who Is Happy—and Why* (Nueva York: William Morrow, 1992), 31-46.
24. Waetjen, *Reordering*, 170.
25. Via, *Ethics*, 134-35.

ellos no velan por nadie. Para tener vida, hemos de confiar en Dios y dejar de esforzarnos por crear nuestra propia seguridad.

En tercer lugar, este hombre carecía de compasión por otras personas. Orígenes cita un extracto del "Evangelio según los hebreos":

> Pero este hombre rico comenzó a rascarse la cabeza, porque no le gustaba lo que había oído. Y el Señor le dijo: "¿Cómo puedes decir, he cumplido la ley y los profetas, cuando está escrito en la ley: amarás a tu prójimo como a ti mismo; y he aquí que, muchos de tus hermanos, hijos de Abraham, están vestidos de harapos y muertos de hambre, mientras tu casa está llena de muchas cosas buenas que no compartes con ellos?".[26]

Este relato apócrifo da de lleno en el blanco. La prosperidad económica puede cegar nuestro juicio moral, endurecer las arterias de nuestra compasión y llevarnos a la bancarrota espiritual. Este hombre era incapaz de dar lo que tenía para beneficiar a otras personas, porque solo se preocupaba de sí mismo ("¿qué *debo* hacer para heredar la vida eterna?"). Estaba encerrado en la cárcel de su exclusiva preocupación por su bienestar. Esta actitud contrasta marcadamente con el abnegado amor del Hijo del Hombre: Jesús tenía compasión por las multitudes y las alimentaba, y finalmente daría su vida por muchos (10:45). ¿Cómo puede alguien como este hombre vivir en opulencia y ser completamente insensible a las necesidades de los demás, mientras profesa ser discípulo de aquel que dio su vida por ellos?

Las posesiones ponen a unos humanos contra otros y contra Dios. Una encuesta publicada recientemente ha puesto de relieve que un porcentaje bajo, pero significativo, de norteamericanos seguiría comprando un determinado tipo de ropa aunque supiera que se había fabricado bajo condiciones laborales de esclavitud. El precio más barato sería más importante que cualquier sentido de compasión o justicia. El estudio de Jane Goodall sobre los chimpancés pone de relieve un rasgo sorprendente sobre su vida comunitaria, algo que comparten con los seres humanos. Estos simios, normalmente plácidos y cooperativos, cambiaron su conducta cuando Goodall comenzó a darles bananas; inmediatamente comenzaron a pelearse entre ellos. El nuevo excedente de comida hizo que los chimpancés dominantes quisieran quedarse con él y ahuyentar a

---

26. Citado por Taylor, *Mark*, 429-30.

los demás. Los menos dominantes tenían que mendigar. En nuestra propia vida vemos la tendencia a querer más cuanto más tenemos y a tener celos de quienes tienen un poco más que nosotros. Jesús quiere librarnos de estos deseos de acumular, que acaban destruyendo la comunión y el sentido de la fraternidad.

Sider sostiene que hemos de distinguir entre necesidades y lujos, para después rechazar el deseo de estos últimos y nuestra inclinación a borrar esta distinción. Comprar cosas por prestigio, orgullo, estar a la moda y "no ser menos que el vecino" es erróneo.[27] Desde la óptica de Dios es absurdo.

Annie Dillard habla de la malograda expedición de Franklin al Ártico en 1845. La amplia divulgación de su fracaso hizo que esta odisea supusiera un momento decisivo en la exploración de este territorio. Los preparativos que se hicieron eran más adecuados para una expedición al club de oficiales de la Royal Navy en Inglaterra que para las glaciales condiciones del Ártico. Los exploradores cargaron los barcos de la expedición con una gran biblioteca, un órgano portátil, vajillas de porcelana, cristalería tallada, copas para el vino y cubiertos de plata en lugar de proveerse de reservas de carbón para las máquinas de vapor. En la elaborada cubertería de plata se hizo grabar las iniciales de los oficiales y sus insignias de familia. Los equipos de rescate encontraron montones de cadáveres de hombres que habían salido en busca de ayuda cuando se agotaron los suministros. Uno de los esqueletos vestía un uniforme azul ribeteado de cordón de seda, que no era precisamente el mejor atuendo para enfrentarse a los glaciales fríos del Ártico. Otro decidió, al parecer, llevar consigo sus cubiertos de plata de ley. ¿En qué debía estar pensando para llevarse una cubertería de plata cuando salió en busca de ayuda y comida?[28] Probablemente, al ver acercarse la muerte en aquel gélido escenario, ninguno de estos aventureros habría dicho: "¡Cuánto me gustaría haber traído más cubiertos de plata". Nuestra obsesión por cosas que son, en última instancia, inútiles no parecerá menos absurda. Muchos no conciben la vida sin las cosas que tanto valoran. Corren el peligro de perder la única vida que realmente cuenta.

---

27. Ronald J. Sider, *Rich Christians in an Age of Hunger*, 3ª ed. (Dallas: Word, 1990), 159-60.
28. Annie Dillard, *Teaching a Stone to Talk: Expeditions and Encounters* (Nueva York: Harper & Row, 1982), 24-26.

Marcos 10:32-45

ban de camino subiendo a Jerusalén, y Jesús se les adelantó. Los discípulos estaban asombrados, y los otros que venían detrás tenían miedo. De nuevo tomó aparte a los doce y comenzó a decirles lo que le iba a suceder. ³³ «Ahora vamos rumbo a Jerusalén, y el Hijo del hombre será entregado a los jefes de los sacerdotes y a los maestros de la ley. Ellos lo condenarán a muerte y lo entregarán a los gentiles. ³⁴ Se burlarán de él, le escupirán, lo azotarán y lo matarán. Pero a los tres días resucitará».

³⁵ Se le acercaron Jacobo y Juan, hijos de Zebedeo.

—Maestro —le dijeron—, queremos que nos concedas lo que te vamos a pedir.

³⁶ —¿Qué quieren que haga por ustedes?

³⁷ —Concédenos que en tu glorioso reino uno de nosotros se siente a tu derecha y el otro a tu izquierda.

³⁸ —No saben lo que están pidiendo —les replicó Jesús—. ¿Pueden acaso beber el trago amargo de la copa que yo bebo, o pasar por la prueba del bautismo con el que voy a ser probado?⁹ —Sí, podemos.

—Ustedes beberán de la copa que yo bebo —les respondió Jesús— y pasarán por la prueba del bautismo con el que voy a ser probado, ⁴⁰ pero el sentarse a mi derecha o a mi izquierda no me corresponde a mí concederlo. Eso ya está decidido.

⁴¹ Los otros diez, al oír la conversación, se indignaron contra Jacobo y Juan.⁴² Así que Jesús los llamó y les dijo:

—Como ustedes saben, los que se consideran jefes de las naciones oprimen a los súbditos, y los altos oficiales abusan de su autoridad. ⁴³ Pero entre ustedes no debe ser así. Al contrario, el que quiera hacerse grande entre ustedes deberá ser su servidor, ⁴⁴ y el que quiera ser el primero deberá ser esclavo de todos. ⁴⁵ Porque ni aun el Hijo del hombre vino para que le sirvan, sino para servir y para dar su vida en rescate por muchos.

Jesús se ha adelantado a sus discípulos camino de Jerusalén, la ciudad que Marcos identifica ahora como su destino.[1] Jesús y los discípulos se dirigen a Sión. Jesús va a esta ciudad como el Mesías que no solo invita a los galileos, sino a todo Israel a sujetarse al misterioso reino de Dios. Marcus sostiene que Marcos da un giro irónico al victorioso desfile que se representa en Isaías 35:10 (ver también, 42:13; 59:20; 62:11): "Y volverán los rescatados por el Señor, y entrarán en Sión con cantos de alegría, coronados de una alegría eterna. Los alcanzarán la alegría y el regocijo, y se alejarán la tristeza y el gemido". Jesús se dirige a Jerusalén, no para triunfar en una campaña militar, sino para morir.[2] Él conduce a sus discípulos camino de su Pasión, como más adelante, tras la resurrección, irá delante de ellos a Galilea (14:28; 16:7, donde aparece de nuevo el verbo *proago*, "ir delante").

Jesús traza el camino del Señor mientras sus discípulos, preocupados todavía por el orden de procesión que han de seguir, siguen tras él. Marcos nos dice que están asombrados y tienen miedo. ¿Es acaso el temor de la persecución y el sufrimiento lo que ralentiza su paso? De ser así, los primeros lectores de Marcos se habrían identificado con ello ya que conocían bien esta experiencia. ¿O se trata quizá de un sentido de asombro y sobrecogimiento hacia Jesús, que dirige su propio destino y el de ellos?[3] En este caso, se aplicarían las familiares palabras del himno "Sublime gracia": "La gracia ha enseñado a mi corazón a temer, y la gracia ha aliviado mis temores".

No obstante, Jesús no disipa su temor, sino que predice por tercera vez su inminente muerte y posterior resurrección, y lo hace impartiendo detalles más específicos. Será traicionado y detenido por los principales sacerdotes y maestros de la ley, que lo condenarán a muerte y lo entregarán a los gentiles; estos, por su parte, se burlarán de él, le escupirán, lo azotarán y lo ejecutarán. El Mesías sufrirá una muerte indigna y vergonzosa. Después, se entregará a Dios que lo resucitará.

Jesús se va acercando a su ordalía, pero los discípulos siguen sin entender la situación. Cada vez que les habla de su sufrimiento, sus palabras les entran por un oído y les salen por el otro. Inmediatamente después de su anuncio, Jacobo y Juan se le acercan sigilosamente para hacerle una petición especial. La anterior disputa sobre la posición y el rango que habría entre los discípulos (9:34) quedó silenciada, pero no

---

1. Siempre se "subía" a la ciudad santa.
2. Marcus, *The Way of the Lord*, 36.
3. Lane, *Mark*, 374.

sepultada. Los dos hermanos actúan como descarados cazadores de fortuna cuando le piden a Jesús que les conceda sentarse uno a su derecha y el otro a su izquierda cuando venga en su gloria. Jesús les responde que los maestros de la ley se gozan del reconocimiento que les otorgan los demás y les encanta ocuparlos primeros asientos, dejando claro su escala de valores (12:38). Pero Jacobo y Juan quieren aún más que esto; desean ser príncipes con corona que se sienten en tronos junto a Jesús. Salmos 110:1 declara: "Así dijo el Señor a mi Señor: 'Siéntate a mi diestra'", y Jacobo y Juan están presionando a su Señor para que les conceda este asiento a su derecha.

No son muy distintos de Pedro en su concepción de un reino terrenal establecido y gestionado según las normas humanas (8:33). Siguen malinterpretando lo que significa que Jesús sea el Mesías y asumen que cuando comience la nueva era, ellos recibirán privilegios especiales por ser sus amigos. La nueva era que esperan tiene las mismas características de la antigua; la política demagógica y el nepotismo siguen reinando. Jacobo y Juan se ven a sí mismos como la élite de la élite, gobernando sobre los demás en un imperio terrenal. Su fantasía no es muy distinta de la de los romanos que propugnaba Virgilio: "Y yo no pongo a estos ni meta ni límite de tiempo: les he confiado un imperio sin fin. Y hasta la áspera Juno, que ahora fatiga de miedo el mar y las tierras y el cielo, cambiará su opinión para mejor, y velará conmigo por los romanos, por los dueños del mundo y el pueblo togado" (Eneida I). El reino de Dios tampoco tendrá límites, sino que estará poblado por cristianos de todas las naciones que llevarán su cruz, y se convertirán en siervos del mundo.

Una de dos, o bien las palabras de Jesús sobre su sufrimiento les resbalan por completo, o tienen la esperanza de que sus penalidades sean solo un contratiempo temporal que pronto se resolverá. Es posible que solo se hayan quedado con lo que Jesús dijo anteriormente sobre su venida en gloria con los santos ángeles (8:38). Puesto que eran dos de los primeros llamados, quieren ser primeros en gloria.

De lo que no se dan cuenta es que la gloria de Jesús no se manifestará completamente a todos hasta después de la gran tribulación (13:24, 26). Tampoco saben que dos delincuentes serán crucificados con Jesús, "uno a su derecha y otro a su izquierda" (15:27, el otro único lugar de Marcos en que aparecen estas palabras), cuando comience su reinado desde la cruz.[4] Pero los hijos de Zebedeo no piden el honor de ser crucificados con Jesús. Lo que realmente esperan es un reino propio, en el que puedan imponer su voluntad a los demás. Esperan sustituir la opresiva estructura de poder de los romanos por otra estructura de la misma naturaleza en la que ellos sean los beneficiarios. Nada cambia sino los nombres de los gobernantes. El poder opresivo cambia de manos y entran en escena nuevos tiranos.[5] Sigue vigente la ambición mundana de destituir a quienes ejercen el poder para ocupar esta posición.

Jesús responde con gracia a su inoportuna y egoísta petición: "No saben lo que están pidiendo", y les informa de que el Padre no lo ha puesto a cargo de la disposición de los asientos en el reino (ni tiene conocimiento del momento exacto del fin, 13:32). Acto seguido, les pregunta si piensan que pueden beber de la copa que el beberá y ser bautizados con el bautismo que él experimentará. La metáfora de la copa habla de sufrimiento (Is 51:17, 22), y la del bautismo expresa la idea de ser sumergido en la calamidad (ver Sal 42:7; 69:1). Jesús no va a ser meramente salpicado por el sufrimiento, sino sumergido en él, y les pregunta si están dispuestos a compartir su destino (ver 8:34) y a zambullirse en las aguas de la penuria y de la prueba. La cuestión está clara para el lector, aunque no para los discípulos: para compartir su reino hemos de compartir su Pasión (ver Ro 8:17). Nadie que exalte los antiguos valores del poder sin ética ni sacrificio puede reinar con Jesús.

Jacobo y Juan responden de un modo simplista, "Sí, podemos". Tienen la misma confianza en sus propias capacidades que el hombre rico (10:17-22). Creen poder soportar alguna penuria si Jesús les concede las posiciones de poder y privilegio. Entienden el ser un discípulo fiel de Jesús como el medio para un fin egoísta; les ayudará a conseguir su meta de ejercer poder sobre los demás. Cuando Jesús les habla de su copa, puede que piensen en términos de beber la copa de victoria. Su actitud, que espera favores y ventajas especiales, difícilmente considerará que tomar la cruz sea un privilegio. Pero la obediencia se aprende a través del sufrimiento, de lo cual no estuvo exento ni siquiera el Hijo

---

4. Puede decirse que alguien se "sienta" en una cruz, porque algunas de ellas tenían un pequeño taco, llamado *sedile*, o asiento para que la víctima se apoyara. Ver Martin Hengel, *Crucifixion in the Ancient World and the Folly of the Message of the Cross* (Filadelfia: Fortress, 1977), 25.
5. Myers, *Binding*, 343.

de Dios (Heb 5:8).[6] Jesús no puede prometerles codirigir con él, pero sí puede asegurarles que sufrirán (ver Hch 12:2).

Los otros discípulos se indignan por la audacia de los hermanos (10:41). Lo que les pone furiosos no es que Jacobo y Juan hayan sido tan insensibles como para hacer esta petición después de que Jesús les haya abierto el corazón sobre su inminente sufrimiento y muerte. Están indignados porque los hijos de Zebedeo los han puesto contra las cuerdas y puede que ahora tengan ventaja sobre ellos para obtener las posiciones de poder. Los celos crean tensión entre ellos, y el espíritu de rivalidad se impone sobre la abnegación.

El ambicioso error de los discípulos lleva a Jesús a impartir sus últimas instrucciones sobre la naturaleza del verdadero discipulado y su papel como Mesías (10:42-45). Jesús intenta canalizar su deseo de grandeza hacia el servicio humilde: sed grandes siervos de otros. Geddert señala que Jesús no envía a los discípulos "al 'último' lugar, sino que les muestra cómo pueden ser primeros; no los consigna a una posición de esclavitud, sino que les muestra cómo ser verdaderamente grandes".[7] Jesús califica de pagano el deseo de dominar a los demás: los paganos (o naciones paganas) quieren los asientos de poder y señorear sobre los demás.[8] Los discípulos han tomado como modelo a los gobernantes paganos, pero el ejemplo es Jesús. El camino de Jesús es el servicio abnegado. No han de ser los beneficiarios del servicio, sino sus agentes.

Jesús les ha dicho a sus discípulos que tiene que morir, pero este es el único pasaje de Marcos que nos dice *por qué*: "Para dar su vida en rescate por muchos". El término *rescate* (*lytron*) se utilizaba para aludir a la indemnización por una lesión (Éx 21:30) o por un asesinato u homicidio (Nm 35:31-32), a la compra de la libertad de un pariente esclavizado (Lv 25:51-52), y al precio pagado como un equivalente por el sacrificio del primogénito (Nm 18:15). En fuentes extrabíblicas, esta palabra alude a la cantidad pagada para liberar a un esclavo o prisionero, canjear una fianza, o reclamar algo empeñado. Éxodo 30:12 conecta esta palabra con el impuesto anual de medio siclo que en el tiempo de Jesús servía para financiar los sacrificios diarios del templo por los pecados

---

6. Brown, *Death of the Messiah*, 1:170.
7. Geddert, *Watchwords*, 153.
8. Desde una óptica apocalíptica, los verdaderos gobernantes de este mundo son Satanás y sus adláteres, que están siendo retados y vencidos por Dios (ver 3:22, 24).

del pueblo. En *Tosepta Seqalim* 1:6 se conecta directamente la ofrenda del medio siclo con la expiación por el pecado entre Israel y Dios.

El concepto de rescate está, pues, vinculado a la idea de coste, sustitución y expiación. Isaías 53:10-12 forma el telón de fondo más probable de este texto:

> Pero el Señor quiso quebrantarlo y hacerlo sufrir, y como él ofreció su vida en expiación, verá su descendencia y prolongará sus días, y llevará a cabo la voluntad del Señor. Después de su sufrimiento, verá la luz y quedará satisfecho; por su conocimiento mi siervo justo justificará a muchos, y cargará con las iniquidades de ellos. Por lo tanto, le daré un puesto entre los grandes, y repartirá el botín con los fuertes, porque derramó su vida hasta la muerte, y fue contado entre los transgresores. Cargó con el pecado de muchos, e intercedió por los pecadores.[9]

Jesús proporciona de este modo la respuesta a la pregunta que antes había hecho a sus discípulos: "¿O qué se puede dar a cambio de la vida?" (8:37). El salmista afirma que no hay rescate que pueda saldar el precio de la propia vida (Sal 49:7-9). Esto es así cuando pensamos que nosotros mismos podemos pagar el rescate. Pero este texto afirma que es Jesús quien paga un precio por otros que ellos mismos no pueden pagar.

La palabra "muchos" sugiere un selecto número de receptores de estos beneficios: muchos pero no todos. Sin embargo, en el modismo semítico el término "muchos" puede tener el sentido inclusivo de "todos" (ver 1Co10:17; 1Ti 2:6).[10] Los efectos del sacrificio de Jesús se extienden a todos aquellos que lo aceptan. Pero el acento recae sobre los muchos que tienen necesidad de ser rescatados y sobre la acción de quien ofrece su vida en rescate.

Marcos muestra una vez más a los discípulos enfrentados por conseguir el primer lugar, in-

---

9. Ver Peter Stuhlmacher, "Vicariously Giving His Life for Many: Mark 10:45 (Matt. 20:28)", en *Reconciliation, Law, and Righteousness: Essays in Biblical Theology* (Filadelfia: Fortress, 1986), 16-29.
10. Este dicho es análogo a un texto de 4 Esdras 8:3: "Muchos han sido creados, pero pocos serán salvos".

tentando superarse y ganarse la partida unos a otros para conseguir el poder y obtener una posición de ventaja.

Quieren dominar, no servir. En la narración del Evangelio los discípulos nunca entienden la trascendencia del sufrimiento y su relación con la vindicación y la victoria. Por ello, fracasan miserablemente ya que ambas cosas están muy interrelacionadas.

Los discípulos han mostrado su deleite en el poder, los logros y la ambición personal; quieren un Mesías que esté más allá del sufrimiento y de la muerte, y que les ofrezca todos los deseos de su corazón. Pero, según Marcos, nunca puede entenderse quién es Jesús sin comprender la necesidad de su destino final de sufrimiento. El padecimiento distingue su papel como Mesías y el nuestro como discípulos. Para poder conocer y entender a Jesús, es necesario que aceptemos su destino como Mesías que muere por otros y asumir este mismo destino para nosotros mismos. Todos los seguidores de Jesús han de compartir su amor y sacrificio abnegados y su destino de sufrimiento para poder participar de su gloria (ver Ro 8:17). Las imágenes del bautismo y la copa recuerdan el bautismo y la Santa Cena. Todos los discípulos que se someten al bautismo y beben la copa de Jesús prometen también vivir y morir según el patrón de la cruz.

Jesús no eligió a sus discípulos porque fueran más inteligentes o simpáticos que los demás, porque no lo eran. La naturaleza humana no ha cambiado con los años, y la influencia del evangelio no ha erradicado el orgullo y la competencia espiritual de entre nosotros. Todavía hay personas en la Iglesia que consideran más importante satisfacer las necesidades de su ego que cumplir sus obligaciones como discípulos. La cruz es un elemento fundamental del discipulado, pero muchos minimizan el coste o descuidan este aspecto a favor de una forma de discipulado más popular, que ofrece gratificación y satisface nuestras necesidades materiales. Esto solo puede alimentar el egoísmo y suscitar la rivalidad. Este texto enlaza fácilmente con nuestra cultura, puesto que nos permite ver nuestra mezquindad reflejada en la de estos discípulos. Aunque Jesús les está hablando de todo lo que está a punto de dar, los discípulos sacan una lista de las cosas que quieren recibir. Lo absurdo de esta escena lleva el juicio de la cruz sobre nuestras ambiciones egoístas y nuestras maniobras para conseguir posición y poder.

Marcos describe a Jesús adelantándose a sus discípulos camino de su muerte en Jerusalén. Aunque en 10:45 el asunto de la expiación tiene una importancia vital, no podemos olvidar que Jesús se pone también como ejemplo a seguir. Jesús no se dedica tanto a explicar teorías expiatorias como a mostrar a sus discípulos una forma de vida. La única forma en que los discípulos podrán vivir a la altura de las demandas de Jesús es dándose cuenta de que él ha ido por delante de ellos, abriendo y allanando el camino para que le sigan. Es como un hombre que, durante días, se dedica a abrir un camino en la jungla para conducir a un grupo de prisioneros a la libertad y a la vida, y que, luego, muere de agotamiento a su llegada. Tal persona habría muerto "por muchos", aunque esto no significaría que ellos solo tuvieran que reconocerlo en teoría o de manera simbólica. Estuvieron con él durante todo el recorrido; pero él era el único lo suficientemente fuerte como para abrir el nuevo camino, y murió al hacerlo.[11]

Significado Contemporáneo

Este pasaje fuerza a los cristianos a reflexionar sobre lo que significa tener a un siervo por Señor. ¿Podemos acaso los discípulos buscar gloria y honra cuando nuestro Señor se ha entregado por nosotros en una muerte vergonzosa? Nos fuerza también a reflexionar sobre el modo en que definimos la grandeza y a examinar el modo de alcanzarla. No cabe duda de que las nociones mundanas de rango, honor y privilegio están fuera de lugar en la Iglesia que nombra a Jesús como Señor. El egocentrismo no tiene lugar en una Iglesia fundamentada en el decisivo sacrificio de Jesucristo. El camino a la cruz discurre por una dirección distinta al del éxito. Si seguimos a Jesús por su camino, buscar la propia gloria está fuera de lugar.

Este pasaje muestra el peligro de una ambición arrogante. Stott comenta que nuestro mundo "(y también la Iglesia) está lleno de Jacobos y Juanes, personas ambiciosas y ávidas de honor y prestigio, que miden la vida por sus logros y sueñan permanentemente con el éxito".[12] No hay que buscar mucho para encontrar predicadores que no predican para alcanzar a las personas, sino la cima, para convertirse en superestrellas eclesiásticas. Ven el discipulado de Jesús en términos de rango y privilegio. Asumen que Jesús es alguien que va a conseguirles cosas y a

---

11. Eduard Schweizer, "The Portrayal of the Life of Faith in the Gospel of Mark", en *Interpreting the Gospels*, ed. James Luther Mays (Filadelfia: Fortress, 1981), 176.
12. John R. W. Stott, *The Cross of Christ* (Downers Grove, Ill.: InterVarsity, 1986), 286-87.

darles la posición de señores. Tomás de Kempis escribió que "el diablo está siempre tentándote a buscar cosas elevadas, a ir tras los honores" (*Alfabeto del monje*). Bernardo de Claraval advirtió sobre el peligro de la ambición definiéndola como "un veneno secreto, padre de la malignidad [rencor], y madre de la hipocresía, polilla de la santidad y causa de la locura, que crucifica e inquieta todo aquello que cae en sus manos" (*Epístola*, 126).

A pesar de todas las advertencias de la Escritura, los valores paganos siguen filtrándose en la Iglesia y gobernando sus acciones. Muchos ministros sueñan todavía con una gran iglesia, con la presidencia de una institución o denominación, o con ser aclamados en revistas de ámbito nacional como personas influyentes. Con demasiada frecuencia, estas personas consiguen realizar sus sueños por el decidido propósito de lograrlo a toda costa, sin tener en cuenta lo que tengan que sufrir otras personas o la propia obra de Cristo. La Iglesia ha tenido que soportar luchas de poder nada distintas de las que se viven en el mundo de la empresa secular.

Pero la Iglesia no puede prosperar si sus dirigentes se enfrentan entre sí para obtener posiciones de poder. Este patrón solo puede conducir a la ira y al odio. Viene al caso la mordaz parábola en la que Jotán denuncia la coronación de Abimelec como rey (Jue 9:7-15). Los árboles quieren nombrar un rey para que los gobierne, pero los productivos, como el olivo, la higuera y la vid, declinan la oferta contentos de prestar su servicio a la humanidad. El estéril espino, que arde con facilidad y sirve para destruir a los otros árboles, es el único que aspira al poder. La Iglesia ha de tener cuidado con quienes desean ejercer poder sobre los demás. Esta orgullosa ambición tiene por regla general resultados devastadores. Puede que esté motivada por un complejo de inferioridad. Tras el deseo de gobernar y controlar a otras personas puede ocultarse el reconocimiento de una incapacidad para generar nada de valor.

Un dicho atribuido a Gengis Kan sostiene que "la mayor obra de un hombre es dividir a sus enemigos, hacerlos traer delante de él, quitarles todas las cosas que han sido suyas, escuchar el llanto de quienes los amaban, estrechar a sus caballos entre las rodillas y tomar en sus brazos a sus mujeres más deseables". Esta belicosa actitud sigue asolando nuestro mundo. Atrae a muchos, porque parece la actitud del vencedor. En la primera escena de su obra *The Emperor Jones*, Eugene O'Neill describe acertadamente la recompensa que recibe este estilo de vida:

Por los pequeños robos te meten en la cárcel tarde o temprano. Por los grandes robos te hacen emperador y te llevan al Salón de la Fama cuando palmas. Si una cosa he aprendido en diez años de escuchar el discurso blanco en vagones Pullman, es precisamente esto.[13]

La vida y enseñanza de Jesús le dan la vuelta a la idea de grandeza y de las grandes obras que tiene este mundo. La obra mayor que jamás se haya hecho la llevó a cabo alguien que dio su vida por los demás. El servicio abnegado es la única grandeza que Dios reconoce, y, delante de él, los grandes vencedores serán solo aquellos que dan de sí mismos a los demás. Son los que están dispuestos "a permitir que su vida se pudra por otro", como dice Peter de Vries.[14] Jesús invita a sus seguidores a unírsele en su manera de hacerse grande y de realizar grandes cosas, no según el mundo lo entiende, sino según lo entiende Dios.

Martin Luther King Jr. dijo que todos podemos ser grandes, porque cualquiera puede servir a los demás.

No tienes que tener un título universitario para servir. Ni expresarte con una gramática perfecta. No tienes que conocer a Platón y a Aristóteles ni la teoría de la relatividad de Einstein. No, tampoco hace falta que conozcas la segunda hipótesis de la termodinámica. Para servir solo necesitas un corazón lleno de gracia; un alma movida por el amor.[15]

Esta actitud queda ilustrada por el personaje Nancy Mannigoe de la novela de William Faulkner, *Réquiem por una monja*. Al final de su vida, esta mujer dice: "De acuerdo. También puedo humillarme por Jesús. Puedo también humillarme por él". Podemos comprobar cuál es nuestra actitud en este sentido analizando cómo reaccionamos cuando se nos pide que realicemos una tarea servil, algo que quizá juzgamos por debajo de nuestra dignidad. Dios reina verdaderamente cuando la forma en que Jesús ve la vida derroca las destructivas formas de vida de este mundo.

Esta escena con los discípulos también debería hacernos reexaminar lo que le pedimos a Dios. En un grupo de oración me hablaron de perso-

---

13. Eugene O'Neill, *The Emperor Jones* (Stewart Kidd Company, 1921), p. 15
14. Peter de Vries, *The Mackeral Plaza* (Nueva York: Little, Brown & Co., 1958), 5.
15. The Wisdom of Martin Luther King, Jr., ed. Alex Ayres (Nueva York: Meridian, 1993), 205.

nas que informatizaban sus peticiones a Dios, en una tabla consignaban la petición, la fecha en que se hizo, y la fecha en la que fue respondida. En la lista de peticiones había promociones en el trabajo, nuevos trabajos, elegantes coches nuevos, casas más grandes y citas con personas que les gustaban. ¿Pareceríamos acaso desvergonzados buscadores de oro si nuestras oraciones se hicieran públicas?

Geddes MacGregor describe una típica reunión dominical en una iglesia según los ritos del "Cristianismo de Apariencias Ortodoxo". La oración del pastor es:

> Oh querido Padre maravilloso, de nuestra experiencia increíblemente increíble nos gusta sentirnos seguros de que siempre podemos venir a ti cuando tenemos ganas [...]. Y ahora, querido Señor, queremos pedirte con toda naturalidad, sencillez y mucha franqueza, que nos concedas el deseo de nuestro corazón. Tu eres el Consolador, como dice la antigua historia, y por ello eres nuestro amigo, porque nos encanta la comodidad (el autor hace un juego con las palabras *Comforter*, "Consolador" y *comfort*, "comodidad, consolación". N.T.).[16]

Observar a Jacobo y a Juan es como mirarnos en un espejo. Es fácil ver nuestro egoísmo, y Marcos espera que veamos lo necios que parecemos.

La afirmación de Jesús sobre el "rescate" utiliza una metáfora para referirse a nuestro conflicto y a su sacrificio. Da a entender que somos esclavos y que nos es imposible comprar nuestra libertad. El precio debe de pagarlo otra persona. La muerte de Jesús no es un trágico accidente ni un valiente martirio, sino un supremo acto de sacrificio por toda la humanidad. Esta imagen no describe completamente la difícil situación de esta ni el modo en que la muerte de Jesús la resuelve, pero sí deja claro que la expiación no es algo que podamos alcanzar por nosotros mismos. Nos llega como un don de Dios. Jesús ha pagado con su vida la infinita deuda de la humanidad. Nos ha liberado de nuestra cautividad del pecado.

---

16. Geddes MacGregor, *From a Christian Ghetto* (Londres: Longmans Green and Co, 1954), 95-96; citado por Roland Mushat Frye, *Perspective on Man* (Filadelfia: Westminster, 1961), 149.

Sin embargo, al mismo tiempo, hemos quedado también atrapados. Demóstenes cita la ley que declara al rescatado como propiedad del que lo había libertado.[17] Pablo asume este principio en su amonestación a los corintios: "Ustedes no son sus propios dueños; fueron comprados por un precio" (1Co 6:19b-20a). Si hemos sido rescatados por Cristo, le pertenecemos por completo.

---

17. Citado por Ceslas Spicq, *Theological Lexicon of the New Testament* (Peabody, Mass.: Hendrickson, 1994) 2:427.

Marcos 10:46-52

Después llegaron a Jericó. Más tarde, salió Jesús de la ciudad acompañado de sus discípulos y de una gran multitud. Un mendigo ciego llamado Bartimeo (el hijo de Timeo) estaba sentado junto al camino. ⁴⁷ Al oír que el que venía era Jesús de Nazaret, se puso a gritar:

—¡Jesús, Hijo de David, ten compasión de mí!

⁴⁸ Muchos lo reprendían para que se callara, pero él se puso a gritar aún más:

—¡Hijo de David, ten compasión de mí!

⁴⁹ Jesús se detuvo y dijo:

—Llámenlo.

Así que llamaron al ciego.

—¡Ánimo! —le dijeron—. ¡Levántate! Te llama.

⁵⁰ Él, arrojando la capa, dio un salto y se acercó a Jesús.

⁵¹ —¿Qué quieres que haga por ti? —le preguntó.

—Rabí, quiero ver —respondió el ciego.

⁵² —Puedes irte —le dijo Jesús—; tu fe te ha sanado.

Al momento recobró la vista y empezó a seguir a Jesús por el camino.

La última curación de Jesús en el Evangelio de Marcos se produce en Jericó, al borde del desierto. Los judíos galileos que hacían su peregrinaje a Jerusalén solían dar un rodeo para no pasar por Samaria y atravesaban la región de Perea, por la parte oriental del Jordán. Volvían a cruzar el Jordán en Jericó y emprendían la última etapa de su viaje por el escarpado camino que sube a Jerusalén. Anticipando la generosidad de los peregrinos que subían a la ciudad santa, un hombre ciego cuyo único recurso es mendigar se sienta junto al camino. En el mundo antiguo, un hombre con sus limitaciones dependía completamente de la caridad de los demás, así como de su guía y protección (ver Lv 19:4). Era uno de los prescindibles de la sociedad.

Y así es exactamente como le trata la multitud, porque no le ofrecen ninguna ayuda. Cuando pide ayuda a Jesús como Hijo de David, lo reprenden por molestarlo. No lo llevan a Jesús y le suplican que lo sane, como las gentes de Betsaida (8:22), aunque Marcos no identifica al ciego de este episodio como un mendigo. Esta multitud piensa probablemente que un personaje tan ilustre como Jesús no está para atender a un ciego discapacitado e indigente (ver la conocida aversión de David por los ciegos, 2 Samuel 5:6-8). Marcos, no obstante, da dignidad a este mendigo consignando su nombre: Bartimeo.[1]

Este hombre no está dispuesto a desistir por los reproches de la multitud y se expresa con mayor desesperación. Jesús ha llegado a la última etapa de su viaje a Jerusalén. A pesar de la sombra de la cruz que se cierne cada vez más alargada sobre él, Jesús sigue escuchando los lamentos de quienes lo buscan angustiados. La multitud intenta que este hombre detenga su clamor; Jesús se detiene por él. Normalmente, la multitud entiende mal las cosas. Nadie es demasiado insignificante como para que Jesús no le preste atención; lo hemos visto ocuparse de un leproso, de una mujer con flujo de sangre, de un grupo de niños y, ahora, de un ciego y mendigo.

Bartimeo parece tener un sexto sentido para ver que el hombre que ahora pasa por su pueblo es más que un reconocido profeta y obrador de milagros de Nazaret y se dirige a él como "Hijo de David" (la única ocasión en que este título aparece en Marcos). A medida que Jesús se va acercando a Jerusalén y a su ignominiosa muerte, su identidad como Mesías, Hijo de David, puede ser ampliamente divulgada. Este clamor de Bartimeo es, pues, una preparación para la dramática entrada de Jesús en Jerusalén (11:1-11). La mayoría de los judíos relacionaban el título "Hijo de David" con visiones nacionalistas y militaristas (ver Sal. Sol. 17:21-25). Cuando Jesús aparece montado en un pollino está forzando la situación de su identidad mesiánica, y la multitud responde con una gran muestra de júbilo por la venida del reino de David, su padre (11:9-10). Los soldados conocen las pretensiones regias de Jesús y se burlan de ellas. Pilato lo hará ejecutar como "Rey de los judíos". El episodio de Jericó pone de relieve que, como Hijo de David, Jesús

---

1. Curiosamente, Marcos abre un paréntesis para interpretar el significado del nombre Bartimeo ("el hijo de Timeo"), mientras que, en cambio, no traduce el término "Rabbouni" (10:51, que la NVI traduce "Rabí"). Puede que desee resaltar la ironía de que alguien cuyo nombre significa "digno de honor" sea tratado de un modo tan despreciable.

expresa su regia autoridad en obras de sanación y misericordia a los despreciados y marginados, no en el reclutamiento de una fuerza militar para la revolución. Este Hijo de David oye los lamentos de los oprimidos, imparte vista a los ciegos y trae bendición y paz.

Las multitudes le dicen a Bartimeo que guarde silencio. Sin embargo, Jesús se detiene y dice, "llámenlo" (una prueba más de que vino a servir, no a ser aclamado). Jesús responde a los insistentes gritos de socorro de Bartimeo con un urgente llamado. El verbo "llamar" (*phoneo*) se repite tres veces en el versículo 49: "Jesús se detuvo y dijo: —Llámenlo. Así que llamaron al ciego. —¡Ánimo! —le dijeron—. ¡Levántate! Te llama".[2] Jesús no lo llama al discipulado como lo hizo con los pescadores cerca del mar, pero Bartimeo responde tan rápidamente como aquellos primeros discípulos. Se levanta de un salto y se acerca a Jesús quien, acto seguido, le pregunta: "¿Qué quieres que haga por ti?" (10:51).

Puede parecernos una pregunta extraña para un hombre ciego, pero Jesús lo fuerza a reflexionar sobre lo que realmente quiere de él. Su respuesta, "*Rabbouni* [lit.], quiero ver", demuestra suficiente fe para creer que Jesús puede transformarlo de un hombre ciego que mendiga junto al camino (10:46; ver 4:4, 15) en una persona capaz de ver y seguir a Jesús en el camino (10:52).[3] Cree que Jesús es capaz de cumplir Isaías 35:5 y dar vista a los ciegos. La escena recuerda la promesa de Isaías de 42:16:

> Conduciré a los ciegos por caminos desconocidos,
> los guiaré por senderos inexplorados;
> ante ellos convertiré en luz las tinieblas,
> y allanaré los lugares escabrosos.
> esto haré,
> y no los abandonaré.[4]

---

2. Fijémonos en cómo cambia el humor de la multitud cuando Jesús se fija en el hombre que ellos han estado zahiriendo.
3. La fórmula, Rabbouni ("mi maestro", ver Jn 20:17), puede expresar un honor deferente hacia un gran maestro o, también, que Jesús ostenta autoridad divina al utilizar un título reservado a Dios (Waetjen, *Reordering*, 178-79).
4. Marcus (*The Way of the Lord*, 34) escribe: "La sanación de la ceguera está ligada a la imagen del santo camino por el que los redimidos del Señor regresan a Sión con cantos exultantes. Así, el desierto que florece, los ojos abiertos de los ciegos y el camino del Señor son temas que se interrelacionan".

Marshall observa que en esta curación hay "una evidente falta de acento en el curso del propio milagro [...]. No hay ninguna palabra o gesto sanador, ninguna demostración de la cura, y ninguna aclamación coral".[5] Este milagro adquiere relevancia simbólica puesto que corona el tema del discipulado en esta sección. A otras personas sanadas por él, Jesús les ha dicho que se vayan (1:44; 2:11; 5:19, 34; 7:29) y que su fe los ha salvado (ver 5:34). Bartimeo, sin embargo, no decide marcharse por su camino. Ahora que ha sido sanado de su ceguera, decide seguir a Jesús como cualquier otro discípulo (8:34). Como los primeros discípulos que Jesús llamó, abandona su antigua forma de vida dejándolo todo. El manto que deja atrás no es mucho, quizá, pero es su única posesión en este mundo y una necesidad (Éx 22:26-27; Dt 24:12-13). Es probable que este manto lo usara, extendido en el suelo, para recoger limosnas durante el día, y que fuera su fuente de calor por la noche. Bartimeo no quiere obstáculos para seguir a Jesús. Puede parecernos que dejar una mera prenda de vestir sea más fácil que vender todo cuanto uno posee (10:21), pero esta es la razón por la que Jesús habló de lo difícil que sería entrar en el reino para aquellos que tienen posesiones (10:24-25).

Los discípulos demuestran estar espiritualmente ciegos, y Jesús intenta abrirles los ojos para que entiendan que Dios requiere que él entregue su vida y que ellos han de tomar su cruz y seguirle. Esta escena relaciona la curación de la ceguera con cuestiones de discipulado. Jesús sana a un ciego al comienzo de esta extensa sección (8:22-26) y al final. Al interpretar este pasaje, no hemos de tratarlo como otro milagro de sanación, sino reconocer sus implicaciones para el discipulado.

Los paralelismos con la petición de Jacobo y Juan en el incidente anterior (10:32-40) ayudan a clarificar estas implicaciones. Jacobo y Juan se acercan a Jesús cuando iban "de camino" (10:32). Bartimeo suplica misericordia sentado "junto al camino" (10:46); y tras recobrar la vista, "empezó a seguir a Jesús por el camino" (10:52). El "camino" (*hodos*) es un elemento importante de esta sección (8:27; 9:33-34; 10:32). Además, Jesús les hace la misma pregunta tanto a los hijos de Zebedeo como a Bartimeo, "¿Qué quieres/n que haga por ti/ustedes?" (10:36,

---

5. Marshall, *Faith As a Theme*, 124.

51). La respuesta de los discípulos a esta pregunta es muy elocuente: quieren ocupar tronos junto a Jesús y reinar triunfantes con él. Bartimeo, que se sienta en el polvo, no pide gloria, sino que clama desde su miserable pobreza: solo quiere ver. Los discípulos ven a Jesús como un Mesías que les otorgará autoridad y gloria; Bartimeo lo ve como el Hijo de David que le imparte sanidad y vista. Jesús no puede conceder la petición de poder de los discípulos, pero sí la del ciego.

Jesús puede sanar la ceguera física, pero más que esto, quiere sanar la ceguera espiritual. En un plano literal, Bartimeo desea ver físicamente y es tan optimista como el leproso (1:40-42) en su confianza de que Jesús, el Hijo de David, puede restaurarle la vista. En el plano espiritual, expresa lo que debería ser la aspiración de cualquier discípulo: ver. El llamamiento y decisión de Bartimeo de seguir a Jesús revelan que el discipulado está abierto a todos los que, por fe, se identifican con él y no se limita solo a aquellos casos en que Jesús llama específicamente a algunos para que le sigan.[6] Uno puede convertirse en discípulo poniendo su fe en Jesús y decidiendo seguirle.

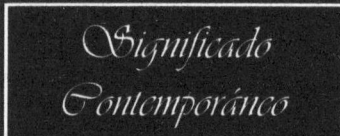

La familiar frase de "Sublime gracia" —"Estuve perdido pero ahora me han hallado, fui ciego, pero ahora veo"— entiende la conversión como un cambio de la ceguera a la vista. La curación de Bartimeo puede ser un tipo de la sanación de nuestra ceguera espiritual. Analizaremos este incidente por la luz que arroja sobre la transformación de la ceguera a la visión en la conversión; también examinaremos la actitud indiferente de la multitud, que intenta obstaculizar las súplicas de este hombre.

De la ceguera a la vista. Muchos se identifican con el encuentro de este ciego con Jesús. Se corresponde con la gracia sanadora que han experimentado en sus vidas. Saben lo que significa "sentarse en el polvo", mendigando gracia, suplicando ayuda desesperadamente y gritando más fuerte cuando otros pretenden ahogar sus lamentos o intentan silenciarlos. Saben lo que significa descubrir que a Jesús sí le importa su situación; le importa lo suficiente como para escuchar su clamor por encima del estruendo de la multitud, detenerse y responder la llamada que alegra el corazón.

---

6. *Ibíd.*

Si tratamos esta curación como un paradigma actual para la restauración de la vista, vemos varios temas. (1) La sanación no siempre es fácil para aquellos a quienes Jesús sana. Antes de que Bartimeo pueda recibir la curación de Jesús, ha de vencer la determinación de la multitud de ahogar sus gritos de socorro. Este hombre persiste en gritar el nombre de Jesús hasta que le oye a él llamándolo.

Hemos visto esta tenaz determinación en los relatos de otras sanaciones de este Evangelio. La mujer sirofenicia no abandona la esperanza de que Jesús va a sanar a su hija, aunque ella no es judía y Jesús la rechace inicialmente (7:24-30). Jairo ha de ignorar las burlas de los que dicen que su hija está muerta y Jesús no puede hacer nada por ella (5:35-43). Los amigos del paralítico han de abrirse paso con su camilla entre una multitud y descolgarlo desde el tejado para ponerlo delante de Jesús (2:1-12). Para recibir la ayuda de Jesús, tanto el leproso como la mujer con flujo de sangre han de desatender unas leyes que les prohíben cualquier contacto con él (1:40-45; 5:25-34). Un padre desesperado ha de vencer sus dudas de que Jesús pueda hacer algo para ayudar a su hijo, atormentado por un espíritu inmundo, cuando los discípulos ya han fracasado (9:14-29). La sanación la experimentan aquellos que son persistentes y no se desaniman fácilmente por los obstáculos que otros puedan poner en su camino. ¿Cuántos desean tanto ser sanados de su ceguera que ignoran el rechazo de la multitud para conseguirlo?

(2) Si la sanación requiere persistencia, hemos de acudir deliberadamente a Jesús en busca de alivio. Bartimeo no quiere conocer al famoso profeta de Nazaret de un modo sentimental. Él clama concretamente a Jesús, porque cree que tendrá misericordia de él y le dará la vista.

La pregunta de Jesús: "¿Qué quieres que haga por ti?" puede parecer torpe ya que la necesidad de este hombre es evidente. Pero esta pregunta tiene mucho sentido en el contexto de este capítulo, donde los deseos y las peticiones de otros personajes plantean un marcado contraste. Los fariseos querían ganarle la partida y tenderle una trampa (10:2). El rico quería la seguridad eterna a un coste mínimo (10:17). Jacobo y Juan querían ser altos funcionarios en el reino (10:35-36). Un mendigo ciego podría querer solo dinero, pero Bartimeo quiere ver de nuevo.

"¿Qué quieres que haga por ti?" es la pregunta más importante que Dios puede hacernos y la que con mayor frecuencia contestamos erróneamente. Pedimos toda clase de cosas equivocadas en la vida. Podríamos encontrar muchos ejemplos, pero Marcos nos proporciona dos muy notables. Herodes hace básicamente la misma pregunta a su hijastra: "Pídeme lo que quieras y te lo daré" (6:22). Su respuesta: "La cabeza de Juan el Bautista". Pilato hace la misma pregunta a la multitud (15:9, 12). Su respuesta: "Barrabás" y "¡Crucifícale!". Nuestra respuesta a esta pregunta revelará si queremos muerte o vida, si queremos ser sanados de nuestra ceguera o si, de manera egoísta, queremos utilizar a Dios para hacer nuestra petición y cumplir nuestros deseos.

(3) El aforismo, "el que duda está perdido" se aplica a esta situación. Bartimeo no puede dudar: "Quizá espere hasta que Jesús pase de nuevo por aquí un día que haya menos gente, y un ambiente más tranquilo". En Marcos, los que son sanados actúan con decisión y ponen a un lado el orgullo y la prudencia para aprovechar la oportunidad que se les brinda cuando Jesús pasa cerca de ellos. De lo contrario, la oportunidad de ser sanados pasaría.

(4) Tras ser sanado, Bartimeo pasa a la acción. Inicialmente, Marcos describe al ciego "sentado junto al camino". Sentarse junto al camino puede ser peligroso para la propia salvación (ver 4:15). No podemos sentarnos en el margen, como espectadores, mientras otros se dejan la vida en el camino. Cuando las personas son sanadas de alguna enfermedad grave, por lo general quieren poner en orden su vida. Cuando alguien recibe la vista, ha de seguir el camino detrás de Jesús.

La reacción de la multitud. La negativa reacción de la multitud ante los gritos de socorro del ciego plantea la cuestión de nuestra compasión por los necesitados. Es posible que la sociedad quiera silenciar los embarazosos gritos que acentúan la impotencia de aquellos a quienes no han ayudado. Los gritos de desesperación incomodan a la mayoría de las personas, especialmente cuando proceden de nuestro propio entorno. Lo triste es que muchas veces las iglesias han vuelto la espalda a las personas con discapacidades, no se han esforzado por alcanzarlas y han hecho como que no existían. En ocasiones, las personas sin discapacidades se sienten incómodas alrededor de las discapacitadas. La preocupación de no saber qué decirles a quienes están en esta situación puede causarnos incomodidad. Es evidente que la multitud que rodea a Bartimeo no se preocupa por esto y muestra una completa falta de sensibilidad hacia sus necesidades, hasta que Jesús le dedica una atención especial.

La Iglesia no ha aprendido esta lección, y en nuestro tiempo se aparta e ignora con demasiada frecuencia a las personas discapacitadas. Me comentaron que en cierta iglesia había varias personas confinadas a una silla de ruedas. Para la reunión de adoración se las llevaba a la primera hilera, frente al santuario, donde había más espacio y sus sillas dejaban el pasillo libre. Uno de los miembros objetó que su presencia dificultaba su adoración y, en su opinión, sería un obstáculo para que otras personas se hicieran miembros de la iglesia. Propuso que la iglesia habilitara un lugar especial para ellos donde su presencia no fuera tan destacada ("lo primero que se ve cuando se entra en el santuario".

He intentado entender la motivación que subyace tras la objeción de este hombre. Quizá no quería que la perturbadora evidencia del sufrimiento de otras personas incomodara su adoración. Puede que no quisiera que se le recordara lo frágiles que son la vida y la salud. Quizás intentaba convencerse de que la enfermedad, los desastres y las discapacidades pueden, de algún modo, evitarse por medio de un comportamiento religioso. Para que sea la Iglesia de Jesucristo, esta no puede ser nunca como las multitudes que intentan reprimir los urgentes gritos de aquellos que necesitan desesperadamente ayuda o intentan tapar las tragedias que golpean las vidas de las personas. Como Jesús, hemos de estar dispuestos a escuchar, detenernos y responder.

Marcos 11:1-11

Cuando se acercaban a Jerusalén y llegaron a Betfagué y a Betania, junto al monte de los Olivos, Jesús envió a dos de sus discípulos ² con este encargo: «Vayan a la aldea que tienen enfrente. Tan pronto como entren en ella, encontrarán atado un burrito, en el que nunca se ha montado nadie. Desátenlo y tráiganlo acá. ³ Y si alguien les dice: "¿Por qué hacen eso?", díganle: "El Señor lo necesita, y en seguida lo devolverá"».

⁴ Fueron, encontraron un burrito afuera en la calle, atado a un portón, y lo desataron.⁵ Entonces algunos de los que estaban allí les preguntaron: «¿Qué hacen desatando el burrito?». ⁶ Ellos contestaron como Jesús les había dicho, y les dejaron desatarlo. ⁷ Le llevaron, pues, el burrito a Jesús. Luego pusieron encima sus mantos, y él se montó.⁸ Muchos tendieron sus mantos sobre el camino; otros usaron ramas que habían cortado en los campos. ⁹ Tanto los que iban delante como los que iban detrás, gritaban:

—¡Hosanna!

—¡Bendito el que viene en el nombre del Señor!

¹⁰ —¡Bendito el reino venidero de nuestro padre David!

—¡Hosanna en las alturas!

¹¹ Jesús entró en Jerusalén y fue al templo. Después de observarlo todo, como ya era tarde, salió para Betania con los doce.

La entrada de Jesús a Jerusalén señala el final de una etapa en que este evita a las multitudes y actúa con un cierto secretismo, y el comienzo de una abierta confrontación con sus oponentes en el templo. El primer día de la semana de la Pasión comienza con una multitudinaria recepción en su dramática entrada sobre un animal usado en la coronación, con una gran aclamación de bienvenida al reino de David (11:1-10). La escena termina con un breve reconocimiento del templo por parte de Jesús (11:11). En el siguiente día se produce su dramática intervención en el templo, que se narra dentro del relato de la maldición de una higuera (11:12-25).

En su tercera visita al templo Jesús repele los desafíos de varios oponentes. Los sumos sacerdotes preguntan con qué autoridad hace estas cosas, y Jesús solo responde con otras preguntas y con una siniestra parábola (11:27—12:27). Los fariseos y los herodianos se unen para tenderle una trampa con una pregunta capciosa, que plantea si es o no correcto que quienes pertenecen a Dios paguen impuestos a César (12:13-17). A continuación, los saduceos hacen una pregunta un tanto jocosa sobre la resurrección (12:18-27). Tras responder correctamente a estas preguntas, un compasivo maestro de la ley lo interpela sobre el mandamiento más importante (12:28-34). Tras ser aclamado por emocionados peregrinos cuando entra en la ciudad, Jesús vuelve al tema del reino de David con un enigma sobre su hijo (12:35-37). Para deleite de la multitud, Jesús declara que el Mesías es mayor que David y que su reino será también mayor que el de este. A continuación, condena a aquellos maestros de la ley que ocultan su impiedad con un manto de santidad y se aprovechan de la difícil situación de las viudas (12:38-40). Los sucesos del templo concluyen con una escena en la que Jesús observa a una viuda echando en una de las alcancías del templo todo lo que tiene para vivir (12:41-44).

Los episodios que giran alrededor del templo comienzan cuando Jesús entra en Jerusalén procedente del monte de los Olivos, al este de la ciudad. El Señor ordena a sus discípulos que vayan a buscar un pollino y muestra su sobrenatural presciencia pronosticando exactamente lo que encontrarán: un pollino en el que nadie ha montado, atado y muy cerca de la entrada de la aldea. También advierte a los discípulos que alguien los interpelará cuando vayan a desatar el pollino. La respuesta que han de darle, "el Señor lo necesita", es la misma razón que dio David para comer de los panes consagrados "cuando él y sus compañeros tuvieron hambre y pasaron necesidad" (2:25). Jesús hace uso del animal como lo haría un rey que tuviera derecho a tomar lo que necesita; pero, a diferencia de los reyes despóticos, Jesús devolverá inmediatamente el animal tras su uso.[1] Los discípulos obedecen de inmediato, y todo se produce según lo pronosticado por el Señor.

Jesús organiza una grandiosa entrada en Jerusalén que se aparta considerablemente de sus anteriores patrones de actuación en el Evangelio de Marcos. A excepción de aquellas ocasiones en que cruzó el lago en una barca, Jesús siempre se ha desplazado andando. La decisión de concluir la última etapa de su viaje a Jerusalén montado sobre un animal "parece

---

1. Ver G. H. R. Horsley, *New Documents Illustrating Early Christianity* (North Ryde: Macquarie Univ. Press, 1981), 1:36-43.

alguna forma de reivindicar su autoridad".[2] Nadie ha montado todavía en el animal que escoge, lo cual lo hace adecuado para un propósito sagrado y digno de un rey.[3] El pollino, que está atado y debe ser soltado (11:2, 4) alude también a Génesis 49:10-11 y Zacarías 9:9, pasajes que se interpretaban con un sentido mesiánico. Jesús entra en Jerusalén como Mesías de Israel.

Esta "mediática" entrada en Jerusalén se desvía también de la anterior actitud de Jesús de no llamar la atención sobre sí mismo. Su carismático poder y sus milagros hacían casi imposible que se cumpliera su deseo de pasar desapercibido. No obstante, Jesús intentó sistemáticamente eludir a las multitudes ávidas de espectáculo, cuyo entusiasmo amenazaba con convertir su misión en una feria. Jesús silenció a aquellos que pretendían liderar su causa sin entender completamente cuál era su misión. También desalentó las aspiraciones de quienes creían que todo sería coser y cantar sin ver que los indicadores apuntaban hacia el Gólgota y la muerte en una cruz. Ahora se produce un cambio completo: por medio de su provocativa entrada, Jesús alienta un festejo público. Myers llega al extremo de llamarlo "escenificación política".[4] Sus acciones animan a que las multitudes blasonen su nombre con júbilo desde las esquinas y los tejados. Durante los festejos de la Pascua las gentes solían estar expectantes celebrando la liberación de Israel de Egipto; sin embargo, los que esperan que Jesús organice un golpe militar perfecto se equivocarán tristemente.

Marcos nos dice que los discípulos ensillan el pollino sirviéndose de sus mantos, y la multitud tiende asimismo sus ropas a lo largo del camino (como hizo el pueblo cuando Jehú fue ungido rey; 1R 9:12-13). Los seguidores de Jesús y los peregrinos, atrapados en el entusiasmo del momento, también recubren las calles con hojas y ramas (o paja segada) y llenan el aire con un coro de "Hosannas" (que significa, "¡Sálvanos!") y bienaventuranzas. Este coro improvisado canta uno de los salmos Hallel, es decir, de acción de gracias (Sal 118:25-26). Irónicamente, Jesús entra en la ciudad procedente del monte de los Olivos con el Hallel resonando en sus oídos. Unos días más tarde se retirará al monte de los

---

2. Hooker, *Mark*, 257. Aunque los asnos eran más comunes en Palestina, el pollino en cuestión habría podido ser un caballo o un mulo; y los reyes cabalgaban sobre mulas (2S 18:9; 1R 1:33-48).
3. Según *m. Sanh.* 2:5, el rey era el único que podía montar en su caballo.
4. Myers, *Binding*, 294.

Olivos para orar en su angustia, después de cantar un himno con sus discípulos al finalizar la cena, posiblemente un salmo Hallel.

El entusiasmo generado por la llegada de Jesús termina con un cierto anticlímax cuando entra en el templo y sale de él sin decir ni hacer nada memorable. Marcos crea en sus lectores la expectativa de que algo grandioso va a suceder, pero no es así. Nos dice que "ya era tarde" (11:11). ¿Pero tarde para qué? ¿Significa esta expresión que a Jesús se le fue el tiempo sin poder hacer algo que quería hacer? ¿O quiere acaso decir que al templo se le está terminando el tiempo? Esta descolorida conclusión de la impresionante entrada de Jesús en Jerusalén dice más de lo que se ve a simple vista. Prepara el terreno para lo que sucederá al día siguiente, y su verdadera trascendencia solo puede entenderse a la luz del Antiguo Testamento. Jesús no hace un recorrido turístico por el templo, deslumbrado por el resplandor del oro, el intenso brillo del mármol blanco, y las gigantescas piedras.[5] Tampoco lo visita movido por una piadosa reverencia; no hace oraciones ni ofrece sacrificio alguno. Jesús se ha identificado a sí mismo como el Señor que requiere una montura (11:3). Ahora entra a su templo según la profecía de Malaquías 3:1-2, un pasaje que Marcos ha citado en el prólogo del Evangelio (Mr 1:2):

> "El Señor Todopoderoso responde: 'Yo estoy por enviar a mi mensajero para que prepare el camino delante de mí. De pronto vendrá a su templo el Señor a quien ustedes buscan; vendrá el mensajero del pacto, en quien ustedes se complacen'. Pero ¿quién podrá soportar el día de su venida? ¿Quién podrá mantenerse en pie cuando él aparezca? Porque será como fuego de fundidor o lejía de lavandero".

Jesús entra en el templo para inspeccionarlo, y los acontecimientos del día siguiente revelan que no viene para restaurarlo, sino para pronunciar la sentencia condenatoria de Dios sobre él.

El gozoso entusiasmo y la colorida procesión de admiradores que saludan a Jesús cuando se acerca a Jerusalén parece un comienzo prometedor para su visita. El lector puede espe-

---

5. Marcos no usa el verbo "mirar alrededor" (*periblepomai*) con el sentido de mirar embobado, sino con el de examinar críticamente y con detalle (ver 3:5, 34; 5:32; 10:23). Podemos imaginar a Jesús mirando de manera reprobatoria.

rar que las extremadas predicciones de Jesús sobre lo que le sucederá en Jerusalén fueran quizá equivocadas.[6] Este entusiasmo, sin embargo, solo bloquea temporalmente la visión de la inminente catástrofe para la que Marcos ha preparado al lector. Esta exuberante alegría se convertirá en amargo llanto; el triunfante júbilo de hoy será cobarde pánico.

La multitud está equivocada en su aclamación. Entienden la venida de Jesús como una entrada triunfal y gritan consignas nacionalistas sobre la restauración del poder y la gloria del reino davídico: "¡Bendito el reino venidero de nuestro padre David!". Tienen razón en que Jesús viene como rey, pero ellos esperan al típico monarca, que instaurará un imperio temporal. La errónea idea que asume el pueblo de que Jesús entra en Jerusalén para librar a la nación de la dominación extranjera y para resucitar las antiguas glorias de Israel genera una prematura celebración. Estas falsas esperanzas se hacen trizas en el momento en que Jesús se entrega mansamente a quienes van a arrestarlo (ver Lc 24:21); sin embargo, nacerá una nueva y mayor esperanza.

No es una entrada triunfal. Jesús no entra en Jerusalén sobre un blanco caballo de batalla. No esgrime una serie de trofeos de guerra ni entra seguido por un cortejo de cautivos. De hecho, antes de que termine la semana, serán los guardias romanos quienes lo llevarán a él arrestado por la ciudad. Por tanto, Jesús no comparte las fantasías de gloria terrenal de los discípulos. Él va a la ciudad, como había dicho tres veces, a sufrir y morir, no a establecer un reino contra César. Viene como un rey que será coronado con espinas, entronizado en una cruz, y aclamado como adalid de los tontos. Su entrada apunta a una clase de triunfo distinta de la que imagina la multitud; se trata de una victoria más poderosa de la que pueda lograr una monarquía davídica y de un alcance que trasciende a Israel o incluso al Imperio romano.

Al contextualizar este pasaje hemos de dejar claro que, aunque está bien saludar al Mesías con alegría, no podemos olvidar que no ha venido a establecer un magnificente reino terrenal. Las multitudes lo aclaman sin entender su propósito. Aunque se han predicado muchos sermones

---

6. En esta entrada impresionante, Marcos establece la identidad de Jesús como Rey de Israel. Bilezikian (*The Liberated Gospel*, 127) muestra que esta escena también se ajusta una dramática convención. Inmediatamente antes del catastrófico clímax de esta obra va a producirse un gozoso coro, danza o procesión, y una expresión lírica de confianza y felicidad. No obstante, las esperanzas que suscitan esta explosión de alegría, no van a cumplirse.

sobre las volubles multitudes —que lo aclaman como rey hoy y gritan "¡crucifícalo!" mañana— es más probable que fueran los seguidores de Jesús quienes incitaron el entusiasmo de la multitud con sus vítores. No hemos de olvidar que fueron los discípulos quienes se mostraron más volubles. La proclamación de consignas nacionalistas no encaja demasiado con lo que Jesús va a conseguir en los días siguientes. La escena describe a unos discípulos que siguen esperando un glorioso reino terrenal en el que ellos puedan sentarse en tronos y reinar con su Mesías.

Muchas iglesias celebran la imponente entrada de Jesús en Jerusalén como el Domingo de Ramos, en el que los niños de la congregación agitan con entusiasmo ramilletes de hojas de palma. La semana siguiente, los cristianos celebran el Domingo de Resurrección y la resurrección de Jesús de entre los muertos. La mayor parte de los asistentes a estos actos no concurren a ninguna reunión especial en recuerdo de los acontecimientos de la Pasión de Jesús durante aquella semana. Pasan, pues, por alto el sufrimiento intermedio. Pueden tener la falsa impresión de que el cristianismo pasa de una celebración a otra, o que, de algún modo, la Pascua "borra más que vindica la cruz".[7] El Evangelio de Marcos, más que ningún otro, pone de relieve el enorme sufrimiento de Jesús. El autor da testimonio de su terrible soledad en medio del ensordecedor aplauso. Hemos de aclamar a Jesús como aquel que viene a morir por nuestros pecados, no por llevarnos a la gloria. Hemos de aclamarlo como aquel que da su vida por el reino de Dios, no como el que establece el reino de David.

La multitud grita: "¡Hosanna! ¡Sálvanos!", creyendo que Jesús está ahí para salvarlos de sus enemigos políticos. Lo que más necesitamos es que nos salve de nosotros mismos. La naturaleza y las aspiraciones humanas cambian poco con el paso de los años, y este incidente pone de relieve que seguimos necesitando que se nos salve, al menos, de tres cosas. (1) Hemos de ser salvos de mezquinos nacionalismos que dividen el mundo en diminutos territorios enfrentados unos con otros. Jesús no viene a cumplir el programa político de nadie. Como juez supremo, puede condenar tales programas como condenó el templo de Jerusalén.

---

7. Fred B. Craddock, *The Gospels* (Nashville: Abingdon, 1981), 64.

Sorprendentemente, las gentes siguen vistiendo a Jesús con sus banderas nacionalistas y asumiendo, no solo que apoya sus consignas políticas, sino que se pondrá manos a la obra para llevarlas a cabo. Aquel que entra en Jerusalén lo hace como rey de todo el mundo y muere por todas las personas. Su pueblo no quedará limitado a una sola nación y su sacrificado amor se extenderá más allá de cualquier frontera o raza nacional.

(2) También hemos de ser salvos de una fe voluble que abandona a Jesús ante el más mínimo indicio de problemas. Jesús no acepta los vítores de una multitud que no va a estar orando con él en la oscuridad de Getsemaní ni lo acompañará en el Gólgota, más tenebroso aún. Poco puede hacer con cristianos que se dejan ver una vez al año para participar del alborozo del Domingo de Ramos. Necesita a personas dispuestas a seguir hasta el fin, aun cuando tengan que hacer frente a un enorme sufrimiento.

(3) Hemos de ser salvos de ingenuas expectativas de gloria para poder ver el poder de Dios que actúa verdaderamente en la cruz. Dios no vence enviando sus tropas a sangrientas batallas, sino mandando a su Hijo a la cruz. Como rey que da su vida por otras personas, Jesús reina con una forma de poder que los reyes terrenales no pueden ejercer.

Marcos 11:12-33

Al día siguiente, cuando salían de Betania, Jesús tuvo hambre. ¹³ Viendo a lo lejos una higuera que tenía hojas, fue a ver si hallaba algún fruto. Cuando llegó a ella sólo encontró hojas, porque no era tiempo de higos. 14 «¡Nadie vuelva jamás a comer fruto de ti!», le dijo a la higuera. Y lo oyeron sus discípulos.

¹⁵ Llegaron, pues, a Jerusalén. Jesús entró en el templo y comenzó a echar de allí a los que compraban y vendían. Volcó las mesas de los que cambiaban dinero y los puestos de los que vendían palomas, ¹⁶ y no permitía que nadie atravesara el templo llevando mercancías. ¹⁷ También les enseñaba con estas palabras: «¿No está escrito:

"Mi casa será llamada
casa de oración para todas las naciones"?
Pero ustedes la han convertido en "cueva de ladrones"».

¹⁸ Los jefes de los sacerdotes y los maestros de la ley lo oyeron y comenzaron a buscar la manera de matarlo, pues le temían, ya que toda la gente se maravillaba de sus enseñanzas.

¹⁹ Cuando cayó la tarde, salieron de la ciudad.

²⁰ Por la mañana, al pasar junto a la higuera, vieron que se había secado de raíz. ²¹ Pedro, acordándose, le dijo a Jesús:

—¡Rabí, mira, se ha secado la higuera que maldijiste!

²² —Tengan fe en Dios —respondió Jesús—. ²³ Les aseguro que si alguno le dice a este monte: "Quítate de ahí y tírate al mar", creyendo, sin abrigar la menor duda de que lo que dice sucederá, lo obtendrá. ²⁴ Por eso les digo: Crean que ya han recibido todo lo que estén pidiendo en oración, y lo obtendrán. ²⁵ Y cuando estén orando, si tienen algo contra alguien, perdónenlo, para que también su Padre que está en el cielo les perdone a ustedes sus pecados.

²⁷ Llegaron de nuevo a Jerusalén, y mientras Jesús andaba por el templo, se le acercaron los jefes de los sacerdotes, los maestros de la ley y los ancianos.

²⁸ —¿Con qué autoridad haces esto? —lo interrogaron—. ¿Quién te dio autoridad para actuar así?

²⁹ —Yo voy a hacerles una pregunta a ustedes —replicó él—. Contéstenmela, y les diré con qué autoridad hago esto: ³⁰ El bautismo de Juan, ¿procedía del cielo o de la tierra? Respóndanme.

31 Ellos se pusieron a discutir entre sí: «Si respondemos: "Del cielo", nos dirá: "Entonces, ¿por qué no le creyeron?". **32** Pero si decimos: "De la tierra"... ». Es que temían al pueblo, porque todos consideraban que Juan era realmente un profeta. 33 Así que le respondieron a Jesús:

—No lo sabemos.

—Pues yo tampoco les voy a decir con qué autoridad hago esto.

La indignación que expresa Jesús en el templo y ante una higuera estéril es una manifestación inesperada y enigmática. ¿Por qué esta súbita y violenta explosión? ¿Por qué esta maldición sobre lo que parece una inocente higuera que no le ofrece fruto para calmar el hambre? ¿Por qué esta indignación hacia un objeto inanimado que no produce fruto fuera de temporada? Klausner lo llama "una crasa injusticia hacia un árbol que no era culpable de nada malo y que solo había llevado a cabo su función natural".[1] Manson comenta: "Es un poder milagroso desperdiciado al servicio de la arbitrariedad (porque la energía sobrenatural empleada para secar a este pobre árbol podría haberse usado en producir una cosecha de higos fuera de temporada); y, tal como se presenta, es sencillamente increíble".[2]

La técnica parentética de Marcos ofrece una solución a este acertijo y corrige cualquier idea de que Jesús sucumba a un arrebato de irracional indignación.[3] El relato de la higuera encierra en un paréntesis el incidente del templo. Interpretar aisladamente cualquiera de estos acontecimientos nos lleva en una dirección equivocada. Analizaremos primero las acciones de Jesús en el templo y, a continuación, veremos que la maldición de la higuera ayuda explicar el sentido de estas. Es común referirse a este suceso como la purificación del templo. La maldición de la higuera pone en tela de juicio la interpretación que subyace tras este título.

Actuación en el templo (11:15-19)

Las acciones de Jesús en el templo. Se han presentado muchas sugerencias para explicar las acciones de Jesús en el templo. Algunos llegan

---

1. Joseph Klausner, *Jesus of Nazareth* (Londres: George Allen & Unwin, 1925), 269.
2. Citado por Cranfield, *Mark*, 356.
3. Hay comentarios sobre la técnica parentética de Marcos en la exposición de 3:20-34.

a afirmar que lleva a cabo un acto de insurrección, asestando el primer golpe de lo que espera que se convierta en una sublevación armada. Esta interpretación no cuenta con ninguna prueba de peso que la apoye. El enfrentamiento del templo no es más que un modesto choque con los mercaderes del templo, en gran medida simbólico, como su entrada en Jerusalén. De no haber sido así, la guardia del templo o los soldados romanos instalados en la Fortaleza Antonia y que patrullaban la zona, habrían intervenido rápidamente (ver Hch 21:27-36). Es probable que quienes presenciaron la indignación de Jesús se sorprendiera momentáneamente por el poder de su furia moral más que por los medios físicos que utilizó.

La mayoría de las demás interpretaciones atribuyen la ferocidad de Jesús a su justa indignación por los flagrantes excesos que se producían en el templo. Asumen que pretende reformar el templo, pero difieren sobre aquello que quiere cambiar exactamente. Algunos afirman que Jesús se opone a compradores y vendedores, porque la actividad comercial impide la adoración de los gentiles en el patio exterior.[4] ¿Quién puede adorar en medio de un escandaloso bazar con vendedores y compradores que regatean el precio? El ruidoso comercio impide que el templo sea una casa de oración para todas las naciones.

Gundry sostiene que sus receptores pensarían probablemente que Jesús solo reclama el espacio que ocupa el comercio para que el templo pueda cumplir su objetivo de ser un lugar de oración.[5] El problema de este punto de vista es que el pequeño mercado del templo para el servicio cúltico estaba posiblemente ubicado dentro de la Stoa Real y no se extendía por todo el atrio exterior.[6] Por otra parte, este patio exterior no se consideraba positivamente como el lugar en que los gentiles podían

---

4. Eric M. Meyers y James F. Strange (*Archaeology, the Rabbis, and Early Christianity* [Londres: SCM, 1981], 52) consideran que todo el patio podía albergar fácilmente a unas 75.000 personas. Esta cifra podía ser incluso superior cuando el pueblo estaba de pie, hombro con hombro.
5. Gundry, *Mark*, 674, 676.
6. Ver Jostein Ådna, "The Attitude of Jesus to the Temple," *Mishkan* 17-18 (1992-93): 68; Benjamin Mazar, "The Royal Stoa in the Southern Part of the Temple Mount," en *Recent Archaeology in the Land of Israel*, ed. H. Shanks (Washington/Jerusalén: BAS, 1984), 141-47. La Estoa o Pórtico Real (descrita por Josefo en *Ant.* 15.11.5 §§ 411-16) era parecida a las estructuras del *Caesareum* y directamente accesible a través de los peldaños que descienden desde "el arco de Robinson" al mercado situado más abajo.

adorar sino más bien la zona que estos no podían traspasar.[7] Los gentiles no podían entrar en el templo propiamente dicho, y en la balaustrada que rodeaba el santuario había letreros que señalaban el límite para los gentiles y recordaban que su incumplimiento sería sancionado con la pena de muerte (ver Hch 21:27-30).[8] Despejar un lugar tranquilo para que los gentiles pudieran orar en el antepatio no abriría la barrera que les impedía entrar en el sagrado lugar de la presencia de Dios. Jesús tampoco habría esperado que, solo por su feroz protesta, aquella zona permaneciera despejada. Como admite Hooker, "como apasionado acto reformista tendría que juzgarse como un fracaso: no cabe duda de que los cambistas habrían recuperado enseguida sus monedas, y que el orden se habría restaurado".[9]

Otro punto de vista sostiene que lo que motiva la acción de Jesús es su preocupación por la pureza del templo. Su indignación se debe a que la actividad profana y comercial se ha introducido en el sagrado espacio del templo (ver Zac 14:21) y ha profanado el propósito espiritual de este lugar de adoración. Hay pocas pruebas de que el antepatio se considerara un espacio sagrado. Schweizer sugiere que era como "la plaza delante de una iglesia visitada por los peregrinos".[10] El mercado de animales y aves para los sacrificios del templo era vital para el funcionamiento del culto y no profanaba el santuario.

La expresión "cueva de ladrones" ha influenciado la idea más común de las causas que subyacen tras la acción de Jesús. Se asume que Jesús

---

7. El patio externo no se llamaba "Atrio de los Gentiles" en el tiempo de Jesús; este nombre refleja una nomenclatura moderna.
8. Se han encontrado dos tabletas con inscripciones griegas. El texto de la que está entera se cita en Emil Schürer, *The History of the Jewish People in the Age of Jesus Christ*, ed. y trad. Geza Vermes, Fergus Millar y Matthew Black (Edimburgo: T. & T. Clark, 1979), 2:222, n. 85; 285, n. 57, y dice: "Ningún extranjero debe entrar en el antepatio y la balaustrada que circunda el santuario. Quien infrinja esta regla será responsable de su muerte".
9. Hooker, *Mark*, 264-65. Esta autora también observa que existe poca comparación entre lo que hizo Jesús y la purificación del templo por parte de Josías (2R 23) y Judas Macabeo (1 Mac. 4:36-59).
10. Schweizer, *Mark*, 233. Sanders (*Jesus and Judaism* [Filadelfia: Fortress, 1985], 63) sostiene: "Quienes escriben sobre el deseo de Jesús de devolver al templo su propósito 'original' y 'verdadero', a saber, la 'pura' adoración de Dios, parecen olvidar que la principal función de cualquier templo es la de servir como lugar de sacrificio, y que los sacrificios requieren un suministro de animales adecuados." Ver también, *Judaism. Practices and Beliefs* 63 BCE-66 CE (Filadelfia: Trinity, 1992), 47-76; *Jewish Law from Jesus to the Mishnah* (Filadelfia: Trinity, 1990), 49-51.

muestra su repulsa por que el templo se haya convertido en una especie de corrupto mercadeo que estafa a los adoradores. Las familias sumosacerdotales obtenían pingües beneficios del control de la fiscalidad del templo y eran culpables de corrupción. Josefo, por ejemplo, califica al sumo sacerdote Ananías de "gran proxeneta del dinero" (*Ant.* 20.9.2 §205; ver 20.8.1. §181; 20.9.2. §§206-7). Jesús podría estar oponiéndose al "modo en que se gestionaba el aspecto económico del sistema de sacrificios".[11]

Aunque algunos asumen que la multitud responde de manera entusiasta a la protesta de Jesús, el texto solo dice que "toda la gente se maravillaba de sus enseñanzas". El verbo "maravillar/sorprender" aparece en otros pasajes de Marcos (1:22; 6:2; 7:37; 10:26) y alude a aquellos que estaban "estupefactos" con Jesús. Marcos no dice que la multitud apruebe lo que Jesús ha hecho, sino que está perpleja por ello.

Neusner nos ayuda a entender por qué. Se habían instalado las mesas para recoger el impuesto anual del medio siclo obligatorio para todos los varones judíos y que servía para financiar los sacrificios diarios para la expiación del pecado que se realizaban en el templo (*t. Seqal.* 1:6). Neusner afirma que, el hecho de que Jesús volcara las mesas de los cambistas

> habría provocado estupefacción, ya que con ello cuestionaba el simple hecho de que la ofrenda diaria realizara efectivamente la expiación por el pecado, y que Dios hubiera instruido de este modo a Moisés en la Toráh. Por tanto, solo alguien que rechazara la explícita enseñanza de la Toráh sobre el holocausto diario podía haber volcado las mesas, o [...] alguien que tuviera en mente poner otras mesas, por un propósito distinto: porque esta acción transmite el mensaje completo, tanto su aspecto negativo como el positivo. De

---

11. Richard Bauckham, "Jesus' Demonstration in the Temple," *Law and Religion: Essays on the Place of the Law in Israel and Early Christianity*, ed. Barnabas Lindars (Cambridge: James Clarke, 1988), 78. Las metas de los reformadores religiosos rurales eran generalmente contrarias a los intereses de los habitantes de Jerusalén, cuya población participaba de manera directa o indirecta en el bienestar económico del templo. Jerusalén no tenía ninguna industria importante que empleara a la población aparte del templo y ninguna ruta comercial la atravesaba. Por consiguiente, la defensa que hacían los jerosolimitanos de la santidad del templo y del statu quo estaba motivada por algo más que devoción, a saber, un interés económico por proteger la fuente de su sustento.

hecho, la presencia de los cambistas hacía posible la participación ceremonial de todos los israelitas y no era una mancha en el culto, sino su perfección.¹²

Nada de lo que leemos en 11:15-16 sugiere que el ataque de Jesús a los cambistas y vendedores de animales se deba a su indignación por las deshonestas prácticas comerciales o por sus beneficios. Jesús expulsa *tanto* a los compradores *como* a los vendedores.

Una pregunta clave que hemos de hacernos es ¿por qué habría Jesús de reformar o purificar algo cuya destrucción es inminente, y así lo predice sin muestras de ninguna angustia especial (13:2)? La mejor respuesta es que *no pretende reformar el templo*. Jesús ha sido aclamado como profeta. Los profetas no se limitan a hacer meros anuncios, sino que también comunican su mensaje por medio de acciones proféticas.¹³ Jesús aparece en el templo como un carismático profeta y ejemplifica gráficamente que Dios rechaza el culto del templo ya que pronto lo va a destruir. Aunque las acciones puedan hablar más alto que las palabras, su mensaje no siempre está tan claro.

Sanders sostiene que, más que obtener un resultado concreto, las acciones de Jesús pretenden "dejar algo claro".¹⁴ Su acción es una protesta profética que detiene simbólicamente las actividades que contribuyen al normal funcionamiento del templo. Como aquel que viene en el nombre del Señor (11:9), Jesús dirige su mirada hacia tres cosas: el fundamento fiscal del templo, un elemento vital de sus sacrificios y otro crucial de su liturgia. Si el dinero no se puede cambiar en una divisa santa, entonces el apoyo monetario de los sacrificios del templo y el sacerdocio han de terminar. Si no pueden comprarse animales para el sacrificio, los sacrificios deben terminar. Si los utensilios no pueden transportarse por el interior del templo, toda la actividad ceremonial debe, pues, cesar.¹⁵ Jesús

---

12. Jacob Neusner, "Money-Changers in the Temple: The Mishnah's Explanation," *NTS* 37 (1989): 289; ver también, "The Absoluteness of Christianity and the Uniqueness of Judaism," *Int* 43 (1989): 25.
13. En 1R 22:11; Is 20:2; Jer 19:1-15; 28:10-11; Ez 4:1-3; Hch 21:11 se consignan ejemplos de acciones proféticas representativas
14. Sanders, *Jesus and Judaism*, 70.
15. *Skeuos* ("vasija"; "mercancías", NIV) podría ser una palabra utilizada para aludir a cualquier objeto [como en la traducción], y algunos han sugerido que Jesús detiene a quienes utilizan el templo como atajo para acortar el camino a otros lugares de la ciudad (ver Josefo, *Contra Apión* 2:8; *m. Ber.* 9:5). No obstante, hay una importante pregunta que no se hacen: ¿un atajo adónde? El texto no dice que Jesús impida que el pueblo utilice el templo como atajo o para transportar mercancías, sino que no permitía

no pretende purificar la actual adoración del templo, sino que ataca de un modo simbólico la propia función de esta institución y proclama su destrucción.[16] Los días de gloria del templo están llegando a su fin. En privado, Jesús pronosticará a sus discípulos la destrucción de este edificio (13:1-2), y la hostilidad que ahora demuestra se convierte en una acusación durante su juicio (14:58) y en una burla cuando pende de la cruz (15:29).

La interpretación que Jesús hace de su acción es crucial para entender su intención. Esta enseñanza transforma una simple protesta en un anuncio del juicio divino (ver 12:9). Para entender este incidente, tanto los discípulos como los lectores del Evangelio de Marcos cuentan con la ventaja de la maldición de la higuera.

La cita de Isaías. El citado pasaje de Isaías 56:7: "Mi casa será llamada casa de oración para todos los pueblos", significa que Dios no pretendía que el templo se convirtiera en un santuario nacional para Israel. En Isaías 56:1-8 tenemos la divina promesa de bendición para todos los que pueden creerse excluidos de la salvación de Dios: el extranjero que se ha unido al pueblo (56:3), el eunuco (56:4, a quien no se le permitía entrar en el templo, según la reglamentación de Dt 23:1), y los parias de Israel (Is 56:8). La mayoría de ellos asumían que Isaías 56 hablaba de un futuro distante, ¡pero Jesús espera que se cumpla ahora!

Durante todo su ministerio, Jesús ha estado agrupando a los parias impuros y a los tullidos, e incluso se ha dirigido a los gentiles. Espera que el templo exprese este amor universal e integrador. No obstante, varias barreras ceremoniales del templo, lo han estado impidiendo. A los gentiles no se les permite entrar al interior del templo.[17] ¿Pretendía,

---

que "nadie atravesara el templo llevando utensilios". Es mejor traducir esta palabra como "utensilios", en referencia a los vasos sagrados del templo para los panes de la proposición, el aceite para las lámparas y los incensarios que se utilizaban para los sacrificios (ver Is 52:11). Una audiencia gentil familiarizada con el funcionamiento de los templos habría asumido que aludía a recipientes o utensilios utilizados para los sacrificios.

16. Las acciones de Jesús guardan una cierta analogía con las de Jesús, hijo de Ananías, que pronunció ayes contra la ciudad antes de su destrucción (Josefo, *Guerras* 6.1.3 §§ 300-309).

17. Josefo, *Ant.* 15.11.4 § 417; en 4QMMT B. 39-42 solo se permite el acceso a los israelitas que eran ritualmente puros e físicamente completos; 4QFlor 3-4 insiste en que (los impíos o impuros) amonitas, moabitas [Dt 23:3], mestizos (o bastardos) [23:2], extranjeros, o temporeros entrarán siempre en la casa (santuario), porque los santos de Dios están allí.

acaso, Jesús que los gentiles fueran reunidos en Sión para luego bajarles los humos dejándolos en el patio exterior? ¿Habría excusado la segregación —separar y discriminar— en el templo de Dios? ¿Qué clase de faro atraería a las naciones a Jerusalén para luego separarlas del cuerpo principal de adoradores del templo?

En el tiempo de Jesús, el templo se había convertido en un símbolo nacionalista que solo servía para separar a Israel de las naciones. Para que pudiera convertirse en la "casa de oración para todas las naciones" que Dios quería que fuera, los muros tenían que caer. De hecho, estos se derrumbarían muy pronto y las barreras serían traspasadas. Cuando Jesús muere, el velo del templo se desgarra de arriba abajo, y un gentil confiesa que es el Hijo de Dios (15:38-39).

La cita de Jeremías. Al citar Jeremías 7, Jesús recuerda al pueblo que las cosas santas pueden pervertirse. Afirma que los mismos excesos que ensuciaban el culto del templo en el tiempo de Jeremías lo deshonran ahora. El templo, la casa de Dios, se ha convertido en una "cueva de ladrones". Para entender esta alusión hemos de leer el contexto de Jeremías 7:1-15.

> Esta es la palabra que vino a Jeremías de parte del Señor: «Párate a la entrada de la casa del Señor, y desde allí proclama este mensaje: ¡Escuchen la palabra del Señor, todos ustedes, habitantes de Judá que entran por estas puertas para adorar al Señor! Así dice el Señor Todopoderoso, el Dios de Israel: "Enmienden su conducta y sus acciones, y yo los dejaré seguir viviendo en este país. No confíen en esas palabras engañosas que repiten: '¡Éste es el templo del Señor, el templo del Señor, el templo del Señor!'. Si en verdad enmienden su conducta y sus acciones, si en verdad practican la justicia los unos con los otros, si no oprimen al extranjero ni al huérfano ni a la viuda, si no derraman sangre inocente en este lugar, ni siguen a otros dioses para su propio mal, entonces los dejaré seguir viviendo en este país, en la tierra que di a sus antepasados para siempre». ¡Pero ustedes confían en palabras engañosas, que no tienen validez alguna! Roban, matan, cometen adulterio, juran en falso, queman incienso a Baal, siguen a otros dioses que jamás conocieron, ¡y vienen y se presentan ante mí en esta casa que lleva mi nombre, y dicen: 'Estamos a salvo', para luego seguir

cometiendo todas estas abominaciones! ¿Creen acaso que esta casa que lleva mi nombre es una cueva de ladrones? ¡Pero si yo mismo lo he visto! —afirma el Señor—». "Vayan ahora a mi santuario en Siló, donde al principio hice habitar mi nombre, y vean lo que hice con él por culpa de la maldad de mi pueblo Israel. Y ahora, puesto que ustedes han hecho todas estas cosas —afirma el Señor—, y puesto que una y otra vez les he hablado y no me han querido escuchar, y puesto que los he llamado y no me han respondido, lo mismo que hice con Siló haré con esta casa, que lleva mi nombre y en la que ustedes confían, y con el lugar que les di a ustedes y a sus antepasados. Los echaré de mi presencia, así como eché a todos sus hermanos, a toda la descendencia de Efraín".

La referencia a la "cueva de ladrones" no tiene nada que ver con el comercio del templo, sino que denuncia la falsa seguridad que generan en Israel los sacrificios.

En otras palabras, los ladrones no son estafadores, sino bandidos y no llevan a cabo sus robos en la cueva. Esta es el lugar al que los ladrones se alejan tras cometer sus delitos. Es su escondrijo, un lugar en el que se refugian y se sienten seguros.[18] Al llamar cueva de ladrones al templo, Jesús no está, pues, denunciando ninguna práctica comercial deshonesta que se esté cometiendo en este edificio. De manera indirecta, Jesús los ataca por permitir que el templo haya degenerado hasta convertirse en un escondite seguro donde las personas creen encontrar perdón y comunión con Dios sin importar cómo actúen después fuera de él. Tanto la acción como las palabras proféticas de Jesús atacan una falsa confianza en la eficacia del sistema de sacrificios del templo. Los dirigentes del pueblo piensan que pueden robar las casas de las viudas (Mr 12:40) y después llevar a cabo los sacrificios prescritos según los patrones prescritos, en el momento, lugar y forma prescritos, y que, con ello ya no tienen nada que temer. Están muy equivocados. El sacrificio de anima-

---

18. El templo se convirtió, literalmente, en refugio para los bandidos durante la guerra con Roma cuando los zelotes se retiraron a él. Según Josefo, estos cometieron toda clase de actos execrables: "Por esta razón, creo, que hasta Dios mismo, aborreciendo su impiedad, se apartó de nuestra ciudad, y juzgando que el templo no le era ya una casa limpia, trajo a los romanos sobre nosotros y fuego purificador sobre la ciudad" (*Ant.* 20.8.5 §166). Si los primeros lectores eran conscientes de este hecho, la referencia a la "cueva de ladrones" tendría un doble sentido.

les no les permitirá eludir la condenación que Dios traerá sobre quienes mienten, roban, y practican la violencia y el adulterio (ver 7:21-23).

El santuario, supuestamente santificado por Dios, se ha convertido en el santuario de unos bandidos que se creen protegidos del juicio de Dios. La expresión "yo mismo lo he visto" (Jer 7:11) se corresponde con la descripción de la visita de Jesús al templo el día anterior, en que estuvo "observándolo todo" (Mr 11:11), convirtiendo aquella visita en una inspección. Jesús comparte el campo de acción de Dios. Ha visto lo que ha estado haciendo el pueblo y declara el juicio de Dios.

La maldición de la higuera (11:12-14, 20-25)

El incidente y su significado. El incidente de la higuera enmarca el del templo y lo interpreta. Revela de un modo más claro que, con sus acciones, Jesús no pretende purificar el templo, sino anunciar visualmente su inhabilitación. Jesús maldice a la higuera que no ha dado fruto, no la reforma ni la limpia. La parábola de los arrendatarios de la viña (12:1-11) presenta la misma idea. Igual que Jesús busca fruto en la higuera, también Dios lo busca en la viña de su propiedad. La destrucción acompaña a la falta de fruto o a su retención.

Solo Marcos menciona que el árbol tenía únicamente hojas "porque no era tiempo de higos", y esto hace que la acción de Jesús parezca más descabellada si cabe. ¿Por qué maldecir a una higuera por no dar higos fuera de temporada? Jesús sabe, sin duda, que no es tiempo de higos. Este detalle es una clave para que el lector mire más allá del significado superficial y se fije en su sentido simbólico.[19] No se trata de una acción sobre una determinada higuera infructuosa; tiene que ver con el templo. La palabra "tiempo" (*kairos*) no es el término botánico que alude al período de cultivo, sino el que encontramos en 1:14-15, una palabra del ámbito religioso que denotaba el tiempo del reino de Dios (ver 13:33). Además, los arrendatarios no producen los frutos de la viña "en el tiempo de la cosecha" (12:2; lit., "a su tiempo"). La higuera estéril representa la esterilidad del judaísmo del templo que no está dispuesto a aceptar el reino mesiánico de Jesús.

Como el tiempo de la higuera es estéril (*cf.* Lc 13:6-9), lo es también el del templo. Para los árboles estériles y los templos sin oración, el tiempo puede agotarse. No dar fruto ahora que ha venido el Mesías

---
19. La higuera "cubierta de hojas" (¿es acaso estéril?) reaparece en 13:28-32.

significa permanecer para siempre en esta condición de esterilidad.[20] No es el tiempo de la consumación del templo, sino el de su depauperación. Del mismo modo que la higuera no iba a ser podada y abonada para dar fruto, sino maldecida y consumida, tampoco el templo iba a ser limpiado para prestar un servicio más apropiado a Dios, sino que pronto sería destruido. El locus de la salvación pasa ahora del templo a Jesús y a su muerte y resurrección. El camino a Dios no será ya el sacrificio de animales en el templo, sino la fe en Jesús. Por ello, cuando Jesús muere, el velo del templo se rasga de arriba abajo.[21]

Al día siguiente, cuando Jesús y sus discípulos pasan junto al árbol, estos confirman la efectividad de la maldición. La higuera se ha secado "de raíz". Que una higuera llena de hojas se seque tan completamente en un solo día es un milagro y nos dice que la condenación del templo no es una medida de carácter temporal, sino permanente. Este suceso también contrasta la esterilidad del judaísmo del templo con la autoridad y el poder de Jesús. Se dice que él "responde" al árbol (NVI, "le dijo", 11:14). A lo que responde es a la falsa publicidad del árbol cuya abundancia de hojas esconde su falta de fruto. Igual que el árbol da la impresión de tener algo de fruto, el templo también parece un lugar dedicado al servicio de Dios. Sin embargo, solo beneficia a la jerarquía sacerdotal, y no es de provecho alguno para Dios.

Dichos sobre la fe, la oración y el perdón. Puede que el lector encuentre sorprendente que Jesús no explique a los discípulos el significado de la experiencia del árbol cuando los ve asombrados y que, en lugar de ello, hable sobre la fe y la oración en 11:22, 24.[22] Algunos comentaristas asumen que el incidente de la higuera se ha consignado como un elemento de apoyo, para añadir dichos tradicionales sobre el tema de la oración y el perdón, o que estos dichos se añadieron cuando el sentido

---

20. Tolbert, *Sowing*, 193.
21. Gundry (*Mark*, 674) sostiene que esta interpretación pone "increíbles demandas sobre los oyentes de Marcos e importa cuerpos extraños tanto al texto como al contexto". Pero esto es algo que Marcos hace constantemente con sus lectores. Quienes hoy leen el texto de Marcos, como los primeros receptores de Jesús, deben escuchar con detenimiento. Escuchar, ver, recordar (11:14, 20-21; ver 8:14-21) son ejercicios cruciales para entender cualquier acontecimiento.
22. Dowd (*Prayer, Power, and the Problem of Suffering*, 96-103) señala que se trata de fe en el poder de Dios. Mover montes es solo obra de Dios (Éx 19:18; Job 9:5-6; Sal 68:8; 90:2; 97:5; 114:4-7; 144:5; Jer 4:24; Nah 1:5), y allanar montañas es un rasgo característico del periodo escatológico (Sal 6:2, 6; Is 40:4; 49:11; 54:10; 64:1-3; Ez 38:20; Mi 1:4; Hab 3:6; Zac 14:1-4; Judit 16:15; Sir 16:19; Bar 5:7).

original de la maldición de la higuera como señal profética del juicio de Dios sobre el templo no era ya una preocupación inmediata de la Iglesia. Es, sin embargo, evidente que estos dichos, están plenamente relacionados con el contexto, revelando la esencia del nuevo orden que sustituye al antiguo. El nuevo orden se basa en la fe en Dios (11:22) que supera obstáculos insalvables (11:23), se sustenta en la gracia (11:24) y se caracteriza por el perdón (11:25).

Hemos generalizado la afirmación de Jesús: "Si alguno le dice a este monte...", y la hemos convertido en un proverbio que aplicamos a las tareas o situaciones difíciles, "la fe puede mover montañas" (ver Mt 17:20; 1Co 13:2). Jesús no habla de "montes" en general, sino específicamente de "este monte". En el contexto de Marcos es muy probable que esté haciendo referencia al monte del templo, el monte de Sión.[23] Contrariamente a las expectativas, el monte de la casa del Señor no sería exaltado (Is 2:2; Mi 4:1), sino arrojado al mar donde se ahogaron los demonios que infestaron a los cerdos (5:13) y serían arrojados quienes hacen tropezar a los pequeños (9:42).[24] A pesar de su inmenso poder y santidad, el templo sería destruido. A pesar de la extendida creencia de que el lugar de la morada terrenal de Dios era el lugar santísimo, el templo, la ciudad de Jerusalén, la Tierra Santa, el templo no sería ya el punto focal de la presencia de Dios entre el pueblo. Él ya no puede estar confinado a un lugar específico igual que Jesús no pudo ser retenido en una tumba. El pueblo de Dios puede funcionar sin un espacio santo o funcionarios ceremoniales. El lugar santo está dondequiera que los discípulos prediquen el evangelio de Jesús y dondequiera que se reúna su pueblo, judíos y gentiles.

La mayoría de los judíos consideraban que el templo era un lugar en el que la oración era especialmente efectiva.[25] Esta creencia se expresa de un modo muy claro en 3 Macabeos 2:10 (escrito entre los años 30 y 70 d.C.): "Y puesto que amas la casa de Israel, prometiste que si algún revés o tribulación nos alcanzara, tú escucharías nuestra petición cuando viniéramos a este lugar y oráramos" (NRSV).[26] Esta idea sigue vigente en tradiciones judías posteriores. Un comentario rabínico tardío sobre

---

23. Hooker, *Mark*, 270. El "santo monte" se menciona en la primera parte de Isaías 56:7; ver también, Sal 78:54; Is 2:2-3; 10:32; 25:6-7, 10; 27:13.
24. Marshall, *Faith As a Theme*, 168-69.
25. Ver 1S 1:1-28; 1R 8:27-30, 31-51, donde la oración se realiza en el templo o mirando hacia él; ver también, 2R 19:14-33; Jon 2:7; Judit 4:9-15.
26. Ver Dowd, *Prayer, Power, and the Problem of Suffering*, 47-48.

Salmos 91:7 dice: "Cuando un hombre ora en Jerusalén, es como si lo hiciera delante del trono de gloria, porque la puerta del cielo está en Jerusalén, y en esta ciudad hay siempre una puerta abierta para escuchar la oración, como se dice, 'esta es la puerta del cielo' (Gn 28:17)". Otros rabinos dijeron:

> Desde el día en que el templo fue destruido, las puertas de la oración se han cerrado, como está escrito: "Por más que grito y pido ayuda, él se niega a escuchar mi oración" (Lam 3:8) [...]. Desde el día en que el templo fue destruido, se ha levantado un muro de hierro entre Israel y su Padre celestial.[27]

En cambio, Jesús asegura a sus discípulos que la efectividad de la oración no tiene nada que ver con el templo ni con sus sacrificios.[28] Cuando muere en la cruz, el acceso a Dios queda abierto para cada ser humano. Su muerte crea una nueva casa de oración, un templo no hecho de manos, que no tendrá barreras o limitaciones (ver Jn 2:18-22; 1Co 3:16-17; 12:27; 2Co 6:16; Ef 2:20-22; 1P 2:4-5).

Jesús concluye su explicación con la promesa: "Y cuando estén orando, si tienen algo contra alguien, perdónenlo, para que también su Padre que está en el cielo les perdone a ustedes sus pecados". Nuestra relación con Dios se basa solo en la fe y el perdón. Si podemos desatar el poder de Dios por la fe y encontrar perdón por medio de la oración y un espíritu perdonador, el culto del templo ha sido entonces superado, y una casa de oración que se ha convertido en cueva de maleantes no es más útil que una higuera seca. El poder de Dios está al alcance de todos los que creen que este puede obtenerse aparte del templo, incluidos los gentiles. El templo con su sacerdocio, sacrificios e impuestos no es ya el lugar de la presencia de Dios, donde las personas se encuentran con Dios y los pecados son perdonados. Cuando Marcos escribe su Evangelio, el templo se encuentra en una Jerusalén sitiada por las tropas romanas o ha sido ya destruido. Marcos quiere transmitir a sus lectores que el hecho de que los altares hayan sido destruidos no afecta a la expiación realizada por Dios.

---

27. *b. Ber.* 32b.
28. Marshall, *Faith As a Theme*, 162-63; ver también S. Hre Kio, "A Prayer Framework in Mark 11," *BibTrans* 37 (1986): 323-28.

La reacción de los sumos sacerdotes (11:18a, 27-33)

Los sumos sacerdotes y los maestros de la ley entienden perfectamente lo que implican las acciones y las palabras de Jesús y buscan "la manera de matarlo" (11:18). Un tiempo atrás, los fariseos "comenzaron a tramar con los herodianos cómo matar a Jesús" (3:6); ahora ya es solo cuestión de decidir el mejor momento. Se creían con autoridad divina para gobernar el templo de Dios y ahora tienen miedo de que este insolente profeta les haga perder el control sobre el pueblo. Jesús, un intruso, les está arrebatando el poder. Pero su popularidad aconseja que esperen una buena ocasión para llevar a cabo su plan contra él. Son muy sagaces y no actuarán abiertamente. Para librarse de esta amenaza y desacreditar sus pretensiones mesiánicas, conseguirán la ayuda del gobernador romano que lo sentenciará a la pena capital: muerte por crucifixión.

Los principales sacerdotes (antiguos sumos sacerdotes y sacerdotes con permanente asignación en el templo), los maestros de la ley (expertos legales), y los ancianos (laicos procedentes de la adinerada aristocracia) son aquellos que, según predijo Jesús, conspirarían para matarlo (8:31). Lo retan para que presente sus credenciales: "¿Con qué autoridad haces esto?" (11:28). En el contexto de Marcos, "esto" tiene que ver con lo que Jesús ha hecho en el templo, lo cual incluye también su enseñanza (*cf.* Jn 2:18). El lector sabe que Jesús actúa con la autoridad de Dios. Si los maestros de la ley no aceptan que tenga autoridad para perdonar pecados (Mr 2:1-12), los sacerdotes no aceptarán, probablemente, que la tenga para condenar el templo.[29]

En Marcos, Jesús nunca da respuestas directas ni pruebas incontrovertibles a quienes se acercan a él con hostilidad. Para tener la clase de fe que desea Jesús, uno ha de inferir por sí mismo qué autoridad subyace tras sus palabras y sus obras. Como de costumbre, Jesús repele a sus adversarios con una pregunta. Los interroga sobre el bautismo de Juan y les pide dos veces que le "respondan" (11:29, 30). La pregunta de ellos es, ¿quién le ha dado autoridad para atacar el sistema cúltico? Jesús responde con una alusión al ministerio de Juan el Bautista. Juan predicó un bautismo de arrepentimiento para perdón de pecados que eludía el culto del templo (1:4). Era algo gratuito; no se requería ningún sacrificio salvo el de un corazón arrepentido. Ningún dinero cambiaba

---

29. Geddert, *Watchwords*, 287, n. 20.

de manos. Jesús se alinea de manera implícita con el ministerio de Juan, y si su ministerio era del cielo, entonces el templo había llegado a quedar obsoleto.[30]

Las autoridades intentan eludir el desafío, pero el daño ya está hecho. Discuten entre ellos las distintas opciones que tienen para responder, pero temen que su respuesta pueda poner en jaque su propia autoridad. Si responden que el bautismo de Juan era "del cielo", piensan que Jesús les reprochará por no haber creído. Esta opción pone de relieve que no les importa que alguien haya sido o no comisionado por el cielo; actuarán como quieran y lo ignorarán. Si responden que el bautismo de Juan era "de los hombres" encenderán la ira del pueblo, que consideraba a Juan como un profeta y, tras su muerte, los profetas siempre ven aumentada su autoridad. Estos corruptos dirigentes no quieren perder la credibilidad ante las multitudes ni ganarse su antipatía ya que ello podría alterar sus planes de eliminar a Jesús. El comentario de Marcos en el sentido de que "temían al pueblo" (11:32) pone de relieve que su autoridad procedía de los hombres ya que no temen al cielo. Estos dirigentes solo temen perder su credibilidad ante las multitudes y, en última instancia, acabarán perdiendo sus almas. Pueden eludir la pregunta de Jesús, pero no el juicio de Dios.

Su lógica pone de relieve algo sobre Jesús y algo sobre ellos mismos. Por una parte, subraya que el destino de Juan se entrelaza con el de Jesús (ver 1:14; 2:18; 6:14-29; 9:11-13). La referencia al "bautismo de Juan" y la expresión "del cielo" recuerdan al bautismo de Jesús, cuando los cielos se abrieron, el Espíritu descendió sobre él y la voz celestial anunció: "Éste es mi Hijo amado". Por otra parte, su respuesta, "no lo sabemos", pone de relieve que no entienden la obra de Dios y que, por consiguiente, no tienen autoridad. Han de reconocer que no distinguen lo que procede de Dios de lo que es de los hombres (o, en este caso, de Satanás; ver 3:20-21).

Por ello, estos dirigentes judíos no reconocen los presagios de la destrucción del templo. Puesto que no creen, Jesús no les responderá directamente, sino solo por medio de parábolas. Entienden que la respuesta de Jesús en la parábola de los labradores malvados contiene una amenaza implícita sobre su tenencia del templo, pero no comprenden lo que significa dar fruto y matar al hijo amado.

---

30. Meinrad Limbeck, *Markus Evangelium* (Stuttgarter Kleiner Kommentar; Stuttgart: Katholisches Bibelwerk, 1984), 170.

Construyendo Puentes

El último milagro de Jesús que se consigna en el Evangelio de Marcos es el único que no imparte vida sino muerte. Es un acontecimiento que plantea muchas preguntas. Jesús predice con exactitud que los discípulos hallarán un pollino atado en un determinado lugar y manera; sin embargo, es incapaz de precisar a distancia si un árbol tiene o no algún fruto. Si puede leer el pensamiento de las personas (2:8), ¿cómo es que no sabe lo que hay en los árboles? ¿Por qué aquel que es capaz de alimentar a cinco mil personas se ve frustrado por una higuera estéril? ¿Por qué expresa su frustración con un objeto inanimado?

Cabe el peligro de que los lectores modernos dirijan su compasión hacia el árbol, porque no entienden el simbolismo. Pero quienes están familiarizados con el Antiguo Testamento saben que, en el texto veterotestamentario, los árboles sirven frecuentemente como símbolos que representan su entorno moral.[31] En lugar de ver la "culpabilidad" de un árbol improductivo, los lectores modernos tienden a sentirse consternados y desconcertados por la conducta aparentemente irracional y petulante de Jesús. Sin embargo, la maldición de la higuera no es un episodio extraño si se interpreta como una acción simbólica (ver Jer 7:16, 20).[32] Lo que le sucede a la higuera establece un paralelismo con lo que le sucede al velo del templo, desgarrado de arriba abajo. Nadie se siente mal por el velo o por las instalaciones del templo y su junta administrativa. Entienden que este suceso apunta al juicio del templo, iluminando también el significado de la muerte de Jesús. Del mismo modo, el secado de raíz de esta higuera en un solo día apunta al juicio de Dios sobre este templo estéril.

Por consiguiente, no deberíamos titular este incidente "La purificación del templo". Este suceso representa una denuncia de la corrupción religiosa que contamina incluso las cosas más santas. El templo era la institución fundamental de la vida religiosa, política y económica de Israel. Desde un punto de vista económico, el dominio del templo iba más allá del horizonte de Jerusalén. Cumplía las funciones de banco

---

31. Ver Is 28:3-4; Jer 8:13; Os 9:10, 16; Jl 1:7, 12; Mi 7:1; y William R. Telford, *The Barren Temple and the Withered Tree* (JSNT Sup 1; Sheffield: JSOT, 1980), 161-62.
32. Victor de Antioquía (catenista del siglo V) escribió que era una parábola dramatizada en la que Jesús "utilizó la higuera para hablar del juicio que estaba a punto de caer sobre Jerusalén" (citado por Cranfield, *Mark*, 356).

central, sede gubernamental y centro financiero. La actividad económica de la mayoría de los jerosolimitanos giraba alrededor del templo. Desde un punto de vista político, el templo era la zona de influencia y fuente de riqueza de la jerarquía sacerdotal que gobernaba Judea bajo el gobernador romano. Desde una óptica religiosa, el templo señalaba la separación entre lo santo y lo profano, y había llegado a ser el símbolo del permanente favor y presencia de Dios entre el pueblo. El lugar santísimo se consideraba como un núcleo irradiador de santidad capaz de repeler y purificar el mal que rodeaba a Israel. Como lo expresa Waetjen, el templo era "el único lugar donde el cielo se unía con la tierra, el punto de referencia absoluto que, como la estrella polar, sirve de brújula y garantiza la protección divina en el paso por la vida".[33]

Algunos rabinos de periodos posteriores describen el templo "como la piedra superior que impide que el abismo surja de nuevo para inundar el mundo y destruir la obra de la creación".[34] Atacar algo tan importante, tan santo, tan monumental requería una enorme valentía y esta acción por parte de Jesús selló su destino. Sin embargo, dos mil años más tarde, el impacto de su denuncia del templo ha perdido su fuerza. La mayoría asume desapasionadamente que el templo se había corrompido y que merecía el juicio de Dios y son incapaces de imaginarse cómo habrían reaccionado de haber sido testigos presenciales de las acciones y palabras de Jesús. No hay nada en nuestra pluralista cultura de hoy que ocupe un lugar tan dominante en nuestras vidas como el templo en las vidas de los contemporáneos de Jesús; sin embargo, comunidades y creyentes siguen teniendo sus vacas sagradas particulares.

Por consiguiente, para conectar ambos contextos, hemos de identificar algunos fenómenos paralelos de nuestra propia vida religiosa y política y reflexionar sobre ellos. Este texto ha de llevarnos a reexaminar las instituciones que consideramos sacrosantas. ¿Es todo apariencia, son acaso hojas y no frutos? ¿Son corruptos sus dirigentes, decididos a favorecer sus carreras y reputaciones, mirando siempre por lo suyo? ¿Reinan acaso el propio interés y la opinión popular? ¿Ofrece tal institución una falsa seguridad a las personas? ¿Permite quizá que las personas vivan en un arrepentimiento ritual que no afecta su corazón y forma de

---

33. Waetjen, *Reordering*, 185.
34. *b. Sukk.* 53ab; ver Jon D. Levenson, *The Creation and the Persistence of Evil: The Jewish Drama of Divine Omnipotence* (San Francisco: Harper & Row, 1985), 99.

vida? ¿Se ha convertido acaso en una fuente de soberbia? ¿Nos separa de otras personas y otorga una posición especial a una élite?

Nosotros también tenemos nuestros lugares, organizaciones y grupos sagrados, y nuestras formas de hacer las cosas que consideramos intocables. Aunque el sistema en sí pueda estar corrompido hasta la médula, conserva una apariencia de espiritualidad y un aura de santidad que lo hacen parecer inviolable. Parece un monte colosal, y quienes lo cuestionan dan la impresión de estar luchando contra molinos de viento. Jesús afirma que aquellos que tienen fe, "pueden ver reconstruirse el mundo".[35] Hemos de recordar, no obstante, que esto no va a suceder sin oración (ver 9:29). También hemos de tener cuidado. Enfrentar la corrupción religiosa o política, tiene su coste. Aquellos que han invertido en estas instituciones no se quedan de brazos cruzados cuando alguien pone en jaque su control del poder. A Jesús le costó la vida.

Durante su ministerio Jesús ha estado ocupando el lugar del templo. Ha anunciado el perdón, sanado a los enfermos y restaurado a las personas a la sociedad. Sustituye las mesas de los cambistas donde los adoradores tenían que pagar por su expiación por la mesa del Señor, donde él anuncia que la ofrenda de su vida proporciona gratuitamente el perdón de los pecados. El derramamiento de su sangre sustituirá de una vez y para siempre el sistema de sacrificios animales para la expiación. En su muerte es donde la humanidad puede reconciliarse con Dios.

Significado Contemporáneo

Jesús y el templo. Este incidente de Marcos 11 debería llevarnos a examinar las repercusiones teológicas y políticas de las acciones y palabras de Jesús. (1) Atacar la corrupción religiosa no es menos peligroso que enfrentarse a la corrupción política. Los sentimientos están muy arraigados. Las personas se dejan engañar fácilmente por una apariencia de piedad. Si alguien atacara hoy a una vaca sagrada parecida, podría encontrarse con los mismos resultados. En *Una carta abierta al Papa León X* (6 de septiembre de 1520), Martín Lutero levantó su voz contra una corrupción parecida:

---

35. Myers, *Binding*, 305.

La iglesia romana, que en su momento fue la más santa, se transformó en una licenciosa cueva de ladrones, en el lupanar más impúdico de todos, en el reino del pecado, de la muerte y del infierno, de manera que ni el anticristo, si viniera, podría hallar algo que pudiese añadir a semejante maldad.

(2) El ataque de Jesús ha dejado claro que los requisitos de Dios no son rituales, sino éticos. "Lo que pido de ustedes es amor y no sacrificios" (Os 6:6). Los sacrificios ceremoniales carecen de significado porque todo es un asunto del corazón: la fe, la oración y el perdón de otras personas.

(3) Al denunciar el templo, Jesús denuncia también el sistema de dominación que este representaba. Nouwen afirma que "la aparición de Jesús entre nosotros ha dejado muy claro que cambiar el corazón humano y cambiar la sociedad humana no son tareas distintas, sino que están tan interrelacionadas como los dos maderos de la cruz".[36] Para la nobleza, que dominaba, controlaba, adoctrinaba y explotaba a quienes consideraban inferiores en la escala social, el templo se había convertido en el centro de poder. Era un elemento de conservación del statu quo que daba privilegios a unos pocos y resistía el poder transformador del reino de Dios en la sociedad. Jesús no se limitó meramente a ayudar a los pobres de manera individual, sino que fue a la fuente misma de mucha de la injusticia de la sociedad de su tiempo, a saber, el templo y su jerarquía sacerdotal.

Myers sostiene que Jesús atacó aquello que agravaba la opresión de los pobres (las palomas eran el sacrificio de los pobres, Lv 5:7; 12:8; 14:22, 30). Escribe que estos

> representaban los específicos mecanismos de opresión dentro de una economía política que explotaba doblemente a los pobres y los ceremonialmente impuros. No solo se les consideraba ciudadanos de segunda, sino que el sistema cúltico los obligaba a hacer reparación, a través de los sacrificios, por su inferior estatus, de lo cual los comerciantes también sacaban provecho. Lo que Jesús hace aquí coincide completamente con su primera campaña de protesta para

---

36. Henri J. M. Nouwen, *The Wounded Healer* (Garden City: Doubleday, 1972), 20.

desacreditar la maquinaria sociosimbólica que discriminaba a los "débiles" y a los "pecadores".[37]

Los comentarios de Myers son un útil indicador de las razones por las que Jesús podría haber deplorado el sistema de sacrificios. La teología que respaldaba este sistema afirmaba que la pobreza, el sufrimiento y la opresión se debían a que, quienes los padecían, habían pecado contra Dios. Para ser perdonados, tenían que ofrecer sacrificios que, en última instancia, llenaban el bolsillo de quienes eran principalmente responsables de la opresión de los pobres. Cuando Jesús anunció el perdón de pecados de parte de Dios (Mr 2:5, 10), lo hizo pasando por alto el sistema de sacrificios y poniendo en entredicho uno de los factores represivos de aquella sociedad. Si la Iglesia se convierte en una herramienta para la represión del pueblo, ha de ser condenada.

(4) El sistema del templo fomentaba la xenofobia y el etnocentrismo. La tensión entre judío y gentil, varón y mujer, nunca se resolvería (Gá 3:28) mientras el templo mantuviera las barreras que decían a cada uno de estos grupos: "¡Prohibido el paso!". Jesús establece el fin del exclusivismo que solo permite la oración y el sacrificio a un grupo selecto. Schweizer afirma: "Como lugar de oración, el templo ha de reflejar la actitud de que el hombre no tiene nada que ofrecerle a Dios ni puede conseguir nada de él, por lo cual debería estar abierto a todos los hombres".[38] La casa de Dios acepta a todos sin excepción; también a los parias de Israel: leprosos, menstruosas, ciegos, eunucos y gentiles, que se acercan con un espíritu de oración. Si alguien puede decir de una iglesia local: "Es más fácil que un camello pase por el ojo de una aguja que algunas personas sean aceptadas en ella", esta ha de ser condenada.

(5) Jesús ataca el mercadeo de la religión que obstruye el acceso de las personas a Dios. No es legítimo que ningún ministerio se sirva de la presencia de Dios como medio para obtener beneficios o que dé la impresión de vender un producto religioso.

El poder de la oración. El pueblo consideraba el templo como el lugar de oración. Jesús esperaba que fuera una casa de oración para todas las naciones, aunque siguió pronosticando su destrucción. En su explicación de la consunción de la higuera, Jesús veía un futuro sin templo. Pero su desaparición no pondría fin a la oración efectiva; "Habrá

---

37. Myers, *Binding*, 301.
38. Schweizer, *Mark*, 233.

una nueva comunidad que ora".[39] Como afirma Marshall, "el inmenso poder institucionalizado de los dirigentes religiosos ha de dejar paso a la comunidad del reino cuyo poder está únicamente en una oración que nace de la fe".[40] ¿Cuál es el aspecto de la oración en esta comunidad?

(1) La comunidad ha de orar de manera receptiva. Orar no es imponerle a Dios nuestra voluntad, sino abrirnos a la suya. La verdadera oración no es esforzarnos para que Dios cambie su voluntad, sino para que esta se cumpla en nuestra vida. La oración es como el bichero que un navegante utiliza para acercar su embarcación al atracadero: al realizar esta maniobra no pretende acercar la costa a la barca, sino lo contrario. Así, en la oración hemos de acercarnos a Dios y no intentar llevarlo a él a nuestro terreno. Jesús nos ofrece un ejemplo de esta oración receptiva en Getsemaní, cuando, tras suplicar a Dios con confianza, concluye: "Pero no sea lo que yo quiero, sino lo que quieres tú" (14:36).

(2) Las personas han de orar confiadamente. Este texto no nos invita a intentar la realización de milagros mágicos. No tenemos que poner a prueba nuestra fe yendo a un monte y diciéndole: "¡Quítate de ahí!". Tampoco hemos de tratar la oración como si fuera una varita mágica que nos permite conseguir cualquier cosa que queramos. Cuando los cristianos oran con confiada certeza de que sus oraciones tendrán poder, pueden, como Jesús, vencer incluso la opresión más encarnizada. Nada es imposible. La oración no es un motor que nos permite vencer la renuencia divina. Jesús enseñó que Dios está siempre dispuesto a concedernos lo que nos conviene realmente. No es necesario convencerlo mediante lisonjas ni mendigarle. Los paganos creían que si querían obtener algo de sus apocados dioses tenían que persuadirlos y, por ello, se dirigían a ellos con largas invocaciones, sirviéndose a veces de fórmulas mágicas para solicitar su atención (ver 1R 18:26-29). La oración ha de basarse en la bondad de Dios como padre amante y aferrarse a su benevolencia.

Cuando los cristianos oran en el nombre de Jesús, pueden estar confiados de que Dios dará su respuesta; pero lo que piden ha de estar de acuerdo con su enseñanza, vida y muerte. Contrastemos la promesa de Jesús: "Todo lo que estén pidiendo en oración" (11:24), con la vacía jactancia de Herodes: "Pídeme lo que quieras y te lo daré" (6:22). Hay ciertas cosas que los cristianos no deben pedir y ciertas cosas que Dios

---

39. Tom Shepherd, "The Narrative Function of Markan Intercalation," *NTS* 41 (1995): 536.
40. Marshall, *Faith As a Theme*, 176.

no concederá. Como los padres dan a sus hijos lo que estos necesitan según la sabiduría que tienen, Dios también actúa así. Por consiguiente, puede que recibamos respuestas que no queremos, que encontremos cosas que no estamos buscando y que se nos abran puertas que no esperamos. Pablo pidió tres veces (repetidamente) que le fuera quitado el aguijón en la carne. Dios le respondió que tendría que vivir con él: "Te basta con mi gracia, pues mi poder se perfecciona en la debilidad" (2Co 12:9). No era la respuesta que él quería, pero con ella Dios le dio vida.

(3) La nueva comunidad ha de orar con expectación y sin desalentarse. Nuestras oraciones no han de centrarse solo en nuestro pequeño mundo y en el futuro inmediato, sino orientarse a largo plazo y a gran escala. ¿Cuántas veces se ha hecho la oración "Venga tu reino" a lo largo de los siglos? Esta oración debe estar siempre en los labios y corazones de los cristianos. Con frecuencia, la Iglesia queda atónita ante la liberación cuando llega.

(4) La comunidad ha de orar con un espíritu perdonador. No podemos estar en paz con Dios si albergamos hostilidad hacia otras personas.

Marcos 12:1-12

Entonces comenzó Jesús a hablarles en parábolas: Un hombre plantó un viñedo. Lo cercó, cavó un lagar y construyó una torre de vigilancia. Luego arrendó el viñedo a unos labradores y se fue de viaje. ² Llegada la cosecha, mandó un siervo a los labradores para recibir de ellos una parte del fruto. ³ Pero ellos lo agarraron, lo golpearon y lo despidieron con las manos vacías. ⁴ Entonces les mandó otro siervo; a éste le rompieron la cabeza y lo humillaron. ⁵ Mandó a otro, y a éste lo mataron. Mandó a otros muchos, a unos los golpearon, a otros los mataron.

⁶ »Le quedaba todavía uno, su hijo amado. Por último, lo mandó a él, pensando: "¡A mi hijo sí lo respetarán!". ⁷ Pero aquellos labradores se dijeron unos a otros: "Éste es el heredero. Matémoslo, y la herencia será nuestra". ⁸ Así que le echaron mano y lo mataron, y lo arrojaron fuera del viñedo.

⁹ »¿Qué hará el dueño? Volverá, acabará con los labradores, y dará el viñedo a otros. ¹⁰ ¿No han leído ustedes esta Escritura:

> »"La piedra que desecharon los constructores
> ha llegado a ser la piedra angular;
> ¹¹ esto es obra del Señor,
> y nos deja maravillados"?».

¹² Cayendo en la cuenta de que la parábola iba dirigida contra ellos, buscaban la manera de arrestarlo. Pero temían a la multitud; así que lo dejaron y se fueron.

Sentido Original

Con la alegoría de los labradores malvados, Jesús sigue respondiendo a los dirigentes que cuestionan su autoridad (11:27-33) y llega al fondo de la cuestión. Como la alegoría del sembrador en 4:1-9, esta sigue desarrollando el argumento y prepara al lector para lo que sigue. Lo que le sucede a Jesús no debe causar sorpresa, teniendo en cuenta la hostilidad de los dirigentes de Israel. Pero esta alegoría nos permite ver los acontecimientos desde la perspectiva de la larga y turbulenta relación de Dios con su pueblo del antiguo pacto.

Esta parábola se parece a la inteligente trampa que Natán le tendió a David con la historia de la corderita (2S 12:1-15). Natán prendió a David en su telaraña de adulterio, asesinato y mentiras con sus duras palabras: "¡Tú eres ese hombre!". Jesús atrapa a los principales sacerdotes, maestros de la ley y ancianos en una treta parecida. Ellos eran los principales terratenientes de Israel y, muy probablemente, se identificaron inmediatamente con el dilema del propietario de la historia.[1] Un relato sobre arrendatarios rebeldes y asesinos suscitaría las iras de cualquier hacendado (al menos hasta que se dieran cuenta de que ellos eran el blanco de la alegoría). Los viles, incorregibles y vagos arrendatarios de la viña de Dios son precisamente ellos.[2] El relato refleja la verdadera historia de su rechazo de los profetas de Dios, como Juan el Bautista y su perverso complot contra el Hijo de Dios. Como David, son conscientes de su culpabilidad y se dan "cuenta de que la parábola iba dirigida contra ellos" (12:12), pero a diferencia de él, no se arrepienten cuando son confrontados con su pecado.

La familiaridad con las imágenes veterotestamentarias nos ayuda a ver que los personajes de esta alegoría son metáforas transparentes. La viña es un símbolo de la relación de Dios con el pueblo escogido de Israel, y la descripción del proceso de plantación de la viña presenta paralelismos muy sorprendentes con Isaías 5:2.[3] Puesto que la valla, el lagar y la torre no tienen un significado específico en el posterior desarrollo del relato, estos detalles solo se mencionan para traer a la mente el contexto de Isaías. En el alegórico canto de amor del profeta, los cuidados que Dios prodiga a la viña contrastan con la ingratitud del pueblo y su falta de productividad (ver Is 5:1-7; obsérvese que este pasaje va seguido de una serie de ayes).[4] La fricción entre el propietario de la viña y los arrendatarios puede reflejar el verdadero mundo de los terratenientes

---

1. Ver Martin Goodman, *The Ruling Class of Judea: The Origins of the Jewish Revolt Against Rome A.D. 66-70* (Cambridge: Cambridge Univ. Press, 1987), 55-75. Por otra parte, los campesinos galileos se habrían puesto posiblemente del lado de los arrendatarios.
2. Con mucha frecuencia, la mordaz censura de una determinada alegoría dirigida a los contemporáneos se pierde cuando, con los años, se va contando de nuevo en distintos contextos. Compárese *Los Viajes de Gulliver* de Jonathan Swift y *El gran mago de Oz* de Frank L. Baum, que, en nuestro tiempo, la mayoría leen como inocuos relatos infantiles.
3. Ver Klyne Snodgrass, *The Parable of the Wicked Tenants: An Inquiry into Parable Interpretation* (WUNT 27; Tübinga: J. C. B. Mohr [Paul Siebeck] 1983), 76. Ver también, 2R 19:30; Sal 80:8-9; Cnt 8:11; Is 3:14; 27:6; 37:31; Jer 2:21; 12:10 (*cf.* 6:9); Ez 15:1, 6; 17:5-10; 19:10; Os 10:1 (*cf.* 14:6-9).
4. En *t. Me'il.* 1:16 y *t. Sukk.* 3:13 la torre se entiende como una referencia al templo, y el lagar al altar. Ver *Tg. Is* 5:2, 5: Dios destruirá los santuarios de Israel.

que se ausentaban durante un tiempo del control de sus fincas,[5] pero la historia es una alegoría de la tormentosa relación de Dios con Israel que se acerca a su clímax (ver también, 3:14; Jer 12:10).

Más adelante y desde su perspectiva tras la muerte y la resurrección de Jesús, la Iglesia identificó claramente a los arrendatarios con Israel o con sus dirigentes. No obstante, los primeros receptores de Jesús no habrían establecido inmediatamente esta relación.

Snodgrass sugiere que los primeros oyentes habrían pensado inicialmente que los arrendatarios eran los romanos, a quien Dios permitía mantener su sanguinario control sobre Israel.[6] A medida que la alegoría se va desarrollando, se dan cuenta de que sus suposiciones iniciales son incorrectas y se deben revisar.

El envío de los siervos y su insensible rechazo hacen cambiar las cosas. En el Antiguo Testamento, el término "siervo" es una expresión frecuente para aludir a los profetas que Dios enviaba al pueblo.[7] Jeremías 7:25-26, que tiene un lugar destacado en la interpretación que hace Jesús de sus acciones en el templo, es un comentario apropiado:

> "Desde el día en que sus antepasados salieron de Egipto hasta ahora, no he dejado de enviarles, día tras día, a mis servidores los profetas. Con todo, no me obedecieron ni me prestaron atención, sino que se obstinaron y fueron peores que sus antepasados".

También Nehemías 9:26 refleja este tema:

> "Pero fueron desobedientes: se rebelaron contra ti, rechazaron tu ley, mataron a tus profetas que los convocaban a volverse a ti; ¡te ofendieron mucho!".

Y en 2 Crónicas 36:15-16 (*cf.* 24:18-19) encontramos este mismo argumento:

> "Por amor a su pueblo y al lugar donde habita, el Señor, Dios de sus antepasados, con frecuencia les enviaba adver-

---

5. Comparar Plinio (*Epístolas* 10.8), que describe el abandono de sus tierras, el tiempo de embellecimiento de las viñas, el cambio de aparceros y la reducción de la renta por causa de una mala cosecha.
6. Snodgrass, *The Parable of the Wicked Tenants*, 77-78.
7. Ver 1R 14:18; 15:29; 18:36; 2R 9:36; 10:10; 14:25; y la expresión "mis [tus, sus] siervos los profetas" en Jer 7:25; Dan 9:6; Am 3:7.

tencias por medio de sus mensajeros. Pero ellos se burlaban de los mensajeros de Dios, tenían en poco sus palabras, y se mofaban de sus profetas. Por fin, el Señor desató su ira contra el pueblo, y ya no hubo remedio.

El trato que se da a los siervos en esta alegoría evoca, sin duda, el maltrato dispensado a los profetas. En la alegoría, el abuso de los siervos empeora de manera progresiva. Al primero de ellos lo golpean y despiden con las manos vacías (12:3), al siguiente le rompen la cabeza y lo humillan (12:4) y al último lo matan (12:5). Solo sabemos cómo murieron dos profetas bíblicos, de importancia relativamente menor: Zacarías hijo de Joyadá, que fue apedreado (2Cr 24:20-22) y Urías, asesinado a filo de espada (Jer 26:20). Jeremías fue golpeado y puesto en el cepo (Jer 20:2), pero posteriores leyendas apócrifas sobre profetas como Amós, Miqueas, Isaías, Jeremías, Ezequiel, Joel y Habacuc afirman que fueron asesinados. Según la sabiduría popular del tiempo de Jesús, los profetas fueron inevitablemente rechazados y murieron como mártires (ver Mt 5:12; 23:31-39; Lc 13:31-33; Hch 7:52; 1Ts 2:15; Heb 11:36-38). La palabra poco común que Marcos utiliza para referirse a la suerte de uno de los siervos, aquel al que "le rompieron la cabeza" (*kephalioo*, Mr 12:4), puede ser una alusión específica a la muerte de Juan el Bautista, que fue decapitado (*apokephalizo*, 6:16, 27). Jesús acaba de mencionar el asunto de la autoridad de Juan y los dirigentes confiesan en privado que lo rechazaron (11:30-32).[8]

La alegoría llega a su desenlace cuando los siervos regresan una y otra vez de su misión sin el fruto debido. Al propietario le queda todavía una alternativa. "Por último" enviará a su hijo. Se le identifica como "su hijo amado" (un modismo que se utiliza para aludir a un "hijo único"), que recuerda la voz del cielo que identifica a Jesús como "mi Hijo amado" (1:11; 9:7). El hijo está en un nivel distinto de los siervos, y el propietario lo envía porque asume que los arrendatarios "lo respetarán".[9] La misión del hijo es la misma que la de los siervos enviados antes de él. El propietario les da a sus arrendatarios numerosas oportunidades de arrepentirse y pagar su alquiler, entregándole el fruto acordado a su debido tiempo (ver Sal 1:3). Algunos datos procedentes de Qumrán (4QFlor

---

[8]. En *Vidas de los profetas* 2 se dice, no obstante, que Amós fue golpeado en la cabeza por Amasías; por tanto, es posible que la referencia del v. 4 sea solo de carácter general.

[9]. El verbo "respetar" (*entrepomai*) se utiliza en la Septuaginta para aludir a personas que "se humillan" ante los mensajeros de Dios (ver Éx 10:3; Lv 26:41; 2R 22:19; 2Cr 7:14; 12:7, 12; 34:27; 36:12).

1:11; citando 2S 7:11, y 1QSa 2:11-12, sobre Sal 2:7) sugieren que sus oyentes habrían entendido la referencia al hijo con un sentido mesiánico.

Los arrendatarios reconocen al hijo como el heredero y quieren quedarse con su herencia (ver 15:10; Pilato reconoce que los fariseos tienen envidia de Jesús). Su mezcla de rebeldía y astucia demuestra ser finalmente letal para ellos. Acaban siendo presa de su propia conspiración (Job 5:13; 1Co 3:19). Asumen erróneamente que el propietario está muerto y creen que matando al heredero pasarán a ser los propietarios de la viña.[10] Matan, pues, al hijo y arrojan el cadáver fuera de la viña sin darle sepultura. En el mundo antiguo, dejar a un muerto sin sepultar era una enorme ofensa.

Jesús concluye su alegoría con una incisiva pregunta —"¿Qué hará el dueño?"— que él mismo contesta sin esperar la respuesta de sus oyentes. De repente, el propietario deja de ser la persona impotente que parecía y se convierte en alguien capaz de vengarse. Ahora es el Señor de la viña que destruirá a los arrendatarios que asesinaron a sus siervos y a su hijo. Y esto no es todo. Dará la viña a otros. Aunque el verdadero heredero ha sido rechazado y asesinado, la herencia sigue perteneciéndole a él y a su comunidad. Jesús concluye la confrontación con una cita de Salmos 118:25, el texto que la multitud entonó cuando él entró a la ciudad (Mr 11:9-10). Este salmo explica que aquel que es rechazado (el mismo verbo, *apodokimazo*, se utiliza en 8:31 donde Jesús predice por primera vez su rechazo) y asesinado será vindicado (12:9-10; *cf.* Sal 118:22-23). La piedra que desecharon los constructores se convierte en piedra angular o culminante de una nueva estructura.[11] Esta imagen da a entender la realidad de un nuevo templo.[12] Los lectores de Marcos

---

10. En la Septuaginta, la expresión, "matémoslo" es la misma que usaron los hermanos de José en Gn 37:20a (Ver *T. Sim*; *T. Seb.* 1-5; *T. Dan* 1; *T. Gad* 1-2; *T. Jos.* 1; *T. Ben.* 3).
11. La piedra angular es la pieza central y en forma de cuña que se coloca en el punto culminante de un arco y que traba a las demás para que se mantengan en suposición. En arameo, la afirmación de Jesús contendría un juego de palabras entre "hijo" (*ben*) y "piedra" (*eben*); ver Matthew Black, "The Christological Use of the Old Testament in the New Testament," *NTS* 18 (1971): 11-14. Una referencia a "los constructores de la débil pared" en CD 4:19; 8:12 sugiere que el término "constructores" se utilizaba en algunos sectores como un epíteto para los dirigentes del templo.
12. Tolbert (*Sowing*, 260) afirma: "...para que la piedra rechazada se convierta en la pieza clave, los edificios que ahora están en pie han de ser totalmente desmantelados, y destruidos los arrendatarios que ahora tienen el control; solo entonces puede elevarse el nuevo edificio y emprender su tarea los fieles arrendatarios".

entenderán que Jesús es la piedra de tropiezo de la que ha hablado el salmista.

La última cita, "esto es obra del Señor y nos deja maravillados" (12:11), convierte en obra de Dios la condenación que Jesús hace del templo. La destrucción de los arrendatarios, la entrega de la viña a otros y la transformación de una piedra rechazada en piedra angular son cosas maravillosas para aquellos que tienen ojos para ver el plan de Dios. Los impotentes sacrificios de animales que se realizan dentro de un edificio de piedra que encarna un sistema estéril, racista y chovinista, ha llegado a su fin. El Hijo, a quien estos dirigentes van a ejecutar, será resucitado por Dios y se convertirá en el locus de la salvación.

La alegoría de Jesús es un acertijo, pero los dirigentes no necesitan ayuda para ver que ellos están en el punto de mira. Entienden perfectamente sus implicaciones, y esto solo sirve para elevar la enormidad de su culpa. Jesús ha dicho a los discípulos que los principales sacerdotes y los maestros de la ley van a matarlo (9:33). Ahora, aunque por medio de una alegoría, les dice a los gobernantes que ellos darán muerte al Hijo. Ellos siguen desarrollando su conspiración y esto significa que lo hacen con premeditación. Son como los demonios que reconocen a Jesús como una amenaza que ha venido para destruirlos (1:24); sin embargo, en lugar de sujetarse a él, intentan en vano destruirlo. Los enemigos de Jesús esperan su tiempo, porque temen la reacción de la voluble multitud más de lo que temen a Dios (11:18; 12:12). Marcos no presenta a Jesús despreciado y rechazado por el pueblo de Israel, sino por sus dirigentes.

Esta alegoría tiene un significado cristológico. Muestra la plena conciencia que Jesús tiene de ser el Hijo del Señor de la viña, así como la convicción de su inminente muerte a manos de las autoridades.[13] Quienes disputan la autenticidad de esta alegoría tienden a cuestionar ambas posibilidades.

Al interpretar esta alegoría hemos de centrarnos en los tres momentos clave. Cada uno de ellos se caracteriza por la utilización del dis-

---

13. Quienes deseen argumentos de que la parábola se origina con Jesús pueden ver James H. Charlesworth, *Jesus Within Judaism* (Nueva York: Doubleday, 1988), 139-43; Snodgrass, *The Parable of the Wicked Tenants*.

curso directo: cuando el frustrado propietario decide mandar a su hijo a recoger los frutos; cuando escuchamos a los arrendatarios ponderando su situación y tomando la decisión de matar al heredero; y cuando Jesús pregunta: "¿Qué hará el dueño?". Estos tres momentos revelan el significado de la alegoría.

La paciencia del propietario. En el relato escuchamos los pensamientos del propietario de la viña que ha preparado un viñedo pero solo ha cosechado insultos en forma de siervos maltratados y asesinados. Finalmente, decide mandar a su hijo amado (= único), pensando: "¡A mi hijo sí lo respetarán!". Tras la brutal recepción dispensada a sus siervos, este proceder parece imprudente, si no absolutamente temerario. ¿Qué le hace pensar a este terrateniente que van a tratar de manera diferente a su hijo? Sin embargo, por ser una alegoría sobre la relación de Dios con Israel estas reflexiones dicen algo sobre la naturaleza de Dios. Recuerda el tema veterotestamentario de la extensa paciencia y amor no correspondido de Dios que se expresa de manera especialmente conmovedora en Oseas (Os 2:2, 14-20; ver también Jer 3:11-14).[14] Carlston lo llama "la bendita idiotez de la gracia".[15]

La alegoría pone de relieve el constante acercamiento de Dios hacia los humanos, unas iniciativas que se encuentran invariablemente con el rechazo de estos. El optimismo del terrateniente que se expresa enviando a su hijo representa la incesante esperanza y constante esfuerzo de Dios por conseguir que los pecadores entren en razón. Dios espera que las personas produzcan fruto y es longánimo cuando incumplen sus obligaciones (Ro 2:4; 2P 3:9), y al hacer algo que parece absolutamente absurdo, a saber, mandar profeta tras profeta y finalmente a su hijo amado a una banda de asesinos. Sin embargo, aquello que a la sabiduría mundana puede parecerle absolutamente absurdo (1Co 1:18-25; 3:18-20) es, en realidad, una expresión del amor y la sabiduría de Dios.

La necedad de los arrendatarios. El soliloquio de los arrendatarios pone de relieve su lógica: "Éste es el heredero. Matémoslo, y la herencia será nuestra". Su insensatez recuerda otro soliloquio, el del rico labrador de Lucas 12:18-19, quien con la misma presunción afirma:

---

14. John R. Donahue, *The Gospel in Parable* (Filadelfia: Fortress, 1988), 55.
15. Charles E. Carlston, *The Parables of the Triple Tradition* (Filadelfia: Fortress, 1975), 185.

"Ya sé lo que voy a hacer: derribaré mis graneros y construiré otros más grandes, donde pueda almacenar todo mi grano y mis bienes. Y diré: Alma mía, ya tienes bastantes cosas buenas guardadas para muchos años. Descansa, come, bebe y goza de la vida".

Las expectativas insensatas conducen a una conducta temeraria. En su estupidez, los arrendatarios creen que si matan al heredero, la viña se quedará sin propietario y podrán hacerla suya. Como el rico necio de Lucas, no tienen en cuenta a Dios.

Este aspecto de la parábola conecta fácilmente con nuestro marco contemporáneo. Interpela la necia arrogancia de quienes en cualquier época y condición social piensan que pueden controlarlo todo y dejar a Dios fuera del asunto. ¿Creían realmente estos aparceros que matando al hijo podrían convertirse en propietarios de la viña? Parece que sí. ¿Piensan acaso los humanos que borrando a Dios de su vida pueden asumir el control de su destino terrenal y eterno? Parece que sí. Esta alegoría pone de relieve la absoluta necedad de la rebeldía contra Dios. También nos recuerda que solo somos siervos en la viña, no sus señores o propietarios.

La ira del propietario. La pregunta final de Jesús: "¿Qué hará el dueño?" es el clímax del relato. Lo que precede no nos deja con una respuesta evidente a esta pregunta. Da la impresión de que el propietario es un hombre más bien incapaz y débil. Es muy posible que no haga nada porque, según suponían los aparceros, es impotente y no cuenta con recursos para actuar. No obstante, resulta que en esta alegoría el propietario representa a Dios y, obviamente, Dios no es impotente. Ha mostrado una paciencia desmesurada, pero la conclusión revela la advertencia profética de que no seguirá mostrándola siempre.

Cuando interpretamos esta alegoría con el trasfondo de la historia de la relación de Dios con Israel, viene a la mente el axioma bíblico de que la bondad divina quiere llevarnos al arrepentimiento (Ro 2:4). Isaías consigna la advertencia de Dios: "Todo el día extendí mis manos hacia un pueblo rebelde, que va por mal camino, siguiendo sus propias ideas. Es un pueblo que en mi propia cara constantemente me provoca" (Is 65:2-3a). La rebeldía pertinaz recibirá un juicio seguro (65:7). Pero Dios no destruirá a Israel por completo; un remanente será salvo (65:8-16). En la parábola de Jesús, la viña no se destruye, sino que se entrega a otros aparceros cuya identidad no queda clara. Esta ambigüedad nos lleva al último punto a comentar para traer este pasaje a nuestro contexto.

El optimismo del propietario al entregar la viña a otros. Hemos de tener cuidado de no interpretar esta alegoría como una explicación del rechazo de Israel a favor de una Iglesia cristiana gentil. Jesús utilizó esta alegoría para enfrentar a sus oponentes con su pecado y llamarlos a rendir cuentas, no para poner al pueblo de Israel en una luz negativa. Del mismo modo que, en la Última Cena, Jesús hace saber a Judas que conoce sus planes de entregarlo, con la esperanza de que este reconsidere lo que va a hacer o se arrepienta (14:17-21), el Señor advierte aquí a los principales sacerdotes, maestros de la ley y ancianos. Está al corriente de los planes homicidas que han urdido en sus corazones; puede que se arrepientan. En el contexto de Marcos, esta alegoría no alude principalmente al rechazo divino hacia Israel, sino a la rebeldía de los dirigentes judíos.

Comparar esta alegoría con su inspiración en Isaías 5:1-7 nos ayuda también a eludir el peligro de interpretarla como una referencia al rechazo de Israel. En ambas alegorías, Dios es el propietario de la viña que deja de recibir el fruto que le es debido. En Isaías, el propietario no puede recoger la cosecha, porque la viña no la produce;[16] sin embargo, en la alegoría de Jesús, la viña sí produce fruto, pero los aparceros no le entregan su parte al propietario. En Isaías, el juicio cae sobre la viña, mientras que en la alegoría de Jesús, desciende sobre los aparceros y la viña se le entrega a otros.

Esta comparación revela que Jesús señala a los arrendatarios de la propiedad, a saber, los dirigentes que forman su audiencia, no a Israel como pueblo, para condenarlos. Por tanto, hemos de tener cuidado de no interpretar esta alegoría como un relato sobre la perversa nación de Israel que rechazó a los profetas y mató al Hijo de Dios. Jesús la dirige contra los *líderes* de la nación y ellos lo reconocen: "Cayendo en la cuenta de que la parábola iba dirigida contra ellos, buscaban la manera de arrestarlo" (12:12).

Estos dirigentes no quieren arrepentirse y no pueden producir los frutos del reino; más bien han decidido conseguir un reino que ellos puedan gobernar. Han convertido el templo, la divina casa de oración, en

---

16. Geddert, *Watchwords*, 121.

un lucrativo negocio que ellos manejan. Y harán lo que sea para quitar de en medio a cualquiera que ponga en tela de juicio sus prerrogativas. Estos sumos sacerdotes, ancianos, y maestros de la ley son los descreídos e infieles arrendatarios que rechazaron a profetas como Juan y que traman la muerte del Hijo; se contraponen a las ingenuas y vulnerables multitudes.

Aunque Jesús inspira asombro en el pueblo, este no tiene una plena comprensión de su identidad y se deja manipular fácilmente por los desaprensivos amos del templo. En el relato de la Pasión, las multitudes se convierten en sus peones inconscientes. No obstante, la violencia solo engendra violencia, y estos malvados aparceros van a ser destruidos. La conclusión del Salmo 118:22 sugiere que Dios nombrará nuevos dirigentes para cuidar de su viña, Israel. Las alusiones a "los edificadores" y a la piedra angular rechazada cobrará más sentido tras la predicción de la destrucción del templo por parte de Jesús: "No quedará piedra sobre piedra; todo será derribado" (13:2). Jesús da a entender que Dios va a levantar un nuevo templo no hecho con manos y que se cohesionará en torno a la piedra angular rechazada por los dirigentes judíos. Esta cita guarda paralelismos con el clásico argumento de cuentos como Cenicienta o el Patito feo, solo que este tiene dimensiones divinas. La respuesta que se da al Hijo será decisiva para el propio destino.

Tolbert señala que, "por su propia naturaleza, la tipología invita a una aplicación de carácter más general: cualquier grupo que ocupa una posición de poder y obstruye la productividad de la buena tierra de Dios es una manifestación de los perversos arrendatarios de la viña".[17] Con frecuencia, leemos las parábolas en clave de lo que estas les dicen a los demás, cuando en realidad puede que se apliquen más a nosotros mismos. Los lectores y oyentes tienden a identificarse con los héroes o "buenos" de la película. Puesto que la mayoría ya ha escuchado el relato anteriormente, se distancia de las partes culpables que, de manera obstinada, maliciosa y egoísta, lo quieren todo para sí mismos.

Jesús tendió una trampa a sus primeros oyentes, contándoles un relato sobre los problemas de un hacendado ausente con sus rebeldes aparceros, una experiencia con la que, probablemente, estaban bien familiarizados. Acto seguido, le dio la vuelta al relato y se dieron cuenta de que ellos eran aquellos aparceros que se negaban a dar fruto para Dios.

---

17. Tolbert, *Sowing*, 238.

Esta parábola será más efectiva si, en nuestra manera de explicarla, su impacto vuelve sobre nuestros oyentes como un bumerán y se dan cuenta, de repente, que habla de ellos. Las parábolas de Jesús suenan muy seguras, como el relato de la corderita de Natán. Hasta que, de repente, salta el resorte y la trampa atrapa a sus oyentes en su sentido de culpa: "¡Tú eres ese hombre!". Esta alegoría no se limita a condenar a unos dirigentes que vivieron hace dos mil años; se aplica también a nosotros. El relato de la relación de Dios con un pueblo rebelde y desobediente no ha cambiado mucho. El juicio que cayó sobre ellas puede caer también sobre nosotros si, como dirigentes, fracasamos en el desempeño de nuestra responsabilidad. Debemos, por tanto, analizar en qué ámbitos no hemos dado fruto para Dios, cómo podemos haber rechazado, maltratado e injuriado a sus siervos (3Jn 9-10), y de qué formas seguimos rechazando al Hijo de Dios (Heb 6:6).

Significado Contemporáneo

El mundo de los aparceros malvados se parece mucho al nuestro. Está lleno de violencia sin sentido. Cuando se ven amenazados, estos aparceros no conocen los límites y golpean con violencia. No se detienen ante nada para conseguir lo que quieren. Es un mundo que incumple los contratos sin pestañear. No les importa haber acordado cumplir ciertas obligaciones; pretenden hacer lo que les parece. Es un mundo que no tiene ningún sentido del bien y del mal, que cree que todo vale con tal de conseguir los propios objetivos. De modo que se apropian avariciosamente de lo que no es suyo. No es que olviden quién es el propietario de la tierra, sino que simplemente quieren hacerla suya por cualquier medio. Su codicia no conoce límites y toman de todo más de lo que deben. Esta desenfrenada voluntad de poder les lleva a decir: "Mío es el poder, el reino y la gloria".

Esta historia me recuerda lo que sucede cada verano cuando cuelgo en mi jardín un comedero para colibríes. Siempre hay uno de ellos que pretende apropiarse de él como su comedero privado y personal. Este pájaro persigue a cualquier otro colibrí que se atreva a aventurarse por sus inmediaciones. Ello requiere una vigilancia constante. Es como ver las guerras entre aviones de la Primera Guerra Mundial: el diminuto pájaro se lanza en persecución de docenas de intrusos por entre las ramas del árbol con indignados gorjeos. El pajarillo solo se detiene cuando está exhausto, y rara vez se toma un respiro para descansar y beber en "su" comedero. Pero, de hecho, no es "su" comedero, sino mío. Fui yo quien lo compró. Fui también yo quien preparó la mezcla de agua, azúcar y colorante alimentario rojo, quien me la jugué colgando el comedero en una rama del árbol para atraer a todos los colibríes, no solo a este.

Este imperioso colibrí se comporta igual que muchos humanos en la viña de Dios, con la diferencia de que a él no le divierte mucho lo que hacemos. La codicia hace que los seres humanos quieran tener lo que no les corresponde. Acto seguido, los lleva a pensar que este deseo debería cumplirse a toda costa. Las personas se convierten en instrumentos para alcanzar nuestros deseos, y estos llegan a ser nuestro dios.

Los aparceros viven en un mundo egocéntrico e implacable, sin ninguna conciencia de Dios o de su juicio. Quieren ponerse ellos mismos como señores de su pequeño mundo. Rechazan la realidad de que son criaturas de Dios que viven en su viña. Pero él se interpone en el camino de sus egocéntricos planes. Matar a los mensajeros de Dios enviados para recordarles esta realidad les aporta una falsa sensación de seguridad, pero su rebeldía solo conduce a su destrucción final.

El asesinato de su heredero no les da la victoria; ahora tendrán que vérselas con Dios. A muchas personas de nuestro tiempo, Dios puede parecerles un hacendado ausente y necio, fácil de traicionar y de engañar. El propietario de la parábola pierde a sus siervos, a su hijo y, aparentemente, también su viña. En nuestro mundo, muchos consiguen cometer con impunidad toda clase de injusticias, opresión e incluso asesinatos. Los mensajeros de Dios siguen siendo rechazados, escarnecidos, agredidos y asesinados. No parece que quienes actúan así tengan que dar cuenta de su pecado.

Sin embargo, las cosas no son como parecen. Dios envía a sus siervos y a su Hijo con la esperanza de llevar a las personas al arrepentimiento (Ro 2:4). Los rechazos y los asesinatos presentan a Dios como el personaje de una tragedia que sufre con la humanidad. Ponen también de relieve la ciega estupidez del mal. La gente cree que puede salir impune, pero el juicio de Dios llegará inevitablemente. A lo largo de la historia, este juicio puede verse, a veces, claramente en la caída de los perversos dirigentes de una determinada nación, pero no siempre es así. Esta parábola nos asegura que Dios prevalecerá aun cuando parezca haber perdido. Aquellos que rechazan el derecho de Dios sobre sus vidas y su llamada al arrepentimiento siempre saldrán perdiendo, aun cuando parezca que hayan salido airosos. Con su conducta siembran las semillas de su propia destrucción.

Esta parábola se aplica especialmente a la Iglesia de nuestro tiempo. Israel fue escogido por Dios para cumplir los propósitos de su gracia para todo el mundo. Dios los equipó especialmente para esta tarea, pero los dirigentes confundieron este deber con un privilegio especial y solo querían ser responsables ante sí mismos y no ante Dios.

Si alguien pregunta cuál es el fruto que Dios requiere de nosotros hoy, la respuesta la encontrará en los pasajes inmediatamente anterior y posterior a esta parábola (12:13-17, 28-34): Dios requiere que nuestro lugar de adoración sea una casa de oración para todas las naciones (11:17) y también que nuestra comunidad sea un espacio de perdón (11:25). Hemos de darle a Dios lo que es de Dios (12:17). También hemos de amarlo con todo nuestro corazón, alma, mente y fuerzas (12:30), y a nuestro prójimo como a nosotros mismos (12:31). En otras palabras, Dios espera que su viña, su pueblo, sea un comunidad acogedora, de oración, perdonadora, dedicada y amorosa, construida alrededor de su Hijo, la piedra que lo cohesiona todo. Cuando se convierte en algo distinto, se expone al juicio de Dios

Marcos 12:13-17

Luego enviaron a Jesús algunos de los fariseos y de los herodianos para tenderle una trampa con sus mismas palabras. ¹⁴ Al llegar le dijeron:

—Maestro, sabemos que eres un hombre íntegro. No te dejas influir por nadie porque no te fijas en las apariencias, sino que de verdad enseñas el camino de Dios. ¿Está permitido pagar impuestos al césar o no? ¹⁵ ¿Debemos pagar o no?

Pero Jesús, sabiendo que fingían, les replicó:

—¿Por qué me tienden trampas? Tráiganme una moneda romana para verla.

¹⁶ Le llevaron la moneda, y él les preguntó:

—¿De quién son esta imagen y esta inscripción?

—Del césar —contestaron.

¹⁷ —Denle, pues, al césar lo que es del césar, y a Dios lo que es de Dios.

Y se quedaron admirados de él.

Todas las preguntas dirigidas a Jesús en el templo (*cf.* 11:27) tienen que ver con cuestiones "judías". ¿Pueden pagarse impuestos al césar y aun así honrar a Dios? ¿Puede verificarse la esperanza de la resurrección a partir de los libros de Moisés? ¿Cuál es el primero de los mandamientos de Dios? ¿Cómo se explica la contradicción de la Escritura sobre el Hijo de David? La capacidad de Jesús para eludir estos desafíos pone de relieve su autoridad como alguien que procede "del cielo" (11:30).

El primer desafío se le plantea a Jesús cuando el triunvirato de los principales sacerdotes, maestros de la ley y ancianos mandan a los fariseos y a los herodianos para que le tiendan una trampa cuidadosamente diseñada (11:27; 12:13). Intentan hacerle perder el equilibrio realzando su imparcialidad con un sutil acercamiento adulador. Irónicamente, fingen ser sinceros cuando afirman la franqueza de Jesús. Él no le da coba a nadie ni endulza el camino de Dios (ver 1:3) cuando enseña. Sin embargo, en una cosa se equivocan. Jesús no muestra parcialidad ni responde francamente a aquellos que no buscan sinceramente la verdad.

Estos inquisidores tienden su trampa con una pregunta de sí o no sobre un asunto explosivo: los impuestos. Judea se convirtió en provincia romana en el año 6 d.C., tras el fracasado ejercicio de Herodes Arquelao como tetrarca. Se llevó a cabo un censo que permitió que los romanos aplicaran un impuesto especial, distinto del que gravaba las posesiones y los aranceles.[1] El establecimiento de este impuesto suscitó la sublevación encabezada por Judas de Galilea, porque ponía la tierra prometida por Dios al servicio de un pueblo extranjero (Hch 5:37).[2] La pregunta que se le hace a Jesús es tendenciosa, porque plantea el asunto de la fidelidad al Dios de Israel. ¿Pueden pagarse impuestos al césar y ser, aun así, leales al Dios de Israel? ¿Acaso no se traiciona a Dios cuando se apoya la hegemonía del césar sobre su territorio?

Es probable que estos oponentes pensaran que Jesús era un extremista que iba a mostrar el mismo celo militante que Judas el galileo. Si rechaza abiertamente este impuesto, se alineará con aquellos acérrimos rebeldes que incitaron la sublevación y será arrestado por traición, pero si lo aprueba, verá disminuir su apoyo entre los sectores más celosos, que hierven de rabia bajo el gobierno romano. No había residente de Palestina que no conociera a alguien que había sido víctima de los romanos por este asunto, en muchos casos incluso algún familiar cercano. Eran vendidos como esclavos (de manera temporal o permanente), forzados a abandonar su tierra cuando se veían atrapados en una vorágine de deudas por la disminución de las cosechas y el aumento de los impuestos, o ejecutados por sublevarse contra la opresión. Por otra parte, una respuesta afirmativa también pondría en tela de juicio que fuera realmente el Cristo ya que se esperaba que el Mesías depusiera a quienes tiranizaban al pueblo de Dios e impusiera justicia.

Jesús conoce la hipocresía de sus interrogadores, elude hábilmente su emboscada y responde tendiéndoles una trampa. Al pedirles una moneda, que él no posee, los toma por sorpresa. Han de rebuscar en sus bolsas con la mosca detrás de la oreja, preguntándose qué pretende. Este impuesto se pagaba con un denario de plata. En el tiempo de Jesús, era posiblemente un denario de Tiberio. En el mundo antiguo, las monedas se utilizaban con fines propagandísticos y esta moneda en concreto llevaba una imagen del emperador y proclamaba la ideología romana. El anverso de la moneda llevaba la efigie del emperador y la inscripción

---

1. Marcos identifica el tributo con el término "censo" (*kensos*).
2. Ver Josefo, *Guerras* 2.8.1 §§ 117-18; *Ant.* 18.1.1 §§ 1-9.

decía: "TI[berius] CAESAR DIV[i] AUG[usti] F[ilius] AUGUSTUS" ("Tiberio César, Augusto Hijo del Divino Augusto"). En el reverso había una figura femenina sentada en un trono, con una corona y una lanza invertida en la mano derecha y una rama de palma o de olivo en la izquierda. La inscripción decía: "Pontif[ex] Maxim[us]" ("Sumo Sacerdote"). La mujer puede ser una sacerdotisa o Livia, la esposa de Augusto y madre de Tiberio, y la moneda proclamaba la pax Romana que había puesto todo el mundo bajo su yugo. Era, de hecho, un ídolo portátil que promulgaba la ideología pagana.

Los oponentes enseñan la moneda, y Jesús les pregunta cuál es la imagen que lleva impresa.[3] Cuando le responden: "del césar", Jesús puede responder la pregunta. Las monedas del césar le pertenecen a él. Puesto que no tienen reparos en hacer negocios con el dinero del césar, más les vale pagar sus impuestos. Y el hecho de que puedan mostrar la moneda, permite también que Jesús muestre de manera implícita que no tienen reparos en llevar al templo de Dios una imagen del césar y un emblema de su poder mundano y su pretensión de deidad.[4] Esto los hace parecer necios e impíos. Por el mero hecho de poseer su moneda ya están pagando una forma de tributo al césar. Por tanto, le deben a él el tributo que demanda con sus impuestos.[5] De hecho, lo que Jesús dice es: "¡Denle sus ídolos al césar!"

El hecho de "darle al césar" no le da carta blanca. Jesús no se está limitando a equilibrar esta afirmación cuando les pide que le den a Dios lo que es de Dios. Dios es Señor del emperador. Es posible que se le deba al césar aquello que lleva su imagen y su nombre, es decir, dinero. Del mismo modo, a Dios se le debe también aquello que lleva su imagen y nombre. Puesto que hemos sido creados a imagen de Dios (ver Gn 1:26; Pr 7:3; Is 44:5; Jer 38:33; *cf.* Ez 18:4) y llevamos su nombre como hijos suyos, le debemos todo nuestro ser.[6] Lo que le debemos a Dios

---

3. Según *y. Meg.* 1:11, 72b., a Nahúm se le llama el más santo por sus escrúpulos acerca de las imágenes grabadas: "nunca miró una moneda en toda su vida". Ver también, *b. Pesah.* 104a.
4. Durante la guerra contra Roma los rebeldes acuñaron sus propias monedas con imágenes del templo y festivales religiosos.
5. El único impuesto que Jesús rechaza de manera específica es la cuota del medio siclo para el templo; sin embargo, a continuación recomienda su pago para no ser de tropiezo a otros (Mt 17:24-27; ver David E. Garland, *Reading Matthew* [Nueva York: Crossroads, 1993]).
6. Tertuliano interpreta este pasaje con este sentido: "Dale a César, la imagen de César, que está en el dinero, y *a Dios*, la imagen de Dios, que está en el hombre; dale, pues, dinero a César, y tu ser a Dios" (*De idolatría* 15; *Contra Marción* 4.38.3). Ver Charles

exactamente queda claro en la respuesta de Jesús a cierto maestro de la ley: amarlo con todo nuestro corazón, alma, mente y fuerza (12:30, 33).

Este pasaje plantea el importante asunto de la relación entre Dios y el gobierno, que ha sido objeto de debate a lo largo de la historia. Los cristianos de toda generación y sociedad han de hacer frente a este asunto. En esta sección quiero exponer formas extremas de falsas alternativas de las que hemos de guardarnos. Después podremos analizar las implicaciones del texto para nuestra propia situación.

Jesús no divide la vida en dos esferas, sagrada y profana. La expresión "lo que es del césar" no debe interpretarse en el sentido de que este tenga control de la esfera política, mientras que Dios se ocupa solo de la religiosa. Es evidente que Jesús no consideraba que el césar y Dios estuvieran en un mismo plano. Hay un solo Señor del mundo, no dos (12:29). La interpretación que acabamos de desarrollar trata esta expresión como un término despectivo de rechazo. Aquella moneda representa el ídolo del césar, y no hay problema de que se le devuelva. Cuidado, pues, con las teorías políticas que se construyen a partir de este versículo.

En el pasado, sin embargo, la Iglesia ha querido ejercer un control soberano sobre el césar (el estado) en el nombre de Dios. Cuando el papado alcanzó su clímax, por ejemplo, el emperador no era más que el brazo del papa, encargado de imponer la voluntad de la Iglesia en la esfera secular. Lucas 22:35-38 se había interpretado alegóricamente en el sentido de que el papa poseía "dos espadas", una espiritual y una temporal. La bula papal *Unam Sanctum*, promulgada por Bonifacio VIII, argumentaba:

> Ambas espadas están, pues, en poder de la Iglesia, la material y la espiritual, pero mientras que la primera es esgrimida a favor de la Iglesia, la última lo es directamente por la Iglesia; la última por mano del sacerdote, la primera por la del rey o el caballero, en la palabra, y con el consentimiento del sacerdote. Una espada debe estar subordinada a la otra:

H. Giblin, "'The Things of God' en *The Question Concerning Tribute to Caesar* [Lk. 20:25; Mk. 12:17; Mt. 22:21]," *CBQ* 33 (1971): 522-23.

el poder terrenal debe someterse a la autoridad espiritual, pues esta tiene precedencia sobre aquél.[7]

Jesús no contempla que sus seguidores se conviertan en la Iglesia militante y todopoderosa. La Iglesia que busca la gloria y el poder pierde siempre su brújula moral y su vigor espiritual. Ha hecho también tanto daño a los propósitos y siervos de Dios como el estado satánico. No podemos imbuir el espíritu de Cristo al mundo mediante el poder político. El aforismo de que el poder otorga el derecho es pagano.

Otra falsa alternativa pretende situar a la Iglesia bajo la autoridad del estado, de modo que se convierte en una especie de capellán cortesano. La Alemania nazi constituyó un ejemplo extremo de esto cuando sus totalitarios gobernantes intentaron instaurar una religión nacional, "Cristianos alemanes (*Deutsche Christen*)", bajo la autoridad de un obispo del Reich con dirigentes comprometidos con los ideales del partido nazi. Se esperaba que la Iglesia obedeciera los dictados de los funcionarios del estado sobre credo, ritual y disciplina. Rosenberg afirmaba en su obra *El Mito*:

> La religión de Jesús era, sin duda, un evangelio de amor [...], pero un movimiento religioso germánico que aspira a convertirse en Iglesia del Pueblo tendrá que declarar que el amor al prójimo está subordinado a la idea del honor nacional.[8]

Hemos de rechazar estos puntos de vista extremistas sobre la relación entre la Iglesia y el estado.

Significado Contemporáneo

La Iglesia ha estado siempre plagada de autoproclamados inquisidores que han intentado erradicar a supuestos herejes con artificios y preguntas capciosas.

En las campañas políticas, la propaganda basada en los insultos yolas tácticas sucias no es nada nuevo. La respuesta de Jesús a sus oponentes en esta sección sirve de ejemplo para sus seguidores. Estos oponentes dan testimonio de que, como hombre de Dios, Jesús no dora la píldora,

---

7. Citado por Joseph Lecler, *The Two Sovereignties* (Nueva York: Philosophical Library, 1952), 60.
8. Citado por Charles Grant Robertson, *Religion and the Totalitarian State* (Londres: Epworth, 1937), 79.

da coba, lisonjea ni sigue la corriente a nadie. No se preocupa por preservar su posición, sino que expresa la verdad de Dios con una convicción tan absoluta que las personas lo escuchan.

¿Cuáles son las implicaciones de la respuesta de Jesús para nuestra situación? (1) Jesús rechaza la violencia como alternativa. Sus oponentes estaban convencidos de que un profeta tan celoso como Jesús mostraría tendencias de agitador cuando le hicieran su pregunta. Confundieron a Jesús con Judas, otro revolucionario galileo de distinto signo (ver 14:71), partidario de una revuelta contra el poder de Roma. Sin embargo, Jesús no pretendía sustituir un régimen romano violento con otro judío del mismo tipo. Esto sería el mero cambio de una forma de opresión por otra.

El derrocamiento violento de un régimen opresivo cambia poco las cosas. El personaje de comic Dick Tracy afirmó: "La violencia es oportuna cuando es para sofocar el mal".[9] El problema es que el mal nunca queda permanentemente sofocado, en especial cuando se utiliza la brutalidad para lograrlo. Es necesario algo mucho más revolucionario para hacer realmente mella en el mal que envuelve nuestro mundo, a saber, una completa transformación de sus valores. Wink observa: "La revolución violenta acaba fracasando, porque no es lo bastante revolucionaria. Cambia a los gobernantes pero no las reglas, los fines pero no los medios. La mayor parte de los antiguos valores androcráticos e ilusorias suposiciones siguen intactas".[10] No obstante, Jesús ofrece toda una nueva forma de confrontar la maldad con un amor atrevido, volver la otra mejilla, llevar la carga otra milla, perdonar a los enemigos y orar por ellos, y dar la propia vida por los demás.

(2) Aunque Jesús rechaza el nacionalismo militante no propone que sus seguidores se desvinculen totalmente de la sociedad. No les dice que no tengan nada que ver con el gobierno ni los invita a retirarse a una fortificación en el desierto (como hicieron los miembros de la comunidad sectaria de Qumrán). Es cierto que como cristianos nuestra ciudadanía está en los cielos (Fil 3:20), pero esto no nos exime de ser ciudadanos ejemplares en la tierra. Jesús no nos llama a desentendernos del mundo ni nos otorga una posición especial que nos permita eludir las obligaciones que conlleva vivir en él. Aunque los cristianos seamos libres de la ley mosáica, no lo somos de la civil que pretende promover el orden.

---

9. Citado por Walter Wink, *Engaging the Powers: Discernment and Resistance in a World of Domination* (Minneapolis: Fortress, 1992), 19.
10. *Ibíd.*, 136.

(3) La afirmación de Jesús limita lo que le debemos al gobierno. Su respuesta subvierte las pretensiones de los gobernantes paganos. Hay otro Señor que está por encima de ellos, y sus idolátricas monedas carecen de valor en el reino de Dios. Jesús les gana la partida a sus oponentes y pone en evidencia ante todos los presentes que, con la posesión de una moneda que lleva la imagen del césar, estos reconocen implícitamente su autoridad. Si hacen negocios con el mandatario romano, deben aceptar sus reglas. La declaración de Jesús no le concede poder al césar.

Uno solo le debe al césar aquellas cosas de las que obtiene beneficios. Los primeros cristianos se sirvieron del sistema viario romano y de la relativa paz y orden que el poder romano imponía en el mundo para propagar el evangelio. Si hacemos uso del dinero del estado y nos beneficiamos de sus autopistas y alcantarillas, estamos obligados a pagar sus impuestos. Los gravámenes son un asunto trivial comparado con lo que le debemos a Dios. Las "cosas" de Dios no se limitan a las monedas; se definen en 12:29-31. A Dios le debemos todo nuestro corazón, alma, mente y fuerza, y también una amorosa preocupación por nuestros semejantes. Al césar podemos deberle dinero, pero no el amor y la lealtad que solo hemos de tributarle a Dios.

El problema viene cuando el gobierno sobrepasa sus límites legítimos e invade la lealtad religiosa de los seguidores de Cristo. Los estados pueden llegar a ser entes idolátricos y, en estos casos, respetarlos puede llevar a la idolatría (ver Ap 13; 17:1-19:10). Jesús fue ejecutado tanto por el poder político como por el religioso. Sus seguidores no solo han de resistir cualquier intento de convertir la religión en una herramienta del estado, sino también los de quienes aspiran a ser señores y quieren ser adorados en algún tipo de secta. La ley de Dios prevalece sobre la del estado. El cristiano le debe algo al césar, pero no todo. La obediencia ha de ser vigilante y juiciosa, porque el estado es también responsable ante Dios. Las demandas divinas son infinitamente más importantes. Aquellos que somos portadores de la imagen de Dios y llevamos inscrito el nombre de Jesús se lo debemos todo a Dios.

(4) Los primeros cristianos adoptaron una idea positiva del papel del gobierno, pero defendían que éste derivaba su autoridad de Dios.[11] Abogaban por la sumisión, pero no por ninguna reverencia al emperador. Cuando pagamos impuestos al estado, lo hacemos en obediencia

---

11. Ro 13:1-7; 1Ti 2:1-2; Tit 3:1-2; 1P 2:13-17; 1 Clem. 61; Pol., Fil.12:3; Justino, *Apología* 1, 17.3; Tertuliano, *Apología* 30.

al mandamiento de Jesús, no por una cuestión de reverencia a ningún mandatario terrenal.[12] El Nuevo Testamento proclama que Jesús es Rey, lo cual significa que el césar no lo es (ver 1Ti 6:14-16). En Hechos 5:29, Pedro aplica estas palabras de Jesús cuando dice: "¡Es necesario obedecer a Dios antes que a los hombres!" (*cf.* 4:19-20).

(5) Este pasaje nos advierte sobre uno de los peligros que acechan en nuestras sociedades, a saber, el desarrollo de una religión civil. Esta se hace realidad cuando el estado "asume dimensiones religiosas" o la religión se identifica con el estado o sucumbe a él.[13] Cada cristiano ha de saber dónde trazar la línea entre las cosas que son del césar y las que pertenecen a Dios, y actuar de manera responsable y vigilante para no cruzarla. Martín Lutero dijo:

> La Iglesia del Nuevo Testamento no intentó asegurar su supervivencia estableciendo un concordato con Nerón, Domiciano y Decio durante sus terribles persecuciones ni suscitando una revolución contra estos tiranos, ni aliándose con el Imperio persa; se limitó a confesar la verdad del evangelio y a construir una Iglesia verdaderamente confesante, cuyos miembros estuvieran dispuestos a morir por su fe.

La historia ha puesto de relieve que, dondequiera que ha habido una malsana unión entre Iglesia y Estado, se ha producido la destrucción tanto de iglesias como de gobiernos. Siempre hay que tener cuidado de no politizar a la Iglesia, ya que esto significa inevitablemente que esta acaba implicándose en unas luchas de poder que deslucirán su misión, por mucho que sus miembros estén luchando por una buena causa. A una Iglesia politizada acaba identificándosela únicamente con una agenda política y no con la proclamación del evangelio, que trasciende a las sociedades y los gobiernos. La Iglesia ha de impedir que los políticos pretendan conferir autoridad divina a sus políticas y programas o que señalen a sus oponentes como inherentemente malvados o pecaminosos. La Iglesia debe estar suficientemente distanciada de la maquinaria política para poder hablar proféticamente.

---

12. Martin Hengel, *Christ and Power* (Filadelfia: Fortress, 1977), 40.
13. Frank Stagg, "Rendering to Caesar What Belongs to Caesar: Christian Engagement with the World," *Journal of Church and State* 18 (1976): 96-97.

Marcos 12:18-27

Entonces los saduceos, que dicen que no hay resurrección, fueron a verlo y le plantearon un problema:

¹⁹ —Maestro, Moisés nos enseñó en sus escritos que si un hombre muere y deja a la viuda sin hijos, el hermano de ese hombre tiene que casarse con la viuda para que su hermano tenga descendencia. ²⁰ Ahora bien, había siete hermanos. El primero se casó y murió sin dejar descendencia. ²¹ El segundo se casó con la viuda, pero también murió sin dejar descendencia. Lo mismo le pasó al tercero. ²² En fin, ninguno de los siete dejó descendencia. Por último, murió también la mujer. ²³ Cuando resuciten, ¿de cuál será esposa esta mujer, ya que los siete estuvieron casados con ella?

²⁴ —¿Acaso no andan ustedes equivocados? —les replicó Jesús—. ¡Es que desconocen las Escrituras y el poder de Dios! ²⁵ Cuando resuciten los muertos, no se casarán ni serán dados en casamiento, sino que serán como los ángeles que están en el cielo. ²⁶ Pero en cuanto a que los muertos resucitan, ¿no han leído en el libro de Moisés, en el pasaje sobre la zarza, cómo Dios le dijo: "Yo soy el Dios de Abraham, de Isaac y de Jacob"? ²⁷ Él no es Dios de muertos, sino de vivos. ¡Ustedes andan muy equivocados!

Sentido Original

Los saduceos aparecen por primera vez en este Evangelio, y lo hacen como oponentes de Jesús. Marcos nos los presenta como aquellos que no creen en la resurrección. Jesús ha predicho su resurrección tres veces (8:31; 9:31; 10:34). Si no hay resurrección, Jesús no será entonces vindicado por Dios.

Lo poco que sabemos sobre los saduceos procede casi por completo de sus amargados oponentes, que conservan informes de sus conflictos con ellos. No dejaron un legado escrito y no sobrevivieron a la debacle contra Roma. Eran un partido favorable a los sacerdotes que solo concedía plena autoridad a los cinco libros de Moisés. Su conservadurismo los llevó a rechazar cualquier innovación teológica que, en su opinión, no derivara del Pentateuco. La creencia en la resurrección caía dentro de esta categoría ya que los libros de Moisés no la mencionan.[1] En Sabi-

---

1. Ver Hch 23:8; Josefo, *Ant.* 18.1.4 §§ 16-17; *Guerras* 2.8.14 §§ 164-65.

duría de Salomón 1:16-2:24 se presenta la sarcástica cosmovisión de los impíos; 2:1-5 contiene un argumento pesimista sobre el más allá. Esta perspectiva concuerda posiblemente con la de los saduceos.

> Razonando equivocadamente, se ha dicho: "Corta y triste es nuestra vida; la muerte del hombre es inevitable y no se sabe de nadie que haya vuelto de la tumba. Nacimos casualmente, y luego pasaremos como si no hubiéramos existido, pues nuestro aliento es como el humo, y el pensamiento, como una chispa alimentada por el latido de nuestro corazón. Cuando esta chispa se apague, el cuerpo se convertirá en ceniza y el espíritu se desvanecerá como aire ligero. Con el paso del tiempo, nuestro nombre caerá en el olvido y nadie recordará nuestras acciones. Nuestra vida pasará como el rastro de una nube, y se desvanecerá como neblina perseguida por los rayos del sol y vencida por su calor. Nuestra vida es como el paso de una sombra; cuando llega nuestro fin, no podemos regresar. El destino del hombre queda sellado; nadie puede ya volver atrás."

Los saduceos tienden una trampa a Jesús con un ocurrente enigma basado en la ley del matrimonio por levirato, que prescribía los pasos a seguir cuando un hombre moría sin herederos. Uno de sus hermanos vivos tenía que casarse con la viuda para levantar un heredero al fallecido (Dt 25:5-10; ver Gn 38:6-26; Rt 3-4).[2] El principal motivo de esta ley era el deseo de mantener la herencia del hermano dentro de la familia ("su viuda no se casará fuera de la familia"; Dt 25:5). En la artificial situación que plantean los saduceos, el primer hermano murió sin hijos que llevaran su nombre. Todos los otros hermanos se casaron con la viuda conforme a las costumbres del levirato y cada uno de ellos murió sin tener hijos, hasta que finalmente la viuda gafe también murió.[3] Con evidente deleite, los saduceos pronuncian la frase más importante del ejemplo, que pretende ridiculizar la idea de la resurrección: "En la resurrección, pues, cuando resuciten, ¿de cuál de ellos será ella mujer, ya que los siete la tuvieron por mujer?" (12:23). Tras esta parodia subyace la burda suposición de que la vida de resurrección será igual que la que experimentamos en la tierra, solo que más caótica.

---

2. La palabra levirato se deriva del término latino *levir* que significa hermano.
3. Comparar la historia de Sara, cuyos siete maridos habían muerto todos en la noche de bodas (Tobit 3:8; 6:14).

Jesús sigue su patrón de tratar con sus hostiles inquisidores lanzándoles un ataque. Su respuesta encaja en un patrón quiásmico:

- a. Están equivocados [*planao*].
    - b. No conocen las Escrituras.
        - c. No conocen el poder de Dios.
        - c´. [El poder de Dios] resucita a los muertos que pasan a ser como los ángeles.
    - b´. [cita la Escritura] En el pasaje de la zarza, el Dios de Abraham, Isaac y Jacob es un Dios de vivos.
- a´ Ustedes están gravemente equivocados [*planao*].

Esta estructura pone de relieve el acento del contraataque de Jesús que llega al meollo del asunto: los saduceos están engañados, porque ignoran la Escritura y subestiman el poder de Dios.

Jesús los corrige primero sobre su idea de la vida de resurrección. No debe compararse la vida de resurrección con la vida en la tierra. Esta no es la continuación de lo mismo, solo que durante más tiempo. Los resucitados son transfigurados en una nueva dimensión de vida que no hemos experimentado antes (ver 9:2-3; Ap 7:9-17).[4]

A continuación, Jesús corrige la ignorancia bíblica de los saduceos recordándoles el pasaje de la "zarza" en el Pentateuco que identifica a Dios como el Dios de Abraham, Isaac y Jacob (Éx 3:6).[5] ¿Afirmaría Dios acaso ser el Dios de los espectros de quienes ya no existen? El Dios vivo no se daría a conocer como el Dios de personas muertas. Lo que dice no es: "Yo fui su Dios", sino "Yo soy su Dios". Dios sigue siendo su Dios aun en la muerte. Los saduceos no cuentan con el poder divino ni con su amor para darles nueva vida (ver 1Co 6:14). El ángel da testimonio en la conclusión de este Evangelio de que Dios es más poderoso que la muerte (Mr 16:6; ver Ro 4:17). Con su último comentario: "¡andan muy equivocados!", Jesús afirma que ciertas verdades no están abiertas a debate.

---

4. Si los resucitados son "como los ángeles", la tradición judía asume que estos no comen ni beben (Tobit 12:19) ni se casan (1 Enoc 15:6-7; 104:4; 2 Apoc. Bar. 51:9-10).
5. Antes de las divisiones en capítulos y versículos, solo se podía citar la Escritura describiendo un rasgo distintivo del pasaje; ver Ro 11:2, donde Pablo utiliza la expresión "en Elías" para aludir al pasaje sobre Elías en 1R 19.

Construyendo Puentes

En el mundo antiguo, muchos no creían en un más allá. Los arqueólogos han desenterrado lápidas con inscripciones tan comunes que se consignaban abreviadas como R.I.P. (Descanse en paz).

Estas lápidas dicen: "No era. Fui. No soy. No me importa". Los siguientes son dos ejemplos que consignan una palabra de despedida.

> No existía, nací; existí, no existo; tanto (para esto). Si alguien dice otra cosa, estará mintiendo: no existiré. Saludos, si eres una persona justa.

> Ten cuidado, hijo mío, no vayas a tropezar: a la lengua no le importa lo que dice; pero siempre que yerra produce muchos males.[6]

> En el despertar de la vida el destino me arrebató, a mí, una criatura, y no vi el ejemplo de mi padre; pero morí tras disfrutar la luz de once meses, después la devolví. Yazco en el sepulcro para siempre, sin ver ya la luz; pero tú, extranjero, lee estas palabras y llora sobre el sepulcro de Eunoe.[7]

La frase "no me importa" suena a fanfarronada. Claro que les importa y anhelan seguir viviendo después de la muerte. Pero no parece haber ninguna esperanza razonable. El cristianismo ofrecía la promesa de la resurrección, algo que no prometía ninguna otra creencia o ideología.

Muchas personas de nuestro tiempo no saben qué pensar sobre el más allá. Algunos dan por sentado que vivirán un feliz más allá con Dios, independientemente de cómo se relacionen con él en esta vida. Muchos asumen que el alma humana es indestructible. Como la caja negra de los aviones, sobrevive a la colisión de la muerte. Algunos entienden que les aguarda la reencarnación. Otros no hacen conjeturas y no creen nada. Se consuelan con un "quizás" o asumen que la total falta de conciencia que supone la muerte hace que todo este asunto carezca de importancia. La mayoría de las personas están tan absortas con la vida aquí y ahora que nunca se plantean el futuro después de la muerte.

---

6. IG XIV (1890) 1201; citado por G. H. R. Horsley, *New Documents Illustrating Early Christianity* 1979 (North Ryde: Macquarie Univ. Press, 1987), 4:42.
7. IG XIV (1890) 1607 + 2171; citado por Horsley, *New Documents Illustrating Early Christianity* 1979, 4:40.

Jesús apela solo a la Escritura y a nuestra experiencia con Dios para responder a los escépticos. Deberíamos seguir su ejemplo y no pretender argumentar la resurrección a partir de supuestas pruebas científicas y empíricas. Las experiencias cercanas a la muerte de algunas personas, por ejemplo, pueden ser meras reacciones químicas por el cese de las funciones cerebrales. La creencia en la resurrección no surge de cosas demostrables. Nuestra fe en la resurrección se basa en nuestra confianza en el poder de Dios y solo en esto. Nuestra esperanza no puede basarse en un egoísmo humano que anhela sobrevivir a la tumba, sino solo en Dios, el dador de la vida. El Nuevo Testamento enseña que el mismo Dios que nos impartió la vida en un principio nos la dará milagrosamente de nuevo. John Baillie escribió:

> Si el individuo puede tener comunión con Dios, le debe, pues, importar a éste; y si a él le importa, ha de compartir su eternidad. Porque si Dios realmente reina, no puede concebírsele como a alguien que desecha lo que es precioso a sus ojos.[8]

Podemos suponer que la muerte es algo muy parecido al nacimiento. Antes del nacimiento, el entorno del niño es completamente seguro y cálido y, aunque no ve a su madre, recibe toda su vida de ella. El momento del nacimiento debe de ser toda una sorpresa para el bebé. Abandona los límites seguros y cálidos del seno materno y entra en un mundo desapacible, perturbador y frío. Pero solo después del nacimiento puede el niño ver a su madre y experimentar sus besos y abrazos. En la vida terrenal estamos completamente rodeados por Dios, quien sustenta nuestra vida; pero nos es invisible. Aunque la muerte será una conmoción para el organismo, podremos ver al Dios que nos dio la vida, nos ha sustentado y nos da nueva vida (1Jn 3:2).

Significado Contemporáneo

Jesús no está interesado en mantener un diálogo con aquellos que no creen. Marcos no relata la reacción de los saduceos ante su argumento. No dice que quedaran admirados con su respuesta como sí sucedió con los fariseos y los herodianos (12:17). Posiblemente siguieron endurecidos en su escepticismo. La mayoría de las personas no llegan a la fe en el Dios que se preocupa

---

8. John Baillie, *And the Life Everlasting* (Oxford: Oxford Univ. Press, 1934), 107.

por cada persona ni en su poder para resucitarnos por medio de argumentos y pruebas. Aun así, la Iglesia debe presentar los argumentos de su fe como lo hizo Jesús para rebatir las nociones falsas.

Los medios de comunicación dan su versión de lo que sucede con la muerte por medio de películas populares. Estas imágenes tienen un enorme efecto subliminal tanto en los cristianos como en quienes no lo son. La Iglesia debe dar su respuesta. Ha de proclamar su mensaje con claridad a un mundo confuso que, como los saduceos, está muy engañado. Como reconoció Pablo, la resurrección es fundamental para nuestra fe. Si no hay resurrección de entre los muertos, somos necios (1Co 15:17-19). La respuesta de Jesús al desafío de los saduceos nos ayuda a ver lo que debe subrayarse y lo que debe ignorarse. El Señor rechaza las erróneas imágenes terrenales de la vida de resurrección que presentan los saduceos y se vale de la relación de las personas con Dios. No deberíamos intentar describir la vida celestial, sino subrayar la necesidad de un estrecho vínculo con el Padre celestial, que cumple sus promesas.

Uno de los peligros de describir la futura vida de resurrección es que nuestras imágenes tienden a coincidir con nuestros deseos de una utopía terrenal. Los saduceos derivaron su ilustración de quienes representaban la vida de resurrección en términos de este mundo. La mayoría vemos la resurrección corporal como una versión mejorada de nuestros cuerpos físicos, y visualizamos el cielo en términos terrenales que encajan con nuestros propios deseos. Podemos ver esta tendencia en las caricaturizaciones contemporáneas que muestran a las personas flotando en las nubes, ocupadas todavía con los mismos intereses que tenían en la tierra. También el cine nos presenta a espectros que siguen involucrándose en la vida terrenal, errando sin rumbo como espíritus incorpóreos, o convocados para que regresen de entre los muertos.

Muchos cristianos que creen en la resurrección la conciben también desde un deficiente punto de vista antropocéntrico. Visualizan la otra vida como una gran reunión de familia y amigos, una continuación de la vida terrenal sin todos los problemas que entorpecen nuestra felicidad. Solo hay que analizar algunas canciones evangélicas que hablan del cielo para ver la verdad de esta afirmación. Es fácil entender por qué sucede esto. La familia es el lugar en que la mayoría experimentamos el amor incondicional. El problema es que la idea del encuentro con Dios queda en un segundo plano. Puede que esto sea atribuible a la ausencia de una relación con Dios mientras estas personas vivían en la tierra. El principal peligro de intentar describir la vida de resurrección es que, con mucha frecuencia, la imagen que trazamos se corresponde con nuestro deseo de una utopía terrenal y el centro del cuadro acaban ocupándolo los seres humanos en lugar de Dios.

Deberíamos aprender de la reticencia de Jesús en este pasaje a referirse a la vida de resurrección. Afirma que los saduceos están muy equivocados en sus puntos de vista; sin embargo, no los corrige dándoles una imagen más completa. De hecho, no ofrece una descripción del más allá que sea comprensible. ¿Cómo podemos comprender algo sin utilizar algún tipo de imagen terrenal? Sería como intentar explicar a personas que han vivido todas sus vidas aisladas en la tundra ártica cómo es una playa tropical. Sería extremadamente difícil describir palmeras, una playa arenosa, pájaros y peces de colores, conchas marinas y corales a alguien que nunca ha visto estas cosas. Sería más fácil describir el paisaje diciéndoles las cosas que no hay: no hay nieve, osos polares, hielo flotante, vientos gélidos. Los saduceos representaban la vida de resurrección en términos de lo que les era familiar en la vida terrenal y, naturalmente, el cuadro no tenía sentido. Jesús solo les dice algunas cosas que no habrá en esta vida: no habrá matrimonios ni peticiones de mano.

La respuesta de Jesús a la caricatura de la resurrección que hacen los saduceos descarta su ingenua idea de que el cielo será como la tierra. Solo en un sentido es la vida de resurrección como la que tenemos en la tierra: la relación que las personas tienen con Dios sigue después de la muerte. Con la muerte, las relaciones personales con familiares y amigos, aunque muy queridas, se ven sometidas a un corte temporal; sin embargo, ni siquiera la muerte nos separa de Dios. Ser su hijo no es, pues, una experiencia transitoria, sino algo que dura para siempre. La fe cristiana afirma que la vida de cada persona es importante para Dios, no como parte de una unidad familiar, sino como individuo. El mismo Dios que nos dio vida al principio tiene el poder de resucitarnos a una nueva vida. No obstante, si no se tiene una relación con Dios en esta vida, no puede esperarse comenzarla en la siguiente.

Muchas personas de nuestro tiempo, que no conocen a Dios, creen que con la muerte se acaba todo y que lo único que perdura es el legado de los hijos y lo que la persona haya hecho de especial. Nietzsche, Marx y Freud afirmaban que la esperanza de la resurrección sofoca el interés por los asuntos importantes de esta vida. El ateísmo impuesto por algunos gobiernos ha demostrado que esta afirmación es errónea. Existe una relación directa entre la idea de la vida venidera y la responsabilidad ética actual. En uno de estos países, un ciudadano ha afirmado que el estado ha suprimido la creencia en la resurrección de los muertos, y hemos visto un consecuente crecimiento de la delincuencia y de la inmoralidad, porque las personas han aprendido a vivir pensando solo en lo inmediato y en sí mismas. Esto es lo mismo que vemos en aquellos países cuyos ciudadanos son ateos en la práctica, es decir, que viven como si no hubiera Dios.

Marcos 12:28-44

Uno de los maestros de la ley se acercó y los oyó discutiendo. Al ver lo bien que Jesús les había contestado, le preguntó:

—De todos los mandamientos, ¿cuál es el más importante?

²⁹ —El más importante es: "Oye, Israel. El Señor nuestro Dios es el único Señor —contestó Jesús—. ³⁰ Ama al Señor tu Dios con todo tu corazón, con toda tu alma, con toda tu mente y con todas tus fuerzas". ³¹ El segundo es: "Ama a tu prójimo como a ti mismo". No hay otro mandamiento más importante que estos.

³² —Bien dicho, Maestro —respondió el hombre—. Tienes razón al decir que Dios es uno solo y que no hay otro fuera de él. ³³ Amarlo con todo el corazón, con todo el entendimiento y con todas las fuerzas, y amar al prójimo como a uno mismo, es más importante que todos los holocaustos y sacrificios.

³⁴ Al ver Jesús que había respondido con inteligencia, le dijo:

—No estás lejos del reino de Dios.

Y desde entonces nadie se atrevió a hacerle más preguntas.

³⁵ Mientras enseñaba en el templo, Jesús les propuso:

—¿Cómo es que los maestros de la ley dicen que el Cristo es hijo de David? ³⁶ David mismo, hablando por el Espíritu Santo, declaró:

> »"Dijo el Señor a mi Señor:
> 'Siéntate a mi derecha,
> hasta que ponga a tus enemigos
> debajo de tus pies'".

³⁷ Si David mismo lo llama "Señor", ¿cómo puede ser su hijo?

La muchedumbre lo escuchaba con agrado. ³⁸ Como parte de su enseñanza Jesús decía:

—Tengan cuidado de los maestros de la ley. Les gusta pasearse con ropas ostentosas y que los saluden en las plazas, ³⁹ ocupar los primeros asientos en las sinagogas y los lugares de honor en los banquetes. ⁴⁰ Se apoderan de los bienes de las viudas y a la vez hacen largas plegarias para impresionar a los demás. Éstos recibirán peor castigo.

⁴¹ Jesús se sentó frente al lugar donde se depositaban las ofrendas, y estuvo observando cómo la gente echaba sus monedas en las alcancías del templo. Muchos ricos echaban grandes cantidades. ⁴² Pero una viuda pobre llegó y echó dos moneditas de muy poco valor.

43 **Jesús llamó a sus discípulos y les dijo: «Les aseguro que esta viuda pobre ha echado en el tesoro más que todos los demás. 44 Éstos dieron de lo que les sobraba; pero ella, de su pobreza, echó todo lo que tenía, todo su sustento».**

Los debates de Jesús con sus enemigos en el templo continúan. En esta sección Jesús responde a una pregunta planteada por un maestro de la ley sobre el mandamiento más importante. A continuación, es Jesús quien plantea un acertijo sobre el Hijo de David. Esta sección concluye con una denuncia suya contra los dirigentes judíos y su observación sobre la ofrenda de una viuda en el templo.

El mandamiento más importante (12:28-34)

Tras silenciar a los saduceos con su argumento a favor de la resurrección, un maestro de la ley, complacido con lo que Jesús ha hecho, le pincha con otro asunto: "De todos los mandamientos, ¿cuál es el más importante?". La pregunta asume una distinción entre los diferentes mandamientos que encontramos en la ley de Dios. Una tradición rabínica posterior contabilizó un total de 613 mandamientos, de los cuales 248 eran de carácter positivo y 365 eran prohibiciones. Algunos de ellos se consideraban más ligeros (menores) y otros más importantes (mayores).

Lo que está preguntando este maestro no es cuáles de estas leyes han de ser obedecidas y cuáles pueden ser ignoradas sin que haya consecuencias. Su inquietud es más bien, "¿cuál es la premisa esencial de la ley que fundamenta todos los mandamientos individuales?". Jesús da una respuesta ortodoxa a partir de la diaria confesión de Israel conocida como la Shemá.[1] Esta confesión proclama que Dios es el único Dios, y que hemos de amarlo con todo nuestro ser: corazón, alma, mente y fuerza. Pero no se puede amar a Dios independientemente de las otras relaciones personales. Por esta razón, Jesús une el mandamiento de amar a Dios con el de amar al prójimo como a uno mismo (Lv 19:18; *cf.* Ro 13:10; 15:1-2; Gá 5:14; Stg 2:8).

---

1. *Shemá* es el imperativo hebreo de "escuchar". La confesión procede de Dt 6:4-9; 11:13-21; y Nm 15:37-41. El primer elemento de la Mishná que hemos comentado tiene que ver con los horarios diarios de la recitación del Shemá (*m. Ber.* 1:1).

El amor es nuestro compromiso interior con Dios que se expresa en toda nuestra conducta y relaciones personales. Quienes no muestran amor hacia los demás no pueden pretender que aman a Dios (ver 1Jn 3:14-18; 4:8, 10-12, 20-21). La afirmación de que ningún otro mandamiento es mayor que estos dos puede significar que los otros son meras aplicaciones de estos. O puede ser más radical: estos son los dos únicos mandamientos que importan. Un pasaje clave de la *Mishná, 'Abot* 1:2 enseña que "el mundo descansa en tres cosas: la Toráh, la adoración basada en sacrificios y las expresiones de amor". Jesús no solo pone el amor por encima de la Toráh y los sacrificios, sino que ignora por completo estas cosas.[2] Pablo refleja esta comprensión radical en Romanos 13:8 cuando escribe: "Quien ama al prójimo ha cumplido la ley".

Este maestro de la ley había aplaudido la refutación de Jesús hacia los saduceos (12:28) y ahora aprueba la respuesta que ha dado a su pregunta (12:32). A continuación repite la respuesta y añade que cumplir estos dos mandamientos es "más importante que todos los holocaustos y sacrificios" (12:33).[3] Esta afirmación se produce en el contexto de la condenación profética que hace Jesús de la adoración del templo cuando volcó las mesas (11:15-17) y antes de su anuncio de la destrucción del edificio (13:2). Representa, pues, un respaldo de la posición de Jesús por parte de los escribas.

En el momento de redactarse este Evangelio, el templo estaba fuera de servicio, bien porque Jerusalén estaba en medio de una guerra brutal y el templo había sido ocupado por bandidos y sitiado por el ejército romano, o porque la guerra ya había terminado y este había quedado completamente destruido. Para los primeros lectores de Marcos, la declaración de este maestro de la ley refuerza que el culto del templo era irrelevante para cumplir las demandas más vitales de Dios. Cuando las personas rebosan de amor hacia Dios y los demás, han ofrecido el único sacrificio que agrada a Dios. Esta afirmación muestra también a la comunidad de Marcos que quienes creen que Jesús es el Cristo no se desvían de la esencia fundamental de la creencia judía: la esperanza de la resurrección y las principales demandas éticas de Dios.

Jesús solo afirma parcialmente lo que ha dicho el maestro de la ley. Este hombre había asumido una posición superior desde la cual enjui-

---

2. Walter Grundmann, "μέγας," *TDNT*, 4:536.
3. En el AntiguoTestamento se expresan sentimientos parecidos: 1S 15:22; Sal 51:16-17; Is 1:11; Jer 7:21-23; Os 6:6.

ciaba la enseñanza de Jesús. Por su parte, este pone las cosas en su correcta perspectiva como juez último de la interpretación de la ley y, lo que es más importante, como aquel que sabe quién está cerca o lejos del reino de Dios. Este maestro de la ley no está lejos del reino. Aunque no ha entrado en él —es decir, no ha escogido plenamente el reino de Dios para su propia vida— no le queda mucho por llegar. Esta respuesta silencia al maestro. Para estar "en el reino" uno ha de hacer algo más que limitarse a aprobar la enseñanza de Jesús; ha de someterse completamente a su autoridad y persona. ¿Puede dar el paso siguiente y aceptar a Jesús como Hijo y Señor de David?

La pregunta de Jesús sobre el Hijo de David (12:35-37)

Ahora es Jesús quien plantea un enigma sobre el Hijo de David. Hooker señala que cuando Jesús enseña públicamente en el templo, es "cuando revela su identidad de manera más clara que en ningún otro lugar".[4] Jesús cita la posición oficial de los escribas en el sentido de que el Mesías ha de ser Hijo de David.[5] Tienen razón, pero solo en parte. Su punto de vista ha de ser complementado, porque no comprenden plenamente los planes de Dios para el Mesías.

Los maestros de la ley representan la autoridad doctrinal de Israel. Jesús admite que algunas de sus respuestas teológicas son correctas, pero sus puntos de vista siempre requieren enmiendas. Enseñan que Elías ha de venir primero y Jesús está de acuerdo (9:11); sin embargo, fueron incapaces de reconocerlo cuando vino. Este maestro sabe que los dos mandamientos más importantes están por encima de los holocaustos y los sacrificios, pero sigue fuera del reino de los cielos mientras no se sujete a la autoridad de Jesús (12:28-34). Ahora se nos dice que los dirigentes judíos enseñan que el Mesías es el Hijo de David (12:35). Este asunto del Hijo de David tiene su origen en las aclamaciones de Bartimeo a Jesús ("¡Hijo de David!") y en los vítores de la multitud cuando Jesús entró a la ciudad (11:10: "¡Bendito el reino venidero de nuestro padre David!"). También recuerda a los aparceros de la parábola que reconocían al hijo como heredero y apunta hacia adelante a la crucial pregunta planteada en el juicio de Jesús por el sumo sacerdote: "¿Eres el Cristo, el Hijo del Bendito?" (14:61).

---

4. Hooker, *Mark*, 293.
5. Ver Sal 18:49-50; Is 9:2-7; 11:1-9; Jer 23:5-6; 33:14-18; Ez 34:23-24; 37:24; Am 9:11-12.

Jesús cita Salmos 110:1 para señalar un enigma. Si el Mesías es el Hijo de David, ¿por qué David se dirige a él "por el Espíritu Santo" como Señor? No es muy habitual que los padres se dirijan de esta manera a sus hijos. Lo que se espera es todo lo contrario. ¿Cómo, pues, puede el Mesías ser Hijo de David? Jesús deja que sus oyentes piensen la respuesta. También el lector debe deducir que David estaba haciendo referencia a alguien aparte de sus descendientes que establecería la dinastía después de él. Ha de estar refiriéndose a alguien mayor que él y a un gobierno más importante que el suyo.

Marcos desafía frecuentemente a sus lectores a que entiendan más aspectos de la identidad de Jesús planteándoles preguntas (ver 4:41; 8:29; 11:28). Esta provocación sirve para corregir el júbilo de la multitud por "el reino venidero de nuestro padre David". La antigua "visión imperial" voceada por las gentes ha de ser corregida.[6] Jesús no ejerce la autoridad política y militar de David[7] y, sin embargo, es más importante que el gran rey de Israel. El reino que trae es mayor que el de "nuestro padre David"; es el reino del Padre.

Marcos nos informa que la gran multitud escuchaba de buen grado a Jesús. Esta respuesta a su enseñanza puede ser menos alentadora de lo que parece. El pueblo no se da cuenta de que Jesús pone en jaque todas sus esperanzas. El lector cuidadoso recordará que también Herodes oía de buen grado a Juan (6:20), pero esto no impidió que mandara decapitar a este querido profeta. Muy pronto, una multitud (formada quizá por tipos distintos de personas) pedirá a gritos la crucifixión de Jesús (15:13).

La denuncia de los maestros de la Ley (12:38-40)

Tras elogiar a uno de los maestros de la ley y citar la opinión de los dirigentes teológicos judíos sobre el Hijo de David, Jesús procede a denunciarlos como estamento. En primer lugar, los reprende por su deseo de llevar ropas fastuosas, (les gustaba pasearse haciendo ostentación de su forma de vestir). Lo importante no es precisar cómo eran exactamente aquellas ropas: se las ponían para distinguirse de los demás y realzar su autoridad. Mientras que la autoridad de Jesús está relacionada con su enseñanza (1:22; 11:27), la suya lo está con sus ropas, lo cual expresa también una soberbia que anhela honra y distinción, y una arrogancia que hace alarde de su conocimiento y posición. Y, lo que es peor, lle-

---

6. Myers, *Binding*, 319.
7. Kingsbury, *The Christology of Mark's Gospel*, 102-14, 248.

vando este tipo de vestimenta en el templo, se exaltaban a sí mismos en la presencia del Señor. Sin embargo, una impresionante apariencia externa no esconde nada de Jesús (ver 13:1-2) que se da perfecta cuenta de su hipocresía.

Jesús condena también el anhelo que muestran estos maestros de la ley por recibir la adulación de los hombres. Se regodean en la admiración que les tributan aquellos de una posición social inferior, que los honran con saludos formales y protocolarios (¡contrástese 10:18!; ver Jn 5:44; 12:43). Jesús acomete sus forcejeos por conseguir los primeros asientos en las sinagogas y los lugares de honor en las fiestas. Jesús demandaba la actitud contraria en sus discípulos cuando estos mostraban señales del mismo egocentrismo (9:35; 10:31, 43-44). No obstante, estas ansias de prestigio de los maestros de la ley van acompañadas de una insensible indiferencia y despreocupación por los pobres. Convierten el aprecio que se les tributa en licencia para aprovecharse de los más débiles y vulnerables. Puede que sepan cuáles son los mandamientos más importantes, pero no los cumplen. Valoran más su propio reconocimiento que a Dios, y pisotean a aquellos que ya están aplastados.

Jesús acusa a los maestros de la ley de devorar las casas de las viudas.[8] En el Antiguo Testamento, las viudas simbolizaban tradicionalmente a los que no tenían recursos, y abusar de estas personas era algo severamente condenado. El profeta Isaías (10:1-4) advirtió que quienes robaban a las viudas serían destruidos.

> ¡Ay de los que emiten decretos inicuos y publican edictos opresivos! Privan de sus derechos a los pobres, y no les hacen justicia a los oprimidos de mi pueblo; hacen de las viudas su presa y saquean a los huérfanos. ¿Qué van a hacer cuando deban rendir cuentas, cuando llegue desde lejos la tormenta? ¿A quién acudirán en busca de ayuda? ¿En dónde dejarán sus riquezas? No les quedará más remedio que humillarse entre los cautivos o morir entre los masacrados. A pesar de todo esto, la ira de Dios no se ha aplacado; ¡su mano aún sigue extendida![9]

---

8. Es posible que esta situación se relacione con la deshonesta gestión de las propiedades de las viudas, que no administraban sus asuntos (J. Duncan M. Derrett, "'Eating Up the Houses of Widows': Jesus' Comment on Lawyers?" *NovT* 14 [1972]: 1-9). O es posible que aluda a su "abuso de la hospitalidad de las viudas" (Gundry, *Mark*, 727).
9. Ver también Ex 22:21-23; Dt 10:17; 24:17; Is 1:17, 23; 10:2; Ez 22:7.

Por último, Jesús censura las oraciones de estos maestros de la ley. Cierto es que el templo tenía que ser un lugar de oración (11:24), pero Jesús ataca los motivos de sus "largas oraciones". Aunque dirigidas supuestamente a Dios, las oraciones de estos maestros pretenden obtener el elogio de quienes las oyen. No se dan cuenta de lo despreciable que es su insinceridad y se engañan pensando que la admiración humana de su devoción concuerda con la de Dios.

La ofrenda de la viuda (12:41-44)

La presencia de Jesús en el templo comenzó con su condena de los compradores y vendedores que se lucran con los sacrificios de animales y termina con sus elogios a una viuda que lo sacrifica todo por Dios. Jesús se sitúa frente al lugar donde se depositaban las ofrendas (posiblemente se refiere a una de las trece cajas con forma de *shofar* que estaban distribuidas por el atrio de las mujeres, más que a una cámara especial [ver Juan 8:20]). El verbo "echar" sugiere la presencia de un cofre o arca. El tratado mishnáico sobre las cuotas del medio siclo menciona que estas alcancías estaban rotuladas según los distintos tipos de ofrendas.[10] La pequeña cuantía de la aportación de la viuda sugiere que solo podía haber echado su moneda en la alcancía de las ofrendas voluntarias, que estaba en el edificio del templo (ver Éx 35-36; 1Cr 29), o en la de los holocaustos, de la que los sacerdotes recibían las pieles (*m. Seqal.* 6:6; *t. Seqal.* 3:8).

Jesús no presta atención a los donantes ricos que ofrendan grandes sumas, posiblemente anunciadas por la sonoridad metálica que producen sus monedas al pasar por el conducto en forma de *shofar* (ver Mt 6:2). Los ricos seguían siéndolo incluso después de dar una cuantiosa ofrenda. Pero Jesús distingue a una mujer cuya ofrenda emite tan solo un insignificante tintineo. Marcos no se limita a presentar a esta mujer como una viuda, sino como "una viuda *pobre*". ¿Se le ha robado la casa? Su ofrenda, dos *leptas*, es una cantidad mísera. El leptón era la moneda griega más pequeña (Marcos la traduce en su equivalente romana, el *quadrans*, un cuadrante). En el tiempo de Jesús esta era la pieza de

---

10. Estaban rotuladas como "nuevas cuotas de shekel", "antiguas cuotas de shekel" (que solo pagaban los hombres), "ofrendas de aves" (para la compra de tórtolas), "aves jóvenes para holocaustos" (para la compra de pichones), "madera" (para el altar), "incienso", "oro para el propiciatorio" y otras seis como "ofrendas voluntarias" (*m. Seqal.* 6:5-6).

menor valor en circulación.¹¹ Jesús alaba a esta mujer por dar "todo lo que tenía para vivir". Aunque los líderes religiosos den preferencia a las ofrendas cuantiosas, al cambiarlas en la divisa divina pueden desvalorizarse con rapidez y convertirse en nada. A Dios no le preocupa el dinero, sino el corazón de quien lo da. Esta mujer le da a Dios todo su corazón, toda su alma y todo lo que posee. Jesús se dispone a hacer un sacrificio aun mayor.

El sonido de la trompeta cuando los ricos echan su plata eclipsa el leve tintineo de las dos monedas de la viuda. Pero su sacrificada devoción eclipsa sus mecánicos donativos. Los ricos dan de su abundancia, pero no sacrifican su abundancia. Esta pobre viuda da todo lo que tiene para vivir, que es casi nada. Su sencilla devoción contrasta marcadamente con la evidente impiedad de los escribas en la denuncia anterior. Ella muestra una radical confianza en que Dios proveerá para sus necesidades y ofrenda lo que le sobra para pasar aquel día.

Construyendo Puentes

Marcos identifica al hombre que plantea esta tercera pregunta a Jesús como "uno de los maestros de la ley". Cabría esperar que fuera tan hostil como los fariseos, herodianos y saduceos que le habían interpelado antes de él, porque Marcos nos ha dicho que los sumos sacerdotes y los maestros de la ley buscaban ocasión para matarlo (11:18). Estos maestros también se habían opuesto antes a Jesús (2:6-7; 3:22) y, más adelante, mientras sufre y muere en la cruz, ellos y los principales sacerdotes lo insultan (15:22). Pero hasta los enemigos pueden estar cerca del reino y dispuestos a recibir instrucción.¹² Puede encontrarse terreno común aún con enemigos jurados y nunca se los debe dar por perdidos. Los principios fundamentales que regían el trabajo de Jesús —amor incondicional a Dios y al prójimo— no eran un rasgo único de su ministerio. Dichos principios surgen de la Escritura, y cualquiera que reconozca su valor convendrá que esto es así. La cuestión es si estarán también de acuerdo con que Jesús es el cumplimiento de las esperanzas de Israel detalladas en la Escritura.

---

11. Era equivalente a la cuarta parte de un as romano, que tenía un valor aproximado de 1/16 de denario. Era pues 1/64 del salario diario de los obreros que trabajaban en la viña (Mt. 20:2). Ver D. Sperber, "Mark xii 42 and Its Metrological Background," *NovT* 9 (1967): 178-90.

12. Minear, *Mark*, 114.

La conmovedora historia de la viuda y sus dos monedas de cobre se ha utilizado como ejemplo de sacrificada generosidad. Estoy de acuerdo en que este texto puede interpretarse provechosamente de esta manera. Esta mujer es un ejemplo clásico de alguien que ama a Dios con todo lo que tiene. Contrasta con el rico, porque está necesitada, y con los maestros de la ley que se deleitan en su misterioso halo de hombres entendidos y piadosos. Siendo otra víctima que ha caído fuera de la red de protección, esta mujer no tiene honra en esa sociedad. Sigue, sin embargo, amando a Dios, y sacrificará todo lo que tiene para vivir sirviéndolo.

Podemos entresacar tres lecciones de su ejemplo. (1) Jesús elogia a aquellos que dan porque buscan a Dios, no a los que lo hacen esperando beneficios (ver 1Ti 5:5). (2) Aquellas ofrendas que se ha dado en catalogar de "pequeñas", y que carecen de valor entre los humanos, pueden eclipsar a las que tanto se valora en el mundo. No se pueden construir edificios magníficentes como este templo con sus enormes piedras (13:1) con las exiguas ofrendas de las viudas. Pero Jesús distingue su donación como la más importante. Esto nos recuerda que aun los más pobres "pueden ofrecer una ofrenda digna a Dios".[13] (3) Si asumimos que los ricos estaban dando a Dios sus diezmos, este incidente pone de relieve un problema con la práctica del diezmo, que se ocupa de cuánto damos y nos permite ignorar lo que nos quedamos para nosotros. La viuda sirve de modelo para el sacrificado discipulado que requiere Jesús (ver 10:21). A los discípulos que vivan durante la difícil época descrita en el discurso siguiente puede costarles todo lo que tienen para vivir.[14]

Podemos darle a este incidente un giro bastante distinto, lamentando que esta viuda esté ofrendando con tanto sacrificio a esta "cueva de ladrones". Aunque la mujer es digna de alabanza, es lamentable que sus donaciones tan abnegadas vayan a parar a un templo corrupto, espiritualmente insolvente y opresivo.[15] Esta mujer muestra una devoción ciega al templo, una causa estéril que la está explotando. Estas ofrendas hechas por los pobres sirven para que los sumos sacerdotes vivan ostentosamente. La acción de esta mujer está mal enfocada, es una pobre que da a los ricos, una víctima que llena los bolsillos del tirano. Los costes

---

13. Hooker, *Mark*, 296.
14. Frederick Danker, "Double Entendre in Mark XII," *NovT* 10 (1968): 115.
15. Ver Addison G. Wright, "The Widow's Mites: Praise or Lament?—A Matter of Context?" *CBQ* 44 (1982): 256-65, y la respuesta de Elizabeth Struthers Malbon, "The Poor Widow in Mark and Her Poor Rich Readers," *CBQ* 53 (1991): 589-604, sobre problemas de contexto.

para el funcionamiento de este extravagante templo son, pues, una de las cosas que "devorará los recursos de los pobres".[16]

El templo, en otras palabras, se ha convertido en un lugar donde se roba a las viudas (ver Is 1:14-17, donde el profeta conecta el divino rechazo de los sacrificios con la injusticia de los dirigentes para con las viudas y los huérfanos). Ahora que ha dado todo lo que tiene, ¿qué le sucederá a esta viuda? ¿La ayudará alguien desde la jerarquía del templo? ¿Qué pasará con todo este dinero? ¿Irá a parar una parte al soborno de Judas para que traicione a su maestro? Esta viuda se desprende de su sustento por la causa del templo, mientras que sus caciques entregarán la vida de Jesús para mantener su influencia. La nueva comunidad centrada alrededor de Jesús da prioridad a las personas y no a los rituales ceremoniales y grandiosos edificios que están sujetos a la destrucción. Lo importante es la expresión de fe humilde, la sacrificada devoción a Dios, y el cuidado de los pobres y necesitados (1Ti 5:16; Stg 1:27).

Nuestro amor a Dios es una respuesta del suyo por nosotros. Israel confesaba que el único Dios verdadero era el de Abraham, Isaac y Jacob, no algún dios genérico. Los cristianos confiesan que este Dios es también el que se encuentra con nosotros en Jesucristo. Es imposible amar con todo nuestro corazón algún principio de la Nueva Era o una fuerza cósmica. Sí podemos, no obstante, dar toda nuestra vida a un Dios personal que nos ha amado primero de un modo tan impresionante que ha enviado a su Hijo amado a dar su vida por nosotros.

Dios no ama tan solo ciertas partes de nosotros, sino la totalidad de la persona; por tanto, hemos de amarlo con todo nuestro ser. Dios no nos salva por fracciones, y nosotros no debemos ofrecerle una simple fracción de nosotros mismos. Jesús advierte en otro lugar que, así como el esclavo no puede servir a dos amos, es imposible dividir nuestra lealtad entre dos señores, Dios y Mammón (Mt 6:24; Lc 16:13). Seremos gobernados por uno de los dos. Las personas de mente indecisa caerán inevitablemente bajo el dominio de Mammón. No se puede buscar poder, riquezas y gratificación sensual y estar, al mismo tiempo, sujeto a la voluntad de Dios.

---

16. Myers, *Binding*, 320.

Aquellos que dedican a Dios unos momentos de adoración en la iglesia una vez a la semana y lo ignoran en el resto de su vida —trabajo, hogar y ocio— sufrirán los efectos de una esquizofrenia religiosa. Quienes intentan nadar entre dos aguas, dándole a Dios un mero amor simbólico, mientras el mundo recibe los verdaderos afectos de su corazón, experimentarán frustración en este mundo y juicio en el venidero. Con Dios, es todo o nada. El amor no es como el dinero que puede diezmarse. Pocos pueden cantar honestamente: "todo lo rindo a Jesús"; sin embargo, esto es precisamente lo que Dios requiere.

(1) Hemos de amar a Dios con *todo nuestro corazón*. En la Biblia, el "corazón" es algo más que una estación de bombeo. Es el centro de comando del cuerpo, donde se toman las decisiones y se hacen los planes. Es el centro de nuestro ser interior, que controla nuestros sentimientos, emociones, deseos y pasiones. El corazón es el lugar en el que se arraiga el compromiso con Dios; es en lo más profundo de nuestro ser donde decidimos vivir a favor o en contra de él. Podemos asentir con nuestras palabras y pensamientos; sin embargo, el corazón deja traslucir nuestras verdaderas lealtades (7:6).

El hermano mayor de la parábola del hijo pródigo nos ofrece un buen ejemplo de esto. A diferencia de su hermano menor, él se quedó en casa y obedeció todos los mandamientos de su padre (Lc 15:29). Pero su corazón no estaba implicado en su obediencia, o de lo contrario no se habría molestado con la alegría de su padre al ver regresar a su hijo perdido. Este hombre llevó a cabo sus deberes con el corazón de un esclavo, no como un hijo amante. Posiblemente, en lo profundo de su ser, deseaba también estar en el país lejano. Jesús dijo que donde esté nuestro tesoro, allí estará nuestro corazón (Mt 6:21), y Dios espera ser el centro.

Todos veían a los maestros de la ley como modelos de personas que amaban a Dios. Pero Jesús se daba cuenta de su farsa religiosa y examinaba sus corazones. Estaban encantados de haberse conocido, de la posición que ocupaban y de su éxito económico y religioso. Aquella viuda había sido desposeída y privada de su honor; sin embargo, mostró que no amaba menos a Dios por ello.

Jesús enseñó también que lo que realmente contamina a las personas es lo que sale del corazón: los malos pensamientos, las malas obras y las dudas (7:21-22). Es en nuestros corazones donde echan raíces la fe y el compromiso con Dios. Por consiguiente, la nueva creación ha de comenzar en el corazón (Ez 11:19). Esta palabra se aplica especialmente a una generación de personas que vagan sin rumbo por la vida y entregan sus corazones a todo en general y a nada en particular. Quienes se entregan totalmente a Dios han orientado sus vidas hacia un norte magnético espiritual que los guardará de perderse.

(2) Hemos de amar a Dios con *toda nuestra alma*. Dios dio aliento al alma de los seres humanos. El "alma" es la fuente de vitalidad en la vida, el poder motivador que imparte fuerza a la voluntad. Junto con el corazón, el alma determina la conducta. Cuando se nos manda amar a Dios con toda nuestra alma, ello significa hacerlo con toda la energía de nuestras vidas. El apóstol Pablo es un buen ejemplo de alguien que amó a Dios con toda su alma. Todas sus fuerzas estaban centradas en alcanzar los propósitos de Dios para su vida. Pablo escribió, "una cosa hago" (Fil 3:13). Fue este compromiso el que lo llevó a hacer todo lo que hizo por Cristo y a aceptar el sufrimiento que experimentó por su causa (ver 2Co 11:23-29). Su alma estaba tan consumida por Dios que sentía la necesidad de predicar, de seguir adelante y de pelear la buena batalla. Como Pablo, quienes aman a Dios con toda su alma le consagrarán toda su energía y fuerza.

(3) Hemos de amar a Dios con *toda nuestra mente*. La "mente" es la facultad de la percepción y la reflexión que dirige nuestras opiniones y juicios. Nuestro amor a Dios requiere más que una respuesta emocional o un torbellino de actividad en su nombre. Hemos de amar a Dios con nuestra inteligencia. La afirmación, "prefiero sentir remordimiento que saber definirlo" está en el buen camino.

Pero Dios no quiere que dejemos la mente en el portal cuando entramos a la adoración. No hemos de tener temor de pensar sobre nuestra fe; es un requisito. Dios no necesita mentes perezosas.

¿Qué puede hacer Dios con quienes se contentan con permanecer indefinidamente en el parvulario espiritual y no van nunca más allá de las oraciones rutinarias por la comida y antes de acostarse? Los primeros cristianos tenían firmes convicciones. Los escritos del Nuevo Testamento muestran que, no solo superaron a sus enemigos en su forma de vivir y morir, sino que también lo hicieron en su modo de pensar. Leían, estudiaban, escribían y servían a Dios con toda su mente. Los cristianos de hoy no deben conformarse al pensamiento de este mundo (Ro 12:2), pero haremos poco para el avance de la fe si les damos buenas razones para que nos rechacen como ignorantes.[17] Hemos de consagrar nuestra mente a Dios para poder ofrecer a nuestra sociedad las vitales razones de todo el impresionante conocimiento que hemos recibido.

(4) Hemos de amar a Dios con *toda nuestra fuerza*. La palabra "fuerza" alude a las capacidades físicas e incluye las posesiones. La viuda nos proporciona el mejor ejemplo de este amor. No había ido al templo a recitar oraciones, sino a dar todo lo que tenía para vivir. Los ricos le daban a Dios un poco de lo mucho que les sobraba. Ella, en cambio, dio su generosa ofrenda a pesar de su gran escasez y no se preocupó de guardar lo poquísimo que le quedaba.

(5) Hemos también de *amar a nuestro prójimo como a nosotros mismos*. Este mandamiento presupone un saludable egoísmo y alienta un apropiado interés personal. Queremos que los demás nos traten de acuerdo con sus ideales más elevados y no según nuestros méritos. En la parábola del buen samaritano (Lc 10:25-37), Jesús extiende la definición de prójimo y la aplica a quienes descartaríamos como enemigos. Nunca podemos plantear la pregunta: "¿Quién es mi prójimo?", porque esta implica que hay personas que no lo son. Cualquiera que me necesite es mi prójimo, y el amor se expresa mediante una activa compasión y justicia.

Amar a nuestro prójimo no significa que no lo confrontaremos con su maldad. Jesús no rehuyó el choque con los poderosos dirigentes religiosos de Israel, y atacó su hipocresía e injusticia. Kierkegaard siguió este ofensivo ejemplo de Jesús y llamó "parásitos, charlatanes, falsarios, caníbales y pícaros comerciantes" a los sacerdotes daneses pagados por el estado.[18] Jesús se centró en la artificial autoridad de estos dirigentes, así como en su deseo de dar una determinada imagen y en su pomposidad. Se regocijaban en los homenajes que rendían a su propia justicia, que dejaban debidamente acreditada por sus placas y medallas.

Paul Minear se pregunta: "¿Existe, acaso, alguna sociedad que no conceda estos reconocimientos, o que no estimule el deseo de conseguirlos?".[19] Jesús respondería que la Iglesia no debe hacerlo. Tam-

---

17. Ver exposición en Mark A. Noll, *The Scandal of the Evangelical Mind* (Grand Rapids: Eerdmans, 1994).
18. David McCracken, *The Scandal of the Gospels: Jesus, Story and Offense* (Nueva York /Oxford: Oxford Univ. Press, 1994), 64.
19. Minear, *Mark*, 115.

bién Santiago condena este peligrosa actitud (Stg 2:1-7). Cuando el Sr. Millonetis viene a la congregación, se le tributa un trato especial, se le llena de cumplidos y se le conceden privilegios especiales como servicio de aparcacoches, y un sillón especial para que esté cómodo. Cabe esperar que las cosas funcionen así en una boutique de lujo, pero no en una iglesia. A los ricos y honorables no se les da coba porque se les ame, sino por querer ganarse su favor. A los pobres, por otra parte, se les trata con desdén, porque se preguntan; "¿Qué podrán aportar?". Jesús miraba las cosas desde la óptica de Dios. Las relucientes reputaciones de los ricos y beatos estaban empañadas por su mezquina opresión de los impotentes pobres. La viuda era, no obstante, rica en fe, la única cosa que cuenta para Dios; era poseedora del único honor por el que merece la pena luchar.

Jesús concluye, pues, su paso por el templo con una última protesta pública contra una adoración hipócrita y los abusos sociales. Howard Thurman señala que muchos espirituales negros eran canciones de protesta. Uno de ellos es bien conocido.

> Yo tengo zapatos, tú tienes zapatos.
> Todos los hijos de Dios tienen zapatos.
> Cuando lleguemos al cielo,
> nos pondremos los zapatos
> y gritaremos por todo el cielo de Dios.

Thurman comenta que, antes de la siguiente línea, estos esclavos que muchas veces no tenían zapatos ni la libertad de gritar o de ir adonde quisiesen por esta tierra de Dios, levantaban la mirada hacia la gran mansión donde vivía el amo y cantaban:

> Pero no todos los que hablan del cielo
> llegarán a él.[20]

---

20. Howard Thurman, *Deep River: Reflections on the Religious Insight of Certain Negro Spirituals* (Nueva York: Harper, 1955), 44.

Marcos 13:1-37

Cuando salía Jesús del templo, le dijo uno de sus discípulos:

—¡Mira, Maestro! ¡Qué piedras! ¡Qué edificios!

² —¿Ves todos estos grandiosos edificios? —contestó Jesús—. No quedará piedra sobre piedra; todo será derribado.

³ Más tarde estaba Jesús sentado en el monte de los Olivos, frente al templo. Y Pedro, Jacobo, Juan y Andrés le preguntaron en privado:

⁴ —Dinos, ¿cuándo sucederá eso? ¿Y cuál será la señal de que todo está a punto de cumplirse?

⁵ —Tengan cuidado de que nadie los engañe —comenzó Jesús a advertirles—. ⁶ Vendrán muchos que, usando mi nombre, dirán: "Yo soy", y engañarán a muchos. ⁷ Cuando sepan de guerras y de rumores de guerras, no se alarmen. Es necesario que eso suceda, pero no será todavía el fin. ⁸ Se levantará nación contra nación, y reino contra reino. Habrá terremotos por todas partes; también habrá hambre. Esto será apenas el comienzo de los dolores.

⁹ »Pero ustedes cuídense. Los entregarán a los tribunales y los azotarán en las sinagogas. Por mi causa comparecerán ante gobernadores y reyes para dar testimonio ante ellos. ¹⁰ Pero primero tendrá que predicarse el evangelio a todas las naciones. ¹¹ Y cuando los arresten y los sometan a juicio, no se preocupen de antemano por lo que van a decir. Sólo declaren lo que se les dé a decir en ese momento, porque no serán ustedes los que hablen, sino el Espíritu Santo.

¹² »El hermano entregará a la muerte al hermano, y el padre al hijo. Los hijos se rebelarán contra sus padres y les darán muerte. ¹³ Todo el mundo los odiará a ustedes por causa de mi nombre, pero el que se mantenga firme hasta el fin será salvo.

¹⁴ »Ahora bien, cuando vean "el horrible sacrilegio" donde no debe estar (el que lee, que lo entienda), entonces los que estén en Judea huyan a las montañas. ¹⁵ El que esté en la azotea no baje ni entre en casa para llevarse nada. ¹⁶ Y el que esté en el campo no regrese para buscar su capa. ¹⁷ ¡Ay de las que estén embarazadas o amamantando en aquellos días! ¹⁸ Oren para que esto no suceda en invierno, ¹⁹ porque serán días de tribulación como no la ha habido desde el principio, cuando Dios creó el mundo, ni la habrá jamás. ²⁰ Si el Señor no hubiera acortado esos días, nadie sobreviviría. Pero por causa de los que él ha elegido, los ha acortado. ²¹ Entonces, si alguien les dice a ustedes: "¡Miren, aquí está el Cristo!" o "¡Miren, allí está!", no lo crean. ²² Porque surgirán falsos cristos y falsos profetas que harán señales y

milagros para engañar, de ser posible, aun a los elegidos. ²³ Así que tengan cuidado; los he prevenido de todo.

²⁴ »Pero en aquellos días, después de esa tribulación,
»"se oscurecerá el sol
y no brillará más la luna;
²⁵ las estrellas caerán del cielo
y los cuerpos celestes serán sacudidos".

²⁶ »Verán entonces al Hijo del hombre venir en las nubes con gran poder y gloria. ²⁷ Y él enviará a sus ángeles para reunir de los cuatro vientos a los elegidos, desde los confines de la tierra hasta los confines del cielo.

²⁸ »Aprendan de la higuera esta lección: Tan pronto como se ponen tiernas sus ramas y brotan sus hojas, ustedes saben que el verano está cerca. ²⁹ Igualmente, cuando vean que suceden estas cosas, sepan que el tiempo está cerca, a las puertas. ³⁰ Les aseguro que no pasará esta generación hasta que todas estas cosas sucedan. ³¹ El cielo y la tierra pasarán, pero mis palabras jamás pasarán.

³² »Pero en cuanto al día y la hora, nadie lo sabe, ni siquiera los ángeles en el cielo, ni el Hijo, sino sólo el Padre. ³³ ¡Estén alerta! ¡Vigilen! Porque ustedes no saben cuándo llegará ese momento. ³⁴ Es como cuando un hombre sale de viaje y deja su casa al cuidado de sus siervos, cada uno con su tarea, y le manda al portero que vigile.

³⁵ »Por lo tanto, manténganse despiertos, porque no saben cuándo volverá el dueño de la casa, si al atardecer, o a la medianoche, o al canto del gallo, o al amanecer; ³⁶ no sea que venga de repente y los encuentre dormidos. ³⁷ Lo que les digo a ustedes, se lo digo a todos: ¡Manténganse despiertos!».

Sentido Original

Los enfrentamientos de Jesús con sus oponentes en el templo han generado una creciente tensión; sin embargo, la acción queda suspendida por su segundo discurso extenso que se consigna en Marcos. Los interrogadores hostiles quedan en un segundo plano, y Jesús abandona el templo para no regresar nunca. En vísperas de su pasión, predice el sufrimiento de sus discípulos, con lo cual conecta ambas cosas.[1] En las parábolas del capítulo 4, el tema era "oír"; en este discurso escatológico del monte de los Olivos, el tema es "mirar/tener cuidado". Los discípulos de Jesús han de tener cuidado, porque el mal se encarnará en orgu-

---

1. Francis Watson, "The Social Function of Mark's Secrecy Theme," *JSNT* 24 (1985): 61.

llosos nacionalismos, una falsa religión y símbolos sacrílegos que amenazarán a los escogidos. Pero Jesús les asegura confiadamente a sus discípulos que la victoria final seguirá inmediatamente a un periodo de gran tragedia y sufrimiento. Dios reunirá a sus escogidos aun cuando Satanás se ensañará con ellos.

Tras una introducción en la que Jesús predice la destrucción del templo (13:1-4), el discurso se divide en tres unidades. La primera sección está enmarcada por una doble advertencia a tener cuidado de los falsos profetas y mesías (13:5-23).[2] Jesús da a sus discípulos tres indicadores temporales de cosas que sucederán: "Cuando sepan de guerras y de rumores de guerras" (13:7); "cuando los arresten y los sometan a juicio" (13:11); y "cuando vean 'el horrible sacrilegio'" (13:14). Las dos primeras advertencias van acompañadas del encargo de no alarmarse (13:7, 11); la tercera indica el momento de abandonar Judea (13:14). Estas señales *no son*, sin embargo, precursoras del fin. Los discípulos no deben enredarse en falsas esperanzas ni paralizarse por temores sin fundamento. Esta primera sección forma un quiasmo.

A. Engañadores (13:5-6, ¡Cuidado!)
  B. Guerras internacionales (13:7-8, Cuando sepan/oigan...)
    C. Persecución de los cristianos (13:9-13, ¡Cuidado!)
  B´. Guerra en Judea (13:14-20, Cuando vean...)
A´. Engañadores (13:21-23, ¡Cuidado!)[3]

La segunda sección trata de la venida del Hijo del Hombre (13:24-27). Será inconfundible, pero no irá precedida de señales premonitorias que ayuden a prepararse para ella. Se producirá una gran conmoción cosmológica (13:24-25); "Entonces" le verán venir (13:26) y él mandará a los ángeles a reunir a los escogidos (13:27).

La tercera sección concluye con las parábolas de la higuera en ciernes (13:28-29) y los porteros, el vigilante y el indiferente (13:33-37). Estas parábolas envuelven la solemne declaración de Jesús en el sentido de que nadie, ni siquiera el Hijo, conoce la hora de este acontecimiento (13:30-32).

---

2. El mandamiento "¡miren!" (*blepete*, trad. "Tengan cuidado" en 13:5 y 13:23) y la advertencia con respecto a ser engañados (*planao, apoplanao*) aparecen en el comienzo y final de esta sección (13:5-6 y 13:22-23).

3. Los discípulos comienzan el discurso preguntando: "Dinos, ¿cuándo sucederá eso?" (13:4a), y Jesús responde al final de esta sección, "los he prevenido de todo" (13:23).

Introducción (13:1-4)

Cuando Jesús y sus discípulos abandonan el templo, los discípulos se muestran sobrecogidos por su magnificencia. Cualquiera que haya visto alguna maqueta del templo o leído descripciones del mismo puede entender la razón. Igual que las maravillas de la ingeniería que tenemos en nuestros pueblos o ciudades nos llenan de orgullo, este imponente edificio que resplandecía bajo el sol suscitó el asombro de los discípulos. Josefo describió su grandiosidad:

> La cara externa del templo, en su parte frontal, no carecía de nada que pudiera sorprender la mente ni los ojos de los hombres: estaba totalmente cubierto de placas de oro de gran peso y, al primer rayo del sol naciente, reflejaba un ardiente esplendor que obligaba a apartar la mirada de quienes se obligaban a contemplarlo, como si hubieran mirado directamente los rayos del mismísimo sol. A los extranjeros, este templo les parecía una montaña cubierta de nieve cuando la veían de lejos, y es que aquellas partes de él que no eran doradas, eran de un blanco resplandeciente [...]. Algunas de sus piedras medían cuarenta y cinco codos de largas, por cinco de altas y seis de ancho.[4]

El templo también daba a los judíos una sensación de seguridad, por cuanto era el lugar donde vivía Dios ("Éste será para siempre mi lugar de reposo"; Sal 132:14). ¿Cómo podría Dios abandonar aquella hermosa casa o permitir que alguien la destruyera?

Así como la gran ramera de Babilonia fascinaba a Juan (Ap 17:6), la imponente majestad del templo enardece a los discípulos que se muestran excesivamente cautivados por sus dimensiones, belleza y esplendor. Jesús les recrimina su reverencia y asombro y los invita a mirar "todos estos grandiosos edificios". Al pedirles que miren, quiere que hagan algo más que observar aquellas magníficas piedras y edificios. "Ver" significa mirar con entendimiento. Jesús les pide que miren más allá de aquella fastuosa religiosidad. Lo que todavía no ven es la esterilidad del templo. Lo que no saben es que los caciques de aquella institución se disponen a ejercer todo su poder para destruir a su maestro y que después volverán su mirada hacia ellos. No se dan cuenta de que el actual esplendor de aquel complejo encubre su futura devastación,

---

4. *Guerras* 5.5.6 §5.

cuando aquellas grandes piedras pronto se convertirán en un montón de escombros.

El profeta Hageo hizo un llamado a la unidad —"Consideren cómo eran las cosas antes de que ustedes pusieran piedra sobre piedra en el templo del Señor (NIV)"— para generar un punto de inflexión en el proyecto de reconstrucción (Hag 2:15). Si lo construían, dijo Hageo, Dios vendría y bendeciría al pueblo.[5] Jesús hace exactamente la observación contraria: Dios no bendice ya aquel templo, y todas sus piedras serán derribadas. Lo que ha estado implícito en las acciones de Jesús en el templo se hace ahora explícito cuando profetiza abiertamente su completa destrucción.[6] El templo pertenece a un antiguo orden, cuyos constructores rechazarán la piedra que será fundamental para el nuevo templo de Dios. Este ha llegado a ser obsoleto, y Dios permitirá que sea completamente destruido.

Jesús abandona el templo y pasa al monte de los Olivos, donde se sienta para impartir su enseñanza (ver 4:1; 14:62).[7] Cuando en otro momento había predicho su muerte y resurrección, los discípulos no le preguntaron cuándo sucedería aquello; sin embargo, hablar de la destrucción del templo hace sonar todas las alarmas. Es evidente que los discípulos conectan la destrucción del templo con el tiempo del fin, puesto que todavía consideran a este edificio el centro de su pequeño universo. Pedro, Jacobo, Juan y ahora Andrés quieren saber exactamente cuándo sucederá esto y *qué* señal habrá de ello, a fin de poder prepararse para la catástrofe y escapar de la terrorífica amenaza que supone (*cf.* Dn 12:6-7; 4 Esd 6:7).

Jesús no les da una sola señal (ver 8:11-12) sino una enervante mezcolanza de indicadores, algunos verdaderos y otros falsos, pero ninguno de ellos útil para predecir con precisión el momento del fin. Las verdaderas señales del fin se producirán tan rápido que no supondrán ninguna advertencia (13:24-27). Jesús no les da, pues, la información confidencial que desean. Pero sí les imparte *lo que necesitan*: instrucciones para que puedan discernir las señales de los tiempos y no se dejen descorazonar por la persecución, aterrorizar por las guerras, engañar por las aparien-

---

5. Observación de Lane, *Mark*, 452.
6. Comparar Sal 74:3-7; Jer 7:14; 26:6-9; Mi 3:9-12.
7. El monte de los Olivos es donde la gloria de Yahvéh se aparta de una Jerusalén corrupta: "La gloria del Señor se elevó de en medio de la ciudad y se detuvo sobre el cerro que está al oriente de Jerusalén" (Ez 11:23).

cias, o llevar a la apostasía por los falsos profetas durante unos días que van a ser inseguros y difíciles. Necesitan discernimiento para distinguir los acontecimientos que tienen que ver con el fin de sus pequeños mundos y aquellos que hacen referencia al fin del mundo.

Advertencias sobre la destrucción del templo (13:5-23)

Después de predecir la destrucción del templo, Jesús ofrece ahora a sus discípulos algunas claves del periodo inmediatamente anterior a este acontecimiento. El tema fundamental es que no deben dejarse engañar por ciertos eventos ni por los falsos profetas. Estas cosas deben suceder antes de que llegue el fin, pero no auguran el final. Tienen que prestar atención a las advertencias de Jesús para no ser seducidos por el fervor escatológico. Se producirán terribles acontecimientos, pero solo significan que deben romper con el templo y huir de su dominio. Estos sucesos no deben llevarlos a un temor o nerviosismo infundados ni a distraerse de su llamamiento.

Advertencia sobre los engañadores que alimentan falsas esperanzas (13:5-6). En lugar de darles a sus discípulos "la señal" que le piden, Jesús les dice lo que no son señales. Les advierte que "tengan cuidado ('mirad', RV60)", pero este mandamiento no significa meramente que "se pongan en guardia". La palabra *blepo* en Marcos invita a ejercer "discernimiento con respecto a realidades que están fuera de las observaciones de los sentidos físicos".[8] Vendrán falsos profetas que alimentarán falsas esperanzas (ver Jer 14:14-16; 23:21-25; 29:8-9). Los discípulos van a necesitar una sagacidad espiritual poco frecuente para poder hacer frente a los engañadores y capear las tormentas de la persecución. Van a tener que mantener la mente clara para no ser arrastrados en medio de las crisis y la confusión.

Los engañadores que vienen diciendo:"Yo soy", no proceden de círculos cristianos ni representan a Jesús. Los tales están usurpando su nombre y reivindican para sí una autoridad divina que, en justicia, solo le pertenece a Jesús. Estos pretendientes mesiánicos engañan fácilmente a sus seguidores con espectaculares ademanes y atrevidas declaraciones. Los seres humanos son libres de decidirse a favor de Dios o en su contra; sin embargo, esta elección se hace aun más difícil bajo la presión de aquellos que se adjudican autoridad divina y se vinculan a instituciones divinamente comisionadas. Irónicamente, Jesús anuncia: "Yo soy"

---

8. Geddert, *Watchwords*, 60, 146.

(14:62; ver 6:50), pero no se le cree. Los farsantes mesiánicos dicen: "Yo soy" y agitan los ánimos de muchos.[9] Va a haber un incesante desfile de impostores, pretendientes y personas que buscan gloria; su aparición no puede ser una señal del fin.[10] Los discípulos han de armarse de valor para descubrir a estos impostores y no dejarse atrapar en las falsas ilusiones de la multitud.

Advertencia sobre guerras y terremotos que alimentan falsos temores (13:7-8). Jesús advierte también de la presencia de conflictos internacionales y desastres naturales. Tampoco estas cosas deben producir una excesiva alarma entre los discípulos. No son una señal del fin, ni siquiera de que esté cerca. Algunos pensaban que el fin del mundo vendría precedido por un gran baño de sangre y cuando había amenazas de guerra, muchos se atemorizaban con la idea de que iba a comenzar la última batalla. La advertencia de Jesús pretende corregir la afición a interpretar los acontecimientos y desastres del momento como heraldos del fin. Situados dentro de la historia, es fácil juzgar equivocadamente la importancia de ciertos acontecimientos desde la óptica de Dios. Los terremotos, las guerras y las hambrunas se han venido produciendo continuamente en uno u otro lugar. Al decir que es necesario que se produzcan guerras (13:7), Jesús les asegura a sus discípulos que estos desórdenes no están fuera del soberano control de Dios. Pero las guerras son portadoras de muerte, no del reino de Dios; no expresan otra cosa que la pecaminosidad humana.[11]

Jesús identifica estas cosas como "el comienzo de los dolores [de parto]": un tiempo de sufrimiento.[12] Cuando el mundo se hunde a su alrededor, los cristianos pueden esperar con impaciencia la liberación de sus preocupaciones presentes. Han de prepararse, no obstante, para un camino largo y difícil. El sufrimiento señala solo el comienzo. No se puede saber lo largo que será el alumbramiento, solo que será un parto

---

9. Hooker, *Mark*, 306.
10. Josefo censura a un grupo que, según él, era peor que los violentos revolucionarios: "Fulleros y engañadores, afirmando haber sido inspirados, tramaron llevar a cabo cambios revolucionarios induciendo a la multitud a actuar como si estuviera poseída y conduciéndola a lugares desiertos y salvajes con el pretexto de que allí Dios les daría señales de su próxima libertad" (*Guerras* 2.13.4 §§ 258-60).
11. Séneca escribió: "El hombre, que es por naturaleza el ser más apacible, no se avergüenza de deleitarse en la sangre de otros, de hacer la guerra y de confiar a sus hijos este mismo cometido, mientras que hasta las bestias y las fieras están en paz entre ellas" (*Cartas a Lucilio*, 95.30-31).
12. Sobre la imagen ver, Is 26:17; 66:8-9; Jer 22:23; Os 13:13; Mi 4:9-10.

difícil. Lo que Jesús llama "el comienzo de los dolores" lo incluirá a él y cubre "todo el periodo durante el cual los discípulos de Jesús dan testimonio, sufren persecución y experimentan el peligro de ser engañados, independientemente de lo largo o corto que pueda acabar siendo este periodo".[13] Sin embargo, al comparar las penalidades de la historia con el proceso de un alumbramiento, en que el dolor empeora inmediatamente antes de que este se produzca, Jesús expresa que hay esperanza. El fin es seguro,[14] y el tormento dará lugar a la liberación de los escogidos por parte de Dios.

Advertencia sobre persecuciones que pueden abrumar la determinación (13:9-13). La advertencia que se traduce, "pero ustedes cuídense" (13:9) significa que los discípulos han de atender a las implicaciones personales de lo que les sucederá durante "los dolores de parto" y no fijar toda su atención en las señales cósmicas o las contiendas entre las naciones. Jesús hace estas advertencias para que no se sorprendan y puedan responder de manera apropiada cuando los alcance el sufrimiento.[15] Han de entender lo que significa ser perseguidos como cristianos. Estas persecuciones son de un tipo distinto que las calamidades anteriores. Los desastres que se describen en 13:5-8 afectan a todos los que están dentro del radio de los ejércitos en lucha o sobre las fallas afectadas por los seísmos. Sin embargo, las persecuciones que se mencionan en 13:9-13, se dirigen concretamente a los cristianos por el hecho de serlo. La única razón por la que serán perseguidos es que siguen fielmente a su Señor (ver 4:17).

Los seguidores de Cristo se ven abocados al sufrimiento y al odio de las gentes, porque predican fielmente el evangelio. Pero estas cosas no son la señal del fin. Los cristianos serán entregados a los "tribunales" (lit., "sanedrines"), azotados en las sinagogas, llevados ante reyes y gobernadores, y aborrecidos por todos (13:13). El relato de Tácito acerca de cómo Nerón intentó echar la culpa a los cristianos del devastador incendio de Roma los describe como "una clase a la que el popula-

---

13. Gundry, *Mark*, 739.
14. Ver 4 Esd 4:40-43: "Ve y pregúntale a una mujer embarazada si, cuando han pasado los nueve meses, su matriz puede seguir manteniendo el feto en su interior por más tiempo... No, Señor, no puede".
15. Morna Hooker, "Trial and Tribulation in Mark XIII," *BJRL* 65 (1982): 86. Beasley-Murray (*Jesus and the Last Days*, 404) comenta que "Marcos estaría llamando a sus ingenuos hermanos a dejar de mirar al cielo buscando indicios de la parusía y entregarse al testimonio de Cristo en un mundo que sigue siendo hostil al evangelio".

cho odiaba por sus abominaciones".¹⁶ Las "abominaciones" en cuestión eran esencialmente su devoción al nombre de Jesús. El antagonismo será tan intenso que incluso dentro de las familias se volverán unos contra otros, ya sea por un apasionado odio hacia el evangelio, o porque están desesperados por huir de la persecución.

Cuando sucedan estas cosas, los discípulos perspicaces se darán cuenta de que están sufriendo exactamente lo que su Señor ha profetizado que es, por cierto, lo mismo que él soportó. Jesús fue traicionado por uno de sus discípulos (14:43-45), entregado al Sanedrín (14:55), llevado ante el gobernador (15:1-5), víctima de falsos testimonios (14:59), objeto de una burla despiadada (14:64-65; 15:11-14, 19-20, 29-32) y ejecutado injustamente. Tiene la esperanza de que sus discípulos entiendan que, por medio de su sufrimiento, el reino de Dios avanza silenciosamente mientras ellos proclaman el evangelio en medio de la prueba y de la tribulación.¹⁷

Jesús no se dedica fundamentalmente a enseñar a sus discípulos el programa de acontecimientos del fin a partir de acontecimientos externos, sino a mostrarles lo que deben hacer cuando sean entregados. ¿Perderán el vigor cuando se vean bajo presión? ¿Sucumbirán acaso a la tentación y renunciarán a Cristo para salvar su vida terrenal? Jesús les transmite certeza. No deben preocuparse por lo que dirán. Puede que no hayan sido formados en el arte de la persuasión retórica; sin embargo, recibirán ayuda divina (ver Éx 4:10-12). Esta certeza asume que cuando tengan que comparecer ante los poderosos como acusados, solo han de preocuparse de decir aquello que pueda convencer a sus acusadores de la verdad, no de demostrar su inocencia o de escapar de algún juicio. Jesús solo promete que recibirán ayuda divina para predicar, no liberación, que solo se produce después de la muerte y tras su venida en gloria.

En medio de este sombrío paisaje de guerras, hambre, atrocidades, terremotos, persecuciones y traición, la única luz que resplandece es el propósito divino de que la palabra del evangelio llegue a todos (13:10). Es necesario que esta se predique primero a todo el mundo. Tolbert interpreta esta afirmación con el sentido de que "cuanto antes se predique el evangelio a todas las naciones, antes vendrá el reino y cesará el sufrimiento". La predicación es "la única acción humana que puede agilizar la desaparición de esta existencia presente perversa, opresiva y

---

16. Tácito, *Anales* 15.44.2, 4.
17. Geddert, *Watchwords*, 217.

llena de dolor".[18] Esta deducción es errónea. La llegada del fin depende completamente de Dios, no de ninguna actividad humana, ni siquiera nuestra predicación.

De hecho, no hay nada que los humanos podamos hacer para acelerar la llegada del fin. Jesús solo subraya la urgencia de la evangelización del mundo y advierte que se llevará a cabo bajo la nube de la persecución. Asegura a sus discípulos que el aborrecimiento y la persecución no silenciarán su testimonio. Esta profecía de que el evangelio será predicado por todo el mundo asegura también al lector que la cobardía de los discípulos anterior a la resurrección se transformará, de algún modo, en valentía. Deja claro que la tumba vacía no es el final del evangelio, sino solo su comienzo (1:1).

Advertencia sobre la guerra en Judea (13:14-20). La advertencia de estos versículos se aplica específicamente a la primera y segunda generación de discípulos de Jesús; ellos darán testimonio de la guerra en Judea que provocará la destrucción del templo. ¿Qué sentido puede tener el mandamiento de huir a Judea para alguien que no vive en esta región? En otras palabras, Jesús no está haciendo referencia al tiempo del fin, que afectará, no solo a Judea, sino a todo el mundo. ¿Quién tendría prisa por recoger su ropa o pequeños objetos de valor si llegara el fin del mundo? ¿Qué cambiaría si fuera o no invierno, o si una mujer estuviera o no embarazada? La comprensión que se muestra por las dificultades de aquellos que intentan huir cuando viajar es difícil o imposible solo tiene sentido si están intentando eludir la barbarie de un ejército que avanza hacia donde ellos están.

La señal para salir huyendo es ver "el horrible sacrilegio" (NIV, 'abominación desoladora' [13:14]), que alude a algo que Dios detesta y rechaza, y que produce horror y destrucción entre la humanidad.[19] Esta expresión surge de Daniel 11:31: "Sus fuerzas armadas se dedicarán a profanar la fortaleza del templo, y suspenderán el sacrificio diario, estableciendo el horrible sacrilegio" (*cf.* Dn 8:13; 9:27; 12:11; también Jer 7:30-34). En el año 168 a.C., Israel ya había experimentado lo que el autor de 1 Macabeos (1:54-56) identifica como un horrible sacrilegio, bajo la tiranía de Antíoco Epífanes:

---

18. Tolbert, *Sowing*, 265.
19. Beasley-Murray, *Jesus and the Last Days*, 411, 416.

> El día quince del mes de Quisleu del año ciento cuarenta y cinco, el rey cometió un horrible sacrilegio, pues construyó un altar pagano encima del altar de los holocaustos. Igualmente, se construyeron altares en las demás ciudades de Judea. En las puertas de las casas y en las calles se ofrecía incienso. Destrozaron y quemaron los libros de la ley que encontraron. (Dios Habla Hoy)

Puesto que Jesús menciona específicamente Judea y utiliza una expresión de Daniel que hace referencia a la profanación del santuario por parte de un enemigo, está pronosticando algún horrendo suceso en el templo. Se aplica, por tanto, a un tiempo en que el templo seguía aun en pie.

El participio masculino ("de pie" o "puesto" [elíptico en la NVI. N.T.), que modifica el sustantivo neutro ("el horrible sacrificio") sugiere una referencia a una persona más que aun objeto idolátrico (ver 2Ts 2:3-4, "el hombre de maldad [...] [quien] se pone a sí mismo en el templo de Dios" [NIV]). Esta irregularidad gramatical puede explicar la admonición "el que lee, que lo entienda". Puesto que los cristianos de hoy poseemos Biblias y podemos estudiarlas en privado, asumimos con toda naturalidad que esta digresión aconseja a cualquiera que lee el Evangelio de Marcos que se dé por aludido (ver Dn 12:9-10).

Pero, darse por aludido, ¿sobre qué? A diferencia de Juan, que en Apocalipsis 13:11-18 ofrece ciertas directrices para ayudar a identificar a la segunda bestia, Marcos no nos da ninguna clave sobre lo que se supone que el lector ha de entender. Puesto que, en nuestro caso, vemos la lectura bíblica como algo que se hace principalmente en privado, la mayoría de los lectores modernos no considerarían la posibilidad de que Marcos hubiera consignado este paréntesis para la persona que leyera públicamente el Evangelio a la congregación (ver Ap 1:3). Los ejemplares de la Escritura no eran muy corrientes, y es más probable que esta nota instruyera a quien leía en griego para que no corrigiera el participio masculino con un nombre neutro movido por una sensibilidad gramatical descaminada. La redacción de Marcos es deliberada. El participio masculino hace que "el sacrilegio" en cuestión aluda a una persona.[20] Best lo compara a nuestro moderno *sic* (cita textual) que se pone después de una palabra que parece extraña o mal escrita: "Pero

---

20. Ernest Best, "The Gospel of Mark: Who Is the Reader?" *Irish Biblical Studies* 11 (1989): 124-32.

cuando vean esta cosa, el horrible sacrilegio, en pie donde él [sic] no debe estar...".[21]

Esta siniestra atrocidad en el templo podría aludir a algo que se produjo antes de la guerra contra Roma, durante esa debacle, o después de la derrota y destrucción del templo. La principal opción para un evento acaecido antes de la guerra es la orden emitida en el año 40 d.C. por el emperador Gayo Calígula para que su estatua fuera erigida en el templo.[22] El problema de esta opción es que esta orden solo creó una crisis temporal y nunca llegó a cumplirse. Sabiendo que la aplicación de esta disposición precipitaría un violento alzamiento por parte de los judíos, el legado de Siria, Petronio, la retrasó todo lo que pudo. El emperador fue asesinado antes de poder disciplinar a su comandante.

Si estas palabras aluden a algo acaecido durante la guerra, los horribles delitos de los zelotes que ocuparon el recinto del templo durante los últimos años de la guerra serían la opción principal.[23] Josefo escribe:

> Porque un dicho antiguo de hombres inspirados afirmaba que la ciudad sería tomada y el santuario reducido a cenizas por derecho de guerra, cuando este fuera visitado por un grupo de sediciosos y profanados primero los sagrados predios de Dios por manos de nativos. Los zelotes no dudaban de este dicho; sin embargo, se prestaron como instrumentos para su cumplimiento.[24]

Jesús podría también referirse a algo que tuvo lugar tras la destrucción del templo. Josefo informa que, tras la captura de Jerusalén, los soldados romanos pusieron sus normas en el templo y les ofrecieron sacrificios. El problema de este punto de vista es que, cuando esto sucedió, era ya demasiado tarde para huir de la ciudad.[25]

Parece evidente que estas palabras aluden a una información bien conocida por los primeros receptores de este Evangelio, pero no para nosotros, lo cual nos deja en el ámbito de las suposiciones. En mi opinión, esta señal hace referencia a un acontecimiento específico del siglo I relacionado con la guerra con Roma, en vista del cual tendría lógica huir

---

21. *Ibíd.*, 129.
22. 2.10.1. Ver Josefo, *Guerras* 184 §§ 203-18.8.2; *Ant.* 9 §§ 257-309. 3; Filón, *Embajada a Gayo*; Tácito, *Historias*. 5.9.
23. Josefo, Guerras 4.3.6-10 §§ 147-92; 4.5.4 §§ 334-44.
24. *Ibíd.,* Guerras 4.6.3 § 388.
25. *Ibíd.*, 6.6.1 § 316.

de Jerusalén. En el periodo del fin sería inútil refugiarse en una zona montañosa. Cualquiera que fuera la abominación en cuestión, Marcos pretendía que sus oyentes lo entendieran como un cumplimiento de la profecía de Daniel y otra señal del principio de los dolores de parto.

Jesús no se lamenta aquí por la profanación del templo, pero sí expresa compasión por aquellos que son víctimas de la catástrofe. Durante la guerra de los judíos, muchas personas se refugiaron en la fortaleza del templo (*cf.* Jer 4:6), algo que Jesús desaconseja (*cf.* Jer 6:1; Ap 18:4). Jerusalén no será un bastión de protección sino que, precisamente, se convertirá en la guarida del dragón, donde las personas solo encontrarán la muerte y el juicio de Dios. Quedarse en las inmediaciones de la ciudad, por un equivocado sentido de lealtad hacia el templo o por una errónea creencia de que este edificio les brindará la protección de Dios, es invitar al desastre.

Cuando se produzca este suceso, los refugiados no tendrán tiempo de tomar sus posesiones, ni siquiera artículos esenciales como una prenda de abrigo. Quienes se vean retrasados por tener niños a su cuidado serán particularmente vulnerables. Si esta situación se produce durante el frío invernal, huir sin provisiones y teniendo que cruzar ríos rebosantes y peligrosos pasos de montaña sería especialmente arriesgado. Josefo consigna un incidente en que algunos refugiados gadarenos que buscaron protección en Jericó no pudieron cruzar un crecido Jordán y fueron asesinados por los romanos.[26] Los ríos no les permitirán cruzar en seco como sucedió en el tiempo de Josué, cuando las aguas del Jordán se detuvieron en un montón al tocarlas los pies de los sacerdotes y el pueblo pudo pasar al otro lado (Jos 3:13-17).

Geddert argumenta con buenas razones que lo que motiva el llamamiento de Jesús a la huida de sus discípulos no es la preocupación de éste por su seguridad personal en este momento crucial. Si esto fuera así, les habría dicho que desaparecieran a la primera señal de problemas.

Lo único que puede proteger a los escogidos es la intervención de Dios (13:20), no su huida. Probablemente, se quedarán en la ciudad hasta el último momento para proclamar el evangelio. Que abandonen Jerusalén pone de relieve que no le deben lealtad al judaísmo del templo y que no consideran que este sea la base de su seguridad. Beasley-Murray

---

26. *Ibíd.*, 4.7.5 §§ 433-36.

comenta que el martirio por causa del evangelio es una cosa, pero morir por el templo es otra muy distinta.[27]

El templo no simboliza ya el permanente favor y protección divinos, puesto que Dios va a permitir que sea profanado y destruido. Cualquier reverencia hacia el templo y su apreciado legado o la creencia de que su santidad sigue asegurando la bendición de Dios es algo más que una errónea devoción a una causa perdida. El historiador romano Dión describe, asombrado, esta equivocada lealtad de la resistencia judía en los últimos compases de la guerra cuando era evidente que todo estaba perdido.

> Los judíos resistían a [a las tropas de Tito] con más ardor que nunca, como si fuera un golpe de fortuna [una suerte inesperada] caer luchando contra un enemigo muy superior en número; no fueron vencidos hasta que el fuego hizo presa de una parte del templo. Después, algunos se arrojaron voluntariamente sobre las espadas de los romanos, otros se mataron unos a otros, otro se echaron a las llamas Todos ellos creían, en especial los últimos, que aquello no era un desastre, sino que perecer con el templo representaba una victoria, una salvación, y una gran dicha.[28]

Reverenciar el templo significa negarse a confiar en Jesús y en sus mandamientos. Sus seguidores han de tener cuidado de no verse involucrados en el destino de la nación sentenciada y de su templo.[29] Geddert concluye:

> Los discípulos deben huir, no porque teman la acción del enemigo, sino porque Dios quiere que se ausenten cuando todo está preparado para que el juicio de Dios caiga sobre Israel. Cuando caiga el juicio, todos los que confíen en sí mismos, en sus fuerzas, sus dirigentes, su elección o su templo serán juzgados junto con el sistema religioso que repre-

---

27. Beasley-Murray, *Jesus and the Last Days*, 14, 74.
28. Dión, Historia, 66.6.2-3. Tristemente el pueblo judío participó en tres guerras contra Roma, en 66-70 (74), 115-17, 132-5, con la misma devoción feroz a sus esperanzas nacionalistas centradas en el templo y con el resultado de que todos los judíos fueron finalmente expulsados por completo de Jerusalén.
29. Geddert, *Watchwords*, 218.

sentan. Todos los que se posicionen junto a Jesús abandonaran a su suerte el templo y la ciudad.[30]

Será inútil fiarse de muros, fortificaciones y armas (ver Jer 38:2). Jesús deja claro que, en este conflicto, Dios no estará de su parte. ¡Salgan de la ciudad![31]

Jesús advierte también que este conflicto provocará un sufrimiento sin precedente (Mr 13:19; ver Éx 9:18; Dn 12:1; Jl 2:2). Josefo consigna espantosos relatos de hambre, canibalismo y extraordinarias masacres durante el sitio romano de Jerusalén. La advertencia de Jesús es, no obstante, una fuente de consuelo por cuanto afirma que ni siquiera esta terrible aflicción está fuera del control o voluntad de Dios, que es capaz de acortar aquellos días (ver 2S 24:16; Is 45:8). La frase "nadie sobreviviría" (13:20) significa que nadie sería "dejado con vida" (ver 4 Esdras 6:25; 7:27).[32] Beasley-Murray la interpreta como una referencia a la misericordia de Dios para con el pueblo de Israel.[33]

Advertencia sobre la aparición de impostores (13:21-23). Esta sección sobre la guerra en Judea concluye como comenzó, a saber, con una advertencia sobre la aparición de impostores. En medio de aquellas situaciones se levantarán falsos profetas, que explotarán las catástrofes para sus propios fines y aumentarán las miserias del pueblo. Tanto engañadores como engañados perecerán. Josefo explica que una numerosa multitud encontró la muerte por prestar atención a uno de estos charlatanes:

> Fueron destruidos por culpa de un falso profeta que, en aquel día, proclamó al pueblo que Dios les mandaba ir al patio del templo a fin de recibir allí las señales de su liberación. En este periodo, numerosos profetas fueron, de hecho,

---

30. *Ibíd.*, 219.
31. Eusebio (*Historia Eclesiástica* 3.5.3) deja constancia de la huida de los cristianos antes de la guerra:

    A la iglesia de Jerusalén se le pidió en un oráculo dado por revelación a hombres dignos de ella que saliera de la ciudad y habitara en una localidad de Perea llamada Pella. Aquellos que creían en Cristo salieron, pues, de Jerusalén. Una vez que los santos hubieron dejado completamente a los judíos y la zona de Judea, la justicia de Dios les sorprendió finalmente, puesto que habían cometido estas transgresiones contra Cristo y todos sus apóstoles. La justicia borró totalmente a aquella impía generación de entre los hombres.

32. Hooker, *Mark*, 316.
33. Beasley-Murray, *Jesus and the Last Days*, 420.

sobornados por los tiranos para engañar al pueblo mandándoles que esperaran la ayuda de Dios, para, de este modo, evitar las deserciones y conseguir que los que estaban atenazados por el temor y la precaución pudieran cobrar ánimo y esperanza. En la adversidad, se convence fácilmente a las personas; pero cuando el engañador les dice que van a ser liberados de los horrores que viven, los que sufren se abandonan por completo a esta expectativa.[34]

Las "señales y los milagros" son cosas que se relacionan con los falsos profetas. Por persuasivas que resulten las señales y los portentos y por convincentes que sean sus interpretaciones, los discípulos han de mantenerse siempre alerta para resistir sus seducciones. Han de guardarse de los líderes religiosos que apelan a las falsas esperanzas y quieren autoexaltarse y extender su influencia. No deben permitir que el anhelo de experimentar la liberación de Dios los lleve a aceptar espejismos, fantasías y errores. Jesús los insta a aferrarse a la certeza de que el Mesías de Dios ha venido ya, y está oculto en el cielo, no en la tierra. No vendrá a salvar el templo de su destino.

La venida del Hijo del Hombre (13:24-27)

La esperanza de la venida de Jesús capacita a los cristianos para soportar cualquier aflicción; sin embargo Jesús no ofrece un calendario exacto del tiempo que transcurrirá entre la destrucción del templo y la llegada del fin. Hay dos cosas claras: la destrucción del templo ha de acontecer antes del fin del tiempo; sin embargo no implica que el fin haya llegado. Jesús guarda silencio sobre lo que acontecerá entre estos dos acontecimientos. Se limita a decir: "Pero en aquellos días, después de esa tribulación".

¿Cuánto tiempo después de aquella tribulación? Geddert sostiene que puesto que Jesús no afirma ni niega que haya un vacío de tiempo entre la destrucción del templo y el fin que se describe en 13:24-27, quiere evitar que sus seguidores intenten concretar una específica cronología de los acontecimientos escatológicos.[35] Cualquier cosa es posible. La ambigüedad es deliberada y Jesús no pretende que nos esforcemos en esclarecer lo que quiere decir. De otro modo, nos habría dado claves más específicas. Lo que espera es que sus discípulos estén preparados

---

34. Josefo, *Guerras*, 6.5.1. §§ 285-86.
35. Geddert, *Watchwords*, 234-35.

para cualquier cosa en cualquier momento. Ocuparnos en cálculos sobre fechas es, pues, un ejercicio estéril que solo puede distraernos de la misión que Dios ha encomendado a la Iglesia, a saber, predicar el evangelio. Dios no requiere que nos dediquemos devotamente a una interpretación de las amenazas internacionales y de los desastres naturales, sino a una vigilancia espiritual que nos prepare para el regreso de Cristo cuandoquiera que venga.

Sabemos que el fin es seguro y la conmoción cósmica hará que sea evidente para todos. No habrá apariciones secretas de modo que las gentes tengan que buscar en uno y otro lugar. Solo con la parusía el velo de misterio que cubre al Hijo del Hombre se levantará completamente para que todos lo vean. Las nubes de su venida descubren su gloria como aquel que comparte el poder y la majestad de Dios, quien también se muestra en las nubes.

Las imágenes del oscurecimiento del sol y de la luna, las estrellas precipitándose y la convulsión de los poderes celestiales se entretejen a partir de varios pasajes veterotestamentarios (Is 13:10; Jl 2:10; 3:4, 20). Beasley-Murray sostiene que no describen la disolución del cosmos, pero la representan "mediante el terror y la confusión ante el desconcertante poder del Señor de los Ejércitos cuando irrumpe en el mundo para actuar en juicio y salvación".[36] "Los elementos de la creación entran en una dinámica de confusión y temor por su aparición, no como una señal que se dispone a llevar a cabo (ver, p. ej., Jue 5:4-5; Sal 77:14-16; 114:1-8; Am 1:2; Hab 3:3-6, 10-11)". Ninguna de las señales preliminares advierte de su venida. La imaginería pone, por tanto, de relieve "la gloria de aquel acontecimiento".[37]

La venida de Jesús significa la salvación de los escogidos los ángeles son enviados para reunirlos (ver Dt 30:4 (LXX); Is 11:11-12; 43:5-6; 66:8; Jer 23:3; 32:37; Ez 34:12-13; 36:24). Los escogidos son aquellos que han respondido fielmente al evangelio, que comienza con aquel que es fiel hasta el fin y Dios lo resucita, y terminará con la reunión de los muchos escogidos que permanecen fieles hasta el fin.

Advertencias finales a ser vigilantes (13:28-37)

Las advertencias finales nos llegan en el velado formato de unas parábolas que giran alrededor del enfático anuncio de Jesús en cuanto a que

---

36. Beasley-Murray, *Jesus and the Last Days*, 425.
37. *Ibíd.*

nadie conoce el momento exacto del fin. A partir de la primera parábola, sin embargo, Jesús concluye que podemos saber algo: "Cuando vean que suceden estas cosas, sepan que el tiempo está cerca, a las puertas" (13:29). En base a la segunda parábola afirma: "No saben cuándo [llegará ese momento]" (13:35). Personalmente, considero que la expresión "estas cosas" de 13:29 son una referencia a los acontecimientos que llevan al terrible sacrilegio, no a la venida del Hijo del Hombre (ver 13:4, 8). Esto ayuda a explicar la afirmación de 13:30: "Les aseguro que no pasará esta generación hasta que todas estas cosas sucedan" (ver 13:23). A lo largo de Marcos, "esta generación" se refiere a los perversos contemporáneos de Jesús (8:12, 38; 9:19). Si interpretamos "todas estas cosas" como una alusión a la venida del Hijo del Hombre, entonces o bien Jesús estaba equivocado o hemos de redefinir el significado de la frase "esta generación".[38] No obstante, si interpretamos "todas estas cosas" como una referencia a los acontecimientos que conducen a la destrucción del templo, entonces, la profecía de Jesús se cumplió. Sus contemporáneos no eludieron la sentencia cuando los romanos arrasaron Jerusalén en el año 70 A.D.

La segunda parábola sobre el portero se aplica a la venida del Hijo del Hombre e ilustra la declaración de Jesús en el sentido de que nadie conoce la hora.

Por consiguiente, podemos conocer los indicios que anuncian la guerra en Judea y la destrucción del templo; sin embargo, no podemos saber cuándo llegará el fin.

La lección de la higuera (13:28-32). La higuera es uno de los pocos árboles caducifolios de Palestina. Jesús la utiliza para ilustrar otra lección. El brote de sus hojas es un anuncio del verano. ¿Se refiere el verano que menciona Jesús literalmente al periodo estival, la recolec-

---

38. George Beasley-Murray (en "Jesus' Apocalyptic Discourse," *Rev Exp* 57 [1960]: 160) ofrece una posible explicación para el malentendido de Jesús. "La intensidad y la certeza de las convicciones proféticas se expresan en términos de un rápido cumplimiento. Llegado el momento, la propia intensidad y la nitidez de la visión del fin que se le concede a Jesús contribuye a la naturalidad de contar solo con ella, igual que en los días claros los montes parecen mucho más cerca que en los apagados". Otra imagen sugiere que la visión de los profetas es reducida y bidimensional. Cuando contemplamos un paisaje desde la cima de un monte no siempre se percibe la cantidad exacta de espacio que media entre la cumbre en que estamos y la del monte siguiente. Como profeta, Jesús solo ve la llegada del final, que parece cerca, y no ve el espacio de la historia que se desarrollará antes del fin.

ción de las frutas o las cosechas veraniegas? ¿Es una imagen de juicio o acaso de cosecha (Jl 3:13; Am 8:1-2; Ap 14:14-15; ver Mr 4:26-29)? ¿Implica únicamente que, como la higuera pasa por el ciclo de la germinación para la cosecha del verano, así el juicio de Dios sigue su curso en aquella generación? ¿Es la higuera en ciernes un contrapunto a la higuera seca (11:21)?[39] En caso afirmativo, ¿alude quizá al avivamiento de Israel, como sostiene Hooker? "El árbol aletargado, aparentemente muerto, brota en nueva vida, y sus hojas jóvenes son una promesa del inminente verano: la última palabra es esperanza y no destrucción".[40] ¿O, alude acaso a la sustitución del antiguo templo por una nueva comunidad reunida alrededor de Jesús?[41] Si Jesús se refiere al regreso del Hijo del Hombre, ¿podría, quizá, estar equivocado? ¿Es necesario redefinir lo que significa "esta generación"?

Se han propuesto todas estas preguntas, y aun más. Para mí, la explicación más sencilla es considerar la parábola de la higuera y la declaración de que todas estas cosas vendrán sobre esta generación como una referencia a los ayes que preceden a la destrucción del templo (13:5-23). Esta explicación resume la advertencia de Jesús en esta sección. Puede verse la evidencia de la inminente destrucción de Jerusalén con tanta claridad como cuando decimos que la germinación de una higuera muestra que el verano está cerca. Las predicciones de Jesús sobre la destrucción del templo se harán realidad. Estas cosas que para los seres humanos pueden ser el centro del universo pueden desaparecer de la faz de la tierra.

Solo las palabras de Jesús permanecen. Son "el firme terreno sobre el que la Iglesia puede atreverse a vivir y a enfrentarse con valor a todos los terrores que se producirán antes del fin".[42] No hay, sin embargo, indicadores que nos digan que la venida del Hijo del Hombre está cerca. La siguiente declaración de Jesús y la parábola del portero dejan esto claro (13:32-37). Hay, en otras palabras, una diferencia cualitativa entre "todas estas cosas", que aluden a la destrucción del templo, y "el día y la hora" que se refiere a la venida del Hijo del Hombre.

El desconocido tiempo del fin (13:32). Jesús afirma que el momento del fin está oculto de todos los humanos, los ángeles del cielo y hasta

---

39. Telford, *The Barren Temple and the Withered Fig Tree*, 216-17.
40. Hooker, *Mark*, 320.
41. Geddert, *Watchwords*, 251-52.
42. Schweizer, *Mark*, 282.

del Hijo. Nada puede estar más claro. Nadie sabe cómo crece la semilla (4:27); nadie sabe cuándo vendrá el fin. La determinación exacta del día final está únicamente en las manos de Dios (ver Hch 1:7: "No les toca a ustedes conocer la hora ni el momento determinados por la autoridad misma del Padre —les contestó Jesús—"). Del mismo modo que Jesús no tiene la facultad de conceder a nadie el privilegio de sentarse a su derecha o a su izquierda, también debe ser obediente a la soberana voluntad de Dios, que es quien determina el momento del fin. Ningún cálculo apocalíptico para conocer este momento puede violar esta soberanía. El fin viene sin ninguna advertencia. Nadie tendrá tiempo de realizar preparativos en el último minuto.

La parábola del portero (13:33-37). Esta parábola del portero se aplica a la venida del Hijo del Hombre. Su elemento clave es que los siervos no están advertidos cuando regresa el dueño de la casa. El portero debe mantenerse en guardia durante las vigilias de la noche. Un momento de sueño puede darle a un intruso la oportunidad de entrar sin ser visto, o el dueño puede llegar de improviso y acusarlo de abandono del deber. Este hombre ha de soportar la prueba de la ausencia y la incertidumbre. ¿Qué clase de siervo es aquel que para hacer fielmente su trabajo precisa que el dueño esté supervisándolo constantemente? ¿Cómo puede el portero cumplir con sus deberes si se pasa el tiempo calculando cuándo volverá su señor? Las advertencias de Jesús afirman que solo aquellos que son valientes bajo el fuego enemigo y vigilantes durante la ausencia de su dueño serán finalmente vindicados. Hemos de trabajar fielmente, porque el Señor volverá, y hemos de hacerlo con certeza, porque quien regresa es él.

El discurso comenzó en privado con cuatro amigos íntimos y termina dirigido a todos (13:37). El fin viene de repente para todos: creyentes y no creyentes. A los no creyentes los toma desprevenidos, porque están ciegos a las realidades espirituales que gobiernan los acontecimientos. Sin embargo, los discípulos entienden la naturaleza de las pruebas y son capaces de perseverar y mantenerse firmes (1Ts 3:2-5).

Las terribles predicciones de calamidades consignadas en este discurso se parecen a la lastimera descripción que hace Tácito del tiempo en el que escribió Marcos:

> Estoy entrando en la historia de un período rico en desastres, lúgubre por sus guerras, desgarrado por las sediciones, negativo, salvaje en sus pocas horas de paz. Cuatro emperadores perecieron a espada; hubo tres guerras civiles; hubo más con extranjeros, y algunas civiles y externas a la vez [...]. Italia fue angustiada por desastres desconocidos hasta entonces o recurrentes tras el lapso de los tiempos...
>
> Además de las múltiples desgracias que sobrevinieron a la humanidad, hubo prodigios en el firmamento y sobre la tierra, advertencias expresadas por relámpagos y truenos, y profecías del futuro, tanto gozosas como sombrías, inciertas y claras.[43]

Marcos escribió su Evangelio en un momento en que el mundo entero se estaba desmoronando, especialmente para los cristianos de origen judío. Las advertencias de Jesús eran como una guía para poder entender la lógica de lo que estaba sucediendo.

Hemos de recordar también que Jesús utiliza lenguaje apocalíptico. Este discurso contiene mucha de la terminología y temática de la literatura apocalíptica judía. Entre estos temas están la pregunta: "¿Cuándo serán estas cosas?" y las referencias al fin (13:7, 13), los dolores de parto (13:8), la tribulación (13:19, 24), las cosas que deben suceder antes del fin (13:7), y los presagios cósmicos (13:24-25). Este discurso guarda sorprendentes paralelismos con la referencia de Daniel a un desolador sacrilegio (13:14; *cf.* Dn 9:27; 11:31; 12:11; ver 1 Mac. 1:54), una gran tribulación (Mr 13:19; *cf.* Dn 12:1), y la venida del Hijo del Hombre (Mr 13:26; *cf.* Dn 7:13).

Pero el discurso de Jesús difiere considerablemente de lo que suele encontrarse en los escritos apocalípticos. No contiene ningún *tour* por el cielo o el infierno guiado por un ángel, ninguna imaginería estrambótica o división de la historia en distintas épocas para mostrar el desarrollo del plan de Dios; tampoco hay referencia alguna a una última gran batalla o guerra, ninguna agresión diabólica de última hora o descripciones de lo que sucede después de la parusía, y sí consigna, en cambio, un completo rechazo a identificar el momento del fin. Jesús no dice nada sobre el juicio final, dónde los justos son recompensados y los impíos

---

43. Tácito, *Historias* 1.2-3.

castigados; no pretendía que sus palabras fueran una paleta de colores para pintar panoramas escatológicos.

Sin embargo, al abordar la tarea de contextualizar este pasaje hemos de tener en cuenta lo confuso que es su lenguaje y el hecho de que, en nuestro tiempo, genera pasión en algunas personas mientras que otras reaccionan con frialdad. Estas últimas consideran las exposiciones apocalípticas como cuestiones extrañas e inquietantes, terreno de fanáticos y chalados. En cada generación surge algún dirigente perturbado que convence a un grupo de crédulos seguidores de que el Armagedón está a la vuelta de la esquina. Llaman la atención de los medios de comunicación locales o hasta nacionales que los someten a su escrutinio y suelen acabar como estúpidos ante la opinión pública o protagonizando algún episodio violento en el que mueren muchos de ellos. Muchos se sienten, pues, mucho más cómodos con el más sereno discurso de despedida de Jesús en el aposento alto consignado en Juan 14-16. Este contiene todos los mismos temas —la persecución de la sinagoga, el odio del mundo, el martirio, los dolores de parto, la oración, la perseverancia, la obra del Espíritu Santo en los discípulos, la venida de Jesús para reunir a los suyos— sin todas las enigmáticas alusiones al terrible sacrilegio y la pirotecnia cósmica.[44]

Otros, sin embargo, se sienten excesivamente fascinados por la escatología. Posiblemente, una serie de sermones sobre el tiempo del fin y la identidad del anticristo despertará mucho más interés que otra sobre las demandas éticas de Jesús en el Sermón del Monte. Estos mensajes pueden también ir de la mano de ciertos puntos de vista sobre el tiempo del fin, y quienes los siguen acabarán siendo fieramente hostiles hacia aquellos que no estén de acuerdo con ellos. Sin embargo, mi opinión es que Marcos 13 se escribió precisamente para apagar el fervor apocalíptico. Quienes malinterpretan y utilizan mal este discurso o lo ignoran corren un peligro.

El problema de este discurso es que contiene muchos más interrogantes que respuestas. Puede ser descorazonador enfrentarse a la gran cantidad de preguntas planteadas en la sección "Sentido original", porque estas no siempre tienen una respuesta clara. Las ambigüedades y las misteriosas características de este capítulo han venido ocupando a los comentaristas desde hace mucho tiempo. Algunos las justifican acusan-

---

44. Observación de Gundry, *Mark*, 750.

do a Marcos de haber realizado un mal trabajo de edición y no haber integrado completamente su supuesta fuente, un panfleto apocalíptico. Geddert, no obstante, sostiene con buenos argumentos que Marcos promovió deliberadamente una perspectiva paradójica. No fue negligente sino sutil. Geddert argumenta que Marcos se preocupa más "de enseñar a sus lectores una actitud hacia lo que sabemos que un determinado contenido". Por consiguiente, interpretar Marcos 13 no significa tanto que hayamos de esclarecer o resolver todas sus ambigüedades sino más bien explicar sus implicaciones.[45]

Cuando sus discípulos le preguntaron, Jesús no quiso levantar el velo de confidencialidad que envuelve el momento de su venida, y nosotros deberíamos hacer lo mismo. El mensaje de Marcos pretende algo más sutil que simplemente ofrecernos acontecimientos para llenar nuestras tablas escatológicas. El mensaje es simplemente éste: tanto el camino de Dios, como su Mesías y su pueblo serán vindicados de un modo contundente que todos reconocerán. Este tiempo todavía no ha llegado. Geddert concluye: "El discípulo no está llamado a *resolver* su ignorancia del momento del fin, sino a *sobrellevarla* y a responder a ella de manera apropiada".[46] La pregunta que plantea el texto es: "¿Cómo hemos de vivir en tiempos difíciles?". El drama escatológico seguirá desarrollando su trama, escena a escena. Pero los actores que trabajan sobre el escenario solo tienen indicaciones ambiguas sobre el lugar exacto que ocupan en la obra. Solo el director escénico conoce plenamente el guión. Ha dado instrucciones a los actores de lo que tienen que hacer y decir cuando vean suceder ciertas cosas. Pero nada más. Saben cómo termina la obra, pero no cuándo caerá el telón.

Si Marcos no consigna este discurso para ofrecer una predicción del futuro, ¿cuál es, entonces, su propósito y cómo puede aplicarse? (1) Marcos lo utiliza para exhortar a sus lectores. Este pasaje contiene diecisiete imperativos. Las advertencias permiten que los cristianos se preparen para lo que ha de acontecer. Experimentarán adversidades, persecuciones angustiantes, falsas alarmas y presenciarán la destrucción de Israel y de otras naciones. Marcos quiere "inspirar fe, tenacidad y esperanza ante los inminentes sufrimientos de la Iglesia y de la nación judía".[47] También quiere reconfortar a los medrosos. La persecución no

---

45. Geddert, *Watchwords*, 25-26.
46. *Ibíd.*, 283, n. 53.
47. Beasley-Murray, *Jesus and the Last Days*, 442.

debería tomarlos por sorpresa. Cuando se vive en medio de una feroz persecución, no siempre se puede discernir cómo se llevan a cabo los propósitos de Dios en el mundo. Marcos ayuda a los lectores a entender que las persecuciones que sufren están dentro del guión. Puede que la situación parezca sombría y perdida toda esperanza; sin embargo, Dios sigue teniendo el completo control y sus propósitos triunfarán. Puede que no entiendan por qué sufren, pero pueden consolarse sabiendo que siguen los pasos de su Señor.

Es más fácil entender esta sección cuando también nosotros nos encontramos en una situación similar de persecución y agitación social que está poniendo el mundo patas arriba. Aquellos que sufren hasta el límite de su resistencia apreciarán mejor el mensaje de esperanza que nos ofrece este texto. No obstante, la mayoría de las personas experimentan cierta forma de presión e incertidumbre en sus vidas. Jesús advierte a sus oyentes que pueden esperar la agresión de los poderes, que adopta muchas apariencias. Como observa Wink: "Los poderes que habían crucificado a Jesús pretendían también aplastar el nuevo movimiento".[48] Las advertencias, certeza y exhortación de Jesús, se aplican a cualquier situación que los cristianos puedan experimentar.

Puede que los seres humanos entiendan de manera imperfecta lo que está sucediendo y por qué; puede que se sientan desconcertados por lo que viven. "¿Por qué les suceden cosas malas a las personas buenas?". Jesús se limita a decirnos que podemos tener la seguridad de que todo está dentro del ámbito del grandioso diseño de Dios. En los tiempos difíciles, no deben sentirse excesivamente alarmados y han de tener cuidado de no dejarse arrastrar por movimientos nacionalistas que devuelven mal por mal o ser engañados por carismáticos dirigentes que solo ofrecen esperanzas ilusorias.

(2) Este discurso sirve también de advertencia. En un extremo están los entusiastas escatológicos, que corren el peligro de perder la cabeza buscando toda clase de señales amenazadoras en una cargada atmósfera de agitación profética. Las numerosas penalidades que, por lo general, agobian este mundo hacen creíbles las afirmaciones de que el Mesías está a punto de venir. En el otro extremo, están los indiferentes escatológicos, que durante este periodo intermedio se vuelven despreocupados, distraídos y hasta sarcásticamente escépticos.

---

48. Walter Wink, *Engaging the Powers: Discernment and Resistance in a World of Domination* (Minneapolis: Fortress, 1992), 316.

A los del primer grupo, Marcos 13 les advierte que, dedicarse en exceso a la especulación escatológica desviará su mirada de Cristo, los distraerá de sus deberes y los llevará a pensar erróneamente que pueden descifrar la agenda de Dios. En el siglo I, la mayoría de los cristianos creía que el regreso de Cristo era inminente. Algunos, sin embargo, llevaron esta expectativa tan lejos que llegó a perturbar la vida de la iglesia. Pueden verse los efectos de una excesiva fiebre escatológica entre los tesalonicenses. Pablo advierte a los más entusiastas que "no pierdan la cabeza ni se alarmen por ciertas profecías, ni por mensajes orales o escritos supuestamente nuestros, que digan: «¡Ya llegó el día del Señor!" (2Ts 2:2). La iglesia tesalonicense confundió las certezas de Pablo en el sentido de que los propósitos de Dios se estaban cumpliendo en ciertos acontecimientos con una indicación de que el sufrimiento de la Iglesia había terminado y que ahora podían determinar cuándo se produciría el regreso de Cristo (ver 1Ts 5:2-5).

En su enseñanza, Jesús advierte a sus discípulos que los cristianos no estarán fuera de peligro hasta el fin del tiempo y que tendrán que llevar sus cruces hasta el último momento. Advierte también que con toda esta efervescencia escatológica solo se consigue perder la oportunidad de ocuparse en la misión. Las suposiciones sobre la relación entre el tiempo del fin y los acontecimientos actuales son inútiles. Tanto en los tiempos de crisis como en los de bonanza, lo único que importa es la vigilancia y la prudencia espiritual. Los cristianos pueden estar seguros de dos cosas: que la venida del Señor es segura y que se producirá algún día. La búsqueda de señales premonitorias solo puede agitar a los cristianos, distraerles de la importante tarea que pueden llevar a cabo, o convertirse en un mero entretenimiento intelectual.

Marcos 13 sirve también de advertencia a los escépticos escatológicos para que no se duerman ni pierdan interés, fe o concentración. Puede que muchos se digan: "¿Por qué molestarse en velar cuando hace ya casi dos mil años que Jesús pronunció estas palabras?". Esta es la actitud que se confronta en 2 Pedro 3:3-4 (*cf.* vv. 1-10):

> Ante todo, deben saber que en los últimos días vendrá gente burlona que, siguiendo sus malos deseos, se mofará: «¿Qué hubo de esa promesa de su venida? Nuestros padres murieron, y nada ha cambiado desde el principio de la creación».

Cuando se pierde el sentido de expectación nos volvemos como el portero que se duerme en el trabajo.

(3) He interpretado 13:5-23 como una referencia a una situación concreta del siglo I que afectó directamente las vidas de aquellos primeros discípulos: la destrucción de Jerusalén y del templo. Por tanto, la advertencia para que los que viven en Judea huyan a los montes no es directamente aplicable a nosotros. No obstante a lo largo de la historia humana surgen nuevas abominaciones. Al construir puentes para conectar ambos contextos, la exhortación de huir se aplica en nuestro marco como un principio general. Cuando Jesús les dice a sus discípulos que huyan, no les está aconsejando que se escondan siempre que las cosas se ponen difíciles, sino que se distancien de las falsas ideologías. En su contexto del siglo primero, les advierte que deben separarse de la causa del nacionalismo judío.

El principio que subyace en esta instrucción es que el cristianismo no está vinculado a ninguna identidad nacional. No debemos nuestra lealtad a ningún nacionalismo religioso, sino a Cristo. Nos es difícil entender lo devastador que debió de ser la destrucción del templo para muchos judíos. Quizás pueden ayudarnos algunos conocidos sucesos de nuestra historia reciente. ¿Hasta qué punto fue difícil para los cristianos de la Alemania nazi ver la maldad de Hitler y huir cuando este ganaba las batallas con facilidad, instilaba orgullo patriótico y devolvía su riqueza a la nación? ¿Hasta qué punto fue difícil para los cristianos del Sur de los Estados Unidos discernir el inculturado racismo que pretendía justificarse con argumentos bíblicos? La demanda de vigilancia por parte de Jesús, debe llevarnos a examinarnos para ver dónde podemos estar depositando falsas esperanzas.

Significado Contemporáneo

Jesús les dice a sus seguidores lo que debe suceder antes del fin, pero no concreta lo que tanto desean saber: las fechas y señales exactas. La razón es que Dios no ha revelado esta información, ni siquiera al Hijo (13:32). Hemos de concluir que Dios no considera vital que conozcamos estas cosas. Juel comenta acertadamente, "Si Jesús está inseguro del momento que Dios ha escogido para el fin, hay buenas razones para dudar de quienes se jactan de tener un conocimiento que está solo al alcance de Dios".[49]

Aun así, los cristianos siguen hoy haciéndose la misma pregunta sobre el fin que se hicieron aquellos primeros discípulos: "Dinos, ¿cuándo sucederá eso? ¿Y cuál será la señal de que todo está a punto de cumplirse?" Quieren que Jesús les dé una chuleta que les ayude a identificar con precisión cuándo llegará el fin. A pesar de las palabras de Jesús en 13:32 en el sentido de que ni siquiera él conoce el día y la hora, algunos afirman haber descodificado el misterio y hablar en el nombre de Dios. Piensan, obviamente, que tienen una mejor comprensión que Jesús y que pueden ordenar todos los acontecimientos según un calendario.

Aunque la historia está plagada de predicciones incorrectas sobre cuándo será la venida del Señor, este tipo de especulaciones siguen produciéndose. Sin ninguna vergüenza, se revisan una y otra vez los cálculos de las fechas del arrebatamiento y de la misericordiosa venida de Cristo. Algunos compilan un "índice del arrebatamiento" totalizando todos los terremotos, guerras y otros desastres para calibrar las distintas probabilidades de la llegada del fin. Los cristianos son bombardeados con oleadas de libros de divulgación sobre profecías, tanto seculares como religiosos, que suponen verdaderas bibliotecas que pronostican una era de guerras, holocausto nuclear, hambres, desastres ecológicos, ruina económica y epidemias a la vuelta de la esquina.

Una gran cantidad de escritores religiosos identifican al anticristo con un sinnúmero de personajes que no les gustan, y aseguran a sus oyentes que éste está a punto de abalanzarse sobre su presa para devorarla. La mayoría conocemos a algún grupo extremista que salta a luz pública cuando sus miembros se despiden de su trabajo, se aíslan en algún lugar y se visten con túnicas blancas para esperar el momento señalado para que Jesús los libere de sus cuitas terrenales. La violenta muerte de David Koresh y otros muchos davidianos, es la tragedia más reciente relacionada con este tipo de ilusiones apocalípticas. Su temeridad somete la fe cristiana al vituperio público.

Jesús advierte específicamente sobre el peligro de este tipo de histeria escatológica. Se niega deliberadamente a dar cualquier información que pueda ser útil para fijar alguna fecha. Aún así, siguen surgiendo falsos profetas que reducen el cristianismo a respuestas simplistas. Éstos ex-

---

49. Juel, *Mark*, 184.

plotan los temores y debilidades de las personas pobres y sin estudios al tiempo que, con frecuencia, obtienen de ellos sustanciosos beneficios. Un predicador que está supuestamente capacitado para descodificar la clave del "secreto mejor guardado de Dios" se convierte en un poderoso revelador y árbitro de la verdad. También sus receptores se sienten ahora instrumentos especiales como poseedores de un conocimiento privilegiado.[50] Se aprovechan de nuestro anhelo de escapar de lo que Cranfield llama "dolorosas paradojas, tensiones y oblicuidad de la fe y pasar a la cómoda seguridad de la vista".[51]

Puede que algunos predicadores pretendan reforzar la fe enfocándose en estas cuestiones, pero lo que hacen en realidad es menoscabarla. Con esta clave, los cristianos ya no tienen que preocuparse en el periodo intermedio de la laboriosa tarea de "velar" (ser fieles bajo presión). Hace algún tiempo, un telepredicador me dejó perplejo cuando recorrió una larga lista de profecías cumplidas y describió atrevidamente lo que, al parecer, iba a suceder a continuación en la escena mundial. Ni una sola vez mencionó lo que los espectadores tenían que hacer (aparte de mandar dinero para recibir más profecías por correo). Nadie habló de implicaciones éticas, de cómo ha de afectar a nuestra vida saber estas cosas. ¿Es que pretendían acaso que todo aquello fuera un mero entretenimiento para los televidentes?

El sentido que le doy a Marcos 13 es que el último gran acto de la historia se producirá cuando Dios lo decida, sin ninguna advertencia o señal preliminar. Ciertamente, Jesús afirmó que debían suceder ciertas cosas. Dijo que Elías tenía venir primero (9:11-13), y ya vino. Afirmó que el Hijo del Hombre tenía que sufrir muchas cosas y resucitar de los muertos (8:31; 9:31; 10:32-34), lo cual ya sucedió. Declaró que el templo iba a ser destruido, y lo fue. Predijo que los discípulos iban a ser perseguidos, y lo han sido. Aseveró que el evangelio tenía que ser predicado a todas las naciones y lo está siendo. Después de estas cosas, la semilla tiene que crecer hasta la formación de las espigas y es solo cuestión de tiempo hasta que el segador venga a recoger la cosecha. El tiempo que pasará, no podemos saberlo. Solo podemos prepararnos para su venida estando constantemente dispuestos.

---

50. Barry Brummett, *Contemporary Apocalyptic Rhetoric* (Nueva York/Westport, Conn./Londres: Praeger, 1991), 124.
51. Cranfield, *Mark*, 405.

Lo más importante que los cristianos hemos sido llamados a hacer es predicar el evangelio a todas las naciones (13:10). Cuando venga el Hijo del Hombre, no va a ponernos un examen para ver qué predicciones sobre la fecha eran correctas. Va a querer saber lo que hemos estado haciendo. ¿Hemos estado proclamando el evangelio a todas las naciones? ¿Hemos estado soportando fielmente el sufrimiento? ¿Hemos estado llevando a cabo las tareas que se nos han asignado? Aquellos que se han quedado dormidos en el trabajo o atascados intentando identificar las fechas de todo esto en lugar de llevar a cabo la misión, no solo se sentirán avergonzados, sino que serán juzgados. Por esta razón, Jesús advierte a sus discípulos que se mantengan en guardia (13:9).

En unas viñetas humorísticas de Jules Feiffer, un hombre está mirando detenidamente el firmamento cuando otro le pregunta qué está haciendo. El primero le responde: "Estoy esperando a que él vuelva". El otro replica: "Pero esto es absurdo; no vendrá por aquí". "Puedes encontrarlo en la vida de cada día: amando a tu prójimo, haciendo bien a los que te aborrecen, sufriendo por la verdad". Su interlocutor contesta: "¿Has dicho sufrir por la verdad?". La última viñeta los muestra a ambos mirando al firmamento, y al primero diciendo: "Esta posición me parece más cómoda". Podemos vivir en tiempos de persecución y desastres naturales, o de relativa comodidad y paz. Comoquiera que sea, Jesús nos pide una vigilancia incesante, una constante atención espiritual aun cuando todo parezca indicar "paz y seguridad" (ver 1Ts 5:2).

Una explicación del sufrimiento. Las palabras de Jesús nos ayudan a entender lo que significa ser un cristiano perseguido. Lo que Jesús predijo sobre la guerra en Judea se aplica a cada generación de cristianos que viven antes del fin. En cada generación, habrá cristianos que experimenten severas pruebas y tribulaciones. Jesús declara que el avance del reino de Dios y el sufrimiento de los escogidos de Dios están misteriosamente relacionados entre sí. Aquellos que serán herederos de la gloria de Dios y congregados con los escogidos deben aceptar la aflicción que precede a este acontecimiento.

En Apocalipsis 1:9, Juan se presenta como "hermano de ustedes y compañero en el sufrimiento, en el reino y en la perseverancia que tenemos en unión con Jesús". Pablo y Bernabé regresaron a las congregaciones que habían fundado en sus viajes misioneros para fortalecer a los hermanos, exhortarlos a persistir en la fe, subrayando que "es necesario pasar por muchas dificultades para entrar en el reino de Dios" (Hch 14:22). Geddert utiliza una valiosa analogía para captar esta idea:

> La teología de Marcos sobre el progreso del reino se parece mucho más a una carrera de relevos en que, la persecución por el evangelio es el testigo que pasa de un corredor a otro cuando le llega el turno [...] o (por quedarnos más cerca de la imaginería de Marcos) es la cruz la que pasa de hombro en hombro a medida que los nuevos miembros recorren el "camino" de Galilea a Jerusalén.[52]

El testigo pasa de Juan el Bautista a Jesús, a sus discípulos, a nosotros. Estamos en el siguiente tramo de la carrera. No sabemos si estamos o no en el último relevo y ello no debería cambiar el modo en que corramos la carrera. Correr en una carrera requiere que lo demos todo.

Esta imagen la encontramos también en *El progreso del peregrino* de John Bunyan. Cuando a Fiel se le pide que cruce el río, este dice:

> "Me dirijo a la casa de mi Padre; y aunque con gran dificultad he llegado hasta aquí, no me arrepiento de todas las molestias y conflictos que he pasado para llegar donde hoy estoy. Mi espada entrego al que me sucederá en mi peregrinaje, y mi valor y destreza al que pueda recibirlos. Mis marcas y cicatrices vienen conmigo, como testigos de que he peleado las batallas de aquel que ahora será mi galardonador".

En su novela *1984*, George Orwell escribió: "Si quieres hacerte una idea de cómo será el futuro, figúrate una bota aplastando un rostro humano [...] incesantemente".[53] Jesús también veía la bota en cuestión, pero les asegura a sus discípulos que la parte que dice "incesantemente" es falsa. A su regreso, el Hijo del Hombre mandará a sus ángeles que reúnan a sus elegidos que han persistido hasta el fin. A pesar de su sufrimiento, el futuro está en manos del pueblo de Dios, puesto que él intervendrá en el mundo para destruir el mal para siempre. No podemos poner nuestra esperanza en algún imaginario progreso social, sino solo en la misericordiosa intercesión de Dios.

---

52. Geddert, *Watchwords*, 150.
53. George Orwell, *Nineteen Eighty Four* (Nueva York: Harcourt, Brace, 1949), 271.

Predicación bajo fuego enemigo. Cuando se detiene a alguien en los Estados Unidos, es obligatorio que se le lean sus derechos; uno de ellos dice: "Tiene usted derecho a permanecer en silencio". Los cristianos no tienen este derecho. Su obligación —que es también un privilegio— consiste en proclamar, aun a sus perseguidores, el liberador amor de Jesús. Jesús pronostica que sus discípulos vivirán bajo una nube de persecución, pero les dice que no pueden permitir que esta detenga esta proclamación. La predicación no mitiga la angustia. De hecho, es posible que la aumente. Jesús promete que el evangelio se predicará en todas las naciones, pero no nos da ninguna certeza de que las gentes vayan a creer y a responder efusivamente. El mensaje de la cruz enseña que, a medida que la causa de Dios avanza, se genera una mayor oposición por parte de los poderes del mal hasta que, finalmente, este poder se agota y Dios prevalece.

En el libro de los Hechos, los discípulos siempre predican en medio de una amarga oposición. Pedro y Juan estuvieron ante el Sanedrín que había condenado a muerte a su Señor (Hch 4:8-12; 5:27-32). Esteban convirtió en púlpito el banquillo de los acusados (7:1-53). En Jerusalén, Pablo hubo de enfrentarse a una multitud (22:1-21), a un bronco Sanedrín (23:1-11) y a gobernadores y reyes corruptos (Félix, 24:10-21; Festo, 25:13-26:23; Agripa, 26:1-23). Dice haber sido azotado cinco veces en las sinagogas (2Co 11:24). Pero la violencia física no hizo que el corazón de estos discípulos dejara de latir con el amor de Cristo. Después de cada paliza, se levantaban de nuevo para predicar las mismas cosas, y si no se levantaban, otros ocupaban su lugar. La persecución generaba más proclamación. Escribiendo desde la cárcel a los preocupados filipenses, Pablo explicó que su encarcelamiento no representaba un contratiempo para el evangelio, sino algo que contribuía a su avance. Toda la guardia del palacio había oído, ahora, hablar de Cristo y los creyentes habían cobrado ánimo para proclamar el evangelio sin temor (Fil 1:12-14).

Caird compara la resistencia a la proclamación cristiana con la oposición que encuentra un avión supersónico. Igual que este "encuentra una creciente oposición hasta que consigue romper la barrera del sonido, el propósito de Dios suscita, por su mismo éxito, una oposición acumulativa que alcanzará su punto álgido el día del juicio. 'El diablo, lleno de furor, ha descendido a ustedes, porque sabe que le queda poco tiempo'

(Ap 12:12)".[54] Podemos desesperar de alcanzar salvación de igual modo que Moisés perdió la esperanza de que Dios liberara a Israel de Faraón (Éx 5:23). Dios responde únicamente: "Ahora verás" (6:1). El nuevo orden mundial no surgirá del potencial y posibilidades humanos. Solo puede hacerse realidad mediante una intervención directa de Dios.

El peligro es que queremos ser populares y aceptados por la sociedad. No queremos que se nos trate como parias o se nos rechace como a tontos por nuestra fe. A pocos les gusta ser censurados y odiados por todos. Nos sentiremos, pues, tentados a recortar y adornar el mensaje para obtener el favor de las personas más que a procurar convertirlas al reino de Dios. También experimentaremos la sutil tentación de adaptarnos a las normas sociales en lugar de confrontarlas.

Will Campbell cuenta la historia de una mujer anabaptista que vivía en Amberes. Había sido arrestada unos días antes por proclamar el evangelio de Cristo tal como ella lo entendía por su lectura personal de la Escritura así como por medio del estudio y debate con otras personas de la misma fe. Fue sometida a los interrogatorios de los clérigos para casos de herejía y a la tortura corporal de las autoridades civiles, pero ella no claudicó ante estas presiones. Seis meses después, esta mujer seguía empeñada en predicar la palabra a partir de su lectura de la Biblia. De modo que las autoridades hicieron lo que creían su obligación: el 5 de octubre de 1573 la sentenciaron a muerte. En la sentencia se le ordenaba al verdugo que le atornillara la lengua al paladar para que no pudiera dar testimonio por el camino cuando la llevaran a la hoguera donde iba a ser quemada.

Aquel día, su hijo adolescente, Adriaen, tomó a Hans Mattheus, su hermanito de tres años, y se puso con él cerca de la hoguera para que, en el momento de morir, su madre pudiera sentir la cercanía de sus hijos. Otras tres mujeres y un hombre tenían que morir aquel día por el mismo terrible delito: predicar el evangelio de manera ilegal. Cuando la pira fue encendida, Adriaen se desvaneció. No podía presenciar aquel horror. Pero cuando todo hubo terminado y las cenizas se enfriaron, Adriaen rebuscó entre ellas hasta que encontró el tornillo que había silenciado la lengua de su madre. Decidió que no silenciaría la suya.[55]

---

54. G. B. Caird y L. D. Hurst, *New Testament Theology* (Oxford: Clarendon, 1994), 115.
55. Will D. Campbell, "On Silencing Our Finest," *Christianity and Crisis* 45 (1985): 340.

Marcos 14:1-11

Faltaban sólo dos días para la Pascua y para la fiesta de los Panes sin levadura. Los jefes de los sacerdotes y los maestros de la ley buscaban con artimañas cómo arrestar a Jesús para matarlo. ² Por eso decían: «No durante la fiesta, no sea que se amotine el pueblo».

³ En Betania, mientras estaba él sentado a la mesa en casa de Simón llamado el leproso, llegó una mujer con un frasco de alabastro lleno de un perfume muy costoso, hecho de nardo puro. Rompió el frasco y derramó el perfume sobre la cabeza de Jesús.

⁴ Algunos de los presentes comentaban indignados:

—¿Para qué este desperdicio de perfume? ⁵ Podía haberse vendido por muchísimo dinero para darlo a los pobres.

Y la reprendían con severidad.

⁶ —Déjenla en paz —dijo Jesús—. ¿Por qué la molestan? Ella ha hecho una obra hermosa conmigo. ⁷ A los pobres siempre los tendrán con ustedes, y podrán ayudarlos cuando quieran; pero a mí no me van a tener siempre. ⁸ Ella hizo lo que pudo. Ungió mi cuerpo de antemano, preparándolo para la sepultura. ⁹ Les aseguro que en cualquier parte del mundo donde se predique el evangelio, se contará también, en memoria de esta mujer, lo que ella hizo.

¹⁰ Judas Iscariote, uno de los doce, fue a los jefes de los sacerdotes para entregarles a Jesús. ¹¹ Ellos se alegraron al oírlo, y prometieron darle dinero. Así que él buscaba la ocasión propicia para entregarlo.

Marcos comienza la cuenta atrás hasta la muerte de Jesús diciéndonos que la Pascua se celebrará "dos días después" (lit.). Según el cómputo judío del tiempo, esto podría significar "al día siguiente" (para ellos, hoy cuenta como un día, y el día siguiente sería el segundo día; ver 8:31); y todo lo que narra Marcos podría comprimirse en un espacio de tiempo de cuarenta y ocho horas. La NVI escoge una mejor opción y sitúa la unción de Jesús dos días antes de la Pascua. Jesús es crucificado al tercer día de la conspiración y de su unción.

Se calcula que, durante la fiesta de la Pascua, la ciudad de Jerusalén que en aquel tiempo tenía una población estimada de entre 60.000 y 120.000 personas, recibía entre 85.000 y 300.000 peregrinos.[1] La ciudad se llenaba del bullicio y los olores de multitud de personas y animales. El relato de cuando Jesús se quedó en el templo sin que sus padres se dieran cuenta (Lc 2:41-44) muestra el caos que se producía con esta enorme multitud de personas. La mayor parte de estos peregrinos dormían en tiendas o se hospedaban en los pueblos de las zonas rurales circundantes. La atmósfera de esta festividad podría probablemente compararse con la de las ferias de nuestras grandes ciudades.

La celebración de estas celebraciones fijas era un recordatorio de su herencia para Israel. La Pascua conmemoraba la liberación Israel de Egipto, cuando Dios envió una plaga que quitó la vida de los primogénitos egipcios, y de la que los israelitas se libraron rociando los portales de sus casas con la sangre de un cordero inmolado. En el tiempo de Jesús, muchos veían esta primera redención como el modelo para su liberación final. Los peregrinos venían para conmemorar este acontecimiento llenos de esperanzas y expectativas de que un día el Mesías vendría a liberar a Israel de la opresión extranjera y de la miseria económica durante la noche de la Pascua.[2]

Eran unos días de especial tensión para los sumos sacerdotes y sus fuerzas policiales puesto que la posibilidad de disturbios se incrementaba mucho durante este periodo. Por regla general, el gobernador romano se trasladaba a Jerusalén desde su cuartel general de Cesarea en la costa mediterránea para supervisar el control de las volátiles turbas de fervientes peregrinos. La más ligera provocación podía desencadenar un disturbio, y Josefo consigna cumplidamente los trastornos que se suscitaron durante uno de tales festivales.

---

1. Wolfgang Reinhardt, "The Population Size of Jerusalem and the Numerical Growth of the Jerusalem Church," en *The Book of Acts in Its First Century Setting: Volumen 4. Palestinian Setting*, ed. Richard Bauckham (Grand Rapids: William B. Eerdmans, 1995), 237-65.
2. En la literatura rabínica, esta expectativa escatológica no está presente en el debate de la Pascua. Una de las razones de su ausencia es que la *Mishná* se compiló mucho después de que la segunda y tercera revuelta contra Roma terminara nuevamente en un completo desastre. La última sublevación precipitó el martirio de muchos destacados rabinos a manos de los romanos, y Jerusalén se convirtió en una ciudad prohibida para los judíos. Tras la última catástrofe en el año 135 a.C., los rabinos supervivientes fruncían el ceño cada vez que percibían esta clase de fervor mesiánico ya que, en su mente, este había llevado a Israel a su triste estado.

Todas las escenas de esta sección —la conspiración de los dirigentes judíos, la unción de Jesús y el acuerdo para la traición— prefiguran la muerte de Jesús. Los dirigentes judíos, identificados por Marcos como los jefes de los sacerdotes y los maestros de la ley, están agitados tanto por las amenazadoras acciones de Jesús en el templo como por la aclamación de la multitud. Comienzan, pues, a poner en práctica su determinación de eliminar a un peligroso agitador (11:18; 12:12; ver 3:6), que amenaza al templo y su clase sacerdotal. Teniendo en cuenta su popularidad, traman arrestarlo sigilosamente y darle muerte.[3]

Los conspiradores no quieren hacerlo "en la fiesta" (lit.). La palabra "fiesta" puede tener dos significados distintos. Puede aludir a la festiva multitud (ver Jn 7:11) o la festividad de la Pascua. Si significa lo primero, los dirigentes temen, entonces, detener a Jesús delante de todo el pueblo, porque ello podría precipitar un disturbio (ver Lc 22:6). Para retener su posición de poder como marionetas de los romanos, han de mantener las calles en orden y suprimir rápidamente cualquier tumulto. Esta es la razón por la que arrestan a Jesús en el silencio de la noche y en la zona más solitaria de Getsemaní. Si la expresión "en la fiesta" significa "durante la fiesta de la Pascua", lo que las autoridades no quieren, entonces, es dar muerte a Jesús durante los festejos. Sin embargo, la traición de Judas los lleva a cambiar de opinión y a acelerar el arresto de Jesús.

En cualquier caso, la furtiva conspiración de los dirigentes del templo para gestionar el problema de Jesús de la mejor manera, está llena de ironía. Si no quieren detener a Jesús durante la fiesta, lo que acaba sucediendo es precisamente aquello que desean evitar, porque Jesús acaba siendo ejecutado durante las celebraciones.[4] Para los cristianos, su muerte transforma el significado de la Pascua, porque no relacionan ya esta festividad con la ocasión en que Dios juzgó a los primogénitos de Egipto y libró a Israel de la esclavitud, sino con el amado hijo de Dios que fue herido para liberar a toda la humanidad de la esclavitud de Satanás y del pecado.

Si estas mentes maquiavélicas se han confabulado para detener a Jesús lejos de las excitables y festivas multitudes, lo han conseguido.

---

3. Para quienes son sensibles a las alusiones veterotestamentarias, esta intriga recuerda la difícil situación de la víctima inocente (Sal 10:7-11; 31:13; 54:3; 71:10; 86:14) y el terror que afrontó Jeremías (Jer 6:25; 11:19; 20:3, 10).
4. Igual que Juan el Bautista fue asesinado en la fiesta de cumpleaños de Herodes, Jesús será ejecutado durante la fiesta.

Lo arrestan mientras ora en privado, evitando, pues, cualquier tumulto. No obstante, la telaraña de intriga demuestra ser finalmente inútil. Todo sucede conforme al plan trazado, pero poco se imaginan que "matar a Jesús iba a ser como intentar destruir una cabeza de diente de león soplando sobre ella".[5] Puede que atribuyan su fracaso a la ley de las consecuencias imprevistas, pero el lector sabe que las fuerzas de Dios operan de manera invisible. Es posible que los dirigentes judíos crean tener el control de la situación; sin embargo, lo que sucede no es lo que ellos desean, sino la voluntad de Dios.

La siguiente escena encuentra a Jesús cenando en casa de Simón el leproso. Marcos no da ningún detalle sobre la identidad de este Simón o la razón por la que Jesús está en su casa. Solo se interesa en lo que sucede cuando una mujer anónima irrumpe en una reunión de hombres y derrama su perfume sumamente valioso sobre la cabeza de Jesús. Esta mujer rompe un costoso frasco lleno de nardo puro, y derrama su perfume, todavía más caro, sobre la cabeza de Jesús.[6] Marcos tasa su valor en trescientos denarios, el salario de un jornalero durante casi un año (ver Mt 20:4, 10). Según Marcos 6:37, doscientos denarios habrían bastado para alimentar a cinco mil personas.

El extraordinario acto de adoración de esta mujer está situado entre dos extraordinarios actos de maldad y traición. Ya hemos mencionado las maquinaciones de la jerarquía del templo, que "buscaban con artimañas cómo arrestar a Jesús para matarlo" (14:1). Inmediatamente después de la unción, se nos informa de la duplicidad de Judas que ofrece sus servicios a los principales sacerdotes para entregar a Jesús: "Así que él buscaba la ocasión propicia para entregarlo" (14:11). Se ha dictado una sentencia firme contra Jesús y se le han tendido trampas.

La devoción de esta mujer establece un marcado contraste con la deslealtad de Judas. Con la excepción de su beso en Getsemaní, Jesús no recibe ninguna otra muestra de amor de nadie más durante su pasión. Judas está buscando la ocasión propicia (*eukairos*, 14:11) para entregar a Jesús, y su traición nunca se olvidará.[7] Está dispuesto a sacrificar a Jesús para obtener una recompensa material. Por su parte, la mujer

---

5. Walter Wink, *Engaging the Powers* (Minneapolis: Fortress, 1992), 143.
6. El nardo era un costoso perfume elaborado a partir de dos plantas, la nadala, importada desde Nepal y la espiga de nardo.
7. *Cf.* 6:21, donde se dice que Herodías estaba buscando una "oportunidad" (*eukairos*) para hacer matar a Juan el Bautista.

aprovecha una oportunidad para mostrar su amor a Jesús y sacrifica su valioso regalo por amor a él. Su acto tampoco se olvidará jamás.

¿Qué pasa por la mente de esta mujer mientras derrama el valioso contenido del frasco sobre la cabeza de Jesús? En las fiestas de la antigüedad, la unción era una práctica común.[8] ¿Está acaso haciéndolo objeto de una cortesía habitual con una extravagancia poco habitual? ¿O cree quizás estar ungiendo a un Mesías (el Ungido) con el aceite de la coronación a fin de apartarlo para su oficio? En el Antiguo Testamento, los reyes eran ungidos en privado, y a veces su unción señalaba una sublevación (ver 1S 10:1; 16:12-13; 1R 1:38-39, 45; 2R 9:1-13; 11:12). Quizás espera que haya llegado el momento de que Dios intervenga en los asuntos de Israel mediante este rey. Si esta es su intención, ¡cuán irónica es la situación! Una mujer, no un sacerdote o un profeta autorizado, unge a Jesús en la casa de un leproso.

En cualquier caso, Jesús ha de corregir amablemente a esta mujer declarando que aquella unción lo prepara para su sepultura. No es un rey que vaya a ascender a un trono temporal y a aplastar a sus enemigos por medios temporales. Esta mujer ha ungido a un rey que va a morir, y que es el verdadero Ungido de Dios precisamente por ello, porque va a morir. Algunos sostienen que, entre los seguidores de Jesús, ella es la única que entiende las implicaciones de su enseñanza. Sabe que él está destinado a morir y aprovecha esta última oportunidad para expresarle su amor.

Puede que no sepamos lo que esta mujer estaba pensando, pero Marcos nos dice exactamente lo que pasa por la mente de quienes presencian esta escena. Se quejan de que se esté desperdiciando algo tan costoso. La expresión "la reprendían con severidad" traduce la palabra *embrimaomai* (14:5), un verbo que significa resoplar o bramar y se utiliza, por ejemplo, para aludir a caballos. La preocupación por los pobres era una actitud fundamental en el judaísmo, y era habitual recordar a los necesitados en los días santos (Neh 8:12; Est 9:22). Como judíos piadosos, estos hombres piensan que dar algo tan valioso para el cuidado de los pobres habría sido mucho mejor que desperdiciarlo de aquel modo; además, darlo para los pobres lo haría a uno merecedor de una recompensa de Dios (Pr 19:17; ver Lc 14:14).

---

8. En Lucas 7:46, Jesús censura a su anfitrión diciéndole: "Tú no me ungiste la cabeza con aceite". Ver Dt 28:40; Rt 3:3; Sal 23:5; Ecl 9:7-8; Ez 16:9; Dn 6:15; Mi 6:15.

Pero Jesús aprecia de manera especial la devoción de esta mujer y la defiende afirmando que ha hecho "una obra hermosa" (lit., una "buena obra"). Daube ha sugerido que, en este versículo, la expresión "buena obra" tiene un sentido técnico y hace referencia a lo que algunos rabinos de periodos posteriores mencionaron como buenas obras: dar limosna, hospedar a los extranjeros, visitar a los enfermos y enterrar a los muertos.[9] Según la lógica rabínica, dar limosna era menos encomiable que enterrar a los muertos ya que, mientras lo primero se hacía para los vivos lo segundo se dispensaba a los muertos.[10] Las limosnas podían darse en cualquier momento; sin embargo, la preparación de un cuerpo para la sepultura tenía que hacerse cuando surgía la necesidad. Podemos, pues, concluir que la acción de esta mujer fue mejor que dar limosnas, porque se dirigió a alguien que estaba prácticamente muerto.

Tras la muerte de Jesús, ¿dónde están los que ahora se quejan cuando tiene que ser sepultado? A diferencia de los discípulos de Juan el Bautista que tras su ejecución pidieron su cadáver y le dieron sepultura (6:29), los discípulos de Jesús están desaparecidos en combate. Según Marcos, a Jesús lo sepulta precipitadamente un extraño en un sepulcro prestado y sin ninguna mención de que el cadáver fuera ungido. Esta unción antes de su muerte será la única. Otras mujeres se preparan para ungir el cuerpo de Jesús tras su sepultura (16:1), pero no consiguen hacerlo porque este recibe una unción mayor de parte de Dios.

Esta unción pone de relieve que Jesús tiene un conocimiento profético tanto de su muerte como de su triunfo decisivo. Las buenas nuevas atraviesan limpiamente la tragedia. Jesús anuncia que la devoción de esta mujer se recordará dondequiera que el evangelio sea predicado por todo el mundo. El acto de derramar su valioso perfume sobre la cabeza de Jesús se entenderá con mayor claridad cuando se comprenda que él derramó su sangre por muchos (14:24). El anuncio de Jesús también afirma que el evangelio se predicará a todas las naciones (14:9; ver 13:10). En otras palabras, esta historia no es una tragedia, sino buenas noticias. Los actos inspirados por el amor y la fidelidad hacia Jesús no serán olvidados ni tampoco lo será el juego sucio. Aunque los humanos traman entregarlo, no saben que Dios también está en acción (14:21). Los primeros lo entregan para matarle, pero Dios lo liberará del sepulcro.

---

9. David Daube, *The New Testament and Rabbinic Judaism* (Nueva York: Arno, 1973; orig. 1956), 315.

10. Ver *t. Pe'a* 4:9; *b. Sukk.* 49b.

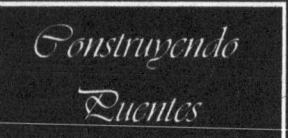

Construyendo Puentes

Lucas consigna una escena parecida (Lc 7:36-50) en casa de Simón el fariseo, en un momento anterior del ministerio de Jesús. Hemos de tener cuidado de no importar los detalles de esta escena a la unción que se produce en casa de Simón el leproso. Las costumbres de aquel tiempo sugieren que, como huésped, Jesús habría sido ungido más de una vez. Los casos más dramáticos se recordaban y fueron consignados. No hay indicaciones de que la mujer de Marcos 14:3-9 sea una pecadora que ejerce su oficio en la ciudad o que su acto de amor sea una señal de arrepentimiento. En este episodio no se presta atención a sus circunstancias y esta se dirige a su extravagancia, la desaprobación de los presentes y la interpretación de su acto por parte de Jesús en términos de su muerte y vindicación.

La extravagante devoción de esta mujer nos exhorta a la piedad y al amor a Cristo. Su gesto expresa la correcta devoción personal del discípulo hacia Jesús, y él sale en su defensa. El texto nos lleva a preguntarnos: ¿Cuándo es excesiva la devoción a Cristo? Derramar un poco de aceite, aunque sea un perfume caro, está bien; pero romper todo un frasco parece demasiado extravagante.

Comparar este incidente con el de la viuda y su dos monedas de cobre (12:41-44) puede ayudar a clarificar las cosas. La NVI traduce el comienzo del versículo 8 con estas palabras: "Ella hizo lo que pudo". Lo que dice literalmente es: "Ella hizo lo que tenía". Los paralelismos entre estas dos mujeres se hacen más claros al traducir literalmente estas palabras. La viuda echó a la alcancía de las ofrendas todo lo que tenía (lit., "absolutamente todas las cosas que tenía, todo su sustento" 12:44). Ahora esta mujer derrama todo lo que tiene sobre Jesús. El ejemplo de ambas mujeres se contrapone al de algunos hombres. La viuda es la antítesis de los maestros de la ley que devoran las casas de las viudas, y de los ricos que dan únicamente de su abundancia (12:39-44). Esta mujer anónima es la antítesis del discípulo que entregará a su maestro por la cantidad de dinero que los sacerdotes quieran darle y de los tacaños que hablan de dar a los pobres pero no actúan.

Ambas mujeres ejemplifican un compromiso total y sin reservas. Sus obras no les aportan fama. Sus nombres se han perdido en las brumas del tiempo. Solo "conmemoramos el anonimato de su tierna bondad".[11] Es

---

11. Tolbert, *Sowing*, 274.

probable que los presentes hubieran elogiado a la viuda que sacrificó todo su sustento de haber sido testigos de su donación. Aunque fuera todo lo que tenía, no era más que una mísera cantidad. Pero desprecian la mala utilización de algo valioso. La pregunta: "¿Para qué este desperdicio de perfume?" refleja una preocupación insensible y utilitaria por el desperdicio de algo valioso que puede convertirse fácilmente en dinero.

En Marcos, los discípulos han mostrado mucho interés en contar el coste de las cosas. En 6:37, cuando Jesús les dice que alimenten a la multitud, se les activa la calculadora mental y surge la cantidad de doscientos denarios para costear el pan que necesitan. En este pasaje entienden que se desperdician trescientos denarios y se malogra una inmejorable oportunidad de hacer una buena obra. No entienden, sin embargo, que si algo se había malgastado, eran las dos monedas de cobre donadas por la viuda a las abultadas alcancías de un templo próspero, pero espiritualmente indigente. En última instancia, la ofrenda de la viuda servía para llenar los bolsillos de la acaudalada jerarquía del templo. La mujer que unge a Jesús sacrifica su patrimonio para servir a alguien que es pobre.

Los lectores de Marcos pueden entender en otro sentido la indignada pregunta: "¿Para qué este desperdicio...?" (lit., "¿Qué propósito tiene esta destrucción?"). Algo de gran valor se derramó en 14:3. Jesús relaciona este acto con su próxima muerte. En 14:24, cuando instituye la Santa Cena, Jesús dice que su sangre es derramada por muchos. Esta es de un valor inestimable; no tiene precio. En otras palabras, la mujer que derrama este costoso perfume prefigura el alto precio de la sangre derramada de Jesús. ¿Por qué malgastar a Jesús en una cruz? La respuesta a esta pregunta ha de encontrarse en las propias actitudes de quienes se quejaban indignados, de los hipócritas dirigentes de la nación y del discípulo traidor. El mundo necesita salvación. El texto resuena con la afirmación de que ni el nardo puro derramado por Jesús ni su sangre derramada por muchos es un desperdicio. Todo se relaciona con las buenas nuevas que se predicarán por todo el mundo.

El relato subraya el amor y la adoración de Cristo y parece minimizar la importancia de las limosnas. Es fácil malinterpretar la afirmación de Jesús "los pobres siempre los tendrán con ustedes", dándole el sentido de que no puede hacerse nada por ellos. Un rabino interpretó Deuteronomio 15:11: "Gente pobre en esta tierra, siempre la habrá", dándole un sentido literal a la palabra "siempre". Por tanto, concluyó: "La única diferencia entre este mundo y el del Mesías es que en el segundo no habrá servidumbre de los poderes extranjeros" (*b. Ber.* 34b).

No obstante, al citar el libro de Deuteronomio, Jesús no suscribe la idea de que la pobreza sea, de algún modo, una condición ordenada por Dios para siempre. Jesús no estaba dando a entender que no pudiera hacerse nada para eliminar la pobreza, aunque algunos comentaristas insensibles puedan utilizar sus palabras para intentar justificar su negligencia en atender a los pobres. Jesús sentía una profunda preocupación por los pobres y los explotados (ver 10:21). Ningún cristiano que haya sido bendecido con bienes de este mundo puede decirles a quienes no lo han sido que acepten su pobreza como inevitable, como la voluntad de Dios o como algo de lo que ellos son responsables (ver Stg 2:15-16; 1Jn 3:17). Si estuviéramos en el otro lado nos sería mucho más difícil aceptar nuestra condición como la voluntad de Dios. El evangelio llama a los cristianos a ayudar a los necesitados; también demanda una desinhibida adoración a Cristo.

El texto pone de relieve la necesidad de una total devoción a Jesús. Pero si respondemos debidamente a su llamado, nos ocuparemos de los pobres. Recordemos que esta mujer no unge a una persona cualquiera, sino al Hijo de Dios que demanda un compromiso total. Si su acto lo hubiera dirigido a cualquier otra persona habría sido erróneo.

Es posible leer la afirmación de Jesús sobre los pobres como una irónica represión. En el contexto de Deuteronomio 15:11, Dios ordenó a Israel la cancelación de las deudas cada séptimo año y le dijo que si obedecía, no habría pobres en la tierra:

> Entre ustedes no deberá haber pobres, porque el Señor tu Dios te colmará de bendiciones en la tierra que él mismo te da para que la poseas como herencia. Y así será, siempre y cuando obedezcas al Señor tu Dios y cumplas fielmente todos estos mandamientos que hoy te ordeno (Dt 15:4. 5)

Dios amonestó a los israelitas diciéndoles que, si endurecían sus corazones, se volverían tacaños y la avaricia y el egoísmo los consumirían; en tal caso, habría pobres entre ellos. Es, pues, posible que la cita de Deuteronomio 15:11 no sea una cándida expresión de cómo son y serán siempre las cosas, sino una represión. Si el pueblo de Dios fuera obediente a él, no habría pobres. La presencia de estos es una acusación para todos. No basta con hablar de lo que puede hacerse por ellos (pensando especialmente en otros). Hemos de pasar a la acción. Pero aquellos que están dispuestos a actuar de este modo son también quienes están preparados para hacer radicales sacrificios por Jesús.

Tres afirmaciones de Jesús confirman esta interpretación. Dice: "Podrán ayudarlos [a los pobres] cuando quieran" (14:7). Nuestra generosidad no tiene que limitarse a ciertas épocas del año; depende solo de nuestra disposición. Aquellos que no desean ayudar a los necesitados tampoco harán mucho por Jesús (ver Mt 25:31-46). Si traducimos literalmente la respuesta de Jesús en 14:8: "Ella hizo lo que tenía", podemos inferir que ayudar a los pobres no depende de tener abundancia. Aquella mujer dio todo lo que podía dar. Quienes no son generosos con los pobres tampoco lo serán en lo que le ofrecen a Jesús (10:21-22). Por último, Jesús conecta el acto de esta mujer con "cualquier parte del mundo donde se predique el evangelio" (14:9). ¿Qué es el evangelio, sino buenas nuevas para los pobres (ver Mt 5:3, 11:5; Lc 4:17-19)?

Significado Contemporáneo

La perversa conspiración contra Jesús, que rodea este acto de sacrificado amor, muestra que la gente no salió en tromba de las tabernas y de los espectáculos de variedades para matar a Jesús. Quienes lo hicieron fueron los políticos religiosos y uno de los hombres de confianza de Jesús. La Iglesia tiende a buscar las amenazas fuera de sus círculos y a ignorar las que vienen de dentro. Aquellos que controlan el poder pueden creer honestamente que lo que hacen es para el bien de la obra de Dios en la tierra. Pueden estar convencidos de que el fin justifica los medios. Puede que nunca vean que sus palabras y acciones están motivadas por intereses personales y que ello los hace más culpables.

Los elogios que Jesús dirige a esta mujer desconocida ponen también de relieve que nunca podemos ser completamente conscientes de nuestra propia importancia o papel en el reino de Dios. Esta mujer no tenía ni idea de que lo que hizo cobraría una importancia universal ni tampoco la tenían los sumos sacerdotes, Judas o Poncio Pilato. Albert Einstein afirmó: "El trágico error de quienes están en el poder es pensar que tienen el control". Es también un error pensar que nuestra sacrificada devoción es insignificante o un desperdicio. ¿Quién sabe cómo la utilizará Dios?

Preocuparse por los pobres. Este texto nos fuerza también a decidir cuál es el enfoque adecuado de dar a Cristo con generosidad. ¿De qué modo mostramos mejor nuestro amor por Jesús? En 1455, en su lecho de muerte, el Papa Nicolás V aconsejó a sus sucesores que la fe del pueblo tenía que inspirarse y fortalecerse por medio de "majestuosos edificios, monumentos imperecederos y testigos que parezcan puestos por la mano de Dios". Mee, que cita estas palabras, comenta con mordacidad: "Puesto que la majestad de Dios es, naturalmente, infinita siempre había necesidad de seguir inspirando al pueblo y de seguir recaudando dinero para hacerlo".[12] Probablemente, la construcción de sofisticados edificios, sufragados a costa del sacrificio de personas sencillas con la idea de darle gloria a Dios, no sea una apropiada ofrenda para él. Puede que estemos haciendo este tipo de cosas para alimentar nuestro orgullo. Hay ocasiones en que uno ha de dar este dinero a las misiones o para ayudar a los pobres, o al menos abrir nuestras puertas para darles de comer.

Jesús afirma que lo que hizo esta mujer era bueno, porque había ungido su cuerpo, preparándolo para su sepultura. Puesto que Jesús ha muerto y resucitado, estas ofrendas han de dirigirse ahora a los pobres. Hemos de recordar las palabras de Jesús en otro Evangelio: "Les aseguro que todo lo que hicieron por uno de mis hermanos, aun por el más pequeño, lo hicieron por mí". (Mt 25:40). Cuando nos relacionamos con los pobres, nos relacionamos con nuestro Salvador. Las estadísticas sugieren, no obstante, que en el ámbito de la Iglesia, muchos no se plantean demasiado cómo usar sus recursos materiales para mostrar su devoción a Cristo. Según un informe reciente del *International Bulletin of Missionary Research* (Boletín internacional de investigación misionera), el total de ingresos de los cristianos a nivel mundial era de 10.1 billones de dólares, y las ofrendas para causas cristianas era de unos diecisiete mil millones de dólares, es decir, menos de un dos por ciento.

Traición de Judas. Por regla general, los lectores modernos están más interesados en conocer las razones por las que Judas traicionó a Jesús que las que llevaron a la mujer a ser tan generosa. Marcos no ofrece ningún motivo para la traición. Lucas nos dice que Satanás entró en Judas (Lc 22:3). Según Mateo, la avaricia fue el principal motivo (recordemos que Judas fue quien introdujo el asunto del dinero con la pregunta: "¿Cuánto me dan, y yo les entrego a Jesús?" (Mt 26:15). En su Evangelio, Juan presenta a Judas como ladrón y codicioso (Jn 12:6) y aliado con Satanás (13:2).

---

12. Charles L. Mee, *White Robe, Black Robe* (Nueva York: Putnam, 1972), 42-43.

Pero los eruditos no han quedado satisfechos con estas respuestas y proponen otras. Algunos han aseverado que Judas era un devoto discípulo cuyo ardor por Jesús se enfrió por varias razones. La más popular imagina que Judas se sintió atraído por los objetivos de los zelotes y sufrió una desilusión con el paso del tiempo. Estaba dispuesto a aceptar las duras realidades del discipulado puesto que expulsar al pagano imperio de Roma requería sacrificio. Pero comenzó a sentirse más incómodo a medida que veía que Jesús permanecía apocado e inactivo, y dedujo que acabaría rindiéndose mansamente sin ofrecer resistencia. Que Jesús se enfrentara al templo en lugar de a los gentiles y limitara el gasto en armamento a dos espadas (Lc 22:38) fue la gota que colmó el vaso. Judas había estado dispuesto a consagrar su vida a la guerra santa. Jesús resultó ser un charlatán, y él se vengó de él por desilusionarlo. O puede que incluso contactara con las autoridades judías con la esperanza de que su acción contra él forzara finalmente a Jesús a poner en marcha el reino. De ser así, es posible que Judas se autoengañara pensado que estaba ayudando a Dios y no traicionando a Jesús. También puede ser que Judas estuviera atemorizado por las seguras represalias de los dirigentes del templo. Se pasó al que creía que iba a ser el bando ganador para salvarse de cualquier represalia.

Si nos ceñimos solo a este Evangelio, Marcos no nos da motivos claros para la traición. Esta falta de razones tiene importantes implicaciones. Si Judas, uno de los doce, podía convertirse en el delator de su Maestro sin causa aparente, entonces todos los discípulos son potencialmente un Judas.[13] Dostoevsky afirma en *El idiota*: "Las causas de las acciones humanas son generalmente mucho más complejas que nuestras posteriores explicaciones de ellas y, rara vez, pueden discernirse con claridad".[14] Los intentos de encontrar la razón o razones para explicar por qué Judas hizo lo que hizo son distracciones que nos impiden considerar la posibilidad de nuestra propia traición. Si nos convencemos de que Judas actuó por esta o por aquella razón, también podemos convencernos de que nosotros no sucumbiríamos a este tipo de falsedad. De no ser así, no resulta posible dar ninguna razón específica excepto la avaricia o Satanás; por tanto, todos somos susceptibles de hacer lo mismo. También nosotros podemos traicionar a Jesús presionados por las tentaciones de la vida que nos pueden engañar

---

13. Augustin Stock, *Call to Discipleship* (Wilmington: Michael Glazier, 1984), 195.
14. Citado en W. H. Vanstone, *The Stature of Waiting* (Nueva York: Seabury, 1983), 2.

Marcos 14:12-31

El primer día de la fiesta de los Panes sin levadura, cuando se acostumbraba sacrificar el cordero de la Pascua, los discípulos le preguntaron a Jesús:

—¿Dónde quieres que vayamos a hacer los preparativos para que comas la Pascua?

¹³ Él envió a dos de sus discípulos con este encargo:

—Vayan a la ciudad y les saldrá al encuentro un hombre que lleva un cántaro de agua. Síganlo, ¹⁴ y allí donde entre díganle al dueño: "El Maestro pregunta: ¿Dónde está la sala en la que pueda comer la Pascua con mis discípulos?". ¹⁵ Él les mostrará en la planta alta una sala amplia, amueblada y arreglada. Preparen allí nuestra cena.

¹⁶ Los discípulos salieron, entraron en la ciudad y encontraron todo tal y como les había dicho Jesús. Así que prepararon la Pascua.

¹⁷ Al anochecer llegó Jesús con los doce. ¹⁸ Mientras estaban sentados a la mesa comiendo, dijo:

—Les aseguro que uno de ustedes, que está comiendo conmigo, me va a traicionar.

¹⁹ Ellos se pusieron tristes, y uno tras otro empezaron a preguntarle:

—¿Acaso seré yo?

²⁰ —Es uno de los doce —contestó—, uno que moja el pan conmigo en el plato. ²¹ A la verdad, el Hijo del hombre se irá tal como está escrito de él, pero ¡ay de aquel que lo traiciona! Más le valdría a ese hombre no haber nacido.

²² Mientras comían, Jesús tomó pan y lo bendijo. Luego lo partió y se lo dio a ellos, diciéndoles:

—Tomen; esto es mi cuerpo.

²³ Después tomó una copa, dio gracias y se la dio a ellos, y todos bebieron de ella.

²⁴ —Esto es mi sangre del pacto, que es derramada por muchos —les dijo—. ²⁵ Les aseguro que no volveré a beber del fruto de la vid hasta aquel día en que beba el vino nuevo en el reino de Dios.

²⁶ Después de cantar los salmos, salieron al monte de los Olivos.

²⁷ —Todos ustedes me abandonarán —les dijo Jesús—, porque está escrito:

> "Heriré al pastor,
> y se dispersarán las ovejas".

²⁸ Pero después de que yo resucite, iré delante de ustedes a Galilea.

²⁹ —Aunque todos te abandonen, yo no —declaró Pedro.

³⁰ —Te aseguro —le contestó Jesús— que hoy, esta misma noche, antes de que el gallo cante por segunda vez, me negarás tres veces.

³¹ —Aunque tenga que morir contigo —insistió Pedro con vehemencia—, jamás te negaré.

Y los demás dijeron lo mismo.

Este pasaje se divide en tres escenas: los preparativos para la celebración de la Pascua (14:12-16), la última cena (14:17-25), y el trayecto hacia el monte de los Olivos. Y en cada una de esas escenas podemos ver el conocimiento que Jesús tiene de lo que va a suceder.

Preparativos para la celebración de la Pascual (14:12-16)

Marcos recoge que lo discípulos están ansiosos por preparar la comida de la Pascua.¹ La víspera de esta festividad, el día 14 del mes de Nisán, se dejaba de trabajar al mediodía, y sobre las tres de la tarde los cabeza de familia llevaban sus animales al templo donde empezaba la matanza ritual de los corderos pascuales (ver Jub. 49:10-21). Los sacerdotes rociaban con la sangre la base del altar y ofrecían la grasa sobre el mismo. Los animales se aderezaban sin romperles las extremidades inferiores y sin separar la cabeza del cuerpo, y se devolvían así a las personas que los habían llevado. Dado el elevado número de peregrinos, la matanza y la comida no se celebraban en el mismo lugar. La única norma era que había que comerse el cordero en Jerusalén, cuyas fronteras se habían extendido para acomodar a las multitudes. La gente volvía a sus casas o buscaba cualquier rincón donde poder pinchar el cordero en un palo y asarlo para la cena. La celebración tenía lugar por la noche (después de

---

1. Marcos nos dice que era el primer día de la fiesta de los panes sin levadura cuando se sacrificaba el cordero pascual. En realidad, era el primer día de la fiesta de los panes sin levadura, después del día de la Pascua (ver Lv 23:5-6; Nm 28:16-17), pero los judíos del siglo I se referían a la combinación de ambas festividades (ver 2 Cr 35.17). La confusión entre estos dos días proviene del hecho de que se eliminara la levadura en una búsqueda ceremonial por toda la casa, la misma mañana en que se sacrificaban los corderos pascuales, y, por tanto, se podía considerar como el primer día de la fiesta de los panes sin levadura.

la puesta del sol) del día quince del mes de Nisán, es decir, el primer día de la fiesta de los panes sin levadura.

Jesús da a los discípulos unas instrucciones que podrían dejar entrever que él ha hecho ya algunos arreglos, y les da las pistas necesarias. La imagen de un hombre que llevaba un cántaro de agua no era muy usual, porque quienes iban a buscar agua eran las mujeres. No obstante, lo de encontrar el lugar es muy similar a lo de encontrar el pollino en 11:1-6, así que esta escena podría tener el propósito de mostrar que Jesús sabe con antelación lo que va a ocurrir y que tiene un control total de la situación (ver 14:8).[2] El énfasis está claro en las siguientes palabras: "Los discípulos [...] encontraron todo tal como les había dicho Jesús) (14:16). La gente que poseía una casa en Jerusalén tenía la obligación de ofrecer un lugar a los peregrinos para que pudieran comer su cordero pascual dentro de los límites de la ciudad.

Los discípulos reservan dicha habitación identificando a Jesús solo como "el maestro". Su autoridad como "el maestro" (ver 1:22; 12:14) le hace merecedor de un honor especial. La redacción del relato también enfatiza que es la Pascua de Jesús. Los discípulos le preguntan dónde ir para "hacer los preparativos para que [tú] comas la Pascua" (14:12). Jesús responde que han de ir a "mi sala, donde [yo] pueda comer la Pascua con mis discípulos?" (14:14).

La última cena (14:17-25)

El aposento alto era, como lo describe Barclay con gran acierto: "una pequeña caja situada sobre una caja más grande".[3] Se usaba como habitación para los huéspedes, como sala de almacenaje, o como un lugar para el retiro. Según la tradición rabínica tardía, los sabios se reunían con sus estudiantes en los aposentos altos para impartirles su enseñanza (*m. Sabb.* 1:14; b. *Menah.* 41b; ver Hechos 1:13; 20:8).

La mayoría de cuadros de la última cena presentan a los discípulos sentados de forma serena en torno a una mesa. Judas suele ser fácil de identificar, muchas veces pintado de oscuro y con ojos esquivos. Pero la descripción que el evangelista Marcos hace de esta comida es muy diferente a lo que vemos en las pinturas. El retrato más adecuado del retablo de la última cena tendría que haber pintado una mirada de horror

---

2. Hooker, *Mark*, 335.
3. William Barclay, *Marcos. Comentario al Nuevo Testamento* (CLIE, 1998), pp. 347-48 de la edición en inglés.

en la cara de los discípulos. Comen y beben en un ambiente de tristeza y preocupación. La pregunta central que inquieta su mente no es el destino de Jesús, sino saber quién puede ser el que lo va a traicionar.

Jesús hace de anfitrión, y la escena empieza con el grave anuncio de que uno de ellos lo va a traicionar. "Uno de ustedes, que está comiendo conmigo" (14.18). Todos los discípulos le preguntan uno a uno: "¿Acaso seré yo?" (14:19). Esta traducción capta la fuerza de la partícula griega *meti*, que espera una respuesta negativa: "No seré yo, ¿no?" (ver 4:21). Jesús no tranquiliza a nadie; solo ofrece una respuesta ambigua que, básicamente, no hace más que repetir lo que ya ha dicho: "Es uno de los doce [...] uno que moja pan conmigo en el plato" (14:20).[4] Esta frase no añade información nueva, sino que reitera que el traidor se ha infiltrado en el grupo y está comiendo con él.

Lo horrible para Marcos es que "uno que está comiendo conmigo" (14:18), "uno de los doce" (14:20a), "uno que moja el pan conmigo en el plato" (14:20b) va a entregar a Jesús. Comer con alguien hacía que ya no se pudiera cometer ningún acto hostil en su contra. Para los judíos, la comunión en torno a la mesa significaba mucho más que un encuentro social. Comer juntos significaba paz, confianza, perdón y fraternidad.[5] Traicionar a alguien que te había ofrecido su pan era una acto atroz (ver Sal 41:9; Jn 13:18). Jesús había ofrecido otra comida para pecadores (ver 2:15), pero esta vez pronuncia un lamento amargo por el traidor: "¡Ay del que traiciona al Hijo del Hombre! Más le valdría a ese hombre no haber nacido" (14:21). Solo después de esto toma Jesús el pan y el vino.

Marcos no recoge esta comida solo por ser la última comida de Jesús con sus discípulos, sino porque "hizo y dijo algo memorable".[6] Relaciona los elementos de la cena con su sufrimiento y su muerte inminentes. Jesús ya ha presagiado por completo su muerte. Sería una muerte violenta, como anuncia el pan partido y la sangre derramada. Él la interpreta como una muerte expiatoria (10:45). Cuando muera, la unión visible entre él y sus discípulos desaparecerá, pero les deja un símbolo mediante el cual esta quedará sustituida por una unión invisible.

---

4. Lo más probable es que todos mojaran en el mismo plato.
5. Los pactos se sellaban con una comida; por ejemplo, Abimelec e Isaac (Gn 26:26-31), Labán y Jacob (31:51-54, y Joaquín y el rey de Babilonia (2R 25:27-29; Jer 52:31-33).
6. Hooker, *Mark*, 338. Sobre la Cena del Señor, ver Joachim Jeremias, *Última Cena. Las palabras de Jesús* (Ed. Cristiandad); I. Howard Marshall, *Last Supper and Lord's Supper* (Grand Rapids: Eerdmans, 1980).

El cabeza de familia tomaba el pan que se comía en cada comida, lo alzaba, y decía "Alabado seas, Oh Señor, Dios nuestro, Rey del universo, que haces que la tierra produzca pan". Después del "amén", partía el pan y lo repartía, extendiendo así la bendición a quienes lo comían. Y lo mismo hacía con el vino (ver m. Ber. 6:1 sobre "el fruto de la vid"). Jesús le da a la bendición tradicional del pan un nuevo matiz al añadir "Esto es mi cuerpo". De hecho, lo que dice es "Esto es yo mismo". Para un semita, el cuerpo es toda la persona, no solo la parte física.

Las palabras de Jesús son simbólicas y similares a lo que Jeremías hizo cuando tomó un cántaro de barro y lo llevó fuera de Jerusalén y lo rompió en presencia de los líderes escogidos (Jer 19:1-15). Jeremías podría haber dicho: "Esto sois vosotros". Cuando Jesús parte el pan y lo reparte a sus discípulos, significa que lo que le acaba de pasar a ese pan, le ocurrirá a él. El sentido del pan partido que los discípulos reciben es que su pasión los beneficiará; es, asimismo, una parábola representada de que entrega su vida para rescatar a muchos.

Lo relevante es que Jesús usa un elemento alimenticio tan simple y tan universal que los discípulos no volverán a reclinarse jamás ante una comida, tomar el pan, bendecirlo y partirlo sin pensar en la última noche que estuvieron juntos con su Señor. Del mismo modo en que hay cosas que nos traen a la memoria los últimos momentos que pasamos con un ser querido, cada comida les recordaría a los discípulos lo que Jesús hizo por ellos en la cruz.

A lo largo del ministerio de Jesús, los discípulos no habían sido capaces de entender el significado que él le daba al pan. En la última cena, el lector puede empezar a atar cabos. En 6:36, los discípulos le pidieron a Jesús que despidiera a las multitudes para que pudieran marchar y comprarse algo de comer. Pero Jesús les dijo que les dieran algo de comer. Ellos, faltos de fe, respondieron: "¡Eso costaría casi un año de trabajo! ¿Quieres que vayamos y gastemos todo ese dinero en pan para darles de comer?" (6:37). No, Jesús iba a proveer el pan. Les mandó sentarlos en grupos y *bendijo* el pan, lo *partió*, y lo *dio* a los discípulos para que lo repartieran entre la gente (6:41). Todos comieron hasta quedar satisfechos y aún así sobraron doce cestas, símbolo de las doce tribus de Israel a las que reuniría en el día de la salvación. Más tarde, aquella noche, cuando Jesús se acercó a ellos caminando sobre las aguas, se aterrorizaron. Marcos explica que se asustaron porque "tenían la mente embotada y no habían comprendido lo de los panes" (6:52).

El segundo milagro de multiplicación del pan tuvo lugar al otro lado del lago, en territorio gentil, y siguió el mismo patrón. Jesús no iba a despedir a las multitudes que estaban hambrientas. Cuando les pidió a sus discípulos que les dieran de comer, objetaron: "¿Dónde se va a conseguir suficiente pan en este lugar despoblado para darles de comer?"(8:4). Jesús tomó su escasa provisión, siete panes, los *bendijo*, los *partió* y se los *dio* a los discípulos para que los repartieran a la gente. Sobraron siete cestas (8:8), que indican la terminación y la universalidad de la misión de Jesús.

Ahora, Jesús había alimentado milagrosamente a judíos y gentiles. En 8:14, los discípulos habían olvidado traer pan y en la barca solo tenían una hogaza. Ese pan era Jesús. Los discípulos no lo entendieron, a juzgar por su lamento "...no tenemos pan" (8:16). Jesús puso fin a la discusión preguntando: "¿Por qué estáis hablando acerca de que no tenéis pan? ¿Aún no veis ni entendéis? ¿Tenéis la mente embotada? ¿Es que teniendo ojos, no veis, y oídos, no oís? ¿Es que acaso no os acordáis?" (8:17-18).

El pan se ha convertido en un símbolo de la misión de Jesús, y los discípulos no lo entienden.[7] Cuando vuelvan a tomar el pan después de la resurrección de Jesús, recordarán que poseen un pan de la naturaleza más inusual. Combinada con la declaración "Esto es mi sangre", la presencia de Jesús se hace posible por su muerte, a través de la cual Dios establece un nuevo pacto.

Después de bendecir la copa, Jesús se la pasa a ellos. Marcos recoge de después de que todos bebieran de ella, Jesús anunció: "Esto es mi sangre del pacto, que es derramada por muchos" (14:24). Tantos años celebrando la Cena del Señor hacen que escuchemos esas palabras sin parpadear siquiera. Imagina lo que debió de significar para un judío del siglo I. Has bebido de la copa que tu anfitrión te ha pasado, y de pronto dice: "Esto es mi sangre". Los judíos le tenían aversión a la sangre. Génesis 9:4 prohibía el consumo de sangre, norma que se aplicaba a todas las personas, de modo que era incluso más universal que el Decálogo (ver Hechos 15:20, 29). La ley prohibía la ingesta de sangre porque era "la vida" y porque Dios había estipulado que se utilizara como medio de expiación. Cualquier animal que se sacrificaba para el consumo humano tenía que vaciarse de toda su sangre antes de consumirlo.[8] Por tanto, beber sangre no solo suponía violar un mandamiento universal, sino también, profa-

---

7. Senior, *The Passion of Jesus*, 58.
8. Hooker, *Mark*, 342.

nar algo santo.⁹ En consecuencia, algunos eruditos judíos han argumentado que un judío no podría haber pronunciado jamás estas palabras.¹⁰

Taylor respondió a esa afirmación diciendo que Jesús no era un judío normal, sino un judío que creía ser el Hijo del Hombre, destinado a sufrir por muchos. Además, sus palabras solían provocar con frecuencia una sensación de horror religioso y una intensa oposición. Y los discípulos llevaban tiempo en la escuela de Cristo aprendiendo que el Hijo del Hombre tenía que sufrir, y durante todo el Evangelio vemos que es algo que les cuesta mucho asimilar.¹¹

¿Qué implican las frases de Jesús "Esto es mi cuerpo [...]. Esto es mi sangre"? (1) El vino se consideraba la sangre de la uva, arrancada de la vid y exprimida. Los sacerdotes derramaban sobre el altar la sangre de los animales sacrificiales como una ofrenda para expiar los pecados de pueblo (Lv 4:17, 18, 25, 30, 34). Cuando Jesús dice estas palabras, está diciendo que su muerte es un nuevo sacrificio ofrecido a Dios. Ya no hace falta matar más animales, solo partir el pan y compartirlo, verter el vino y compartirlo.

(2) Marcos deja claro que todos bebieron de la misma copa, y no de copas individuales, como era la costumbre (14:23). Beber de la copa de alguien suponía entablar una estrecha relación de comunión con esa persona, hasta el punto de compartir su destino, fuera bueno o malo (ver Sal 16:4-5, que sugiere que el Señor, y no otros dioses, es la porción y la copa del salmista). Jesús había preguntado a Jacobo y a Juan si ellos podrían beber de la copa de la que él iba a beber, y les aseguró que ciertamente lo harían (10:38-39). Los discípulos no solo tenían que vencer la ofensa de un Mesías sufriente, sino también entender el carácter expiatorio de su muerte por muchos, sino que también tenían que seguir el camino de su Maestro y aceptar para sí su mismo destino de sufrimiento.

(3) La sangre selló o inauguró un pacto. En Éxodo 24:3-8, Moisés tomó la sangre y roció al pueblo diciendo: "Ésta es la sangre del pacto que, con base en estas palabras, el Señor ha hecho con vosotros" (24:8; ver Zac 9:11; Heb 9:18-20). La muerte sacrificial de Jesús también es

---

9. Ver Lv 3:17; 7:26; Dt 12:16, 23-25; 15:23; 1S 14:32; 1Cr 11:15-19.
10. Claude Montefiore, *The Synoptic Gospels* (London: Macmillan, 1927), 1:332; Joseph Klausner, *Jesus of Nazareth* (London: George Allen & Unwin, 1925), 329; ver también Hooker, *Mark*, 342.
11. Vincent Taylor, *Jesus and His Sacrifice* (London: Macmillan, 1937), 134.

un acontecimiento en el que se establece un pacto. Señala un nuevo acto de redención y da paso a una nueva relación entre Dios y su pueblo, una que sustituye la anterior. Crea una nueva comunidad reunida en torno a la mesa del crucificado. Aunque algunos no están de acuerdo, es probable que las palabras de Jesús sobre su sangre derramada por "muchos" también sean una referencia a Isaías 53:12: "Derramó su vida hasta la muerte, y fue contado entre los transgresores. Cargó con el pecado de muchos,[12] e intercedió por los pecadores".

La última cena en el Evangelio de Marcos está claramente marcada por un tono melancólico, triste. Pero cada vez que Jesús habla de su muerte, siempre encontramos alguna mención de su vindicación. Podemos ver un destello de gozo en las palabras de Jesús cuando habla del día en que beberá el fruto de la vid en el reino de Dios. La cena que había empezado con un tono triste acaba con un tono gozoso. Frente a la muerte, la duplicidad y la deserción, Jesús rebosa confianza en que al final será vindicado por el reinado de Dios (14:28; ver 8:31; 9:31; 10:33-34).

Hacia el monte de los Olivos (14:26-31)[13]

Jesús ha podido predecir las cosas que ocurrirán antes de la pasión (p. ej. el animar que iban a incautar, el hombre con el cántaro de agua, y la traición). Ahora predice que todos los discípulos le abandonarán, pero que él los volverá a reunir. El verbo *skandalizo* ("escandalizarse"; "abandonaréis" en la nvi) ya había aparecido en la parábola del sembrador en 4:17. El terreno pedregoso responde con emoción superficial, pero no tiene profundidad. Cuando surge la persecución a causa de la palabra, se escandalizan y se apartan. Dicho de otro modo, Jesús predice que todos los discípulos van a ser como el terreno pedregoso, y Pedro va a pasar por el momento más inestable de todos.

Los judíos esperaban que el Mesías ejerciera su poder y leo liberara dispersando a golpes a las naciones; en cambio, Jesús predice que sus

---

12. En el lenguaje bíblico "Muchos" significa "todos" (ver Ro 5:19, "muchos fueron constituidos pecadores"; 1Co 15:22).
13. Algunas traducciones recogen que salieron del aposento alto después de cantar "el himno pascual". Pero *hymneo* no tiene por qué aludir necesariamente a los himnos de Hallel (Sal 115-18), que se cantaban después de la comida pascual. Brown (*The Death of the Messiah*, 1:122-23) argumenta que transmite el "ambiente de oración al final de la comida", y los primeros lectores lo habrían relacionado con los himnos con los que estaban familiarizados por cantarlos en su adoración.

discípulos serán derrotados cuando él, como Mesías, sea golpeado. A lo largo de la narrativa de Marcos, Jesús se ha esforzado mucho con ellos y, ahora, llegado el final, el resultado no es gran cosa. También su pequeño grupo caerá en la confusión y huirá en todas direcciones. Sin embargo, la cita de Zacarías revela que todo lo que ocurre está dentro del control de Dios. Esta predicción asegura que los discípulos fracasarán, pero lo pone en un contexto bíblico de esperanza escatológica.

La escena de la última cena contiene muchas alusiones a Zacarías 9:14: mi sangre del pacto (Mr 14:24/Zac 9:11); aquel día, el reino de Dios (Mr 14:25/Zac 14:4, 9); el monte de los Olivos (Mr 14:26/Zac 14:4); herir al pastor (Mr 14:27/Zac 13:7); resurrección y restauración de las ovejas (Mr 14:28/Zac 13:8-9). A raíz de estas alusiones, Marcus concluye que Marcos presenta la última noche de Jesús en la tierra como el momento de la prueba escatológica de la que habla Zacarías. El pastor de Dios será golpeado, y su pueblo "será probado hasta el extremo".[14] El uso de la primera persona del singular ("[Yo] heriré al pastor") recalca la iniciativa divina que subyace a la muerte de Jesús. No estamos ante una injusticia que Dios no ha podido evitar. Ese golpe pone sobre él la iniquidad de todos nosotros (Is 53:6b) e inicialmente tiene un efecto devastador para el rebaño. Algunos perecerán, pero el remanente será refinado, purificado y restaurado como pueblo de Dios (Zac 13:9). Jesús, revertirá la dispersión volviendo a reunirlos.

De nuevo, Jesús les hace una promesa alentadora: "Pero cuando resucite, iré delante de vosotros a Galilea". Por quinta vez en el Evangelio, Jesús predice su resurrección (8:31; 9:9; 9:31; 10:34). El futuro del movimiento de Jesús depende por completo de la intervención directa de Dios, no de la valentía individual de los discípulos.[15] Tal como Marcos presenta la historia, los discípulos no pueden mantenerse con sus propias fuerzas hasta que Dios haya cumplido su propósito en Cristo. Por tanto, Jesús debe continuar solo. No será hasta después de su muerte en la cruz y de que Dios lo resucite cuando los discípulos tengan las fuerzas suficientes para tomar su cruz y seguir a Jesús.

Jesús irá "delante de" ellos, pero esto no significa que llegará a Galilea antes que ellos ni que irá justo delante de ellos por el camino (ver 10:32). Quiere decir que volverá a asumir su papel de pastor, guiándo-

---

14. Marcus, *The Way of the Lord*, 157-59.
15. Juel, *Mark*, 195.

los y reuniéndolos.¹⁶ Esta promesa es la clave para entender el final de este Evangelio (16:8). Los lectores pueden ver que la profecía de Jesús sobre el fracaso de sus discípulos demostró ser veraz. También se enteran por el anuncio de los ángeles en el sepulcro vacío que la profecía de Jesús sobre su triunfo sobre la muerte se ha cumplido. Y, aunque Marcos no lo recoge en su texto, yo diría que los primeros lectores del Evangelio de Marcos también se enteraron de que Jesús se encontró y se reconcilió con sus discípulos, tal como Jesús había dicho que ocurriría.¹⁷ Cualquier lector puede deducir que la resurrección de Jesús no solo vence el poder de la muerte, sino también el fracaso humano. Esto proclama la oportunidad que todos tenemos de empezar de nuevo.

Cuando Jesús habla otra vez de su muerte, Pedro y los demás discípulos permanecen confiados en su capacidad de permanecer fieles. Jesús solo confía en la fidelidad de Dios para levantarlo cuando lo golpeen. La protesta de lealtad de los discípulos (14:29-31) deja claro que siguen sin entienden y sin estar preparados. Antes, Pedro ya había protestado cuando Jesús dijo que el Hijo del Hombre debía sufrir según los planes de Dios (8:31-33). Ahora, no se corta a la hora de contradecir a Jesús cuando está citando las Escrituras que afirman que todos lo abandonarán.¹⁸ Va a probar que Jesús es un falso profeta y atacará a cualquiera que sugiera que él cederá bajo presión. Pedro discute las palabras de Jesús con un espíritu de rivalidad y debe considerarse superior a los demás. Insiste en que demostrará ser *más* confiable que, según da por sentado, lo abandonarán probablemente.

Esa egolatría competitiva, "Aunque todos te abandonen, yo no", nunca irá de forma voluntaria a la cruz. Por ello, el fracaso de Pedro en aquel momento crucial quedará inmortalizado. Jesús no le pide que muera como un guardaespaldas valiente, entregando su vida en el último asalto. Tiene que tomar su cruz y hacer morir la ambición egoísta, el vivir para sí mismo, por nobles y sinceras que parezcan sus intenciones. La dispersión de os discípulos comienza ya, pues, cuando Pedro empieza a hablar por sí mismo y no en nombre de los demás. Está confiando en sus propias fuerzas. Los demás discípulos se contagian de la protesta de Pedro y se unen a la protesta afirmando que jamás defraudarán a Jesús.

---

16. Brown, *The Death of the Messiah*, 1:130.
17. Ver más adelante, en la p. 741.
18. Brown, *The Death of the Messiah*, 1:134. La protesta de Pedro, "yo no", se asemeja al "no durante la fiesta" de los sacerdotes (14:2).

Tolbert observa con perspicacia que "si no estaban seguros de si le iban a traicionar o no, ¿cómo podían jurarle fidelidad hasta la muerte?".[19] El problema es que su promesa de lealtad es prematura y se infla de vanidad. Aún no se han dado cuenta de que se trata realmente de ir a la cruz.

Ahora, Jesús profetiza que Pedro lo negará tres veces antes de que el gallo cante por segunda vez. El canto del gallo podría referirse al canto del animal o al toque de corneta del *gallicinium*, que anunciaba el inicio de la cuarta vigilia. El segundo canto del gallo coincidía con el alba o la salida del sol. Probablemente, lo que Jesús quería decir era "antes del próximo amanecer".[20] La cabeza de Pedro debía de dar mil vueltas. En 8:32-34, Jesús lo reprende por no aceptar su sufrimiento. Ahora está dispuesto a aceptar que Jesús tiene que sufrir y está dispuesto a sufrir con él. ¡Incluso está dispuesto a morar con él! (14:31). Sí, es necesario morir con Jesús, pero él no necesita matones que lo defiendan. La palabra que traducimos por "morir con" (*synapothnesko*) aparece en la literatura paulina para habla de nuestra participación en la muerte salvífica de Jesús (ver 2Co 7:3; 2Ti 2:11; también Ro 6:8; Col. 2:20). Por tanto, esta declaración de Pedro es una ironía y un reflejo de que en ningún momento ha entendido la muerte de Jesús.

O'Collins ha observado que "el crecimiento de la crítica textual ha llevado a algunos autores a minimizar drásticamente las expectativas que Jesús tenía de su muerte inminente. En ocasiones, incluso han llegado a decir que la muerte fue algo que lo sorprendió sin que la hubiera aceptado e interpretado con antelación".[21] Cita la afirmación de Bultmann en cuanto a que no podemos saber cómo entendió Jesús su muerte, y que su crucifixión no fue una consecuencia inherente y necesaria a su actividad.

> Su muerte, dicen, tuvo lugar porque su actividad fue erróneamente interpretada como una actividad política. En ese caso, habría sido un destino sin sentido alguno. No podemos afirmar si para Jesús tuvo algún sentido y, en tal caso,

---

19. Tolbert, *Sowing*, 212.
20. Brown, *The Death of the Messiah*, 1:137.
21. Gerald O'Collins, *Interpreting Jesus* (London: Geoffrey Chapman, 1983), 80.

de qué manera. No deberíamos descartar la posibilidad de que sufriera un colapso.²²

Podemos cuestionar a Bultmann y a otros por ignorar la última cena y Getsemaní y por hacer una falsa dicotomía entre el reino político y el reino religioso. Küng pregunta:

> ¿Habría sido tan ingenuo como para no tener el mínimo presentimiento del final que lo esperaba? [...]. No hacía falta un conocimiento sobrenatural para reconocer el peligro de un final violento; bastaba con una clara visión de la realidad. Su mensaje radical ponía en cuestión la imagen de piedad que proyectaban las personas y la propia sociedad, y el sistema religioso tradicional en general, por lo que se ganó una amplia oposición desde el principio. Por ello, es lógico pensar que Jesús sabía que habría una reacción violenta por parte de los religiosos y, quizá también, por parte de las autoridades políticas, sobre todo en la capital.²³

Jesús creía firmemente que su muerte no fue un golpe del destino, sino que su propósito descansaba profundamente en la providencia de Dios. Él consideraba su muerte como la muerte representativa por muchos. Era algo que estos no podían proveer para sí mismos, y él lo hace por ellos, presentándose solo en la brecha. Para Él, su muerte es algo positivo, es parte de su vocación. La asocia con el reino de Dios, que trae salvación al ser humano.

Hoy, algunas iglesias han adoptado la costumbre de celebrar el séder pascual la noche del jueves santo. En mi opinión, eso responde a no haber comprendido la presentación que Marcos hace de la Cena del Señor. Dejando a un lado el debate de los eruditos sobre si la última cena de Jesús fue o no una celebración de la Pascua,²⁴Marcos no menciona ninguno de los elementos de esta festividad cuando describe esa última cena. No menciona el cordero pascual, la fruta guisada, las hierbas

---

22. Rudolf Bultmann, *Historical Jesus and Kerygmatic Christ*, eds. Carl E. Braaten y Roy A. Harrisville (New York/Nashville: Abingdon, 1964), 23; cited by O'Collins, *Interpreting Jesus*, 82.
23. Hans Küng, *On Being a Christian* (London/New York: Collins, 1977), 320; citado en O'Collins, *Interpreting Jesus*, 84.
24. Encontrará los complejos argumentos en Joachim Jeremias, *Última Cena. Las palabras de Jesús* (Ed. Cristiandad), pp. 1-88 de la edición en inglés; Brown, *Death of the Messiah*, 2:1350-78.

amargas, el pan sin levadura ni la liberación de Egipto. Dado que la Pascua de Israel tiene su cumplimiento en Jesús, los discípulos no volverán a necesitar un cordero ritual.[25] En la iglesia primitiva, la cena del Señor no se celebraba como un ritual una vez al año, sino cada día del Señor. La Pascua se convirtió en una metáfora del sacrificio de Cristo (cf. 1Co. 5:7). Si los cristianos celebramos la Pascua, reducimos sutilmente la importancia de la muerte de Cristo y el significado que él le confirió a esta cena. Del mismo modo en que la muerte de Jesús anuló el sacrificio de animales en el templo, la cena del Señor se ha convertido en la celebración festiva de todo el pueblo de Dios, tanto de judíos como de gentiles, que trasciende a la antigua celebración.

La pascua	La cena del Señor
En la era de la ley	En la nueva era del reino
El banquete que conmemoraba el nacimiento del pueblo de Dios	El nuevo banquete que conmemora el nacimiento del pueblo de Dios
Los participantes se identificaban con la liberación y el antiguo pacto	Los participantes se identifican con la redención y el nuevo pacto
Recuerda el éxodo y pone su esperanza en la salvación de Dios	Recuerda la cruz, que trae salvación, y pone su esperanza en la llegada final del reino de Dios

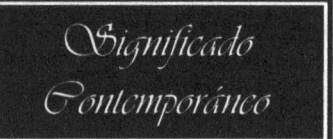

Significado Contemporáneo

La Pascua no pretendía ser un recuerdo gratificante de la liberación de Israel llevada a cabo por Dios en el pasado. El objetivo de la celebración era poner a cada generación en contacto con aquel acontecimiento y convertirlo en una realidad presente. Celebra lo que "el Señor hizo por *mí*" (*cf*. Éx 13:8-9). Del mismo modo, la cena del Señor no es un homenaje a algo pasado, sino que nos recuerda lo que el Señor ha hecho por nosotros y hace que su muerte y su presencia sean una realidad viva. Hunter señala que la palabra "recordar", en el sentido bíblico, "no se refiere simplemente a

---

25. Xavier Léon-Dufour, *Sharing the Eucharistic Bread: The Witness of the New Testament* (New York/Mahwah: Paulist, 1987), 193.

traer a la memoria un suceso del pasado, sino vivirlo en el presente de modo que controle nuestra voluntad e influya en nuestras vidas para bien o para mal".[26]

La cena del Señor obra para bien. Nos recuerda quiénes somos, cuál es nuestra historia, cuáles son nuestros valores, y quién nos ha comprado. En la cena del Señor, el evangelio apela a nuestros cinco sentidos. Vemos, oímos, gustamos, olemos y tocamos lo que significó para Jesús morir por nosotros. Y une el pasado con el presente y el futuro. Recordamos la última cena de Jesús y experimentamos el inicio del nuevo pacto con Dios. Experimentamos la muerte de Jesús por nosotros y el poder del perdón de nuestros pecados en el presente. Y ponemos la mirada en la celebración futura en el reino de Dios, cuando todos reconocerán a Jesús como Señor. Cuando Jesús reparte el vino a los discípulos, les asegura solemnemente que Dios lo vindicará y lo volverá a beber en el reino de Dios. Sus palabras contienen una promesa implícita de que aquellos que "se han sentado con Él a la mesa los días de su oscuridad, también se sentarán con él en los días de su gloria".[27]

Sin embargo, comer el pan y beber la copa de vino no es un ritual mágico. No garantiza de forma automática la salvación. Uno no se convierte en beneficiario de la muerte redentora de Jesús por participar en un rito. ¿Comió Judas del pan y tomó el vino? Si lo hizo, no tuvo un efecto salvífico (Hch 1:25). Ni siquiera la seria advertencia de Jesús tiene un efecto inmediato. Jesús le hace saber a Judas que va de camino a la conspiración, por lo que le da una última oportunidad de detenerse. A Jesús le ocurrió lo que decían de él las Escrituras; pero Judas no tenía por qué traicionar a su Maestro. Dios no le necesitaba. Judas escogió voluntariamente ignorar la advertencia de Jesús y aparentemente salió para cerrar su negociación con los sacerdotes, sin que los demás discípulos sospecharan de él.

Si Judas participó con los otros discípulos de aquella cena, y en el texto no hay nada que haga pensar que no lo hizo, entonces está claro que para que comer el pan y beber la copa sea un reflejo de la salvación, hay que interiorizar lo que esos símbolos significan. El nuevo pacto tiene que haberse escrito en el corazón del pueblo de Dios (Jer 31:31-34). Los corintios habían malinterpretado el aspecto sacramental de la Cena del

---

26. A. M. Hunter, *Jesus—Lord and Saviour* (Grand Rapids: Eerdmans, 1976), 140.
27. Albert Schweitzer, *The Quest for the Historical Jesus: A Critical Study of Its Progress from Reimarus to Wrede* (Nueva York: Macmillan, 1968), 376.

Señor. Creían que era la comida de la inmortalidad la que les permitía participar en la glorificación del Señor, que, a su vez, los hacía inmunes al sufrimiento y al juicio de Dios (ver 1Co 10:3-5). Pablo tuvo que recordarles que cuando comían de ese pan y tomaban ese vino, lo que hacían era proclamar la muerte del Señor hasta que él regresara (11:26). Participaban en su muerte. La implicación era que uno podía no participar en la Cena del Señor y vivir tranquilamente o no hacer sacrificios.

Marcos no presenta la última cena como un sacramento que da bendición y seguridad. La escena, llena de tensión, manos sudorosas, nudos en la garganta y nerviosismo, sirve de advertencia para los lectores. Tienen que examinarse igual que hicieron aquellos primeros discípulos. Uno de ellos iba a traicionar a Jesús. Los discípulos allí reunidos no cayeron inmediatamente en que Judas era el traidor. Cada uno de ellos pensó en sí mismo. Hoy, cada uno de nosotros deberíamos preguntarnos, como hicieron ellos: "¿Acaso seré yo?".

Cuando celebramos la cena del Señor en el culto del domingo, es posible que las personas miren más su reloj que su corazón, y que estén más preocupados por lo que harán después del culto que por cómo han traicionado a Jesús esa semana o por cómo podrían traicionarlo la semana que empieza. El relato de Marcos de la última cena debería sacudirnos. Cada uno de nosotros debería examinar su vida y confesar todas las formas, grandes o pequeñas, en las que ha traicionado al Señor y reconocer esas debilidades. Deberíamos ser humildemente conscientes de que si uno de los doce pudo traicionar a Jesús, todos los cristianos tenemos el potencial de hacer lo mismo. Esa idea de autoexamen, en oposición a la de un interrogatorio, vuelve a aparecer en los comentarios que Pablo hace sobre la Cena del Señor (1Co 11:27-29), junto con la idea de comerla dignamente. Somos dignos de ella cuando reconocemos lo indignos que somos. Sentimos su poder cuando también reconocemos que Jesús murió por nosotros y nos acepta a pesar de ser indignos.

Sin embargo, tenemos que tener cuidado con el egocentrismo en el que pueden caer los que se reúnen en torno a la mesa del Señor. Cuando Jesús anuncia que entre ellos hay un traidor, cada uno de los discípulos espera que Jesús le asegure que no se trata de él. Al obtener esa seguridad, presumiblemente podrá respirar aliviado; nunca traicionaría a su Maestro. Ninguno de los discípulos se muestra preocupado porque Jesús va a ser traicionado; ninguno se preocupa por el traidor. Cada uno se centra en sí mismo, buscando que Jesús le asegure que está libre de sospecha, y entonces cada uno le quiere dejar claro que no sería capaz de semejante crimen.

No obstante, uno de los que están a la mesa con Jesús será culpable de una traición atroz. Con toda sangre fría, Judas disimula durante la cena con el resto de los discípulos. Pero ninguno de ellos discípulos quedará libre de reproche. Todos demostrarán ser siervos infieles. El contraste es impresionante. Jesús entrega su vida por los demás y solo lamenta el destino miserable del traidor. La respuesta de los discípulos muestra que solo se preocupan de sí mismos. Ese mismo egocentrismo puede aflorar en nosotros mientras celebramos la Cena del Señor, y sale a la luz nuestro individualismo, nuestra desunión, y el aislamiento los unos de los otros. Esta cena es un llamamiento a imitar el amor abnegado de Cristo y debería ser un momento en el podamos sanar nuestras relaciones rotas.[28]

A lo largo de la historia de la Iglesia, la Cena del Señor ha sido un punto claro de desavenencia entre los cristianos en lugar de ser una señal de paz que proclama los efectos reconciliadores de la muerte del Señor. Incluso dentro de la misma confesión, los cristianos siguen discutiendo sobre el modo de observancia, cómo debería servirse, con qué frecuencia debería celebrarse, quién puede oficiarla, y quiénes pueden participar de ella. Gran parte de la división entre las denominaciones surge por edictos y decisiones que no tienen nada que ver con el texto neotestamentario.

Los problemas surgieron cuando la Cena del Señor se empezó a tratar como un rito sacramental separado de su contexto (una comida), y cuando se desarrollaron los cargos dentro de la iglesia; esto hizo que empezaran las restricciones en cuánto quién podía presidir la celebración. Si queremos entender el significado de la Cena del Señor como la última cena de Jesús con sus discípulos, en la que declaró simbólicamente el significado de su muerte y ofreció seguridad para el futuro, deberíamos celebrarla en el contexto de una comida en la que ambos, el rito y la comida, estén integrados (ver Hch 2:42, 46; 6:1-2; 21:7, 11).[29] La acción tiene lugar "mientras comían" (Mr 14:22).

---

28. Theodore E. Dobson, *Say But the Word: How the Lord's Supper Can Transform Your Life* (New York/Ramsey, N.J.: Paulist, 1984), 5.
29. Hans Lietzmann (*Mass and Lord's Supper* [Leiden: Brill, 1953], 204–8) argumentaba que entre los primeros cristianos surgieron dos formas distintas de observar la Cena del Señor: (1) el estilo de Jerusalén, que dio continuidad a la práctica de Jesús con

Pero aquí también hay cierto peligro. La celebración que los corintios hacían de la cena del Señor, en torno a una comida, también era causa de división (1Co 11:18). Aparentemente seguían el modelo que Pablo enseña a partir de la tradición: Jesús dio gracias y partió el pan, y *después de la cena* tomó la copa (11:23-25). Los abusos ocurrían durante la cena. Según la reconstrucción que Paul Winter hace, la cena empezaba con el partimiento del pan, en el que todos participaban. Entonces, los corintios más ricos y los que pertenecían a alguna familia devoraban su comida de forma egoísta mientras que los que no tenían nada, que además no tenían la seguridad que daba el pertenecer a una familia, pasaban hambre (11:21).[30] Después de la comida, los pobres se unían a los demás cristianos para beber de la copa.

Pablo contrasta la ingesta egoísta de los corintios (*prolambano*, 11:21) con la de Jesús (*lambano*, 11:23). Ambos significan tomar. Los corintios tomaban para sí mismos; Jesús tomó pan por los demás. Los corintios actuaron de forma egoísta; Jesús dio a los demás. La actitud de los corintios era condenable, porque no se preocuparon por el hambre ni el honor de los demás (11:22). Posiblemente habían reverenciado el cuerpo que estaba sobre la mesa, pero no discernieron el cuerpo sentado a la mesa (11:29). Pablo les pide que venzan su egoísmo y que se esperen unos a otros (11:33), lo que los llevará a compartir con los que no tienen.[31] Winter concluye que los corintios solo podían declarar su amor por Dios mostrando amor por sus hermanos y hermanas necesitadas.

> En el sentido más pleno, no recibir a los demás en la Cena del Señor (*deipnon*), a aquellos que Cristo ha recibido sin reserva, niega el poder del evangelio para derribar todas las barreras, pero también saca a la luz en el banquete de la

---

sus discípulos y era una comida gozosa para celebrar su presencia espiritual y para recordar que iba a regresar; (2) el estilo paulino, que era un recordatorio de la muerte de Jesús y enfatizaba su importancia para la salvación. Sin embargo, Pablo argumenta que él estaba transmitiendo la tradición que había recibido, remontándose a la última cena de Jesús con sus discípulos (1Co 11:23). Así que esta teoría sobre los dos estilos o tipos de observancia en la Cena del Señor no ha tenido mucho respaldo.

30. Paul Winter, "The Lord's Supper at Corinth: An Alternative Reconstruction", *RTR* 37 (1978): 73-82.
31. *Ibíd.*, 79. Winter argumenta que, en el contexto semántico de una comida, el verbo *ekdechomai* no significa "esperarse unos a otros", sino recibirse unos a otros o darse la bienvenida unos a otros y que, por eso, Pablo habla de compartir con los que no tienen.

nueva era aquellas divisiones socioeconómicas que pertenecen a la era que está quedando atrás.³²

¿Cómo puede ser que las cosas se hubieran torcido tanto en Corinto? Las costumbres del mundo antiguo relativas a las comidas los tendría acostumbrados a tener sirvientes a su alrededor mientras comían, por lo que resultaba más fácil pasar por alto que algunos no tuvieran nada que comer. De nuevo, el egocentrismo humano es el causante de la calamidad ocurrida en Corinto, que se escondía bajo el disfraz de la Cena del Señor.

El mismo problema puede infiltrarse en nuestra Santa Cena, sobre todo cuando enfatizamos que solo es para las personas que tienen comunión con el Cristo resucitado. La presencia del poder salvador de Cristo en la eucaristía se manifiesta cuando reconocemos nuestra unión los unos con los otros. Las diferentes iglesias deberían ser críticas y comparar de forma crítica su tradición eclesiástica con respecto a la Cena del Señor con el testimonio del Nuevo Testamento. Quizá descubrirán que tienen que buscar nuevas formas en las que expresar la presencia del poder salvador de Cristo. Quizá lo transmitiremos mejor si regresamos a la práctica del Nuevo Testamento de celebrar la Cena del Señor con una comida. Podemos celebrar nuestra comunión con el Señor y unos con otros.

---

32. *Ibíd.*, 81.

Marcos 14:32-52

Fueron a un lugar llamado Getsemaní, y Jesús les dijo a sus discípulos: «Siéntense aquí mientras yo oro». ³³ Se llevó a Pedro, a Jacobo y a Juan, y comenzó a sentir temor y tristeza. ³⁴ «Es tal la angustia que me invade que me siento morir —les dijo—. Quédense aquí y vigilen».

³⁵ Yendo un poco más allá, se postró en tierra y empezó a orar que, de ser posible, no tuviera él que pasar por aquella hora. ³⁶ Decía: «*Abba*, Padre, todo es posible para ti. No me hagas beber este trago amargo, pero no sea lo que yo quiero, sino lo que quieres tú».

³⁷ Luego volvió a sus discípulos y los encontró dormidos. «Simón —le dijo a Pedro—, ¿estás dormido? ¿No pudiste mantenerte despierto ni una hora? ³⁸ Vigilen y oren para que no caigan en tentación. El espíritu está dispuesto, pero el cuerpo es débil».

³⁹ Una vez más se retiró e hizo la misma oración. ⁴⁰ Cuando volvió, los encontró dormidos otra vez, porque se les cerraban los ojos de sueño. No sabían qué decirle. ⁴¹ Al volver por tercera vez, les dijo: «¿Siguen durmiendo y descansando? ¡Se acabó! Ha llegado la hora. Miren, el Hijo del hombre va a ser entregado en manos de pecadores. ⁴² ¡Levántense! ¡Vámonos! ¡Ahí viene el que me traiciona!».

⁴³ Todavía estaba hablando Jesús cuando de repente llegó Judas, uno de los doce. Lo acompañaba una turba armada con espadas y palos, enviada por los jefes de los sacerdotes, los maestros de la ley y los ancianos.

⁴⁴ El traidor les había dado esta contraseña: «Al que yo le dé un beso, ése es; arréstenlo y llévenselo bien asegurado». ⁴⁵ Tan pronto como llegó, Judas se acercó a Jesús.

—¡Rabí! —le dijo, y lo besó.

⁴⁶ Entonces los hombres prendieron a Jesús. ⁴⁷ Pero uno de los que estaban ahí desenfundó la espada e hirió al siervo del sumo sacerdote, cortándole una oreja.

⁴⁸ —¿Acaso soy un bandido —dijo Jesús—, para que vengan con espadas y palos a arrestarme? ⁴⁹ Día tras día estaba con ustedes, enseñando en el templo, y no me prendieron. Pero es preciso que se cumplan las Escrituras.

⁵⁰ Entonces todos lo abandonaron y huyeron. ⁵¹ Cierto joven que se cubría con sólo una sábana iba siguiendo a Jesús. Lo detuvieron, ⁵² pero él soltó la sábana y escapó desnudo.

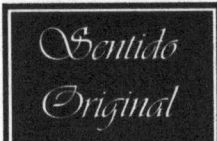 Jesús se retira después de la última cena a un lugar en el monte de los Olivos identificado como Getsemaní, una palabra que significa "prensa de aceite".[1] Jesús aparta a Pedro, Jacobo y Juan de los demás y se los lleva a orar. Pedro acaba de jactarse de permanecer firme junto a Jesús en medio de los problemas aunque estos lo llevaran a la muerte (14:29). Jacobo y Juan habían prometido que podrían ser bautizados con el bautismo de Jesús y que podrían beber su copa (10:39). Jesús les da la oportunidad de respaldar sus palabras. Estos tres discípulos han visto cómo ha resucitado a la hija de Jairo, y han sido testigos de la gloriosa transfiguración (5:37; 9:2). Ahora tienen que presenciar su agonía. El sufrimiento de Jesús es tan importante como esos otros dos sucesos.[2] Podemos dividir el tratamiento de este incidente en dos partes: la experiencia de Jesús en Getsemaní y la experiencia de los discípulos en Getsemaní. Desde este punto analizaremos el arresto de Jesús.

El Getsemaní de Jesús (14:32-36)

Aunque Jesús quiere el apoyo y la oración de Pedro, Jacobo y Juan, sabe que llegado este momento tampoco estos tres discípulos le serán de ayuda, y se aparta un poco para estar a solas. En 14:33, Marcos utiliza una palabra que sugiere el mayor grado posible de horror y sufrimiento (*ekthambeo*). Nos permite ver claramente la angustia y el sufrimiento psicológico de Jesús antes de su sufrimiento físico. Al pensar en el terrible momento que le espera, Jesús se estremece presa del horror.[3]

Jesús les dice a sus discípulos que la angustia que le invade es tan grande que se siente morir, una expresión que describe la inmensidad de su agonía.[4] Lo lleva a orar. La oración también es sobrecogedora. Jesús no expone su dolor de forma estoica, sino de forma bíblica, con un lamento audible.[5] Marcos también nos dice que Jesús se postra en

---

1. Las laderas del monte de los Olivos estaban llenas de olivares antes de que los romanos talaran muchos de ellos para las obras relacionadas con la guerra de 66–70 d.C.
2. Urs Sommer, *Die Passionsgeschichte des Markusevangeliums* (WUNT 2/58; Tübingen: J. C. B. Mohr [Paul Siebeck], 1993), 105.
3. Cranfield, *Mark*, 431.
4. Sir 37:1–2 habla de un dolor de muerte cuando un amigo o compañero se convierte en tu enemigo. Jesús no está abrumado por una angustia que pudiera matarlo (ver Sal 42:5, 6, 11; 43:5; 116:3) o por una aflicción tan grande que lo lleve a preferir la muerte (ver los lamentos de los profetas, Nm 11:14-15 [Moisés]; 1R 19:4 [Elías]; Jer 20:14-18; Jon 4:3-9).
5. Schweizer, *Mark*, 311; por ejemplo, ver Sal 55:4-6; Sir 51:6-10.

tierra (14:35). Normalmente, se levantaban las manos hacia el cielo y se oraba de pie, en voz alta. Pero si uno estaba particularmente afligido, podía postrarse y orar con el rostro a tierra (ver 2S 12:16).

La oración de lamento de Jesús sigue el conocido patrón presente en los Salmos (ver Sal 13:1-3; 22:1-21; 31:1-24; 40:11-13; 42:5, 9-11; 43:1-2, 5; 55:4-8; 61:1-3; 116:3-4). En el lamento judío, dice Senior, la oración "no se caracteriza por ser un discurso medido ni por presentar una corrección forzada. Está marcado por la emoción, la queja, incluso la recriminación, porque el creyente derrama su corazón ante Dios".[6] La oración que pide a Dios que cambie su voluntad no se ve como acto de insubordinación, sino como una muestra de confianza de que Dios escucha la oración y concede peticiones que se pueden reconciliar "con la providencia general".[7]

Esta relación de confianza se refleja en la forma familiar en la que Jesús se dirigía a Dios: *Abba*. Cuando los judíos oraban, se dirigían a Dios como "Padre". Hace años, Gustav Dalman afirmó que es incorrecto pensar que los judíos no entendían a Dios como Padre y que desconocían el tener una íntima relación con él hasta la revelación del Nuevo Testamento. Escribió: "Por tanto, cuando la relación con Dios como Padre se aplicó en la comunidad judía al individuo no fue una novedad".[8] Se oraba a un padre amoroso ávido de escuchar. Pero al orar, ningún judío utilizaba esta fórmula familiar *Abba*. Jesús sacude la tradición piadosa usando el apelativo infantil "papaíto".[9] Expresa su intimidad con su Padre, así como su confianza en su proximidad y amoroso cuidado.

Jesús conoce a Dios como Padre de un modo en que los demás no pueden llegar a conocerlo. Pero no deberíamos olvidar que "para el judío, la primera connotación de la paternidad es el derecho a ser obedecido".[10] Jesús confía plenamente en Dios como Padre y es completamente obediente. También confiesa la omnipotencia divina cuando le pide ser librado de ese sufrimiento. Su oración no pretende ir en contra de los propósitos del Padre, sino tan solo tantear los límites de esos propósitos

---

6. Senior, *The Passion of Jesus*, 76.
7. Brown, *The Death of the Messiah*, 1:167.
8. Gustav Dalman, *The Words of Jesus* (Edinburgh: T. & T. Clark, 1902), 189.
9. See Georg Schelbert, "Sprachgeschichtliches zu 'abba'", *Mélanges Dominique Barthélemy*, eds. P. Casetti, et al. (Orbis Biblicus et Orientalis 38; Göttingen: Vandenhoeck & Ruprecht, 1981), 395-447.
10. G. B. Caird y L. D. Hurst, *New Testament Theology* (Oxford: Clarendon, 1994), 401.

sin intentar traspasarlos.¹¹ ¿Podría haber otra forma? ¿Se podría evitar este trago amargo?

La copa podría representar la ira y el juicio de Dios, las horribles consecuencias de este por el pecado de la humanidad (Sal 11:6; 16:5; 23:5; 75:8-9; 116:13; Is 51:17-23; Jer 16:7; 25:15-18; 27:46, 51; 49:12; 51:7; Ez 23:31-34; Lm 2:13; 4:21; Hab 2:15-16; Zac 12:2; Ap 14:10; 16:19; 17:4; 18:3, 6). Por otro lado, quizá la copa solo haga referencia a la muerte de Jesús y al sufrimiento por el que va a pasar. Jesús usa la copa y el bautismo como símbolos de su muerte redentora (Mr 10:38, 45). Asocia la copa con la hora en 14:35; y en 14:41, dice que la hora ha llegado, la hora de ser entregado a los pecadores. Jesús ora y pide ser librado *de* la muerte; en cambio, será librado *a través de* la muerte y glorificado por la resurrección.¹²

En Getsemaní, Jesús recibe por respuesta el silencio del cielo. Esta vez no oímos una voz reconfortante que diga: "Este es mi Hijo amado". No hay paloma que descienda ni ángeles que vengan a servirle. Dios ya ha hablado, y su Hijo tiene que obedecer. Jesús se sobrepone al silencio, vence la tentación humana de hacer su propia voluntad, y a través de la oración acepta la voluntad del Padre. No intenta eludir la copa escapando en medio la oscuridad ni recurriendo a la violencia. Aceptará los clavos de la cruz como aceptó las piedras del desierto.

El Getsemaní de los discípulos (14:37-42)

Marcos muestra a Jesús en tres momentos de oración. Esto no es indica un proceso de lucha que evolucionara hasta que acaba tomando la decisión suprema de aceptar la voluntad de Dios. Como Jesús se encuentra por tres veces a los discípulos adormilados, su propia lucha con la voluntad de Dios no es más que una dimensión de la historia. Maros solo recoge en una ocasión el contenido de la oración de Jesús; sin embargo, refleja lo que Jesús dice a sus discípulos cada una de las veces que los encuentra durmiendo (14:37-38, 40, 41). Por tanto, el énfasis recae en su regreso a los discípulos (14:37, 40, 41), y no en que vuelva a orar.

Que vaya a comprobar cómo están los discípulos se puede interpretar de forma positiva y negativa a la vez. Por un lado, Jesús vuelve a

---

11. Richard T. France, *Matthew* (TNTC; Grand Rapids: Eerdmans, 1985), 373.
12. Austin Farrer, *The Triple Victory: Christ's Temptation According to St. Matthew* (London: Faith, 1965), 94.

acercarse a ellos como el Buen Pastor (14:27), quien, confrontado con la amenaza de la destrucción del rebaño, vuelve una y otra vez a cuidar de él (ver 6:34).[13] Por otro lado, Marcos subraya el fracaso de los discípulos en el momento más crucial. Jesús les había dicho en un principio: "Quedaos aquí y velad" (14:34; *gregoreite*; un presente de imperativo que tiene más fuerza que un simple "Manteneos despiertos"). No les está diciendo que vigilen por si viene el enemigo o que den la señal de alarma si se acerca. Nos recuerda la última advertencia que Jesús les hace cuando están con él en el monte de los Olivos (13:36).

Sin embargo, Jesús los descubre durmiendo, después de haberles pedido encarecidamente que velaran (14:37-41). Jesús había dormido en medio de la crisis por la que ellos pasaron en medio de la tormenta, aunque aquello no era una crisis de verdad (4:37-41). Los discípulos se durmieron en medio de la crisis de su maestro, que sí era una crisis real. Su adormecimiento en un momento tan crucial se debe a que no se han percatado de lo trascendental que es.

En Getsemaní, la hora ha llegado (14:35, 41), —no es la última hora, sino la hora del Hijo del Hombre—, y a los discípulos los pilla desprevenidos, durmiendo (14:37, 40, 41). Las duras palabras de Jesús subrayan el fracaso de los discípulos en este momento tan importante y anuncian las tres negaciones de Pedro. (1) La primera vez que se los encuentra durmiendo, se dirige a Pedro diciéndole: "Simón" (14:37). Simón no es su nombre apostólico (3:16). En el resto del Evangelio de Marcos se le llama Pedro, excepto en 1:16, 29, 30, 36 (es decir, antes de recibir el nombre de Pedro en 3:16), y aquí en Getsemaní. Pedro no es suficientemente fuerte como para velar ni siquiera una hora. Pero los que son fuertes no tienen necesidad de médico (2:17).

(2) La segunda vez, Jesús se los encuentra dormidos de nuevo (14:40). Marcos añade la explicación "porque se les cerraban los ojos de sueño" y "no sabían qué decirle". Los ojos cansados son un reflejo de la flaqueza de la carne (comparar con los ojos de Jacob cargados por la edad, Gn 48:10). En un sentido literal, quizá se habían dormido porque estaban físicamente exhaustos. Pero en un sentido espiritual, era un caso grave de pesadez de ojos, además de unos corazones endurecidos por algún tiempo. Jesús ya los había acusado de tener ojos que no ven (8:18). Los discípulos no saben cómo responder a su reprimenda. Es la misma reac-

---

13. David M. Stanley, *Jesus in Gethsemane: The Early Church Reflects on the Suffering of Jesus* (Nueva York/Ramsey, N.J.: Paulist, 1980), 139.

ción que Marcos describió en Pedro ante la Transfiguración (9:6). Esos discípulos estaban mudos ante la gloria de Jesús, y ahora que están ante su angustia, también enmudecen. Esto refleja que no habían entendido nada en absoluto sobre él.

A diferencia de ellos, Jesús se adentra en su Pasión con los ojos bien abiertos. Sus discípulos han cerrado los ojos a lo que está sucediendo y lo dejan pasar; habría dado igual que se hubieran bebido cuarenta tazas de café en lugar de cuatro copas de vino (en el caso de que la Pascua fuera una comida en toda regla). No estaban velando espiritualmente, de esa forma en que se puede espiar cómo brotan los retoños de una higuera. Los discípulos se han estado fijando en las cosas erróneas. No han orado, con ese tipo de oración que puede exorcizar lo demoníaco (ver 9:28-29) y proteger la carne de las violentas arremetidas de Satanás.

(3) Jesús los sorprende durmiendo una tercera vez y les dirige un último reproche: "¿Seguís durmiendo y descansando?" (14:41). Su sueño mientras que Jesús lucha revela, como explica Juel, que velar y orar está "por encima de sus fuerzas". "Los discípulos, como cualquier otro, necesitan redención y liberación".[14]

El agonizante lamento de Jesús y su sumisión a la voluntad de Dios contrastan claramente con el embotamiento distraído de estos tres discípulos. Aunque él ya había predicho su sufrimiento y su muerte, la traición por parte de uno de los doce, la deserción de los discípulos, y las negaciones de Pedro, los discípulos no prestan atención y se desvían. Mientras Jesús ora fervientemente, temblando de horror, la debilidad de la "carne" (*sarx*; NVI, "cuerpo", 14:38) vence a los discípulos, y se duermen apaciblemente. La carne es el puente "por el que Satanás se mueve para distraer y desviar a la gente de los planes de Dios; representa la vulnerabilidad del ser humano".[15] La carne débil se encuentra ante el hombre fuerte. Por ello es imprescindible estar alerta constantemente y orar pidiendo fuerzas.

La reprimenda de Jesús debería recordar al lector las palabras finales de su último discurso en el monte de los Olivos (13:35-37):

> Por lo tanto, manteneos despiertos, porque no sabéis cuándo volverá el dueño de la casa, si al atardecer, o a la medianoche, o al canto del gallo, o al amanecer; no sea que venga de

---

14. Juel, *Mark*, 197.
15. Brown, *Death of the Messiah*, 1:199.

repente y os encuentre dormidos. Lo que os digo a vosotros, se lo digo a todos: ¡Manteneos despiertos!

La hora a llegado, y los discípulos están durmiendo. Fallan tristemente en sus responsabilidades. Una mujer anónima unge a Jesús para su sepultura, en medio de las críticas de los discípulos. Alguien que pasaba por allí carga con su cruz. Un centurión pagano que observa su ejecución confiesa públicamente que es el Hijo de Dios. Un miembro del concilio, que probablemente participó en la condena, consigue su cuerpo y lo entierra en una sepultura de su propiedad. Las mujeres que le siguen lo ven morir en la cruz y después van a ungir su cuerpo. A diferencia de ellas, los discípulos se duermen cuando él se estremece de horror, lo traicionan, huyen para salvar su vida cuando lo capturan, y lo niegan mientras está siendo condenado a muerte. No se mantienen alerta, sino que se duermen.

Resumiendo, pues, la conexión con 13:35, al *atardecer*, cuando el Señor se dispone a celebrar la que será su última cena con sus discípulos, uno de los doce que come con él escoge entregarlo en manos de sus enemigos. A *medianoche*, todos los discípulos huyen; uno de ellos, incluso suelta la sábana que lo cubre y escapa desnudo. Cuando *canta el gallo*, Pedro niega a su Señor tres veces. Al *amanecer*, Jesús queda solo, abandonado por todos, condenado a muerte, y entregado en manos de los gentiles, tal como él mismo había profetizado.

La oración de Jesús en Getsemaní acaba cuando percibe que la hora ha llegado. El verbo que la nvi traduce "¡Se acabó!" (*apechei*, 14:41) es de difícil traducción. Parece que Jesús está haciendo referencia a la cabezada de los discípulos, pero no hay evidencias de ese uso de apechei. Con frecuencia, el verbo se usa en un sentido comercial, como "pagado en su totalidad" o "la cuenta está saldada" (ver Mt 6:2, 5, 16; Lc 6:24; Fil 4:18). Por eso, algunos creen que Judas es el sujeto del verbo, y Jesús anuncia que ya tiene su dinero (14:9) y viene a cumplir su parte del trato.[16]

No obstante, para interpretar el sentido de *apechei* deberíamos tener en cuenta el contexto. Los discípulos no saben lo que Judas está traman-

---

16. Entre las muchas propuestas, algunos aseguran que el sujeto es impersonal y significa "Está saldado", es decir, "el tiempo se ha acabado". Algunos manuscritos añaden las palabras "el fin". Podría traducirse como una pregunta dirigida a los discípulos, "¿El final está lejos?", ya que si están dormidos, es que piensan que sí está lejos. Y Jesús luego contestaría su propia pregunta: "¡No, la hora la llegado!".

do ni conocen su trato con los sacerdotes. Si Jesús está hablando de que Judas ya ha recibido su dinero, lo que está haciendo es pensar en voz alta. Pero en el texto vemos que Jesús está hablando a los discípulos; se los ha encontrado dormidos tres veces, aunque les ha implorado que están velando. Ha llegado la hora de interrumpir su sueño y marchar. Así, el contexto sugiere que Jesús responde a los discípulos con exasperación: "¿Aún estáis dormidos y descansando? ¡Se acabó! La hora la llegado". La hora de orar (o dormir) ha acabado; la hora del poder de las tinieblas (Lc 23:53) ha empezado.

Jesús sabe que no va a ser librado de la copa, sino que va a ser entregado en manos de pecadores. Ha aceptado la voluntad de Dios para él y a través de la oración se ha preparado, se ha protegido para lo que le va a sobrevenir. En cambio, los discípulos se han dormido y han desaprovechado la oportunidad de orar. Por ello, la presión los va a doblegar. Jesús les lanza dos órdenes para que salgan de su adormilamiento y se preparen para enfrentarse a la hora en la que llega el traidor con sus secuaces: "¡Levantaos! ¡Vámonos!". Estas órdenes recuerdan a las palabras que les dijo la primera vez que se dirigió a ellos: "¡Venid, seguidme!" (1:17). También recuerdan a las palabras que les dijo un día en Galilea, cuando aún todo les iba bien, "Vámonos [...]; para esto he venido" (1:38).

Estas son las últimas palabras que Jesús les dice directamente a los discípulos en el Evangelio de Marcos, pero oirán la misma orden otra vez, después de la resurrección. El ángel junto al sepulcro indica a las mujeres que informen a los discípulos que tienen que ir a Galilea, pues Jesús ya va delante de ellos (16:7). La escena en Getsemaní clarifica que cuando llega la hora de ir, la oración es la única que nos capacita para responder al llamado. Los discípulos se durmieron en lugar de orar, y cuando por fin se levantan, se desperdigan en todas direcciones menos en la que Jesús va, intentando salvar sus vidas.

El arresto de Jesús (14:43-50)

El relato que Marcos hace del arresto de Jesús está marcado por un duro realismo. Una multitud, guiada por los oficiales del templo, invade el huerto de Getsemaní con espadas y palos (14:43). Llegan armados hasta los dientes, como si Jesús fuera un terrorista que se ha alzado de forma violenta. A sus ojos, han sido precavidos y sabios. A ojos del lector, resulta un tanto estúpido. Jesús es un maestro no violento, desarmado y sin nada que esconder. Ha estado enseñando delante de sus narices en el templo día tras día, algo atípico para alguien que quiere fomentar una revolución. Justamente, condena la violencia de los que vienen a apresarlo (14:48). Irónicamente, Jesús acusa al templo de ser una cueva de ladrones en lugar de ser casa de oración para todas las naciones (11:17). Y ahora, los matones del templo lo arrestan cuando está orando, como si de un ladrón se tratara.

La triste reacción de los discípulos de Jesús en este momento crucial es el centro de esta escena. Primero, Judas, uno de los doce, dirige a la cuadrilla al lugar donde Jesús se ha retirado a orar, para que los representantes del templo puedan arrestarlo sin ningún tipo de contratiempo y sin ser vistos. Judas les ha dado una señal: "Al que yo dé un beso, ese es; arrestadlo y llevadlo bien asegurado". Quiere asegurarse de que aten bien a Jesús. ¿Tan poco había entendido sobre él que pensaba que el que había sido su maestro iba a intentar escapar? La actitud sumisa de Jesús pone en evidencia lo ridículas que son todas las estratagemas humanas.[17]

El beso era la forma de saludo que se empleaba con un maestro al que se respetaba. Se besaba en la mano como muestra de deferencia o en la mejilla si uno se consideraba como un igual (ver Lc 7:45, "Tú no me besaste"). Judas se dirige a Jesús con el apelativo honorífico "rabí", y lo besa. La palabra que Marcos usa (*kataphileo*) podría significar que Judas lo besa con afecto (ver Lc 15:20, donde el padre besa al hijo pródigo que ha regresado como señal de reconciliación; Hch 20:37, donde los ancianos de Éfeso besan a Pablo para despedirlo). O podría indicar que le besa la mano o incluso el pie a modo de deferencia (ver Lc 7:38, 45). Comoquiera que sea, Judas no le da a Jesús ninguna señal de que su comunión se ha roto. Quiere que todo parezca normal hasta el último momento, cuando los guardias se apresuran a arrestarlo. Lo entrega a la muerte con un gesto de amor o de respeto, convirtiendo una señal de intimidad y de benevolencia en una señal de infamia y de muerte. Véase el precedente bíblico de este tipo de traición en 2 Samuel 20:9-10:

> Con la mano derecha, Joab tomó a Amasá por la barba para besarlo, mientras le preguntaba: «¿Cómo estás, hermano?». Amasá no se percató de que en la otra mano Joab llevaba la daga, así que Joab se la clavó en el vientre, y las entrañas

---

17. Schweizer, *Mark*, 318.

de Amasá se derramaron por el suelo. Amasá murió de una sola puñalada.

Marcos no recoge ninguna respuesta por parte de Jesús; Judas desaparece de la historia, aunque no del recuerdo como el culpable de una vil traición.

En lugar de limitarse a los planes para no provocar un alboroto, "uno de los que estaban ahí desenfundó la espada" y atacó. Marcos no dice quién fue. Si no tenemos en cuenta los otros Evangelios que explican que se trata de "uno de los que estaban con él" (Mt 26:51), "uno de ellos" (Lc 22:49-50), y que se trata de "Pedro" (Jn 18:10), parecería que Marcos pretende describir una escena violenta y confusa, en la que un exaltado de la banda de los alborotadores, armado con una espada, se deja llevar por el fervor del momento, y ataca. La estructura de la escena sugiere que el espadachín pertenece a la banda de rufianes. La escena empieza con la acción de Judas (Mr 14:43-45), luego se centra en la multitud armada (vv. 46-47), después en la respuesta de Jesús (vv. 48-49), y acaba con la huída de los discípulos (vv. 50-52). Y uno se imagina a ambos bandos blandiendo sus espadas en medio de un gran alboroto.

Ya sea accidentalmente o de forma intencionada, un siervo recibe un golpe que le corta la oreja.[18] En Mateo, Jesús pronuncia un aforismo renunciando a la violencia: "Los que a hierro matan, a hierro mueren" (Mt 26:52). En Lucas, Jesús condena aún con más fuerza la violencia de sus acompañantes, y sana la oreja del siervo del sacerdote, el único milagro recogido en el relato de la Pasión (Lc 22:51). En Marcos, Jesús solo denuncia la actitud violenta de los que vienen a arrestarlo, y luego anuncia que las Escrituras se han cumplido (Mt 14:49).

A estas alturas, los discípulos están suficientemente despiertos para efectuar su vergonzosa huída. Todos lo abandonan (*aphiemi*) y escapan (14:50), pero no antes del anuncio sobre el cumplimiento de las Escrituras. La alusión a estas se refiere a la cita que Jesús hace de Zacarías 13.7, cuando el grupo se dirigía al monte de los Olivos: "Hiere al pastor para que se dispersen las ovejas" (14:27). Sin embargo, el arresto de Jesús pone en marcha todo un bloque de Escrituras que serán cumplidas. Esto explica por qué aquel que ha exhibido un enorme poder a lo

---

18. Lucas y Juan dicen que se trata de la oreja derecha, y Juan dice que el nombre de la víctima es Malco.

largo del Evangelio se somete de forma voluntaria a esta pandilla. El Hijo del Hombre es entregado de acuerdo a la voluntad de Dios reflejada en las Escrituras.

Sin embargo, esta turba de gente no entiende las Escrituras ni se imagina la importancia de lo que está a punto de ocurrir. Los sacerdotes están engañados: creen que con el ingenioso plan que han tramado, con señales secretas incluidas, y con el arsenal del que se han provisto, están logrando su propósito y se podrán llevar de allí a Jesús bien asegurado (14:44). Pero Jesús afirma que son los propósitos de Dios los que se están cumpliendo, y él no usa espadas ni palos. El poder divino se hace visible a través de la debilidad. Jesús ha comido con pecadores, ofreciéndoles la misericordia y el perdón de Dios (2:15-17); ahora, va a ser ejecutado por pecadores. Y aun así, su muerte presenta de nuevo la oferta de misericordia y de perdón que Dios hace a los pecadores.

Previamente, Pedro había recordado a Jesús que ellos habían dejado todo, familia y medios de subsistencia, por seguirle a él (1:18, 20; 10:28-40). Ahora, lo niegan con sus actos, huyendo a toda velocidad. En la última escena están todos juntos, pero se separan y cada uno huye en diferentes direcciones. La futura extensión del evangelio depende de ellos, y parece que no hay ningún tipo de esperanza. Pero Marcos nos recuerda que, a pesar de las apariencias, la voluntad de Dios se está cumpliendo, y el lector debería recordar que Jesús promete a sus discípulos encontrarse con ellos en Galilea, después de su resurrección (14:28).

La huída del joven (14:51-52)

Marcos es el único evangelista que menciona a este joven, y de él solo se dice que seguía a Jesús, que lo arrestaron, que logró zafarse al salir corriendo y que quedó desnudo (14:51-52). Taylor pregunta: "¿Por qué insertar algo trivial en medio de un relato tan solemne?".[19] Este incidente ha fascinado a muchos, ¿pero por qué razón lo insertó el autor?

Dado que Marcos es el único que lo recoge, muchos han especulado que el evangelista cuenta algo que él mismo recuerda. Algunos creen que se trata de él mismo, que estaría dejando así una huella de su remordimiento, como cuando Alfred Hitchcock aparece furtivamente en

---

19. Taylor, *Mark*, 561-62.

sus películas.[20] Por otro lado, la huida apresurada podría aludir a Amón 2:16, que hace referencia a la huída en el día del Señor: "En aquel día huirá desnudo aun el más valiente de los guerreros". Si el más valiente de los guerreros se dará la vuelta y huirá, ¿qué ocurrirá con los que no son tan robustos de corazón? Jesús ya había advertido que, cuando la gente viera el horrible sacrilegio, los que estaban en Judea tendrían que huir a las montañas. No debían regresar a casa, y los que estaban en el campo, no debían regresar a por su capa (13:14-16). Sin embargo, este hombre ha huido en el momento equivocado.

Otra interpretación da importancia a la sábana de lino (sindon) que el hombre deja atrás. Para ser sepultado, el cuerpo de Jesús fue envuelto en una sábana de lino (*sindon*, 15:46), y un "joven" vestido con un manto blanco recibe a las mujeres que visitan la tumba y les encarga el mensaje de la resurrección (16:5). Haciendo estas conexiones, algunos intérpretes defienden que la huída de este joven simboliza la resurrección. Según ellos, del mismo modo en que este joven escapa de las garras de sus captores en el huerto, soltando la sábana de lino que llevaba, Jesús también escapa de las garras de su captora, la muerte, dejando atrás la sábana de lino que le pusieron para su sepultura (cf. Jn. 20:6).

Una interpretación similar dice que esta escena es un reflejo de la práctica del bautismo: antes de la inmersión uno se quita el ropaje de la vieja naturaleza y luego se pone un ropaje blanco. Esta interpretación no tiene en cuenta dos detalles importantes. Primero, el hombre pierde su ropaje en un momento de caída, no de confesión, y no muere con Jesús. Segundo, Jesús es el que está envuelto en una sábana de lino (15:46).

Un erudito dijo recientemente que ese tipo de alegorización no son más que "huídas causadas por la imaginación y la fantasía"[21], y que pierden de vista el énfasis claro que el autor está poniendo en la huída cobarde por parte del joven. Esa huída refleja la mentalidad de "sálvese quien pueda" que caracteriza en todo momento a los seguidores de Jesús (*cf.* Hch 19:16). Los discípulos tenían la oportunidad de demostrar su fidelidad: Jacobo y Juan bebiendo la copa de Jesús (Mr 10:38-39) y Pedro y los demás muriendo con él (14:31). Pero fracasan, tal y como

---

20. Algunos llegan a decir que la última cena tuvo lugar en el aposento alto en casa de María, la madre de Juan Marcos (Hch 12:12; 1:13). Este habría seguido, pues, a Jesús y a los discípulos en la oscuridad de la noche, y, para ello, salió rápido de casa, por lo que solo le dio tiempo a echarse una sábana por encima.
21. Brown, *The Death of the Messiah*, 1:299.

Jesús había profetizado (14:28). Aquella turba que viene a arrestarlo los pone a prueba y podemos ver que no estaban tan resueltos como habían dicho. Su huida a lo loco para ponerse a salvo expone lo huecas y vacías que eran sus promesas. Levítico 26:36-37 viene muy bien aquí:

> En cuanto a los que sobrevivan, tan profundo será el temor que les infundiré en tierra de sus enemigos, que hasta el susurro de una hoja movida por el viento los pondrá en fuga. Correrán como quien huye de la espada, y caerán sin que nadie los persiga. Como si huyeran de la espada, tropezarán unos con otros sin que nadie los persiga, y no podrán hacerles frente a sus enemigos.

El pánico y la huída de los discípulos contrastan con la calma dignidad de Jesús, que sí ha velado y está listo. A partir de ahora, cada vez va a estar más solo, y se enfrentará al horror de la muerte sin ningún apoyo humano. El miedo y la cobardía de este joven al que apresan, logra zafarse perdiendo su ropa, y escapa en la oscuridad de la noche contrasta con la valentía de Jesús, que es apresado y despojado, y no escapa, sino que se deja clavar en la cruz.

La escena de Getsemaní narrada por Marcos es el momento más tenebroso de los cuatro Evangelios. Presenta las emociones de Jesús sin disfrazarlas; algunos dicen que solo podría describirlas así alguien que fuera testigo ocular. Para otros, Marcos las presenta con demasiada crudeza. Dice Watson que "la piedad cristiana, tanto antigua como moderna, normalmente describe estos pasajes como ofensivos y dudosos".[22] En el Evangelio de Mateo, el retrato sombrío del estado mental de Jesús queda atenuado, porque solo dice que estaba afligido (*lypeo,* Mt 26:37), en lugar de profundamente angustiado (*ekthambeo*). Y Lucas no menciona el dolor de Jesús (*cf.* Jn 12:27).

El sufrimiento de Jesús fue más que incómodo para una teología posterior que creía que Jesús debía estar libre de toda agitación interna (ver Ignacio, *Policarpo* 3:2, donde dice que Jesús "no puede sufrir"). Los lectores modernos también pueden preocuparse por que Jesús sufriera

---

22. Francis Watson, "Ambiguity in the Marcan Narrative", *Kings Theological Review* 10 (1987): 14.

a última hora, un momento de flaqueza. ¿Se arrastró ante Dios en un mar de lágrimas y lamentos? Watson dice: "El relato de Marcos es duro e incómodo, y no deberíamos permitir que las modificaciones de este suceso en los otros evangelios reduzcan su impacto".[23] Si intentamos suavizar el impacto de esta escena, estaremos predicando algo diferente a lo que pone en el texto de Marcos.

La sombría presentación que Marcos hace de la angustia mental de Jesús exige una explicación. La congoja psicológica de Jesús durante el tiempo de espera supone una prueba en toda regla. Los latigazos, los clavos, el fuego o lo que fuera solo eran pruebas físicas. Pero la ansiedad de la espera puede hacer pedazos a cualquiera. Esa angustia hizo que se apartara de sus discípulos para buscar a su Padre y la paz que solo este puede dar. Celso utilizó cada palabra del incidente en Getsemaní para desacreditar la creencia cristiana sobre la divinidad de Jesús. ¿Por qué Jesús desafía a Jacobo y a Juan a beber de su copa (10:38) cuando él mismo quiere librarse de ella? ¿Pudo el mismo Hijo de Dios experimentar el miedo al sufrimiento?

La respuesta es "sí". Los cristianos ortodoxos creen que Jesús es completamente humano y completamente divino. La escena en el relato de Marcos deja claro que Jesús experimentó un amplio abanico de emociones humanas. El autor de Hebreos lo dice bien claro: "En los días de su vida mortal, Jesús ofreció oraciones y súplicas con fuerte clamor y lágrimas al que podía salvarlo de la muerte, y fue escuchado por su reverente sumisión" (Heb 5:7). Swete comenta que el alma humana de Jesús huía de la cruz, y eso añade un sentido de grandeza a su sacrificio.[24]

Pero los lectores modernos quieren saber qué fue lo que le llevaba a retroceder ante la muerte. Kelber nos advierte: "La exégesis del estado de Jesús en Getsemaní suele ir acompañada del peligro de caer en una lectura psicológica de la mente de Jesús".[25] Muchos han intentado explicar exactamente qué pasaba por la mente de Jesús que le causó esa angustia extrema. Algunos dicen que Jesús estaba pensando en los pecados del mundo que iba a cargar en la cruz (2Co 5:21), pero el texto no lo dice.

---

23. *Ibíd.*, 15.
24. Swete, *Mark*, 343-44.
25. Werner Kelber, "Mark 14.32: Gethsemane. Passion Christology and Discipleship Failure", *ZNW* 63 (1972): 177.

Otros creen que saber el tipo de muerte que le esperaba, la maldición de morir colgado de un madero (Gá 3:13), había sumido su alma en la aflicción.

Y los hay que defienden que a Jesús le estremecía la idea de que su sufrimiento y su muerte iba a hacer que sus discípulos perdieran la fe y se desperdigaran, tal como había predicho. Lo que quedaba del éxito de su ministerio público iba a desaparecer. Jesús estaba dispuesto a aceptar la voluntad de Dios para sí mismo, pero retrocedía ante la idea de que el pequeño grupo de creyentes se disgregara. La idea de que sus discípulos lo iban a negar y que cada uno se iría por su lado era suficiente para matarlo. No quería consentir el fracaso completo de su ministerio. Pero obsérvese que la predicción del fracaso de sus discípulos queda contrarrestada por la predicción de que iban a juntarse de nuevo (14:28). Jesús rebosaba optimismo en cuanto a la restauración de los discípulos.

Otros han sugerido que Jesús tenía miedo de que sus discípulos no estuvieran preparados para asumir la responsabilidad de predicar el reino de Dios. No habían acabado de entender, y quizá nunca lo harían por completo. O también, que Jesús temiera que Dios actuara en función de la bancarrota espiritual de los líderes de Israel.

Resulta presuntuoso por nuestra parte hacer hipótesis sobre el estado psicológico de Jesús en aquel momento. Lo que sí podemos decir es que, en Getsemaní, Jesús siguió su propia enseñanza. Había enseñado a los discípulos a orar: "No nos dejes caer en tentación [prueba], sino líbranos del maligno" (Mt 6:13), y puso en práctica su enseñanza. Cuando el texto no dice más, lo mejor es admitir que no sabemos más y preguntarnos qué podemos aprender de ello. ¿Qué quiere enseñar Marcos en esta escena?

Si miramos la importancia de los monólogos interiores en otras obras de la literatura antigua, veremos cómo debieron entender esta escena los primeros lectores del Evangelio de Marcos. Tolbert explica que los monólogos en la literatura antigua "no son tanto psicológicos, como retóricos".[26] Suelen darse, por lo general, en momentos cruciales, por ejemplo cuando un personaje está a punto de iniciar una batalla o alguna otra aventura arriesgada: "¿Por qué mi corazón se debate así conmigo?" (Ver Homero, *La Ilíada* 11.402 [Odiseo]; 17.97 [Menials]; 21.562 [Agé-

---

26. Tolbert, *Sowing*, 215; siguiendo a R. Scholes y R. Kellogg, *The Nature of Narrative* (London: Oxford Univ. Press, 1966), 177–94.

nor]; 22.122 [Héctor]).Tolbert observa que los monólogos aparecen en esos momentos críticos en los que "un personaje está a punto de dejarse llevar por su *thymos* [corazón o mente] pero se recompone dando lugar a la mente predecible [...] y actúa haciendo lo que debe hacer".[27]

Por tanto, al permitir Marcos que los lectores escuchen la oración de Jesús en ese momento de crisis extrema en el que la hora ha llegado, toca la fibra sensible de su audiencia. Pueden identificarse con el dolor de Jesús, lo que lo convierte en un ejemplo. Jesús no serviría de ejemplo si estuviera por encima de la tentación o si no hubiera pasado por la prueba. Satanás lucha por el corazón de todos los seres humanos, y, por naturaleza, todos los hombres intentan salvarse como pueden. Los discípulos sirven de ejemplo negativo de ese instinto. Judas se cambia de bando para estar en el que, en su opinión, será la parte ganadora. Los demás huyen para salvar sus vidas. Otro, bajo presión, niega tener nada que ver con su Maestro. Sin embargo, Jesús resuelve heroicamente esa lucha en el sacrificio que Dios demanda de él y se somete obedientemente a la voluntad divina.

¿Qué aprende, pues, el lector de esta prueba? (1) Que Jesús luche con la voluntad de Dios revela que no es "un mártir fanático inclinado a la autodestrucción ni un peón al que mueven y sacrifican en contra de su voluntad [...]. Es un héroe valiente que sabe los peligros que le esperan y toma la decisión de hacer la voluntad de Dios (ver 3:35)".[28] La cruz es la voluntad de Dios para él. Es una copa que ha de beber. Sabe que tiene que obedecer, pero no le gusta tener que pasar por esa lucha ni le agrada la idea de la muerte. A Jesús no le apetece sufrir, pero lo acepta como un deber. Les había dicho a sus discípulos que tomaran su cruz y le siguieran, pero no exalta el martirio. La muerte no es algo que deberíamos buscar. Podemos y debemos orar por liberación. No obstante, hemos de saber que algunas de las cosas que pedimos con fe (11:22-24) no las vamos a recibir. Si no están en la voluntad de Dios, deberemos aceptar lo que venga con oración y valentía. Como declara Dowd, uno ora "confiando en el poder de Dios y aceptando el sufrimiento".[29]

(2) Jesús vence la angustia intensa con intensa oración. Acepta la voluntad de Dios del mismo modo en que nosotros debemos hacerlo: a través de la oración. El himno de James Montgomery recoge bien esta idea:

---

27. *Ibíd.*, citando a Scholes y Kellogg, *The Nature of Narrative*, 180.
28. Tolbert, *Sowing*, 216.
29. Dowd, *Prayer, Power, and the Problem of Suffering*, 33.

> Acercaos al oscuro Getsemaní,
> los que notáis el poder del tentador.
> Ved la lucha de vuestro Redentor,
> velad con él en su dolor.
> No deis la espalda a su aflicción,
> aprended a orar como Cristo oró.[30]

Aprendemos a orar por su forma tan íntima de dirigirse a Dios, su confianza en la omnipotencia divina, su ruego de no tener que pasar por esa prueba, y al ver la sumisión obediente a la voluntad de Dios. Jesús aceptó la necesidad de beber de la copa por medio de un doloroso lamento. Brown comenta:

> Cuando los lectores de Marcos se enfrentan a la prueba y comprueban que es demasiado dura, saber que todo es posible para Dios puede hacer que se sientan alentados, a pesar de sus anteriores compromisos, a rogar que la copa pase de ellos. Y pueden hacerlo en el nombre de Jesús siempre que añadan, como él lo hizo "pero no sea lo que yo quiero, sino lo que quieres tú".[31]

Como David oró: "Examíname, Señor; ¡ponme a prueba! Purifica mis entrañas y mi corazón" (Sal 26:2), algunos rabís creían que era correcto buscar la tentación para vencerla, poniendo a prueba nuestra fe y obediencia (*b. Abod Zar* 17ab). La tentación se veía como algo que fortalecía los músculos espirituales de los fieles. Pero Jesús no tiene esa visión. Siempre conscientes de la debilidad de la carne, deberíamos orar pidiéndole a Dios que aparte la copa de nosotros. Somos débiles; y si el poder de Dios no nos fortalece, siempre fracasaremos.

La huida de los discípulos es una evidencia de su fracaso. El relato vivo y sincero de Marcos ayudó a los primeros lectores a entender "sus propios fallos como seguidores de Jesús en los periodos de sufrimiento (y quizás de persecución), sobre todo porque había una promesa implícita de que quienes fallaban volvían a ser aceptados en el rebaño de Jesús (Mr 14:28; 16:7)".[32] El intérprete que dedica sus esfuerzos a saber quién es el joven que se queda desnudo no se enfrenta al tema que, para Marcos, es central. Los seguidores de Jesús que no oran y que intentan

---

30. James Montgomery, "Go to Dark Gethsemane", 1825.
31. Brown, *The Death of the Messiah*, 1:178.
32. *Ibíd.*, 1:309.

seguirle con sus propias fuerzas fracasarán. Esta escena obliga a los lectores a imaginar qué hubieran hecho ellos en esas circunstancias. Nos obliga a cada uno de nosotros "a evaluar la tenacidad de nuestro propio compromiso".[33] Un hombre se queda observando, pero, cuando lo atrapan, no supera la prueba y abandona el lugar a toda velocidad. Intentar descubrir quién es ese hombre desvía nuestra atención de lo realmente importante: preguntarnos por qué huye. Nos distrae y no nos preguntamos qué haríamos si se nos aparecieran unos matones armados con espadas o con pistolas. ¿Escaparíamos?

El poema de Frederic L. Knowles "Dolor y alegría" capta bien la angustia y la intensidad que Marcos describe en la escena de Getsemaní:

> La alegría trae compañía,
> el dolor a solas llora;
> muchos invitados en Caná vi,
> uno solo en Getsemaní.

Jesús está solo y angustiado por lo que le espera a él y a sus discípulos, pero a través de la oración toma a una decisión. Peck escribe: "Una vez que se acepta por completo el sufrimiento, en cierto sentido deja de ser sufrimiento".[34] Es el tiempo de espera el que nos mata.

Vanstone observa:

> La espera puede ser la experiencia humana más dolorosa de todas esas circunstancias que nos despojan del autoengaño y el fingimiento, y nos revelan nuestras necesidades más profundas, nuestros valores y la realidad sobre nosotros mismos. La espera se vuelve intensa y agotadora cuando se da en cualquiera de las dos formas siguientes. A veces esperamos con miedo a que ocurra algo que, utilizando la razón, sabemos que es necesario o apropiado o incluso beneficioso para nosotros. Por ello, un actor nervioso espera a que el telón se levante o un paracaidista, el momento en el que tiene que realizar el primer salto. Y del mismo modo, muchos de nosotros esperamos en la sala del dentista. Te-

---

33. Senior, *The Passion of Jesus*, 85.
34. M. Scott Peck, *The Road Less Travelled* (New York: Simon & Schuster, 1979), 75.

memos el inminente comienzo de la presión, del peligro o del dolor, pero haciendo uso de nuestras facultades racionales sabemos que lo que viene a continuación es "para nuestro bien". Normalmente, la razón vence al miedo y no "salimos corriendo". Si lo hacemos, lo interpretamos como un acto de debilidad o cobardía; y también tomamos como debilidad si, mientras esperamos, nos sorprendemos a nosotros mismos deseando o pidiendo a Dios que lo que viene a continuación, eso que es "para nuestro bien", no ocurra; que la actuación se cancele, que el mal tiempo impida el salto en paracaídas, que el dentista esté demasiado ocupado para atendernos. Desear ser librados de algo que sabemos que es lo mejor, y orar para ser librados de ello, es muestra de debilidad; perdonable, pero aun así, debilidad. Los miembros de la tripulación que en tiempos de guerra están a punto de despegar para una misión particularmente peligrosa, esperan probablemente —y hasta oran pidiéndolo— que el avión que les han asignado esté inservible; pero en ese momento, pocos o ningún tripulante admitiría que se está sintiendo así.[35]

En Getsemaní, Jesús tiene que esperar. Tiene que aguardar que llegue la hora, que el traidor aparezca. Algunas interpretaciones de la lucha que Jesús experimenta en Getsemaní dicen que, en ese tiempo de espera, podemos ver en Jesús una sombra de debilidad. Sabe cuál es el propósito de Dios y que es necesario, pero ora para escapar. Pero Vanstone muestra que "hay otra forma de espera particularmente intensa y dolorosa".

Es la forma de espera en la que el prisionero en el banquillo de los acusados, su mujer o su madre, aguardan a que el jurado anuncie el veredicto; la forma en la que el hombre inteligente espera el informe del cirujano después de una biopsia de hígado; la forma en la que, después de una explosión en una mina de carbón, una mujer espera pegada a la boca de la mina para saber si su marido está sano y salvo. En esos momentos, uno espera con una tensión agonizante, dividido entre la esperanza y el miedo, estirado y casi rasgado entre dos expectativas drásticamente diferentes. Una persona sabia se preparará para lo peor, pero la misma tensión con la

---

35. W. H. Vanstone, *The Stature of Waiting* (New York: Seabury, 1983), 83-85.

que espera muestra que la esperanza aún está presente, y esa esperanza a menudo lleva a los no creyentes a elevar una oración urgente y secreta: "¡Dios, que todo vaya bien!". En esa esperanza y oración no hay debilidad; no es muestra de flaqueza. Cuando uno está dividido entre la esperanza racional y el miedo racional, uno puede pedir que todo vaya bien y aun así estar preparado para que todo vaya mal.[36]

Vanstone sugiere, creo que correctamente, que Jesús esperó y oró de ese modo. Ya se había entregado a la muerte cuando actuaba y enseñaba en el templo como lo hacía. Había proclamado el reino de Dios delante de la sede del poder humano. Ahora tiene que dejar de ser el que actúa, y le toca esperar y ponerse en manos de los demás. Ese cambio es uno de los más difíciles de aceptar: después de una vida de involucración activa, pasar a una fase pasiva, a estar a merced de los demás. Los lectores de Marcos no tienen que dejar de pedir a Dios que los libre de la cruz que tienen que llevar, sino que pueden aprender de Jesús a aceptar el plan de Dios a través de la oración.

"Que Jesús sufriera es una fuente continua de consuelo y de ánimo para los abatidos por el dolor".[37] Para enfrentarnos al dolor y al sufrimiento, podemos aprender de Jesús. Muchos palidecen ante su atrevimiento, cuando se dirige a Dios con un apelativo tan familiar como "Papaíto". Si una persona orara así en la iglesia, la mayoría de las personas pensaría que ha atentado contra el decoro que debe haber en el culto. Si alguien se quejara en voz alta a Dios y profiriera lamentos como el salmista y el mismo Jesús hicieron, de nuevo, la mayoría pensaría que está siendo demasiado descarado. Nuestra reticencia a la hora de hacer algo así quizá refleja lo distanciados que estamos de Dios. Jesús estaba tan cerca del Padre que nada le impidió expresar a gritos lo que le pasaba por dentro, como un niño angustiado que va llorando a su padre amante. Su oración es una muestra de que podemos ir y expresar nuestros pensamientos y nuestros sentimientos a Dios de forma sincera y abierta.

Jesús está siendo ejemplo de lo que les ha dicho a los discípulos en 13:33-37. "Vigilar" no es lo que lo que a veces pensamos. Jesús no les dice que estén esperando el fin del mundo. Geddert dice: "Porque Jesús había 'vigilado' fielmente, estaba preparado para la Hora, y por

---

36. Ibíd., 85.
37. Ibíd., 69. W. H. Vanstone, *The Stature of Waiting* (New York: Seabury, 1983), 83-85. Ibíd., 85. Ibíd., 69.

eso, supo reconocer su llegada".[38] Los discípulos esperaban un espectáculo cósmico que llegaría con previo aviso, con estruendo, espadas flameantes y ángeles que descendían del cielo. No supieron ver que no solo luchamos contra poderes humanos, sino que también lo hacemos contra fuerzas demoníacas (Ef 6:10-18). Vigilar no tiene nada que ver con buscar al enemigo o buscar predicciones, sino que tiene que ver con "el discipulado fiel en medio de la crisis".[39] El problema es que nunca sabemos cuándo vienen las crisis. Minear escribe: "No existe una serie de acciones que podamos catalogar y decir 'Eso es vigilar'. Porque 'vigilar' hace referencia a la actitud interna de los siervos cuyo Señor está ausente, pero va a regresar".[40] Tiene que ver con el estado presente de esos siervos.

Los discípulos sirven como ejemplo negativo, porque se duermen, un término cristiano que se usa para la infidelidad.[41] En *El progreso del peregrino* de John Bunyan, cuando el peregrino finalmente deja su carga a los pies de la cruz y avanza un poco más, se encuentra a tres hombres completamente dormidos, con grilletes en las piernas. Uno se llama Necio, el otro Pereza, y el tercero Presunción. El peregrino los despierta y los alerta. Necio le dice: "No veo ningún peligro". Pereza le dice: "Quiero dormir un poco más". Y Presunción le dice: "Cada uno debe arreglárselas por sí mismo". La modorra espiritual es peligrosa y será la ruina del cristiano.

(1) Dormir es dejar de orar. Muchas veces no oramos, porque no somos conscientes de que estamos en medio de una lucha. Aunque Jesús había advertido a los discípulos de forma explícita (13:23), espiritualmente están adormilados. Para vigilar y estar preparados, tenemos que orar de forma continua. Cuando llega el momento de la verdad, Jesús les dice a los discípulos que se levanten y que avancen. Pero avanzan en la dirección equivocada. Antes de levantarse y de seguir a Jesús allá donde vaya, los discípulos tienen que aprender a permanecer en la oración (14:34, "Quedaos aquí y vigilad"). La adversidad saca lo peor de nosotros, mientras que demanda todas nuestras fuerzas. La única forma en la que podemos prepararnos para soportar la presión es a través de la oración ferviente.

---

38. Geddert, *Watchwords*, 99.
39. *Ibíd.*, 98.
40. Paul Minear, *The Commands of Christ* (Nashville: Abingdon, 1972), 178.
41. *Ibíd.*, 159.

(2) Dormir es ser incapaz de reconocer el comienzo de la lucha o de aceptarla como la voluntad de Dios. Los discípulos solo oyeron lo que querían oír y no escucharon la enseñanza de Jesús sobre la necesidad del sufrimiento y de tomar la cruz. Son como malos estudiantes que intentan sonsacarle al profesor qué va a entrar en el examen para estudiar únicamente la noche antes del examen. No están preparados para el examen sorpresa.

(3) Dormir es suponer que el espíritu va a estar dispuesto y no ser consciente de la debilidad de la carne. Jesús no quiere que los discípulos sean unos fanfarrones. Su fanfarronería solo enmascaraba su debilidad, y les impidió pedir ayuda a Dios. En consecuencia, no tuvieron la fuerza necesaria para la batalla que se iba a dar en su interior. El campo de batalla que cuenta está en el corazón de cada persona, y no es fácil derrotar al enemigo, sobre todo si lo intentamos vencer con espadas. Tenemos que ser conscientes de lo fácil que es caer. No obstante, hay buenas noticias: el fracaso en tiempos de crisis no es permanente.

(4) Dormir es asumir que hemos llegado (ver Fil 3:12-16). El relato El padre Sergio de León Tolstoi presenta a un hombre que entró en la vida monástica y pronto empezó a destacar. Para él, la vida espiritual era una lista de tareas y objetivos a alcanzar. Y llegó al punto en el que creía que ya había logrado todos sus objetivos. Había "aprendido todo lo que había que aprender, que había logrado todo lo que había que lograr, y que no había nada más que hacer".[42] La llegada repentina de la hora de la prueba puede ser un recordatorio cruel de lo errónea que es la falsa confianza en los logros espirituales del pasado.

---

42. León Tolstoy, *Great Short Works of Leo Tolstoy*, trad. Louis y Aylmer Maude (Nueva York: Harper & Row, 1967), 512; citado por Caroline J. Simon, "Evil, Tragedy and Hope: Reflections on Tolstoy's 'Father Sergius,'" *Christian Scholar's Review* 24 (1995): 292.

Marcos 14:53-72

Llevaron a Jesús ante el sumo sacerdote y se reunieron allí todos los jefes de los sacerdotes, los ancianos y los maestros de la ley. ⁵⁴ Pedro lo siguió de lejos hasta dentro del patio del sumo sacerdote. Allí se sentó con los guardias, y se calentaba junto al fuego.

⁵⁵ Los jefes de los sacerdotes y el Consejo en pleno buscaban alguna prueba contra Jesús para poder condenarlo a muerte, pero no la encontraban. ⁵⁶ Muchos testificaban falsamente contra él, pero sus declaraciones no coincidían. ⁵⁷ Entonces unos decidieron dar este falso testimonio contra él:

⁵⁸ —Nosotros le oímos decir: (Destruiré este templo hecho por hombres y en tres días construiré otro, no hecho por hombres.) ⁵⁹ Pero ni aun así concordaban sus declaraciones.

⁶⁰ Poniéndose de pie en el medio, el sumo sacerdote interrogó a Jesús:

—¿No tienes nada que contestar? ¿Qué significan estas denuncias en tu contra?

⁶¹ Pero Jesús se quedó callado y no contestó nada.

—¿Eres el Cristo, el Hijo del Bendito? —le preguntó de nuevo el sumo sacerdote.

⁶² —Sí, yo soy —dijo Jesús—. Y ustedes verán al Hijo del hombre sentado a la *derecha del Todopoderoso, y viniendo en las nubes del cielo.

⁶³ —¿Para qué necesitamos más testigos? —dijo el sumo sacerdote, rasgándose las vestiduras—. ⁶⁴ ¡Ustedes han oído la blasfemia! ¿Qué les parece?

Todos ellos lo condenaron como digno de muerte. ⁶⁵ Algunos comenzaron a escupirle; le vendaron los ojos y le daban puñetazos.

—¡Profetiza! —le gritaban.

Los guardias también le daban bofetadas.

⁶⁶ Mientras Pedro estaba abajo en el patio, pasó una de las criadas del sumo sacerdote. ⁶⁷ Cuando vio a Pedro calentándose, se fijó en él.

—Tú también estabas con ese nazareno, con Jesús —le dijo ella.

⁶⁸ Pero él lo negó:

—No lo conozco. Ni siquiera sé de qué estás hablando.

Y salió afuera, a la entrada.

⁶⁹ Cuando la criada lo vio allí, les dijo de nuevo a los presentes:

—Éste es uno de ellos.

⁷⁰ Él lo volvió a negar.

Poco después, los que estaban allí le dijeron a Pedro:

—Seguro que tú eres uno de ellos, pues eres galileo.

⁷¹ Él comenzó a echarse maldiciones.
—¡No conozco a ese hombre del que hablan! —les juró.
⁷² Al instante un gallo cantó por segunda vez. Pedro se acordó de lo que Jesús le había dicho: «Antes de que el gallo cante por segunda vez, me negarás tres veces». Y se echó a llorar.

El estudio de Olivette Genest revela paralelismos estructurales interesantes en la presentación que Marcos hace de la comparecencia de Jesús ante el Sanedrín (14:53-72), del juicio ante Pilato (15:1-22), de la crucifixión (15:23-33), y de su muerte y sepultura (15:34-47).[1] En cada escena, el primer elemento se centra en Jesús. El segundo elemento interpreta quién es Jesús y subraya un título cristológico. Irónicamente, la burla expresa cierta verdad sobre él: es un profeta, el Rey de los judíos, el Mesías, y el Salvador. Pero es mucho más. En la última escena, el centurión observa correctamente que Jesús es el Hijo de Dios. El tercer elemento representa la posición de la gente ante él, y todas las escenas concluyen con un final o interludio que lleva a la siguiente.

1. La comparecencia ante el Sanedrín (14:53-73)
   a. Jesús es llevado ante el sumo sacerdote (14:53-64)
   b. Se burlan de Jesús como profeta (14:65)
   c. Pedro niega a Jesús (14:66-72a)
   d. Final (14:72b)
2. El juicio ante Pilato (15:1-22)
   a. Jesús es llevado ante Pilato (15:1-15)
   b. Se burlan de Jesús como Rey de los judíos (15:16-20)
   c. Simón de Cirene lleva la cruz de Jesús (15:21)
   d. Final
3. La crucifixión (15:23-33)
   a. La crucifixión de Jesús (15:23-27)
   b. Se burlan de Jesús como Salvador, Mesías y Rey de Israel (15:29-32a)
   c. Los que son crucificados con él lo injurian (15:32b)
   d. La oscuridad cubre toda la tierra (15:33)
4. La muerte y sepultura (15:34-47)

---

1. Olivette Genest, *Le Christ de la passion—Perspective structurale: Analyse de Marc 14,53—15,47, des paralleles bibliques et extra bibliques* (Recherches 21; Montreal: Belarmin, 1978), 116.

a. La muerte de Jesús (15:34-38)
b. El centurión reconoce a Jesús como el Hijo de Dios (15:39)
c. Las mujeres miran desde lejos (15:40-41)
d. La sepultura de Jesús (15:42-47)

La comparecencia ante el Sanedrín (14:53-65)

La escena del juicio tal como la relata Marcos apunta a que la iniciativa y la responsabilidad por la muerte de Jesús recae sobre el sumo sacerdote y su Sanedrín. Aunque Marcos nos dice que "todos" los jefes de los sacerdotes estaban presentes (14:53), no deberíamos asumir que ese grupo estaba formado por los setenta y un miembros tal como establece el último tratado rabínico sobre el Sanedrín (*m. Sanh.* 1:6).[2] En el siglo I, "en las sesiones no había una representación fija y regular".[3] Probablemente, el sumo sacerdote convoca un concilio con el máximo número de miembros que consigue reunir a esas horas de la noche. Los juicios nocturnos no eran algo normal (ver Hch 4:3-5) y, más adelante, la ley rabínica los prohibió. Un juicio en mitad de la noche hace pensar en la justicia irregular ejercida de una pandilla de matones dispuestos a linchar a quien sea, pero también muestra que a estos líderes les apremia el tiempo.

Ese "proceso judicial" es una investigación preparatoria antes de que el Sanedrín entregue a Jesús al gobernador romano para una deliberación final. Aunque sigue siendo tema de debate entre los estudiosos, hay claras evidencias de que los líderes judíos no tenían el poder de condenar a nadie a la pena capital (Jn 18:31).[4] Al parecer, no bastaba con arres-

---

2. La tradición *mishnáica* fue compilada en torno al año 200 A.D., en otra era y contexto. Sin embargo, algunos estudiosos han apelado a las leyes en *Mishna Sanhedrin* en relación a casos capitales para decir que Marcos se inventó el juicio ante el Sanedrín para hacer que la culpa no recayera sobre los romanos, sino sobre los judíos. Pero las leyes para el Sanedrín están idealizadas y son teóricas. Los rabís que compilaron la tradición oral se dejaban llevar por el ideal, y podría ser que las regulaciones ideales sobre el Sanedrín nunca se llevaran a la práctica. Por ejemplo, el tratado *Sanhedrin* habla del consejo como si fuera un cuerpo con pleno poder, no sujeto a ninguna otra autoridad externa. Se supone que tiene la autoridad de juzgar al rey y al sumo sacerdote, de establecer fronteras, y de declarar la guerra (*m. Sanh.* 1:5). Eso es lo que los compiladores de la tradición creían que debía ser, pero está claro que no describe lo que se hacía en el siglo I. Recopilaron la prescripción, no una descripción. Por ello, deberíamos ser cuidadosos a la hora de usar el tratado *mishnáico* para juzgar la historicidad del relato de Marcos sobre el juicio a Jesús.
3. Brown, *The Death of the Messiah*, 1:348-49.
4. Jerusalén no era una ciudad libre, y la nación estaba sujeta a Roma. Sí, los judíos podían seguir sus costumbres en cuanto a cuestiones religiosas, y las autoridades

tar y azotar a Jesús, cosa que sí podían hacer; los líderes religiosos lo querían muerto, y pretendían desacreditarlo públicamente delante de las multitudes. Lo dan por culpable, porque es una amenaza. La comparecencia servirá para convencer a los que aún dudan que merezca la muerte, y para zanjar la acusación que presentarán al gobernador romano.

Josefo habla de un caso similar en relación a un profeta campesino llamado Jesús, hijo de Ananías (G. 6.5.1 § 300-309). Justo antes del estallido de la guerra contra Roma este profeta se presentó en el templo donde denunció duramente a la ciudad y al santuario. Los líderes de la ciudad, enfurecidos por sus palabras, lo arrestaron y lo azotaron. Como siguió con ese tipo de acusaciones día y noche, los magistrados lo llevaron ante el gobernador romano, Albino, para que este le impusiera un castigo mayor. Mandó que lo azotaran hasta dejarlo en carne viva; pero como continuó con su discurso, el gobernador lo dio por loco y lo dejó marchar. Ahora, el gobernador de Judea, Poncio Pilato, no es una marioneta, y los líderes religiosos saben que tienen que presentar un argumento convincente para que este haga algo más que azotarlo y liberarlo.

Marcos nos ha dicho que los jefes de los sacerdotes, los maestros de la ley y los ancianos "comenzaron a buscar la manera de matarlo" (11:18), "buscaban la manera de arrestarlo" (12:12), y "buscaban con artimañas cómo arrestar a Jesús para matarlo" (14:1). Ahora que lo han detenido, "buscaban alguna prueba contra Jesús para poder condenarlo a muerte" (14:55). La ley permitía condenar a alguien a muerte solo cuando había dos o más testigos (Nm 35:30; Dt 17:6; 19:15-21; ver Sus 51-61). Marcos cuenta que muchos se ofrecieron a testificar en contra de Jesús, y subraya una acusación en particular. Algunos testificaban que Jesús

---

locales ejercían de policía. Pero no podían sentenciar a nadie a muerte. La zona de Judea era bien turbulenta, el último lugar del imperio donde sería imposible esperar que los romanos hicieran una concesión tan extraordinaria. El sumo sacerdote era como un cargo político y estaba designado por los romanos; el consejo no tenía el derecho de reunirse sin el permiso del gobernador (Josefo, *A.* 20.9.1 § 202), y tampoco se les permitía custodiar las ropas y los ornamentos del sumo sacerdote. La guardia romana los vigilaba en la fortaleza de Antonia hasta que retiraron a Pilato y Vitelio les concedió el derecho de guardarlos de nuevo en el templo (Josefo, *A.* 15§ 403–8; 18.4.3 § 90–95; 20 § 6–9). Si los destinatarios del Evangelio de Marcos son romanos, el evangelio no tiene que explicar por qué el tribunal judío no condenó a muerte a Jesús tal y como prescribía la ley judía. Los lectores habrían dado por sentado que los judíos no tenían ese poder. Ver más en Brown, *The Death of the Messiah*, 1:357-72.

había dicho: "Destruiré este templo hecho por hombres y en tres días construiré otro, no hecho por hombres" (14:58).⁵

El Tárgum de Isaías 53:5 y el Tárgum de Zacarías 6:5 especifican que el Mesías construiría el nuevo templo. Es cierto que estas tradiciones fueron compiladas más adelante, pero es posible que la idea estuviera presente en la cultura popular del siglo I. En ese caso, los acusadores estarían denunciando a Jesús por creerse el Mesías. Encaja con el hecho de que el sumo sacerdote le pregunte directamente si es el Hijo de Dios (14:61).

No obstante, en dos ocasiones Marcos dice que las declaraciones de los testigos no coinciden (14:56, 59) y que su testimonio es falso (14:56-57). Dicho de otro modo, los testigos intentan tenderle una trampa a Jesús. Pero el lector sabe que es verdad que ha amenazado a ese templo hecho por hombres y que ha protestando con osadía contra los mercaderes y los cambistas. También predijo en privado a sus discípulos que el inmenso complejo del templo sería destruido (13:1-2). Si lo que estos testigos dicen sobre la postura de Jesús hacia el templo parece cercano a la verdad, y dado que este cargo vuelve a salir a la luz cuando los transeúntes se burlan de él mientras el cuelga de la cruz (15:29), ¿en qué es falso su testimonio?

Es posible que Marcos lo considere como una acusación falsa, porque cualquier testigo en contra de Jesús tiene que ser falso, sobre todo si se trata de falsear acusaciones en su contra (ver Sal 27:12; 35:11; 109:2). Quizá Marcos ve ese testimonio como falso por una cuestión meramente técnica.⁶ Jesús nunca dijo de forma explícita que *él* destruiría el templo y lo reconstruiría. Solo dijo que Dios lo había juzgado y que permitiría su destrucción. Sin embargo, lo más probable es que Marcos esté enfatizando que el testimonio de aquellos testigos es falso principalmente por el segundo elemento de la acusación. Puede que los primeros lectores tuvieran la esperanza de que Jesús, el Mesías, construiría otro templo.

---

5. Algo hecho por hombres tiene un origen puramente humano. En el Antiguo Testamento, esta imagen se asocia a la idolatría y a los dioses paganos (Sal 115:4; Is 46:6; Sab 13:10).

6. Los testigos también usan la palabra *naos*, que hace referencia al santuario de la presencia de Dios (14:58; ver 15:29, 38). Sin embargo, Marcos siempre usa la palabra *hieron* para referirse a todo el complejo del templo (11:11, 15, 16, 17; 12:35; 13:1, 3; 14:49). Si Marcos hace una distinción entre estas dos palabras, el testimonio de los testigos es solo parcialmente verdad, porque Jesús no dijo ni dio a entender que destruiría el santuario de la presencia de Dios. Ver Donad Juel, *Messiah and Temple*, 127-28.

Dado que las Escrituras dicen que el descendiente de David construiría una casa para el nombre de Dios, tal vez algunos creyeran que eso era lo que Jesús haría (2S 7:13). Por ello, Marco deja claro que Jesús nunca dijo que construiría otro templo terrenal, por lo que nadie debería esperar un templo así. Según Marcos, el templo se construyó cuando Jesús murió, pues los sacrificios de expiación que allí se hacían dejaron de ser necesarios. El templo en el que Dios vive ahora no tiene nada que ver con edificios (ver Hch 7:48; 17:24).

Como el Siervo Sufriente y el Justo de los Salmos, Jesús guarda silencio ante los que lo acusan falsamente (Sal 38:12-15; 39:9; Is 53:7).[7] Su silencio pone en evidencia el oportunismo de sus acusadores, y su falta de principios. Los falsos testigos no han sabido hacer bien su papel, así que los líderes dejan de acusar a Jesús por lo que dijo del templo. El sumo sacerdote toma la palabra y le pregunta a Jesús directamente: "¿Eres el Cristo, el Hijo del Bendito?" (14:61). Como hombre piadoso que es, usa un circunloquio para no mencionar el nombre de Dios, pero a la vez usa medios engañosos para librarse de un enemigo.

Por primera vez en el Evangelio, el título "el Hijo de Dios" (*cf.* 1:1) aparece en boca de un personaje humano de la historia. Hasta ahora, esa expresión solo la han pronunciado los demonios (3:11; 5:7) y la voz que viene del cielo (1:11; 9:7). También por primera vez en el Evangelio (ver 1:34; 3:11-12; 8:30; 9:9, 30-31), Jesús acepta públicamente que él es el Mesías, respondiendo así: "Yo soy". El título de este Evangelio es "Comienzo del evangelio de Jesucristo, Hijo de Dios" (1:1); Jesús ahora afirma su identidad ante el sumo sacerdote y su consejo, y continúa diciendo: "Y veréis al Hijo del Hombre sentado a la derecha del Todopoderoso [lit. Poder], y viniendo en las nubes del cielo".[8]

El drama aumenta cuando el sumo sacerdote dice que la respuesta de Jesús es "blasfemia" y se rasga las vestiduras para enfatizar sus palabras. Ese gesto era una forma antigua de expresar angustia, duelo o indignación (ver Jos 7:6; 2S 1:11; 2R 18:37; 19:1; Is 37:1; Jer 36:24; Jl 2:13; Hch 14:14) y es una respuesta correcta ante la blasfemia, pero el sumo sacerdote también podría haber actuado así para llamar la atención y hacer creer a los demás que lo que estaba diciendo era cierto. Para él, la

---

7. Su actitud contrasta con la beligerancia desafiante de Herodes el Grande, que amedrentaba al Sanedrín (Josefo, *A.*14.9.4 §§ 168-76).

8. Que el Jesús crucificado ha sido exaltado a la diestra de Dios es una confesión central en el Nuevo Testamento (Hch 2:33; 5:31; 7:55; Ro 8:34; Ef 1:20; Col 3:1; Heb 1:3).

evidencia es contundente: Jesús se ha inculpado a sí mismo, y el consejo lo condena de forma unánime. Según ellos, merece la muerte (ver 3:29).

¿Por qué la respuesta que aparece en 14:62 se considerada una blasfemia?[9] No podemos contestar esta pregunta teniendo tan solo en cuenta las definiciones técnicas de blasfemia (ver Lv 24:16). Lo que es blasfemo para unos, no lo es para otros, y rara vez encaja con una definición específica. Algunos explican que la afirmación con la que Jesús dice ser el Mesías es blasfema, porque con ella Jesús presume de la prerrogativa divina de nombrar al Mesías. Pero la reacción del sumo sacerdote se da después de que Jesús diga que verán al Hijo del Hombre sentado a la diestra de Dios. Esta respuesta combina la tradición mesiánica del Salmo 110 con la tradición apocalíptica de Daniel 7.

El resultado es radical. En la tradición mesiánica, al rey de Israel se le invitaba a que se sentara a la diestra de Dios. El trono en el que se sentaba simbolizaba que el rey compartía de forma temporal el poder de Dios. Se le proclamaba rey en Sión y ocupaba el trono del reinado de Dios sobre Israel como su representante en la tierra (1Cr 28:5; 29:23; 2Cr 9:8). Este pasaje se interpretaba en clave mesiánica, pero ningún pasaje del Antiguo Testamento decía de forma explícita que el Mesías era igual a Dios en el plano celestial. Jesús había citado anteriormente el Salmo 110:1 para preguntar cómo podía ser el Cristo hijo de David, si David lo había llamado Señor (Mr 12:35-37). Esa pregunta sugiere que, según Jesús, el Cristo es más que el Hijo de David, un rey terrenal. Aquí, le añade a esa imagen aludiendo a Daniel 7:13, "viniendo en las nubes del cielo".

La visión de Daniel 7 tiene lugar en las nubes del cielo, en un plano celestial. "alguien como un hijo de hombre" se acerca al Anciano de días y recibe poder divino (Dn 7:14). No obstante, esa visión nunca dice de forma específica quién es ese "hijo de hombre". ¿Es una persona real o una abstracción? En 7:18, representa a los santos del Altísimo; ¿es su ángel o solo un símbolo que los representa? ¿Es un ser humano o es un ser divino? Daniel 7 no tiene alusiones mesiánicas, y al que llama "alguien como hijo de hombre" no comparte el trono. La respuesta de Jesús combina estas dos tradiciones que se interpretan la una a la otra. Por un lado, "alguien como hijo de hombre" ya no es una aparición misteriosa, sino un ser humano real, un descendiente de David en el que

---

9. Ver Joel Marcus, "Mark 14:61: 'Are You the Messiah-Son-of-God?'", *NovT* 31 (1989): 125-41.

se cumplen las profecías mesiánicas. Por otro lado, sentarse a la diestra de Dios ya no es solamente un símbolo de dignidad real. Representa el poder divino ejercido en un plano celestial.[10]

Dicho de otro modo, Jesús dice ser mucho más que el Cristo, el Hijo del Bendito. Su estatus como Hijo va mucho más allá de lo que se entiende al leer el Salmo 2:7 y 2 Samuel 7:14. Su afirmación sobrepasa toda idea sobre el Mesías, porque él está diciendo que tiene autoridad divina, y que un día lo verán. Esta implicación sería blasfemia si fuera mentira.[11] O bien el sumo sacerdote tiene razón y Jesús es un blasfemo engañado, o Jesús tiene razón y el blasfemo engañado es el sumo sacerdote. El sumo sacerdote se queda estupefacto, ya que la confesión de Jesús confirma sus sospechas de que es culpable de *hybris* contra Dios, no solo porque dice ser el Mesías, el Hijo de Dios, sino porque también se atribuye el derecho de juzgar en el día final. Al lector lo que le puede sorprender es que este Hijo del Hombre está ahora seguro de morir.

Hooker comenta: "A diferencia de los falsos mesías que dirán 'Yo soy' (13:6), las palabras de Jesús serán verificadas".[12] Jesús les asegura a sus captores que lo verán. El verbo "ver" apunta a que serán testigos de su vindicación (ver Is 40:5; Sab. 2:21-3:4; 5:1-2), cuando un tribunal superior anule la decisión de ese tribunal inferior.[13] Jesús les ha dicho a sus discípulos que algunos de ellos verán el reino de Dios llegar con poder (Mr 9:1). Ahora, estos líderes solo pueden ver a un campesino de Galilea que ha caído en sus manos con facilidad, porque uno de sus seguidores se lo ha entregado. El resto de sus discípulos ha desaparecido, y no suponen ninguna amenaza. La idea de que ese hombre es el Mesías

---

10. A. Vanhoye, *Structure and Theology of the Accounts of the Passion in the Synoptic Gospels* (Collegeville, Minn.: Liturgical Press, 1967), 25-27.
11. Un pasaje en el Talmud habla de las herejías de aquellos que creen que Dios es más de un ser, basándose en la expresión de Daniel 7:9, "se colocaron unos tronos". "Uno [trono] era para él mismo y otro para David [el Mesías]. Como se ha dicho: Uno era para sí mismo y el otro para David: esta es palabra de R. Akiba. R. Jose le rebate: Akiba, ¿hasta cuándo profanarás la *Shekiná*? [nota: al afirmar que un ser humano se sienta a su diestra]. Más bien, uno [trono] para justicia, y el otro para misericordia" (b. Sanh. 38b; citado por Donald Juel, *Messianic Exegesis: Christological Interpretation of the Old Testament in Early Christianity* [Filadelfia: Fortress, 1988], 137-38).
12. Hooker, *Mark*, 361.
13. Geddert, *Watchwords*, 212. Ver 1 Enoc 62:3-5: "Ese día de juicio todos los reyes y los poderosos y los que dominan la tierra se levantarán, lo verán y lo reconocerán cuando se siente sobre el trono de su gloria; la justicia será juzgada ante él [...]. Estarán aterrorizados y abatidos; y el dolor se apoderará de ellos cuando vean a este Hijo de hombre sentarse sobre el trono de su gloria...".

de Dios, es más, el que ejerce el poder de Dios, les habría resultado cómica, si no hubiera sido ofensiva. Los que se reúnen en torno a la cruz de Jesús tampoco pueden ver nada. Quieren ver algo fuera de lo normal (15:32, 35, 36), pero no ocurre nada. A ese lado de la cruz, no pueden ver nada. Pero otros verán algo después de su muerte. Un centurión gentil que lo ve morir deja escapar una confesión (15:39). Y sus discípulos, lo verán en Galilea, después de la resurrección (14:28; 16:7).

Las dos acusaciones que emergen de esta comparecencia son de naturaleza religiosa y tienen que ver con el templo (14:57-58) y el Mesías (14:61-62).[14] Volverán a aparecer como burlas durante la crucifixión: "¡Eh! Tú que destruyes el templo y en tres días lo reconstruyes, ¡baja de la cruz y sálvate a ti mismo!" (15:29-30); y "Que baje ahora de la cruz ese Cristo, el rey de Israel, para que veamos y creamos" (15:32). Cuando Jesús muere, hay un paralelismo entre esas burlas y dos sucesos: el templo del velo se rasga de arriba a abajo (15:38), y el centurión romano confiesa: "Verdaderamente este hombre era el Hijo de Dios" (15:39).

La comparecencia ante el Sanedrín, que se ha burlado de la justicia, concluye con los presentes mofándose de Jesús cruelmente. Algunos le escupen como señal de repudio (Nm 12:14; Dt. 25:9), lo empujan y lo golpean, le cubren la cara y le dicen que profetice. En los textos paralelos de Mateo 26:68 y Lucas 22:64, la burla viene en forma de pregunta: "¿Quién te pegó?". Marcos solo recoge la orden: "¡Profetiza!". O bien están burlándose, imitando un juego de niños, o bien esos brutos asaltantes quieren que Jesús prediga algo ya que muchos creían que el Mesías tenía el don de profetizar (ver Is 11:2-4).[15]

El lector, puede ver fácilmente la ironía que el texto encierra. Tres de las profecías de Jesús se han cumplido o se están cumpliendo en ese mismo momento. Jesús les ha dicho a sus discípulos que el Hijo del Hombre "será entregado a los jefes de los sacerdotes y a los maestros de la ley. Ellos lo condenarán a muerte y lo entregarán a los gentiles. Se burlarán de él, le escupirán, lo azotarán y lo matarán; pero a los tres días resucitará" (10:33-34). Esa profecía encaja perfectamente con lo que

---

14. See Juel, *Messiah and Temple*.
15. Un pasaje del Talmud, citando Is 11:2-4, afirma que el Mesías puede juzgar por el olfato. Bar Koziba (quizá "hijo de mentira", un nombre dado a Bar Kochba) fue el líder de la tercera revuelta, 132-35 d.C. "Reinó dos años y medio y les dijo a los rabís, 'Yo soy el Mesías'. Ellos le respondieron: 'Del Mesías está escrito que juzga usando el olfato: enséñanos si lo puede hacer'. Cuando vieron que no era capaz de juzgar haciendo uso del olfato, lo mataron" (*b. Sanh.* 93b).

está ocurriendo en el relato de la Pasión que Marcos escribe. Ha sido entregado a los jefes de los sacerdotes (14:10-52) y condenado a muerte (14:53-64). Está a punto de ser entregado a los gentiles (15:1-20), que se burlarán de él, y, por último, lo matarán (15:21-47). Después de tres días, resucitará (16:1-8).

Además de esta profecía tan crucial, Jesús también predijo que los discípulos se dispersarían cuando hirieran al pastor (14:27), y, tristemente, esa profecía también se cumplió (14:50). También profetizó que Pedro lo negaría tres veces aquella misma noche, antes de que el gallo cantara por segunda vez (14:30). Pedro le está negando en ese mismo momento, y Marcos es el único que recoge que el gallo cantó una segunda vez cuando Pedro ya ha negado a Jesús por tercera vez (14:72), cumpliéndose así la profecía.

Todas estas profecías negativas se están cumpliendo, pero en esta escena Jesús acaba de pronunciar otra de mayor magnitud: verán al Hijo del Hombre sentado a la derecha del Poder, viniendo en las nubes del cielo (14:62; ver 8:38; 13:26). Después de haber visto que las profecías de Jesús se han cumplido tal y como las predijo, el lector sabe que esta profecía ni es blasfema ni es ridícula y que puede fiarse de que se va a cumplir. Jesús será vindicado en la resurrección y juzgará a sus opresores. Jesús, con los ojos vendados, es el único que ve, mientras que sus torturadores están cegados por el odio.

La negación de Pedro (14:53-54, 66-72)

Marcos presenta la escena de la negación de Pedro en 14:53, inmediatamente después de haber presentado la escena de la comparecencia de Jesús ante el Sanedrín (14:53), para mostrarnos que ambas ocurren de forma simultánea. Mientras Jesús es interrogado, Pedro espera afuera, en el patio.[16] Este interrogatorio es el encuentro final y climático con las autoridades hostiles. Cuando de forma abierta reconoce su identidad (14:61-62), las autoridades lo condenan, se burlan de él, y lo apalean. Esa escena acaba ahí, y el relato regresa a Pedro, que está calentándose junto a un fuego (lit. "la luz"). Mientras Jesús confiesa valientemente ante el sumo sacerdote, Pedro lo niega ante una de las criadas de este.

Si la intención de Marcos hubiera sido darnos un informe de lo que Pedro hizo durante el juicio de Jesús, nos deja con muchos cabos suel-

---

16. El patio (*aule*, 14:66) era un espacio abierto en torno al cual había una serie de habitaciones; el *proaulion* (14:68) era el vestíbulo que conducía a dicho patio.

tos. El informe sobre la negación de Pedro finaliza de forma abrupta (14:72), sin ninguna indicación de lo que le ocurre después de ese desdichado final. Y nos surgen preguntas como estas: ¿Por qué no arrestaron a Pedro, cuando lo reconocieron? ¿Cómo escapó? ¿Qué hizo a continuación? El incidente finaliza con una referencia enigmática a las lágrimas que Pedro derramó. ¿Significa eso que se arrepintió? Marcos no nos lo dice, y Pedro desaparece del relato del mismo modo en que desaparece en Hechos (Hch 12:17), dejando muchas preguntas en el aire.

No obstante, a Marcos no solo le interesa hacer un informe de lo que le pasa a Pedro; al conectar la negación de Pedro con el juicio de Jesús, lo que quiere es que el lector entienda lo que esa negación significa. El juicio a Pedro en el patio es una parodia del juicio a su Señor. Probablemente ha recordado la promesa que le hizo a Jesús de morir con él si hiciera falta, y por eso intenta seguirle, pero después de que arresten a su maestro, solo lo sigue desde una distancia segura (Mr 14:54). Y luego se sienta con los captores de Jesús. Mientras adentro están interrogando a este violentamente, Pedro está fuera calentándose junto a un fuego (14:54, 66). Jesús confiesa bajo una presión terrible, sellando así su destino; mientras, ante una presión mucho menor, Pedro se derrumba y miente para salvarse a sí mismo.

La triple negación de Pedro encaja con el triple fracaso a la hora de velar con Jesús en Getsemaní, y muestra que es como el terreno rocoso de poca profundidad que aparece en la parábola del sembrador. Cuando llega la prueba, la palabra que ha sido recibida con alegría empieza a marchitarse bajo el sol abrasador de la persecución, y la gente se aparta (4:16-17). Lo acusan de haber estado "con Jesús" (17:67). Cuando el relato avanza, vemos que Pedro prefiere estar "con la multitud", calentito junto al fuego. Pero esa multitud no acepta a ese intruso en su grupo, ni siquiera cuando intenta unirse a ellos en su odio contra su Maestro.

En la primera negación, la valentía de Pedro se desintegra ante las sospechas de una criada, ¡ante las sospechas de una sola persona! Responde con evasivas: "No lo conozco. Ni siquiera sé de qué estás hablando" (14:68). Pedro dice más de lo que hubiera querido decir. La expresión que traducimos por "conocer y/o saber" está cargada de significado (ver 4:12-13; 6:52; 8:17-18; 9:32). Los discípulos repetidamente han fracasado a la hora de saber y entender; la negación de Pedro es la culminación de ese proceso.

Pedro se aparta de la luz, quitándose de en medio y poniéndose a salvo en el vestíbulo. Sin embargo, la presión aumenta cuando la criada comparte sus sospechas con otros. "Este es uno de ellos" (14:69). Pedro continúa negando lo que la criada dice (el verbo está en tiempo imperfecto), y su acento galileo lo delata. Por lo que la gente le dice: "Seguro que tú eres uno de ellos, pues eres galileo", es muy probable que la presencia de galileos no fuera bienvenida en el patio del sumo sacerdote. Probablemente todos los que tenían acceso al palacio del sumo sacerdote pensaban que todos los galileos eran iguales, una pandilla de rebeldes.

En la tercera negación, Pedro profiere maldiciones. En el texto griego, el verbo "proferir maldiciones" no tiene complemento. Podría ser que se maldice a sí mismo, como traducen algunas versiones. Niega a Jesús jurando que no lo conoce y se maldice a sí mismo si está mintiendo. O puede que maldijera a Jesús.[17] Plinio el Joven, delegado especial en Ponto y Bitinia (110 d.C. aprox.), informó al emperador Trajano que cuando interrogaba a prisioneros sospechosos de ser cristianos, les preguntaba tres veces y bajo amenaza de castigo: "¿Eres cristiano?". El sospechoso probaba su inocencia maldiciendo a Jesús, algo que, según Plinio, "los que eran realmente cristianos no harían, por más que los forzaras" (Epístolas 10.96.3, 10.96.5). Maldecir a Jesús era para las autoridades prueba suficiente de que aquella persona no era cristiana. En el *Martirio de Policarpo* 9:3, el procónsul le dice a Policarpo: "Maldice, y te soltaré". Y el obispo responde: "Le he servido durante ochenta y seis años, y no me ha hecho ningún mal. ¿Cómo puedo maldecir a mi Rey que me ha salvado?". Según Justino Mártir, el líder rebelde judío Bar Kochba (132-135) les daba a los cristianos a elegir entre la muerte y maldecir a Cristo (*1 Apol* 31.6). Por tanto, maldecir a Cristo era prueba de que uno no era cristiano. En mi opinión, Marcos está sugiriendo que Pedro comete esa blasfemia. Eso haría la caída de Pedro aún más terrible, y su restauración, aún más increíble.

Las cosas suceden tal como Jesús dijo: Pedro lo negaría tres veces antes de que el gallo cantara por segunda vez. Ahora Marcos nos dice que el gallo canta por segunda vez.[18] Eso significa que el primer canto

---

17. Ver G. W. H. Lampe, "St. Peter's Denial and the Treatment of the Lapsi", en *The Heritage of the Early Church: Essays in Honor of G. V. Florovsky* (Orientalia Christiana Analecta 195; Roma: Pontificio Instituto Oriental, 1973), 113-33.
18. Algunos citan la tradición rabínica posterior para decir que en Jerusalén se habían prohibido las palabras malsonantes (*m. B. Qam.* 7:7; pero, véase la evidencia contradictoria en *m. Ed.* 6:1). Concluyen que el canto del gallo hace referencia a la

del gallo ya había advertido a Pedro, y aun así él siguió negando a Jesús. Existe una variante textual de 14:68 que incluye el primer canto del gallo después de la primera negación de Pedro. Es irónico que un gallo, conocido por su orgullo, le recuerde a Pedro la predicción de Jesús de que lo iba a negar tres veces (14:30). El rey del gallinero se parea por él pavoneándose, pensando que es el rey del mundo. El gallo encaja perfectamente con la actitud de gallito que Pedro muestra en 14:29, pero es el canto del gallo el que le hace darse cuenta de lo que acaba de hacer. Aquí tenemos otro ejemplo de algo que ocurre a menudo en la Biblia: un ser humano es amonestado por una criatura inferior (ver la burra de Balaam y el gusano de Jonás).[19]

La huída de Pedro hacia la oscuridad llega demasiado tarde para salvarle de la vergüenza. Para enfatizar la intensidad de su dolor, Marcos usa el verbo *epiballo*, que es un término difícil de traducir.[20] Significa "tirar" o "lanzar sobre". Quizá "se tiró al suelo", "o se desplomó y lloró" o "salió de prisa" (ver Mt 26:75; Lc 22:62). No se rasga las vestiduras, pero sí rasga su corazón (cf. Joel 2:12-13) apenado por el pecado que ha cometido. Cuando Pedro dice que Jesús es el Cristo (Mr 8:29), Jesús advierte a sus discípulos: "Si alguien se avergüenza de mí y de mis palabras en medio de esta generación adúltera y pecadora, también el Hijo del Hombre se avergonzará de él cuando venga en la gloria de su Padre con los sangos ángeles" (8:38). A Pedro ahora le asedia un sentimiento de culpa por haberse avergonzado de Jesús.

Es fácil establecer puentes entre las negaciones de Pedro y nuestra situación contemporánea. No obstante, en la escena del juicio hay otros dos elementos que no hemos de pasar por alto. El primero tiene que ver con la siguiente pregunta: ¿cómo puede ser que el Hijo del Hombre, una figura relacionada al poder y la gloria, acabara asociada al sufrimiento y la muerte? El segundo tiene

---

tercera vigilia de la noche (00:00-3:00) según el cálculo romano (ver 13:35, donde se mencionan las cuatro vigilias de la noche). Se anunciaba haciendo sonar un cuerno al final de cada vigilia. Sin embargo, Marcos entiende que el gallo se encontraba cerca, porque asume que canta una segunda vez.

19. Ver Job 12:7: "Pero consulta a los animales y ellos te darán una lección; pregunta a las aves del cielo, y ellas te lo contarán".
20. Brown (*The Death of the Messiah*, 1:609-10) recoge nueve traducciones posibles.

que ver con la manía que han tenido los cristianos a lo largo de la historia de culpar a los judíos por la muerte de Jesús.

El Hijo del Hombre: Poder mezclado con sufrimiento

El significado del término *hijo del hombre* en el judaísmo de los tiempos de Jesús es un tema difícil de dilucidar, que vuelve a resurgir en la dramática respuesta que Jesús le da al sumo sacerdote. En Daniel 7 y en el popular libro apocalíptico 1 Enoc, esta figura enigmática se asocia al poder, la gloria, la exaltación celestial y el juicio, y se diferencia de la comunidad de los justos en la que él no sufre lo que la comunidad padece. Collins concluye que es un ser sobrenatural en Daniel:

> Al estar exento de los sufrimientos de los justos, se convierte en una figura de un poder y de una gloria puros, y en la personificación de las esperanzas de los justos perseguidos. La eficacia de la figura del "Hijo del Hombre" requiere que este sea alguien de fuera de la comunidad, puesto que debe poseer el poder y la exultación que a ellos les falta.[21]

En Marcos, vemos que se asocia al Hijo del Hombre a un poder que está mezclado con el sufrimiento y la debilidad. Jesús no declara abiertamente que es el Mesías hasta que ya no existe la posibilidad de que las multitudes lo ensalcen como rey. Y esa declaración le sentencia, y le sentencia a muerte. Si Jesús es el Hijo del Hombre que se sentará a la diestra del Poder y vendrá en las nubes del cielo, uno se tiene que replantear lo que piensa sobre el Mesías y sobre el poder. Jesús como Mesías es menos de lo que muchos esperaban, porque nunca le levanta la mano a nadie y se entrega pasivamente a la muerte. Como Mesías, es mucho más de lo que nadie esperaba, porque ejerce el poder de Dios. No obstante, este se revela a través de la debilidad. Quien esté buscando muestras de poder y de fuerza, milagros y profecías no verá nada. A la hora de construir puentes deberíamos, pues, examinar nuestras expectativas sobre dónde y cómo obra el poder de Dios en nuestro mundo.

¿De quién es la culpa?

En los últimos años, la comparecencia ante el sumo sacerdote se ha convertido en un tema delicado entre los estudiosos. Algunos eruditos han acusado a Marcos de escribir esta escena ante el concilio de un modo

---

21. John J. Collins, *The Apocalyptic Imagination* (Nueva York: Crossroad, 1987), 150; citado en Marcus, *The Way of the Lord*, 170.

que hace que se vea a los judíos, y no a los romanos, como los verdaderos culpables de la muerte de Jesús. Esa interpretación ha convencido a muchos, no tanto porque está basada en argumentos históricos sólidos, sino porque exonera a los judíos, librándolos de la culpa. Durante siglos se les ha acusado de ser los asesinos de Dios, y esa acusación se ha usado como pretexto para cometer atrocidades en su contra.

Por ejemplo, Paul Winter ha desarrollado la teoría de que el gobernador romano fue el que puso en marcha el arresto de Jesús, y luego los líderes judíos participaron en su condena. Todos sabemos que las experiencias de la vida condicionan lo que uno busca y el análisis que hace de las evidencias. Winter era un judío que logró escapar de Checoslovaquia antes de que los nazis se apoderaran de ella. Al final de la guerra fue un oficial encargado de cuidar a personas liberadas de los campos de concentración y trabajos forzados. Supo que su madre, hermana y otros familiares habían muerto en los campos de exterminio. Creo que su investigación, que realizó con mucho esfuerzo y sacrificio, es terriblemente sesgada, pero su deseo de librar a su pueblo de la culpa por la muerte de Jesús es totalmente legítima.

Tenemos que tener cuidado a la hora de señalar a un grupo concreto como los responsables de la muerte de Jesús. Los culpables de orquestar su muerte fueron los *líderes religiosos* judíos. En el juicio ante Pilato, son ellos los que incitan a la multitud para que pidan la crucifixión de Jesús (15:11). Representan a los "gobernantes de este mundo", dominados por el mal (1Co 2:8; Col 2:15), que no es una categoría que solo exista en una raza o nación. La existencia de líderes que han maquinado contra otros a escondidas se remonta a tiempos inmemoriales. Esos líderes judíos no se diferencian mucho de los oficiales nazis que se reunieron en Wahnsee y planearon la "solución final" para erradicar a los judíos de Europa. El relato de Marcos sobre el juicio de Jesús y la crucifixión no tiene nada que ver con la culpa del pueblo judío. Pero sí está relacionado con las personas que abusan del poder para sus propios fines y disfrazan su maldad de religiosidad, pensando que sus fines justifican los medios.

Por tanto, la culpa por la muerte de Jesús no recae exclusivamente sobre un grupo concreto de personas. Los encargados de la religión nacional de Israel tienen una responsabilidad mayor por haber tomado la iniciativa. Pero Pilato es responsable de no haber asumido su responsabilidad. Para vergüenza de los cristianos, la idea de la culpabilidad de los judíos se ha trasladado con demasiada facilidad al ámbito social, económico y político, lo que ha tenido unas consecuencias desastrosas incluso en el siglo XX. Claude Montefiore, comentando Mateo 27:25, escribió que era "un versículo terrible; una alusión horrible [...] una de esas frases que son las responsables de mares de sangre humana y de un incesante río de miseria y desolación".[22] Escribió antes de la Segunda Guerra Mundial. El resultado de la persecución de los judíos por parte de los cristianos significa que para la mayoría de judíos, la cruz no representa el amor perdonador de Dios, sino la antigua acusación de deicidio y la justificación para el genocidio.

Creo que nosotros no hubiéramos actuado de forma muy diferente si hubiéramos estado en su lugar. Cualquiera que haya tratado con personas en posiciones de poder, ya sea en el mundo religioso o en el no religioso, sabe que son igual de capaces de hacer lo que aquellos líderes religiosos hicieron. Maquinan para destruir la vida de personas, mienten descaradamente, manipulan a las multitudes, e intentan cubrir su trabajo sucio con una propaganda engañosa. No es nada nuevo, y esa violencia sigue hoy a la orden del día. Continúa habiendo víctimas inocentes que acaban siendo cabezas de turco: les tienden encerronas, los torturan y los eliminan. Son pocas las voces que piden justicia. Encontrar un chivo expiatorio al que culpar por el mal perpetrado contra el Hijo de Dios puede ser más cómodo, pero no podemos evadir nuestra culpa. No nos convertimos en santos sacando a relucir la culpabilidad de otros. La cruz revela que toda la humanidad es culpable. Tenemos que mirarnos a nosotros mismos y a nuestros líderes, y reconocer que volveríamos a crucificar a Jesús.

Significado Contemporáneo

Marcos muestra que Jesús sufrió la mayor de las injusticias. Fue víctima de mentiras, de encerronas y de un jurado amañado. Lo peor es que la condena de Jesús no surgió de un ataque de ira irracional. Los que supuestamente eran los más sabios y los más santos fueron los que mandaron matar a Jesús después de un proceso largo, con tiempo para deliberar, y lo hicieron estando en planas facultades y con total frialdad.[23] No podemos sino aborrecer a

---

22. Claude Montefiore, *The Synoptic Gospels* (Londres: Macmillan, 1927), 2:342.
23. Schweizer, *Mark*, 331.

estos líderes por su corrupción y malicia. Pero tenemos que darnos cuenta de que los que, por poner un ejemplo, odian las ideas revolucionarias y se creen responsables ante Dios de guardar intacta su visión del modo de vida americano, probablemente hubieran actuado exactamente igual.

La aristocracia tradicional, encargada de preservar la ley y el orden, y el modo de vida judío, hizo lo que, en su opinión, era lo mejor para el país. Y resulta que los intereses de la nación coincidían con sus propios intereses, mira tú por dónde. El discurso del sumo sacerdote en Juan 11:50, aunque interpretado teológicamente, explica cuál es la motivación que los mueve: liquidar a un alborotador que suponía un peligro para la nación si lograba alzar a las multitudes. Los romanos actuarían para apagar aquel movimiento, y lo harían con su conocida brutalidad. Habían encargado a los líderes judíos que mantuvieran la paz; por ello, la falta de esta ponía en peligro su posición de poder. No eran como los hombres que intentaron tender una trampa a Martin Luther King Jr., y no derramaron ni una lágrima cuando lo mataron. Jesús fue asesinado por líderes religiosos que controlaban el templo de forma interesada, y que estaban decididos a mantener su posición de poder.

El rey en la novela de John Steinbeck *El breve reinado de Pipino IV* dice: "*El poder no corrompe*. Es el miedo el que corrompe, el miedo a perder el poder".[24] Los líderes judíos temían lo que los romanos les podían hacer, no lo que Dios podía hacer. Estaban hinchados de orgullo eclesiástico y llenos de envidia profesional ante el éxito de un verdadero líder religioso. Estaban asentados en una institución poderosa y próspera, y las instituciones pueden olvidar su propósito original y preocuparse tan solo de su autopreservación. Incluso las instituciones dedicadas a Dios pueden ser tocadas por el mal e intentar torcer los planes divinos en lugar de servir como agente de la voluntad de Dios. Jesús se enfrentó a una institución corrupta y se convirtió en una amenaza para su existencia. Por ello, lo que pasó a continuación no debería sorprendernos. Enfréntate a una institución así hoy, y verás lo que ocurre:

> Lo que mató a Jesús no fue la irreligión, sino la misma religión; no fue la falta de ley, sino la misma ley; no fue la anarquía, sino los defensores del orden. No fueron los salvajes, sino los bien considerados, los que crucificaron a Aquel que

---

24. John Steinbeck, *El breve reinado de Pipino IV* (Ed. Navona, 2008).

encarnó de forma visible la Sabiduría de Dios. Y porque era inocente, pero además era la personificación de la verdadera religión, la verdadera ley y el orden verdadero, esa víctima dejó al descubierto la motivación de sus asesinos: no fue un acto en defensa de la sociedad, sino un ataque contra Dios.[25]

Jesús era inocente de todas las acusaciones. Los líderes judíos son culpables pero no podemos inculparlos a todos. Cada grupo de religiosos tiene en su seno al político astuto y sin escrúpulos, al fanático santurrón y cortacabezas, al débil lamebotas que defendería lo que fuera, al chaquetero que se pone del lado de los ganadores para abrirse un puesto, y al piadoso que solo pretende hacer misericordia y justicia. Los religiosos judíos del siglo I no son los únicos culpables. Son la personificación de la culpa universal de toda la gente religiosa. Pilato también es culpable, y representa la culpa universal de un estado idólatra. Judas también es culpable; traicionó a su Maestro.

Al examinar artículos académicos y al escuchar predicaciones sobre el tema, es interesante ver cómo intentamos que los diversos autores del crimen salgan airosos. Algunos quieren exonerar a los líderes judíos, porque el pueblo judío ha sufrido durante siglos más de lo que merecía sufrir. Ahora, los gentiles se sienten culpables por lo que les ha pasado a los judíos en nombre de la cristiandad e intentan alejarlos de toda conexión con la muerte de Jesús. Fue todo culpa de Pilato; los judíos no tuvieron nada que ver. Las personas religiosas suelen absolver a Pilato y lo ven como una triste víctima de las circunstancias. Y justificaciones de la traición de Judas, las hay de todos los colores.

Estoy convencido de que esos intentos de excusar a los malhechores originales son, en última instancia, esfuerzos por excusarnos a nosotros mismos. Nadie es culpable. Era el plan de Dios, así que él es el único responsable. Lo que Schweizer dice nos resulta familiar: "Todo el que es consciente de su propia negligencia a la hora de obedecer, de su propio fracaso a la hora de amar, del letargo de su propio corazón a la hora de enfrentar las demandas del día a día, no puede escapar de su responsabilidad ante Dios por la muerte de Jesús, no puede culpar a otra persona".[26] Cuando leemos este relato, tenemos que darnos cuenta de lo fácilmente que podemos convertirnos en un sumo sacerdote taimado, en un Judas retorcido, en un testigo mentiroso, en un Pedro cobarde, en un

---

25. Walter Wink, *Engaging the Powers* (Minneapolis: Fortress, 1992), 139-40.
26. Schweizer, *Mark*, 322.

gobernador endeble, en un miembro influenciable de una multitud llena de odio, en un soldado vulgar, en un discípulo ausente y escondido por causa del miedo. Entonces nos damos cuenta de que somos nosotros los que estamos en un juicio ante Jesús, y no a la inversa.

La triste situación de Pedro, la roca que se desintegra en un montón de arena, provoca en nosotros horror y simpatía. Entendemos lo tentador que es apartarse de los que tienen dificultades con las autoridades. En privado les decimos: "Estaré contigo hasta el final". Pero a la hora de la verdad, nos retiramos. Podemos aprender de ejemplos de coraje, como el de Jesús mismo, que resistió valientemente el ataque fulminante de quienes lo odiaban. Los ejemplos de los muchos mártires de la fe a lo largo de los siglos que valientemente resistieron hasta la muerte pueden servirnos de inspiración. Sin embargo, la vívida descripción del penoso fracaso de Pedro nos enseña aun más. El relato de esa vergonzosa caída solo nos podría haber llegado a través de su propio testimonio, que él contó para ayudar a otros. Los lectores del Evangelio de Marcos saben que aquello no fue el final de Pedro, que fue restaurado (16:7), que predicó el evangelio con valentía, y que su fe le costó la vida. Las angustias que Pedro experimenta por haber negado a Jesús en un momento de crisis es una advertencia, pero también un consuelo.

Los pecados de omisión llevan a pecados de comisión.[27] Fueron tres las ocasiones en las que Pedro no supo entender que Jesús iba a sufrir. Fueron tres las veces que Pedro no hizo caso al urgente llamado de Jesús a vigilar, estar despierto y orar. Fueron tres las veces que negó a Jesús. El pecado del orgullo y la rivalidad lo llevaron a pensar que era diferente de los demás: "Yo no" (14:29). Confió en su propias fuerzas y cayó más bajo que los demás discípulos. La advertencia que Pablo hace a los corintios es pertinente aquí: "Por lo tanto, si alguien piensa que está firme, tenga cuidado de no caer" (1Co 10:12). El pecado de la complacencia espiritual no permitió a Pedro velar como el Señor le había pedido. En 1 Pedro 1:7, Pedro habla de ser probado por el fuego y nos dice que los cristianos sufriremos (4:7). No obstante, no sabemos en qué momentos nuestra fe o fidelidad van a ser probadas. Puede que ese sufrimiento pase por nuestro lado sin que lo notemos, mientras nos calentamos al fuego igual que Pedro hizo (Mr 14:54, 67).

---

27. Mitton, *Mark*, 122.

Muchos cristianos no sufren hoy la terrible persecución a la que los primeros cristianos se enfrentaron. Son pocos los que tienen que decidir entre Cristo y la cárcel o la muerte. Por eso, nuestra negación de Cristo se da de otras formas más sutiles, como por ejemplo el silencio por timidez. Quizá no queremos que nos identifiquen con los cristianos. No decimos nada cuando alguien habla con sarcasmo del cristianismo, diciendo que no tiene ninguna validez. Intentamos mezclarnos entre los enemigos de nuestro Señor, porque no queremos que se burlen de nosotros ni ir contracorriente.

La fe cristiana nos llama a diferenciarnos de los demás. Cuando el jugador de beisbol Mickey Mantle estaba en su lecho de muerte, después de años de abusar del alcohol, muchos de sus amigos se reunieron en la habitación del hospital para despedirse de él. Bobby Richardson, antiguo compañero de equipo, también asistió. Como cristiano, no había participado de las fiestas de sus compañeros, y cuando se retiró del beisbol se hizo pastor. Mickey Mantle solía reírse de él llamándolo "el bebedor de leche"; pero en los momentos en los que su viva se apagaba, a quien buscó fue a Richardson. El testimonio de la vida de Bobby en medio de las burlas había impactado a Mantle.

El relato de la negación de Pedro también nos puede servir de consuelo. Pedro era el discípulo más prominente, y sin embargo era un pecador necesitado de la misericordia de Dios. Pensó que iba a morir por Jesús, pero necesitaba que este muriera por él. Su fracaso revela la verdad que hay en las palabras de Jesús recogidas en Marcos 2:17: "No son los sanos los que necesitan médico sino los enfermos. Y yo no he venido a llamar a justos, sino a pecadores". Marcos es el Evangelio de la segunda oportunidad. Las palabras de los ángeles en 16:7: "Id a decirles a los discípulos *y* a Pedro" apunta a su restauración. En la iglesia de Marcos, probablemente había miembros que ya habían traicionado o negado a su Señor. Si Pedro podía ser restaurado después de haber negado a su Señor y después de haber pronunciado maldiciones contra él, había esperanza para aquellos que fueran culpables de lo mismo o de algo peor.[28] Las lágrimas de arrepentimiento de Pedro marcan el principio de esa restauración.

---

28. R. W. Herron, *Mark's Account of Peter's Denial of Jesus: A History of Its Interpretation* (Lanham, Md.: Univ. Press of America, 1992), 143.

Marcos 15:1-20

Tan pronto como amaneció, los jefes de los sacerdotes, con los ancianos, los maestros de la ley y el Consejo en pleno, llegaron a una decisión. Ataron a Jesús, se lo llevaron y se lo entregaron a Pilato.

² —¿Eres tú el rey de los judíos? —le preguntó Pilato.

—Tú mismo lo dices —respondió.

³ Los jefes de los sacerdotes se pusieron a acusarlo de muchas cosas.

⁴ —¿No vas a contestar? —le preguntó de nuevo Pilato—. Mira de cuántas cosas te están acusando.

⁵ Pero Jesús ni aun con eso contestó nada, de modo que Pilato se quedó asombrado.

⁶ Ahora bien, durante la fiesta él acostumbraba soltarles un preso, el que la gente pidiera. ⁷ Y resulta que un hombre llamado Barrabás estaba encarcelado con los rebeldes condenados por haber cometido homicidio en una insurrección. ⁸ Subió la multitud y le pidió a Pilato que le concediera lo que acostumbraba.

⁹ —¿Queréis que os suelte al rey de los judíos? —replicó Pilato, ¹⁰ porque se daba cuenta de que los jefes de los sacerdotes habían entregado a Jesús por envidia.

¹¹ Pero los jefes de los sacerdotes incitaron a la multitud para que Pilato les soltara más bien a Barrabás.

¹² —¿Y qué voy a hacer con el que llamáis el rey de los judíos? —les preguntó Pilato.

¹³ —¡Crucifícalo! —gritaron.

¹⁴ —¿Por qué? ¿Qué crimen ha cometido?

Pero ellos gritaron aún más fuerte:

—¡Crucifícalo!

¹⁵ Como quería satisfacer a la multitud, Pilato les soltó a Barrabás; a Jesús lo mandó azotar, y lo entregó para que lo crucificaran.

¹⁶ Los soldados llevaron a Jesús al interior del palacio (es decir, al pretorio) y reunieron a toda la tropa. ¹⁷ Le pusieron un manto de color púrpura; luego trenzaron una corona de espinas, y se la colocaron.

¹⁸ —¡Salve, rey de los judíos! —lo aclamaban.

¹⁹ Lo golpeaban en la cabeza con una caña y le escupían. Doblando la rodilla, le rendían homenaje. ²⁰ Después de burlarse de él, le quitaron el manto y le pusieron su propia ropa. Por fin, lo sacaron para crucificarlo.

 Marcos 15:1 forma un puente entre la comparecencia de Jesús ante el sumo sacerdote y el juicio ante el gobernador romano, Poncio Pilato. El lector ve cómo la acción se traslada del patio en el que Pedro ha negado a su Señor tres veces, antes de salir angustiado, y pasa al interior, donde el consejo ya ha tomado una decisión. Marcos no pretende sugerir que este se haya vuelto a reunir temprano por la mañana para volver a discutir la decisión que había tomado. Simplemente está recapitulando, y recordando la decisión a la que habían llegado (14:64) durante el tiempo en el que se ha desarrollado el episodio de las negaciones de Pedro.[1] Es "el Consejo en pleno" contra uno, y lo atan antes de enviarlo al gobernador. Esas medidas tan extremas, enviar un grupo armado con palos y espadas para arrestarlo, y ahora atarlo para enviarle a Pilato, parecen ridículas tratándose de un profeta pacífico, no violento. Sin embargo, están cumpliendo lo que Jesús había dicho que ocurriría (10:33).

La acusación

Los romanos no interferían en la política local más de lo necesario para mantener el orden. Favorecían el gobierno de las oligarquías. Dado que Pilato era jinete (caballero), no tenía ayudantes de rango similar y contaba con pocos funcionarios para atender todas las cuestiones administrativas. Por tanto, los magistrados y los consejos locales realizaban una gran parte de estas labores de gestión y de gobierno. Tenían poder para arrestar, recabar pruebas, y realizar un primer interrogatorio con el propósito de presentar la acusación ante el gobernador, para el juicio formal. Normalmente, la acusación la presentaban partes privadas, formadas por no más de dos o tres portavoces (ver Hch 24:1-9). El sistema legal del Imperio romano estaba al servicio de los ricos y de los poderosos. El sumo sacerdote, Caifás (nombre que Marcos no incluye), estuvo en el cargo durante toda la legislatura de Pilato, y cuando la acusación está formada por hombres poderosos, que además tienen relación con el juez, es muy difícil que el veredicto sea justo.[2] Jesús no podía apelar al César, solo a Dios.

El prefecto romano (llamado procurador solo a partir del año 44 A.D.) tenía poder para decidir sobre la vida o la muerte de todos los habitantes

---

1. So Brown, *The Death of the Messiah*, 1:629-32.
2. Pablo se encontró en una situación similar y pudo escapar de la venganza de los líderes religiosos, porque era ciudadano romano (Hch 22:22-30; 24:1-23).

de la provincia que no fueran ciudadanos romanos. No había un código penal para el malhechor que no fuera ciudadano romano y se le juzgara en las provincias. En esos casos, el gobernador tenía la libertad de hacer sus propias reglas según creyera, aceptar o desestimar acusaciones, y condenar, dentro de lo razonable, a cualquier pena que él eligiera. Tácito y Plinio recogen casi cuarenta juicios deshonestos por parte de los gobernadores provinciales desde los tiempos de Augusto hasta Trajano,[3] sugiriendo que muchos gobernadores se aprovecharon injustamente de los poderes ilimitados que tenían. Josefo y Filón recogen quejas serias contra Pilato, su crueldad y acciones arbitrarias.[4]

Un gobernador romano no habría sentenciado a muerte a un judío que hubiera violado las normas religiosas judías. Es decir, una acusación de blasfemia (a saber, la afirmación de Jesús de que él era el Mesías) no era suficiente para que Pilato lo sentenciara (Hch 18:14-17), aunque los romanos no eran indiferentes a las amenazas contra los templos. Al gobernador solo le importaban las cuestiones religiosas cuando podían causar problemas políticos. Por ello, los líderes religiosos reformulan la acusación en contra de Jesús para que el gobernador se la tome en serio. Puesto que la primera pregunta que Pilato hace es: "¿Eres tú el rey de los judíos?" (15:2), presumiblemente esa es la acusación oficial en con-

---

3. Colin Wells, *The Roman Empire* (Stanford: Stanford Univ. Press, 1984), 146-47.
4. Ver Josefo, *G.* 2.9.2-4 §§ 169-77; *A.* 18.2.2. § 35; 18.3.1-2 §§ 55-62; 18.4.1§§ 85-89; Filón, *Embajada a Gayo,* 299-305. Pilato estuvo en el poder durante diez años (26 o 27 A.C. al 37 A.C.) Según Josefo, (*A.* 18.6.5 §§ 174-78), Tiberio explicó por qué dejó a los gobernadores en sus puestos con la siguiente ilustración:

Un gran número de moscas cubría la herida de un hombre que yacía en el suelo. Un caminante que pasó por casualidad se compadeció de su suerte, y pensando que su debilidad era tan extrema que no las podía alejar, se acercó y se las espantó. El herido le pidió que no lo hiciera, y al preguntarle por qué motivo no quería que lo librara de la molestia, dijo:

—Al apartarlas, me pones en situación más grave. Porque estas moscas, una vez llenas de mi sangre, no me molestarán como antes, se contendrán un poco. Pero si vienen otras, con las fuerzas intactas y atraídas por el hambre, se apoderarán de mi cuerpo ya agotado y no pararan hasta que me maten.

Por estas razones, según explicaba él mismo, tomaba la precaución de no enviar continuamente gobernadores a los pueblos sujetos que habían sido llevados a la ruina por tantos ladrones; porque los gobernadores los hostigarían igual que las moscas. Su ávido apetito natural por el saqueo se vería reforzado por sus expectativas al ver que muy pronto se verían privados de tal placer. Los hechos confirman lo que he dicho sobre el humor de Tiberio en estos asuntos, pues habiendo sido emperador durante veintidós años, en total solo envió dos hombres a la nación judía para que la gobernaran, Grato y su sucesor Pilatos.

tra de Jesús (cf. también 15:12: "El que llamáis el rey de los judíos"). Si Jesús dice ser un rey, es culpable de un crimen contra el poder soberano de Roma. Y al enviarlo ante Pilato atado, dan a entender que supone un peligro para el orden público.

A lo largo de todo el Evangelio, Marcos ha destacado la autoridad de Jesús, que está por encima de todo. Por eso no sorprende que Pilato sospechara casi de inmediato que los líderes religiosos le han entregado a Jesús, porque le tienen "envidia" (15:10). Los acusados tenían la oportunidad de defenderse de los cargos que se le imputaban. Si el acusado decidía mantener silencio, se le preguntaba tres veces de forma directa para que pudiera cambiar de opinión, y si aun así no hablaba, su caso quedaba automáticamente desestimado.

Para consternación de Pilato, Jesús decide responder a la acusación de forma enigmática, y luego se queda callado (15:2-5). Jesús responde a la pregunta: "¿Eres tú el rey de los judíos" con un: "Tú dices" (esta es la traducción literal). Esa expresión puede tener varios significados, dependiendo de la entonación. La traducción: "Es así como tú dices" es posible; pero es más probable que la respuesta de Jesús sea menos directa: "Tú lo dices" o "Lo que tú digas". Jesús se niega a defenderse e implica así a los judíos en un tribunal gentil. Su silencio ante esos cargos provoca el asombro de Pilato. Puede que el gobernador quiera soltar a Jesús, pero no puede liberar a alguien que no quiere negar una acusación tan seria. Jesús deja que sea Dios quien responda a esas acusaciones y a todo el mal al que se le ha sometido.

Barrabás

En el Imperio romano, los juicios solían celebrarse muchas veces en público, y era muy común que se reuniera un gentío que gritaba a favor o en contra de los prisioneros. Con frecuencia, los magistrados se tenían que enfrentar al griterío popular. Los judíos tenían costumbre de presentarse ante el gobernador romano en grandes multitudes y armando mucho escándalo.[5] Marcos recoge que una multitud se presenta ante Pilato para recordarle la costumbre de soltar a un preso durante la fiesta. Este hábito solo ha quedado registrado en los Evangelios, y algunos estudiosos dicen que es un dato inventado. Sin embargo, el gobernador tenía el privilegio de hacer lo que quería; y es bastante probable que una

---

5. Hch 24:1; Josefo, G. 2.9.4 § 175.

vez al año soltara a un prisionero para apaciguar al pueblo.⁶ No obstante, Pilato se queda perplejo al ver que la multitud pide la liberación de Barrabás el asesino en lugar de la de Jesús el inofensivo. Marcos no explica por qué la multitud escogió a Barrabás y pidió la crucifixión de Jesús; lo único que dice es que los líderes religiosos "incitaron a la multitud". Sabemos que es fácil manipular a las multitudes. Anteriormente, los líderes las temían (11:32; 12:37), pero ahora han logrado manipularlas y todo se vuelve turbio.

Barrabás fue arrestado por cometer homicidio en una insurrección.⁷ Marcos no describe la naturaleza de la rebelión en la que participó. Barrabás podría haber sido un extremista que quiso liberar a Israel de la ocupación romana, o también, un simple bandido. Había bandidaje en todas las partes del imperio. En Palestina, algunos de los campesinos a los que se les había echado por la fuerza de sus tierras como castigo por las deudas que habían acumulado, en lugar de optar por la sumisión como arrendatarios o jornaleros, optaban por el bandolerismo. Sus víctimas solían ser los ricos terratenientes y sus criados. Los bandidos atacaban en el campo, y se refugiaban en las montañas.

Josefo, que escribió desde la perspectiva de la élite urbana, explica que Galilea era un refugio de bandidos, culpables de "fechorías habituales, asaltos, saqueos y robos".⁸ También cuenta que muchos eran apresados y debidamente crucificados. Sin embargo, el terrorista que ataca a los ricos se convierte en el Robin Hood de los pobres. Para la gente empobrecida, de cuyas filas provenían los bandidos, eran unos héroes que hacían justicia. Los vengaban de sus opresores, y, por esto, simpatizaban con ellos abiertamente. Con frecuencia les ofrecían protección, aunque así corrieran peligro, pues los romanos castigaban severamente a cualquiera que fuera su cómplice.

---

6. Lo que aparece en un pasaje de la Mishná podría ser una prueba de la existencia de esta práctica: "pueden sacrificar [el cordero pascual] por uno [...] que han prometido sacar de prisión..." (*m. Pesah.* 8:6). Un papiro recoge un proceso judicial donde el gobernador de Egipto, G. Septimus Vegetus, permitió que la multitud decidiera un veredicto: "Mereces ser azotado [...], pero actuaré contigo de forma más humana y te entregaré al pueblo" (PFlor 61).
7. Ver Richard A. Horsley y J. S. Hanson, *Bandits, Prophets, and Messiahs* (New York: Winston, 1985); sobre bandidaje en Palestina, ver también Richard A. Horsley, *Jesus and the Spiral of Violence: Popular Jewish Resistance in Roman Palestine* (San Francisco: Harper & Row, 1987).
8. *G.* 2:10.7 § 581.

Aunque la multitud quiere que Pilato libere a Barrabás, eso no significa que Jesús fuera culpable. Pilato transfiere su responsabilidad como juez a la multitud cuando les pregunta qué debe hacer con Jesús. Y la multitud no solo prefiere soltar a Barrabás, sino que además quiere que crucifique a Jesús. Cuando Pilato pregunta por qué, lo único que hacen es gritar aún más fuerte.

La elección que la multitud hace es irónica. Jesús, que no tenía ningún interés en causar sedición o alboroto social, va a ser crucificado junto a dos criminales. Barrabás, un criminal culpable de asesinato, queda en libertad, porque Jesús muere en la cruz en la que él debía morir. La multitud salva al que quita vidas para lograr su propio fin, y condena al que da su vida por los demás en obediencia a Dios. Quieren a un rey a quien no le importe que haya caos y asesinatos, y no a uno que se niegue a acabar con el mal usando la violencia. Es una elección fatal. La violencia de renegados como Barrabás continuó creciendo hasta provocar el estallido de la guerra contra Roma. El resultado era inevitable: Roma destruyó el templo, Jerusalén, y a la mayoría de sus habitantes. Los líderes religiosos temen a Jesús porque es una amenaza para el templo, la base de su poder. Curiosamente, propician la liberación de aquel cuya violencia logrará que el terror y la destrucción caigan sobre ellos.

Marcos no nos explica qué pasaba por la mente de Pilato, excepto que "quería satisfacer a la multitud". Así que les va a entregar al prisionero que quieren, y la víctima que desean. Aunque es consciente de que los líderes religiosos están movidos por la envidia (15:10) y que Jesús no ha cometido ningún crimen (15:14), Pilato se desentiende de su responsabilidad de impartir justicia.

Apalean a Jesús y se burlan de él

Pilato entrega a Jesús para ser crucificado, y normalmente, antes de la crucifixión venían los azotes. Se ataba a los prisioneros contra una columna o poste, y se les azotaba con un *flagellum*. No era un látigo normal. Estaba hecho con tiras de piel trenzadas, en las que se habían incrustado trozos de hueso, plomo o bronce. Con razón se le llamaba "escorpión". El número de latigazos no estaba prescrito, y a veces eran tantos que los presos morían por ellos. Los trozos incrustados en las tiras (a veces acababan en forma de gancho) causaban contusiones profundas, abriendo heridas que sangraban a raudales. Los prisioneros solían perder mucha sangre, y esto los dejaba muy débiles. Era tan horrible que Suetonio dice que horrorizaba incluso al cruel emperador Domicio.⁹

Marcos cuenta que toda una compañía de soldados (las tropas o cohortes estaban formadas por unos seiscientos hombres) se une a las burlas en el patio del palacio de Pilato.¹⁰ Los captores judíos de Jesús se ríen de él como de un falso mesías. Ahora, los soldados romanos se burlan de él como de un rey falso. Lo atavían con un manto real (15:17; ver 1 Mac 14:43-44) y con una corona de espinas (Mt 15:17b), que podría o no tratarse del instrumento de tortura representado en el arte cristiano. Los soldados debieron improvisar y utilizar lo que tenían a mano. En Jerusalén había una gran variedad de plantas espinosas. La corona de espinos podría haber provenido de un tipo de palmera muy común en Jerusalén, la palmera enana o palmera espinosa, que crecía como planta ornamental y tenía unos pinchos enormes. Fácilmente se podía hacer una corona entretejiendo las hojas e insertando los pinchos de la palmera.¹¹ En los sellos del campamento romano en Jerusalén se han encontrado evidencias de este tipo de coronas. También podría haberse tratado, simplemente, de un pequeño montón de espinos unidos.

Las burlas de los soldados es el clímax de ese baile de disfraces. Lo homenajean como "Rey de los judíos" y se arrodillan ante él (15:18-19). Probablemente, todas esas acciones ridículas no solo expresan odio hacia Jesús, sino también el odio hacia los judíos. Oficialmente, los judíos no habían tenido ningún rey después de la muerte de Herodes el Grande. De forma implícita, las burlas transmiten que esa figura débil y patética es el rey que se merecen.

El reconocimiento de Jesús en este pasaje de la pasión es casi completo. Una mujer lo unge para mostrarle su amor y su agradecimiento en casa de un leproso, pero Jesús anuncia que lo está ungiendo para su sepultura (14:3-9). El sumo sacerdote le pregunta si es el Cristo, el Hijo del Bendito, y Jesús responde que sí. Pilato lo llama rey de los judíos (15:17-19), y los soldados se burlan de él aclamándolo como rey (15:16-19). Mientras estuvo en la tierra, Jesús fue un rey diferente: los rufianes lo ungieron con escupitajos, lo coronaron con espinos, y lo

---

9. Suetonio, *Domicio* 11.
10. Probablemente, Pilato se había quedado con el palacio que Herodes el Grande había tenido en Jerusalén cuando visitaba la ciudad para llevar a cabo sus negocios.
11. H. St. J. Hart, "The Crown of Thorns in John 19:2-5," *JTS* 3 (1952): 66-75.

prepararon para entronizarlo en una cruz.¹² Llegado este punto, todos lo han abandonado, y Dios es el único que lo puede librar.

Desde bien temprano, Pilato ha caído bien a los cristianos, ha sido una figura a la que hemos mirado con cierta simpatía o comprensión. En el *Evangelio de Pedro*, libro apócrifo, es Herodes y no Pilato quien dictamina la sentencia de muerte; y, posteriormente, este último le ruega a Herodes pidiéndole el cuerpo de Jesús. Tertuliano habla de un informe completo del juicio que Pilato envió al emperador y da a entender que era cristiano de corazón (1 *Apol.* 21.24). En el libro apócrifo *Hechos de Pilato*, este pone más empeño en defender a Jesús, y más adelante se recoge su conversión. Existe una carta supuestamente firmada por Poncio Pilato que sostiene que envió a dos mil tropas para intentar detener la crucifixión. Las iglesias coptas y etíopes han canonizado a Pilato. Muchos hoy consideran que fue inocente, tan solo un observador desconcertado, atrapado en una situación imposible.

Deberíamos ser precavidos a la hora de reconstruir el personaje de Pilato y de afirmar que sabemos lo que pensaba y la vida que tuvo después. Cuidado con presentarlo como una figura que merece nuestra simpatía. Marcos no lo hace. Pilato representa a un estado cuya única preocupación es preservar el orden, aunque para muchos eso signifique sufrir. Su culpa no es ni mayor ni menor que la de los demás personajes de la historia, pero una cosa está clara: es culpable. Su investigación está marcada por la indecisión. ¿Es o no es él quien manda? Le pregunta a la multitud: "¿Queréis que os suelte al rey de los judíos?" (15:9); y "¿Y qué voy a hacer con el que llamáis rey de los judíos?" (15:12). Cuando la multitud pide que sea crucificado, él solo eleva un tímido "¿Por qué? ¿Qué crimen ha cometido?" (15:14). Al final, se deja llevar por la cobardía moral. Es gobernador y puede hacer lo que quiera, pero acaba doblegándose ante a los deseos de los líderes religiosos judíos y de la multitud (15:15).

La burla de los soldados revela el mal que emana del corazón de los seres humanos. También refleja el concepto humano de lo que debería ser un rey. Los reyes a los que los soldados han servido son reyes que

---

12. Camery-Hoggatt, *Irony,* 170-71.

oprimen a sus súbditos y abusan de su autoridad, que mantienen el delirio del poder a expensas de los demás (10:42-45). Jesús no encaja con la idea de rey que ellos tienen. Cuando damos con algo que no podemos entender, muchas veces nos refugiamos en la burla, en lugar de hacer el esfuerzo de tomarlo en serio. Arrodillarse ante ese tipo de rey debió parecerles divertido y a la vez absurdo. Jesús no tenía ejército. Sus seguidores lo habían abandonado. No contaba con ningún medio para salvarse.

Sin embargo, como dice Juel, es irónico, pero esos soldados "se convierten en voceros de una verdad que ellos mismos no ven". Es decir, Jesús "no es un rey que fomenta la rebelión contra Roma y que le devuelve a Israel su esplendor nacional como rival del Imperio, sino un rey que soporta la burla y que obedientemente elige el camino que lo llevará a la muerte".[13] Rara vez un rey se pone en último lugar, asume el papel de siervo, y voluntariamente se entrega a la muerte (¡en una cruz!) y al aislamiento por el bien de su pueblo. Pero aquí tenemos al rey ante el cual toda rodilla se doblará y que toda lengua confesará (Fil 2:11). Dios convertirá las burlas de esos soldados en realidad. Marcus escribe: "El reino es tan poderoso que toca incluso las mentes llenas de odio y los labios venenosos de sus enemigos, haciendo que los que miran, pero no ven, den testimonio de la verdad aunque sea de forma inconsciente".[14]

La gente que no tiene una guía moral pregunta: ¿Qué debo hacer? La respuesta suele estar pensada para contestar a la multitud. Al actuar así, Pilato cede su responsabilidad, consiente la injusticia, y se niega a arriesgarse por el bien de otro. Es el tipo de líder que siempre está pendiente de hacia dónde sopla el viento y hace algo por los demás siempre que no le cueste nada. No va a perseguir la verdad o la justicia. Solo quiere satisfacer a la multitud, cuyas intenciones como bien sabe no tienen nada de honrosas. ¡Y deja que la multitud tome la decisión por él! Pilato formuló la pregunta adecuada: "¿Y qué voy a hacer con [Jesús]?", pero dio la respuesta equivocada.

---

13. Juel, *Messiah and Temple*, 28.
14. Marcus, *Mystery*, 117.

Hoy, muchos son como Pilato. Prefieren a Jesús, no a los líderes religiosos envidiosos y malvados ni al violento Barrabás, pero ahí queda todo. Creen que es inofensivo, pero no ven más allá, y por tanto no creen que haya razón para arriesgar sus vidas por él. Simplemente lo ven como "el rey de los judíos", pero no lo reconocen como "el Rey de reyes" (*cf.* Ap 19:16).

Para Pilato, este momento crucial de la obra de Dios en nuestro mundo caído no es más que otro día de su mandato dedicado a tratar con los molestos judíos. En su cuento *El procurador de Judea*, Anatole France imagina que Pilato, cuando le preguntan que recuerde el juicio de un tal Jesús de Nazaret, no puede hacerlo. La indiferencia moral produce mucha maldad. En este texto podemos ver la maldad de los líderes religiosos que manipulan a las multitudes para lograr sus fines; también la perversidad de la multitud influenciable que se deja manipular y pide la crucifixión de Jesús; y la maldad de los matones que disfrutan cumpliendo las órdenes que han recibido, y las llevan a cabo con crueldad. Pero es el gobernador, a quien no le importa demasiado la justicia, quien permite que toda esa ola de maldad se desencadene. Esa actitud sigue existiendo hoy, y muchas personas siguen siendo víctimas de detenciones ilegales, de la "justicia" popular, y del trato violento. Muchos miran hacia otro lado y hacen ver que no conocen la realidad. Pocos son los que se alzan para decir: "¡Basta!".

Esa elección de liberar a Barrabás ilustra la preferencia humana por aquel que representa nuestras esperanzas personales, cortas de miras; en este caso, un nacionalismo pervertido. Apela a nuestro instinto básico de proteger nuestros propios intereses, de forma violenta si es necesario. En la cultura contemporánea, se nos ha adoctrinado a preferir una respuesta violenta antes que una respuesta pacífica. La mayoría de niños occidentales ven una y otra vez en la televisión programas y películas donde el héroe es llevado al límite por sus opresores hasta que ya no puede aguantar más, y contraataca para vengarse. Normalmente, el argumento presenta a un solo hombre contra muchos, y el héroe siempre tiene que recurrir a la violencia para salir ganando; y cuanto más espectacular sea la violencia, más alto el índice de audiencia o los ingresos en taquilla. La lección subliminal que se transmite es que la única forma de vencer el mal perpetrado por los demás es destruirlos. Nuestros héroes se convierten en los Barrabases de nuestro mundo, que se toman la justicia por su mano y se deshacen de sus enemigos haciendo uso de la fuerza bruta y del engaño inteligente. Si hoy tuviéramos que votar, casi seguro que Barrabás volvería a ganar. Nos atrae más la valentía violenta del caballero errante que el sufrimiento pasivo de un salvador aparentemente indefenso que cae ante los golpes y la burla.

Dicho de otro modo, ha pasado mucho tiempo desde que la multitud aclamó a Barrabás y pidió que Jesús fuera crucificado, pero hemos aprendido y avanzado muy poco.

La forma de hacer de Barrabás solo produce más violencia, poniendo en marcha un ciclo que nunca se acaba. La forma de Jesús absorbe la injusticia, el mal y la opresión como quien absorbe el veneno de un aguijón, y desata una fuerza mucho más poderosa de amor y perdón. La forma de Dios redime el mal y lo frena. En la cruz, Jesús tomó el aguijón de la muerte y absorbió todo el veneno. Cuando no adoptamos esta forma de actuar es porque no confiamos en Dios. Puede que sí lo hagamos en cuanto a la vida después de la muerte, pero no lo suficiente en cuanto a las cosas del aquí y ahora. Si tenemos que sufrir, antes pondremos nuestra confianza en los Barrabases de este mundo, que contraatacan y matan a los enemigos. Aún no hemos entendido de verdad que esa forma de hacer solo lleva a más muerte y tragedia.

El sufrimiento de Jesús ha impactado a los cristianos de forma vívida a lo largo de los siglos. Significa mucho sobre todo para aquellos que pasan por el mismo tipo de sufrimiento. Una persona que sufrió persecución y tortura en un país de Sudamérica cuenta que toda la complejidad de la doctrina cristiana desapareció. Lo único que lo sostenía era saber que Jesús también había sido apaleado y que estaba con él. Lo mismo le ocurrió a muchos de los que sufrieron en los campos de concentración de Hitler. Chuck Colson cuenta de un hombre a quien el sufrimiento de Cristo le sirvió para mantener el ánimo. El padre Maximilian Kolbe, un sacerdote polaco, fue enviado a Auschwitz por negarse a cumplir la orden de los nazis de "asegurarse de que los polacos no fueran críticos y se mantuvieran callados". En un momento de gran valentía rompió filas para ofrecerse voluntario y morir en lugar de otra persona que había sido elegida de forma arbitraria, porque un prisionero de sus barracones había escapado. El sorprendido comandante, desdeñoso, acertó su ofrecimiento. El padre Kolbe se unió a la fila de los condenados a muerte. Les dijeron que se quitaran la ropa. *Cristo murió en una cruz desnudo,* pensó Kolbe mientras se quitaba los pantalones y la camisa, *así que lo adecuado es que yo sufra como él sufrió*.[15]

Jesús también tomó el lugar de un condenado a muerte. No es que él se presentara como voluntario específicamente en lugar de Barrabás, pero fue elegido por Dios para morir por toda la humanidad. Aceptó la amarga copa del juicio y tomó el lugar de Barrabás el asesino y de la humanidad pecadora, culpable.

Caer en manos de líderes malvados y estar a su merced es difícil para cualquiera, pero es especialmente difícil para alguien que ha trabajado de forma activa por el bien de los demás. Vanstone destaca una característica importante de la Pasión de Jesús: su pasividad. Si pensamos en su ministerio, este es un giro de ciento ochenta grados:

> Cuando va de un lado a otro deja tras de sí un rastro de transformación y cambio: pescadores que ya no pasan tiempo entre las redes, enfermos que recobran la salud, críticos confundidos, una tormenta que se calma de repente, el hambre de miles de personas mitigada, una niña muerta que vuelve a la vida. La presencia de Jesús es una presencia activa, que transforma al instante: nunca es tan solo un mero observador de la escena o alguien que espera a ver qué sucede, sino que siempre es él quien transforma la escena y el que inicia el desarrollo de los sucesos.[16]

Todo esto cambia en el relato que el evangelista Marcos hace de la Pasión. Jesús ya no es el que inicia la acción, sino quien recibe la acción de los demás (es el sujeto de nueve verbos, y el complemento de cincuenta y seis).[17] Está callado, no contesta, no hace nada excepto aceptar los latigazos que le propinan. Podemos aprender de él a soportar el sufrimiento con paz y con gracia, confiando en el rescate de Dios.

---

15. Charles Colson con Ellen Santini Vaughn, *The Body* (Dallas: Word, 1992), 318-27.
16. W. H. Vanstone, *The Stature of Waiting* (New York: Seabury, 1983), 17-18.
17. *Ibíd.*, 22.

Marcos 15:21-47

A uno que pasaba por allí de vuelta del campo, un tal Simón de Cirene, padre de Alejandro y de Rufo, lo obligaron a llevar la cruz. ²² Condujeron a Jesús al lugar llamado Gólgota (que significa: Lugar de la Calavera). ²³ Le ofrecieron vino mezclado con mirra, pero no lo tomó. ²⁴ Y lo crucificaron. Repartieron su ropa, echando suertes para ver qué le tocaría a cada uno.

²⁵ Eran las nueve de la mañana cuando lo crucificaron. ²⁶ Un letrero tenía escrita la causa de su condena: "EL REY DE LOS JUDÍOS". ²⁷ Con él crucificaron a dos bandidos, uno a su derecha y otro a su izquierda. ²⁹ Los que pasaban meneaban la cabeza y blasfemaban contra él.

—¡Eh! Tú que destruyes el templo y en tres días lo reconstruyes —decían—, ³⁰ ¡baja de la cruz y sálvate a ti mismo!

³¹ De la misma manera se burlaban de él los jefes de los sacerdotes junto con los maestros de la ley.

—Salvó a otros —decían—, ¡pero no puede salvarse a sí mismo! ³² Que baje ahora de la cruz ese Cristo, el rey de Israel, para que veamos y creamos.

También lo insultaban los que estaban crucificados con él.

³³ Desde el mediodía y hasta la media tarde quedó toda la tierra en oscuridad. ³⁴ A las tres de la tarde Jesús gritó con fuerza:

—*Eloi, Eloi, ¿lama sabactani?* (que significa: "Dios mío, Dios mío, ¿por qué me has desamparado?").

³⁵ Cuando lo oyeron, algunos de los que estaban cerca dijeron:

—Escuchad, está llamando a Elías.

³⁶ Un hombre corrió, empapó una esponja en vinagre, la puso en una caña y se la ofreció a Jesús para que bebiera.

—Dejadlo, a ver si viene Elías a bajarlo —dijo.

³⁷ Entonces Jesús, lanzando un fuerte grito, expiró.

³⁸ La cortina del santuario del templo se rasgó en dos, de arriba abajo. ³⁹ Y el centurión, que estaba frente a Jesús, al oír el grito y ver cómo murió, dijo:

—¡Verdaderamente este hombre era el Hijo de Dios!

⁴⁰ Algunas mujeres miraban desde lejos. Entre ellas estaban María Magdalena, María la madre de Jacobo el menor y de José, y Salomé. ⁴¹ Estas mujeres lo habían seguido y atendido cuando estaba en Galilea. Además había allí muchas otras que habían subido con él a Jerusalén.

⁴² Era el día de preparación (es decir, la víspera del sábado). Así que al atardecer, ⁴³ José de Arimatea, miembro distinguido del Consejo, y que también esperaba el reino de Dios, se atrevió a presentarse ante Pilato para pedirle el cuerpo de Jesús. ⁴⁴ Pilato, sorprendido de que ya hubiera muerto, llamó al centurión y le preguntó si hacía mucho que había muerto. ⁴⁵ Una vez informado por el centurión, le entregó el cuerpo a José. ⁴⁶ Entonces José bajó el cuerpo, lo envolvió en una sábana que había comprado, y lo puso en un sepulcro cavado en la roca. Luego hizo rodar una piedra a la entrada del sepulcro. ⁴⁷ María Magdalena y María la madre de José vieron dónde lo pusieron.

Sentido Original

La ejecución de criminales era un acto público. Wells comenta: "Los romanos tenían un sentido muy desarrollado y muy teatral de las ceremonias públicas".[1] Uno de los aspectos principales era el triunfo, y los soldados le han dado a Jesús un triunfo falso. Otro, la crucifixión. Este horrible medio de ejecución servía para dos propósitos. (1) Castigaba al criminal prolongando el dolor todo lo posible. La víctima podía estar colgada en la cruz durante días, muriendo lentamente de asfixia, a causa del cansancio de los músculos.

(2) La exposición pública servía también como advertencia y como elemento disuasorio. Hacía que la víctima se paseara por las calles con una placa que anunciaba el crimen del que se le acusaba, y que luego se colocaba en la cruz de forma estratégica, junto a las carreteras bien transitadas. El tormento de la víctima atemorizaba a los que por allí pasaban. Durante la primera revuelta contra Roma, a los judíos que apresaban intentado escapar de la Jerusalén sitiada en búsqueda de comida, los crucificaban al lado de los muros de la ciudad. Según Josefo, el general romano Tito

> esperaba que el horrible espectáculo de las innumerables cruces indujera a los sitiados a rendirse. Así, los soldados, bajo el impulso del odio y el furor, ridiculizaban a los prisioneros, crucificando a cada uno de ellos en una posición diferente, y dado el número de los mismos, tanto el espacio como las cruces para los cuerpos eran insuficientes.[2]

---

1. Colin Wells, *The Roman Empire* (Stanford: Stanford Univ. Press, 1984), 53.
2. *G.* 5.11.1 §§ 449-51.

Al Gólgota

Por lo general, el condenado cargaba el *patibulum*, la viga transversal de la cruz, al lugar de la crucifixión. Allí, se ataba al *stipes*, el poste vertical que ya estaba firmemente clavado en la tierra. Dionisio de Halicarnaso describe las barbaridades previas a la ejecución:

> Un ciudadano romano que deseaba que el castigo infligido a uno de sus esclavos fuera especialmente vistoso y ejemplar, había confiado al condenado a los demás esclavos de su propiedad para que, al llevarlo a la muerte, le hiciesen atravesar el Foro y los lugares más importantes de la ciudad [...]. Así pues, los hombres a quienes se les había ordenado llevar al esclavo a su castigo, le hicieron extender los brazos (al condenado), y se los ataron a una pieza de madera que le cruzaba el pecho, pasando detrás de cada hombro y llegando hasta el extremo de las muñecas; lo siguieron, lacerando su cuerpo desnudo con látigos. El acusado, debilitado por tanta crueldad, no solo profería funestos alaridos, causados por el dolor, sino que también se agitaba con movimientos indecentes a cada golpe que le asestaban.[3]

Marcos no cuenta por qué Jesús no lleva su propia cruz, pero es fácil imaginarlo. O bien estaba muy débil o bien iba muy lento a causa de los violentos latigazos que le habían propinado, y los soldados tuvieron que reclutar a un espectador inocente para que le llevara la madera transversal de la cruz.[4] Gill comenta: "Una de las paradojas más profundas del cristianismo es que aquel que no fue capaz de cargar su cruz (15:21) es el que nos capacita para llevar la nuestra".[5]

Simón "pasa por allí", de igual modo que Jesús cuando llamó a sus primeros discípulos (1:16) y a Leví (2:14). Regresa del campo y va de camino a la ciudad; así que da media vuelta, pues los soldados llevan a Jesús fuera de la ciudad, para ejecutarlo Marcos proporciona bastantes detalles de este hombre: es de Cirene, al norte de África, y es el padre

---

3. *Roman Antiquities* 7.69.1-2.
4. "Lo obligaron" (*angareuo*) es un término técnico para reclutar a una persona o requisar una propiedad (ver Mt 5:41).
5. Athol Gill, *Life on the Road: The Gospel Basis for a Messianic Lifestyle* (Scottdale, Pa.: Herald, 1992), 63.

de Alejandro y de Rufo.⁶ Si su nombre se recuerda, probablemente sea porque más adelante se convirtió en seguidor de Jesús. Marcos menciona los nombres de sus dos hijos (que no aparecen en la escena) porque, para los primeros lectores del Evangelio, eran personas conocidas. Pablo menciona a Rufo en Romanos 16:13 (ver también la *Epístola de Policarpo a los Filipenses*, 9:1). Los nombres Simón, Rufo y Alejandro son hebreo, latino y griego respectivamente, y apuntan a la universalidad del evangelio que es para todas las culturas y que llegará hasta lo último de la tierra.

La procesión acaba en un lugar llamado Gólgota que Marcos interpreta para los lectores griegos, diciéndoles que significa "Lugar de la Calavera".⁷ Quizá se llamaba así, porque la roca de aquel lugar tenía forma de calavera; o porque habían descubierto allí alguna calavera; o, simplemente, porque era un lugar donde se realizaban las ejecuciones. Marcos no describe de forma detallada la crucifixión de Jesús, es decir no cuenta cómo lo ataron a la cruz ni qué tipo de cruz utilizaron, ni lo intenso que fue el dolor que soportó. En la Antigüedad, casi todo el mundo sabía cómo era una crucifixión, y no hacía falta describir de forma pormenorizada los horrorosos detalles.⁸ Los datos que Marcos sí recoge tienen un significado teológico.

Algunas personas no identificadas, probablemente las mismas que lo "condujeron" (15:22), le "ofrecieron" vino mezclado con mirra, que se usaba como sedante (15:23). Este gesto pudo ser un intento compasivo de aliviarle el dolor.⁹ No obstante, es poco probable que los verdugos se compadezcan de Jesús, después de haberse estado burlando de él. Seguramente solo querían darle a la agotada víctima algo de energía para

---

6. Simón podría tener alguna relación con la sinagoga de los de Cirene que más adelante instigaría el arresto y la muerte de Esteban (Hch 6:8-15). ¿Es este el Simón de Hch 13:1, apodado el negro? Marcos nos cuenta la historia de Jesús, no la de Simón y su familia, por lo que cualquier conjetura sobre este y los suyos a partir de lo que dice el evangelista no es más que pura especulación.
7. El término familiar "Calvario" proviene de la palabra latina *calvaria*, que significa calavera.
8. Ver la descripción en Martin Hengel, *Crucifixion in the Ancient World and the Folly of the Message of the Cross* (Filadelfia: Fortress, 1977); Brown, *The Death of the Messiah*, 2:945-52; Pierre Barbet, *A Doctor at Calvary* (Nueva York: P. J. Kennedy & Sons, 1953).
9. Según la posterior tradición rabínica (*b. Sanh.* 43a), las mujeres de Jerusalén, motivadas por Pr 31:6-7, ofrecían licor a los condenados a muerte para aliviar el dolor de la ejecución, pero hace referencia a vino y a incienso.

que durara más y así alargar su sufrimiento. Uno puede adivinar por qué Jesús rechaza ese vino. En la última cena había dicho que no probaría el fruto de la vid hasta el día en que bebiera el vino nuevo en el reino de Dios (14:25). Estaba destinado a beber la copa de Dios (10:38; 14:36), no la de los hombres,[10] y en medio de ese sufrimiento que ha aceptado quiere estar plenamente consciente hasta el final. En la cruz, Jesús no se va a dormir como hicieron los discípulos en Getsemaní.

Era costumbre que los verdugos se repartieran las pertenencias de la personas que ejecutaban.[11] Marcos no habría recogido este detalle de no ser porque el reparto de las ropas también aparece en el Salmo 22:18. Esa conexión ayuda al lector a ver que este momento de total humillación está dentro de los planes de Dios. Las ropas de Jesús ya se han mencionado anteriormente en el Evangelio.[12] Representaban su poder para sanar, pues las personas las tocaban y sanaban (6:56; cp. 5:27-31). En la transfiguración, su ropa se volvió de un blanco resplandeciente como nadie en el mundo podría blanquearla (9:3), símbolo de su gloria futura como Hijo de Dios. Los soldados se burlaron de él desnudándolo y dándole un manto de color púrpura, que era lo que llevaban los reyes (15:16-20), enseñando así al mundo el retrato de un rey humillado. Ahora, le vuelven a quitar sus ropas y se la rifan al pie de su cruz. Una muestra del profundo grado de humillación. El sanador poderoso, el Hijo de Dios transfigurado, muere como un ser humano públicamente humillado.

Durante su ministerio en Galilea, Jesús el Mesías rechazó toda alusión política y, debido a esa reticencia, probablemente decepcionó a muchos de sus seguidores. Y curiosamente, muere ejecutado como mesías político. La inscripción que colocan en la cruz anuncia a los cuatro vientos el crimen de Jesús: es el rey de los judíos. El grupo de matones que fue a apresarlo, lo hizo como si de un bandido se tratara; ahora, lo crucifican entre los bandidos. En estos momentos, el lector puede entender mejor por qué Jesús les dijo a Jacobo y a Juan que no sabían lo que decían cuando le pidieron sentarse uno a su derecha y otro a su izquierda en la venida de su glorioso reino (10:37). Ese honor estaba reservado para otros. Jesús había pasado toda su vida en compañía de pecadores; lo adecuado es que muera entre dos pecadores.[13]

---

10. Frank J. Matera, *Passion Narratives and Gospel Theologies* (Nueva York/Mahwah, N.J.: Paulist, 1986), 42.
11. Justiniano, *Digesto,* 48.20.6.
12. Ver Tolbert, *Sowing,* 280; Gundry, *Mark,* 945.
13. Una variante textual enfatiza este hecho insertando una cita de Isaías 52:12 (Mr 15:28).

Marcos cuenta las horas durante la crucifixión. Es la hora tercera (nueve la mañana) cuando crucifican a Jesús. Cuando llega la hora sexta (el mediodía) la tierra se cubre de oscuridad; a la hora novena, para los judíos la hora de la oración, Jesús grita con fuerza (15:34-35). Algunos estudiosos han sugerido que esa división del día en periodos de tres horas habla de una regularidad que sigue un plan divino.[14]

La burla (15:28-33)

La víctima de la crucifixión solía convertirse normalmente en el objeto de desprecio y abuso. Por alguna razón perversa, algunas personas disfrutan viendo la agonía de otras, y haciéndolas sufrir aún más.[15] Personas de todo tipo de trasfondos le lanzan a Jesús improperios, desde los criminales que están siendo crucificados hasta los líderes religiosos reunidos para alardear de su victoria. El "Eh" (NVI) es el grito burlón que aparece en ciertos salmos (Sal 35:21; 40:15; 70:3). Menear la cabeza es también un gesto de desprecio (2R 19:21; Job 16:4; Sal 22:7; 109:25; Is 37:22; Jer 18:16; Lm 2:15). Al ver a Jesús colgado en la cruz, impotente, parece totalmente acabado, y sus enemigos piensan que han ganado. La escena es totalmente irónica dado que los que se mofan lo hacen desde su ceguera, sin saber que están proclamando algo que es verdad: que Jesús es rey.

Los que pasaban "blasfemaban contra él". Es probable que Marcos use este verbo (*blasphemeo*) simplemente para expresar "burla", pero el uso de este término también podría buscar de forma irónica el contraste con la acusación de blasfemia que el sumo sacerdote le lanza a Jesús al final de su interrogatorio (14:64). Lo acusó de mofarse del poder de Dios al aclamarse como el Mesías de Dios, el Hijo del Bendito, cuando, en su opinión, no era más que un pobre desgraciado. El lector es el que debe decidir quién es el verdadero blasfemo: Jesús, o los espectadores (ver 2:7; 3:9). Saber que él está obedeciendo la voluntad de Dios. Los que pasan por allí, sin saberlo, lo desafían para que tuerza los planes de Dios bajándose de la cruz.[16] Jesús llamó "Satanás" a Pedro cuando

---

14. Matera, *Passion Narratives*, 42.
15. Una historia rabínica cuenta de un hombre malvado que se mofaba de su tío cuando lo estaban crucificando. Pasaba a caballo, a pesar de que era sábado, y se burlaba: "Mira el caballo que mi amo me deja montar y el caballo en el que tu Amo [Dios] te hace sentar" (*Gen. Rab.* 65:22).
16. Matera, *Passion Narratives*, 44.

intentó desviarle del curso que Dios había marcado. Los que lo atormentan no se dan cuenta de que su burla raya en la blasfemia satánica.

Las burlas dirigidas a Jesús recuerdan a las acusaciones que se escucharon ante el sumo sacerdote y el Consejo. Se burlan de él por haber dicho que destruiría el colosal templo y que lo reconstruiría en tres días (15:29-30; ver 14:58). Al ver a esa figura débil y exhausta clavada en la cruz, esa afirmación les parece ridícula. Sin embargo, sus burlas dan testimonio de una verdad que sus ojos no alcanzan a ver. La muerte de Jesús destruye el templo hecho por manos de hombres y construye uno nuevo no creado por seres humanos. El nuevo templo no está ligado a una ubicación geográfica. Es la nueva comunidad de adoradores que creen que en su muerte, Jesús llevó los pecados de un mundo asesino y lleno de desprecio, y que Dios lo vindicó levantándolo de los muertos. Su muerte abolió la necesidad de los sacrificios del templo, y pronto, Dios construirá un templo sin muros a través de la resurrección de Jesús.

A continuación, los jefes de los sacerdotes y los maestros de la ley se unen a la refriega. Se burlan de que salvó a otros, pero no puede salvarse a sí mismo. La referencia a salvar a los demás nos recuerda al verbo que se usa en las sanaciones de Jesús (*sozo*; cf. 3:4; 5:23, 34; 6:56). Por tanto, estos líderes admiten lo que Pedro predicó más adelante, que Jesús "anduvo haciendo el bien y sanando a todos los que estaban oprimidos por el diablo" (Hch 10:38). Sin embargo, no quieren reconocer que Dios lo ungió "con el Espíritu Santo y con poder" ni que salvó a otros "porque Dios estaba con él" (10:38). Este hombre impotente, objeto de burla, sin forma y sin atractivo no encaja con la imagen de un salvador. ¡Cómo podía estar Dios con alguien tan abandonado y atormentado en una cruz! Lógicamente, pensaban, si era un salvador debía ser capaz de salvarse a sí mismo.

Sus burlas subrayan lo que Marcos quiere sacar a relucir. Salvó a otros (a los discípulos cuando estaban en medio de la tormenta, a la mujer que padecía de hemorragias) y no se puede salvar a sí mismo. Si se salvara a sí mismo, no podría salvar a los demás de algo más mortal que las tormentas o las enfermedades. No son los clavos lo que lo mantienen en la cruz; es el amor de Dios. Jesús mismo enseñó que el que quiera salvar su propia vida la perderá (8:35). Sus detractores no pueden entender esa forma de ver la vida. No pueden ver que Jesús muere para rescatar a muchos (10:45), que su cuerpo es partido y su sangre derramada por muchos (14:22-25).

Porque no pueden ver, piden un milagro. Quieren que baje de la cruz, porque si no lo hace, no creerán. Lo que están diciendo es que una muestra milagrosa de poder o una liberación milagrosa los convencería, pero solo se están burlando de su impotencia. Esa mofa revela que la teología de esos líderes está marchita, como muerta. Marshall dice: "Evalúan el poder divino con criterios puramente humanos y egoístas, según sus propias normas" (ver 11:18; 12:1-9; 14:43, 48-49).[17] Eso es lo que ellos habrían hecho, en caso de poder. Jesús enseñó a sus discípulos a "llevar" su cruz, no a "bajar" de la cruz. Un rescate milagroso habría probado que era alguien con superpoderes, no que era el Mesías, el Hijo de Dios. Los que quieren pruebas tangibles de la presencia divina nunca verán nada.

La oscuridad cubre toda la tierra durante las tres horas siguientes, desde la hora sexta hasta la novena (desde las doce del mediodía hasta las tres de la tarde). Esa oscuridad, en ese momento tan crítico, puede significar varias cosas.[18] (1) En la Antigüedad, la oscuridad se asociaba con el luto (Jer 4:27-28; 2 Ap Bar 10:12). Así es como se interpreta en las *Recogniciones* pseudoclementinas: "Cuando estaba sufriendo, todo el mundo estaba sufriendo con él, por eso el sol se oscureció" (1:41). Es decir, la oscuridad se debe a que el sol se lamenta ante la muerte de Jesús. (2) La oscuridad también se asociaba a la muerte de grandes personalidades. Los lectores, tanto gentiles como judíos, podían entender la oscuridad como una señal cósmica que acompañaba la muerte de un rey.[19] (3) Además, la oscuridad era también una señal del juicio de Dios (ver Éx 10:21-23; Is 13:9-13; Jer 13:16; 15:19; Jl 2:10; 3:14-15; Am 5:18, 20). Amós dice en Amós 8:9-10:

> »En aquel día —afirma el Señor omnipotente—,
> haré que el sol se ponga al mediodía,
> y que en pleno día la tierra se oscurezca.
>   Convertiré en luto vuestras fiestas religiosas,
> y en cantos fúnebres todas vuestras canciones.
> Os vestiré de luto

---

17. Marshall, *Faith As a Theme*, 206.
18. Ver Dale C. Allison, Jr., *The End of the Ages Has Come: An Early Interpretation of the Passion and Resurrection of Jesus* (Filadelfia: Fortress, 1985), 27-30.
19. Virgilio escribe: "... el sol os dará señales. ¿Quién se atreve a decir que el sol es mentiroso? No, a menudo nos avisa de la amenaza de oscuras revueltas, de traiciones, y de guerras. No, sintió lástima por Roma después de que César desapareciera, y cubrió su cara radiante una oscura melancolía, y aquella generación impía temió que la noche eterna hubiera llegado" (*Geórgicas* 1.463-68).

y os afeitaré la cabeza.
Será como si lloraseis la muerte de un hijo único,
y terminaréis el día en amargura».

(4) Jesús dijo que la oscuridad anunciaría el gran día del Señor (Mr 13:24). Así, la oscuridad que cubre la tierra podría significar que el día ha llegado con un nuevo comienzo (Gn 1:2; Job 38:17; Sal 74:12-20).[20] (5) Nótese que la oscuridad *no* indica que Dios está ausente. Las Escrituras revelan que Dios obra incluso en medio de la oscuridad. Escogió habitar en la oscuridad (1R 8:12; 2Cr 6:1) y también dio la ley en la oscuridad: "Entonces Moisés se acercó a la densa oscuridad en la que estaba Dios..." (Éx 20:21). Dios descendió a la batalla a través de la oscuridad (2S 22:10; Sal 18:9-11).

Todas estas imágenes pueden servir de telón de fondo para entender mejor la oscuridad que aparece en la crucifixión de Jesús. Los fariseos le habían pedido una señal del cielo, y Jesús no se la había dado diciendo, literalmente: "Si a esta generación se le da una señal" (8:12). No acabó la frase, que normalmente acabaría con un "que yo caiga muerto". Ahora, los líderes sí reciben una señal del cielo, pero no el tipo de señal que esperan o pueden leer.

El grito de Jesús desde la cruz (15:34-37)

En la hora novena, Jesús grita desde la cruz con fuerza. Marcos solo usa el verbo "gritar" (*boao*) aquí y en las primeras líneas del Evangelio. Asocia la profecía de Isaías con Juan el Bautista, la voz de uno que "grita" en el desierto para preparar el camino del Señor (1:3). Ahora los caminos se han allanado, y Jesús grita.

Jesús lanza un grito horrible: "Dios mío, Dios mío, ¿por qué me has desamparado?", que son las últimas palabras de Jesús que Marcos recoge en su Evangelio. Estas palabras continúan desconcertando a los cristianos.[21] Se han dado muchas explicaciones, y los intérpretes se debaten entre considerar tan solo las palabras que Jesús pronuncia (que provie-

---

20. Gundry (*Mark*, 947, 964) añade otra sugerencia. La oscuridad oculta la vergüenza de la crucifixión: "Dios esconde al Hijo de las miradas maliciosas de los blasfemos". Sin embargo, sabemos que todo el mundo ha podido ver a Jesús durante tres horas.
21. El ambiente en Lucas y en Juan es completamente diferente. En Lucas, escuchamos un grito de conformidad ante la voluntad y la protección de Dios (23:46). En Juan, escuchamos un grito de victoria (19:30). El *Evangelio de Pedro*, libro apócrifo, altera drásticamente el grito diciendo: "Mi poder, mi poder, ¿por qué me has abandonado?".

nen del Salmo 22:1) y considerarlas teniendo en cuenta todo el salmo, un lamento que acaba con una esperanza de vindicación y de triunfo. (Lo veremos más adelante, en el apartado "Construyendo puentes"). Independientemente de cómo interpretemos este grito previo a expirar, la muerte de Jesús contrasta enormemente con la de Hércules en *Hércules en el Eta* de Séneca. Después de completar las doce hazañas que se le asignaron, se enfrenta con vehemencia a la muerte y anuncia el colapso del universo, lo que hará tambalear la soberanía de Júpiter:

> "Sí, padre [*genitor*], todo tu reino de aire pondrá en riesgo mi muerte. Padre, antes de que tú seas completamente despojado del cielo, entiérrame bajo las ruinas del mundo. Destroza los cielos que estás condenado a perder" (1148-1150).[22]

La muerte de Jesús proclama la soberanía de Dios, que envía a su Hijo amado a dar su vida en rescate por muchos.

Cuando Jesús fue arrestado, dijo, literalmente: "Pero para que se cumplan las Escrituras" (14:49); no terminó la frase. Solo podremos superar el escándalo que supone la cruz y solo podremos ver que la muerte de Jesús es la voluntad de Dios si entendemos que consuman las Escrituras. El final de Jesús no es un trágico fracaso, sino un cumplimiento glorioso del destino que Dios le ha asignado como Mesías. Marcus comenta que las alusiones a los salmos del justo sufriente dan forma a un telón de fondo que nos ayuda a entender el relato que Marcos hace de la Pasión.[23]

Marcos	Salmos
14:1—matar saliendo al acecho	10:7-8
14:18—el que come conmigo	41:9
14:34—muy triste	42:5, 11; 43:5
14:41—entregado en manos de pecadores	140:8
14:55—buscarlo para matarlo	37:32; 54:3
14:57—aparición de falsos testigos	27:12; 35:11
14:61—silencio ante los acusadores	38:13-15; 39:9
15:4-5—silencio ante el acusador	38:13-15; 39:9
15:24—reparto de sus ropas	22:18
15:27—los ladrones están rodeados de malvados	22:16
15:29—burla, meneo de la cabeza	22:7

---

22. Citado en Bilezikian, *The Liberated Gospel*, 129.
23. Marcus, *The Way of the Lord*, 174.

15:30-31—¡Sálvate a ti mismo!   22:8
15:32—injurias   22:6
15:34—grito de abandono   22:1 (11, 19-21)
15:36—vinagre para beber   69:21
15:40—mirar desde la distancia   38:11

Marcus también muestra que el relato de Marcos desde 15:20b hasta el final del Evangelio sigue el curso del Salmo 22.[24]

Salmo 22	Marcos 15-16
vv. 1-21—sufrimiento	15:20b-27—crucifixión de Jesús
v. 27—adoración de los gentiles	15:39—confesión del centurión
v. 28—el reino de Dios	15:43—José es alguien que busca el reino
vv. 29-30—resurrección	
vv. 30-31—proclamación al pueblo de Dios	16:6—resurrección de Jesús
	16:7—orden de ir a decírselo a los discípulos

Los que se mofan malinterpretan la oración final de Jesús o de forma deliberada distorsionan sus palabras para poderse reír aun en ese último momento. Creen que está llamando a Elías, supuestamente para que lo baje de la cruz. Se creía que Elías era, entre otras cosas, una ayuda para personas en crisis, el patrón de las causas perdidas. Alguien de entre la multitud corre a mojar una esponja en vinagre. ¿Será para darle algo de energía y que aguante hasta que llegue Elías? Los informes médicos sobre los efectos de la crucifixión sobre el cuerpo nos dicen que beber solo servía para acelerar el proceso de una muerte por asfixia.

Otros detienen a ese hombre y, a modo de burla, dicen de esperar a que Elías, el mismo que fue llevado en un carro de fuego (2R 2:11), venga y lo libere de forma milagrosa. La frase "a ver si viene Elías a bajarlo" convierte su grito de desesperación en un chiste de mal gusto y cruel; pero el chiste encierra una gran ironía. Después de todo, el lector sabe que el profeta ya ha venido, y que hicieron con él como estaba

---

24. *Ibíd.*, 182. Matera (*The Kingship of Jesus*, 130) argumenta que el uso del Salmo 22:22 en Hebreos 2:12, del Salmo 22:18 en Apocalipsis 11:15 y del Salmo 22:23 en Apocalipsis 19:5 desde el punto de vista del Cristo resucitado significa que "era un vehículo adecuado para describir la victoria escatológica de Dios, y también, los sufrimientos de Jesús".

escrito (9:12-13). Elías (es decir, Juan el Bautista) ya ha sido asesinado y no va a venir a rescatar a Jesús. Además, los que se burlan quieren ver algo, pero se hace evidente que pertenecen al grupo de los que no pueden ver nada.

Con esta última burla, Jesús lanza un fuerte grito y expira (*ekpneuo*). Esta fuerte exclamación es algo inusual, pues las víctimas que eran crucificadas normalmente morían por asfixia, por falta de aire. Gundry cree que expresa una fuerza sobrenatural[25] y que causa los sucesos que ocurren a continuación.

El velo del templo y el centurión (15:38-39)

Al describir que cuando Jesús muere el velo del templo se rasga de arriba a abajo, Marcos hace teología visual. El velo separaba el Lugar Santo del Lugar Santísimo (Éx 26:31-35; 27:16, 21; 30:6; 40:21; Lv 4:17; 16:2, 12-15;21:23; 24:3; Josefo, *A.* 8.3.3 § § 71-72).

Esta escena final de la vida de Jesús es paralela a la escena inicial de su bautismo (Mr 1:9-11). (1) En el bautismo de Jesús, Juan aparece vestido como Elías (1:6) y más adelante se le identifica con el profeta (9:13). En la crucifixión, los espectadores creen que Jesús está llamando a Elías para que lo rescate.

(2) En ambos incidentes se rasga un lugar santo (el verbo "rasgar" [*schizo*] solo aparece en Marcos en estas dos escenas).[26] Cuando Jesús subió del agua después de su bautismo, vio que los cielos, que Isaías compara a una cortina (Is 40:22),

"se rasgaban". El velo del templo también se equiparaba a los cielos. Josefo describe el tabernáculo para sus lectores grecorromanos como un espacio dividido en tres partes iguales. El patio y el Lugar Santo los compara a la tierra y al mar, que son accesibles para la humanidad; la tercera parte o área, el Lugar Santísimo, representa el cielo, y solo es accesible para Dios.[27] Dice que el velo medía casi dos metros y medio de alto, y lo describe como un "tapiz babilonio con bordados de lino fino y con material azul, carmesí y púrpura, torcidos de una forma muy habilidosa. Y la mezcla de materiales no estaba exenta de significado

---

25. Gundry, *Mark*, 947-48.
26. David Ulansey, "The Heavenly Torn Veil: Mark's Cosmic *Inclusio*", *JBL* 110 (1991):123-25.
27. Josefo, *A.* 3.6.4 § 123; 3.7.7 § 181.

místico, pues simbolizaba el universo". Estaba bordado con "toda la vista del universo", a excepción de los signos del Zodíaco.[28]

(3) La presencia divina desciende sobre Jesús en forma de paloma en su bautismo y una voz que proviene del cielo anuncia: "Tu eres mi Hijo amado" (1:11). Y el centurión se hace eco de esa voz del cielo: "¡Verdaderamente este hombre era el Hijo de Dios!" (15:39).

(4) Cuando los cielos se rasgan en la escena del bautismo de Jesús, estamos ante una revelación que es solo para Jesús ("él vio", *eiden*, 1:10); en la crucifixión, estamos ante una revelación pública, para todos. Por primera vez, los seres humanos pueden ver de forma completa lo que Dios les revela.

Como Jesús muere de una forma tan vergonzosa, es muy probable que los jefes de los sacerdotes y los maestros de la ley creyeran que su muerte era la prueba de que sus afirmaciones eran falsas (ver Sab 2:17-20). Los sucesos confirman que Dios no ha enviado a Jesús, ya que Dios nunca hubiera permitido que el Mesías muriera de esa forma. Así, la confesión del líder de los verdugos llega como una sorpresa. Como centurión, es un hombre de guerra al que han ascendido de nivel, por lo que no tiene razón alguna para sentir compasión por Jesús. Sin embargo, Marcos nos dice que vio "cómo murió", completamente impotente, pero a la vez profiriendo un potente grito, y reconoce que "verdaderamente este hombre era el Hijo de Dios" (15:39).[29] La confesión significa que la identidad de Jesús está ligada de forma inseparable a su muerte. Es el inicio del cumplimiento del Salmo 22:27: "Ante él se postrarán todas las familias de las naciones". Con la muerte de Jesús, el lector puede ver cómo el nuevo templo, que será "casa de oración para todas las naciones" (11:17), comienza a ser una realidad.

La sepultura (15:40-47)

Horrorizadas, las mujeres que han seguido a Jesús desde Galilea miran la ejecución desde lejos (15:40) y también su sepultura (15:47).[30] A diferencia de los discípulos, ellas no han desaparecido de la escena,

---

28. Josefo, *G.* 5.5.4 §§ 212-14.
29. "Hijo de Dios" no va precedido de artículo definido, por lo que cabe la posibilidad de que tan solo quisiera decir que era un hombre divino. Pero en 1:1 ocurre lo mismo, y claramente significa "el Hijo de Dios". Ver la explicación que aparece en Gundry, *Mark*, 951.
30. María era un nombre común. La María que se menciona en 15:40 podría referirse a la esposa, madre o hija de Jacobo el joven y madre de José; o a dos mujeres, una la

pero no están lo suficientemente cerca como para dar testimonio de su amor y su apoyo. Mantenerse a distancia puede ser una muestra de delicadeza, para no ver su desnudez. Sin embargo, su posición es similar a la de Pedro, que siguió a Jesús "de lejos" para que nadie supiera que era seguidor de Jesús (14:54). Son testigos de su muerte, pero no hacen una confesión como la del centurión. Marcos alaba la forma en la que han servido a Jesús en el pasado. Le seguían en Galilea, "lo habían atendido" y habían subido con él a Jerusalén. Los únicos que atienden las necesidades de Jesús son los ángeles (1:13), la suegra de Pedro (1:31), y estas mujeres que también lo harán una vez está muerto.

José de Arimatea (supuestamente de Ramatayin, al este de Jope, 1S 1:1) toma la iniciativa de dar sepultura al cuerpo de Jesús. Es el tercer personaje que, de forma excepcional, emerge de entre las filas de los enemigos. Primero fue el maestro de la ley al que Jesús le dijo que no estaba lejos del reino de Dios (12:28-34), luego el centurión que confesó que Jesús era el Hijo de Dios (15:39). Ahora, José de Arimatea se atreve a pedir el cuerpo de Jesús y le da sepultura corriendo con todos los gastos (ver Hch 8:2; 13:29). Un desconocido, Simón, cargó la cruz en la que ejecutaron a Jesús; otro desconocido bajó su cuerpo de aquella cruz, para enterrarlo.

Marcos describe a José como un "miembro distinguido del Consejo". Podría ser miembro del consejo de su pueblo, pero lo más natural es que el lector interpretara que se trataba de un miembro del consejo que condenó a Jesús por blasfemo (14:64). Marcos añade "que también esperaba el reino de Dios". Esta expresión lo describe como un hombre piadoso (ver la descripción de Simeón y de Ana en Lucas 2:25, 38), que explicaría su motivación para pedir el cuerpo de Jesús. Lo que hace entraña cierto riesgo, porque Marcos dice que "se atrevió" a pedirle el cuerpo a Pilato. Los romanos no tenían miramientos y podían dejar a las víctimas en la cruz durante días. Horacio menciona a alguien que le dice a su esclavo: "Estarás colgado de la cruz hasta que los cuervos te devoren".[31]

Siguiendo Deuteronomio 21:23, los judíos creían que estaban obligados a enterrar el cuerpo de los criminales el mismo día en que morían; incluso si se trataba de sus enemigos. Filón interpreta libremente el tex-

---

esposa, madre o hija de Jacobo el joven, y la otra, la madre de José. Pero parece que la mejor opción es la primera: "María, la madre de Jacobo el joven y de José".

31. *Epístolas* 1.16.48.

to aplicándolo a los asesinos que morían crucificados. Y lo parafrasea de la siguiente forma: "No dejéis que se ponga el sol sobre los crucificados, sino enterradlos en la tierra antes del anochecer".[32] Generalmente, la familia o amigos se armaban de valor para pedir el cuerpo (ver los discípulos de Juan el Bautista, Mr 6:29), pero la familia y los amigos de Jesús no lo hacen.

Pedir el cuerpo de alguien que ha sido ejecutado por alta traición era arriesgado. Te podían identificar con él y podías acabar igual que él. Pero como miembro del Consejo que condenó a Jesús a muerte, José estaba libre de sospecha. Lo único que quiere Pilato es asegurarse de que Jesús está muerto. El centurión que confiesa que Jesús es el Hijo de Dios dice que Jesús está muerto. La rapidez con la que ha muerto Jesús (15:44) sorprende a Pilato tanto como su silencio ante los que lo acusan (15:5). Que Pilato entregue el cuerpo de Jesús inmediatamente, sin reparos, o bien confirma que no creía que Jesús fuera culpable, o bien sugiere que es sensible a la cultura judía.

Durante la Pasión y las horas que dura la crucifixión, Marcos ha ido marcando los tiempos metódicamente. La Pasión empezó el atardecer en el que Jesús se reunió con sus discípulos para la última cena (14:17); ahora acaba el atardecer en el que le dan sepultura. La información que encontramos en 15:42 de que era el atardecer del día de preparación (la víspera del sábado) es útil para entender la acción de José. No se podía dejar el cuerpo allí colgado después de la puesta del sol; si se dejaba, la tierra quedaría contaminada (Dt 21:23). Pero estaba prohibido celebrar la sepultura el sábado, que empezaba con el brillo de la primera estrella. Marcos dice que José (supuestamente con la ayuda de algunos sirvientes) envolvió el cuerpo en una sábana de lino que acababa de comprar y lo enterró en una tumba cavada en la roca.

El relato de la crucifixión de Jesús tal como Marcos lo cuenta es tan sombrío como la oscuridad que cubrió la tierra hasta la hora novena. Jesús llegó, murió totalmente solo, traicionado, abandonado, rechazado por sus seguidores. Su propio pueblo lo negó. Fue su propio pueblo quien pidió su muerte. Después de que se burlaran de él, lo apalearan y le escupieran, Jesús se enfrentó a una

---

32. *De specialibus legibus* 3.151-52.

muerte humillante y espantosa solo, aislado de toda la raza humana. No hubo un "ladrón bueno" que lo defendiera ni amigos cercanos o familiares que lo acompañaran de cerca. Hubo un grupo de mujeres fieles en medio de la desesperación, pero se quedaron mirando desde lejos. Jesús no pronuncia de forma serena "Padre, en tus manos encomiendo mi Espíritu" (Lc 23:46) ni tampoco pronuncia la nota de victoria final "Todo se ha cumplido" (Jn 19:30). En lugar de oír una voz del cielo que lo reconoce como Hijo, Marcos recoge un grito atormentado desde la cruz que pregunta por qué ha sido abandonado. En la cruz, el mal envolvió a Jesús, y no debemos permitir que ningún tipo de sentimentalismo suavice o esconda la crudeza de esa dura imagen.

Tenemos aquí el clímax de la ceguera y la maldad humana cayendo de forma brutal sobre el Hijo de Dios; la muestra de un mundo que está del revés. Jesús, un rey que muere como un criminal. Jesús, el Mesías que fue rechazado por la gente a la que vino a rescatar. Jesús, el poderoso Hijo de Dios que no usó su poder para beneficiarse a sí mismo, sino que aparentemente murió totalmente indefenso. Todos los símbolos tradicionales, invertidos. La debilidad es una señal de poder. La muerte es el medio para llegar a la vida. El abandono por parte de Dios hace posible la reconciliación con él. Los verdugos que ejecutaron a Jesús no se dieron cuenta de que estaban cumpliendo la voluntad de Dios (14:36) y que Jesús se sometió de forma voluntaria a Dios como el Hijo obediente (10:45). Tampoco se dieron cuenta de que esa muerte no era el final de Jesús. De hecho, fue el final del orden que ellos representaban. No podían imaginar que una muerte como esa, marcada al parecer por la impotencia, era un reflejo del carácter y del poder de Dios.

De esta sección se desprenden tres cuestiones teológicas: el grito de Jesús, el velo del templo rasgado, y la confesión del centurión. Analizaremos las tres en ese orden.

El grito de Jesús en la cruz

Existe mucho debate en torno al significado de la pregunta que Jesús gritó desde la cruz. En primer lugar, deberíamos admitir que puede que nunca lleguemos a entender el misterio que hay detrás de esas palabras. No obstante, podemos considerar las interpretaciones principales.

Los que dicen que solo deberíamos interpretar las palabras que Marcos cita e ignorar el resto del Salmo 22 no se ponen de acuerdo en cuanto al significado de esas palabras. Algunos explican el grito desde la perspectiva de la ira santa de Dios y de la naturaleza del pecado, que levanta una barrera de separación entre el pecador y Dios (ver Is 59:2). En la cruz, Jesús bebió la copa amarga de la ira divina y tomó nuestro lugar, del mismo modo en que había tomado el lugar de Barrabás, para recibir el juicio por el pecado que nosotros merecíamos. Pablo escribe: "Al que no cometió pecado alguno, por nosotros Dios lo trató como pecador, para que en él recibiéramos la justicia de Dios" (2Co 5:21; ver también Gá 3:13). Según ellos, la oscuridad que cubrió la tierra significa el juicio de Dios, y Jesús estaba en el banquillo. Como sustituto de los pecadores, recibió el castigo que nosotros merecíamos, y su grito fue provocado por el horror profundo que sintió al experimentar lo que supone estar separado de Dios. Se encontró con el mal que hay dentro y fuera del alma de los seres humanos y gritó cuando sintió que Dios le daba la espalda al mal, mientras él moría sobre el madero de la cruz (Dt 21:23; Gá 3:13). En ese horroroso instante, Jesús soportó, él solo, el mayor de los castigos y gritó como alguien que, abandonado por Dios, se precipita a un terrible abismo. Calvino explica que "si Cristo solo hubiera muerto de forma física, no habría servido de nada [...]. Si su alma no hubiera experimentado el castigo, solo habría sido el Redentor de nuestros cuerpos".[33]

Muchos cuestionan esta interpretación diciendo que "no encaja con el amor de Dios ni con la unidad de propósito con el Padre manifestado en el ministerio expiatorio de Jesús".[34] Si citamos 2 Corintios 5:21, también podemos citar 5:19: "En Cristo, Dios estaba reconciliando al mundo consigo mismo". Para algunos es difícil aceptar que Jesús, que había sido traicionado, abandonado, denunciado, rechazado, despojado y ridiculizado por los seres humanos, también fuera abandonado por Dios en ese momento de necesidad. Había claras indicaciones de que el Hijo del Hombre iba a sufrir e iba a ser humillado, pero eso no incluía ser abandonado por Dios. Argumentan que en el Evangelio de Marcos no hay nada que diga que la ira santa de Dios requería que este le diera la espalda al pecado. Por tanto, interpretan las palabras de Jesús como un grito humano de desesperación frente a la derrota y el abandono. La

---

33. Juan Calvino, *Institución de la religión cristiana*, 2.16.10 y 12; citado por John R. W. Stott, *La cruz de Cristo* (Ediciones Certeza, 1996), p. 81 de la edición en inglés (InterVarsity, 1986).
34. Taylor, *Mark*, 594.

confianza que Jesús había puesto durante todo su ministerio en la venida del reino de Dios desaparece de repente.

Albert Schweitzer interpretó la muerte de Jesús de esta forma, diciendo que esperaba la venida del reino de Dios y tomó

> las ruedas del mundo para ponerlo en movimiento en aquella última revolución que iba a poner fin a la historia tal y como la conocemos. Pero las ruedas no giraban, así que Jesús se lanzó contra ellas. Entonces empezaron a girar; y lo aplastaron.[35]

Por eso defendía que Jesús murió en la cruz "con un grito atroz, sin esperanza de traer el nuevo cielo y la nueva tierra".[36] En ese momento, la oscuridad que había cubierto la tierra penetró en su corazón.

Otros creen que quizá Jesús creyó que Dios le había fallado, o que de algún modo él le había fallado a Dios. El reino no había llegado, y a medida que su agonía le hacía perder más y más el sentido de comunión con el Padre, se sintió más abandonado. Jesús se sintió completamente abandonado por Dios, pero se negó a soltarse y gritó "Dios mío". Broadus comenta:

> Si alguien se pregunta cómo pudo Jesús sentirse abandonado, hemos de recordar que estamos ante un cuerpo y un alma humanos sufriendo; un alma humana pensando y sintiendo dentro de las limitaciones humanas (Mr 13:32), psicológicamente hablando idéntica en sus acciones a otras almas devotas en momentos de intenso dolor.[37]

En medio del odio y de la violencia humana, puede parecer que Dios está ausente; pero nunca estuvo tan presente como cuando Jesús murió en la cruz. Dios no es un Dios que abandona.

Watson va más allá y desafía a aquellos que intentan mitigar el desespero existencial de Jesús, diciendo que tan solo se sintió abandonado. Dice que la crucifixión en Marcos tira por tierra la visión ingenua de

---

35. Albert Schweitzer, *The Quest for the Historical Jesus: A Critical Study of Its Progress from Reimarus to Wrede* (Nueva York: Macmillan, 1968), 370-71.
36. *Ibíd.*, 255, 285.
37. John A. Broadus, *The Gospel of Matthew* (Filadelfia: The American Baptist Publication Society, 1886), 574.

un mundo sostenido por un Padre celestial que nos ama y nos cuida. Escribe:

> El Dios al que antes se dirigía como "Abba" le ha dado incomprensiblemente la espalda y ha escondido su rostro. Es un momento de desconcierto, pero también de entender la realidad de que Dios ha abandonado a este mundo. La única solución al problema es una pregunta, "¿Por qué...?", y el "grito" igualmente elocuente con el que Jesús muere.[38]

Para Watson, el grito significa que "el abandono de Dios" es "un aspecto ineludible de la realidad". Según él, la historia de Jesús deja claro lo mismo que encontramos en la antigua historia de Job: "El mundo no apunta a la existencia de una providencia racional y amorosa, y tenemos que aceptarlo".

Hooker comenta que "esas palabras son un comentario teológico profundo sobre la unión de Jesús con la humanidad y sobre el significado de su muerte, que supone una identificación total con la desesperación humana".[39] Los primeros lectores, que también estaban experimentando la falta de seguridad y el sentido de abandono, se identificarían con esa desesperación. Tolbert comenta:

> El contenido del grito que Jesús profiere desde la cruz, expresando que ha sido abandonado por Dios, da a sus seguidores la seguridad de que la peor desolación imaginable, el peor aislamiento cósmico, puede soportarse de forma fiel. ¿Qué es la separación de la familia y la traición o el rechazo de los amigos en comparación a ese momento atemporal de vacío en el que el Hijo de Dios fue abandonado por Dios?[40]

Otros intérpretes enfatizan que las últimas palabras de Jesús no son propias, sino del salmista (Sal 22:1). Pero si solo fuera un grito existencial de angustia personal, ¿por qué Jesús no usó *Abba* como hizo en Getsemaní? Una respuesta podría ser que se sentía lejos de *Abba*, quien no respondió a su oración. Una respuesta más probable es que la familiaridad de Jesús con las Escrituras le hizo pensar en ese lamento en cuestión, un clásico a la hora de expresar angustia.

---

38. Francis Watson, "Ambiguity in the Marcan Narrative", *Kings Theological Review* 10 (1987): 15.
39. Hooker, *Mark*, 375.
40. Tolbert, *Sowing*, 286-87.

En mi opinión, lo más probable es que Jesús, que vivía de acuerdo a las Escrituras y creía que él era su cumplimiento (14:49), se volviera a ellas en momentos de dificultad para encontrar consuelo. Marcos nos dice que cuando Jesús gritó era la hora novena, la hora de la oración (*cf.* Hch 3:1), y Jesús pronunció la oración del justo que sufre, del que confía totalmente en la protección de Dios. El salmo 22 le viene a la mente de forma natural, porque se están burlando de él (Sal 22:7-9), las fuerzas lo han abandonado (22:15-16), le han traspasado las manos y los pies (22:16) y han repartido sus ropas (22:18). Por tanto, Jesús no solo dejó ir un alarido angustioso, sino que de forma deliberada citó un lamento que empieza como una expresión de dolor y acaba con la confianza de que Dios lo va a librar. ¿Por qué iba Jesús a gritar a un Dios ausente, a menos que creyera que estaba ahí para escucharlo y que era capaz de liberarlo? Senior escribe:

> Estas palabras son, en efecto, la versión final de la oración en Getsemaní donde, también en un "lamento", Jesús muestra una confianza inquebrantable en su Padre aún cuando siente el horror de saberse tan cerca de la muerte (14:32-42).[41]

Algunos preguntan, razonablemente, por qué iba Jesús a citar el principio del salmo 22 si se estaba refiriendo a la parte final del salmo. No se podía esperar que una persona que estaba muriendo en una cruz, en medio del dolor extremo y la asfixia, recitara todo el salmo. Como las Escrituras hebreas no tenían la división por capítulos y versículos, para referirse a un pasaje normalmente se decía el primer versículo o alguna frase o expresión clave. Podemos ver un ejemplo de esta práctica en Marcos 12:26, cuando Jesús hace referencia a un pasaje específico diciendo "en el libro de Moisés, en el pasaje sobre la zarza". En ese caso, describe el pasaje haciendo referencia a una expresión clave. Los judíos en tiempos de Jesús estaban inmersos en las Escrituras del mismo modo en que hoy estamos inmersos en la televisión y las películas, y sabrían que el Salmo 22 empieza con desesperación pero acaba con una nota de triunfo.

Dicho de otro modo, al usar el Salmo 22, Jesús escogió quejarse de forma audible de su sufrimiento y tragedia, y a la vez mirar más allá y expresar su fe en el Dios que vindica al justo. Se identifica con el justo que sufre: se duele en medio de la prueba, pero su intimidad con Dios le

---

41. Senior, *The Passion of Jesus*, 124.

da la libertad de expresar su queja de forma franca y de pedirle a Dios que lo libere. Acepta el sufrimiento, confiando que la intervención de Dios vendrá a través de su muerte. Si entendemos este grito como una oración, Dios responde de inmediato. La oscuridad que había durado desde la hora sexta hasta la novena desaparece, y los sucesos que tienen lugar a continuación revelan de una forma impresionante que su confianza en la vindicación de Dios no ha sido en vano. "Porque él no desprecia ni tiene en poco el sufrimiento del pobre; no esconde de él su rostro, sino que lo escucha cuando a él clama" (Sal 22:24).

Marcos presenta la actitud de Jesús durante la Pasión como un modelo para sus seguidores. Cuando se enfrentó a la prueba, Jesús oró. Cuando fue llevado ante las autoridades y lo juzgaron, dio testimonio de quién era sin temor alguno. Cuando lo apalearon y se burlaron de él, soportó el sufrimiento sin contestar ni denigrar a los que de él se burlaban. También deberíamos aprender a enfrentar la muerte y el sufrimiento mirando la forma en la que murió. Por tanto, Marcos no solo presenta la muerte de Jesús como una transacción. Está claro que no quiere que sus lectores piensen que a Jesús le faltó fe y que al final murió falto de esperanza. Jesús amonestó a sus discípulos por su falta de fe (4:40) y animó a otros a tener fe en medio de la aflicción (9:23) y de situaciones humanamente insuperables (11:23-24). El centurión no hizo aquella confesión "porque vio a un hombre morir en total abandono".[42] Jesús aceptó con dolor la voluntad de Dios y bebió la copa amarga. A diferencia de los discípulos, comprendió totalmente la necesidad de la cruz y no esperó de Dios un plan alternativo.

Los primeros lectores del Evangelio de Marcos conocían la prueba y la tribulación. Literalmente, cabía la posibilidad de que tuvieran que llevar su cruz para morir del mismo modo que su Señor. En la descripción de la muerte de Jesús que Marcos hace podían ver a alguien que fue obediente hasta la muerte, porque confiaba en Dios. Pero también, a alguien que verbalizó en voz audible su lamento. Cuando el dolor y la prueba llegan, Dios no espera que nos mantengamos impasibles, indiferentes ante el dolor, o que nos comportemos "como un hombre". Aprendemos que podemos descargar nuestros sentimientos y quejarnos de forma audible ante Dios. En el Antiguo Testamento hay muchos otros textos que enseñan sobre la expiación. Este texto es mejor usarlo

---

42. Matera, *The Kingship of Jesus*, 137.

para ayudar a aquellos que están sufriendo y han experimentado una pérdida y sienten que Dios está lejos.

El velo del templo rasgado

Si Marcos explica que el velo del templo se rasgó de arriba a abajo, no es simplemente para ofrecernos una descripción detallada. "El velo rasgado revela parte del misterio del Cristo agonizante".[43] Todos sabemos que los lectores modernos necesitan ver un plano del templo para llegar a apreciar el significado de lo que ocurrió; pero lo que muchas veces no pensamos es que para los primeros lectores de Marcos tampoco fue evidente. Geddert hace una lista de treinta interpretaciones distintas, organizadas en cuatro categorías.[44] Algunas de esas interpretaciones no son mutuamente excluyentes y merecen reflexión. Matera admite que el velo rasgado "es una imagen muy rica con polos positivos y polos negativos".[45] Cuando el velo se rasga, algo se destruye; pero también queda a la vista algo que antes estaba escondido. Las imágenes positivas y negativas del velo rasgado sugieren que la muerte de Jesús también tiene un impacto tanto positivo como negativo.

En el lado positivo, el velo rasgado es símbolo de una nueva revelación. El velo que resguardaba la parte más santa del templo, en la que residía la gloria de Dios, ha desaparecido. El velo del secretismo ya no está, y todos pueden ver la faz de Dios y el amor de Dios en la muerte de Jesús. Ahora, los seres humanos pueden saber y confesar lo que ya se había anunciado desde el cielo (1:11, 9:7) y lo que solo los demonios sabían: Jesús es el Hijo de Dios, que fue obediente hasta la muerte, y muerte de cruz. ¡Hasta un rudo centurión, portavoz del mundo gentil, reconoció ese hecho! Hacia el final de la película *El mago de Oz*, la cortina que esconde al temido mago se rasga y se descubre que todo es un fraude. Sus poderes no eran más que trucos. Pero cuando Jesús murió en la cruz, la cortina abierta en dos deja ver a un Dios todopoderoso, a un Dios de Amor.

En segundo lugar, el velo rasgado deja escapar algo. La gloria de Dios no se puede confinar a un altar nacional hecho de piedra. Una vez el velo se rasga, la gloria de Dios sale disparada e inunda el mundo. En el bautismo de Jesús, los cielos se abrieron y el Espíritu descendió sobre

---

43. Gérard Rossé, *The Cry of Jesus on the Cross* (Nueva York /Mahwah: Paulist, 1987), 20.
44. Geddert, *Watchwords*, 141-43.
45. Matera, *The Kingship of Jesus*, 139.

Jesús. Del mismo modo, cuando el velo se abrió algo salió del Lugar Santísimo para llenar el mundo. La presencia protectora de Dios ya no está confinada en una habitación que solo recibía la breve visita del sumo sacerdote una vez al año.

En tercer lugar, el velo rasgado significa que la barrera entre Dios y la humanidad ha desaparecido. La expiación es para todos. Los sacerdotes ya no pueden bloquear el paso a nadie. El autor de Hebreos recoge esta idea (6:19-20; 9:3, 7-8, 12, 24-28; 10:19-20). El velo del templo rasgado significa que ahora todos tienen acceso directo al Dios de la gracia que ha permitido que su Hijo muera por los pecados de muchos. Los gentiles, que antes ni siquiera podían entrar en el santuario, también pueden entrar en el Lugar Santísimo. La confesión del centurión gentil apunta a esa realidad: los gentiles también están incluidos en la salvación que la muerte de Jesús ha logrado.

En cuarto lugar, el velo rasgado marca el final del viejo orden. El velo no solo está abierto. Está rasgado en dos, de arriba abajo; ha sido destruido. Que se haya rasgado "de arriba abajo" quizá quiera ilustrar que Dios envía su juicio desde el cielo, representando así la condenación divina de los rituales del templo. El sistema de sacrificios de este ya no es necesario. En última instancia, Dios abandona el templo, no a Jesús. Él será resucitado; el templo, destruido (Mr 13:2), y su servicio juzgado y abolido. El edificio en sí no es santo. Así, el velo rasgado confirma las palabras de Jesús sobre el templo (13:1-2; 14:58; 15:29).

La confesión del centurión

Justo antes de morir, Jesús se atrevió a preguntarle a Dios "¿Por qué? [¿Cuál es la razón?]" (15:34). La confesión del centurión nos da la respuesta: su muerte transformará a otros y los llevará a creer.[46] El soldado gentil oyó el mismo grito que los demás espectadores; ¿por qué reconoció que Jesús era el Hijo de Dios, en lugar de burlarse como hicieron los otros? No había visto los milagros de Jesús ni había escuchado lo que Jesús había dicho sobre su muerte, sino que solo fue testigo de las burlas y de su ejecución. Si alguien así pudo creer que Jesús es el Hijo de Dios solo por ver cómo murió, entonces cualquier persona puede llegar a creer. La muerte de Jesús significa que el césar y los valores sobre los que ha construido su mundo están en peligro de extinción. Y enseña a los primeros lectores del Evangelio y a los del siglo XXI que

---

46. Geddert, *Watchwords*, 302, n. 103.

la obediencia fiel hasta la muerte, desprovista de maravillosas obras de poder, puede convertir incluso al verdugo. Los cristianos pueden ganar el mundo, no venciéndolo a través de la violencia, sino conquistándolo a través del amor y de la obediencia a Dios.

Para hacer esa confesión, el centurión tuvo que cambiar su percepción de las cosas y de aquello que gobernaba su vida. Como centurión, había jurado lealtad al emperador, y representaba el poder imperial. Para los romanos, "el concepto de poder era la idea central en la definición de deidad",[47] y el título "Hijo de Dios" pertenecía solo al emperador, que era la personificación de la majestuosidad de Roma. El centurión cambió de opinión en cuanto a Jesús, pero también en cuanto a qué significaba ser un hijo de Dios. Ahora, para él la divinidad ya no estaba asociada al esplendor y al poder militar de un imperio, sino que residía donde no había muestra visible de esplendor ni poder.[48]

Por tanto, hay un fuerte contraste entre el centurión y los que querían ver grandes demostraciones de poder. Negarse a creer si Dios no da una demostración obvia que responda a nuestros criterios terrenales es totalmente opuesto a la fe. El que dice "Dame una señal, y entonces creeré" no creerá nunca, aunque se le den un sin fin de señales. "La fe no es una cuestión de ver para poder creer, sino de confiar hasta la muerte".[49] Tenemos que llegar a ver que es precisamente aquí, en la oscuridad, en la bajeza, en la humillación y en la impotencia de la cruz (y no en grandes demostraciones de poder), donde Dios muestra su poder sobre Satanás y la humanidad.

Para hacer esa confesión, el centurión también tuvo que revisar su comprensión del poder ya que aquel que Roma representaba era coercitivo. Sometía a las personas haciendo uso de la fuerza. La muerte de Jesús ejerce un poder diferente a la fuerza a la que el centurión servía, y distinto al que él mismo había ejercido. Supo ver que el poder verdadero, revelado en la cruz, no es coercitivo, explotador ni manipulador. El poder al que servía aplastaba a los demás y transformaba la vida en muerte. El poder de la cruz se da a los demás y transforma la muerte en vida.

---

47. J. R. Fears, "Rome: The Ideology of Imperial Power", *Thought* 55 (1980): 106.
48. Lightfoot, *The Gospel Message of St. Mark*, 58.
49. Matera, *Passion Narratives*, 44.

Hay una característica de la muerte de Jesús que el centurión no tuvo que revisar; no solo eso, sino que además reforzó la idea que ya tenía. Como soldado, entendía y apreciaba la necesidad de la obediencia absoluta (ver Mt 8:9). En la muerte de Jesús vio a alguien que había sido fiel a la misión que se le había encomendado. Hoy día, deberíamos animar a los espectadores a revisar su falsa visión de la naturaleza de la divinidad y del poder, y reforzar la comprensión que ya tienen de la obediencia.

Significado Contemporáneo

La descripción que Marcos hace del sufrimiento de Jesús en la cruz es desoladora pero evita el sensacionalismo. Su relato conciso y sobrio tiene un enorme poder, aunque no incluye ninguna descripción gráfica sobre la agonía física de Jesús. Evita el sentimentalismo, pero a la vez no incita al odio hacia los autores del crimen. Allí estaba teniendo lugar algo mucho más profundo que una espantosa ejecución, y Marcos se centra en el significado teológico de la muerte de Jesús. La cruz es el lugar en el que la humanidad arroja violentamente su ira ciega contra Dios, y Marcos no lo esconde. La historia del evangelio menciona muchos de los pecados que llevaron a Jesús a la cruz: el orgullo, la envidia, los celos, la traición, la crueldad, la avaricia, la indiferencia, la cobardía y el asesinato. Para completar la lista, tan solo hemos de añadir nuestros propios pecados.

La escena ante la cruz muestra tanto a no religiosos como a religiosos abriendo heridas en el corazón de Dios. Los principales líderes religiosos de Jerusalén se unieron al pie de la cruz para insultar e injuriar llenos de resentimiento y de deseo de venganza. Los soldados no hacían caso a lo que ocurría en su presencia, porque estaban concentrados en repartirse las pertenencias de Jesús. Lo único que les importaba era sacar algo más de beneficio en aquella jornada laboral. Ese tipo de avaricia mezquina no ha desaparecido del corazón del ser humano. Solo tenemos que recordar las fotos de las pilas de joyas, ropa y pelo que los trabajadores de los campos de exterminio reunieron de entre las pertenencias de los desafortunados prisioneros judíos.

Los dos bandidos no entendieron que Jesús estaba dando su vida por los pecadores, y se unieron a los insultos e injurias. Otros se acercaron a la cruz para divertirse. Pensaban que ya había un veredicto, y que Jesús era el perdedor. Esa gente no podía ver por qué alguien iba a querer salvar a otros antes que a sí mismo. Hay un viejo espiritual negro que dice "Were you there when they crucified my Lord?" (¿Estabas allí cuando crucificaron a mi Señor?), y la respuesta es "Sí". Y no estábamos allí acompañándolo y animándolo con himnos, precisamente. Los seres humanos aún necesitamos ser librados de la garra del maligno. Cuando miramos a nuestro alrededor, vemos que "se pervierte la justicia, se tuerce la verdad, y reina la maldad. Se acalla la protesta de los hombres buenos; pocos son los que valientemente se mantienen junto a la cruz".[50]

(1) La cruz revela la verdad sobre la humanidad, pero también sobre el increíble poder de Dios. Este toma la burla, los insultos que le escupen a Jesús, y los convierte en proclamación de las buenas nuevas: "Salvó a otros... pero no puede salvarse a sí mismo". Si hubiera tenido una lápida, esa burla habría sido un epitafio perfecto. El poder de Dios absorbe la toxina del pecado y el odio humano, y lo convierte en salvación para todos lo que pongan su confianza en un Dios que ama hasta ese punto y obra de esa forma. El evangelio es la única explicación lógica de un mundo tan feo y tan bello a la vez. Después del horror del holocausto, un escéptico judío dijo que el único Dios en el que podía creer era un Dios que conoce de primera mano lo que significa ser un niño judío enterrado vivo y ser una madre judía que ve cómo matan a su hijo. La cruz revela que Dios sí conoce esa tragedia y la usa para salvar al mundo de sí mismo. ¿Quién creería que una muerte tan horrible podía traer bendición al mundo?

(2) La cruz revela el increíble amor de Dios. Vemos quién es Dios realmente cuando vemos al Hijo de Dios gritando desde la cruz y luego resucitado en gloria, y cuando oímos la oferta de perdón por nuestros pecados que resuena aún más fuerte. En el poema de Kipling "Cold Iron" (Hierro frío), un barón que se había revelado contra su rey se jacta de su arsenal: "El hierro, el hierro frío, es el amo de la humanidad". Cuando fue derrotado, en lugar de vengarse, el rey vencedor lo invitó a un banquete.

> Tomó el vino y lo bendijo. El pan bendijo y lo partió.
> Unas palabras dijo, mientras con sus manos los sirvió:
> ¡Ved! Estas manos perforaron con clavos, fuera de mi ciudad.

---

50. E. M. Blaiklock, *The Young Man Mark* (Exeter: Paternoster, 1963), 19.

Muestran que el hierro, el hierro frío, es el amo de la humanidad.

El poema concluye: "Pero el hierro, el hierro frío, es el amo de la humanidad/Los clavos de hierro del Calvario son los amos de la humanidad".[51]

(3) La cruz revela que, en nuestro mundo, las cosas nunca son lo que parecen. Se diría que Dios está ausente. Pero Henri Nouwen escribe: "Allí donde la ausencia de Dios se expresó de la forma más aterradora, la presencia de Dios se reveló de la forma más profunda".[52] Parecía que los líderes religiosos habían ganado. Jesús está muerto, enterrado, y han evitado que el pueblo se amotine (14:2) y se despierte la ira de los romanos. Hoy, los que se jactan de sus triunfos políticos logrados con astucia y estratagemas pueden pensar que han ganado, del mismo modo en que los labradores malvados pensaron que se quedarían con la viña si mataban al hijo. La realidad es que esos líderes corruptos fracasaron. Jesús no se quedó en la tumba, y no pudieron hacer nada para detener el poder de Dios que su resurrección desencadenó o el movimiento guiado por el Espíritu de aquellos que creían en él. Tampoco pudieron hacer nada para evitar la nefasta rebelión contra el gigante romano que provocó la destrucción del templo, el centro neurálgico de su poder. Dios está al mando y lleva a cabo sus propósitos, planeados desde antes de la creación.

(4) La cruz revela que el amor y el poder de Dios pueden conquistar a aquellos que pensamos que nunca aceptarían a Jesús. Las reacciones del centurión que crucificó a Jesús, y de José, el rico y respetado miembro del Consejo que condenó a Jesús, nos dicen que no podemos descartar a nadie, ni siquiera a un enemigo. El poder del evangelio es tan grande que incluso los que persiguen a los cristianos pueden llegar a ser seguidores de Jesús. No sabemos si el centurión ganó alguna de las pertenencias de Jesús, pero lo que sí sabemos es que se fue de allí con algo mucho más precioso. No dijo que Jesús era inocente o que no merecía aquel final tan terrible. Pero la confesión que hizo es la roca sobre la cual la iglesia está construida. José estaba buscando el reino. No podemos más que imaginar que lo encontró cuando oyó que Jesús había resucitado.

---

51. Rudyard Kipling, *Complete Verse* (Nueva York: Doubleday, 1989), 507-8.
52. Henri J. M. Nouwen, *Reaching Out: The Three Movements of the Spiritual Life* (Garden City, N.Y.: Doubleday, 1975), 91.

(5) La cruz también revela el dolor de la situación humana. El Hijo de Dios tomó nuestra humanidad y absorbió todo el sufrimiento y la angustia del mundo. Cuando el mal lo arrinconó, Jesús oró. Según la tradición judía, la oración tiene diez nombres. El primero de la lista es "clamor".[53] El clamor surge cuando no vemos ninguna muestra de que Dios está a nuestro lado, cuando sentimos que Dios está callado. En algún momento de la vida todos sentimos que estamos solos, que todos nos han abandonado, que hasta Dios nos ha abandonado. ¿Qué hacer cuando estamos abrumados por un dolor inconsolable, cuando nos sentimos completamente abandonados? El sentimiento de derrota puede empujarnos a perder la fe en Dios, pero el clamor de Jesús desde la cruz muestra una fe que no suelta a Dios ni siquiera en medio de la tormenta más dura. Jesús eleva un lamento.

El lamento bíblico empieza invocando el nombre de Dios y dirigiéndole un grito o clamor de angustia, quejándose a él con franqueza. El que clama explica su dolor, expresa su perplejidad ante el aparente triunfo de sus enemigos, y pide a Dios con urgencia que lo libere. El lamento concluye con una expresión de confianza, gratitud, y seguridad de que Dios ha escuchado la plegaria. Hoy, muchos cristianos temen alzar su voz para clamar o reprocharle a Dios que no los haya rescatado. Algunos creen que no pueden expresar sus emociones así, de una forma tan abierta, sobre todo si se trata de enfado. Creen que mostraría una falta de fe, o que sería una blasfemia. Pero, en realidad, esa timidez podría reflejar el pensamiento de que Dios se puede distanciar de nosotros, y, en ese caso, lo que ocurre es que temen que si se quejan demasiado en el momento de la prueba, Dios los va a rechazar. Pero pensemos en los niños pequeños que no dudan en ir a sus padres a contarles sus quejas. Cuando se guardan el dolor para sí, es porque ha habido algún tipo de abuso y creen que a sus padres no les importa lo que les ocurra. Clamar a Dios cuando nos vemos abrumados por el mal y el dolor es una señal de intimidad con Dios y de una fe robusta.

Aunque a nosotros sí nos sorprenda, la oración de Jesús no sorprendió a los que estaban familiarizados con el Antiguo Testamento. Wink observa que "la oración bíblica es impertinente, persistente, descarada, indecorosa. Se parece más al regateo en un bazar oriental que a los

---

53. *Sipre Deut* 3:23 § 26, en Brown, *The Death of the Messiah*, 2:1044, n. 34.

monólogos educados que oímos en las iglesias".⁵⁴ Por ejemplo, Moisés clamó a Dios (Éx 5:22-23):

> Moisés se volvió al Señor y le dijo:
>
> "¡Ay, Señor! ¿Por qué tratas tan mal a este pueblo? ¿Para esto me enviaste? Desde que me presenté ante el faraón y le hablé en tu nombre, no ha hecho más que maltratar a este pueblo, que es tu pueblo. ¡Y tú no has hecho nada para librarlo!".

> Josué se quejó así (Jos 7:7-9):
>
> "Señor y Dios, ¿por qué hiciste que este pueblo cruzara el Jordán, y luego lo entregaste en manos de los amorreos para que lo destruyeran? ¡Ojalá nos hubiéramos quedado al otro lado del río! Dime, Señor, ¿qué puedo decir ahora que Israel ha huido de sus enemigos? Los cananeos se enterarán y llamarán a los pueblos de la región; entonces nos rodearán y nos exterminarán. ¿Qué será de tu gran prestigio?".

Gedeón protestó: "Pero, Señor [...] si el Señor está con nosotros, ¿cómo es que nos sucede todo esto? ¿Dónde están todas las maravillas que nos contaban nuestros padres, cuando decían: '¡El Señor nos sacó de Egipto!'? ¡La verdad es que el Señor nos ha desamparado y nos ha entregado en manos de Madián!" (Jue 6:13).

Job se quejó amargamente al Señor diciendo que lo había abandonado (ver Job 29-31).

Y Jeremías acusó a Dios de engañar a su pueblo (Jer 4:10), y elevó este lamento (14:8-9):

> "Tú, esperanza y salvación de Israel
> en momentos de angustia,
> ¿Por qué actúas en el país como un peregrino,
> como un viajero que sólo pasa la noche?
> ¿Por qué te encuentras confundido,
> como un guerrero impotente para salvar?
> Señor, tú estás en medio de nosotros,

---

54. Walter Wink, *Engaging the Powers: Discernment and Resistance in a World of Domination* (Minneapolis: Fortress, 1992), 301.

y se nos llama por tu nombre;
¡No nos abandones!

Este tipo de lamentos, que eran una parte central de la adoración de Israel, ya no están presentes en nuestra adoración y alabanza. No podemos ocultar el lado doloroso de la vida. En el cuidado pastoral de aquellos que están sufriendo, será importante enseñarles sobre los lamentos que aparecen en la Biblia, sobre las quejas que los personajes bíblicos dirigieron al Señor. No nos quejamos por el mero hecho de quejarnos. Nos quejamos, clamamos a Dios, porque él es el único que puede liberarnos y el único que puede responder a la pregunta "¿Por qué?".

(6) La cruz revela una nueva forma de vivir. Los que se burlan de Jesús asumían que una persona con poder usaría su poder para librarse de cualquier situación que amenazara su vida. Los discípulos sí hicieron caso del llamado a salvarse a sí mismos cuando desaparecieron en la oscuridad, dejando a Jesús solo. Pedro también le hizo caso cuando negó a Jesús tres veces. El sumo sacerdote le hizo caso cuando actuó con rapidez para eliminar a ese peligroso personaje profético. Pilato le hizo caso cuando se negó a defender la justicia. Jesús vive lo que enseña. El que intente salvar su vida la perderá. El que entrega su vida la ganará, y dará vida a otros.

Marcos 16:1-8

Cuando pasó el sábado, María Magdalena, María la madre de Jacobo, y Salomé compraron especias aromáticas para ir a ungir el cuerpo de Jesús. ² Muy de mañana el primer día de la semana, apenas salido el sol, se dirigieron al sepulcro. ³ Iban diciéndose unas a otras: "¿Quién nos quitará la piedra de la entrada del sepulcro?". ⁴ Pues la piedra era muy grande.

Pero al fijarse bien, se dieron cuenta de que estaba corrida. ⁵ Al entrar en el sepulcro vieron a un joven vestido con un manto blanco, sentado a la derecha, y se asustaron.

⁶ —No os asustéis —les dijo—. Buscáis a Jesús el nazareno, el que fue crucificado. ¡Ha resucitado! No está aquí. Mirad el lugar donde lo pusieron. ⁷ Pero id a decirles a los discípulos y a Pedro: "Él va delante de vosotros a Galilea. Allí lo veréis, tal como os dijo".

⁸ Temblorosas y desconcertadas, las mujeres salieron huyendo del sepulcro. No dijeron nada a nadie, porque tenían miedo.

Al final de la historia, las mujeres que siguen a Jesús pasan a ocupar un lugar prominente. Antes de la crucifixión y de la sepultura de Jesús, en el Evangelio no se ha mencionado que Jesús contara con un grupo de mujeres que le seguían. Ahora se convierten en las testigos principales de los sucesos que son el fundamento de la fe cristiana: que Jesús murió, fue sepultado y resucitó (1Co 15:3-4). Que ellas sean las testigos clave es un argumento a favor de la veracidad de lo que Marcos cuenta, pues es impensable que la iglesia primitiva inventara un relato donde la mujer tuviera un papel tan importante para explicar que esos hechos ocurrieron de verdad.¹ El relato que Marcos hace de la Pasión empezó con

---

1. Más adelante la ley judía decía que, salvo en circunstancias excepcionales, para probar la veracidad de un hecho era necesario el testimonio de dos testigos, y que estos fueran hombres (*m. Yebam.* 16:7; *m. Ketub.* 2:5; *m. 'Ed.* 3:6). Es razonable concluir que esta era también la norma que se aplicaba en el siglo I. Para un suceso tan importante para la fe, lo deseable era que los testigos fueran personas de reputación, personas fiables (ver Hch 4:13).

    Marcos insiste en mencionar sus nombres, y lo hace en 15:40, 47 y 16:1. Las diferencias se puede atribuir al estilo: era normal variar para evitar la "repetición monótona" (Adela Yarbro Collins, *The Beginning of the Gospel: Probings of Mark in Context* [Minneapolis: Fortress, 1992], 130). El único que varía es el segundo nombre.

una mujer que unge a Jesús para expresarle su profunda devoción, y él dijo que era una preparación para su sepultura. Acaba con un grupo de mujeres igual de devotas que quieren ungir el cuerpo de Jesús, después de su sepultura. Van al sepulcro con los ungüentos pertinentes, con la esperanza de poder ungir un cuerpo sin vida y maltratado. La lealtad a Jesús es lo que las lleva a la tumba, donde quieren servir a su Maestro por última vez, lo mismo que llevó a Pedro al patio del sumo sacerdote. Sin embargo, vencidas por el miedo se alejan deprisa de la tumba, del mismo modo en que Pedro, vencido por la vergüenza, desaparece apresuradamente en la oscuridad. Su lealtad se ve cuestionada, porque Marcos recoge que ignoran la orden de "ir y decir". No dijeron nada a nadie. El relato de la llegada de las mujeres a la tumba es paralelo al relato de la sepultura de Jesús. Ambas escenas empiezan con una referencia temporal, y forman un quiasmo:

Referencia temporal: El atardecer del día de preparación, la víspera del sábado (15:42)

   A. José, un respetado miembro del Consejo que esperaba el reino de Dios, se presenta ante Pilato y se atreve a pedir el cuerpo de Jesús (15:43).

      B. Pilato se sorprende de que Jesús ya esté muerto, se asegura preguntándole al centurión (15:44), y le entrega el cuerpo a José (15:45).

         C. José compra una sábado de lino, envuelve el cuerpo de Jesús, lo pone en un sepulcro cavado en la roca y hace rodar una piedra a la entrada del sepulcro (15:46).

            D. María Magdalena y María [la madre] de José ven dónde entierran a Jesús (15:47).

Referencia temporal: Ha pasado el sábado... es el primer día de la semana, muy de mañana (16:1-2).

            D'. María Magdalena y María [la madre] de Jacobo (16:1) deciden ir al sepulcro.

         C'. Compran especias aromáticas para ungir el cuerpo de Jesús, van al sepulcro, y comentan entre ellas preocupa-

---

La primera referencia es la más completa (15:40), y la describe como la madre de Jacobo el menor y de José. La segunda referencia es más breve y solo menciona a José (15:47); y la tercera (16:1), a Jacobo.

das: "¿Quién nos quitará la piedra de la entrada del sepulcro?" (16:3).

B'. Descubren que la piedra está corrida (16:4) y se sorprenden al ver a un joven que les dice que Jesús el nazareno, el que fue crucificado, no está muerto, sino que ha resucitado (16:5-6).

A'. Las mujeres huyen temblorosas y desconcertadas y no transmiten a los discípulos que Jesús va delante de ellos a Galilea, porque tenían miedo (no se atreven).

El relato de la resurrección de Jesús

Las referencias temporales ("Era el día de preparación [es decir, la víspera del sábado]") (15:42) y "Cuando pasó el sábado" (16:1)) explican por qué las mujeres no intentan ungir el cuerpo de Jesús antes. El sábado no pueden comprar las especias aromáticas ni pueden recorrer el camino hasta el sepulcro. Pero se ponen en marcha tan pronto como les es posible. No esperan que Jesús resucite, y no van a la tumba para comprobar si se cumple la predicción de que al tercer día iba a resucitar. Marcos deja claro que van el tercer día, porque simplemente les ha sido imposible ir antes.

La salida del sol disipa la oscuridad que cubrió la tierra durante la crucifixión (16:2). El comienzo de esa semana marca un nuevo comiendo para la humanidad: "Si por la noche hay llanto, por la mañana habrá gritos de alegría" (Sal 30:5; ver 59:16; 90:14; 143:8).[2]

Las mujeres aún están muy afectadas, porque no piensan en el obstáculo de la piedra hasta que ya están de camino al sepulcro. Sin embargo, la preocupación que ellas tienen le permite al narrador subrayar que la piedra era muy grande. No se puede apartar fácilmente; va a hacer falta un milagro. Las mujeres no van a la tumba con ningún tipo de esperanza, y la preocupación por la piedra no hace más que añadir dramatismo. Pero cuando se "fijan bien", se dan cuenta de que estaban preocupadas por averiguar cómo entrar a una tumba que ya estaba abierta.[3] Aunque descubren que la piedra está rodada, no están preparadas para lo que ha ocurrido. Llegan al sepulcro preguntándose cómo retirar la piedra; y se marchan preguntándose cómo es que *está retirada*. Llegan al sepulcro

---

2. Gnilka, *Markus*, 2:341.
3. Encontrará una descripción de cómo eran las tumbas en la roca en R. H. Smith, "The Tomb of Jesus", *Biblical Archaelogist* 30 (1967): 80-90.

para ungir el cuerpo de Jesús y descubren que la unción que ha recibido de parte de Dios es aún mayor.

Marcos no explica qué ha ocurrido con la piedra. No le da importancia. El sepulcro está abierto para que las mujeres puedan entrar y Jesús no está ahí. Pero la tumba no está vacía. Cuando miran dentro, las mujeres ven a un joven vestido con un manto blanco sentado a la derecha, el lado del buen augurio. Marcos no dice quién es ese joven, así que las interpretaciones que dicen que este joven es el mismo que huye desnudo en la escena del arresto de Jesús no son más que pura especulación.[4] Es una figura angélica, que trae un mensaje de consuelo típico de los ángeles: "No se asusten" (16:6; cf. Dn 8:17-18; 10:8-12).[5] El arte nos ha llevado a imaginar a los ángeles con alas extendidas y halos. Este ángel no es como los "cuatro seres vivientes" que Ezequiel vio en medio de un viento huracanado, una nube rodeada de fuego y un gran resplandor (Ez 1:4-14). La descripción bíblica de otros ángeles los presenta como criaturas muy semejantes a los seres humanos (Gn 18:2; 19:1-11; Dn 8:15-16; 9:21; 10:5).[6]

El Evangelio de Marcos empezó con el mensajero de Dios anunciando lo que este iba a hacer (1:2-8); y acaba con el mensajero de Dios anunciando lo que él ha hecho. Describe las vestiduras de ambos mensajeros. El vestido de pelo de camello de profeta contrasta con el manto blanco del ángel. El "camino" aparece en ambas escenas: en la primera, el profeta está preparando el camino; en la última, el camino ya está preparado y los discípulos deben ir a Galilea, donde Jesús les espera.

---

4. Por ejemplo, Robin Scroggs y Kent I. Groff ("Baptism in Mark: Dying and Rising with Christ", *JBL* 92 [1973]: 542) describen a esta joven como el cristiano iniciado que se bautiza, dejando a un lado sus ropas, desciende al agua desnudo, y sale vestido con un manto blanco. Dios restaura al joven que perdió su manto, lo ha vestido de forma radiante y lo sienta a la derecha, en cumplimiento de Is 40:30-31. Esta interpretación es el ejemplo claro de una alegorización extrema.
5. El manto blanco es la vestimenta típica de los seres celestiales. Ver Dn 7:9; 2Mac 11:8-10; Hch 1:10; 10:30; Ap 4:4; y las vestiduras de Jesús en la Transfiguración (Mr 9:3).
6. Los únicos que tenían alas eran los serafines, y tenían seis (Is 6:2). El querubín tenía rasgos humanos y animales. En 2Mc 3:26, 33, se describe a unos ángeles del siguiente modo: "dos jóvenes robustos y muy hermosos, magníficamente vestidos". En Tobías 5:4-21, el ángel Rafael aparece como hombre. Según *Bib. Ant.* 9:10, "un hombre vestido de lino" se apareció a Miriam en sueños. Y en 64:6, cuando Saúl le preguntó a la bruja de Endor sobre la apariencia de Samuel, ella le contesta que le está preguntando sobre seres divinos: "porque su apariencia no es la apariencia de un hombre, pues lleva vestiduras blancas cubiertas por un manto, y dos ángeles lo acompañan". Josefo describe al ángel que se le aparece a la mujer de Manoa en Jueces 13:13 diciendo que tenía la apariencia de un joven hermoso (*A.* 5.8.2 § 277).

No obstante, el mensaje del ángel del capítulo 16 es más trascendental que el del profeta Juan. Solo un ser divino puede revelar la verdad divina que está más allá de la experiencia y del conocimiento humano, y el ángel explica el significado de la tumba vacía. También viene a guiar a las mujeres a una nueva misión. Tal como dice Minear, "Dios revela que la resurrección ha tenido lugar para encomendar una tarea".[7] Su saludo les asegura a las mujeres que no se han equivocado de tumba: "Mirad el lugar donde lo pusieron". El ángel también identifica al hombre al que buscan como "Jesús el nazareno" (ver 1:24; 10:47; 14:67), el que fue crucificado y ha resucitado. La forma concisa de anunciar la resurrección de Jesús, "ha resucitado", es similar a la descripción que Marcos hace de la ejecución: "Y lo crucificaron" (15:24). La resurrección elimina el desprecio asociado con el nombre "nazareno" y la deshonra asociada a morir crucificado. Dios da la vuelta al miserable destino de Jesús aquí en la tierra, cumpliendo la predicción que había hecho de que iba a resucitar (8:31; 9:1; 10:34).

A lo largo del todo el evangelio, Jesús va de un lado a otro; nadie cambia después de la resurrección. No se ha quedado en el sepulcro esperando a las mujeres para consolarlas. Y sin embargo la historia no puede acabar con un encuentro gozoso, porque la resurrección es solo el principio del evangelio que se tiene que extender por todo el mundo. La tarea de las mujeres es ir a los discípulos, y, a su vez, la tarea de los discípulos es ir a Galilea. Esta es la primera ocasión en que los seguidores de Jesús reciben la orden de decir algo sobre él. Por tanto, la crucifixión y la resurrección marcan un antes y un después. Ahora ya no hace falta callar (9:9). Como dice Marcus, "Antes Jesús pedía que no dijeran nada y la proclamación pública era desobedecer, y ahora Jesús manda la proclamación pública y no decir nada es desobedecer".[8]

El ángel solo menciona por nombre a Pedro, y podríamos decir que esta última referencia da forma al recurso literario de la inclusión. Pedro es el primer discípulo mencionado en el Evangelio, y el último (1:16; 16:7). La resurrección anula la muerte y la destrucción, y también el pecado. Este último guiño a Pedro habla de su completa restauración, a pesar de su enorme caída. Jesús no abandona a sus discípulos, no se rinde; no importa lo bajo que hayan caído o lo mucho que se hayan equivocado.

---

7. Minear, *Mark*, 134.
8. Joel Marcus, "Mark 4:10-12 and Marcan Epistemology", *JBL* 103 (1984): 573.

El anuncio de que "va delante de vosotros" es tan importante como la frase "No está aquí". El verbo que utiliza (*proago*) no solo significa que Jesús se ha adelantado y llegará antes que sus discípulos. Tucídides usa ese verbo cuando habla de liderar una tropa, y Polibio lo usa para describir a un comandante que dirige un avance.[9] Anteriormente, Jesús había relacionado la promesa de que iría delante de ellos a Galilea con la imagen del pastor (14:27-28). Jesús ha dado de comer a su rebaño (6:34) y ha entregado su vida por ellos, momento en el que ellos se dispersaron. Como el Señor resucitado, las reunirá y las traerá a su redil. Así como el Jesús terrenal dirigió a sus asustados discípulos a Jerusalén yendo delante de ellos (10:32), también el Jesús resucitado va delante de ellos aún hoy, dirigiendo a la Iglesia.

¿Qué significa lo de volver a Galilea? Muchos creen que no solo es una referencia geográfica, sino también una referencia teológica. Algunos dicen que simboliza el llamado a llevar el evangelio de los gentiles. Sin embargo, Marcos nunca describe Galilea como la "Galilea de los gentiles", como hace Mateo (Mt 4:15). De hecho, si hay algo en el Evangelio de Marcos que simboliza la misión a los gentiles son las incursiones de Jesús en territorio no galileo. Otros explican que el verbo "ver" ("allí lo verán") no es una referencia a la resurrección, sino a la parusía (ver Mr 13:26; 14:62). Dicen que esta orden significa que los discípulos (y los lectores del Evangelio de Marcos) deben reunirse en Galilea y esperar allí el clímax escatológico. Pero Marcos tampoco asocia Galilea a la parusía. Por tanto, el verbo "ver" habla de ver al Señor resucitado (ver Jn 20:18, 25, 29; 1Co 9:1).

La orden de ir a Galilea deja una cosa clara: Jerusalén no es el centro de la acción de Dios. El futuro de los discípulos está en otro lugar. Jerusalén se ha convertido en la ciudad del templo infructuoso, del templo condenado, el representante del rechazo del evangelio, el lugar de la salvaje ejecución de Jesús. En el evangelio, Galilea ha sido el lugar del llamamiento, de la fe, la compasión, el poder sanador, la autoridad. Regresando a Galilea, donde Jesús los espera, los discípulos regresan al nacimiento prometedor de su llamado al discipulado. Allí pueden reagruparse y empezar de nuevo el viaje del discipulado.

---

9. Tucídides, *Hist.* 7.6.2; Polibio, *Hist.* 3.60.13; 3.72.8; 4.80.3; 5.7.6; 5.13.9; 5.48.12; 5.57.6; 5.70.12; 9.18.7; 11.20.4; 12.17.3; 27.16.3; 31.17.5.

En Galilea los discípulos verán físicamente a Jesús, pero "ver" también está relacionado con la percepción espiritual (2:5; 4:12; 8:18; 15:39), algo que a los discípulos no se les ha dado muy bien. También lo verán "en el sentido de entender mejor su identidad".[10] Jesús los sanará de su ceguera para que entiendan en plenitud quién es él, qué significan su vida y su muerte, y cómo deben seguirle ahora. La penosa actuación de los discípulos durante la última semana de la vida de Jesús ha dejado clara su pecaminosidad. Ahora Jesús va a reunirlos y hacer un pueblo nuevo que toma su cruz, le sigue y proclama que Dios ha vencido a Satanás, al pecado y a la muerte. Jesús va a abrir sus ojos y sus oídos; y van a saber más sobre su destino.

La conclusión al Evangelio de Marcos

En los manuscritos más antiguos y más fiables, el Evangelio de Marcos acaba en el versículo 8. Ese final tan abrupto ha dejado perplejos a los lectores de todas las épocas. Muchos creen que Marcos no pudo dejar la historia inacabada, y continuó añadiendo una visión más amplia de lo que ocurrió a continuación. Dice que ese final tan abrupto tiene algunos problemas. (1) En griego es inusual, por no decir imposible, acabar un párrafo y mucho menos un libro, con la conjunción "porque" (*ephobounto gar*, "porque tenían miedo"). (2) Es inusual acabar una historia diciendo que las mujeres estaban paralizadas por el miedo y no llegaron a hacer lo que el ángel les encomendó. (3) Resulta extraño pensar que Marcos no incluyó algo sobre el encuentro de los discípulos y Jesús en Galilea, sobre todo teniendo en cuenta que las apariciones después de la resurrección fueron un elemento básico de la predicación cristiana desde el principio (ver 1Co 15:5).

No obstante, estas objeciones no sientan cátedra. Puede que la redacción no sea la más pulida, como tampoco lo sería acabar una frase en español con una preposición, pero Marcos no es conocido precisamente por su estilo elegante, y el versículo 8 sí es una unidad de significado completa.[11] Tanto el final corto como el final largo de Marcos recogen

---

10. Marshall, *Faith As a Theme*, 40.
11. Muchos estudiosos han encontrado ejemplos donde hay frases que acaban con *gar*; ver Peter W. van der Horst, "Can a Book End with *gar*?", *JTS* 23 (1972): 121-24. Ver también el uso que Marcos hace de *gar*: "pues eran pescadores" (1:16); "que tenía doce años" (5:42); "porque todos estaban asustados" (9:6); "pues le temían" (11:18); "pues [...] era muy grande" (16:4). Ver también Gn 18:15 (LXX), donde Sara dice que no se ha reído, "[porque] tuvo miedo".

que las mujeres informan a los discípulos de lo que han visto, que al parecer contradice la frase "No dijeron nada a nadie". En cuanto a esta última laguna en el relato, Hooker señala que el método de Marcos a lo largo del Evangelio ha sido "dejar a los lectores ante un paso de fe".[12] La restauración de los "discípulos dispersos" tiene lugar una vez que ha acabado el relato del Evangelio.

Hay argumentos convincentes que apuntan a que el final más largo (incluyendo 16:9-20) no es el final original. Los dos manuscritos griegos más antiguos lo omiten, y otros también, y parece que los primeros Padres de la Iglesia no lo conocían. El vocabulario y el estilo de esa parte final difieren enormemente del vocabulario y el estilo del resto del Evangelio. La transición entre 16:8 y 16:9 también es un tanto extraña. En 16:8, las mujeres son el sujeto. Pero en 16:9 hay un cambio repentino y el sujeto es Jesús,[13] que se aparece a María Magdalena, ignorando completamente a las otras dos mujeres. A María Magdalena la describe como la mujer de la que Jesús había expulsado siete demonios (ver Lucas 8:2), aunque ya aparece en 15:40, 47 y 16:1, textos en los que no se menciona nada de eso. ¿Por qué la cuarta mención a María Magdalena introduce de repente esa información? Todo apunta a que un escriba posterior, basándose en otras tradiciones, añadió esta sección.

Además, todo el material que aparece en 16:9-20 parece estar sacado de los otros tres Evangelios: la aparición a María Magdalena (16:9-11; cf. Jn 20:14-18); la aparición a dos discípulos en el campo (16:12-13; cf. Lc 24:13-35); la comisión de los discípulos (16:14-16; cf. Mt 28:16-20); hablar nuevas lenguas (16:18a; cf. Lc 10:19; Hch 28:3-6); la imposición de manos (16:18b; cf. Hch 3:1-10; 5:12-16; 9:12, 17-18; Stg 5:14-15); la ascensión de Jesús (16:19; cf. Lc 24:50-53; Hch 1:9-11). La explicación más lógica es que un escriba posterior compiló estos fragmentos basándose en los otros Evangelios para darle al Evangelio de Marcos un final más ortodoxo y satisfactorio. Es más, ¡alguien pensó que tampoco era suficiente, pues existe un manuscrito que después de 16:14 incluye dieciséis líneas que describen la reprimenda de Jesús y su plan escatológico!

La existencia de un final más corto sugiere que otros escribas metieron mano para cerrar mejor lo que parecía un final inconcluso. Este final

---

12. Hooker, *Mark*, 392.
13. A diferencia de nuestras traducciones, el nombre "Jesús" no aparece. Solo sabemos que Jesús es el sujeto del verbo porque el participio *anastas* es masculino.

solo aparece en un puñado de manuscritos más tardíos. La expresión "la sagrada e imperecedera proclamación de la salvación eterna" claramente huele a vocabulario y estilo de una época posterior.

Los dos finales existentes testifican que a algunos lectores de entonces no les gustó un final que dejaba cosas en el aire. Es natural que alguien quisiera darle una conclusión que además fuera inspiradora y reconfortante. En mi opinión, ambas variantes son ejemplos de una mano menos habilidosa que intenta arreglar lo que el Maestro no ha hecho explícito o lo que ha hecho demasiado explícito, como los artistas que intentaron arreglar la obra maestra de Miguel Ángel en la Capilla Sixtina pintando ropas sobre los cuerpos desnudos.

Algunos de los estudiosos que creen que estos finales al Evangelio son falsos conjeturan que el evangelista, por la razón que fuera, no llegó a acabar el Evangelio.[14] Y ofrecen unas explicaciones a cuál más fantasiosa. Probablemente Marcos fue asesinado antes de acabar su tarea. Quizá el final del Evangelio se dañó de algún modo y se perdió. Puede ser que una o dos columnas del final del rollo se rasgaran de forma accidental o por el frecuente uso. Si era un códice, también se podía haber dañado la primera hoja. El Evangelio de Marcos empieza de la misma forma abrupta con la que finaliza, por lo que si el relato de la resurrección había desaparecido, también podía haber desaparecido el relato del nacimiento. No obstante, aunque el final realmente se hubiera extraviado, supuestamente por el uso, habría estado en circulación tiempo suficiente para que la gente lo rescatara de la memoria popular o para que existieran otras copias. Y ya que no ha sido así, la pérdida tendría que haber sido casi inmediata.

Respondiendo a toda esa especulación, Hooker dice que "sería extraordinario [...] que el manuscrito se rompiera de forma accidental justo en un punto que claramente podría ser el final que Marcos quiso dejar".[15] Hoy día, muchos describen ese final tan repentino como una genialidad literaria y alaban el efecto artístico que consigue. Es casi imposible que el Evangelio se rasgara de forma fortuita por la palabra exacta,[16] y el gran crítico textual Kurt Aland dice que los intentos de recuperar el final, supuestamente perdido, son fascinantes, pero "tan solo

---

14. Cranfield, *Mark*, 471; Schweizer, *Mark*, 366; Gundry, *Mark*, 1009-12.
15. Hooker, *Mark*, 383.
16. Bilezikian (*The Liberated Gospel*, 136) argumenta: "En el trabajo artístico el hallazgo fortuito es el resultado de la diligencia, no de la casualidad".

una quimera".[17] En mi opinión, Marcos quiso acabar este Evangelio con el sorprendente final que explica que las mujeres no dijeron nada a nadie, porque tenían miedo. Si queremos entender a Marcos, tenemos que lidiar con esta conclusión por insatisfactoria que nos resulte.

El final abrupto sorprende, y también crea suspense. Marcos probablemente no vio la necesidad de explicar las apariciones posteriores a la resurrección a lectores que habían oído hablar de ello infinidad de veces. Magness explica que en el mundo antiguo era una práctica literaria común mencionar sucesos conocidos y que habían tenido lugar después de los sucesos que se estaban relatando, pero sin incluir un relato detallado sobre dichos sucesos (tan solo se mencionaban).[18] Peterson hace una distinción entre "tiempo de la historia" y "tiempo del relato".[19] El antiguo estilista Demetrio recomienda dejar espacios en los relatos: "Algunas cosas parecen más importantes cuando no se expresan", y esas omisiones "convierten una expresión particular en algo más contundente".[20]

Resumiendo, el final lleva al lector a reaccionar. Damos por sentado que los discípulos se reúnen con Jesús en el "tiempo de la historia", aunque no lo hacen en el "tiempo del relato" del Evangelio. Este es el objetivo del Evangelio: convertir al lector en participante, y que se vea forzado a completar los sucesos que el Evangelio no recoge a partir de las información que Marcos ha dado. Cuando llegamos a ese final, nos preguntamos: "¿Qué ocurrió? ¿Qué ocurrirá?". También tenemos que ir a Jesús, y no solo proclamar su resurrección, sino toda la historia desde el principio.

El miedo de las mujeres

Esta conclusión sobre el final del Evangelio de Marcos hace que nos surjan preguntas sobre la huída de las mujeres y sobre la naturaleza de su miedo. Lo que esperamos es que se marchen del sepulcro con temor y gran gozo, y que vayan a contarles todo a los discípulos (Mt 28:8); pero Marcos nos cuenta que huyen atemorizadas, y que no dicen nada.

---

17. Kurt Aland, "Die wiedergefundene Markusschluss", *ZTK* 67 (1970): 3-13.
18. J. L. Magness, *Sense and Absence* (Semeia Studies; Atlanta: Scholars, 1986), 30-31.
19. Norman R. Peterson, *Literary Criticism for New Testament Critics* (Filadelfia: Fortress, 1978), 49–80.
20. *On Style*, 119-20; citado en Gerd Theissen, *The Miracles Stories of the Early Christian Tradition* (Filadelfia: Fortress, 1983), 167.

¿Hemos de entender que su huída y su silencio se deben a la cobardía y a la desobediencia, o al apremio y al asombro? ¿Su silencio se atribuye solo a una incapacidad momentánea debido a la naturaleza sobrecogedora de las noticias, o es otro triste ejemplo del fracaso estrepitoso de los seguidores de Jesús?

Algunos dicen que el silencio de las mujeres es reflejo de que han tenido un encuentro aterrador con el poder divino. Jesús dijo a los discípulos: "A vosotros se os ha revelado el secreto del reino de Dios" (4:11), pero a veces es imposible comprender de forma plena la naturaleza asombrosa del misterio. El miedo de las mujeres se puede interpretar como ese asombro reverencial que invade a cualquiera que se encuentra ante la presencia y la acción de Dios (ver Sal 2:11), una explicación que hace que la conclusión de Marcos sea algo menos sombría. La resurrección de Jesús de entre los muertos es tan sorprendente que uno no puede comprenderla de forma plena, y las mujeres necesitan tiempo para reaccionar. Cuando huyen del sepulcro, van tan rápido, con tanto apremio, que no hablan con nadie por el camino (ver Lc 10:4; *cf.* 2R 4:29). La poética conclusión del comentario de Minear resume muy bien esta interpretación de la huída de las mujeres.

> El asombro de las mujeres (v. 5) se convierte en temblor, estupefacción, temor, huída y silencio. En la Biblia, todas estas reacciones son apropiadas y respuestas humanas normales ante la aparición de Dios, de un mensajero de Dios, o del poder de Dios. Los profetas conocían este temor y temblor (por ejemplo, Is 6). Todos conocían la debilidad indescriptible que sienten los que reciben el llamado de Dios. El temor enfatiza la realidad del poder divino y de la gloria divina. La huída (muy diferente de la huída en el arresto de Jesús) acentúa el carácter irresistible de la presencia de Dios. El silencio es una reacción adecuada ante la voz de Dios, y ante el impacto formidable de la palabra de Dios. ¿Quién puede quedarse en pie cuando Dios aparece? ¿Quién puede hablar cuando él habla? ¿Quién puede quedarse calmado cuando él comisiona? Las mujeres no pudieron, y al parecer los discípulos tampoco pudieron cuando las mujeres lograron contarles lo que había ocurrido, pues se pusieron manos a la obra.[21]

---

21. Minear, *Mark*, 136.

Pero esta no es la única interpretación posible. A lo largo del Evangelio de Marcos, vemos a otras personas que responden con temor. Los discípulos se quedaron espantados cuando Jesús calmó la tempestad y vieron su inmenso poder (4:41). Los gerasenos tuvieron miedo al ver que el poder de Jesús había echado una legión de demonios y había liberado al hombre que estaba poseído (5:15). La mujer con flujo de sangre tembló de miedo cuando sanó de su enfermedad solo por tocar el manto de Jesús (5:33). Los discípulos se asustaron cuando vieron a Jesús caminar sobre las aguas (6:50), cuando se trasfiguró (9:6), y cuando avanzaba imperturbable hacia su destino en la cruz (10:32). A lo largo de la historia, el ser humano siempre se ha quedado mudo ante la gloria de Dios. ¿Por qué no les iba a ocurrir lo mismo a estar mujeres cuando presencian el acto divino más poderoso de todos, la resurrección de Jesús de entre los muertos?

Juel dice que en este texto encontramos una "gran ironía": "Cuando por fin se les dice a los seguidores de Jesús que hablen de él, no dicen nada a nadie".[22] Sin embargo, es absurdo pensar que algo tan increíble se pueda mantener en silencio por mucho tiempo. Que las mujeres no dijeran nada al principio no quiere decir que se quedaran calladas por décadas. Su silencio dura poco.[23] A lo largo del Evangelio ha sido imposible callar los milagros de Cristo. También va a ser imposible que este increíble suceso no salga a la luz.

Por otro lado, también se puede interpretar el temor de las mujeres como una reacción inadecuada y su silencio y estupor como desobediencia.[24] La respuesta inadecuada de Pedro en la transfiguración se asocia al miedo: "No sabía qué decir, porque todos estaban asustados" (9:6). El miedo de los discípulos a la hora de seguir a Jesús a Jerusalén es una señal de su debilidad y falta de comprensión a pesar las lecciones que les había dado en privado (9:32; 10:32). Del mismo modo en que los discípulos fracasan cuando arrestan a Jesús y lo abandonan (14:50-52), cuando le siguen desde lejos (14:54), cuando lo niegan ante los demás (14:66-72), también las mujeres fracasan cuando miran la crucifixión desde lejos (15:40) y cuando no hacen una confesión como

---

22. Juel, *Mark*, 45.
23. Samuel tenía miedo de contarle a Elí la visión que había tenido (1S 3:15), pero al final se la contó. También Daniel mantuvo en secreto las visiones, pero más adelante las dio a conocer (Dn 7:28) (Pesch, *Das Markusevangelium*, 2:536).
24. Andrew Lincoln, "The Promise and the Failure: Mark 16:7, 8", *JBL* 108 (1989): 286-87.

la del centurión; y fracasan de nuevo cuando huyen del sepulcro y no trasmiten las buenas noticias.

Lo que las mantiene en silencio no es la incredulidad, eso restaría poder al evangelio (ver 6:3-5), sino el miedo. Simplemente eso. El miedo aflora en los seguidores de Jesús tanto antes de la cruz como después de la resurrección. Esta no significa que ahora todo se va a arreglar y que todo el mundo va a vivir feliz. La carta aún es débil (14:38). El sermón en el monte de los Olivos deja claro que después de la resurrección, los seguidores de Jesús van a sufrir. Habrá guerras (13:7), persecución (13:9), traición (13:12-13), tribulación (13:19), y engaño (13:21-22). Si proclaman las buenas nuevas, Jesús ha prometido que todo el mundo los odiará (13:13). Muchos experimentarán el mismo miedo que las mujeres e intentarán esconderse detrás del silencio. Los discípulos tienen que aprender a perder sus vidas para salvarlas, lo que significa perder también su miedo.

El principio del Evangelio también encaja con el final, porque la historia de la tentación queda inconclusa. Al lector no se le cuenta el resultado. Lo último que sabemos es que Jesús está en el desierto y los ángeles le sirven. Y la siguiente escena lo presenta en Galilea, proclamando el evangelio. Así, el subconsciente del lector ya está preparado para la forma en la que Marcos redacta el final. En la cruz, Jesús ha luchado contra las fuerzas del mal y ha vencido a la muerte dejando el sepulcro vacío. La siguiente escena da por sentado que habrá un reencuentro en Galilea, donde sonarán de nuevo las noticias de victoria, solo que esta vez serán de una victoria mucho mayor y decisiva.

Ninguno de los Evangelios canónicos recoge una descripción de la resurrección. Solo se profetiza, la Transfiguración apunta a ella, y se anuncia antes de que el hecho ocurra. Marcos no responde las preguntas que tanto escépticos como creyentes hacen hoy: ¿Cuándo resucitó? ¿Por qué medio? ¿Qué evidencias hay para poder estar seguros?[25] La resurrección queda fuera de lo que se puede conocer a través de los métodos históricos y científicos antiguos. Marcos tampoco presenta el sepulcro vacío como prueba de la resurrección.

---

25. Minear, *Mark*, 134.

No argumenta que Jesús ha tenido que resucitar, porque la tumba está vacía.

No hay duda de que el sepulcro estaba vacío, pero en aquel entonces la gente interpretó ese hecho de diferentes formas. Mateo cuenta que los líderes religiosos empezaron a correr el rumor de que los discípulos habían venido por la noche y habían robado el cuerpo (Mt 28:11-13). Por tanto, que el sepulcro estuviera vacío no es una prueba concluyente de que la resurrección sea verdad. Marcos le da la vuelta y dice: Jesús ha resucitado, y por eso no está aquí.[26] Jesús ha prometido que Dios lo levantará de los muertos, y el ángel anuncia que eso es lo que Dios ha hecho. La fe descansa en la proclamación de la resurrección e ir a verle. Eso nos lleva a la pregunta más importante: ¿Dónde está? y ¿Cómo podemos encontrarlo?

El Evangelio de Marcos acaba con una nota desconcertante: una tumba vacía, un joven que declara que Jesús ha resucitado de los muertos, pero que no ofrece prueba alguna de ello, una promesa de que Jesús va delante de los discípulos (o los guía) a Galilea, y unas mujeres demasiado asustadas como para decir algo. Este final extraño e insatisfactorio no parece un final apropiado para una historia que supuestamente son buenas noticias. En lugar de triunfo y gozo, encontramos confusión y terror. Cuando las mujeres encuentran que la piedra a la entrada del sepulcro estaba removida, esperamos que algo bueno vaya a ocurrir. Pero no es así. El ángel no anuncia: "¡Sorpresa! ¡Aquí está Jesús!". Les dice: "No está aquí". Las mujeres dejan la tumba, pero no van a decírselo a los discípulos como el ángel les ha encomendado. El ángel no las sigue para tranquilizarlas y animarlas a que cumplan con su cometido.

Dicho de otro modo, el final de Marcos parece llevar a un punto muerto. Dado que Marcos no recoge el encuentro de Jesús con sus discípulos en Galilea, las últimas palabras que dice en este Evangelio son: "Dios mío, Dios mío, ¿por qué me has desamparado?" (15:34). Los lectores podemos sentirnos un poco abandonados. Este abrupto final hace peda-

---

26. A. Lindemann, "Die Osterbotschaft des Markus. Zur theologischen Interpretation von Mark 16:1–8", *NTS* 26 (1980): 305. Ver William Lane Craig, ¿Resucitó Jesús de los muertos?" en *Jesús bajo sospecha: una respuesta ante los ataques contra el Jesús histórico*, eds. Michael J. Wilkins y J. P. Moreland (Terrassa: CLIE, 2003), 195-240, donde encontrará una excelente evaluación de las evidencias a favor de la resurrección de Jesús. Encontrará una explicación más breve en Murray J. Harris, *3 preguntas clave sobre Jesús* (Terrassa: CLIE, 2005), 37-62.

zos cualquier expectativa de un encuentro triunfante con el remanente de los discípulos fieles, de pruebas que acrediten la resurrección de Jesús, de instrucciones específicas y de seguridad.

No obstante, no es que nadie pudiera llegar a saber o descubrir lo que iba a ocurrir a continuación. Podemos suponer que los receptores de este Evangelio estaban familiarizados con el relato de las apariciones posteriores a la resurrección, ya que también lo sabían muy bien en Corinto (1Co 15:3-10). De hecho, el final de Marcos concuerda con el credo de 1 Corintios 15:3-5:

1 Corintios 15	**Marcos 16**
Cristo murió por nuestros pecados (v. 3)	Buscáis a Jesús el nazareno, el que fue crucificado (v. 6)
Fue sepultado (v. 4)	Mirad el lugar donde lo pusieron (v. 6)
Resucitó al tercer día (v. 4)	¡Ha resucitado! No está aquí (v. 6)
Se apareció a Cefas, y luego a los doce (v. 5)	Id a decirles a los discípulos y a Pedro: "Él va delante de vosotros a Galilea. Allí lo veréis, tal como os dijo" (v. 7)

Uno se pregunta por qué Marcos no recoge los detalles de las apariciones posteriores a la resurrección. ¿Quiso enfatizar la humanidad de Jesús y por eso no recogió sus apariciones como ser celestial resucitado? Los primeros lectores no esperaban una aparición de Jesús a unos pocos, sino el final de la era, cuando Jesús se presentaría ante todos como el Hijo de Dios y ante el cual toda rodilla se doblaría. ¿Quiso Marcos subrayar que la próxima vez que los discípulos lo verían sería cuando regresara en las nubes con gran poder y gloria y enviara a sus ángeles a reunir de los cuatro vientos a los elegidos (13:26-27)?

La experiencia del lector actual quizá nos ofrece la mejor explicación al final abierto del Evangelio. Marcos quiere acercar al lector a lo que ocurrió. Escribe para cristianos que ya conocen el relato de la resurrección de Jesús. Los lectores no piensan: "¡Oh, esas mujeres necias, que no cuentan las buenas nuevas! ¡Nadie se va a enterar de lo que ha ocurrido!". Ya saben que las buenas nuevas se esparcieron. Los lectores pueden deducirlo en base al texto. ¿De qué otro modo puedo darse a conocer el episodio de la Transfiguración, presenciado solo por Pedro, Jacobo y Juan? Jesús les dijo que no dijeran nada *"hasta que el Hijo del Hombre se levantara de entre los muertos"* (9:9).

Un crítico literario secular ha dicho del final de Marcos: "La conclusión es intolerablemente chapucera, o increíblemente sutil".[27] Yo diría que es increíblemente sutil y, por ello, increíblemente poderosa. Nos obliga a volver a los relatos anteriores para así poder rellenar los huecos, y vemos que las palabras de Jesús se han cumplido con exactitud. Así, nos damos cuentas de que la palabra de Jesús es fiable, y que sus promesas se van a cumplir. Jesús prometió a sus discípulos que serían esparcidos y que él iría delante de ellos a Galilea (14:28). Por otros escritos sabemos que así fue, pero este Evangelio acaba como una de las parábolas de Jesús y nos obliga a descubrir las cosas por nosotros mismos.[28] Por tanto, este final incompleto presenta, de forma simbólica, a un Jesús que espera en Galilea a sus seguidores, y nos obliga a preguntarnos si nosotros también iremos para encontrarnos con él. También nos lleva a reflexionar sobre nuestro propio miedo y silencio.

Esperamos más del final de este Evangelio, porque los lectores de la actualidad estamos familiarizados con los finales más exhaustivos de los otros Evangelios. Para Semana Santa, muchos predicadores prefieren predicar sobre los relatos de la resurrección que aparecen en los otros Evangelios, o si escogen el Evangelio de Marcos, suelen utilizar el final más extenso. Quedarse en Marcos 16:8 no es tan adecuado, pues el mensaje es tosco y nada satisfactorio. Ese final no encaja bien con los himnos de Semana Santa y sus aleluyas. Y así, no explotamos su increíble sutileza y poder. Solo nos sorprende, pero la verdad es que podemos sacar mucho si reflexionamos sobre el significado de este abrupto final.

(1) "No está aquí. Mirad el lugar donde lo pusieron". No hay un encuentro con la figura terrenal de Jesús tan familiar, con sus lágrimas de alegría y abrazos. La muerte no ha podido con Jesús, y mucho menos una piedra, por grande que fuera. Se ha liberado de la muerte, se ha transformado dejando su existencia terrenal y anda suelto por el mundo. No lo van a encontrar en el lugar donde lo pusieron. Su tumba no se va a convertir en un santuario como la tumba de David (Hch 2:29), o los sepulcros adornados de los profetas (Mt 23:29-31), o las tumbas de los líderes de la actualidad. El Dios que resucita a los muertos no necesita

---

27. Frank Kermode, *The Genesis of Secrecy* (Cambridge, Mass.: Harvard, 1979), 68.
28. Best, *The Gospel as Story*, 132-33.

monumentos terrenales. La lápida no se tiene que convertir en un muro de lamentaciones. Dios no es un Dios de muertos, sino de vivos.

(2) Cuando leemos relatos de la resurrección de Jesús, no buscamos más preguntas inquietantes, sino que buscamos confirmación de que lo que creemos sobre la resurrección de Jesús es completamente fiable. Y Marcos nos decepciona. Abre su Evangelio con una voz del cielo que certifica de la identidad, la misión y la autoridad de Jesús. Al final, solo tenemos el testimonio de un hombre joven, al que identificamos como un ángel, y la presencia de las mujeres, cuyo testimonio era considerado inválido, pero que además se callan. La resurrección, tal como Marcos la presenta, no es un hecho comprobable según las normas científicas de autentificación. Marcos no ofrece ninguna evidencia de que el mensaje del hombre joven sea verdad, excepto que repite lo que Jesús dijo que le ocurriría (14:28). Por tanto, el lector queda en suspense, y lo único que le queda es la promesa que Jesús hizo.

Nosotros queremos de Marcos lo que leemos en Hechos: "Se les presentó dándoles muchas pruebas convincentes de que estaba vivo" (Hch 1:3). Sin embargo, hoy no se puede probar científicamente que la resurrección tuviera lugar. La creencia de que la resurrección realmente ocurrió es una deducción lógica. Cuando otras figuras mesiánicas como Bar Kochba murieron, sus seguidores no resolvieron el problema de la muerte de sus líderes inventando que habían resucitado. Reaccionaron del mismo modo que los discípulos del camino a Emaús después de la crucifixión: "Nosotros abrigábamos la esperanza de que fuera él quien redimiría a Israel", pero nos equivocamos (Lc 24:21). La reacción natural no es pensar en la resurrección de alguien. La firme creencia cristiana de que Dios levantó a Jesús de los muertos solo puede provenir del hecho de que algo ocurrió de verdad.

No obstante, los Evangelios no ofrecen pruebas a los que dicen "Dame una prueba, y entonces creeré" (Mr 15:32). Cuando proclamemos el texto de Marcos, no nos esforcemos por complementar el relato amasando un sinfín de pruebas convincentes. Lo que tenemos en este texto es la noticia de que Jesús ha resucitado. Quien quiera ver a Jesús por sí mismo, tiene que salir de la tumba e ir a donde él está: a Galilea, al principio, donde uno debe aprender a seguirle otra vez. Si preguntamos dónde está el Cristo, la respuesta de Marcos es que siempre va delante de nosotros, guiándonos a tierras nuevas. Hoy, para encontrar a Jesús hemos de obedecer su mandato.

(3) Marcos no se detiene en el significado teológico de la resurrección. El lector puede ver que la resurrección de Jesús invierte la humillación y la vergüenza de la crucifixión. El Dios que sacó a Israel del mar (Is 63:11) ha sacado a Jesús de la tumba. Su resurrección prepara el terreno para la exaltación a la diestra del Poder, donde ahora reina y de donde vendrá a juzgar (Mr 8:38; 14:62) y a reunir a los elegidos (13:26-27). El lector puede suponer que la resurrección de Jesús es cualitativamente diferente de la resurrección de la hija de Jairo. La resurrección de Jesús no solo lo exalta de forma permanente como el primero que resucitó de los muertos, sino que se convierte en un suceso salvador para todos aquellos que confiesan que Jesús es el Hijo de Dios y le siguen o obedecen. Dios ha respondido de forma definitiva la pregunta de las mujeres "¿Quién nos quitará la piedra de la entrada?"; no solo de la tumba de Jesús, sino de la muestra también. La resurrección de Jesús destruye el poder de la muerte sobre el ser humano, que parece ser una piedra enorme que nadie ha podido quitar. El mensaje de la resurrección de Jesús transforma un final sin esperanza en una esperanza sin final.

Significado Contemporáneo

(1) El final de Marcos nos enseña que a los cristianos a este lado de la resurrección aún nos toca vivir en tensión. Queremos que el Evangelio acabe con una nota de victoria y de alegría, pero esa no fue la situación de Marcos. El dolor de la muerte no se puede disfrazar. Marcos escribe a personas que nunca disfrutarán de la presencia física de Jesús. Escribe para aquellos que pueden llegar a sentirse como los discípulos, luchando contra el viento en una pequeña embarcación durante las oscuras horas de la noche, angustiados porque Jesús no está físicamente con ellos y no lo pueden tocar o recibir una palabra de ánimo. En un contexto de persecución, es normal verlo todo negro. El Jesús resucitado no se aparece en medio de nosotros. Los ángeles no descienden a consolarnos. Lo que nos queda es creer en la resurrección de Jesús por los testimonios que nos han llegado. El mismo testimonio que las mujeres oyeron: "¡Ha resucitado!". Lincoln escribe: "Aún después de que Dios se haya revelado en la resurrección de Jesús, el misterio, el miedo y el fracaso siguen siendo una realidad".[29]

---

29. Lincoln, "The Promise and the Failure", 298.

En los otros Evangelios también reina la confusión cuando aparecen las noticias sobre la resurrección de Jesús. En Mateo, algunos dudan cuando Jesús se aparece a los once (Mt 28:17); Jesús disipa la duda con su palabra (Mt 28:19-20). En el camino a Emaús, dos amigos confunden a Jesús con un extraño (Lc 24:13:21); Sus ojos se abren solo después de que Jesús parta el pan. En Juan, María Magdalena confunde al Jesús resucitado con el hortelano (Jn 20:11-18); su desesperación disminuye cuando Jesús la llama por su nombre. La resurrección no ha transformado completamente la visión borrosa de los creyentes ni su pecaminosidad. La gente aún dice mentiras sobre Jesús, y sus mensajeros aún sufren persecución y peligro de muerte. Sus seguidores aún viven en tensión. Solo al final de los tiempos, cuando el Hijo del Hombre regrese con gran poder y gloria, quedaremos libres de toda confusión.

Como los primeros lectores de este Evangelio, solo tenemos las palabras de los testigos oculares. No tenemos ninguna prueba fehaciente de la resurrección. ¿Cómo sabremos que lo que dicen es verdad? ¿Estamos dispuestos a basar nuestras vidas en la verdad que nos cuentan? ¿Le pediremos a Dios alguna señal más antes de comprometernos con él? El final del Evangelio de Marcos muestra que la pregunta histórica "¿Fue real?" pasa por alto la pregunta más crucial: "¿Es real?". Para promover la fe hace falta algo más que una visita anual a la tumba para ver que está vacía.

(2) El final de este Evangelio significa que la última escena en la que Jesús habla, lo hace desde la cruz. En Marcos podemos ver de forma muy vívida el poder de Dios obrando en la crucifixión. Por tanto, este final significa que no podemos proclamar la gloria de la resurrección y no hablar del sufrimiento en la cruz. La confesión, "¡Verdaderamente este hombre era el Hijo de Dios!" resuena ante la cruz en la que Jesús acaba de morir, no ante la tumba vacía.

(3) Este final habla también de que el ser humano falible aún tiene que convivir con el fracaso. El camino del discipulado no es un camino de rosas ni un desfile triunfante. Es un camino marcado por el fracaso personal. Puede parecer que el Evangelio acaba de forma pesimista, porque Marcos no recoge que las mujeres sí llegaron a cumplir con la misión que se les había encomendado. No obstante, la historia de Marcos no trata del fracaso y de la insensatez de los discípulos. El evangelio trata del poder de Dios, que vence la disfunción del ser humano y el desastre que ello provoca. Sabemos que la resurrección de Jesús fue

proclamada y está siendo proclamada por todo el mundo, tal como Jesús anunció. Eso significa que la voluntad de Dios y la promesa de Jesús se han cumplido *a pesar de* la desobediencia humana. En Marcos 14:18, Jesús prometió a sus discípulos que iría delante de ellos a Galilea, y el ángel repite esa promesa en 16:7. Marcos solo recoge la promesa en 16:7, porque sabía que tuvo lugar, aunque escoge no darnos detalles al respecto. Lane comenta con agudeza: "El énfasis en la incompetencia de ser humano, su falta de compresión y su debilidad ponen en relieve la acción de Dios y su significado".[30]

Así, el final de Marcos revela que "el éxito final de la historia" no puede "depender de la acción humana".[31] McDonald comenta acertadamente que este final "expresa el poder continuo y la presencia continua de Dios en medio de la debilidad humana y, por tanto, también es una expresión de la esperanza futura".[32]

Aunque estas mujeres parecen más fieles y más fuertes que los hombres, pues están presentes en la crucifixión y se preocupan de ir a ungir el cuerpo, al final la valentía las abandona. En consecuencia, la promesa divina va acompañada de la debilidad humana. El lector, que sabe que la promesa se cumplió, es consciente de que la promesa se cumple, porque Dios vence el fracaso y la desobediencia del ser humano.[33] Así, aprendemos que con Dios, nuestro fracaso no es fatal. Pero no podemos saltar de gozo ni darnos palmaditas en la espalda ni felicitarnos, como hacen los miembros de un equipo ganador. Fracasamos una y otra vez. Y una y otra vez tenemos que volvernos a Dios humildemente para pedirle ayuda; y cuando nuestros fracasos se convierten en victoria gracias al poder divino, lo único que podemos hacer es darle la gloria a Dios.

El cumplimiento de la promesa de ir a Galilea apunta a que las demás promesas de Jesús también se van a cumplir.

- Juan profetizó que el que venía después de él bautizaría con el Espíritu Santo (1:8). Marcos no narra el cumplimiento de esta profecía, pero lo lectores saben que se ha cumplido, porque ellos mismos lo han experimentado.

---

30. Lane, *Mark*, 592.
31. Juel, *Mark*, 234.
32. J. I. H. McDonald, *The Resurrection Narrative and Belief* (Londres: SPCK, 1989), 52.
33. Lincoln, "The Promise and the Failure", 292-93.

- Jesús prometió a Pedro y a Andrés que los haría pescadores de hombres (1:15).

- Prometió a Pedro que los que han hecho sacrificios para seguirle recibirán cien veces más, y en la era venidera, la vida eterna (10:29-30).

- Prometió a Jacobo y a Juan que serían bautizados con su bautismo y que beberían de su copa (10:39).

- Prometió que antes de que llegara el fin, el evangelio habría llegado a todas las naciones (13:10).

- Prometió que la acción de la mujer que le ungió para su sepultura sería recordada en cualquier parte del mundo donde se predicara el evangelio (14:9).

- Prometió a sus discípulos que algunos de ellos no sufrirían la muerte sin antes haber visto el reino de Dios llegar con poder (9:1).

- Les aseguró a sus discípulos que bebería de nuevo el fruto de la vid en el reino de Dios (14:25).

- Prometió al sumo sacerdote y a su Consejo que verían al Hijo del Hombre sentado a la derecha del Todopoderoso, y viniendo en las nubes del cielo (14:62).

Porque hemos comprobado que la palabra de Jesús se cumple, podemos confiar en que lo que ha prometido se cumplirá a pesar de los errores humanos y de la oposición satánica, no solo en la vida de los primeros discípulos, sino también en nuestra vida hoy.

Dios tiene la última palabra, y él cumplirá sus planes. Así como la semilla crece aunque el labrador no sepa cómo (4:27), las promesas de Jesús se cumplirán, aunque nosotros no sepamos cómo. Geddert lo explica de la siguiente manera:

> "Ya sea que Jesús camine sobre el agua (6:49), o por el camino polvoriento de Galilea a Jerusalén (10:32), o que comparta pan con su doce compañeros (14:22), o una comida con cinco mil personas (6:39-44), que se levante bien temprano para tener un tiempo de oración (1:35), o para pasar la eternidad como el Señor resucitado (16:1-8), el reino está avanzando. Secretamente, pero va avanzando. Nosotros solo sabemos que el cumplimiento depende del poder

de Dios, no de la capacidad humana de cumplir eficazmente lo que se nos ha mandado. El poder escondido del reino de Dios saldrá a la luz y se proclamará a los cuatro vientos".[34]

Esta verdad da una nueva perspectiva a los fracasos de los discípulos en este Evangelio a la hora de entender (6:52; 8:17-18), de echar fuera demonios (9:14-29), de mantenerse al lado de Jesús en medio de la prueba, y de proclamar la resurrección. Esos fracasos no significan que sea el fin del discipulado o que los propósitos de Dios hayan quedado frustrados. Las palabras de Jesús no fallan, y su promesa vencerá la negligencia y la torpeza de los discípulos.

Brown dice que Marcos y sus lectores probablemente tenían a Pedro y a sus discípulos por unos "testigos piadosos". Continúa diciendo:

> Pero Marcos usa el Evangelio para enfatizar que ese testimonio ni fue fácil ni proviene de la iniciativa de los discípulos [...]. Marcos ofrece una pedagogía de la esperanza basada en el fracaso inicial de los discípulos más famosos y en la segunda oportunidad que se les brinda. Quizá tenía en mente a lectores que también habían fallado o que estaban desanimados a causa de la cruz. Nos advierte del peligro de escandalizarnos o de abandonar la fe, y del riesgo de la autosuficiencia.[35]

En consecuencia, Marcos no presenta a ningún discípulo como modelo. Todos los seguidores de Jesús, hombres y mujeres, flaquean. Achtemeier observa:

> Si los discípulos fueron infieles, porque no pudieron aceptar la muerte de Jesús, las mujeres fueron infieles precisamente porque sí la aceptaron: lo que resultó perturbador para ellas fue la noticia de que ya no estaba muerto. Ellas, a su vez, fueron incapaces de aceptar que estaba vivo.[36]

El discipulado empieza con el llamado de Jesús y solo se sostiene por la misericordia y el poder de Dios. Esta verdad nos anima cuando fallamos en nuestra misión, pues inevitablemente fallaremos. Todo depende de Dios, no de nosotros. Cuando salimos victoriosos, el mérito solo se lo podemos atribuir a él.

---

34. Geddert, *Watchwords*, 202.
35. Brown, *The Death of the Messiah*, 1:141.
36. Achtemeier, "Mark", 4:556.

(4) Este final encaja con el título del Evangelio de Marcos: "Comienzo del evangelio de Jesucristo, Hijo de Dios" (1:1). La sepultura de Jesús y la noticia de su resurrección cierran el relato, pero la resurrección no es el final de la historia, sino tan solo el principio. ¿Cómo acaba uno una historia así? Juel comenta que "así como la tumba no pudo retener a Jesús, tampoco la historia de Marcos puede".[37] La resurrección pone en movimiento una nueva historia que aún no ha finalizado. No estará completa hasta que Jesús reúna a los elegidos de los puntos cardinales de la tierra (13:27). Lo que ocurre a continuación nos corresponde a nosotros como creyentes.

No podemos dejar que el relato de la resurrección se convierta en un recuerdo bonito, que guardamos en un álbum de fotos y sacamos una vez al año para admirarlo. El final de este relato nos obliga a adentrarnos en la historia. Nosotros somos el siguiente capítulo. ¿Qué hubiéramos hecho si hubiéramos sido aquellas mujeres que recibieron aquella increíble noticia? La pregunta no es qué harán las mujeres (¿cuánto tiempo permanecerán calladas?), sino qué haremos nosotros ahora con esos noticias. ¿Huiremos asustados o nos callaremos? ¿Morirá la historia con nosotros? ¿Seguiremos a Jesús obedientemente a Galilea o intentaremos resguardarnos cómodamente en nuestras madrigueras?

El Evangelio de Marcos acaba con una tarea inacabada: predicar el evangelio hasta la último de la tierra. El final (que no es un final) se convierte en una historia que nunca acaba. Recibimos el testigo para unimos a la carrera de extender las buenas nuevas. El sorprendente final de Marcos hace que el lector se pregunte: "¿Quién contará la historia?". Este Evangelio es el relato del comienzo del evangelio; ¿le daremos continuidad?

El Domingo de Resurrección, muchos oirán la noticia de que Jesús ha resucitado, y cantarán himnos alabando a Dios. Muchos volverán a casa, a su rutina, sin que esas noticias les hayan afectado. No se han sentido maravillados ni impulsados a contar la noticia a todo el mundo. ¿Contará la historia alguien más que el evangelista? ¿Qué nos detiene a los demás? Somos igual de susceptibles al miedo que los discípulos cuando los sorprendió la pandilla armada en Getsemaní, que Pedro cuando estaba en territorio enemigo y se vio rodeado, que aquellas mujeres cuando se toparon con aquella sorprendente noticia y la orden de ir

---

37. Juel, *Mark* 235.

a contarla a un mundo que se muere. Jesús sigue avanzando, delante de nosotros, pero nosotros podemos permanecer congelados, paralizados por el miedo que nos enmudece.

Cuando Dios realiza una obra grande, con frecuencia el ser humano retrocede por temor. El mandato "No tengáis miedo" resuena una y otra vez a lo largo de las Escrituras. Necesitamos oír esas palabras constantemente, porque Dios siempre está obrando cosas inesperadas y guiando a la gente a lugares en los que no quieren estar. Empezando con el momento en el que Dios estableció un pacto con Abraham (Gn 15:1), él tiene grandes planes para la descendencia del patriarca. Le dice a Jacob que no tenga miedo de ir a Egipto (46:3); tiene grandes planes de hacer una gran nación. Dios promete a través de Isaías que los enemigos desaparecerán: "No temas; yo te ayudaré" (Is 41:13); "No temas, que yo te he redimido" (43:1).

Pedro pregunta: "¿Quién les va a hacer daño si se esfuerzan por hacer el bien?" (1P 3:13). La respuesta en el siglo I era: "Muchos". Los enemigos estaban por todas partes, y sus amenazas daban miedo y frenaban el testimonio. El tipo de gente que mató a Jesús aún está a nuestro alrededor, listos para matar a sus seguidores. A nadie le gusta que le odien o le persigan. Es más seguro mantenerse callado, conservar todas estas cosas en nuestros corazones (Lc 2:51), en lugar de mostrar nuestros corazones a los demás. Uno puede entender que los que sufren persecución se muestren reacios a hablar. ¿Pero qué excusa tenemos los que disfrutamos de todo tipo de comodidades y de libertad de culto?

Nos agradaría recibir noticias suyas.
Por favor, envíe sus comentarios sobre este libro
a la dirección que aparece a continuación.
Muchas gracias.

Vida@zondervan.com
www.editorialvida.com

www.ingramcontent.com/pod-product-compliance
Lightning Source LLC
Chambersburg PA
CBHW011958150426
43201CB00018B/2318